3대 주석과 함께 읽는

논어 I

3대 주석과 함께 읽는

논어 I

고주, 주자 집주, 다산 고금주

임헌규 지음

제1편~제10편

머리말

1.

"사서四書란 본성 회복을 근본지귀로 하는 이학 체계이다. 사서 가운데 『대학』은 오로지 덕을 말하고, 『논어』는 오로지 인을 말하고(論語只說仁), 『맹자』는 오로지 마음(心)을 말하고, 『중용』은 오로지 이치(理)를 말했다. 『논어』는 성인 공자의 가르침이 나타나 있는 유일한 책으로 오로지 인仁을 말하는데, 하나같이 예를 회복하여 인으로 돌아가는 것(復禮歸仁)을 말하면서 모두가 본성의 인을 조존操存·함양涵養하는 요령을 제시하고 있다. 읽는 자로 하여금 근본을 세우게 해 준다. 먼저 『대학』을 읽어 그 규모를 정한 다음 『논어』를 읽어 그 근본을 세우고, 다음으로 『맹자』를 읽어 그 발산한 점을 보고, 다음으로 『중용』을 읽어 옛 사람의 미묘한 뜻을 추구해야 한다." (주자)

"유교의 수기치인修己治人의 정신에 입각하여 반드시 먼저 경학經學으로 토대를 정립하여, 역사서를 통해 득실得失·치란治亂의 이치를 알고, 궁극적으로 실용의 학문에 뜻을 두고 세상을 경영하고 백성을 구제하려는 뜻을 품은 군자를 육성하고자 한다. 육경六經·사서四書로 수기修己를 이루고 일표一表(『경세유표』49권)·이서二書(『목민심서』48권, 『흠흠심서』30권)로 천하·국가를 다스리게 함으로써 본말을 갖추었다. 그런데 사서는 우리 도의 지남指南이다. 그 가운데 후학들이 존신尊信·체행體行할 것은 오직 『논어』 한 권뿐이다. 예성叡聖스러워 어떠한 하자도 없는 것은 『논어』이다. 육경이나 여러 성현의 책은 모두 읽어야 하겠지만, 오직 『논어』만은 죽을 때까지 읽어야 한다. 인仁이란 한 글자는 『논어』 20편의 주재主宰이다." (다산)

일반적으로 『논어』의 고주(옛 주석)라 하면 주자朱子(1130~1200)의 『논어집주』(新注)가 나오기 이전 삼국시대 위나라 하안何晏(~249)의 『논어집해』, 남북조시대 양나라 황간黃侃(488~545)의 『논어의소』, 그리고 하안의 주에 북송시대 형병邢昺(932~1010: 『정의』)이 소를 붙인 『논어주소』를 말한다.*

한당 시대 훈고학으로 특징 지어지는 고주는 어떤 특정한 한 사람에 의해 이루어진 것이 아니라, 여러 사람들(孔安國, 包咸, 馬融, 鄭玄, 王肅, 周生烈 등)이 함께 이루어낸 집단지성의 문화적 작품이라고 할 수 있다. 이들은 논어를 다음과 같이 이해하였다.

> 『한서』 「예문지」를 살피면, "『논어』란 공자께서 제자 및 당시 사람들에게 응답하신 것과 공자께 직접 들은 말들을 그 당시 제자들이 각자 기록한 것인데, 공자께서 돌아가시자 문인들이 모아서 편찬하였기에 붙여졌다." … 정현이 말했다. "중궁·자유·자하 등이 찬했다. 론論이란 륜綸·륜輪·리理·차次·찬撰이다. 이 책으로 세상일을 경륜經綸할 수 있기에 륜綸(經綸世務)이라 하며, (그 작용이) 원만하게 두루 통하여 무궁하기에 륜輪(圓轉無窮)이라 하며, 온갖 이치를 온축하기에 리理(蘊含萬理)라 하며, 편장에 순서가 있기에 차次(編章有序)라 하며, 여러 현인들이 모여 찬정했기에 찬撰(群賢集定)이라 한다. 답술을 '어語'라 하는데, 이 책에 기록한 것은 모두 공자께서 제자 및 당시 사람들에게 응답한 말씀이므로 어語라고 했다." (고주 : 『논어주소』 「서해」)

그런데 주자는 "한漢·위魏의 여러 유학자들은 음독音讀를 바로 잡고 훈고를 통하게 하였으며, 제도를 상고하고 명물名物을 변별하였으니, 그 공이

---

* 한대 ~ 청대의 『논어』에 대한 주석은 1,100여 종이다. 이중 하안·황간·형병·주자의 주석을 '4대'라고 한다. 정태현·이성민 공역, 「해제」 『역주논어주소』 1, 전통문화연구회, 2014 참조. 혹은 3대 주석으로 最古로 하안의 『집해』 最精으로 주자의 『집주』 그리고 最博으로 劉寶楠(1191~1855)의 『論語正義』를 꼽기도 한다.

크다."고 일단 인정한다. 그런데 그는 장구와 의리를 함께 고려해야 한다는 원칙에 입각하여, 모름지기 먼저 자의字義를 해석하고, 다음으로 문의文義를 해석하고, 나아가 경經의 뜻을 근본까지 추론하되 모름지기 경에 나아가 간략하게 문의와 명물을 해석함으로써 학자들로 하여금 스스로 그 취지를 구하도록 인도한다는 입장에서 새로운 주석을 시도하였다. 주자의『논어』주석은 거의 40여 년 동안 끊임없는 학습, 사유, 각성, 비판, 수정, 종합의 과정을 통해 점진적으로 완성되었다.

2.

주자는 10대 초에 당시 학계를 주도하던 정문程門의 삼전三傳 제자인 부친 (韋齋 朱松:1097~1143)으로부터『논어』를 학습하기 시작하여, 무이武夷의 세 선생(胡憲, 劉勉之, 劉子翬)으로부터 배우면서 호상학파湖相學派의 사량좌謝良佐에게 관심을 갖고 첫 번째 책인『논어집해』를 기술했는데, 이 책은 모든 학설을 두루 구비한 전체적인 것이었으며, 도교와 불교의 학설까지 포함한 잡다한 것이었다.

그런데 과거급제(19세) 이후 주자는 초기 관료생활을 하던 동안同安 시절, 불학과 도학이 아니라 이학理學이야말로 남송의 쇠퇴한 세상을 구제할 수 있는 정신적 역량이자 윤리적 지주라고 생각하게 된다. 이런 가운데 주자는 최초의 깨달음(理一分殊)을 얻고(1156), 24세에 스승 연평延平 이통李侗 (1093~1163)을 만나고, 10여 년간 가르침을 받으면서 이정二程의 학문을 본격적으로 접하면서, 마침내 두 번째 저술인『논어요의論語要義』(1163)를 편집함과 동시에, 자구의 훈고를 취합하여 동몽들의 습독 교재로『논어훈몽구의論語訓蒙口義』를 편찬했다. 그러나 이것이 주자의 마지막 귀결점은 아니었다.

이통이 죽은 바로 다음 해(1164)에, 주자는 이른바 불학논전佛學論戰을 통해 선禪에서 벗어나 유가로 돌아오는 길에서 두 번째 이학의 비약을 감행한다. 그는 끝내 호상학의 구인求仁 방법인 선찰식先察識-후존양後存養에 만족할 수 없었다. 그래서 주자는 호상학의 극복을 위해 이정의 저서를 전부(『유서』, 『외서』, 『문집』, 『경설』, 『역전』) 열람하고, 손수 교정하는 수고를 마다하지 않았다(1167~1169). 이 과정에서 주자는 마침내 "함양은 모름지기 경으로써 하고(涵養須用敬), 진학은 치지에 있다(進學則在致知)."는 정호程顥의 말을 인용하고, 중화신설 정립을 위한 마지막 영감과 돈오를 증득한다(己丑之悟:1169). 경敬·지知의 겸수兼修를 특징으로 하는 주자의 이 방법은 지경持敬의 함양과 치지致知의 찰식察識, 즉 도덕의 수양과 인식 방법의 통일이었다(知行並進). 여기서 주자는 자신의 사상 역정을 총결하고, 나아가 자신의 파란만장한 사상의 변이 과정이 종결되었음을 선언한다. 주자가 「인설仁說」을 써서, 인에 대한 자신의 관점을 총결하고, 다른 모든 관점을 비정한 것도 바로 이 해였다. 이 과정에서 주자(43세)는 이전의 『논어요의』를 넘어서, 10년만에 『논어정의論語精義』(1173)를 펴낸다. 이 책에서 그는 이정자二程子의 설을 수집하여 원문 아래에 붙이고, 그 아래에 이전 9가家(장재, 범조우, 여대림과 여본중, 사량좌, 유작, 양시, 후중량, 윤돈 등)의 설을 취합·대조하여, 가장 신뢰할 만한 주석을 제시하였다(『논어집의서』).

그러나 주자는 『논어정의』 또한 아직 여러 학자들의 설들을 잡다하게 수집하는 데 중점을 둔 것으로 독창적인 설을 만들지 못하고 있다고 판단하고, 고금의 학자들을 종합·융해·관통하여 이른바 가법家法·사법師法도 없이 전통 경학에 얽매이지 않는 새로운 완성으로 나아갈 결심을 하게 된다. 이 가운데 주자는 여조겸과의 한천寒泉의 회합(1175.2), 육구연 형제와의 아호鵝湖의 회합(1175.5), 그리고 삼구三衢의 회합(1176) 등을 통해 그 학문이 일취월장하는 계기를 마련한다. 1177년 주자는 드디어 『사서집주』의 서문을 처음 확정함으로써 전반기 학문을 총결하고, 이른바 『집해』에서 『집주』의 시기로 이행함으로써 독자적인 경학 세계로 진입하게 된다. 이전의 『논맹정의』에서 정확하고 순수한 내용을 골라 범박한 것에서 요약하는 것으로 돌이켜 정수를 취하여, 제가를 융합하되 독자적으로 일이관지함으로써 탄생한 것이 바로 그의 기념비적인 걸작『논어집주』이다. 그리고 그는『집주』를 구성하면서 논변할 때 취하고 버렸던 뜻을 문답으로 구성하여『혹문』을 편찬한다. 따라서『집주』와『혹문』은 상호 보완 · 인증하는 역할을 한다. 주자의『집주』는 이정 이래 당시 역사적 추세에 따라 발생한 논어학의 역사적 총결이었다. 주자는 이 책에서 한 · 위 · 수 · 당의 주석가들의 설을 극히 제한적으로 인용하고, 이정 이래 이학가들의 설을 대부분 인용하면서 이정의 설을 인용할 때는 정자程子라 하고, 정문程門의 제자들을 인용할 때는 씨氏로, 그리고 그 이외의 학자들을 인용할 때는 성명姓名을 함께 병기함으로써 이정 이후 논어학의 연구 성과를 널리 흡수 · 융합 · 관통하였다는 것을 분명히 하였다. 따라서 이 책은 정주학파의 논어학의 총결산이며, 주자 자신의 이학사상의 정점이라고 할 수 있다.

주자는 이후 수차례 전면 혹은 부분적으로(1182, 1185, 1186, 1188, 1192, 1199 등)『집주』의 개정을 시도한다. 주자는 1186년의 수정 후「서문」을 다시 확정하고, 당시 간행한 판본(靜江本 및 成都本)을 정본으로 생각하였다(2차 학문의 총결). 그러나 끊임없이 정진했던 주자는 1192년에 또 다시 일부 수정하고, 남강에서 증보본을 출간한다. 이것이 바로 주자의 생에서 가장 잘 알려진 것으로 경원慶元 연간 당권자에 의해 금지당한 판본이다. 주자는 만년에 또다시 남강본을 대대적으로 수정하고, 마지막 정본(1199, 建陽本)을 내놓고 몇 달 후 세상을 떠났다. 주자 스스로는 40여 년간 끊임없는 절차탁마로 완성한『논어집주』에 대해 "한 글자도 보탤 것이 없고(모자라지 않는다) 한 글자도 뺄 것이 없다(많지 않다)." 혹은 "저울에 단다고 하더라도 차이가 없으니, 높지도 낮지도 않다(『어류』).'라고 자부했다. 그리고 이 책은 역사상 가장 정밀한(最精)『논어』주석서로 공인받고 있다.

3.

주지하듯이 다산 정약용(茶山 丁若鏞, 1762-1836)은 16세에 이익李瀷의 유고 遺稿를 읽고, 이듬해에는 동림사에서 『논어』와 『맹자』를 숙독한 다음 학문 에 입지를 굳혔다. 28세에 등용되어 정조(재위 1776-1800)의 두터운 신임을 받지만, 정조 사후 종교적인 문제로 다산은 18년간 유배생활(1801-1818)을 하였다. 이 오랜 유배생활은 독자적인 거대한 체계를 지닌 위대한 학자로서 의 다산이 탄생하는 계기를 제공했다. 그는 당시 조선 후기 사회의 심화된 모순을 절감하며 이를 극복할 새로운 학문 체계 정립에 온갖 힘을 기울여 "육경사서六經四書로 수기修己를 이루고, 일표이서一表二書로 천하국가를 다 스리게 함으로써, 본말을 갖추었다."고 『자찬묘지명』(집중본, 61세)에서 자부 하였다. 그는 유학의 수기치인의 정신에 입각하여 총 232권의 경학 관련 저 술을 하였는데, 반드시 경학을 근본으로 경세를 논하였다; "반드시 먼저 경 학으로 토대를 정립한 다음 역사서를 섭렵하여, 득실과 치란의 근원을 알 아야 한다. 또한 모름지기 실용의 학문에 마음을 두고 옛 사람이 세상을 경영하고 백성을 구제했던 글들을 보기를 좋아하고, 이 마음을 항상 만백 성을 보존하고 윤택하게 하며 만물을 육성하겠다는 의지를 지녀야 한다. 이런 뒤에라야 독서하는 군자가 될 수 있다."(「기이아, 임술」)

다산은 당시 지배적인 성리학적 도통의 경학을 비판하여 "유가에는 도를 전하는 비결은 없다."고 선언한다. 나아가 그는 "도의 큰 근원은 요순에서 일어나 하나라와 은나라를 거쳐 주나라의 예禮로 흘러, 마침내 공자문하에 서 『대학』과 『중용』 두 권의 책을 형성한 뒤에 그치었다(「오학론」)."고 말한 다. 특히 그는 사서를 중시하여 "사서는 우리 도의 나침반이다."라고 말하였 다. 사서 가운데에도 다산은 유독 『논어』를 중시하였는데, 이는 초기(30세) 의 「논어대책」에서부터 분명히 드러나 있다; "인간보다 신령한 것은 없고, 성인보다 존귀한 사람은 없고, 공자보다 위대한 성인은 없으며, 공자의 한

마디 말과 한 글자도 살아가는 백성의 모범이 되고 세상을 유지하는 벼리가 되기에 진실로 충분하다.…후학이 높이 믿고 체득하여 실천할 것은 오직 『논어』 한 권뿐이다."

다산의 서간 곳곳에서 "육경이나 여러 성현의 글은 모두 읽어야 하겠지만 오직 『논어』만은 종신토록 읽음직하다." 혹은 "예지가 있고 성스러워 어떠한 하자도 없는 것이 『논어』이다." 등과 같이 표현되어 있다. 이런 관심에서 다산은 "드디어 『논어』를 취하여 『집해』나 『집주』의 사례를 따라 천고의 잘된 주를 수집하여 묶어 하나의 책으로 만들려고" 결심을 하였다; "평소 『논어』에 대한 고금의 여러 학설을 수집한 것이 적지 않았지만, 매번 한 장씩 대할 때에 고금의 여러 학설을 다 고찰하여 그 잘된 것을 취하여 논단하였으니, 비로소 이 밖에 새로 더 추가할 것이 없다(「답중씨」)."

이런 과정을 통해 탄생한 걸작이 바로 다산의 『논어고금주』이다. 「연보」에 다음과 같은 글이 보인다; "1813년(순조 13, 52세) 겨울에 『논어고금주』가 이루어졌다. 이 책은 여러 해 동안 자료를 수집하여 이 해 겨울에 완성했는데 40권이다. 이강회李綱會, 윤동尹峒이 도왔다. 『논어』에 대해서는 이의異義가 너무 많아 「원의총괄原義總括」 표를 만들어 「학이」편에서 「요왈」편까지 원의를 총괄한 것이 175조가 되지만, 다만 그 대강만 거론한 것일 따름이다. 『춘추삼전』이나 『국어』에 실린 공자의 말을 모아 한 편을 만들어 책 끝에 붙였는데, 『춘추성언수』 63장이 그것이다."

총 40권에 이르는 다산의 『논어고금주』는 그의 『논어』 관계 대표 저술로 여섯 가지 경전 해석 방식을 사용하는데, (1) 「보왈補曰」로 본문의 의미를 여러 학설을 인용하여 보완하고, (2) 「박왈駁曰」로 포함, 형병, 황간 등 고주의 경문 해석을 비판하고, (3) 「안案」으로 다산 자신의 입장을 개진하고, (4) 「질의質疑」를 통해 원문 자체에 회의를 표하거나, 다른 주석가(특히 朱子)에 대한 의문을 표하고, (5) 「인증」으로 경서 및 역사서의 사실을 인용하여 본문의 사건과 문장의 의미를 밝히고(以史證經), (6)「사실事實」은 여러 주석을 참조하면서 본문의 사건 내용을 설명하였다. 이 『고금주』에서 다산은 주자를 398회, 한대의 공안국을 305회, 후한의 정현을 150회, 일본의 다자이 슌(太宰純)을 148회, 포함을 117회, 오규 소라이(荻生雙松)를 50회 인용했다.(장곤장,「정다산과 다자이 슌다이의 『논어』 해석 비교연구」, 『다산학』 8, 293쪽, 주17.) 그런데 다산은 특히 주자의 『논어집주』에 대해서 무려 123조에 걸쳐 「질의」 형식으로 주자의 해석을 보완하거나 의문을 표시하고 있다. 그러나 그는 주자를 끝내 「박왈」의 형식으로 직접 비판하지는 않는 방식을 취했다.

나아가 그는 『논어』에서 공자가 말한 객관적인 배움(學)과 주체적인 사유(思)의 병진竝進 정신에 입각하여 고금의 주석을 논단하였다고 말하였다; "한유漢儒의 경전 주석은 옛것을 상고하는 것으로 법도로 삼고 명변이 부족하였으므로 참위와 사설을 함께 거두어들이는 것을 면하지 못하였으니 이것이 배우고서 생각하지 않은 폐단이다. 후유後儒의 경전 해설은 궁리窮理를 위주로 하고 고전을 소홀히 하여 제도와 명물에 때로 어긋나는 것이 있으니, 이것은 생각하면서 배우지 않은 허물이다(「고금주」)."

주자는 40여 년간 정성을 다해 집필한 『논어집주』를 두고 "한 글자도 보탤 것이 없고, 한 글자도 모자라지 않는다. 한 글자도 뺄 것이 없고, 한 글자가 많지도 않다. 혹은 저울에 단다고 하더라도 차이가 없으니, 높지도 않고 낮지도 않다."고 자부하였다. 다산 역시 "『논어고금주』는 여러 해 동안 자료를 수집하여 완성했는데 40권이다. 매번 한 장씩 대할 때에 고금의 여러 학설을 다 고찰하여 그 잘된 것을 취하여 논단하였으니, 비로소 이 밖에 새로더 추가할 것이 없다."고 자부하였다.

4.

20대의 필자는 특히 『맹자』를 좋아했다. 그래서 당시 민족문화추진회(현한국고전번역원)에서 『맹자』 강독을 수강하면서, 거기에 나오는 한자를 찾아 기록하는 것을 즐겨했다. 석사학위 논문 주제 또한 당연히 그 안에서 찾았다. 그 후 유도회부설 한문연수원을 3년간 다니면서 사서삼경 전체를 주자의 주석과 함께 처음으로 통독했다. 그리고 현대 심리철학과 연관한 유교 심성론으로 관심이 기울어져, 자연스럽게 맹자와 주자를 중심으로 유가의 심성론을 살펴보는 주제로 박사학위 논문을 썼다. 학위를 받고 10여 년간 필자는 학위 논문의 연장선상에서 주로 성리학을 중심으로 연구하면서, 서양의 현상학 및 심리철학에 많은 관심을 갖고 있었다. 이런 과정에서 당시 (2008) 필자가 소속되어 있던 동양고전학회에서 '사서삼경의 세계'라는 주제로 7년간 시리즈 학술대회를 함께 기획했다. 『논어』를 시작으로 사서삼경에 대해 차례대로 (1) 중국의 주요 주석, (2) 한국의 주요 주석, 그리고 (3) 다양한 학제간적 연구를 통해 현대적 이해를 시도한다는 것이었다. 필자는 이 학술대회에 적극 참여하여, 주자와 다산의 『논어』·『대학』·『중용』·『맹자』·『서경』의 주석에 대한 비교 연구를 지속적으로 수행했다. 약 5~6년간 주자와 다산의 경학에 대한 대비적 고찰을 계속해 나가면서, 필자는 경문에 대한 주자와 다산의 해석과 주석을 나란히 제시해 주고, 거기에 제시된 여러 개념들을 역사적으로 대비하여 종합적인 해설을 시도하면서, 공부하는 필자와 앞으로 이 분야를 공부할 학인들에게 많은 도움이 되어야겠다는 생각을 하게 되었다. 필자는 대략 이런 생각에서 이 책을 구상하여, 집필 도중 한국연구재단의 저술지원사업에 응모했는데 마침내 선정되었다. 그런데 그 「의견서」에서 "「고주」도 함께 다루어 주면 좋겠다."는 언명이 있었다. 생각해 보니, 참으로 지당한 견해라고 생각되어 함께 다루게 되었다.

　필자는 본래 이 책에서 『논어』 원문에 고주·주자·다산의 주석에 따른 원문의 번역과 주석에 나타난 쟁점만 해설할 생각이었다. 그런데 이러한 방식은 필자의 선입견에 의해 독자들을 자칫 오도할 수 있다는 생각을 하게 되었다. 그래서 최대한 객관적인 자료를 제시하고, 판단은 학인들이 하도록 하기 위해 다음과 같이 이 책(Ⅰ, Ⅱ, Ⅲ권)을 구성하였다.

첫째, 원문. 『논어』 원문은 다산의 『고금주』에 제시된 것을 따랐다. 다산은 유력한 이본異本이 있거나, 이전 주요 주석들과 장 · 절 · 구두가 다른 경우 반드시 표시하고, 여러 자료들을 원용하여 고증(「考異」)했다. 더하여 필자가 독자의 편의를 위해 편 · 장 번호(양백준의 『논어역주』 등 참조)를 붙였는데, 각각의 주석들이 장 · 절의 구분을 달리하는 경우에는 반드시 표시 · 설명했다.

둘째, 원문의 번역. 고주는 위나라의 하안何晏(?~249:『집해』), 양나라의 황간黃侃(488~545:『의소』), 그리고 북송의 형병邢昺(932~1010:『정의』⇒『주소』)에 이르는 집단지성의 산물로, 한당의 시대정신을 반영하는 가장 오래된(最古) 주석이다. 역사상 가장 정밀한(最精) 『논어』 주석인 주자의 『집주』(신주)는 복송오자로 대표되는 송대 사대부들의 활발한 학술 활동의 종합이자 그 귀결 이념이었다. 그리고 다산의 『고금주』는 이러한 신 · 고주를 주요 기반으로 하고 비정 · 결산하면서, 이후의 다양한 연구 성과를 자신의 철학체계 속에 융해하여 탄생시킨 역사상 최고 주석서 중의 하나이다. 이들 주석들은 각각 고유한 독자적인 학문적 가치를 지니는 동시에 상호 대비되는 상대적 가치를 지닌다. 새로운 주석인 주자의 『집주』와의 대비를 통해 고주를 재평가해 보면, 고주의 특징 · 장점 · 한계가 여실히 드러난다. 그리고 역으로 고주와 함께 주자의 『집주』를 보면, 그 혁신적인 특징과 철학적 의미 또한 명확히 부각된다. 나아가 다산의 『고금주』에 근거하여 주자의 『집주』를 다시 읽으면, 절대적인 것으로 신봉되던 『집주』 또한 여러 주석 중의 하나로 상대화되는 동시에, 주자 철학의 특징과 한계 또한 더욱 명확해진다. 다산의 『고금주』 또한 고 · 신 주석 및 다양한 당대의 주석들과 함께 대비하여 보았을 때, 그 특징과 의미가 선명히 부각될 수 있을 것이다.

바로 이 점에 착안하여 이 책에는 고주의 주석에 근거하여 고주적인 원문 읽기, 주자의 주석에 근거한 주자의 원문 읽기, 그리고 다산의『고금주』에 제시된 견해에 근거하여 다산적인 원문 읽기를 각각 제시하여, 상호 대조 · 평가가 가능하도록 하였다. 그리고 각 주석의 특징을 드러내고 이해에 도움을 주기 위해 괄호 속에 주석 내용을 보완하였다.

셋째, 어원풀이. 한자는 한 글자도 그냥 만들어지지 않았다. 모든 한자는 조어造語 원리에 의거하여 이해 · 연역되어야 한다. 갑골문이 발굴 · 해명되고, 수많은 전적들이 출판됨에 따라 현대의 우리는 이전의 주석가들보다 한자 어원 이해에 더 유리한 입장에 있다. 그래서 현대 어원사전 등을 참조하여『논어』원문에 나타난 한자 어원을 가능한 상세하게 풀이했다. 특히 여러 주석들에서 쟁점이 되는 한자의 어원은 가능한 빠짐없이 풀이하려고 했다. 모든 주석이 기본적으로 자의의 훈고에서 출발하지만, 특히 다산의 주석은 어원 분석을 통한 원의原義를 철두철미하게 해명해 준다. 다산의 천재적인 어원 분석과 현대 어원 해석을 비교해 보는 것도 매우 유익할 것이다.

넷째, 3대 주석의 제시. 다산의『논어고금주』는 (1) 신 · 고주를 중심으로 자신이 타당하다고 생각되는 것을 수용 · 보완하고, (2) 부당하다고 생각되는 대표적인 주석을 논박하거나「질의」를 통해 회의를 표하고, (3) 자신의 입장을 확연하게 개진하고, (4)「인증」및「사실」을 통해 추가적인 설명을 하는 것으로 구성되어 있다. 수많은 주석이 인용되지만, 특히 고주와 주자의『집주』는 매 장 · 절마다 인용되며 수용 · 회의 · 비판되고 있다. 고주는 다양한 주석가들이 존재하고 그 체계 또한 통일적이지 않다는 점에서 다산의『고금주』에 인용된 것으로 대신하고, 설명이 부족하다고 판단되면 필자가 보충했다. 주자의『집주』는 현토를 달아(동양고전학회편,『현토주해논어집주』및 성백효 역주,『논어집주』참조) 그 전체를 제시했다. 그리고 다산의『고금주』에서는 (1) 고주와 관련되는 부분은 빠짐 없이 제시하고, (2)『집주』를 그대로 인용 · 수용하여 중복되는 부분은 생략하고,『집주』에 대한 다산의 견해가 피력된 부분은 전부 제시했으며, (3) 다산의 견해가 드러나 있는 것과 논의상 필요한 여타 주석에 대한 인용 또한 최대한 제시했다.

다섯째, 비평. 원문 해석과 거기에 내재되어 있는 철학적 쟁점을 필자가 요약·비정하려고 했다. 『주자집주대전』과 『논어주소』, 그리고 다양한 현대의 주석서 등을 참조하여, 필자 나름의 보완적 설명을 시도했다.

여섯째, 주제·개념·쟁점 해설. Ⅲ권에서는 『논어』의 주요 주제와 여러 개념들을 해설하고, 이에 대한 쟁점을 서술했다. (1) 「위정2:4」에 대한 주석을 중심으로 공자의 생애와 학문을 제시하고, (2) 시작(「학이」) 및 마지막(「부지명」) 장을 중심으로 『논어』의 핵심 주제를 해설하고, (3) 『논어』에 나타난 우주론·인성론·수양론·학문·교육 등과 결부된 다양한 주요 개념들에 대한 해설을 제시했다. 특히 공자 이전(『시』·『서』 등)의 용례와 『논어』에서의 용례, 그리고 그 개념들에 대한 고주·주자·다산의 정의·해설을 상호 대비하여 제시했다.

필자가 이 책을 구성하고 해설하는 데에, 인터넷에 공개되어 있는 많은 자료와 기존의 연구 및 주석서들의 많은 도움을 받았다. 특히 한국고전번역원의 한국고전종합DB, 전통문화연구회의 동양고전종합DB, 다산학술문화재단 등의 자료들이 많은 수고를 덜어 주었다. 고주는 '뿌리와샘'의 영인본(『논어집해』)과 정태현·이성민 공역본(『역주논어주소』, 전통문화연구회)을 주로 참고하였으며, 박유리 선생이 역주한 『논어상해』도 많은 도움을 주었다. 다산의 『고금주』는 기존의 한국학자료원이 발간한 『여유당전서』 안에 수록된 것을 참조하면서 한국고전종합DB를 활용하였으며, 이지형 선생(『역주논어고금주』)과 전주대 호남학연구소(『논어고금주』) 번역본의 도움을 받았다. 그리고 박헌순 선생(『논어집주』)과 김도련 선생(『주주금석논어』)의 『집주』 역주본에 부가된 다산의 고금주의 역주·해설에도 많은 의지를 하였다. 『논어집주』에 대해서는 박성규 선생이 역주한 『대역논어집주』와 이인서원 기획(김동인·

지정민 · 여영기 역)의 『세주완역논어집주대전』 등 여러 번역서들을 참조했다. 필자가 참고한 여러 번역서와 해설서, 자전 그리고 논문 등은 3권의 각주에 제시된 것들을 보기 바란다. 이 책은 이러한 기존의 풍족한 연구 성과를 기반으로 하여, 수년간 전통 한학 교육과 현대 교육기관에서 여러 선생님들로부터 동 · 서 철학을 아울러 공부한 필자가 나름 최선의 노력을 다해 집필한 것임을 밝힌다. 필자는 이 책의 집필에 꼬박 만 6년의 세월을 바쳤다. 필자에게는 많은 깨달음이 있었던 소중한 시간이었다. 공부하는 사람들에게도 조금이나마 도움이 되었으면 하는 마음 간절하다.

이 책을 집필하는 데 많은 분들로부터 도움을 받았다. 한서대의 안외순 교수님(전 동양고전학회 회장)과 파라북스의 김태화 대표님, 그리고 한국외대의 장영란 교수님은 이 책을 집필하는 계기를 마련해 주셨고, 집필 도중 많은 용기를 주셨다. 우의에 감사한다. 경북대 대학원의 후배 추나진 선생은 바쁜 와중에도 원고 전체를 꼼꼼히 읽고 교정해 주었다. 그리고 너무나도 감사한 것은 오직 인내천의 정신에 따라 한결같은 마음으로 문화 사업에 헌신하는 도서출판 모시는사람들의 박길수 대표와 편집부 여러 선생님들의 노고이다. 특히 박 대표님은 약 3,000쪽에 달하는 방대한 이 원고를 손수 교정해 주시면서 많은 가르침을 주셨다. 이 책이 오류를 줄이고 조금이나마 덜 부끄럽게, 세상의 빛을 보게 된 것은 이분들의 은공이다.

그리고 나를 철학의 길로 인도해 주신 스승 낙도재 신오현 선생님과 오늘날 나를 존재하게 해 주신 부모님께 우러러 사모하는 마음을 올린다. 그리고 매일 연구실로 혹은 산으로 돌아다니는 나를 믿고 인고해 준 황미정 선생과 잘 자라준 현우 · 현서에게도 사랑하는 마음을 전한다.

2020년 3 · 1절에 감개무량하여
임헌규 손모음

공자의 생애와 학문 여정
—「위정2:4」의 주석을 중심으로

I. 서언

이 글에서는 공자가 후학들을 이끌기 위해 서설했던 자신의 생애와 학문 여정(『논어』2:4)을 관련된 『논어』의 어구와 주석(고주와 신주, 그리고 다산주), 그리고 연관된 주요기록들(『사기』「공자세가」, 『공자성적도』 등)을 중심으로 살펴보고, 그 삶과 학문 여정을 이해하고자 한다. 여기서 공자의 생애와 학문 여정을 밝히기 위해, 공자의 생애를 4단계로 나누어 제시한다. 첫째, 공자의 '탄생과 유년기'에서는 공자 탄생 당시의 상황("가문과 모국, 이중의 영광과 몰락")에 대해 제시했다. 둘째, '하학下學 시기(지우학~불혹)'에서는 공자가 말한 지우학, 이립 그리고 불혹의 의미를 여러 주석을 통해 살펴보면서, 이 당시 공자는 어떤 일을 겪었으며, 어떻게 성장하였는지에 대해 여러 자료들을 제시하고자 한다. 셋째, '상달上達 시기(지천명~종심소욕불유구)'에서는 공자가 말한 지천명, 이순 그리고 종심소욕불유구의 의미를 여러 주석들을 통해 살피고, 이 당시 공자의 문제의식과 도달했던 경지, 그리고 그 실천에 대해 살펴보고자 한다. 마지막으로 '귀향과 죽음'에서는 말년의 공자의 상황과 업적, 그리고 그 삶의 기록에 대해 논구하고자 했다.

II. 탄생과 유년기

공자는 추인陬人 (邑宰) 숙량흘叔梁紇(당시 66세로 본부인 施氏와 딸 9명, 둘째 부인에게서 장애 남아가 있었다)과 안징재顔徵在(15세)가 야합하고 니구산에 기도를 드린 끝에, 노魯나라 창평향昌平鄕 추읍陬邑에서 태어났다(기원전551년). 그는 태어날 때부터 머리 위쪽이 움푹 패어 있어 '구丘'(字는 仲尼)라고 불렸다. 공자의 아버지 숙량흘은 공자가 3세(노양공24년, 기원전549년)때에 세상을 떠나고 만다. 그러자 당시 18세의 어머니는 어린 공자를 데리고 공씨 가문에서 나와 노나라 수도인 곡부曲阜 궐리闕里로 이주하여, 공자는 홀어머니 슬하에서 어려운 유년시절을 보냈다. "어렸을 때 공자는 아이들과 놀이할 때면 항상 제기를 진설하고, 예를 행하는 것과 같은 모습이었다."고 기록되어 있듯이 경건하고 예의바른 몸가짐에, "어려서 비천했기 때문에 비루한 일에 능했다."[1]고 스스로 술회한 말에 나타나 있듯이, 다재다능한 소년이었다. 그런데 그 어머니마저도 공자 나이 17세에 세상을 등진다. 이때 공자는 합장을 미덕으로 여긴 당시 노나라의 풍속에 따르고자 결심한다.[2] 그런데 부친이 돌아가셨을 때 공자는 너무 어렸고, 어머니 또한 "말해주기를 꺼렸기" 때문에 묘소가 있는 장소를 알 수 없었다. 그래서 신중했던 공자는 많은 사람들이 왕래하는 오보의 거리에 임시 빈소를 설치하고, 수소문 끝에 마침내 부친의 묘소가 있는 장소(防山)를 알아내어 합장한다. 또한 당시 노나라 실권자인 계씨季氏가 선비들에게 연회를 베풀었다. 공자는 자신이 자격이 있다고 생각하여 연회에 참여했지만, 그 가신 양호陽虎가 "계씨께서는 선비들을 초대한 것이지, 그대가 감히 들어설 자리가 아니다." 하고 막아서, 물러났다.[3]

공자의 모국인 노나라 역시 나락의 길을 걷고 있었다. 주의 전장제도를 정립하고 예악의 토대를 마련한 유덕자 주공이 개국하여, 『시경』「대아」·「주

---

1 『논어』 9:6. "吾少卑賤 故多能鄙事."
2 『孔子家語』「曲禮公西赤問」참조.
3 사마천(김기주·황지원·이기훈 역주), 『공자세가·중니제자열전』 예문서원, 2003. 18쪽. 이 저서는 너무 잘 알려져 있어서 본문에 「세가」로만 표시하여 인용한다.

송」·「노송」 등에서 찬미되고 "주례를 온전히 지니고 있어 예악의 나라라고 칭송되던"4 노나라는 춘추 오패五覇(齊桓公, 晉文公, 楚莊公, 吳夫差, 越句踐)에 둘러싸여 퇴락을 거듭했다. 당시 격동기의 노나라에는 사전私田이 합법화되고 (공자탄생43년 전, 기원전594년), 삼환三桓(맹손씨, 중손씨, 계손씨)이 병권을 나눠 갖고(기원전562년) 정권을 독점하는 가운데 군권은 미약하고, 급기야 노나라의 궁정악사들마저도 모두 흩어져 버려, 이른바 예악이 몰락해 버린 것이 바로 당시 노나라의 상황이었다.5 이른바 "가문과 모국의 이중의 영광과 몰락" 상황에서 공자가 탄생했다고 할 수 있다.

III. 하학 시기(지우학~불혹)

15세의 공자는 '학문에 뜻을 두었다(志于學).'고 술회하였는데, 먼저 이에 대한 주석을 살펴보자. 고주는 "성동成童의 나이가 되어 지식과 사려가 비로소 밝아져, 이에 학문에 뜻을 두었다."6는 말이라고 해석했다. 신주의 주자朱子는 "옛날에는 15세에 태학에 들어갔다. 마음이 가는 바를 일러 지志라고 한다. 여기서 '학學'이란 곧 태학의 도이다."7라고 했다. 다산 정약용은 "지志란 마음에 정해진 방향이 있음(心有定向)이다."8라고 주석하였다.

그런데 고주는 「학이1:1」의 주석에서 "학學이란 아직 알지 못하던 것을 깨닫는 것(覺悟所未知也)"으로 정의하고, "10세가 되면 육서六書와 구수九數를 배

4 『좌전』「소공2년」 "周禮盡在魯矣."
5 『논어』 18:9 참조.
6 정태현·이성민 공역, 『역주논어주소』 전통문화연구회, 2014. 편장절을 알 수 있는 경우 이 책을 인용할 때는 본문에 『주소』로만 표기하고, 각주에 제시하지 않는다.
7 『논어집주』 2:1. 편장절을 알 수 있는 경우 이 책을 인용할 때는 본문에 『집주』라고만 표기한다.
8 정약용(이지형 역주), 『논어고금주』 사암, 2010. 편장절을 알 수 있는 경우 이 책을 인용할 때는 본문에 『고금주』라고만 표기한다.

우고, 13세가 되면 악樂을 배우고 시詩를 음송吟誦한다."라고 주석하면서, '지우학'이란 성동의 나이가 되면 마땅히 선왕의 경업을 배우는 데에 뜻을 두고, 후에 성취를 통해(小成, 大成) 군자(師, 長, 人君)의 지위에 오를 것을 기약해야 한다고 주석했다(『주소』). 주자는 '지우학'의 학을 태학의 도라고 했다. 그렇다면 소학(灑掃應對進退之節, 禮樂射御書數之文)의 단계를 넘어 "이치를 궁구하고 마음을 바로 잡아, 자신을 수양하여 남을 다스리는 도리(窮理正心修己治人之道)"에 뜻을 두었다는 말이다(『집주』). 한편 다산은 학學을 "알기 위해 가르침을 받는 일체 행위"로 정의하고, 공자가 말한 '지우학'의 학을 "도를 업으로 삼는 것(業道之名)"이라고 해석한다(『고금주』). 그런데 다산은 다른 곳에서 "여기에서 저기에 이르는 것이 도道이다. 도에 뜻을 두는 것(志於道)이란 마음과 본성을 다스리고자 하는 것이다."(『고금주』7:6, 4:9)라고 주석했다. 요컨대 고주는 "지우학志于學이란 선왕의 경업經業을 학습하여 소성·대성을 통해 군자(師·長·人君)의 지위에 오르는 것에 뜻을 두었다는 의미"라고 해석했다. 주자는 소학을 넘어 대학의 도(窮理正心修己治人之道)에 마음이 가는 바를 두었다고 해석했고, 다산은 마음과 본성을 다스려 여기(하학의 인사:효제충신)에서 저기(상달=천덕에 통달)에 이르는 도에 마음을 정향한 것으로 해석했다.

다음으로 공자가 서른에 도달하였던 '이립而立'에 대한 주석을 살펴보면, 먼저 고주는 "성립한 바가 있음(有所成立也)"이라고 했다(『주소』). 주자는 "스스로 정립함(自立)이 있어 지킴이 굳건하여 의지에 종사할 필요가 없다."라고 했다(『집주』). 그리고 다산은 "입立이란 자신을 편안하게 하여 동요하지 않는 것(安身不動)을 말한다."라고 주석했다(『고금주』).

그리고 '불혹不惑'에 대하여, 고주는 "의지가 강하고 배움이 넓어져서(志强學廣) 의혹하지 않음이다."라고 했다. "사물의 당연한 바에 의심할 것이 전혀 없으면, 앎이 밝아져서 지킴에 종사할 필요가 없다."라고 했다. 그리고 다산은 "불혹不惑이란 이치를 봄이 명확하여 미혹되는 바가 없음을 말한다.(『자한」편에서, '지혜로운 자는 미혹되지 않는다'고 했다.)"고 주석하였다.

이제 좀더 자세히 살펴보자. 먼저 '지志'는 원래 심心과 지之의 형성자로 마음의 지향과 대상을 말하였지만(心之所之之謂),[9] 이후 지之가 사士로 변해 선비(士)의 군은 마음(心)으로서 의지意志와 주재主宰를 뜻했다. 『논어』에서 상대적으로 많게 제시(14장에서 총 17회)된 지志는 마음이 가는 바(心之所之) 혹은 마음의 정향(心之定向)으로 '(무엇에) 뜻을 두다'의 동사적 의미로 4번 나온다.(「위정2:4」의 "志于學", 「리인4:4」의 "苟志於仁矣", 「리인4:9」의 "士志於道", 「술이7:6」 "志於道" 등) 그런데 지志의 대상은 학學·인仁·도道 등과 같은 것인데, 이 지志를 고주는 '사모하다', 주자는 '마음이 가는 바(心之所之也)' 혹은 '마음의 욕구(心之欲求)' 그리고 다산은 '마음의 정향(心之定向)' 등으로 주석했다. 그리고 공자는 "지사志士와 인인仁人은 삶을 구하여 인을 해치는 일이 없고, 몸을 죽여서도 인을 이룸이 있다." 혹은 "선비는 도에 뜻을 둔다."[10]고 말하였기 때문에 학이란 인과 도의 체득이라 하겠다. 그리고 공자가 말한 지志(「공야장5:25」의 "盍各言爾志…願聞子之志.", 「자한9:26」의 "匹夫不可奪志也", 「선진11:25」의 "亦各言其志也", 「계씨16:11」의 "隱居以求其志", 「미자18:8」의 "不降其志. 降志辱身矣", 「자장19:6」의 "博學而篤志" 등)란 바로 최상의 의지·의향·소망·목표를 말한다. 따라서 공자가 지향한 학學(→仁→道)의 궁극 목표는 인仁을 통한 자기완성의 길, 즉 성인에 이르는 길을 의미한다. 그리고 '이립'과 '불혹'은 이러한 성인의 도를 배우는 과정에서 자립과 앎의 밝아짐이 이루어졌음을 말한다고 생각된다. 그렇다면 이제 문제는 '성인이 되는 과정에서 무엇으로 자립 혹은 성립해야 하는가?' 하는 점이다. 『논어』에서 '이립'과 연관하여 중요한 단서를 알려주는 구절을 보면 다음과 같다.

---

9   『설문해자』 "志 意也. 從心 之聲, 志是意念 心情 形聲字."
10 『논어』 15:8. "子曰 志士仁人 無求生而害仁 有殺身而成仁." 4:9. "子曰 士志於道."

지위가 없음을 걱정하지 말고, 자립할 방법을 걱정하라.[11]

대저 인자는 자신이 서고자 하면 남을 세워준다.[12]

시에서 흥기하고, 예에서 일어서고, 악에서 완성된다.[13]

안연이 말했다. "선생님께서는 순서에 따라 사람을 이끌어 나아가게 하시고, 문으로 나를 넓혀 주시고, 예로서 단속하여 주셔서, 그만두려고 하여도 그만둘 수 없게 하셨기에, 이미 나의 재주를 다하였는데도 우뚝하게 선 것이 있는 듯했다."[14]

예를 배우지(알지) 못하면 서지 못한다.[15]

따라서 '삼십이립三十而立'은 우선 행위의 표준으로서 예를 학습·인식·체득·실천할 수 있게 되었다(禮以立)는 말이다. 여기서 고주는 "예禮는 공손恭遜·검약儉約·장엄莊嚴·공경恭敬이니, 입신立身의 근본이다. 만약 예를 알지 못한다면 입신할 수 없다."라고 주석했다(『주소』 20:3). 그리고 주자는 "예를 알지 못하면 귀와 눈을 둘 곳이 없고, 손과 발을 놓을 곳이 없다."라고 말했다(『집주』). 그리고 다산은 "예는 위아래를 정하고 혐의를 분별하니, 예를 알지 못하면 보거나 듣거나 말하거나 움직일 수 없는 까닭에 그 몸을 세울 수 없다."(『고금주』)고 했다. 공자는 예의 중요성을 다음과 같이 말한 바 있다.

공자께서 말씀하셨다. "공손하되 예가 없으면 수고롭고, 신중하되 예가 없으면 두려워하고, 용감하되 예가 없으면 난을 일으키고, 정직하면서 예가 없

---

11 『논어』 4:14. "子曰 不患無位, 患所以立."
12 『논어』 6:28. "夫仁者, 己欲立而立人."
13 『논어』 8:8. "興於詩 立於禮 成於樂."
14 『논어』 9:10. "顏淵喟然歎曰 仰之彌高 鑽之彌堅 瞻之在前 忽焉在後. 夫子循循然善誘人 博我以文 約我以禮 欲罷不能. 旣竭吾才 如有所立卓爾 雖欲從之 末由也已."
15 『논어』 16:13. "不學禮 無以立." 20:3. "不知禮, 無以立也."

으면 급절한다."[16]

그런데 안연의 말을 보면, '예로써 나를 단속함'과 병행되어야 하는 것이 있으니, 바로 '문으로 나를 넓혀주는 것'이다. 여기서 문이란 선왕이 남긴 글 (고주), 격물치지致知格物(주자), 혹은 육경의 글(다산) 등으로 해석된다. 그래서 제자들은 "공자께서 항상 하신 말은 『시』·『서』, 그리고 예를 지키는 것이었는데, 이것이 항상 하시는 말씀의 전부였다."[17]라고 증언하였다. 그리고 공자는 "시詩는 감흥을 불러일으키며, 볼 수 있게 하고, 어울리게 하고, 원망할 수 있게 하며, 가까이로는 부모를 섬길 수 있게 하고, 멀리로는 임금을 섬길 수 있게 한다."[18]라고 했다. 그리고 공자는 "옛것을 알아 소통하게 하는 것이 『서』의 가르침이고, 화이和易·양순良順은 『악樂』의 가르침이고, 심성이 맑고 의리가 정미함은 『역』의 가르침이다."라고 했다.[19] 따라서 공자의 자립 혹은 성립이란 『시』·『서』·『예』·『악』·『역』 등에 대한 연구를 통해 그에 대한 독자적인 이치를 정립했다는 의미로 볼 수 있다.

다음으로 '불혹'에 대해 살펴보자. 『논어』에서 공자가 말한 '혹惑' 자와 나오는 구절은 9:28 및 14:38(知者不惑, 仁者不憂, 勇者不懼), 12:10(崇德, 辨惑...愛之欲其生, 惡之欲其死, 旣欲其生, 又欲其死, 是惑也), 13:10(子曰: "善哉問!先事後得, 非崇德與?攻其惡, 無攻人之惡, 非脩慝與?一朝之忿, 忘其身, 以及其親, 非惑與?"), 14:29(子曰: "君子道者三, 我無能焉, 仁者不憂, 知者不惑, 勇者不懼") 등이 있다. 고주에서는 "지자知(智)者는 사물에 밝다(明於事)."라고 해석했지만(『주소』), 주자는 수정하여 "지자知(智)者는 현명함이 이치를 밝힐 수 있기 때문에 미혹되지 않는다."

16　『논어』 8:2. 子曰: "恭而無禮則勞, 愼而無禮則葸, 勇而無禮則亂, 直而無禮則絞."
17　『논어』 7:17. "子所雅言 詩書執禮 皆雅言也."
18　『논어』 17:9. "子曰 …詩可以興 可以觀 可以群 可以怨 邇之事父 邇之事君"
19　『예기』「經解」참조.

라고 주석했다(『집주』). 다산 또한 주자의 해석에 전적으로 동의하면서, 나머지 구절의 해석에서도 "사람이라면 자신을 사랑하지 않음이 없고, 사람이라면 어버이를 사랑하지 않음이 없는데, 작은 분노로 말미암아 큰 사랑을 망각하여 재앙災殃과 화난禍難을 불러오게 하니, 이것이 미혹이다. 보완하여 말한다. 숭덕崇德은 인仁이고, 수특修慝은 용勇이고, 변혹辨惑은 지智이다."라고 말하였다(『고금주』). 따라서 "불혹不惑(辨惑)이란 현명함으로 이치를 알아 지자가 되는 군자의 도이다."라고 할 수 있다. 그렇다면 군자의 도인바 불혹의 지자(지식과 이치를 알아 혹은 지혜로움을 갖춘 자)가 되기 위해서는 무엇을 알아야 하는가? 공자는 『논어』의 마지막 장에서 군자가 알아야 할 것으로 명命·예禮·언言을 제시했다.[20] 그런데 이 구절의 명命을 고주는 "곤궁과 영달의 분수를 말한다."고 해석했다. 주자는 "이 구절의 명命은 '오십이지천명五十而知天命'의 명命과 다르다."고 말하면서, "지천명의 명은 그 이치의 유래한 바를 알았다는 것을 말하지만, 여기서의 명은 사생·요수·부귀·귀천의 명을 말한다."[21]고 설명했다. 그리고 다산은 "명命은 하늘이 사람에게 부여한 것인데, 성性(마음의 기호)이 덕을 좋아하는 것은 바로 명命이다. 생사·화복·영욕 또한 명이 있다."라고 해석했다(『고금주』). 언言과 인人에 관한 앎과 연관하여, 고주는 "말을 들으면 그 시비是非를 분별한다."고 했으며, 주자는 "말의 얻음과 잃음으로 사람의 사악함과 정직함을 알 수 있다." 그리고 다산은 "지언知言은 남의 말을 듣고 그 심술의 사악함과 올바름을 아는 것이다."라고 주석하였다. 요컨대 불혹이란 인간에게 명(인간본성과 생사·화복·영욕의 명)이 있다는 것을 알아서 군자 사람은 행위의 표준으로서 예(여기서의 禮는 단순히 예의만이 아니라, 시·서·예·악 전체를 대표한다.)의 이치를 알고, 말의 이치를 알아 다른

---

20 『논어』 20:3. "孔子曰 不知命 無以爲君子也 不知禮無以立也 不知言無以知人也."
21 김동인·지정민·여영기 역, 『세주완역논어집주대전』, 한올아카데미, 2009. 20:3에 대한 주자세주. 이 책 또한 『대전』으로만 표시한다.

사람의 시비사정을 파악할 줄 아는 지자의 경지에 도달한 것이라 하겠다.

이제 이 시기(지우학, 이립, 불혹의 때)에 공자에게 실제 일어났던 일과 연관된 그의 말을 살펴보자. 이때 일어났던 주요 일들을 살펴보면 다음과 같다.

17~19세. 상喪을 마치고 조상의 모국인 송나라로 가서 그 예禮를 배우고, 견관씨开官氏와 결혼하다.

20~21세. 송나라에서 돌아와, 아들(이름은 鯉, 자는 伯魚)을 낳으니, 소공이 잉어를 하사하자 영광스럽게 생각하다. 계손씨의 위리委吏(창고관리), 사직리司職吏(가축관리)를 지냈다('太廟問禮'도 이 과정에서 있었다).

27세. 담郯 군주가 노나라를 방문하니, 가르침을 구해 고대관직의 유래를 배우다.

29세. 사양자師襄子에게 거문고를 배우다.

30세. 제경공齊景公과 안영晏嬰이 노나라에 방문했을 때 만나 "목공穆公이 패자가 될 수 있는 이유"에 대해 답하다. 계씨의 가신을 사임하고 사학私學을 열다. 대부(맹의자와 南宮敬叔)들도 사사하다(鄭子産에게 배우다).

34세. 남구경숙과 함께 주周나라에 가서 노자老子에게 예를 묻고(문례노담問禮老聃), 장홍萇弘에게 악에 관한 자문(訪樂萇弘)을 하고, 그리고 주나라의 사당(觀周明堂)과 동상의 격언을 보다.

35세. 노나라로 귀국하다. 팔일무八佾舞 사건이 발생하고, 소공이 삼환과의 전쟁에서 패해 제나라로 망명하자, 공자 역시 제나라로 가다. 이때, 태산을 지나다가 "가혹한 정치는 호랑이보다 사납다(苛政猛於虎也)"는 현실을 경험하다(泰山問政). 제경공이 정치에 대해 묻고 공자를 등용하고자 했지만, 안영의 반대로 무산되다. 순임금의 음악을 듣고(聞韶), 석 달 동안 고기 맛을 잊다.

37~51세. 노나라에 귀국하여, 벼슬하지 않으면서 행단을 이끌면서(杏亶講學) 교학상장하다. 『시』·『서』를 편수하다(退修詩書). 47세 때 양화의 관직제

의를 완곡히 거절하다.

공자는 "내가 일찍이 종일토록 먹지 않고 밤새도록 자지 않고 사색했지만 유익함이 없었다. 배우는 것만 못했다."[22]고 하였던바, 바로 이런 과정에서 학에 뜻을 두면서 평생 호학자로서의 삶을 살았다. 즉 그는 "스스로 창시자 혹은 완성자(聖人 · 仁人 · 知人)로 자임하지 않고, 오직 무지無知하여 단지 옛 것을 믿고 좋아하여 민첩하게 추구하는 계승자일 뿐이다."라고 말하였다. 그러나 그는 "비록 그 실천에서는 터득한 것이 없을 수 있지만, 학문을 좋아하는 점에서는 그 누구에게도 뒤지지 않으며" "배우기를 싫증내지 않고, 가르치기를 권태로워하지 않는다."고 했다.[23] 요컨대 그는 성인이 되는 학문에 뜻을 두고 끊임없이 노력하는 호학자로 자부하면서 그 중요성을 역설했다.

인仁을 좋아하면서도 호학하지 않으면, 그 폐단은 어리석게 된다. 지知를 좋아하면서도 호학하지 않으면, 그 폐단은 허황되게 된다. 신信을 좋아하면서도 호학을 좋아하지 않으면, 그 폐단은 해치게 만든다. 직直을 좋아하면서도 호학을 좋아하지 않으면, 그 폐단은 급하게 만든다. 용勇을 좋아하면서도 호학을 좋아하지 않으면, 그 폐단은 어지럽게 된다. 강剛을 좋아하면서도 호학하지 않으면, 그 폐단은 경솔하게 된다.[24]

그렇다면 공자는 이때 누구에게 무엇을 배웠는가? 다음 대화를 살펴보자.

---

22 『논어』 15:30, 子曰: "吾嘗終日不食, 終夜不寢, 以思, 無益, 不如學也."
23 『논어』 7:18, 7:33, 9:7, 7:1, 7:19, 7:32~3 등 참조.
24 『논어』 17:8. "好仁不好學 其蔽也 愚. 好知不好學 其蔽也 蕩. 好信不好學 其蔽也 賊. 好直不好學 其蔽也 絞. 好勇不好學 其蔽也 亂. 好綱不好學 其蔽也 狂."

위나라 (대부) 공손조가 자공에게 물었다. "중니는 어디서 배웠는가?" 자공이 말했다. "문·무왕의 도(모훈과 공훈 및 주나라의 예악·문장 같은 것)가 아직 땅에 떨어지지 않아서 사람들에게 남아 있다. 그리하여 현명한 자는 그중에 큰 것을 기억하고, 현명하지 못한 자는 작은 것을 기억하고 있어 문·무왕의 도가 있지 않음이 없으니, 부자께서 어느 누구에겐들 배우지 않았겠으며, 또한 어찌 일정한 스승이 계셨겠는가?"[25]

이 구절을 주자는 예禮의 관점에서 해석하여 '큰 것'이란 예의 강령을, 작은 것이란 예의 세목이라고 했다(『집주』). 다산은 큰 것을 성명性命과 덕교德敎, 작은 것이란 예악과 문장이라고 했다(『고금주』). 그리고 '사람들에게 있다'에 대해 주자는 "바로 노담老聃, 장홍萇弘, 담자郯子, 사양師襄 등에 필적할 사람들을 가리킨다."고 말했다. 그러나 다산은 "'사람들에게 있다'란 사람들이 기록한 전적典籍에 실려 있다는 말이지, 사람과 사람 간에 전해졌다는 것을 말하지 않는다."고 주장하면서 "마땅히 육경六經을 공자 학문이 유래하는 곳으로 삼아야 한다."라고 했다. 어쨌든 공자는 학문의 과정에서 여러 사람들의 자문을 받았음이 틀림없지만, "세 사람 정도 (소수가) 길을 가도, 반드시 나의 스승이 거기에 있다."[26]는 자세로 삶을 영위하여, 삶이 곧 앎이라고(生而知之) 여기면서 모든 사람과 모든 곳에서 깨우침을 받았다고 하겠다.

그런데 주자의 주장대로, 이 당시 공자는 특히 예禮에 대해 자문을 구하면서 그 이론을 정립하고, 교육하는 데에 열중했다.[27] 우선 공자가 탈상脫喪하자마자 은의 후예로 조상들의 국가인 송나라에 갔던 것 또한 예를 구하기 위

---

25 『논어』19:22. 衞 公孫朝問於子貢曰: "仲尼焉學?" 子貢曰: "文·武之道, 未墜於地, 在人. 賢者識其大者, 不賢者識其小者, 莫不有文·武之道焉. 夫子焉不學?而亦何常師之有?"
26 『논어』7:21. "子曰 三人行 必有我師焉 擇其善者而從之 其不善者而改之."
27 『논어』에서 '禮' 자는 도합75회 출현한다.

한 것이었다. 기록에 따르면, "공자는 송나라에 장기간 머물면서 관장포의 관을 썼다."[28]고 했는데, 이때 공자는 조상의 옷을 입고, 옛 현인의 풍습을 경험하면서 송(은)나라의 역사와 문화 그리고 전장제도를 연구했을 것이다. 그래서 공자는 "하나라의 예는 내가 능히 말할 수 있으나, (그 후손인) 기나라는 충분히 징험할 수 없다. 은나라의 예는 내가 능히 말할 수 있으나, (그 후손인) 송나라는 충분히 징험할 수 없다. 전적과 어진 이가 부족하기 때문이니, 전적과 어진 이만 충분히 있다면 나는 그것을 징험할 수 있다."[29]고 말했다. 그리고 자장의 "(앞으로) 열 왕조의 일을 알 수 있겠습니까?"라는 물음에 대답하여 "은나라는 하나라의 예를 인습하였으니, 덜고 더한 것을 알 수 있다. 주나라는 은나라의 예를 인습하였으니 덜고 더한 바를 알 수 있다. 그것이 혹 주나라를 계승한 나라라면, 백 왕조 뒤의 일이라도 알 수 있을 것이다."[30]라고 말하기도 했다. 그리고 "주나라는 (하·은) 두 나라를 살펴서 (덜고 더했으니), 찬란하도다, 그 문화여! 나는 주나라를 따르겠다."[31]라고 말했다.

그런데 공자는 젊어서 이미 예禮에 대한 풍부한 식견을 지닌 사람으로 인정받고 있었다. 그랬기에 노나라 대부 맹리자孟釐子는 임종에서 "지금 공구는 나이는 비록 어리지만(당시 17세) 예를 좋아하니, 아마도 통달한 사람이 아니겠는가?"라고 말했으며, 또한 『논어』에 다음과 같이 기록되어 있다.

공자께서 태묘에 들어가 매사를 물으니, 어떤 사람이 말했다. "누가 (저 젊은) 추땅 사람의 아들이 예를 안다고 했는가? 태묘에 들어가 매사를 묻더라."

---

28 『예기』「儒行」 孔子對曰, "丘少居魯, 衣逢掖之衣. 長居宋, 冠章甫之冠."
29 『논어』 3:9. 子曰: "夏禮, 吾能言之, 杞不足徵也. 殷禮, 吾能言之, 宋不足徵也. 文獻不足故也. 足, 則吾能徵之矣."
30 『논어』 2:23. 子張問: "十世可知也?" 子曰: "殷因於夏禮, 所損益, 可知也. 周因於殷禮, 所損益, 可知也. 其或繼周者, 雖百世可知也."
31 『논어』 3:14. 子曰: "周監於二代, 郁郁乎文哉! 吾從周."

공자가 들으시고 말씀하셨다. "(비록 알더라도 응당 다시 묻는 것이 경건하고 삼감의 지극한 것) 이것이 예이니라."[32]

『논어』를 살펴보면 공자는 '예禮'를 (1) 고대의 역사와 문화(하례, 은례, 주례), (2) 전장典章제도(齊之以禮), (3) 고대의 『예』라는 서적(詩書執禮), (4) 일상의 행위규범(禮以行之) 등으로 나누어 연구하고 가르쳤다. 이 과정에서 그는 특히 예의 형식보다 정신에 강조점을 두었다. 그래서 그는 "군자가 (일을 제어하는 근본인) 의로써 바탕·근간을 삼고, 예로써 고결하게 행하고, 겸손한 말로써 그것을 드러내고, (언행을 총괄하는) 믿음(성실)으로써 이루니, 진정 군자(의 도)로다."[33]라고 말했다. 바로 이런 까닭에 그는 "예의 근본"을 묻는 임방의 질문에, 공자는 "예는 사치하기보다는 차라리 검박한 것이 낫고, 상례는 익숙히 처리하는 것보다는 차라리 슬퍼하는 것이 더 낫다."[34]라고 대답했다. 이때 공자는 예와 함께 악樂의 연구에도 열중했다. 공자가 악에 대해 얼마나 열정적이었는지는 다음 구절이 잘 말해준다.

공자께서 제나라에 계실 때(35세)에, 순임금의 음악을 들으시고, (그것을 배우는데 전일하여) 석 달 동안 고기 맛을 잊으셨다. 말씀하셨다. "(순임금이) 지은 음악이 이와 같은 데에 이르게 될 것이라고 생각하지 못했다."[35]

"악사 지가 초기에 연주하던 「관저」의 마지막 장(亂=卒章)이 아름답고 성대하게 귀에 가득하구나!"[36]

---

32 『논어』 3:15. 子入大廟, 每事問. 或曰: "孰謂鄹人之子知禮乎? 入大廟, 每事問." 子聞之曰, "是禮也."
33 『논어』 15:17. 子曰: "君子義以爲質, 禮以行之, 孫以出之, 信以成之. 君子哉!"
34 『논어』 3:4. 林放問禮之本. 子曰: "大哉!問. 禮, 與其奢也, 寧儉. 喪, 與其易也, 寧戚."
35 『논어』 7:13. 子在齊聞〈韶〉, 三月不知肉味, 曰: "不圖爲樂之至於斯也."
36 『논어』 8:15. 子曰: "師摯之始, 〈關雎〉之亂, 洋洋乎盈耳哉!"

이러한 열정적인 연구 끝에 공자는 당시 노나라의 악관에게 "악이란 알 만한 것이다. 시작할 때는 모으듯이 음을 내고, 펼침(放)에 화해하듯이 음을 내고, 분명하듯이 음을 내고, 서로 이어져 끊어지지 않듯이 함으로써 한 악장을 마친다."[37]라고 가르침을 주었다.

그런데 공자는 "시에서 감흥하고, 예에서 서고, 악에서 완성한다."고 말했듯이, 공자는 악을 통해 곡조曲調나 박자拍子 혹은 주제나 의미의 학습을 넘어서, 작품 속에 녹아 있는 작자의 인품을 체득해야 한다고 생각했다. 다음 기사가 이를 잘 말해준다.

> 공자 나이 29세 때에, 사양자師襄子에게 거문고를 배웠다. 열흘이 지나도 한 곡만을 연습할 뿐, 다른 곡을 연습하지 않자 사양자가 말했다. "이제 이 곡은 그 정도로만으로 충분히 익힌 것 같으니, 진도를 나가 다른 곡을 연주하는 것이 어떻겠습니까?" 그러자 공자는 대답했다. "아직 운율을 제대로 익히지 못하였습니다." … "아직 그 의미를 제대로 알지 못하였습니다." … "아직 그 사람됨을 알지 못하고 있습니다." … "이제 그 사람됨을 알 수 있습니다. … 이 곡은 문왕이 아니라면, 그 누가 지을 수 있겠습니까?"[38]

그런데 공자는 악이 개인적으로는 인품의 완성일 뿐만 아니라, 치도의 완성을 가져오는 수단이라고 생각했다. 그래서 "순임금의 음악(韶)을 평하시어 '지극히 아름답고 또 지극히 선하다'고 했다. 무왕의 음악을 평하시어 '지극히 아름답기는 하지만, 지극히 선하지는 않다.'"[39]고 평하면서, 안연이 나라

37 『논어』 3:23. "子語魯大師樂日 樂其可知也. 始作 翕如也 從之 純如也 皦如也 繹如也 以成."
38 김기주·황지원·이기훈 역주, 『공자성적도』, 예문서원, 2003, 41쪽. 『사기』 「공자세가」, 『공자가어』 「辯樂解」 등 참조.
39 『논어』 3:25. 子謂韶 盡美矣 又盡善也 謂武 盡美矣 未盡善也. 주자의 해석에 따르면, "순임금의 덕은 본성을

를 다스리는 방법을 물었을 때 순임금의 음악을 사용하라고 말했다.

하나라의 역법을 시행하고, (중정함을 얻은) 은나라의 수레를 타고, 주나라 면류관을 쓰고, 음악은 (순임금의 음악으로 진선진미한) 소무韶舞를 연주할 것이다. 정나라의 음악을 물리치고, (비굴하게 아첨하면서) 말 잘하는 사람을 멀리하라. 정나라 음악은 음란하고, 말 잘하는 사람은 위태롭다.[40]

그런데 본래 예악의 본향이었던 노나라의 악은 이 당시에 여지없이 붕괴되어 있었다. 『논어』의 다음 글이 그 사정을 잘 말해준다.

태사(樂官之長)지는 제나라로 가고, 아반 간은 초나라로 가고, 삼반(樂章의 이름) 요(악사의 이름)는 채나라로 가고, 사반(악장의 이름) 결(악사의 이름)은 진나라로 갔다. 북을 치는(鼓=擊鼓者) 방숙은 황하로 들어가 기거하였고, 소고를 흔드는 무는 한중으로 들어갔으며, 소사 양과 경쇠를 치는 양은 바다로 들어갔다.[41]

공자 당시(35세) 노나라에서 예악의 붕괴는 이른바 '팔일무八佾舞' 사건이 잘 말해준다. 이때 공자는 계씨를 평하여 "팔일무를 그의 뜰에서 추게 하니, 이것을 차마 한다고 하면, 무엇인들 차마 하지 않겠는가?"라고 했다. 그리고 삼가가 천자의 노래인 (『시경』 「주송」의) '옹'편으로 철상하자, "'제후들이 제사

그대로 실현하여(性之) 揖遜함으로 천하를 얻었지만, 무왕의 덕은 본성을 회복하여(反之) 정벌하고 죽임으로써 천하를 얻었기 때문에 그 실질은 같지 않다."

40 『논어』 15:10. 顏淵問爲邦. 子曰: "行夏之時, 乘殷之輅, 服周之冕, 樂則〈韶舞〉. 放鄭聲, 遠佞人. 鄭聲淫, 佞人殆."

41 『논어』 18:9. "大師摯適齊, 亞飯干適楚, 三飯繚適蔡, 四飯缺適秦, 鼓方叔入於河, 播鼗武入於漢, 少師陽·擊磬襄入於海."

를 도우니, 천자의 모습이 그윽하고 또 그윽하도다!'라는 시를 어찌 세 대부의 당에서 부를 수 있단 말인가?'라고 한탄했다. 결국 그는 당시 치도의 원리로서 예악이 붕괴된 참란한 상태를 한탄하며 다음과 같이 말한다.

> (천하의 형세를 통론하면) 천하에 도가 있으면 예악·정벌이 천자로부터 나오고, 천하에 도가 없으면 예악과 정벌이 제후로부터 나온다. 제후로부터 나오면 대략 10세 동안 잃지 않음이 드물고, 대부로부터 나오면 5세 동안 잃지 않음이 적다. 가신이 국권을 잡으면 삼대에 망하지 않음이 없다. 천하에 도가 있으면 정사가 대부의 손에 있을 리 없고, 천하에 도가 있으면 (위에서 말한 失政이 없으면) 서인들이 사사로이 의논함이 없다.[42]

공자(35세)는 예악이 무너져 참칭僭稱·참월僭越이 넘쳐나던 당시 상황에 대한 처방책으로 "군군君君·신신臣臣·부부父父·자자子子"[43]라는 여덟 자를 제시한다. 이는 후에 '정치의 목적은 정의구현'[44]이라는 말로 구체화되어, 말년에 자로의 언명에 대답하는 과정에서 정교화된다.[45] 바로 이 점에서 소공권이 "공자사상의 출발점은 '종주從周'였지만, 그것을 실행하기 위한 구체적인 주장은 정명正名이었다."[46]고 하는 것은 어느 정도 타당하다고 하겠다.

그런데 이때 이미 공자는 "예로다, 예로다 하는 것이 옥백玉帛을 말하는 것이겠는가? 악이로다, 악이로다 하는 것이 종고를 말하는 것이겠는가?"[47]라고

---

42 『논어』 16:2. 孔子曰: "天下有道, 則禮樂·征伐自天子出, 天下無道, 則禮樂·征伐自諸侯出. 自諸侯出, 盖十世希不失矣, 自大夫出, 五世希不失矣, 陪臣執國命, 三世希不失矣. 天下有道, 則政不在大夫. 天下有道, 則庶人不議."
43 『논어』 12:11. "齊景公問政於孔子 孔子對曰 君君臣臣父父子子."
44 『논어』 12:17. "政者正也."
45 『논어』 13:3 참조.
46 소공권(최명, 손문호 역), 『중국정치사상사』 서울대출판부, 2002, 97-99쪽 참조.
47 『논어』 17:11. "子曰 禮云禮云 玉帛云乎哉 樂云樂云 鐘鼓云乎哉"

묻는다. 그리고 그는 "사람이 되어 인仁하지 못하다면 예禮인들 무엇하며, 사람이 되어 인하지 못하면 악樂인들 무슨 하겠는가?"[48]라고 질문하였다. 즉 예악이라는 형식보다는 인간 내면의 덕으로 자기완성을 기하는 것이 중요하다는 것이다. 요컨대 공자는 이제 춘추시대의 예악의 사조를 비판적으로 계승하여 예악이 아니라, 그 근본인 인을 핵심으로 하는 체계로 나아간다.[49]

IV. 상달시기: 지천명~종심소욕불유구

먼저 "오십이지천명五十而知天命"의 주요 주석을 살펴보자. 고주는 "명命이란 하늘에서 받은 운명(窮達之分)이다. 공자는 47세에 『역』을 배우기 시작하여, 50세에 이르러 궁리窮理·진성盡性하여 천명의 종시終始를 알았다."(『주소』)고 했다. 주자는 "천명天命은 곧 천도天道가 유행하여 사물에 부여된 것(性)으로, 곧 사물이 마땅히 그러한 바의 까닭(理)이다."라고 주석했다. 또한 그는 "불혹이 일(人事:형이하)의 측면에서 아는 것이라면, 지천명은 이치(理:형이상)의 측면에서 아는 것이다."라고 했다(『집주』). 다른 한편 주자의 이기론理氣論에 반대한 다산은, "지천명知天命은 상제의 법칙에 순응하여 궁달과 요수에 흔들리지 않고 천덕天德에 통달한 경지"(『고금주』)라고 주석했다.

요컨대, 고주는 천天을 궁달의 분수를 지정하는 인간 운명의 주재자로 이해하면서, 지천명을 '인간 운명의 종시를 알았다'는 말로 주석했다. 그런데 주자의 천즉리天卽理의 관점에서는, 천이란 인간에게 본성을 부여하는 천도의 본체(所以然之故)이며, 천명이란 천도가 유행하여 만물에 부여된 '마땅히 그러해야 하는 법칙(所當然之則)'이다. 따라서 지천명이란 인간이 부여받은

---

48 『논어』 3:3. "子曰 人而不仁 如禮何 人而不仁 如樂何."
49 『춘추좌전』에서는 '禮'자는 462번 나오지만 仁자는 단지 33번 출현하는 데에 그쳤다. 그런데 『논어』에서는 禮자는 75번, 仁자가 109번 출현하며, 仁이 禮의 근본 혹은 완성이 된다.

마땅히 그러해야 하는 법칙과 그것이 유래한 그러한 바의 까닭(所以當然之故)을 아는 것이다. 다산에 따르면, 천명이란 상제가 제정하여 인간에게 부여한 운명(窮通과 夭壽 등)의 법칙이며, 따라서 지천명은 상제의 법칙에 순응하여 요수와 같은 운명에 흔들리지 않고, 수신을 통해 천덕에 통달하는 것이다.

요컨대 고주에 따르면, 지천명이란 하늘이 부여한 운명의 종시를 알아, 운명의 분수에 알맞게 때에 따라 처신할 줄 아는 것이다. 주자에 따르면, 지천명은 천도가 유행하여 만물에 부여된 마땅히 그러해야 하는 법칙, 그리고 그 법칙은 그러한 바의 까닭인 천(天卽理)에서 유래했다는 것을 알아, 소당연지칙의 준수를 통해 소이연지고를 충족시키는 것이다. 그리고 다산에 따르면, 인간에게 모순적으로 다가오는 궁통窮通 등의 운명이 상제가 제정한 법칙이라는 것을 요해하여 운명에 흔들리지 않고, 수신修身으로 덕德을 쌓아 마침내 천덕天德에 통달하는 것(천인합일)이 지천명이다. 모두가 천인합일의 관점에서 주석하였지만, 고주는 천이 인간에게 부여한 운명의 분수에 때에 맞게 순응하는 것을, 주자는 천이 만물에게 부여한 소당연지칙의 준수를 통해 천도에 부합하는 것을, 그리고 다산은 상제가 제정한 궁통의 운명에 흔들리지 않고 수신으로 덕을 쌓아 천덕에 통달할 것을 각각 강조하고 있다.

다음으로 이순에 대해 고주는 "귀로 말을 들으면 그 말의 은미한 뜻(微旨)을 알아 거슬리지 않음(不逆)이다."라고 주석했다(『주소』). 주자는 "소리가 들어오면 마음이 통하여(聲入心通) 위역違逆하는 바가 없는 최상의 앎의 경지로, 생각하지 않아도 터득하는 것"으로 해석했다(『집주』). 그리고 다산은 "이순이란 말이 귀에 거슬리지 않는 것(귀에 거슬리면 마음에 거슬린다)이니, 화순和順이 마음 가운데에 쌓이면, 비록 이치가 아닌 말도 귀에 거슬리는 바가 없다."고 주석했다(『고금주』). 이렇게 이순耳順을 고주는 '미지微旨를 알아듣는 것'으로, 주자는 '소리가 들어오면 마음이 통하는 경지'로, 그리고 다산은 '화순함이 마음에 쌓여 이치가 아닌 말도 거슬리지 않는 덕의 경지'로 각각 해석하였다.

이제 "종심소욕불유구從心所欲不踰矩"에 대한 주석을 살펴보자. 고주는 "구矩는 법法이니, 마음이 하고자 하는 바를 따랐으되 법이 아님이 없었다(無非法)."라고 했다. 주자는 "구矩는 법도가 되는 곱자(法度之器)이다. 공자께서 마음이 하고자 하는 바를 따라도 자연히 법도를 넘지 않았으니, 편안히 행하고·힘쓰지 않아도 맞았다."라고 설명했다. 나아가 주자는 "성인께서는 표리表裏·정조精粗에 넓게 관철하지 않음이 없어서, 그 몸은 비록 인간이지만 그 실은 오로지 이 하나의 천리天理이니, 이른바 '종심소욕불유구'(『대전』)라고 했다. 즉 모든 행동거지가 천리 자체인 경지라는 것이다. 여기서도 주자는 이치의 관점에서 주석하였다. 주자가 천리天理(↔人欲) 개념으로 주석하였다면, 다산은 인심·도심의 청명聽命·주재主宰 관계로 주석한다. 그래서 그는 "도심이 주재하고 인심이 청명하면, 마음이 하고자 하는 바를 따라도 도심이 하고자 하는 바를 따르기 때문에 법도를 넘지 않는다."라고 했다. 즉 성지시자聖之時者로서 공자가 해야 함도 없고 하지 말아야 함도 없되(無可·無不可:출사할 만하면 출사하되 그만두어야 하면 그만두는 것 등), 항상 의義에 부합한 경지라는 것이다. 그런데 다산에 따르면, 도심이란 곧 상제의 임재臨在이기 때문에, 도심에 청명하는 것이 곧 상제의 명령에 순종하는 것이다. 요컨대 '종심소욕불구'를 고주는 자연적인 마음이 곧 진리(矩=法)인 경지로 해석했고, 주자는 "인욕이 완전히 제거되어, 혼연한 천리天理가 유행하여 모든 행동거지가 곧바로 천리인 경지"로 주석했다. 그리고 다산은 인심이 도심의 주재를 온전히 청명하는 것, 즉 사람이 상제의 명령을 온전히 청명하여, 상제의 덕과 일치된 경지라고 주석했다.

이제 공자가 지천명, 이순 그리고 종심소욕불유구의 단계를 거칠 때 실제 어떤 연관된 일이 발생했으며, 어떤 말을 했는지 살펴보자.

51(정공9년)~55세. 중도재中都宰로 관직 시작.

52세. 소사공小司空, 대사구大司寇, 행섭상사行攝相事(협곡회맹).

54세. 예타삼도禮墮三都(후·비·성읍)정책 시행(주례에 의한 정치질서 회복, 公室 강화)

55세. 사직하고 노나라를 떠나 이후 14년간 주유열국(衛·曹·宋·鄭·陳·蔡·楚 등 7국)

56세. 위나라로 가서, 영공과 부인 남자를 만나다.

57(?)세. 광 땅에서 포위되어 경계하다(匡人解圍).

60세. 송나라를 지나면서 환퇴桓魋의 위협을 받고(宋人伐木), 정나라로 가다 상갓집 개(喪家之狗)와 같은 형상이라는 말을 듣다(微服宋過).

63세. 진陳·채蔡 사이에서 곤액困厄을 당하다(在陳絶糧).

67세. 부인 사망.

68세. 계강자의 청으로 주유열국을 멈추고 노나라로 귀국. 교학과 고대문헌 정리. 아들(鯉) 사망.

71세. 안회顔回 사망. 노의 군주가 기린을 포획하니, 『춘추』 집필 중단하다.

72세. 자로子路 전사.

73세(기원전 479년, 애공156년) 사망. 제자들은 3년 복상했으며, 자공은 홀로 묘를 지키다.

지천명을 맞이한 공자는 '하학이상달下學而上達'이라는 말로 인사人事에 관한 지식(知者不惑)과 천리(덕)에의 통달(지천명) 간의 관계를 표현하였다.[50]

"나를 알아보는 이가 없구나!" 자공이 말했다. "어찌하여 선생님을 알아보

---

50 바오펑산(이연도 역), 『공자전』, 나무의철학, 2013, 202쪽. 한편 『사기』 「공자세가」에는 이 말이 공자가 죽기 바로 2년 전인 노나라 애공 14년(BC 481년)의 일로 기록되어 있다. 그렇지만 이 구절이 지천명과 가장 중요한 연관관계를 맺는 구절임은 틀림없다.

는 이가 없다고 하십니까?" 공자께서 말씀하셨다. "하늘을 원망하지 않고, 사람을 탓하지 않고, 아래로 배워서(下學) 위로 통달하니(上達), 나를 아는 이는 아마도 하늘일 것이다."[51]

고주는 "아래로 인사人事를 배워 위로 천명天命을 안다. 성인은 천지와 그 덕이 합치하기 때문에 오직 하늘만이 나를 안다."고 주석했다(『주소』). 주자는 "학學은 인사를 배우는 것이니 형이하이지만, 그 일의 이치는 본디 천리天理이니 형이상이다. 인사를 배워 천리에 통하는 것은 형이하에 근거해 형이상을 깨닫는 것이다."라고 주석했다(『집주』). 그런데 다산은 "하학下學이란 도를 배우는 것(學道)으로 사람의 일(孝弟仁義)에서 시작한다. 상달上達이란 공덕을 쌓는 것(積功)으로 천덕天德에 이르러 그친다(곧 事親에서 시작하여 事天에서 마친다)."고 주석했다(『고금주』). 그리고 '나를 아는 이는 아마도 하늘일 것이다'에 대해서는 "성인이 천지와 그 덕을 합치함(고주)", "하늘만 홀로 아는 신묘함이 원래 있음(주자)" 그리고 "자수지공自修之功이 오직 하늘만이 아는 경지에 이르렀기 때문"(다산)이라고 각각 주석했다.

요컨대 공자는 쉰에 이르러 천명을 알고, 자수지공을 쌓아 천덕에 도달함으로써 하늘만 알아주는 신묘한 경지에 도달했는데, 그가 인식한 천명이란 하늘이 부여한 인간의 본성·운명·덕을 의미한다. 천명을 아는 것은 천명에 따르는 것이며(이순), 천명에 따르는 것은 천명대로 사는 것이다. 그렇기에 지천명이란 본성의 이치를 궁구하여 그 본성을 남김없이 실현하고(窮理盡性:率性之謂道), 천덕에 통달함으로써 천(상제)의 명령대로 사는 삶(生命)을 말한다. 따라서 천명을 아는 것이란 결국 천명에 따라 자신에게 부여된 본성·

---

51 『논어』14:36. 子曰: "莫我知也夫!" 子貢曰: "何爲其莫知子也?" 子曰: "不怨天, 不尤人, 下學而上達. 知我者, 其天乎!"

운명·덕을 궁구하여 실현하는 삶을 말한다. 이것이 바로 앎과 삶, 자연적 욕망과 당위, 결국 인간과 하늘이 합일하는 성인聖人의 지천명·이순·종심 소욕불유구의 경지이다. 천명을 자각한 공자는 이제 소명召命의식과 역사적 사명감을 갖고 천명에 따라 운명에 순응하는 순리적인 삶으로 나아간다.

공자(42세, 정공초년)는 『서경』의 '오직 효도하고 형제간에 우애하여 정치에 베푼다.'는 말을 인용하여, "관직에 나아가 실제 행정을 실행하는 것만을 정치한다고 할 수는 없다."[52]고 말하였지만, 은둔지사를 자처한 것이 아니라 합당한 지위와 명분을 요구하고 있었다. 그래서 그는 "여기 아름다운 옥이 있다면 궤 속에 간직하여 보관하시겠습니까? 좋은 값을 구하여 파시겠습니까(沽=賣)?"라는 자공의 질문에 "팔 것이야, 팔 것이야! 나는 (단지 합당하게) 팔리는 것을 기다리는 사람이다(그러나 부당하게 구하지는 않는다)."[53]라고 대답했다.

지천명의 다음 해(51세, 정공9년)에 공자는 드디어 중도재中都宰에 임명된다. 부임하자마자 공자는 예절을 정비하고, 장유長幼에 따라 음식을 나누어 주고, 능력에 따라는 소임을 배분하여, 고을이 일신되어 사방의 제후들이 그 제도를 모방하기에 이르렀다(化行中都).[54] 이에 소사공小司空, 대사구大司寇, 행섭상사行攝相事 등으로 연이어 승진하여 3년간 사법에 교화적 인도주의를 적용하는 전형을 제시했다. 그는 다음과 같이 말한다.

이끌기를 법제금령으로써 하고, 가지런히 하기를 형벌로써 하면, 백성들은 면하되 부끄러움이 없다. 이끌기를 덕으로써 하고, 가지런히 하기를 예로

---

52 『논어』 2:21. 或謂孔子曰: "子奚不爲政?" 子曰: "《書》云, '孝乎惟孝, 友于兄弟, 施於有政.' 是亦爲政, 奚其爲爲政?"

53 『논어』 9:12. 子貢曰: "有美玉於斯, 韞櫝而藏諸, 求善賈而沽諸?" 子曰: "沽之哉!沽之哉!我待賈者也."

54 『공자가어』「相魯」편 참조. 『공자성적도』 98~9쪽.

써 하면, 부끄러워 할 줄 알고 또한 선에 이를 것이다(감회될 것이다).[55]

공자의 이 입장은 정치에 종사할 때 제거해야 할 사악四惡, 즉 "가르치지 않고 죽이는 것을 학虐이라 하고, 미리 경계하지 않고 성공을 요구하는 것을 포暴라 하고, 명령을 태만히 하고 기일을 각박하게 지키게 하는 것을 적賊이라 하고, 남들과 똑같이 물건을 주면서도 출납할 때에 인색한 것을 유사의 일이라고 한다."[56]는 곳에서도 나타나 있다. 그는 결국 다음과 같이 말한다.

> 송사를 청리하는 것은 (말단을 다스리고, 지류를 막는 것으로) 나도 남들과 같겠지만, (근본을 바르게 하고 원천을 맑게 하여) 반드시 송사가 없도록 하겠다.[57]

모름지기 정치란 정의구현(政正也)과 공익증진(治=水=修+台:수양시켜 크게 되도록 함)을 목표로 한다. 정의가 세워지고 공익이 증진되어 정명이 구현된 사회란 모두가 자신의 도리를 온전히 수행하여(군군 신신 등), 현실과 이상이 일치하는 지선의 상태에 도달(止於至善)하는 것을 말한다. 여기서는 각각의 구성원들이 형벌에 의해 강제적으로 가지런히 되는 것(齊之以刑)이 아니라, 도덕을 자각하고 자율적으로 예를 실천한다. 이 사회에서는 더 이상의 욕망의 충동이나 생존 경쟁이 필요없기 때문에, 그 충동을 해결할 과학이나 투쟁을 다스릴 강제적 법이 더 이상 소용이 없게 된다.[58] 모든 사람이 교화되어 강제적 정치를 필요로 하지 않고, 더 이상 욕망의 충동과 생존경쟁의 필요가

---

55 『논어』 2:3. 子曰: "道之以政, 齊之以刑, 民免而無恥. 道之以德, 齊之以禮, 有恥且格."
56 『논어』 20:2. 子張問於孔子曰: "何如, 斯可以從政矣?" 子曰: "尊五美, 屛四惡, 斯可以從政矣." …子張曰: "何謂四惡?" 子曰: "不教而殺謂之虐, 不戒視成謂之暴, 慢令致期謂之賊, 猶之與人也, 出納之吝, 謂之有司."
57 『논어』 12:13. 子曰: "聽訟, 吾猶人也. 必也使無訟乎!"
58 『중용』 13장. "子曰 道不遠人 人之爲道而遠人…故君子 以人治人 改而止."

없어, 자율적 도덕 주체가 예를 자각하여 자발적으로 행하는 인간적인 사회를 만들겠다는 것이 바로 공자의 정치이념이다. 공자의 이런 예치 이념은 이른바 예타삼도禮墮三都라고 하는 공실公室 강화 정책으로 나타났는데, 그것은 바로 권력을 대부로부터 인군에게 되돌리는 시도(정치질서를 회복)였다(54세). 그러나 공자의 이 정책은 현실의 장벽에 부딪혀 성공하지 못한다. 그는 결국 사직하고, 모국 노나라를 떠나 기약 없는 주유열국에 들어간다(55세).

공자의 주유열국은 천명을 자각하고 그 명에 따라 무너진 인도人道를 세우려는 공자의 순수 사명감과 역사의식에서 비롯되었다. 그는 "안 되는 줄 알면서도 하는 사람"[59]이라는 세평을 들으면서도 다음과 같이 비장하게 말했다.

조수와 함께 한 무리가 될 수는 없으니, 내가 이 사람의 무리와 더불어 하지 않는다면 누구와 함께 할 것인가? 천하에 도道가 있으면 나는 변역에 참여하지 않았을 것이다.[60]

여기서 공자는 (1) 인간이란 모름지기 금수와 구별되기 때문에, 고유한 인간의 길(人道)을 가야 하며, (2) 인간이란 동류인 다른 인간과 함께 인륜적 질서를 유지하고 살아야 하며, (3) 당시 무도無道의 천하 상황 때문에 마지못해 변역을 통한 인도의 정립에 참여한다고 말하였다. 그렇다면 금수와 구별되는 인간의 고유 본성(인본), 그 본성에 말미암아 인간이 가야 할 길(인도)은 무엇인가? 그것은 바로 인仁의 길이다. 두 사람(人+二), 즉 인간들이 상호 친애한다는 의미를 지닌[61] 인仁은 곧 (잔인한)[62] 금수와 구별되게, 다른 사람의 불

---

59 『논어』14:41. "子路宿於石門. 晨門曰 奚自. 子路曰 自孔氏. 曰 是知其不可而爲之者與."
60 『논어』18:6. "夫子憮然曰 鳥獸 不可與同群 吾非斯人之徒與而誰與 天下有道 丘不與易也."
61 『설문해자』. "仁 親愛也 由人由二 會意."
62 殘忍의 殘은 歹(뼈 부서질 알)+戔(해칠 잔)의 형성자로 죽은 시체(歹)를 물어뜯어 조각내는 것을 연상시킨

행을 차마보지 못하고 측은해 하는 사람다운 마음이다(仁人心). 인간이 인仁의 본성을 지녔다는 것은 곧 다른 사람과 더불어 삶을 영위하는 정치적-사회적 존재(homo politicus-socius)라는 것이며, 나아가 그 인은 다른 사람을 사랑하는 것[63]인바 다양한 사회적 제 관계 상황에서 마땅히 해야 할 인간의 도리를 적극 수행하는 것으로 완성된다. 그래서 공자의 제자 증자는 인仁이란 '인간이 살아가는 한평생 내내 실현해야 할 인간의 책무'로 규정했다. 인간 본성으로서 인은 바로 인간의 존재의미이기 때문에 "지사와 인인은 몸을 희생해서라도 인을 이룬다."[64] 나아가 도덕을 구현하고자 끊임없이 노력하는 "군자는 오로지 인에 의해서만 이름을 이루며", 나아가 "밥을 먹거나, 아무리 다급하고 구차한 때에도 인을 어기지 않는다."[65]

공자는 인仁을 여러 덕목 중의 하나가 아니라, 다른 모든 덕에 선행해서 갖추어야 할 기본 덕이자, 그 종합적 완성인 보편 덕(人倫之成德)으로 정립하였다. 그래서 그는 "인자仁者는 반드시 용기가 있지만, 용자라고 해서 반드시 인한 것은 아니며"[66] 나아가 "오직 인자만이 능히 사람을 좋아할 수도 싫어할 수 있으며, 진실로 인에 뜻을 두면 악이 없다."[67]고 단언한다.

그러나 인간이 자신이 해야 할 도리를 온전히 다하는 인의 실천은 그렇게 쉬운 것만은 아니다. 즉 인의 실현에는 끊임없는 호학, 극기복례의 자수지공, 지혜, 그리고 용기가 필요하다. 그래서 그는 다양한 덕목과 재능이 출중한 것으로 알려진 그 누구에게도 '인仁하다'는 평가를 내리는 데에 신중했

다.

63 『논어』 12:22. 樊遲問仁. 子曰, "愛人."
64 『논어』 15:8. "子曰 志士仁人 無求生而害人 有殺身而成仁."
65 『논어』 4:5. "君子 去仁 惡乎成名 君子 無終食之間 違仁 造次 必於是 顚沛 必於是."
66 『논어』 14:5. "子曰 仁者 必有勇 勇者 不必有仁."
67 『논어』 4:3-4. "子曰 惟仁者 能好人 能惡人 子曰 苟志於仁矣 無惡也."

다.[68] 공자가 유일하게 호학한다고 인정한 제자 안회만 계절이 한 번 바뀔 때까지 그 마음이 인을 어기지 않았고, 그 나머지 사람들은 하루에 한번 혹은 한 달에 한번 겨우 인에 도달할 따름이었다.[69] 그러나 천명을 자각하고 이순을 지나 성인의 모든 체단을 종합적으로 완성한 성지시자聖之時者의 경지에 도달했던 공자 자신은 다음과 같이 말했다.

  인은 멀리 있는가? (그렇지 않다.) 나는 인을 의욕하면 인이 (나에게) 이른다.[70]

  요컨대 "공자께서는 네 가지가 전혀 없으셨는데, 사사로운 의지가 없으셨고, 기필함이 없으셨고, 고집(執·滯)이 없으셨고, 사사로운 자아가 없으셨다."[71]고 했다. 이는 곧 극기복례의 자수지공이 완전히 이루어져서 그 자신이 언제 어디서나 온전한 인仁이 아님이 없는 경지라 하겠다. 이러한 상태를 형언하여 고주는 공자 자신이 법이 아님이 없는 경지로서 곧 천지와 그 덕을 합한 경지라 하였고, 주자는 인욕이 멸진하고 혼연한 천리가 유행한 경지(그 자신이 곧 천리)로, 그리고 다산은 도심이 주재하고 인심이 도심을 청명하여 천덕에 통달한 경지라 했다. 이러한 경지에 도달하고 자신의 소명의식을 자각한 공자는 위급할 때마다 자신에게 천명의 사명이 있음을 내비친다.

  공자께서 말씀하셨다. "하늘이 내게 덕을 주셨으니, 환퇴가 나를 어찌 하

---

68 『논어』 5:4, 5:7, 5:18 참조.
69 『논어』 6:5. "子曰 回也 其心 三月不違仁 其餘則日月至焉而已."
70 『논어』 7:29. "仁遠乎哉 我欲仁 斯仁 至矣."
71 『논어』 9:4. "子絶四, 毋意, 毋必, 毋固, 毋我."

겠느냐?"72

공자께서 광 땅에서 위급함에 처하시니, 말씀하셨다. "문왕이 이미 돌아가셨는데, 문화가 여기에 있지 아니한가? 하늘이 장차 이 문화를 없애려 하셨다면 나중에 죽는 자에게 이 문화를 허용하지 않았을 것이다. 하늘이 아직 이 문화를 없애려 하지 않으니, 광 땅의 사람들이 나에게 어찌 하겠는가?"73

공자는 천명을 자각하고, 인도人道와 왕도를 세우기 위해 주유열국을 했다. 인간이 가야 할 길은 다름 아닌 인의 구현이며, 왕도정치란 곧 덕치德治를 말한다. 후기의 공자는 다양하게 언급하였던 인도와 덕치의 구현 방법을 일관지도로 제시하였는데, 증자는 그것을 '충서忠恕'라 했다.

공자께서 말씀하셨다. "삼아! 나의 도는 일관하느니라." 증자가 대답했다. "예, 그렇습니다." 공자께서 나가시니 문인들이 물어 말했다. "무엇을 말씀하신 것입니까?" 증자가 말했다. "선생님의 도는 충서忠恕일 따름이다."74

여기서 '충忠'이란 '중中+심心' 즉 마음을 중中에 두는 것이다. 그런데 중中이란 곧 표준으로서 하늘을 말한다. 즉 인도人道는 천도天道 본받는 것이며, 하늘은 표준으로서 '중中'75이며, 이 중中으로서 하늘이 바로 만물의 대본大本이다.76 그래서 『논어』「요왈」편에서는 『서경』「대우모」77의 16자심법을 계승

---

72 『논어』7:22. 子曰: "天生德於予, 桓魋其如予何?"
73 『논어』9:5. "子畏於匡 曰文王 旣沒 文不在玆乎 天之將喪斯文也 後死者 不得與於斯文也 天之未喪斯文也 匡人 其如予何."
74 『논어』14:15. "子曰 參乎 吾道 一以貫之 曾子曰 唯 子出 門人 問曰何謂也 曾子曰 夫子之道 忠恕而已矣."
75 「중용장구」「序」"中者 不偏不倚無過不及之名 庸平常也 子程子曰 不偏之謂中 不易之胃庸 中者天下之正道 庸者天下之定理."
76 『중용』1:4. 中也者 天下之大本也 和也者 天下之達道也 致中和 天地位焉 萬物育焉.
77 『서경』「大禹謨」"帝曰 來禹 … 天之曆數 在爾躬 … 人心惟危 道心惟微 惟精惟一 允執厥中 …四海困窮 天祿

하여 중中을 잡는 것이 곧 천天을 계승하는 것이라고 했다.

요임금께서 말씀하시길, "순아, 하늘의 역수曆數가 너의 몸에 있으니, 진실
로 그 중中을 잡아라. 온 천하가 곤궁하면 천록이 영원토록 끊어질 것이다."
순임금도 우임금에게 또한 그것으로써 명령하셨다.[78]

그런데 다산은 "중中이란 천명天命의 성性이다. 사람의 성性은 지극이 선善
하니, 이 성性을 잡고 지킬 수 있으면 천하가 인仁으로 돌아간다."고 했다(『고
금주』). 요컨대, 충忠(中心)이란 마음(心)을 천명의 본성(中)에 두고 인仁을 실
현하는 것이라고 하겠다. 이것이 바로 자기정립으로서 충忠이며, 충이란 곧
자기됨의 의미인 인을 완전히 실현하는 것이다(盡己之謂忠). 자기됨의 의미인
인仁의 실현은 타인을 사랑하는(仁愛人也) 방식으로 수행된다. 타인에 대한 사
랑은 역지사지, 동등고려의 서恕(如+心)에 의해 보편화될 수 있다. 즉 내가 주
체라면 타인 또한 주체로 인정하고(推己及人), 내가 어떤 욕망을 지닌 존재라
면 타인 또한 그런 욕망을 추구하는 존재라는 것, 내가 나를 사랑하는 만큼 또
한 타인 또한 사랑받을 존재라는 것, 나아가 내가 위해危害를 피하고자 하는
만큼 타자 또한 그런 위해를 피하고자 하는 존재라는 것을 상호 인정할 때 비
로소 올바른 인간관계가 정립된다. 그래서 공자는 다음과 같이 말했다.

"대저 인자는 자기가 정립하고자 하면 남을 정립시켜 주고, 자기가 통달하
고자 하면 남을 통달시켜 주는데, 능히 가까운 데에서 비유를 취하면 인을 실
천하는 방법이라고 할 수 있다."[79]

永終."
78 『논어』 20:1. "堯曰 咨爾舜 天之曆數 在爾躬 允執厥中 四海困窮 天祿永終 舜亦以命禹."
79 『논어』 6:28. 夫仁者 己欲立而立人 己欲達而達人 能近取譬 可謂仁之方也已.

중궁이 인仁을 묻자, 공자께서 말씀하시길, "문을 나섰을 때에는 큰 손님을 뵙는 듯이 하며, 백성을 부리기를 큰 제사 받들 듯이 하고, 자기가 하고자 하지 않는 것을 남에게 베풀지 말아야 한다."

자공이 묻기를, "종신토록 행할 말한 한마디의 말이 있습니까?", 공자께서 대답하시기를, "서恕일 것이다. 자기가 욕망하지 않는 것을 남에게 베풀지 말아야 한다."[80]

그런데 여기서 우리가 한 가지 지적할 것은 다음과 같은 것이다. 즉 공자 이전의 유교 도통론의 근간이 되는 『서경』 「대우모」의 16자심법에서는 오로지 중中 혹은 충忠만을 말했다. 그런데 공자는 자기정립(中心)의 '충忠'에 그 실천 방법인 '서恕(如心=推己及人)'를 부가하여, 인도仁道의 실천 방법을 제시하는 큰 공로를 세웠다고 하겠다. 이 서恕는 『대학』에서 '혈구지도絜矩之道'로 구체화되면서, 평천하의 요도[81]로 정립된다. 공자에게서 충忠은 자기정립의 위기지학爲己之學(聖學)이라고 한다면, 타자정립의 서恕는 덕치로 이루어지는 외왕지학外王之學과 관계되는 바, 실로 충서忠恕는 공자가 제시한 모든 학문을 일관하는 도이며, 따라서 공자의 모든 언명들은 바로 이 충서로 수렴된다고 하겠다.

V. 귀향과 죽음

공자는 애공11년(기원전484, 68세)에 14년 간의 유랑생활을 마치고 노나라로

---

80 『논어』 15:23. 子貢問曰 有一言而可以終身行之者乎 子曰 其恕乎 己所不欲 勿施於人.
81 『대학』 10장. "所惡於上 毋以使下 所惡於下 毋以事上 所惡於前 毋以先後 所惡於後 毋以從前 所惡於右 毋以交於左 所惡於左 毋以交於右 此之謂絜矩之道也."

돌아온다. 국로國老로서 공자는 여전히 정치에 관심을 보였지만,[82] 애공과 계강자의 정치적 자문에 몇 번 응했을 뿐 오로지 문헌 정리와 연구 및 후학 교육에만 열중했다. 공자는 『시』와 연관하여 "내가 위나라에서 노나라로 되돌아온 뒤에, 음악이 바르게 되었고, 「아·송」이 각각 제자리를 얻었다."[83]고 했다. 그리고 『서』와 연관하여 『한서』「예문지」에서는 다음과 같이 말하고 있다.

> 『역』에서는 '황하에서 도圖가 나오고, 낙수에서 『서』가 나오니, 성인이 그것을 본받았다.'고 했다. 그러므로 『서』가 일어난 지 오래되었으나, 공자에 이르러 찬술되었다. 위로서 요임금에서 시작하여 아래로는 진秦에서 끝나니, 모두 100편으로 「서序」를 만들고 지은 뜻을 말했다.[84]

사마천은 "공자는 『시』·『서』·『예』·『악』을 산정하고, 만년에 『역』을 좋아했다. 『시』·『서』·『예』·『악』으로 가르쳤는데, 몸소 육예六藝에 통달한 자만 72명이었다."고 했다(「세가」). 공자는 대체로 이런 책을 산정하며, 후세의 군자를 기다렸을 것이다. 그리고 『논어』의 언명대로, 공자는 문·행·충·신의 네 과목(孔門四科)으로 가르쳐, 제자들로 하여금 각각 덕행·언어·정사·문학 등에 장점이 있도록 했다. 말년의 공자는 "그 사람됨이 학문을 좋아해서, 분발하여 밥 먹는 것을 잊고, 즐거워 근심을 잊어, 늙어 가는 것도 알지 못한다."[85]고 했지만, "심하구나, 나의 노쇠함이여, 오래되었구나, 내꿈에 주공을 다시 뵙지 못했다."[86]라고 탄식하기도 했다.

82　『논어』 13:14. 冉子退朝. 子曰: "何晏也?" 對曰: "有政." 子曰: "其事也. 如有政, 雖不吾以, 吾其與聞之."
83　『논어』 9:15. "子曰 吾自衛反魯 然後樂正 雅頌各得其所."
84　『한서』「예문지」. "易曰 河出圖 洛出書 聖人則之 故書之所起 遠矣 至孔子 纂焉 上斷於堯 下訖於秦 凡百編 而爲之書 言其作意."
85　『논어』 7:18. "葉公 問孔子於子路 子路不對 子曰 女奚不曰 其爲人也 發憤忘食 樂以忘憂 不知老之將至云爾."
86　『논어』 7:5. 子曰: "甚矣, 吾衰也! 久矣, 吾不復夢見周公."

공자의 말년은 사랑하는 이들과 이별의 연속이었다. 귀국하기 1년 전에 부인과, 그 후 아들(공자 70세)과 그다음은 사랑했던 제자 안회(71세) 및 자로(72세)와 이별했다. 제자의 죽음 앞에 공자는 "아! 하늘이 나를 버렸구나!" 하고 탄식했고, 심지어는 "하늘이 나를 저주하는구나!"라고 애통해 했다.

서양의 애지자愛智者 소크라테스는 자신의 죽음 앞에서, 심지어 독약에 의해 하반신 거의 다 마비되었을 때 얼굴을 가렸던 것을 제치고, "오, 크리톤, 아스클레피오스에게 내가 닭 한 마리를 빚졌네. 기억해 두었다가 갚아 주게."라고 마지막 말을 남긴, "우리가 알았던 사람들 가운데 가장 훌륭했으며, 가장 지혜로웠으며, 가장 정의로웠던 우리의 벗의 최후"로 기술되었다.[87] 다른 한편 "할 수만 있다면 이 잔을 내게서 거두소서. 그러나 내뜻대로 마옵시고 아버지 뜻대로 하옵소서"라고 기도하며, 마침내 "다 이루었다."는 말로 대표되는 예수 그리스도의 가상칠언架上七言[88] 또한 어떤 측면에서 영웅적 승리자의 말로 들릴 수 있다. 불교 또한 죽음으로부터의 달관達觀을 수행의 정도를 알려주는 중요한 척도로 간주하고 있다. 이들에게서 (육체적) 죽음이란 이른바 여러 겁劫의 윤회輪廻에서 낡은 수레를 새 수레로 갈아타는 것에 지나지 않는 것일 수도 있겠다. 그런데 도가의 장자莊子는 아내의 주검 앞에서 곡을 못할지언정, 양동이를 두들기며 노래했다고 하는데,[89] 이는 너무 멀리 나간 것은 아닐까?

물론 이러한 철학적 · 종교적 근거에서 죽음의 감정을 정화 · 달관 · 초탈

---

87 『파이돈』 118d.
88 1) "아버지여, 저희를 사하여 주옵소서! 자기의 하는 것을 알지 못합니다."(눅 23:34). 2) "내가 진실로 네게 이르노니, 오늘 네가 나와 함께 낙원에 있으리라"(눅 23:43). 3) "여자여 보소서 아들이니이다. 보라 네 어머니라"(요 19:26, 27). 4) "나의 하나님, 나의 하나님, 어찌하여 나를 버리셨나이까?"(마 27:46). 5) "내가 목마르다"(요 19:28). 6) "다 이루었다"(요 19:30). 7) "아버지여! 내 영혼을 아버지 손에 부탁하나이다"(눅 23:46).
89 『장자』「至樂」편 참조.

하라는 입장들은 자살을 선동하는 세속적 염세주의와는 그 유를 달리한다. 이들이 말하는 죽음이란 우리가 일상적으로 말하는 신체적 죽음과는 다르게, 고도의 정신적·영적 차원으로 거듭 태어남(重生)의 상징이기 때문이다. 소크라테스-플라톤에서 철학적 훈련으로서 죽음의 연습은 애육자愛肉者가 아니라 애지자愛智者가 되고자 하는 불멸의 인간 이상을 나타내며, 노장과 불교는 우주적 깨달음에 입각하여 생사일여生死一如의 경지를 제시하고 있다고 하겠다. 그런데 일상에서 중용의 진리를 추구하는 유교는 이러한 보편적 고등종교 혹은 철학과는 달리 죽음과 연관하여, 우선 우리의 진솔한 감정을 자연스럽게 표출하라고 말하는 듯하다.

공자의 최후에 관한 언명은 영웅의 죽음이라기보다는 오히려 애절하게 다가와 우리의 심금을 울린다.

이전 해에 자로子路가 위衛나라에서 죽었다. 공자가 병이 나자, 자공이 뵙기를 청했다. 공자는 이때에 지팡이에 의지하여 문 앞을 거닐고 있다가 물으셨다. "사賜야! 너는 왜 이렇게 늦게 왔느냐?" 그리고 탄식하며 노래를 불렀다. "태산이 무너진다는 말인가! 기둥이 부러진다는 말인가! 철인哲人이 죽어간다는 말인가!" 그리고는 눈물을 흘렸다. 또 자공을 보고 말씀하셨다. "천하에 도가 없어진 지 오래되었고, 아무것도 근본으로 삼을 것이 없다. 하나라 사람들은 동쪽 계단에 관을 놓고 염을 하였고, 주나라 사람들은 서쪽 계단에 관을 놓고 염을 하였고, 은나라 사람들은 두 기 기둥 사이에 관을 놓고 염을 했다. 나는 어젯밤 꿈에서 두 기둥 사이에 관이 놓여 있을 것을 보았다. 나의 시조는 은나라 사람이다." 그 후 7일이 지나 공자는 세상을 떠났다. 이때 공자 나이 73세였다. … 공자는 노나라 도성 북쪽의 사수泗水 부근에 매장되었다. 제자들은 모두 삼년상을 치렀는데, 서로 이별할 때 곡을 하며 제각기 슬픔을 나타내었고, 어떤 제자는 다시 머무르기도 했다. 오직 자공만이 무덤가에 초막을 짓고 다시 삼년상을 치러 무려 6년간 공자의 무덤을 지킨 후 떠났다. (「세가」)

그런데 여기서 우리가 하나 주목할 것은 공자는 마지막 유언에서 "나의 시조는 은인이니(予始殷人也)"(「세가」) 은나라의 예로써 장례를 치러달라고 당부하였다는 것이다. 그런데 『사기』의 저자는 공자의 「유년기」를 다음과 같이 서술했다.

> 공자 나이 17세에, 노나라 대부 맹리자孟釐子는 병이 들어 임종이 가까워지자 그 후계자 의자懿子에게 훈계하여 말했다. "공구孔丘는 성인聖人의 후손인데 송宋에서 멸문했다. 공자의 조상 불보하弗父何는 본래 송의 군주가 될 수 있었으나 (아우인) 여공厲公에게 양보했으며, 정고보正考父에 이르러서는 대공戴公, 무공武公, 선공宣公을 보좌하며 상경上卿을 지냈지만 더욱 공손했다. … 내가 듣기에 성인의 후예는 세상을 담당하지는 못하더라도, 필시 통달한 것이 있는 사람이다. 지금 공구는 나이는 비록 어리지만 예禮를 좋아하니, 아마도 통달한 사람이 아니겠는가? 내가 죽으면 꼭 그를 스승과 같이 섬기라."

이러한 두 기사를 종합해 보면 우리는 다음과 같은 결론을 낼 수 있다. 공자의 조상은 순舜의 치세 때 사도司徒로 백성들의 교화를 담당했던 설契에서 비롯되어[90] 상商왕조를 세운 탕湯으로 소급되며, 이후 반경盤庚, 무정武丁 등 600여 년간 왕위를 지속하다가 주왕紂王에 이르러 악덕으로 몰락하여 주周의 제후로(微子啓, 紂王의 庶兄으로 공자의 14대선조로 宋의 초대군주) 강등되고, 그 후 군주의 직을 양보(10대조인 弗父何, 공자의 10대조)하여 경상卿相이 되었다.

---

90 『맹자』 3상:4. "后稷教民稼穡 樹藝五穀 五穀熟而民人育 人之有道也 飽食煖衣 逸居而無教 則近於禽獸 聖人有憂之 使契爲司徒 教以人倫 父子有親 君臣有義 夫婦有別 長幼有序 朋友有信."

그리고 마침내 공자의 7대조인 정고보正考父는 『시경』「상송商頌」을 짓는 공로가 있었지만, 그 아들 공보가孔父嘉(6대조, 이때부터 孔氏姓을 사용했다)가 송에서 피살되는 화를 입자 그 후예들은 노나라로 망명(防叔)하여, 노의 귀족 장손씨臧孫氏의 가신家臣(士)이 되어 백하伯夏를 낳았는데, 그 아들이 바로 공자의 아버지인 숙량흘叔梁紇(邑宰)이다. 요컨대 공자의 가문은 은나라의 왕(天子)에서 송의 제후·경상卿相으로, 그리고 노나라의 사士로 몰락했으며, 공자가 사계급의 서자로 태어나 곧이어 천하에 둘도 없는 고아가 된 것으로 묘사하고 있다.

공자의 조상에 대한 이러한 묘사는 기독교에서 예수의 가계에 대한 묘사와 유사하다. 갈릴리지방 한미한 목수였던 요셉은 "고향에서 호적신고를 하라는 칙령"에 의해 임신한 아내와 함께 베들레헴(유태인의 왕인 다윗의 고향)에 가게 되고, 바로 거기서 가장 낮은 곳인 마구간에서 아기 예수가 탄생했다. 그런데 『성서』「마태복음」의 기자는 예수와 그 아버지 요셉의 가계를 다윗을 거쳐 믿음의 조상 아브라함에게 소급하면서 다음과 같이 말하고 있다.

> "아브라함과 다윗의 자손 예수 그리스도의 계보라. 아브라함이 이삭을 낳고… 이새는 다윗 왕을 낳고, 다윗은 우리야의 아내에게서 솔로몬을 낳고… 바벨론으로 사로잡혀 갈 때에 요시야는 여고냐와 그의 형제들을 낳고… 맛단은 야곱을 낳고 야곱은 마리아의 남편 요셉을 낳았으니 마리아에게서 그리스도라 칭하는 예수가 나시니라. 그런즉 모든 대 수가 아브라함부터 다윗까지 열네 대요, 다윗부터 바벨론으로 사로잡혀 갈 때까지 열네 대요, 바벨론으로 사로잡혀 간 후부터 그리스도까지 열네 대더라."[91]

---

91 『성서』「마태복음」1:1~17. 또한 「누가복음」 2:1-7절 참조.

여기서 마태복음의 작자는 바벨론 유수 이래 식민지 상태의 이스라엘 백성을 구하러 온 메시아로서 예수는 이스라엘의 가장 영화스러웠던 시절의 다윗의 후손이라는 것, 그리고 그는 믿음의 조상 아브라함의 후예라 함으로써 신과의 영적 재결합(religion)을 암시하고 있다. 그렇다면 당시 가장 한미한 가정 환경에서 태어나, 끊임없는 호학정신으로 마침내 존재와 당위가 일치하는 경지에 들어갔던 공자가 마지막으로 "나의 시조는 은인이다."라는 유언을 남기고 돌아가셨다는 것은 무엇을 상징하는가? 그것은 바로 원형회복原型回復이다. 학문을 좋아하여 성인이 되고자 하는 인간은 언제나 '현재 사실로서의 인간'과 '미래 완성된 이상'의 사이에서 삶을 영위한다. 인간의 이상이 동경의 대상이 되려면 어떤 내용을 지니고 일정한 경지에 도달해야 하며, 그 내용과 경지가 이미 주어져 있다는 측면에서 보면 인간의 이상은 언제나 과거의 형태를 갖지 않을 수 없다. 따라서 인간의 미래적 자기완성은 과거의 본래적 자기 회복일 수밖에 없다는 역설이 성립한다. 유교가 미래 도래해야 할 지선의 공동체를 과거 당우唐虞시대 정치를 회복하는 데 있다고 하는 것은 바로 이러한 이유에서이다. 과거 성인의 후예였지만, 당시 가장 한미한 환경에서 태어났던 공자가 끊임없는 호학을 통해 마침내 성인의 경지에 도달하여 죽음을 맞이한 것은 과거 조상의 원형 회복을 보여주었다고 하겠다. 플라톤 이래 "철학이란 영원한 향수를 가슴에 품고 고향을 찾아가는 것이다."라고 하듯이, 지혜사랑으로서의 철학의 원의는 진선미眞善美의 통일자인 지혜에 대한 에로스적 희구, 즉 "완전한 정신을 향한(이루기 위한) 불완전한 정신의 자기 초월적 귀향편력歸鄕遍歷이다(mentis itinerarium ad Deum),"[92]라고 말한다. 공자의 삶은 바로 이러한 철학적 생명의 전형을 보여주는 것이 아닐까?

92　신오현, 「유가철학의 교학이념」『철학의 철학』, 문학과지성사, 1987, 385쪽.

『논어집주』「서설」

史記世家曰 孔子는 名丘요 字仲尼니 其先은 宋人이라 父는 叔梁紇이요 母는 顔氏니 以魯襄二十二年庚戌之歲十一月庚子에 生孔子於魯昌平鄕陬邑하다 爲兒嬉戲에 常陳俎豆하며 設禮容이러시니 及長爲委吏하여는 料量平하고 爲司職吏하여는 畜蕃息하시니라 適周하사 問禮於老子하시고 旣反而弟子益進이러라

『사기』「세가」에서 말했다. 공자는 이름이 구이고 자는 중니이니, 그 선대는 송나라 사람이다. 아버지는 숙량흘이고, 어머니는 안씨이니, 노나라 양공 22년(기원전551) 경술년 11월 경자(21)일에 공자를 노나라 창평향 추읍에서 낳았다. 어릴 적 놀이할 때에 항상 조두를 진설하며 예용을 갖추었다. 장성하여 위리가 되어서는 계산을 공평하게 하였고, 사직리가 되어서는 가축이 잘 번식하도록 했다. 주나라에 가서 노자에게 예를 묻고 돌아오자, 제자들이 더욱 많이 찾아왔다.

昭公二十五年甲申은 孔子年三十五라 而昭公奔齊魯亂하니 於是에 適齊하여 爲高昭子家臣하여 以通乎景公하시다 公欲封以尼谿之田한대 晏嬰不可라하니 公惑之어늘 孔子遂行하여 反乎魯하시다

소공 25년(기원전517) 갑신년 공자 나이 35세였다. 소공이 제나라로 달아나 노나라가 혼란하니, 이에 제나라로 가서 고소자의 가신이 되어 경공을 만났다. 경공이 이계의 토지로 봉하고자 했지만, 안영이 반대하니 경공이 의혹을 품자, 공자는 마침내 떠나 노나라로 되돌아왔다.

定公元年壬辰은 孔子年四十三이라 而季氏强僭하고 其臣陽虎作亂專政이라 故로 孔子不仕하시고 而退修詩書禮樂하시니 弟子彌衆이러라

정공 원년(기원전509) 임진년에 공자 나이 43세였다. 계씨가 강압·참람하고, 그의 가신 양호가 난을 일으켜 정사를 전횡했다. 그러므로 공자는 벼슬하지 않고, 물러나 『시』·『서』와 예·악을 닦으니, 제자들이 더욱 많아졌다.

九年庚子는 孔子年五十一이라 公山不狃以費畔季氏하고 召孔子어늘 欲往而卒不行하시니라 定公이 以孔子爲中都宰하니 一年에 四方則之라 遂爲司空하시고 又爲大司寇하시다

정공 9년(기원전501) 경자년에 공자 나이 51세였다. 공산불뉴가 비읍으로 계씨를 배반하고 공자를 부르자, 가고자 했지만 끝내 가지 않았다. 정공이 공자를 중도재로 삼으니, 1년 만에 사방에서 본받았다. 마침내 사공이 되었고, 또한 대사구가 되었다.

十年辛丑에 相定公하사 會齊侯于夾谷하시니 齊人歸魯侵地하다

10년(기원전501) 신축에 정공을 도와서 제나라 군주(경공)와 협곡에서 회맹하니, 제나라 사람들은 노나라에게 침탈한 땅을 돌려주었다.

十二年癸卯에 使仲由爲季氏宰하여 墮三都하고 收其甲兵이러니 孟氏不肯墮成이어늘 圍之不克하시다

12년(기원전503) 계묘에 중유에게 계씨의 가신이 되게 하여 삼도의 성을 허물고 그 갑병을 거두게 하였다. 맹씨가 성 땅의 성을 허물려고 하지 않자, 포위하였으나 이기지 못했다.

十四年乙巳는 孔子年五十六이라 攝行相事하사 誅少正卯하시고 與聞國政

하시니 三月에 魯國大治라 齊人歸女樂以沮之하니 季桓子受之하고 郊又不
致膰俎於大夫한대 孔子行하시니라

    정공 14년(기원전496) 을사에 공자 나이 56세였다. 정승의 일을 섭행하여
소정묘를 주살하고, 국정을 참여하여 들으니, 석 달 만에 노나라가 크게 다
스려졌다. 제나라 사람들이 여악을 보내 저지하니 계환자가 받아들였고, 교
제를 지내고도 제사고기를 대부들에게 나눠주지 않자 공자는 떠나갔다.

    適衛하사 主於子路妻兄顔濁鄒家하시다 適陳하실새 過匡하시니 匡人以
爲陽虎而拘之하다 旣解에 還衛하사 主籧伯玉家하사 見南子하시다 去適宋
하신대 司馬桓魋 欲殺之어늘 又去適陳하사 主司城貞子家하시고 居三歲而
反于衛하시니 靈公不能用하다 晉趙氏家臣佛肸이 以中牟畔하여 召孔子어늘
孔子欲往이라가 亦不果하시다 將西見趙簡子라가 至河而反하사 又主籧伯玉
家러시니 靈公問陳이어늘 不對而行하사 復如陳하시다』

    위나라에 가서 자로의 처형인 안탁추의 집에 머물렀다. 진나라로 갈 적에
광 땅을 지나니, 광 땅 사람들이 양호라고 여겨 구류했다. 풀려나자 위나라
로 돌아와 거백옥의 집에 머무르고, 남자를 만났다. (위나라를) 떠나 송나라에
가는데 사마환퇴가 죽이고자 하니, 또 떠나 진나라에 가서 사성정자의 집에
머물렀다. 3년간 머무르다 위나라로 돌아오니, 영공은 등용하지 못하였다.
진나라 조씨의 가신인 필힐이 중모 땅으로 모반하고 공자를 불렀다. 공자는
가려 했지만, 또한 과단하지 않았다. 장차 조간자를 만나려 서쪽으로 하수에
이르렀다가 되돌아와서 다시 거백옥의 집에 머물렀다. 영공이 진법을 묻자,
대답하시지 않고 떠나 다시 진나라로 갔다.

    季桓子卒에 遺言謂康子하되 必召孔子라하더니 其臣止之한대 康子乃召冉
求하다 孔子 如蔡及葉하시니라

계환자가 죽을 적에 유언하여 강자에게 일러 반드시 공자를 부르라고 하였는데, 그 신하들이 저지하자 강자는 이에 염구를 불렀다. 공자는 채나라로 가서 섭 땅에 이르렀다.

楚昭王이 將以書社地로 封孔子러니 令尹子西不可라 하니 乃止하니라
초나라 소왕이 장차 서사의 영지로 공자를 봉하려 하니, 영윤 자서가 반대하니, 이에 그만두었다.

又反乎衛하시니 時에 靈公已卒하고 衛君輒이 欲得孔子爲政하며 而冉求 爲季氏將하여 與齊戰有功한대 康子乃召孔子어늘 而孔子歸魯하시니 實哀公之十一年丁巳而孔子年六十八矣라
또 위나라에 돌아오니, 이때 영공이 이미 죽고, 위나라 임금 첩輒이 공자를 얻어 정치하고자 했으며, 염구가 계씨의 장수가 되어 제나라와 전쟁에서 공로가 있었다. 강자가 이에 공자를 부르니, 공자가 노나라로 복귀했다. 실로 애공 11년 정사년(기원전484)으로 공자 나이 68세였다.

然이나 魯終不能用孔子하고 孔子亦不求仕하사 乃敍書傳禮記하시며 刪詩正樂하시며 序易象繫象說卦文言하시니라 弟子蓋三千焉에 身通六藝者七十二人이러라
그러나 노나라는 끝내 공자를 등용하지 못했고, 공자 또한 벼슬을 추구하지 않았다. 이에 『서전』과 『예기』를 서술하고, 『시』를 산정하고 악을 바로잡고, 『역』의 「단전」·「계사전」·「상전」·「설괘전」·「문언전」을 차례로 지었다. 제자가 대략 3천이었는데, 몸소 육예에 통달한 자가 72인이었다.

十四年庚申에 魯西狩獲麟하니 孔子 作春秋하시니라 明年辛酉에 子路死

於衛하고 十六年壬戌四月己丑에 孔子卒하시니 年七十三이라

　애공 14년(기원전481) 경신에 노나라 서쪽으로 사냥을 나갔다가 기린을 포획하니, 공자는『춘추』를 지었다. 이듬해 신유에 자로가 위나라에서 죽었다. 애공 16년(기원전479) 임술 4월 기축(11)일에 공자 별세하시니, 나이 73세였다.

　葬魯城北泗上하다 弟子皆服心喪三年而去하되 惟子貢廬於冢上하니 凡六年이러라

　노나라 도성의 사수가에 장례하니, 제자들이 모두 심상 삼년상을 지내고 떠났으나, 오직 자공만이 무덤가에 여막을 짓고 모두 6년을 지냈다.

　孔子生鯉하시니 字伯魚라 先卒하고 伯魚生伋하니 字子思니 作中庸하시니라

　공자는 리를 낳았으니, 자는 백어이고 먼저 죽었으며, 백어는 급을 낳으니, 자가 자사로『중용』을 지었다.

　何氏曰 魯論語는 二十篇이요 齊論語는 別有問王知道하여 凡二十二篇이요 其二十篇中章句도 頗多於魯論이라 古論은 出孔氏壁中하니 分堯曰下章子張問하여 以爲一篇하여 有兩子張하니 凡二十一篇이요 篇次不與齊魯論同이니라

　하안이 말했다.『노논어』는 20편이고,『제논어』는 별도로「문왕」과「지도」가 있어 모두 22편이며, 그 20편 가운데 장구도『노논어』보다 자못 많다.『고논어』는 공씨의 벽 속에서 나왔는데,「요왈」아래 장의「자장문」을 한 편으로 만들어 두「자장」이 있으니 모두 21편이며, 편의 차례도『제논어』·『노논어』와 같지 않다.

程子曰 論語之書는 成於有子曾子之門人이라 故로 其書獨二子以子稱하니
라

정자가 말했다. "『논어』라는 책은 유자와 증자의 문인에게서 이루어졌기
때문에, 그 책에는 유독 두 사람만 자라고 칭하였다."

程子曰 讀論語에 有讀了全然無事者하며 有讀了後에 其中得一兩句喜者하
며 有讀了後에 知好之者하며 有讀了後에 直有不知手之舞之足之蹈之者니라

정자가 말했다. "『논어』를 읽음에, 다 읽어도 전혀 아무런 일이 없는 자도
있으며, 다 읽은 뒤 그중 한두 구절을 터득하고 기뻐하는 자도 있으며, 다 읽
은 뒤 알아서 좋아하는 자도 있으며, 다 읽은 뒤 바로 자기도 모르게 손으로
춤을 추고 발로 뛰는 자도 있다."

程子曰 今人은 不會讀書로다 如讀論語에 未讀時도 是此等人이요 讀了後
에도 又只是此等人이면 便是不曾讀이니라

정자가 말했다. "요즘 사람들은 책을 읽을 줄 모른다. 가령 『논어』를 읽었
을 때에, 아직 읽지 않았을 때에 이런 사람이요, 다 읽고 난 뒤에도 또한 다
만 이런 사람이라면, 이것은 곧 읽지 않은 것이다."

程子曰 頤自十七八로 讀論語하니 當時已曉文義러니 讀之愈久에 但覺意
味深長이로라』

정자가 말했다. "나(정이)는 17, 18세부터 『논어』를 읽었는데, 당시에 이미
글 뜻을 훤히 알았다. 읽기가 더 오래될수록 다만 의미가 심장함을 깨달을
뿐이다.

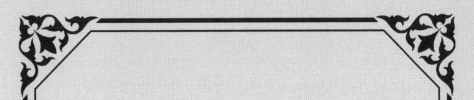

제1편

학이
學而

此는 爲書之首篇이라 故로 所記多務本之意하니
乃入道之門이요 積德之基니 學者之先務也라
이는 책의 첫 편이다.
그러므로 근본에 힘쓰라는 뜻이 많이 기록되었으니,
곧 도에 들어가는 문이며 덕을 쌓는 토대이다.
배우는 자가 먼저 힘쓸 것이다.
모두 16장이다.

1:1. 子曰: "學而時習之, 不亦說乎? 有朋自遠方來, 不亦樂乎? 人不知而不慍, 不亦君子乎?"

고주 —— 공자께서 말씀하셨다. "(배우는 자가 알지 못하는 것을) 깨달아서(學=覺) 적시(時=適時)에 외워 익히면(習=誦習), 또한 기쁘지 아니한가? 벗(同門, 群黨)이 멀리서 찾아오면 (나와 함께 강습하면), 또한 즐겁지 아니한가? 남이 (내가 선왕의 미덕을 품고 드러내지만) 알아주지 않아도 (혹은, 배우는 자가 노둔하여 이해하지 못해도 너그럽게 용서하고), 성내지(慍怒) 않으면 또한 군자가 아닌가?"

주자 —— 공자께서 말씀하셨다. "(본성의 선함을 먼저 깨달아 그 처음을 회복한 선각자가 하는 바를) 본받아(學=效) 어느 때인들 거듭 익히지 않음이 없으면(時習=無時而不習, 習=重習), (배운 것이 깊어져 중심이) 또한 기쁘지(喜意) 아니한가? (뜻을 같이 하는) 벗이 멀리서 찾아오면, 또한 즐겁지 아니한가? 남이 알아주지 않아도 노여운 뜻을 품지 않으면(慍=怒意), 또한 (덕을 이룬) 군자가 아닌가?"

다산 —— 공자께서 말씀하셨다. "(가르침을 받아 알기 위하여) 배우고(學=受教)

자원풀이 ■子자는 갑골문에서 머리카락이 달린 머리와 몸체를 그려 갓 태어난 아이 혹은 자손을 지칭하였다. 부계사회가 되면서 남자 아이를 지칭하다가, 배움(學)을 통해 주체로 성장하여 스승, 작위명, 이인칭대명사가 되었다. 스승의 뜻으로 쓰인 것은 아마도 子자(一 + 了)라는 글자에 과거로부터 전해 내려오는 전통을 현재(一) 시점에서 완성(了)하여 새로운 시대를 알게 하고 가르쳐 준다는 의미가 있기 때문일 것이다.
■學學은 子(아이 자) + 臼(깍지 구·양 손) + 爻(본받을 효, 혹은 지붕 위 X자 모양 나무) + 冖(덮을 멱=蒙)의 회의자로, '미몽에 가려 있는(冖=蒙) 자식을 가르치기 위해 두 손으로(臼) 떠밀어 학교(冖)에 넣어 (성현을) 본받게 한다(效) 혹은 '집안(冖)에서 두 손(臼)으로 새끼 매듭(爻=결승문자)을 지우는 법을 아이(子)가 배우다'의 뜻에서 '모방하다, 본받다(效)'의 뜻이 나왔다. 『설문』에서는 깨달음(覺悟)이라 하였다. 즉 배워서 깨친다는 뜻이다.
■習習은 羽(깃 우)+日(날 일)의 회의자로, 어린 새가 오랜 세월(日) 동안 반복하여 날갯짓(羽)을 익히는 모습에서

때때로(늘, 적절하게 학업을 행하기 위하여) 익히면, 또한 유쾌하지(說=快) 아니한가? 벗(同道者)이 멀리서 찾아오면, 또한 심히 기쁘지(樂=深喜) 아니한가? 남이 (나의 학문이 이루어졌음을) 알아주지 않아도 마음에 맺히지 않는다면, 또한 (덕이 있는) 군자가 아닌가?'

집주 —— ■學之爲言은 效也라 人性皆善이나 而覺有先後하니 後覺者必效先覺之所爲라야 乃可以明善而復其初也라 習은 鳥數飛也니 學之不已를 如鳥數飛也라 說은 喜意也니 旣學而又時時習之면 則所學者熟而中心喜說하여 其進이 自不能已矣리라

학學이란 말의 뜻은 본받는다(效)는 것이다. 사람의 본성은 모두 선하지만, 그 깨달음은 선후가 있다. 뒤에 깨닫는 자는 반드시 먼저 깨달은 자가 하는 바를 본받아야, 비로소 선을 밝히고 그 처음 본성을 회복할 수 있다. 습習이란 새가 번번이 나는 것이니, 배움을 그치지 않는 것은 마치 새가 번번이 나는 것과 같다. 열說은 기쁜 마음이다. 이미 배우고, 또한 때때로 그것을 익히면 배운 것은 익숙해지고 마음속은 기쁘니, 그 나아감을 스스로 그칠 수 없다.

■程子曰 習은 重習也니 時復思繹하여 浹洽於中이면 則說也니라 又曰 學者는 將以行之也니 時習之면 則所學者在我라 故로 悅이니라.

정자가 말했다. "습習은 거듭 익히는 것이니, 때때로 다시 생각하고 풀어내어

학습學習과 중복重複의 의미를 그렸다. 이후 日이 白(흰 백)으로 변했는데, 白은 自(스스로 자)의 변형으로 보인다. 따라서 스스로(自) 배우는 날갯짓(羽)으로 자발적인 학습의 중요성을 강조했다. 혹은 白은 鼻(코 비)의 본형인 自의 변형으로, 새끼 새가 날기 위해 날갯짓을 되풀이하다가 숨찬 입김이 코에서 나오는 것을 나타내어 '되풀이하여 익히다'는 뜻이 되었다. 익히다, 배우다, 습관, 거듭되다, 가르치다, 항상 등의 뜻이 있다.
■열說은 言(말씀 언)+兌(기쁠 태)의 형성자로 '말을 풀이하다'의 뜻이다. 어려운 내용을 말(言)로 잘 풀어내면 상대에게 기쁨(兌)을 주며, 상대를 잘 설득시킬 수 있다. 여기서 '기쁘다'와 설득하다(說=遊說)는 뜻이 나왔다. '말씀'의 뜻으로 쓰일 때는 설명說明처럼 '설'로, 기쁘다(悅)의 뜻으로 쓰일 때는 '열'로, 유세遊說의 뜻으로 쓰일 때는 '세'로 읽는다.
■락樂은 『설문해자』에 따르면 윗부분은 악기樂器(=搖鈴)의 모양을 형상화한 것이고, 아랫부분(木)은 목木 자 모

마음속에 푹 젖어들면 기쁜 것이다." 또 말했다. "배우는 것은 장차 행하려 하는 것이니, 때때로 익히면 배운 것이 나에게 있게 되어 기쁘다."

■ 謝氏曰 時習者는 無時而不習이니 坐如尸는 坐時習也요 立如齊는 立時習也니라 朋은 同類也니 自遠方來면 則近者可知니라

사량좌가 말했다. "시습時習이란 어느 때이든 익히지 않음이 없다는 말이다. 시동처럼 앉아 있는 것은 앉아 있을 때의 익힘이고, 재계하는 것처럼 서 있는 것은 서 있을 때의 익힘이다. 붕朋은 같은 무리(同類)이니, 멀리서도 온다면 가까운 자는 (어떠할지) 알 만하다."

■ 程子曰 以善及人하여 而信從者衆이라 故로 可樂이니라 又曰 說은 在心하고 樂은 主發散이니 在外니라

정자가 말했다. "선으로써 남에게 미쳐서 믿고 따르는 자들이 많은 까닭에 즐거워할 만하다." 또 말했다. "기쁨(說)은 마음에 있고 즐거움(樂)은 퍼지는 것을 위주로 하니 밖에 있다."

■ 慍은 含怒意라 君子는 成德之名이라

온慍은 노여운 뜻을 품은 것이다. 군자는 덕을 이룬 자의 명칭이다.

■ 尹氏曰 學은 在己하고 知不知는 在人하니 何慍之有리오

윤돈이 말했다. "배움은 자기에게 있고, 알아주거나 알아주지 않는 것은 남에게 있으니, 어찌 성냄이 있으리오?"

양의 악기의 자루(支架)를 형상한 글자이다. 즉 나무 자루가 달린 요령을 손으로 흔드는 모양을 본뜬 글자로, 요령을 흔들면 나는 소리로 신神을 즐겁게 해 준다는 뜻이다. 즐겁다고 할 때는 '락'으로, 음악音樂이라고 할 때는 '악'으로 발음한다. '좋아한다'(仁者樂山 知者樂水)라고 할 때는 '요'로 발음한다.

■벗을 뜻하는 글자로는 붕朋과 우友가 있다. 붕朋의 본 자는 鳳鵬으로 동류의 새를 말하는데, 중심이 되는 새가 날면 작은 새들이 따라 나는 데서 유래하여, 전의되어 위대한 스승에게 동문수학한 사람을 뜻한다. 우友란 扌(手)+又(깍지 낄 차)로 손을 맞잡고 있다는 뜻이다. 따라서 붕우란 동문수학하여 손을 맞잡고 뜻을 같이하는 사람이라고 할 수 있다. 공자는 익자삼우(益者三友)라 하여 '곧은 벗(友直)', '성실한 벗(友諒)', '보고 들은 바가 많은 벗(友多聞)'이 유익하다(『논어』16:4)고 말했다.

■온溫은 水(물 수) + 囚(가둘 수) + 명皿(그릇 혹은 덮개 명)의 합성어로 그릇에 물을 가두어 열을 가한다는 의미에서

고금주 —— 邢曰: "稱師曰子. 直言子曰者, 以其聖德著聞, 師範來世, 不須言其氏, 人盡知之也." ○補曰 學, 受教也. 習, 肄業也. 時習, 以時習之也. 說, 心快也. 兌卦上開, 夬卦亦然, 悅·快, 義相近也. ○補曰 朋, 同道者也[坤卦注]. 自遠方來, 則其人必豪傑, 致之者, 亦賢哲也. 樂, 深喜也. 人不知, 謂人不知我之學成也. 慍, 心有所蘊結也. ○補曰 君子, 有德之稱. 鄭玄「玉藻」注曰: "君子, 大夫·士." 「少儀」注曰: "君子, 卿·大夫." 君子云者, 大君之子也, 猶王者之稱天子也. 古惟有德者得在位, 故後世雖無位, 凡有德者稱君子.

형병이 말했다. "스승을 칭하여 자子라 한다. 곧바로 '자왈子曰'이라 말한 것은 그 성덕이 현저하게 알려져 후세의 사범이 되었으므로, 굳이 그 씨氏를 말하지 않아도 사람들이 모두 알 수 있기 때문이다." ○보완하여 말한다. 학學이란 가르침을 받는 것이며, 습習이란 학업을 익히는 것이며, 시습時習이란 '적당한 때에 익히는 것'이며, 열說이란 '마음이 쾌快한 것'이다. ○보완하여 말한다. 붕朋이란 도를 같이 하는 자이다(「곤괘」의 주). 먼 곳으로부터 온 그 사람은 필시 호걸일 것이며, 오게 한 사람 또한 현철賢哲일 것이다. 락樂은 심히 기쁜 것이다. 인부지人不知는 남이 나의 학문이 이루어졌다는 것을 알아주지 않은 것이다. 온溫은 마음에 쌓여 맺는 것이다. ○보완하여 말한다. 군자는 덕이 있는 이를 지칭한다. 정현의 『예기』「옥조」편의 주에 이르기를 "군자는 대부大夫와 사士이다."라고 했고, 「소의」편의 주에 "군자는 경卿과 대부大夫이다."라고 했다. 군자라고 말하는 것은 대군大君의 아들이니, 임금을 천

따뜻하다를 의미했을 것으로 추정된다. 유사한 것이 온慍 자로 心 + 囚 + 皿의 합성어로 마음을 가두어 열을 가하는 것, 곧 '성내다'는 뜻이 된다.

■ 군자君子라는 단어는 공자에 의해 결정적인 의미 전환을 겪으면서 유교가 추구하는 이상적 인격의 전형으로 정립되었다. 본래 '군君' 자는 '尹(벼슬 윤)'과 '口(입 구)' 자로 구성되어 있다. 그리고 '윤尹'(다스리다, 바로잡다, 벼슬이름)은 '곤 | + 차叉'로 구성되어 있는데, ' | '은 신성한 지팡이(神杖)로 성직자가 손에 잡는 물건을, 그리고 '叉'는 손을 나타낸다. 따라서 군君이란 신장을 손에 잡은 성직자로서 의례를 행하거나 정사를 관장하는 사람을 뜻한다. 그래서 군자란 귀족 일반을 지칭하는 단어가 되었다. 그런데 공자는 최상의 완성된 인격을 갖춘 성인보다, 일상에서 호학好學하여 인仁을 실천하려고 끊임없이 노력하는 사람을 군자라고 하면서 유교의 이상적인 인간의 전형으로 정립했다.

자天子라고 이르는 것과 같다. 옛날에는 오직 덕 있는 자만이 벼슬자리를 얻을 수 있었기 때문에, 후세에는 비록 벼슬자리가 없더라도 모든 덕 있는 자를 군자라 칭했다.

■ 或曰: "學者, 業道之名."[賈誼『新書』引『逸禮』: "小學業小道, 大學業大道."] ○駁曰 非也.「學記」曰: "人不學, 不知道." 孔子曰: "吾十有五志于學." 此方是業道之名. 『說文』曰: "學, 覺也." 謂先覺覺後覺也. 然此亦造字之原義, 非此經之所宜引.

어떤 이가 말했다. 학學이란 도道를 습득하는 것을 말한다.(賈誼의 『신서』에서는 『일례』를 인용하여, "小學에서는 小道를 습득하고, 大學에서는 大道를 습득한다."고 하였다.) ○논박하여 말하면, 그릇되었다. 『예기』「학기」에 "사람이 배우지 않으면 도를 알지 못한다."고 하였고, 공자는 "나는 열다섯에 학學에 뜻을 두었다."고 하였으니, 이 말이야말로 도를 습득한다는 뜻이다. 『설문』에서 "학學이란 깨닫는 것(覺)이다."라고 하여, 먼저 깨달은 이가 후에 깨달은 이를 깨닫게 하는 것이라고 말하였다. 그러나 이 또한 글자를 만든 원뜻이기는 하지만, 이 경문에 마땅히 인용할 것은 아니다.

■ 侃曰: "學有三時, 一, 身中時, 二, 年中時, 三, 日中時." ○駁曰 非也. 時習者, 時時習之也[朱子云]. 學晨省昏定, 便自是日習晨省昏定, 學日乾夕惕, 便自是日習日乾夕惕, 學祭禮, 習祭禮, 學鄕禮, 習鄕禮, 學樂, 習樂, 學誦, 習誦, 學射御, 習射御, 學書數, 習書數, 皆所以肄業也. 學所以知也, 習所以行也, 學而時習者, 知行兼進也. 後世之學, 學而不習, 所以無可悅也

황간이 말했다. "배우는 데는 세 번의 때가 있다. 하나는 일생을 두고 시기에 맞게 하는 것이고, 다른 하나는 일 년을 두고 시기에 맞게 하는 것이고, 또 하나는 하루를 두고 때에 맞게 하는 것이다." ○논박하여 말하면, 그릇되었다. 시습時習이란 늘 익히는 것이다(時時習:주자의 말이다). 혼정신성昏定晨省을 배웠으면 바로 그때부터 날마다 혼정신성을 익히고, 일건석척日乾夕惕을 배웠으면 바로 그때부터 날마다 일건석척을 익히고, 제례祭禮를 배웠으면 제례를 익히고, 향례鄕禮를 배웠으면 향례를 익히고, 음악을 배웠으면 음악을 익히고, 외우는 것을 배웠으면 외우는 것을 익히고, 활쏘기와 말 몰기를 배웠으면 활쏘기와 말 몰기를 익히고, 글쓰기와 셈을 배웠으면 글쓰기와 셈을 익히는 것은 모두가 학업을 익히는 것이다. 학이란 알기 위한 것이며, 습이란 행하기 위한 것이니, '학이시습지學而時習之'란 지와 행이 함께 나아가는 것이다. 후세의 학은 배우기만 하고 익히지 않았기 때문에 기쁠 수가 없는 것이다.

■王曰: "學者, 以時誦習之." ○駁曰 非也. 誦習而已者, 後世之學也. 禮樂射御, 可習者多, 奚但誦而已? 『易』曰: "朋友講習."[兌「大象」] 講者, 論辨也, 無所不包. 誦則『詩』・『書』而已, 學止是哉?

왕숙이 말했다. "(時란) 배우는 자가 때때로 외워 익히는 것이다." ○논박하여 말하면, 그릇되었다. 외워서 익힐 뿐인 것은 후세의 학이다. 예악사어에는 익힐 만한 것이 많은데, 어찌 단지 외우는 것뿐이겠는가? 『역경』에 이르길, "벗과 강습한다(「태괘」, 「대상」)."고 하였으니, 강講이란 논변으로서 모든 것을 포함하지 않은 것이 없지만, 외운다(誦)는 것은 『시』와 『서』일 뿐이니, 학學이 어떻게 여기에 그치겠는가?

■包曰: "同門曰朋." ○駁曰 非也. 『公羊傳』注云: "同門曰朋."[兌卦疏] 『周禮』注云: "同師曰朋."[「大司徒」聯朋友之注] 『集注』云: "同類曰朋." 總之, 朋者, 志同而意合者也. 何必同門?

포함이 말했다. "동문을 붕이라고 한다." ○논박하여 말하면, 그릇되었다. 『공양전』(「정공4년」)의 주에서 말했다. "동문을 붕朋이라 한다."(「태괘」소). 『주례』의 주에는 "스승을 같이하는 사람을 붕이라 한다."(「대사도」의 연붕우의 주)고 했고, (주자의)『집주』에서는 "동류를 붕이라 한다."고 했다. 총괄하면, 붕이란 뜻이 같고 의사가 합치하는 사람이다. 어찌 반드시 동문만이겠는가?

■何曰: "凡人有所不知, 君子不怒."[邢云: "古之學者爲己, 含章內映, 他人不知, 而我不怒也." 一云: "若有人鈍根不能知解者, 君子恕之而不怒也."] ○或曰: "夫子一生學不厭, 敎不倦. 此正指'誨人'一節. 故魏文靖講學余山, 有學者辨論不釋, 怫形于色. 文靖曰, '人不自知, 于我何慍?' 正得此意." ○駁曰 非也. 此章乃成己成物之全體, 首節成己之事也. 旣成己矣, 人知之而從我則樂, 人不知之而不宗我則不慍. 明成物之權不在己也. 邢氏鈍根之說, 豈足述乎?

하안이 말했다. "무릇 남이 알아주지 않는 것이 있어도 군자는 성내지 않는다."(형병이 말하길, "옛날에 배우는 자들은 爲己하여 아름다운 덕을 품고 겉으로 드러나는데도 남이 알아보지 못하여도 나는 성내지 않는다."는 것이고, 한편에서는 말하길, "사람은 근기가 노둔하여 이해하지 못하는 자가 있어도 군자는 너그럽게 용서하고 노하지 않는다."고 하였다.) ○어떤 이가 말했다. "공자는 일생 동안 배우기를 싫어하지 않고 가르치기를 게을리 하지 않았다. 이는 바로 사람을 훈교하는 것을 가리키는 한 절이다. 그러므로 위문정魏文靖이 여산에서 강학할 때, 어떤 배우는 이가 변론을 풀지 못하자 화가 얼굴에 나타났으므로 위문정이 말하길, 사람이 스스로 알지 못하고 나 자신에게 어찌 성을 내느냐고 하였으니, 이것이 바로 이 뜻을 터득한 것이다." ○논박하여 말하면, '어떤 사람'의 설명은 잘못되었다. 이 장은 자기를 이루고 다른 사람을 이루어 주는 전체(成己成物之全體)를 말한 것이다. 첫 번째 절은 자기를 이루는 일에 관한 것이다. 이미 자기를 이루었으면 남이 알아주어 나를 따른다면 즐겁다. 남이 알아주지 않아 나를 으뜸으로 여기지 않더라도 성내지 않는다는 것은 남(物)을 이루어주는 권한이 자기에게 있지 않다는 것을 밝힌 것이니, 형병의 둔근설鈍根說을 어찌 여기에 연관시켜 기술하겠는가?

비평 ── 『논어』를 시작하는 첫 구절로서 군자의 기쁨과 즐거움, 그리고 그 자격을 말했다. 먼저, 학습의 기쁨이다. 인간은 경이로운 세계를 탐구하고 알고 싶어한다. 학문(Science, Wissenschaft)이란 경이로운 세계를 자각하는 탐구와 이론화이다. 모든 것을 아는 신과 우매하여 체계적인 인식을 할 수 없는 동물의 중간 존재인 인간만이 경이로운 세계를 탐구하여 배우고 익히는 것을 좋아한다. 그래서 서양 최고 명저인 아리스토텔레스의 『형이상학』 역시 모든 "인간은 본성상 알기를 추구한다."는 구절로 시작했다.

둘째로 벗과 교류하는 즐거움이다. 붕朋이란 동류의 새를 뜻한 붕鵬에서 유래했는데, 위대한 선생님으로부터 동문수학한 동지를 말한다. 뜻과 이상을 같이하는 벗이 먼길을 마다하지 않고 찾아와 함께 학문과 이상사회를 논하면 즐겁지 아니하겠는가?

마지막으로 군자君子의 자격을 말한다. 군자란 성인이 되기 위해 끊임없이 노력하는 인간이다. 따라서 자기완성의 성인을 목표로 하는 군자는 다른 사람이 주는 칭찬과 명예에는 부차적인 것으로 간주한다.

(1) 학學의 풀이에 약간 이견이 있다. 고주는 『백호통』의 "학은 깨달음(覺)이다. 알지 못했던 것을 깨닫는 것이다."는 말을 인용하면서, 경업經業을 외고 익혀 폐퇴됨이 없게 하는 것이라고 말한다. 주자는 학이란 말은 본받는 것(效)이라고 하면서, 사람의 본성은 모두 선하지만 깨달음에는 선후가 있기 때문에 후각자가 선각자가 하는 바를 본받아 선을 밝혀 그 처음을 회복하는 것이라고 말한다. 그런데 다산은 깨달음(覺)이란 말과 연계시킬 수 있는가 하는 문제에는 이견이 있지만, 이 구절에 대한 주자와 다산의 견해는 대체로 일치한다. 즉 학습이란 지행병진을 통해 자기완성에서 시작하여 타자완성으로 나아가는 도정이라는 것이다. 주자의 다음 언명에 대해 아마도 다산 또한 같은 견해를 피력한다고 생각된다.

주자가 말했다. "학學이라는 이 한 글자는 실로 치지致知와 역행力行을 겸해서 말한 것이다." 물었다. "학이란 말의 뜻은 본받는다는 뜻이라고 하셨는데, 본받는다는 것은 그 범위가 매우 넓습니다." 답했다. "참으로 그러하다. 박학博學, 심문審問, 근사謹思, 명변明辯, 독행篤行이 모두 학의 일이다. 아직 모르고 능하지 못해 앎과 능함을 구하는 것을 일러 학學이라 한다. 이미 알고 이미 능하되 실행해 그치지 아니하는 것을 일러 습習이라 한다. 배우고 반드시 때때로 익히면 그 마음이 이치와 함께 함양되고, 아는 것이 더욱 정밀해지고 몸이 일과 더불어 편안해지고 할 수 있는 것이 더욱 확고해진다. 조용히 조석으로 굽어보고 우러러보는 가운데 배워서 알고 할 수 있게 된 모든 것은 반드시 마음속에 스스로 얻은 것이 되지만, 다른 사람에게는 말해 줄 수 없다. 이는 배움의 시작 단계이다.

열說은 밖으로부터 느껴 마음 가운데 일어나는 것이고, 낙樂은 마음 가운데 가득 쌓여 밖으로 넘쳐나는 것이다. 선善은 나 혼자에게만 있는 것이 아니고, 사람들에게 모두 있는 것이다. 내가 익혀 자득했지만 남에게 미치지 못한다면 비록 기쁘다고 할 수는 있지만, 아직 즐겁다고 할 수는 없다. 지금 이미 믿고 따르는 자가 멀리서 와서 그 무리가 이와 같으니, 어찌 즐거워하지 않을 수 있겠는가? 이는 배움의 가운데 단계이다.

남이 알아주지 않아도 태연하게 처하기를 마치 터럭만큼의 불평의 뜻도 없는 듯 하는 것은, 덕을 이룬 군자가 아니라면 그 누가 할 수 있으리오. 이는 배움의 끝 단계이다." (『논어집주대전』)

영어로 학문을 뜻하는 Science는 라틴어 scientia에서 유래했다. scientia는 그리스어 episteme의 번역어인데, episteme는 '체계적인 인식(앎)' 혹은 '인식(앎)의 체계'를 의미한다. 동양에서 학문學問이란 "널리 배우고, 깊이 묻고, 신중히 생각하고, 밝게 분별하며, 돈독하게 행함"(博學之 審問之 愼思之 明辨之 篤行之: 『중용』20장)의 약자로 이해할 수 있다. 과학科學이란 분과학문分科學問의 준말일 따름이다. 그런데 Science를 (분)과학(문)으로 번역하면서 과학을 학문의 전형이라고 간주하자, 실증되지 않는 영역을 다루는 학문은 학문 영역에서 배제되는 현상이 초래되었다. 과科 자는 禾(벼 화) + 斗(말 두)의 합성어로서 벼를 말로 측량한다는 뜻에서 유래한 것이며, 따라서 과학이란 실증되는 것만을 대상으로 다루는 학문체계라는 사실에 유의할 필요가 있다. 『논어』의 학 개념과 그에 대한 주자 및 다산의 주석은 상세한 논구가 필요하므로 별도로 다룬다.

(2) 시時의 해석에도 이견이 있다. 가끔, 적시에, 끊임없이 늘(어느 때든지 익히지 않음이 없음) 혹은 거듭 등으로 해석한다. 배우는 내용에 따라 적시에 익혀야 할 것도 있고, 끊임없이 반복함으로써(거듭) 익숙하게 하여 자기 것으로 만들어야 하는 것도 있다고 생각된다.

(3) 습習을 고주는 학의 내용을 주로 인지적인 것 혹은 경전에 한정하였기 때문에 송습誦習이라 했다. 주자는 습習이란 새가 번번이 나는 것으로, 배움을 그치지 않고 익숙히 하는 것이라고 했다. 정자는 거듭 익힘(重習)이라고 했다. 다산은 습을 송습誦習이라고 말한 고주를 좁은 것이라고 비판하면서, "습은 학업을 익히는 것으로, 학이란 알기 위한 것이며 습이란 행하기 위한 것이니 지와 행이 함께 나아가는 것이다."라고 하였다.

(4) 붕朋을 고주는 동문이라고 하였고(同門曰朋), 주자는 동지同志라고 하였다. 다산은 여러 논의를 살펴본 다음 총괄하여 붕이란 '뜻이 같고 의사가 합치하는 사람(同志而意合者, 同道者)'이라 했다.

(5) 기타 열說, 락樂, 온溫 등의 해석에도 약간 이견이 있지만, 중요하지는 않다. 마지막 절 "인부지人不知"에 다른 해석이 있다. 이는 윤돈의 해석(배움은 자기에게 있고, 알아주거나 알아주지 않는 것은 남에게 있다)이 좋다고 생각된다.

이 장과 관련한 상세한 논구는 3권의 주자와 다산의 「학이」 및 「지명」장에 대한 주석, 그리고 학 개념의 해설을 참고하기 바란다.

1:2. 有子曰: "其爲人也孝弟, 而好犯上者, 鮮矣. 不好犯上, 而好作亂者, 未之有也. 君子務本, 本立而道生. 孝弟也者, 其爲仁之本與!"

고주 —— 유자가 말했다. "그 사람됨이 (부모에게) 효도하고 (형장에게) 공순하면서 (자기의) 윗사람을 침범하기 좋아하는 자가 드물다(鮮=少). (성품이 공순하여) 윗사람을 침범하기 좋아하지 않으면서 반란을 일으키기 좋아하는 자는 아직 있지 않았다. 군자는 기본을 힘쓰고 기본이 서면 도덕이 생기니, (부모에게) 효도하고 (형장에게) 공경하는 것은 아마도 인을 하는 기본이리라!"

주자 —— 유자가 말했다. "그 사람됨이 (부모를 잘 섬겨) 효성스럽고 (형장을 잘 섬겨) 공경하면서 윗사람을 범하기 좋아하는 자는 드물다. (그 마음이 화순하여) 윗사람을 범하기를 좋아하지 않으면서 난을 일으키기를 좋아하는 자는 없다. 군자는 근본에 힘쓰나니, 근본이 정립되면 도가 생겨난다. 효제라는 것은 아마도 인(사랑의 이치이자 마음의 덕)을 행하는(爲仁=行仁) 근본이리라!"

다산 —— 유자가 말했다. "그 사람됨이 효성스럽고 공경하면서 윗사람을 범

자원풀이 ■효孝는 老(늙을 로)+子(아들 자)의 회의자. 자식(子)이 늙은 부모(老)를 업은 모습으로 효를 그렸다.
■제弟는 弋(주살 익)+己(몸 기)의 회의자. 주살(弋)을 끈으로 묶음, 혹은 가죽 끈으로 위에서 아래로 감아 내린 모양을 나타내는 상형자로 차례와 순서를 뜻하고, 형제兄弟에서처럼 동생이라는 뜻이 나왔다.
■제悌는 心(마음 심)+弟(아우 제)의 형성자. 동생(弟)이 형에게 가져야 하는 마음(心)으로서, 공경을 뜻한다. 『설문해자』에 따르면, 悌란 心(마음 심) 자를 따르며, 弟가 성부를 나타내는 형성자로서 형과 연장자를 경애한다(敬愛兄長)는 의미이다. 경전에는 본래 弟 자로 되어 있고 悌 자는 후대에 나타났다.
■호好 자는 女(여자)+子(자식)로 구성되어, 자식을 안은 어미를 나타낸다. 자식을 어미가 좋아하니라는 뜻에서 선호하다, 좋다, 훌륭하다는 의미가 형성되었다. 부사로는 매우, 잘 등의 뜻으로 쓴다.
■작作(지을 작)은 人(사람 인)+乍(잠깐 사)의 형성자. 乍는 옷을 만들고자 베를 깁는 모습에서 만든다는 뜻을 그린

하기 좋아하는 자는 드물다. 윗사람을 범하기를 좋아하지 않으면서 난을 일으키기를 좋아하는 자는 없다. 군자는 근본에 힘쓰나니, 근본이 정립되면 도(말미암아 가는 길)가 생겨난다. 효제라는 것은 아마도 인(사람들이 서로 관여하여 그 도를 다하는 것)의 근본이리라(爲'仁之本')!"

집주 —— ■有子는 孔子弟子니 名若이라 善事父母爲孝요 善事兄長爲弟라 犯上은 謂干犯在上之人이라 鮮은 少也라 作亂은 則爲悖逆爭鬪之事矣라 此는 言人能孝弟면 則其心和順하여 少好犯上이니 必不好作亂也라.

유자有子는 공자의 제자이고 이름은 약若이다. 부모를 잘 모시는 것이 효孝이고, 형과 어른을 잘 섬기는 것이 제弟이다. 윗사람을 범한다(犯上)는 것은 위에 있는 사람에게 무례하고 거스르는 것을 말한다. 선鮮은 적다(少)는 뜻이다. 난을 일으킨다(作亂)는 것은 반란을 일으키고 싸우는 일이다. 이는 사람이 효제할 능력이 있으면 그 마음이 화순和順하여 윗사람을 범하는 것을 좋아함이 드물고, 난을 일으키는 것을 반드시 좋아하지 않는다는 말이다.

■務는 專力也요 本은 猶根也라 仁者는 愛之理요 心之德也라 爲仁은 猶曰行仁이라 與者는 疑辭니 謙退하여 不敢質言也라 言君子凡事를 專用力於根本이니 根本旣立이면 則其道自生이라 若上文所謂孝弟는 乃是爲仁之本이니 學者務此면 則仁道自此而生也니라.

글자. 그런데 乍가 잠깐이라는 뜻으로 가차되자, 옷을 만드는 주체인 사람(人)을 추가하여 作으로 되었다. 만들다, 하다, 시작하다로 작품作品, 짓다, 거행하다의 뜻이다.
■범犯은 犬(개 견)+㔾(병부 절)의 형성자. 개(犬)로 대표되는 짐승의 영역을 굴복시켜 침범한다, 범하다, 잘못을 저지르다는 뜻이다.
■선鮮은 본래 魚(고기 어) 자 세 개가 중첩하여 물고기의 신선新鮮함을 나타내었다. 이후 어魚와 양羊의 결합으로 변했다. 어魚는 해산물을 대표하고, 양羊은 육고기를 대표하는데, 이들 모두 신선할 때 고유한 맛을 낼 수 있다. 신선한 고기는 빛깔이 곱고 그런 고기는 흔하지 않은 음식이기 때문에 드물다는 뜻이 되었다. 선尟(甚+少= 대단히 적다, 드물다) 자와 통한다.
■난亂은 윗부분(爪:손톱 조)과 아랫부분(又:또 우)은 손이고, 중간부분은 실패와 실을 그려 두 손으로 엉킨 실을 푸

'무務'는 오로지 힘쓰는 것이요, '본本'은 뿌리와 같다. 인이란 사랑의 이치이고 마음의 덕이다(仁者 愛之理 心之德也). 위인爲仁은 행인行仁이라고 말하는 것과 같다. '여與'는 의문사이니 겸손히 물러나 감히 단정적으로 말하지 않는 것이다. 군자는 범사에서 오로지 근본에 힘써야 하는데, 근본이 이미 정립되면 도는 자연히 생긴다는 말이다. 윗글에서 말한 것처럼 효제는 인을 행하는 근본이니 배우는 자가 이에 힘쓴다면 인의 도(仁道)는 이로부터 생겨날 것이다.

■程子曰 孝弟는 順德也라 故로 不好犯上이니 豈復有逆理亂常之事리오 德有本하니 本立則其道充大라 孝弟行於家而後에 仁愛及於物이니 所謂親親而仁民也라 故로 爲仁은 以孝弟爲本이요 論性則以仁爲孝弟之本이니라 或問 孝弟爲仁之本이라 하니 此是由孝弟면 可以至仁否아 曰 非也라 謂行仁自孝弟始라 孝弟는 是仁之一事니 謂之行仁之本則可커니와 謂是仁之本則不可라 蓋仁은 是性也요 孝弟는 是用也라 性中에 只有箇仁義禮智四者而已니 曷嘗有孝弟來리오 然이나 仁主於愛하고 愛莫大於愛親이라 故로 曰 孝弟也者는 其爲仁之本與인저

정자가 말했다. "효제는 화순의 덕(順德)이다. 그러므로 윗사람을 범하는 것을 좋아하지 않으니, 어찌 또 이치를 거스르고 법도를 어지럽히는 일이 있겠는가? 덕에는 근본이 있으니, 근본이 서면 그 도는 충만하고 커진다. 집에서 효제를 행한 후에 인애仁愛를 사물에 미치는 것이니, 이른바 '부모에게 친히

는 모습을 나타낸다. 엉킨 실을 의미하여 혼란을, 엉킨 실을 푼다는 의미에서 정리하다, 다스리다는 상반되는 뜻이 나왔다. 완전한 하나의 물(物)이 있는데 또 어떤 물이 외부에서 와서 무너뜨려 어지럽히는 것을 난亂이라 한다. 작란作亂이란 시역弑逆과 반역으로 난을 일으킨 것을 이른다.

■무務는 力(힘 력)+矛(창 모)+攵(칠 복)의 형성자로 힘(力)을 다해 창(矛)으로 찌르는 모습(攵)에서 강하다, 힘쓰다, 그리고 일이라는 뜻이 나왔다.

■본본은 나무(木)의 뿌리이다. 근본根本, 일의 주체나 대종족, 본적本籍, 국가, 그리고 농업이라는 뜻도 나왔다.

■도道는 『설문해자』에서 '辶(갈 착=行止)' + '首(머리 수)'(사람의 맨 위에 있는 머리로서, 가는 목적)로 구성된 회의문자로 향하여 가는 길(방법)이자 목적이라 할 수 있다. 그래서 길, 방법, 말하다, 다스리다(행정구역의 명칭), 이끌다(=導) 등의 뜻을 나타낸다.

하고 백성에게 인자하다.'는 것이다. 그러므로 인을 행하는 것은 효제를 근본으로 삼는다. 성性으로 논하자면, 인仁이 효제의 근본이 된다. 혹자가 물었다. '효제가 인을 행하는 근본이 된다는 것은 효제함으로써 인에 이를 수 있다는 말입니까?' 답했다. '아니다. 인을 행하는 것은 효제에서 시작된다고 말하면, 효제는 인의 여러 일 중 하나의 일이 된다. 효제를 일러 인을 행하는 근본이라고 말할 수는 있지만, 인의 근본이라고 말할 수는 없다. 대개 인仁이란 바로 성性이고 효제란 바로 작용(用)이다. 성性 중에는 다만 인의예지 네 가지만 있을 뿐이니, 어찌 일찍이 효제가 들어올 수 있겠는가? 그러나 인은 사랑을 위주로 하고(主於愛), 사랑은 부모를 사랑하는 것보다 큰 것이 없다. 그러므로 '효제라는 것은 인을 행하는 근본일 것이다'라고 말한 것이다."

고금주 —— ■補曰 作亂, 謂弑逆・畔逆以起難也. 春秋之時, 作亂者多, 時君憂之, 而不知所以救藥之術, 故有子爲此言. ○補曰 道者, 人所由行也. 仁者, 二人相與也. 事親孝爲仁, 父與子二人也. 事兄悌爲仁, 兄與弟二人也. 事君忠爲仁, 君與臣二人也, 牧民慈爲仁, 牧與民二人也. 以至夫婦朋友, 凡二人之間, 盡其道者, 皆仁也. 然孝弟爲之根. ○補曰 與者, 疑辭. 其理無疑, 而謂之與者, 譏時人未之信也. 其辭, 若含諷然.

보완하여 말한다. 작란作亂은 시역弑逆・모역으로 난리를 일으키는 것을 말한다. 춘추시대에 난을 일으키는 자가 많아 당시 군주가 우려하였지만, 막을 방도를 알지 못했다. 그러므로 유자가 이 말을 하였다. ○보완하여 말한다. 도란 말미암아 가는 길이다(道者 人所由行也). 인이란 두 사람이(仁=二人) 서로

■인仁은 『설문해자』에 "친애親愛한다는 의미로 두 사람(人+二)에서 유래했다(仁 親愛也 由'人' 由二 會意)"고 했다. 이는 곧 인간이란 (잔인한 금수와 구별되는) 서로 친애하는 공동체적 존재라는 뜻을 함축한다. 즉 인간이란 모름지기 인(仁=人+二)해야 한다는 공자의 주장은 곧 "인간이란 정치적-사회적 존재(homo politicus-socius)이며, 다양한 사회적-관계적 상황에서 마땅히 해야 할 도리를 다해야 한다"는 것을 함축한다. 『논어』에 '인仁'은 총 109회 나타나며, 전체 499절 가운데 59곳에서 인을 논한다. 인간의 보편적 덕이다.

관여하는 것이다(仁者 二人相與也). 어버이를 섬겨 효를 하는 것이 인仁이 되니, 부모와 자식이 두 사람(二人)이다. 형을 섬겨 공경하는 것이 인이 되니, 형과 동생이 두 사람이다. 임금을 섬김에 충으로 하는 것이 인이 되니, 임금과 신하가 두 사람이다. 백성을 기르되 자애로 하는 것이 인이 되니, 목민관과 백성이 두 사람이다. 부부와 붕우에 이르기까지 모든 두 사람 사이에서 그 도를 다하는 것이 모두 인仁이다. 그런데 효제가 그 인의 근본이 된다. ○보완하여 말한다. 여與란 의문사이다. 그 이치가 의심의 여지가 없는데도 여與라고 하고, 당시 사람들이 믿지 않는 것을 기롱하였다. 이 말은 풍자를 함의하는 듯하다.

■ 何曰: "本, 基也." ○駁曰 非也. 本末一體也, 而基猶是不相聯者, 故朱子改之. 하안이 말했다. "본本은 기초(基)이다." ○논박하여 말하면, 그릇되었다. 본말은 한몸이지만, 기초는 이와 상관없는 듯하다. 그러므로 주자가 개정했다.

■ 質疑 孟子曰: "仁義禮智根於心." 仁義禮智, 譬則花實, 惟其根本在心也. 惻隱羞惡之心發於內, 而仁義成於外. 辭讓是非之心發於內, 而禮智成於外. 今之儒者, 認之爲仁義禮智四顆, 在人腹中如五臟然, 而四端皆從此出, 此則誤矣. 然孝弟亦修德之名, 其成在外, 又豈有孝弟二顆, 在人腹中如肝肺然哉? 程子云: "人性中, 曷嘗有孝弟來?" 其意亦謂孝弟成於外而已, 非謂人性之中, 無可孝可弟之理也. 蕭山欲一反其說, 堅以孝弟作裏面物, 其說又偏矣. 孝弟亦仁, 仁亦孝弟. 但仁是總名, 事君牧民恤孤哀鰥, 無所不包. 孝弟是專稱, 惟事親敬兄乃爲其實. 故有子謂: "諸仁之中, 孝弟爲之本." 而程子謂: "行仁, 自孝弟始." 未嘗不通. 但程子曰: "孝弟謂之行仁之本則可, 謂是仁之本則不可." 此與有子語不合. 仁與爲仁, 不必猛下分別也.

질의한다. 맹자는 "인의예지는 마음에 근본한다."고 말했다(진심상」). 인의예지는 비유하자면 꽃 열매와 같은 것이니, 그 근본은 마음에 있다. 측은지심과 수오지심은 안에서 발현하고, 인과 의는 밖에서 이루어진다. 사양지심과 시비지심은 안에서 발현하여 예와 지가 밖에서 이루어진다. 지금의 유자儒者

들은 인의예지 네 알맹이가 사람의 복중腹中에 오장五臟처럼 있고, 사단이 모두 이로부터 나온다고 알고 있는데, 이것은 잘못이다. 그런데 효제 또한 덕을 닦는 명칭이고, 그것이 이루어지는 것은 밖에 있으니, 또 어찌 효제라는 두 알맹이가 복중에 간폐肝肺처럼 그렇게 있겠는가? 정자는 "사람의 성性 가운데 어찌 일찍이 효제가 있어 왔던가?"라고 말하였다. 정자의 말 뜻 또한 효제가 밖에서 이루어질 뿐, 사람의 성 가운데 효제를 할 수 있는 이치가 없다는 것이 아니다. 소산蕭山 모기령毛奇齡은 정자의 설을 한 번 뒤집고자 하여 굳이 효제를 속에 있는 사물로 만들었으니, 그 말이 또한 편벽된 것이다. 효제는 또한 인仁이며, 인 또한 효제이다. 다만 인은 총명總名으로 임금을 섬기고 백성을 기르며, 고아를 구휼하고 홀아비를 불쌍히 여기는 것을 내포하지 않음이 없다. 효제란 전칭專稱으로 오직 어버이를 섬기고 형을 공경하는 것이 그 실상이 된다. 그러므로 유자는 "모든 인仁 가운데 효제가 그 근본이 된다."고 하였고, 정자는 "인을 행하는 것은 효제에서 시작한다."고 하였으니, 통하지 않음이 없다. 단지 정자가 "효제는 인을 행하는 근본이라고 하면 타당하지만, 효제는 인의 근본이라고 하는 것은 타당하지 않다."고 말한 것은 유자의 말과 부합하지 않는다. 인仁과 위인爲仁을 엄격하게 분별할 필요는 없다.

비평 —— 인仁에 대한 주자의 체용론적 해석과 다산의 실천론적 해석이 첨예하게 대립한다. 주자는 인을 사람의 본성의 덕으로 정립한다. 그래서 인이란 사랑의 이치이자 마음의 덕이라고 정의한다. 본성의 덕으로서 인이 본체라면 효제는 인의 작용으로 인을 실현하는 시작이다. 그래서 효제는 인을 실천하는 근본이 된다는 것이다.

　다산은 인을 내면의 덕으로 정의하는 것을 적극 비판한다. 인仁이란 글자 자체가 두 사람(人+二)으로, 곧 사람과 사람의 관계성에서 성립한다는 것이다. 즉 다산은 사람과 사람의 관계에서 그 도리를 다함이 바로 인이라고 했다. 요컨대 어버이를 섬겨 효를 하는 것과, 형장을 섬겨 공경하는 것이 바로 인이다. 다만 인은 총명總名이며, 효제란 전칭專稱일 뿐이다.

이는 주자와 다산의 가장 중요한 철학적 쟁점 중 하나라고 하겠다. 별도의 장을 구성하여 상세히 논하고자 한다. 3권의 인仁에 관해 해설한 장을 참조하기 바란다.

⟪⟫

1:3. 子曰: "巧言令色, 鮮矣仁."[皇本, 作鮮矣有仁]

고주 —— 공자께서 말씀하셨다. "말을 듣기 좋게 하고 얼굴빛을 보기 좋게 꾸미는 사람은 (남이 자신에게 열복하게 하려는 것으로) 인仁을 지님이 적다(인자는 반드시 말을 곧게 하고, 색을 바르게 한다)."

주자 —— 공자께서 말씀하셨다. "말을 듣기 좋게 하고 얼굴빛을 좋게 꾸미는 사람은 (인욕이 방자해지고 본심의 덕이 없어져서) 인仁한 이가 드물다(절대 없다)."

자원풀이 ■교巧는 工(장인 공·황토를 다지는 절구공이)+丂(공교할 교·어떤 물체를 바치는 지지대나 괭이)의 형성자인데, 훌륭한 솜씨를 말한다. 이로부터 기교技巧, 영민하다, 마침 맞다 등의 뜻이 나왔다.
■언言은 입과 혀 그리고 거기서 나오는 말을 상징하는 가로획(음파)이 더해져 말(言)이라는 뜻이 되었다.
■령슈은 모자를 쓰지 않은 사람(卩)의 모습으로부터 우두머리가 내릴 수 있는 명령(슈)의 의미가 되었다. 명명命名하다, 좋다, 훌륭하다는 뜻도 있다. 영부인슈夫人, 영존슈尊 등으로도 쓰인다.
■색色은 일반적으로 人+卩(병부 절 =節)의 회의자로 사람의 심정은 그대로 안색으로 나타나는데, 이는 마치 부절符節을 맞추는 것과 같기 때문에 안색顔色을 뜻하고, 확장하여 빛깔도 뜻하게 되었다. 또는 색色이란 후배위後背位의 성애 장면을 그린 것으로, 성애 과정에서 흥분된 '얼굴색'이며, 이로부터 색깔은 물론 성욕과 성욕의 대상인 여자, 여자의 용모, 나아가 기쁜 얼굴색(喜色), 정신의 혼미함 등의 뜻이 나왔다고도 한다.

다산 —— 공자께서 말씀하셨다. "말을 듣기 좋게 하고 얼굴빛을 보기 좋게 꾸미는 사람은 (남이 자신에게 열복하게 하려는 것으로) 인仁을 지님이 적다(황간본에는 '鮮矣有仁'으로 되어 있다)."

집주 —— ■巧는 好요 令은 善也라 好其言하고 善其色하여 致飾於外하여 務以悅人이면 則人欲肆而本心之德이 亡矣라 聖人이 辭不迫切하여 專言鮮이면 則絶無를 可知니 學者所當深戒也니라 ○程子曰 知巧言令色之非仁이면 則知仁矣리라

'교巧'는 좋게 한다(好)이고, '영슈'은 '잘하다(善)'이다. 그 말을 좋게 하고 그 안색을 잘하여, 겉을 치장하고 남을 기쁘게 하는 데 힘쓰면, 인욕人欲이 방자해지고 본심의 덕이 없어진다. 성인께서 말씀을 박절하게 하지 않아 단지 드물다고 하였지만, 절대로 없음(絶無)을 알 수 있다. 배우는 자가 마땅히 깊이 경계해야 할 것이다. ○정자가 말했다. "교언영색이 인이 아니라는 것을 안다면, 곧 인을 아는 것이다."

고금주 —— ■包曰: "好其言語, 善其顏色, 皆欲令人悅之, 少能有仁也."

포함이 말했다. "교언巧言은 그 언어를 좋게 함이고, 영색슈色은 그 안색을 잘 꾸밈이니, 모두 남으로 하여금 자기를 열복하게 하고자 함이니, 능히 인을 지님이 적다."

■質疑 巧言令色, 不是罪惡. 特聖人觀人, 每見巧言令色者, 其人多不能仁, 故第言鮮矣. 然『春秋傳』, 師曠善諫, 叔向引『詩』巧言如流以美之, 「大雅」美山甫之德曰令儀令色. 巧言令色, 有時乎有好人. '鮮矣'二字, 眞是稱停語. 若云絶無, 則違於實矣. 孔子他日, 又曰'巧言亂德', 此惡言之巧也. 「表記」曰'辭欲巧', 此善言之巧也. 巧言有善有惡, 況令色乎! 此只是觀人之法. 太宰純謂當與'剛毅木訥近仁'參看, 其言良是.

질의한다. 교언영색이 곧 죄악은 아니다. 특히 성인이 사람을 살필 때, 매번 교언영색자를 보면, 대부분 인을 행할 능력이 없었기 때문에 여기서 다만 드물다고 하셨다. 그러나 『춘추전』에는 사광師曠이 간하기를 잘하자 숙향叔向이 『시경』의 '교묘한 말이 물 흐르는 듯하다(巧言如流).'를 인용하여 칭찬하였고(「소공8년」), 『시경』 「대아大雅」에서는 산보山甫의 덕을 칭찬하여 '영의영색令儀令色하다'고 하였으니, 교언영색하는 사람도 때에 따라 좋은 사람도 있다. '드물다(鮮矣)'는 글자는 참으로 알맞은 말이다. 만약 여기서 절대 없다(絶無)라고 했다면 이는 실상에 어긋나는 것이다. 공자께서 다른 날에 '교묘한 말이 덕을 어지럽힌다(15:26. 子曰 巧言亂德.)'고 하였는데, 이는 나쁜 말을 교묘히 한 것이며, 『예기』 「표기表記」에 '말은 교묘하게 하고자 한다.' 한 것은 착한 말로써 교묘히 한 것이다. 교언巧言에는 좋은 것도 있고 나쁜 것도 있는데 하물며 영색令色이야! 이것은 다만 사람을 살펴보는 법이다. 태재순太宰純은 '마땅히 강하고, 굳세고, 질박하고, 어눌한 사람이 인에 가깝다(13:27. 子曰 剛毅木訥 近仁.)라고 한 말도 서로 참고해 보아야 한다.'고 하였으니, 그 말이 진실로 옳다.

비평 —— 성리학의 도덕적 엄숙주의(鮮=絶無)에 대한 다산의 이견이 나타나 있다. 외견상 다산의 지적은 당연히 옳다. '드물다'를 '절대 없다'라고 해석하는 것은 거리가 멀기 때문이다. 또한 다산의 지적대로, 좋은 의도에서 나온 교언영색이 있을 수도 있기 때문이다. 그런데 여기서 정자와 주자가 그렇게 해석한 것은 좋은 의도에서 나온 교언영색이 아니라, 소인의 위인지학爲人之學에서 나온 것만을 지적한 것이다. 이 점은 주자의 다음 언명에 잘 드러난다.

교언영색을 하는 자는 비록 대단히 간악한 사람은 아니라고 하더라도, 마음이 이미 겉에 힘써서 다만 남이 기뻐하기를 구하니, 곧 악한 단계에 이르게 되는 것은 어렵지 않다. 용모나 어조 등은 바로 배우는 자가 지켜 기르고 힘써야 할 곳이다. 그러나 교언영색으로 남의 이목을 기쁘게 하는 데 뜻을 두면 마음이 밖으로 내달려 인이 드물어진다.

공자의 언사는 박절하지 않으시되 그 뜻은 홀로 지극한 것이다. 정자는 독자가 잘 살피지 못하고 교언영색 중에 조금이라도 있을 인을 구할까 염려했기 때문에 곧바로 불인不仁이라고 단안함으로써 오해의 의혹을 풀어주려 했다.

성문聖門의 학은 인의 추구(求仁)를 요령으로 한다. 거기서 해야 할 것을 말하면 필시 효제를 우선으로 하고, 하지 말아야 할 것을 논하면 교언영색을 심한 것으로 여긴다. 말씀을 기록한 자가 이 둘을 끌어내 첫 장에 두어 이처럼 순서를 잡은 것은 배우는 자로 하여금 인이 급한 일임을 알게 하고, 마땅히 힘써야 할 일과 경계할 만한 일을 알게 하려 함이다. (『논어집주대전』)

❧

1:4. 曾子曰: "吾日三省吾身. 爲人謀而不忠乎? 與朋友交而不信乎? 傳不習乎?"[皇本, 作與朋友交, 言而不信乎]

고주 —— 증자가 말하였다. "나는 날마다 세 차례 내 자신을 성찰한다. 남을 위해 일을 계획하면서 충심忠心을 다하지 않음은 없었는가? 벗과 교제하면서 성신誠信하지 않은 것은 없는가? (남에게) 전수하면서 (평소 내가) 강습하지 않은 것을 (함부로) 전수하지 않았는가?"

주자 —— 증자가 말했다. "나는 날마다 세 가지 사항을 반성하니, 남을 위하여 일을 꾀하면서 나 자신의 최선을 다하지(忠=盡己) 않은 것은 아닌가, 벗과 사귀면서 신실(信=實)하지 않은 것은 아닌가, (스승에게) 전해 받은 것을 (나 자신에게) 익히지 않지 않았는가, 하는 것이다(이는 성인의 일이 아니다).”

다산 —— 증자가 말했다. “나는 날마다 세 가지 사항을 반성하니, 남을 위하여 일을 꾀하면서 충심을 다하지 않은 것은 아닌가, 벗과 사귀면서 성신하지 않은 것은 아닌가, (스승에게) 전해 받은 것을 (나 자신에게) 익히지 않은 것은 아닌가 하는 것이다.”

집주 —— ■ 曾子는 孔子弟子니 名參이요 字子輿라 盡己之謂忠이요 以實之謂信이라 傳은 謂受之於師요 習은 謂熟之於己라 曾子以此三者로 日省其身하사 有則改之하고 無則加勉하여 其自治誠切이 如此하시니 可謂得爲學之本矣요 而三者之序는 則又以忠信爲傳習之本也니라
증자는 공자의 제자로 이름은 삼參이고 자字는 자여子輿이다. 자신을 다하는 것을 '충'이라 하고(盡己之謂忠), 신실함으로 하는 것을 '신'이라 한다. '전傳'은 스승에게서 받은 것을 말하고, '습習'은 자신에게 익숙해지도록 하는 것을 말한다. 증자는 이 셋으로써 매일 자신을 반성하여 잘못이 있으면 고치고 없으면 더욱 힘썼다. 증자가 스스로를 다스림이 참으로 절실하여 이와 같았으니 학문을 하는 근본을 얻었다고 할 수 있다. 셋의 순서는 또한 충신忠信이 전습傳習의 근본이 된다.

자원풀이 ■오吾는 口(입 구)+五(다섯 오)의 형성자. 입(口)으로 부르는 명칭 일인칭대명사인 나와 우리를 말한다. ■삼三은 숫자 3을 나타내며, 천지인天地人을 상징하는 길한 숫자로 쓰인다. 삼三은 양수(一)와 음수(二)의 통합으로 횟수의 많음, 혹은 완전수를 상징한다. 따라서 본문의 삼三은 차례가 아니라, '끊임없이'라고 해석할 수 있다. ■성省은 갑골문에서는 눈(目)과 직선을 중심으로 좌우로 살피는 것이며, 이후 반성反省 혹은 성찰省察이란 뜻으로 쓰였고, 또한 행정단위를 나타내기도 한다. 또한 자세히 살피지 않고(少) 대충대충 보는 것(目)을 말한다(省略). ■충忠은 心(마음 심)+中(가운데 중)의 형성자로 어느 한쪽으로도 치우치지 않고(中) 공평무사하게 원칙을 견지하는 마음(心)이 바로 원뜻이다. ■신身은『설문해자』에서는 사람을 몸을 그린 상형자. 이후 사람의 주체나 자기 자신, 그리고 자신이 몸소 직접 하는 것을 말하기도 한다. 신身으로 구성된 한자들은 모두 몸과 관련된 의미를 가진다. 금문에서는 임신하여 배가

■ 尹氏曰 曾子守約이라 故로 動必求諸身하시니라

윤씨가 말했다. "증자는 지키는 것이 간략했기 때문에 행동함에 필시 자신에게서 구했다."

■ 謝氏曰 諸子之學이 皆出於聖人이나 其後愈遠而愈失其眞이어늘 獨曾子之學은 專用心於內라 故로 傳之無弊하니 觀於子思孟子면 可見矣라 惜乎라 其嘉言善行이 不盡傳於世也여 其幸存而未泯者를 學者其可不盡心乎아

사씨가 말했다. "여러 제자들의 학문은 모두 성인에게서 나왔으나, 그 뒤에 더 멀어질수록 그 참됨을 더욱더 잃었다. 다만 증자의 학문만이 오로지 내면에 마음을 썼던 까닭에 전함에 폐단이 없었으니, 자사와 맹자를 살펴보면 알 수 있다. 애석하다, 그 아름다운 말과 선한 행동이 세상에 다 전해지지 못했음이여! 다행히 보존되어 없어지지 아니한 것에 대해 배우는 자가 마음을 다하지 않을 수 있겠는가?"

고금주 ── ■ 邢曰: "吾每日三自省察己身." [藤云: "凡三字在句首者, 爲三次, 在句尾者, 爲數目." ○ 駁曰 非也. 何必字在句首者, 不得爲數目?

형병이 말했다. "나는 매일 세 차례 나 자신을 성찰한다"(이또 진사이가 말했다. "무릇 삼三 자가 구 머리앞에 나오면 세 차례:三次이고, 구의 꼬리에 나오면 數目이다 三復「白圭」, 三以天下讓 같은 것이 이것이다. 구의 꼬리에 나오면 數目이다. 如君子所貴乎

불룩한 모습을 그려, '임신하다'가 원래 뜻인데, 나아가 머리부터 발 위까지 '신체'를 지칭하게 되었다고 한다.
■ 모謀는 言(말씀 언)+某(아무 모)의 형성자로 어려운 일을 깊이 의논(言)하여 도모하는 것을 말한다. 계략을 세우다, 깊이 생각하다 등의 뜻이다.
■ 신信 자는 『설문해자』에 따르면 人(사람 인)과 言(말씀 언: 맹서盟誓)이 결합한 회의문자로서, '사람의 본마음에서 표출된 말은 거짓이 없기(誠實無欺)에 믿을 수 있다.' 혹은 '사람(人)의 말(言)은 언제나 진실되고 신뢰가 있어야 한다.'는 의미이다. 그런데 맹자는 "가치상 추구할 만한 것을 일러 선(좋음)이라고 하고, 이러한 선을 자기 안에 지니고 있는 것을 일러 신信이라고 한다."고 해설하고 있듯이, 신信이란 도덕적으로 선한 본성(仁義禮智)을 실현하기 위해 신실하게 행하는 것을 말한다.
■ 전傳은 人(사람인)+專(오로지할 전)의 형성자로 베 짜기와 같은 전문적인 기술(專)을 다른 사람(人)에게 전해준다는

道者三, 君子之道三 같은 것이 이것이다.") ○논박하여 말하면, 그릇되었다. 어찌 반드시 글자가 구 머리에 있다고 하여 수목이 되겠는가?

■何曰: "言凡所傳之事, 得無素不講習而傳之." [邢云: "凡所傳授之事, 得無素不講習而妄傳乎? 傳惡穿鑿, 故曾子愼之."] ○毛曰: "傳曰傳業. 受曰受業. 凡單下一傳字, 總是授字." ○駁曰 非也. 傳不習者, 學而不習也. 傳一字承上接下, 可以通用. 蕭山謂'受之於師, 不得用傳字', 不亦拘乎? 己所不習, 何以傳授? 不習而傳, 理所無也.

하안이 말했다. "전수받은 일을 평소에 강습하지 않았으면, 전하지 않아야 한다는 말이다." ○모기령이 말했다. "전傳은 업을 전하는 것을 말한다. 수受는 업을 받는 것(受業)을 말한다. 무릇 단지 하나의 전傳 자만 단칭한 것은 모두 수授 자이다." ○논박하여 말하면, 그릇되었다. 전불습傳不習이란 학이불습學而不習이다. 전이란 한 글자는 위를 계승하고 아래로 접맥하여 통용될 수 있다. 모기령이 '스승에게서 받은 것은 전傳 자를 사용할 수 없다.'는 것은 또한 구애된 것이 아닌가? 자신이 익히지 않은 것을 어떻게 전수할 수 있을까? 익히지 않고 전하는 리는 없다.

■質疑 『易』曰: "君子終日乾乾, 夕惕若, 厲无咎." 夕惕若者, 聖人省察之極工也. 朱子謂: "三省, 非聖人之事. 曾子晚年進德工夫, 蓋微有這些子查滓去未盡." 然湯以六事自責, 豈亦查滓有未盡乎? 聖人未嘗無省察也.

질의한다. 『주역』에서 "군자가 종일토록 노력하고 조심하며 저녁에 와서 더욱 두려워하는 마음을 지니면, 위태로운 데에 처해 있어도 허물이 없다."고 하였다. 여기서 '저녁에 두려워함'은 성인이 성찰하는 지극한 공부이다. 주

뜻이다. 전하다, 전달하다, 전설, 전기, 전통 등의 뜻이 되었다. 유교에서는 성인聖人의 창작을 경經이라 하고, 현인 賢人의 저술을 전傳이라고 한다(聖人制作曰經. 賢人著述曰傳). 씨줄인 경經은 시공을 초월한 보편적인 진리를 담고 있다는 뜻이며, 전이란 경을 주석하여 전한다는 의미를 내포한다.

자는 "삼성三省은 본래 성인의 일은 아니다. 그러나 이는 증자가 만년에 진덕進德 공부에서 대개 아직 약간의 찌꺼기를 다 제거하지 못해 조금 남아 있었다."라고 하였다. 그러나 탕湯임금이 육사六事로써 스스로를 책망하였으니, 어찌 또한 흠이 되는 찌꺼기를 다 제거하지 못함이 있어 그러했겠는가? 성인도 일찍이 자신을 성찰하지 않음이 없었다.

비평 —— 공자의 후기 수제자인 증자는 세 가지 측면에서 끊임없이 성찰한다고 말하였다. 첫째로 다른 사람과 일을 도모할 때, 충심(忠=中+心)을 다했는가 하는 점이다. 즉 마음을 치우치거나 기울지 않고, 지나침과 모자람이 없이 정립하여(中者 不偏不倚無過不及之名) 최선을 다해 다른 사람과 함께 일을 도모하였는지를 반성한다는 것이다.

둘째로 벗과 교제하면서 신실(信)하게 했는가 하는 것이다. 여기서 신信이란 도덕적인 선함을 지니고, 성실하게 실천하는 것을 말한다(可欲之謂善 有諸己謂之信, 以實之謂信). 따라서 벗과 사귈 때는 착한 인간본성(인의예지)으로 성실하게 교류해야 한다는 것이다. 그래서 증자는 "벗을 통해 자신의 인을 보완하라(12:24. 以友輔仁)."고 말했다.

셋째로 스승 등으로부터 전수받은 것을 제대로 익혔는가 하는 것이다. 여기서 익힌다는 것은 새가 날기 위해 많을 노력을 기울이는 것(習=鳥數飛)을 말하는데, 전수받은 것을 자기 것으로 만들기 위해 노력하는 것을 말한다.

여기서 본문의 삼三 자와 연관하여 약간의 논란이 있다. 삼三은 양수(一)와 음수(二)의 통합으로 횟수의 많음, 혹은 완전수를 상징한다. 따라서 삼三을 횟수로 본다면 세 차례(三次)가 아니라 끊임없이(늘, 항상)라고 해석할 수 있다. 공자의 제자가 3천 명이었다는 것 등은 이런 사정을 반영한다. 고주와 일본인 학자 이토 진사이는 삼三을 횟수로 보았다. 그런데 주자와 다산 등은 수목數目으로 보았다. 수목으로 본다면 세 가지 사항으로 볼 수 있다. 그런데 이 또한 단지 세 가지 사항만이 아니라, 삶 전체로 볼 수 있다. 즉 삶 전체를 반성하면서, 대표적으로 세 가지 사항을 나열하였다고 할 수 있다. 따라서 여기서 삼三은 끊임없이 삶 전체를 반성하는 것으로 볼 수 있다.

그런데 주자는 여기서 삼성三省은 성인의 일이 아니며, 증자가 삼성했다는 말은 그가 아직 성인의 경지에 도달하지 못했음을 말해준다는 것이다.

주자가 말했다. "충忠은 마음의 관점에서 말한 것이고, 신信은 일의 관점에서 말한 것이다. 자신을 다하는 마음으로 숨기지 않은 것이 이른바 충이니, 안에서부터 나온 것으로 말한 것이다. 일을 신실하게 하여 어기지 않은 것이 이른바 신이니, 밖으로 드러난 것으로써 말한 것이다. 그러나 충하면서 신하지 않은 경우가 없고, 신하면서 충에서 나오지 않은 경우가 없는 것은 표리관계임을 말해준다. 꾀함에 충忠하지 않으면 남을 속이는 것이고, 말함에 신실하지 않으면 친구를 속이는 것이고, 전해 받은 것을 익히지 않으면 스승을 속이는 것이다. 삼성三省은 본래 성인의 일이 아니다. 그러나 이는 증자가 만년에 덕에 나아간 공부(進德工夫)이다. 대개 아직 약간의 찌꺼기를 다 제거하지 못해 조금 남아 있었기 때문이다. 배우는 자로서는 마땅히 일에 따라 성찰해야 할 것이 비단 이 세 가지만이 아니다." (『논어집주대전』)

이에 대해 다산은 '성인 또한 일찍이 자신을 성찰하지 않음이 없었다.'고 논박하였다. 그런데 주자가 삼성三省이 성인의 일이 아니라고 한 것은 성인은 오랜 노력 끝에 마침내 신묘하게 변화하여, 인위적인 노력을 기울이지 않아도 자연히 존재와 당위가 완전히 일치하여 경지에 도달(『중용』20장 不勉而中 不思而得 從容中道 聖人也.)했기 때문에 그렇게 말한 것이다. 그러나 세상 사람들은 성인이 이런 경지에 도달한 것은 지극한 노력을 기울인 이후에 오는 공효라는 것을 망각하고, 단박에 자연적인 마음이 천리와 일치한다고 주장하기 쉽다. 다산이 질의를 통해 제기한 것은 바로 이러한 폐단을 막기 위한 현실적 처방이라고 할 수 있다.

그런데 여기서 삼三이란 글자는 횟수로 본다면 단순히 세 차례가 아니라 '끊임없이'의 뜻이며, 수목數目으로 본다면 세 가지 사항만이 아니라 자신의 삶 전체를 말한다고 하겠다. 즉 삼성三省이란 '자기 삶 전체를 끊임없이 반성함'으로 해석할 수 있다는 것이다. 성인이 인간의 목표라고 한다면, 현실에서 최선의 인간이란 자기 삶 전체를 끊임없이 성찰하면서, 자신을 부단히 개선해 나아가는 사람일 것이다.

1:5. 子曰: "道千乘之國, 敬事而信, 節用而愛人, 使民以時."

고주 —— 공자께서 말씀하셨다. "천승의 나라를 (政敎로) 다스리되(道=治), 일을 거행하면 (반드시) 경신하고(擧事必敬愼) (백성을) 성신誠信으로 대하며, 재용財用을 절약하고 (국가의 근본인) 백성(人=民)을 사랑하며, (工事를 일으켜) 백성을 사역할 때에는 (반드시 농사를 방해하지도 농시를 빼앗지도 않도록) 시기에 맞게 하여야 한다."(이 장은 大國을 다스리는 법을 논한 것이다.)

주자 —— 공자께서 말씀하셨다. "천승의 나라(제후국)를 다스리는 이치는 (그 근본은 다섯이니) 정사를 경건히(主一無適)하고, 백성의 신뢰를 얻고, 국가의 씀씀이를 절약하고, 백성을 아끼며, 백성들을 국역에 동원할 때는 때(농번기와 농한기)에 맞게 해야 한다."

다산 —— 공자께서 말씀하셨다. "천승의 나라를 이끌되(道=導), 일을 (시종과 유폐를 헤아려) 조심하여 거행하면 (백성들이 반드시) 신뢰하게 될 것이며(信之), 재용財用이 한계를 넘지 않도록 하여 사람을 사랑하며, (工事를 일으켜) 백성을 사역할 때는 (반드시 농사를 방해하지도 농시를 빼앗지도 않도록) 시기에 맞게 하여야 한다."

집주 —— ■道는 治也라 千乘은 諸侯之國이니 其地可出兵車千乘者也라 敬者는 主一無適之謂니 敬事而信者는 敬其事而信於民也라 時는 謂農隙之時라 言治國之要 在此五者하니 亦務本之意也라

도道는 다스린다(治)는 뜻이다. 천승千乘은 제후의 나라로 그 영지에서 병거 천 대를 낼 수 있다. 경敬이란 마음을 하나로 집중하여 다른 곳으로 가지 않는 것(主一無適)을 말한다. 경사이신敬事而信이란 그 일을 경건히 하여 백성에게 신뢰를 받는 것이다. 시時는 농사의 틈이 있을 때를 말한다. 나라를 다스리는 요체는 이 다섯에 있다는 말이니, 또한 근본에 힘쓰라는 뜻이다.

■程子曰 此言至淺이나 然이나 當時諸侯果能此면 亦足以治其國矣라 聖人은 言雖至近이나 上下皆通하니 此三言者를 若推其極이면 堯舜之治도 亦不過此라 若常人之言은 近則淺近而已矣니라.

정자가 말했다. "이 말은 지극히 천근하다. 그러나 당시 제후들이 진실로 이

자원풀이 ■國國은 口(에워싸다) + 或(口 + 戈 : 창을 들고 성을 지키는 모습)으로 구성된 형성자로서, '성으로 둘러싸인 곳을 무기로 지키는 곳'이라는 의미에서 출발하여 '나라'라는 의미가 되었다. 천승지국千乘之國에서 승乘이란 고대의 병거兵車이다. 병거 한 대는 4필의 말이 이끌고, 甲士 3명이 타고, 步卒 72명이 따랐다. 천승지국이란 병거 천대를 지닌 국가로 제후국을 말하지만, 여기서는 국가 일반을 지칭한다.
■경敬은 갑골문에서는 苟(진실로 구)로 썼으나, 금문에는 손에 몽둥이를 든 모습인 攴(칠 복)자가 더해져 오늘날의 모습이 되었다. 구苟는 머리에 양羊이 그려진 꿇어앉은 사람의 형상인데, 절대자(양) 앞에 꿇어앉아 '진실하고 경건한 마음'으로 빌거나 복종하는 모습을 나타낸다. 『주역』「곤괘·문헌」에서는 "군자는 경건함으로써 안을 바르게 한다."(君子敬以直內)라고 하였다. 성리학에서는 경을 '마음을 한 곳에 집중하면서 산란하게 하지 않는 것(主一無適)' 혹은 '항상 깨어 있음(常惺惺)'이라고 하였다. 마음을 경건하게 유지하는 것(居敬)은 이치를 궁구하는 것(窮理)

것을 능히 할 수 있었다면 역시 충분히 그 나라를 다스릴 수 있었을 것이다. 성인께서는 비록 지극히 가깝게 말씀하셨지만, 아래위로 다 통한다. 이 세 마디 말은 만약 그 궁극에까지 미루어 나간다면, 요순의 다스림 또한 이에 지나지 않는다. 만약 일반 사람의 말이 가깝다면 천근淺近할 뿐이다."

■ 楊氏曰 上不敬則下慢이요 不信則下疑니 下慢而疑면 事不立矣니 敬事而信은 以身先之也니라 易曰 節以制度하여 不傷財하고 不害民이라 하니 蓋侈用則傷財요 傷財면 必至於害民이라 故로 愛民이 必先於節用이라 然이나 使之不以其時면 則力本者不獲自盡하여 雖有愛人之心이나 而人不被其澤矣리라 然이나 此는 特論其所存而已요 未及爲政也니 苟無是心이면 則雖有政이나 不行焉이니라.

양시가 말했다. "윗사람이 경건하지 않으면 아랫사람은 태만하며, 신뢰가 가지 않으면 아랫사람이 의심한다. 아랫사람이 태만하고 의심하면, 일이 성립되지 않는다. 일을 경건하게 하여 신뢰를 받는 것은 자신이 솔수범하는 것이다. 『주역』에 '절약하기를 제도에 맞게 하면 재물을 손상시키지 않고 백성에게 해를 끼치지 않는다.'고 했다(절괘, 단전). 대개 사치하게 쓰면 재물을 손상시키고, 재물을 손상시키면 반드시 백성에게 해를 끼치는 데 이른다. 그러므로 백성을 사랑함은 반드시 쓰는 것을 절약하는 것을 먼저 해야 한다. 그러나 백성을 부림에 때에 맞게 하지 않으면 농사짓는 자가 스스로 그 힘을 다할

과 함께 성리학적 공부의 요체가 된다.
■사事는 신에게 바치는 기물을 나뭇가지에 달아놓고 손(又)으로 떠받치는 형상으로 제사를 지내다, 섬기다의 뜻이다. 혹은 손(又)으로 장식이 달린 붓을 잡은 모습으로 역사나 문서의 기록하는 모습을 형상화한 것으로 이로부터 관직, 사업, 업무를 통칭하는 '일'을 뜻하게 되었다. 일(事有終始), 관직(無功受事), 국가대사, 직업, 공업工業(立功立事), 섬기다(事君之道), 일삼다(事商賈 爲技藝), 변고(事變), 재능(吳起之裂 其事也), 다스리다(勞力事民而不責焉), 힘쓰다(先事後得), 부리다(無所事得), 벌(管絃三兩事), 전고典故.
■절節은 竹(대 죽)+卽(곧 즉)으로 구성된 형성자로 대나무 마디가 원래 뜻인데, 이로부터 관절關節, 골절骨節, 근절筋節 등과 같은 말이 나왔다. 대나무는 마디마디 지어진 단계와 등급이 있다는 뜻에서 절도節度, 절제節制라는 뜻이 나왔는데, 예절禮節이란 말은 바로 이것을 말한다.

수 없으니, 비록 사람을 사랑하는 마음이 있어도 사람들이 그 은택을 입지 못한다. 그러나 이것은 특히 위정자가 보존해야 할 바를 논하셨고, 정치를 행하는 일에 대해서는 언급하지 않으셨다. 진실로 이 마음이 없다면, 비록 정치가 있더라도 행해지지 않을 것이다."

■ 胡氏曰 凡此數者는 又皆以敬爲主니라

호병문이 말했다. "이 몇 가지는 또한 모두 경건함이 위주가 된다."

■ 愚謂 五者反復相因하여 各有次第하니 讀者宜細推之니라

어리석은 내가 말한다. 이 다섯 가지는 거듭해서 서로가 원인이 되며 각각 순서가 있으니, 읽는 자는 마땅히 자세히 미루어 나가야 할 것이다.

고금주 —— ■ 補曰 道, 導也. 古之聖王, 導民爲善, 以率天下, 故謂治爲道 [下篇云:"道之以德."]. ○包曰:"千乘之國者, 百里之國也. 古者井田, 方里爲井, 十井爲乘, 百里之國, 適千乘也." ○補曰 敬事, 謂慮其始終, 度其流弊也. 然後行之, 無所沮撓, 則民信之矣[「緇衣」云:"君子言必慮其所終, 而行必稽其所敝, 則民謹於言."]. ○純曰:"節者, 限也. 如竹之有節, 不可踰也." ○包曰:"使民不妨奪農務."

보충하여 말한다. 도道는 인도(導)이다. 옛날의 성왕이 백성이 선을 하도록 인도하여 천하를 통솔하였다. 그러므로 치治를 도道라 하였다(하편에 '道之以政'이라 하였다). ○포함이 말했다. "천승지국은 백리百里의 나라이다. 옛날에

■애愛는 旡(목멜 기)+心(마음 심)+夊(뒤져서 올 치)의 회의자 머리를 돌려(旡) 남을 생각하는 마음(心)을 실천하는 (夊) 것이 사랑임을 그렸다. 남에 대한 진실한 마음과 사랑, 은혜를 베풀다, 좋아하다, 흠모하다, 아끼다는 뜻이다.
■사使는 人(사람 인)+吏(史의 변형)으로 붓을 든 사관史官으로 대표되는 관리吏에게 일을 맡겨 시키는 것을 말한다. 상성으로는 부리다, 거성으로 사신 혹은 사신 가다 등으로 쓰인다.
■민民은 (1) 자식을 낳아 기르는 모母 혹은 여女 자의 상하에 점을 더하여 많은 사람들이란 뜻을 나타내는 지사문자, (2) 포로나 노예의 반항 능력을 줄이기 위해 한쪽 눈에 자해를 가한 모습으로 노예라는 뜻에서, 피지배층 일반으로 그 의미가 확대되었다는 설이 있다. (2)의 뜻이 한때 상당한 설득력을 지니고 인정되었다. 그렇지만 민民은 도망 다니는 백성을 뜻하는 망甿(亡+民), 그리고 눈먼 사람을 뜻하는 맹盲(亡+目)과는 구별될 수도 있다는 점에서 (1)의 설명이 더 유력할 수도 있을 것이다.

는 전지田地를 정井 자 형으로 구획하였는데, 사방 1리里가 1정井이고, 10정이 1승乘이니, 백리百里의 나라는 천승千乘에 해당한다." ○보완하여 말한다. 경사敬事는 그 시종始終을 생각하고 그 유폐流弊를 헤아리는 것을 말한다. 그런 뒤에 시행한다면 막히거나 흔들림이 없어 백성들이 신뢰하게 된다.(『예기』「치의」편에 "군자가 말할 때 필히 그 끝을 생각하고, 행동할 때 필시 그 폐단을 헤아리면 백성들이 말에서 조심하게 된다."고 하였다). ○태재순이 말했다. "절節이란 한계(限)이다. 대나무에 마디(節)가 있어 넘을 수 없는 것과 같은 것이다." ○포함이 말했다. "백성들의 농사를 방해하지도 농시를 빼앗지도 않는 것이다."

■ 馬曰: "道, 謂爲之政敎." ○包曰: "道, 治也." ○駁曰 皆非也.

마융이 말했다. "도道는 정교政敎를 행하는 것을 말한다." ○포함이 말했다. "도道는 다스림(治)이다." ○논박하여 말하면, 모두 그릇되었다.

■ 質疑 三句各爲一事, 先儒多以爲五事, 恐不然也.

질의한다. 세 구가 각각 한 가지 일이 되는데, 선유先儒들은 이것을 다섯 가지 일로 여긴 이가 많았다. 아마도 그렇지 않은 듯하다.

비평 ── 국가를 다스리는 요체를 설명하였다. 국정을 담당하는 자는 경건한(敬) 마음으로 국사를 처리하여 백성들로부터 신뢰를 받아야 한다. 경敬이란 마음을 하나(一)에 집중하여 혼란스럽게 하지 않은 것(主一無適)을 말한다. 그런데 일一이란 유교의 궁극 근원인 하늘(天=一+大)을 지시한다. 기독교에서 궁극자인 하나님을 사랑으로 묘사한다면, 유교는 중中으로 묘사했다. 따라서 마음을 하나에 집중하여 혼란스럽게 하지 않는 중한 마음, 즉 마음을 치우치거나 기울지 않게 써서 지나침과 모자람이 없게 국사를 처리하여 백성들로부터 신뢰를 얻어야 한다는 것이다.

다음으로 백성들로부터 거둬들인 세금을 절약하여 사용하고, 백성들에게 이익이 돌아가도록 함으로써 궁극적으로는 백성들을 사랑하라고 말하였다.

마지막으로 백성들을 국역國役에 동원할 때에는 백성들이 생업에 종사해야할 때와 그렇지 않을 때를 잘 분간하여 지혜롭게 대처하라고 했다.

요컨대 공자는 정치가가 하늘을 섬기듯이 경건한 마음으로 국사를 처리하여 백성들의 신뢰를 얻고, 국가의 재화는 알맞게 절약하여 집행하여 백성들을 사랑하며, 나아가 백성들에게 의무를 부가할 때는 백성들의 상황을 잘 살펴 지혜롭게 해야 한다고 말했다.

(1) '도천승지국道千乘之國'의 '도道' 자에 대해 먼저 고주에서 마음은 도道는 정교政敎를 행하는 것(謂爲之政敎)을 말한다고 하였고, 포함은 도道는 다스림(治)이라 하였다. 주자 또한 『집주』에서 다스림(治)이라고 하였지만, 세주細注에서는 실제의 다스림이 아니라 치자의 마음가짐이라고 했다. 이에 대해 다산은 『논어』 2:3의 도지이정道之以政이라는 구절에서 보듯이 이끌다(導), 즉 옛 성왕이 백성을 선으로 인도하듯 이끄는 것이라고 말한다. 그런데 주자 또한 다음과 같이 말했다.

혹자가 물었다. "도道를 다스린다(治)라고 하는 것은 무엇 때문입니까?" 주자가 답했다. "도道란 다스림의 이치(治之理)이니, 정치를 하는 마음으로써 말한 것이다." "어찌하여 치治라고 말하지 않았습니까?" 답했다. "치治라는 것은 정교政敎·법령法令 같은 정치 활동의 실제적인 일이다. 공자의 이 말씀은 마음(心)에 대한 것이지 일(事)에 대한 것이 아니다. 앞의 네 장은 학문을 하는 근본이고, 이 다섯 가지는 나라를 다스리는 근본이다."(『논어집주대전』)

(2) 경敬을 고주는 경신敬愼으로 해석하였다. 주자는 성리학적 전통에 따라 '주일무적主一無敵'이라고 하였는데, 이러한 성리학자들의 다소 고원한 견해에 대해 다산은 간명하게 '시종을 헤아려 일을 처리하는 것'이라고 말했다.

(3) 주자는 여기서 제시된 것을 경사敬事, 신信, 절용節用, 애민愛民, 사민이

시사민이시使民以時의 다섯 항목으로 나누고 이 항목들은 반복상인反復相因하며 차서가 있다고 해석했다. 그러나 다산은 여기서 제시된 것은 세 구절이며, 세 구절이 각각 하나의 일이 된다고 반론한다. 물론 다산의 지적대로 치자가 경사敬事하면 백성으로부터 신신을 받고, 치자가 절용節用하는 것이 곧 애민愛民이다. 따라서 이 구절은 세 항목으로 나눌 수 있다. 그러나 주자의 언명대로 반복상인의 관계로 보는 것이 타당하다고 생각된다.

1:6. 子曰: "弟子入則孝, 出則弟, 謹而信, 汎愛衆而親仁. 行有餘力, 則以學文."

고주 —— 공자께서 말씀하셨다. "젊은이들아! 들어가서는 (부형께) 효도하고 나와서는 (公卿을) 공순(弟=順)하며, 행실을 삼가고(恭謹) 말을 미덥게(誠信) 하며, 널리(汎=寬博) 뭇 사람들을 사랑하되 인자와 친해야 한다. (이런 것들을) 실행하고서 여력이 있거든 (선왕의) 유문遺文을 배워야 한다."

자원풀이 ■근謹은 言(말씀 언)+菫(노란 진흙 근)의 형성자로 말(言)은 사람을 제물로 바쳐 지내는 제사(謹)처럼 항상 정성스럽고 신중하고 삼가야 함을 뜻한다.
■『설문해자』에 따르면, 제悌란 심心 자를 따르며, 제弟 자가 성부를 나타내는 형성자로서 형과 연장자를 경애한다(敬事兄長)는 의미. 경전에는 본래 제弟 사로 되어 있고, 제悌 자는 후대에 나타났다. 제弟는 가죽 끈을 위에서 아래로 감아 내린 모양을 나타낸 상형문자로, 차례를 따른다는 뜻이 되고, 형兄의 뒤에 태어난 사람을 말한다. 따라서 제悌(心+弟)는 뒤에 태어난 아우가 형(웃어른)을 따르고, 경애한다는 의미가 되었다.
■범汎은 水(물 수)+凡(무릇 범)의 형성자로 돛(凡=帆)을 단 배가 물(氺) 위에 뜬 모습이다. 물에 뜨다가 원뜻이며, 액체, 기체나 연기 등이 가득히 떠다닌다는 뜻이다.
■친親은 見(볼 견)+辛(매울 신)의 형성자로 辛이 立(설 립) 자로 변하고 목(木) 자가 들어가 현재 자형이 되었다. (1)

주자 —— 공자께서 말씀하셨다. "젊은이들아! 들어가서는 효도하고 나가서는 공손해라. (행실은 떳떳한 법도가 있게) 삼가 조심하여 (말은) 신실하게 하고, 널리(汎=廣) 뭇 사람들을 사랑하고, 인자와 친해야 한다. (이러한 것들을) 힘써 실천하고, 여력이 있으면 (시서육예의) 글을 배워야 한다."

다산 —— 공자께서 말씀하셨다. "젊은이들아! 집에서는 효도하고, 나가서는 공손해라. 행실은 삼가 조심하여 말은 신실하게 하고, 뭇 사람들은 범범하게 사랑하고, 인자와 친해야 한다. (이러한 것들을) 실천하고, 여력이 있으면 (선왕의 유문:六經) 글을 배워야 한다."

집주 —— ■謹者는 行之有常也요 信者는 言之有實也라 汎은 廣也요 衆은 謂衆人이라 親은 近也요 仁은 謂仁者라 餘力은 猶言暇日이라 以는 用也라 文은 謂詩書六藝之文이라

근謹은 행동에 떳떳함(常:법도)이 있는 것이고, 신信이란 말에 실상(實)이 있는 것이다. '범汎'은 넓다(廣)는 뜻이다. '중衆'은 뭇사람을 말한다. 친親은 가까이 하는 것이다. 인仁은 어진 사람을 말한다. 여력餘力이란 틈나는 날을 말한다. 이以는 쓰는 것이다. 문은 시서육예의 글(詩書六藝之文)을 말한다.

■程子曰 爲弟子之職은 力有餘則學文이니 不修其職而先文은 非爲己之學也니라

나무(木) 위에 올라가(立) 멀리 떠나는 자식을 안타까운 모습으로 바라보는(見) 것이 부모의 마음, (2) 나무(木)가 서도록(立) 지켜보듯이(見) 자식을 돌보는 것이 부모, 그리고 (3) 서로 붙어서 자라는 가시나무(辛)처럼 친근하게 서로 보살펴주는(見) 것이 원뜻이라고 한다.
■여餘는 食(밥 식)+余(나 여)의 형성자로 객사(余=舍)에서 손님을 위해 음식(食)을 남겨 두다는 뜻에서 여유, 남다, 풍족함을 그렸다.
■막莫은 茻(잡풀 우거질 망)+日(날 일)의 회의자로 풀숲 사이로 해(日)가 넘어가는 모습을 그려 저물다, 저무는 저녁의 뜻이다. 이후에 '~하지 마라'는 부정사로 쓰였다. 그러나 원뜻은 暮(저물 모)가 분화했다.

정자가 말했다. "제자의 직분을 행하고 힘이 남으면 곧 문文을 배운다. 그 직분을 닦지 않고 문을 먼저 하면 자신을 정립하는 학문(爲己之學)이 아니다."

■尹氏曰 德行은 本也요 文藝는 末也니 窮其本末하여 知所先後면 可以入德矣리라

윤돈이 말했다. "덕행은 근본이고 문예文藝는 말단이다. 그 본말을 궁구하고 먼저 할 것과 나중에 할 것을 알면 덕에 들어갈 수 있다."

■洪氏曰 未有餘力而學文이면 則文滅其質이요 有餘力而不學文이면 則質勝而野니라

홍흥조가 말했다. "여력이 없으면서도 문文(문채)을 배우면 문이 그 질質(바탕)을 없애 버릴 것이고, 여력이 있으면서도 문을 배우지 않으면 질이 지나쳐서 조야해진다."

■愚謂 力行而不學文이면 則無以考聖賢之成法하고 識事理之當然하여 而所行이 或出於私意요 非但失之於野而已니라

어리석은 내가 말한다. 힘써 행하기만 하고 문을 배우지 않으면 성현이 이룬 법을 고찰할 수 없어 사리의 당연함을 알 수 없다. 그래서 행하는 것이 혹 사사로운 의지에서 나올 수 있으니, 비단 조야하게 되는 잘못에만 그치는 것은 아닐 것이다.

고금주 ── ■補曰 汎, 不沈著也[『說文』云:"汎, 浮貌." 任風波自縱也]. 親, 密近也. ○馬曰:"文者, 古之遺文也."[邢云:"『詩』·『書』·『禮』·『樂』·『易』·『春秋』六經, 是也."]

보완하여 말한다. 범汎은 가라앉지 않는 것(不沈着)이다.(『설문』에서 "汎은 떠 있는 모양(浮貌)이다."라고 했으니, 풍파가 이는 대로 맡겨 떠다니는 것이다.) 친親은 밀접하고 가까운 것(密近)이다. ○마융이 말했다. "문文은 옛사람이 남긴 글이다."(형병이 말했다. 『시』·『서』·『예』·『악』·『역』·『춘추』 등 육경이 그것이다.")

■質疑 汎之訓廣, 古無可據. 且廣愛衆, 非弟子之所能. 孔子謂:"於凡人當汎汎

然愛之, 於仁者當切切然親之." 非欲廣愛而遍覆也. ○又按 夫子之言, 雖先行
後文, 然上五事皆非力役之可充工課者? 行之綽有餘力, 以其餘力悉以學文, 則
文不可勝用也. 先儒因此過斥文藝, 非夫子之本意也. 故朱子深戒之.

질의한다. 범氾의 뜻이 광廣이라고 한 것은 옛 문헌에 근거할 수 없으며, 또
한 널리 뭇 사람을 사랑하는 것은 제자들이 능히 할 수 있는 것이 아니다. 공
자는 범인凡人들은 범범氾氾하게 사랑해야 하고, 인자仁者는 마땅히 절절切切
하게 친근해야 한다고 말했지, 널리 사랑하여 두루 덮어주어야 한다고 하지
않았다. ○또 살피건대, 공자의 말이 비록 실행을 먼저 내세우고 문文을 뒤로
하였으나, 위의 다섯 일도 모두 공부하는 일과에서 채워 나갈 수 있는 것이
아니겠는가? 이것을 일과에서 실행하고 충분히 남은 힘이 있으면, 그 힘으로
문을 배우는 데 힘을 다해야 한다. 그러면 곧 문을 이루 다 쓸 수 없을 것이
다. 선유들은 이 말 때문에 문예를 지나치게 배척하였으나, 이는 공자의 본
뜻이 아니다. 그래서 주자는 깊이 이것을 경계하였다.

비평 —— 공자는 젊은이(제자들)에게 우선 효도(孝)와 공손함(弟=悌)을 실천
하라고 말한다. 유교에서 인간이란 이념 규정적으로 말하면 인仁을 실현하
는 존재라고 할 수 있으며, 그 방법은 효제에서 시작한다. 그래서 "효도(孝)와
공손함(弟)은 인仁을 실천하는 근본이다(1:2. 孝弟也者 其爲爲仁仁之之本與)."라
고 말한다. 여기서 '효'는 수직적으로 윗사람을 섬기는 것을 대표하는 덕목이
라면, '제'는 수평적인 우애 및 연장자 혹은 어른을 섬기는 덕목을 대표한다.
'효제孝悌'는 인간관계의 수직적-수평적 질서를 총망라하는 핵심 원리다. 그
나머지 구절은 효제에 대한 해설이라고 할 수 있다. 공자는 우선 효제 같은
실천에 진력하고, 그다음에 문文을 익힘, 즉 지식을 함양하는 데로 나아가야
한다고 말했다. 여기서 문文이란 『시』・『서』・『역』・『춘추』・『예기』・『악』
등의 글월로 지식을 넓히는 것이라 할 수 있다.

주자가 범애汎愛를 광애廣愛로 해석한 것에 대해 다산은 범은 '넓게'가 아니라 '범범하게'로 해석해야 한다고 질의하였다. 이에 대한 주자의 대답은 세주에 나와 있다.

　　'범애중汎愛衆'에 대해 물었다. 주자가 답했다. "사람이란 원래 마땅히 남을 사랑해야 하지, 남을 미워하고 싫어하는 도리란 없다." 또 물었다. "남이 현명한지 불초한지는 자신의 마음속에 스스로 반드시 구별하는 것입니다. 다만 교제할 때에는 어쩔 수 없이 널리 사랑해야 하는 것입니까?" 답했다. "그 아래쪽에 친인親仁이라고 말씀하셨으니, 어진 이는 원래 마땅히 친해야 하고, 그 나머지는 원래 마땅히 널리 사랑해야 한다. 범애汎愛란 사람마다 모두 다 사랑하라는 말이 아니다. 다만 예컨대 무리 중에 있을 때 서로 소란스럽고 해로운 일을 일으켜 남을 귀찮게 하지 않는 일, 편의를 혼자 독점하지 않는 일, 이런 것이 모두 이에 해당한다." (『논어집주대전』)

　　주자의 범애汎愛에 대한 설명을 보면, 다산의 말과 별반 차이가 나지 않는다고 하겠다. 또한 『집주』에 인용된 여러 주석에 대해서는 다음의 언명이 말해주는 바가 많다고 생각된다.

　　쌍봉 요씨가 말했다. "윤돈은 문을 덕행에 대비시켜 본말과 선후의 구분이 있다고 했으니, 이는 문을 가벼운 것으로 설명한 것이다. 홍흥조는 문을 질質에 대비시켜 한쪽으로 치우쳐서는 안 된다고 했으니, 이는 문이란 글자를 좀더 중요하게 실명한 것이다. 주사는 문을 배우는 일을 앎을 이룸(致知)으로 보아 힘써 행함(力行)에 대비시켜, 아는 것이 명확하지 않으면 행하는 것이 이치에 합당하지 않게 된다고 했으니, 문이란 글자가 매우 중요한 것임을 밝혔다. 이 세 설은 서로 밝혀주는 것이니, 대개 다만 문이 가벼운 것으로만 알고 중요한 것임을 모르면 장차 배움을 폐하는 폐단이 있게 된다. 따라서 누르고 띄우려는 의도를 상호 살피지 않을 수 없다."(『논어집주대전』)

1:7. 子夏曰: "賢賢易色, 事父母能竭其力, 事君能致其身, 與朋友交言而有信. 雖曰未學, 吾必謂之學矣."

고주 —— 자하가 말했다. "(덕 있는) 어진 이를 어진 이로 좋아하여 높이되 자색姿色 있는 여인女人을 좋아하는 마음을 바꾸(면 선하)고, (비록 작지만) 부모를 섬김에 (부모의 근로를 대신하여) 그 힘을 다할 줄 알고, 임금을 섬김에 능히 (충절을 하고 그 몸을 아끼지 않고) 그 몸을 바칠 줄 알고, 벗과 사귐에 (비록 절차탁마 하지 못하더라도) 말에 신의가 있다면, 비록 배우지 않았다고 하더라도 나는 반드시 배웠다고 말할 것이다."

주자 —— 자하가 말했다. "어진 이를 어진 이로 여기되 색을 좋아하는 마음과 바꾸고(선을 좋아하는 진실성이 있게 된다), 부모를 섬김에 능히 그 힘을 다할

자원풀이 ■賢賢은 貝(조개 패)+臤(굳을 현)의 형성자로 노비를 잘 관리하고(臤) 재산(貝)을 잘 지키는 재능 많은 사람을 말했으며, 이후 재산이 많다, 총명하다, 현명하다, 현자 등을 뜻하게 되었다.
■易易이란 일반적으로 日(陽, 낮) + 月(陰, 밤)이 결합한 회의문자로 음양의 변화를 나타낸다. 일반적으로 역易은 네 가지 의미(易四義)가 있는데, (1) 변역變易(음과 양이 유행한다), (2) 교역交易(음양이 대대한다), (3) 불역不易(변역, 교역하는 이치는 변하지 않는다), (4) 간이簡易(쉽게 배워 응용할 수 있다)가 그것이다. 혹은 도마뱀의 형상에서 유래하였다는 설도 있는데(蜥蜴說), 곧 도마뱀이 주위 상황에 따라 변화하여 적응하지만 도마뱀 자체는 변하지 않는(항구성) 데에서 역이 유래했다는 것이다.
■曷曷은 曰(가로 왈)+勺(빌 개)의 회의자이다. 曰은 口(입 구)에 가로 획(一)을 더해 입에서 나오는 말을 형상화했으며, 勺는 갑골문에서부터 바라다는 뜻으로 쓰였다. 그래서 曷曷은 입을 벌려 바라다는 뜻인데, '어찌'라는 말로 가

수 있고, 임금을 섬김에 (그 몸을 자기 것으로 여기지 않아) 능히 그 몸을 바칠 수 있고, 벗과 사귐에 말에 믿음이 있으면, (이와 같은 것은 인륜의 큰 것으로 능히 이와 같이 할 수 있다면) 비록 배우지 않았다고 하더라도, 나는 반드시 배웠다고 말할 것이다."

다산 —— 자하가 말했다. "어진 이를 어진 이로 여기되 미색을 좋아하듯이 하고, 부모를 섬김에 능히 그 힘을 다할 수 있고, 임금을 섬김에 능히 그 몸을 바칠 수 있고, 벗과 사귐에 말에 믿음이 있으면, 비록 배우지 않았더라도, 나는 반드시 배웠다고 말할 것이다(이 장은 博學章, 19:6과 같이 보아야 한다)."

집주 —— ■ 子夏는 孔子弟子니 姓卜이요 名商이라 賢人之賢而易其好色之心이면 好善有誠也라 致는 猶委也니 委致其身은 謂不有其身也라 四者는 皆人倫之大者라 而行之必盡其誠이니 學求如是而已라 故로 子夏言 有能如是之人이면 苟非生質之美인댄 必其務學之至니 雖或以爲未嘗爲學이라도 我必謂之已學也라 하니라.

자하子夏는 공자의 제자이니 성은 복卜이고 이름은 상商이다. 다른 사람의 어짊을 어질게 여겨서 그 색을 좋아하는 마음을 바꾸면, 선을 좋아함에 진실성이 있는 것이다. 치致는 맡긴다(委)는 뜻이니, 그 몸을 맡긴다는 것은 자신의 몸을 자기 것으로 여기지 않는다는 말이다. 네 가지는 모두 인륜의 큰 것이므로 행함에 반드시 그 성의를 다해야 할 것이니, 배움은 이와 같은 것을 구하는 것일 뿐이다. 그러므로 자하는 '능히 이처럼 할 수 있는 사람이 있다면,

차되었다. 갈曷은 立(설 립)+匃(어찌 갈:바라다)의 형성자로 목이 말라 입을 크게 벌리고 선 사람(立)으로부터 기력이 소진한 상태, 마르다. 소진하다, 다하다, 없다, 사라지다 등의 뜻이 되었다.
■치致는 攵(칠 복)+至(이를 지)의 형성자로 회초리로 쳐(攵) 어떤 목적에 이르도록(至) 보내는 것을 말한다. 드리다, 봉헌하다, 알리다, 초치招致하다, 소집하다, 귀환하다의 뜻이다.

진실로 타고난 바탕이 아름다운 자가 아니라면, 필시 배움에 힘씀이 지극한 사람일 것이니, 비록 혹 일찍이 배우지 않았다고 하더라도 나는 반드시 이미 배운 자라고 말하겠다.'고 한 것이다.

■游氏曰 三代之學이 皆所以明人倫也니 能是四者면 則於人倫에 厚矣니 學之爲道 何以加此리오 子夏以文學名이로되 而其言이 如此하니 則古人之所謂學者를 可知矣라 故로 學而一篇은 大抵皆在於務本하니라

유초가 말했다. "삼대의 학문은 모두 인륜을 밝히려는 것이었다. 능히 이 네 가지를 할 수 있으면 곧 인륜에 두터운 것이니, 배움의 도에 무엇을 이에 더하리오. 자하는 문학文學으로 이름이 났었지만, 그 말이 이와 같으니 이른바 옛사람들의 학문을 알 만하다. 그러므로 「학이 1편」은 대체로 모두 근본에 힘쓰는 데에 있다."

■吳氏曰 子夏之言이 其意善矣라 然이나 詞氣之間에 抑揚大過하여 其流之弊가 將或至於廢學이니 必若上章夫子之言然後에 爲無弊也니라

오역이 말했다. "자하의 말은 그 뜻이 좋으나, 그 어조에서 억양이 너무 지나쳐, 그 흐름이 폐단을 일으켜 장차 혹 학을 폐하는 데에 이를 수도 있다. 반드시 앞장에서 공자의 말씀과 같은 뒤라야 폐단이 없을 것이다."

고금주 ── ■孔曰: "言以好色之心好賢則善." ○補曰 致身, 謂獻躬於君, 不自有也. ○案 此章當與下'博學'章[「子張」篇]合觀.

공안국이 말했다. "(좋은) 색을 좋아하는 마음으로 어진 이를 좋아하면 선하다고 말한 것이다." ○보완하여 말한다. 치신致身은 임금에게 몸을 바치고 자신을 돌보지 않는 것을 이른다. ○살핀다. 이 장은 마땅히 아래의 박학장博學章(19:6. 博學而篤志 切問而近思 仁在其中矣.)과 합쳐서 보아야 한다. 역색易色은 현자賢者로써 미색美色과 바꾸는 것이다.

■引證 『漢書·李尋傳』云: "聖人承天, 賢賢易色." 顔師古云: "尊上賢人, 輕略于色."[易, 音異] ○駁曰 非也. 易色, 只是以賢者易美色[若云‘以好賢之心易好色之心’, 則亦添出矣].

인증한다. 『한서·이심전』에서 말했다. "성인은 하늘을 계승하여, 어진 이를 어질게 대하고 색을 가벼이 여긴다." 안사고가 말했다. "어진 이를 공경하여 높이고, 색에 있어서는 가벼이 여긴다[이易는 음이 이異이다]." ○논박하여 말하면, 그릇되었다. 역색易色은 단지 현자賢者로써 미색美色과 바꾸는 것이다. (만일 '어진 이를 좋아하는 마음으로 색을 좋아하는 마음과 바꾼다.'고 하였다면, 또한 첨가하여 나온 것이다.)

■侃曰: "若欲尊重賢人, 則當改易其平常之色, 更起莊敬之容."[伊川云: "見賢而變易顔色."] ○駁曰 非也. 朱子曰: "孔子兩言‘未見好德如好色’, 『中庸』亦以遠色爲勸賢之事, 已分曉了. 變易顔色, 有僞爲之者, 不若易好色之心, 方見其誠也."

황간이 말했다. "만약 어진 이를 존중하려면 마땅히 그 평상시의 낯빛을 바꾸어 장경莊敬한 용모를 일으켜야 한다."(정이천은 "어진 이를 보면 안색을 바꾼다."고 말했다.) ○논박하여 말하면, 그릇되었다. 주자가 말했다. "공자께서 '덕을 좋아하기를 색을 좋아하듯이 하는 사람을 아직 보지 못했다.'고 하는 말을 두 차례나 하였고, 『중용』에서도 색을 멀리하는 것을 어진 이를 권면하는 일로 삼았으니(20장), (뜻이) 이미 분명해졌다. 안색을 바꾸는 것은 거짓으로 하는 경우가 있으니, 색을 좋아하는 마음과 바꾸니 바야흐로 그 진실함을 본다는 해석만 못하다."

■邢曰: "此章論生知美行之事." ○駁曰 非也. 子夏之意, 蓋云‘學不過如斯而已’, 豈以是爲生知之聖乎? 易色則誠於賢賢矣, 竭力則誠於親親矣, 致身則誠於尊尊矣, 有信則誠於交友矣. 四者皆誠, 學何以加矣?

형병이 말했다. "이 장은 성인이 태어나면서부터 아는 아름다운 행위의 일(生知美行之事)을 논하였다." ○논박하여 말하면, 그릇되었다. 자하의 뜻은 대개 학學은 이와 같은 데 지나지 않을 뿐이라고 여긴 것이니, 어찌 이것을 태어나면서 아는(生知) 성인으로 여길 수 있겠는가? 역색易色은 어진 이를 존경하는 데 성실히 하는 것이고, 갈력竭力은 어버이를 친애하는 데 성실히 하는 것이고, 치신致身은 높은 지위에 있는 이를 높이는 데 성실히 하는 것이고, 유신有信은 벗을 사귀는 데 성실히 하는 것이다. 네 가지는 모두 성誠이니, 학學이 무엇으로 더 보태겠는가?

■ 吳曰: "子夏之言, 詞氣之間, 抑揚太過." ○駁曰 非也. 孔子曰: "管氏而知禮, 孰不知禮?" 詞氣未嘗不抑揚.

오역이 말했다. "자하의 말은 그 뜻이 좋으나, 그 어조에서 억양이 너무 지나치다." ○논박하여 말하면, 그릇되었다. 공자께서는 "관씨가 예를 안다면, 누가 예를 알지 못하겠는가?"라고 말씀하셨는데, 어조가 일찍이 억양되지 않음이 없었다.

비평 —— 해석에서 차이는 없다. 다만 형병이 이 장은 성인이 태어나면서 아는 아름다운 행위의 일(生知美行之事)을 논하였다고 하였다. 형병의 이런 주장에 대해 주자(타고난 바탕이 아름다운 자가 아니라, 필시 배움에 힘씀이 지극한 사람)와 다산(학이 이와 같은 데에 불과할 뿐이다)이 같은 입장에서 비판했다. 주자와 다산의 비판은 정당하다고 생각된다.

또한 이천과 황간은 현현역색賢賢易色의 색色을 '평상시의 낯빛'으로 보고, "어진 이를 존중하려면 마땅히 그 평상시의 낯빛을 바꾸어 장경莊敬한 용모로 바꾸어야 한다."고 해석한 것에 대해서도 주자와 다산은 비판했다. 주자와 다산의 해석이 전거를 바탕으로 한 더 순조로운 해석이라고 할 수 있다.

1:8. 子曰: "君子不重則不威, 學則不固. 主忠信, 無友不如己者, 過則勿憚改."

고주 —— 공자께서 말씀하셨다. "군자가 중후하지 못하면 위엄이 없고, 배우면 고폐固蔽하지 않는다. 충성스럽고 신실한 사람과 친하고, 자기보다 못한 사람을 벗하지 말고, 허물이 있으면 고치기를 두려워하거나 어려워하지 말라."

주자 —— 공자께서 말씀하셨다. "군자가 중후하지 못하면 위엄이 없으니, 배워도 견고하지 못하다. 충성스러움과 신실함을 주로 하고, 자기보다 못한 사람을 벗하지 말고, 허물이 있으면 고치기를 두려워하거나 어려워하지 말라."

다산 —— 공자께서 말씀하셨다. "군자는 중후하지 못하면 위엄이 없으니, 배워도 견고하지 못하다."(여기까지가 한 장이다.) "충성스러움과 신실함을 주로 하고, 자기보다 못한 사람을 벗하지 말고, 허물이 있으면 고치기를 꺼리거나 어려워하지 말라."

자원풀이 ■중重은 童(아이 동)에서 분화된 글자로 노예(童)가 짊어져야 하는 과중한 노동력을 그려 무겁다, 과중過重하다, 중요重要하다 등을 뜻한다.
■위威는 女(여자 여)+戌(개 술)의 회의자. 여성(女)이 무기(戌)를 든 모습으로 시어머니가 원래 뜻이며, 이로부터 위엄威嚴을 뜻했다.
■고固는 古(옛)+口(에워싸다)의 합성어. 옛것에 에워싸여 앞으로 나가지 못하는 모습으로 완고頑固와 고집固執을 나타내고, 견고堅固·확고確固의 뜻이 나왔다.
■주主는 등잔대와 등잔 받침과 불꽃 심지를 그렸는데, 그것이 등잔불의 핵심이라는 뜻에서 주인, 주류, 가장 중요한 것, 주장, 주의 등의 뜻이 나왔다.
■우友는 도움을 상징하는 오른손(又) 두 개가 같은 방향으로 나란히 놓인 모습으로, 어려울 때 도움을 줄 수 있는

집주 —— ■重은 厚重이요 威는 威嚴이요 固는 堅固也라 輕乎外者는 必不能堅乎內라 故로 不厚重이면 則無威嚴하여 而所學이 亦不堅固也라

중重은 중후함이고, 위威는 위엄이며, 고固는 견고함이다. 외면에서 가벼운 자는 필시 내면도 견고할 수가 없다. 그러므로 중후하지 못하면 위엄이 없어 배운 것 역시 견고하지 못하다.

■人不忠信이면 則事皆無實하여 爲惡則易하고 爲善則難이라 故로 學者必以是爲主焉이니라

사람은 충성스러움과 신실함이 아니면 모든 일에 진실함이 없어, 악을 행하기는 쉬우나 선을 행하기는 어렵다. 그러므로 배우는 자는 반드시 충성스러움과 신실함을 주主로 삼아야 한다.

■程子曰 人道唯在忠信이니 不誠則無物이요 且出入無時하여 莫知其鄕者는 人心也니 若無忠信이면 豈復有物乎아

정자가 말했다. "사람의 도리는 오직 충성스러움과 신실함에 있으니, 성실하지 않으면 어떠한 물도 없다. 또한 출입에 때가 없어 그 향하는 곳을 알 수 없는 것이 사람의 마음이니, 만약 충성스러움과 신실함이 없으면 어찌 다시 사물이 있겠는가?"

■無는 毋通이니 禁止辭也라 友는 所以輔仁이니 不如己면 則無益而有損이니라

무無는 무毋와 통하니 금지사이다. 벗은 인으로 도와주는 관계이니, 나보다

관계를 나타냈다. 『주례』에서는 '같은 스승을 모시는 관계가 붕朋이고, 뜻을 같이 하는 관계가 우友'라 했다.
■과過는 辵(지나갈 착) + 咼(입이 비뚤어질 괘)의 형성자로 갑골문에서는 '잘못' '재앙' 등의 의미로 쓰였다. 이후 지나가다, 지나치다, 넘어서다, 과거 등의 뜻이 나왔다.
■여如는 口(입 구)+女(여자 여)의 형성자로 남편이나 아버지의 명령(口)대로 따라야 하는 여성(女)의 의미에서 따르다는 뜻이 나왔고, 다시 뜻과 '같이'하다는 의미로 쓰이게 되었다.
■탄憚은 心(마음 심)+單(홀 단)의 형성자로 꺼리다는 뜻인데 전쟁(單=戰)을 두려워하는 마음(心)이라는 의미이다. 꺼리다, 두려워하다, 고생하다, 지치다, 탐하다, 기뻐하다, 놀라다 등의 뜻이 있다.
■개改는 巳(자식 사→己)+攴(칠 복)의 회의자. 자식(巳)을 때려 가며(攴) 옳은 길을 가도록 '바로 잡음'을 말한다.

못하면 유익함이 없고 손해가 있다.

■勿은 亦禁止之辭라 憚은 畏難也라 自治不勇이면 則惡日長이라 故로 有過
則當速改요 不可畏難而苟安也니라

물勿은 또한 금지사이다. 탄憚은 '두려워하고 어려워한다'는 뜻이다. 자신을
다스리는 데에 용감하지 않으면 악이 날로 자라난다. 그러므로 허물이 있으
면 마땅히 빨리 고쳐야 하며, 두렵고 어려워하여 구차스럽게 안주해서는 안
된다.

■程子曰 學問之道는 無他也라 知其不善이면 則速改以從善而已니라

정자가 말했다. "학문의 도는 다름 아니라, 자신의 그 불선不善함을 알았으면
빨리 고치고 선을 따르는 것일 뿐이다."

■程子曰 君子自修之道 當如是也니라

정자가 말했다. "군자가 자신을 닦는 도리는 마땅히 이와 같아야 한다."

■游氏曰 君子之道는 以威重爲質하고 而學以成之요 學之道는 必以忠信爲
主하고 而以勝己者輔之라 然이나 或吝於改過면 則終無以入德하여 而賢者
未必樂告以善道라 故로 以過勿憚改로 終焉하시니라

유초가 말했다. "군자의 도는 위엄과 중후함을 바탕으로 하고, 배움으로써
완성시키는 것이다. 배움의 도리는 반드시 충성스러움과 신실함을 주로 삼
고, 나보다 나은 이로써 보완하는 것이다. 그러나 혹 허물을 고침에 인색하
면, 마침내 덕에 들어갈 수 없고, 현명한 자도 반드시 선한 도리로써 즐겁게
충고하지는 않을 것이다. 그러므로 허물이 있으면 고치기를 꺼려하지 말라
는 말씀으로 끝을 맺으셨다."

고금주 —— ■何曰: "人不能敦重, 旣無威嚴, 學又不能堅固." ○補曰 主, 賓之對
也, 讀之如居不主奧之主「曲禮」文. 言立心行己, 以忠信爲主也. 鄭曰: "憚, 難也."

하안이 말했다. "사람이 능히 돈중하지 못하면 이미 위엄이 없고, 배움 또한

견고할 수 없다." ○보완하여 말한다. 주主는 빈賓의 상대어이다. 거불주오居
不主奧(거처함에 아랫목을 차지하지 않는다.『예기』「곡례」)의 주主처럼 읽어야 한다.
마음을 세우고 몸을 실행할 때 충성스러움과 신실함을 주로 삼는다는 말이
다. 정현이 말했다. 탄憚은 난難(어렵게 여기다)이다.

■孔曰: "固, 蔽也." [邢云: "博聞強識, 則不固蔽也."] ○駁曰 非也. 不重與學不成對頭.
공안국이 말했다. "고固는 가림(蔽)이다."(형병이 말했다. "널리 듣고 힘써 기억하
면 안목이 고루하거나 가리어지지 않는다.") ○논박하여 말하면, 그릇되었다. 부중
不重과 학學은 대두對頭가 성립되지 않는다.

■鄭曰: "主, 親也." [邢云: "凡所親狎, 皆須有忠信者."] ○駁曰 非也. 主者, 守也, 宗也.
정현이 말했다. "주主는 친親하는 것이다."(형병이 말했다. "무릇 친하고 가까이 하
는 것은 모두 모름지기 忠信이 있는 자에게 그렇게 한다고 하였다.") ○논박하여 말하
면, 그릇되었다. 주主는 고수(守)하는 것이고, 종주(宗)로 한다는 것이다.

■質疑 『說文』云: "憚, 忌也, 難也." 人於改過, 亦安有所畏乎? 憚改則其情似
吝. 故曰'改過不吝'.
질의한다. 『설문』에서 "탄憚은 꺼리다(忌), 어렵게 여기다(難)의 뜻이다."라고
하였다. 그런데 사람이 허물을 고치는 일에 또한 어찌 두려워하는 바가 있겠
는가? 고치는 것을 꺼려하면 그 고치려는 마음이 인색할 것 같기 때문에 '허
물을 고치는 데 인색하지 말라.'고 한 것이다.

■質疑 毛曰: "'君子不重'十一字, 自爲一章, '主忠信'三句, 自爲一章. 此本「子
罕」篇文, 而複簡于此者. 今旣注重出, 乃不注之此, 而反注之「子罕」篇, 以致威
重忠信上下相承處, 齟齬不接." ○按 此說合理.
질의한다. 모기령은 말했다. "'군자부중즉불위君子不重則不威 학즉불고學則不
固.' 11자는 그 자체가 한 장章이 되고, '주충신主忠信 무우불여기자無友不如己
者 과즉물탄개過則勿憚改' 3구는 본래 「자한」편의 글(9:24)인데, 여기에 중복되
어 있는 것이다. 지금 「자한」편의 글이 여기에 중복되어 나왔다고 주註를 이

곳에 하지 않고, 도리어 「자한」편에다 주를 하여 '부중즉불위不重則不威' 구절과 '주충신主忠信'의 구절을 서로 상하로 연결되는 것으로 만들었으니, 내용이 들어맞지 않고 연결되지 않는다." ○살핀다. 모기령의 이 설은 이치에 합당하다.

비평 —— 다산은 (1) 탄憚 자가 두려워하다는 뜻이 있는가, (2) 「자한」9:24에 거듭나오는 '주충신主忠信' 이하 구절을 어디에 놓을 것인가를 질의했다. 그런데 자원字源을 보면, 탄憚 자에는 '전쟁(戰)을 두려워하는 마음'이라는 뜻이 있을 뿐 아니라, 나아가 우리에게는 이미 습관이 된 지난 과오를 고치기를 두려워하는 측면이 분명히 있기 때문에 주자의 해석 또한 무리가 없다고 생각된다. 나아가 (2)에 대한 다산의 질의는 상당히 근거가 있긴 하지만, 이 구절들을 본문처럼 연속적인 것으로 보면 전후 맥락이 잘 연결되는 것으로 보인다. 논어 세주의 주자와 면재 황씨의 해석이 좋다고 생각된다.

주자가 말했다. "충성스러움은 진실한 마음이고(忠爲實心), 신실함은 신실한 일이다(信爲實事). 충성스러움과 신실함을 주로 한다는 것은 성실하고 거짓이 없고 질박한 것이다. 첫머리의 주主 자가 가장 중요한데, 모든 일이 그것에 의존하는 것을 '주'라고 한다. 면재 황씨가 말했다. 외면이 중후하면서 내면이 충성스럽고 신실하면 그 근본이 선다. 나보다 나은 이를 벗하고 허물을 빨리 고치면 그 덕이 진보한다." (『논어집주대전』)

1:9. 曾子曰: "愼終追遠, 民德歸厚矣."

고주 —— 증자가 말하였다. "(어버이의) 상사에 (슬픔을 다하여) 삼가고(愼終=喪盡其哀) (제사에 공경을 다하여) 멀리 추모하면(追遠=祭盡其敬) 아래 백성의 덕이 돈후한 데로 돌아갈 것이다."

주자 —— 증자가 말하였다. "(어버이의) 상사에 (그 예를 다하여) 삼가고(愼終=喪盡其禮) (제사에 정성을 다하여) 멀리 추모하면(追遠=祭盡其誠) 아래 백성(이 교화되어)의 덕이 후한 데로 돌아갈 것이다."

다산 —— 증자가 말하였다. "(어버이의) 상사에 (그 예를 다하여) 삼가고(愼終=喪盡其禮:차질이 있을까 예방하는 것) (제사에 정성을 다하여) 멀리 추모하면(追遠=祭盡其誠:) 아래 백성(이 교화되어)의 덕이 후한 데로 향하게 될 것이다."

집주 —— ■愼終者는 喪盡其禮요 追遠者는 祭盡其誠이라 民德歸厚는 謂下民化之하여 其德亦歸於厚라 蓋終者는 人之所易忽也어늘 而能謹之하고 遠者는 人之所易忘也어늘 而能追之면 厚之道也라 故로 以此自爲면 則己之德厚요 下民化之면 則其德亦歸於厚也니라
'신종愼終'이란 상사에서 그 예를 다하는 것이고, '추원追遠'이란 제사에 그 정성을 다하는 것이다. '백성의 덕이 두터움으로 돌아간다(民德歸厚).'는 것은

자원풀이 ■신愼은 心(마음 심)+眞(참 진)의 형성자로 진실 된(眞) 마음(心)으로 신중하고 삼가야 함을 말한다.
■종終은 糸(실사) + 冬(冫:얼음이 언 모양: 계절의 마지막)의 형성자. 실로 끝을 맺는 것으로 임무를 마쳤다는 뜻이다. 혹은 베짜기(糸)를 하는 겨울(冬)이 계절의 마지막임을 뜻하며, 끝, 죽다, 궁극, 다하다의 뜻이 나왔다.
■추追는 辵(갈 착)+추(師의 옛 글자)의 형성자로 군사를 뒤따라가(辵) 추적함을 말했다. 따르다, 추적하다, 거슬러 올라가다, 추구追求하다, 추모追慕하다 등의 뜻이 나왔다.
■덕德은 彳(조금 걸을 척)이 의미부호이고, 直(곧을 직)이 소리부의 형성자이다. 길을 갈(彳) 때 '곁눈질 하지 않고 똑바로(直) 보다'는 의미를 그렸는데, 이후 마음(心)이 더해져 지금의 자형이 되었다. 그래서 똑바른(直) 마음(心)이 라는 도덕성을 강조하게 되었고, 도덕의 지향점이 덕德이라는 형상적으로 보여주게 되었다. 덕悳이라고도 쓴다.
■귀歸는 師(師의 옛 글자)+止(머무를 지)+婦(며느리 부의 생략형)의 형성자. 출정했던 군대(師)가 돌아오고, 시집갔던

아래 백성(下民)이 교화되어 그 덕 또한 두터움으로 돌아간다는 말이다. 대개 임종은 사람들이 소홀하기 쉬운 것이지만 능히 신중히 할 수 있고, 돌아가신 지 오래된 분은 사람들이 잊기 쉽지만 능히 추모할 수 있으면 후한 도리이다. 그러므로 이것을 자발적으로 행하면 자신의 덕이 두터워지고, 아래 백성도 교화되어 그 덕 또한 두터움으로 돌아간다.

고금주 —— ■補曰 終者, 親之末也. 遠者, 親之逝也. 愼者, 防其有差失, 謂喪禮也. 追者, 若將逮及然, 謂祭禮也. 民能如是, 則其德趣於厚矣.

보완하여 말한다. 종終은 어버이의 마지막이고, 원遠은 어버이가 떠나신 것이다. 신愼이란 예절에 차질이 있을까 예방하는 것이니 상례喪禮를 말하고, 추追란 미루어 나가는 것과 같으니 제례祭禮를 말한다. 백성이 능히 이와 같이 할 수 있으면, 백성의 덕이 후한 데로 향하게 된다.

■孔曰: "愼終者, 喪盡其哀. 追遠者, 祭盡其敬." ○駁曰 孔說, 非也. 子思曰: "喪, 三日而殯, 凡附於身者, 必誠必信, 勿之有悔焉耳矣. 三月而葬, 凡附於棺者, 必誠必信, 勿之有悔焉耳矣."「[檀弓」文] 此是愼終之義. 哭泣之哀, 雖亦事親之終事, 不可曰愼終. 朱子改哀爲禮, 以是也. 悔不可及, 可不愼乎? 忽焉其逝, 可不追乎?

공안국이 말했다. "신종愼終은 상사喪事에 슬픔을 다함이고, '추원追遠'은 제사祭祀에 공경을 다함이다." ○논박하여 말하면, 그릇되었다. 자사가 말했다. "상喪에는 3일이면 빈殯을 하는데, 무릇 시신에 부착되는 것은 반드시 정성

딸(婦)이 친정집으로 돌아옴(止-ㅡ足)을 말한다. 제 자리로 돌아오다, 귀환歸還하다, 귀속시키다 등의 뜻이다. 돌아가다(薄言還歸), 돌려보내다(久暇而不歸), 시집가다(之子于歸), 의지하여 따르다(民歸之 由水之就下), 결과(天下同歸而殊途), 자수하다, 편들다, 모이다, 몸을 의탁할 곳(則仁人以爲己歸矣).
■후厚는 厂(기슭 엄)+후(두터울 후)의 형성자. 산(厂)처럼 두터움. 깊다, 무겁다, 진하다, 크다, 후하다 등의 뜻이다.

스럽고 신실하게 하여 후회가 없도록 해야 한다. 3월이면 장사하는데, 관에 부속되는 것을 반드시 정성스럽고 신실하게 하여 후회가 없도록 해야 한다." (『예기』「단궁」) 이것이 신종愼終의 뜻이다. 슬퍼 곡읍하는 것은 비록 또한 어버이를 섬기는 마지막 일이라고 할지라도 신종愼終이라고 할 수는 없다. 주자가 애哀 자를 예禮로 고친 것은 이 때문이다. 후회해도 미칠 수 없으니, 삼가지 않을 수 있겠는가? 홀연히 가셨으니, 추모하지 않을 수 있겠는가?

■ 孔曰: "君能行此二者, 民化其德, 皆歸於厚." ○ 駁曰 非也. 民者, 人也. 民鮮能久, 民莫不穀, 豈必下賤者爲民乎? 喪祭之禮, 通於上下, 不必以觀感言也. 공안국이 말했다. "임금이 이 두 가지를 능히 행하면 백성들이 그 덕에 감화되어 모두 후덕한 데로 돌아간다." ○ 논박하여 말하면, 그릇되었다. 민民은 사람(人)이란 뜻이다. '사람들이 능히 오래하는 이가 드물다(『중용』3장).'고 했고, '사람들은 착하지 아니함이 없다(『시경』「소아·소변」).'고 했다. 어찌 반드시 아래의 천한 자(下賤者)만을 민民이라 하겠는가? 상례喪禮와 제례祭禮는 상하 모든 사람에게 통용되는 것이니, 반드시 (아래의 백성이) 보고 감화되었다고 말할 필요가 없다.

비평 —— 고주에서 신종愼終을 상진기애喪盡其哀로 해석한 것을 주자는 상진기례로 수정하였으며, 다산은 주자의 해석을 지지했다. 비록 상례의 근본이 슬픔(哀)에 있다고 할지라도, 공자는 "살아계실 때나, 돌아가셨을 때나, 그리고 제사지낼 때나 예를 어기지 않는 것이 효이다(2:5. 孟懿子 問孝 子曰 無違 樊遲 御 子告之曰 孟孫 問孝於我 我對曰 無違 樊遲曰 何謂也 子曰 生事之以禮 死葬之以禮 祭之以禮.)"라고 했다는 점에서 주자와 다산의 수정이 옳다고 생각된다.

다음으로, 민民의 해석에서 이견을 나타내었다. 민民 자는 많은 사람들이란 뜻과 피지배층 일반이란 해석도 있다. 고주 및 주자의 해석은 여기서 민을 하민下民으로 해석하고, 임금 및 치자의 솔선수범에 무게를 두었다. 이에 비해 다산은 상례와 제례는 상하 모든 사람에게 통용되는 것이라는 점에서 사람 일반이라고 해석했다. 현대적인 관점에서 본다면, 다산이 민을 적극적으로 해석한 데에 상당한 의의를 부여할 수 있다.

～◆～

1:10. 子禽問於子貢曰: "夫子至於是邦也, 必聞其政, 求之與, 抑與之與?" 子貢曰: "夫子溫良恭儉, 讓以得之. 夫子之求之也, 其諸異乎人之求之與!" [石經本, 抑與作意予]

고주 —— 자금이 자공에게 물었다. "선생님께서는 한 나라에 이르실 적마다 그 나라 정사에 참여하시니, 부자께서 구하(여 참여하)신 것입니까? 아니면 (그 나라 임금이 스스로) 부자와 더불어 정치를 하고자 원한 것입니까?" 자공이 대답하였다. "공자께서는 온후·선량·공손·검약·겸양하심으로 참여할 수 있는 기회를 얻으신 것이니, 선생님께서 구하시는 방법은 사람들이 구하는 방법과 다르다."

주자 —— 자금이 자공에게 물었다. "선생님께서는 이 나라에 이르시면, 반드시 그 나라의 정치에 관해 자문을 받으시는데, (선생님께서) 구하신 것입니까, 아니면 (그 임금이) 들려주는 것입니까?" 자공이 말했다. 선생님께서는 "화후和厚·이직易直·절제節制·장경莊敬·겸손謙遜함으로써 얻으신 것이니, 선생님께서 구하시는 것은 다른 사람이 구하는 것과 다르다."

다산 —— 자금이 자공에게 물었다. "선생님께서는 이 나라에 이르시면, 반드시 그 나라의 정치에 관해 자문을 받으시는데, (선생님께서) 구하신 것입니까, 아니면 (그 임금이) 들려주는 것입니까?" 자공이 말했다. "선생님께서는 온화·선량·공손·검약하셔서, 비록 물러나 사양하셨지만 얻으신 것이니, 선생님께서 구하시는 것은 다른 사람이 구하는 것과 다르다."(석경본에는 '抑與'가 '意子'로 쓰였다.)

집주 —— ■子禽은 姓陳이요 名亢이며 子貢은 姓端木이요 名賜니 皆孔子弟子라 或曰 亢은 子貢弟子라 하니 未知孰是라 抑은 反語辭라.

자금子禽은 성이 진陳이고 이름은 강亢이다. 자공은 성이 단목端木이고 이름은 사賜이다. 모두 공자의 제자이다. 혹자는 강은 자공의 제자라 하는데, 어떤 것이 옳은지는 모르겠다. 억抑은 반어사이다.

■溫은 和厚也요 良은 易直也요 恭은 莊敬也요 儉은 節制也요 讓은 謙遜也라 五者는 夫子之盛德光輝 接於人者也라

온溫은 화목하고 후한 것(和厚)이다. 양良은 편하고 곧은 것(易直)이다. 공恭은 장경莊敬함이다. 검儉은 절제節制함이다. 양讓은 겸손謙遜함이다. 다섯 가지는 공자의 성대한 덕의 찬란한 빛이 사람들과 접할 때 드러난 것이다.

■其諸는 語辭也라 人은 他人也라 言夫子未嘗求之나 但其德容如是라 故로 時君敬信하여 自以其政就而問之耳요 非若他人必求之而後得也라 聖人過化

存神之妙를 未易窺測이나 然이나 卽此而觀이면 則其德盛禮恭而不願乎外를 亦可見矣니 學者所當潛心而勉學也니라.

'기저其諸'는 어조사이다. 인人은 다른 사람이다. 공자께서는 일찍이 구하지 않으셨지만, 다만 그 덕과 모습이 이와 같아 당시 임금이 존경하고 신뢰하여 스스로 와서 그 정치에 대해 물었을 따름이니, 다른 사람들이 반드시 구한 다음에 얻은 것과 같지 않다는 말이다. 성인의 '과화존신過化存神(지나가시면 교화됨과 마음 두심의 신비로움·『맹자』「진심상」)'의 묘미는 쉽게 엿보아 헤아릴 수 없지만, 이 구절에 즉해서 보면 그 덕은 성대하고 예는 공손하지만 밖으로 드러나기를 원하지 않아도 볼 수 있음을 알 수 있다. 배우는 자가 마땅히 마음에 담아 힘써 배워야 할 바이다.

■謝氏曰 學者觀於聖人威儀之間이면 亦可以進德矣니 若子貢이면 亦可謂善觀聖人矣요 亦可謂善言德行矣라 今去聖人이 千五百年이로되 以此五者로 想見其形容하면 尙能使人興起어든 而況於親炙之者乎아

사량좌가 말했다. "배우는 자가 성인의 위의威儀의 사이를 살피기만 하여도 또한 진덕進德할 수 있다. 자공과 같은 사람은 성인을 잘 살펴보았으며, 또한 덕행을 잘 말했다고 할 수 있다. 지금은 성인과의 시간적 거리가 1,500년이나 되는데도, 이 다섯 가지로써 성인의 모습을 상상해 보아도 도리어 능히 사람을 일어나게 하는데, 하물며 친히 가르침을 받은 자는 어떠하겠는가?"

바루다(寬以政之), 정벌하다(臨衛政殷)

■구求는 본래 가죽 옷 위로 털(毛)이 삐져나온 모양으로 갖옷을 만드는 재료를 나타내었다. 추위를 나는데 가죽옷은 귀한 존재로 혹은 의식주(衣食住)에서 첫째로 누구나 '구하는 대상'이었기에 추구追求하다, 요구要求하다, 청구請求의 뜻이 나왔다.

■온溫은 水(물 수) + 囚(가둘 수) + 皿(그릇 혹은 덮개 명)의 합성어로 그릇에 물을 가두어 열을 가한다는 의미에서 따뜻하다는 의미를 지녔을 것으로 추정된다.

■량良은 위아래의 아가리가 있는 자루의 모양을 나타내는 상형문자 혹은 畗(가득할 복)의 생략형에 음을 나타내는 망亡자가 더해진 형성자로 선량하다, 아름답다, 좋다, 타고나다, 길하다, 남편 등의 뜻이다.

■공恭은 心(마음 심)+共(함께 공)의 형성자로 함께 할 수 있는 마음을 뜻한다. 함께하려면 상대를 존중하고 자신을

■張敬夫曰 夫子至是邦하사 必聞其政이로되 而未有能委國而授之以政者니라 蓋見聖人之儀刑而樂告之者는 秉彝好德之良心也나 而私欲害之라 是以로 終不能用耳니라

장경부가 말했다. "공자께서 그 나라에 이르면 반드시 그 정치를 자문 받으셨지만, 나라를 맡아 정치를 줄 수는 없었다. 대개 성인의 의형儀刑을 뵙고 흔쾌히 고한 것은 떳떳함을 지키고 덕을 좋아하는 양심이지만, 사욕이 그것을 해쳤기에 끝내 등용할 수 없었다."

고금주 ── ■補曰 是邦, 謂所至之邦, 與之, 謂不求而自與也. 溫, 和也. 良, 善也. 恭, 驕之反. 儉, 侈之反. ○補曰 讓而得之, 謂雖退讓, 而終亦得聞也. 夫子求之之求, 當讀如自求多福之求[君子未嘗求福, 而行善以得福, 故曰'自求多福'].

보완하여 말한다. 시방是邦(이 나라)은 방문한 나라를 말하고, 여지與之(주었다)는 요구하지 않았는데 그쪽에서 주었다는 말이다. 온溫은 화평하다(和)는 말이고, 양良은 좋다(善)는 뜻이며, 공恭은 교만(驕)하다의 반대어이고, 검儉은 사치(侈)의 반대어이다. ○보완하여 말한다. 양이득지讓以得之는 비록 물러나 사양하였지만(退讓) 끝내 또한 들을 수 있었다는 말이다. 부자구지夫子求之의 구求는 마땅히 자구다복自求多福의 구求처럼 읽어야 한다.(군자는 일찍이 복을 구하지 않지만, 선을 행하여 복을 얻게 되기 때문에 스스로 복을 구한다고 말한

낮추는 겸허謙虛하고 공손恭遜한 마음이 필요하다.
■검儉은 人(사람 인)+僉(모두 첨)의 형성자로 모든 사람(人)에게 고르게 돌아가게 하려면 근검勤儉, 검소儉素해야 한다는 것을 나타낸다. 검약儉約하다, 부족하다, 한정하다, 겸손하다는 뜻이다.
■양讓은 소가 끄는 쟁기를 두 손으로 잡은 모습과 쟁기에 의해 흙이 일어나는 모습을 형상화했는데, 표피 흙을 양보하다의 뜻이 나왔다. 이어 言(말씀 언)을 추가하여 사양辭讓의 뜻이, 土(흙 토)를 부가하여 토양土壤의 뜻이 나왔다. 양讓은 言(말씀 언)+襄(도울 양)의 형성자로 말(言)을 사양함(襄)으로, 피하다, 양보하다, 추천하다, 다른 사람의 좋은 점을 말해주다의 뜻이 나왔다.
■이異는 귀신의 탈을 쓰고 두 손(廾→共)을 위로 들어 춤을 추는 모습에서 이상하다, 특이하다, 기이하다, 다르다는 뜻이 나왔다.

다.:『시경』「대아, 문왕」)

■ 鄭曰: "抑人君自願與之爲治?" ○駁曰 非也. 『易』曰: "臨・觀之義, 或與或求." 與猶授也.

정현이 말했다. "아니면 임금이 스스로 공자와 더불어 정치하기를 원한 것인가?" ○논박하여 말하면, 그릇되었다. 『역』에서 "「임괘」와 「관괘」의, 뜻은 혹 주기도 하고 혹 구하기도 한다."고 하였으니, 여與는 수授와 같다.

■ 鄭曰: "言夫子行此五德而得之." ○駁曰 非也. 讓當屬下句讀. 堯德曰欽明文思, 湯德曰齊聖廣淵, 文王曰徽柔懿恭, 『左傳』贊八元・八凱之德, 皆四字爲句. 子貢美夫子之德, 何必五字爲句? 子禽疑夫子求而得之, 故子貢謂'夫子讓以得之', 正以破其惑, 不可以讓字屬上句讀.

정현이 말했다. "공자가 이 다섯 가지 덕을 행하여 그것을 얻었음을 말한다." ○논박하여 말하면, 정현은 잘못 해석하였다. 양讓은 마땅히 아래로 붙여 읽어야 한다. '요堯의 덕을 흠명문사欽明文思(『상서』「요전」), 탕湯의 덕을 제성광연齊聖廣淵(「미자지명」), 문왕의 덕을 휘유의공徽柔懿恭(「무일」)'이라 하였으며, 『좌전』에서 팔원八元, 팔개八凱의 덕을 찬미하면서 모두 네 글자로 구절을 만들었다. 자공이 공자의 덕을 찬미하면서 하필이면 다섯 글자로 구절을 만들었을 리가 있겠는가? 자금은 공자가 요구하여 얻었을 것으로 의심하였기 때문에 자공이 '공자는 물러나 사양함으로써 그것을 얻었다.'고 하여 바로 그의 의혹을 깨뜨려 주었으니, 양讓 자를 위로 붙여 읽어서는 안 된다.

■ 按 西京官學, 皆以讓字屬上句讀, 然不敢勉從. 『大戴禮・官人』篇云'恭儉以讓', 亦與連言者不同.

살핀다. 전한前漢 관학에서는 모두 양讓을 위의 구절에 붙여 읽었으나, 감히 애써 따를 필요는 없다. 『대대례』「관인」편에서는 '공손하고 검소하면서 겸양을 하였다(恭儉以讓).'고 하였으나, 그 또한 양을 위로 연결하여 말한 것과 같지 않다.

비평 —— (1) 억여지여抑與之與의 여지與之를 고주에서는 '(그 임금이) 공자와 더불어'라고 해석하였지만, 주자는 '(그 임금이) 들려주는 것'으로 해석하였다. 다산은 주자의 해석을 지지하였다.

(2) 본문의 공자의 덕용德容을 묘사한 덕목이 넷인가, 다섯인가에 대해 의견을 달리하였다. 고주와 주자는 다섯 덕목이라고 했지만, 다산은 네 덕목이라고 주장했다. 그런데 다산이 네 덕목이라고 주장하면서 전거로 제시한 구절은,「논어세주」를 보면 임소영林少潁이 이미 제시했던 것인데(임소영은 공자의 덕용은 다섯 가지라고 했다), 『서경』이 오래된 전적이어서 해석을 두고 논란이 많아 다산처럼 해석하지 않는 경우가 허다하다. 그렇지만 여기서 다산이 『시경』 구절을 인용하면서, 공자가 정치를 구한 방식을 '자구다복自求多福'의 '구求(군자는 복을 고의로 구하지 않지만, 선을 행하여 자연히 복이 도달하기 때문에 스스로 복을 구한다)'로 해석해야 한다고 말한 것은 정말 탁월한 것이라 하겠다.

1:11. 子曰: "父在觀其志, 父沒觀其行, 三年無改於父之道, 可謂孝矣."[三年以下, 重出「里仁」篇]

고주 —— 공자께서 말씀하셨다. "부친이 살아 있을 때는 (그 아들이 마음대로 할 수 없으니) 그 자식의 뜻을 보고(볼 뿐이고), 부친이 죽은 뒤에야 그 아들의 행위를 볼 것이니, (효자는 상주에 애모의 마음이 있어 부친을 살아계시는 것처럼 여기니) 3년 동안 아버지의 도를 고침이 없어야 효孝라고 이를 수 있다."

주자 —— 공자께서 말씀하셨다. "부친이 살아 있을 적에는 (자식이 자기 마음대로 할 수 없지만) 그 자식의 뜻을 살피고, 아버지가 돌아가신 후에는 그 자식의 행적을 살핀다(이것으로 그 사람의 선악을 충분히 알 수 있다). 3년간 아버지의 도에서 고침이 없어야 효자라고 할 수 있다."

다산 —— 공자께서 말씀하셨다. "부친이 살아 있을 때는 (그 아들이 마음대로 할 수 없으니) 그 (대부인) 아들의 뜻을 보고(볼 뿐이고), 부친이 죽은 뒤에야 그 아들의 행위를 볼 것이니, 3년 동안 아버지의 도(정령을 베풀고 조치하는 것:政令施措)를 고침이 없어야(제멋대로 한다는 혐의를 받기 때문에 점진적으로 행한다) 효라 이를 수 있다." ('三年' 이하는 「리인」 4:20에 거듭 나온다.)

집주 —— ■ 父在엔 子不得自專이나 而志則可知요 父沒然後에 其行可見이라 故로 觀此면 足以知其人之善惡이라 然이나 又必能三年無改於父之道라야 乃見其孝니 不然이면 則所行雖善이나 亦不得爲孝矣니라

아버지께서 살아 계시면 자식이 자기 마음대로 할 수 없지만 뜻은 알 수 있다. 아버지께서 돌아가신 뒤에는 그 행적을 볼 수 있다. 그러므로 이것을 살피면 그 사람의 선악을 충분히 알 수 있다. 그러나 또한 반드시 능히 3년간 아버지의 도를 고치지 않을 수 있으면 이에 자식의 효를 알 수 있다. 그렇지 않으면 자식의 행동이 비록 선하다 하더라도 또한 효라고 할 수는 없다.

자원풀이 ■관觀은 見(볼 견)+雚(황새 관)의 형성자로 큰 눈을 가진 수리부엉이(雚)가 목표물을 응시하는 것에서 관찰觀察이란 말이 나왔고, 사물에 대한 인식이나 관점觀點 혹은 관념觀念을 뜻한다.

■지志는 心(마음 심)+之(갈 지)의 형성자로서 마음이 가는 것(心之所之之謂)이라는 의미에서의 지향志向, 혹은 마음이 가는 곳으로서의 의미意味(뜻)를 말한다. 이후 지之가 사士(선비 사)로 바뀌어 선비(士)의 굳은 마음(心) 곧 의지意志를 강조하여 주재主宰라는 의미도 지닌다.

■몰沒은 水(물 수)+'殳(몽둥이 수)'의 형성자로 물에 빠져 죽다에서, 이후 몰락하다, 없어지다의 뜻으로 확장되었다.

■가可는 갑골문에서 괭이(丁)와 입(口)을 그렸는데, 괭이로 농사일을 할 때 입에 담은 노래를 뜻하여, 농사를 지을 때 부른 노동가勞動歌를 말한다. 노래를 부르며 노동을 하면 고된 일도 쉽게 이루어졌기에 가可는 '가능可能하다'를 의미하게 되었다. 이후 긍정肯定, 옳다, 마땅하다의 뜻이 나왔다. 그러자 원래 의미는 木(나무 목)을 더해 柯(자루

■尹氏曰 如其道면 雖終身無改라도 可也어니와 如其非道면 何待三年이리오 然則三年無改者는 孝子之心에 有所不忍故也니라

윤돈이 말했다. "만일 아버지의 도가 타당하다면 비록 종신토록 고침이 없는 것도 괜찮지만, 만약 그 도가 타당하지 않다면 어찌 3년을 기다리겠는가? 그러나 3년간 고침이 없는 것은 효자의 마음에 차마 못하는 것이 있기 때문이다."

■游氏曰 三年無改는 亦謂在所當改而可以未改者耳니라

유초가 말했다. "3년간 고침이 없다는 것은 또한 마땅히 고쳐야 할 것이 있지만 아직 고치지 않을 수 있음을 말한다."

고금주 —— ■孔曰: "父在, 子不得自專, 故觀其志而已." ○補曰 道, 謂政令施措.

공안국이 말했다. "부친이 살아 있을 때는 자식이 제멋대로 행하지 못한다. 그러므로 그 뜻을 볼 뿐이다." ○보완하여 말한다. 도란 정령을 베풀고 조치하는 것(政令施措)을 말한다.

■侃曰: "一則哀毁之深, 豈復識政之是非? 二則三年之內, 哀慕在心, 事亡如存, 則所不忍改也." ○駁曰 非也. 嫌其得伸, 故行之有漸也. 此章, 與曾子稱孟莊子之孝, 相照. 本爲大夫而發, 聽於冢宰三年, 非本旨也. 天子・諸侯有先君之弊政, 禍天下而危宗廟, 改之, 當如救焚拯溺, 豈敢以孝思因循乎? 哲宗初年, 呂惠卿引此經, 以惑君聽, 斯又學道者所宜講也.

황간이 말했다. "하나는 슬퍼 훼손됨이 심하니, 어찌 다시 정사의 시비를 알 수 있겠는가? 다른 하나는 삼년상 내에는 애모의 마음이 있어 죽은 이를 섬

가)로 분화했다.
■위謂는 言(말씀 언)+胃(밥통 위)의 형성자. 말(言)로 알리다 → 평론하다, 호칭, (무엇)이라고 여기다는 뜻이 나왔다.

기기를 살아 있는 듯이 하니, 차마 고치지 못하는 것이다." ○논박하여 말하면, 그릇되었다. 그가 제멋대로 한다는 혐의를 받기 때문에 점진적으로 행하는 것이다. 이 장은 증자曾子가 맹장자의 효를 칭송한 부분(19:18)과 서로 밝혀(相照)준다. 본래 대부를 위하여 말한 것이며, 세자가 총재에게 3년 동안 정사를 듣는다는 것은 이에 해당하는 본뜻이 아니다. 천자와 제후로서 그 선군先君의 폐정弊政이 천하에 끼쳤거나 종묘를 위태롭게 한 것이 있으면, 마땅히 물과 불 속에서 구해내는 것처럼 고쳐야 할 것인데, 어찌 감히 효를 생각하여 그대로 답습하겠는가? 송나라 철종哲宗 초기에 여혜경呂惠卿이 이 경문을 인용하여 임금의 귀를 미혹시켰으니, 여기서 또한 도를 배우는 자는 마땅히 강명講明해야 할 바이다.

비평 —— 고주는 이 장을 효자의 행실을 논한 것이라고 했다. "효자는 상중喪中에 있는 3년 동안 슬퍼하고 그리워하며 오히려 부친이 살아 계시는 것처럼 여겨, 부친의 도를 고치는 바가 없어야 '효'라 할 수 있다."고 해석했다. 이에 비해 주자는 효에 있어서 차마 못하는 마음(不忍之心)을 강조하여, 이 마음만 보존하고 있으면 비록 부득이하여 고치더라도 효라고 할 수 있다고 말하여 그 폐해를 방지하고자 했다.

혹자가 물었다. "'맹장자의 효행 가운데 다른 것은 다 가능하지만, 그가 어버이의 신하와 정사를 바꾸지 않은 일만은 능하기 어렵다.'(19:18. 曾子曰 吾聞諸夫子 孟莊子之孝也 其他可能也 其不改父之臣 與父之政 是難能也.)는 구절과 이 구절은 같은 뜻입니까, 아닙니까?" (주자가) 답했다. "같지 않다. 이 장은 아버지가 행한 일에 선하지 않은 것이 있어도 아들이 차마 고치지 못하니 곧 그 효를 알 수 있다는 말씀이고, 맹장자의 어버지 헌자의 경우는 그 스스로 현자이니 그 베푼 정치나 쓴 신하가 모두 옳았기에 맹장자가 능히 고치지 않을 수 있었다. 이것이 어려운 이유이다."

주자가 말했다. "이 글을 읽고 잘 이해한 자는 그 종류를 헤아려 올바른 방식을 구해야 한다. 혹은 종신토록 고치지 않고, 혹은 3년을 기다려 고치고, 혹은 3년을 기다리지 않고 고치는 등, 그 경우가 어떠한지를 고려해야 한다. 다만 차마 못하는 마음(不忍之心)이 없을 수 없는 것이다. 차마 못하는 마음을 보존할 수 있다면, 비록 부득이하여 고치더라도 효가 되는데 큰 문제는 없다. 윤씨는 효자의 마음은 잘 말했지만, 일에 대해서는 잘 말하지 못했다. 유씨는 일의 이치에 대해서는 성인의 말뜻을 잘 드러냈다." (『논어집주대전』)

그런데 다산은 이 말(三年無改於父之道, 可謂孝矣)을 대부에게 제한하고 천자와 제후에게는 적용되지 않는 것이라고 하면서, 폐정弊政을 유지시키는 구실로 남용되는 것을 막고 있다. 이는 '부지도父之道'를 어떻게 볼 것인가 하는 문제와 연결된다. 주자는 이 구절을 모든 일반인에게 적용되는 것으로 보고, 도라는 말을 사용한 것은 단지 아버지에 대한 존칭이라고 한다(도는 일과 같으니, 도라고 말한 것은 아버지를 존중하는 말이다).

이에 비해 다산은 이 구절을 대부에게 적용되는 것이라고 보고, 도란 정령을 베풀고 조치하는 것(政令施措)이라고 해석하였다. 그런데 이 구절은 현대적인 관점에서 본다면, 모든 일반인에게도 적용되는 것으로 볼 수 있고, 따라서 아마도 주자의 해석이 더 설득력이 있어 보인다고 하겠다.

❧

1:12. 有子曰: "禮之用, 和爲貴. 先王之道, 斯爲美, 小大由之. 有所不行, 知和而和, 不以禮節之, 亦不可行也."[石經, 無'可'字]

고주 —— 유자가 말하였다. "예는 조화(和=樂)를 씀이 귀하니(禮之用和, 爲貴), 선왕의 도는 이것(악으로 백성들의 화음을 조화시키는 것)을 아름답게 여겼다. 작은 일이나 큰일에 예만을 따르면(由=從) (그 정사가) 행해지지 않는 바가 있고, 조화가 귀한 줄 알아서 조화만을 따르고 예로 절제하지 않으면 또한 행할 수 없다."

주자 —— 유자가 말했다. "예의 시행에는 조화를 귀중하게 여긴다. 선왕의 도는 이를 아름답게 여겨, 작고 큰 일 모두 이것으로 말미암았다. 그러나 행하지 말아야 할 것이 있으니, 조화가 귀중하다는 것만을 알아 오직 조화롭게 하려고만 하고 예로써 절제하지 않으면, 이 역시 행해서는 안 될 것이다."

다산 —— 유자가 말했다. "예의 시행에는 조화를 귀중하게 여긴다. 선왕의 도는 이를 아름답게 여겨, 작고 큰 지위에 있는 모든 이들이 이것에 말미암아 통하였다. 그러나 행하지 말아야 할 것이 있으니, 조화가 귀중하다는 것만을 알아 오직 조화롭게 하려고만 하고 예로써 절제하지 않으면, 이 역시 행해서는 안 될 것이다."

집주 —— ■禮者는 天理之節文이요 人事之儀則也라 和者는 從容不迫之意라

자원풀이 ■예禮는 示(보일 시)+豊(풍성할 풍)의 형성자. 옥과 북 등을 동원해(豊) 경건하게 신을 모시던 제사(示)행위를 말한 것에서 예도禮度, 예절禮節 등의 의미가 나왔다.
■용用은 가운데 卜(점 복)과 나머지 뼈(骨)를 그려 점(卜) 칠 때 쓰던 뼈로서, 시행施行의 의미를 그려 사용使用, 응용應用, 작용作用을 나타낸다.
■귀貴는 갑골문에서 두 손과 광주리와 흙(土)을 그렸는데, 후에 흙 대신에 조개(貝)가 들어가 흙이나 갯벌에서 파낸 조개(貝)와 같은 귀한 물건을 나타내어 귀하다, 가격이 높다는 뜻이 생겼다.
■미美는 羊(양 양) + 大(큰 대)의 회의자로서 (1) 살진 큰 양이 맛있다 혹은 희생양으로 가치가 있다, (2) 양 가죽으로 된 옷을 입은 사람, 양을 잡는 재주를 가진 사람 등의 뜻에서 훌륭하다, 좋다, 유용하다, 찬미하다 등의 의미가 파생되었다. 선善과 의義 등과 어원을 같이한다.

蓋禮之爲體雖嚴이나 然이나 皆出於自然之理라 故로 其爲用이 必從容而不迫
이라야 乃爲可貴니 先王之道 此其所以爲美하여 而小事大事無不由之也니라
예란 천리의 절도·문식이고 인사의 의식·준칙이다. 화和란 종용從容하여
박절하지 않다는 뜻이다. 대개 예의 본체는 비록 엄하나, 모두 자연의 이치
에서 나온다. 그러므로 그 작용은 반드시 종용하고 박절하지 않아야, 이에
귀하게 여길 만한 것이 된다. 선왕의 도는 이것을 아름답게 여겨, 작은 일이
나 큰일이나 그것으로 말미암지 않은 것이 없었다.

■承上文而言 如此而復有所不行者하니 以其徒知和之爲貴하여 而一於和하고
不復以禮節之면 則亦非復禮之本然矣니 所以流蕩忘反하여 而亦不可行也니라
윗글에 이어 말했는데, 비록 그와 같이 조화를 귀하게 여긴다고 하더라도 다
시 행하지 않아야 할 것이 있으니, 단지 조화가 귀한 것인 줄만 알고 모든 것
을 조화롭게 하려 할 뿐 다시 예로써 절제하지 않으면 또한 예의 본연을 회복
한 것이 아니다. 그래서 방탕에 흘러 회복할 것을 잊으니 또한 행해서는 안
되는 것이다.

■程子曰 禮勝則離라 故로 禮之用이 和爲貴하니 先王之道 以斯爲美하여 而
小大由之요 樂勝則流라 故로 有所不行者하니 知和而和하고 不以禮節之면
亦不可行이니라
정자가 말했다. "예가 지나치면 흩어지기 때문에 예의 시행은 조화를 귀히 여

■행行은 사거리를 그린 상형자이다. 길은 여러 사람이 오고가는 곳이기에 가다, 운행하다, 떠나다, 실행하다, 가
능하다, 행위, 품행 등의 뜻이다.
■화和는 口(입 구)+禾(벼 화)의 형성자. 원래 龢(풍류 조화될 화)로 여러 개의 피리(龠) 소리가 어울려 합치는 모습에
서, 약龠이 구口로 줄여 오늘날의 화和로 되었는데, 조화롭다, 화합하다, 화목하다, 강화를 맺는다는 뜻이다.
■절節은 竹+卽으로 구성된 형성자로서 대나무가 원래 뜻인데, 이로부터 관절關節, 골절骨節, 근절筋節 등과 같은
말이 나왔다. 대나무는 마디마디 지어진 단계와 등급이 있다는 뜻에서 절도節度, 절제節制라는 뜻이 있는데, 예
절이란 말은 바로 이것을 말한다. 그래서 주자는 "예란 천리의 절도와 문식으로, 사람이 마땅히 따라야 할 의식
과 준칙이다(禮者 天理之節文 人事之儀則也)"라고 해석했다. 여기서 절節은 등급(신분)에 따른 제한을 말하며, 문文이
란 의례와 복식의 치장을 말한다. 그래서 면재 황씨는 말했다. "예컨대 천자의 복장은 12장이고, 상공의 복장은 9

긴다. 선왕의 도는 이를 아름답다고 여겨 작고 큰일을 모두 이로 말미암았다. 악이 지나치면 방탕으로 흐르기 때문에 행하지 말아야 할 것이 있으니, 조화만 알아서 조화롭게만 하려고 하고 예로써 절제하지 않는 것 또한 행해서는 안 된다."

■ 范氏曰 凡禮之體는 主於敬이요 而其用則以和爲貴하니 敬者는 禮之所以立也요 和者는 樂之所由生也라 若有子면 可謂達禮樂之本矣로다

범조우가 말했다. "무릇 예의 본체는 경건함(敬)을 주로 하되, 그 시행은 조화를 귀히 여긴다. 경건함이란 예를 세우는 근거이며, 조화란 악이 말미암아 생겨나는 곳이다. 유자의 경우는 예악의 근본에 통달했다고 말할 수 있다."

■ 愚謂 嚴而泰, 和而節은 此理之自然이요 禮之全體也니 毫釐有差면 則失其中正하여 而各倚於一偏이니 其不可行이 均矣니라

어리석은 내가 말한다. 엄숙하면서도 편안(泰)하고 조화로우면서도 절제가 있는 것, 이는 이치의 자연스러움이고 예의 전체이다. 털끝만큼의 차이가 있으면 그 중정中正을 잃어 각각 한쪽으로 치우치게 되니, 그것을 행할 수 없음은 마찬가지이다.

고금주 —— ■ 補曰 禮之用, 謂禮之所施行. 小大, 猶言上下, 謂天子‧諸侯‧大夫‧士也. 由之, 謂由於道. ○有所不行者, 將言而轉之也. 亦不可行者, 旣言而決之也. 禮主於嚴而行之以和, 猶樂主於和而戒之在流也.

보완하여 말한다. 예지용禮之用이란 예의 시행을 말한다. 대소大小는 상하上下를 말한 것과 같으니, 천자天子, 제후諸侯, 대부大夫, 사士를 말한다. 유지由

장인 것처럼 각각 등급이 있으니, 이것이 절節이다. 예컨대 산이나 용, 꽃이나 벌레 등으로 장식을 삼으니, 이것이 문文이다. 관례나 혼례 같은 것이 인사人事인데, 관례의 경우는 삼가고 읍하고 사양하고 오르고 내리는 일이 있으니 이것이 의儀이다. 천자의 경우 관례는 마땅히 어떻게 해야 하는가, 제후는 어떻게 해야 하는가 등은 각각 기준이 되는 모습이 있으니 이것이 칙則이다.(『논어』 세주)

之는 도에 말미암는다는 것을 말한다. 유소불행有所不行은 장차 말하려고 하면서 말을 돌리는 것이고, 역불가행亦不可行은 이미 말하고 나서 결정을 내리는 것이다. 예禮는 엄격함을 주主로 하면서 조화로써 시행하는 것은, 악樂이 조화를 주로 하면서 유탕함을 경계하는 것과 같다.

■ 邢曰: "每事, 小大皆用禮, 而不以樂和之, 則其政不行." ○駁曰 非也. 馬注亦無此意, 特疏家誤讀耳. 後儒欲一反『集註』, 還主邢說, 分作三節看, 大謬也.

형병이 말했다. "매사 크고 작은 모든 일에 예禮만 쓰고 악樂으로 조화하지 않으면, 그 정사가 시행되지 않는다." ○논박하여 말하면, 그릇되었다. 마융의 주에도 이런 뜻이 없는데, 다만 소주를 낸 사람이 잘못 읽은 것이다. 후유後儒들은 하나같이 『집주』에 반대하려고 되돌려 형병의 설을 주장하여, 세절로 만들어 나누어 보았는데, 크게 잘못되었다.

■ 純曰: "「儒行」云, '禮之以和爲貴.' 正與此同句法, 用字爲句, 非也." ○駁曰 非也. 「禮器」曰'禮以多爲貴', '禮以少爲貴', 「儒行」句法, 與此同也. 豈以是並疑此句乎? 體用之說, 雖出釋氏, 吾家未嘗不言用.

태재순이 말했다. "『예기』「유행」편에서 '예는 조화를 귀하게 여긴다(禮之以和爲貴).'고 말한 것과 이것은 구법이 꼭 같으니, 용用 자에서 구를 만드는 것은 잘못되었다." ○논박하여 말하면, 그릇되었다. 「예기」편에서 '예는 많은 것을 귀하게 여긴다.'고 하고, '예는 적은 것을 귀하게 여긴다.'고도 하였으니, 「유행」편의 구법은 이것과 같다. 어찌 이것으로 이 구절을 함께 의심하는가? 체용의 학설은 비록 석가에서 유래했지만, 우리 유가에서 일찍이 용을 말하지 않은 적이 없다.

■ 質疑 小大, 以位言. 『書』曰: "殷罔不小大, 好草竊·姦宄." 「微子」篇 『詩』曰: "無小無大, 從公于邁." 「魯頌」文 故梅賾作『書』, 猶云: "小大戰戰, 罔不懼乎非辜." 此云'小大由之', 謂上下通行也. 聘禮有醴, 覲禮有饗, 祭禮有旅酬, 鄕禮必飮酒, 上下諸禮, 無一而非'和爲貴'也. 若以爲小事大事, 則'由之'二字不妥帖.

질의한다. 소대小大란 지위를 가지고 말한 것이다. 『상서』에 이르기를, "은나라는 작고 큰 지위에 있는 자들이 노략질하고 간악한 짓 하기를 좋아하지 않음이 없다."(「미자」)고 했고, 『시경』에 이르기를 "작고 큰 지위 할 것 없이 공을 따라 가도다."(「노송」)라고 하였다. 그러므로 매색梅賾이 『상서』를 위작하면서 오히려 "작고 큰 지위에 있는 자들이 두려워 떨면서 죄 없이 두려워하지 않는 자가 없다."고 하였으니, 여기에서 소대유지小大由之는 '상하가 통용되어 행해진다.'는 말이다. 빙례聘禮에 희뢰饎가 있고, 근례覲禮에 향향饗이 있고, 제례祭禮에 여수旅酬가 있고, 향례鄕禮에 술을 마시는 등 상하 모든 예는 어느 하나 조화로써 귀하게 여기지 않는 것이 없다. 만약 이것을 작은 일과 큰 일로 해석한다면 유지由之 두 글자는 타당하게 맞지 않게 된다.

비평 —— 유교는 예를 통해 질서를 유지해야 한다고 주장한다. 예란 무엇인가? 『중용』에서는 혈연적인 친소親疎나 어진 이를 높이는 것에 따른 사회적인 존비尊卑의 차등이 예의 근원이라고 말한다. "친척과 친함의 연쇄와 어진 이를 높이는 차등에서 예가 발생한다."(親親之殺 尊賢之等 禮所生, 20장)

이처럼 예란 친소와 존현에 따라 인간의 감정이 자연스럽게 구별되는 것을 제도화·형식화한 것이라고 하겠다. 그런데 이러한 예의 원칙이 친소·존비 등 위계를 구분하는 것이지만, 그 원칙을 적용할 때는 상호 조화를 귀중하게 여겨야 한다. 중국 고대 이상적인 정치를 펼친 선왕들은 예를 적용할 때에 조화를 중시함으로써 훌륭한 정치를 이끌었다는 것이다. 반면에 예의 적용에 조화가 귀중하다고 해서 예의 본래 정신인 구별을 망각하고, 무차별적으로 획일시한다면 사회가 유지될 수 없다는 것이다.

고주는 "예지용화禮之用和, 위귀爲貴"로 읽었지만, 주자는 "예지용禮之用, 화위귀和爲貴"로 끊어 읽었다. 다산의 지적대로 주자의 구두법이 옳다고 하겠다. 소대小大를 두고 주자는 작고 큰 일로 해석하고, 다산은 여러 전적에 근거를 두고 상하 모든 신분의 사람으로 해석했다. 두 해석 모두 타당하다고 생각된다. 즉 상하 모든 신분의 사람들이 행하는 작고 큰 일이라고 해석할 수 있다.

1:13. 有子曰: "信近於義, 言可復也. 恭近於禮, 遠恥辱也. 因不失 其親, 亦可宗也."

고주 —— 유자가 말했다. "(속임이 없이) 약속이 의(사리에 부합함)에 가까우면, (전적으로 의에 부합하지 않더라도) 그 말을 반복(징험)할 수 있다. (몸을 낮추는) 공손이 예에 가까우면 (전적으로 예에 부합하지 않더라도) 치욕을 멀리할 수 있다. 친한 사람(因=親)에게 그 친함을 잃지 않는다면 (의로운 사람과 함께하는 것으로 사람을 알아보는 識鑑이 있다는 것이니) 또한 종경(宗=宗敬)할 만하다."

주자 —— 유자가 말했다. "약속이 의(사리의 마땅함)에 가까우면 말은 실천할 수 있다. 공경함을 이루어 예에 가까우면 치욕을 멀리할 수 있다. (내가) 의탁한 사람이(因=依) 그 친할 만한 사람을 잃지 않으면 또한 종주로 삼을 수 있다."

다산 —— 유자가 말했다. "(속임이 없이) 약속이 의(사리에 부합함)에 가까우면, (전적으로 의에 부합하지 않더라도) 그 말을 반복(징험)할 수 있다. (몸을 낮추는) 공손이 예에 가까우면 (전적으로 예에 부합하지 않더라도) 치욕을 멀리할 수 있다. 이런 것들로 인해(因=承上之辭) 그 친족에게 신임을 잃지 않으면(육친이 화목을 잃지 않는다면) 또한 존경(宗=尊)받을 수 있다."

집주 —— ■信은 約信也라 義者는 事之宜也라 復은 踐言也라 恭은 致敬也요 禮는 節文也라 因은 猶依也요 宗은 猶主也라 言約信而合其宜면 則言必可致恭而中其節이면 則能遠恥辱矣요 所依者不失其可親之人이면 則亦可以宗而主之矣라 此는 言人之言行交際를 皆當謹之於始而慮其所終이니 不然이면 則因仍苟且之間에 將有不勝其自失之悔者矣니라

신信은 약속(約信)이다. 의義란 일의 마땅함이다. 복復은 말을 실천하는 것이다. 공恭은 공경함을 이룸(致敬)이다. 예禮는 등급과 문채(節文)이다. 인因은 의탁(依)한다는 뜻이다. '종宗'은 주인(主)과 같다. 약속을 하되 마땅함에 합치한다면 그 말은 반드시 실천할 수 있다는 말이다. 공경함을 이루되 그것이 절도에 맞으면 능히 치욕을 멀리할 수 있다는 말이다. (내가) 의탁하는 자(所依者)가 친할 만한 사람을 잃지 않으면, 또한 그를 높여 주인으로 삼을 수 있다는 말이다. 이는 사람이 언행·교제에서 모두 마땅히 처음에 삼가고 그 끝을 고려해야 한다는 것이니, 그렇지 않으면 과거 방식을 따라 구차하던 대로 하여, 장차 자신의 실수를 후회하지 않을 수 없게 된다는 말이다.

고금주 —— ■何曰: "復, 猶覆也. 義不必信, 信非義也. 以其言可反覆, 故曰近義. 恭不合禮, 非禮也. 以其能遠恥辱, 故曰近禮."[邢云: "信非義也者, 尾生抱柱而死也." 又云: "巽在牀下, 是恭不合禮也."] ○補曰 因, 承上之辭. 不失其親, 謂獲乎親

자원풀이 ■의義는 羊(양 양)+我(나 아: 手+戈)의 회의자이다. 톱날이 있는 칼을 손으로 잡고(我) 희생물(羊)을 잡아 신神들이 흠향할 수 있도록 알맞게 잘 다듬어 놓은 것으로, (1) '알맞다' '적당하다' '마땅하다'는 의미이다. 그리고 '양을 잡아서 고기를 나눈 것(分)'이란 의미에서 확대되어 (2) '분배分配한 것이 이치에 알맞음' '이치에 알맞음(義理)'이라는 뜻으로 발전했다. 또한 이렇게 분배적 정의를 나타내는 의義는 '공公'과 같은 의미이면서 '공평한 분배(公公)'를 의미한다. 나아가 (3) 『설문해자』에 따르면, '의義는 자기의 위엄威嚴 있는 거동으로 이양我羊을 따른다.' 즉 의義(羊+我)에서 '아我'는 자기 자신을, '양羊'은 선善이나 미美를 상징한다는 점에서 '인간 자신의 선하고 착한 본성에서 나온 위엄 있는 행동거지(威儀)' 혹은 '정의正義의 구현으로서의 의식과 형벌'을 의미한다.
■복復은 彳(걸을 척)+夏(돌아올 복)의 형성자이다. 夏은 갑골문에서 아래쪽은 발(夊: 천천히 걸을 쇠)이고 위쪽은 긴 네모꼴에 양쪽으로 모퉁이가 더해졌는데, 포대 모양의 대형 풀무를 발(夊)로 밟아 작동시키는 모습이다. 밀었다

也[『中庸』云:"獲乎上有道."]. 宗, 尊也. 言人能信且恭, 因又不失其父母兄弟之親,
則其人雖不至於聖賢, 亦可以尊而宗之也.「檀弓」曰:"天下其孰能宗予?"

하안이 말했다. "복復은 복복覆과 같다. 의義가 반드시 신信이 되지는 않으며,
신信이 반드시 의義가 되지는 않는다. 그러나 그 말은 반복(징험)할 수 있기
때문에 의義에 가깝다고 하였다. 공손함이 예에 맞지 않으면 예가 아니다. 그
러나 그것이 치욕을 멀리할 수 있기 때문에 예에 가깝다고 한 것이다."(형병
이 말했다. "信이 義가 아닌 것은 尾生이 다리 기둥을 안고 죽은 사례가 그것이다." 또 말
했다. "자신을 너무 낮추어 牀 아래에 있는 것, 이것이 바로 공손함이 예는 맞지 않는 것
이다.") ○보완하여 말한다. 인因은 위의 말을 이어받는 말이고, 불실기친不失
其親은 친족에게 신임을 얻는다는 말이다.(『중용』에서 말했다. "윗사람에게 신임
을 얻는 데 도가 있다.") 종宗은 높인다(尊)는 말이다. 사람이 신뢰가 되고 공손
하며, 따라서 이를 토대로 또 그 부모와 형제에게 친화를 잃지 않으면, 그 사
람이 비록 성현에는 이르지 못하더라도 또한 높여서 받들 만하다는 말이다.

■ 質疑 恭未必盡合於禮, 然謂之近於禮者, 以其能遠恥辱也. 信未必盡合於義,
然謂之近於義者, 以其能言可復也. 能此二者, 而又能不失其六親之和, 則其爲
人也, 亦可以宗仰而爲之表準也. 上二節之義, 舊說必不可易.

질의한다. 공손함이 반드시 예에 완전히 부합하지는 않지만, 예에 가깝다고
한 것은 그것이 치욕을 멀리할 수 있기 때문이다. 신信이 반드시 의義에 완전

당겼다 하는 동작을 반복反復하는 특성을 따라 반복反復, 회복回復의 뜻이 있어 彳을 더해 복復을 만들어 '돌아오
다'의 동작을 구체화했다. 이로부터 '다시'란 뜻이 나왔는데, 이때에는 부활復活에서처럼 '부'로 읽는다.

■치恥는 心(마음 심)+耳(귀 이)의 형성자. 수치심을 느낀다는 뜻. 고대 중국인은 수치심 때문에 귀가 붉어진다고
생각하여 귀를 수치의 상징으로 여겼다. 그래서 귀를 가리키는 손짓은 수치스런 행동을 하지 말라는 뜻이다.

■인因은 口(나라 국)+大(큰 대)의 회의자. 네모 틀(口) 속에 사람(大)이 그려진 모습으로 네모틀은 자리나 깔개를 뜻
한다. 자리를 깔고 앉거나 눕는다는 뜻에서 '기대다'는 뜻이, 다시 기인起因, 원인原因 등의 뜻이 나왔다.

■종宗은 宀(집 면)+示(보일 시)의 회의자. 조상의 위패를 모신 제단(示)이 설치된 집(宀) 즉 종묘宗廟를 말하며, 이로
부터 동일 종족이나 가족, 종갓집, 으뜸, 정통, 종주宗主를 뜻한다. 『설문해자』에서는 "宗은 조상의 사당을 존숭尊崇
하는 것이다. 宀(집 면)과 示(보일 시)에서 유래하였다."고 하였다.

히 부합하지는 않지만, 의義에 가깝다고 한 것은 그것이 반복(증험)할 수 있는 말이기 때문이다. 이 두 가지를 갖고, 또한 그 육친六親의 화목을 잃지 않는다면, 그 사람됨을 또한 종경·앙모하여 표준으로 삼을 만하다. 위 두 절의 뜻은 구설(하안과 형병의 설명)을 절대로 바꾸어서는 안 된다.

■ 孔曰: "因, 親也. 言所親不失其親, 亦可宗敬." ○駁曰 非也. 義與『集注』相近. 然'因不失其親'五字, 解之曰'其所親依者, 不失其可親之人', 則迂回添出, 猶不分明矣. 觀人之法, 外行雖善, 宜觀內行. 能信能恭, 皆接人之外行也. 外行旣善, 內行亦備, 則其人可宗也.

공안국이 말했다. "인因은 친親이다. 친한 사람에게 그 친함을 잃지 않으면 또한 종경宗敬할 만하다는 말이다." ○논박하여 말하면, 그릇되었다. 뜻은 『집주』와 서로 비슷하다. 그러나 '인불실기친因不失其親' 5자를 해석하여 '그 친의親依한 바에서 친할 수 있는 사람을 잃지 않는다.'고 우회하여 덧붙인다면, 오히려 분명하지 못하다. 사람을 살피는 법은 외적인 행위가 비록 선하더라도 마땅히 안의 행실을 살펴야 한다. 능히 미덥고 공손할 수 있는 것은 모두 사람을 응접하는 외적 행위이다. 외적 행위가 이미 선하고, 내적 행실이 이미 갖추어졌으면 그 사람은 종주가 될 수 있다.

비평 —— (1) 언가복言可復의 복復을 고주는 반복反覆(證驗)으로 해석했고, 다산도 그대로 인용했는데, 그 뜻이 분명하게 드러나지 않는다. 주자는 '천언踐言(말을 실천하다)'이라고 했는데, 그 뜻이 선명하게 드러난다.

(2) '근어예近於禮' 및 '근어의近於義'의 근近을 고주는 '반드시 전부 부합하지는 않지만, 가깝다면'으로 문자적으로 해석하였다. 주자는 '그 마땅함에 부합하면(合其宜)' 그리고 '공손을 이루어 그 절도에 알맞으면(致恭而中其節)'으로 해석하였다. 다산은 고주를 지지한다. 고주와 다산의 해석은 글자의 원의에 충실했지만, 주자의 해석이 좀더 선명하다.

(3) 인불실기친因不失其親의 인因을 고주는 친親, 주자는 의依(依託), 그리고 다산은 앞의 내용을 잇는 말(承上之辭)로 해석했다. 다산의 지적대로 고주와 주자의 해석은 비슷하다. 다산 방식으로 해석해도 결국 거의 같은 뜻으로 해석되지만, 뜻이 가장 명료해진다.

ᘒ

1:14. 子曰: "君子食無求飽, 居無求安, 敏於事而慎於言, 就有道而正焉, 可謂好學也已."

고주 —— 공자께서 말씀하셨다. "군자는 (도에 뜻을 두고, 겨를이 없어) 먹음에 배부르기를 구하지 않으며, 거처함에 편안하기를 구하지 않으며, 일에서는 빠르고(敏=疾:성공한다) 말에서는 신중하며, 도덕이 있는 이에게 가서 (그 옳고 그름을 물어) 정정한다면 배우기를 좋아한다고 할 만하다."

주자 —— 공자께서 말씀하셨다. "군자는 먹음에 배부르기를 추구하지 않고, 기거함에 편안함을 추구하지 않고, (부족한 것에 힘써서) 일에는 민첩하고 (남음이 있도록) 말에는 삼가 조심하며, 도(사물의 당연한 이치로 사람이 함께 말미암는 것)가 있는 사람에게 나아가 (옳고 그름을) 바로 잡으면, 학문을 좋아한다고 할 수 있다."

다산 —— 공자께서 말씀하셨다. "군자는 (먼저 극기에 힘써서) (소체를 기르는) 먹음에 배부르기를 추구하지 않고, 기거함에 편안함을 추구하지 않고, 일에는 민첩하고 말에는 삼가 조심하며, 도덕이 있는 이에게 가서 (그 옳고 그름을 물어) 정정한다면 배우기를 좋아한다고 할 만하다."

집주 —— ■不求安飽者는 志有在而不暇及也라 敏於事者는 勉其所不足이요
謹於言者는 不敢盡其所有餘也라 然이나 猶不敢自是하고 而必就有道之人하
여 以正其是非면 則可謂好學矣라 凡言道者는 皆謂事物當然之理니 人之所
共由者也라

편안함과 배부름을 추구하지 않는 것은 뜻이 (다른 곳에) 있어 생각이 미칠 겨
를이 없는 것이다. 일에 민첩한 것은 그 부족한 것에 힘쓰는 것이고, 말에 신
중한 것은 그 남음이 있는 것을 감히 다하지 않는 것이다. 그러면서도 오히
려 감히 스스로 옳다고 하지 않고 반드시 도가 있는 사람에게 나아가 그 옳고
그름을 바로 잡으면 학문을 좋아한다고 말할 수 있다. 무릇 도라고 말하는
것은 모두 사물이 마땅히 그래야만 하는 이치이고, 사람들이 함께 말미암는
것이다.

■尹氏曰 君子之學이 能是四者면 可謂篤志力行者矣라 然이나 不取正於有
道면 未免有差라 如楊墨이 學仁義而差者也나 其流至於無父無君하니 謂之
好學이 可乎아

윤돈이 말했다. "군자의 학문은 능히 이 네 가지를 할 수 있으면 뜻이 두텁고
힘써 행하는 자라고 할 수 있다. 그러나 도가 있는 사람에게 나아가 바로 잡지

자원풀이 ■포飽는 食(밥 식)+包(쌀 포)의 형성자. 음식(食)을 배불리(包) 먹어서, 충분하다, 만족한다는 뜻이다.
■안安은 宀(집 면)+女(여자 여)의 회의자로 여성(女)이 집(宀)에 있는 모습으로, 마땅히 있어야 할 곳에 있어 편안便
安, 안선安全함을 의미한다.
■민敏은 每(매양 매←母)+攴(칠 복)의 회의자로 자식을 가르치는 어머니의 회초리이다. 매를 맞아 가며 지혜와 지
식을 받던 모습에서 영민英敏하다, 민첩敏捷하다, 지혜롭다는 뜻이다.
■취就는 京(클 경)+尤(특이할 우)의 회의자. 크고 높은 집(京)에 특별한(尤) 재능을 지닌 사람이 나아가는 것(成就)이다.
■정正은 一(한 일)+止(머무를 지)의 회의자로 절대적 표준인 하늘(一)에 나아가 합일하여 머무르는 것이 '바르다'는
뜻이다. 다른 한편 성곽(口)에 정벌하러 가는(止) 모양으로 정벌은 정당하기에 '정의' 혹은 바르다는 뜻이 나왔다
고 한다. (1) 바르다(치우치지 않다, 단정하다, 반듯하다, 곧다, 정확하다), (2) 올바르다(정직하다, 공정하다), (3) 바로잡다(도리

않으면 어긋남이 있음을 면할 수 없다. 예컨대 양주와 묵적과 같은 사람은 인의仁義를 배웠지만 어긋난 자이다. 그 폐단이 흘러 임금도 없고 어버이도 없음(無君無父)에 이르렀으니, 그것을 일러 학문을 좋아한다고 할 수 있겠는가?"

고금주 —— ■ 孔曰: "有道, 有道德者. 正, 謂問其是非." ○按 食與居, 皆所以養小體也. 先言此者, 明克己在先.

공안국이 말했다. "유도有道는 도덕이 있는 사람이다. 정正은 그 옳고 그름을 묻는 것을 말한다." ○살핀다. 먹음(食)과 기거함(居)은 모두 소체小體를 기르는 것이니, 먼저 이것을 말한 것은, 자기를 이기는 것(克己)이 먼저 있어야 한다는 것을 밝혔다.

비평 —— 본래 '군君' 자는 '윤尹'(다스리다, 바로잡다, 벼슬이름)과 '구口' 자로 구성되었다. 또 '윤尹'은 '丨(곤 = 신성한 지팡이 = 神杖)+ 叉(차 = 손)'로서, 결국 '군君'이란 신장을 손에 잡고 의례를 행하거나 정사를 관장하는 사람이다. 처음에 군자는 귀족 일반을 지칭하는 용어로 사용되었다. 그런데 '군자君子'라는 용어는 공자에 의해 결정적인 의미 전환을 하여, 유교가 추구하는 이상적 인격의 전형을 나타내게 되었다. 특히 공자는 최상의 인격체인 '성인'보다 일상에서 호학好學하여 '인仁'을 실천하려고 끊임없이 노력하는 사람을 군자라고 하면서 기존처럼 신분이 아니라, 도덕으로 자기완성을 향해 노력하는 사람을 군자라고 규정하였다. 그러므로 군자는 신체적인 욕망을 추구하는 대신, 인간 본성의 덕을 구현하려고 노력한다. 도덕적 실천에서는 민첩하지만, 말

나 원칙에 어긋난 것을 바로잡다), (4) 결정하다, (5) 서로 같다, (6) 다스리다, (7) 관장하다, (8) 정실(정처, 본처, 적장자), (9) 정(주가 되는 것), (10) 바로, 막, (11) 정사(=政), (12) 상법常法, (13) 군대 편제의 단위(三領爲一正), (14) 정벌하다(天子失義諸侯力正), (15) 노역勞役

에서는 혹 행위가 말에 미치지 못할까 조심한다. 여기서 주의할 것은 군자란 도덕적 완성을 이룬 사람(聖人)이 아니라, 미완성의 가능성이라는 점이다. 그렇기 때문에 군자는 항상 바른 길을 가는 사람을 스승 삼아 따르면서, 자기반성을 통해 자신을 바로 잡고자 노력한다. 바로 이렇게 노력하는 사람이라면 학문을 좋아한다(好學)고 칭송을 받을 자격이 있다는 것이다. 고주는 군자를 학자學者와 동의어로 보았다.

여기에 말한 도道에 대해서는 다음 지적이 참고할 만하다.

운봉 호씨가 말했다. "「학이」편에서 도를 말한 것은 세 번이다. 앞의 도 자는 포괄적이고, 이번의 도 한 글자는 절실하다. 어버이의 도란 어버이가 말미암는 것이고, 선왕의 도란 선왕이 말미암는 것이다. 그러므로 『집주』는 다만 이 장에서만 그것을 사람들이 함께 말미암는 것이라고 해석했으니, 도는 길과 같다(道猶路). 그러나 사람이 말미암는 것은 길이 아니라고 하는 것은 타당하지 않지만, 사람들이 함께 말미암는 것이니 큰 길(大路)이라고 하는 것만 못하다." (『논어집주대전』)

그리고 주자는 다음과 같이 말했다.

주자가 말했다. "도는 곧 이치이다(道卽理也). 사람들이 함께 말미암는 것이기 때문에 도라고 말하고(以人所共由 則謂之道), 그것이 각각 조리를 지닌다는 점에서 말하면 이치라고 말한다(以其各有條理而言 則謂之理)." (『논어집주대전』)

1:15. 子貢曰: "貧而無諂, 富而無驕, 何如?" 子曰: "可也, 未若貧而樂, 富而好禮者也." 子貢曰: "『詩』云, '如切如磋, 如琢如磨.' 其斯之謂與?" 子曰: "賜也, 始可與言『詩』已矣, 告諸往而知來者!" [石經, 作貧而樂道]

고주 —— 자공이 물었다. "가난하면서 아첨함이 없고, 부유하면서도 교만함이 없으면, 어떻습니까?" 공자께서 말씀하셨다. "자랑할 만한 것은 못 된다. 가난하면서도 즐거워하고, 부유하면서도 예를 좋아하는 사람만 못하다." 자공이 말했다. "『시경』에서 말하길, '(짐승의 뼈를) 자르는 듯하고, (상아를) 다듬는 듯하고, (옥을) 쪼는 듯하고, (돌을) 가는 것처럼 한다.'고 했는데, 아마도 이를 말하는 듯합니다." 공자께서 말씀하셨다. "자공아, 이제야 비로소 너와 함께 시詩에 대해 논의할 수 있겠다. 지난 것(가난하면서도 즐거워하고, 부유하면서도 예를 좋아하는 사람)을 말해주니, 올 것(자르는 듯하고, 다듬는 듯하고, 쪼는 듯하고, 가는 것처럼 한다.)을 아는 자로구나!"

주자 —— 자공이 물었다. "가난하면서 아첨함이 없고, 부유하면서도 교만함

자원풀이 ■빈貧은 分(나눌 분)+貝(조개 패)의 형성자로 재물을 나누어 적다, 빈곤貧困하다, 부족不足하다는 뜻이다.
■첨諂은 言(말씀 언)+'빠질 함(→陷)'의 형성자로 말(言)로 빠지게 하는 아첨을 나타낸다.
■부富는 宀(집)+畐(술통이 가득할 복)의 형성자로 집안에 술독과 같은 진귀한 물건이 가득하다는 의미에서 부유함과 부자를 의미한다.
■교驕는 馬(말 마)+喬(높을 교)의 형성자. 6척 높이의 잘 달리는 말로서 뛰어나기 때문에 교오驕傲, 교만驕慢처럼 자긍심을 갖고 남을 업신여기는 것을 뜻한다.
■시詩는 言(말씀 언)+寺(절 사)의 형성자. 원래는 言과 之(갈 지)로 구성되어 말(言)이 가는 대로(之) 표현하는 문학 장르였지만, 이후 言과 寺로 변하면서 말(言)을 담아 가공하고 손질한 것(寺)으로 변화되었다.
■절切은 刀(칼 도)+ 七(칼집 모양, 혹은 뼈마디)의 형성자로 '칼로 뼈마디를 자르다'는 원뜻에서, 밀접하다, 절박하다,

이 없으면, 어떻습니까?" 공자께서 말씀하셨다. "괜찮지만, 가난하면서도 즐거워하고, 부유하면서도 예를 좋아하는 사람만 못하다." 자공이 말했다. "『시경』에서 말하길, '자르면 다듬고, 쪼면 갈아야 한다'고 했는데, 아마도 이를 말하는 듯합니다." 공자께서 말씀하셨다. "자공아, 이제야 비로소 너와 함께 시詩에 대해 논의할 수 있겠다. 지난 것을 말해 주니, 올 것을 아는 자로구나!'

다산 —— 자공이 물었다. "가난하면서 아첨함이 없고, 부유하면서도 교만함이 없으면, 어떻습니까?" 공자께서 말씀하셨다. "괜찮지만 (깊게 허락하지는 않음), 가난하면서도 즐거워하고, 부유하면서도 예를 좋아하는 사람만 못하다." 자공이 말했다. "『시경』에서 말하길, '나누면 (매끄럽게) 다듬고, 깎으면 (매끄럽게) 갈아야 한다(가공이 정밀하다)'고 했는데, 아마도 이를 말하는 듯합니다." 공자께서 말씀하셨다. "자공아, 이제야 비로소 너와 함께 시詩에 대해 논의할 수 있겠다. 지난 것을 말해주니, 올 것을 아는 자로구나!"(『석경』에는 '貧而樂道' 로 되어 있다)

집주 —— ■諂은 卑屈也요 驕는 矜肆也라 常人은 溺於貧富之中하여 而不知所以自守라 故로 必有二者之病이라 無諂無驕면 則知自守矣나 而未能超乎貧富之外也라 凡曰可者는 僅可而有所未盡之辭也라 樂則心廣體胖하여 而忘

간절하다, 격렬하다는 뜻이 나왔다.
■차磋는 石(돌 석)+差(어긋날 차)의 형성자로 삐죽삐죽 삐져나온(差) 돌(石)을 편평하게 하고자 문질러 '갈고 다듬다'는 뜻이며, 노력함의 비유로 쓰인다.
■탁琢은 玉(옥 옥)+豕(발 얽은 돼지 걸음 축)의 형성자로 옥(玉)을 가르는 것(豕)이다. 쇠 다듬는 것을 鏤(새길 루), 나무 깎는 것을 刻(새길 각), 뼈 자르는 것을 切(끊을 절), 돌 가는 것을 磨(갈 마)라고 불렀다.
■고告는 牛(소 우)+口(입 구)의 형성자로 희생 소(牛)를 바치며 기도하는(口) 모습에서 고하다, 알리다는 뜻을 그렸다.
■왕往은 彳(걸을 척)+主(주인 주)의 회의자로 어떤 주체(主)가 일을 하기 위해 가는 것(彳)을 말하지만, 다시 과거에 일어난 일, 왕왕往往의 뜻이 나왔다. 원래는 지之가 의미부이고, 왕王이 소리부로 가다는 뜻이었는데, 彳을 더해 의미를 강화하였다.

其貧이요 好禮則安處善하고 樂循理하여 亦不自知其富矣리라 子貢이 貨殖
하니 蓋先貧後富하여 而嘗用力於自守者라 故로 以此爲問에 而夫子答之如
此하시니 蓋許其所已能이요 而勉其所未至也시니라

첨諂은 비굴卑屈함이다. 교驕는 뽐내고 멋대로 하는 것(矜肆)이다. 보통사람
은 가난하거나 부유함에 빠져 스스로 지킬 바를 알지 못하는 까닭에 필시 이
두 가지 병통이 있다. 아첨함이 없거나 교만함이 없으면 스스로를 지키는 것
은 알지만, 아직 능히 가난함과 부유함 밖으로 초월하지는 못한다. 무릇 괜찮
다(可)고 말한 것은 겨우 괜찮다(僅可)는 것이지, 아직 미진한 바가 있다는 말
이다. 즐거워하면 마음이 넓고 몸이 넉넉하여(心廣體胖) 자신의 가난을 잊는
다. 예를 좋아하면 편안히 선에 처하여 즐거이 이치에 따르고 또한 자신의 부
유함을 스스로 알지 못한다. 자공은 재물을 늘렸(貨殖)으니, 대개 전에는 가
난했고 뒤에는 부유했지만, 일찍이 스스로 지키는 데 힘쓴 자이다. 그런 까닭
에 이런 질문을 했다. 공자께서 이와 같이 답하신 것은 대개 자공이 이미 능
한 것을 허여하시면서도 아직 이르지 못한 것에 노력하게 하신 것이다.

■ 詩는 衛風淇奧之篇이라 言治骨角者는 旣切之而復磋之하고 治玉石者는
旣琢之而復磨之하니 治之已精而益求其精也라 子貢이 自以無諂無驕爲至矣
러니 聞夫子之言하고 又知義理之無窮하여 雖有得焉이나 而未可遽自足也라
故로 引是詩以明之하니라

『시詩』는 「위풍衛風, 기욱淇奧」편이다. 뼈와 뿔(骨角)을 가공하는 자는 이미 자
르면 다시 다듬고, 옥과 돌을 다듬는 자는 이미 쪼았으면 다시 가니, 가공한
것이 이미 정밀하지만 더욱 정밀하기를 구한다는 말이다. 자공은 스스로 아
첨함이 없고 교만함이 없음이 지극하다고 여겼지만, 공자의 말씀을 듣고는
또한 의리義理가 무궁하다는 것을 알게 되었다. 비록 터득한 것이 있었지만
성급하게 스스로 만족할 수는 없었다. 그런 까닭에 이 시를 인용하여 밝힌
것이다.

■往者는 其所已言者요 來者는 其所未言者라

왕往이란 공자께서 이미 말한 것이고 래來란 공자께서 아직 말하지 않은 것이다.

■愚按 此章問答은 其淺深高下 固不待辯說而明矣라 然이나 不切則磋無所施요 不琢則磨無所措라 故로 學者雖不可安於小成而不求造道之極致나 亦不可騖於虛遠而不察切己之實病也니라

어리석은 내가 살핀다. 이 장의 문답에서 그 얕고 깊음과 높고 낮음은 굳이 변설하지 않는다 하더라도 명백하다. 그러나 자르지 않으면 다듬기를 펼 곳이 없고, 쪼지 않으면 가는 일을 조치할 곳이 없다. 그러므로 배우는 자는 비록 조그만 성취에 안주하지 않고 도의 극치에 나아가기를 구하지 않아도 안 되지만, 또한 헛되고 먼 것에만 힘쓰면서 자신의 절실한 실제적인 병통을 살피지 않는 것도 안 된다.

고금주 ── ■補曰 可也, 許之而未深然之辭也. 切, 割也, 琢, 斲也, 此麤治之工也. 磋磨, 所以爲滑, 其工精也. 無諂無驕, 去惡也, 其工麤. 樂與好禮, 爲善也, 其工精.

보완하여 말한다. 가야可也는 허락하였지만, 아직 깊게 그렇지는 않다는 말이다. 절切은 나누는 것(割)이고, 탁琢은 깎는 것(斲)이니, 이는 거칠게 가공하는 것이다. 차磋와 마磨는 매끄럽게 하는 것이니, 그 가공이 정밀하다. 아첨함이 없음과 교만함이 없음은 악을 제거한 상태이니, 그 가공이 거칠다. 즐거워하는 것과 예를 좋아함은 선을 행하는 것이니, 그 가공이 정밀하다.

■邢曰: "骨曰切, 象曰磋, 玉曰琢, 石曰磨." ○駁曰 非也. 此本『爾雅‧釋器』文. 然骨不能無磋, 象不能無切. 玉不磨, 雖琢無用, 石不琢, 欲磨不得. 『爾雅』一物一名, 本是謬義. 精麤之義, 始發於朱子, 其見度越千古. 若非精麤之喩, 則此經問答, 泊然無味, 終不可解.

형병이 말했다. "동물의 **뼈**는 자른다(切)고 하고, 상아는 간다(磋)고 하며, 옥은 쫀다(琢)고 하며, 돌은 간다(磨)라 한다." ○논박하여 말하면, 형병의 해석은 그릇되었다. 이것은 본래 『이아爾雅』「석기釋器」의 글이다. 그러나 **뼈**도 갈지 않을 수 없고, 상아도 자르지 않을 수 없다. 옥은 갈지 않으면 비록 쪼았다 하더라도 쓸 수 없고, 돌은 쪼아내지 않으면 갈려고 해도 할 수 없다. 『이아』에서 한 물질에 하나의 명칭을 붙인 것은 본래 그 뜻이 잘못되었다. 정밀함과 거칢(精麤)으로 그 뜻을 설명한 것은 주자에서 처음 나왔는데, 그것은 천고의 탁월한 견해이다. 만약 정밀한 것과 거친 것의 비유가 아니라면, 이 경문의 문답은 싱거워서 아무런 의미가 없을 뿐만 아니라, 마침내는 해석할 수가 없을 것이다.

■孔曰: "往, 告之以貧而樂道. 來, 答之以切磋琢磨." ○駁曰 非也. 往, 如已過之境. 來, 謂未然之事. 往, 已著者也. 來, 未顯者也. 貧樂富禮, 有跡可見, 道學精麤, 其理至微, 聞此知彼, 非敏不能. 此之謂告往而知來也.

공안국이 말했다. "왕往은 빈이락도貧而樂道로써 말해준 것이고, 래來는 절차탁마切磋琢磨로써 대답한 것이다." ○논박하여 말하면, 그릇되었다. 왕往은 이미 지나간 경우와 같은 것이고, 래來는 아직 드러나지 않은 것이다. 빈이락貧而樂과 부이호례富而好禮에서 빈·락·부·예는 자취가 있어 볼 수 있지만, 도학의 정밀함과 거칢(精麤)은 그 이치가 지극이 미묘하여 전자를 듣고도 후자를 아는 것은 민첩하지 않고는 불가능하다. 이를 일러 지나간 것을 일러주니, 올 것을 안다고 하였다.

■考異 案『集解』再引孔註, 皆云貧而樂道, 古本疑有此字. 然只一樂字有深味. 다름을 살핀다. (하안의)『논어집해』에 다시 공안국의 주를 인용하여 모두 빈이락도貧而樂道라 하였으니, 고본에 이 '도' 자가 있었던 듯하다. 그러나 여기에는 낙樂 자에 깊은 의미가 있다.

비평 —— 고주의 공안국과 형병의 소는 다음과 같이 해석되어 있다.

> 이 시詩는 「위풍衛風, 기욱淇奧」편인데, 위衛나라 무공武公의 덕을 찬미한 것이다. '뼈(骨)를 다스리는 것을 절切이라 하고, 상아(象)를 다스리는 것을 차嗟라 하고, 옥玉을 다스리는 것을 탁琢이라 하고, 돌(石)을 다스리는 것을 마磨라 하는데, 그 학문이 이루어졌음을 말한 것이다. 신하들의 규간規諫을 듣고 스스로 수양한 것이 마치 옥과 돌이 쪼아지고 갈아진 것과 같다고 한 말이다. 자공이 (이 시를 인용하여) "가난하면서도 도를 즐거워하고, 부유하면서도 예를 좋아하면 능히 절차탁마切磋琢磨한다고 말할 수 있습니까?"라고 말한 것이다. 자공이 시를 인용하여 공자의 뜻을 찬성할 줄 알았으니, 비슷한 것을 취하여 비유를 잘하였다. 그러므로 그의 이름을 부르시어 이렇게 말씀하신 것이다.

이렇게 고주에서는 절차탁마를 각각 뼈(骨)·상아(象)·옥玉·돌(石)을 다스리는 것에 배당하면서, 이는 무공이 신하들의 규간을 듣고 학문이 이루어졌음을 말한다고 해석하였다. 그래서 뒤의 지난 것(往)과 올 것(來)을 각각 '빈이낙도 부이호례'와 '절차탁마'를 가리킨다고 해석한 것이다.

그런데 주자는 "절차切磋는 뼈와 뿔(骨角)을 가공할 때에 이미 자르면 다시 다듬고, 탁마琢磨는 옥과 돌을 다듬을 때 이미 쪼았으면 다시 가는 것"이라고 말하면서, "가공한 것이 이미 정밀하지만 더욱 정밀하기를 구한다는 말이다."라고 해석하여, 절차탁마切磋琢磨를 학문의 진보 과정으로 해석하였다. 그래서 여기서 "지난 것(往)이란 공자께서 이미 말한 것이고, 올 것(來)이란 공자께서 아직 말하지 않은 것이다."라고 해석하였다.

이렇게 절차탁마를 학문의 완성을 말한 것이냐(道其學而成也), 아니면 더 정밀한 데에로 나아가는 학문의 진보 과정으로 보느냐 하는 것이 이 구절에 대한 고주와 주자의 차이점이다. 다산은 절차탁마를 학문의 진보 과정으로 본

주자의 해석이 탁월한 견해라고 말하여, 주자의 해석이 옳다고 말했다.

⟨⟨⟩⟩

1:16. 子曰: "不患人之不己知, 患不知人也."

고주 —— 공자께서 말씀하셨다. "(무릇 사람의 마음은 남을 알아보는 데는 소홀하면서 남이 자기를 알아주지 않는 것은 걱정하지만) (나는 그렇게 하지 않고) 남이 나를 알아주지 않는 것을 걱정하지 않고, (내가) 남을 알지 못하는 것을 걱정한다."

주자 —— 공자께서 말씀하셨다. "(군자는 자기에게 있는 것을 구하니) 남이 자기를 알아주지 않음을 걱정하지 말고, 남을 알지 못하는 것을 걱정하라."

다산 —— 공자께서 말씀하셨다. "(무릇 사람의 마음은 남을 알아보는 데는 소홀하면서, 남이 자기를 알아주지 않는 것은 걱정하지만) 남이 나를 알아주지 않는 것을 걱정하지 않고, 남의 현명함을 알지 못하는 것을 걱정한다."

집주 —— ■尹氏曰 君子는 求在我者라 故로 不患人之不己知요 不知人이면 則是非邪正을 或不能辨이라 故로 以爲患也니라
윤돈이 말했다. "군자는 나에게 있는 것을 구한다. 그러므로 남이 자기를 알

자원풀이 ■환患은 心+ 串(꼬치 천)으로 꼬챙이(串)가 심장을 찌르는 것과 같은 아픔이나 고통을 말하며, 이로부터 걱정거리, 병, 재앙 등의 의미가 나왔다. 무릇 사람의 마음은 남을 알아보는 데에는 소홀하면서 남이 자기를 알아주지 않는 것은 걱정한다.

아주지 않는 것을 걱정하지 않는다. 남을 알지 못하면 옳고 그름과 사악하고 바름을 혹 분별할 수 없기 때문에 걱정거리로 삼는다."

고금주 —— ■ 邢曰: "凡人之情, 多輕易於知人." ○補曰 患不知人之賢也.
형병이 말했다. "무릇 사람의 실정이란 남을 아는 데에 소홀한 경우가 많다." ○보완하여 말한다. 남의 현명함을 알지 못하는 것을 근심한다.
■ 王肅曰: "但患己之無能知."[此注見皇本]
왕숙이 말했다. "단지 자기가 잘 알지 못함을 근심한다."(이 주석은 황간의 본에 보인다.)

비평 —— 특별한 쟁점은 없다. 다음의 언명은 이 구절의 의미를 아는 데 도움이 된다.

　　주자가 말했다. "『논어』에는 이러한 말이 세 번 나오는데, '남이 나를 알아주지 않음을 문제로 삼지 말고, 내가 능하지 못함을 문제 삼으라(「헌문」14:32).' '나를 알아주지 않음을 걱정하지 말고 알아줄 만하게 되기를 구하라(「이인」4:14).' 등이다. 성인의 말씀은 비록 비슷한 것 같지만 그 뜻은 모두 다르다. '능하지 못함을 문제 삼으라.'는 말은 내가 도에 능하지 못한 바가 있음을 문제 삼으라는 말이다. '알아줄 만하게 되기를 구하라.'는 말은 마땅히 스스로 알아줄 만한 실질을 얻은 연후에는 남들이 저절로 알아준다는 말이다. 비록 그렇기는 하지만 또한 눈에 띄는 행동을 해서 남이 꼭 알아주기를 다투라는 것은 아니다." (『논어집주대전』)

제2편

위정
爲政

凡二十四章이라
모두 24장이다.

2:1. 子曰: "爲政以德, 譬如北辰, 居其所, 而衆星共之."

고주 —— 공자께서 말씀하셨다. "정치를 함에 (무위의) 덕(만물이 얻어서 태어난 것:物得以生)으로 하는 것(순후한 덕을 버리지 않고 청정무위하는 것)은, 비유하면 북신이 제자리에 (이동하지 않고) 있으면 뭇별들이 함께 높이는 것(共尊)과 같다."

주자 —— 공자께서 말씀하셨다. "정치(政=正)를 덕(도를 행함에 마음에 터득되는 것:行道而有得於心也)으로 하는 것은, 비유하면 북극성이 마땅히 있어야 할 곳에 (움직이지 않고) 있으면 (무위하지만) 뭇별들이 북극성을 (중심으로) 귀향하여 (共=向) 따라 선회하는 것과 같다."

다산 —— 공자께서 말씀하셨다. "정치(호령을 내고 백관을 바르게 하여 만백성을 바르게 하는 것)를 덕으로 하는 것(곧은 마음:德=直心으로 위정자가 먼저 효제하여 천하 사람들이 인을 하도록 이끄는 것)은, 비유하면 북극성이 제자리에 있으면서 (天樞를) 선회하면 여러 별들이 그와 같이(共=同) 선회하는 것과 같다."

자원풀이 ■德덕은 彳(조금걸을 척)이 의미부, 直(곧을 직)이 소리부인 형성자이다. 길을 갈(彳) 때 곁눈질하지 않고 똑바로(直) 본다는 의미를 그렸는데, 이후 마음(心)이 더해져 지금의 자형이 되었다. 그래서 똑바른(直) 마음(心)이라는 도덕성을 강조하게 되었고, 도덕의 지향점이 덕德임을 말한다. 덕悳이라고도 쓴다.
■比譬는 言(말씀 언)+辟(임금 벽)의 형성자로 어떤 현상이나 사물을 다른 말(言)로 빗대어 설명(譬喩)하는 것이다.
■신辰은 乙(새 을)+匕(숟가락 비)+二(두 이)+厂(벼랑 한)의 형성(회의)자로 지금껏 자라지 못하던(乙) 초목이 음력 3월이 되면 양기가 돌아(匕) 자라고, 또 방성房星이 하늘(二)에 나타난다는 뜻으로 만든 글자이다. 별, 해와 달과 별의 총칭, 때, 새벽, 아름답고 착하다, 임금, 십이지의 총칭 혹은 십이지의 다섯 번째로 방위로는 동남동이고 시간으로는 오전 7-9시이고 달로는 음력 3월이고 동물로는 용龍을 상징한다.
■衆중은 血(피 혈)+노예(人+人+人+日: 뙤약볕 아래서 무리지어 힘든 노동을 하는 노예)의 회의자로, 피땀 흘려 힘든 노동

집주 ── ■政之爲言은 正也니 所以正人之不正也요 德之爲言은 得也니 行道而有得於心也라 北辰은 北極이니 天之樞也라 居其所는 不動也라 共은 向也니 言衆星四面旋繞而歸向之也라 爲政以德이면 則無爲而天下歸之리니 其象이 如此하니라

'정政'이란 말은 바로잡음(正)이니, 사람의 바르지 못함을 바로잡는 것이다. '덕德'이란 얻는다(得)는 말이니, 도道를 행하여 마음에 얻음이 있다는 뜻이다. '북신北辰'은 북극이니 하늘의 축이다. 마땅히 있어야 할 장소에 있다(居其所)는 것은 움직이지 않는 것(不動)이다. 공共은 향함(向)이니, 뭇별들이 사방에서 둘러싸서 돌되 그곳을 중심으로 귀향歸向한다는 말이다. 정치를 덕으로 하면 무위無爲하지만 천하가 그에게 귀속하니, 그 형상이 이와 같다.

■程子曰 爲政以德然後에 無爲니라

정자가 말했다. "정치를 덕으로 한 연후에야 무위無爲할 수 있다."

■范氏曰 爲政以德이면 則不動而化하고 不言而信하고 無爲而成하여 所守者至簡而能御煩하고 所處者至靜而能制動하고 所務者至寡而能服衆이니라

범씨가 말했다. "정치를 덕으로 하면 움직이지 않아도 변화하고, 말하지 않아도 믿고, 무위하여도 이루어진다. 지키는 것이 지극히 간략하면서도 능히 번다함을 제어할 수 있고, 처하는 것이 지극히 고요하면서도 능히 움직임을 제어할 수 있고, 힘쓰는 것이 지극히 적어도 능히 많은 사람을 복종시킬 수 있다."

고금주 ── ■補曰 政者, 正也, 發號施令, 正百官以正萬民者也. ○補曰 德者,

을 하는 사람을 뜻한다. 이후 '대중大衆'처럼 많은 사람을 뜻한다.
■성星은 日(날 일)+生(날 생)의 형성자로 원래 별(晶·밝을 정)을 그렸으나, 이후 생生이 더해지고 정晶은 일日로 줄어 지금의 자형이 되었다. 별이 원뜻이고, 별처럼 많으면서 분산된 것의 비유로 쓰인다.
■공共은 口(입 구)+廾(두 손으로 받들 공)의 형성자. 어떤 물체(口)를 두 손으로(廾) 받쳐 든 모습을 그렸다. 공동共同, 합계, 모두의 뜻으로 쓰인다.

直心也, [字義然] 身先孝弟, 率天下以仁者也. 子曰: "道之以德, 有恥且格." ○補
曰 北辰即北極, 天之樞也. 以無星點, 故謂之辰也. 南極亦天樞, 不言南極者, 夫
子生於中國, 北極出地, 南極所不見也. 居其所, 謂北極一點, 正當子午線, 眞南
北之位也. ○補曰 共者, 同也. 北辰居正, 斡旋天樞, 而衆星隨轉, 與北辰同運,
故曰共之也. [《王制》云: "與衆共之."] ○補曰 政者, 上之所以正民. 正己而後物正,
隨敎化而同轉, [民遷善] 故以北辰喩之.

보완하여 말한다. 정政이란 바르게 하는 것(正)이다. 호령號令을 내고 시행하
여 백관을 바르게 함으로써 만백성을 바르게 하는 것이다. ○보완하여 말한
다. 덕德이란 바른 마음(直心)이니(글자의 뜻이 그렇다), 자신이 먼저 효제孝弟
함으로써 천하 사람들이 인仁을 하도록 이끄는 것이다. 공자께서 말씀하셨
다. "이끌기를 덕으로 하면, 부끄러워함도 있고 또한 감화된다." ○보완하여
말한다. 북신北辰은 북극北極이니, 하늘의 추樞이다. 성점星點이 없기 때문에
신辰이라 한다. 거기소居其所는 북극의 한 점이 바로 자오선子午線에 해당됨
을 말한 것이니, 그 실상은 남극과 북극의 자리이다. ○보완하여 말한다. 공
共이란 동同이니, 북신北辰이 제자리에 있으면서 천추天樞를 선회하면 뭇별
들이 북신을 따라 회전하여 북신과 같이 운행하므로 '공지共之'라고 했다.(『예
기』「왕제」에 '뭇사람과 더불어 이것을 함께한다.'고 했다.) ○보완하여 말한다. 정政
이란 윗사람이 백성을 바로잡는 것이다. 자기를 바르게 한 이후에 남이 바르
게 되는 것이니, 교화에 따라서 같이 전회하므로(백성이 선으로 옮겨간다), 북신
으로 비유했다.

■包曰: "德者無爲, 猶北辰之不移, 而衆星共之." ○邢曰: "衆星共尊之." ○駁
曰 非也. 淸淨無爲, 即漢儒黃・老之學, 晉代淸虛之談, 亂天下壞萬物, 異端邪
術之尤甚者也. 文帝用此道, 釀成七國之亂. 惠帝崇此術, 召致五胡之禍. 曾謂吾
家大聖, 亦以無爲爲法乎? 夫無爲則無政. 夫子明云爲政, 儒者乃云無爲, 可乎,
不可乎? 孔子曰: "無爲而治者, 其舜也與! 夫何爲哉? 恭己正南面而已矣." [《衛

靈公〉] 此謂‘舜得二十二人, 各授以職, 天下以治, 當此之時, 惟當恭己南面’. 所
以極言人國之不可不得人, 而贊歎歆羨之意, 溢於辭表, 其言抑揚頓挫, 令人鼓
舞. 後之儒者, 誤讀此文, 遂謂‘堯・舜之治, 主於無爲’. 於是以賈誼爲喜事, 以
汲黯爲知道, 以魏相・丙吉爲大臣, 而庸陋蔑劣之徒, 尸位竊祿, 務持大體, 以
文其短, 使萬機百度腐爛頹墮, 莫之振起, 皆此毒中之也. 嗚呼! 豈不悲哉? 余觀
奮發事功, 莫如堯・舜. 聖人設喩, 無不親切, 若云端拱無爲, 譬如北辰, 則猶之
可也. 今爲政以德, 明明有爲, 安得以泰一之常居不動, 取之爲譬乎? 總之, 政
也者, 正也. 聖人所操約, 故重言複言, 總只一貫, 究其歸趣, 無不泇合. 居其所
者, 正子午之線也. 北極正子午之線, 斡旋天樞, 而滿天諸星, 與之同轉, 無一星
之敢逆, 無一星之或後, 此所謂衆星共之也. 人君居正, 爲政以德, 而百官・萬
民, 罔不率從與之同和, 正與北辰・衆星之事, 如合符契, 取譬之意, 顧不在是
乎? 環拱, 何謂也?

포함이 말했다. 덕이란 무위無爲이니, 마치 북신이 옮기지 않는데도 뭇별들이
함께하는 것과 같다. ○형병이 말했다. 뭇별들이 함께 북신을 높인다는 것이
다. ○논박하여 말하면, 그릇되었다. 청정무위淸淨無爲는 곧 한유들의 황로학
이며, 진대晉代의 청허담淸虛談인데, 천하를 어지럽히고 만물을 파괴하는 것
으로서 이단사술異端邪術 중에서도 더욱 심한 것이다. 어찌 일찍이 우리 유가
의 대성大聖께서 무위로써 법을 삼았다고 할 수 있겠는가? 대저 무위란 정치
를 하지 않는 것이다. 공자는 분명히 위정爲政이라고 말하였는데, 유자들이
무위라고 말하면 되겠는가, 안 되겠는가? 공자께서는 "무위로 다스린 이는 아
마도 순임금일 것이다. 대저 무슨 일을 했겠는가? 공손한 용모로 단정히 하
여 있어야 할 곳에 앉아 있었을 따름이다."(15:4)라고 하셨으니, 이 말은 순임
금이 22인의 어진 신하를 얻어 그들에게 각각 알맞은 직책을 맡겨 천하가 이
로써 잘 다스려졌기에 이때를 당해서는 오직 용모를 단정히 하여 남면하여
앉아 있는 것이 마땅하였음을 이른 것이다. 그러므로 나라에서 인재를 얻지

않을 수 없음을 극진히 말하면서 찬탄하고 흠선하는 뜻이 말 밖으로 넘쳐흐르고, 그 말의 억양과 강유가 사람으로 하여금 고무되게 하였다. 후세의 유자들이 이 글을 잘못 읽어 드디어 '요순의 정치는 무위를 주로 하였다.'고 하였다. 내가 보건대, 사공事功에 분발한 이로는 요순만한 이가 없다.

　성인이 비유를 설정할 때 친절하지 않음이 없는데, 만약 '단정히 팔짱을 낀 채 아무 하는 일 없는 것이 비유하자면 북신과 같다.'라고 말한다면, 그래도 봐줄 수 있다. 하지만 여기서 '위정이덕爲政以德'이라 한 것은 유위有爲인 것이 분명하고도 또 분명한데, 어찌 태일성泰一星이 항상 일정하게 자리 잡고 있으면서 움직이지 않는다는 것을 취해 와서 비유할 수 있겠는가? 이를 총괄하면, 정政이란 바르게 하는 것이다. 성인의 주장은 요약되어 있으므로 거듭해서 말한 것이 모두 일관되어 있어, 그 귀착되는 뜻(歸趣)을 궁구하면 일치하지 않음이 없다.

　거기소居其所란 자오선에 해당하며, 북극은 바로 자오선에 있어 천추를 선회하는데, 하늘에 가득 찬 뭇별들이 그와 함께 회전하면서 어느 한 별도 감히 거스름이 없고, 어느 한 별도 혹 뒤처지는 일이 없으니, 이를 두고 '중성공지衆星共之'라고 하는 것이다. 임금이 바르게 처신하여 덕으로써 정사를 하면, 백관과 만민이 누구 하나 따르지 않는 이가 없이 임금과 동화되는 것이 바로 북신, 중성들의 일과 부합하니, 비유를 취한 의미는 다만 여기에 있지 않겠는가? 에워싸서 향하고 있다(環拱)는 것이 무슨 말인가?

비평 —— 유교가 주창하는 정치이념으로서 덕치德治란 인간을 '인간 본성의 덕'으로 다스리는 정치라고 정의할 수 있다. 덕이란 자연적으로 얻어 지니고 태어난 것(德得也)을 말한다. 유교에서는 물이 차갑고, 불이 뜨거운 기운을 지니고 생겨났듯이, 인간이 인의예지(仁義禮智)의 본성을 지니고 태어났다고 말한다. 따라서 여기서 덕으로 정치를 한다는 것은 위정자가 인간의 본성인

인의예지로써 정치하는 것을 말한다. 덕치는 또한 인정(仁政)이라고 하는데, 인이 네 가지 덕을 대표하기 때문이다.

즉 덕치란 먼저 인간 본성의 덕을 자각한 성왕이 솔선수범으로 자신의 본성을 남김없이 실현함으로써 아직 인간 본성의 덕을 자각하지 못한 일반 백성들이 그 본성의 덕을 자각하여 자립적-자발적으로 인간다운 삶을 영위하도록 교화(敎化)하는 것을 목적으로 한다. 요컨대 모든 인간은 천명으로 본성의 덕을 지니고 태어났으며(天命之謂性), 그 본성의 덕을 자각했을 때 비로소 진정한 인간, 즉 군자가 될 수 있는 근거를 확보한다. 사람됨의 근거를 알고 그 근거에 부합하는 길을 갈 때(率性之謂道) 명실이 상부한 인간이 된다(正名). 그리고 이 사람됨의 근거에 부합하는 길을 가도록 가르쳐주는(修道之謂教) 수단이 바로 성인이 만든 예악형정(禮樂刑政)이라고 할 수 있다. 그리고 예악형정이 올바로 시행될 때 비로소 왕도(王道)가 완비되고 치도(治道)가 형성되어, 모든 인간들은 인간다운 문화적 삶을 영위할 수 있다.

이 구절은 공자가 덕치(德治)를 비유적으로 나타낸 구절이다. 이에 대한 주자의 언명을 보완하면 다음과 같다.

신안 진씨가 말했다. "첫머리에서 '정政' 자를 '정正' 자로 풀이한 것은, 공자께서 '정치(政)란 바로 잡는 것이다(正)는 뜻입니다. 그대가 올바름으로 이끌면 누가 감히 올바르지 않겠습니까?'(안연12:17)라고 말씀하신 뜻에 근거한다. 대개 정치의 이치로 말한 것이다. 3장의 『집주』에서 정치는 법제와 금령(法制禁令)을 말한다고 한 경우는 정치의 실제적인 일을 가리켜 말한 것이다. 주자는 '덕德' 자를 훈석함에 대개 『예기』를 모방하여 '덕이란 얻는 것이다(德 得也). 예악을 모두 얻으면 그것을 일러 덕이 있다고 한다(禮樂皆得 謂之有德).'고 했는데, 처음에는 몸에 얻는 것이라 하고 후에는 고쳐서 마음에 얻은 것이라고 했다. 무릇 '도道' 자는 넓고 커서 천하가 함께 말미암는 것이다(天下所共有). '덕' 자는 절실하여 나의 마음이 홀로 얻는 것이다. 도를 행한다는 것은 그것을 몸으로 행한다는 것이니, 덕이라고 말하기는 부족하다. 반드시 마음에 얻는 것이 있어야 하니, 몸소 행하는 자가 마음으로 얻어서 마음과 이치가 하나가 되면(心與理爲一) 비로소 그것을 덕이라고 할 수 있다."

주자가 말했다. "'덕德' 자는 '심心' 자를 따르니, 덕이란 마음에 얻은 것이기 때문이다. 정치를 덕으로써 한다는 것은 덕을 가지고 정치를 하는 것이 아니라, 스스로 이 덕이 있으면 사람들이 저절로 돌아와 우러른다는 것이니, 곧 여러 별이 북신을 향하는 것과 같다. 북신은 하늘의 회전축이니 곧 하늘 중심의 움직이지 않는 축이다. 하늘은 움직이지만, 축은 움직이지 않는다. 덕과 정치는 두 가지 일이 아니다. 다만 덕으로써 근본을 삼으면 백성이 돌아오게 할 수 있다. 정치를 덕으로 한다는 것은 형벌刑罰과 호령號令을 사용하지 않는다는 말이 아니라, 다만 덕으로써 앞장선다는 것일 뿐이다.

(無爲란) 흙덩이처럼 전혀 작위作爲함이 없다는 것이 아니라, 다만 일을 만들어(生事) 백성을 어지럽히지 않는다는 말이다. 덕을 자신에게서 닦으니 남이 스스로 감화되어 작위作爲하지 않아도 천하가 저절로 그에게 귀속하니, 유위有爲의 자취가 보이지 않을 뿐이다. (어떤 사람이) 물었다. 이것이 덕으로써 정치를 하는 것입니까? (주자가) 답했다. 덕으로써 정치를 해 나가려 한다는 뜻이 아니다. 반드시 '이以' 자에 구애될 필요는 없다. 다만, 정치를 함에 덕이 있다(爲政有德)는 말과 유사하다. 정치를 덕으로써 하면 사람들이 저절로 감화된다. 그러나 감화는 정사에 있지 않고, 오히려 덕에 있다. 대개 정치라는 것은 사람의 바르지 못함을 바로잡는 것이니, 어찌 하는 일이 없겠는가? 단지 사람이 돌아오게 되는 까닭은 곧 그 덕 때문일 따름이다. 그러므로 작위作爲를 기다리지 않아도 천하가 그에게 귀속하는 것은 마치 뭇별들이 북극을 향하는 것과 같은 것이다."(『논어집주대전』)

그리고 북극성이 마땅히 있어야 할 곳에 있다는 것은 위정자가 인의예지의 본성에 따라 인간의 자기실현을 하면서 모범을 보이는 것을 말한다. 뭇별들이 북극성을 향하여 회향하는 것은 백성들이 위정자를 모범으로 하여, 타고난 인간의 본성에 따라 자기완성된 삶을 영위하는 것을 말한다.

　정政이란 무엇인가(正也)에 대해서는 의견이 일치된다.

　덕德을 고주는 '만물이 얻어 지니고 태어난 것(物得以生謂之德)', 주자는 '얻음(得)으로, 도를 행함에 마음에 터득되는 것(行道而得於心也)'이라 했다. 다산은 '덕이란 곧은 마음(德=直心)으로 위정자가 먼저 효제하여 천하 사람들이 인을 하도록 이끄는 것'이라 했다.

　다산은 후학들이 이 구절을 잘못 해석하여 유가의 덕치를 문자 그대로 아무것도 하지 않는 '무위無爲'로 오해하는 것을 염려하였다. 그래서 북극성은 제자리에 가만히 있는 것이 아니라, 천추를 향해 뭇별들과 함께(共=同) 선회한다고 주장한다. 덕치와 무위지치의 관계는 많은 논의를 필요로 한다. 별도의 장을 구성하여 논의하기로 한다. 3권의 경과 덕치에 관해 상론한 장을 참조하기 바란다.

2:2. 子曰: "詩三百, 一言以蔽之, 曰思無邪."

고주 —— 공자께서 말씀하셨다. "시는 삼백 편이나 되지만, 한 구절로 당(當)한다면, 생각에 사특함이 없는 것이다."

주자 —— 공자께서 말씀하셨다. "시 삼백 편을 한마디 말로 포괄(蓋)하면, 생각에 사특함이 없는 것이다."

다산 —— 공자께서 말씀하셨다. "시 삼백 편을 한마디 말로 단정(斷)하면, 생각에 사특함이 없는 것이다."

집주 —— ■詩는 三百十一篇이니 言三百者는 擧大數也라 蔽는 猶蓋也라 思無邪는 魯頌駉篇之辭라 凡詩之言이 善者는 可以感發人之善心하고 惡者는 可以懲創人之逸志하니 其用은 歸於使人得其情性之正而已라 然이나 其言微婉하고 且或各因一事而發하여 求其直指全體하면 則未有若此之明且盡者라 故로 夫子言 詩三百篇을 而惟此一言이 足以盡蓋其義라 하시니 其示人之意亦深切矣로다

『시경』은 311편이니, 3백 편이라 말한 것은 큰 수만 거론한 것이다. 폐蔽는 덮는다(蓋)와 같다. '생각에 사특함이 없다(思無邪)'는 「노송魯頌 경편駉篇」의 말이다. 무릇 『시경』의 말이 선한 것은 사람의 선한 마음을 감발感發할 수 있고, 악한 것은 사람의 음일淫逸한 뜻을 징창懲創할 수 있다. 시의 쓰임은 사람들에게 본성과 감정의 올바름을 얻게 하는 것으로 귀결될 따름이다. 그러나 시의 말은 은미·완곡하며, 또한 혹 각각의 시는 하나의 일에 기인하여 발현된 것이어서, 그 전체를 직접 가리키는 것을 구한다면 이처럼 분명하고 완전한 것은 없다. 그러므로 공자께서는 시 3백 편은 오로지 이 한마디 말이 충분히 그 뜻을 전부 개괄할 수 있다고 말씀하셨으니, 사람들에게 보여주신 뜻이 또한 깊고 간절하다.

자원풀이 ■시詩는 言(말씀 언)+寺(절 사)의 형성자로 말(言)을 담아 가공하고 손질한 것(寺)이란 의미이다.
■경經은 糸(실 사)+巠(지하수 경)의 형성자로 날씨, 즉 베틀(巠)의 세로 선을 말한다. 날실은 베틀을 짤 때 가장 중요하며, 날실의 분포가 베의 길이와 넓이와 조밀도를 결정한다. 여기서 일의 가장 중요한 부분, 변하지 않는 것, 그리고 베를 짜듯 사람을 관리하고 운영하는 것을 말한다.
■폐蔽는 艸(풀 초)+敝(해질 폐)의 형성자로, 풀(艸)로 덮어 감추는 것을 말한다. 덥다, 가리다, 은폐隱蔽하다, 비호하다, 폐단 등의 뜻이다.
■사邪는 邑(阝:고을 읍)+牙(어금니 아)의 형성자로, 산동성에 있는 낭야군琅邪郡을 야琊로 쓰기도 하다가 간사奸邪하다, 부정하다, 사악邪惡하다로 가차되었다.

■ 程子曰 思無邪者는 誠也니라

정자가 말했다. "생각에 사특함이 없는 것은 성실함(誠)이다."

■ 范氏曰 學者는 必務知要니 知要則能守約이요 守約則足以盡博矣라 經禮
三百과 曲禮三千을 亦可以一言以蔽之하니 曰 毋不敬이니라

범조우가 말했다. "배우는 자는 반드시 요체를 아는 데 힘써야 한다. 요체를
알면 지키는 것이 간략하고, 지키는 것이 간략하면 족히 넓은 것을 포괄할 수
있다. 경례經禮 3백과 곡례曲禮 3천을 또한 한마디 말로 포괄하여 '경건하지
않음이 없음(无不敬)'이라 하겠다."

고금주 —— ■補曰 詩三百十一篇, 其六笙詩也, 其五商頌也. 笙詩本亡, 商頌前
代之詩, 故不在數, 詩惟三百篇也. [星湖先生云] ○ 韓愈曰: "蔽, 猶斷也." [見『筆解』]
○ 邢曰: "思無邪, 〈魯頌・駉〉篇文." ○ 補曰 詩三百, 皆賢人所作, 其志正, 故
曰 '思無邪'一句, 可以斷之也.

보완하여 말한다. 『시』는 삼백십일 편인데, 그 여섯 편은 생시笙詩이고, 그 다
섯 편은 상송商頌이다. 생시笙詩는 본래 망실되었고, 상송은 전대前代의 시이
기 때문에 편수에 포함되어 있지 않았으니 『시』는 오직 3백 편이다(성호 선생
이 말했다). ○ 한유가 말했다. "폐蔽는 단정하다(斷)와 같다고 하였다."(『논어필
해』) ○ 형병이 말했다. "사무사思無邪는 「노송・경편」의 글이다." ○ 보완하여
말한다. 시 삼백 편은 모두 현인이 지은 것으로 그 뜻이 바르기 때문에, '생각
에 사특함이 없다(思無邪)'는 한 구절로 단정(斷)할 수 있다.

■ 包曰: "蔽, 猶當也." ○ 鄭曰: "蔽, 塞也." [見『釋文』] ○ 駁曰 非也. 『左傳』哀十八
年, 引〈夏書〉曰: "官占惟能蔽志, 昆命于元龜." 杜注云: "蔽, 斷也." [梅賾亦從之]
韓文公蓋據是也.

포함이 말했다. "폐蔽는 당當(당하다, 대적하다, 해당하다)과 같다." ○ 정현이 말
했다. "폐蔽는 색塞(덮어씌우다)이다."(『석문』) ○ 논박하여 말하면, 그릇되었다.

『좌전』 애공18년조에 『서경』「하서夏書」를 인용하여 말했다. "복관의 점은 오직 뜻을 단정(蔽)할 수 있고서야 점칠 거북을 향해 명령을 내린다." 두예의 주에서 말했다. "폐蔽는 단정(斷, 결단)이다."(매색도 이에 따랐다.) 한유는 대개 이에 의거했다.

■ 包曰: "歸於正."[邢云:"詩之爲體, 論功頌德, 止僻防邪, 大抵皆歸於正."] ○駁曰 非也. 思無邪者, 謂作詩之人, 其心志所發, 無邪僻也. 若以其歸趣功用, 謂之無邪, 則思一字不可訓也. 司馬遷謂'三百篇皆賢聖所作', 此有承之言也, 然故孔子刪而正之, 以爲聖經. 若作詩者原是淫邪之人, 何得其言名之曰聖經? 必不然矣.

포함이 말했다. "(思無邪는) 바른 데로 돌아가는 것이다."(형병이 말했다. "시란 것은 공을 논하고 덕을 칭송하며, 편벽함과 사특함을 방지하는 것이니, 대개 바른 데로 돌아가는 것이다.") ○논박하여 말하면, 그릇되었다. '사무사思無邪'는 시를 지은 사람의 그 심지心志의 발현이 사특함과 편벽됨이 없음을 말하는 것이다. 만약 공능과 효용에 귀착시키는 것으로 '사악함이 없음'을 말한다면, '사思'라는 한 글자는 풀이할 수 없다. 사마천은 시 3백편은 모두 현인과 성인이 지은 것이라고 말하였는데, 이는 근거가 있는 말이다. 그러므로 공자가 산정刪定하여 이것을 바르게 해서 성인의 경전(聖經)으로 삼았다. 만약 시를 지은 자가 원래 음사淫邪한 사람이었다면, 어떻게 그 말을 성인의 경전이라고 명명할 수 있었겠는가? 반드시 그렇지 않을 것이다.

비평 —— 삼경의 하나인 『시경詩經』은 305편(제목만 남아 있는 6편을 더하면 311편)으로 구성되어 있는데, 삼백 편이라고 말한 것은 대략적인 큰 수만을 든 것이다. 『시경』은 서주 초기(기원전10세기)부터 춘추 중기(기원전6세기)까지 민간이나 귀족들이 창작하였거나 궁중의 의식이나 제사에서 연주된 시를 모은 중국의 최초의 시가총집이다. 현재 전하는 305편의 시는 공자가 교화의 목적에 부합하도록 다듬은 것으로 3천여 수 가운데서 십분의 일을 추린 것이라고 한다. 각 시편의 작가는 확실하게 누구인지 알 수가 없고 계층도 각기 다르다. 시편의 제목은 시구 가운데 한 단어를 골라 붙였다. 『시경』은 유럽 최초의 대표적인 문학작품인 호머(Homeros)의 서사시 『일리아드(Iliad)』와 『오디세이(Odyssey)』보다도 약간 빠르다. 중국인에게 『시경』이 있었다면 유대인에게는 『시편(Psalmser)』이 있다. 『시편』 150편은 기원전 약 1,000년경부터 기원전 200년경까지 약 800년에 걸쳐서 쓰였다. 유대인이 그리스인의 영향을 받기 훨씬 전에 쓰인 것들이라서 순수한 유대인의 사상이 담겨 있다.

시詩(言+寺)는 민중(風:1-160) 및 귀족(雅:161-265)의 노래와 덕이 높은 이를 칭송(頌:266-305)한 글을 응축하여 노래로 만든 것이다. 그런데 시는 읊조리는 사이에 사람의 정서가 감발되고, 궁극적으로 인간 마음의 변혁을 초래한다. 그래서 공자는 『시경』 구절들은 인간의 성정性情을 바로 잡아 사악한 생각이 일어나지 않게 한다고 말했다. 또한 그는 시를 통해 인간의 감정을 조절함으로써 도덕실천의 기초를 형성하여 미풍양속을 고양한다고 생각하여, "시는 감흥을 불러일으키며, 볼 수 있게 하고, 어울리게 하고, 원망할 수 있게 하며, 가까이로는 부모를 섬길 수 있게 하고, 멀리로는 임금을 섬길 수 있게 한다(17:9. 子曰 …詩可以興 可以觀 可以群 可以怨 邇之事父 邇之事君)."고 했다. 나아가 공자는 시를 배움으로 타인과 소통할 수 있다고 생각하고, "사람으로서 시를 배우지 않으면, 마치 담장을 맞대고 서 있는 것과 같다(17:10. 子謂伯魚曰 女爲周南召南矣乎 人而物爲周南召南 其猶正牆面而立也與)."고 말했다. 이렇게 시를 배우는 것은 인간 인격 형성의 첫 단계로서 "배움의 초기에 선을 좋아하고, 악을 미워하는 마음을 흥기시켜, 스스로 그만두지 못하는 것을 여기에서 터득하게 된다(주자)."

고주에는 다음과 같이 주석하였다. "『정의』에서 말하길, 이 장은 정치를 하는 도는 사특함(邪)을 버리고 올바름(正)으로 되돌아하는 데에 있음을 말하였다. 시의 중요하고 합당한(要當) 한 구절을 들어서 말한 것이다. 폐는 당當

과 같으니, 시가 비록 300편이 되도록 많지만, 한 구를 들어서 그 이치를 모두 당當할 수 있다는 말이다. 사무사思無邪는 시의 한 구이니, 「노송 · 경편」이다. 시詩의 대요는 공을 논하고 덕을 찬송하여 사벽邪辟을 막아서 모두 정正으로 복귀하게 하는 것이다. 그러므로 이 한 구가 전체의 뜻을 덮을 수 있다고 말하였다." 이렇게 고주에서는 시를 정치와 연관하여 해석하였다.

그런데 주자와 다산은 '사특함이 없는 것(思無邪)'이 시를 지은 자에게 해당하는가(다산), 아니면 시를 읽는 자에게 나타나는 공효인가(주자)를 두고 다른 해석을 했다. 먼저 주자의 입장을 상세히 살피면 다음과 같다.

주자가 말했다. "정성情性은 사思(생각)에 연결되고, 정正(바름)은 사특함이 없음(無邪)에 연결된다. 어떤 사람이 물었다. 생각에 사특함이 없는 것(思无邪)은 시를 지은 사람의 정성의 바름(情性之正)에서 나오는 것 아닙니까? 주자가 말했다. 「관저」, 「녹명」, 「문왕」, 「대명」 등과 같은 시의 경우에는 진실로 정성의 바름이지만, 「상중」, 「진유」 등과 같은 시의 경우는 그것을 정성의 바름이라고 할 수 있겠는가? 다만 시를 읽는 자로 하여금 생각에 사특함이 없도록 하려는 것일 따름이다. 사마천은 옛 시(古詩) 삼천 편을 공자가 삼백 편으로 산정刪定했다고 말했지만, 살펴보면 다만 수많은 시를 채집하셨을 뿐 일찍이 공자께서 산정하여 버리신 적이 없고, 다만 간정刊定하셨을 따름이다. 성인께서 간정하심은 좋은 시는 곧 사람으로 하여금 음송하여 그 선한 마음을 흥발興發하게 하고, 좋지 않은 것은 곧 사람으로 하여금 부끄러워하는 마음을 일으키고자 하신 것이니, 모두 사람으로 하여금 생각에 사특함을 없애고자 하심이다."

쌍봉 요씨가 말했다. "제가諸家들은 모두 시를 지은 자가 '생각에 사특함이 없다'고 해석했는데, 오직 주자의 『집주』만이 시의 효과가 능히 배우는 자로 하여금 '생각에 사특함이 없게' 만든다고 했다. 공자께서는 사람들이 다만 시에 사특함과 올바름이 있음만을 알고 시의 효용은 알지 못할 것을 염려하시어 모두 사람으로 하여금 올바름으로 돌아가게 하고자 하신 것이다. 그러므로 그중에 이한 구절을 들어 사람들에게 보이신 것이다. 배우는 자가 이것을 알면, 곧 시를 읽는 뜻을 깨달을 수 있다."(『논어집주대전』)

주자와 다산의 이러한 논쟁은 시비의 대상의 아니라, 시를 보는 관점의 차이에서 나오는 것이라고 하겠다. 그런데 이 구절이 비록 시를 지은 자의 생각에 사특함이 없는 것을 말한 것이라고 할지라도, 시를 읽음으로써 초래되는 공효 또한 '생각에 사특함이 없도록 하는 것'이라고 말할 수 있을 것이다. 이에 대해서는 3권의 「시詩」에 관해 논한 장을 참고하기 바란다.

⁓ᴄᴏᴏ⁓

2:3. 子曰: "道之以政, 齊之以刑, 民免而無恥. 道之以德, 齊之以禮, 有恥且格."

고주 —— 공자께서 말씀하셨다. "이끌기를 정사(政=法敎)로써 하고, 정제整齊하기를 형벌로써 하면, 백성이 구차히 형벌을 면하기를 꾀하지만(免=苟免) 부끄러워함이 없다. 이끌기를 도덕(德=道德)으로써 하고, 가지런히 하기를 예

자원풀이 ■제齊는 벼나 보리가 패시 그 이삭이 기지런한 모양을 본뜬 상형자이다. 가지런하다, 같다, 다스리다, 일제히, 분변하다, 재계齋戒하다, 경건하게 하다의 뜻이다.
■격格은 木(나무 목)+各(각각 각)의 형성자로서 원래는 긴 나무막대(木)를 말했다. 긴 막대로서 '(어느 곳에) 도달하다 혹은 이르다'의 뜻에서, 이후 나무로 만든 난간이나 창문틀처럼 네모꼴의 규격화된 틀을 뜻하게 되어 격자格子나 바로잡다의 뜻이 나왔다. 여기에서 格은 일반적으로 이르다(至)의 의미로 해석된다. 『대학』에 삼강령에서 지어지선至於至善(지극한 선에 이르다)이라는 말이 여기서 말하는 격格의 의미라고 하겠다. 혹은 『서경』의 "임금의 그릇된 마음을 바로잡다(格其非心)라는 용례에서 알 수 있듯이 정正으로 해석하여 '바르게 된다'로 해석하기도 한다.

로써 하면, 백성들은 부끄러워함이 있고 또 바르게(格=正) 될 것이다."

주자 —— 공자께서 말씀하셨다. "이끌기를 법제금령으로써 하고, 가지런히 하기를 형벌로써 하면, 백성들은 면하되 부끄러움이 없다. 이끌기를 덕으로써 하고, 가지런히 하기를 예(제도와 품절)로써 하면, 부끄러워함이 있고 또한 선에 이를 것(格=至)이다."

다산 —— 공자께서 말씀하셨다. "이끌기를 법제로써 하고, 가지런히 하기를 형벌로써 하면, 백성들은 면하되 부끄러움이 없다. 이끌기를 (孝弟慈 같은) 덕으로써 하고, 가지런히 하기를 예로써 하면, 부끄러워함이 있고 또한 감화(格=感通)될 것이다."

집주 —— ■道는 猶引導니 謂先之也라 政은 謂法制禁令也라 齊는 所以一之也니 道之而不從者를 有刑以一之也라 免而無恥는 謂苟免刑罰而無所羞愧니 蓋雖不敢爲惡이나 而爲惡之心이 未嘗亡也라
'도道'는 인도한다는 뜻이니 먼저 하는 것을 말한다. '정政'은 법제금령을 말한다. '제齊'는 가지런하게 하는 것(一之)이다. 이끄는 데도 따르지 않는 자는 형벌로써 가지런하게 만든다. '면하되 부끄러움이 없다'는 것은 구차하게 형벌을 면하지만, 부끄러워함이 없다는 말이니, 대개 비록 감히 악을 행하지는 못한다고 할지라도, 악을 행하려는 마음은 일찍이 없어지지 않는 것이다.
■禮는 謂制度品節也라 格은 至也니 言 躬行以率之면 則民固有所觀感而興起矣요 而其淺深厚薄之不一者를 又有禮以一之면 則民恥於不善하고 而又有以至於善也라 一說에 格은 正也니 書曰 格其非心이라 하니라
예禮는 제도制度와 품절品節을 말한다. '격格'은 이른다(至)는 뜻이다. 몸소 행하여 솔선하면 백성들이 진실로 보고 느껴서 흥기하지만, 그 흥기하는 것이

얕고 깊음과 두껍고 엷음이 가지런하지 않음이 있으면 또한 예로써 가지런하게 하니, 백성들이 불선不善을 부끄러워하고 또한 선에 도달함이 있다는 말이다. 일설에 따르면 '격格'은 바로 잡는 것(正)이니, 『서경』에서 말하기를 '그 그릇된 마음을 바로잡는다.'라고 했다.

■ 愚謂 政者는 爲治之具요 刑者는 輔治之法이며 德禮則所以出治之本이요 而德又禮之本也라 此其相爲終始하여 雖不可以偏廢나 然이나 政刑은 能使民遠罪而已요 德禮之效는 則有以使民日遷善而不自知라 故로 治民者는 不可徒恃其末이요 又當深探其本也니라

어리석은 내가 말한다. 정政이란 다스림의 도구이다. 형刑이란 다스림을 보조하는 법규이다. 덕과 예는 다스림을 내는 근본이고, 덕 또한 예의 근본이다. 이들은 서로 시작과 끝이 되니, 비록 어느 한쪽을 폐할 수는 없다. 그러나 정형政刑은 백성으로 하여금 죄에서 멀어지게 할 수 있을 뿐이지만, 덕과 예의 공효는 백성으로 하여금 나날이 자신도 모르게 선으로 옮겨가게 함이 있다. 그러므로 백성을 다스리는 자는 단지 정치의 말단에 의존해서는 안 되고, 또한 마땅히 그 근본을 깊이 캐야 한다.

고금주 —— ■補曰 道, 導也. 古之聖王, 導民爲善, 以爲民師, 所謂堯·舜率天下以仁也. 政者, 法制, 所以正民也. 齊, 上平也.[『說文』云:"齊者, 禾麥吐穗上平也."] 刑以罰惡, 禮以防濫, 如物有雜出, 而翦以齊之也. 德, 孝弟也. 『書』曰'敬敷五敎', 即道之以德也. 諸侯皆用諸侯之禮, 大夫皆用大夫之禮, 士·庶人亦然, 即所謂齊之以禮也. 格, 通作假, 謂感化也. 『書』曰: "格于上下." 又曰: "格則承之庸之." 『詩』曰: "神之格思, 不可度思." 皆感通之意也.[葛屺瞻云:"格者, 乃感格之義."]

보완하여 말한다. 도道는 인도(導)한다는 뜻이다. 옛 성왕이 백성이 선을 하도록 인도하여 백성의 스승이 되었으니, 이른바 요순이 인仁으로써 천하를 통솔했다는 것이 바로 그것이다. 여기의 정政이란 법제法制이니, 백성을 바

로잡는 수단이다. 제齊는 위가 평평하게 가지런한 것이다(『설문』에 이르기를 "齊란 벼와 보리가 이삭이 패어 위가 평평하게 고른 것이다."라고 하였다). 형刑으로써 악한 것을 벌하고, 예로써 넘치는 것을 막는 것이 마치 사물(物)에 울뚝불뚝 고르지 않음이 있을 때 잘라서 가지런하게 하는 것과 같다. 덕德은 효제孝悌 이다. 『상서』에 '공경히 오교를 펴 나가라(敬敷五敎).'고 한 것은 바로 '이끌기를 덕으로써 한다(道之以德).'이다. 제후는 모두 제후의 예를 통용하고, 대부는 모두 대부의 예를 통용하고 사서인士庶人 역시 그렇게 하는 것이 곧 이른바 '가지런히 하기를 예로써 한다(齊之以禮).'이다. 격格은 격假 자와 통용하는데, 감화感化를 말한다. 『서경』에서 말하길, "상하에 감통한다(「요전」)."고 하였고, 또 "감통하면 그들을 천거하여 쓴다(「고요모」)'고 하였다. 『시경』에 '신의 감통을 헤아릴 수 없다(神之格思 不可度思:「대아, 억」)."고 하였으니, 모두 감통의 뜻이다.(갈기첨이 말했다. "格은 곧 感格의 의미이다.")

■ 孔曰: "政, 謂法敎." ○ 駁曰 非也. 敎者, 道之以德也.

공안국이 말했다. "정政이란 법제法制와 교령敎令을 말한다." ○ 논박하여 말하면, 그릇되었다. 교敎란 덕으로 이끄는 것이다.

■ 包曰: "德, 謂道德." ○ 駁曰 非也. 道德何物? 今人認德字元不淸楚, 讀聖經遇德字, 茫然不知爲何物, 第以淳厚渾朴, 不辨淸濁者, 爲有德意, 欲以此箇氣象, 坐理天下, 庶幾萬物自然歸化, 而當局臨事, 不知從何處著手, 豈不迂哉? 此天下所以日腐爛而莫之新也. 德者, 篤於人倫之名, 孝弟慈是已. 『禮』曰: "古之欲明明德於天下者, 先治其國." 及至'治國平天下'章, 乃以孝弟慈爲本, 孝弟慈非明德乎? 〈堯典〉曰: "克明峻德, 以親九族." 峻德非孝弟乎? 『孝經』曰: "先王有至德要道, 以順天下." 至德非孝弟乎? 先王之道, 身先孝弟以率天下. 此之謂道之以德, 德非模糊漫漶之物也. 然道之以德, 亦用刑, 『書』曰: "伯夷降典, 折民維刑."〔(呂刑)文〕謂先敷五典, 而其不率敎者, 折之以刑也. 『周禮·大司徒』: "以鄕八刑糾萬民." 其目則不孝不弟不睦不婣之類也. 〈康誥〉以不孝不友爲元惡大慤, 刑玆無赦. 斯皆道之以德, 不在刑法中論.

포함이 말했다. "덕이란 도덕을 말한다." ○논박하여 말하면, 그릇되었다. 도덕이란 어떤 것인가? 오늘날 사람들은 덕德 자를 원래 분명하지 않은 말이라고 인식하여, 성인의 경서를 읽다가 덕 자를 만나면 아득하여 무엇인지를 알지 못한다. 단지 순후·혼박하여 청탁을 변별하지 못하는 자를 덕의德意가 있다고 여기니, 이런 기상으로 가만히 앉아서 천하를 다스리려고 하면서, 만물이 자연히 귀화하기를 바라다가 어떤 국면에 맞고 일에 임해서는 어디서부터 손을 써야 할지 모르니, 어찌 우활한 것이 아닌가? 이것이 천하가 날로 부패하여 문드러지고 새로워지지 않는 까닭이다. 덕이란 인륜에 독실한 것을 명명한 것이니, 효孝·제弟·자慈가 그것이다. 『예기』에 이르길, "옛날에 명덕明德을 천하에 밝히고자 한 자는 먼저 그 나라를 다스렸다."고 하고, 「치국평천하」장에 이르러서 곧 효·제·자를 근본으로 삼았으니, 효·제·자가 명덕이 아니겠는가? 『상서』 「요전」에 이르길, "능히 큰 덕을 밝히어 구족을 친애한다."고 하였으니, 큰 덕(峻德)이란 효·제·자가 아니겠는가? 『효경』에 이르길, "선왕은 지극한 덕과 요긴한 도를 두어 천하를 순치하였다."고 하였으니, 지극한 덕이란 효·제·자가 아니겠는가? 선왕의 도는 몸소 먼저 효제를 실천하여 천하를 거느렸으니, 이를 두고 '이끌기를 덕으로써 한다(道之以德)'고 했으니, 덕은 모호하고 애매한 것이 아니다. 그러나 덕으로써 인도할 때도 형벌을 사용하였으니, 『상서』에 "백이에게 법전을 반포케 하여 백성을 형벌로써 제재하였다."(「여형」)고 한 것은 먼저 오전五典을 펴 나가고 그 가르침을 따르지 않는 자는 형벌로써 제재하였음을 말한 것이다. 『주례』 「대사도大司徒」에는 향팔형鄕八刑으로써 만민을 규찰하였는데, 그 죄목은 불효不孝·부제不弟·불목不睦·불인不婣 따위였고, 『상서』의 「강고」에는 불효·불우不友를 원악元惡으로서 큰 증오의 대상으로 여겨 형벌을 주고 용서하지 않았으니, 이는 모두 덕으로써 인도하는 것이지, 형법을 포함시켜 논하는 데 해당되지 않는다.

■ 何曰: "格, 正也." ○駁曰 非也. 有恥且正, 不成文.[格之訓正, 本出趙岐『孟子注』]
하안이 말했다. "격이란 바름(正)이다." ○논박하여 말하면, 그릇되었다. 부
끄러움도 있고 바르게 된다고 하면 문장이 성립되지 않는다(格을 正으로 새기
는 것은 조기의 『맹자주』에서 나왔다).

■ 質疑『集注』曰: "格, 至也. 民恥於不善, 而又有以至於善也." ○案 格之爲字,
首見于〈堯典〉. 格于上下者, 謂上感天心, 下感民心也. 梅氏之註, 訓格爲至, 則
須連上光字, 乃成文也. 有恥且格, 若訓爲至, 則亦必增'於善'二字, 乃得成文,
恐不如直訓孚感之爲簡捷也. 大抵免者, 外面之苟免也. 格者, 中心之孚格也. 今
必以有恥爲觀感, 而訓格爲至, 則語脈上重而下輕, 頓減精神, 恐不然也.[蔡注
〈說命〉云:"功格于皇天." 亦必添一功字]
질의한다. 『논어집주』에서 말했다. "격格은 이른다(至)는 뜻이다. 백성들이
불선을 부끄러워하고 또한 선에 도달함에 있음이다." ○살핀다. 격格이라는
글자는 『상서』「요전」에 처음으로 보인다. 거기의 '격우상하格于上下'라고 한
것은 위로 천심天心에 감통하고, 아래로 민심民心에 감통함을 이르는 말인데,
매색의 주석은 격格을 이른다(至)고 풀이하였으니, 이는 모름지기 그 위의 광
光 자와 연결시켜야만 글이 된다. 유치차격有恥且格에서 격格을 만약에 지至
로 해석한다면 또한 반드시 어선於善이라는 두 글자를 더 보태야만 글이 되
니, 아마도 진실로 감화하는 것이라고 바로 해석함이 간편하고 빨라 본 뜻에
더 나을 것 같다. 대저 면免이란 외면적으로 구차하게 면하는 것이고, 격格이
란 마음속에 진실로 감화하는 것이다. 그런데 여기에 반드시 부끄러움이 있
는 것(有恥)을 '보고 감화하는 것'으로 여겨 격格을 지至로 해석하면, 어맥이
윗부분에 치중하고 아랫부분은 경시하는 것이어서 문득 이 글의 정신을 감
퇴시키니, 아마도 그렇지 않은 듯하다. [菜沈이 『상서』「열명」 佑我烈祖 格于皇天이
란 구절에 주를 하면서, '공이 황천에 이르렀다:功格于皇天.'고 하여 역시 格 자의 앞에 반

드시 功이라는 글자 하나를 더 첨가하였다.]

■ 引證 『禮記・緇衣』篇, 子曰: "夫民, 敎之以德, 齊之以禮, 則民有格心. 敎之以政, 齊之以刑, 則民有遯心."[鄭玄云: "假, 來也."] ○案 格心, 謂感化之心. 遯心, 謂逃罪之心.

인증한다. 『예기』「치의緇衣」편에 공자께서 말씀하시길 "대저 백성을 가르치기를 덕으로써 하고, 가지런히 하기를 예로써 하면, 백성은 감화하는 마음이 있다. 가르치기를 법제로써 하고, 가지런히 하기를 형벌로써 하면 백성은 도망칠 마음이 생긴다."고 하였다.(정현은 "假:격은 감복하여 온다:來라는 뜻이다."라고 하였다.) ○살핀다. 격심格心은 감화하는 마음을 말하고, 둔심遯心은 죄를 피해 도망치는 마음을 말한다.

비평 —— 유교는 예에 의한 통치(禮治)를 주장하는데, 여기서는 예치를 강제적인 법치法治와 구별한다. 법치가 법제・금령을 통해 물리적 강제로 통치하는 것이라면, 예치는 백성들의 자발적 동의에 의해 자율적으로 다스리는 것을 목표로 한다.

법제와 금령에 의해 강제적으로 다스리면, 백성들은 형벌이 두려워 법망을 피해갈 방법만 모색할 뿐이다. 게다가 설사 법을 위반하여 제재를 받으면, '운이 없었다.' 혹은 '왜 나만?'이라고 항변할 뿐 인간적인 도리를 몰라서 전혀 부끄러워할 줄 모른다.

그런데 인간이 자각적・자율적・목적적 존재라고 한다면, 자신의 자유의지에 의해 자율적으로 스스로가 제정한 도덕 법칙에 따라 행위할 줄 알아야한다. 유교에서는 도덕 법칙의 근거가 인간에게 인의예지의 덕으로 내재되어 있어, 이를 자각하여 자율적으로 따를 때에 지극히 선한 공동체가 된다고 말한다. 그래서 위정자가 덕으로써 백성들을 인도하여, 백성들이 자율적으로 예에 따른다면, 인간다운 도리를 알아 부끄러워할 줄도 알고 선에 도달한다고 말한다.

다산은 덕이란 우리 마음이 얻어 지닌 것이 아니라, 실천 중심의 효孝 · 제
弟 · 자慈라고 말한다. 덕이란 인간이 얻어 지니고 태어난 생득적인 것인가,
아니면 일을 행한 이후에 명칭이 부여되는 것인가에 대해서는 상세한 논의
가 필요하다고 생각된다.

또한 주자가 '격格'을 '이르다(至)'라고 해석하여 '선에 이른다'라고 다소 부
연 · 설명하는 것에 대해, 다산은 곧바로 '감화한다'고 해석하면 원문에 더 충
실한 해석이 된다고 말했다. 그런데 백성들이 '감화한다'는 말은 곧 '감화되
어 선에 도달한다'는 뜻이 되기 때문에, 다산의 지적은 주자의 해석과 크게
다른 것이라고 할 수는 없는 듯하다. 다음 구절이 그것이다.

주자가 말했다. "덕례德禮가 있으면 정형政刑은 그 가운데 포함되어 있으니,
정형이 전적으로 좋지 않은 것이라고 말할 수는 없다. 다만 정형만을 써서는 안
된다는 것뿐이다. 성인의 뜻에 오직 당시에 정형만을 써서 백성을 다스릴 뿐 덕
례는 쓰지 않는다고 여기셨기 때문에, 이런 말씀을 하신 것이다. 성인께서 천하
를 다스림에 어찌 일찍이 정형을 폐했겠는가? 『집주』 뒷부분의 남은 뜻은 성인
께서 '정형에만 전적으로 의존해서는 안 되지만, 덕례만 있고 정형이 없는 것 또
한 안 된다.'고 말씀하셨음을 설명한 것이다." (『논어집주대전』)

정치와 덕에 대한 논의는 3권의 「정치와 덕」에 관해 논한 장을 참고하기
바란다.

2:4. 子曰: "吾十有五而志于學, 三十而立, 四十而不惑, 五十而知天命, 六十而耳順, 七十而從心所欲, 不踰矩."

고주 —— 공자께서 말씀하셨다. "나는 열다섯에 배움에 뜻을 두었고, 서른에 성립한 것이 있었고(有所成), 마흔에 의혹하지 않았고(不疑惑), 쉰에 천명(의 종시:知天命之終始)을 알았고, 예순에 귀가 순해졌고(말을 들으면 그 말의 은미한 뜻을 알았고), 일흔에 마음이 하고자 하는 바를 따랐으되 법도가 아님이 없었다(無非法)."

주자 —— 공자께서 말씀하셨다. "나는 열다섯에 태학(의 도)에 뜻을 두었고, 서른에 자립했으며(지킴이 확고해졌다), 마흔에 (사물의 당연함) 의혹되지 않았고(앎이 밝아져 지킴을 일삼을 바 없다), 쉰에 천명(천도가 유행하여 사물에 부여된 것으로 곧 사물이 마땅히 그러한 까닭)을 알았으며, 예순에 귀가 순해졌으며(소리가 들어오면 마음이 통하여), 일흔에 마음이 하고자 하는 바를 좇아도 (자연히) 법도를 넘지 않았다(편안히 행하는 성인의 경지)."

자원풀이 ■우于는 일종의 취주악기로 초기에 간단한 피리(芋:피리 우)를 그렸는데, 『설문해자』에서는 '기旗가 펼쳐져 나오는 것을 그렸다.'고 했다. 악기에서 소리가 천천히 펼쳐져 나오는 모습에서 기운이나 소리가 퍼져나온다는 뜻이 생겼고, 이후 문장에서 말 소리를 조절하는 어기사語氣詞로 장소, 비교, 대상 등을 나타내는 다양한 의미의 조사로 쓰였다.
■립立은 一(한 일)+大(큰 대)의 회의자로 땅(一) 위에 팔을 벌리고 선 사람(大)의 모습을 그렸다. 자리하다, 멈추다, 설치하다, 제정하다, 결정하다, 존재하다, 드러내다의 뜻이다.
■혹惑은 心(마음 심)+或(혹시 혹)의 형성자로 혹시(或)하고 미련을 가지며 미혹되는 마음(心)을 말하여, 의혹(疑惑), 어지럽히다 등의 뜻이 나왔다.
■명命은 口(입 구)+令(우두머리 령)의 형성자로 령令에 구를 더해 분화했다. 갑골문에서 령令은 목탁을 흔들면서 명

다산 —— 공자께서 말씀하셨다. "나는 열다섯에 (마음에 방향이 정해져) 학문에 뜻을 두었고, 서른에 자립(몸을 편안히 하여 움직이지 않음)했으며, 마흔에 (이치를 봄이 명확하여) 미혹되지 않았고, 쉰에 천명(상제의 법칙에 순응하여 궁함과 통함이 둘이 아니라는 것)을 알았으며, 예순에 (화순함이 마음 가운데 쌓여, 말이 거슬리지 않아) 귀가 순해졌으며, 일흔에 (도심이 주재가 되고, 인심이 도심의 명령을 듣게 되어) 마음이 하고자 하는 바를 좇아도 법도를 넘지 않았다."

집주 —— ■古者에 十五而入大學이라 心之所之를 謂之志라 此所謂學은 卽大學之道也니 志乎此면 則念念在此而爲之不厭矣리라
'옛날에는 15세에 태학大學에 들어갔다. 마음이 가는 바를 일러 뜻(志)이라 한다.' 여기서 이른바 '학學'이란 곧 태학의 도이다. 태학의 도에 뜻을 두면 모든 생각이 여기에만 있어 학문하기를 싫어하지 않는다.
■有以自立이면 則守之固而無所事志矣리라
스스로 정립함이 있으면 지킴이 굳건하여 뜻을 일삼음이 없다.
■於事物之所當然에 皆無所疑면 則知之明而無所事守矣리라
사물의 당연함에 의심할 것이 전혀 없으면, 앎이 밝아져 지킴을 일삼음이 없다.
■天命은 卽天道之流行而賦於物者니 乃事物所以當然之故也라 知此則知極其精하여 而不惑을 又不足言矣리라

령을 하달하였기 때문에 목탁의 형상과 꿇어앉아 명령을 듣는 사람의 형상 'ㅁ'을 합했다. 『설문해자』에 의하면, 명命은 'ㅁ'와 '령(令)'을 합하여 만든 글자로 '시키다'는 뜻이다(使也. 從口 從令). 명령과 령令 두 글자 모두 상하 위계를 전제로 명령과 복종의 뜻을 지니며 '거역할 수 없다'는 함의를 지닌다. 모자를 쓰고 앉은 모습의 우두머리(令)의 입(ㅁ)에서 나오는 명령命令을, 그리고 하늘의 명령이 목숨이라는 뜻에서 목숨을 뜻한다. 목숨(不幸短命), 명하다(乃命義和), 명령(后以施命誥四方), 운명(各定性命), 도리(維天之命), 이름을 짓다(因命日胥山), 임명하다(官之命), 고하다, 의물儀物, 생계, 서명誓命(爲命), 이름.
■순順은 頁(머리 혈)+川(내 천)의 형성자로 물의 흐름(川)처럼 순조롭게 머리(頁)를 조아림을 말해 순응順應하다는 뜻이 나왔다. 순조롭다, 도리, 유순하다 등의 뜻이다.
■종從은 彳(조금 걸을 척)+止(그칠 지)+'따를 종'의 형성자로 두 사람이 나란히 따르는 모습으로 따라가다, 그리고

천명天命은 곧 천도天道가 흘러 움직여 사물에 부여된 것이니, 곧 사물이 마땅히 그러한 까닭이다. 이것을 알면 앎이 그 정밀함을 지극히 다한 것이니, 의혹되지 않는 것(不惑)은 더 이상 말할 필요도 없다.

■ 聲入心通하여 無所違逆이니 知之之至하여 不思而得也라

소리가 들어오면 마음이 통하여 어긋나거나 거스를 것이 없는 것(聲入心通 無所違逆)은 앎의 지극함이니, 생각하지 않아도 얻는다.

■ 從은 隨也라 矩는 法度之器니 所以爲方者也라 隨其心之所欲이로되 而自不過於法度니 安而行之하여 不勉而中也라

종從은 따르는 것(隨順)이다. 구矩는 법도가 되는 곱자(法度之器)로서 네모를 그리는 자이다. 공자께서 마음이 하고자 하는 바를 좇아도 자연히 법도를 넘지 않았으니 편안히 행하고 애쓰지 않아도 법도에 맞은 것이다.

■ 程子曰 孔子는 生而知者也로되 言亦由學而至는 所以勉進後人也라 立은 能自立於斯道也요 不惑은 則無所疑矣요 知天命은 窮理盡性也요 耳順은 所聞皆通也요 從心所欲不踰矩는 則不勉而中矣니라 又曰 孔子自言其進德之序如此者는 聖人이 未必然이요 但爲學者立法하여 使之盈科而後進하고 成章而後達耳니라

정자가 말했다. "공자는 나면서 아는 자(生而知者)이지만, 또한 학문으로 말미암아 이르렀다고 말한 것은 뒤에 태어난 사람들을 노력하여 나아가게 하

후에 '부차적'이라는 뜻도 나왔다. 혈연관계에서 사촌을 지칭하기도 하며, 남의 말을 따르다에서 공손하다, 종용從容하다는 뜻도 나왔다.

■심心은 상형자로 갑골문에서 심장의 실제 모습을 그렸다. 『설문해자』에서는 심장을 음양오행 중 토土에 해당하는 장기라고 한다. 간肝─금金, 비脾─목木, 신腎─수水, 폐肺─화火, 심心─토土에 귀속시켰다. 고대 중국인들은 생각(思)이나 상상(想)이 머리가 아닌 심장에서 나온다고 생각, 심心 자를 가진 한자는 대부분 사상, 감정이나 심리활동과 관련되며, 사람의 성품도 마음에서 결정된다고 생각했다.

■욕欲은 欠(하품 흠)+谷(골 곡)의 형성자로 입을 크게 벌리고(欠) 텅 빈 계곡(谷)처럼 끝없이 갈구하는 욕망을 그렸다. 그것이 마음(心)에서 비롯되기 때문에 慾(욕심 욕)으로 분화했다.

■유踰는 足(발 족)+兪(점점 유)의 형성자로 발(足)로 뛰어넘어 가다(兪), 초과하다는 의미다. 구矩는 矢(화살 시)+巨

기 위한 것이다. 입立은 능히 이 도에서 서는 것이고, 불혹不惑은 의혹되는 바가 없는 것이고, 지천명知天命은 이치를 궁구하고 성을 다한 것이고(窮理盡性), 이순耳順은 들은 것은 모두 통달하는 것이고, 종심소욕불유구從心所欲欲不踰矩는 애쓰지 않아도 법도에 맞는 것이다. 또 말했다. 공자가 스스로 덕에 나아간 순서가 이와 같다고 말씀하신 것은 성인聖人은 반드시 그렇다는 것이 아니라, 단지 학문하는 자를 위하여 법을 세워 웅덩이를 채운 이후에 흘러 나아가고 문장을 이룬 다음에 통달하도록 한 것이다."

■胡氏曰 聖人之敎亦多術이라 然이나 其要는 使人不失其本心而已라 欲得此心者는 惟志乎聖人所示之學하여 循其序而進焉하여 至於一疵不存, 萬理明盡之後면 則其日用之間에 本心瑩然하여 隨所意欲호되 莫非至理니 蓋心卽體요 欲卽用이며 體卽道요 用卽義하여 聲爲律而身爲度矣리라 又曰 聖人言此하여 一以示學者當優游涵泳이요 不可躐等而進이며 二以示學者當日就月將이요 不可半途而廢也니라

호병문이 말했다. "성인의 가르침은 또한 여러 방법이 있지만, 그 요체는 사람들에게 본심本心을 잃지 않게 하는 것일 따름이다. 본심을 얻고자 하는 자는 다만 성인께서 보여주신 학문에 뜻을 두고 그 순서에 따라 나아갈 뿐이다. 하나의 하자도 없는 데에 이르고 모든 이치에 완전히 밝아진 이후에 나날이 쓰는 사이에 본심이 맑아져 의욕하는 바를 좇아도 지극한 이치가 아닌 것이 없어진다. 대개 마음은 곧 본체이고 의욕은 곧 작용이니, 본체는 곧 도道이고, 작용은 곧 의義이고, 소리(聲)는 격률(律)이고, 신체는 법도(度)가 된다." 또 말했다. "성인이 이것을 말씀하여 첫째로는 배우는 자가 편안히 잠기어 헤엄쳐야 하지 엽등獵等하여 나아갈 수 없다는 것을 보여주셨으며, 둘째

(클 거)의 형성자로 직각이나 네모꼴을 그리는 곱자를 말한다. 원래는 사람(大)이 큰 곱자(巨)를 손에 든 모습이었으나, 이후 大(큰 대) 자가 잣대를 뜻하는 矢(화살 시)로 변했다.

로는 배우는 자에게 일취월장하면서 중도에 그만두어서는 안 된다는 것을 보여주신 것이다."

■愚謂 聖人은 生知安行하여 固無積累之漸이라 然이나 其心에 未嘗自謂已至此也라 是其日用之間에 必有獨覺其進而人不及知者라 故로 因其近似以自名하여 欲學者以是爲則而自勉이요 非心實自聖而姑爲是退託也라 後凡言謙辭之屬은 意皆放此니라

어리석은 내가 말한다. 성인은 나면서 알고 편안히 행하셨으니(生知安行), (학문이) 점차 누적된 것은 아니다. 그러나 성인의 마음은 일찍이 스스로 나면서 알고 편안히 행한다고 여기지 않으셨다. 이는 성인께서 일상에서 필시 홀로 그 나아감을 깨달은 것이 있지만 다른 사람이 알아채지 못하는 것이기에 비슷한 것으로 스스로 이름을 붙여 배우는 자로 하여금 이것을 법도로 삼아 스스로 노력하게 한 것이다. 마음은 실상 스스로 성인이라고 자처하면서 잠시 겸손을 가장한 것이 아니다. 뒤에 모든 겸양의 말에 해당하는 것은 뜻이 모두 이와 같다.

고금주 —— ■補曰 志, 謂心有定向. 立, 謂安身不動.〔《學記》云:"強立而不反, 謂之大成."〕 不惑, 謂見理明確, 無攸迷也.〔下篇云:"智者不惑."〕 知天命, 謂順帝之則, 窮通不貳也.〔『孟子』云:"殀壽不貳, 修身以俟之, 所以立命也."〕 耳順, 謂言不逆耳,〔逆于耳, 則拂于心〕 和順積中, 雖非理之言, 無所逆耳也. 道心爲之主, 而人心聽命, 則從心所欲, 爲從道心之所欲, 故不踰矩也. 若衆人從心所欲, 則爲從人心之所欲, 故陷於惡也.〔《曲禮》云:"欲不可從."〕 矩, 正方之器.〔上下四方, 均齊方正者〕 可以仕則仕, 可以止則止, 可以久則久, 可以速則速, 所謂從心所欲不踰矩也.

보완하여 말한다. 지志는 마음에 정해진 방향이 있음을 말하고, 입立은 몸을 편안히 해서 움직이지 않는 것을 말한다.(「學記」에서 "강력하게 자립하여 도를 배반하지 않는 것을 일러 대성이라고 한다."고 하였다.) 불혹不惑은 이치를 봄이 명확

하여 미혹되는 바가 없음을 말한다.(「자한」편에서, "지혜로운 자는 미혹되지 않는다."고 하였다.) 지천명知天命은 상제의 법칙에 순응하여 궁함과 통함이 둘이 아니라는 것을 말한다.(맹자가 말하길, "요절과 장수가 둘이 아니니, 몸을 닦아 기다리는 것이 명을 세우는 방법이다."라고 했다.「진심상」) 이순耳順은 말이 귀에 거슬리지 않는 것(言不逆耳)을 말하니(귀에 거슬리면 마음에 거슬린다), 화순和順함이 마음 가운데에 쌓이면 비록 이치가 아닌 말도 귀에 거슬리는 바가 없다. 도심道心이 주재가 되고 인심人心이 도심의 명령을 들으면, 마음이 하고자 하는 바를 좇아도 도심이 하고자 하는 바를 좇는 것이 되기 때문에 법도를 넘지 않는다. 만약 보통사람이 마음이 하고자 하는 바를 좇으면, 인심이 하고자 하는 바를 좇는 것이 되기 때문에 악에 빠진다(「곡례」에 말하기를, "욕은 좇을 수 없다."고 하였다.). 구矩는 정방형을 만드는 기구이다(상하사방이 고르게 균일하고 방정하게 하는 것이다). 벼슬할 만하면 벼슬하고, 그만둘 만하면 그만두고, 오래 머물 만하면 오래 머물고, 빨리 떠날 만하면 빨리 떠나는 것이 이른바 '마음이 하고자 하는 바를 좇아도 법도를 넘지 않는다.'는 것이다

■ 鄭曰: "耳聞其言, 而知其微旨." ○駁曰 非也. 其言, 誰之言也? 必於孔子之上, 更有神聖大人, 賢於孔子, 然後可曰'孔子耳聞其言, 而知其微旨', 未知孔子同時有此人否. 知天命者, 達天德也. 其級至高, 而所謂耳順, 又在其上, 耳順豈易言哉? 毀譽榮辱之來, 凡逆耳之言不能不拂其心, 若深知天命, 渾融純熟, 則毀譽榮辱, 無可以動其心者. 無可以動其心, 則無可以逆其耳, 此之謂耳順也. 後世言聖人者, 皆推而尊之, 爲神異恍忽之人, 邈然不可見其所成者爲何事. 聖人則固尊矣神矣, 於我了無分矣, 慕聖何爲? 此聖人之所以不作, 而道之所以終晦也, 噫!

정현이 말했다. "(耳順은) 귀가 그 말을 들으면 그 은미한 뜻을 아는 것이다." ○논박하여 말하면, 그릇되었다. 그 말이란 누구의 말인가? 반드시 공자의 위에 다시 신성한 대인이 있어 공자보다 더 현명한 연후에 공자께서 귀로 그

말을 듣고 그 의미한 뜻을 안다고 말할 수 있을 것이다. 공자와 동시대에 이런 사람이 있었다는 것을 알지 못하겠다. 천명을 안다(知天命)는 것은 천덕天德에 통달한 경지이니, 그 수준이 지극히 높은데, 여기에다 이순耳順이라는 것은 또 그 위의 단계이니, 어찌 이순을 쉽게 말할 수 있겠는가? 비방과 칭찬, 영화와 오욕이 초래하는 것은 무릇 귀에 거슬리는 말이 그 마음에 거슬리지 않을 수가 없기 때문인데, 만약 깊이 천명을 알아 혼융渾融하여 순수하게 익는다면, 비방과 칭찬, 영화와 오욕은 그 마음을 흔들리게 할 수 없다. 그 마음을 흔들리게 할 수 없으면 곧 그 귀에 거슬리게 할 수 없으니, 이를 두고 이순耳順이라 한다. 후세에 성인을 말하는 사람들은 모두 그를 추존하여 신이神異하고 황홀한 사람으로 여기기만 하고, 그가 성취한 것이 어떤 일인지는 까마득하게 알아보지 못한다. 그리고 '성인은 본래 높고 신성한 존재라서 나에게는 그렇게 될 분수가 아예 없으니, 성인을 흠모한들 무엇하겠는가.'라고 여긴다. 이것이 성인이 나오지 않는 원인이며, 도가 마침내 어두워진 까닭이다. 아! 슬픈 일이다.

■ 蘇紫溪云:"此所謂矩, 即虞帝之執中, 文王之順則也."
소자계가 말했다. "여기서 이른바 구矩는 곧 순임금의 집중執中이며 문왕의 순칙順則이다."

비평 —— 공자의 인격 성숙 과정을 나타내 주고 있다. 공자가 말하는 진정한 최상의 학문이란 인간의 자기완성(성인)을 지향하는 것이다. 공자는 열다섯에 성인이 되는 데에 뜻을 두고, 서른에 의지를 세웠고, 마흔에 진리에 밝아져 더 이상 미혹됨이 없게 되었다. 쉰에 천명을 알았다고 말하였는데, 여기서 천명이란 곧 인간 본성을 말한다(天命之謂性). 인간 본성을 인식할 때 비로소 인간의 자기완성 가능성이 열린다. 예순에 '귀가 순해졌다(耳順).'고 하는 것은 외적 대상이 감각기관에 도달하면 그 사물의 이치에 통달했음을 나타낸다. 일흔에 '마음이 하고자 하는 바를 좇아도 법도를 넘지 않았다(從心所欲不踰矩).'는 것은 곧 '존재와 당위가 완전히 일치하는 경지'로서 학문의 완성인 성인에 도달하였다는 것을 지시한다. 그런데 다산 정약용은 "욕欲이란 글자는 곡谷(골짜기)과 흠欠(하품, 모자라다)에 유래하는데, 곡谷은 비어 있음, 흠欠은 구멍(坎)이다. 무릇 비고 구멍이 있는 것은 항상 다른 사람을 취하여 채우려 하는데, 사람 마음이 원욕願欲하는 형상이 이와 같다. 회의자이다."라고 했다. 이렇게 다산은 욕欲을 사욕私慾으로 보고, 마음의 욕망과 그 발현의 기준이 되는 법도(矩)를 『서경』「대우모」의 인심·도심설과 연관지어 해석한다. 즉 "도심道心이 주재가 되고 인심人心이 도심의 명령을 들으면, 마음의 자연적인 발현 그 자체만으로도 법도를 넘지 않게 된다."는 것이다. 성지시자聖之時者로서 공자의 경지(벼슬할 만하면 벼슬하고, 그만둘 만하면 그만두고, 오래 머물 만하면 오래 머물고, 빨리 떠날 만하면 빨리 떠나는 것)가 바로 이런 경지라는 것이다.

주자의 좀더 상세한 해설을 살펴보자.

> 주자가 말했다. "'지학志學'은 또한 행위를 필요로 하지만 앎을 중시하였고, '삼십이립三十而立'은 또한 앎에 근본한 것이지만 행위를 중시하였다. '지우학志于學'은 앎의 시작이고, '불혹不惑'과 '지천명知天命' 그리고 '이순耳順'은 앎의 지극함이며, '삼십이립'은 행위의 시작이며, '종심소욕불유구從心所欲不踰矩'는 행위의 지극함이니 이처럼 나누어 보아야 한다."
>
> 주자가 답했다. "불혹은 일의 측면에서 아는 것이고, 지천명은 이치의 측면에서 아는 것이고, 이순은 일과 이치에 모두 통하여 귀로 들으면 순하지 않는 것이 없는 것이다. 지금 배우는 자가 앎을 다하려면 반드시 순서와 절목이 있어야 한다." (『논어집주대전』)

이순에 대해 주자는 '소리가 들어오면 마음이 통하여 어긋나거나 거스를 것이 없는 것(聲入心通 無所違逆)은 앎의 지극함이니, 생각하지 않아도 얻는다.'고 해석했고, 다산은 '이순은 말이 귀에 거슬리지 않는 것(言不逆耳)을 말하니(귀에 거슬리면 마음에 거슬린다), 화순함이 마음 가운데에 쌓이면 비록 이치가 아닌 말도 귀에 거슬리는 바가 없다.'고 말했다. 즉 주자는 이학理學의 측면에서 격물 공부를 통한 활연관통豁然貫通에서 마음과 이치가 하나가 되는 측면에서 이순을 설명하였다면, 다산은 싫거나 이치에 거슬리는 소리가 들어와도 마음에 거슬리지 않는다고 하는 수양론적인 측면에서 해석하였다. 두 해석 모두 통한다고 할 수 있다. 일단 '이순耳順'이라는 문자적인 측면에서 본다면 다산의 해석이 좋다. 그런데 이순이 지천명知天命 이후에 오는 경지라는 측면에서 보자면, 하늘의 이치(天理)와 인간 마음 간의 관계로 해석한 주자의 해석이 의미가 깊다고 하겠다.

~~~

2:5. 孟懿子問孝. 子曰: "無違." 樊遲御, 子告之曰: "孟孫問孝於我, 我對曰無違." 樊遲曰: "何謂也?" 子曰: "生, 事之以禮. 死, 葬之以禮, 祭之以禮."

고주 —— 맹의자가 효를 묻자, 공자께서 말씀하셨다. "(효를 행하는 도리는 예를) 어김이 없어야 한다." 번지가 (공자를 위해) 수레를 몰고 있었는데, (맹손이 無違의 뜻을 깨닫지 못했다고 생각하여) 공자께서 번지에게 말씀하셨다. "맹손이 나에게 효를 묻기에 내가 '어김이 없어야 한다.'고 대답하였다." 번지가 말했다. "무엇을 말씀하신 것입니까?" 공자께서 말씀하셨다. "살아 계실 때는 예로써 섬기고, 돌아가신 뒤에는 예로써 장사 지내고, 예로써 제사 지내는 것이다."

주자 —— 맹의자가 효를 물으니, 공자께서 말씀하셨다. "어김이 없는 것이다." (맹의자가 알아듣지 못하여 묻지도 못하자, 그 뜻을 모르고 부모의 명령을 따르는 것이 효라고 생각할까 염려되어) 번지가 수레를 몰았을 때, 공자께서 (질문을 유도하여) 말씀하셨다. "맹손이 나에게 효를 묻기에, 내가 '어김이 없는 것이다.'라고 대답했다." 번지가 말했다. "무엇을 일러 말씀하신 것입니까?" 공자께서 말씀하셨다. "(부모를 섬기는 시종이 되는 바) 부모가 살아 계실 때 섬기기를 예로써 하고, 돌아가셨을 때는 장사를 예로써 하고, 제사 지내기를 예로써 한다."

다산 —— 맹의자가 효를 묻자, 공자께서 말씀하셨다. "(효를 행하는 도리는 예를) 어김이 없어야 한다." 번지가 수레를 몰고 있었는데, (맹손이 無違의 뜻을 깨닫지 못했다고 생각하여) 공자께서 번지에게 말씀하셨다. "맹손이 나에게 효를 묻기에 내가 '어김이 없어야 한다.'고 대답하였다." 번지가 말했다. "무엇을 말씀하신 것입니까?" 공자께서 말씀하셨다. "살아 계실 때는 예로써 섬기고, 돌아가신 뒤에는 예로써 장사 지내고, 예로써 제사 지내는 것이다."

집주 —— ■孟懿子는 魯大夫仲孫氏니 名何忌라 無違는 謂不背於理라

맹의자孟懿子는 노나라 대부 중손씨仲孫氏로 이름은 하기何忌다. 불위不違는 이치에 위배되지 않는 것을 말한다.

자원풀이 ■韋는 □(에워쌀 위)+舛(두발 천)의 회의자로 성곽을 에워싸다가 원뜻이고, 각각 반대 방향에서 포위한다는 뜻에서 배치背馳한다는 뜻이 나왔다. 위違는 辵(갈 착)+韋(에워쌀 위)의 형성자로 성을 지키다(韋)가 떠나다(辵)는 뜻에서 벗어나다, 위반違反하다, 어기다의 뜻이 나왔다. 반면 위衛는 行(갈 행)+韋(에워쌀 위)의 형성자로 성을 에워싸고 지키는 것으로 보위하다, 방어하다는 뜻이다.
■어御는 원래 실(糸)로 만든 채찍을 들고 앉은 사람(卩)의 모습에서 길에서 마차를 모는 모습을 형상화했다. 이후 길을 뜻하는 彳(걸을 척)이 더해졌고, 糸은 午(일곱째지지 오)로 바뀌어 현재 자형이 되었다. '수레를 몰다'에서 제어制御의 의미가 나왔으며, 임금과 관련된 것(다스리다, 통솔하다)을 지칭한다.
■사事는 신에게 바치는 기물을 나뭇가지에 달아 놓고 손(又)으로 떠받치고 있는 형상으로 제사를 지내다, 섬기다가 원뜻이다.

■樊遲는 孔子弟子니 名須라 御는 爲孔子御車也라 孟孫은 卽仲孫也라 夫子
以懿子未達而不能問하니 恐其失指而以從親之令爲孝라 故로 語樊遲以發之
하시니라

번지樊遲는 공자의 제자로 이름은 수須이다. 어御는 공자를 위해 수레를 몰았
다는 것이다. 맹손孟孫은 곧 중손仲孫이다. 공자께서 의자懿子가 알아듣지 못
하여 묻지도 못하자, 그 뜻을 잃고서 부모의 명령을 따르는 것이 효라고 여길
까 염려하셨다. 그러므로 번지에게 말하여 질문하게 하신 것이다.

■生事葬祭는 事親之始終이 具矣라 禮는 卽理之節文也라 人之事親을 自始
至終히 一於禮而不苟면 其尊親也至矣라 是時에 三家僭禮라 故로 夫子以是
警之라 然이나 語意渾然하여 又若不專爲三家發者하시니 所以爲聖人之言也
니라

살아 계실 때 섬기고, (돌아가시면) 장사지내고, 제사 지내는 일은 부모를 섬기
는 처음과 끝이 갖춰진 것이다. 예는 곧 이치의 절도와 문식이다. 사람이 부
모를 섬김에 처음부터 끝까지 한결같이 예로써 하고 구차하지 않으면, 그 부
모를 존중함이 지극한 것이다. 이때 삼가三家가 예를 참람했기 때문에 공자께
서 이 말씀으로 경계하신 것이다. 그러나 말씀의 뜻이 혼연하고, 또한 오로지
삼가 때문에 말씀하신 것이 아닌 것 같은 것은 성인의 말씀이기 때문이다.

■胡氏曰 人之欲孝其親은 心雖無窮이나 而分則有限이니 得爲而不爲와 與
不得爲而爲之는 均於不孝라 所謂以禮者는 爲其所得爲者而已矣니라 호병문
이 말했다. "사람이 그 부모에게 효도하고자 하고, 마음은 비록 무궁하지만
분수는 한도가 있다. 할 수 있는데도 하지 않는 것과 하지 말아야 하는데도

■장葬은 死(죽을 사)+茻(잡초우거질 망)의 회의자로 풀숲(茻)에 시체(死)를 내버린 '숲장'의 장례풍속을 그려 장사葬
事를 의미한다. 艸(풀 초)+死+廾(두 손으로 받들 공)으로 지금의 자형이 되었다.
■제祭는 月(=肉:고기 육)+又(또 우)+示(보일 시)의 회의자로 고기(月)를 손(又)에 들고 제단(示)에 올리는 모습으로 제
사祭祀를 통칭한다.

하는 것은 불효라는 점에서는 마찬가지다. 이른바 예로써 한다는 것은 그가 할 수 있는 것을 하는 것일 따름이다."

고금주 —— ■孔曰: "懿子, 魯大夫仲孫何忌. 懿, 諡也." ○邢曰: "無違, 言無得違禮."

공안국이 말했다. "의자懿子는 노나라 대부 맹손하기仲孫何忌이다. 의懿는 시호이다." ○형병이 말했다. "무위無違란 (효를 행하는 도리인) 예禮를 어겨서는 안 된다는 말이다."

■侃曰: "言行孝者, 每事順從, 無所違逆也." ○駁曰 非也. 事父母, 有幾諫之義, 安得每事皆從無違之義? 樊遲問之, 孔子答之, 一問一答, 了然明白, 猶有異說, 紛然更起, 不亦難乎?

황간이 말했다. "효를 행하는 자는 매사에 순종하고 어기거나 거스름이 없어야 한다는 말이다." ○논박하여 말하면, 그릇되었다. 부모를 섬길 때는 기간幾諫한다는 뜻이 있는데, 어찌 매사에 모두 어김이 없는 뜻만 좇을 수 있겠는가? 번지가 묻고, 공자께서 대답하신 것이 밝고도 명백한데, 오히려 이설이 있어 다시 일어나니, 또한 곤란하지 않겠는가?

■齊氏曰: "昭二十四年, 孟僖子將卒, 屬說與何忌於夫子, 使學禮焉. 時孔子年三十四. 樊遲御, 必在哀十三年魯以幣召還之後, 時孔子年七十矣. 僖子歿已久, 而懿子猶問孝, 可謂賢矣. 使懿子不違其親之命, 悉如孔子所敎, 則僖子之心慰矣." ○駁曰 非也. 無違, 非不違親命也. 夫僖子命何忌使之學禮, 而何忌不遵父命, 不肯學禮, 則其答懿子之問, 曰'不違親命', 可也. 及樊遲質問之時, 答之曰'生事死祭', 必無是也, 必將曰'孟僖子使孟孫學禮於我, 孟孫不遵其命, 故我告之如是', 今也不然. 內含其不遵父命之罪, 外拈其宜遵父命之理, 答之以生事死祭, 非深文乎? 懿子當時元不學禮, 則是自絶于孔子也, 絶孔子三十餘年, 忽來問孝, 有是理乎? '無違'二字, 孔子自言自注, 不必枉生猜疑, 自作啞謎也.

제이겸齊履謙이 말했다. "소공 24년 맹희자가 임종할 때, 하기何忌를 공자께 촉탁하여 예를 배우게 하였다. 당시 공자 나이 34세였다. 번지가 말을 본 것은 필시 애공 13년 노나라가 폐백으로 공자를 소환한 이후에 있었으니, 당시 공자 나이 70세였다. 맹희자가 죽은 지 이미 오래되었지만, 희자가 오히려 효를 물은 것은 현명하다고 할 만하다. 맹의자가 그 아버지의 명을 어기지 않고 모두 공자의 가르침대로 하였다면, 맹희자에게 위로가 되었을 것이다."

○논박하여 말하면, 그릇되었다. '어김이 없는 것(無違)'이란 어버이의 명을 어기지 않는 것이 아니다. 맹희자가 하기에게 명하여 예를 배우도록 하였는데도 하기가 아버지의 명을 따르지 않고 예를 배우려 하지 않았다면, 맹의자의 물음에 대해 답한 것이 '어버이의 명을 어기지 않는 것이다.'라 해야 옳고, 번지가 질문하던 때에 와서 그에게 '살아계실 때 예로써 섬기고, 돌아가신 뒤에는 예로써 장사지내고, 예로서 제사지낸다.'라고 답할 이유가 필시 없었을 것이며, 반드시 '맹희자가 맹손을 시켜 나에게 예를 배우도록 하였는데, 맹손이 그 명을 따르지 않기에 내가 이렇게 말해 주었다.'라고 하였을 것이다. 그런데 지금 여기서는 그런 것이 아니다. 안으로는 맹손이 아버지의 명을 따르지 않았던 죄를 발설하지 않고 감추어 두는 한편, 밖으로는 그가 마땅히 아버지의 명을 따라야 하는 도리를 내걸어 '살아 계실 때 예로써 섬기고, 돌아가신 뒤에 예로써 장사지내고, 예로써 제사지낸다.'고 대답하였으니, 의미가 깊은 글이 아닌가? 맹의자가 애당초 예를 배우지 않았다면 이는 스스로 공자께 배우기를 거절한 것인데, 공자께 배우기를 거절한 지 30여 년이 지나서 갑자기 와서 효에 관해 물었다니, 이럴 리가 있겠는가? '무위無違'라는 두 글자는 공자가 스스로 말하고 스스로 풀이한 것이니, 반드시 왜곡되게 의문을 제기하여 그 자체를 알쏭달쏭한 말로 만들 필요가 없다.

비평 —— 효를 행함에 무위無違해야 한다는 공자의 가르침은 부모의 명령에 무조건 순종하는 것이 아니라, 예를 어기지 말아야 한다는 것을 말한다는 것은 고주, 주자 그리고 다산의 견해가 일치한다. 다산이 황간의 해석(효를 행하는 자는 매사에 순종하고 어기거나 거스름이 없어야 한다는 말이다.)을 비평한 내용이 정확하다 하겠다. '예'에 대한 상세한 논의는 3권의 해당 항목을 참조하기 바란다.

∾෴∾

2:6. 孟武伯問孝. 子曰: "父母唯其疾之憂."

고주 ── 맹무백이 효를 묻자, 공자께서 말씀하셨다. "(효자는 함부로 비행을 저지르지 않으니) 부모로 하여금 오직 그가 질병이 있은 뒤에만 근심하게 해야 한다."

주자 ── 맹무백이 효를 묻자, 공자께서 말씀하셨다. "부모는 (자식을 사랑하는 마음은 모든 곳에 미치지만) 오로지 그 자식이 병이 날까 (늘) 근심한다. (부모의 이러한 마음을 체득하여 늘 그 몸을 지키는 일에 삼가야 한다.)"

다산 ── 맹무백이 효를 묻자, 공자께서 말씀하셨다. "(효자는 함부로 비행을

자원풀이 ■유唯는 口(입 구)+隹(새 추)의 형성자로 새(隹)의 울음소리(口)를 뜻했으니, 이후 의미 없는 발어사로 쓰였고, 아무 의견 없이 소리만 낸다고 해서 승낙하다의 뜻이 나왔다.
■질疾은 疒(병들어 기댈 녁)+矢(화살 시)로 구성되어, 화살(矢)을 맞아 생긴 상처(질병 일반)를 말하고, 빠르다는 뜻이 생겼다. 흠, 해치다, 미워하다, 시기하다, 나쁘다, 빠르다, 근심하다(君子疾沒世而名不稱焉) 등의 뜻이 있다.
■우憂는 윗부분은 頁(머리 혈), 중간부분은 心, 아랫부분은 攵(뒤쳐져서 올 치)로 구성되어, 화장한 얼굴에 춤을 추는 제사장의 마음을 나타낸다. 비가 내리기를 빌거나, 재앙을 없애려고 춤을 추는 제사장의 근심어린 마음으로부터 '걱정하다'라는 뜻이 나왔다. 懼는 心+瞿(볼 구)로 마음이 놀라 눈을 크게 뜨고 두려워하는 모습을 나타낸다.

저지르지 않으니) 부모로 하여금 오직 그가 질병이 있은 뒤에만 근심하게 해야
한다."

집주 —— ■武伯은 懿子之子니 名彘라 言父母愛子之心이 無所不至하여 唯恐
其有疾病하여 常以爲憂也라 人子體此하여 而以父母之心爲心이면 則凡所以
守其身者自不容於不謹矣리니 豈不可以爲孝乎아 舊說에 人子能使父母로 不
以其陷於不義爲憂하고 而獨以其疾爲憂라야 乃可爲孝라 하니 亦通이니라
무백武伯은 의자懿子의 아들이고 이름이 체彘이다. 부모가 자식을 사랑하는
마음은 이르지 않는 데가 없지만, 오로지 자식이 질병이 있을까 염려하여 항
상 근심한다는 말이다. 사람의 자식이 된 자가 이것을 체득하여 부모의 마음
으로 자신의 마음을 삼으면, 무릇(凡) 그 몸을 지키는 일에 자연히 삼가지 않
을 수 없을 것이니, 어찌 이를 효라고 할 수 없겠는가? 구설舊說에는 '사람의
자식이 된 자가 능히 부모로 하여금 자식이 불의不義에 빠지는 것을 근심으
로 삼지 않게 하고, 오로지 그 질병만을 근심으로 삼게 하여야 이에 효자라고
할 수 있다.'고 했는데, 역시 통한다.

고금주 —— ■馬曰: "武伯, 懿子之子仲孫彘. 武, 諡也. 言孝子不妄爲非, 唯疾
病然後使父母憂."[邢云: "疾病之外, 不得妄爲非法, 貽憂於父母."]
마융이 말했다. "무백은 맹의자의 아들 중손체仲孫彘이다. 무武는 시호이다.
효자는 망령되게 그릇된 짓을 하지 않고, 오직 질병에 걸린 뒤에만 부모를 근
심하게 한다."(형병이 말했다. "질병 이외에는 망령되게 非法을 저질러 부모에게 근심
을 끼치지 않는다.")
■王充『論衡』云: "武伯善憂父母. 故曰'惟其疾之憂'[謂父母之事, 子不必輒皆憂歎,
惟親癠乃憂之]." ○駁曰 非也. 然則不孝子也.
왕충이 『논형』에서 말했다. "무백은 부모에 대한 근심을 잘 하여서 오직 부모

의 질병을 근심한다(부모의 일에 대해 자식이 그때그때 모두 근심할 필요는 없고, 오직 어버이의 질병만을 근심한다는 것을 말한다)." ○논박하여 말하면, 그릇되었다. 그렇게 한다면 불효자다.

■ 質疑 馬說固善. 然爲人子者, 不謹其身, 或沈於酒色, 或傷於風露, 以生疾病, 以貽父母之憂者多矣. 朱子新說, 未嘗不通, 後儒力加非毀, 妄矣.

질의한다. 마융의 설은 진실로 훌륭하다. 그러나 사람의 자식 된 자가 제 몸을 삼가지 아니하여, 때로는 주색에 빠지기도 하고 때로는 풍로風露에 상하기도 함으로써 질병이 생겨 부모에게 근심을 끼치는 경우가 많을 것이다. 주자의 새로운 해설은 일찍이 통하지 않는 것이 아닌데, 후대 유자들이 힘써 비방하고 헐뜯으니, 망령된 것이다.

비평 —— 이 구절의 해석에서 마융과 형병의 구설이 좋다는 다산과 새로운 학설을 제기한 주자의 해설 간에 약간 차이가 있다. 그러나 두 사람 모두 상대의 해석이 또한 통한다고 말한다는 점에서 상호 보완적이라 할 수 있다. 다음은 주자 해석을 지지하는 입장이다.

신안 진씨가 말했다. "앞의 주자의 『집주』의 설이 좋다. 뒤의 설(구설)이 숨은 뜻을 부연한 것이라 한다면 괜찮지만, 올바른 뜻을 풀이한 것이라고 한다면 잘못 안 것이다."

쌍봉 요씨가 말했다. "(『집주』의) '무릇 그 몸을 지키는 일(凡所以守其身)'이라는 말에 '무릇(凡)'이라는 한 글자를 쓴 것은 대개 오로지 병들까 삼가는 것만이 아니기 때문이다. 내가 보기에 (『집주』의 설에는) 이미 뒤의 설의 뜻이 그 가운데 포함되어 있다."(『논어집주대전』)

또한 '부모유기질지우父母唯其疾之憂'에서 기其라는 대명사를 (1) 부모, (2)자식을 가리키는 것이라는 두 가지 해석이 있을 수 있다. 여기서 주자와 다산 (고주) 모두 (2) 자식으로 보았지만, 왕충은 (1) 부모로 해석했다.

❧

2:7. 子游問孝. 子曰: "今之孝者, 是謂能養. 至於犬馬, 皆能有養. 不敬, 何以別乎?"(『鹽鐵論』에는 作是爲能養으로 되어 있다.)

고주 —— 자유가 효에 대해 묻자, 공자께서 말씀하셨다. "오늘날의 효는 (단지) 능히 공양(養=飮食供養)하는 것을 말한다. 개와 말의 경우에도 모두 능히 (사람을) 공양함이 있으니, (부모를) 공경하지 않으면 (개나 말도 능히 사람을 공양하는 것과) 무엇으로 구별하겠는가?" (일설에 사람이 飼養하는 바는 개와 말에까지 미치니, 부모를 공경하지 않는다면 견마를 사양하는 것과 구별됨이 없다고 하였다.)

주자 —— 자유가 효에 대해 묻자, 공자께서 말씀하셨다. "오늘날의 효라는 것은 능히 (음식으로) 공봉(養=飮食供奉)하는 것을 말한다. 그런데 개와 말에 있어서도 (사람이) 모두 능히 양육함이 있다. (사람이 부모를) 공경하지 않는다

자원풀이 ■효孝 자는 노老(人 + 毛 + 匕 = 희어진 긴 머리에 등이 굽은 사람이 지팡이를 들고 가는 모양)+자子, 즉 늙은 부모를 자식이 업고 있는 것을 형상한 글자이다. 부모의 자식 사랑을 뜻하는 자慈 자가 불쌍히 여겨 껴안고자 마음인 것과 대비하여 이해할 수 있다. 동서고금을 막론하고 "효란 모든 행위의 근본이다(孝者百行之本也)"라고 말하면서, 효도하지 않은 사람은 최소한의 인간적인 도리도 할 줄 모르는 사람이므로 사귀지 말라고 했다(소크라테스).
■능能은 원래는 곰의 모습을 그렸다. 厶(사사로울 사)는 곰의 머리를, 月(=肉)은 몸통을, 두 개의 匕(비수 비)는 다리를 상징한다. 곰은 몸집에 걸맞지 않게 가공할 힘과 용맹스러움을 지녔기 때문에 능력能力, 재능才能, 가능可能의 뜻이 쓰였다. 그러나 이후 '곰'을 뜻할 때는 소리부가 생략된 모습에 火를 더해 웅熊으로 만들어 분화되었다.
■양養은 食(밥 식)+羊(양 양)의 형성자로 양(羊)을 먹이듯(食) 정성껏 보살피며 봉양하는 모습을 나타낸다. 기르다, 양육하다, 보양하다, 유양하다 등의 뜻이다.

면 (사람을 공봉하는 것과 개나 말을 양육하는 것과) 무엇으로 구별하겠는가?"

다산 —— 자유가 효에 대해 묻자, 공자께서 말씀하셨다. "오늘날의 효는 능히 (시중을 들며) 공양(養=左右供養)하는 것을 말한다. 개와 말의 경우에도 모두 능히 (사람을) 공양함이 있으니, (부모를) 공경하지 않으면 (개나 말도 능히 부모를 공양하는 것과) 무엇으로 구별하겠는가?"

집주 —— ■ 子游는 孔子弟子니 姓言이요 名偃이라 養은 謂飮食供奉也라 犬馬는 待人而食하니 亦若養然이라 言人畜犬馬에도 皆能有以養之하니 若能養其親而敬不至면 則與養犬馬者何異리오 甚言不敬之罪하니 所以深警之也시니라

자유子游는 공자의 제자로 성姓은 언言이요, 이름은 언偃이다. 양養은 음식으로 이바지하여 받듦(飮食供奉)을 말한다. 개와 말도 사람에 힘입어 먹으니 또한 부양하는 것과 같다. 사람이 개와 말을 기르는 경우에도 모두 능히 부양함이 있으니, 만약 능히 그 부모를 부양하면서 공경이 지극하지 않다면 곧 개와 말을 부양하는 것과 무엇이 다르겠는가? 불경의 죄를 심하게 말씀하신 것이니, 깊이 경계하신 것이다.

■ 胡氏曰 世俗事親에 能養足矣라하여 狎恩恃愛하여 而不知其漸流於不敬하니 則非小失也라 子游는 聖門高弟니 未必至此로되 聖人이 直恐其愛踰於敬이라 故로 以是深警發之也시니라

호병문이 말했다. "세속에서 부모를 섬김에 공양하는 것만으로 충분하다고 여겨, 은혜에 익숙해지고 사랑을 믿어서 점차 불경으로 흐르는 것을 알지 못

■별別은 '뼈를 나타내는 글자(骨의 옛 글자)와 刀(칼 도)의 회의자로 칼(刀)로 뼈를 갈라내는 모습에서 분리分離, 구분區分, 구별區別의 의미가 나왔다. 후에 분류分類, 특별特別 등의 의미가 나왔다.

하니, 곧 작은 잘못이 아니다. 자유는 성인 문하의 높은 제자로 필시 이와 같은 데에 이르지는 않았을 것이다. 성인께서는 그 사랑이 공경을 넘어서는 것을 진정 걱정하셨기 때문에 이 말씀으로 깊이 경계하고 계발하셨다."

고금주 —— ■補曰 養, 謂左右奉養.[非飮食之謂] ○包曰: "犬以守禦, 馬以代勞, 皆養人者."[邢云: "犬馬皆能養人, 但畜獸無知, 不能生敬."] ○補曰 養而不敬, 無以自別於犬馬也.[〈祭義〉云: "曾子曰, '孝有三, 大孝尊親, 其次弗辱, 其下能養.'"]

보완하여 말한다. 양養은 좌우의 여러 면에서 봉양함을 말한다(음식을 말하는 것이 아니다). ○포함이 말했다. "개는 지켜주고, 말은 수고로움을 대신하니, 모두 사람을 봉양하는 것이다."(형병이 말했다. "개와 말도 모두 능히 사람을 봉양하지만, 다만 기른 짐승은 無知하므로 공경하는 마음을 일으킬 수 없다.") ○보완하여 말한다. 봉양하되 공경하지 않으면, 자연히 개나 말과 구별될 수 없다.(『예기』 「제의」에서 말했다. "증자가 말하기를, 효에는 세 등급이 있으니, 대효는 어버이를 존경하고, 그다음은 욕되게 하지 않고, 그 아래는 능히 봉양하는 것이라고 하였다.")

■邢云: "能養, 謂能以飮食供養." ○駁曰 非也. ○毛曰: "〈旣夕禮〉'養者皆齊', 〈文王世子〉'玄而養', 此侍疾也. 世無疾困饗飮食者. 知養之爲奉侍, 非飮食也."

형병이 말했다. "능양能養은 음식으로써 능히 공양하는 것을 말한다." ○논박하여 말하면, 그릇되었다. ○모기령이 말했다. "『의례』「기석례」에 '양자養者는 모두 재계한다.'고 하였다. 「문왕세자」에서는 '현이양玄而養(현관과 현단복으로 병환을 시중든다)'이라고 하였는데, 이 양養 자는 모두 병환을 시중드는 것(侍疾)이다. 세상에 병환에 음식으로 향응하는 자는 없다. 양養은 받들어 모시는 것이지, 음식이 아니라는 것을 알게 된다."

■何曰: "人之所養, 乃至於犬馬, 不敬則無以別.『孟子』曰, '食而不愛, 豕畜之, 愛而不敬, 獸畜之.'" ○駁曰 非也. ○徐仲山曰: "犬馬能事人, 故曰能.[能者, 奇之也] 若人養犬馬, 何能之有?[事之常] 幾見有人而不能餵畜者乎?'"

하안이 말했다. "사람이 사양飼養하는 바는 개와 말에까지 미치니, (부모를) 공경하지 않는다면 (견마를 飼養하는 것과) 구별됨이 없다. 『맹자』「진심상」에서 말했다. '먹이기만 하고 사랑하지 않으면 돼지로 기르는 것이고, 사랑하기만 하고 공경하지 않으면 짐승으로 기르는 것이다.'" ○논박하여 말하면, 그릇되었다. ○서중산이 말했다. "개와 말도 능히 사람을 섬길 수 있기 때문에 능能이라고 말하였다(능능이란 기특하게 여긴 것이다奇之也). 만일 사람이 개와 말을 양육하는 것이라면, 어찌 능能 자가 있겠는가?(일상적인 일이다). 사람이 되어 짐승을 양육할 수 없는 자를 얼마나 보겠는가?"

■引證〈坊記〉曰: "小人皆能養其親, 君子不敬, 何以別?" ○按 小人, 謂氓隷也, 君子, 謂貴人也. 小人對犬馬, 君子對人子, 文例正與此經同. 皆能者, 亦奇之也.

인증한다. 『예기』「방기坊記」에서 말했다. "소인도 모두 그 어버이를 능히 봉양하는데, 군자가 공경하지 않는다면 무엇으로 변별하겠는가?" ○살핀다. 소인은 맹예氓隷를 말하고, 군자는 귀인을 말한다. 소인은 견마犬馬에 대비되고, 군자는 인자人子에 대비되니, 문장의 형식이 이 경문과 같다. '모두 능하다(皆能)'는 것은 또한 기특하게 여긴 것이다.

■引證 曾子曰: "衆之本敎曰孝, 其行曰養. 養可能也, 敬爲難, 敬可能也, 安爲難."[見〈祭義〉] ○案 此本〈曾子大孝〉篇文.[『大戴禮』]

인증한다. 증자가 말했다. "뭇사람의 근본 교육은 효이고, 그 실행은 봉양이다. 봉양은 가능하지만, 공경은 어렵다. 공경은 가능하지만, 편안하게 해 드리는 것이 어렵다."(『예기』「祭義」) ○살핀다. 이것은 본래 「증자대효」편의 글이다(『대대례기』).

■引證 唐 馬周上疏云: "臣少失父母, 犬馬之養, 已無所施." ○宋 王豐甫〈辭免起復表〉云: "犬馬之養未伸, 風木之悲累至." ○按 二文皆遵包義.

인증한다. 당나라 마주馬周가 상소하여 말했다. "신은 소시에 부모를 여의어 견마의 봉양도 베푼 적이 없었습니다." ○송나라 왕풍보王豐甫가 「사면기복

표사면기복표表辭免起復表」에서 말했다. "견마의 봉양도 퍼지 못하니, 풍목風木의 슬픔이 자주 닿아 옵니다." ○살핀다. 두 글은 모두 포함의 해석을 따랐다.

비평 —— 진정한 효도란 단순히 음식으로 부양하는 것만으로는 부족하며, 부모를 공경하는 마음이 있어야 한다.

　오륜五倫의 첫 번째 항목이 부자유친父子有親이다. 부모와 자식의 친(親=木 +立+見=나무가 자립하도록 지켜보는 것)함이란 곧 부모와 자식이 상호 자립하도록 돌보아 주는 것이다. 부모와 자식의 상호 돌보아줌은 "부모는 자식을 사랑하고, 자식은 부모에게 효도해야 한다(父慈子孝)."는 말로 규정된다. 그런데 부모의 자식 사랑은 자연적으로 잘 행해졌지만, 자식의 부모에 대한 효도는 그렇지 않았기에 효도가 더 강조되었다. 여기서 공자가 공경함(敬)이 있어야 진정한 효도일 수 있다는 지적을 오늘의 우리도 잘 새겨들어야 한다.

　"지어견마至於犬馬 개능유양皆能有養"이란 구절을 두고, 그 주체가 사람인가 견마인가에 대해 고주의 형병의 설을 따른 주자, 또한 고주의 포함의 설을 따르는 다산 간의 불일치한다. 그런데 이렇게 다르게 해석한다고 할지라도 전체적으로 귀결되는 뜻은 곧 '부모를 공봉供奉(주자) 혹은 공양供養(다산)하는데, 공경하는 마음이 없다면 진정한 효라고 할 수 없다.'는 뜻으로, 큰 차이는 없다고 하겠다. 그렇지만 주자의 해석이 더 순조롭다고 생각된다.

　다산이 「인증」으로 제시한 세 편의 글이 다산의 해석을 뒷받침하는 결정적인 증거가 되기에는 미흡하지 않을까 생각된다. 첫 번째 글은 소인을 견마에 대비하였지만, 견마가 봉양한다는 의미가 내포되어 있지 않다. 그리고 두 번째 증자의 말 역시 사람의 효를 말한 것이지, 결코 견마가 사람을 봉양함을 말한 것이 아니다. 나아가 세 번째 글은 너무 후대의 글이다. 다음 해설은 주자의 해석에 대한 정당한 평가이다.

쌍봉 요씨가 말하였다. "'시위능양是謂能養'과 '개능유양皆能有養'이란 두 구절의 '능能' 자를 보면 곧 부모를 부양하는 '사람'과 개·말을 부양하는 '사람'을 말한 것이다. 부모를 부양하는 사람이 능히 부양하되, 공경하지 않으면 개와 말을 부양하는 사람과 차이가 없다는 말이지, 부모와 개·말이 차이가 없다는 말은 아니다. 『집주』에서 '개·말을 부양하는 것과 무엇이 다른가?'라고 했을 때는 곧 사람(人)이란 글자, 즉 개·말을 부양하는 '사람'과 무엇이 다른가 하는 말이다."

(『논어집주대전』)

꘍꘍

2:8. 子夏問孝. 子曰: "色難. 有事, 弟子服其勞, 有酒食, 先生饌, 曾是以爲孝乎?"

고주 —— 자하가 효를 묻자, 공자께서 말씀하셨다. "(부모님의) 얼굴빛을 (살펴 뜻을) 받들어 따르는 것이 어렵다(色難=承順父母顔色). 일이 있으면 동생이나 아들이 그 수고로움을 대신하고, 술이나 밥이 있으면 부형(先生=父兄)께서 먼저 드시도록 하는 것(饌=飮食之)을 곧 효로 여겼겠는가?"

주자 —— 자하가 효를 묻자, 공자께서 말씀하셨다. "(효자로서 깊이 사랑하는 자는) 얼굴빛을 온화하게 하는 것이 어렵다. 일이 있으면 아우나 동생이 수고로움을 대신하고, 술과 음식이 있으면 부형(先生=父兄)께 먼저 마시고 드시게 하였는데(饌=飮食之), 일찍이(曾=嘗) 이것만으로 효라고 했겠는가?"

다산 —— 자하가 효를 묻자, 공자께서 말씀하셨다. "(부모를 섬길 때는) 얼굴빛을 온화하게 하는 것이 어렵다. (향당의 항례에서는) 일이 있으면 낮거나 어린 이(弟子=卑幼)는 수고로움을 짊어지고, 술과 음식이 있으면 존귀하거나 연세 많은 분(先生=尊長)들께 진설(饌=陳設)하는데, 곧(曾=詞之舒) 그것(향당의 항례만을 행하는 것)을 효라고 하겠는가?"

집주 —— ■ 色難은 謂事親之際에 惟色爲難也라 食는 飯也라 先生은 父兄也라 饌은 飲食之也라 曾은 猶嘗也라 蓋孝子之有深愛者는 必有和氣하고 有和氣者는 必有愉色하고 有愉色者는 必有婉容이라 故로 事親之際에 惟色爲難耳니 服勞奉養은 未足爲孝也라 舊說에 承順父母之色이 爲難이라 하니 亦通이니라

'색난色難'은 부모를 섬길 때 오로지 얼굴빛을 취함이 어렵다는 것을 말한다. 사食는 밥(飯)이고, 선생先生은 부형父兄이다. 찬饌은 마시고 먹는 것이다. 증曾은 일찍이(嘗)와 같다. 대개 효자로 깊은 사랑이 있는 자는 반드시 온화한 기운(和氣)이 있고, 온화한 기운이 있는 자는 반드시 유순한 얼굴빛이 있고, 유순한 얼굴빛이 있는 자는 필시 공손한 몸가짐(婉容)이 있다. 그러므로 부모를 섬길 때는 오로지 얼굴빛을 취함이 어려울 따름이며, 힘든 일을 대신하고 봉양하는 것으로 효라 하기에는 충분하지 않다. 구설舊說에 부모의 얼굴빛을 (보고 그 뜻을) 받들어 따르는 일이 어렵다고 하였는데, 역시 통한다.

자원풀이 ■난難은 隹(새 추) + 堇(노란 진흙 근)으로 원래는 새 이름이었다. 堇은 제물로 바쳐져 손이 위로 묶인 채 입을 크게 벌리고 고통스러워하는 사람으로, 難은 날개가 묶여 고통스러워하는 새이다. 이로부터 (날기가) 어렵다의 뜻이 나왔다. 간난艱難, 힐난詰難 등으로 쓰인다.
■복服은 月(달 월)이 의미부이고 오른쪽의 '다스릴 복'이 소리부인 형성자이다. 원래는 舟(배 주)가 의미부로 사람을 다스려 꿇어앉혀 배에 태우는 모습에서 굴복屈服이라는 의미를, 이로부터 '일을 시키다(服務)', 사용하다, 음식이나 약 등을 먹다(服用)는 말이 나왔다. 이후 舟 자가 月 자로 변하고, 또 '옷'이라는 의미를 지니게 되었는데 옷의 외양外樣으로 사람의 행동거지를 제어한다는 의미를 담았다.
■로勞는 力(힘 력)+熒(등불 형)으로 밤새 불을 밝혀 힘써 일하는 모습을 나타낸다.
■찬饌은 食(밥 식)+巽(공손할 손)의 형성자로 음식(食)을 골라(巽) 진설하거나 준비하다는 뜻이다. 이로부터 먹고

■程子曰 告懿子는 告衆人者也요 告武伯者는 以其人多可憂之事요 子游는
能養而或失於敬이요 子夏는 能直義而或少溫潤之色이니 各因其材之高下와
與其所失而告之라 故로 不同也니라

정자가 말했다. "의자에게 알려주신 것은 보통사람들에게도 알려 주신 것이
다. 무백에게 알려 주신 것은 그가 부모에게 걱정을 끼칠 만한 일이 많았기
때문이다. 자유는 능히 봉공할 줄 알았지만, 혹 공경에서 실수하였으며, 자
하는 능히 정직하고 의로웠지만 혹 따스하고 부드러운 얼굴빛이 모자랐다.
각각 그 재질의 높고 낮음과 그 부족한 점에 따라 알려주셨다. 그러므로 같
지 않다."

고금주 —— ■補曰 色難, 謂事親能愉色乃爲難. 弟子, 卑幼之稱. 先生, 尊長之
稱也. 服, 躬任也, 如牛服軛然.[〈考工記〉云:"兩軛之間, 謂之衡任."] 饌, 陳列也. 凡
長幼同會, 有事, 則卑幼者例服其勞, 有酒食, 則尊長所食, 例先陳設, 此鄕黨之
恒禮也. 子事父母, 當於恒禮之外, 別有婉容愉色. 若但用長幼之恒禮, 則曾是
以爲孝乎? 曾, 詞之舒也.[『說文』云]

보완하여 말한다. 색난色難은 어버이를 섬길 때 능히 얼굴빛을 유순하게 취하
는 것이 어렵다는 말이다. 제자弟子는 낮거나 어린 이를 지칭하고, 선생先生은
존귀하거나 연세가 많은 이를 지칭한다. 복服은 몸소 짊어짐이니, 마치 소가
멍에를 지는 것과 같다(『예기』「고공기」에 "두 멍에 사이를 衡任이라 한다."고 하였다.)
찬饌은 진열陳列이다. 무릇 어른과 어린 이가 함께 모여 있을 때, 일이 있으면

마시다, 음식, 반찬 등의 뜻이 나왔다.
■증曾은 甑(시루 증)이 원래 글자로 김이 솟아나는 시루를 그렸다. 시루는 그릇을 포개 놓은 것이기에 중첩하다,
더하다의 뜻이 나왔다. 이후 '일찍'이라는 뜻으로 가차되었다. 원뜻은 瓦(질그릇 와)를 더해 甑이 되었다.
■시是는 日(날 일)+正(바를 정)의 회의자로 해(日)가 한가운데(正)에 자리하는 '이때'를 말하였다. 이후 옳다, 바르
다, 치우치지 않다, 정확하다의 뜻이 나왔다.

낮거나 어린 이가 으레 그 수고로움을 짊어지고, 술과 음식이 있으면 존장자가 드실 것을 먼저 진설하는 것이 향당의 항례恒禮이다. 자식이 부모를 섬길 때는, 마땅히 항례 이외에 별도로 공손한 용모와 유순한 얼굴빛을 지녀야 한다. 만약 단지 장유 간의 항례만 행한다면, 일찍이 이것을 효라고 했겠는가? 증曾은 말을 완만하게 하는 것이다(『설문』에서 말했다).

■包曰: "色難者, 謂承順父母顏色乃爲難." ○駁曰 非也. 陳氏云: "此說, 添'承順父母'字, 方可解."

포함이 말했다. "색난色難이란 부모의 안색을 (보고 뜻을) 받들어 따르는 것이 어렵다는 말이다." ○논박하여 말하면, 그릇되었다. 신안 진씨가 말했다. "(포함의) 이 설명은 '승순부모承順父母'라는 글자를 첨가해야 비로소 이해된다."

■馬曰: "先生, 謂父兄." ○駁曰 非也. 夫子之言, 明明以父母別於先生, 而親子別於弟子, 欲於長幼恒禮之外, 別求其婉容愉色. 先儒乃以父兄當先生, 則其言晦彩, 極矣. 世有親父而名之曰先生, 親子而名之曰弟子者乎?

마융이 말했다. "선생은 부형父兄을 말한다." ○논박하여 말하면, 그릇되었다. 공자의 말씀은 명명백백하게 부모를 선생과 구별하고, 친자식을 제자와 구별하였으니, 장유長幼 간의 항례 이외에 별도로 그들에게 공손한 몸가짐과 유순한 얼굴빛을 요구하고자 했다. 그런데 선유들은 부형父兄을 선생에 해당시켰으니, 그 말이 극도로 희미하게 먹칠되어 버렸다. 세상에 친부를 명명하여 선생이라고 말하고, 친자를 명명하여 제자라고 말하는 경우가 있겠는가?

■馬曰: "饌, 飮食也." ○駁曰 非也. 『儀禮』諸篇, 凡言饌者, 皆陳列之義也. 今訓飮食, 可乎?

마융이 말했다. "찬饌은 음식이다." ○논박하여 말하면, 그릇되었다. 『의례』의 여러 편에 무릇 찬饌이라고 말한 것은 진열의 뜻이다. 이제 음식이라고 풀이하면 옳겠는가?

■吳程曰: "曾舊音增, 『集註』讀如字." ○程復心曰: "曾音層, 與曾謂泰山之曾同音.『釋文』, 嘗也. 又不料之詞, 反詞也."○案 (曾) 與嘗義不同, 亦非反辭.『說文』以爲'辭之舒'者近是. 曾孫之曾, 本是層累之意, 而讀之爲增. 獨於'曾是'之曾, 讀之爲層, 恐不必然.

오정이 말했다. "曾(증)은 옛 음이 增(증)인데,『집주』는 글자대로 읽었다." ○ 정복심이 말했다. 曾(층)은 음이 層(층)인데, '曾謂泰山(층위태산)'의 '曾(층)'과 같은 음이다.『석문』에서는 '일찍이(쓸)'라고 하였다. 또한 요량하지 못할 때 쓰는 말(不料之詞)이니, 반사反詞이다." ○ 살핀다. (曾은) 상쓸 자와 같지 않고, 반사도 아니다.『설문』에 '말을 완만하게 하는 것'이라고 하였는데, 옳음에 가깝다. '曾孫(증손)'의 '曾(증)'은 본래 여러 층으로 겹친다(層累)는 뜻인데, 增(증)으로 읽는다. 유독 曾是(층시)의 曾(증)만 層(층)으로 읽는다는 것은 아마도 반드시 그렇지는 않은 듯하다.

비평 —— (1) 고주에서 색난色難을 승순부모안색내위난承順父母顔色乃爲難이라 하여 '승순부모承順父母'라는 글자를 첨가했는데, 이에 대해 주자는 역시 통한다고 했지만, 다산은 불필요한 글자를 첨가하여 원문을 약간 변질시켰다고 비판했다.

(2) 고주와 주자는 선생先生을 부형父兄, 제자弟子를 아들과 아우라고 주석했다. 다산은 고주의 이러한 해석을 강하게 비판하고, 제자는 비유卑幼로, 선생은 존장尊長으로 해석했다. 그리고 '찬'이란 단순히 먹고 마시는 것(飮食)이 아니라, 음식을 진설하는 것(饌=陳設)이라 해석하여, 이 구절의 본뜻은 "향당의 항례를 넘어서 별도로 공손한 용모와 유순한 얼굴빛을 띠어야 진정한 효가 된다."는 의미로 해석했다. 여기서 다산의 창의성이 잘 드러나 있다.

(3) 증曾 자에 대해 약간의 차이를 보이지만, 중요하지는 않다.

2:9. 子曰: "吾與回言, [句] 終日不違如愚, 退而省其私, 亦足以發, 回也不愚."

고주 —— 공자께서 말씀하셨다. "내가 안회와 (학문을) 강론하는데, 하루가 다하도록 (나의 말에 대해 괴이하게 여겨 반문하는 바가 없어) 어김이 없는 것이 마치 (무지한) 어리석은 사람 같았다. 물러간 뒤에 그 사실私室(에서 몇몇 사람들과 도의를 풀어 설명하는 것)을 살피니, 또한 (大體를) 충분히 발현해 내니, 안회는 어리석지 않구나!"

주자 —— 공자께서 말씀하셨다. "내가 안회와 함께 종일토록 이야기를 해도, (나의 말에 배치되거나 논란함이 없어) 거스르지 않는 것이 마치 어리석은 자 같았다. 그가 물러간 뒤 사사로움(燕居獨處)을 살펴보면 역시 (내가 말한 이치를) 충분히 발현해 내니, 안회는 어리석지 않구나!"

다산 —— 공자께서 말씀하셨다. "내가 안회와 (학문을) 강론하는데(公적인 것임), 하루가 다하도록 (나의 말에 배치되거나 논란함이 없어) 어김이 없는 것이 마

자원풀이 ■여與는 与(어조사 여)+舁(마주들 여)의 형성자. 상아와 같은 소중한 물건을 서로 '함께' 들어 올리다(舁)의 뜻에서 나왔다. 더불어, 목적을 함께 하는 무리, 허여하다, 같이하다, 참여하다, 어조사, 주다 등으로 쓰인다.
■우愚는 心(마음 심)+禺(긴꼬리원숭이 우)의 형성자로 원숭이(禺)처럼 단순한 생각(心)을 하는 존재라는 의미에서 '어리석음'을 나타냈고, 자신을 낮추는 겸양어로 쓰인다.
■퇴退는 辵(갈 착)+艮(어긋날 간)의 회의자로 앞으로 나아가는 걸음걸이(辵)와 배치되는(艮) '물러섬'을 말한다. 퇴각退却, 후퇴後退, 몰아내다 등의 뜻이다.
■사私는 禾(벼 화)+厶(사사 사)의 형성자로 곡물(禾)을 자신(厶)의 것으로 만들다의 뜻으로 사사로움을 그렸고, 이로부터 이기적인, 비공개적인, 자신을 낮추어 부르는 말 등으로 쓰였다. 厶는 『한비자』에는 '창힐이 글자를 만들 때 스스로 테두리를 지우는 것을 厶라고 했고, 사사로움에 반대되는 것을 공公이라 했다.'고 했다. 『설문해자』에서는

치 (무지한) 어리석은 사람 같았다. (나로부터) 물러간 뒤에 사적인 것(=몇몇 다른 제자들과 함께 도의를 풀어 설명하는 것)을 살피니, 또한 (大體를) 충분히 발현해 내니, 안회는 어리석지 않구나!'

집주 —— ■回는 孔子弟子니 姓顔이요 字子淵이라 不違者는 意不相背하여 有聽受而無問難也라 私는 謂燕居獨處요 非進見請問之時라 發은 謂發明所言之理라

회回는 공자의 제자로 성은 안顔이고, 자는 자연子淵이다. 불위不違란 뜻이 서로 배치되지 않아, 들으면 받아들여서 묻거나 논란함이 없음이다. 사私는 한가롭게 혼자 거처하는 것으로, 나아가 뵙고 청하여 질문 드릴 때가 아니라는 것을 말한다. 발發은 말한 이치를 (실천에 옮겨) 발휘한다는 것을 말한다.

■愚聞之師호니 曰 顔子深潛純粹하여 其於聖人에 體段已具하니 其聞夫子之言에 黙識心融하여 觸處洞然하여 自有條理하여 故로 終日言에 但見其不違如愚人而已러니 及退省其私하니 則見其日用動靜語黙之間에 皆足以發明夫子之道하여 坦然由之而無疑하니 然後에 知其不愚也시니라

나는 스승께 들으니, 다음과 같이 말씀하셨다. "안자는 침잠沈潛·순수하여 성인의 체단體段을 이미 갖추어 공자의 말을 들을 때 묵묵히 깨달아 마음에 녹아들고 닿는 곳마다 환하게 깨달아 자연히 조리가 있었다. 그러므로 종일 토록 말을 해도 단지 거스르지 않는 것만 보이니, 마치 어리석은 사람 같을 뿐이었다. 그러나 물러나 그 홀로 있음을 살펴보면 평상시 동정動靜·어묵語黙

테두리가 지어진 모습을 그렸다. 공公은 八(여덟 팔)+厶로 구성되어 사사로움(厶)을 없애고 우리와 남, 안과 밖의 경계를 허문다(八)는 뜻이다.
■발發은 弓(활 궁)+癹(짓밟을 발)의 형성자로 활(弓)을 쏘아 멀리 나아가게(發) 하다는 뜻이다. 출발出發, 발사發射 등으로 쓰인다. 반대어인 폐廢는 쓸 활을 창고(广) 속에 넣어 두고 사장死藏함을 말한다.

사이의 모든 것이 공자의 도를 충분히 발휘하여 (실천하여) 드러내고, 드넓게 따르면서 의심하지 않았다. 그러했기에 안연이 어리석지 않은 것을 아셨다.”

고금주 —— ■補日 退而省者, 顏子退而孔子省之也. ○純日: “私者, 公之對. 孔門弟子以進見孔 子爲公, 其他朋友相與, 謂之私.” ○孔日: “察其退還與二三子說繹道義, 發明大體.” ○補日 發如花之含蘤而吐英也. 『易』日: “含章可貞, 以時發也.”[夫子之言簡嚴如含蘤, 顏子發其旨如吐英]

보완하여 말한다. 퇴이성退而省이란 안자가 물러간 뒤에 공자께서 그를 살피신 것이다. ○태재순이 말했다. “사私란 공公의 반대이다. 공문의 제자들이 나아가 공자를 알현하는 것이 공公이고, 그 밖에 벗과 서로 관여하는 것을 사私라 한다.” ○공안국이 말했다. “안회가 물러나 돌아가서 몇몇 사람들과 도의를 풀어서 설명하고, 대체大體를 발현하여 밝힌 것을 살피신 것이다.” ○보완하여 말한다. 발發이란 꽃이 꽃망울을 머금고 나서 꽃잎을 드러내는 것과 같다. 『역경』에서 “장章을 머금고 있는 것이 정貞이 될 만하나, 때가 되면 발發해야 한다.”고 했다(공자의 말씀은 꽃망울을 맺고 있는 것처럼 간략하고 엄정하며, 안자는 꽃잎을 토하는 것과 같이 공자의 뜻을 발현했다).

■金履祥日: “‘吾與回言終日’六字爲句.” ○駁日 非也. ‘言終日’三字, 詞理不活. ‘與回言’爲句, ‘終日不違’爲句, 然後讀之瀏亮.

김이상이 말했다. “‘오여회언종일吾與回言終日’ 여섯 글자가 구가 된다.” ○논박하여 말하면, 그릇되었다. ‘언종일言終日’ 세 글자는 사리詞理가 살지 못한다. ‘여회언與回言’이 구를 이루고, ‘종일불위終日不違’가 구를 이룬 연후에 읽어야 뜻이 분명해진다.

■質疑 燕居獨處, 但當默然端坐. 其足以發, 不足以發, 夫子何以知之? 私者, 朋友之私講也. 曾子亦有此事. 子日: “吾道一以貫之.” 曾子日: “唯.” 是不違也. 退而答門人之問日: “夫子之道, 忠恕而已.” 此亦足以發也.

질의한다. 한가롭게 혼자 거처하는 것(燕居獨處)은 단지 묵묵히 단정히 앉아 있는 것인데, 안회가 (공자께서 말씀하신 도리를) 충분히 발휘했는지 발휘하지 못했는지 공자께서 어떻게 알겠는가? 사私란 붕우 사이의 사사로운 강론이다. 증자도 역시 이런 일이 있었다. 공자께서 '나의 도는 하나로써 꿰뚫었다.'고 하자, 증자가 '예' 하고 대답하였으니, 이것은 '거스르지 않는 것(不違)'이고, 물러나 문인들의 물음에 대답하여, '부자의 도는 충서忠恕일 뿐이다.'라고 대답하였으니, 이것은 또한 충분히 발휘한 것이다.

비평 ── (1) 고주의 형병은 "공자언아여회언孔子言我與回言, 종경일일終竟一日, 역무소괴문어아지언亦無所怪問於我之言"으로 풀이함으로써 '여회언與回言'으로 구를 이루고, '종일불위終日不違'로 구를 이룬다고 풀이하였다. 이에 비해 주자는 "종일언終日言에 단현기불위여우인이이但見其不違如愚人而已러니"라고 풀이하여 '오여회언종일吾與回言終日' 여섯 글자로 구를 삼았다. 다산은 비록 김이상의 풀이를 지적하여 비판하지만, 실은 주자의 해석을 비판하였다고 하겠다. 두 해석 모두 가능하지만, 다산의 비판이 설득력이 있다.

(2) 사私라는 말을 단순히 문자적으로 연거독처燕居獨處라고 옮긴 주자의 해석에 대해 다산이 질의하였다. 다산의 질의는 상당히 타당한 면이 있다. 그러나 주자 또한 연거독처를 '평상시 동정·어묵 사이'라고 말하였으며, 또한 「세주」에서는 '남과 마주앉아 있으면서도 마음의 뜻이 조용히 향하는 바 또한 사사로움이다.'라고 말하여 좀더 넓게 적극적인 것으로 해석할 여지를 남겨주고 있다.

주자가 말했다. "그 사사로움을 살핀다고 할 때의 사사로움은 단지 다른 사람이 없이 홀로 있는 경우만 말하는 것이 아니다. 예컨대 남과 마주앉아 있으면서도 마음의 뜻이 조용히 향하는 바 또한 사사로움이다." (『논어집주대전』)

(3) 발發에 대해 각각 약간의 어감상 차이가 있는 듯하다. "발發이란 발휘發揮하다·발현發見한다고 할 때의 발發이지, 말로써 밝히는 것이 아니다(『논어집주대전』, 신안 진씨의 말)."는 말로 평가해 보는 것이 좋겠다.

❧

2:10. 子曰: "視其所以, 觀其所由, 察其所安, 人焉廋哉? 人焉廋哉?"

고주 —— 공자께서 말씀하셨다. "그 사람이 행용(行動:以=用)하는 바를 보고, 그 사람이 경종(由=經從)하는 바를 살피고, 그 사람이 편안히 여기는 바를 관찰하면, 사람의 (終始를 관찰하면) 어느 곳에 (그 情狀을) 숨기겠는가? 그 사람이 어느 곳에 (그 情狀을) 숨기겠는가?"

주자 —— 공자께서 말씀하셨다. "그 사람이 (선·악을) 행위(以=爲)하는 것을 보고(군자·소인을 알 수 있다), 그 행위의 동기(由=從:의도)를 관찰하고, 그 (마음이) 즐겨하는 바(安=樂)를 세밀히 살핀다면, (동기가 비록 선하더라도 마음이 즐겨하는 것이 거기에 있지 않다면 또한 僞善일 뿐이니) 사람이 어찌 숨길 수 있겠는가? 사람이 어찌 숨길 수 있겠는가?"

다산 —— 공자께서 말씀하셨다. "그 하는 일의 기인하는 바(以=因)를 (혹 무심히) 보고, 그 하는 일의 경과(由=經)를 (有意해서) 관찰하고, 그 하는 일의 귀착

자원풀이 ■안安은 宀(宅)+女로 구성된 글자로, 여자가 집안에 있는 것을 형상화한 글자이다. 내자內子인 여자가 집안에 있다는 것을 곧 마땅히 있어야 할 장소에 있는 것을 말한다. 인간이 머물러야 할 곳은 인간의 본성인 인仁이기 때문에, 맹자는 인仁은 사람의 편안한 집(仁人之安宅)이라고 말했다.

되는 곳(安=止而不遷)을 살펴본다면, 사람이 어찌 숨길 수 있겠는가? 사람이 어찌 숨길 수 있겠는가?"

집주 —— ■ 以는 爲也니 爲善者爲君子요 爲惡者爲小人이라
이以는 행함(爲)이니, 선을 행하는 자는 군자이고, 악을 행하는 자는 소인이다.
■ 觀은 比視爲詳矣라 由는 從也라 事雖爲善이나 而意之所從來者 有未善焉
이면 則亦不得爲君라 或曰 由는 行也니 謂所以行其所爲者也라
관觀은 시視에 비해 상세하다. 유由는 '따라나온다(從)'이다. 하는 일(事)이 비록 선하더라도 의도가 유래하는 곳이 아직 선하지 않음이 있으면, 또한 군자가 될 수 없다. 어떤 사람이 '유由는 행위(行)한다는 것이니, 그 행위를 하는 까닭을 말한다.'고 했다.
■ 察은 則又加詳矣라 安은 所樂也라 所由雖善이나 而心之所樂者 不在於是
면 則亦僞耳니 豈能久而不變哉리오
찰察 또한 더 상세히 보는 것이다. 안安은 즐겨하는 바(所樂)이다. 동기가 비록 선하더라도 마음이 즐겨하는 것이 거기에 있지 않다면 또한 위선일 뿐이니, 어찌 오래토록 변하지 않을 수 있겠는가?
■ 焉은 何也요 廋는 匿也니 重言以深明之시니라
언焉은 어찌(何)이고, 수廋는 숨긴다(匿)는 뜻이다. 거듭 말씀하시어 깊이 밝히셨다.
■ 程子曰 在己者를 能知言窮理면 則能以此察人을 如聖人也니라
정자가 말했다. "자신에게 있는 것이 능히 말을 알고(知言) 이치를 궁구(窮理)할 수 있으면, 이것으로써 능히 성인처럼 사람을 살필 수 있다."

고금주 —— ■ 補曰 視, 或無心, 觀, 必有意, 察, 尤其詳密者也. ○補曰 以, 因也.[〈邶風〉云:"何其久也? 必有以也."] 由, 經也.[何云:"觀其所經從."] 安, 止而不遷

也.[『孟子』曰: “敢問所安.”] 凡觀人之法, 每作一事, 須觀其始所因者何故, 中所經者

何道, 終所止者何處, [邢云:“察其所安處.”] 則人無所匿其情也. ○孔曰: “廋, 匿也.”

보완하여 말한다. 시視는 (보면서도) 혹 무심하지만, 관觀은 반드시 의지가 있

다. 찰察은 더욱 상세하고 정밀하게 보는 것이다. ○보완하여 말한다. 이以는

인因함이다.(『시경』「邶風」에서 말했다. “어찌 이리도 오래 걸리는가? 필시 연유가 있으

리라.”) 유由는 경유(經)하는 것이다.(하안이 말했다. “그 겪어나는 것을 본다.”) 안

安은 머무르며 옮겨가지 않는 것이다.(맹자가 말했다. “감히 처하는 곳이 어느 곳인

지 묻고자 합니다.” 「공손추」2) 무릇 사람을 관찰하는 법에는 매번 한 가지 일을

할 때마다 그 시작의 원인 되는 것은 어떤 연고인지, 중간에 경유하는 것이

어떤 길(방법)인지, 마지막에 머무르는 바가 어떤 곳인지(형병이 말했다. “그 편

안해 하는 곳을 살핀다.”)를 관찰하면 사람이 그 실정을 숨길 수 없다.

■引證 『大戴禮』云: “考其所爲, 觀其所由, 察其所安, 以其前占其後, 以其見占

其隱.”[〈文王官人〉篇] ○案 朱子訓以作爲, 蓋據『大戴禮』也. 然『大戴禮』雜引爲

文, 本無精義. [『穀梁傳』云:“常事曰視, 非常曰觀.”]

인증한다. 『대대례大戴禮』에서 말했다. “그 하는 바를 고람하고, 그 유由(경유

혹은 유래)하는 바를 관찰하고, 그 안安(즐겨하는, 혹은 머무르는)하는 바를 살핌

으로써, 그 앞의 것으로써 그 뒤의 것을 점치고, 그 보이는 것으로써 그 보이

지 않는 것을 점친다.”(「文王官人」편) ○살핀다. 주자는 이以를 작위作爲라고

하였는데, 대개 『대대례』에 근거한 것이다. 그러나 『대대례』는 잡다하게 인

용하여 글을 만든 것이니, 본래 실제 의미가 없다.(『곡양전』에서 말했다. “평상시

의 일은 본다. 비상시에 일은 관찰한다.”)

비평 —— 사람 됨됨이를 살피는 방법을 말해 주고 있다. 공자께서는 사람 됨

됨이를 살필 때 우선 그 사람의 행위, 그가 선을 행하는지 악을 행하는지를

살피라고 말한다. 선을 행하는 사람이면 선인이고, 악을 행하는 사람이면 악

인이다. 단순히 행위를 넘어서, 좀더 세밀하게 그 사람을 관찰하고자 한다면, 그런 행위를 하게 만든 동기를 살펴야 한다. 궁극적으로 그 사람을 평가하려면, 그 사람이 진정 그 동기와 의지를 지니고 그 행위를 하는 것을 편안해 하고 정말 좋아하는지를 살펴야 한다. 이와 유사한 구절이 『맹자』에도 나온다.

> 맹자가 말했다. "사람을 살피기는 눈동자보다 더 좋은 것이 없다. 눈동자는 그 사람의 악을 숨기지 못한다. 마음이 올바르면 눈동자가 맑고, 마음이 올바르지 않으면 눈동자가 어둡다. 그 말을 듣고 그 눈동자를 보면, 사람이 어찌 그 본마음을 숨길 수 있겠는가?"(「離婁上:15」 孟子曰, "在乎人者, 莫良於眸子. 眸子 不能掩其惡. 胸中 正則眸子瞭焉. 胸中 不正則眸子眊焉. 聽其言也, 觀其眸子, 人焉廋哉?")

고주는 자의에 충실히 해석하였다. 주자는 사람에 중점을 두고 사람의 행위 · 동기 · 즐거하는 바의 순서대로 살피면, 그 사람의 됨됨이를 좀더 소상하게 알 수 있다고 말했다. 이에 비해 다산은 사람이 하는 '일'에 중점을 두고, 일의 기인起因, 경과, 그리고 그 귀착처를 살펴보면 그 사람의 실정을 알 수 있다고 했다. 각각의 장점과 특징이 있다. 한당의 유학은 글자의 의미를, 송대의 성리학자인 주자는 인간의 심성을 중시하였다면, 한국의 실학자인 다산은 행사行事에 강조점을 두고 해설하였다고 하겠다.

2:11. 子曰: "溫故而知新, 可以爲師矣."

고주 —— 공자께서 말씀하셨다. "예전에 배워서 얻은 것(故=舊所學得者)을 거듭 찾아 익혀서 (잊지 않게 하고:溫=尋=學之熟 後時習之), 본디 알지 못했던 것(素所未知)을 배워서 알게 한다면(則), (남의) 스승이 될 수 있다."

주자 —— 공자께서 말씀하셨다. "예전에 들은 것(故=舊所聞)을 찾아 실마리를 풀어내고(溫=尋繹) (때때로 익혀) 새것을 알면(매번 새로 얻은 것이 있으면), 스승이 될 수 있다."

다산 —— 공자께서 말씀하셨다. "예전에 배운 것이 (이미 싸늘해졌지만, 남을 가르치기 위하여) 거듭 연구하여 익혀서(溫=尋=學之熟 後時習之) 새것을 알게 하니 (나에게 유익한 일이 된다), 스승이 되어 볼 만한 것이다."

집주 —— ■溫은 尋繹也라 故者는 舊所聞이요 新者는 今所得이라 言學能時習舊聞而每有新得이면 則所學在我하여 而其應不窮이라 故로 可以爲人師라 若夫記問之學은 則無得於心하여 而所知有限이라 故로 學記에 譏其不足以爲人師하니 正與此意로 互相發也니라

온溫은 찾아서 풀어내는 것(尋繹)이다. 고故란 예전에 들은 것이고, 신新이란 지금 얻은 것이다. 배움에 있어 능히 예전에 들은 것을 때때로 익히고 매번 새로이 얻은 것이 있다면, 배운 것이 나에게 있어 그 응용이 끝이 없으므로

가히 다른 사람의 스승이 될 수 있다는 말이다. 저 기문지학(記問之學, 기억하여 물음에 답하기만 하는 학문)의 경우는 마음에 얻은 것이 없어 아는 것에 한계가 있다. 그러므로 『예기』「학기學記」에서 '기문지학은 다른 사람의 스승이 될 수 없다.'고 기롱한 것은 바로 이 말씀의 뜻과 서로 밝혀 준다.

고금주 —— ■何曰: "溫, 尋也." ○邢曰: "〈中庸〉云, '溫故而知新.' 鄭注云, '溫讀如燖溫之溫, 故學之熟矣, 後時習之謂之溫.'" ○補曰 可以爲師, 謂師之爲職, 頗可爲也. 舊學旣冷, 今以敎人之故, 得溫故而知新, 非益我之事乎? 人可以爲師矣.

하안이 말했다. "온溫은 거듭 연구하다(尋)이다." ○형병이 말했다. "『예기』「중용」에 '온고이지신溫故而知新'이라 하였는데, 정현의 주에서는 '온溫은 심온燖溫(고기 등을 물에 넣어 데워서 삶다)의 온溫과 같이 읽었는데, 옛날 배운 것이 익숙해진 이후에 때때로 익히는 것(時習)을 온溫이라 한다.'고 하였다." ○보완하여 말한다. 가이위사可以爲師란 스승이란 직업이 자못 할 만한 것임을 말한다. 옛날 배운 것이 이미 식어 싸늘해졌는데, 지금 남을 가르쳐야 하기 때문에 옛것을 따뜻하게 익히고 새것을 알게 되니, 나에게 유익한 일이 아니겠는가? 사람은 스승이 되어 볼 만한 것이다.

■何曰: "尋繹故者, 又知新者, 可以爲人師." [邢云: "溫故知新, 則可爲人師."] ○駁曰 非也. 殊非紬繹之義也. ○又按 師道甚廣, 不可但以溫故一事許之爲師. 邢疏揷一則字, 其義, 非也. 舊學旣冷, 每以誨人之故, 得溫故而知新, 孔子利此而

교하게 자르고 다듬어 '새로운' 물건을 만든다 → 후에 아직 사용하는 않은 것이라는 의미가 추가되었다.
■사師는 堆(흙을 모아서 쌓을 퇴)+帀(둘러칠 잡)의 형성자로 '모아 쌓아서 두르다'는 뜻에서 파생되어, 여러 지식을 모아 일이관지한 스승을 지칭하게 되었다(師表). 또한 흙이나 돌을 모아서 쌓아 둘러서 성城을 만드는데, 성에는 군대가 있기 때문에 군사軍師의 뜻이 있는데, 2천5백 명의 군대를 사師라 하였고, 이후 군대의 지도자, 이로부터 의사醫師 등 전문적인 기술을 가진 사람을 말하게 되었다.

爲言也.

하안이 말했다. "옛것을 거듭 연구하여 풀어내는 자, 또한 새것을 아는 자는 남의 스승이 될 수 있다."(형병이 말했다. "예전에 배운 것을 거듭 찾아서 익히고 새것을 안다면 남의 스승이 될 만하다.") ○논박하여 말하면, 그릇되었다. (尋·燖은 : 거듭 찾아서 익히다) 주역紬繹(실마리를 찾아내다)이라는 뜻과는 사뭇 다르다. ○ 또 살핀다. 사도師道는 매우 넓으니, 단순히 온고溫故라는 하나의 일만으로 스승이 된다고 허여할 수 없다. 형병의 소疏에는 즉則이라는 한 글자를 삽입하였는데, 그 뜻은 잘못되었다. 옛날 배운 것을 익히지 않아 이미 싸늘해졌는데, 매양 사람을 가르쳤기 때문에 옛것을 따뜻하게 익히고 새것을 알게 되니, 공자께서 이것을 이롭게 여겨 말씀하셨다.

비평 —— '온고溫故'란 일차적으로 고전이론을 상고하여 훈고학적으로 해석에 열중하는 것을 말한다. 그리고 고전이론이란 우선 시詩·서書·역易·춘추春秋·예기禮記·악樂의 문文에 대한 탐구이다. 그런데 공자는 이러한 탐구를 통하여 마침내 일이관지하여 면면히 전승되어 내려오는 유교의 도통道統을 찾아서 풀어내고, 그 도통을 계승하되 새로운 역사를 창조할 수 있어야 비로소 스승이라고 할 수 있다고 말한다.

고주는 이 구절을 스승이 되는 법을 논했다고 말한다. 그리고 쟁점이 되는 바 온溫을 하안은 '온溫은 심尋이니, 심역고자尋繹故者'라고 풀이하였다. 여기서 심尋이란 찾다, 캐묻다, 탐구하다, 연구하다, 그리고 첨가하다, 거듭하다 등의 의미이다. 역繹은 풀다, 풀어내다, 끌어내다, 늘어놓다, 실 뽑다, 실마리 등의 의미이다. 그래서 심역尋繹은 (1) 거듭해서 행함 혹은 복습復習함 (2) 사리를 연구하고 찾아서 살피는 일 등의 의미이다. 주자는 온溫을 심역尋繹으로 풀이하였다. 그런데 주자는 온溫을 심역의 (2)의 의미로 풀이한 듯하면서도 (1)의 의미 또한 채택하는 듯(能時習舊聞)한 말로 해석하였다.

그런데 여기서 다산은 온고溫故에서 온溫 자의 원의(싸늘하게 식은 것을 다시 따뜻하게 데움:燖溫)를 규명하여 경문의 본래성을 회복하는 데 역점을 두면서, 온溫을 심역尋繹의 (2)의 의미로 풀이하는 것을 논박하였다(殊非紬繹之義). 그러나 이 구절의 대의에서는 온溫을 '따사롭게 한다'고 한 것에서 한 걸음 더 나아가 '찾아서 풀어낸다'고 해석한 것이, 그리고 가이위사可以爲師를 '스승이라 할 만하다'고 하기보다는 '스승이 될 수 있다'고 풀이하는 것도 설득력이 있어 보인다. 왜냐하면 스승(師)이란 堆(흙을 모아서 쌓을 퇴)+帀(둘러칠 잡)의 형성자로 '모아 쌓아서 두르다'는 뜻에서 파생되어, 여러 지식을 모아 일이관지한 스승을 지칭한다면, 옛것을 찾아내어 새것을 안 사람이 바로 스승이라할 수 있기 때문이다. 물론 가르침을 주업으로 하는 스승이란 직업은 다산의 지적처럼 옛것을 익히고 새것을 아는 기쁨을 누린다는 이점이 있다고 할 수 있다.

다산과 같은 비평이 나올 것을 예상한 듯, 주자는 세주에서 다음과 같이 말하였다.

주자가 말했다. "온고이지신溫故而知新이란 말씀의 뜻을 음미해 보면, 옛것을 익히되 새것을 알지 못하는 사람을 위해 하신 말씀이다. 옛것을 익히지 않는다면, 이는 본디 공부가 끊어진 것이다. 만약 아무 얻는 것이 없다면, 비록 옛것을 익히더라도 또한 남의 스승의 되기에는 부족하다. 그러니 옛것을 익히고 새것을 알아야 한다. 옛것을 익히고 새것을 아는 것은 쉬운 일이 아니다. 새것은 다만 옛것 속의 도리이니, 아주 익혀서 완숙하게 되면 차차 드러난다. 스승이 되는 것에 대해 겨우 '가可하다'고 말씀하신 것은 이 수준에 이르지 않으면 스승이 되기에 부족하다고 밝힌 것이지, 능히 이렇게 할 수 있으면 스승이 되고도 남는다고 여기신 것은 아니다." (『논어집주대전』)

2:12. 子曰: "君子不器."

고주 —— 공자께서 말씀하셨다. "(그릇은 각각 그 용도에만 적합하지만) 군자는 (베풀지 않은 곳이 없으니, 용도가 정해진) 그릇이 아니다."

주자 —— 공자께서 말씀하셨다. "(그릇은 각각 해당하는 용도에는 적합하지만) 군자(=성덕지사)는 (체단을 갖추지 않은 곳이 없어 작용이 두루 미치지 않은 곳이 없으니, 하나의 기예와 재주에 국한된) 그릇이 아니다."

다산 —— 공자께서 말씀하셨다. "(그릇은 각각 그 용도에만 적합하지만) 군자는 (베풀지 않은 곳이 없으니, 용도가 정해진) 그릇이 아니다."

집주 —— ■器者는 各適其用而不能相通이라 成德之士는 體無不具라 故로 用無不周하니 非特爲一才一藝而已니라

그릇(器)이란 각각 해당하는 용도에는 적합하지만, 서로 통용할 수 없다. 덕을 이룬 선비는 체단(體)을 갖추지 않음이 없다. 그런 까닭에 작용(用)이 두루

자원풀이 ■불不은 『설문해자』에서는 새가 하늘을 날아오르는 모습을 그려 하늘에 올라가 내려오지 '않음'의 부정의 뜻이 나왔다고 한다. 다른 한편 꽃대와 꽃받침이 갖추어졌으나 제대로 여물지 않은 씨방을 그린 것으로 해석하기도 한다. 씨방이 여물지 않으면 씨가 만들어지지 않고, 씨가 만들어지지 않으면 곡식을 자라나게 할 수 없기 때문에 부정의 의미가 만들어졌다.

■기器는 犬(개 견)에 여러 개의 입(口)으로 구성되어, 장독 같은 여러 기물을 개가 지키는 모습, 혹은 신에게 빌 때 희생으로 쓰는 개와 제기를 늘어놓은 것을 나타낸다. 이로부터 여러 기물器物, 나아가 신체적 기관을 나타내기도 했다. 관직이나 작위의 등급, 나아가 사람의 자질을 나타내고, 형이상의 도道에 대비되는 형이하의 구체적인 사물을 나타낸다.

미치지 않음이 없어, 비단 하나의 재주와 하나의 기예에 국한되지 않는다.

고금주 —— ■程子云:"若一才一藝則器也." ○邢曰: "舟楫以濟川, 車輿以行陸, 反之則不能."

정자가 말했다. "(군자는 그릇이 아니니, 쓰이지 않는 곳이 없지만) 만일 하나의 재주와 하나의 기예에만 쓰인다면 그릇(器)이다." ○형병이 말했다. 배로 하천을 건너고 수레로 육로를 가는데, 이와 반대로 한다면 불가능하다.

비평 —— 『예기』「학기學記」편에 '군자는 말하기를, 위대한 덕성은 하나의 관직에 구애되지 않고, 위대한 도는 하나의 그릇에 구애되지 않으며, 위대한 신의는 하나의 약속에 구애되지 않으며, 위대한 계절은 하나의 절기에 구애됨이 없다. 이 네 가지를 살필 줄 아는 자라야 참으로 학문의 근본에 뜻을 둔다 말할 수 있다(君子曰 大德不官 大道不器 大信不約 大時不齊. 察此四者 可以有志於本矣).'라고 하였다. 또한 『주역』「계사전」에는 '형이상자를 일러 도라고 하고, 형이하자를 일러 그릇(器)이라고 한다.'고 하였다. 이런 말들에 근거하여 군자란 사농공상士農工商 중의 사士에 해당하고, 나머지 농공상農工商은 기器로 간주하여 천시賤視하는 경향이 있었다. 그러나 이는 잘못된 해석이다. 구애되지 않는다는 말은 그것을 포함하면서 더 높은 곳으로 비약하는 것을 말한다. 그래서 주자는 다음과 같이 말하였다.

주자가 말했다. "군자는 재주와 덕이 출중하다. 덕은 본체이고 재주는 작용이다. 군자는 또한 성인의 본체와 작용을 갖추었지만, 그 본체는 성인만큼 크지 못하고, 작용은 성인만큼 오묘하지 못할 따름이다."

물었다. "군자는 그릇이 아니라고 할 때, 군자는 어떤 사람입니까?" 주자가 답했다. "이것은 윗사람과 아랫사람을 통칭하는 것으로 (신분과는 무관하게) 훌륭한 덕과 온전한 재주를 갖춘 군자를 말한다."(『논어집주대전』)

이렇게 주자가 덕은 본체이고 재주는 작용이라고 말하였듯이, 도는 기器를 통해 구현된다. 군자는 단지 처한 상황에 따라 자득하여(無入而不自得) 자신이 할 도리를 다하지 않음이 없는 자이지, 조그만 기능도 수행하지 못하면서 입으로만 형이상의 도를 말하는 자가 아니다. 고주는 "이 장은 군자의 덕을 밝힌 것이다. 군자의 덕은 그릇처럼 각각 한 가지 용도만을 고수하지 않고 기미를 보면 일어나니, 쓰이지 않는 곳이 없다는 말이다."라고만 해석하였다.

이에 대해 주자는 체용론體用論으로 해석하여, "덕을 이룬 선비는 체단(體)을 갖추지 않음이 없다. 그런 까닭에 작용(用)이 두루 미치지 않음이 없다."라고 주석하여 그 정밀함을 더하였다. 다산은 주자의 체용론을 수용하지 않고, 고주를 받아들였다.

❧

2:13. 子貢問君子. 子曰: "先行其言, 而後從之."

고주 —— 자공이 군자에 대해 묻자, 공자께서 말씀하셨다. "(소인은 말만 많고 행동이 미치지 못하지만, 군자는) 자기가 말할 것을 먼저 실행하고서 뒤에 말로써 행동을 따른다."

주자 —— 자공이 군자에 대해 묻자, 공자께서 (말이 많은 자공에 대해) 말씀하셨다. "자기가 말할 것을 (아직 말하기 전에) 먼저 실행하고서 뒤에 말로 행동을 따른다."

다산 —— 자공이 군자에 대해 묻자, 공자께서 말씀하셨다. "자기가 말할 것을 (아직 말하기 전에) 먼저 실행하고서 뒤에 말로 행동을 따른다."

집주 —— ■周氏曰 先行其言者는 行之於未言之前이요 而後從之者는 言之於旣行之後라
주부선이 말했다. "선행기언先行其言이란 아직 말하기 전에 행한다는 뜻이며, 이후종지而後從之란 이미 행한 후에 말한다는 뜻이다."
■范氏曰 子貢之患은 非言之艱이요 而行之艱이라 故로 告之以此하시니라
범조우가 말했다. "자공의 근심은 말하는 것이 아니라 행동에 어려움이 있었다. 그런 까닭에 이렇게 알려 주셨다."

고금주 —— ■質疑 子游問孝, 告之以敬, 則程子曰: "子游能養, 而或失於敬." 子夏問孝, 告之以色, 則程子曰: "子夏少溫潤之色." 子貢問君子, 告之以先行其言, 則范氏曰: "子貢之患, 在於易言." 雖箴砭之言, 本欲中病, 然旣無明驗, 恐難質言. 審如是也, 顏淵問仁, 而告之以克己, 顏子爲不能克己之人, 原憲問恥, 而告之以無道, 原憲爲仕於亂邦之人. 將顏子之不遠復, 原思之貧而樂, 皆過實之言乎? 子路問政, 而告之以無倦, 子路問事君, 而告之以犯顏. 夫子路有兼人之勇, 以之爲政, 惟恐其過於奮發, 以之事君, 惟恐其過於敢諫, 而夫子不惟不攻其病, 又從而勉其所有餘, 將病不添乎? 諸如此類, 恐不必一槪論也.
질의한다. 자유子游가 효에 대해 묻자 공자께서는 공경해야 한다는 것으로 일러주셨는데(2:7), 정자는 "자유는 봉양은 잘 하였으니, 간혹 공경에는 잘못이 있었다."고 하였다. 자하子夏가 효에 대해 묻자 얼굴빛을 기쁘게 해야 한다는 것으로 일러주었는데(2:8), 정자는 "자하는 온화한 표정이 부족했다."고 하였

다. 여기서 자공이 군자에 대해 묻자 '그 말에 앞서서 먼저 행해야 한다.'고 일러주셨는데, 범씨는 자공의 근심은 말을 쉽게 하는 데 있었다고 하였다.

비록 사람에게 경계되는 말(箴警)은 본래 병통에 맞추고자 한다 할지라도, 이미 분명한 증험이 없다면 아마도 단정적으로 말하기 어려울 것이다. 진실로 이와 같다면, 안연이 인에 대해 묻자 극기로 일러주셨으니(「안연」 12:1), 안연은 극기를 하지 못한 사람이 된다. 원헌이 부끄러움에 대해 묻자 도가 없는 (나라에서 녹을 먹는) 것이라고 일러주셨으니(「헌문」 14:1), 원헌은 혼란한 나라에서 벼슬한 사람이 된다. 그렇다면 안자의 (불선이 있으면) 오래지 않아 고친 것(不遠復:『주역』「복괘」 초구의 효사)과 원헌의 가난하면서도 (도를) 즐긴 것(貧而樂:『공자가어』 권9)도 모두 과실을 지적한 말이라고 하겠는가?

자로가 정사에 대해 묻자 게으르지 않는 것으로 일러주고(「자로」 13:1), 자로가 임금 섬기는 것을 묻자 얼굴을 맞대고 직간하는 것으로 일러주셨다(「헌문」 14:23). 그렇다면 저 자로는 남을 이기려는 용기가 있었으니, 그것으로써 정치를 하면 아마도 지나치게 분발할까 걱정되고, 임금을 섬기면 지나치게 과감히 간할까 걱정했을 터인데, 공자께서 그 병통을 공박하지 않았을 뿐만 아니라, 또한 더 나아가 남음이 있는 것을 권면하셨으니, 장차 그 병통이 더 첨가되지 않겠는가? 이와 같은 종류들은 모두 낱낱이 개론할 필요는 없는 듯하다.

비평 —— 『논어』를 보면, 공자는 제자의 병통에 따라 그 가르침을 주는(應病與藥, 對機說法) 구절들이 분명이 많다. 이 구절에 대해서도 주자는 다음과 같이 말했다.

주자가 말했다. "다만 자공이 말이 많은 까닭에 이와 같이 말씀하셨다." (『논어집주대전』)

그러나 과연 이 구절이 단지 자공만을 위해 시설한 것일까? 사람들 일반에게 모두 적용되는 것은 아닐까? 다산의「질의」는 바로 이 점을 겨냥하고 있다고 생각된다.

⁓

2:14. 子曰: "君子周而不比, 小人比而不周."

고주 —— 공자께서 말씀하셨다. "군자는 충신(周=忠信)하고 (사사로이) 아당(比=阿黨)하지 않으며, 소인은 아당하고 충신하지 못한다."

주자 —— 공자께서 말씀하셨다. "군자는 보편적으로 친하지만(周=普徧), 치우쳐 파당(比=偏黨)을 짓지는 않는다. 소인은 치우쳐 파당을 짓지만, 두루 친하지는 않는다."

다산 —— 공자께서 말씀하셨다. "군자는 (마음과 의리로) 친밀하지만(周密以心義), (힘으로써) 결속하지 않는다(比並以力). 소인은 (세력과 이익이 있는 쪽으로 교제하여) 결속하지만, (마음과 의리로써) 친밀하지는 않다."

자원풀이 ■주周는 稠(빽빽할 조)와 연관해 볼 때 밭(田)에 곡식을 빼곡히 심어 놓은 모습으로 조밀稠密하다가 원뜻이며, 도성 주변에 곡식을 심었기 때문에 주위周圍라는 뜻이 생겼다. 혹은 周는 口(입 구)+用(쓸 용)의 회의자로, 입을 잘 써서 미치지 않은 곳이 없어, 두루 미친다는 뜻이라고도 한다. 두루, 빈틈없고 치밀하다, 둘레, 구휼救恤하다, 나라이름 등으로 쓰인다.
■비比는 人(사람 인) 자를 뒤집어 놓은 두 개의 匕(비수 비)로 구성된 회의자로 두 사람(匕)이 나란히 친숙하다가 원뜻이다. 이후 나란하다, 견주다, 친근하다, 돕다, 늘어서다, 촘촘하다 등의 뜻으로 확장했다.

집주 —— ■周는 普徧也요 比는 偏黨也니 皆與人親厚之意로되 但周公而比私爾라

주周는 널리 두루 미치는 것(普徧)이고, 비比는 편을 지어 모이는 것(偏黨)이니, 모두 남과 친하고 두텁다는 뜻이다. 다만 두루 친한 것(周)은 공公이고, 편을 지어 모이는 것(比)은 사私일 따름이다.

■君子小人이 所爲不同하여 如陰陽晝夜하여 每每相反이라 然이나 究其所以分이면 則在公私之際毫釐之差耳라 故로 聖人이 於周比和同驕泰之屬에 常對擧而互言之하시니 欲學者察乎兩間而審其取舍之幾也시니라

군자와 소인의 행동이 다른 것은 음과 양, 낮과 밤이 매번 상반되는 것과 같다. 그러나 그 나누어지는 까닭을 궁구하면 공公과 사私 사이 터럭만큼의 차이에 있을 따름이다. 그러므로 성인께서 주周와 비比, 화和와 동同, 교驕와 태泰 등으로 항상 대비하여 거론하고 함께 말씀하셨으니, 배우는 자에게 둘 사이를 살펴서 그 취하고 버리는 기미를 자세히 헤아리게 하고자 한 것이다.

고금주 —— ■補曰 周, 密也.[『說文』云] 比, 並也. 皆親暱之名, 然周密以心言, 比並以力言. 君子有同德之人未嘗不以心親密, 而不以勢力相結, 小人有勢利之交未嘗不並力樹黨, 而不以心義相固. 此其別也.

보완하여 말한다. 주周는 주밀(密)이고(『설문』에서 말했다), 비比는 병합(並)이니, 모두 친근함(親暱)의 명칭이다. 그러나 주밀周密은 마음으로 말한 것이고, 비병比並은 힘으로 말한 것이다. 군자는 덕을 함께하는 사람에게 일찍이 마음으로 친밀하지 않은 적이 없고, 세력으로 상호 결속하지 않는다. 소인은 세력과 이익이 있는 쪽과 교제하여 세력을 병합하여 당黨을 만들지 않은 적이 없고, 마음과 의리로써 상호 굳건히 하지 않는다. 이것이 군자와 소인의 차이이다.

■孔曰: "忠信爲周, [邢云: "〈魯語〉文."], 阿黨爲比." ○駁曰 非也. 所引雖好, 義不明也.〈魯語〉之云'忠信爲周', 亦謂忠信之人乃有親密. 又『管子』曰: "先王貴周. 周者, 不出于口, 不見乎色."[房玄齡云:"深密不測曰周."]〈堯曰〉篇曰: "雖有周親, 不如仁人." 周親者, 至密之親屬也. ○侃曰: "周是博遍之法, 故謂爲忠信. 比是親狎之法, 故謂爲阿黨." ○孫綽云:"理備故稱周, 無私故不比也." ○駁曰 非也. 博遍者, 汎愛之謂也. 若然, 將謂君子惟有汎愛之法, 而都無親密之人乎? 苟如是也, 不幾於愛無差等乎? 周者, 密也. 比者, 並也.

공안국이 말했다. "충신忠信스러운 것은 주周가 되고(형병이 말했다. "『국어』「노어」의 글이다."), 편파적으로 무리 짓는 것(阿黨)은 비比가 된다." ○논박하여 말하면, 그릇되었다. 인용한 것은 비록 좋으나, 뜻은 분명하지 않다. 「노어」에서 말한 '충신忠信스러운 것이 주周가 된다.'고 한 것은 또한 충신忠信스러운 사람이라야 친밀親密함이 있다는 말이다. 또한『관자』에서 말했다. "선왕은 주周를 귀하게 여긴다. 주周란 입에서 나오지 않고, 얼굴빛에서 나타나지도 않는다."(房玄齡이 말했다. "심밀하여 헤아릴 수 없는 것을 주라 한다.") 『논어』「요왈」에, "비록 주친이 있다고 할지라도, 어진 사람만 못하다."고 하였으니, 여기서 주친周親은 지극히 친밀한 친속이다(至密之親屬). ○황간은 말했다. "주周는 널리 두루 미치는 법(博遍之法)이기에 충신忠信스러운 것이라 하고, 비比는 친압親狎하는 법이기에 편파적으로 무리 짓는 것이라 한다." ○손작孫綽이 말했다. "이치가 갖추었기 때문에 주周라 칭하고, 사사로움이 없기(無私) 때문에 비가 아니다(不比)." ○논박하여 말하면, (황간과 손작의 해석은) 그릇되었다. 널리 두루 미치는 것은 널리 사랑함(汎愛)을 말한다. 만약 그렇다면, 장차 군자는 오직 널리 사랑하는 방법만 있고, 전혀 친밀함이 없는 사람을 두고 말하는 것이 아니겠는가? 진실로 이와 같다면, 사랑은 차등이 없다(愛無差等)는 논리에 가깝지 않겠는가?

■引證「緇衣」篇, 子曰: "大臣不親, [節] 而邇臣比矣."[鄭注云:"比, 私相親也."] ○案『周禮・夏官・形方氏』:"使大國比小國." 此『易』所謂親諸侯也. 比, 豈必私相親乎? 比者, 並力也.

인증한다. 『예기』「치의緇衣」에서 말했다. 공자께서 말씀하시길, "대신은 임금과 친하지 않고(大臣不親) 근신은 임금과 비한다(而邇臣比矣)."고 했다.(정현의 주에서 말했다. "比는 사사로움으로써 서로 친하는 것이다.") ○살핀다. 『주례』「하관, 형방씨」에 "대국은 소국과 비하게 한다(使大國比小國)."고 하였으니, 이는 『주역』「비괘, 상전」에 이른바 '제후를 친한다(親諸侯)'는 것이니, 비比가 어찌 반드시 사사로움으로 서로 친한 것이겠는가? 비比는 힘으로 병합하는 것(並力)이다.

비평 —— 유교에서는 인의예지라고 하는 본성의 덕을 정립하여 자기완성을 기하려는 사람을 군자(대인)라 하고, 이와 반대로 세속의 이익에 골몰하는 사람을 '소인'이라고 규정했다.

> "군자는 형이상의 인의예지에 통달하지만, 소인은 형이하의 이익에 통달한다."(14:24. 君子上達 小人下達.)
>
> "군자는 세 가지 두려워하는 것이 있는데, 천명天命(인의예지의 본성)을 두려워하고, 대인을 두려워하고, 성인聖人의 말씀을 두려워한다. 소인小人은 천명天命을 알지 못하여 두려워하지 않으니, 대인大人에게 버릇없이 굴고, 성인聖人의 말씀을 업신여긴다."(6:8. 孔子曰 君子 有三畏 畏天命 畏大人 畏聖人之言 小人不知天命而不畏也 狎大人 侮聖人之言.)

군자란 인간의 보편적 본성의 실현에 추구하면서 의로움에 준거를 두고 행위하는 사람을 말하며, 소인이란 외적 명성과 이익에 준거를 두고 행위하는 사람을 말한다. 인간의 보편적 본성인 인仁의 실현을 추구하는 군자는 인류애를 바탕으로 두루 친하지만, 자신의 이익을 위하여 치우쳐서 파당을 짓지는 않는다. 외적 명성과 재화의 취득에 골몰하는 소인은 자신의 이익을 위하여 뭉치지만, 인류애를 기반으로 한 보편적 사랑이 부족하기 때문에 두루 친하지는 않다고 한다.

『논어』의 다른 곳에서 "군자는 조화를 이루지만 남과 똑같이 하지는 않는다. 소인은 다른 사람과 똑같이 되려고 하지만 조화를 이루지는 않는다(13:23. 子曰 君子 和而不同 小人 同而不和.)."고 기록되어 있다.

여기서 주周는 '두루 보편적으로 널리 미친다'는 뜻이라고 할 수 있다. 보편적으로 널리 미친다는 것은 또한 어느 하나의 미물도 빠뜨리지 않고 조밀하게 모든 것을 포용한다고 할 수 있다. 널리 두루 미친다는 외연을 강조할 수도 있고, 어느 하나라도 빠뜨리지 않고 조밀한 포용성을 강조할 수도 있다. 공적인 군자의 인한 마음은 보편적으로 두루 미치면서 어느 한 사람이라도 빠뜨리지 않는 포용성이 있다. 모든 것에 두루 미치고, 모든 것을 포용하려고 하는 군자의 친함은 마음으로, 의리로 결속된다. 이에 비해 자신의 사적인 이익을 위해 모이는 소인들은 세력으로 규합하고 힘으로 합병하여 자신들의 목적을 달성하려고 한다. 이 구절에서 다산은 주자가 아직 언급하지 못한 부분까지 용례를 찾아 그 의미를 분명히 하였다. 또한 두루 보편적인 군자의 사랑이 무차별적인 겸애의 논리로 빠질 것을 염려하였다. 그러나 군자와 소인의 친함의 관계를 공사公私의 차이로 제시한 주자의 해석 또한 겸애를 제시한 것은 아니었다. 다음의 주자의 언명이 그것을 잘 말해준다.

주자가 말했다. "군자의 마음 세움은 그 자체로 두루 넓은 것으로, 좋아하고 싫어하고 사랑하고 미워하는 것이 한결같이 공公에 근거한다. 소인은 오로지 치우치고 끼리끼리 친하니, 편파적으로 무리를 지을 따름이다." (『논어집주대전』)

2:15. 子曰: "學而不思則罔, 思而不學則殆."

고주 —— 공자께서 말씀하셨다. "(스승으로부터) 배우되 (그 뜻을) 생각하지 않으면 망연茫然하여 터득되는 것이 없고, 생각하되 배우지 않으면 (정신만) 피태疲殆할 뿐이다."

주자 —— 공자께서 말씀하셨다. "배우되 (그 도리를) 생각하지 않으면 어두워 터득되는 것이 없고, 생각하되 배우지 않으면 (도리에 따른 일을 익히지 않기 때문에) 위태로워진다."

다산 —— 공자께서 말씀하셨다. "(옛 전적에서 징험하여) 배우되 생각(자신의 마음에서 궁구함)하지 않으면 기만당하고, (옛 선인들에게 계고하지 않고, 가벼이 자기의 마음을 믿어) 생각하되 배우지 않으면 (正邪와 是非를 확정할 수 없기 때문에) 위태로워진다."

집주 —— ■不求諸心이라 故로 昏而無得하고 不習其事라 故로 危而不安이라
마음에서 구하지 않는 까닭에 어둡고 얻는 것이 없으며, 그 일을 익히지 않는 까닭에 위태롭고 불안하다.
■程子曰 博學審問愼思明辨篤行五者에 廢其一이면 非學也니라

자원풀이 ■망罔은 网(그물 망)이 의미부이고, 亡(망할 망)이 소리부로 구성된 형성자로 그물로 잡다는 뜻이다. 그물(질하다), 엮다, 감추다, 미혹되다, 없다, 바르지 않다, 아니하다 등으로 쓰인다. 그물질한다는 측면에서 말하면 주체이고, 그물질 당한다는 측면에서 말하면 제한 혹은 구속을 의미한다.
■태殆는 歹(뼈 부서질 알)+台(별 태)의 형성자로 죽음(歹)에 이를 정도로 위태로움을 말한다.

정자가 말했다. "넓게 배우고, 자세히 따져 묻고, 신중하게 생각하고, 밝게 분별하고, 독실하게 행하는, 다섯 가지에서 그 하나라도 폐하면 배우는 것이 아니다."

고금주 ──── ■補曰 學, 謂徵之於載籍. 思, 謂硏之於自心.[推究之] 罔, 受欺也, [『孟子』云:"君子難罔以非其道."] 殆, 危也. 不究本末, 而輕信古書, 則或墮於誣罔, [皇疏云:"誣罔聖人之道."] 不稽古先, 而輕信自心, 則所知者危殆, [其邪正 · 是非末可定, 故危也] 二者不可偏廢也.

보완하여 말한다. '학學'은 전적에서 징험함을 말하고, '사思'는 자신의 마음에 연구함을 말한다(미루어 궁구하는 것이다). '망罔'은 속임을 당함이다.(『맹자』「만장상」에서 말했다. "군자는 도가 아닌 것으로 속이기는 어렵다.") '태殆'는 위태로움(危)이다. 본말을 궁구하지 않고 가벼이 고서古書를 믿으면 혹 속임(誣罔)에 떨어지기도 하고(황간의 소에서 말했다. "성인의 도를 속인다."), 옛 선인들에게 계고하지 않고 가벼이 자기의 마음을 믿으면 아는 것이 위태로우니(그 正邪와 是非를 확정할 수 없기 때문에 위태롭다), (學과 思) 두 가지는 (어느 한쪽에) 치우쳐서 (다른 한쪽을) 폐기할 수 없다.

■包曰: "學不尋思其義, 則罔然無所得."[邢云:"旣從師學, 則自思其餘蘊. 若不思, 則罔然無所得."] ○駁曰 非也. 孔子曰: "吾嘗終日不食, 終夜不寢以思, 無益, 不如學也."[〈衛靈公〉] 孔子思而無益, 則舍之而已. 其將學之於何處乎? 學, 謂稽考典籍以徵先王之道, 非從師受書之謂也.[李紘父云:"〈中庸〉有博學愼思之目. 博學者, 博涉群書之謂也. 若受師之謂學, 則'博學'二字不可解."] 漢儒注經, 以考古爲法, 而明辨不足, 故讖緯邪說, 未免俱收. 此學而不思之弊也. 後儒說經, 以窮理爲主, 而考據或疎, 故制度名物, 有時違舛. 此思而不學之咎也. ○又按 罔之爲字, 從网從亡, 罔者, 亡也.[六書之諧聲] 忽然亡失謂之罔. 包所謂罔然無所得, 非曰無據受書不讀, 忽然忘之者? 此是童穉之習, 聖人所戒, 豈在是乎? [〈少儀〉云:"衣服在躬,而不知其名, 爲罔." 王氏云:"學而不思則罔, 當如此罔字."]

포함이 말했다. "배우되 그 뜻을 찾아 생각하지 않으면, 망연罔然(=茫然)하여 아무것도 터득하는 바가 없다."(형병이 말했다. "이미 스승으로부터 배웠다면 스스로 그 나머지의 심오한 것을 생각해야 한다. 만약 생각하지 않으면 망연하여 아무것도 터득하는 바가 없다.") ○논박하여 말하면, 그릇되었다. 공자께서는 "내가 일찍이 종일 먹지 않고 밤새 생각하지 않고 생각해 보았지만, 무익했다. 배우는 것만 못했다."라고 하셨다(「위령공」). 공자는 생각하되 무익하면 그만둘 뿐이었다. 그러나 공자께서는 장차 어디에서 배우셨는가? 학學이란 전적典籍을 계고稽考하여 선왕의 도를 징험하는 것이지, 스승을 따라 글을 전수받는 것을 말하는 것이 아니다.(李紘父가 말했다. "『중용』에 博學과 愼思의 조목이 있는데, 박학이란 여러 책을 널리 섭렵하는 것을 말한다. 만약 스승에게 전수받는 것을 學이라 한다면, 박학이란 두 글자는 해석할 수 없다.") 한나라 유학자들은 경經을 주석하면서 옛일을 상고하여 법으로 삼았으니 밝게 분별하는 것(明辯)이 부족하여 참위讖緯와 사설邪說을 모두 수용하는 것을 면하지 못하였다. 이는 배우되 생각하지 않은 폐단이다. 후세의 유학자들(성리학)이 경을 설명한 방식은 이치를 궁구하는 것(窮理)을 위주로 하여 고거考據에는 간혹 소홀한 까닭에 제도와 명물名物에는 때로 어긋남이 있었다. 이는 생각하되 배우지 않은 허물이다. ○또 살핀다. 망罔이란 글자 됨이 망网과 망亡으로 구성되어 있으니, 망罔이란 망亡이다(六書 중 諧聲이다). 홀연히 망실하는 것을 일러 망이라고 한다(忽然亡失謂之罔). 포함의 이른바 '망연罔然하여 아무것도 터득하는 바가 없다.'는 것은 아무런 고거도 없이 글만 전수받았다가 읽지 않음에 홀연히 잊어버리는 것이 아니겠는가? 이것은 어린아이의 습성이지, 성인이 경계하는 바가 어찌 여기에 있겠는가? (『예기』「소의」에서 말했다. "의복을 입고 있으면서 그 이름을 모르는 것을 罔이라 한다." 왕숙이 말했다. "學而不思則罔의 罔은 마땅히 이 「소의」편의 罔 자와 그 뜻이 같아야 한다.")

■何曰: "不學而思, 徒使人精神疲殆." ○駁曰 非也. 疲殆則有之, 疲殆何謂也? 只憑一己之私見, 不考先王之成憲, 則必流而爲異學, 此聖人所以危之也.

하안이 말했다. "배우지는 않고 생각만 하면, 헛되이 사람의 정신만 피태疲殆하게 할 뿐이다." ○논박하여 말하면, 그릇되었다. 피태가 있다면, 피태란 무엇을 말하는가? 단지 자기 한 사람의 사견에 기대어 선왕이 이루어 놓은 헌법을 상고하지 않는다면 반드시 유탕하여 이단의 학이 될 것이니, 이것이 성인께서 위태롭게 여기신 것이다.

■許敬菴云: "學而不思, 則有冥行, 思而不學, 則墮玄想." ○案 上節深中古學之病, 下節深中今學之病.

허경암이 말했다. "배우고 생각하지 않으면 깜깜한 곳에 가게 되고, 생각만하고 배우지 않으면 아득한 상상에 빠진다." ○살핀다. 위의 절구는 옛 학자들이 하는 학문의 병폐에 꼭 맞고, 아래 구절은 지금 학자들이 하는 학문의 병폐에 꼭 맞는 말이다.

비평 —— 유교에서 말하는 학문學問이란 "널리 배우고, 자세히 묻고, 신중하게 사려하고, 밝게 분별하여, 돈독하게 실천하는 행위의 총체(博學之 審問之 愼思之 明辨之 篤行之.『중용』20장)"라고 할 수 있는데, 여기서 말하는 배움과 사유는 다섯 가지 가운데 대표적인 두 가지를 들어서 한 말이라고 할 수 있다. 이 다섯 가지 가운데 하나라도 결여되면 진정한 학문이 되지 못한다.

학學이란 爻(=效 혹은 지붕위의 X자 모양의 나무) + 臼(절구→두 손) + 宀(덮어 가리다→건물) + 子로 결합된 회의문자로서 "자식을 가르치기 위해 두 손으로 떠밀어 학교에 넣는다." 혹은 집안(宀)에서 두 손(臼)으로 새끼 매듭(爻=결승문자)을 지우는 법을 아이(子)가 배운다는 뜻으로 배우다가 원래 뜻이며, 모방하다, 본받다의 의미도 있다.

주자는 학學이란 글자는 효效(본받다) 자에 의미가 있다(學之爲言效也)고 생각하면서, 선한 본성을 먼저 깨달아 성인이 된 사람을 본받는 것이 학이란 말의 의미라고 하였다. 사思 자는 田(두뇌골을 상징)+心으로 마음으로 머리에 골을 낸다는 것을 나타내는데, 곧 생각한다는 뜻이다. 배움(學)이란 객관적인 지식을 배우는 것 혹은 위대한 선현을 본받는 것(爻=效)이다. 객관적으로 전해 내려오는 지식 혹은 선현의 위대한 삶을 단지 머리로만 배우고 주체적으로 생각하지 않는다면, 자신의 것으로 체득되지 않는다는 것이다. 그리고 주관적인 생각만 하고, 객관적인 지식을 배우지 않거나 선현들의 지혜를 본받지 않는다면, 주관주의에 빠져 위험할 수 있다. 객관적인 지식의 학습과 주체적인 사유를 병진할 때 올바른 학문이 형성될 수 있다.

망罔이란 그물질했으나(网) 얻는 것이 없음(亡)이니, 곧 기만당한 것을 말한다. 이학자理學者로서 주자는 배움을 통해 일(事)의 도리(理)를 깨달아 익히는 것을 중시한다. 그래서 그는 배움(學)을 그 일을 배우는 것이라고 했고, 생각함(思)은 마음으로 그 일의 도리를 궁구하여 얻는 것이라고 했다. 그리고 한갓 사변만 일삼고 그 실제적인 일을 익히지 않으면 위태롭다고 하였다. 다른 한편 다산은 배움(學)이란 전승된 옛 전적을 상고하여 선왕의 도를 징험하는 것을 목표로 하는 것이며, 생각함(思)이란 마음으로 연구하여 터득하는 것이라 하였다.

그래서 다산은 한갓 옛 전적을 배우기만 하고 마음으로 연구하지 않으면 이단으로부터 기만당할 수 있고, 옛 전적을 상고하지 않고 가벼이 자신만 믿으면 위태로워질 수 있다고 해석하였다. 여기서도 우리는 이치를 추구하여 터득하고자 하는 주자와 선왕의 도를 징험하여 현실 정치를 개혁하고자 하는 다산의 강조점의 차이를 확인할 수 있다.

2:16. 子曰: "攻乎異端, 斯害也已."

고주 —— 공자께서 말씀하셨다. "(正經善道에는 근본이 있기 때문에, 길은 달라도 귀착지는 같지만) 이단(雜書)을 전공하면 (귀착지가 같지 않아) 해로울 뿐이다."

주자 —— 공자께서 말씀하셨다. "(양주·묵적과 같은) 이단을 전공하면, 이는 해로울 뿐이다."

다산 —— 공자께서 말씀하셨다. "(백가의 기예인 농사를 짓는 법·진을 치는 법 등과 같은) 다른 단서만을 오로지 다루면, 이는 해로울 뿐이다."

집주 —— ■范氏曰 攻은 專治也라 故로 治木石金玉之工曰攻이라 異端은 非 聖人之道而別爲一端이니 如楊墨이 是也라 其率天下하여 至於無父無君하니 專治而欲精之면 爲害甚矣니라

범조우가 말했다. "'공攻'은 오직 그것만 다루는 것(專治)이다. 그래서 나무, 돌, 쇠, 옥 등을 전문적으로 다루는 작업(治木石金玉之工)을 일러 공攻이라 한다. 이

자원풀이 ■공工은 하늘(一)과 땅(一)을 계승하여(丨), 인간에게 편리하도록 고안된 기구이다. 일반적으로 공工은 중원지역에서 황토를 다져 성과 담을 쌓던 절굿공이로서 가장 중요한 도구였다. 공구工具를 뜻하고, 공구를 전문 적으로 다루는 사람을 공장工匠이라 한다. 공攻은 攵(칠 복)+工(장인 공)의 형성자로 절굿공이 같은 도구(工)로 내려치는(攵) 것으로, 상대를 공격攻擊, 침공侵攻하다의 뜻이다. 남의 잘못을 지적하다, 열심히 연구하다의 뜻도 나왔다. 공功은 力(힘 력)+工(장인 공)의 형성자로 힘(力)을 다해 돌 절굿공이(工)로 흙담을 쌓는 모습이다. 공功은 적으로부터 지켜줄 담장이나 성을 절굿공이(工)로 힘껏(力) 다져 만드는 모습으로 일, 작업, 노력, 효과 등을 말한다. ■단端은 立(설 립)+耑(시초 단)의 형성자로 몸을 꼿꼿하게(耑) 세운 사람(立)에서 단정端正하다는 뜻도 나왔다. 또한 사물의 한쪽 끝을 지칭하기도 한다. 단耑은 而(말 이을 이)+山(뫼 산)의 형성자로 돋아나는 싹과 곧게 뻗은 뿌리를 그려 시초始初나 발단發端을 그렸으며, 단端(바를 단)의 원래 글자이다.

단異端은 성인의 도가 아니면서 따로 하나의 단서를 이루는 것이니, 가령 양주楊朱나 묵적墨翟이 그것이다. 이단은 천하를 이끌어 부모가 없고 임금도 없는 (無父無君) 지경에 이르게 하니, 전공하여 정밀해지려 하면 해 됨이 심하다."

■ 程子曰 佛氏之言은 比之楊墨에 尤爲近理하니 所以其害爲尤甚이라 學者當如淫聲美色以遠之니 不爾면 則駸駸然入於其中矣리라

정자가 말했다. "불가의 말은 양주와 묵적에 비해 이치에 더욱 근사하기 때문에 그 해악이 더욱 심하다. 배우는 자는 마땅히 음탕한 소리와 미색美色처럼 멀리해야 한다. 그렇게 하지 않으면 차츰차츰 그 안으로 빨려 들어갈 것이다."

고금주 —— ■補曰 端者, 緒也.[揚子『方言』云:"緒, 南楚或曰端."] 異端, 謂不纘先王之緒者也.[〈魯頌〉云:"纘太王之緒."] 百家衆技, 凡不在性命之學・經傳之敎者, 皆異端. 雖或有補於民生日用者, 若專治此事, 斯亦有害於君子之學也.[非謂楊・墨・佛・老之類] 也已, 語辭.

보완하여 말한다. 단端이란 실마리(緒)이다.(揚子의 『方言』에서 말했다. "緖를 남쪽 초나라에서는 혹 端이라고도 한다.") 이단異端은 선왕의 통서統緒를 잇지 아니하는 것을 말한다.(『시경』「魯頌」에서 말했다. "태왕古公亶父의 통서를 이어받다.") 백가의 여러 기예들은 무릇 성명의 학(性命之學)과 경전의 가르침에 해당되지 않으니, 모두 이단이다. 비록 그것이 혹 민생의 일용에 보탬이 있다고 하더라도, 만약 이 일만을 전적으로 다루면, 이 또한 군자의 학에 해로움이 있다(양주・묵적・불교・노자 따위를 말하는 것이 아니다). ○야이也已는 어사語辭이다.

■邢曰:"異端, 謂諸子百家之書.[侃云:"異端, 謂雜書."] 異端之書, 或秕糠堯・舜, 戕毁仁義." ○駁曰 非也. 孔子之時, 老・莊・楊・墨未立門戶, 非如後世三敎

■해害는 할割(나누다)과 연계해 볼 때 청동기물을 만드는 거푸집을 그린 것으로 생각된다. 청동 물이 굳고 나면 겉을 묶었던 끈을 잘라내야 하는데, 여기서 '칼로 자르다'는 뜻이 나왔고, 이후에 칼에 의한 상처를 말한다. 손해損害, 재해災害 등으로 쓰인다.

鼎立, 出奴入主, 則孔子所指, 非謂是也. 若此異端, 爲今之所謂異端, 則治此事
者爲亂賊, 不可但曰斯害也已, 擊此道者爲儒宗, 不可謂之斯害也已. 二者無所
當矣. 斯害也已者, 輕輕說也, 輕輕禁之, 非大聲疾言以禁之也. 異端, 豈今之所
謂異端乎? 樊遲請學稼, 孔子斥之爲小人. 衛靈公問陳於孔子, 對曰軍旅之事未
嘗學. 夫兵農之學, 亦經世之實務, 君子不可以不知, 然學者專治此事, 其於身
心性命之學, 終有些害. 此夫子所以輕輕說弊, 欲其旁通, 不欲其專治也. 所謂
異端, 不過如斯.

형병이 말했다. "이단은 제자백가의 글을 두고 말한다.(황간이 말했다. "이단은
雜書를 말한다.") 이단의 글은 요순의 정사를 쓸모없는 것으로 여기고 인의를
해치고 헐뜯는다." ○논박하여 말하면, 그릇되었다. 공자 시대에는 노·장·
양·묵이 아직 문호를 세우지 않았으니, 후세에 삼교가 정립하여 (자기 종파
에) 나가면 노비처럼 여기고 들어오면 주인처럼 여긴 것과 같지 않았고, (따
라서) 공자의 지적은 이것을 말한 것이 아니다. 만일 이 이단이 지금의 이른
바 이단이라면, 이 일을 다루는 자는 난적亂賊이 될 것이니 단순히 이는 해로
울 따름(斯害)이라고 할 수 없다. 이단의 도를 공격하는 자는 유교의 종주(儒
主)일 것이니, 이는 '해로울 따름'이라고 말할 수 없다. 이 두 가지는 해당되는
것이 없다. '이는 해로울 따름이다.'라고 말한 것은 가볍게 말하고 가볍게 금
지한 것이지 큰소리로 성난 말로 금지한 것이 아니니, 이단이 어찌 오늘날의
이른바 이단을 말하는 것이겠는가? 번지樊遲가 농사짓는 법을 청하자, 공자
께서 이를 배척하여 소인이라고 했다(「자로」13:4). 위령공이 공자께 진陳 치는
방법을 묻자 '군사에 관한 일은 아직 배우지 못했다.'고 대답하셨다(「위령공」
15:1). 대저 병사와 농사에 관한 학문 또한 세상을 경영하는 데 실제로 힘써야
하는 것이므로 군자가 알지 않을 수 없다. 그러나 배우는 자가 오로지 이 일
만 다룬다면 신심身心과 성명性命의 학에 끝내 다소 해가 있을 것이다. 이에
공자께서는 가볍게 그 폐단을 널리 알리고 오로지 그것만을 다루지 않기를

바라셨다. 이른바 이단이란 이와 같은 것에 불과하다.

■ 質疑 攻之爲專治, 其在〈考工記〉, 原有確據.楊·墨之無父無君, 老·佛之慢天侮聖, 罪大惡極, 神人所憤, 豈待專治而後有害? 異端之非今之異端, 明矣. ○按 此諸文, 漢·晉先儒, 不以異端爲楊·墨·佛·老之類.

질의한다. 공功이 오로지 그것만을 다룬다(專治)는 것은 『주례』「고공기」에 원래 명확한 근거가 있다. 양주·묵적이 부모도 없고 임금도 없는 것(無父無君)과 노장·불교가 하늘을 모멸하고 성인을 업신여김(慢天侮聖)은 죄가 크고 악이 극에 도달하여 신과 인간이 공분하는 바이니, 어찌 전공하기만을 기다리고 나서 해가 있다고 하겠는가? 이단은 오늘날의 이단이 아님이 분명하다. ○살핀다. 여러 글들을 고찰해 보면, 한나라와 진나라의 선유들은 이단을 양주와 묵적, 그리고 노장과 불교 따위로 여기지 않았다.

■ 考異 朱子〈答汪尙書書〉云:"君子反經而已, 經正斯無邪慝.今惡邪說之害, 正而攻之, 則適所以自敝而已." ○按 朱子於『集注』, 訓攻爲專治, 於此書, 以攻爲攻擊, 二說異也.

다름을 살핀다. 주자는 「왕상서에게 답한 서간」(『주자대전』권30)에서 말했다. "군자는 떳떳한 도로 되돌아갈 뿐이니, 떳떳한 도가 바로 서면 이에 사특함이 없어진다. 이제 사특한 학설의 해악을 미워함은 그것을 바로잡고 공격하면 스스로 폐해지는 것일 뿐이다." ○살핀다. 주자는 『집주』에서는 '공功을 풀이하여 오로지 다룬다(專治)'고 하고, 이 서간에서는 '공攻을 공격攻擊한다'고 했으니, 그 설이 다르다.

비평 —— 공攻을 '그것만을 오로지 다룬다(專治)', '정밀히 연구한다'로 해석하는 점에서는 의견이 일치한다. 다만 다산의 주장대로 공자 당시에는 양주와 묵적, 그리고 주자 당시의 노장과 불교 같은 이단들이 발호하지 않았기 때문에, 여기서 말하는 이단異端이 적어도 양묵과 노불을 지칭하지 않는다는 점은 확실하다. 나무, 돌, 쇠, 옥 등을 전문적으로 다루는 작업을 일러 공功이라고 한다면, 공攻은 기술적인 전문 영역으로 분류될 수 있다. 따라서 그릇이 아닌 군자(君子不器)는 그런 전문 영역에 정통할 뿐만 아니라, 그것을 넘어서 보편적인 자기본성의 실현으로 나아가야 할 것이다.

그러나 과연 여기서 말하는 이단이 농사짓는 법과 군진을 치는 방법과 같은 백가들의 기예技藝를 말하는 것이겠는가? 다산도 분명 단端이란 '실마리(緖)'라고 말하고, 이단異端은 선왕의 통서統緖를 계승하지 않는 것을 말한다고 하지 않았는가? 그렇다면 여기서 이단이란 요-순-우-탕과 같은 선왕의 도를 계승하려고 하지 않는 다른 학파를 말한다고 보는 것이 자연스럽지 않을까? 단순히 농법과 병법과 같은 기예에 관한 학문을 어찌 이단이라고 할 수 있을까? 적어도 공자 시대에 이단이란 농공상農工商만을 정밀히 연구하거나 전공하는 것을 말하는 것일까?

그렇다면 농사짓는 법과 진법을 전공하는 것이 과연 해롭다고 할 수 있을까? 적어도 우리 시대의 관점에서는 각 분야의 전문가가 필요하다는 점에서, 그 분야를 전공하는 것이 그렇게 해롭다고 보기 어렵다고 할 수 있다. 그러나 당시 상황에서도 농사 만능주의, 병법 만능주의는 여전히 해롭다고 할 수 있다. 이 관점을 우리 시대에 전유한다면, 전횡을 행사하는 실증주의, 과학주의, 실용주의, 공리주의 등이 이단이 아닐까?

그러나 적어도 맹자 이후 이단이란 유교와 다른 이론을 정립하는 체계적인 철학 혹은 종교 체계라고 할 수 있다. 즉 비록 여기서 공자가 말하는 이단이란 당시에는 아직 발호하지 않았던 양묵과 노불은 아니라고 할지라도, 맹자 이후에서는 유가와 대적했던 철학 혹은 종교 체계를 지칭한다고 하겠다.

2:17. 子曰: "由, 誨女知之乎! 知之爲知之, 不知爲不知, 是知也."

고주 —— (자로는 성질이 강하여 알지 못하는 것을 억지로 안다고 하기를 좋아하니) 공자께서 말씀하셨다. "유야, 너에게 안다는 것이 무엇인지 가르쳐 주겠다. 아는 것을 안다고 하고 모르는 것을 모른다고 하는 것, 이것이 바로 앎이니라."

주자 —— 공자께서 말씀하셨다. "유야, 너에게 앎의 도리에 대해 가르쳐 주겠다. 아는 것을 안다고 하고 모르는 것을 모른다고 하는 것, 이것이 바로 앎의 도리이니라."

다산 —— (자로는 성질이 강하여 알지 못하는 것을 억지로 안다고 하기를 좋아하니) 공자께서 말씀하셨다. "유야, 너에게 안다는 것이 무엇인지 가르쳐 주겠다. 아는 것을 안다고 하고 모르는 것을 모른다고 하는 것, 이것이 바로 앎이니라."

집주 —— ■由는 孔子弟子니 姓仲이요 字子路라 子路好勇하니 蓋有强其所不知以爲知者라 故로 夫子告之曰 我教女以知之之道乎인저 但所知者則以爲知하고 所不知者則以爲不知니 如此면 則雖或不能盡知라도 而無自欺之蔽요 亦不害其爲知矣라 況由此而求之면 又有可知之理乎아

자원풀이 ■회誨는 言+每(비녀를 꽂은 여성으로, 어머니)로 어머니의 말씀으로 가르침을 뜻한다. 『시경』「탕아」편에 "가르칠 수도 깨우칠 수도 없는 것은 저 부녀자와 내시일세(匪教匪誨 時惟婦寺)"라는 구절이 보인다.
■지知는 시矢(화살)+구口로 구성된 회의자로 많은 것을 알아서 화살처럼 빠르게 입을 통해 표현한다는 뜻이다. 이와 비교되는 것이 지智 자이다. 지智 자는 일日이 뜻이 되고, 지知가 성부聲部인 형성자로 진정한 지혜를 뜻한다. 지혜란 개별적인 앎에서 출발하여 그 앎들을 관통하는 원리들을 발견하여 훤하게 밝아져(日 - 豁然貫通) 자신의 것으로 체득된 상태를 말한다.

유由는 공자 제자로 성姓은 중仲이고 자字는 자로子路이다. 자로는 용맹을 좋아하여 대개 그가 알지 못하는 것도 억지로 안다고 하는 일이 있었을 것이다. 그러므로 공자께서 일러주시기를 '내가 너에게 안다고 하는 것의 도리(知之之道)를 가르쳐 주겠다. 단지 아는 것은 안다고 하고, 알지 못하는 것은 알지 못한다고 해야 한다. 이와 같이 한다면 비록 혹 다 알지는 못하더라도 스스로 속이는 폐단이 없을 뿐만 아니라, 또한 그 안다고 말하는 데에도 해가 되지 않을 것이다. 하물며 이로 말미암아 앎을 구하고, 또한 앎을 가능하게 하는 이치가 있음에랴!'라고 말씀하셨다.

고금주 —— ■邢曰: "子路性剛, 好以不知爲知, 故此抑之."
형병이 말했다. "자로는 성품이 강하여, 알지 못하는 것을 안다고 하는 것을 좋아하기 때문에 이 말씀으로써 억제시켰다."

■引證 『荀子 · 子道』篇, 子曰: "由, 志之. 吾告汝. 奮於言者華, 奮於行者伐. 夫色智而有能者小人也. 故君子知之曰知之, 不知曰不知, 言之要也. 能之曰能之, 不能曰不能, 行之至也." ○『韓詩外傳』同. ○『家語 · 三恕』篇云: "色智而有能者小人也. 故君子知之曰知, 言之要也, 不能曰不能, 行之至也. 言要則智, 行至則仁, 旣仁且智, 惡不足哉?"

인증한다. 『순자』「자도子道」편에 다음과 같은 말이 나온다. 공자께서 말하였다. "유由야! 이런 것을 마음에 새겨 두어라. 내가 너에게 고하여 주겠다. 말을 자랑삼아 뽐내는 자는 화려하기만 하고, 행동으로 자랑삼아 뽐내는 자는 실행이 없다. 대저 안색을 지혜롭게 하고 유능한 체하는 자는 소인이다. 그러므로 군자는 아는 것을 안다고 하고, 모르는 것을 모른다고 하는 것이 말을 하는 요체이다. 할 수 있는 것을 할 수 있다고 하고, 할 수 없는 것은 할 수 없다고 하는 것이 행동을 하는 요체이다." ○『한시외전』「권3」에서도 같은 말이 나온다. ○『공자가어』「삼서三恕」편에서도 말했다. "안색을 지혜롭게 하고 유능한 체하는 자는 소인이다. 그러므로 군자는 아는 것을 안다고 하는 것을 말하는 요체로 삼고, 할 수 없는 것을 할 수 없다고 하는 것을 행동의 지극함으로 한다. 말이 요체가 있으면 지혜롭고, 행동이 지극하면 인仁이니, 이미 인하고 또한 지혜로우면 어찌 부족하겠는가?"

비평 —— 다산은 적극적인 해석을 하지 않고, 유사한 구절이 나오는 곳을 인용만 한다. 주자 해석의 특징은 '안다고 하는 것의 도리(知之之道)' '앎을 가능하게 하는 이치(可知之理)'라는 표현을 써서, 도리와 이치를 탐구하는 것을 중시한다는 것이다.

진정한 앎이란 자신이 알지 못한다는 무지의 자각에서 출발한다. 소크라테스-플라톤에서 유래한 이른바 철학(philosophia)이란 지식의 소유가 아니라, '지혜(智慧)사랑'이라는 말이다. 지혜사랑이란 알지 못한다는 것의 자각에서 출발하여 끊임없는 자기계발, 즉 '완전한 정신을 향한 불안전한 정신의 자기초월적 귀향편력(歸鄕遍歷)'이라고 할 수 있다.

이 구절은 성경(聖經)에서 "내 형제들아 무엇보다도 맹세하지 말지니, 오직 그러한 것은 그렇다고 말하고, 그렇지 않은 것은 그렇지 않다고 말하라. 그렇게 하지 않으면 너희가 정죄를 받을 것이다."(야고보서, 5장12절)라고 한 구절과 미묘한 대조를 보인다. 서양 고대철학이 '무지의 자각에서 진정한 앎이 시작한다.'는 격률에서 시작했듯이, 동양의 삼교(유, 불, 도) 또한 무엇보다도 겸손과 비움을 그 생명으로 한다고 할 수 있다. 이런 점에서 실증과학이 실험과 관찰을 통해 새로운 지식을 축적하는 것이라고 한다면, 철학은 아집과 고집 등을 덜어내는 부정성否定性의 학문이라고 할 수 있다.

2:18. 子張學干祿. 子曰: "多聞闕疑, 愼言其餘, 則寡尤. 多見闕殆, 愼行其餘, 則寡悔. 言寡尤, 行寡悔, 祿在其中矣." [『史記』, 學作問]

고주 —— 자장이 녹봉을 구하는 방법을 배우고자 하니, 공자께서 말씀하셨다. "많이 듣고서 의심스러운 것은 제쳐놓고 그 나머지만 조심해서 말하면 (말에) 허물이 적고, 많이 보고서 위태로운 것은 제쳐놓고 그 나머지만 조심해 행하면 (행동에) 후회가 적을 것이니, (말과 행동이 이와 같아서) 말에 허물이 적고 행동에 후회가 적으면 (비록 녹봉은 얻지 못하여도, 녹봉의 도는 얻었다고 할 것이니) 봉록은 그 가운데 있으리라!"

주자 —— 자장이 녹봉을 구하는 방법을 배우고자 하니, 공자께서 말씀하셨다. "(널리 배워) 많이 듣되 (정밀하게 선택하여) 의심스러운 것은 빼고, 그 나머지만 신중히 말하면 허물이 적을 것이다. 많이 보되 위태로운 것은 빼고, 그 나머지만 신중히 행동하면 후회할 것이 적을 것이다. 말에서 허물어 적고 행동에서 후회할 것이 적으면, 봉록은 (구하지 않아도) 그 가운데 (저절로) 있게 될 것이다!"

자원풀이 ■간干은 갑골문에서 긴 대가 있는 끝이 갈라진 도구를 그렸는데, 짐승을 잡을 때나 적을 공격할 때 방패(盾)이자 무기로 쓰인 것을 말하였다. 혹은 무엇을 지키고 있는 사물을 나타내는 一과 入(들 입)을 거꾸로 하여 위에서 아래를 범하는 뜻을 나타내는 자를 결합하여 범하다는 뜻을 나타낸다고 한다. 방패(干戈), 범하다, 구求하다, 간섭하다, 약간若干, 장대, 근간 등으로 쓰인다.
■궐闕은 門(문 문)+欮(그 궐)의 형성자로, 높은 대문이 즐비한 대궐大闕을 말했으나, 이후 대궐의 높고 큰 문은 충분한 공간이 있기 때문에 '텅 비다(空)'의 뜻이 나왔다.
■록祿은 示(보일 시)+彔(나무 깎을 록)의 형성자로 제사(示)를 드려 비는 복을 말하며, 이로부터 복의 뜻이 나왔으며, 관리들의 녹(祿俸)을 뜻하기도 한다.
■의疑는 갑골문에서 지팡이 짚은 사람이 길에서 어디로 가야 할지 몰라 두리번거리는 모습을 그렸으며, 그 후 발

다산 —— 자장이 녹봉을 구하는 방법을 배우고자 하니, 공자께서 말씀하셨다. "(스승과 친구들에게) 많이 듣되 의심스런 것은 비워 놓고(闕=空) 그 나머지만 신중히 말하면 허물이 적어질 것이다. (서적 등을) 많이 보되 위태로운 것은 비워 놓고, 그 나머지만 신중히 행동하면 후회할 것이 적어질 것이다. (말과 행동이 이와 같아서) 말에 허물이 적고 행동에 후회가 적으면 (비록 녹봉을 얻지 못하여도, 녹봉의 도는 얻었다고 할 것이니) 봉록은 그 가운데 있으리라!"

집주 —— ■ 子張은 孔子弟子니 姓顓孫이요 名師라 干은 求也요 祿은 仕者之奉也라

자장子張은 공자 제자로 성은 전손顓孫이고 이름은 사師이다. 간干은 구하는 것(求)이고, 녹祿은 벼슬하는 자가 받는 봉급이다.

■ 呂氏曰 疑者는 所未信이요 殆者는 所未安이라 程子曰 尤는 罪自外至者也요 悔는 理自內出者也니라

여동래가 말했다. "의疑란 미덥지 못한 것이고, 태殆란 편안하지 않은 것이다." 정자가 말했다. "우尤는 죄가 밖으로부터 이르는 것이고, 회悔는 이치가 안에서 나오는 것이다."

■ 愚謂 多聞見者는 學之博이요 闕疑殆者는 擇之精이요 謹言行者는 守之約이라 凡言在其中者는 皆不求而自至之辭니 言此以救子張之失而進之也시니라

(止)과 소리부 우牛가 더해져 의심하다, 주저하다, 미혹되다를 뜻한다.
■우尤는 갑골문에 又(오른손 우)에 가로획(一)을 더한 모습. 선이 뻗어나가지 못하고 가로막힘(一). 여기서 할 수 없음이나 재앙→허물과 원망, 탓하나→이를 극복하기 위한 노력이 더 필요하다→'더욱'이나 '특히'의 뜻이 나왔다. 『설문』에서는 乙(새 을)이 의미부이고, 又가 소리부로 변해 지금처럼 되었다.
■과寡는 宀(집 면)+頁(머리 혈)+分(나눌 분)의 회의자. 나누어져(分) 집(宀)에 홀로 남은 사람(頁)을 그려 '홀로'라는 의미를 형상화하여, '적다'는 뜻이 나왔다. 혹은 宀+頒(나눌 반)의 결합으로 집에 있는 물건을 나누어 주어서 감소하여 적다, 줄이다의 뜻이 나왔다고 한다. 환과고독鰥寡孤獨에서는 나이 들어 남편이 없는 과부寡婦, 임금이 자신을 낮추어 부르는 과인寡人 등으로 쓰인다.
■회悔는 心(마음 심)+每(매양 매)로 구성되어 후회함과 뉘우침을 뜻한다. 철이 들어서 보니, 어머니(每)의 마음(心)

어리석은 내가 말한다. 듣고 본 것이 많다(多聞見)는 것은 배움의 넓음이며, 의심스럽고 위태로운 것을 뺀다(闕疑殆)는 것은 선택함이 정밀한 것이다. 언행을 삼간다는 것은 지킴이 간략한 것이다. 무릇 그 가운데 있다(在其中)고 말한 것은 모두 구하지 않아도 저절로 이른다는 말이다. 이것을 말씀하시어 자장의 잘못을 구제하시고 나아가게 하신 것이다.

■程子曰 修天爵則人爵至하니 君子言行能謹은 得祿之道也라 子張學干祿이라 故로 告之以此하여 使定其心而不爲利祿動하시니 若顔閔則無此問矣리라 或疑如此라도 亦有不得祿者한대 孔子蓋曰 耕也에 餒在其中이라 하시니 惟理可爲者를 爲之而已矣니라

정자가 말했다. "하늘의 관직(天爵)을 닦으면 사람의 관직(人爵)은 따라오니, 군자가 언행을 능히 삼가는 것은 봉록을 얻는 방도이다. 자장이 녹을 구하는 방법을 배우고자 한 까닭에 이것으로 알려 주시어 그 마음을 안정시키고 이록利祿에 움직이지 않게 하신 것이다. 만약 안연이나 민자건의 경우라면 이런 질문은 없었을 것이다. 혹자는 이와 같이 해도 봉록을 얻지 못하는 경우가 있다고 의심하지만, 공자께서는 대개 '밭을 갈아도 굶주림이 그 가운데 있을 수 있다.'고 하셨으니, 오직 이치로 보아 가히 할 만한 것이면 할 따름이다."

고금주 —— ■補曰 聞, 謂得之於師友. 見, 謂得之於書籍. 聞未必無殆, 見未必無疑. 有聞而行之者, 有見而言之者, 皆互文也. 闕, 空也.[門無扉, 中央闕然爲道曰闕] ○包曰: "疑則闕之, 其餘不疑, 猶愼言之, 則少過." ○補曰 言必人聞, 故尤成於外, 行或獨知, 故悔發於內. ○鄭曰: "言行如此, 雖不得祿, 亦得祿之道."

보완하여 말한다. 듣는다(聞)는 것은 스승과 친구에게서 얻은 것을 말하고,

을 잘 헤아리지 못했던 것을 후회하고 뉘우친다는 뜻이다. 매每는 원래 母(어미)에서 파생된 글자로 비녀를 꽂은 여인을 상징했다.

본다(見)는 것은 서적에서 얻는 것을 말한다. 들은 것도 반드시 위태로움이 없다고 기필할 수 없고, 본 것도 의심스러운 것이 없다고 기필할 수 없다. 들으면 행하는 자도 있고 보면 말하는 자도 있다는 것은 모두 호문互文이다. 궐闕은 '비워 놓는다(空)'는 것이다.(門에 문짝이 없어, 가운데가 텅 비어:闕然 길이 되어 있는 것을 闕이라 한다.) ○포함이 말했다. "의심스러우면 제쳐놓고, 그 밖에 의심스럽지 않은 것도 오히려 조심해서 말하면 (말에) 허물이 적다." ○보완하여 말한다. 말은 필시 다른 사람이 듣기 때문에 허물은 밖에서 이루어지고, 행동은 혹 혼자만 알기 때문에 후회는 안에서 일어난다. ○정현이 말했다. "말과 행동이 이와 같다면, 비록 녹봉을 얻지 못하여도 녹봉의 도는 얻은 것이다."

■ 質疑 君子未嘗不欲仕, 特求之以道, 所謂夫子之求, 異乎人之求也. 孔子曰: "學也祿在其中, 耕也餒在其中."〔〈衛靈公〉〕 ○ 純曰: "程子云, '若顔 · 閔則無此問矣.' 殊不知顔 · 閔未嘗不欲仕, 特不受不義之祿耳. 子張雖以此爲問, 亦豈肯受不義之祿者哉?"

질의한다. 군자는 일찍이 벼슬하고자 하지 않음이 없지만, 다만 도로써 벼슬하기를 구할 뿐이니, 이른바 '부자께서 구한 것은 다른 사람이 구하는 것과 다르다.'는 것이다. 공자께서 말씀하셨다. "배워도 녹이 그 가운데 있고, 밭을 갈아도 굶주림이 그 가운데 있을 수 있다."(「위령공」) ○태재순이 말했다. "정자는 '만약 안연이나 민자건의 경우라면 이런 질문은 없었을 것이다.'고 말했다. 그런데 유독 안연과 민자건만이 벼슬하지 않으려 했던 적이 없었고, 다만 의롭지 않은 녹을 받지 않았을 뿐임을 정자는 알지 못했다. 자장이 비록 이런 질문을 했지만, 또한 어찌 의롭지 않은 녹을 달게 받는 자였겠는가?"

비평 —— 세속적으로 관리가 되어 녹록을 얻는 방법에 대해 배우고자 하는 제자에게, 공자는 견문을 넓히고 정밀히 선택하여 의심스런 것은 빼 버리고 언행을 조심해서 하면 봉록은 저절로 얻을 수 있다고 말한다. 여기서 공자의 대답은 곧 학문, 즉 "널리 배우고, 자세히 묻고, 신중하게 사려하고, 밝게 분별하여, 돈독하게 실천하면 봉록은 그 결과로 얻을 수 있다."는 말로 해석된다. 무엇을 자기 것으로 만드는 데에는 두 가지 방법이 있다고 말한다. 하나는 그 무엇을 취득하는 것이고, 다른 하나는 그 무엇을 취득하는 방법을 터득하는 것이다. 전자가 소유라고 한다면 후자는 학문이라고 할 수 있는데, 공자는 후자를 제시해 준다. 이 구절은 인구에 자주 회자되는 『탈무드』의 다음 언명에 대한 공자적인 대답이라고 할 수 있다.

  "물고기 한 마리를 주면 하루를 살게 해줄 수 있지만, 물고기 잡는 방법을 가르쳐주면 평생토록 살아갈 수 있게 해 준다."

  다산은 안연과 민자건 정도의 제자라면 녹봉을 얻는 방법에 대해 배우고자 하는 질문을 하지 않았을 것이라는 정자의 언명에 질의한다. 다산의 생각에는, 선비(士)라면 누구나 벼슬(仕)을 하여 자신의 포부를 실현하려고 하기 때문에 벼슬을 얻는 방법을 질문할 수 있다는 것이다. 다만 안회와 민자건의 경지에 오른 인물은 정도正道를 통해 벼슬하고자 하는 점에서만 다른 사람들과 구분되는데, 자장 또한 그런 인물이었다는 것이다. 다산의 이 주장은 자장이 질문한 것이 벼슬을 하여 도를 구현하는 방법을 물었느냐, 아니면 개인적인 녹봉을 얻는 방법을 질문한 것이냐에 따라 달리 해석될 수 있는 문제이다. 다산의 주장은 자장의 질문이 벼슬을 하여 도를 구현하는 방법을 물었다고 가정할 때만 정당하다고 할 수 있다. 그런데 정자는 자장이 세속적인 녹봉, 이른바 출세를 지향하여 질문한 것으로 생각하여 이런 주석을 내놓았다고 할 수 있다. 또한 안회와 민자건은 세속적인 출사出仕를 가볍게 여기고 녹봉을 추구하지 않았다는 명확한 증거가 『논어』에 나타나 있다.

2:19. 哀公問曰: "何爲則民服?" 孔子對曰: "擧直錯諸枉, 則民服, 擧枉錯諸直, 則民不服."

고주 —— 애공이 물었다. "어찌하면 백성들이 복종합니까?" 공자께서 대답하셨다. "곧은 사람을 들어 쓰고 여러 사악하고 굽은 사람들을 버려두면(錯諸 枉=廢置諸邪枉之人) 백성들은 (윗사람에게) 복종하고, 사악하고 굽은 사람을 들어 쓰고 곧은 사람들을 버려 두면 백성들은 (윗사람에게) 복종하지 않습니다."

주자 —— 애공이 물었다. "어떻게 하면 백성들이 복종하겠습니까?" 공자께서 대답하셨다. "곧은 이를 천거하여 쓰고 여러(諸=衆) 굽은 이들을 버려두면 (錯=버리고 쓰지 않는다:捨置) 백성들이 복종할 것입니다. 굽은 이를 천거하여 쓰고 여러 곧은 이를 버려두면 백성들이 복종하지 않을 것입니다."

다산 —— 애공이 물었다. "어떻게 하면 백성들이 복종하겠습니까?" 공자께서 대답하셨다. "(아랫자리의) 곧은 이를 높이 들어서 (윗자리의) 굽은 이들의 자리에(諸=之於) 조치하면 백성들이 복종할 것입니다. (아랫자리의) 굽은 이를

자원풀이 ■거擧는 手(손 수)+ 舁(마주들 여)의 형성자로 손(手)으로 드는(舁) 것을 말한다. 이로부터 들다, 일으키다, 행하다, 흥기하다, 천거하다, 거행하다, 등용하다 등의 뜻이 나왔다. 폐廢는 广(집 엄)+發(쓸 발)의 형성자로 쓸 수 있는 활(發)을 집(广)에 넣어 두고 쓰지 않고 폐기하다는 뜻이다.
■직直 자는 갑골문에서는 目(눈) 위에 세로획이 곧게 그려진 모습으로, 세로획은 곧은 시선을 상징한다. 이후 세로획은 十으로 바뀌었고, 길을 뜻하는 彳(조금 걸을 척)의 변형인 乚이 더해져 현재 자형이 되었다. '똑바로 보다'가 원래 뜻이고, 이로부터 곧다, 정직正直하다, 합리적이다, 직접, 있는 그대로 등의 뜻이 나왔다. 혹은 十(열 십) + 目(눈 목) + 乚(숨어 있는 것)의 합성어로 '숨어 있는 것을 열 눈(모든 눈)이 지켜보기 때문에 곧고, 바르게 하지 않을 수 없다.'는 뜻이라 한다.
■착錯은 金(쇠 금)+昔(옛 석)의 형성자로 쇠(金)가 오래되어(昔) '어긋나' 못쓰게 됨, 잘못됨, 뒤섞임 등을 뜻한다. 버

높이 들어 (윗자리의) 여러 곧은 이의 자리에 조치하면 백성들이 복종하지 않을 것입니다."

집주 —— ■ 哀公은 魯君이니 名蔣이라 凡君問에 皆稱孔子對曰者는 尊君也라 錯는 捨置也라 諸는 衆也라

애공哀公은 노나라 임금으로 이름은 장蔣이다. 무릇 임금이 질문에 모두 '공자께서 대답하여 말씀하셨다(孔子對曰).'고 한 것은 임금을 존숭한 것이다. 조錯는 버리고 쓰지 않는다(捨置)는 뜻이다. 제諸는 많다(衆)는 뜻이다.

■ 程子曰 擧錯得義면 則人心服이니라

정자가 말했다. "들어 씀과 버리고 쓰지 않음이 올바름을 얻으면, 인심人心이 복종한다."

■ 謝氏曰 好直而惡枉은 天下之至情也니 順之則服하고 逆之則去는 必然之理也라 然이나 或無道以照之면 則以直爲枉하고 以枉爲直者 多矣라 是以로 君子大居敬而貴窮理也니라

사량좌가 말했다. "곧은 자를 좋아하고 굽은 자를 미워하는 것은 천하의 지극한 정이니, 이것에 따르면 복종하고 거스르면 떠나는 것은 필연의 이치이다. 그러나 혹 도로써 비춰 보지 않으면 정직한 것을 굽은 것이라 여기고, 굽은 것을 곧은 것이라고 여기는 경우가 많다. 이 때문에 군자는 경건함에 기거함(居敬)을 크게 여기고 이치 탐구(窮理)를 귀하게 여기는 것이다."

려 두고 쓰지 않는다, 처리하다, 편안하다 등으로 쓰일 때는 '조措'로 읽는다.
■제諸는 言(말씀 언)+者(놈 자)의 형성자로 모든 말(言)을 솥에 삶듯(者=煮:삶을 자) 뒤섞어 변론하다는 뜻에서 여럿, 모두의 뜻이 나왔다. 처소격 지우之于, 지어之於의 줄임말로 쓰일 때는 '저'로 읽는다.
■왕枉은 木(나무 목)+王(임금 왕)의 형성자로 나무(木)가 굽다는 뜻이며, 이로부터 왜곡이나 정직하지 않다, 사특하다는 뜻으로 쓰였다.
■복服은 月(달월)이 의미부이고 오른쪽 '다스릴 복'이 소리부인 형성자이다. 원래는 舟(배 주)가 의미부로 사람을 다스려 꿇어앉혀 배에 태우는 모습에서 굴복屈服이라는 의미를, 이로부터 '일을 시키다(복무服務)'라는 뜻이 나왔다.

고금주 ——— ■補曰 服, 心伏也. 擧, 擡也.[高擧之] 錯, 安置也.[奠器於地也.『儀禮』云:"豆錯俎錯."] 直, 謂正人也. 枉, 謂不賢者也. 諸, 語辭. 賢者在上, 不賢者在下, 則擧直而錯於枉也. 不賢者在上, 賢者在下, 則擧枉而錯於直也. 譬如施榘以正物, 榘直而物枉, 則可以正之, 榘枉而物直, 則不可以正之也.

보완하여 말한다. 복服은 마음으로 복종하는 것(心伏)이다. 거擧는 들어올리는 것(擡)이고(높이 드는 것:高擧이다), 조錯는 안치安置하는 것이다.(기물을 땅에 자리를 정해 갖다 놓는 것처럼 하는 것이다. 『의례』에서 말했다. "豆와 俎를 제자리에 놓아둔다.") 직直은 바른 사람(正人)을 말하고, 왕枉은 어질지 않은 사람(不賢者)을 말한다. 저諸는 어조사이다. 어진 이가 윗자리에 있고 어질지 못한 이가 아랫자리에 있으면, 곧은 이를 들어서 굽은 이의 자리에 안치하는 것이고, 어질지 못한 이가 윗자리에 있고 어진 이가 아랫자리에 있으면 굽은 이를 들어서 곧은 이의 자리에 안치하는 것이다. 비유하자면 곱자(榘)를 써서 물건을 바르게 할 때, 곱자가 바르고 물건이 굽으면 물건을 바르게 할 수 있다. 그러나 곱자가 굽고 물건이 바르면 곱자를 바르게 할 수 없다.

■包曰: "擧正直之人用之, 廢置邪枉之人."[邢云:"廢置諸邪枉之人, 則民服. 廢置諸正直之人, 則民不服."] ○駁曰 非也. 錯者, 器物之奠地也. 訓置則可, 訓廢置, 何據乎? 諸者, 語辭. 『易』曰: "藉用白茅." 孔子曰: "苟錯諸地則可矣." 錯諸地·錯諸枉, 同一文法, 今也訓諸爲衆, 可乎?

포함이 말했다. "정직한 사람을 천거하여 쓰고, 사악하고 굽은 사람을 그만두게 한다."(형병이 말했다. "여러 사악하고 굽은 사람을 그만두게 하면 백성이 복종하고, 여러 정직한 사람을 그만두게 하면 백성이 복종하지 않는다.") ○논박하여 말하면, 그릇되었다. 조錯란 기물을 땅에 자리를 정해 갖다 놓는 것으로 둔다(置)로 풀이하면 괜찮지만, 그만두게 한다(廢置:폐하여 내버린다)는 것은 어디에 근거한 것인가? 저諸는 어조사이다. 『역경』에 "흰 띠풀을 깐다(藉用白茅)."고 하였는데, 공자께서 "진실로 땅에 놓아두면 괜찮을 것이다(苟錯諸地則可矣)."라고 말씀하였으니, '조저지錯諸地'와 '조저왕錯諸枉'은 같은 문법이다. 지금 저諸를 여럿(衆)이라고 풀이하면 되겠는가?

■ 引證 〈繫辭〉云:"擧而錯之天下之民, 謂之事業." ○〈樂記〉云:"禮樂之道, 擧而錯之天下, 無難矣." ○案 錯者, 錯其所擧也. 諸家以'擧錯'二字爲對文, 非矣 인증한다. 『역경』「계사전」에서 말했다. "(卦爻의 변통의 이치를) 들어서 천하 백성들에게 조치해 나가는 것을 일컬어 사업이라고 한다." ○『예기』「악기」에서 말했다. "예악의 도를 극진히 하여, 들어서 천하에 조치하면 어려움이 없다." ○살핀다. 조錯란 '어떤 것을 들어 쓸 곳에 둔다'는 것이지, 여러 주석가들이 거擧와 조錯를 대립되는 두 글자로 본 것은 잘못이다.

비평 —— '조저(제)왕錯諸枉'에 대한 해석에서 차이가 난다. 고주는 '조제왕'으로 읽고 '사왕邪枉한 사람을 버리는 조치를 취한다(廢置諸邪枉之人).'라고 해석하였다. 주자 또한 '조제왕'으로 조錯는 버리고 쓰지 않는다(捨置), 제諸는 많다(衆)로 해석하여, 많은 굽은 사람을 버리고 등용하지 않는다로 해석했다. 이에 대해 다산은 '조錯는 안치安置(마땅히 두어야 할 곳에 배치)'로, '저諸'는 지어(之於)로 해석하였다. 고주-주자와 다산의 두 해석 모두 통한다고 볼 수 있다. 다만 다산의 해석이 (1) 여러 인증에 근거해 있고, (2) 굽은 사람 또한 내버려 둘 수만은 없다는 점, 따라서 (3) 곧은 사람이 천거되어 윗자리에 처하면 아랫자리에 있는 굽은 사람이 교화되어 곧은 사람이 되게 할 수 있다는 점에서 공자의 본뜻에 좀더 다가섰다고 할 수 있을 것이다.

2:20. 季康子問:"使民敬, 忠以勸, 如之何?" 子曰:"臨之以莊則敬, 孝慈則忠, 擧善而教不能則勸."

고주 —— 계강자가 물었다. "백성으로 하여금 공경하고 충성하며 서로 권면하게 하려면 어찌해야 합니까?" 공자께서 말씀하셨다. "백성을 장엄하게 대하면 (백성들이 그 윗사람을) 공경하고, (임금이 위로 어버이에게) 효도하고 (아래로 백성에게) 자애로우면 (백성들이) 충성하고, 선한 사람을 천거하여 등용하고 능력이 없는 사람을 가르치면 (백성들이 서로) 권면할 것입니다."

주자 —— 계강자가 물었다. "백성으로 하여금 공경하고 충성스럽도록 권면하려면 어떻게 하면 되겠습니까?" 공자께서 말씀하셨다. "백성들에게 (용모를) 단엄端嚴하게 임하면 공경할 것이며, (부모에게) 효도하고 (뭇 사람에게) 자애를 베풀면 충성할 것이며, 선한 이를 천거하여 (선할) 능력 없는 자를 가르치면 권면될 것입니다."

다산 —— 계강자가 물었다. "백성으로 하여금 공경하고 충성스럽도록 권면 (백성들이 자연히 흥기하여 도덕과 기예:德藝에 나아가도록 하는 것)하려면 어떻게 하면 되겠습니까?" 공자께서 말씀하셨다. "백성들에게 (政令을 내림에 경솔하거나 태만함이 없어) 장엄하게 임하면 공경할 것이며, 효성스럽고 자애를 베풀면 충성할 것이며, 어질고 능력 있는 자를 등용하여 재능 없는 사람을 가르치면 권면될 것입니다."

자원풀이 ■권勸은 力(힘 력)+雚(황새 관)의 형성자로 힘(力)으로 강권하다, 설득하다는 뜻이다. 이로부터 권하다, 권력의 뜻도 나왔다.
■림臨은 臣(신하 신)과 人(사람 인)이 의미부이고 品(물건 품)이 소리부인 형성자. 눈(臣)으로 물품(品)을 살피는 사람(人)을 그려 높은 곳에서 아래를 살피다, 감시監視하다, 다스리다, 만나다, 기대하다 등의 뜻이 나왔다.
■장莊은 艸(풀 초)+壯(씩씩할 장)의 형성자. 풀(艸)이 성하여 장대(壯)함. 장엄하다, 엄숙하다, 공경하다, 엄정하다 등의 뜻이 있다. 또한 土(흙 토)+广(집 엄)으로 된 庄(농막 장)으로 큰 상점이나 전문점을 지칭하기도 한다.
■자慈는 心(마음 심)+玆(이 자)의 형성자로 마음(心)을 한없이 불려(玆) 남에게 베푸는 자애로운 사랑(愛)을 말하며, 위에서 아래로 베푸는 사랑을 지칭하고, 어머니의 비유로 쓰였다.
■선善이란 『설문해자』에서는 " 길吉한 것이다. 두 개의 언(言言) 자와 양羊이 합쳐진 것으로 의義 및 미美와 뜻이 같

집주 —— ■季康子는 魯大夫季孫氏니 名肥라 莊은 謂容貌端嚴也라 臨民以莊이면 則民敬於己하고 孝於親, 慈於衆이면 則民忠於己하고 善者擧之而不能者敎之면 則民有所勸而樂於爲善이니라

계강자季康子는 노나라의 대부 계손씨季孫氏이고 이름은 비肥다. 장莊은 용모容貌가 단정하고 엄숙한 것(端嚴)을 말한다. 백성에게 장엄하게 임하면 백성이 나를 공경한다. 부모에 효도하고 뭇사람에게 자애로우면 백성이 나에게 충성하며, 선한 자를 등용하여 능하지 못한 자를 가르치면 백성은 권면되는 바가 있어 선을 행하기를 즐거워한다.

■張敬夫曰 此皆在我所當爲요 非爲欲使民敬忠以勸而爲之也라 然이나 能如是면 則其應이 蓋有不期然而然者矣니라

장경부張敬夫가 말했다. "이것은 모두 내가 마땅히 해야 할 것이지, 백성으로 하여금 공경하고 충성하도록 권면하기 위해서 하는 것이 아니다. 그러나 능히 이렇게 할 수 있다면, 그에 감응하여 대개 그렇게 되기를 기약하지 않아도 그렇게 되는 것이다."

고금주 —— ■補曰 勸, 謂民自興起以進其德藝也. ○包曰: "莊, 嚴也." ○補曰 莊者, 政令無戲慢也. ○包曰: "君能上孝於親, 下慈於民, 則民忠矣." ○補曰 善, 賢能也.

보완하여 말한다. 권勸은 백성들이 자연히 흥기하여 도덕과 기예(德藝)에 나

다."고 하였다. 즉 선善에서 두 개의 언(言言) 자는 말의 뜻을 서약하고 서로 논쟁한다는 의미이고, 양羊은 죄인을 심판할 때 쓰던 양으로 논쟁하는 두 사람 사이에서 시비곡직是非曲直을 신神을 대신하여 심판하는 것 길상吉祥함과 훌륭함을 의미했다. 어쨌든 선이란 길상한 것으로 의롭고(義) 아름다운 것(美)이라는 의미가 있다. 그리고 여기서 양羊은 양의 머리를 쓴 절대자(羊人爲美)를 상징한다고 할 수 있다. 착하다, 선행善行, 좋은 일, 선하다, 훌륭하다, 좋아하다, 능력 있다 등의 의미로 쓰인다. 착하다(聞—善 見—善行), 좋다(아름답다, 훌륭하다, 상서롭다, 상쾌하다, 긴밀하다, 솜씨가 좋다), 좋아하다(施民所善), 잘하다(惟截截善諞言), (알맞게, 교묘하게, 가락 맞게, 크게, 자주) 하다. 좋은(求善賈而沽諸), 많다(풍성하다:善歲), 닦다(善刀), 선인(禁姦擧善), 선행(積善之家), 좋다고 하다, 착하게 하다, 다스리다(窮則獨善其身), 성공(善敗), 소중히 여기다(善曰秦王 善時者覇).

아가도록 하는 것을 말한다. ○포함이 말했다. "장莊은 엄嚴한 것이다." ○보완하여 말한다. 장莊은 정령政令을 내리는 데 경솔하거나 거만함이 없는 것이다. ○포함이 말했다. "임금이 위로 어버이께 효도하고, 아래로 백성을 자애하면 백성들이 충성한다." ○보완하여 말한다. 선善은 어질고 능력 있음(賢能)이다.

■質疑 莊・嚴, 古相通. 故包注, 訓莊爲嚴. 然端莊異於嚴猛. 故『集註』改之曰: "容貌端嚴." 然惟容貌端嚴, 則又歸於色莊. 色莊內荏, 君子戒之, 其義恐偏也.

질의한다. 장莊과 엄嚴은 옛날에는 서로 통했다. 그래서 포함의 주석에 장莊의 뜻은 엄嚴한 것이라고 하였다. 그러나 단정하고 장중한 것(端莊)은 엄하고 사나운 것(嚴猛)과는 다른 것이다. 그러므로 주자의 『집주』에서는 '용모단엄容貌端嚴'이라고 하였다. 그러나 오직 용모단엄이라고 하면, 또한 겉모양만 장중(莊)한 것으로 귀결된다. 겉모양만 장중하고 속은 흔들려 무른 것은 군자는 경계하니, 그 뜻이 아마도 편중된 듯하다.

■包曰: "擧用善人." ○荻曰: "善對不能, 善猶能也."[純曰: "如善射・善御・善書・善畫之善."] ○駁曰 包注固謬, 純義亦偏也. 善於德行, 以敎其不能孝弟之民, 未嘗非擧善, 純獨以技藝言, 其義亦偏也. 荻說無病.

포함이 말했다. "(擧善은) 착한 사람을 등용하는 것(擧用善人)이다." ○오규 소라이가 말했다. "선善은 불능不能과 상대가 되는 말이니, 선은 능能하다는 뜻과 같다." (태재순은 말했다. "善은 '활쏘기를 잘 하고:善射, 말 몰기를 잘 하고:善御, 그림을 잘 그리고:善畫'라고 할 때의 잘한다는 뜻과 같다.") ○논박하여 말하면, 포함의 주는 본래 잘못되었고, 태재순의 해석 또한 치우쳤다. 덕행에 유능한 사람이 효제를 행할 능력이 없는 백성을 가르치는 것은 일찍이 거선擧善이라고 하였는데, 태재순은 순전히 기예技藝로써만 말하였으니, 그 뜻이 치우쳤다. 오규 소라이의 설은 병폐가 없다.

비평 —— 선善이란 미美와 의義 등과 어원을 같이 하는, 궁극 경지를 나타내는 개념으로 좋다, 아름답다, 잘하다, 착하다, 훌륭하다 등을 모두 포괄한다. 거선이교불능舉善而教不能을 고주는 '선한 사람을 천거하여 등용하고, 능력 없는 이를 가르친다.'고 문자 그대로 해석했다. 주자는 '도덕적인 선에 초점을 두고, 선한 사람을 등용하여 선하지 못한 사람을 가르친다.'고 해석했다. 이에 비해 다산은 '덕행에 어질고 유능한 사람을 등용하여 그런 능력이 없는 사람을 가르친다.'고 해석하였다. 요컨대 선善의 해석에서 주자는 선한 사람으로, 다산은 뒤의 불능不能과 연관 지우면서 좀더 포괄적으로 해석하여 어질고 능력 있는 사람으로 본 것이 다소 차이 나는 것처럼 보인다. 주자의 해석은 도덕적으로 선한 사람을 등용하여 도덕적인 선을 행할 능력이 없는 사람을 가르친다는 말이다. 이에 비해 다산은 덕행을 잘 행하는 현능한 사람을 천거하여 그런 능력이 없는 사람을 가르친다는 말이다. 여기서도 다산은 덕행의 행위에 초점을 맞추어 좀더 실천적으로 해석했음을 볼 수 있다.

그리고 장莊을 고주와 다산은 엄숙(嚴肅)으로 보았다. 주자는 용모단엄容貌端嚴을 말한다고 하였다. 그리고 효자에 대해서도 약간의 이견이 있다. 이에 대해서는 주자의 다음 언명을 참조하자.

주자가 말했다. "장莊은 한 글자이지만, 효자孝慈는 두 가지 일이다. 효孝는 몸소 이끄는 것이고, 자慈는 은혜로 결속하는 것이다. 효는 모습을 만드는 것이고, 자는 미루어 남에게 나아가는 것이니, 두 가지가 반드시 같이 이루어져야 백성이 비로소 나에게 충성한다. 선한 자를 등용하고 불선한 자를 버리는 것만으로는 백성들을 곧 권면할 수 없다. 오로지 그 선한 자를 등용하여 그 능하지 못한 자를 가르쳐야 모두를 권면하게 된다." (『논어집주대전』)

2:21. 或謂孔子曰: "子奚不爲政?" 子曰: "『書』云, '孝乎惟孝, 友于兄弟, 施於有政.' 是亦爲政, 奚其爲爲政?"[石經本'孝乎'作'孝于']

고주 —— 어떤 사람이 (벼슬을 해야 정치를 하는 것이라고 생각하여) 공자께 일컬어 말하셨다. "선생님께서는 어찌하여 정치를 하지 않으십니까?" 공자께서 말씀하셨다. "『서』에서 말하길(書云) '(큰 효도를 찬미하여) 효도하고 효도하며(孝乎惟孝), 형제간에 우애하여, (이를 미루어) 정치에 시행한다(施=行).'고 하였으니, (행하는 바의 정치의 도가 있으면) 이 또한 정치를 하는 것이니, 어찌 벼슬을 해야만 정치를 하는 것이 되겠는가."

주자 —— 어떤 사람이 공자께 일컬어 말하셨다. "선생님께서는 어찌하여 정치를 하지 않으십니까?" 공자께서 말씀하셨다. "『서』에서 효에 관하여 말하길(書云孝乎), '오직 효도하고(惟孝), 형제간에 우애하여 정치에 베푼다.'고 하였으니, 이 또한 정치를 하는 것이다. (어찌 반드시) 벼슬하여 실제 행정을 하는 것만을 정치한다고 하겠는가?" (주자는 '書云孝乎. 惟孝'로 읽었다.)

자원풀이 ■해奚는 爪(손톱 조)+幺(작을 요)+大(큰 대)로 구성되어 사람(大)을 줄(幺)로 묶어 손(爪)으로 끌며 일을 시키는 여자노예를 그린 회의자이나, 후에 '어찌'라는 의문사로 가차假借되었다.
■서書는 손에 붓을 쥔(聿: 붓 률) 모습과 그릇(口)을 그린 회의자로 그릇에 담긴 먹을 찍어 글을 쓰는 모습을 그렸으나, 후에 口가 日(가로 왈)로 바뀌어 현재 자형이 되었다. 서사書寫하다, 기록하다, 글, 서체書體, 서적書籍, 그리고 『서경』이란 책의 이름으로 쓰인다.
■시施는 㫃(=旗깃발 기)+也(어조사 야)의 형성자로 바람에 나부끼며 펄럭이는 모습의 깃발을 중심으로 사람을 모아놓고 정령을 공포하거나 정책을 알리는 모습을 그렸고, 이로부터 시행施行하다, 주다, 보시普施, 베풀다 등의 뜻이 나왔다. 연장하다(施及三王-이급삼왕), 흩뿌리다(雲行雨施-운행우이), 미치다 혹은 만연하다(葛之覃兮 施于中谷-갈지담혜 이우중곡)고 할 때는 '이'로 읽는다.

다산 —— 어떤 사람이 공자께 일컬어 말하셨다. "선생님께서는 어찌하여 정치를 전담하여 주재하지 않으십니까?" 공자께서 말씀하셨다. "『서』에서 말하길(書云), '크게 효도하고 효도하며(孝乎惟孝) 형제간에 우애하여, 정치에 뻗쳐 나간다.'고 하였으니, 이 또한 정치를 하는 것이다. (어찌 반드시) 정치를 전담하여 주재하여야 하겠는가?"(『석경』에는 孝乎가 孝于로 되어 있다.)

집주 —— ■定公初年에 孔子不仕라 故로 或人이 疑其不爲政也라
정공定公 초년初年에 공자께서 벼슬을 하지 않으셨기 때문에, 어떤 사람이 정치를 하지 않는 것에 의문을 가졌다.

■書는 周書君陳篇이라 書云孝乎者는 言書之言孝如此也라 善兄弟曰友라 書言 君陳이 能孝於親하고 友於兄弟하며 又能推廣此心하여 以爲一家之政이라 하니 孔子引之하사 言如此면 則是亦爲政矣니 何必居位라야 乃爲爲政乎아 蓋孔子之不仕를 有難以語或人者라 故로 託此以告之하시니 要之컨대 至理亦不外是니라

『서경』은 「주서, 군진」편이다. 서운효호書云孝乎란 『서경』에서 효를 이와 같이 말했다는 것이다. 형제간에 잘하는 것을 우애(友)라 한다. 『서경』의 말은 '군진은 능히 부모에게 효도하고 형제간에 우애하고, 또한 능히 이 마음을 미루어 넓혀서 한 집안의 정치로 삼았다.'는 뜻이다. 공자께서는 『서경』을 인용하여 '이와 같이 한다면, 이 또한 정치를 하는 것이다. 어찌 반드시 지위에 있어야만 정치를 한다고 하겠는가?'라고 말씀하셨다. 대개 공자께서 벼슬하지 않은 까닭은 혹인或人에게 말해 주기에는 어려움이 있었다. 그러므로 이 말에 의탁하여 알려 주셨다. 요컨대 지극한 이치는 또한 이 밖에 있지 않다.

고금주 —— ■補曰 爲政, 謂專主一國之政.[義見下] 有政, 謂庶官分掌之政.『書』,『逸書』.[孔壁本無之] ○包曰: "孝乎惟孝, 美大孝之辭." ○補曰 施, 延也.[音

易.〈大雅〉云:"施于孫子."]

보완하여 말한다. 위정爲政이란 한 나라의 정사를 전담하여 주재하는 것(專主 一國之政)을 말하고, 유정有政은 여러 관원들이 분담하는 정치를 말한다. 『서 경』으로 인용된 것은 잃어버린 글(逸書)이다(孔壁本에는 이 글이 없다). ○포함 이 말했다. "효호유효孝乎惟孝란 큰 효도(大孝)를 찬미한 말이다." ○보완하여 말한다. 이施는 뻗어나가는 것이다(음이 이易이다. 『시경』「大雅」에서 "손자에게 뻗 쳤도다."라고 했다).

■ 包曰: "或人以爲, 居位乃是爲政."〔又云:"所行有政道, 與爲政同."〕 ○駁曰 非 也. 爲政者, 手執政柄之謂.『春秋傳』多言爲政, 如曰'趙 宣子爲政', 〔宣元年〕 曰 '我死, 子必爲政'.〔昭二十年, 鄭 子産事〕 卿大夫非一人, 而爲政者必上卿之長者一 人而已. 由是推之, 凡主事者皆謂之爲政." 蓋以爲政・有政, 天淵不侔, 故孔子 自居有政, 以當爲政. 若以備位之仕, 皆名爲政, 則孔子未嘗不有政, 或人不當 以不爲政問之也. 有政者, 猶『書』所云有位・有土, 明亦任職居官之名.『集注』 以爲一家之政, 恐不然也.

포함이 말했다. "어떤 사람(或人)은 지위에 있는 것을 곧 위정爲政이라고 여긴 것이다."(또 말했다. "행하는 바가 정치의 도정에 있으면, 이는 爲政과 같다.") ○논박 하여 말하면, 그릇되었다. 위정爲政이란 직접 정권을 잡는 것(手執政柄)을 말 한다.『춘추전』에 '위정爲政'에 대해 말한 것이 많다. 예를 들면 '조선자가 정 권을 잡았다(趙宣子爲政: 宣元年).'고 했고, '내가 죽으면 자네가 반드시 정권을 잡을 것이다(我死 子必爲政: 召二十年鄭子産事).'라고 한 데서 보면, 경대부는 한 사람이 아니나, 정권을 잡은 사람은 필시 상경上卿의 우두머리 한 사람뿐이 다. 이로 미루어보면 대체로 일을 주재하는 것을 위정爲政이라고 하였다. 대 개 위정爲政과 유정有政은 하늘과 땅만큼 차이가 있기 때문에 공자께서는 유 정有政으로 자처하고, 이것을 위정爲政에 상당相當하는 것으로 여긴 것이다. 만약 모든 벼슬자리 가운데 한 벼슬자리에서 벼슬하는 것을 모두 위정爲政이라고 한다면 공자는 일찍이 유정有政이 있지 않음이 없었는데, 여기서 혹인或人이 어찌 위정爲政을 하지 않느냐고 질문한 것은 부당하다. 유정有政이란 『서경』에서 이른바 유위有位(벼슬자리가 있음), 유토有土(영지를 지니고 있음)라고 말한 것과 같으니, 직임을 맡고 관직에 있는 것의 명칭임이 분명하다. (주자의) 『집주』에 '한 집안의 정사로 삼았다(以爲一家之政)'는 것은 아마도 타당하지 않은 듯하다.

■ 引證 『白虎通』云: "孝乎惟孝, 友于兄弟." ○ 潘岳〈閒居賦〉云: "孝乎惟孝, 是亦拙者之爲政也." ○ 夏侯湛〈昆弟誥〉云: "孝乎惟孝, 友于兄弟." ○ 唐 王利貞〈幽州石浮圖頌〉云: "孝乎惟孝, 忠爲令德." ○ 宋 張齊賢〈曾子贊〉云: "孝乎惟孝, 曾子稱焉." [『太平御覽』引『論語』, 亦以'孝乎惟孝'作句] ○ 毛曰: "『集註』誤以'孝乎'作句, 則未有既出『書』云', 而可以攙口語二字于經文上者." ○案 漢・魏・唐・宋皆於孝乎惟孝, 連而不斷, 則梅賾僞案, 益復昭著. 蕭山猶不覺悟其失, 豈但攙口已哉? [梅氏〈君陳〉篇, 無'孝乎'二字]

인증한다. 『백호통』에서 말했다. "효도하고 효도하고 형제에게 우애한다." ○반악潘岳의 「한거부」에서 말했다. "효도하고 효도하는 것은 이 못난 나의 위정이다." ○하후담夏侯湛의 「곤제고」에서 말했다. "효도하고 효도하고 형제에게 우애한다." ○당나라 왕리정王利貞의 「유주석부도송」에서 말했다. "효도하고 효도하여, 충성하는 것이 착한 덕이다." ○송나라 장제현張齊賢은 「증자찬」에서 말했다. "효도하고 효도한다는 말은 증자를 두고 일컫는 말이다." ○모기령이 말했다. "주자의 『논어집주』에서는 잘못하여 효호孝乎로써 구句를 만들었는데, 이미 서운書云이라는 말이 나왔는데, 구어口語 두 자를 경문 위에 끼워 넣을 수는 없을 것이다." ○살핀다. 한・위・당・송이 모두 '효호유효孝乎惟孝'에 대해서는 이를 연결시키고, 끊지 않았으니, 매색梅賾이 『상서』를 위작하였음이 더욱더 분명히 드러난다. 그런데 모기령은 오히려 그 잘못을 깨닫지 못하였으니, 어찌 다만 자신의 말을 끼워 넣는 데만 그쳤겠는가? (매색의 『서경』 「군진편」에는 '孝乎' 두 글자가 없다.)

비평 —— 공자는 일차적이고 가장 친근한 가족의 윤리에서 요구되는 어버이와의 친함(親親:孝)과 형을 공경함(從兄:弟)은 점차 확장되어 모든 사회-국가(事君敬長:임금을 섬기고 웃어른을 공경함), 심지어 만물에 이르기까지 두루 달통하는 윤리적 덕목이라고 말한다. 그래서 유가는 정치철학에서 군주를 백성의 부모로, 그리고 백성을 군주의 자식으로 자주 비유 · 묘사하였다. 그렇다면 유가에서는 가족, 국가, 천하, 그리고 심지어 만물마저도 모두가 하나의 가족이거나 그 연장이며, 따라서 가족 윤리인 효제가 천하 만물 모두에 두루 통용된다고 말할 수 있다.

> '국國'과 '가家' 두 자는 언제나 함께 '국가國家'라 일컬어지며 나누어지지 않는다. 제가齊家를 했으면 이제 한 걸음 나아가 치국治國을 말할 수 있다. 대개 제가齊家는 만물을 완성시키는 시작이요, 대중을 다스리는 발단이 되는 것이다. 그러므로 치국治國-평천하平天下라는 것은 모두 다 제가齊家를 확대한 것이다. (陳立夫 지음, 정인재 역, 『중국철학의 인간학적 이해』, 민지사, 1986, 310-311쪽)

즉 유교의 원리에 따르면, 국가는 가족의 확장형이다. 그래서 맹자는 인륜의 극치로서 성인의 대명사인 요순의 도 역시 '효제'에 지나지 않는다고 주장하였다(『맹자』 6하:2. 孟子曰 "堯舜之道 孝弟而已矣."). 따라서 집안에서 효제를 잘 하는 것이 바로 정치를 시행하는 것이라고 하겠다. 실제로 벼슬하여 행정을 베푸는 것은 오직 명命에 달려 있을 뿐이라고 하겠다. 여기서 논점은 (1) 위정爲政이 정치를 시행하는 것인가, 아니면 정치를 전담하는 것인가? (2) '施'는 '시'로 읽어 베푸는 것(行하는 것)으로 이해할 것인가, 아니면 '이'로 읽어 뻗어나가는 것으로 이해할 것인가? (3) 구를 '서운효호書云孝乎'로 끊을 것인가, 아니면 '서운書云'에서 끊고 '효호유효孝乎惟孝'를 붙일 것인가 하는 점이다.

(1)과 (2)의 해석문제는 모두 통한다고 할 수 있다. 다산처럼 '施'를 뻗어 나가는 것으로 읽고(이), 위정爲政을 정치를 전담하는 것으로 풀이한다면 이 구절은 아주 잘 해석된다. 다산의 해석이 엄밀하다. 다만 고주 및 주자와 같이 해석해도 이 구절이 무리 없이 통한다고 생각된다. 두 해석 모두 좋다. 여기서 글자 한 자라도 무의미하게 지나치지 않는 다산의 지적이 경이롭다.

(3)의 차이는 복잡한 서지학적인 문제를 제기한다. 주자는 매색梅賾이 편찬한 『고문상서』에 의심되는 구절이 많다고 하는 점을 체계적으로 제기한 거의 최초의 인물이다. 그의 『어류』 곳곳에 이 문제를 제기하였다. 후대의 인물인 다산은 주자의 이러한 문제제기를 높게 평가하고, 매색이 편찬한 『상서』에서 고문으로 된 부분은 매색이 위조한 것이라고 주장하면서 그 증명을 시도하였다. 주자는 당시 『서경』의 정본으로 통용되던 매색본에 의거, 본문이 효호孝乎에서 시작되기 때문에 '서운효호書云孝乎'를 붙여 읽었다. 이에 비해 다산은 매색이 편찬한 인용된 『서경』의 본문이 여기저기서 발췌한 위고문이기 때문에 인정하지 않고, 『논어』의 본문을 중시하여 책을 인용하는 일반적인 관례에 따라 서운書云에서 끊어 읽어야 한다고 주장한 것이다. 그런데 이러한 서지학적인 문제가 있지만, 어디서 끊든지 간에 이 구절의 대의를 파악하는 데는 차이가 없다. 비록 매색이 편찬한 『서경』의 본문이 위고문이라고 할지라도, 이 본문을 주자처럼 끊어 읽어도 전혀 문제가 되지 않으며, 오히려 더 자연스럽게 해석되는 측면이 있다.

2:22. 子曰: "人而無信, 不知其可也. 大車無輗, 小車無軏, 其何以行之哉?"

고주 —— 공자께서 말씀하셨다. "사람으로서 신의가 없으면, 그가 (그 밖의 다른 재능이 있다 하더라도 끝내) 행세할 수 있을지 알지 못하겠다. 큰 수레에 (소와 연결하는 끌채의 멍에를 고정시키는) 비녀장이 없고, 작은 수레에 (말과 연결하는 끌채의 멍에를 고정시키는) 비녀장이 없으면, 그 수레를 어떻게 끌고 갈 것인가?"

주자 —— 공자께서 말씀하셨다. "사람이 신의가 없으면, 그 사람이 괜찮은지 알지 못하겠다. 큰 수레에 (소와 연결하는 끌채의 멍에를 고정시키는) 비녀장이 없고, 작은 수레에 (말과 연결하는 끌채의 멍에를 고정시키는) 비녀장이 없으면, 어떻게 끌고 갈 것인가?"

다산 —— 공자께서 말씀하셨다. "사람으로서 신의가 없으면, 그가 (그 밖의 다른 재능이 있다 하더라도 끝내) 행세할 수 있을지 알지 못하겠다. 큰 수레에 (소와 연결하는 끌채의 멍에를 고정시키는) 비녀장이 없고, 작은 수레에 (말과 연결하는 끌채의 멍에를 고정시키는) 비녀장이 없으면, 그 수레가 어떻게 끌고 갈 것인가?" (비녀장이 수레를 소·말과 연결시켜 가게 하듯이, 신의가 사람과 사람을 연결시킴)

집주 —— ■大車는 謂平地任載之車라 輗는 轅端橫木이니 縛軛以駕牛者라 小車는 謂田車, 兵車, 乘車라 軏은 轅端上曲이니 鉤衡以駕馬者라 車無此二

자원풀이 ■인人은 갑골문에서 서 있는 사람의 측면 모습이다. 『설문해자』에서는 '천지의 성정 중에 가장 귀한 존재가 인人이다.'라고 했다. 사람 그 자체를 나타내기도 하고, 일인칭의 여余, 이인칭의 이你, 삼인칭의 타他와 이伊를 구성하기도 한다. 그리고 기企처럼 인간 행위를 나타나거나, 신信처럼 인간 행위의 규범성을 나타내기도 한다. ■인儿은 사람의 측면을 그린, 인人과 같은 글자였다. 분화하여 주로 글자의 아랫 쪽에 쓰여 '사람'과 의미상 관련이 있는데, 원元, 형兄, 윤允, 충充 등이 그것이다. ■예輗는 車(수레 거)+兒(아이 아: 큰 머리를 나타낸다. 간자로는 인儿으로 쓴다.)의 형성자로 큰 수레를 끄는 끌채에 있는 멍에를 고정시키는 비녀장이다. ■월軏 車(수레 거)+ 兀(우뚝할 올: 儿에 가로획─을 더해 서 있는 사람의 머리 부분을 나타낸다)의 형성자로 작은 수레를 끄는 끌채에 있는 멍에를 고정시키는 비녀장이다

者면 則不可以行이니 人而無信이면 亦猶是也라

큰 수레(大車)는 평지에서 짐을 싣는 수레이고, 예輗는 수레 채(轅)의 끝에 가로지른 나무이니, 멍에를 묶어서 소에게 매는 것이다. 작은 수레(小車)는 밭에서 쓰는 쟁기(田車), 군사용 수레(兵車), 사람을 태우는 수레(乘車) 등이고, 월軏은 수레 채(轅) 끝의 위로 굽은 것으로, 채 끝에 멍에(衡)를 걸어 말에 매는 것이다. 수레에 이 두 가지가 없으면 갈 수가 없고, 사람으로서 신의가 없는 것 또한 이와 같다.

고금주 ── ■ 包曰: "大車, 牛車. 小車, 駟馬車. 輗者, 轅端橫木, 以縛軛.[邢云: "駕牛領."] 軏者, 轅端上曲鉤衡."[邢云: "以駕兩服馬領者."] ○補曰 車與牛本是二物, 其體各別, 不相聯接. 惟以輗軏固結而聯接之, 然後車與牛爲一體, 牛行而車亦行, 所以喩信也. 我與人本是二人, 不以信固結之, 則亦無以行.[東陽 許氏云: "輗軏是車與牛馬接處, 信是己與人接處." 此喩最切]

포함이 말했다. "대거大車는 소가 끄는 수레(牛車)이다. 소거小車는 네 필의 말이 끄는 수레(駟馬車)이다. 예輗는 끌채 끝에 가로 댄 나무로 멍에를 묶는 것이다.(형병이 말했다. "소의 목에 멍에로 걸치는 기구이다.") 월軏은 끌채 끝에 위로 꼬부라진 멍에걸이이다."(형병이 말했다. "두 필씩 말의 목에 멍에로 걸치는 기구이다.") ○보완하여 말한다. 수레와 소는 본래 두 가지 사물(二物)로서 그 본체는 각각 별개여서 서로 연접되지 않는다. 오직 예輗와 월軏로 단단하게 묶어 연결한 뒤에야, 수레와 소가 일체가 되어 소가 가면 수레 또한 가니 신의에 비유한 것이다. 나와 다른 사람은 본래 두 사람이지만, 신의로 단단히 결속되지 않으면 또한 갈 수 없다(동양 허씨가 말하길, "輗와 軏은 수레와 牛馬를 연결하는 지점이고, 신의는 나와 남을 연결하는 지점이다."라고 말했으니, 이 비유가 가장 절실하다).

비평 ── 쟁점은 거의 없다. "수레와 소(말)는 본래 다른 것이지만 예輗와 월

軏이 단단하게 묶어 연결시켜 수레와 소(말)가 일체가 되듯이, 나와 남은 본디 다른 사람이지만 신의로 단단히 결속되어야 함께 갈 수 있다."는 다산의 해석이 가장 선명하고 명확하다.

2:23. 子張問:"十世可知也?"子曰:"殷因於夏禮, 所損益, 可知也.周因於殷禮, 所損益, 可知也.其或繼周者, 雖百世可知也."[陸德明云:"也, 一作乎." ○謂第一'也'字]

고주 —— 자장이 물었다. "앞으로 올 십대代 왕조의 일(문질과 예의 변혁)을 알 수 있습니까?" 공자께서 말씀하셨다. "은나라는 하나라의 예(삼강오상)를 인습했으니, 덜고 더한 것(문질삼통)을 알 수 있다. 주나라는 은나라의 예를 인습했으니, 덜고 더한 것을 알 수 있다. 그것이 혹 주나라를 계승한 나라라면, (동류의 사물은 서로를 부르고, 세상의 운수는 서로를 생산하여, 그 변혁에 일정한 규칙이 있기에) 백 왕조 뒤의 일이라도 알 수 있을 것이다."

주자 —— 자장이 물었다. "(앞으로) 열 왕조의 일을 알 수 있겠습니까?" 공자께서 말씀하셨다. "은나라는 하나라의 예(삼강오상의 대체)를 인습하였으니, 덜고 더한 것(문질삼통과 같은 전장제도)을 알 수 있다. 주나라는 은나라의 예를 인습하였으니, 덜고 더한 것을 알 수 있다. 그것이 혹 주나라를 계승한 나라라면, 백 왕조 뒤의 일이라도 알 수 있을 것이다."

다산 —— 자장이 물었다. "(앞으로) 열 왕조의 일을 알 수 있겠습니까?" 공자께서 말씀하셨다. "은나라는 하나라의 예(經禮와 같이 예제의 큰 것)를 인습하였으니, 덜고 더한 것(儀文과 같이 예제의 작은 것)을 알 수 있다. 주나라는 은나라의 예를 인습하였으니, 덜고 더한 것을 알 수 있다. 그것이 혹 주나라를 계승한 나라라면, 백 왕조 뒤의 일이라도 알 수 있을 것이다."

집주 ── ■陸氏曰 也는 一作乎라

육덕명이 말했다. "야也는 어떤 판본에는 호乎로 되어 있다."

■王者易姓受命이 爲一世라 子張問 自此以後十世之事를 可前知乎잇가

왕이 성을 바꾸고 천명을 받는 것(易姓受命)을 일세一世라고 한다. 자장은 지금 이후로 열 왕조의 일을 미리 알 수 있느냐고 물은 것이다.

■馬氏曰 所因은 謂三綱五常이요 所損益은 謂文質三統이라

마융이 말했다. "인습한 것(所因)은 삼강과 오상(三綱五常)을 말하고, 덜고 더한 것이란 문질과 삼통(文質三統)을 말한다."

■愚按 三綱은 謂君爲臣綱이요 父爲子綱이요 夫爲妻綱이며 五常은 謂仁義禮智信이라 文質은 謂夏尙忠, 商尙質, 周尙文이요 三統은 謂夏正建寅하니 爲人統이요 商正建丑하니 爲地統이요 周正建子하니 爲天統이라 三綱五常은 禮之大體니 三代相繼하여 皆因之而不能變하고 其所損益은 不過文章制度小過不及之間이어늘 而其已然之迹을 今皆可見하니 則自今以往으로 或有

繼周而王者면 雖百世之遠이라도 所因所革이 亦不過此라 豈但十世而已乎아
聖人所以知來者蓋如此하시니 非若後世讖緯術數之學也니라

어리석은 내가 살핀다. 삼강이란 '임금은 신하의 벼리가 되고(君爲臣綱), 부모
는 자식의 벼리가 되고(父爲子綱), 지아비는 지어미의 벼리가 되는 것(夫爲妻
綱)'을 말한다. 오상五常은 '인의예지신仁義禮智信'을 말한다. 문질文質이란 하
나라는 충을 숭상하고(夏尙忠), 상나라는 질을 숭상하고(商尙質), 주나라는 문
을 숭상하는 것(周尙文)을 말한다. 삼통三統이란 하나라의 정월(夏正)은 건인
建寅(초저녁의 북두칠성의 자루가 寅時 방향을 가리키는 것)하니 인통人統이 되고,
상나라의 정월은 건축建丑하니 지통地統이 되고, 주나라의 정월은 건자建子
하니 천통天統이 되는 것을 말한다. 삼강과 오상은 예의 대체大體로 3대가 서
로 계승하여, 모두가 그것을 인습하였을 뿐 바꿀 수 없는 것이다. 그 덜고 더
한 것은 문장과 제도(文章制度)가 조금 넘치거나 미치지 못하는 정도의 차이
에 불과하여, 이미 그러했던 자취는 지금 모두 볼 수 있으니, 지금 이래로 혹
주나라를 이어서 왕이 되는 자가 있으면 비록 백세나 떨어져 있더라도 인습
한 것과 변혁한 것 또한 이에 지나지 않을 것이니, 어찌 단지 십 세뿐이겠는
가? 성인께서 올 것을 아는 것이 대개 이와 같으니, 후세의 참위나 술수의 학
(讖緯術數之學)과는 다르다.

■ 胡氏曰 子張之問은 蓋欲知來어늘 而聖人이 言其旣往者以明之也라 夫自

내었고, 이로부터 '성대하다'는 뜻이 나왔다. 성대한 음악, 크다, 많다, 부유하다, 가운데에 있다, 은나라, 근심하다,
천둥소리, 적흑색 등의 뜻이 있다.
■인인은 口(나라 국)+大(큰 대)의 회의자로 네모 틀(口) 속에 사람(大)이 그려신 모습으로 네모 틀은 자리나 깔개를
뜻한다. 자리를 깔고 앉거나 눕는다는 뜻에서 기대다의 뜻이, 다시 기인起因하다, 원인原因 등의 뜻이 나왔다.
■손손은 手(손 수)+員(수효 원)의 형성자로 손(手)으로 덜어내어 줄이는 것을 말하여, 줄어들다, 손상損傷되다, 야박
하게 되다 등의 뜻이다.
■익益은 水(물 수)+皿(그릇 명)의 회의자로 물이 그릇에서 넘치는 모습(溢: 넘칠 일)을 그려 '더하다'는 뜻이다.
■계繼는 糸(가는 실 사)+'이을 계'의 형성자로 잇다의 뜻이다. 칼(刀)로 실(糸)을 끊는 모습을 그린 斷(끊을 단)의 반
대 모습으로 실로 잇다는 뜻이다.

修身으로 以至於爲天下에 不可一日而無禮니 天敍天秩은 人所共由니 禮之本也라 商不能改乎夏하고 周不能改乎商하니 所謂天地之常經也요 若乃制度文爲는 或太過則當損하고 或不足則當益하여 益之損之를 與時宜之나 而所因者不壞하니 是古今之通義也라 因往推來면 雖百世之遠이라도 不過如此而已矣니라

호병문이 말했다. "자장의 물음은 대개 올 것을 알고자 하였지만, 성인께서는 이미 지나간 것을 말하여 밝혀주셨다. 무릇 자신을 닦는 것(修身)에서부터 천하를 다스리는 일에 이르기까지 하루라도 예禮가 없을 수 없다. 하늘의 순서와 질서(天敍天秩)는 사람들이 함께 말미암는 것으로 예의 근본이다. 상나라가 하나라의 것을 고칠 수 없었고 주나라가 상나라의 것을 고칠 수 없었으니, 이른바 천지의 떳떳한 법도이다. 제도나 문위같은 것은 혹 지나치면 덜어내고, 혹 부족하면 마땅히 더하여 더하거나 덜어낸 것이 때에 마땅하게 하면서도 인습한 것을 무너뜨리지 않았으니, 이것이 고금의 공통된 도의이다. 지나간 것에 근거하여 올 것을 미루어 보면, 비록 백세나 떨어져 있어도 이와 같은 것에 불과할 따름이다."

고금주 —— ■補曰 因, 仍也, 襲也.[『孟子』云: "爲高必因丘陵."] 仍遵其經禮, [禮制之大者] 少變其儀文.[禮節之小者] 其所損・所益, 具在典籍, [孔子之時, 夏・殷禮未盡亡] 可按而知也. 禮者, 一王之典章法度. ○補曰 夏禮未盡善, 故殷雖因之, 而有所損益. 殷禮猶未盡善, 故周雖因之, 而又有所損益. 典章法度, 至周而大備, 盡善盡美, 無可損益. 有王者興, 必一遵周禮, 百世不變, 故曰'其或繼周者, 雖百世可知也'. 若王者不興, 雜亂妄作, 茫無定準, 則其變不可知, 故曰其或. 其或者, 未定之辭.

보완하여 말한다. 인因은 근거하고(仍也) 계승하는 것(襲也)이다.(『맹자』에서 말했다. "높은 것을 만드는 데는 반드시 구릉을 인습:因한다.") 경례經禮는 인습하여 따

르고(禮制의 큰 것이다), 의문儀文은 조금 변화시킨다(예절의 작은 것이다). 그 덜
고 더한 것은 전적에 갖추어져 있으니(공자 당시에는 하나라와 은나라의 예가 다
망실되지는 않았다), 이는 살펴보면 알 수 있다. 예禮란 한 왕조의 전장과 법도
이다. ○보완하여 말한다. 하나라의 예는 아직 완전히 선하지 않았기 때문에
은나라는 비록 그것을 인습했지만, 덜고 더한 것이 있었다. 은나라의 예도 오
히려 아직 완전히 선하지 않았기 때문에 주나라가 비록 그것을 인습했지만,
또한 덜고 더한 것이 있었다. 전장典章과 법도法度는 주나라에 이르러 크게
갖추어졌으니, 진선진미盡善盡美하여 덜고 더할 것이 없다. 왕자王者가 일어
나 반드시 주나라 예를 한결같이 따른다면, 비록 백세가 지나도 변하지 않을
것이다. 그러므로 '그 혹 주나라를 잇는다면 비록 백세라도 알 수 있다.'고 하
였다. 만약 왕자가 일어나지 않아 (전장과 법도가) 난잡하고 망작妄作하여 전혀
일정한 준칙이 없다면, 그 변질을 알 수 없을 것이다. 그러므로 '기혹其或'이라
고 말하였으니, '기혹'이란 단정하지 못한다는 말이다.

■孔曰: "文質禮變." ○馬曰: "所因, 謂三綱五常. 所損益, 謂文質三統." [邢云:
"『尙書大傳』曰, '王者一質一文, 據天地之道.'"] ○駁曰 非也. 夏尙忠, 殷尙質, 周尙文,
本出於董仲舒『春秋繁露』, 而文質遞變之說, 已起於伏生『書大傳』. 漢儒論三
代之治, 率以是爲話柄. 然其說自相予盾, 不可究詰. ○又按 三綱五常是人倫,
非邦禮, 馬氏以此而當禮, 不亦拗乎? 或損質益文, 或損文益質, 則文質之謂損
益, 可也. 所謂三統, 有革無沿, 何以謂之損益也?

공안국이 말했다. "문文·질質과 예禮의 변혁이다." 마융이 말했다. "인습한
것(所因)은 삼강과 오상(三綱五常)을 말하고, 덜고 더한 것이란 문질과 삼통(文
質三統)을 말한다."(형병이 말했다. "『상서대전』에서 말했다. '한 왕조가 質을 숭상하였
으면 다음 왕조는 文을 숭상하는 것은 천지의 도에 근거한 것이다.") ○논박하여 말하
면, 잘못되었다. 하나라는 충을 숭상하고, 상나라는 질을 숭상하고, 주나라
는 문을 숭상하였다는 말은 본래 동중서董仲舒의 『춘추번로』에 나왔으며, 문

文과 질질質이 번갈아 변했다는 설은 이미 복생伏生의 『상서대전』에서 거론되었다. 한나라 유학자들이 삼대三代의 정치를 논하면 모두 이것으로 이야기의 근본(話柄)으로 삼았지만, 그 설 자체가 모순되니 탐구하여 힐난할 필요도 없다. ○또 살핀다. 삼강三綱과 오상五常은 인륜이지 나라의 예제禮制가 아닌데, 마융은 예제에 해당시켰으니, 또한 억지가 아니겠는가? 혹 질질質을 덜고 문文을 더하기도 하고, 혹 문을 덜고 질을 더하기도 하니, 문과 질을 덜고 더한다는 것이 옳다. 이른바 삼통三統이란 바꾸는 것은 있어도 따르는 것은 없는데, 어떻게 이것을 덜고 더하는 것으로 말할 수 있겠는가?

■引證〈大傳〉曰:“立權·度·量, 考文章改正朔, 易服色殊徽號, 異器械別衣服, 此其所得與民變革者也.其不可得變革者則有矣. 親親也, 尊尊也, 長長也, 男女有別, 此其不可得與民變革者也.”○案 註疏諸家所據, 皆此文也.然經云 ‘所損益可知’, 而若據此文, 則其所不損益可知, 其所損益不可知也.豈可引之以爲釋乎?

인증한다. 『예기』「대전」에서 말하였다. “권도량權度量을 세우고, 문장을 상고하고(考文章), 정월 초하루를 바꾸고(改正朔), 복색을 바꾸고(易服色), 휘호를 변별하고(殊徽號), 기계를 달리하는 것(異器械) 등은 백성과 더불어 변혁變革할 수 있는 것이다. 그러나 변혁할 수 없는 것이 있으니, 어버이를 친애하고 (親親), 존귀한 이를 존중하고(尊尊), 어른을 어른으로 대우하고(長長), 남녀에 구별이 있는 것(男女有別) 등은 백성들과 더불어 변혁할 수 없는 것이다.” ○ 살핀다. 주소註疏를 낸 여러 학파들이 전거로 한 것은 모두 이 문장이다. 그러나 경문에서는 ‘덜거나 더한 것(손익한 것)을 알 수 있다.’고 했지만, 이 문장에 전거한다면 덜어 내지 않거나 더하지 않는 것(손익하지 않은 것)은 알 수 있지만, 덜거나 더한 것(손익한 것)은 알 수 없으니, 어찌 이 문장을 인용하여 해석할 수 있겠는가?

■質疑 『集注』云:“五常謂仁義禮智信.” ○袁了凡云:“禮不是言三綱五常. 君臣

父子夫婦, 乃生人大倫. 仁義禮智信, 乃人生本性, 如何說得做禮? 所損益亦不是三統, 寅丑子之建, 乃天時一定, 如何說得做損益? 止文質之說近之.”[純云: “按〈泰誓〉云‘狎侮五常’, 五常字始見於此. 孔傳云, ‘輕狎五常之教, 侮慢不行.’〈舜典〉云, ‘愼徽五典.’ 孔傳云, ‘五典, 五常之教, 父義・母慈・兄友・弟恭・子孝.’ 然則五常即五典也. 自班固謂仁義禮智信爲五常, 邢疏・朱注皆依之, 蓋非古訓也.”] ○案 袁說明確, 但以文質爲近之, 則仍於經旨無所悟也.

질의한다. 『집주』에서 말했다. “오상五常은 인의예지신이다.” ○ 원료범은 말했다. “예는 삼강오상三綱五常을 말하는 것이 아니다. 임금은 신하의 벼리가 되고(君爲臣綱), 부모는 자식의 벼리가 되고(父爲子綱), 지아비는 지어미의 벼리가 되는 것(夫爲妻綱)은 살아 있는 사람의 큰 윤리(大倫)이고, 인의예지신仁義禮智信은 곧 사람의 본성이니, 어찌 예제禮制가 될 수 있다고 하겠는가? 또 덜거나 더한 것 또한 삼통三統이 아니다. 인寅, 자子, 축丑의 월건月建은 곧 천시天時의 일정함이니, 이것들을 어찌 덜거나 더할 수 있다고 하겠는가? 덜거나 더한 것에 대해서는 문질文質에 그치는 것이 본뜻에 가깝다.”(太宰純은 말했다. “살펴보건대, 『상서』「태서」에 ‘五常을 경멸한다’고 하였으니, 오상이란 글자가 여기서 처음 보인다. 『공안국전』에서는 이를 해석하여 오상의 가르침을 가볍게 여기고, 이를 업신여겨 행하지 않는다고 했다. 「舜典」의 ‘삼가 오전을 빛냈다.’고 했는데, 『공안국전』에서는 ‘五典은 五常의 가르침이니, 父義・母慈・兄友・弟恭・子孝이다.’라고 하였다. 그러나 五常은 곧 五典이다. 班固가 인의예지신을 오상이라고 한 뒤부터 형병의 疏와 주자의 註가 모두 이것에 근거하였다. 대개 이것은 고훈이 아니라고 하였다.”) ○ 살핀다. 원료범의 설은 명확하나, 다만 문질文質의 설로써 그치는 것이 본뜻에 가깝다고 한 것은 여전히 경문의 뜻을 깨달은 바가 없는 것이다.

비평 —— 주자는 고주의 마융의 설을 그대로 인용하면서, 인습한 것은 예의 대체大體로서 삼강三綱과 오상五常이며, 덜고 더한 것은 문장제도文章制度라

하였다. 다만 그는 이 구절이 참위술수의 학(讖緯術數之學)으로 해석되는 것은 경계하였다.

이에 대해 다산은 삼강三綱과 오상五常은 인륜이지 나라의 예제禮制가 아니며, 예제란 전장제도라고 한다. 따라서 인습한 것은 경례經禮와 같은 예의 대체이며, 덜고 더한 것은 의문儀文과 같은 예의 소체라고 지적한다. 그리고 방대한 문헌을 인용하면서 마융와 주자가 인용한 문질삼통설文質三統說이 동중서 이래 잘못 해석된 것이라고 하여 설득력 있게 비판하였다. 문질삼통설에 대한 다산의 해석은 충분히 설득력이 있는 것으로, 그의 해박한 문헌학적 지식이 유감없이 발휘된 곳이라고 하겠다.

그런데 여기에 진정한 논점은 계승한 예를 두고 주자는 삼강오상과 같은 예의 대체라 했고, 다산은 경례와 같은 예제의 큰 것이라고 말한 것이다. 먼저 수직적 관계의 논리로서 삼강三綱은 한대 동중서에서 유래했다는 점에서, 삼강이 하→은→주로 계승된 예라고 하는 것은 어불성설이며, 따라서 이에 대한 다산의 비판은 합당하다고 하겠다. 또한 주자가 오상을 인의예지신이라고 한 것에 대해서도 다산은 전거와 인용을 통해 그러한 통념이 반고 이래로 잘못 해석된 것이라고 지적하였다. 주자의 권위에 의존하여 너무나도 당연시되어 왔던 이러한 용어에 대한 다산의 계보학적 분석과 비평의 학문적 중요성은 아무리 강조해도 지나치지 않을 것이다.

여기서 문제는 하나라에서 은과 주로 계승된 예가 예의 대체인가(주자), 아니면 예의 제도의 큰 것(다산)인가 하는 점이다. 먼저 형식적인 측면에서 보자면 여기서 계승된 것이 국가적인 예이며, 따라서 계승되고 계승될 불변의 예는 국가가 제정한 예 제도의 큰 것이라고 하는 다산의 해석은 논리적으로 설득력이 있다. 그러나 내용상으로 본다면, 국가가 제정한 예의 제도는, 비록 그것이 경례와 예의 큰 줄기라고 할지라도, 그 제도를 발생시킨 국가와 더불어 흥망성쇠를 같이하는 시대상대적인 것이라는 견해가 상식이라고 할 수 있다.

그렇다면 시대상대적으로 제도화된 예를 백세 이후라도 알 수 있는 불변의 것이라고 보기에는 다소 무리가 있지 않을까? 물론 주자가 계승된 예의 구체적 사례로 지적한 삼강오상은 잘못된 것일 수 있다. 그러나 우리가 여기서 중시하는 것은 주자가 계승된 예를 수직적(삼강)-수평적(오륜)인 관계에서 유래하는 보편적 규범에서 찾고 있다는 점이다. 이러한 관계적 상황에서 요구되는 규범 혹은 이념은 비록 시대가 변한다고 할지라도 불변의 것으로 남는 것이라고 할 수 있지 않을까 한다. 바로 이러한 관점에서 계승된 예를 시대상대적이지 않은 불변의 예의 규범 혹은 예의 대체에서 찾고, 덜고 더해지는 가변적인 예는 현실의 예의 제도 혹은 구체적 예의 적용에서 찾는 것이 좀더 설득력이 있지 않을까 한다. 그러나 이렇다고 하더라도 이 구절에서 삼강오상과 문질삼통의 기원의 문헌학적 해석을 통해 비평을 시도한 다산의 업적은 높이 평가되어야 할 것이다. 『논어집주대전』에도 다음과 같은 글이 보인다.

전한前漢시대 『한서』 「율력지律歷志」에 의하면, 천통天統의 정월正月은 자반子半(子 방향의 중간점)에서 시작하는데, 일기(日)는 싹이 숨어 있고 적赤색이다. 지통地統은 축초丑初(축 방향의 위쪽)에서 맞이하는데, 일기는 만물이 변하기 시작하고 황黃색이며, 축반丑半(축 방향의 중간점)에 이르러 일기는 싹이 트고 백白색이다. 인통人統은 인초寅初(인 방향의 위쪽)에서 맞이하는데, 일기는 움이 터 자라고 흑黑색이며 인반寅半(인 방향의 중간)에 이르러 일기는 만물이 성장하고 청靑색이다. (『논어집주대전』)

2:24. 子曰: "非其鬼而祭之, 諂也. 見義不爲, 無勇也."

고주 —— 공자께서 말씀하셨다. "그 (자신의 조고가 아니어서) 마땅히 제사할 사람귀신(人神曰鬼)이 아닌데도 제사하는 것은 (복을 구하여) 아첨하는 것이고, (마땅히 해야 할) 의로운 일을 보고도 하지 않는 것은 용기가 없는 것이다."

주자 —— 공자께서 말씀하셨다. "그 마땅히 제사지낼 귀신이 아닌데도 제사를 지내는 것(천자는 천지에 제사하고 제후는 산천에 제사해야 하는데, 제후가 천지에 제사하는 것 등)은 아첨하(여 구하)는 것이다. 의로움을 보고도 (의로운 것일 줄 알지만) 행하지 않는 것은 용기가 없는 것이다."

다산 —— 공자께서 말씀하셨다. "그 마땅히 제사지낼 귀신이 아닌데도 제사를 지내는 것은 아첨하(여 구하)는 것이다. 의로움을 보고도 행하지 않는 것은 용기가 없는 것이다."

집주 —— ■ 非其鬼는 謂非其所當祭之鬼라 諂은 求媚也라
비기귀非其鬼란 그가 마땅히 제사지낼 귀신이 아니라는 것을 말한다. 첨諂은 아부하여 구하는 것이다(求媚).
■ 知而不爲면 是無勇也라
알지만 행하지 않는 것, 그것은 용기가 없는 것이다.

자원풀이 ■귀鬼는 역병이나 재앙이 들었을 때 가면을 쓰고 몰아내는 사람의 모습을 형상화한 상형자로 (1)재앙이나 역병을 상징하는 부정적인 의미와 (2)두려워하고 무서워해야 할 위대한 어떤 존재를 말하였다. 제단(示:보일 시)을 더한 모습은 (2)의 의미로 제사의 대상인 귀신鬼神을 나타내는데, 여기서 鬼(높을 외) 자가 나왔다. (1)의 의미로는 攵(칠 복)이나 戈(창 과)를 더해 몰아낼 대상을 의미하였다.
■제祭는 月(=肉:고기 육)+又(또 우)+示(보일 시)의 회의자로 고기(月)를 손(又)에 들고 제단(示)에 올리는 모습으로 제사祭祀를 통칭한다.
■첨諂은 言(말씀 언)+'빠질 함(→陷)'의 형성자로 말(言)로 빠지게 하는 아첨을 나타낸다.
■용勇은 力(힘 력)+甬(청동종 용)으로 무거운 청동 종(甬)을 들 수 있는 힘(力)을 상징하여, 힘을 지니고 과감하다, 결단력 있다 등의 뜻이다.

고금주 —— ■朱子曰：“如天子祭天地, 諸侯祭山川, 大夫祭五祀, 庶人祭其
先. 上得以兼乎下, 下不得以兼上也.”

주자가 말했다. “예를 들면, 천자天子는 천지에 제사하고, 제후는 산천山川에
제사하고, 대부는 오사五祀에 제사하고, 서인庶人은 그 선조에게 제사한다.
윗사람은 아랫사람의 제사를 겸할 수 있지만, 아랫사람은 윗사람의 제사를
겸할 수 없다.”

■鄭曰：“人神曰鬼. 非其祖考而祭之者, 是諂求福.” ○毛曰：“『左傳』曰, ‘神不歆
非類, 民不祀非族.’ 正指人鬼.〈祭法〉, ‘人死曰鬼.’ 官師以王父爲鬼, 庶人父死
卽爲鬼. 若謂非鬼, 卽天地·山川之祭, 如季氏旅泰山類, [見小注] 則未聞天神
稱天鬼, 泰山神稱泰山之鬼.” ○駁曰 非也. 天神·地示·人鬼, 其名雖別, 字
得相通, 故神字從示. 鄭公偏執〈大宗伯〉一文以注此經, 原屬拗曲, 乃蕭山從而
實之, 豈不謬哉? 總之, 王公大夫, 各有祭典, 祭典所許, 是其鬼也, 祭典所禁,
非其鬼也.『集注』, 何可易矣?

정현이 말했다. “인신人神은 귀鬼라고 한다. 자기의 조고祖考가 아닌데, 제사
지내는 것은 아첨하여 복을 구하는 것이다.” ○모기령이 말했다. “『좌전』에
신神은 인연이 있는 유類가 아니면 흠향하지 않고, 사람은 친족이 아니면 제
사지내지 않는다(僖公 10년조)고 하니, 이는 바로 인귀人鬼를 가리킨다. 『예
기』「제법祭法」에 ‘사람이 죽은 것을 귀鬼라 한다.’고 하여, 관사官師는 왕부를
귀鬼로 삼고, 서인은 아비가 죽으면 곧 귀로 삼았다. 만약 ‘그 귀신이 아니다
(非其鬼)’를 천지 산천에 지내는 제사로, 예를 들어 계씨가 태산에 여제旅祭를
지내는 것과 같은 것이라고 한다면(『집주』小註에 보인다), 나는 이와 같이 천신
天神을 천귀天鬼라 하고, 태산의 신神을 태산의 귀鬼라 하는 말을 들어보지 못
했다.” ○논박하여 말하면, (정현과 모기령의 해석은) 그릇되었다. 천신天神, 지시
地示, 인귀人鬼는 그 명칭이 비록 다르더라도 글자는 서로 통용될 수 있다. 그
러므로 신神 자는 ‘시示’ 변으로 되어 있다. 정현은 『주례』「대종백」의 한 글을

편벽되게 고집하여 이 경문에 주를 낸 것으로 원래 잘못된 것인데, 소산 모기령이 이를 따라서 사실처럼 실증하였으니, 어찌 잘못이 아니겠는가? 총괄하면, 왕·공·대부는 각각 제전祭典이 있으니, 제전에서 허락되어 있으면 이는 제사지내야 할 귀신이고, 제전에서 금지되어 있는 것은 제사지내야 할 귀신이 아니다. 『집주』를 어떻게 바꿀 수 있겠는가?

비평 —— 정현은 '그 귀신이 아니다(非其鬼)'라는 말에서 귀鬼를 인신人神으로 해석하고, 이 구절을 '자기의 조고祖考가 아닌데도, 제사지내어 아첨하여 복을 구하는 것'으로 해석하였다. 이에 대해 주자는 새로운 주석을 내어, 여기서 귀鬼는 비단 인신人神만이 아니라, 예를 들어 천자天子는 천지에 제사하고, 제후는 산천山川에 제사하고, 대부는 오사五祀에 제사하고, 서인庶人은 그 선조에게 제사하는 것 등을 말한다고 해석했다. 이에 대해 소산 모기령이 주자의 해석을 비판하고 정현의 주장에 동조했지만, 다산은 전거를 들어 정현과 소산 모기령의 해석을 비판하면서 주자의 해석이 정당했다고 말하고 있다. 다산은 이처럼 가능한 공평무사한 관점에서 타당한 해석을 받아들인다. 이 구절에 대해서는 다음과 같은 『중용』의 관점에서 해석한 것이 설득력이 있다.

> 임제 오씨가 말했다. "마땅히 제사지내지 말아야 하는데도 제사지내는 것은 아부하려는 것일 뿐이고, 마땅히 해야 하는데도 하지 않는 것은 나약함 때문임을 알 수 있다. 하나는 지나친 것(過)이고, 하나는 미치지 못하는 것(不及)이다. 공자께서 번지에서 알려주시길, '사람의 의로움에 힘쓰고 귀신을 공경하되 멀리하라.'(『옹야』6:22)고 하였으니, 무릇 진실로 귀신은 멀리해야 할 것임을 알고, 의로움은 힘써야 할 것임을 안다면, 아마도 마땅히 제사지내지 말아야 할 것을 제사지내거나 마땅히 해야 할 것을 하지 않는 데 이르지는 않게 될 것이다." (『논어집주대전』)

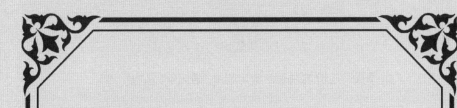

제3편

팔일
八佾

通前篇末二章하여 皆論禮樂之事하니라
전편 말미의 두 장과 통하며, 모두 예악의 일을 논하였다.
凡二十六章이라
모두 26장이다.

3:1. 子謂季氏:"八佾舞於庭, 是可忍也, 孰不可忍也?"

고주 —— 공자께서 계씨를 평하여 말씀하셨다. "팔일무를 그의 뜰에서 추게 하니, 이런 사람을 용인한다면(忍=容忍), 누구인들 용인되지 않겠는가?"

주자 —— 공자께서 계씨를 평하여 말씀하셨다. "팔일무를 그의 뜰에서 추게 하니, 이것을 차마 한다고 하면(忍=敢忍), 무엇인들 차마 하지 않겠는가?"

다산 —— 공자께서 계씨를 평하여 말씀하셨다. "팔일무를 그의 뜰에서 추게 하니, 이것을 차마 한다고 하면(忍=敢忍), 무엇인들 차마 하지 않겠는가?"

집주 —— ■季氏는 魯大夫季孫氏也라 佾은 舞列也니 天子八이요 諸侯六이요 大夫四요 士二며 每佾人數는 如其佾數라 或曰 每佾八人이라 하니 未詳孰是라 季氏以大夫而僭用天子之禮樂하니 孔子言 其此事를 尚忍爲之면 則何事不可忍爲리오하시니라 或曰 忍은 容忍也라 하니 蓋深疾之之辭라
계씨季氏는 노나라 대부 계손씨季孫氏다. '일佾'은 춤의 열(舞列)이다. 천자의

자원풀이 ■일佾은 人(사람 인)+'떨릴 흘肖'의 형성자로 한 줄에 8명씩 서서 추는 춤을 말한다.
■무舞는 舛(어그러질 천)+無(없을 무)의 형성자로 두 발(舛)과 장식물을 들고 춤추는 모습(無)으로, 춤(추다), 조롱하다 등의 뜻이 있다.
■정庭은 广(집 엄)+廷(조정 정)의 형성자로 원래는 안채 한가운데 있는 방(堂屋)을 말했지만, 이후 집 앞의 뜰, 법정, 심판하는 기구나 장소 등을 말한다.
■인忍은 心(마음 심)+刃(칼날 인)의 형성자로 칼날의 아픔을 견디는 마음으로, 참다, 인내하다, 견디다는 뜻이다. 쌍봉 요씨는 "인忍 자에는 '감히 하다(敢忍)'와 '용인(容忍)'이라는 두 가지 의미가 있는데, 여기서는 감히 하다는 의미가 더 좋다."(「논어집주대전」)라고 말했다.
■숙孰은 원래 亨(누릴 향)+丮(잡을 극)의 회의자로 제단 앞에서 제수를 받쳐 들고 제사지내는 모습을 그려 '삶은

258 ┃ 3대 주석과 함께 읽는 논어 I

춤은 8열, 제후는 6열, 대부는 4열, 사士는 2열이다. 매 열마다 사람 수는 그 열의 수와 같다. 어떤 사람은 매 열마다 8명이라고 하는데, 누가 옳은지 상세 하지 않다. 계씨는 대부로 천자의 예악을 참용하니, 공자께서 '그가 이런 일을 오히려 차마 한다면 무슨 일이든 차마 하지 못하겠는가.'라고 말했다. 어떤 사람이 말했다. "인忍은 용인容忍이다." 대개 심하게 꾸짖는 말이다.

■ 范氏曰 樂舞之數 自上而下하여 降殺以兩而已라 故로 兩之間에 不可以毫髮僭差也라 孔子爲政에 先正禮樂하시니 則季氏之罪는 不容誅矣니라

범조우가 말했다. "악무樂舞의 숫자는 위에서 아래로 두 줄씩 감해 내려올 따름이다. 따라서 두 줄 사이에는 털끝만큼도 참람되게 어긋나서는 안 된다. 공자께서 정치를 행하면 먼저 예악을 바로 잡았을 것이니, 계씨의 죄는 죽음을 면치 못할 것이다(誅=容忍)."

■ 謝氏曰 君子於其所不當爲에 不敢須臾處는 不忍故也어늘 而季氏忍此矣면 則雖弑父與君이라도 亦何所憚而不爲乎리오

사량좌가 말했다. "군자는 그 마땅히 하지 말아야 할 것에는 감히 잠시라도 처하지 않는 것은 차마 할 수 없기 때문이다. 계씨는 이 일을 감히 했으니, 비록 부모와 임금을 시해하는 일이라 할지라도 또한 무엇을 꺼려서 감히 하지 않겠는가?(忍=敢忍.)"

고금주 ── ■ 補曰 季氏, 公子季友之後也. [桓公庶子三人, 長曰仲慶父, 次曰叔牙, 次曰季友] ○馬曰: "天子八佾, 諸侯六, 卿·大夫四, 士二. [隱五年《左傳》文] 八人 爲列, 八八六十四人."

보완하여 말한다. 계씨는 공자公子 계우季友의 후손이다(桓公의 서자가 셋인데,

고기'를 뜻하고, 火(불 화)를 더해 숙熟으로 익히다의 뜻이 되었다(成熟, 熟練). 그러다 예서隸書 이후 '무엇'이라는 의문대명사로 가차되었다.

첫째가 仲慶父이고, 그다음이 叔牙이며, 셋째가 季友이다). ○마융이 말했다. "천자는 8일佾이고, 제후는 6일이고, 경‧대부卿大夫는 4일이고, 사士는 2일이다(은공5년 『좌전』의 글). 8인이 열이 되니, 8인×8열은 64인이다."

■ 馬曰: "魯以周公故, 受王者禮樂, 有八佾之舞. 季桓子僭於其家廟舞之." ○毛曰: "蓋魯爲宗國, 以周公爲武王母弟, 得稱別子, 爲文王之宗. 《禮》, '別子立宗, 當祀別子所自出.' 因立文王廟于魯, 爲周公之所自出, 名出王廟. 夫祭文王而可以不用天子禮樂也乎? 其用天子禮樂者, 以出王故, 其祭出王者, 以宗子故也. 三桓爲魯 桓公子, 季友以適子而爲宗卿, 亦得祭所自出, 而立桓公一廟. 漢儒不解, 有謂公廟設于私家者.〔郊特牲〕此正三桓所自出之廟, 以三桓並桓出, 故稱三家之堂, 以季氏爲大宗, 故又獨稱季氏. 其所以用天子禮樂者, 以桓公故, 而桓公得用之者, 以文王用之, 而群公以下皆相沿用之."

마융이 말했다. "노나라는 주공으로 인해 왕자王者의 예악을 받아 팔일무가 있었다. 계환자가 참람하게 그 가묘家廟에서 팔일무를 추게 했다." ○모기령이 말했다. "대개 노나라가 종국宗國이 될 수 있었던 것은 주공이 무왕의 모제母弟였기에 별자別子라 할 수 있었고, 문왕의 종宗이 될 수 있었기 때문이다. 『예기』에 '별자別子가 종宗을 세우면, 마땅히 별자를 낳은 이(所自出)에게 제사해야 한다.'고 하였다(「대전」에 보인다). 이 때문에 문왕의 사당을 노나라에 세우고, 주공을 낳은 이에게 제사했기 때문에, 이름을 출왕묘出王廟라 했다. 대저 문왕에게 제사하면서 천자의 예악을 쓰지 않을 수 있겠는가? 그 천자의 예악을 쓴 것은 출왕出王이기 때문이고, 출왕을 제사하는 것은 종자宗子이기 때문이다. 삼환三桓은 노나라 환공의 아들들인데, 계우가 적자로서 종경宗卿이 되어 또한 자신을 낳은 이에게 제사지낼 수 있어서 환공의 일묘一廟를 세운 것이다. 한유漢儒들은 이해하지 못하고, 공묘公廟를 사가私家에 설치했다고 말하는 자가 있었다(「교특생」). 이것이 바로 삼환을 낳은 이의 사당이며, 삼환은 모두 환공의 소출이기 때문에 '삼가의 당(三家之堂)'이라 칭했으며, 계씨가 대종이었기 때문에 유독 계씨季氏만을 칭했다. 그가 천자의 예악을 쓴 까닭은 환공 때문이며, 환공이 천자의 예악을 쓸 수 있었던 것은 문왕이 천자의 예악을 사용했기 때문에, 군공群公들 이하 모두 서로 따라서 천자의 예를 사용한 것이다."

■ 駁曰 毛說半是半非也. 其云'三家之僭, 由於祭桓', 可也. 其云'魯公之僭, 由祭文王', 未必然也. 所謂佾舞・〈雍〉徹, 又非特祭桓用之, 仲慶・叔牙・季友之祭, 亦皆用之, 故孔子之言慘怛如此. 若惟祭桓用之, 則三家之罪無所浮於魯君矣. 孔子之義本諱國惡, 焉敢曰'是可忍, 孰不可忍'? 成王令魯祭周公以天子之禮, 故魯人於其群公之廟, 僭用八佾, 群公之廟, 僭用八佾, 故季氏於桓公之廟, 亦用八佾, 而遂以是舞舞於季友之庭. 蕭山之說, 豈不半是而半非乎? 其云三家之僭由祭出公, 可也. 其云魯邦之僭由祭文王, 非也.

논박하여 말하면, 모기령의 설은 반은 옳고, 반은 그릇되었다. 그가 삼가의 참람은 환공에게 (천자의 예로) 제사한 것에서 유래했다고 말한 것은 옳다. 그러나 그가 노공의 참람은 문왕에게 제사한 것에서 유래한다고 말한 것은 반드시 그렇지는 않다. 이른바 '팔일'과 〈옹〉철은 또한 특별히 환공을 제사할 때만 사용한 것이 아니라, 중경・숙아・계우의 제사에도 모두 사용했기 때문에 공자의 말씀이 이처럼 참담・측달했다. 만약 오직 환공의 제사에만 사용하였다면, 삼가의 죄가 노나라 군주보다 더 부각될 것이 없다. 공자의 의리는 본래 국가의 악을 언급하는 것을 피하고, '이것을 차마 한다면, 무엇이든 차마 하지 않겠는가?' 하는 것이었다.

　(주나라) 성왕成王이 노나라로 하여금 주공을 천자의 예로 제사하도록 했다. 그러므로 노나라 사람들은 그 군공群公들의 사당에 참람하게 팔일을 사용하였고, 이처럼 참람하게 팔일을 사용하였기 때문에 계씨는 환공의 사당에 또한 팔일을 사용했고, 마침내 이 춤을 계씨의 뜰에서 추게 하였던 것이다. 모기령의 설은, 어찌 반은 옳고 반은 그릇된 것이 아니겠는가? 그가 삼가의 참

람은 출공을 제사한 것에 연유했다고 말한 것은 옳다. 그가 노나라의 참람은 문왕을 제사한 것에 연유한다는 것에서 유래했다는 것은 그릇되었다.

■ 邢曰: "諸侯用六者, 六六三十六人, 大夫四者, 四四十六人, 士二者, 二二四人. [杜預·何休說如此] 服虔以用六爲六八四十八人, 大夫四爲四八三十二人, 士二爲二八十六人. 今以舞勢宜方, 行列旣減, 即每行人數亦宜減, 故同何·杜之說." 今以舞勢宜方, 行列旣減, 即每行人數亦宜減, 故同何·杜之說." ○ 駁曰 非也. 魯 衆仲之言曰: "舞者, 所以節八音而行八風."[隱五年] 不以八列, 無以應八音. 故六者, 六八也, 四者, 四八也, 二者, 二八也. 鄭人以女樂二八賂晉侯, 非其驗乎? 〈招魂賦〉云: "二八侍宿, 射遞代些." 又云: "二八齊容, 起鄭舞些." 二二四人, 何以舞矣?

형병이 말했다. "'제후용육諸侯用六'이란 6×6으로 36인이고, '대부사大夫四'란 4×4로 16인이고, '사이士二'란 2×2로 4인이라는 것이다.(두예와 하유의 설이 이와 같다.) 그런데 복건服虔은 용육用六은 6×8로 48인이고, 대부사大夫四는 4×8로 32인이고, 사이士二는 2×8로 16인이라고 했다. 무열舞列의 형세는 방형方形으로 펼치는 것이 마땅하니, 행렬이 이미 감쇄하였다면 매일每佾의 인원수도 따라서 줄어든다. 그러므로 두예·하유의 설과 같아야 한다." ○ 논박하여 말하면, 그릇되었다. 노나라 중중衆仲의 말에 '춤은 음절을 팔음八音으로 하여 팔풍을 행한다.' 하였으니(『좌전』 隱公 5년조), 8열로 하지 않으면 앞의 음에 상응할 수 없다. 그러므로 육일六佾은 6×8이며, 사일은 4×8이며, 이일은 2×8이다. 정나라 사람이 여악女樂 이팔二八을 진후晉侯에게 뇌물로 바쳤다는 것이 그 증거가 아니겠는가? 『초사』「초혼부招魂賦」에 '이팔의 여자 무악舞樂들이 시중들며 묵고 있고, 배가 불러 싫으면 다른 것으로 바꾼다.'고 하였고, 또 '이팔의 무희들이 춤추는 몸짓을 같이하여 정나라 춤이 시작된다.'고 하였으니, 여기에 2×2로써 4인으로 하였다면 어찌 춤을 출 수 있겠는가?

■ 邢曰: "人之僭禮, 皆當罪責, 不可容忍. 季氏以陪臣僭天子, 最難容忍. 故曰

'是可容忍, 他人更誰不可忍也'?" ○駁曰 非也. 章首曰'孔子謂季氏', 明所怪者季氏心術, 非人之所忍爲也. 若如邢說, 當云子曰.

형병이 말했다. "예를 참용한 사람은 모두 마땅히 죄책罪責해야 하고, 용인容忍할 수 없다. 계씨는 배신陪臣으로 천자天子의 예악을 참용하였으니, 가장 용인하기 어렵다. 그러므로 '이 사람을 용인한다면, 이 밖에 다른 사람은 누군들 용인하지 못하겠느냐?'라고 말했다." ○논박하여 말하면, 그릇되었다. 장章의 머리에 '공자위계씨孔子謂季氏'라고 말하였으니, 괴이하게 여긴 것은 계씨의 심술이며, 사람이 차마 하는 바가 아니라는 것을 밝혔다. 만일 형병의 설과 같다면, 마땅히 '자왈子曰'이라고 했을 것이다(忍=敢忍).

비평 —— 쌍봉 요씨가 지적하듯(『논어집주대전』), 본문의 '인忍' 자를 '감인敢忍'으로 볼 것인가, 아니면 '용인容忍'으로 볼 것인가에 따라 약간 다르게 해석될 수 있다.

고주는 '용인容忍'으로 보았고, 주자는 '감인敢忍'으로 해석하면서도, 용인으로 해석한 입장을 소개하였다. 즉 주자는 이 구절을 제도를 위주로 용인으로 해석한 범조우의 주석과, 마음을 위주로 감인으로 주석한 사량좌의 주석을 나란히 소개하였다. 그런데 다산은 이 장이 '공자의 계씨에 대한 평가'라는 점에서, 마음(계씨의 심술)을 위주로 주석하는 것이 옳다고 생각하여, 감인敢忍으로 풀이해야 한다고 주장했다.

그리고 고주에서 형병은 무열과 연관하여 두예 · 하유의 설(정방형)과 복건의 설(매 8열) 가운데 정방형으로 감쇄한다는 두예 · 하유의 입장을 지지하였다. 다산은 『좌전』「은공5년조」의 기사에 전거를 두고, 무열舞列은 음절을 팔음으로 하듯이 매 열마다 8열로 한다고 고증하였다. 이에 비해 주자 또한 그 기사를 보았지만, 이치에 근거하여 무열은 필시 정사각형으로 하였을 것이라고 추정하면서도 의심스런 것은 의심으로 남겨 두었다(以疑傳疑).

물었다. "팔일八佾에 대한 옛날 설명에 신분상 위아래 모두 8인으로 열을 이룬다고 하였는데, 어떠합니까?" 주자가 답했다. "이것은 상고할 수 없다. 그러나 이치상으로 구해 본다면, 춤의 자리는 필시 정방형일 것이니, 이 어찌 열의 수는 적고 사람의 수는 이처럼 많을 수가 있겠는가?"(『논어집주대전』)

크게 중요한 것은 없는 논쟁이라고 할 수 있다.

여기서 오히려 더욱 중요한 것은 모기령이 제기한, 계씨의 뜰에서 팔일무를 추게 된 연유이다. 다산은 여기서 모기령의 팔일무와 옹철의 연원이 출공出公에게 제사한 것에 연유한다는 지적은 옳으나, 문왕을 제사한 것에서 연유한다는 주장은 잘못되었음을 비정하였다. 여기서도 다산은 고증학적 지식과 판단의 명석함을 유감없이 보여준다. 또한 비록 그와 반대되는 관점에 서 있었던 모기령의 학설이라고 할지라도, 옳은 측면이 있으면 받아들이는 개방적인 자세를 보여준다.

◦◦◦

3:2. 三家者以〈雍〉徹. 子曰: "'相維辟公, 天子穆穆', 奚取於三家之堂?"

고주 —— 삼가가 (천자의 노래인 『시경』 「주송」의) '옹'편으로 철상하니, 공자께서 말씀하셨다. "'제후들이 제사를 도우니, 천자의 모습이 그윽하고 또 그윽하도다!'라는 시를 어찌 삼가의 당에서 부를 수 있단 말인가?"

주자 —— 삼가가 (천자의 노래인 『시경』 「주송」의) '옹'편으로 철상하니, 공자께서 말씀하셨다. "'제후들이 제사를 도우니, 천자의 모습이 그윽하고 또 그윽하도다!'라는 시를 어찌 삼가의 당에서 취하여 노래 부를 수 있단 말인가?"

다산 —— 삼가가 (천자의 노래인 『시경』 「주송」의) '옹'편으로 철상하니, 공자께서 말씀하셨다. "'제후들이 제사를 도우니, 천자의 모습이 그윽하고 또 그윽하도다!'라는 시를 어찌 삼가의 당에서 뜻을 취할 수 있단 말인가?"

집주 —— ■ 三家는 魯大夫孟孫叔孫季孫之家也라 雍은 周頌篇名이라 徹은 祭畢而收其俎也라 天子宗廟之祭에는 則歌雍以徹하나니 是時에 三家僭而用之라

삼가三家는 노나라 대부 맹손孟孫·숙손叔孫·계손季孫의 집안이다. 옹雍은 『시경』 「주송」의 편명이다. 철徹은 제사를 마치고, 제기를 거두는 것이다. 천자가 종묘의 제사에서 옹으로 노래하면서 제기를 거두는 것인데, 이때 삼가가 참람하게 그것을 사용했다.

■ 相은 助也요 辟公은 諸侯也라 穆穆은 深遠之意니 天子之容也라 此는 雍詩之辭니 孔子引之하사 言三家之堂에 非有此事어늘 亦何取於此義而歌之乎아 하시니 譏其無知妄作하여 以取僭竊之罪하시니라

상相은 '돕다(助)'이고, 벽공辟公은 제후다. '목목穆穆'은 깊고 원대하다는 뜻이니, 천자의 모습이다. 이는 옹시의 가사(辭)이다. 공자께서 이 시를 인용하여,

---

자원풀이 ■옹雍은 원래 雝(할미새 옹)이다. 隹(새 추)+邕(화할 옹)의 형성자로 새(隹)의 울음소리가 흐르는 물처럼 온화하다(邕)는 뜻에서 화목하다는 뜻이 되었다.
■철徹은 세 발 솥의 하나인 鬲(솥 력)과 攵(칠 복)으로 구성된다. 식사를 마치고 솥(鬲)을 치우는 모습에 手(손 수)를 더해 撤(거둘 철)로, 그리고 그 행위가 길에서 행해졌기에 彳(조금 걸을 척)을 더해 철거撤去, 철수撤收를 의미한다.
■상相은 木(나무 목)+目(눈 목)의 회의자로 눈으로 나무를 자세히 살피다(觀相, 手相)는 뜻에서, 이로부터 모양, 모습(形相)의 뜻이 나왔다.
■벽辟은 辛(매울 신)+尸(주검 시)+口(입 구)의 회의자이다. 형벌 칼(辛)로 사람(尸)의 살점을 도려내는 것(口)을 나타내어 갈라내다, 배척하다, 배제하다는 뜻이다. 그리고 최고 권력자인 임금의 뜻을 지니는데, 임금은 사형(大辟)과 같은 최고 형벌 결정권을 지녔기 때문이다.

'삼가의 당에서는 옹시의 내용과 같은 일이 없어야 하는데, 어떻게 이런 뜻을 취하여 노래하는가?'라고 말씀하셔서, 삼가가 무지無知·망작妄作으로 참람하게 도용한 죄를 저지른 것을 기롱하셨다.

■ 程子曰 周公之功이 固大矣나 皆臣子之分所當爲니 魯安得獨用天子禮樂哉아 成王之賜와 伯禽之受 皆非也라 其因襲之弊가 遂使季氏僭八佾하고 三家僭雍徹이라 故로 仲尼譏之시니라

정자가 말했다. "주공周公의 공로는 진실로 크지만, 모두 신하의 직분으로 마땅히 해야 할 것이니, 노나라만 어찌 홀로 천자의 예악을 쓸 수 있단 말인가? 성왕이 (천자의 예악을 노나라에) 하사한 것이나 백금伯禽이 받아들인 것, 모두가 잘못이다. 그 인습의 폐단이 마침내 계씨가 팔일을 참람하게 사용하고, 삼가가 참람하게 옹으로 철상하였다. 중니仲尼께서 이것을 기롱하신 것이다."

고금주 —— ■馬曰: "三家, 謂仲孫·叔孫·季孫." ○補曰 徹, 祭畢而去器也. ○包曰: "穆穆, 天子之容貌. 歌此者, 有諸侯及二王之後來助祭故也. 今三家但家臣而已, 何取此義?"

마융이 말했다. "삼가三家는 중손·숙손·계손을 말한다." ○보완하여 말한다. 철徹은 제사를 마치고 제기를 거두는 것이다. ○ 포함이 말했다. "목목穆穆은 천자의 용모이다. (「옹편」에서) 이 곡을 노래하는 것은 제후와 두 왕二王

■공公은 厶(사사로울 사=私)와 八(여덟 팔)의 회의자로 사적 영역의 테두리(厶)를 깨뜨리는 것(八)을 나타내어 공적 公的, 공공公共, 공평公平, 공개公開 등의 뜻을 지녔다. 공적인 것을 집행하는 작위이름(임금, 제후, 장관), 할아버지뻘의 남성이나 시아버지의 호칭으로도 쓰였다.

■목穆은 禾(벼 화)+'잔무늬 목'의 형성자로 갑골문에서는 이삭이 여물어 화려한 모습을 뽐내는 곡식을 그렸고, 금문에서는 화려함을 강조하기 위해 彡(터럭 삼)을 더했다. 농경의 아름답고 평화로운 모습을 나타내었기에 화락·화목하다는 뜻이다. 목취穆取는 耳(귀 이)+又(또 우)의 회의자로 전공戰功을 세우려고 적의 귀(耳)를 베어 손(又)에 쥔 모습으로 귀를 베다, 가지다, 빼앗다, 채택하다의 뜻이다.

■당堂은 土(흙 토)+尙(오히려 상)의 형성자로 흙을 다진 기단 뒤에 높게 세운 집이라는 뜻인데, 어떤 의식을 거행하거나 근무를 하던 곳이란 뜻에서 점차 집으로 고정되었다. 같은 집에 사는 사촌을 뜻하기도 한다.

(문왕과 무왕)의 후손이 와서 제사를 돕고 있기 때문이다. 그런데 여기 삼가들은 다만 가신들일뿐인데, 어떻게 이런 뜻을 취할 수 있겠는가?"

■ 質疑 成王令以天子之禮祭周公, 未嘗以天子之禮賜魯邦. 〔《呂氏春秋》云: "魯惠公使宰讓請郊廟之禮樂于周, 周 平王使史角往賜之."〕楊升菴作〈魯之郊禘辯〉, 其言明核, 不可易也. 〔見余《春秋說》〕○又按 無知妄作者, 愚夫·愚婦之謂也. 三家之罪, 豈可曰無知妄作乎? 孔子之言, 慘怛嚴峻, 無所恕也.

질의한다. (주의) 성왕이 천자의 예로써 주공을 제사하라고 한 것이지, 일찍이 천자의 예를 노나라에 하사한 것은 아니다.(『여씨춘추』에서 말했다. "노나라 혜공이 宰讓을 시켜 郊廟의 예악을 주나라에 청하니, 주의 平王이 史角을 보내 이를 허락하였다.") 양승암이 「노교체변魯郊禘辯」을 지었는데, 그 말이 명백하고 확실하므로 바꿀 수 없다(나의 『春秋說』에 나와 있다). ○또 살핀다. 무지·망작하는 자를 우부愚夫 혹은 우부愚婦라 하는데, 삼가의 죄를 어찌 무지·망작이라 할 수 있겠는가? 공자의 말씀은 참담·엄중하여, 용서할 바가 없다는 어조다.

■ 引證 子曰: "兩君相見, 〔節〕客出以〈雍〉, 徹以〈振羽〉."〔見〈仲尼燕居〉. 疏云: "客出, 歌〈雍〉詩, 徹器, 歌〈振鷺〉之詩."〕○案 古人用樂, 雖天子之詩, 或爲諸侯之用, 此三家之所以僭也.

인증한다. 공자께서 말씀하셨다. "두 임금이 만날 때 … 빈객이 나갈 때는 「옹」을 연주하고, 철상할 때는 「진우」를 연주한다."(『예기』「중니연거」에 보인다. 소에서 말했다. "빈객이 나갈 때는 「雍」의 시로 노래하고, 제기를 철상할 때는 「振鷺」의 시로 노래한다.") ○살핀다. 옛사람이 음악을 사용할 때는 비록 천자의 시라 하더라도 혹 제후가 사용하였으니, 이것이 삼가가 참월한 까닭이다.

비평 —— 『시경』「주송, 옹」편은 주나라 무왕이 혁명을 완성하고, 제후들을 불러 놓고 문왕에게 제사 지내고 철상徹床할 때, 연주한 노래로 다음과 같다.

유래옹옹有來雝雝 즐거운 화기를 가득 안고 종묘에 찾아와

지지숙숙至止肅肅 삼가고 공경함에 이르러 멈추도다.

상유벽공相維辟公 제사를 돕는 이들은 제후들이요,

천자목목天子穆穆 천자의 덕이 그윽하고 그윽하도다.

여기서 쟁점은 이른바 '노나라가 천자의 예악을 사용했다는 학설(魯用天子禮樂說)'에 관한 것이다. 이 학설은 마융馬融이 '노나라는 주공 때문에 천자의 예악을 받았다'는 것에서 시작하여, 정자가 계승하고, 주자는 정자의 언명을 그대로 인용하여, 신봉하는 태도를 보였다. 이 학설에 대해 명대의 승암升庵 양신楊愼이 「노교체변魯郊禘辯」을 지어 그것이 허구라고 주장하였는데, 그 전거는 다음과 같다.

자가구子家駒가 말했다. "제후가 천자를 참칭하고, 대부가 제후를 참칭한 지 오래되었습니다." 소공召公이 말했다. "내가 무엇을 참칭했다는 것인가?" 자가구가 말했다. "양관兩觀을 설치하고, 대로大路를 타며, 주간朱干과 옥척玉戚으로 대하大夏의 춤을 추게 하여 팔일八佾로 대무大武의 춤을 추게 하고 있는데, 이는 모두 천자의 예입니다." (『좌전』「소공4년조」)

즉 노나라가 성왕으로부터 천자의 예를 하사받았다면, 자가구가 소공에게 이렇게 천자를 참칭하고 있다고 말할 수 없었다는 것이다. 다산은 이 주장을 받아들여, 주의 성왕이 천자의 예로 주공을 제사하라고 했지, 노나라에 내려준 것은 아니라고 질의하였다. 이러한 역사적인 문제에 대해 우리는 다음의 언명을 참고로 제시하면서, 그 대답을 유보하고자 한다.

호씨가 말했다. "『예기』「명당위」편에서는, '성왕이 주공이 천하에 대해 큰 공

로가 있었기 때문에 노나라 제후에게 명하여 세세토록 천자의 예악으로 주공을 제사하게 했다.'고 했다. 「제통」편에서는 '성왕과 강왕이 주공이 공로를 세운 것을 추념하여 노나라를 존중해 주려 한 까닭에 중제重祭(천자가 지내는 큰 제사)를 하사했는데, 도성 밖의 제사로서는 교사郊社가 바로 그것이고, 도성 안의 제사로서는 대상제大嘗締가 바로 그것이다.'라고 했다. 「예운」편에서는 '노의 교제郊締는 예가 아니니, 주공의 도가 쇠한 것이다.'라고 했다. 노나라가 천자의 제도를 참용하니, 삼가가 노나라를 참용했고, 드디어 천자의 예를 참용하기에 이른 것이다. 이것이 정자가 주고받음이 모두 잘못된 것이라고 비판한 까닭이다." (『논어집주대전』)

이 글에서 「명당위」편의 글은 주의 성왕이 천자의 예로 주공을 제사하라고 했다는 다산의 주장을 지지한다. 그런데 「제통」과 「예운」은 오히려 노나라에 내려주었다는 주장을 지지하는 듯하다.

～

3:3. 子曰: "人而不仁, 如禮何? 人而不仁, 如樂何?"

고주 —— 공자께서 말씀하셨다. "사람으로서 인하지 못하면, 어찌(如=奈) 예를 행할 수 있겠는가? 사람으로서 인하지 못하면, 어찌 악을 행할 수 있겠는가(人而不仁, 必不能行禮樂)?"

주자 —— 공자께서 말씀하셨다. "사람이 되어 인仁(본심의 덕을 온전히 함)하지 못하면, 예禮인들 무엇하겠는가? 사람이 되어 인하지 못하면, 악樂인들 무엇하겠는가? (사람이 불인하다면 당연히 예·악과 아무런 상관이 없고, 예·악 또한 나에게 작용하지 않는다)."

다산 —— 공자께서 말씀하셨다. "사람이 되어 인(사람들 간의 관계에서 해야 할 도리)을 행하지 못한다면, 어찌(如=奈) 예를 행할 수 있겠는가? 사람이 되어 인을 행하지 못하면, 어찌 악을 행할 수 있겠는가?"

집주 —— ■游氏曰 人而不仁이면 則人心亡矣니 其如禮樂何哉리오 言雖欲用之나 而禮樂이 不爲之用也니라
유초가 말했다. "사람이 되어서 인仁하지 않으면 사람다운 마음이 없는 것이니, 예악 같은 것인들 무엇하겠는가? 비록 쓰려고 해도 예악은 그에게 아무런 소용이 되지 않는다는 말이다."
■程子曰 仁者는 天下之正理니 失正理면 則無序而不和니라
정자가 말했다. "인이란 천하의 바른 이치이니, 바른 이치를 잃어버리면, 질서가 없어 조화롭지 않게 된다."
■李氏曰 禮樂은 待人而後行이니 苟非其人이면 則雖玉帛交錯하고 鍾鼓鏗鏘이라도 亦將如之何哉리오 然이나 記者序此於八佾雍徹之後하니 疑其爲僭禮樂者發也니라
이욱이 말했다. "예악은 사람이 있은 뒤에야 행해지는데, 진실로 합당한 그 사람이 아니라면 옥백玉帛이 교차하고 종고鐘鼓가 울려 퍼진다 할지라도, 또

자원풀이 ■인仁은 二(두 이)+人(사람 인)의 형성자로 두 사람 사이의 관계를 상징한다. 인仁의 자형에 대한 가장 이른 자료는 전국시대 중산국中山國에서 발견된 네모꼴 병에 새겨진 명문인데 사람이 앉아 있는 모습과 어떤 부호(二 즉 人人의 생략형)로 구성되어 있으며, 곧 사람人과 사람 사이의 마음, 즉 사람이 사람을 대할 때의 마음을 인仁이라고 했다. 사람의 마음이란 바로 다른 사람을 걱정하고 위하는 마음이다. 그래서 맹자는 측은지심은 인의 단서라고 했다. 인이란 『설문해자』에 따르면 "친애한다는 의미로 두 사람(人+二)에서 유래했다(仁 親愛也 由'人' 由 二 會意)". 곧 인간이란 (잔인한 금수와 구별되는) '서로 친애하는 공동체적 존재'라는 것이다.

한 장차 무엇하겠는가? 그런데 기록한 자가 이것을 「팔일」과 「옹철」장 뒤에 배치한 것은 아마도 그 예악을 참용한 자 때문에 말씀하신 것인 듯하다."

고금주 —— ■補曰 仁者, 人倫之成德. 仁爲之本, 而禮樂由之以生. 〔《儒行》云: "禮節者, 仁之貌也. 歌樂者, 仁之和也."〕 不仁則其本亡矣, 〔孟子以孝弟爲仁義, 曰: "禮之實, 節文斯二者. 樂之實, 樂斯二者."〕 奈此禮樂何? ○ 邢曰: "如, 奈也."

보완하여 말한다. 인이란 인륜의 완성된 덕이다. 인이 근본이 되고, 예악은 인으로 말미암아 발생한다.(『예기』「儒行」편에서 말했다. "예절이란 인의 모양이고, 가락이란 인의 조화이다.") 불인하다면 예악의 근본이 없는 것이다.(맹자는 효제를 인의라고 했다. 말했다. "예의 실상은 仁義를 절문하는 것이고, 악의 실제는 인의를 즐기는 것이다.") ○ 형병이 말했다. "여如는 어찌(奈)이다."

■ 包曰: "言人而不仁, 必不能行禮樂." 〔邢云: "禮樂資仁而行."〕 ○ 案 仁者, 忠孝之成名. 禮自履此而生, 樂自樂此而生, 仁爲之質, 而禮樂爲之文也. 〔曾子曰: "仁者, 仁此者也. 禮者, 履此者也. 樂自順此生, 刑自反此作."〕 如季氏者, 躬蹈不仁, 猶欲行禮而奏樂, 以成其文, 而可得乎? 〔謂旅泰山, 舞佾, 歌〈雍〉類〕 如此何者, 末如之何也. 謂不仁者之於禮樂, 雖欲襲而取之, 末如之何也. 〔文例如桓魋其如予何〕

포함이 말했다. "사람으로서 인仁하지 못하면, 반드시 예악을 행할 수 없다는 말이다."(형병이 말했다. "예악은 인을 바탕으로 행해진다.") ○ 살핀다. 인이란 충효의 완성된 이름이다. 예란 인을 실천함으로써 생겨나고, 악은 인을 즐김으로써 생겨나니, 인이 실질이 되고 예악이 문채가 된다.[증자가 말했다. "인이란 충효를 사랑하는 것이다. 예란 충효를 실천하는 것이다. 악이란 충효로 말미암아 생겨나는 것이고, 刑이란 충효를 배반함으로 생겨나는 것이다."] 예를 들면 계씨와 같은 자는 몸소 불인不仁을 밟으면서도 오히려 예를 행하고 악을 연주하여 그 문채를 이루고자 하였으니, 될 수 있겠는가?(태산에서 旅제사를 지내고, 팔일무를 추고, 雍으로 노래한 것 등을 말한다.) 여차하如此何라는 것은 '어떻게 할 수 없다'는 것이니, 불인한 자는 예악에 있어서 비록 인습하여 취하려고 해도 어떻게 할 수 없다는 말이다.(문법적인 사례로 예를 들면, '환퇴가 나에게 어떻게 하겠는가:桓魋 其如予何?'의 경우와 같다.)

비평 —— 유학儒學은 '유儒'에 관한 학문이라고 간단히 정의할 수 있다. 유儒란 말은 '사람에게 필수적인 것(人＋需＝須)', 즉 '금수禽獸와 구별되는 인간다운 인간이 되기 위해 필수적으로 갖추어야 하는 요건'을 의미한다. 그렇다면 '유교' 혹은 '유학'이란 '사람다운 사람이 되도록 하기 위하여 필수적으로 갖추어야 하는 요건을 가르치고 배우는 인문주의(humanism)'라고 정의할 수 있다.

유교는 금수와 구별되는 인간의 인간다움을 인仁이라고 명칭하고, 인간에게 측은지심惻隱之心이 있다는 사실을 통해 이것을 증명했다(맹자). 곧 인간에게 측은지심이 있다는 점에서 잔인殘忍한 금수와 구별된다는 것이다. 인간이 모름지기 인仁을 실천할 때, 인간다운 인간이 된다는 것을 주장한 최초의 인물이 바로 공자이다. 『논어』 가운데 '인仁'이란 낱말은 총 109회 나타나며, 전체 499절 가운데 58곳에서 이 개념을 논의한다. 인간의 보편 덕인 인仁에 대해 『설문해자』에서는 '친애親愛한다는 의미로 두 사람(人＋二)에서 유래한 회의자이다.'라고 하는데, 이는 곧 인간이란 '잔인한 금수와 구별되는 서로 친애하는 공동체적 존재'라는 뜻을 함축한다. 즉 인간이란 모름지기 인(仁＝人＋二)해야 한다는 공자의 주장은 곧 인간이란 정치적·사회적 존재(homo politicus-socius)이며, 다양한 사회적·관계적 상황에서 마땅히 해야 할 도리를 다할 때, 자기완성을 이룬다는 것을 함축한다.

그런데 인仁이 무엇인가 하는 물음에 주자는 인의 선천적 내재성을 강조하고, 다산은 실천을 통해 행해졌을 때 인이란 명칭이 있게 됨을 강조한다.

주자는 마치 물이 차갑고 불이 뜨겁듯이, 인간은 보편적 본성으로 마음의 이치인 인을 지니고 태어났다고 주장한다. 즉 인이란 인간 마음이 얻어 지니고 태어난 보편 덕이자 모든 다른 덕목들의 완성이라고 주장한다.

주자가 말했다. "사람이 불인不仁하다면 당연히 예악禮樂과 아무런 상관이 없고, 예악 또한 나에게 작용하지 않는다. 예악은 모름지기 중화하고 온후한 사람이 행할 수 있는 것이며, 불인한 사람은 온통 한 덩이 사사로운 의지뿐이니, 예악을 어떻게 할 수 없다." (『논어집주대전』)

바로 이런 이유에서 주자는 정자程子의 언명을 다음과 같이 보완한다.

"정자의 설은 진실로 좋다. 다만 약간 소략하여 인仁에 대해 보지 못한 것이 있다. 인은 본심의 온전한 덕이다(仁者本心之全德). 사람이 만약 본연의 양심을 보전하여 잃어버리지 않는다면, 행하는 것이 자연히 질서가 있고 조화롭게 된다. 만약 이 마음을 한 번 놓아버리게 되면, 단지 인욕과 사심이 만들어져 나올 뿐이니, 어찌 질서와 조화가 있을 수 있겠는가? 인은 단지 정당한 도리일 뿐이니, 정당한 도리가 마음속에 있다고 해야 비로소 인仁 자가 온전히 설명될 것이다." (『논어집주대전』)

요컨대 주자에 따르면 인이란 인간 마음이 지니고 태어난 온전한 덕이고, 사랑이라는 감정을 가능하게 하는 이치이다(仁者 心之全德而愛之理).

인의 선천적 내재성을 강조하는 주자와는 다르게, 다산은 인의 실천적 성격을 강조한다. 예컨대, 인仁이란 곧 두 사람(二人)으로, 사람이 관계적·인륜적 상황에서 자신이 할 도리를 온전히 다했을 때에 성립하는 명칭이라는 것이다. 주자가 인에 대한 형이상학적 정초에 주력했다면, 다산은 인의 외적 실현에 강조점을 두고 있다. 이 문제는 많은 논의를 필요로 한다. 그런데 사서四書의 인仁에 대한 수많은 언명 가운데, 어떤 구절은 인의 선천성을 주장한다면, 다른 어떤 구절들은 인의 실천성을 강조하는 것도 있다.

　그렇다면 본문에 제시된 이 구절은 어느 것을 강조하는가? 위의 구절은 인의 선천성을 강조하는 구절이 아니라, 실천성을 강조하는 구절이라고 생각된다. 만일 이 구절의 인仁을 마음의 덕이자 사랑의 이치라고 풀이한다면 어떻게 될까? 무슨 뜻인지 쉽게 이해가 되지 않을 것이다. 그런데 다산처럼 실천적 인으로 해석하면 바로 풀린다. 즉 '사람으로 태어나 사람들 간의 관계에서 사람다운 역할을 하지 못한다면, 예악을 어떻게 잘 할 수 있겠는가?'라는 말이다.

<hr />

3:4. 林放問禮之本. 子曰: "大哉! 問. 禮, 與其奢也, 寧儉. 喪, 與其易也, 寧戚."

고주 —— 임방이 예의 근본을 묻자, 공자께서 말씀하셨다. "훌륭하다. 물음이여! 예는 (그 지나친 검소와) 사치함은 (예를 잃었다는 점에서는) 같으나(與=等), (사치는 예의 형식이고 검소는 예의 본질이니, 예를 제대로 행하지 못할 바엔 사치하기보

자원풀이 ■본本은 나무(木)의 뿌리를 나타낸다. 근본根本, 일의 주체나 대종족, 본적本籍, 국가, 그리고 농업이라는 뜻도 나왔다.
■대大는 팔과 다리를 벌린 사람의 정면 모습으로, 사람의 측면을 그린 人(사람 인)과는 달리 위대한 사람을 말한다. 크다, 위대偉大하다, 중요하다의 뜻이다. 그리고 상대를 높일 때도 쓴다.
■사奢는 大(큰 대)+者(놈 자)의 형성자로 물건을 필요보다 많이(大) 삶는다(者-<煮삶을 자의 본자)는 의미를 그렸다. 사치奢侈하다, 낭비하다, 교만하다, 자랑하다, 지나치다, 과장하다 등의 뜻이 있다.
■녕寧은 宀(집 면)+心(마음 심)+皿(그릇 명)+丁(넷째 천간 정)의 형성자로 집안(宀)에 그릇(皿)이 놓인 모습으로 먹을 것이 있어 편안하게 지낼 수 있음을 나타내는데, 心 자가 더해져 심리적 편안함을 나타내었다. '차라리'라는 양보를 나타내는 부사로 가차되어 쓰인다.

다) 차라리 검소해야 하고, 상례는 (哀戚과) 화이和易가 (예를 잃는 것은) 같으나, (예를 제대로 행하지 못할 바엔 화이하기보다) 차라리 애척해야 한다."

주자 —— 임방이 예의 근본(本=本始)을 물으니, 공자께서 말씀하셨다. "홀륭하구나, 질문이여! 예는 사치하기보다는 차라리 검박한 것이 낫고, 상례는 익숙히 처리하는 것보다는 차라리 슬퍼하는 것이 더 낫다."

다산 —— 임방이 예를 제작한 본의(本=制作之本意)를 물으니, 공자께서 말씀하셨다. "홀륭하구나, 질문이여! 예는 사치하기보다는 차라리 검박한 것이 낫고, 상례는 화이함(易=和易)하기보다는 차라리 슬퍼하는 것이 더 낫다."

집주 —— ■林放은 魯人이니 見世之爲禮者專事繁文하고 而疑其本之不在是也라 故로 以爲問이라
임방林放은 노나라 사람이다. 세상에서 예를 행하는 사람들이 오로지 번잡한 문식만 일삼는 것을 보고, 예의 근본은 문식에 있지 않다고 의심한 까닭에 질문을 했다.
■孔子以時方逐末이어늘 而放獨有志於本이라 故로 大其問이라 蓋得其本이면 則禮之全體 無不在其中矣니라
공자께서는 당시에 바야흐로 말단만 추구하는데, 임방만 홀로 근본에 뜻이

■검儉은 人(사람 인)+僉(모두 첨)의 형성자로 모든 사람(人)에게 고르게 돌아가게 하려면 근검勤儉, 검소儉素해야 한다는 것을 나타낸다. 검약儉約하다, 부족하다, 한정하다, 겸손하다는 뜻이다.
■상喪은 곡哭이 의미부, 망亡이 소리부. 죽은 사람(亡)을 위해 곡하는 모습으로 죽다, 잃다, 상실하다의 의미이다.
■이昜는 쉽다, 편안하다, 평탄하다, 다스리다 등의 뜻이 있다.
■척戚은 戉(다섯째 천간 무)+叔(아제비 숙)의 형성자, 혹은 戉(도끼 월)+叔(콩 숙)으로 친근하다, 친밀하다는 뜻이 되어 친척親戚, 가까운 겨레를 나타낸다. 慽(근심할 척)은 心(마음 심)+戚(겨레 척)의 형성자로 같은 핏줄을 이어받은 민족(戚)을 서로 걱정하는 마음(心)을 타나내어 근심하다, 걱정하다의 뜻이다.

있었기 때문에 그 질문을 크게 여기셨다. 대개 그 근본을 얻으면 예의 전체가 그 안에 있지 않음이 없다.

■ 易는 治也라 孟子曰 易其田疇라 하니 在喪禮면 則節文習熟而無哀痛慘怛之實者也라 戚은 則一於哀而文不足耳라 禮貴得中하니 奢易則過於文이요 儉戚則不及而質이니 二者皆未合禮라 然이나 凡物之理는 必先有質而後有文하니 則質乃禮之本也니라

'이易'는 다스린다(治)는 뜻인데, 『맹자』에 '논밭의 밭두둑을 다스린다.'(易其田疇:7상-23)고 했다. '이易'는 상례喪禮에서 절문節文에만 익숙하고, 애통哀痛·참달慘怛한 실질이 없음을 말한다. '척戚'은 오로지 슬퍼하기만 하여 문식(文)이 부족한 것이다. 예禮는 중용中을 얻는 것이 귀중하다. 사치함과 익숙하게 처리함(奢易)은 문식이 지나친 것(過)이고, 검소하고 슬퍼하기만 하는 것(儉戚)은 미치지 못하면서(不及) 질박한 것이니, 이 두 가지는 모두 예에 합치하지 않는다. 그러나 모든 사물의 이치는 반드시 먼저 바탕(質)이 있고 난 뒤에 문식(文)이 있으니, 바탕이 곧 예의 근본이다.

■ 范氏曰 夫祭는 與其敬不足而禮有餘也론 不若禮不足而敬有餘也며 喪은 與其哀不足而禮有餘也론 不若禮不足而哀有餘也니 禮失之奢와 喪失之易는 皆不能反本而隨其末故也라 禮奢而備가 不若儉而不備之愈也요 喪易而文이 不若戚而不文之愈也니 儉者는 物之質이요 戚者는 心之誠이라 故로 爲禮之本이니라

범조우가 말했다. "무릇 제사에는 경건함(敬)은 부족하지만 예절이 남는 것보다는, 예절은 부족하지만 경건함이 남는 것이 더 낫다. 상례에는 슬픔은 부족하나 익숙히 처리하는 것보다는 예절은 부족하지만 슬픔이 남는 것이 더 낫다. 예절은 사치함에서 잃고, 상례는 익숙히 처리하는 데에서 잃는데, 모두가 근본을 돌이키지 못하고 그 말단만 따르기 때문이다. 예절에서는 사치하면서 갖춘 것보다 오히려 검소하면서 갖추지 못한 것이 더 낫다. 상례는

익숙히 처리하고 문식만 갖추는 것보다 슬퍼하면서 문식하지 않는 것이 더 낫다. 검박한 것은 사물의 바탕이고, 슬퍼하는 것은 마음의 성실함이니, 예의 근본이다.”

■楊氏曰 禮는 始諸飮食이라 故로 汙尊而抔飮이러니 爲之簠簋籩豆罍爵之飾은 所以文之也니 則其本은 儉而已요 喪은 不可以徑情而直行일새 爲之衰麻哭踊之數는 所以節之也니 則其本은 戚而已라 周衰에 世方以文滅質이어늘 而林放이 獨能問禮之本이라 故로 夫子大之而告之以此하시니라

양시가 말했다. “예절은 음식에서 비롯되었으니 땅을 파서 웅덩이를 만들어(汙尊) 술을 담고 손으로 움켜 떠 마시는 일(抔飮)에서 보궤簠簋(黍稷을 담는 대나무 제기)·변두籩豆(과실을 담는 대나무 제기와 식혜를 담는 나무 제기)·뇌작罍爵(구름무늬를 그린 오지그릇)으로 꾸미는 것은 문식하기 위한 것이지만, 그 근본은 검박함일 뿐이다. 상례는 감정을 직접 표출하여 곧바로 행할 수 없기 때문에 최마衰麻·곡용哭踊(거친 상복을 입고 곡하고 발 구르기)의 법이 있으니 절제하려는 것인데, 그 근본은 슬퍼함일 따름이다. 주나라가 쇠하여 세태가 바야흐로 문식(文)으로 바탕(質)을 멸하니, 임방만이 홀로 예의 근본을 물었기 때문에 부자께서 크게 여기시고 이렇게 알려주셨다.”

고금주 —— ■補曰 本, 謂制作之本意也. 禮, 通指吉凶也. 喪, 專指凶禮也. ○ 包曰: “易, 和也.” ○補曰 禮本何爲而作也? 民生有欲, 不以禮節之, 則奢侈亡度, 故權於奢儉之中, 爲之禮. 邪淫之人, 朝死而夕忘之, 故權於易戚之中, 爲之喪禮. [使不肖者企而及之] 過儉過戚, 雖亦不中, 制禮者之本意, 在此而不在彼也. 故曰‘得中則大善, 如不得中, 寧儉寧戚’. ○案 林放問禮, 亦以三家僭禮而發. 蓋佾舞·〈雍〉徹, 皆禮也. 三家惟知盛禮以尊祖, 不知制禮之本意, 此林放之所以問也. 季氏之佾舞·〈雍〉徹, 皆由於不能抑奢, 此孔子之所以答也. 附言喪禮者, 以此喩彼, 非雙言之也.

보완하여 말한다. 본本이란 (예를) 제작한 본뜻(本意)을 말한다. 예禮는 길·
흉을 통칭한다. 상喪은 오로지 흉례凶禮만 지칭한다. ○포함이 말했다. "이
易는 화(和)이다." ○보완하여 말한다. 예는 본래 어떻게 하여 만들어졌는
가? 백성은 욕망이 있어 예로써 절제하지 않으면 사치해져 법도를 잃는 까
닭에, 사치와 검박의 중용을 저울질하여 예를 만들었다. 사악하고 음일한 사
람은 아침에 (부모 등이) 죽더라도 저녁에 잊어버리니, 화이과 슬픔의 중용을
저울질하여 상례를 만들었다(불초한 자가 노력하여 도달하도록 한 것이다). 지나
치게 검박하거나 지나치게 슬퍼함은 비록 중용에는 맞지 않지만, 예를 제정
한 본뜻이 검박함과 슬퍼함에 있지 사치함과 익숙히 처리하는 데에 있지 않
다. 그러므로 말하길, '중용을 얻으면 대선大善이지만, 만일 중용을 얻지 못한
다면 차라리 검박하고, 차라니 슬퍼하라.'고 했다. ○살핀다. 임방이 예를 물
은 것 또한 삼가三家가 예를 참람하였기 때문에 나왔다. 대개 팔일무를 추고
「옹」으로 철상하는 것은 모두 예이다. 그런데 삼가는 오직 예를 성대하게 하
여 조상을 높일 줄만 알고, 예를 제정한 본의를 알지 못했으니, 이것이 임방
이 질문한 까닭이다. 계씨가 팔일무를 추고 「옹」으로 철상한 것은 모두 사치
함을 억제하지 못한 것에서 나왔으니, 이것이 공자가 답한 근거이다. 상례를
부언한 것은 상례를 말하여 예를 제작한 본의를 밝힌 것이지, 두 가지 모두를
말하려고 한 것이 아니다.

■ 質疑 奢與易, 未必爲文. 儉與戚, 未必爲質. 惟制禮者之本意, 憂在奢·易,
而不在儉·戚, 故夫子明之. 且林放問禮之本, 非問禮之質也. 況周之方衰, 禮
壞樂崩, 憂在文滅, 不在文勝. 又從而抑其文, 則文無遺矣, 豈聖人之志乎?
질의한다. 사치함과 익숙히 처리하는 것이 반드시 문식(文)이 되는 것이 아
니다. 검박함과 슬퍼함이 반드시 바탕(質)이 되는 것은 아니다. 오직 예를 제
작한 자의 본의는 사치함과 익숙히 처리하는 것을 우려했지, 검박함과 슬퍼
함을 우려하지 않았던 까닭에 공자께서 그것을 밝혀 주셨다. 또한 임방은 예

의 근본을 물었지, 예의 바탕을 물은 것이 아니다. 하물며 주나라가 바야흐로 쇠퇴함에 예가 괴멸되고 악이 붕괴되어, 우려는 문식이 사라지는 것에 있었지 문식이 지나친 것에 있지 않았다. 또한 이런 상황에 편승하여 문식을 억제하면, 문식이 남아나지 않을 것이니, 어찌 성인의 뜻이겠는가?

■引證 子路曰: "吾聞諸夫子, 喪禮與其哀不足而禮有餘也, 不若禮不足而哀有餘也, 祭禮與其敬不足而禮有餘也, 不若禮不足而敬有餘也."[〈檀弓〉文] ○案 子路之言, 別是一義. 非此經之所宜引, 范氏誤引之. [楊氏引汙尊抔飮, 亦非此經之本旨]

인증한다. 자로가 말했다. "내가 공자께 들으니, 상례에는 슬픔이 부족하되 예가 남는 것이 예는 부족하되 슬픔이 남는 것만 못하며, 제례에는 경건함은 부족하되 예가 남는 것이 예는 부족하되 경건함이 남는 것만 못하다(『예기』「檀弓」편의 글이다)." ○살핀다. 자로의 말은 이와는 별도로 하나의 의미가 있는 것이니, 이 경문에 합당하게 인용한 것이 아니니, 범씨는 잘못 인용하였다.(양시가 "땅을 파서 웅덩이를 만들어 술을 담고 손으로 움켜 떠 마셨다."는 말을 인용한 것 또한 이 경문의 본뜻이 아니다.)

비평 —— 본말本末 및 문질文質과 연관하여, 중요한 논점이 있다. 먼저 문질과 연관하여 공자는 다음과 같이 말하였다.

> 공자께서 말씀하셨다. "바탕이 문채보다 지나치면 촌사람이고, 문채가 바탕보다 지나치면 문서리가 된다. 바탕과 문채가 적절하게 균형을 이룬 뒤에야 군자라고 할 수 있다." (6:16. 子曰 質勝文則野 文勝質則史 文質 彬彬然後 君子.)

논의를 간단하게 하기 위해 고주를 생략하고, 주자와 다산의 쟁점만 논하기로 하자(고주는 다산의 논의에 통합되는 측면이 있다).

주자는 '사치함과 익숙하게 처리함(奢易)은 문식이 지나친 것(過)이고, 검소하고 슬퍼하기만 하는 것(儉戚)은 미치지 못하면서(不及) 질박한 것이니, 이 두 가지는 모두 예에 합치하지 않는다. 그러나 모든 사물의 이치는 반드시 먼저 바탕(質)이 있고 난 뒤에 문식(文)이 있으니, 바탕이 곧 예의 근본이다.' 라고 했다. 주자의 이 언명에는 본本에 대한 해석이 또한 내포되어 있다. 본本에는 일반적으로 두 가지 의미가 있는 것으로 해석되어 왔다.

면재 황씨가 말하였다. "본本에 대한 설에는 두 가지 있는데, 그 하나는 인의예지는 마음에 뿌리를 두고 있으니, 성性이란 예의 근본이라는 것이 그것이다. 그러므로 중中이 천하의 대본이라고 한다. 또 하나는 예의 본(禮之本)은 예의 시초(禮之初)이다. 무릇 사물에는 본말이 있어 처음이 본이 되고 마지막이 말이 되니, 이른바 예의 시작은 먹고 마시는 데에서 시작된다는 것이 바로 이것이라는 설이다. 이 두 가지 설은 같지 않은데, 『집주』에서는 뒤의 설(本 初也)을 취하여 말하길, 검박함이 사물의 바탕이고, 슬퍼함이 마음의 성실함이니, 곧 검박함과 슬퍼함이 근본이 된다고 했으며, 또한 양시의 '예는 음식에서 시작한다'.는 설명을 취하여 증명하고 있다." (『논어집주대전』)

쌍봉 요씨가 말했다. "본本에는 두 가지가 있으며, 그 말末도 각각 같지 않다. 본근本根(뿌리·줄기)의 본本에서는 그 말末이 가지·잎(枝葉)이 된다. 가지·잎은 뿌리·줄기에서 나오지만, 역시 뿌리·줄기를 무성하게 할 수 있으니, 서로 있어야 하는 것이지 서로 없어서는 안 된다. 본시本始(본래 처음)의 본本은 말末로 흘러가면 반드시 예를 잃게 되니, 검박함에서 시작하여 말단에는 반드시 사치하게 되니, 그러므로 말하길, '차라리 말단(의 폐해보다)이 (처음의 것이) 낫다'고 하신 것이다. 공자께서는 말류의 폐단 때문에 부득이하게 본(처음)으로 되돌아가라고 하신 것이다." (『논어집주대전』)

면재 황씨와 쌍봉 요씨가 주자의 입장을 잘 설명하고 있다. 이렇게 주자는 예의 본(禮之本)을 예의 시초라는 말로 해석한다.

검박함과 슬퍼함은 예의 근본일 뿐, 예의 적용에서는 마땅히 문식을 해야 할 때가 있으니, 오로지 검박함과 슬퍼함만 옳다고 여겨서는 안 된다.

> 예는 애초에는 다만 검박했을 뿐이고, 상喪은 애초에는 다만 슬퍼했을 따름이다. 그러나 처음에는 검박함이라는 이름조차 없었다. 검박함이란 사치함이 생겨난 다음에 그에 대칭해 이름을 붙인 것이니, 이는 추후에 형성된 개념이다. (『논어 집주대전』)

그런데 여기서 다산의 문제 제기는 우선 (1) 본문의 '예지본禮之本'이란 '예를 제작한 사람의 본의本意'라는 뜻인데, 범씨와 양씨는 잘못 이해하여 적용하였다는 것이다. 그리고 (2) 예는 중용을 귀중하게 여기는데, 예를 제정한 본뜻이 검박함과 슬퍼함에 있는 것이지, 사치함과 익숙히 처리함에 있지 않기 때문에 중용을 얻지 못하면 차라리 검박하고 슬퍼하는 것이 낫다. 나아가 (3) 사치함과 익숙히 처리함이 반드시 문식(文)이 되거나 혹은 검박함과 슬퍼함이 반드시 바탕(質)이 되는 것은 아니며, (4) 임방은 예의 근본을 물었지, 예의 바탕을 물은 것이 아니며, (5) 주나라가 바야흐로 쇠퇴함에 예악이 붕괴되었으니, 성인은 문식이 사라지는 것을 우려했지 문식이 지나친 것을 우려하지는 않았다는 것이다.

여기서 우선 다산의 (2)의 주장은 주자 또한 '사치함과 익숙하게 처리함(奢易)은 문식이 지나친 것(過)이고, 검소하고 슬퍼하기만 하는 것(儉戚)은 미치지 못하면서(不及) 질박한 것이니, 이 두 가지는 모두 예에 합치하지 않는다.' 라고 말하는 점에서 양자의 주장은 일치한다.

그런데 같은 질문에 넣을 수 있는 (1)과 (4), 그리고 (3)에서는 다른 해석을 한다. 주자는 예지본이란 말은 '예의 시초'로 해석하여 바탕(質)이 되는 검박함과 슬퍼함이 바로 예의 시초라고 해석한다. 이에 비해 다산은 예지본이란 말을 예를 제작한 이의 본의로 해석하여, 최선의 상태는 중용에 있지만, 우려한 것은 검박함과 슬퍼함이 아니라 지나치게 사치하거나 지나치게 익숙히 처리하는 데에 치우쳐 검박함과 슬퍼함을 망각하는 데 있다고 본다.

나아가 문질文質에 대한 입장이 다르기 때문에 두 사람의 현실에 대한 처방 또한 다르다. 주자는 비록 검박함·슬퍼함과 사치함·익숙히 처리함이라는 대칭되는 언어가 추후에 생겨났다고 하지만, 사치함·익숙히 처리함이 최소한 문식과 많은 연관성을 지니고 있는 것으로 이해했다. 그래서 그는 공자 당시에 주나라의 쇠퇴와 더불어 예의가 붕괴되었는데, 예의 시초가 되는 검박함과 슬퍼함과 같은 바탕은 모자라지만, 오히려 과욕에 의한 사치가 지나쳐 문식이 바탕에 비해 지나쳤다고 보았다. 이에 비해 다산은 문식을 바탕과 상보하는 것, 즉 예를 구성하는 필수 요건으로 보았기 때문에, 공자 당시에 문식 또한 오히려 부족하다고 보았다. 여기에는 '바탕이란 덕행으로 근본을 다지는 것이고, 문식이란 예악으로 꾸미는 것이다.'라는 다산의 고유한 문질론文質論이 배경으로 작용하고 있는데, 이 또한 그의 주요한 공헌 중의 하나라고 생각된다. 이에 대한 상세한 논의는 3권의 「예」에 관한 항목을 참조하기 바란다.

3:5. 子曰: "夷狄之有君, 不如諸夏之亡也."

고주 —— 공자께서 말씀하셨다. "오랑캐에게 임금이 있다 하여도, 중국에 임금이 없는 것만 못하다."

주자 —— 공자께서 말씀하셨다. "오랑캐에게도 군주가 있는 것이 중국에 군주가 있다고 해도 제 역할을 하지 못하는 것과 같지 않다."(오랑캐에게도 군주가 있어 상하 구분의 예가 있지만, 문명국이라고 자부하는 중국에는 오히려 이러한 예가 없다.)

다산 —— 공자께서 말씀하셨다. "오랑캐의 도를 행하면서 군주의 지위를 보존하는 것은 중국의 법을 쓰다가 군주의 자리를 잃는 것만 못하다."

집주 —— ■吳氏曰 亡는 古無字通用이라
오역이 말했다. "무亡는 옛날에는 무無 자와 통용되었다."
■程子曰 夷狄도 且有君長하니 不如諸夏之僣亂하여 反無上下之分也니라
정자가 말했다. "이적夷狄에게도 임금과 어른이 있으니, 제하諸夏가 참람하여 오히려 위아래의 구분이 없는 것과 같지 않다."
■尹氏曰 孔子傷時之亂而歎之也시니 無는 非實無也요 雖有之나 不能盡其道爾니라
윤돈이 말했다. "공자께서 당시의 혼란을 안타까워하시며 탄식하신 것이다.

자원풀이 중국인들은 자신을 중심에 놓고 동서남북에 기거하는 이민족을 각각 동이東夷, 서융西戎, 남만南蠻, 북적北狄이라고 하였는데 본문의 이적夷狄은 이러한 이민족을 총칭한다.
■이夷는 大(큰 대)+弓(활 궁)으로 큰 활을 지닌 동쪽 이민족으로(『說文』 「大部」 "夷, 平也. 从大从弓, 東方之人也") 가장 강력하게 저항했기 때문에 평정하다, 제거하다 등의 뜻이 생겼다. 오랑캐, 평평하다(大道甚夷), 유쾌하다(云胡不夷), 깎다(평평하게 닦다), 진열하다, 오만하다(不由禮則夷固僻違), 걸터앉다(혹은 푸그리고 앉다: 夷俟), 상하다, 크다(降福孔夷). 융戎은 甲(갑옷 갑)+戈(창 과)로 구성되어 무기와 전쟁이라는 뜻으로, 은나라 때부터 주요한 전쟁의 대상인 서쪽 이민족을 지칭하였다. 만蠻은 남방의 '虫(벌레 충)'을 토템으로 하는 이민족을 말하는데, 야만적 혹은 세상 물정을 잘 알지 못한다는 의미를 지닌다. 적狄은 원래 犬(개 견)+大(큰 대)로 구성되었으나, 후에 大가 火(불 화)로 바뀌어, 개를 키우고 사는 북방 이민족 혹은 빠른 속도로 오고감을 말한다.

무無는 실제로 없다는 것이 아니라, 비록 있다고 할지라도 그 도리를 다하지 못한다는 것이다."

고금주 —— ■包曰: "諸夏, 中國. 亡, 無也." ○補曰 夷狄, 謂用夷狄之道也. 諸夏, 謂用諸夏之法也. 君不君, 臣不臣, 是亦夷狄而已. 安於夷狄, 而苟保君位, 不若遵先王之法, 修華夏之禮, 而不保其君位也. 昭公二十五年, 祭于襄公, 舞列不備, [只二人] 而舞工盡赴季氏, 以舞〈大武〉. 昭公怒, 欲誅季氏, [議於子家駒] 事敗, 公奔齊, [見《左傳》] 孔子亦適齊. [見《史記》] 魯遂無君, 國人皆咎昭公. 孔子明其不然曰: "與其君不君臣不臣, 安於夷狄, 而苟保君位, 不若誅亂討賊, 以修諸夏之法, 而失其君位也." 其在國人, 與其安此賊而有君, 反不若明此義而無君也. ○紘父云: "是篇自首章至此章, 以及下章, 皆孔子在齊, 論季氏之罪者."

포함이 말했다. "제하는 중국이다. 무亡는 없다(無)이다." ○보완하여 말한다. 이적夷狄은 오랑캐의 도를 쓰는 것을 말하고, 제하諸夏는 중국의 법을 쓰는 것을 말한다. 임금이 임금답지 못하고, 신하가 신하답지 못하면, 이 또한 오랑캐일 뿐이다. 오랑캐의 도를 편안히 여기면서 구차하게 임금의 지위를 보존하는 것은, 선왕의 법을 따르면서 중국의 예를 닦다가 임금의 지위를 보전하지 못하는 것만 못하다. 소공昭公 25년에 양공襄公에게 제사할 때 무열舞列을 갖추지 못했다(단지 두 사람뿐이었다). 무공舞工들이 모두 계씨에게 달려가서 대무大武를 추었기 때문이다. 소공이 노하여 계씨를 죽이려고 하였으나

하夏는 頁(머리 혈)+夊(뒤쳐져 올 치)의 회의자로 금문에서는 크게 키워 그린 얼굴(頁: 제사장)에 두 팔과 두 발(夊)이 그려진 사람(율동)의 모습, 즉 분장을 한 제사장이 기우제祈雨祭를 지내는 모습. 춤이 원래 뜻이고, 기우제는 신을 즐겁게 하는 성대盛大한 춤을 추기 때문에 성대하다는 뜻이다. 또 기우제는 주로 여름에 지내기 때문에 여름을, 또한 하夏는 여름에 나무가 자라고 지엽, 꽃이 무성하다는 화華와 통하므로, 중국인이 자기 민족을 부르는 이름이 되었다. 여름, 한족의 자칭(중국), 우왕이 세운 왕조이름, 나라 이름, 우임금의 음악을 뜻한다. 후재 풍씨가 말했다. "제하諸夏는 제후諸侯를 칭한다. 하夏는 크다大는 뜻이다. 중국을 하夏라고 하는 것은 크게 여기는 것(大之)이다." ■망亡은 刀(칼도)와 점으로 이루어져 칼(刀)의 날이 있는 면을 가리켰는데, 칼의 날은 베거나 깎아낼 수 있다는 뜻에서 없어, 없어지다, 도망逃亡하다, 망하다, 잃다, 죽다 등의 뜻이 나왔다. 고대에는 無(없을 무)자와 통용되었다.

(子家駒에게 의논하였다), 일이 실패하여 소공은 제나라로 달아났다(『좌전』에 보인다). 공자 또한 제나라로 갔다(『사기』에 보인다). 노나라에 드디어 임금이 없어지니, 나라 사람들이 모두 소공을 비난했다. 공자께서 그렇지 않다는 것을 밝혀 말씀하시길, "임금이 임금답지 못하고 신하가 신하답지 못하면서 오랑캐의 도를 편안히 여기고 만족하여 구차하게 임금의 지위를 보존하는 것은 난신적자를 주토誅討하고 중국의 법을 닦다가 그 임금의 지위를 잃는 것만 못하다."고 하셨다. 이는 나라에 있는 사람은 이러한 난신적자를 편안하게 여기면서 임금이 있는 것보다는 도리어 이러한 의리를 밝히다가 임금이 없는 것이 더 낫다는 것이다. ○이굉보가 말했다. "이 편은 수장부터 이 장 및 아래 장에 이르기까지 모두 공자께서 제나라에 계실 때 계씨의 죄를 논한 것이다."

■邢曰: "夷狄雖有君長, 而無禮義, 中國雖偶無君, 若周·召共和之年, 而禮義不廢. 故曰'夷狄之有君, 不如諸夏之亡也'." ○駁曰 非也. 孔子欲居九夷, 夷狄非其所賤. 況罪累不明, 而無故斥之曰'汝之有君, 不如我之亡君', 豈有味之言乎? 周·召共和, 此是千百年僅一有之事. 孔子據此以自多, 有是理乎?

형병이 말했다. "이적夷狄에는 비록 군장君長이 있지만 예의가 없고, 중국에는 비록 우연히 임금이 없었지만 주공과 소공이 공화정을 할 때처럼 예의가 폐지되지 않았다. 그러므로 이적에게 임금이 있어도 중국에 임금이 없는 것만 못하다고 말하였다." ○논박하여 말하면, 그릇되었다. 공자는 구이九夷에 살고자 하였으니, 이적은 천하지 않다. 더구나 죄가 밝혀지지 않았는데 아무 까닭 없이 이를 배척하여, '너희들이 임금이 있어도 우리가 임금이 없는 것만 못하다.'고 한다면 어찌 의미 있는 말이 되겠는가? 주공과 소공의 공화정은 천 년이나 백 년 만에 겨우 한 번 있을까 하는 것인데, 공자가 이에 근거하여 스스로 중국을 크게 찬양하였겠는가, 이럴 리가 있는가?

■質疑 程子曰: "夷狄且有君長, 不如諸夏之僭亂, 反無上下之分." ○案《史記》云: "刺繡文, 不如倚市門." 不如者, 抑此美而羨彼醜之辭也. 古人云: "不義之富貴, 不如守道之貧賤." 此經文例, 正亦如此. 若云'夷狄之美, 勝於諸夏之醜', 則不應以不如爲言.

(정자에게) 질의한다. 정자가 말했다. "이적에게도 임금과 어른이 있으니, 제하가 참람하여 오히려 위아래의 구분이 없는 것과 같지 않다." ○살핀다. 『사기』에서 "수를 놓는 공인의 직업이 시장 상인의 직업만 못하다."고 하였다. 불여不如(~만 못하다)란 이 아름다운 직업을 억누르자, 도리어 저 추한 직업을 부러워한다는 말이다. 옛사람이 말하길, "의롭지 못한 부귀는 도를 지킨 빈천만 못하다."고 하였으니, 이 경문의 문법적인 사례도 바로 이와 같다. 만일 '이적의 아름다움이 제하의 추함보다 낫다'고 한다면, 응당 불여不如로 말하지 않았을 것이다.

비평 —— 주자는 자신이 인용한 주석과 연관하여 다음과 같이 말하였다.

> 물었다. "정자의 주는 전적으로 아랫사람이 임금을 업신여기는 죄에 빠진 것을 질책한 듯하고, 윤씨의 주는 윗사람이 임금 된 도리를 다하지 못했음을 질책한 듯한데, 어떠합니까?" 주자가 답했다. "이는 단지 같은 뜻이니, 모두가 상하가 참람하고 군신의 도리를 다하지 못하여 임금이 없는 것과 같다는 것을 설명한 것이다." (『논어집주대전』)

결론적으로, 정주程朱와 다산의 해석은 각각 일장일단이 있다. 정주의 해석은 통상 'A不如B(A는 B만 못하다)'라는 구문의 문법적 요건을 충족시켜 주지 못하지만, 이 구절의 맥락으로 볼 때 무난한 해석으로 판단된다.

다른 한편 다산의 해석은 'A不如B'라는 구문의 문법적 요건은 충족시켜 주지만, 역사적 추정에 근거하여 너무 많은 의역을 하였다. '이적유군(夷狄有君:

이적에는 임금이 있다)'이라는 이 단순한 구절을, 과연 다산의 해석처럼 '오랑캐의 도를 써서 임금의 자리만 지킨다.'라고 장황하게 의역할 수 있을지도 의문이다. 그리고 또한 '제하에는 임금이 없다.'는 단순한 구절이 '문명국의 법을 쓰고 예를 닦다가 임금의 지위를 잃는다.'고 의역할 수 있을지도 의문이다.

그러나 정주와 다산의 해석은 그 이전의 고주古註인 형병의 해석과 비교해 보면, 확연히 다른 진보적이며 일리 있는 해석이라는 것을 바로 알 수 있다. 즉 형병의 "오랑캐에게 임금이 있다 하여도, 중국에 임금이 없는 것만 못하다."는 해석은 이른바 중화 중심주의의 전형이라고 할 수 있는데, 정주와 다산은 이러한 관점을 어느 정도 극복하려고 노력했다. 이 구절은 단순히 "이적夷狄에게도 군주가 있는데, (문명국임을 자부하는) 중국의 여러 제후국에도 군주가 없구나!" 하는 정도의 의미라고 생각한다.

~~~

3:6. 季氏旅於泰山. 子謂冉有曰: "女不能救與?" 對曰: "不能." 子曰: "嗚呼! 曾謂泰山不如林放乎?"

고주 —— (陪臣인) 계씨가 (제후의 제사인) 태산에 여제를 지내자, 공자께서 염유(계씨의 가신)에게 말씀하셨다. "네가 그것을 중지시킬(救=止) 수 없었느냐?" 염유가 대답하였다. "중지시킬 수 없었습니다." 공자께서 말씀하셨다. "아! 곧(曾=則) 태산(의 신령)이 (예의 근본을 질문한) 임방만도 못하다고 여긴 것이냐(그래서 속여서 제사 지내고자 한 것이냐)?"

주자 —— 계씨가 태산에서 여제를 지내자, 공자께서 염유에게 일러 말씀하셨다. "네가 능히 (계씨가 참람한 죄에 빠진 것을) 구제할 수 없겠느냐?" 염유가 대답하여 말했다. "구제할 수 없습니다." 공자께서 말씀하였다. "오호라! 일찍이 태산(의 신)이 임방만 못하다고 여겼는가!"

다산 —— (陪臣인) 계씨가 (제후의 제사인) 태산에 여제를 지내자, 공자께서 염유(계씨의 가신)에게 말씀하셨다. "(계씨가 참람한 죄에 빠진 것을) 구제할 수 없겠느냐?" 염유가 대답하여 말했다. "구제할 수 없습니다." 공자께서 말씀하셨다. "오호라! (계씨는) 태산(의 신령)이 (예의 근본을 질문한) 임방만도 못하다고 여긴 것이냐(그래서 속여서 제사 지내고자 한 것이냐)?"

집주 —— ■旅는 祭名이라 泰山은 山名이니 在魯地라 禮에 諸侯祭封內山川하니 季氏祭之는 僭也라

여旅는 제사 이름이고, 태산은 산 이름으로 노나라 땅에 있다. 『예기』에 제후는 봉지 내의 산천에서 제사한다고 했는데, (대부인) 계씨가 제사지낸 것은 참람한 짓이다.

■冉有는 孔子弟子니 名求니 時爲季氏宰라 救는 謂救其陷於僭竊之罪라 嗚呼는 歎辭라 言神不享非禮하니 欲季氏知其無益而自止요 又進林放以厲冉有也시니라

자원풀이 ■려旅는 깃발 아래 사람이 여럿 모인 것을 나타내는 회의자. 군대軍隊나 군사軍師의 편제(옛날에는 5백 명)와 군사의 출병을 뜻하여, '바깥을 돌아다니다'는 뜻이 나왔다. 또 하늘이나 산천에 지내는 제사 이름을 말한다.
■태泰는 水+廾(두 손 마주잡을 공) + 大의 형성자로서 두 손으로 물을 크게 건져 올리는 것을 형상화한 것이다. 크다, 통하다, 편안하다(느긋하고 태연하다), 교만하다, 너그럽다, 지나치다 등의 뜻이다. 태괘(건하곤상)로 음양이 조화되어 만사가 형통하고 편안을 누리는 모양을 나타내기도 한다. 오행사상의 영향으로 중국은 오악五嶽을 들고 있다. 동악은 태산泰山(山東省, 1,545m), 서악은 화산華山(陝西省, 1,997) 남악은 형산衡山(山西省, 1,290m) 북악에 항산恒山(河北省, 2,017m), 중악은 숭산嵩山(湖南省, 1,494m)이다.
■구救는 攴(칠 복)+求(구할 구)의 형성자로 손에 막대기(攴)를 들고 털 달린 짐승(求)이 해치지 못하도록 몰아내어 사람을 구해 주는 모습을 돕다, 구제하다는 뜻이다.

염유冉有는 공자 제자로 이름은 구求인데, 당시 계씨의 가재였다. 구救는 계씨가 참람한 죄에 빠지는 것을 구해내는 것을 말한다. 오호嗚呼는 탄식하는 말이다. 신神은 예에 어긋나면 흠향하지 않는다고 말하여, 계씨가 그 일이 무익함을 알고 스스로 중지하고, 또한 임방을 나아가게 하여 염유를 면려하고자 하신 것이다.

■ 范氏曰 冉有從季氏하니 夫子豈不知其不可告也리오 然而聖人이 不輕絶人하여 盡己之心하시니 安知冉有之不能救와 季氏之不可諫也리오 旣不能正이면 則美林放以明泰山之不可誣하시니 是亦敎誨之道也니라

범조우가 말했다. "염유는 계씨를 따르고 있었으니, 공자께서 어찌 염유가 고하지 못할 것을 알지 못하셨는가? 그러나 성인께서는 사람을 경솔하게 끊지 않고, 자신의 마음을 다하셨다. 어찌 염유가 구해낼 능력이 없으며, 계씨는 간할 수 없는 인물이라는 것을 알지 못하셨겠는가? 이미 바로 잡지 못하니, 임방을 찬미하여 태산을 속일 수 없다는 것을 밝히셨으니, 이 또한 가르침의 도이다."

고금주 —— ■ 馬曰: "旅, 祭名."[邢云: 《周禮》, '國有大故, 則旅上帝及四望.' 鄭注云, '故, 謂凶災. 旅, 陳也, 陳其祭事以祈焉, 禮不如祀之備也.'] ○ 補曰 旅者, 陳告也, 如今之告由祭. 《書》云: "蔡·蒙旅平." 又云: "九山刊旅."] ○ 馬曰: "禮, 諸侯祭山川在其封內者. 今陪臣祭泰山, 非禮也." ○ 包曰: "神不享非禮. 林放尙知問禮, 泰山之神反不如林放邪? 欲誣而祭之." ○ 補曰 曾謂泰山不如林放者, 言季氏視泰山太輕也. [純云: "謂者, 季氏謂也."] ○ 案 旅, 亦禮也. 有事而旅於山, 其志欲行禮也. 僭其君而行其禮, 豈制禮之本意乎? 林放於禮, 猶求其本, 泰山之神反不如乎?

■증曾은 甑(시루 증)이 원래 글자로 김이 솟아나는 시루를 그렸다. 시루는 그릇을 포개 놓은 것이 특징으로 충첩하다, 더하다는 뜻이 나왔다. 이후 '일찍'이라는 뜻으로 가차되어, 원뜻은 瓦(질그릇 와)를 더해 甑이 되었다.

《周禮‧大宗伯》云: "國有大故, 則旅上帝及四望." 是時魯邦別無大故, [冉子仕季氏, 在定公十年以後] 惟墮費遂不狃, 係季氏家大事, 豈足以旅于望乎? 大非禮也.

마융이 말했다. "여旅는 제사 이름이다."(형병이 말했다. "『주례』「태종백」에서 '나라에 큰 연고가 있으면, 상제 및 四望에 旅祭를 지낸다.'고 했다. 정현의 주에서 '故는 凶災를 말하고, 旅는 베풂이니, 제사를 베풀어 기도함인데, 예를 제사처럼 갖추지는 않는다.'고 했다."). ○보완하여 말한다. 여旅는 진설하여 고하는 것(陳告)이니, 지금의 고유제告由祭와 같다.(『서경』「우공」에서 말했다. "'채산과 몽산에 길을 닦고 여제를 지낸다.'고 했고, 또 '구산에 나무를 베고 여제를 지낸다.'고 했다."). ○마융이 말했다. "예법에 의하면 제후만이 그 봉지 내에 있는 산천에 제사 지내는 것인데, 지금 배신陪臣(제후의 신하)이 태산에 제사 지냈으니, 예가 아니다." ○포함이 말했다. "신神은 예에 어긋나면 흠향하지 않는다. 임방林放도 오히려 예의 근본을 물을 줄을 알았는데, 태산의 신령이 도리어 임방만도 못하다고 여긴 것이냐? 그래서 속여서 제사 지내고자 한 것이냐?" ○보완하여 말한다. '일찍이 태산이 임방만 못하겠는가'라는 것은 계씨가 태산을 너무 경시하는 것을 말한다.(태재순이 말했다. "謂란 계씨가 말했다는 것을 말한다.") ○살핀다. 여제旅祭를 지내는 것 또한 예이다. 일이 있을 때 산에서 여제를 지내는데, 그 뜻은 예를 행하고자 하는 것이다. 그 임금을 참월하여 그 임금이 해야 할 예를 행하는 것이 어찌 예를 제정한 본의겠는가? 임방도 오히려 예에서 그 본의를 구하였는데, 태산의 신이 도리어 임방만 못하겠는가? 『주례』「대종백」에 이르길, '나라에 큰 연고(大故)가 있으면 상제 및 사방의 명산대천에서 여제를 지낸다.'고 했다. 그러나 이 당시에 노나라에는 달리 큰 연고가 없었고, 오직 비읍을 함락시켜 공산불뉴公山不狃를 추방한 것은 계씨 일가의 대사에 관계될 뿐인데, 어떻게 명산대천에서 여제를 지낼 수 있겠는가? 크게 예에 어긋난다.

비평 ── 해석에서 큰 차이점이 없다. 다만 주자는 '여旅는 제사 이름이다'라고 한 것을 다산은 '여旅는 진설하여 고하는 것(陳告)이니, 지금의 고유제告由祭와 같다'고 말하면서, 전거를 들어 인증하여 분명히 밝혀 주고 있다. 다산이 이전의 주석을 면밀히 검토하였음을 알게 해 준다. 그리고 "증위태산불여임방曾謂泰山不如林放"에서 위謂의 주체에 대해 다산은 계씨라고 명시하였다. 그런데 이 구절은 공자의 비탄이 담긴 구절인데, 주체가 '그 누가'라고 할 수도 있다. 즉 "그 누가 일찍이 태산이 임방만 못하다고 말했는가?"라고 해석할 수 있다고 생각된다.

3:7. 子曰: "君子無所爭也. 必也射乎! 揖讓而升, 下而飮. 其爭也君子."

고주 —— 공자께서 말씀하셨다. "군자는 다투는 바가 없으나, (다투는 바가 있다면) 필시 활쏘기일 것이다. 읍揖하여 양보하고 (射堂으로) 올라가고 내려오면서 (모두 서로) 마시니(升及下 皆揖讓而相飮), 그 다툼이 군자답도다."

주자 —— 공자께서 말씀하셨다. "군자는 다투는 바가 없지만, (다투는 바가 있다면) 필시 활쏘기일 것이다. 읍揖하여 양보하며 올라가고, 내려와서 벌주를 마시니, 그 다툼이 군자답도다!"

다산 —— 공자께서 말씀하셨다. "군자는 다투는 바가 없지만, (다투는 바가 있다면) 필시 활쏘기일 것이다. 읍揖하여 양보하며 올라가고, 이기지 못하면(下=不勝) (봉양의) 술을 마시니, 그 다툼이 군자답도다!"

집주 —— ■揖讓而升者는 大射之禮에 耦進三揖而後에 升堂也라 下而飮은 謂射畢揖降하여 以俟衆耦皆降하여 勝者乃揖하면 不勝者升하여 取觶立飮也라 言君子恭遜하여 不與人爭하고 惟於射而後에 有爭이라 然이나 其爭也雍容揖遜이 乃如此하니 則其爭也君子而非若小人之爭也니라

읍양이승揖讓而升이란 대사례大射禮에 짝을 지어 나아가 세 번 읍한 후에 당堂에 오르는 것이다. 하이음下而飮은 활쏘기를 마치고 읍하고 내려와 모든 짝이 다 내려오기를 기다렸다가, 이긴 자가 읍하면 진 자가 올라가 술잔을 잡고 서서 마시는 것이다. 군자는 공손하여 남과 다투지 않지만, 오직 활쏘기에서만 다툼이 있다는 말이다. 그러나 그 다툼은 역시 온화하게 읍양하고 겸손한 모습이 이와 같으니, 그 다툼이 또한 군자다워 소인의 다툼과 같지 않다.

고금주 —— ■補曰 下, 謂不勝也. 凡軍事, 勝曰下之. 〔「樂毅傳」〉云: "下齊七十餘城, 惟莒·卽墨未下." 〈項羽本紀〉云: "外黃未下."〕 射禮, 不勝者飮酒, 是下而飮也. 爭者, 讓之反. 今升而讓其階, 飮而讓其爵, 君子之爭也. 〔馬云: "多算飮少算, 君子之所爭."〕

보완하여 말한다. 하下는 이기지 못한 것(不勝)을 말하니, 무릇 군사에서 이긴 것을 '하지下之'라고 한다.(「樂毅傳」에서 "제나라 70여 성을 함락시켰는데(下) 오직 莒 땅과 卽墨만은 아직 함락시키지 못했다: 未下."고 했고, 『사기』「항우본기」에 "外黃만

자원풀이 ■无無는 갑골문에서는 舞(춤출 무)와 같이 손에 술잔 같은 장식물을 들고 춤추는 모습을 그렸다. 아랫부분의 火(불 화)는 사람의 발이 잘못 변한 것이라고 한다. '없다'는 뜻으로 가차되었다.
■쟁爭은 爪(손톱 조:손)+又(또 우:손)의 회의자로 손과 손으로 중간의 물건을 서로 빼앗으려 다투는 모습에서 자형이 변해 현재처럼 되었다.
■사射는 弓(활 궁+身)+寸(마디 촌)의 형성자로 활을 쏘는 모습을 그렸다. 투호投壺를 뜻하기도 한다.
읍揖은 手(손 수)+咠(잠소할 집)의 형성자로 손(手)을 마주 잡고 가슴팍까지 올려 예를 표하는 절을 말한다. 사양辭讓과 양보를 뜻하기도 한다.
■양襄은 소가 끄는 쟁기를 두 손으로 잡은 모습과 쟁기에 의해 흙이 일어나는 모습을 형상화했는데, 표피 흙에서 양보의 뜻이 나왔다. 이어 言(말씀 언)을 추가하여 사양辭讓의 뜻이, 土(흙 토)를 부가하여 토양土壤의 뜻이 나왔다.

은 함락시키지 못했다."고 했다.) 사례射禮에서 이기지 못하는 자는 술을 마시는데, 이것이 '하이음下而飮(져서 술을 마신다)'이라고 한다. 다투다(爭)란 사양하다(讓)의 반대말이다. 이제 올라가되 그 계단에 먼저 오르기를 사양하고, 마시되 그 술잔을 사양하는 것이 군자다운 다툼이다.(마융이 말했다. "점수가 많은 사람이 점수가 적은 사람에게 마시게 하는 것이 군자의 다투는 바이다.")

■ 王曰: "射於堂, 升及下, 皆揖讓而相飮." ○駁曰 非也. 七字一句, 詞不成文. [升降之謂之升下, 亦無文例] ○又按 射禮有升而飮, 無降而飮, 則下而飮, 非降而飮也. 變降言下, 亦無是理.

왕숙이 말했다. "사당射堂에서 활쏘기를 할 때, 올라갈 때와 내려올 때에 모두 읍양하고서 서로 술을 마신다." ○논박하여 말하면, 그릇되었다. (揖讓而升下而飮) 일곱 글자를 한 구로 하면 문장이 성립되지 않는다(升降을 升下라고 하는 문례 또한 없다). ○또 살핀다. 사례射禮에는 올라가서 마시는 것(升而飮)은 있어도 내려와서 마시는 것(降而飮)은 없으니, '하이음下而飮'은 내려와서 마시는 것이 아니다. 강降 자를 하下 자로 말할 리가 없다.

■ 質疑 或問: "下而飮, 是下堂飮否?" 程子曰: "古之罰爵, 皆在堂下." 又問: "唯不勝, 下飮否?" 曰: "恐皆下堂, 但勝者飮不勝者也."[見《二程全書》] ○案 射禮·投壺禮, 凡勝飮不勝, 本是奉養, 不是罰責. 故飮者奉觴曰: 賜灌. 勝者跪請曰敬養. 其意若曰 '射之不中, 恐有疾病, 以此酒奉養也.'《詩》云: "發彼有的, 以

양讓은 言(말씀 언)+襄(도울 양)의 형성자로 말(言)을 사양함(襄)으로, 피하다, 양보하다, 추천하다, 다른 사람의 좋은 점을 말해주다의 뜻이 나왔다.
■승升은 斗(말 두)와 비슷한 모습의 손잡이가 달린 작은 용기 속에 무엇을 담는 것을 형상한 지사문자로 10되(升)가 1말(斗)이다. 곡식을 떠올려 붓는다는 뜻에서 '올리다'는 뜻이다.
■하下는 원래 가로획 두 개로 어떤 기준점보다 '아래'에 있는 것을 나타내었다가 현재 자형이 되었다. '아래가 원래 뜻이며, 내려가다, 새끼를 낳다. 순서상 혹은 시간상 뒤, 질이 낮다 등의 뜻이다.
■음飮은 원래 酉(술독 유)와 대로 만든 빨대(今)와 벌린 입(欠)으로 구성되어 '술을 마시다'가 원래 뜻. 자형이 변해 食(밥 식)+欠(하품 흠)으로 변했다. 술뿐만 아니라, 음료수 전체를 지칭하게 되었고, 분을 삼키다는 뜻도 나왔다.

祈爾爵."[〈賓筵〉詩] 此之謂也. 勝者方奉養之不暇, 遑云罰乎?《周禮·春官》:
"小胥掌學士之徵令, 觵其不敬者." 此方是罰爵. 然且罰爵, 未嘗飲之於堂下.
故晉 平公飲酒, 杜蕢入寢, 歷階而升, 酌曰'曠飲斯'又酌曰'調飲斯.'又酌, 堂
上北面坐飲之. 降, 趨而出. [見〈檀弓〉] 罰爵之必升飲如是也. 惟鄭注〈鄉射禮〉
其'卒觶·受觶'之節, 有'罰爵'二字. 此謬誤之甚者, 何足爲據?

질의한다. 어떤 이가 물었다. "'하이음下而飲'은 당堂에서 내려와 벌주를 마신
다는 말입니까?" 정자가 말했다. "옛날의 벌작罰爵은 모두 당 아래에서 마셨
다." 또 물었다. "이기지 못한 사람만 내려와 마시는 것이 아닙니까?" (정자가)
말하였다. "아마도 모두 당에서 내려왔는데, 다만 이긴 자는 이기지 못한 자
에게 마시게 하였을 것이다(『이정전서』에 보인다)." ○살핀다. 사례射禮와 투호
례投壺禮에서 무릇 이긴 자는 이기지 못한 자에게 술을 마시게 하는데, 본래
이는 봉양奉養한다는 뜻이지 벌책罰責이 아니다. 그러므로 술을 마시는 자는
술잔을 받들어 '사관賜灌(승자의 재능에 승복하여 경의를 표한다는 말)'이라 하고,
이긴 자는 꿇어앉아 청하기를 '경양敬養(삼가 이 술잔으로써 몸을 잘 보양해 달라
는 말)'이라고 하니, 그 뜻은 마치 활을 쏘아 맞히지 못하면 몸에 병이 날까 염
려하여 이 술로써 봉양한다는 것과 같다. 『시경』에 이르길, "화살을 쏘되 저
과녁을 맞히어 너에게 술을 먹이기를 기원한다(「소아, 賓之初筵」)."고 한 것은
이를 두고 말한 것이다. 이긴 자는 바야흐로 봉양하기에도 겨를이 없는데,
어느 틈에 벌한다는 말인가? 『주례』「춘관, 소서」에 "소서의 직은 학사의 징
벌을 관장하는 것으로 불경스러운 자에게 벌주를 내린다."고 했는데, 이것이
바로 벌작罰爵이다. 그러나 벌작은 또 일찍이 당 아래에서 마신 적이 없다.
그러므로 진나라 평공平公이 술을 마시고 있을 때, 두궤杜蕢가 침소에 들어
가 계단을 큰 걸음으로 밟고 올라가서는 술을 따르면서 '사광師曠아, 술을 마
시라.' 하고, 또 술을 따르면서 '이조李調야, 이 술을 마시라.' 하였으며, 또 다
시 술을 따르면서 자신이 당상堂上에서 북쪽을 보고 앉아 이 술을 마시고는

당에서 내려와 빠른 걸음으로 밖으로 나갔다는 기록이 있는데(『예기』「단궁」편에 보인다), 벌작은 반드시 이와 같이 올라가서 마시는 것이다. 정현이 『의례』「향사례」에 나오는 졸치卒觶(술잔을 다 마시는 것)와 수치受觶(술잔을 받는 것)라는 구절에 주를 내면서, 벌작罰爵 두 자를 두었는데, 이는 심히 잘못된 것이니 어찌 근거로 삼을 수 있겠는가?

비평 —— 전통적으로 이 구절과 연관하여 황간, 형병, 그리고 청대 양장거梁章鉅 등은 '읍양이승하揖讓而升下, 이음而飮'으로 읽었다. 그런데 정현, 주자, 다산 등은 '읍양이승揖讓而升, 하이음下而飮'으로 읽었다. 전자의 해석에 따르면, 당堂에서 활을 쏘면서 오르고 내릴 때 모두 읍揖하고 서로 술을 마신다는 뜻이다. 이에 대해 다산은 전자의 해석대로 하면 문장이 될 수 없을 뿐만 아니라, 또한 그런 뜻이라면 '승강升降'이라고 해야 하지, 승하升下로 쓰고 그런 뜻으로 쓰인 사례가 없다고 말한다.

　주자와 다산은 어디서 끊어 읽을 것인가 하는 것에 대해서는 동의하지만, '하이음下而飮'에 대해서는 다른 해석을 내놓고 있다. 주자는 이 구절을 활쏘기를 마치고 '내려와' 이긴 자가 읍하면, 진 자가 술잔을 잡고 서서 마시는 것이라고 했다. 이에 비해 다산은 여러 전거를 들면서 (1) 하下는 내려오는 것이 아니라, 이기지 못한 것不勝(패배한 것)을 말하며, (2) 술을 마시는 까닭은 벌책罰責이 아니라 봉양奉養을 뜻하며, (3) 전거에 근거해 볼 때, 벌책 또한 당 아래로 내려와 마신 것이 아니라 당상에서 마셨기 때문에 하下는 내려온다는 뜻이 아니라고 주장한다. 누가 옳은지 알 수는 없지만, 활쏘기 후에 술을 마신 이유가 단순히 벌주가 아니라 봉양의 의미라는 다산의 해석은 군자다운 다툼으로서 활쏘기의 정신을 잘 반영한다고 생각된다.

3:8. 子夏問曰: "'巧笑倩兮, 美目盼兮, 素以爲絢兮', 何謂也?" 子曰: "繪事後素." 曰: "禮後乎?" 子曰: "起予者商也! 始可與言《詩》已矣."

고주 —— 자하가 물었다. "어여쁜 웃음에 보조개여, 아름다운 눈의 움직임 (盼=動目貌)이여! 소이위현혜素以爲絢兮(흰 분으로 채색한 것이로다!)'라고 하였는데, 무엇을 일러 말하는 것입니까?" 공자께서 말씀하셨다. "문양 그리는 일 (繪=劃文)에서는 (여러 색을 칠하고 나서) 흰색의 칠(素=白采)을 나중에 한다." 자하가 말했다. "예로써 뒤에 완성해야 한다(禮以成之)는 것이군요." 공자께서 말씀하셨다. "나의 말을 감발하는 자는 상이로다! 비로소 더불어 시를 말할 수 있겠구나!"

주자 —— 자하가 물었다. "'어여쁘게 웃는 보조개여, 아름다운 눈동자에 흑백이 선명함이여! 소이위현혜素以爲絢兮(흰 바탕에 채색으로 꾸민다 :絢= 采色 畫之飾)'고 하였는데, 무엇을 일러 말하는 것입니까?" 공자께서 말씀하셨다. "그림 그리는 일(繪事=繪畫之事)은 흰 바탕(素=粉地 畫之質)을 마련한 뒤에 하는 것이다." 자하가 말했다. "예는 뒤라는 것이군요." 공자께서 말씀하셨다. "나

자원풀이 ■교巧는 工(장인 공:황토를 다지는 절구공이)+丂(공교할 교:어떤 물체를 받치는 지지대나 괭이)의 형성자인데, 훌륭한 솜씨를 말한다. 이로부터 기교技巧, 영민하다, 마침맞다 등의 뜻이 나왔다.
■소笑는 竹(대 죽)+夭(어릴 요)의 형성자. 관악기(竹)로 연주되는 곡을 듣고 몸을 구부려(夭) 기뻐하며 웃는 것이다.
■천倩은 人(사람 인)+靑(푸를 청)의 형성자로 원래 남자의 미칭美稱이었으나, 예쁘다, 웃음 띤 모양 등을 나타낸다. 천반倩盼은 아름다운 모습을 형언한 것이다.
■반盼은 目(눈 목)+分(나눌 분)의 형성자로 눈(目)의 검은자위와 흰자위가 분명하고(分) 또렷하여 예쁜 모습을 그렸다. 이후 중시하다, 기대하다의 뜻이 나왔다.
■소素는 糸(실 사)+垂(드리울 수)의 생략형. 물을 들이지 않는 생 명주(生絹)이다. 명주 본래 색인 흰색을 뜻하면, 다시 본질이나 바탕, 소박素朴함, 벼슬을 하지 않는 사람, 비단이 필사 재료로 사용됨에 따라 종이를 뜻하기도 한다.

의 말을 감발하는 자는 상이로다! 비로소 더불어 시를 말할 수 있겠구나!'

다산 —— 자하가 물었다. "'어여쁘게 웃는 보조개여, 아름다운 눈동자의 흑백이 선명함이여! 소이위현혜素以爲絢兮(흰 바탕에 채색으로 꾸민다:絢=采色 畫之飾)'라고 하였는데, 무엇을 일러 말하는 것입니까?' 공자께서 말씀하셨다. "그림 그리는 일(繪事=繪畫之事)은 흰 바탕(素=粉地 畫之質)을 마련한 뒤에 하는 것이다." 자하가 말했다. "예는 뒤라는 것이군요." 공자께서 말씀하셨다. "나의 말을 감발하는 자는 상이로다! 비로소 더불어 시를 말할 수 있겠구나!'

집주 —— ■此는 逸詩也라 倩은 好口輔也요 盼은 目黑白分也라 素는 粉地니 畫之質也요 絢은 采色이니 畫之飾也라 言人有此倩盼之美質하고 而又加以華采之飾이니 如有素地而加采色也라 子夏疑其反謂以素爲飾이라 故로 問之하니라

이것은 (『시경』에서) 빠진 시逸詩이다. 천倩은 예쁜 보조개(好口輔)이며, 반盼은 눈의 검은자위와 흰자위가 분명한 것이다. 소素는 색칠할 곳으로, 그림의 바탕이다. 현絢은 채색采色으로 그림을 꾸미는 것이다. 사람에게 그와 같이 예쁜 보조개와 흑백이 뚜렷한 눈과 같은 아름다운 바탕(美質)이 있고, 또한 거기에 화려한 채색을 더하여 꾸미는 것은 마치 흰 바탕이 있는데 채색을 더하

■현絢는 糸(실 사)+旬(열흘 순)의 형성자로 비단(糸)의 무늬가 다채롭고 화려한 모습(현란絢爛)을 말하며, 찬란하게 비추다, 눈을 현혹시키다는 뜻이다.
■소素는 (1) 그림을 그리는 바탕, (2)흰색을 뜻하는 것으로 해석할 수 있다. 따라서 소이위현혜素以爲絢兮는 (1) 그림을 그리는 바탕을 마련한 뒤에, 거기에 더하여 화려하게 채색한다고 해석할 수도 있고(주자, 다산), (2) 흰색으로써(以) 화려하게 채색한다(爲絢)고 할 수도 있다(정현). (1)의 해석을 따르면 먼저 바탕을 마련하고, 후에 문채로써 꾸민다는 질·문을 선후에 의한 본말론에 입각한다. (2)에 의하면 오히려 채색이, 혹은 예가 본질적인 것이며, 그 완성의 의미를 지닌다.
■회繪는 糸(실 사)+會(모일 회)이 형성자로 비단(糸)에 놓은 채색 수를 말한다. 수를 놓으려면 밑바닥을 그려야 하기에, 그림을 그리다, 묘사하다, 회화繪畫 등의 뜻이 나왔다.

는 것과 같다는 말이다. 자하는 이것을 반대로 흰 바탕으로 꾸민다고 한 것이 아닌가 하는 의문이 들었기 때문에 질문한 것이다.

■ 繪事는 繪畫之事也라 後素는 後於素也라 考工記曰 繪畫之事後素功이라하니 謂先以粉地爲質而後에 施五釆하니 猶人有美質然後에 可加文飾이라

회사繪事는 그림을 그리는 일이다. 후소後素는 흰 바탕보다 뒤에 한다는 것이다. 『주례』「고공기考工記」에서는 '그림 그리는 일은 흰 비단을 마련한 뒤에 한다(繪畫之事 後素功).'고 하였으니, 먼저 분칠할 곳을 바탕으로 삼은 뒤에 다섯 색으로 칠하는 것이 사람도 먼저 아름다운 바탕이 있은 후에 문식文飾을 더할 수 있는 것과 같다는 것을 말한다.

■ 禮는 必以忠信爲質이니 猶繪事必以粉素爲先이라 起는 猶發也니 起予는 言能起發我之志意라

예禮는 필시 충신忠信으로 바탕을 삼으니, 이는 그림 그리는 일에서 필시 분칠할 흰 바탕을 우선으로 하는 것과 같다. 기起는 분발시키는 것이니, 기여起予는 능히 나의 의지를 일으켜 분발시킨다는 말이다.

■ 謝氏曰 子貢은 因論學而知詩하고 子夏는 因論詩而知學이라 故로 皆可與言詩니라

사량좌가 말했다. "자공은 학문을 논함으로 시詩를 알았고, 자하가 시詩를 논함으로 학문을 알았기 때문에 모두 더불어 시를 말할 만하다고 하였다."

■ 楊氏曰 甘受和하고 白受釆하고 忠信之人이라야 可以學禮라 苟無其質이면 禮不虛行이니 此繪事後素之說也라 孔子曰 繪事後素라하신대 而子夏曰 禮後乎인저하니 可謂能繼其志矣로다 非得之言意之表者면 能之乎아 商賜可與言詩者는 以此라 若夫玩心於章句之末이면 則其爲詩也固而已矣니라 所謂起予는 則亦相長之義也니라

양시가 말했다. 단(甘)맛이 음식의 조미를 받아들이고, 흰색이 채색을 받아들이고, 충신한 사람忠信之人이라야 예를 배울 수 있다. 진실로 그 바탕이 없

다면, 예가 헛되어 행해지지 않는다. 이것이 '그림 그리는 일은 바탕 뒤에 한다(繪事後素)'는 설이다. 공자께서 '그림 그리는 일은 바탕 뒤에 한다'고 말씀하시고, 자하가 '예는 뒤라는 것이군요.'라고 말했으니, 자하가 능히 그 뜻을 잘 이해했다고 말할 수 있다. 말뜻의 밖을 이해한 자가 아니라면, 어찌 가능한 일이겠는가? 자하와 자공이 더불어 시를 논할 만하다는 것은 이 때문이다. 만약 장구의 말단에만 마음을 쓴다면 그 시의 해석은 고루할 뿐이다. 이른바 '나를 불러일으킨다(起予)'고 한 것은 또한 서로 성장한다는 뜻이다.

고금주 ── ■補曰 倩, 美好也. 《說文》云: "若草木之葱蒨." 盼, 目黑白分明也. 《玉篇》云] 姿色本美, 故巧笑・美目, 皆成華采, 若素地以爲絢也. 起, 猶興也, 謂其言足以興起也.

보완하여 말한다. 천倩은 아름다워 좋은 것이다(『설문』에서 말했다. 초목이 파릇하게 성한 것과 같다). 반盼은 눈의 흑백이 분명한 것이다(『옥편』에서 말했다). 자색姿色이 본래 아름답기 때문에 어여쁜 미소・아름다운 눈동자가 모두 화채華采를 이룬 것이 마치 흰 바탕에 고운 채색을 한 것과 같다. 기起는 흥興과 같으니, 그 말이 사람을 흥기시키기에 충분하다는 것을 말한다.

■馬曰: "上二句在〈衛風・碩人〉, 下一句逸." ○或曰: "下一句, 夫子所刪." 朱子曰: "此句最有意義, 反見刪哉? 且〈碩人〉四章皆七句, 不應此章獨多一句, 必別自一詩, 今逸矣." ○案 衣錦褧衣, 無逝我梁, 《詩》之同句者多矣.

마융이 말했다. "이 시의 위 두 구는 『시경』「위풍・석인」에 있고, 아래 한 구는 일실되었다." ○어떤 사람이 말했다. "아래 한 구(素以爲絢兮)는 공자가 (「碩人」에서) 산삭한 것이다." 주자가 (대답하여) 말했다. "이 구는 가장 의미가 있는 구인데, 어떻게 도리어 산삭될 수 있겠는가? 또한 「석인」의 4장은 모두 7구로 되어 있어 이 장이 유독 한 구가 더 많은 것과는 서로 맞지 않으니, 필시 별도로 그 자체가 하나의 시였는데, 지금은 없어진 것이다." ○살핀다. '비단

옷에 홑옷을 더했다(衣錦褧衣), 나의 고기 통발에 가지마라(無逝我梁)' 등과 같이 『시』에는 같은 구가 많다.

■ 鄭曰: "繪, 畵文也. 凡繪畵, 先布衆色, 然後以素分布其間, 以成其文. 喻美女雖有倩盼美質, 亦須禮以成之." ○駁曰 非也. 此是鄭本來謬義, 旣誤〈考工〉, 又誤此經. 朱子是改是正, 而鄭注之誤, 未及辨破. 今淺學小儒, 乃以〈考工〉鄭注奉之爲經, 以擊朱子之說, 不亦妄乎?

정현이 말했다. "회繪는 문양을 그리는 것(劃文)이다. 무릇 그림을 그릴 때는 먼저 여러 색을 칠한 뒤에 흰색을 그 사이에 분포하여 문양을 이룬다. 비유하자면, 미녀란 천반倩盼의 아름다운 바탕이 있을지라도, 또한 모름지기 예로써 완성해야 한다." ○논박하여 말하면, 그릇되었다. 이는 정현이 본래 뜻을 오해했다. 이미 「고공기」를 오해했고, 이 경문을 오해했다. 주자는 이를 고쳐 바로 잡았지만, 정현 주의 오류는 아직 변석·논파되는 데에 이르지 못했다. 오늘날 학문이 얕은 소유小儒들은 「고공기」의 정현 주를 받들어 경經으로 삼으면서 주자의 설을 공격하니, 또한 망령되지 않은가?

■ 引證〈考工記〉云: "畫繢之事, 雜五色. [節] 靑與赤謂之文, 赤與白謂之章, 白與黑謂之黼, 黑與靑謂之黻, 五采備謂之繡. [節] 凡畫繢之事, 後素功." ○鄭曰: "素, 白采也. 後布之, 爲其易漬汚也." ○案 素功者, 今之所謂粉本也. 每見畫工將施靑赤美采, 必先作粉地, 然後乃用丹碧, 古今不能異也. 〈考工記〉, 白采曰白, 素功曰素, 兩相分別, 字法不混, 鄭乃以素功爲白采, 非誤註乎? 畫工之畏漬汚, 最在靑赤, 蓋以其色彌鮮者, 其惜彌切也. 今有人敎畫工以繪畫之事, 曰'先靑赤而後粉白', 未有不投瓠擲筆而去者, 鄭注而可宗乎?

인증한다. 「고공기」에 말했다. 그림 그리는 일(畫繢之事)은 오색을 뒤섞는 것이다. … 청靑과 적赤을 뒤섞는 것을 문文이라 하고, 적과 백白을 뒤섞는 것을 장章이라 하고, 백과 흑黑을 뒤섞는 것을 보黼라 하고, 흑과 청을 뒤섞는 것을 불黻이라 하고, 오채五彩가 구비된 것을 일러 수繡라 한다. … 무릇 그림 그리는 일(凡畵繢之事)이란 후소공後素功. ㅇ정현이 말했다. "소素는 흰색으로 채색하는 것이다. 후에 칠하는 것은 쉽게 물들기 때문이다." ㅇ살핀다. 소공素功이란 오늘날 이른바 분칠할 바탕紛本을 말한다. 매번 화공畵工들이 청색과 적색의 아름다운 채색을 칠하려 할 때를 보면, 반드시 먼저 분칠할 지면을 만들어 놓은 뒤에 이에 붉고 푸른 것을 써서 칠하니, 이는 고금이 다를 수 없다. 「고공기」에서는 흰색을 백白이라 하고, 분칠할 바탕을 소素라 하여, 이 두 가지가 서로 구분되어 있어 글자의 용법이 혼동되지 않는데, 정현은 이에 소공素功을 백채白采로 여기니 잘못된 주석이 아닌가? 화공이 쉽게 물들까 가장 두려워하는 것은 청색과 적색이다. 대개 그 색이 선명할수록 애석하게도 더욱 절실하다. 지금 어떤 사람이 그림 그리는 일을 화공에게 가르쳐주면서 말하기를 '먼저 청색과 적색을 칠한 뒤에 백색을 칠하라'하면 그림판과 붓을 던지고 가 버리지 않는 자가 없을 것이니, 정현의 주를 받들 수 있겠는가?

■ 引證 〈禮器〉曰: "先王之立禮也, 有本有文. 忠信, 禮之本也. 義理, 禮之文也. 無本不立, 無文不行."

인증한다. 『예기』「예기」에서 말했다. 선왕이 예를 정립할 때는 근본(本)이 있고 문식(文)이 있다. 충신忠信은 예의 근본이요, 의리義理는 예의 문식이다. 근본이 없으면 예가 성립되지 않고, 문식이 없으면 예가 실행되지 않는다.

비평 —— 마융은 '위의 두 구는 『시경』「위풍衛風, 석인碩人」에 있고, 아래 한 구는 일시逸詩이다.'라고 했다. 「위풍, 석인」의 문제의 구절은 다음과 같다.

수여유이手如柔荑 손은 부드러운 띠 싹 같으며,

부여응지膚如凝脂 피부는 엉긴 기름같이 윤택하다네.

영여추제領如蝤蠐 목은 흰 나무벌레 같고,

치여호서齒如瓠犀 이는 박씨같이 가지런하지요.

진수아미蝰首蛾眉 매미 이마에 나방 같은 눈썹이고
교소천혜巧笑倩兮 쌩긋 웃는 예쁜 보조개
미목반혜美目盼兮 아름다운 눈이 맑기도 하여라.

그런데 이 시에는 '소이위현혜素以爲絢兮'라는 구절이 나오지 않는다. 그래서 주자는 가장 중요하여 삭제될 수 없는 이 구절이 나오지 않은 것으로 볼 때, 필시 별도로 그 자체가 하나의 시였을 것으로 추정하였다. 다산 또한 『시경』의 시에는 같은 구가 많다는 점을 들어 마융이 아니라, 주자의 편에 동조하여, 일시逸詩라는 점에 무게를 두었다.

'소이위현혜素以爲絢兮'라는 구절은 많은 사람들이 정현의 「고공기」해석을 받아들여, 그림을 그릴 때는 먼저 여러 색을 칠한 뒤에 마지막으로 흰색을 그 사이에 분포하여 문양을 완성하듯이, 미녀란 아름다운 바탕이 있을지라도, 모름지기 예를 갖추어야 비로소 미인이라고 할 수 있다는 말로 해석해 왔다.

이러한 정현의 해석에 정면으로 반대한 것이 바로 주자였다. 주자는 바탕質과 문채文를 본말론적인 선후의 입장에서 해석하여, 먼저 바탕을 이룬 다음에 문채로서 수식해야 한다고 주장한다. 그래서 그는 그림 그리는 데에서 바탕을 먼저 이룬 뒤에 채색을 하듯이, 인간 또한 인간의 근본(忠信)을 닦은 뒤에 예로써 문채를 이루어야 한다는 것이 이 구절의 핵심 의미라고 했다. 아마도 다산 당시에도 정현의 해석을 지지하면서, 주자의 해석이 그릇되었다고 비판한 사람들이 있었을 것이다.

그러나 다산은 이러한 정현의 해석이 잘못되었음을 실제 그림 그리는 것에 근거를 두고 논증하면서, 주자의 해석이 옳음을 지지하였다.

3:9. 子曰: "夏禮, 吾能言之, 杞不足徵也. 殷禮, 吾能言之, 宋不足徵也. 文獻不足故也. 足, 則吾能徵之矣."

고주 —— 공자께서 말씀하셨다. "하나라의 예는 내가 능히 말할 수 있지만, (그 후손인) 기나라는 예를 이루기(徵=成)에는 부족했다. 은나라의 예는 내가 말할 수 있으나, (그 후손인) 송나라는 예를 이루기(徵=成)에 부족했으니, (두 나라 군주가 어둡고 나약하여) 문장과 어진 인재가 부족하기 때문(二國之君文章 · 賢才不足故也)이다. (문장과 어진 인재가) 충분하다면, 나는 능히 그들을 도와 이룰 수 있다."

주자 —— 공자께서 말씀하셨다. "하나라의 예는 내가 능히 말할 수 있으나, (그 후손인) 기나라는 충분히 징험(徵=證)할 수 없다. 은나라의 예는 내가 능히 말할 수 있으나, (그 후손인) 송나라는 충분히 징험할 수 없다. 전적과 어진 이가 부족하기 때문이니, 전적과 어진 이(文=典籍, 獻=賢)만 충분히 있다면 나는 그것을 징험할 수 있다."

자원풀이 ■기杞는 木(나무 목)+己(몸 기)의 형성자로 나무 이름(산 버들)을 말하는데, 주의 무왕周武王이 하우夏禹의 자손을 봉하여 우임금의 제사를 받들도록 한 나라이다.
■징徵은 微(작을 미)의 생략형에 壬(좋을 정)의 형성자로 『설문해자』에 따르면, 은밀한(微) 곳에 숨어 사는 사람(壬)을 청하여 불러내다는 뜻이다. 이로부터 부르다, 구하다, 징험徵驗의 뜻이다.
■송宋은 宀(집 면)+木(나무 목)의 회의자로 나무(木)로 만든 위패가 모셔진 건축물로 종묘를 말한다. 주나라 무왕이 상商나라를 멸망시키고 상왕의 후예인 무경武庚을 봉했던 나라이다. 후에 당나라를 이어 조광윤趙匡胤이 세운 왕조 이름이기도 하다.
■문文은 갑골문에서는 사람의 가슴에 어떤 무늬를 새겨놓은 문신文身을 의미했다. 문자文字란 일정한 필획을 서로 아로새겨 어떤 형태들을 그려낸 것이다. 그래서 무늬라는 의미의 문文에 문자라는 의미가 담기게 되었다. 그

다산 —— 공자께서 말씀하셨다. "하나라의 예는 내가 능히 말할 수 있으나, (그 후손인) 기나라는 충분히 징험(徵=證)할 수 없다. 은나라의 예는 내가 능히 말할 수 있으나, (그 후손인) 송나라는 충분히 징험할 수 없다. 전적과 어진 이가 부족하기 때문이니, 전적과 어진 이만 충분히 있다면 나는 그것을 징험할 수 있다."

집주 —— ■杞는 夏之後요 宋은 殷之後라 徵은 證也라 文은 典籍也요 獻은 賢也라 言二代之禮를 我能言之나 而二國이 不足取以爲證하니 以其文獻不足故也라 文獻이 若足이면 則我能取之하여 以證吾言矣리라

기杞나라는 하夏나라의 후손이고 송宋나라는 은殷나라의 후손이다. 징徵은 실증(證)이다. 문文은 전적典籍이고, 헌獻 어진 사람(賢)이다. 두 시대(하, 은)의 예는 내가 능히 말할 수 있지만, 두 나라(기, 송)에서 취하여 실증하기에 부족한 것은 문헌이 충분하지 않기 때문이다. 만약 문헌이 충분하다면 내가 능히 그것을 취하여 나의 말을 징험할 수 있다는 말이다.

고금주 —— ■補曰 能言, 明世無能言之者, 孔子博學, 故能言之, 然無徵不信. 若使杞·宋有文有獻, 則必與夫子所言相合. 故曰'吾能徵之'. 吾能徵者, 自信之辭也.

래서 『설문해자』에서는 "획을 교차하다는 뜻으로 교차한 무늬를 형상했다(錯劃也 象交文)"고 했다. 그리고 문자로 쓰인 것을 문장文章이나 문학작품이라고 말하게 되었다. 그러자 文은 주로 문장이나 문자의 의미로 쓰이게 되었고, 무늬라는 말은 문紋 자가 대신하게 되었다. 글월(以能誦詩書屬文), 글자, 문치文治·문사文事, 글을 짓다(帝親文其卑), 무늬·문채文彩, 현상(觀乎天文), 문물: 예악과 제도 등 문화적 산물, 법령의 조문, 아름답다·선善하다(禮滅而進 以進爲文), 어지럽다(=紊亂), 화미華美하다(君子質而已矣 何以文矣), 주 문왕, 꾸미다(文之以禮樂), 가리다(小人之過也 必文), 노력하다(文莫吾猶人也).

■헌獻은 鬲(솥 력)+犬(개 견)의 회의자로 제사에 바칠 개고기(犬)를 솥(鬲)에 삶는 모습을 그렸는데, 금문에서 소리부인 虍(호피무늬 호)가 더해져서 바치다, 봉헌하다의 뜻이다.

■고故는 攵(칠 복)+古(옛 고)의 형성자로 회초리(攵)를 쳐가며 옛 것(古)으로 되돌아가게 하는 뜻이며, 이로부터 고의故意라는 뜻이 나왔다.

보완하여 말한다. 능언能言이란 세상에는 능히 말할 수 있는 자가 없지만, 공자는 박학한 까닭에 능히 말할 수 있음을 밝힌 것이다. 그러나 징험이 없으면 믿지 않는다. 만약 기나라와 송나라에 문헌이 있다면, 필시 공자께서 말한 것과 서로 부합할 것이기 때문에 내가 능히 징험할 수 있다(吾能徵之)고 했다. 내가 능히 징험할 수 있다는 것은 자신하는 말이다.

■包曰: "徵, 成也." ○鄭曰: "我不以禮成之者, 以此二國之君文章‧賢才不足故也."[邢云: "杞‧宋之君闇弱, 故不足以成之."] ○駁曰 非也.

포함이 말했다. "징徵은 이룬다(成)이다." ○정현이 말했다. "(공자께서는) 나는 예로서 이룰 수 없다고 여긴 것은 이 두 나라 군주의 문장과 어진 인재가 부족했기 때문이다."(형병이 말했다. "기나라와 송나라의 군주가 어둡고 나약했기 때문에, 예를 이룰 수 없었다.") ○논박하여 말하면, (포함과 정현의 해석은) 잘못되었다.

■引證 子曰: "吾說夏禮, 杞不足徵也, 吾學殷禮, 有宋存焉, 吾學周禮, 今用之, 吾從周."[〈中庸〉文] ○子曰: "我欲觀夏道, 是故之杞, 而不足徵也. 吾得《夏時》焉. 我欲觀殷道, 是故之宋, 而不足徵也. 吾得《坤乾》焉."[〈禮運〉文]

인증한다. 공자께서 말씀하셨다. "내가 하나라의 예를 말할 수 있으나, 기나라는 충분히 징험할 수 없다. 내가 은나라의 예를 배웠지만, 송나라가 있어 보존되어 있다. 나는 주나라의 예를 배워, 오늘날 쓰고 있으니, 나는 주나라를 따르겠다."(『중용』의 글이다.) ○공자께서 말씀하셨다. "나는 하나라의 도를 보고자했던 까닭에 기나라에 갔는데 징험하기에 충분하지 않았지만, 나는 『하시』를 얻었다. 나는 은나라의 도를 보고자 했기 때문에 송나라에 갔지만, 징험하기에 충분하지 않았다. 나는 『곤건곤』을 얻었다."(『예기』「예운」의 글이다.)

비평 —— 포함이 해석한 징徵(=成也), 그리고 정현이 해석한 '문헌이 부족한 까닭(文獻不足故也)'에 대해 주자는 완전히 다르게 해석하였다. 다산은 주자의 해석을 지지하면서, 주자의 고주 비판이 어떻게 타당한지에 대한 명확한 근거를 제시하였다.

⟨⟩

3:10. 子曰: "禘自旣灌而往者, 吾不欲觀之矣."

고주 —— 공자께서 말씀하셨다. "체 제사에서 울창주를 부어 강신한 이후부터는 (존비의 차례로 소목을 순서대로 하여 위패를 진열하는데, 노나라에서는 이것을 순서대로 하지 않고 역으로 순서를 바꾸어 희공을 위에다 놓고 제사하여 소목을 어지럽혔기에) 나는 보고 싶지 않다."

주자 —— 공자께서 말씀하셨다. "(노나라의 체 제사는 예에 어긋난 것이기에 본래 보지 않으려 했을 뿐만 아니라) 체 제사에서 울창주를 부어 강신한 이후부터는 (점차 해이해져 예를 잃은 가운데 또 예를 잃어버렸기에) 나는 보고 싶지 않다."

다산 —— 공자께서 말씀하셨다. "(노나라가 참람하게 사용한) 체 제사에서 울창주를 부어 강신한 이후부터는 (천자의 가무 등 참람한 행사가 나타나므로) 나는 보

자원풀이 ■체禘는 示(보일 시)+帝(임금 제)의 형성자로 (1) 천자의 시조묘를 세우고 시조를 배향하여 지내던 큰 제사, (2) 종묘에서 5년마다 지내던 큰 제사, (3) 종묘에서 지내던 시체時禘의 하나로서 가을 제사.
■관灌은 水(물 수)+雚(황새 관)의 형성자로 하남성 상성商城에서 발현하여 흐르던 강 이름에서 유래했다. 이후 물을 대다, 물을 주다, 줄기가 발달하지 않고 뭉쳐나는 왜소한 나무(灌木)를 말한다. 그리고 제사지낼 때 강신降神을 청하는 뜻으로 술을 땅에 붓는 의식을 말한다.
■왕往은 彳(걸을 척)+主(주인 주)의 회의자로 어떤 주체(主)가 일을 가는 것(彳)을 말하여 '가다'의 뜻이 나왔으며, 다시 과거에 있어난 일, 왕왕往往의 뜻도 나왔다. 원래는 之가 의미부이고, 王이 소리부로 가다는 뜻이었는데, 彳을 더해 의미를 강화하였다.
■관觀은 見(볼 견)+雚(황새 관)의 형성자로 큰 눈을 가진 수리부엉이(雚)가 목표물을 응시하는 것에서 관찰觀察이란 말이 나왔고, 사물에 대한 인식이나 관점觀點 혹은 관념觀念을 뜻한다.

고 싶지 않다."

집주 ── ■趙伯循曰 禘는 王者之大祭也라 王者旣立始祖之廟하고 又推始
祖所自出之帝하여 祀之於始祖之廟하고 而以始祖配之也라 成王以周公有大
勳勞라하여 賜魯重祭라 故로 得禘於周公之廟하고 以文王爲所出之帝而周公
配之라 然이나 非禮矣라

조백순趙伯循이 말했다. "체禘는 왕의 큰 제사이다. 왕이 이미 시조의 사당을
세우고, 또한 그 시조가 태어나게 한 임금을 추존推尊하여 시조의 사당에서
제사하고, 시조로써 배향하였다. 성왕成王은 주공이 큰 공로가 있었기에 노
나라에 중한 제사(重祭)를 내려 주었다. 그러므로 주공의 사당에서 체禘제사
를 올릴 수 있었고, 문왕을 시조가 태어나게 한 임금으로 삼아 주공을 배향하
였다. 그러나 이는 예에 어긋난다."

■灌者는 方祭之始에 用鬱鬯之酒하여 灌地以降神也라 魯之君臣이 當此之
時하여는 誠意未散하여 猶有可觀이요 自此以後는 則浸以懈怠而無足觀矣라
蓋魯祭非禮니 孔子本不欲觀이요 至此而失禮之中에 又失禮焉이라 故로 發
此歎也하시니라

관灌은 제사를 시작할 때, 울창주(鬱鬯之酒)를 따라서 땅에 부어 강신降神하게
하는 것이다. 노나라의 군신君臣은 이때만 해도 성의誠意가 아직 흩어지지 않
아 그래도 볼 만한 것이 있었지만, 이 이후로는 점차 해이해져 볼 만한 것이
없었다. 대개 노나라의 체 제사는 예에 어긋난 것이기에 공자께서 본래 보지
않으려 했으나, 이 무렵에 이르러 예를 잃은 가운데 또 예를 잃어버렸기에 이
러한 탄식을 한 것이다.

■謝氏曰 夫子嘗曰 我欲觀夏道하여 是故之杞而不足證也요 我欲觀商道하여
是故之宋而不足證也라 하시고 又曰 我觀周道하니 幽厲傷之라 吾舍魯何適
矣리오 魯之郊禘는 非禮也니 周公이 其衰矣라 하시니 考之杞宋에 已如彼하

고 考之當今에 又如此하니 孔子所以深歎也시니라

사량좌가 말했다. "공자께서 일찍이 '내가 하나라의 도를 보고자 하였다. 그런 까닭에 기나라에 갔지만 충분히 징험할 수 없었다. 나는 상나라의 도를 보고자 했다. 그런 까닭에 송나라에 갔지만 충분히 징험할 수 없었다.'고 말씀하셨다. 또한 '내가 주나라의 도를 보고자 했지만, 유幽왕과 여厲왕이 훼손시켰으니, 내가 노나라를 버리고 어디로 가겠는가? 노나라가 교郊제와 체禘 제사를 지내는 것은 예에 어긋나니, 주공의 도가 쇠퇴한 것이다.'라고 하셨다. 기나라와 송나라를 상고함이 이미 이와 같았고, 당시 노나라를 상고함 또한 이와 같았으니, 공자께서 깊이 탄식하신 것이다."

고금주 —— ■補曰 禘, 宗廟時祭之名, [〈祭義〉云: "春禘秋嘗."] 本是王者之禮, 魯僭而用之也. 灌與祼通, [六書之諧聲] 將迎牲, 酌鬱鬯灌於地, 以求神也. 禘祭之禮, 旣灌, 升歌〈淸廟〉, 朱干・玉戚以舞〈大武〉, [〈明堂位〉・〈祭統〉] 此天子之歌舞也. 旣灌而往, 此僭乃著, 孔子不欲觀也.

보완하여 말한다. 체禘는 종묘 시제時祭의 이름이다.(『예기』「제의」에서 말하였다. "봄에는 체제이고 가을에는 상제이다.") 본래 왕의 예인데, 노나라가 참람하게 이것을 사용하였다. 관灌은 관祼(강신제 할 관)과 통하니(六書의 楷書이다), 제사의 행사에 희생을 맞이하여 울창주鬱鬯酒를 따라서 땅에 부어 강신을 구하는 것이다. 체제의 예식은 이미 관灌했으면 당에 올라 『시경』「청묘」편을 노래하고, 주간朱干과 옥척玉戚으로 대무大武의 춤을 추는데(『예기』「명당위」와 「제통」에 나온다), 이것은 천자의 가무이다. 관灌한 이후에 이러한 참람함이 이에 나타났기에, 공자께서 보고 싶어 하지 않으셨다.

■孔曰: "禘祫之禮, 爲序昭・穆. 故毁廟之主及群廟之主, 皆合食於太祖. 旣灌之後, 列尊卑, 序昭穆. 而魯逆祀, 躋僖公, 亂昭穆, 故不欲觀之." ○駁曰 非也. 禘者, 帝祭也, [字從帝] 然則孔子之不欲觀, 何哉? 禘之旣灌, 將迎牲矣, 牲旣繭栗, 不欲觀者一也. [僭] 將升鼎矣, 鼎又全烝, 不欲觀者二也. [僭] 饗之以樂, 〔《祭義》云: "禘有樂而嘗無樂."〕升歌淸廟, [見〈祭統〉] 其詩曰'濟濟多士, 秉文之德', 不欲觀者三也. [僭] 朱干・玉戚以舞〈大武〉, [見〈祭統〉] 不欲觀者四也. [僭. ○ 襄十年云: "魯有禘樂, 賓祭用之."] 其餘儀節, 今不可攷. 要之, 不王不禘, 則其僭可 知. 僖・閔逆祀, 何與於是哉?○ 紘父云: "孔子曰, '魯之郊・禘, 非禮也. 周公 其衰矣.'〔「禮運」文〕 此指禘礜而言, 禘礜之僭, 不待旣灌而顯. 《論語》所言, 卽 指春秋諸禘, [卽太廟群公之禘] 非他禘也."

공안국이 말했다. "체제禘祭와 협제祫祭의 제례는 소・목의 순서로 지낸다. 그러므로 훼묘의 신주 및 군묘의 신주를 모두 태조묘에서 합쳐서 제사한다. 이미 관灌한 이후에 존비의 차례로 소・목을 순서대로 하여 위패를 진열하 는데, 노나라에서는 이것을 순서대로 하지 않고 역으로 순서를 바꾸어 희공 僖公을 위에다 놓고 제사하여 소・목을 어지럽게 했기 때문에 공자가 보고 싶어 하지 않았던 것이다." ○논박하여 말하면, 공안국의 해석은 잘못되었 다. 체禘란 천자인 제왕의 제이다(글자가 帝를 따랐다). 그렇다면 공자가 보고 싶어 하지 않았던 것은 무엇 때문인가? 체제에서 이미 관灌한 이후에 희생을 맞이하는데, 희생에 이미 (천자의 예에서 사용하는) 견률繭栗을 사용하였으니, 보고 싶어 하지 않은 첫 번째 이유이다(참람한 것이다). 정鼎을 올리는데, 정 또 한 전증全烝으로 하였으니, 보고 싶어 하지 않은 두 번째 이유다(참람한 것이 다). (천자가 지내는 체제 때처럼) 풍악을 울리고 향음饗飮케 하고(『예기』「제의」에 서 말했다. "체제에는 악이 있지만, 嘗제에는 음악이 없다.") 악인樂人이 당에 올라가 「청묘淸廟」의 시를 노래하였다(「제통」에 보인다). 그 시는 '제祭를 집사하는 많 은 선비들이 문왕의 덕을 잡아 행하네!'라는 것이었으니, 보고 싶어하지 않은 세 번째 이유다(참람한 것이다). 주간朱干, 옥척玉戚으로 대무를 춤추니(「제통」 에 보인다), 보고 싶어 하지 않는 네 번째 이유다.(참람한 것이다. ○『좌전』 양공10 년조에서 말했다. "노나라에는 체제사 음악이 있었고, 빈객의 접대와 제사에서 이를 사용했다.") 그 나머지 의절儀節은 지금 고람할 수 없다. 요컨대, 제왕이 아니면 체제를 지내지 못하는 것이니, 그것이 참람한 것임을 알 수 있다. 이꿩보가 말했다. "공자께서는 '노나라의 교郊·체禘 제사는 예에 어긋난다. 주공의 도는 아마도 쇠했다.'(『예기』, 「예운」의 글)고 하셨다. 이는 제곡禘嚳에게 제사한 것을 지칭하여 말씀하는 것인데, 제곡에게 제사한 참월함은 울창주를 부어 강신하기를 기다릴 필요도 없이 나타났다. 『논어』에서 말한 것은 봄과 가을의 모든 체 제사(즉 태묘와 여러 공들에 대한 체 제사)를 가리키는 것이지, 여타의 체제사가 아니다."

■ 趙伯循曰: "禘於周公之廟, 以文王爲所出之祖, 而周公配之." ○案 此說雖好, 無經據也.

조백순이 말했다. "주공의 사당에서 체禘제사를 올릴 수 있었고, 문왕을 시조가 태어나게 한 임금으로 삼아 주공을 배향하였다." ○살핀다. 조백순의설은 비록 좋으나, 경문의 근거는 없다.

■ 質疑 灌之爲禮, 在迎尸之前, 則祭之始也. 魯之君臣, 雖無誠意, 未必甫灌而即懈. 且懈怠之人, 無祭不懈, 則不必禘之旣灌, 其懈特甚. 孔子之不欲觀, 恐不在是也.

질의한다. 관灌의 예식은 시위尸位를 맞이하기 전의 의식이니, 제사의 시작이다. 노나라의 군신들이 비록 성의가 없었다고 하더라도 겨우 강신하자마자 바로 해이해지는 일은 결코 없었을 것이며, 또 해이하고 태만한 사람이라면, 어떤 제사에서도 해이하지 않음이 없었을 것이니, 필시 체제에서 이미 관灌하고 나서 그 해이해짐이 특히 심해진 것은 아닐 것이다. 공자가 보고 싶어하지 않은 것은 아마도 여기에 있지 않았을 것이다.

비평 —— 공자가 노나라의 체제사에서 울창주를 부어 강신한 이후부터는 더보고 싶어 하지 않은 이유를 서로 다르게 해석하고 있다.

먼저 공안국의 고주를 살펴보면, 노나라에서 체제사를 드린 것 자체에 대해서는 문제 삼지 않는다. 고주는 단지 강신한 이후에 존비의 순서에 따라 소·목을 하는데, 거기에 문제가 있기 때문에 공자가 보고 싶어 하지 않았다는 것이다. 그런데 주자는 우선 노나라가 체제사를 드리는 것 자체가 예에 어긋난다는 것이 그 이유라고 말하고 싶었다. 그런데 문제의 원문을 보면, 공자는 체제사에서 강신한 이후부터 더 이상 보고 싶지 않다고 말했기 때문에 주자는 또 하나의 이유를 제시한다. 그것은 곧 군신들이 강신한 이후에 해이해졌기 때문이라는 것이다. 그래서 주자는 예를 잃은 가운데 또 예를 잃었다는 표현을 썼다.

이에 대해 다산은 주자가 제시한 두 번째 이유가 단지 추정일 뿐, 근거가 없다고 질의하였다. 그러면서 그가 제시한 이유는 체제사는 천자인 제왕의 제사이기 때문에 노나라에서 지내는 것은 참람한 것이라고 하였다.

이 세 가지 설명은 각각 장단점이 있다. (1)의 고주의 설명은 원문에 대한 해석으로 일차적으로 바로 받아들일 수 있는 가장 간편한 설명으로 보인다. 그러나 이 설명은 체제사가 무엇인지 근본적인 정의가 잘못되어 있는 듯하다. 그런데 (2)의 주자와 다산의 설명은 체제사가 무엇인가에 대한 심도 있는 구명을 통한 바른 설명을 하고 있는 듯하다. 그러나 체제사가 천자인 제왕의 제사로서 노나라가 체제사를 드리는 것 자체가 참람한 것이라면, 공자는 노나라에서 체제사를 드리는 것 자체를 보고 싶지 않다고 말했어야 한다. 그런데 공자는 단순히 강신한 이후부터 보고 싶지 않다고 말하기 때문에 이 구절에 대한 온전한 설명이 되지 못하는 듯하다. 그래서 주자는 노나라 군신들이 해이해졌기 때문이라는 또 다른 이유를 덧붙여, 강신한 이후는 예를 잃은 가운데 또 예를 잃었다고 설명했다. 다산이 주자가 궁여지책으로 제시한 두 번째 해석이 단지 추정에 불과한 것이라는 점을 들어 비판한 것은 상당히 설득력이 있다. 요컨대, 다산이 제시한 이유 전부는 노나라가 체제사를 드린 것은 참람한 것으로 예에 어긋난다는 것이다. 그렇지만 이러한 다산의 해석 또한 원문에 대한 포괄적인 설명은 되지 못한다. 왜냐하면 공자는 분명 노나라에서 체제사를 드린 것 자체를 보고 싶지 않다고 말한 것이 아니라, 강신한 이후부터 보고 싶지 않다고 말했기 때문이다.

─────❦─────

3:11. 或問禘之說. 子曰: "不知也. 知其說者之於天下也, 其如示諸斯乎!" 指其掌.

고주 —— 어떤 이가 체제사의 도리를 묻자, 공자께서 말씀하셨다. "(노나라의 수치스러운 일:國惡을 숨기고 기피하기 위해, 알면서도) 알지 못하겠다. 그 도리를 아는 이는 천하를 다스리는 것이 여기에다 올려놓고 보는 것과 같을 것이다." 하시고는 손바닥을 가리키셨다(알기 쉽다는 말이다).

주자 —— 어떤 이가 체제사의 도리를 묻자, 공자께서 말씀하셨다. "(어떤 이가 도달할 수 있는 것이 아니며, 노나라를 위해 기피해야 할 것이 있어 알면서도) 알지

자원풀이 ■시示는 갑골문에서는 신에게 제사를 드리기 위한 제단을 그렸으며, 이후 제물을 뜻하는 가로획(一)이 추가되었다. 『설문해자』에 따르면 하늘이 내리는 화복을 상징하기 위해 아랫부분 양편으로 획이 더해져 지금처럼 되었다. 제단에서 신이 길흉을 내려준다는 의미에서 나타내다, 보여주다의 의미가 되었다.
■사斯는 斤(도끼 근)+其(그 기)로 구성되어, 대나무 등을 자귀(斤)로 쪼개어 키(其, 箕)와 같은 기물을 만든다는 의미였는데, 이후 이것, 여기라는 뜻이 나왔다. 파생된 시撕는 쪼개다는 본래 뜻을 지니고 있다.
■지指는 手(손 수)+旨(맛있을 지)의 형성자로 손가락을 말하는데, 맛있는 음식을 찍어서 맛보는(旨) 손(手)의 부위라는 뜻이다.
■장掌은 手(손 수)+尚(오히려 상)의 형성자로 손바닥을 말하는데, 위로(尚) 향한 손(手)을 말한다. 손바닥은 뒤집어 위로 향하게 할 때 분명히 드러나기 때문에 분명하다, 확실하다의 뜻이 나왔다.

못하겠다. 그 내용을 아는 이는 (이치에 밝지 않음이 없고, 정성스러움이 이르지 않음이 없어) 천하를 다스리는 것이 여기에다 올려놓고 보는 것과 같을 것이다." 하시고는 손바닥을 가리키셨다.

다산 —— 어떤 이가 체제사의 도리를 묻자, 공자께서 말씀하셨다. "(노나라를 위해 기피하시면서, 알면서도) 알지 못하겠다. 그 도리를 아는 이는 (능히 신도로써 가르침을 베풀 수 있기에) 천하를 다스리는 것이 여기에다 올려놓고 보는 것과 같을 것이다." 하시고는 손바닥을 가리키셨다(알기 쉽다는 말이다).

집주 —— ■先王報本追遠之意가 莫深於禘하니 非仁孝誠敬之至면 不足以與此니 非或人之所及也요 而不王不禘之法은 又魯之所當諱者라 故로 以不知答之하시니라 示는 與視同이라 指其掌은 弟子記夫子言此而自指其掌이니 言其明且易也라 蓋知禘之說이면 則理無不明하고 誠無不格하여 而治天下不難矣리니 聖人於此에 豈眞有所不知也哉시리오
선왕의 근본에 보답하고 조상을 추모하는 뜻은 체제사보다 더 깊은 것은 없다. 지극히 어질고 효성스럽고 정성스럽고 경건한 사람이 아니라면, 체제사에 참여할 수 없다. 어떤 사람이 도달할 수 있는 것이 아니며, 왕이 아니면 체제사를 지낼 수 없다는 법 또한 노나라가 마땅히 피해야 할 것이기 때문에 알지 못한다고 대답하신 것이다. 시示는 시視와 같다. 지기장指其掌은 공자께서 이와 같이 말씀하시고 스스로 그 손바닥을 가리키셨음을 제자가 기록한 것인데, 명백하고도 쉬움을 말한 것이다. 대개 체제사의 설을 안다면 이치에 밝지 않음이 없고, 정성스러움이 이르지 않음이 없어, 천하를 다스리는 것이 어렵지 않을 것이다. 성인께서 이에 대해 어찌 진실로 알지 못하는 것이 있으셨겠는가?

고금주 ── ■ 補曰 禘者, 帝祭也. 一變而爲太廟之禘, 再變而爲群公之禘, 遂爲四時常祀之名, 魯之僭也滋甚. 夫子之所不敢言, 故答曰不知. ○ 包曰: "知禘禮之說者, 於天下之事, 如指示掌中之物, 言其易了." [邢云: "當時孔子擧一手, 伸掌, 以一手指之, 以示或人, 曰, '其如示諸斯乎.'"] ○ 補曰 五帝皆神聖大德, 克配上帝, 故禘之於郊壇, [《周禮》, 祭五帝] 嚳亦以配天之故, 禘之於祖廟. [《大傳》曰: "王者禘其祖之所自出."] 《易》曰: "聖人神道設教, 而天下服." [《觀》之象] 知禘之說者, 能神道設教, 故天下易治也.

보완하여 말한다. 체禘는 제왕의 제사(帝祭)인데, 한번 변질하여 태묘의 체제사가 되었고, 두 번 변질하여 여러 제후群公들의 체제사가 되어, 마침내 사시四時에 항상 있는 제사 명칭이 되었으니, 노나라의 참람함이 더욱 심하다. 공자께서 감히 말하지 못할 것이기 때문에 알지 못한다고 답했다. ○포함이 말했다. "'체례禘禮의 뜻을 아는 자는 천하의 일에 대해 손바닥 안의 물건을 가리키는 것과 같을 것이다.'라고 하셨으니, 쉽다는 말이다."(형병이 말했다. "당시에 공자께서 한 손을 들어 손바닥을 펴고서 한 손의 손가락으로 그 손바닥을 가리켜 어떤 사람에게 보여주시면서 '아마도 그 일들을 여기에서 보는 것과 같을 것이다.'라고 말씀하신 것이다.") ○보완하여 말한다. 오제五帝는 모두 신성대덕神聖大德으로 능히 상제를 짝할 수 있었기 때문에 교단郊壇에서 체제사를 지냈다.(『주례』에는 五帝를 제사했다고 한다.) 제곡帝嚳 또한 하늘을 짝했기 때문에 조묘祖廟에서 체제사를 지냈다.(『예기』「대전」편에서 말했다. 왕은 그 선조가 태어난 곳에서 체제를 지낸다.) 『역경』에서 말했다. "성인은 신도神道로써 가르침을 베푸니, 천하가 이에 감복하였다."(「관괘」 단사) 체제의 설에 관해 아는 자는 능히 신도로써 가르침을 베풀 수 있기 때문에 천하를 쉽게 다스릴 수 있을 것이다.

■ 孔曰: "答以'不知'者, 爲魯諱." [邢云: "躋僖公, 亂昭穆, 說之則彰國之惡."] ○駁曰非也.

공안국이 말했다. "'알지 못하겠다'고 대답한 것은 노나라를 위해 피하신 것이다.''(형병이 말했다. "희공의 신주를 올려 소·목을 어지럽혔으니, 이를 설명하면 나라의 수치스러운 일을 드러내는 것이 된다.'') ○논박하여 말하면, 그릇되었다.

비평 —— 고주는 "이 장은 나라의 수치스러운 일(國惡)을 숨기는 것이 예禮임을 말한 것이다."라고 해석하였다. 주자와 다산 또한 공자께서 '알지 못한다'고 말한 이유에 대해 노나라의 참람함이 심하여 공자께서 말할 바가 아니었다고 설명하였다.

그런데 체제사의 설을 아는 사람은 천하를 쉽게 다스릴 수 있다는 것에 대해서는 약간의 이견이 있다. 고주에서는 단지 "후세 사람들이 체제의 예는 성인도 모르신 것이라 하여 그 예가 폐지되어 없어질 것을 우려하셨기 때문에 손바닥을 가리키셨다."고 설명한다. 다산은 체제사는 하늘에 지내는 제사이기 때문에, 그 도리를 아는 사람은 신도神道로써 인간에게 가르침을 시설할 수 있기 때문에 천하를 쉽게 다스릴 수 있다고 설명한다. 요컨대 다산은 유학이란 밝게 상제를 섬기는 학문(昭事上帝之學)이라고 규정하면서, 상제를 섬기는 학문은 곧 인륜의 구현이라고 말한다. 즉 신도와 인도는 일치하는바, 신도를 알면 곧 인륜을 쉽게 다스릴 수 있다는 것이다. 이에 비해 이理학자로서 주자는 체제사를 아는 사람은 이치에 통달한 사람으로 천하를 다스리는 이치를 알고 있기 때문에 천하를 쉽게 다스릴 수 있다는 논리를 피력하였다. 주자는 다음과 같이 말한다.

천지, 음양, 생사, 주야, 귀신은 단지 하나의 이치일 뿐이다. 만약 제사와 귀신의 이치에 밝다고 한다면 천하를 다스리는 이치가 여기에서 벗어나지 않는다. 7일 동안 삼가고 3일 동안 재계하면, 필시 그 제사를 받는 분을 뵐 것이다. 그래서 교郊제사를 지내면 천신이 감동하고, 사당에서 제사를 지내면 인귀人鬼가 흠향하는 것이다. 이것은 지극히 정미하여 통하기 어려운 것이라 할 수 있다. 만약 이처럼 할 수 있다면, 천하를 다스림에 위로써 아래를 감동하게 하고 한 사람으로써 만인을 감동하게 할 수 있게 되니, 또한 애초에 어려운 것이 없을 것이다.

(『논어집주대전』)

<hr>

3:12. 祭如在, 祭神如神在. 子曰: "吾不與祭, 如不祭."

고주 —— 죽은 사람 섬기기를 산 사람 섬기듯이 하고, 모든 신에게 제사할 때는 모든 신이 계시듯이 한다. 공자께서 말씀하셨다. "내가 제사에 참여하지 않았다면, (엄숙함과 공경함을 다하지 못했으면, 그 마음이) 제사를 지내지 않은 것과 같다."

주자 —— 선조께 제사할 때는 선조께서 살아 계시듯이 제사하고, 밖의 신에게 제사 지낼 때는 밖의 신이 계신 듯이 제사한다. 공자께서 말씀하셨다. "내가 제사에 참여하지 않았으면, (정성을 다하지 못했기 때문에) 제사를 지내지 않은 것과 같다."

자원풀이 ■제祭는 月(=肉:고기 육)+又(또 우)+示(보일 시)의 회의자로 고기(月)를 손(又)에 들고 제단(示)에 올리는 모습으로 제사祭祀를 통칭한다.
■재在는 풀이 자라는 모습의 재才에 토土가 더해져, 새싹이 움트는(才) 곳(土)이 바로 대지이며, 그 대지 위로 생명이 탄생하고 존재함의 뜻이다. 존재存在, 실재實在의 뜻, 시간, 장소, 정황, 범위 등을 나타내는 문법소로 쓰인다.
■여與는 与(어조사 여)+舁(마주들 여)의 형성자로 상아와 같은 소중한 물건을 서로 '함께' 들어 올리다(舁)에서 유래하였다. 더불어, 목적을 함께 하는 무리, 허여하다, 돕다, 협조하다, 위하여, 참여하다, 어조사, 주다 등의 뜻이다.

다산 —— 죽은 사람 섬기기를 산 사람 섬기듯이 하고, 모든 신에게 제사할 때는 모든 신이 계시듯이 한다. 공자께서 말씀하셨다. "내가 제사를 돕지(與= 助) 않았다면, 제사를 지내지 않은 것과 같다."

집주 —— ■程子曰 祭는 祭先祖也요 祭神은 祭外神也라 祭先은 主於孝하고 祭神은 主於敬이니라

정자가 말했다. "제祭는 선조에 대한 제사(祭先祖)이고, 제신祭神은 외신에 대한 제사(祭外神)이다. 선조에 대한 제사는 효성스러움이 위주이고, 신에 대한 제사는 경건함이 위주이다."

■愚謂 此는 門人이 記孔子祭祀之誠意니라 又記孔子之言以明之라 言己當祭之時하여 或有故不得與하여 而使他人攝之면 則不得致其如在之誠이라 故로 雖已祭나 而此心缺然하여 如未嘗祭也니라

어리석은 내가 말한다. 이것은 문인들이 공자께서 제사를 지내는 성의를 기록한 것이며, 또한 공자의 말씀을 기록해 설명한 것이다. 자신이 마땅히 제사해야 할 때에 혹 어떤 까닭이 있어 참여하지 못하여 다른 사람이 대신하게 했다면, 곧 계신 듯이 하는 정성을 다하지 못한 것이다. 그러므로 비록 제사는 지냈지만, 이 마음이 텅 빈 것 같아 아직 제사하지 않은 것과 같다는 말이다.

■范氏曰 君子之祭에 七日戒하고 三日齊하여 必見所祭者는 誠之至也라 是故로 郊則天神格하고 廟則人鬼享하니 皆由己以致之也라 有其誠則有其神이요 無其誠則無其神이니 可不謹乎아 吾不與祭면 如不祭는 誠爲實이요 禮爲虛也니라

범조우가 말했다. "군자가 제사를 지냄에 7일 동안 삼가고 3일 동안 재계하면 필시 그 제사를 받는 분을 뵐 것이라는 것은 정성의 지극함이다. 그러므로 교郊제사를 지내면 천신이 감동하고, 사당에서 제사를 지내면 인귀人鬼가 흠향하니, 모두가 자기로 말미암아 이루어지는 것이다. 그 정성이 있으면 그

신이 있고, 그 정성이 없으면 그 신도 없으니, 삼가지 않을 수 있겠는가? 내가 제사에 참여하지 않았으면 제사를 지내지 않는 것과 같다고 하셨으니, 정성은 실질이고 예는 허상이다."

고금주 —— ■孔曰: "祭如在, 言事死如事生. 祭神, 謂祭百神." ○補曰 與, 猶助也. 與祭, 謂助祭於家廟也. 孔子非適子, 未嘗主祭, 故曰與祭. 與其祭, 然後致其誠, 致其誠, 然後祭如在, 祭如在, 然後祭也. 旣不能然, 如不祭也. ○案《集解》本一章,《集注》分爲二章.

공안국이 말했다. "제여재祭如在는 죽은 사람 섬기기를 산 사람 섬기듯이 한다는 말이고, 제신祭神은 모든 신에게 제사함을 말한다고 했다." ○보완하여 말한다. 여與는 돕는다(助)와 같으니, 여제與祭는 가묘家廟에서 제사를 돕는 것을 말한다. 공자는 적자嫡子가 아니어서 제사를 주재하지 않았기 때문에 '여제與祭'라 하였다. 제사를 도운 뒤에야 그 정성을 다한다. 그 정성을 다한 뒤에야 살아 계신 듯이 한다. 살아 계신 듯이 제사한 뒤에야 제사답다. 이미 능히 그렇게 할 수 없다면 제사하지 않는 것과 같다. ○살핀다. (何晏의)『논어집해』는 본래 한 장이었는데,『논어집주』는 두 장으로 나누었다.

■包曰: "孔子或出或病, 而不自親祭, 使攝者爲之, 不致肅敬, 其心與不祭同." ○駁曰 非也. 孔子字曰仲尼, 明非伯子. 古者助祭, 謂之與祭. 故《禮》曰: "射中者, 得與於祭. 不中者, 不得與於祭."〔《射義》文〕曾子問曰: "小功可以與於祭乎?" 孔子曰: "天子・諸侯之喪, 不斬衰者不與祭, 大夫齊衰者與祭." 曾子問曰: "有喪服, 可以與於祭乎?" 子曰: "緦不祭, 又何助於人?" 是則自祭曰主祭, 助祭曰與祭, 其文不同. 今乃曰'孔子不自親祭, 使攝者爲之', 謬矣.

포함은 말했다. "공자께서 혹 출타하거나 혹 병으로 친히 제사하지 못했을 때는 대신할 사람으로 제사하게 했지만, 엄숙함과 공경함을 다하지 못했으면 그 마음이 제사하지 않는 것과 같다." ○논박하여 말하면, 그릇되었다. 공자는 자字가 중니仲尼라 했으니, 명백하게 맏아들이 아니다. 옛날에 제사를 돕는 것(助祭)을 일러 여제與祭라 하였다. 그러므로 『예기』에서 말하길, "활을 쏘아 적중한 자는 제사를 도울 수 있지만 적중하지 못한 자는 제사를 도울 수 없다."고 하였다. 증자는 묻기를 "소공(小功)의 상喪을 입고 있는 자가 다른 사람의 상제喪祭를 도울 수 있습니까?" 하자, 공자께서 말씀하시길, "천자와 제후의 상제에는 참최복을 입은 자가 아니라면 상제를 돕지 않으며, 대부의 상제에는 재최복을 입은 자가 상제를 돕는다."고 하였다. 증자가 묻기를 "자신이 복인으로 있을 때 다른 사람들의 제사를 도울 수 있습니까?" 하니, 공자는 "시마緦麻의 상을 입고 있을 때도 제사를 지내지 않는 법인데, 또 어찌 남의 제사를 돕겠는가?"라고 하였다. 여기 제사에 관해 말한다면, 자신이 스스로 제사하는 것을 일러 주제主祭라 하고, 제사를 돕는 것을 여제與祭라 하니 그 문장이 같지 않다. 그런데 포함이 여기에 바로 말하기를, 공자가 스스로 친히 제사를 지내지 못했을 때 대신할 사람으로 제사하게 했다고 했으니 잘못된 것이다.

비평 —— 오불여제吾不與祭의 여與 자에 대해 고주와 주자는 '참여하다'로 해석했고, 다산은 전거를 들어 '돕다(助)'로 해석하였다. 그런데 다산이 이런 해석을 할 수 있는 근거를 제시한 것이 바로 '이것은 문인들이 공자께서 제사를 지내는 성의를 기록한 것이며, 또한 공자의 말씀을 기록해 설명한 것이다.'라고 말한 주자의 말이었다. 다산의 지적대로 공자는 장남이 아니어서 제사를 돕는 역할을 하였지, 주재하는 역할을 하지 않았을 가능성이 크다. 바로 이 점에서 다산의 지적은 엄밀하고, 설득력이 있다.

그러나 '오불여제吾不與祭 여부제如不祭'라는 말이 어찌 반드시 공자에게만 해당하는 말이었겠는가? 일반인에게도 해당되지 않겠는가? 일반인들에게 한 말이라면, 참여한다고 해석하는 것이 더 설득력이 있다. 또한 '제사에 참여하다'라는 말은 '제사를 주재하다'라는 말과 '제사를 보조하다'라는 것을 포함하는 넓은 의미의 말이다. 물론 전거로 본다면 다산의 해석이 엄밀하지만, 이 말은 단순히 참여한다고 해석해도 문제가 되지 않는다고 할 수 있다.

3:13. 王孫賈問曰: "與其媚於奧, 寧媚於竈, 何謂也?" 子曰: "不然. 獲罪於天, 無所禱也."

고주 —— 왕손가가 물었다. "아랫목 귀신(왕과 가까운 신하:近臣)에게 아부하는 것보다는 오히려 부엌 귀신(執政者)에게 아부하는 것이 낫다고 하니, 무슨 뜻입니까?" 공자께서 말씀하셨다. "그렇지 않다. 하늘에 죄를 얻으면, 빌 곳도 없느니라!"

주자 —— 왕손가가 물었다. "아랫목 귀신(임금)에게 친순(媚=親順)하는 것보다 오히려 부엌 귀신(권신)에게 친순하는 것이 낫다고 하니, 무슨 뜻입니까?" 공자께서 말씀하셨다. "그렇지 않다. 하늘(=이치:理尊無對)에 죄를 얻으면, 빌

자원풀이 ■媚는 女(여자 여)+眉(눈썹 미)의 형성자로 큰 눈썹(眉)을 가진 여인(女)으로 아름답다가 원래 뜻인데, 눈을 흘기면서 아첨하거나 유혹하는 이미지로 확장되었다.
■奧오는 宀(집 면)+釆(올 래)+廾(두 손으로 받들 공)의 형성자로 곡식(釆)을 들고 두 손으로 받들고(廾) 신에게 제사 드리는 집안(宀)의 깊고 은밀한 곳으로 방의 은밀한 부분은 서남쪽 모퉁이를 지칭했으며, 이후 오묘奧妙에서처럼 속이 깊다는 일반적인 의미로 발전했다.
■竈조는 穴(구멍 혈)+黽(맹꽁이 맹)+土(흙 토)의 회의자. 진흙(土)을 발라 구멍(穴)을 만든 아궁이가 있는 부엌은 개구리나 두꺼비가 자주 나타난다는 뜻에서 형성되었다. 부엌이 원뜻, 부엌의 귀신(竈神), 조금구이 등을 말한다.
■獲획은 사냥개(犬)로 새(隹)를 잡는다(又)는 뜻으로 획득하다는 뜻이다. ■禱도는 示(보일 시)+壽(목숨 수)의 형성자로 제단(示)에서 장수(壽)를 비는 모습으로 기도하다, 송축하다, 빌다의 뜻이다.

곳도 없느리라!"

다산 —— 왕손가가 물었다. "아랫목(主婦 혹은 老婦가 거처하는 곳)에 아부하는 것보다는 오히려 부엌(밥하는 여인이 기거하는 곳)에 아부하는 (밥을 얻어먹는) 것이 낫다고 하니, 무슨 뜻입니까?" 공자께서 말씀하셨다. "그렇지 않다. 하늘(= 상제)에 죄를 지으면 (하늘의 진노를 얻어) 빌 곳도 없느리라!"

집주 —— ■王孫賈는 衛大夫라 媚는 親順也라 室西南隅爲奧라 竈者는 五祀之一이니 夏所祭也라 凡祭五祀에 皆先設主而祭於其所하고 然後迎尸而祭於奧하니 略如祭宗廟之儀라 如祀竈則設主於竈陘하고 祭畢而更設饌於奧하여 以迎尸也라 故로 時俗之語에 因以奧有常尊이나 而非祭之主요 竈雖卑踐이나 而當時用事하니 喩自結於君이 不如阿附權臣也라 賈는 衛之權臣이라 故로 以此諷孔子하니라

왕손가王孫賈는 위나라의 대부이다. 미媚는 친하여 따르는 것(親順)이고, 방의 서남쪽 귀퉁이를 오奧(아랫목)라 하며, 조竈(부엌)는 오사五祀의 하나로 여름에 제사지내는 것이다. 무릇 오사를 지낼 때는 모두 먼저 신주를 설치하고 그곳에서 제사를 지낸다. 그 후 시동을 맞이하여 아랫목에서 제사를 지내는데, 대략 종묘에서 제사지내는 의례와 같다. 예를 들면 조竈에서 제사할 때는 부뚜막 옆에 신주를 설치하고, 제사가 끝나면 다시 아랫목에 제수를 진설하여 시동을 맞이한다. 그러므로 당시 속어에 '아랫목이 항상 존귀함이 있으나 제사의 주인은 아니고, 부엌은 비록 비천하지만 당시 실제적인 일을 관장한다.'고 했으니, 임금에게 스스로 연을 맺는 것은 권신에게 아부하는 것만 못하다는 것을 비유했다. 왕손가는 위나라의 권신이었기 때문에, 이것으로써 공자를 풍자했다.

■天은 卽理也니 其尊無對하여 非奧竈之可比也라 逆理則獲罪於天矣니 豈

媚於奧竈하여 所能禱而免乎아 言但當順理니 非特不當媚竈라 亦不可媚於奧也니라

천이란 곧 이치(理)이니, 그 존귀함은 상대가 될 것이 없으니 아랫목 귀신이나 부엌귀신에 비할 수 있는 것이 아니다. 이치를 거스르면 하늘에 죄를 짓는 것이니, 어찌 아랫목 귀신이나 부엌귀신에게 아부하면서 빌어서 면할 수 있겠는가? 다만 마땅히 이치를 따를 뿐이니, 단순히 아랫목귀신에게 아부하지 말아야 할 뿐 아니라, 부엌귀신에게도 아부해서는 안 된다는 말이다.

■謝氏曰 聖人之言이 遜而不迫하시니 使王孫賈而知此意면 不爲無益이요 使其不知라도 亦非所以取禍니라

사량좌가 말했다. "성인의 말씀은 공손하면서 박절하지 않으니, 왕손가가 그 뜻을 알아들었다면 무익하지 않았을 것이며, 알아듣지 못했다고 하더라도 공자께서 화를 초래하는 이유가 되지 않는다."

고금주 —— ■孔曰: "王孫賈, 衛大夫." ○補曰 權臣也, 治軍旅. 奧, 室西南隅, 〔《爾雅》云〕 主婦之所在也. 〔《曲禮》云: "爲人子者, 居不主奧."〕 竈, 爨突, 〔《說文》云〕 爨女之所在也. 又老婦之祭, 謂之奧. 〔見〈禮器〉. 鄭玄讀之爲爨, 非也〕 夏月之祀, 謂之竈. 〔見〈月令〉〕 鄙諺曰'與其媚於奧, 寧媚於竈'者, 外借祭神之名, 以喩飮食之權在於爨女, 而不在主婦, 寧媚下而得食也. ○補曰 天, 謂上帝也. 枉道求媚, 則獲罪於天. 天之所怒, 非衆神之所能福, 故無所禱也.

공안국이 말했다. "왕손가王孫賈는 위나라의 대부大夫이다." ○보완하여 말한다. (왕손가는) 권신으로 군려軍旅를 다스렸다. 오奧는 방 서남쪽 모퉁이(『이아』에서 말했다)인데, 주부主婦가 거처하는 곳이다.(『예기』「곡례」편에서 말했다. "자식은 거처할 때 奧를 차지하지 않는다.") 조竈는 찬돌爨突이니(『설문』에서 말했다.) 불을 때어 밥을 하는 여인이 있는 곳이다. 또 노부老婦를 오奧라 한다(『예기』「예기」편에 보인다. 정현은 오奧를 찬爨으로 읽었는데, 이는 잘못이다.) 하월夏月의 제사

를 조竈라 하였다(『예기』「월령」편에 보인다). 속담에서 '오奧에 아첨하기보다는 오히려 조竈에 아첨하는 것이 낫다.'고 한 것은 외형적으로는 제사하는 신의 이름을 차용하여 음식을 하는 권한이 불을 때어 밥하는 여인에게 있지 주부에게 있지 않으니, 오히려 아랫사람에게 아첨하여 밥을 얻어먹는 것이 낫다는 것을 비유한 것이다. ○보완하여 말한다. 천은 상제를 말한다. 도를 굽혀 아첨하면 하늘에게 죄를 얻게 된다. 하늘을 진노케 하면, 여러 귀신들이 복을 받을 수 없기 때문에 기도할 곳도 없다.

■孔曰: "奧, 內也, 以喩近臣.[邢云: "以其隱奧, 故尊者居之. 其處雖尊, 而閒靜無事, 以喩近臣雖尊, 不執政柄, 無益於人也."] 竈, 以喩執政." [邢云: "竈者, 飲食之所由, 雖處卑藝, 爲衆之急用, 以喩國之執政, 位雖卑下, 而執賞罰之柄, 有益於人也."] ○駁曰 非也. 孔子拒之, 曰'獲罪於天, 無所禱也', 則媚奧 · 媚竈, 明是禱神之說. 豈可但以尊者所居 · 飲食所由, 言之乎? 況奧旣尊者所居, 則其所喩, 明是國君. 今乃曰'以喩近臣', 可乎? 近臣必有權柄, 何所讓於執政乎? 然且古者, 以閹寺爲近臣, 何得喩尊者乎? 其義, 非也.

공안국이 말했다. "오奧는 안(內)이니 근신近臣을 비유한 것이고(형병이 말했다. "그 은미하고 깊은 곳이기 때문에 존귀한 자가 거처한다. 그 지위는 비록 존귀하지만 한가롭고 고요하여 일이 없으니, 근신이 비록 존귀하지만 집정을 못하여 남에게 이익을 줄 수 없음을 비유한 것이다."), 조竈는 집정執政을 비유한 것이다."(형병이 말했다. "竈란 음식이 나오는 곳이니, 비록 처지는 비천하지만 가정에 긴요한 곳이니, 이로써 지위는 비록 낮지만 상벌의 권한을 잡아 사람들에게 이익을 줄 수 있는 나라의 집정을 비유한 것이다.") ○논박하여 말하면, 그릇되었다. 공자께서 거부하며 하늘에 '죄를 얻으면 빌 곳도 없다.'고 하셨으니, 오奧에 아첨하고 · 조竈에 아첨하는 것은 분명 귀신에게 기도하는 말이다. 어찌 단지 존귀한 자가 거처하는 곳과 음식이 나오는 곳으로 말할 수 있겠는가? 하물며 오奧는 이미 존귀한 자가 거처하는 곳이라면 그 비유하는 것은 나라의 임금이니, 이제 근신近臣을 비유한다고 말하면 타당하겠는가? 근신은 필시 권병權柄을 지니고 있는데, 어찌 집정에게 양보하겠는가? 또한 옛날에는 혼시閣寺(환관)를 근신이라고 하였는데, 어찌 존귀한 자에 비유할 수 있겠는가? 그 뜻은 그릇되었다.

■ 質疑 五祀者, 五行之神也. 據《春秋傳》, 蔡墨之言曰: "五行之官, 封爲上公, 祀爲貴神, 社稷五祀, 是尊是奉. 木正曰句芒, 重爲之, 火正曰祝融, 黎爲之, 金正曰蓐收, 該爲之, 水正曰玄冥, 修及熙爲之, 土正曰后土, 句龍爲之."[昭二十九年] 古之五祀, 本無門·竈·中霤之名,〈祭法〉·〈月令〉, 不知所本.《周禮·大宗伯》, 以社稷五祀, 列于地示, 則天子亦五祀而已.〈曲禮〉五祀, 自天子達大夫, 本無差等, 雖士亦然, 故〈士喪禮〉'行禱于五祀'.〔旣夕] 文〕 誠以五行之神, 祭則全祭, 不可闕一. 乃〈祭法〉別爲層級, 曰: "王立七祀, 諸侯五祀, 大夫三祀, 適士二祀, 庶人一祀." 此明是秦末俗儒之所記, 則竈本非五祀之神. 特閭巷鄙俚之俗, 或祭竈神, 故孔子之時, 有此鄙諺也. 然竈神無祭奧之理, 雖祭於奧, 竟是竈神, 則引喻未切, 恐本旨不然也.

질의한다. 오사五祀란 오행五行의 신神이다. 『춘추전』에 의거하면, 채묵蔡墨이 말하였다. "오행의 관官이 있었는데, 그들을 봉해서 상공上公의 지위에 갖다 놓고 그들을 제사하여 존귀한 신으로 삼아서 사직社稷과 오사五祀를 존중하여 받들었다. 목木의 장관을 구망句芒이라 하는데 중重으로 하도록 하고, 화火의 장관을 축융祝融이라 하고 여黎로 하도록 하고, 금金의 장관을 욕수蓐收라 하고 해該가 하도록 하고, 수水의 장관을 현명玄冥이라 하고 수修와 희熙로 하도록 하고, 토土의 장관을 후토后土라 하고 구룡句龍으로 하도록 하였다."(『좌전』 소공29년조). 옛날 오사五祀에는 문門, 조竈, 중류中霤의 이름은 없었는데, 『예기』「제법」과 「월령」에서 이를 말한 것은 어디에 근거했는지 알 수 없다. 『주례』「대종백」에는 사직과 오사로써 지시地示에 배열했으니, 천자도 또한 오사일 뿐이었다. 『예기』「곡례」의 오사는 천자로부터 대부에 이르기까지 본래 차등이 없었고, 비록 사士라 할지라도 같이 그랬기 때문에 『의례』「사상례」에 '오사에 기도를 거행한다.'고 한 것이다(「기석」의 글이다). 진실로 오행의 신에 제사한다면, 전부 다 제사해야지 하나라도 빠뜨려서는 안 된다. 그런데 『예기』「제법」에서는 따로 등급을 정하여 왕은 칠사七祀, 제후는 오사, 대부는 삼사, 적사는 이사, 서인은 일사를 세운다고 하였으니, 이는 분명히 진秦나라 말기 속유俗儒들의 기록이다. 그러니 조竈는 본래 오사의 신이 아니다. 다만 여항閭巷의 저속한 풍속으로 조신竈神에게 제사하기도 했기 때문에 공자 당시에 이런 속담이 있었다. 그러나 조신인데 오奧에서 제사 지낼 리가 없고, 비록 오에서 제사 지낸다고 할지라도 결국 이는 조신이니, 비유를 끌어댄 것이 적절하지 못하다. 아마도 본지는 그렇지 않은 듯하다.

비평 —— 주자의 해석에 따르면, 아랫목 귀식이란 항상 존귀함이 있으나 제사의 주인이 되지 못하기 때문에 당시 실권이 없는 임금을 말한다. 부뚜막 귀신은 비록 비천하지만 권력을 행사하는 존재이니, 당시의 권신을 비유한다. 그런데 공자는 임금에게는 충성을 다하면서 권신들의 전횡을 비판하였기 때문에, 왕손가가 이런 질문을 하여 공자를 넌지시 떠본 것이다. 그러자 공자께서 비록 아무런 말이 없지만(無言), 사시를 운행하고 만물을 길러주는 만물의 존재근거인 하늘에게서 궁극적인 정당성을 확보해야 한다고 말함으로써 회유를 거부하고 있다고 하겠다.

　주자의 비유해석에 비해 다산의 해석은 훨씬 현실적이다. 그는 오奧와 조竈를 주부主婦와 찬여爨女로 비유하여 '밥 얻어먹는 것'으로 보고 있다. 그렇지만 그 글의 맥락을 파악하는 데에 있어서는 차이가 없다. 그런데 여기서 주자와 다산 간에 크게 두 가지 쟁점이 있다. 먼저 천天을 어떻게 규정할 것인가 하는 점이다. 유교에서 모든 존재의 궁극 근원과 기원은 '천天'(一 + 大)으로, 하나의 큰 궁극 존재, 혹은 우주 그 자체로서 그 자체 내에 하늘과 땅(二), 그리고 사람(人)까지 전부 포섭하는 개념이다. '천天' 자는 갑골문에서 머리가 돌출된 사람의 형상을 나타내는 것으로 출발하여 점차 그 의미가 확장되어, 머리를 형상화하는 것이라는 점에서 '높음(高)'의 의미가 있고, 그다음에 '넓음과 큼(廣과 大)'의 의미를 지니고, 점차 가치론적인 의미가 첨가되어 존경과 외경의 대상으로 확장되어 갔다. 그리고 학자들은 전통적인 문헌에 나타난 천 개념을 물질천, 자연천, 주재천, 운명천, 의리천, 조생천(造生天), 재행천(載行天), 계시천(啓示天), 심판천(審判天) 등으로 세분하여 논의하기도 한다. 그런데 사서(四書)에서는 인간의 본성(性)과 궁극자인 천(天)을 연계시켜 인간의 이념과 당위적인 인간의 길(도덕)을 정립한다는 점에 주목해야 한다.

성리학자로서 주자는 '천즉리天卽理'를 주장하여, 리理는 절대絶對 혹은 무대無對이기 때문에 그 존귀함에서 그 어느 것도 상대가 될 것이 없으니, 아랫목 귀신이나 부엌 귀신에 비할 수 있는 것이 아니라고 말하고 있다.

주자가 말했다. "공자께서 '그렇지 않다'라고 말씀하신 것은 아랫목에 아부하는 것이나, 부엌에 아부하는 것이나 다 잘못이라는 말씀이다. 천하에는 다만 하나의 정당한 도리가 있을 뿐이니, 이치(理)에 따라서 행하면 그것이 곧 하늘이다. 만약 조금이라도 이치를 어기면 그것이 곧 하늘에 죄를 얻는 것이니 기도하여 그 죄를 면할 수는 없다." (『논어집주대전』)

이에 비해 다산은 '천은 상제를 말한다(天謂上帝).'고 해석하면서, 도를 굽혀 아첨하면 하늘에게 죄를 얻게 되는데, 하늘을 진노케 하면 여러 귀신들의 복을 받을 수 없기 때문에 기도할 곳도 없다고 주석하였다.

주자는 이치로서 천天은 소리, 색깔, 냄새, 영향, 운동 등이 없는 순수 형이상자로 파악하면서, 리존무대理尊無對의 입장을 피력하였다. 이에 비해 다산은 천을 고경古經의 용어대로 상제上帝로 규정하면서, '하늘을 진노케 하면'이라고 표현함으로써 인격신의 의미를 드러내고 있다고 하겠다.

둘째로 주자는 『예기』「제법」과 「월령」 등에 근거하여 '조竈'를 오사五祀의 하나로 여름에 제사지내는 것으로 해석하였다.

> 『예기』「월령」에 맹춘의 달(1월)에는 호戶에 제사하고, 맹하에는 부엌(竈)에 제사하고, 중앙에는 중류中霤(가운데 방)에 제사하고, 맹추에는 문門에 제사하고, 맹동에는 길行에 제사한다고 했다. (『논어집주대전』)

이에 비해 다산은 그보다 앞선 『춘추좌전』에 근거하여 주자의 해석을 부정한다. 이에 대해서는 각각의 시대마다 풍습을 달리할 뿐만 아니라, 그 풍습 또한 국가 제전적 차원과 민속적 차원이 구분된다는 점에서 어느 해석이 옳은가에 대한 논란이 있을 수 있다. 그러나 적어도 오사五祀란 말이 『좌전』에 처음 등장하는 것을 확인하고, 이에 근거를 두고 후대의 여러 해설을 부정한 다산의 주장은 상당히 신뢰할 만하다고 해야 할 것이다.

3:14. 子曰: "周監於二代, 郁郁乎文哉! 吾從周."

고주 —— 공자께서 말씀하셨다. "주나라(의 예악제도)를 (하·은) 두 왕조와 비교하여 살펴보니(監=視), 찬란하도다 그 문화여! 나는 주나라를 따르겠다."

주자 —— 공자께서 말씀하셨다. "주나라는 (하·은) 두 나라를 살펴서(監=視), (덜고 더했으니) 찬란하도다 그 문화여! 나는 주나라를 따르겠다."

다산 —— 공자께서 말씀하셨다. "주나라는 (하·은) 두 나라를 비추어 살펴 (監=鑒: 그 美惡을 알아, 폐단이 있는 것은 덜어버리고, 미비한 것은 보태었으니), 찬란 하도다 그 문화여! 나는 주나라(삼대를 통틀어 보아서 그 가운데 선한 것을 택하여) 를 따르겠다."

집주 —— ■監은 視也요 二代는 夏商也니 言其視二代之禮而損益之라 郁郁 은 文盛貌라

감監은 '보다(視)'이다. 2대는 하나라와 상나라이다. 주나라가 2대의 예를 살 펴, 덜고 더했다는 말이다. 욱욱郁郁은 문화가 성대한 모습이다.

■尹氏曰 三代之禮가 至周大備하니 夫子美其文而從之시니라

윤돈이 말했다. "3대의 예가 주나라에 이르러 크게 갖추어졌으니, 공자께서 그 문화를 찬미하고 따르셨다."

고금주 —— ■補曰 監, 與鑒通, 照視之, 知其美惡也. 〈《酒誥》云: "人無于水監, 當 于民監."〕吾從周者, 通執三代, 擇其善者而從之也.

보완하여 말한다. 감監은 감감鑒 자와 통하니, 비추고 살펴보아 그 아름다움과 추악함을 아는 것이다.(『서경』「酒誥」에서 말했다. 사람은 물에 자기를 비추어 살펴보 지 말고, 마땅히 백성에게 비추어 보아야 한다.) '나는 주나라를 따르겠다.'고 한 것 은 삼대를 통틀어 보아서 그 가운데 선한 것을 택하여 따르겠다는 말이다.

■孔曰: "監, 視也."〔邢云: "周代之禮法·文章, 廻視夏·商, 郁郁乎有文章."〕○駁曰

자원풀이 ■감監은 皿(그릇 명)+覽(볼 람)의 생략형으로 형성자이다. 그릇(皿)에 물을 담고 그 위로 얼굴을 비추어 보는(覽) 모습을 그렸다. 이로부터 거울(=鑑)의 뜻이, 다시 보다, 감시監視하다의 뜻이 나왔다.
■욱郁은 邑(고을 읍)+有(있을 유)의 형성자로 땅(邑) 이름을 의미했으나, 과실의 이름으로 욱계郁季를 말하고, 씨 없 는 열매를 말하기도 한다. 향기, 진하다, 성하다의 뜻으로 쓰인다.
■종從은 彳(조금 걸을 척)+止(그칠 지)+'따를 종'의 형성자로 두 사람이 나란히 따르는 모습으로 따라가다의 뜻이다.

328 ㅣ 3대 주석과 함께 읽는 논어 I

非也. 周監於者, 謂周公制禮之時, 鑒照二代, 損其有弊, 益其未備, 故粲然大備也. 今邢氏之說, 乃謂學者以周禮較視二代之禮, 失之遠矣. 凡物有質而後有文. 素質黑章, 乃成黼文, 純黑豈有文哉? 然則周之文, 正是文質兩備, 郁然以美者也. 今之儒者, 開口便稱'周代文勝', 有若夏・商渾厚之氣, 周公爲之斲雕琢喪, 靡文・末節, 紛然以興, 不勝其弊者然. 苟如是也, 周公爲傷俗敗風, 剝仁害義, 以誤世敎之人, 而可說乎? 孔子以周禮爲百世不易之良法. 故其答子張之問曰'其或繼周者, 雖百世可知', 謂傳之百世而無弊也. 至於此章, 明明自說'通執三代, 吾從周', 其一毫無憾可知, 豈得以文勝而病之乎? 秦・漢以降, 質旣先亡, 文亦隨滅. 文之旣滅, 質遂難復, 遂至二千年長夜, 天不更曙, 而猶以文勝爲戒, 不亦謬乎?[夫子答顏淵之問, 並言四代者, 非欲損周之文也. 說見彼章]

공안국이 말했다. "감監은 보다(視)이다."(형병이 말했다. "주대의 예법과 文章을 돌이켜 하나라와 상나라에 비교하면, 찬란한 文章이 있다.") ○논박하여 말하면, 그릇되었다. 주감어周監於란 주공이 예를 제정할 때에 2대를 비추어 보아서(鑒照二代) 폐단이 있는 것은 덜어 버리고, 미비한 것은 보태었기 때문에 찬란하게 크게 갖춘 것을 말한다. 그런데 지금 형병의 설명은 학자가 주례周禮를 2대의 예와 비교해 보는 것이라고 하였으니, 더욱더 잘못이다. 모든 사물에는 바탕(質)이 있은 이후에 문채(文)가 있는 것이니, 흰 바탕(素質)에 검은 문장(黑章)이 어우러져야 불문黼文을 이루게 되니, 순수 검은색만으로 어찌 문채를 이루겠는가? 그렇다면 주나라의 문장은 바로 문채와 바탕이 함께 갖추어서 찬란하게 아름다운 것이다. 지금의 유자儒者들은 입을 열기만 하면 곧 주나라는 문이 지나쳤다(周代文勝)고 하여, 마치 하나라와 상나라의 혼후渾厚한 기풍을 주공이 깎아 손상시켜 사치한 문채와 말단적인 품절만 어지럽게 일으켜 그 폐단이 이루 다할 수 없는 것처럼 여긴다. 진실로 이와 같다면 주공은 풍속을 손상시키고 인의仁義를 해쳐서 세상의 가르침을 오도한 사람이 되니, 타당한 설명이 되겠는가? 공자께서는 주례를 백세토록 바뀌지 않는 좋은 법(良法)으로 여겼다. 그러므로 자장의 물음에 답하기를, "그것이 혹 주나라를 계승한 나라라면, 백 왕조 뒤의 일이라도 알 수 있을 것이다."(2:23)라고 한 것은 1백 세 뒤까지 전해도 아무 폐단이 없다는 말이다.

이 장에 이르러 분명히 공자 자신이 삼대를 통틀어 보아 나는 주나라를 따르겠다고 한 것은, 그 주례가 털끝만큼도 부족함이 없다는 것임을 알 수 있다. 그런데 어찌 문文이 지나친 것으로 여겨 이를 병폐로 삼을 수 있겠는가? 진한秦漢이래 질質은 이미 먼저 망하고, 문文 또한 따라서 멸해 버렸다. 문이 이미 멸해 버렸기 때문에 질은 드디어 회복하기 어려워졌고, 마침내 2,000년 동안 긴 밤처럼 암흑시대가 지속되어 다시는 서광이 비치지 않았다. 그런데도 오히려 문이 지나친 것으로 여겨 경계로 삼았으니, 또한 잘못된 것이 아니겠는가?(공자가 안연의 물음에 답한 것은 4대를 아울러 말한 것이지, 주의 문을 덜고자 한 것은 아니다. 이에 대한 설명은 그 「위령공」 15:10에 나타나 있다.)

비평 —— 다산은 '주감어周監於'란 단순히 비교해 보는 것(視)이 아니라, 하·은 두 왕조를 비추어 보아서(鑑照二代) 폐단이 있는 것은 덜어버리고, 미비한 것은 보태었기 때문에 찬란하게 크게 갖춘 것이라고 해석하였다. 그런데 주자 또한 공안국과 마찬가지로 감監은 시視라고 해석하지만, 주나라의 문명을 하·은 두 왕조와 단순히 비교하여 보는 것이 아니라, 비추어 보고 덜고 더함으로써 성대해졌다는 점을 강조한다. 따라서 주자는 글자의 해석에서는 여전히 고주를 따르지만(監=視), 내용 면에서는 다산과 견해를 같이한다. 논어 세주의 다음 구절에 주자의 의도가 잘 나타나 있는데, 이는 곧 다산과 같은 주장으로 귀결된다.

주자가 말했다. "주나라의 문文은 본래 따를 만한 것이지만, 성인께서 그 지위를 얻지 못하셔서 제작할 때가 없었으니 따르지 않을 수 없었다. 만약 공자로 하여금 나라를 얻게 했으면 장차 4대의 제도를 덜고 더하여서 백왕이 바꾸지 않을 법으로 삼으셨을 것이니, 오로지 주나라만 따르지는 않으셨을 것이다."

신안 진씨가 말했다. "대개 주나라가 번성할 때의 문과 질이 적의함을 얻은 문(文質得宜之文)을 따르신 것이지, 주나라 말의 문이 질을 이긴 문(文勝質之文)을 따르신 것은 아니다."

3:15. 子入大廟, 每事問. 或曰: "孰謂鄹人之子知禮乎? 入大廟, 每事問." 子聞之, 曰: "是禮也."

고주 —— 공자께서 태묘에 들어가시어 (제사를 도우실제) 매사를 물으시니, 어떤 이가 말했다. "누가 추인의 아들이 예를 안다고 했는가? 태묘에 들어와서 매사를 묻더라." 공자께서 들으시고 말씀하셨다. (비록 알더라도 응당 다시 묻는 것이, 삼감의 지극함이니) "이것이 예이니라."

주자 —— 공자께서 태묘에 들어가시어 매사를 물으니, 어떤 이가 (기롱하여) 말했다. "누가 (저 젊은) 추 땅 사람의 아들이 예를 안다고 했는가? 태묘에 들어가 매사를 묻더라." 공자가 들으시고 말씀하셨다. "(비록 알더라도 응당 다시 묻는 것이, 경건하고 삼감의 지극함이니) 이것이 예이니라."

다산 —— 공자께서 (주공의) 태묘에 들어가 (천자의 예를 행하는 것이기 때문에 매사를 물어서 거행하는 것이 당연하다고 생각하셔서) 매사를 물으니, 어떤 이가 말했다. "누가 저 추 땅 출신의 사람(押戲之辭)이 예를 안다고 했는가? 태묘에 들어가 매사를 묻더라." 공자가 들으시고 말씀하셨다. "이것이 예이니라."

집주 —— ■大廟는 魯周公廟라 此는 蓋孔子始仕之時에 入而助祭也라 鄹는 魯邑名이니 孔子父叔梁紇이 嘗爲其邑大夫하니라 孔子自少로 以知禮聞이라 故로 或人이 因此而譏之라 孔子言是禮者는 敬謹之至가 乃所以爲禮也라

태묘는 노나라 주공의 사당이다. 이는 대개 공자께서 처음 벼슬했을 때 태묘에 들어가 제사를 도울 때 일인 듯하다. 추鄹는 노나라의 읍명으로 공자의 아버지 숙량흘叔梁紇이 그 읍의 대부였다. 공자는 어려서부터 예를 잘 안다고 명성이 났기 때문에 어떤 사람이 이를 근거로 기롱한 것이다. 공자께서 '이것이 바로 예이다.'라고 말씀하신 것은 경건하고 삼감이 지극한 것이 곧 예가 된다는 말이다.

■尹氏曰 禮者는 敬而已矣니 雖知나 亦問은 謹之至也라 其爲敬이 莫大於此어늘 謂之不知禮者 豈足以知孔子哉리오

윤돈이 말했다. "예란 경건함일 따름이다. 비록 안다고 할지라도 또 묻는 것은 삼감의 극치이니, 경건함이 그보다 더 큰 것이 없다. 예를 알지 못한다고 말하는 이가 어찌 공자를 알 수 있겠는가?"

고금주 —— ■包曰: "大廟, 周公廟. 孔子仕魯而助祭也." ○補曰 周公廟所行

자원풀이 ■묘廟는 广(집 엄)+朝(아침 조)의 형성자로 사당祠堂을 말하는데, 아침(朝)마다 찾아가 조상신께 문안을 드리고자 만든 건축물(广)이라는 뜻이다. 사대부들은 가묘家廟를, 국가는 종묘宗廟를 설치했다.
■매每는 비녀를 꽂은 여성을 상징하는 형성자로 어미를 뜻했고, 매양每樣이란 뜻도 지닌다. 어머니라면 그 누구나 언제나 자식에 대한 변함없는 사랑의 마음을 가진 존재이기에 매양, 매번이라는 뜻이 나왔다.
■숙孰은 원래 享(누릴 향)+丮(잡을 극->丸)의 회의자라 제단(享) 앞에 제수를 받쳐 들고(丮) 제사를 지내는 모습이다. 익힌 고기를 제물祭物로 사용했기 때문에 원래 삶은(熟) 고기를 뜻했으나, 예서隸書에서 지금의 자형(孰)이 되었다. '누구'나 '무엇'의 의문대명사로 가차되자, 원래 글자는 火(불 화)를 부가하여 熟(익을 숙)이 되었다.
■추鄹는 (1) 나라 이름(=추鄒), (2) 춘추시대 산동성에 있던 노나라의 읍으로 공자의 고향(=郰)을 말한다. 여기서 추인지자鄹人之子는 공자를 말한다.

儀節, 皆天子之禮. 孔子問而行之, 是以爲當然也. 故每事問諸宗祝而後行之.

포함이 말했다. "태묘는 주공의 사당이다. 공자께서 노나라에서 벼슬할 때, 제사를 도왔다." ○보완하여 말한다. 주공의 사당에서 거행하는 의절儀節이 모두 천자의 예였으니, 공자는 물어서 이를 행하는 것이 당연하다고 여겼다. 그러므로 매사를 종축宗祝에게 물은 뒤에 행하였다.

■ 孔曰: "雖知之, 當復問, 愼之至也." ○駁曰 非也. 《春秋繁露》曰: "孔子入大廟, 每事問, 愼之至也."[〈郊事對〉篇] 此漢儒原義. 然聖人平生所學, 不出禮樂, 若一入宗廟, 每事皆問, 學將焉用? 每事問者, 其心以爲諸侯之廟, 當用諸侯之禮. 我所知者, 諸侯之禮而已. 若夫天子之禮, 吾所不知, 我曷其不于宗祝問而行之? 故聞或人之譏, 答之曰'禮也'. 苟爲不然, 室事在室, 堂事在堂, 何問之有? 孔子答衛靈公之問曰: "俎豆之事, 則嘗聞之矣."[群廟無此問也, '太'一字宜究]

공안국이 말했다. "비록 안다고 할지라도 마땅히 다시 묻는 것은 신중함의 극치이다." ○논박하여 말하면, 그릇되었다. 『춘추번로』에서 말했다. "공자가 태묘에 들어가 매사를 물은 것은 신중함의 극이다."(「교사대」에 보인다) 이는 한유들의 원의原義이다. 그러나 성인이 평생 배웠던 것이 예악을 벗어나지 않는데, 만약 한 번 종묘에 들어갈 때마다 매사를 모두 묻는다면, 배운 것을 장차 어디에 쓰려고 하였겠는가? 매사를 물은 것은 그 마음이 제후의 사당에서는 마땅히 제후의 예를 써야 하고, 내가 알고 있는 것은 제후의 예일 뿐이며, 저 천자의 예와 같은 것은 내가 알지 못하는 것이니, 내가 어찌 종축에게 물어서 거행하지 않겠느냐고 여겼던 것이다. 그러므로 어떤 이의 기롱하는 말을 듣고, 이것이 예라고 대답했던 것이다. 진실로 그렇지 않다면 실室에서 거행하는 일은 실에 있고, 당堂에서 거행하는 일은 당에 있는 법인데, 어찌 묻는 일이 있었겠는가? 공자는 위나라 영공의 물음에 답하여, "조두俎豆의 일은 일찍이 들은 바가 있습니다."라고 말하였다.(群公의 사당에서는 이런 물음이 없다. 太라는 한 글자는 마땅히 연구되어야 한다.)

■質疑 孔子始仕, 爲委吏爲乘田, 年三十五而適齊, 旣踰五十, 始爲中都宰, 爲司空·司寇, 其入太廟, 當在五十之後. 稱曰'鄹人之子', 非以年少而輕之也. 《易》曰: "顏氏之子, 其殆庶幾乎!" 《孟子》曰: "臧氏之子, 焉能使予不遇哉?" 當時狎戲之辭, 蓋有此例.

질의한다. 공자가 처음 벼슬할 때, 위리委吏가 되고 승전乘田이 되었으며, 35세에 제나라에 갔고, 이미 50세가 넘어서 비로소 중도재中都宰, 사공司空, 사구司寇가 되었으니, 그가 태묘에 들어간 것은 마땅히 쉰 살 이후에 있었다. '추인의 아들'이라 칭한 것은 나이가 어리다고 가벼이 여긴 것이 아니다. 『역경』에서 말했다. "안씨의 아들은 아마도 거의 도를 체득하고 있는 데에 가까울 것이다(「계사상전」)." 『맹자』에서 말했다. "장씨의 아들이 어찌 나로 하여금 만나지 못하게 할 수 있겠는가?"(「양혜왕:상」) 당시 친압하여 장남삼아 하는 말은 대개 이런 식이었을 것이다.

비평 —— 고주는 주공의 사당에서 공자께서 매사를 물으신 것이 '비록 안다고 할지라도 마땅히 다시 묻는 것은 신중함의 극치이다.'고 하였다. 주자 또한 '비록 안다고 할지라도 또 묻는 것은 신중함의 극치이니, 경건함이 그보다 더 큰 것이 없다.'는 윤돈의 말을 인용하였다. 또한 주자는 다음과 같이 말하였다.

   주자가 말했다. "어떤 사람이 추인의 아들이라고 부른 것을 보면, 공자께서 어리고 미천할 때의 일임을 알 수 있다. 추인의 아들이라고 부른 것은 공자의 아버지와 서로 아는 사이이기 때문이다." (『논어집주대전』)

그런데 다산은 주공의 사당인 태묘에서 공자께서 매사를 물으신 것은 (1) 신중함의 극치(愼之至)가 아니라, 마땅히 제후의 예를 사용해야 할 곳인데 천자의 예를 사용하기 때문이며, (2) 이때는 공자 나이가 어리고 미천할 때가 아니라 쉰 살이 넘었을 때라고 추정한다. 그리고 그 근거로 (3) 추인지자鄒人之子라는 말은 나이가 어리다고 경시하는 말이 아니라는 것이다.

고주-주자와 다산의 이렇게 양립할 수 없는 주장은 각각 장단점이 있지만, 모두가 추정에 근거한 것이기 때문에 어느 누가 옳은지는 지금에도 명확히 규명하기 쉽지 않다. 다만 공자가 태묘에서 매사를 물으신 것은 단순히 신중함이 지극한 것이 아니라는 다산의 주장만큼은 상당한 설득력이 있다고 생각된다.

그렇지만 태묘에서는 제후의 예를 사용해야 하는데, 천자의 예를 사용했기 때문에 매사를 물었다는 다산의 추정 또한 쉽게 납득하기 어렵다. 태묘와 같이 엄숙하게 제사를 지내는 곳에서는 유사有司가 있는 바, 거기서 행하는 예의 방식을 방문객은 비록 그 예를 알고 있다고 하더라도, 유사에게 일단 자문을 구하는 것이 바로 겸손을 본질로 하는 예의가 아닌가 한다.

◈

3:16. 子曰: "射不主皮, 爲力不同科, 古之道也." [爲, 去聲]

고주 —— 공자께서 말씀하셨다. "활쏘기는 과녁에 적중하는 것을 주로 하지 않고, 역력(力=力役之事)을 (상·중·하로 나누어) 동등하게 하지 않는 것이 옛날의 도이다."

주자 —— 공자께서 말씀하셨다. "활쏘기에 가죽 뚫기를 주로 하지 않는 것은 (그 뜻을 풀이하면) 힘이 동등(科=等)하지 않기 때문이니, 옛날의 도이다."

다산 —— 공자께서 말씀하셨다. "활쏘기는 가죽 과녁에 적중하는 것을 주로 하지 않는 것은 활쏘기 재력(力=才力)이 같은 한량(科=量,程)이지 않기 때문이니, (당시 禮射에서 정곡 맞히는 것을 주로 하였기에, 탄식하여) 옛날의 도이다."

집주 —— ■射不主皮는 鄕射禮文이라 爲力不同科는 孔子解禮之意如此也라 皮는 革也니 布侯而棲革於其中하여 以爲的이니 所謂鵠也라 科는 等也라 古者에 射以觀德하여 但主於中하고 而不主於貫革하니 蓋以人之力이 有强弱하여 不同等也라 記曰 武王이 克商하시고 散軍郊射에 而貫革之射息이라 하니 正謂此也라 周衰에 禮廢하고 列國兵爭하여 復尙貫革이라 故로 孔子歎之하시니라

사부주피射不主皮(활쏘기는 가죽 뚫기를 주로 하지 않는다.)란 『의례』「향사례」의 글이다. 위력부동과爲力不同科(힘의 등급이 다르기 때문이다)는 공자가 향사례의 의미를 그와 같이 해석한 것이다. 피皮는 가죽(革)이다. 과녁을 베로 만들고 그 가운데에 가죽을 붙여 표적的을 삼은 것으로 이른바 곡鵠이다. 과科는 등급(等)이다. 옛날에는 활쏘기로 덕을 살폈다.

다만 명중하는 것을 주로 하고, 가죽 과녁 뚫는 것을 주로 하지 않았으니, 대저 사람의 힘이 강약이 있고 동등하지 않기 때문이었다. 『예기』「악기편」에 말하길, '무왕이 상나라를 이기고 군대를 해산하여 교외에서 활쏘기를 하였

자원풀이 ■사射는 弓(활 궁→身)+寸(마디 촌)의 형성자로 활을 쏘는 모습을 그렸다.
■피皮는 손(又)으로 짐승의 가죽을 벗기는 회의자이다. 오른쪽 아래가 손, 왼쪽 윗부분은 짐승의 머리, 오른쪽은 가죽이다. 혁革은 짐승의 머리와 벗겨 낸 가죽이 양쪽으로 대칭을 이루는 모습이다. 피皮는 털이 달린 가죽이라면, 혁革은 털을 제거한 가죽을 나타낸다. 피皮는 짐승의 몸 바깥을 싼 가죽이므로 겉, 표피表皮 등을 뜻한다.
■과科는 斗(말 두)+禾(벼 화)의 형성자로 말(斗)로 곡식(禾)의 양을 잼을 말한다. 곡식의 양을 재려면 분류하고, 분류된 곡식은 그 질에 따라 등급等級이 매겨진다. 그래서 등급, 분류 등의 뜻이 나왔다. 과학科學이란 곡식(禾)을 용기(斗)로 잴 때처럼 정밀한 학문(學)이라는 뜻으로, 사람들의 이해관계에 따라 척도가 달라질 수 없다는 과학의 정신을 반영한다.

는데 이때 가죽 과녁을 뚫는 활쏘기는 중단되었다.'고 했는데 바로 이것을 말한 것이다. 주나라가 쇠하고 예가 폐해져서 열국이 군사력을 다툼에 다시 가죽 과녁 뚫기를 숭상하였기 때문에 공자께서 탄식하신 것이다.

■楊氏曰 中은 可以學而能이어니와 力은 不可以强而至니 聖人言古之道는 所以正今之失이시니라

양시가 말했다. "적중하는 것은 배워서 능히 할 수 있는 것이지만, 힘力은 억지로 이르게 할 수 없는 것이다. 성인께서 옛날의 도를 말씀하신 것은 지금의 잘못을 바로잡고자 하신 것이다."

고금주 ── ■補曰 射, 謂禮射也, 賓射·燕射, 是也. [見〈鄕射禮〉注] 皮, 鵠也, 主皮, 謂以中鵠爲主也. 〈考工記·梓人〉有三侯, 一曰皮侯,《周禮·司裘》云'王大射, 則共虎侯·熊侯·豹侯'者, 是也. [各以其皮飾其側] 二曰釆侯, 鄭注云'五釆相次, 以畫雲氣'者, 是也. [畫其飾] 三曰獸侯,〈鄕射記〉云'天子熊侯, 諸侯麋侯, 大夫畫以虎豹, 士畫以鹿豕'者, 是也. 三侯之中, 惟皮侯棲鵠, 他侯勿之. 故〈考工記〉曰: "張皮侯而棲鵠則春以功."〖梓人〗文〈司裘〉云: "王大射, 則共虎侯·熊侯·豹侯, 設其鵠." 明皮侯則設鵠也. 其設鵠之法, 旣以其皮飾其側, 又以其皮當中棲鵠. [見賈疏] 三分其侯, 鵠居一焉.〖考工記〗功射主皮, 貴中鵠也. 燕射不主皮, 故侯不設鵠也. 力謂才力也. 科, 量也, 程也. [科字, 象禾在斗中, 其容受有限也]《禮》曰: "引重鼎, 不程其力."〖儒行〗文] 不同科, 謂各有限量也. 夫子之時, 禮射亦或主皮. 故誦古經而歎之曰'古之道也'.

보완하여 말한다. 사射는 예사禮射를 말하니, 빈사賓射(제후가 천자에게 조회하면서 활쏘기 하는 행사)와 연사燕射(왕이 군신들과 활쏘기 하면서 연회를 즐기는 행사)가 바로 그것이다.(「향사례」 주에 보인다). 피皮는 정곡正鵠이니, 주피主皮는 정곡에 적중함을 주로 한다는 말이다. 『주례』「고공기, 재인」에 삼후三侯가 있는데 그 하나가 피후皮侯이니, 『주례』「사구」에 이르길, '왕의 대사大射에는 호

후虎侯, 웅후熊侯, 표후豹侯를 제공한다.'고 하였는데, 이것이 피후이다. (각각 그 동물의 가죽으로 과녁의 가장자리를 장식한다.) 두 번째는 채후采侯이니, 정현의 주에 이르길, '다섯 가지 색채를 차례대로 사용하여 구름의 기운이 피어오르는 형상을 그려 놓았다.'고 하였는데, 이것이 채후이다. (과녁의 가장자리에 그러한 장식을 그렸다.) 세 번째는 수후獸侯이니, 『의례』「향사기」에 '천자는 웅후, 제후는 미후麋侯, 대부는 호표虎豹, 사士는 사슴과 돼지를 그려 놓았다.'고 했는데, 이것이 수후이다. 삼후三侯 가운데 오직 피후皮侯만이 정곡에 새가 깃든 것처럼 하고 그 밖의 후侯에는 하지 못하게 하였기 때문에, 『주례』「고공기」에 피후를 깔아서 정곡에 새가 깃든 것처럼 한 것은 공功을 만들기 위해 만든 것이라고 하였다(「재인」의 글이다). 『주례』「사구」에도 '왕의 대사大射에서는 호후, 웅후, 표후를 제공하여 정곡을 설치한다.'고 하였으니, 분명히 피후에는 정곡을 설치한다. 정곡을 설치하는 법은 그 동물의 가죽으로 그 가장자리를 장식하고, 또 그 동물의 가죽으로 과녁의 중앙에 정곡을 설치하면서 새가 깃든 것처럼 하는데(賈公彦의 疏에 보인다), 이는 그 후侯를 3등분하여 정곡이 그 하나를 차지한 것이다(「고공기」에 있다.) 공사功射에서는 피皮를 주로 하므로 정곡 맞히는 것을 귀하게 여기고, 연사燕射에서는 피皮를 주로 하지 않으므로 후侯에는 정곡을 설치하지 않는다. 역力은 재력才力을 말하고, 과科는 한량(量)이며 정도(程)이다. (科라는 글자는 벼가 말 안에 들어 있는 형상이니, 그 용량을 수용함에 한도가 있다.) 『예기』에 이르기를, 무거운 솥을 끌어당길 때 그 힘의 정도를 헤아리지 않는다고 하였으니(「유행」편의 글이다), 부동과不同科는 힘에는 각각 한량이 있음을 말한 것이다. 공자 당시에 예사禮射에서 또한 간혹 정곡 맞히는 것을 주로 하였기 때문에 고경古經을 외워 읽으면서 탄식하여 '옛날의 도이다'라고 하였다.

■ 馬曰: "爲力, 力役之事, 亦有上中下設三科焉, 故曰不同科." ○駁曰 非也. 〈地官·均人〉云: "力政以歲上下, 豐年則公旬用三日, 凶年用二日, 無年用一曰.” 馬所云者, 此也. 然'爲力'二字, 可成文乎? 朱子曰: “爲, 去聲.”

마융이 말했다. “위력爲力은 역력力役의 일이니, 이 또한 상·중·하 3등급의 과科가 설치되어 있기 때문에 부동과不同科라고 하였다.” ○논박하여 말하면, 그릇되었다. 『주례』「지관, 균인」에서 말했다. “역정役政은 그 해의 형편에 따라 상하의 원칙을 정하는데, 풍년에는 공평하게 3일로 하고, 흉년에는 2일로 하고, 아무것도 소출이 없는 해는 1일로 한다.” 마융이 말한 것은 바로 이것이다. 그러나 '위력爲力' 두 글자로써 글을 이룰 수 있겠는가? 그래서 주자는 “위爲는 거성去聲(~때문에)이다.”라고 하였다.

■ 質疑〈樂記〉所謂貫革之射, 謂穿札也. 古者鎧甲用犀兕之革, 穿札則貫革也. 且獸侯·采侯, 本無棲鵠, 惟皮侯有鵠. 然連毛用之, 不棲以革, 不可曰貫革也. 中皮穿皮, 均是主皮, 不可曰不主皮也. 凡有力者善射, 善射則中鵠. 豈必穿貫而後方可謂之力乎? 目力·耳力, 孟子亦謂之力

질의한다. 『예기』「악기」에 이른바 관혁지사貫革之射(갑옷을 꿰뚫기 위해 쏘는 활)는 천찰穿札을 말한다. 옛날에는 갑옷에 물소의 가죽을 사용하였으며, 천찰은 곧 관혁이다. 또 수후, 채후는 본래 새가 깃든 듯이 붙여 놓은 정곡이 없으며, 오직 피후에만 정곡이 있다. 그러나 여기에는 연모連毛한 것을 사용하고 가죽을 붙이지 않았으니, 이것을 관혁이라고 말할 수 없다. 가죽을 맞히거나 가죽을 뚫거나 이것은 모두 주피主皮이지, 부주피不主皮라고 말할 수는 없다. 무릇 힘센 자가 활을 잘 쏘고, 활을 잘 쏘면 정곡을 맞히게 되니, 어찌 반드시 과녁을 뚫은 뒤에야 곧 이것을 힘이라고 할 수 있겠는가? 목력目力과 이력耳力도 맹자는 또한 힘이라고 하였다(「이루상」 1장).

비평 —— 쟁점은 (1) 옛날의 도를 무엇으로 볼 것인가, (2) 주피主皮와 역력을 어떻게 볼 것인가 하는 것이다.

먼저 고주에서는 (1) 옛날의 도를 '사부주피射不主皮'와 '위력부동과爲力不同

科' 둘 모두로 본다. 그리고 주피主皮는 가죽 과녁에 적중하는 것으로, 역力을 역역力役으로 보았다. 즉 마융은 활쏘기에는 다섯 가지 선(五善)이 있는데, 그 세 번째가 '주피인데 능히 4척의 과녁에 적중하는 것이다(三曰主皮 能中質).'라고 해석하고, 또한 위력爲力은 노역하는 일(力役之事)로서 상·중·하가 있어 세 등급으로 만들었으니, 동등한 등급이 아니라고 해석하였다.

이에 대해 주자는 『의례』 「향사례」의 '사부주피射不主皮'라는 구절이 있다는 점에서, '위력부동과爲力不同科 고지도야古之道也'는 이 말에 대한 공자의 해석이라고 하였다. 그리고 주피主皮는 과녁을 뚫는 것으로 보고, 임금과 제후 혹은 임금과 신하 간의 활쏘기에서 과녁 뚫기를 주로 하지 않은 것은 힘의 등급이 같지 않기 때문이라는 해석을 내놓았다.

다산의 해석은 향사례의 구절과 공자의 언명을 분리하는 것에서는 주자와 의견을 같이 한다. 그런데 그는 '공자 당시에 예사禮射에서 또한 간혹 정곡 맞히는 것을 주로 하였기 때문에, 고경古經을 외워 읽으면서 탄식하여 옛날의 도이다.'라고 말하였다고 하여, 주자와 다른 해석을 했다. 그는 삼후三候 가운데 오직 피후皮候에만 정곡正鵠이 있었는데, 거기에는 연모連毛한 것을 사용하고 가죽을 붙이지 않았기 때문에 가죽을 뚫는 것과 뚫지 않는 것이 문제 자체가 되지 않았기 때문에 정곡을 맞히는 것을 위주로 하지 않았다고 해석해야 한다고 주장한다. 이 해석을 정당화하기 위해서 다산은 여기서 역力 또한 단순한 힘이 아니라, 활을 쏠 줄 아는 재력才力으로 해석한다. 즉 천자와 제후 혹은 천자와 신하의 예사禮射는 활쏘기 능력을 보려고 한 것이 아니기 때문에, 과녁 뚫기 혹은 과녁 맞히기를 주로 하지 않았다는 것이다.

「향사례」에 '사부주피'라는 구절이 있다는 점에서, 끊어 읽기에서는 일단 주자와 다산의 해석이 정당하다고 할 수 있다. 그렇다면 문제는 주피主皮가 과녁 뚫기를 주로 한다는 것인지, 아니면 과녁 맞히기를 주로 한다는 것인지 하는 문제만 해결한다면, 역力을 단순한 완력腕力으로 볼 것인지, 아니면 활

쏘는 능력(才力)을 말하는가 하는 문제도 해결될 수 있다고 본다.

여기서 필자는 다산이 말한 '오직 피후에만 정곡이 있고, 가죽을 붙이지 않았다.'고 하는 것이 이 문제에 대한 해결의 단서를 주지 않을까 한다. 즉 '오직 피후에만 정곡이 있으면서 가죽으로 만들지 않았다.'는 것은 오히려 다산의 주장과는 달리, 과녁 맞히는 것을 주로 하였고, 과녁을 뚫는 것과 뚫지 않는 것은 문제가 되지 않았다는 것이 아닌가 한다. 그런데 이런 단점을 해결하려고 다산은 "공사功射에서는 피皮를 주로 하므로 정곡 맞히는 것을 귀하게 여기고, 연사燕射에서는 피皮를 주로 하지 않으므로 후侯에는 정곡을 설치하지 않는다."고 말하지만, 이에 대한 전거는 제시하지 않는다. 만일 연사에서 정곡 맞히는 것을 주로 하지 않았다면, 처음부터 정곡이 있는 피후가 아니라, 정곡이 없는 다른 과녁을 사용하지 않았을까? 게다가 당시의 일상사로 육예六藝 중의 하나로서 활쏘기는 과녁에 적중하고 적중하지 못하는 것을 가장 중시하면서, 그 '적중의 책임은 남이 아니라 바로 활을 쏜 자신에게 있다는 점에서 군자의 학과 같다.'고 하지 않았는가? 아무리 잔치에서의 활쏘기(燕射)라 하더라도 과녁에 맞히는 것을 주로 하지 않는 활쏘기가 있었을까? 바로 이 점에서 우리는 주자의 의견을 따르는 것이 좀더 타당하지 않을까 생각한다.

3:17. 子貢欲去告朔之餼羊. 子曰: "賜也! 爾愛其羊, 我愛其禮."

고주 —— (노나라가 시삭을 행하지 않자) 자공이 초하루를 알리는 예에 바치는 희생양을 없애려 하자, 공자께서 말씀하셨다. "사야! 너는 그 양을 애석하게 여기느냐, 나는 그 예를 애석하게 여긴다!"

주자 —— (노나라가 시삭을 행하지 않자) 자공이 (천자가 반포한 달력에 근거하여) 초하루를 알리는 예에 바치는 희생양을 없애려 하자, 공자께서 말씀하셨다. "사야! 너는 그 양을 애석하게 여기느냐, 나는 그 예를 애석하게 여긴다!"

다산 —— 자공이 (천자의 사신이 와서 正朔을 알려주는) 곡삭의 예에 (천자가 보내온 태사가 오지 않자, 그 태사를) 접대할 양을 없애려 하자, 공자께서 말씀하셨다. "사야! 너는 그 양을 애석하게 여기느냐, 나는 그 예를 애석하게 여긴다!"

집주 —— ■告朔之禮는 古者에 天子常以季冬에 頒來歲十二月之朔于諸侯어든 諸侯受而藏之祖廟라가 月朔則以特羊告廟하여 請而行之라 餼는 生牲也라 魯自文公으로 始不視朔이로되 而有司猶供此羊이라 故로 子 貢欲去之하니라

초하루를 알리는 예(告朔之禮)는 옛날 천자가 항상 늦겨울(섣달)에 이듬해 12개월의 달력을 제후에게 반포하면, 제후는 받아서 조묘祖廟에 보관하고, 매월 초하루에 한 마리의 양으로 사당에 아뢰면서 그 달력을 청하여 시행했다. 희餼는 살아 있는 희생이다. 노나라는 문공 때부터 시삭視朔을 행하지 않았지만, 유사有司가 아직도 이 양을 바치고 있었던 까닭에 자공이 그것을 없애고자 한 것이다.

자원풀이 ■고告는 牛(소 우)+口(입 구)의 형성자로 희생 소(牛)를 바치며 기도하는(口) 모습에서 고하다, 호소하다는 뜻이다. 아뢰다(出必告 反必面)라고 할 때는 곡으로 읽고, 신문하다(=鞫)라고 할 때는 국으로 읽는다.
■삭朔은 月(달 월)+逆(거스를 역)의 형성자로 달(月)은 초하루가 되면 원상태로 되돌아가(逆) 다시 차기 시작한다는 뜻으로 초하루, 시작, 새벽 등의 뜻이 나왔다. 이후 북쪽이라는 의미도 지닌다.
■희餼는 食(먹을 식)+氣(기운 기)의 형성자. 음식을 대접하는 것, 살아 있는 희생, 보내는 것, 남에게 보내는 양식, 봉록 등을 의미한다. 일반적으로 희양餼羊이란 곡삭告朔의 예에 희생으로 쓰는 양으로, 예절과 의식을 상징한다.
■애愛는 旡(목멜 기)+心(마음 심)+夊(뒤져서 올 치)의 회의자. 진실한 마음과 사랑, 흠모하다, 아끼다는 뜻이다.
■양羊은 양의 굽은 뿔과 몸통과 꼬리를 나타내는 상형자이다. 온순한 성질과 뛰어난 고기 맛, 그리고 유용한 털 때문에 고대에는 단순한 가축을 넘어 길상吉祥과 선善과 정의正義, 그리고 아름다움(美)의 표상으로 신께 바치는 대표적 희생이었다.

■愛는 猶惜也라 子貢이 蓋惜其無實而妄費라 然이나 禮雖廢라도 羊存이면 猶得以識之而可復焉이어니와 若倂去其羊이면 則此禮遂亡矣니 孔子所以惜之시니라. ○楊氏曰 告朔은 諸侯所以稟命於君親이니 禮之大者라 魯不視朔矣나 然이나 羊存이면 則告朔之名이 未泯하여 而其實을 因可擧니 此夫子所以惜之也시니라

애愛는 애석하게 여기는 것과 같다. 자공은 아마도 실상이 없이 공연히 낭비하는 일을 애석해 했던 것이다. 그러나 예는 비록 폐지되었으나 희생양을 바치는 것을 존속한다면, 오히려 예를 기억하여 다시 회복할 수 있다. 만일 그 양마저 없애버린다면 그 예가 마침내 없어질 것이므로, 공자께서 그것을 아까워하셨다. ○양시가 말했다. "곡삭은 제후가 임금과 조상에게서 명을 받는 것이니, 예의 큰 것이다. 노나라는 곡삭의 예를 행하지 않았지만, 양이 남아 있으면 곡삭의 이름은 민멸되지 않고 있을 것이니, 그 실상은 이로 인하여 거행할 수도 있을 것이다. 이것이 공자께서 아까워하신 까닭이다."

고금주 —— ■補曰 告朔, 謂天子之使來告正朔也.《周禮》: "太史頒告朔于邦國." 餼羊, 禮賓之牲也. [見〈聘禮〉] 周衰, 大史不復至, 有司猶畜其羊, 故欲去之. ○包曰: "羊存, 猶以識其禮, 羊亡, 禮遂廢." [耿楚侗云: "子貢欲去之, 亦是愛禮意思, 但愛得激烈, 似愛羊."]

보완하여 말한다. 곡삭告朔은 천자의 사신이 와서 정삭正朔을 알려주는 것이다. 『주례』「춘관」을 보면, "태사大使가 방국邦國에 곡삭을 반포한다."는 말이 있다. 희양餼羊은 예빈禮賓 때의 희생이다(「聘禮」에 보인다). 주나라가 쇠해져 태사가 다시 오지 않았는데도 유사有司는 아직도 그 양을 기르고 있었기 때문에 없애려고 하였다. ○포함이 말했다. "(예는 비록 폐지되었지만) 양羊이 남아 있으면 그래도 그 예를 기억할 수 있지만, 양마저 없애면 예가 마침내 폐해진다."(경초동이 말했다. "자공이 희생양을 없애려고 한 것도 역시 곡삭의 예를 아끼려는

생각이었지만, 단지 아끼고 싶은 생각이 너무 격렬하여 양을 아끼는 것처럼 되었다.")

■ 鄭曰: "牲生曰餼. 禮, 人君每月告朔於廟, 有祭謂之朝享. [《周禮·司尊彝》] 魯自文公始不視朔. 子貢見其禮廢, 故欲去羊." ○駁曰 非也. 案, 告朔·餼羊, 千古之冤案也. 春秋二百四十年之間, 惟一文公偶一有疾, 四不視朔, 而遂謂宣·成以下, 都不視朔, 集天下之大惡, 冒一邦之君臣. 原夫視朔之禮, 厥有三節. 一曰告朔, 以天子所頒之告朔, 告于祖考, 而頒于百官者, 是也. 二曰朝享, 告朔既訖, 以少牢之薦, 祭于祖禰者, 是也. 三曰視朔, 朝享既訖, 國君皮弁, 以聽朔事於太廟之中, 是也. 三者之中, 告朔可廢, 朝享·視朔, 不可廢也. 朝享廢, 則祖考不能月祭, 節文下同庶人, 視朔廢, 則百官無所稟命, 衆務隨而癏曠. 審如是也, 其國不能延茅月, 顧至百三十年, 晏然無事乎? 故經曰: "閏月不告月, 猶朝于廟." 明告朔雖缺, 而朝享不廢也. 經曰: "夏五月, 四不視朔." 明視朔雖闕, 而告朔·朝享, 大夫攝行也, [疏亦云] 明六月以後, 還復視朔, 至于末年, 禮事無闕. 且吾問之, 祭犧之謂之餼羊, 見於何經? 鄭註三《禮》註《魯論》, 每遇餼字, 輒云'牲生曰餼'. 夫所謂牲生曰餼, 是《爾雅》之攷訓乎, 抑杜林·許愼之所說乎? 吾斯之未見也. 余觀古經, 凡以食物禮賓者謂之餼. 〈聘禮〉·〈聘義〉·〈司儀〉·〈掌客〉, 其文歷然, 可按而知. 古者不問粟肉, 凡不飪之物以饋賓者, 謂之餼, 及其久也, 凡供給之物, 皆謂之餼. 然則告朔·餼羊, 竟是何物? 余謂餼羊者, 餼賓之羊也. 子貢之時, 周道益衰, 王之大史, 不復頒告朔于列國, 而有司之臣, 猶掌大史之餼羊, 監其字牧, 費其芻豢, 此子貢所以欲去其羊也. 若遂去羊, 王跡永熄, 此孔子所以感慨也. 鄭說其當於理乎?

정현이 말했다. "희생의 날고기를 희라 한다(犧生曰餼). 예禮에 임금이 매월 사당에 초하루를 고하고 제사를 지낸 것을 조향朝享이라고 했다(『주례』「사존이」) 노나라는 문공 때부터 시삭視朔을 행하지 않았다. 자공은 그 예가 폐지된 것을 보았기 때문에 양을 없애려 했다." ○논박하여 말하면, 그릇되었다. 살핀다. 초하루를 알리는 희생양의 일은 천고의 한이 되는 원통한 사안이다.

춘추 240년간 유일하게 문공이 우연히 질병이 있어 4번 시삭視朔을 행하지 않았을 뿐인데, 마침내 선공宣公과 성공成公 이하 모두가 시삭을 행하지 않았다고 말하여 천하의 대악을 모아 한 나라의 군신에게 덮어씌운 것이다. 대저 시삭視朔의 예를 행하는 근원을 살펴보면 세 가지 절차가 있다. 첫째는 곡삭告朔이니 천자가 반포하는 곡삭을 조고祖考에게 고하고 백관에게 반포하는 것 그것이다. 둘째는 조향이니, 곡삭을 마치고 나서 소뢰少牢를 올려 조녜祖禰에 제사하는 것이 그것이다. 셋째는 시삭視朔이니 조향을 마치고 국군國君은 피변皮弁을 쓰고 태묘에서 곡삭의 일을 청취하는 것이 그것이다. 이 세 가지 가운데 곡삭은 폐지할 수 있으나, 조향과 시삭은 폐지할 수 없다. 조향을 폐지하면 조고祖考에게 월제月祭를 지낼 수 없으며, 그 의식의 절도는 아래로 서인들과 같아진다. 시삭을 폐지하면 백관이 품명할 곳이 없으니, 여러 업무도 따라서 행해지지 못하고 마비되고 만다. 진실로 이와 같다면 그 나라는 한 달도 지속될 수 없는데, 130년에 이르기까지 편안히 무사할 수 있었겠는가? 그러므로 『춘추』의 경문에 이르길, 윤달에는 곡삭의 예를 행하지 않고 오히려 사당에서 조향한다고 하였으니, 이는 곡삭은 비록 빠뜨리더라도 조향은 폐지하지 않았음이 분명하다. 또 『춘추』의 경문에 이르길, 여름 5월은 4번 시삭을 행하지 않았다고 했으니, 이는 시삭은 비록 빠뜨리더라도 곡삭과 조향은 대부가 대행하였음이 분명하다(공영달의 疏에서도 그렇게 말하였다). 또한 6월 이후부터는 다시 시삭의 예를 행하여 말년에 이르기까지, 그 행사를 빠뜨리지 않았음이 분명하다. 또한 나는 제사에 쓰는 희생을 일러 희양이라고 한 것(祭犧之曰餼羊)은 어느 경전에 나타나 있는지 묻고자 한다. 정현은 『삼례』와 『노론』을 주석하면서, 매번 희餼 자를 보면 희생의 날고기를 일러 희라 한다(犧生曰餼)고 하였다. 대저 이른바 희생의 날고기를 일러 희라고 한 것은 『이아』의 풀이인가, 아니면 두림杜林과 허신許愼의 말인가? 나는 이렇게 말한 것을 아직 보지 못했다.

내가 고경古經을 보건대, 무릇 먹는 음식물(食物)로 빈객을 예대禮待할 때 쓰는 것을 두고 희餼라 하였다. 『의례』「빙례」, 『예기』「빙의」, 『주례』「사의」와 「장객」에 그에 대한 글들이 나열되어 있으니, 살펴서 알 수 있다. 옛날에는 곡식과 고기를 따지지 않고, 모든 익히지 않은 음식물로 빈객을 접대하는 것을 희餼라 하였는데, 오랜 세월이 흐르면서 모든 공급하는 물건을 일러 모두 희餼라고 하였다. 그렇다면 곡삭희양告朔餼羊이란 결국 무엇인가? 나는 희양餼羊이란 빈객을 대접하는 양이라고 생각한다.

자공 당시에 주나라의 도가 더욱 쇠하여 왕의 태사가 다시는 열국에 곡삭을 반포할 수 없었는데도, 이를 맡은 유사의 신하는 오히려 태사를 대접할 희양을 관장하여 그 사육을 감독하면서 양을 먹이는 꼴을 허비하고 있어, 이에 자공이 그 양을 없애려고 한 것이다. 그러나 만약 마침내 양마저 없애면 왕자王者의 자취가 영원히 끊어지게 되므로, 공자는 이를 개탄한 것이다. 그러니 정현의 설이 사리에 맞는 말이라고 하겠는가?

비평 —— 다산이 이전의 주석가들에 대해 반대하면서 밝혀낸 것은 두 가지이다. 그 하나는 노나라는 문공 때부터 시삭視朔을 행하지 않았다는 것은 잘못된 주장이라는 것을 역사서를 통해 증명한 것이다. 즉 시삭視朔의 예에는 곡삭·조향·시삭이 있는데, 노나라는 이 세 가지 중 곡삭은 폐지했지만 조향과 시삭은 폐지하지 않았다는 것이다.

그리고 두 번째는 희양餼羊은 예빈禮賓 때의 희생이지, 제사에 바치는 희생 양이 아니라는 것이다. 다산은 전거를 제시하며, 자신의 주장을 정밀하게 정당화한다. 다산의 경전에 대한 방대한 지식이 잘 드러나는 해석이라고 생각된다.

3:18. 子曰: "事君盡禮, 人以爲諂也."

고주 —— 공자께서 말씀하셨다. "(요즘) 임금을 섬김에 예를 다하는 사람을, 사람들은 아첨한다고 여기는구나!"

주자 —— 공자께서 말씀하셨다. "(내가) 임금을 섬김에 예를 다하는데, 사람들은 아첨한다고 여기는구나!"

다산 —— 공자께서 말씀하셨다. "(요즘) 임금을 섬김에 예를 다하는 사람을, 사람들은 아첨한다고 여기는구나!"

집주 —— ■黃氏曰 孔子於事君之禮에 非有所加也요 如是而後에 盡爾어늘 時人이 不能하고 反以爲諂이라 故로 孔子言之하사 以明禮之當然也하시니라 황조순이 말했다. "공자께서 임금을 섬기는 예에서 더한 것이 있었던 것은 아니다. 그와 같이 한 다음에 (온전히) 다하는 것이었는데, 당시 사람들은 하지 못하면서 도리어 아첨한다고 여겼다. 그런 까닭에 공자께서는 이렇게 말

자원풀이 ■事事는 신에게 바치는 기물을 나뭇가지에 달아놓고 손(又)으로 떠받치고 있는 형상으로 제사를 지내다, 섬기다의 뜻이다. 혹은 손(又)으로 장식이 달린 붓(聿)을 잡은 모습으로 역사나 문서의 기록하는 모습을 형상화한 것으로 이로부터 관직, 사업, 업무를 통칭하는 '일'을 뜻하게 되었다. 일(事有終始), 관직(無功受事), 국가대사, 직업, 공업工業(立功立事), 섬기다(事君之道), 일삼다(事商賈 爲技藝), 변고(事變), 재능(吳起之裂 其事也), 다스리다(勞力事民而不責焉), 힘쓰다(先事後得), 부리다(無所事得), 벌(管絃三兩事), 전고典故.
■군君은 口(입 구)+尹(다스릴 윤)의 형성자. 명령을 내리고 다스리는 자→임금과 통치자의 의미를 나타낸다.
■진盡은 聿(붓 율)+皿(그릇 명)의 회의자로 붓(聿)으로 그릇 속에 남아 있는 것을 깨끗하게 소제하는 모습으로 끝까지, 모든, 완벽, 극단에 이르다의 뜻이다.
■첨諂은 言(말씀 언)+'함정 함'의 형성자로 말로 함정에 빠지게 하는 것이 아첨임을 표현했다.

하여 예가 마땅히 그러해야 함을 밝혔다."

■程子曰 聖人事君盡禮를 當時以爲諂이라 하니 若他人言之면 必曰 我事君
盡禮어늘 小人以爲諂이로되 而孔子之言이 止於如此하시니 聖人道大德宏을
此亦可見이니라

정자가 말했다. "성인께서 임금을 섬김에 예를 (온전히) 다함에 당시에는 아
첨한다고 여겼다. 만약 다른 사람이 말했다면 필시 '내가 임금을 섬김에 예
를 다했을 뿐인데 소인들이 아첨한다고 여긴다.'라고 했을 것이다. 공자의 말
씀은 이런 정도에서 그쳤으니, 성인의 도가 크고 덕이 넓음을 여기서 또한 볼
수 있다."

고금주 ─── ■孔曰: "時事君者, 多無禮, 故以有禮者爲諂."
공안국이 말했다. "당시에 임금을 섬기는 자들은 무례無禮한 자가 많았기 때
문에 예가 있는 자를 아첨한다고 여겼다."

■質疑 舊說, 事君盡禮, 亦屬他人, 《集注》屬之孔子.
질의한다. 구설에서는 임금을 섬김에 예를 다하는 것을 또한 다른 사람에게
귀속시켰는데, 『집주』에서는 공자에게 귀속시켰다.

비평 ─── 고주에서는 "이 장은 당시에 신하들이 임금을 섬김에 무례함이 많
은 것을 미워하신 것이다. 만약 임금 섬김에 예를 다하는 자가 있다면…"(형
병)이라고 해석하였다. 그런데 '사군진례事君盡禮'의 주체를 공자로 보고, 이
장을 다르게 해석한 사람이 바로 황조순黃祖舜과 정자程子였다.

   신안 진씨가 말했다. "살펴건대 황씨는 '다하다(盡)'는 말에 입각하여 깊이 음
   미했고, 정자는 '다른 사람들(人)'이란 글자에 입각하여 깊이 음미했다. 이에 성
   인의 뜻과 기상을 알 수 있었으니, 성인(공자)의 말씀을 맛보는 법이라 할 만하

다."(『논어집주대전』)

　주자는『집주』에서 이들의 해석만을 인용함으로써 수용하는 입장을 보인
다. 다산은 구설과 주자 신주 중 어느 한 입장에 서지 않고 유보적인 입장을
취하지만, 구설에 다소 더 비중을 두는 듯하다. 황조순-정자-주자의 새로운
해석은, 분명 공자가 당시 실권자인 계씨의 편에 서지 않으면서 사군진례에
최선을 다했을 것이며, 또한 「향당」편을 보면 공자께서 조정에서 사군진례
하는 모습을 묘사하였다는 점에서 어느 정도 설득력이 있다. 또한 당시에 공
자를 제외하고 혹은 공자 이상으로 사군진례를 했던 인물이 있을까 하는 점
에서 본다면 또한 이 장의 주체는 마땅히 공자로 보아야 하지 않을까 한다.
그러나 스스로 항상 호학好學한다고 자임한 것을 제외하고, 궁행군자躬行君
子로서는 항상 부족하다고 생각했던 공자가 진정 스스로 사군진례를 자임했
다고 생각하기에는 다소 무리가 있지 않을까 한다.

　우리는 이 장에서 사군진례의 주체를 반드시 공자라고 명시하지 않아도
그 의미가 충분히 통용된다고 생각한다. 아니 오히려 주체를 '어떤 사람'이라
고 했을 때, 그 진정한 의미, 혹은 현재적인 입장에서 볼 때 더 잘 통할 수 있
다고 생각한다. 예禮란 강제적인 것이 아니라, 자발적·자각적으로 시행된
다는 것이 특징이다. 그렇기 때문에 최선을 다해 예를 행하는 사람은 마땅히
행해야 하기 때문에 무조건적 혹은 정언적으로 그렇게 행한다. 이에 비해 그
사람의 행위를 평가하는 일반 사람들은 오히려 그런 행위를 자기 이익의 관
점에서 판단하여 조건적 혹은 가언적(If~, then…)으로 해석하여 아첨한다고
비난하는 경향이 많다. 공자의 언명은 바로 이 사실을 지적한 것이 아닐까?

3:19. 定公問: "君使臣, 臣事君, 如之何?" 孔子對曰: "君使臣以禮, 臣事君以忠."

고주 —— 정공이 (당시 신하들이 예를 잃자 근심하여) 물었다. "임금이 신하를 부리고 신하가 임금을 섬김에는 어찌해야 합니까?" 공자께서 대답하여 말씀하셨다. "(예는 국가와 사직을 안정시킬 수 있으니) 임금이 신하를 예로써 부린다면 (則, 곧), 신하는 임금을 충성으로써 섬길 것입니다(임금이 예로써 대하지 않는다면, 신하는 충성을 다하지 않을 것입니다)."

주자 —— 정공이 물었다. "임금이 신하를 부리고, 신하가 임금을 섬기는 때에 어떻게 해야 합니까?" 공자께서 대답하셨다. "임금은 신하를 (마땅히) 예禮로써 부려야 하고, 신하는 임금을 (마땅히) 충忠으로 섬겨야 합니다(이 두 가지는 이치의 당연함이니, 각각 자신의 최선을 다할 따름이다)."

다산 —— 정공이 (그 지위에 불안해 하면서) 물었다. "임금이 신하를 부리고, 신하가 임금을 섬기는 때에 어떻게 해야 합니까?" 공자께서 대답하셨다. "(의리

자원풀이 ■신臣은 상형자로 가로로 된 자연스런 눈과 달리 세워진 모습인데, 머리를 숙이고 위로 쳐다보는 눈으로써 '노예'를 특징적으로 그렸다. 목目과 견見처럼 눈을 그렸지만, '보다'는 의미보다는 굴종과 감시의 이미지를 지닌다. 갑골문에서는 항복했거나 포로로 잡힌 남자 노예를 뜻하며, 왕실의 노예를 감독하던 노예의 우두머리를 뜻했다. 이로부터 신하臣下의 뜻이 담겼고, 임금에게 자신을 낮추어 부르던 호칭이 되었다. 현賢은 아래의 조개 패貝가 의미부이고, 위의 굳을 현(臣又)이 소리부로 노비를 잘 관리하고(臣又) 재산(貝)을 잘 지키는 재능이 많은 사람을 말했으며, 이후 재산이 많다, 총명하다, 현명하다, 현자 등의 뜻하게 되었다.
■사使는 人(사람인)+吏(사史의 변형)으로 붓을 든 사관史官으로 대표되는 관리吏에게 일을 맡겨 시키는 것을 말한다. 상성上聲으로는 부리다로 쓰인다.
■충忠은 心(마음 심)+中(가운데 중)의 형성자로 어느 한쪽으로도 치우치지 않고(中) 공평무사하게 원칙을 견지하는 마음(心)이 바로 원뜻이다.

관계로서) 임금은 신하를 예禮로써 부려야 한다면, 신하는 임금을 충忠으로 섬
겨야 합니다(임금이 예로써 대하지 않는다면, 신하는 충성을 다하지 않을 것입니다)."

집주 —— ■定公은 魯君이니 名宋이라 二者는 皆理之當然이니 各欲自盡而
已니라

정공定公은 노나라 임금으로 이름은 송宋이다. 이 두 가지는 이치의 당연함
이니, 각각 자신의 최선을 다할 따름이다.

■呂氏曰 使臣에 不患其不忠이요 患禮之不至하며 事君에 不患其無禮요 患
忠之不足이니라

여길보가 말했다. "신하를 부림에는 신하가 불충不忠함을 근심하지 않고 예
가 이르지 않음을 근심하며, 임금을 섬김에는 임금의 무례無禮를 근심하지
않고 충성이 부족했는지를 근심한다."

■尹氏曰 君臣은 以義合者也라 故로 君使臣以禮면 則臣事君以忠이니라

윤돈이 말했다. "군신은 의리로써 합한 사이이다. 그러므로 임금이 신하를
예로써 부린다면, 신하는 임금을 충성으로 섬긴다."

고금주 —— ■孔曰: "定公, 魯君謚." ○純曰: "季桓子逐昭公, 而昭公死于乾侯,
其不臣極矣. 定公以弟繼立, 不自安於其位, 故有是問."

공안국이 말했다. "정공은 노나라 임금의 시호이다." ○태재순이 말했다. "계
환자가 소공을 축출하여, 소공이 건후에서 죽었으니, 계환자가 신하답지 못
함이 극에 도달했다. 정공은 아우로써 계승하여 옹립되었는데, 스스로 그 지
위에 불안했기 때문에, 이러한 질문을 하였다."

■邢曰: "君不用禮, 則臣不竭忠." ○東澗曰: "如言父慈子孝, 加一'則'字, 失本
義矣."

형병이 말했다. "임금이 예로써 대하지 않는다면, 신하는 충성을 다하지 않

는다." ○동간이 말했다. "만약 '부모는 사랑하고 자식은 효도한다(父慈子孝).' 고 말할 때, (그 사이에) 즉則 자를 첨가하면(父慈則子孝라고 말한다면) 본의를 잃어버린다."

비평 —— 부모와 자식은 자연적으로 형성된 천륜(天倫)이며, 임금과 신하는 의리로써 맺어진 인위적 관계(義合: 조건적)이다. 따라서 부모의 사랑과 자식의 효도는 어느 일방이 의무를 이행하지 않는다고 할지라도 해체할 수 있는 것이 아니지만, 임금이 예로써 신하를 대하고 신하가 충성으로 임금을 섬기는 군신 관계는 의리로 합해진 인위적 관계이기 때문에 상호간의 의리가 맞지 않으면 관계를 허물 수 있다.

신하에게 요구되는 충忠의 이해에는 다음과 같은 대화가 도움이 된다.

물었다. "충忠은 다만 진실한 마음實心으로 인류에서 모두 마땅히 충忠해야 하는 것인데, 하필이면 오직 임금을 섬기는 데에서만 충해야 합니까?" 주자가 답했다. "부자, 형제, 부부의 경우는 사람들이 모두 자연적으로 사랑하고 공경해야 함을 알지만, 군신 관계는 의리에 의해 합해지는 것이므로 사람들이 쉽게 여기에서 구차해진다. 충을 말한 것은 부족한 곳을 취해서 말한 것이다." (『논어집주대전』)

3:20. 子曰: "〈關雎〉, 樂而不淫, 哀而不傷."

고주 —— 공자께서 말씀하셨다. "「관저」편은 (후비가) 즐겁되 음란하지 않고 (지나치게 남편의 총애를 구하지 않고), 슬프되 (선한 여인을 천거하고) 훼상하지 않는다."

주자 —— 공자께서 말씀하셨다. "「관저」편은 (후비가) 즐겁되 음란하지 않고 (즐거움이 비록 성대하더라도 그 올바름을 잃지 않았다), 슬프되 상심하지 않는다(근심이 깊더라도 조화에 해를 입히지 않아, 성정의 올바름을 얻었다)."

다산 —— 공자께서 말씀하셨다. "「관저」 3편(關雎, 葛覃, 卷耳)은 즐겁되 음란하지 않고, (부지런하되 원망하지 않고:勤而不怨), 슬퍼하되 상심하지 않는다."

집주 —— ■關雎는 周南國風이니 詩之首篇也라 淫者는 樂之過而失其正者也요 傷者는 哀之過而害於和者也라 關雎之詩는 言后妃之德이 宜配君子하니 求之未得이면 則不能無寤寐反側之憂요 求而得之면 則宜其有琴瑟鍾鼓之樂이니 蓋其憂雖深이나 而不害於和하고 其樂雖盛이나 而不失其正이라 故로 夫子稱之如此하시니 欲學者玩其辭하고 審其音하여 而有以識其性情之正也시니라
「관저關雎」는 『시경』 「주남·국풍」으로 『시경』의 머리 편이다. 음淫은 즐거움이 지나쳐 그 올바름을 잃은 것이다. 상傷은 슬픔이 지나쳐 조화에 해를 입힌 것이다. 「관저」의 시는 후비后妃의 덕이 군자와 짝할 만함을 노래한 것이다.

자원풀이 ■관關은 門(문 문)+糸(실 사)의 회의자로 빗장을 실(糸)로 묶어 놓은 모습으로 빗장, 잠그다, 폐쇄하다, 성문이나 요새를 뜻한다. 관관關關은 새들이 지저귀는 소리로, 화목하고 편안한 모양을 나타낸다.
■저雎는 隹(새 추)+且(또 차)의 형성자로 물수리 새(雎鳩)를 말한다.
■음淫은 水(물 수)+㸒(가까이할 음)의 형성자로 물이 스며들어 곁을 따라 흐름, 혹은 오랫동안 비가 오는 것을 말했다. 음란하다, 미혹시키다, 사치하다, 탐하다, 지나치다, 장마, 방종하다 등의 뜻이다.
■애哀은 口(입 구)+衣(옷 의)의 형성자로 口는 슬퍼 곡(哭)하는 것을, 衣는 곡할 때 입는 상복을 상징하여 애도哀悼와 슬픔의 의미를 그렸다.
■상傷은 人(사람 인)+'상처 입을 상(화살矢에 의한 상처를 말함)'의 형성자로 사람에게 난 상처를 말하는데, 이로부터 상해, 손해, 슬픔, 비애의 뜻이 나왔다.

짝을 구하여 얻지 못하면 자나깨나 엎치락뒤치락하는 근심이 없을 수 없으며, 구하여 얻으면 마땅히 비파, 거문고, 쇠북과 북(琴瑟鍾鼓)의 (어우러져 내는) 즐거움이 있다는 말이다. 대개 그 근심이 깊더라도 조화에 해를 입히지 않고, 그 즐거움이 비록 성대하더라도 그 올바름을 잃지 않는다. 그러므로 공자께서 이와 같이 칭찬하셔서 배우는 사람이 그 가사를 완미하고 그 음악을 음미하여 성정性情의 바름을 알도록 하신 것이다.

고금주 —— ■補曰〈關雎〉, 謂〈關雎〉之三也. 琴瑟鍾鼓, 不忘其敬, 即樂而不淫也. 陟高乘嬴, 不永傷懷, 即哀而不傷也. ○案《春秋傳》: "穆叔如晉, 晉侯享之, 工歌〈文王〉之三, 又歌〈鹿鳴〉之三." 若是者, 三篇之詩, 並蒙首篇之題, 此古人稱詩之法例.〈關雎〉云者,〈關雎〉爲首, 而〈葛覃〉·〈卷耳〉包在其中.〈關雎〉樂而不淫,〈葛覃〉勤而不怨, [延陵季子語]〈卷耳〉哀而不傷, 合季子·孔子之言而觀之, 則其義瞭然.〈卷耳〉之詩曰'維以不永懷', '維以不永傷', 非所謂哀而不傷乎?

보완하여 말한다. 「관저」는 「관저」의 3편(關雎, 葛覃, 卷耳)을 말한다. 금슬종고琴瑟鍾鼓는 그 공경함을 잊지 않으니 곧 즐거우면서 음란하지 않는 것이다. 저 높은 산마루에 오르려 하는데 내 발이 병들어 오르지 못하지만, 길이 상심하거나 그리워하지는 않겠다는 것은 곧 슬퍼하지만 상심하지 않겠다는 것이다. ○살핀다. 『춘추전』에 "목숙穆叔이 진晉나라에 가니 진후晉侯가 향연을 베풀었다(『좌전』양공4년조)."고 했다. 이때 악공樂工들이 「문왕文王」 3편을 노래하고 또 「녹명鹿鳴」 3편을 노래하였다. 이와 같이 3편의 시는 모두 첫 편의 제목을 앞에 내놓았는데, 이는 옛 사람들이 시를 일컬을 때 사용하는 하나의 법례이다. 「관저」라고 말한 것은 「관저」가 첫 편이 되고, 「갈담」과 「권이」편은 그 안에 포함되는 것이다. 「관저」편은 즐거워하면서 음란하지 않음(樂而不淫)이며, 「갈담」편은 부지런하면서도 원망하지 않음(勤而不怨)이며,(延陵季子의 말), 「권이」편은 슬프면서 상심하지 않음(哀而不傷)이다. 계자와 공자의 말을 합해서 보면, 그 뜻이 환해질 것이다. 「권이」의 시에 이르길, '길이 그리워하지는 않으리라(維以不永懷), 길이 상심하지는 않으니라(維以不永傷)'고 한 것은 이른바 '슬퍼하면서 상심하지 않는다'는 것이 아니겠는가?

■ 邢曰: "〈詩序〉云, '哀窈窕思賢才, 而無傷善之心.'" ○ 駁曰 非也. 義詳余〈西巖講學記〉.

형병이 말했다. "「시서」에 이르길, '요조숙녀를 슬퍼하고 어진 인재를 생각하고 있었는데도, 선善한 사람을 상하게 하는 마음이 없었다.'고 하였다." ○ 논박하여 말하면, 그릇되었다. 뜻은 나의 「서암강학기」에 자세하다.

비평 —— 고주는 후비后妃에 덕에 초점을 두고 해석하였다. 즉 후비는 선한 여인을 얻어 군자의 배필로 삼아주는 것을 즐거워하면서, 지나치게 남편의 사랑을 독차지하려고 하지 않았으니 낙이불음樂而不淫이며, 요조숙녀를 가엾게 여기면서도 현재賢才를 지닌 선녀善女를 해치려는 마음이 없었으니 애이불상哀而不傷이라는 것이다.

주자 역시 이 시가 후비의 덕을 칭송한 것이라는 점은 인정한다. 그러나 그는 원문의 뜻에 대해서는 다른 해석을 내놓았다. 즉 배필을 구하면 즐거워하되 그 즐거움이 지나쳐 과도하게 흐르지 않는 것이 낙이불음樂而不淫이며, 배필을 구하지 못하면 마땅히 슬퍼하되 그 슬픔이 지나쳐 조화를 해치는 데에 이르지 않음이 애이불상哀而不傷이라는 것이다. 그리고 주자는 한 걸음 더 나아가 공자께서 이렇게 말씀하시 까닭은 배우는 사람이 성정의 올바름(性情之正)을 얻게 하고자 한 것이었다고 말하여 교육학적인 의미를 부가한다.

다산 역시 이 구절의 대의를 해석함에 있어서는 주자에 동의한다. 그러나 그는 「관저」라는 말은 단순히 시의 수편 하나만을 말하는 것이 아니라, 3편(關雎, 葛覃, 卷耳)을 말한다는 것을 옛 전적에 근거하여 밝힌다. 여기서 우리는 고주와 완전히 다른 주자의 원문 해석법을 볼 수 있고, 또한 다산의 옛 전적에 대해 해박하였음을 확인할 수 있다.

3:21. 哀公問社於宰我, 宰我對曰: "夏后氏以松, 殷人以柏, 周人以栗, 曰使民戰栗." 子聞之, 曰: "成事不說, 遂事不諫, 旣往不咎."[張禹 · 包咸 · 周氏本, 問社作問主]

고주 —— 애공이 재아에게 사社에 대해 물으니, 재아가 대답했다. "하후씨는 소나무를 사용했고, 은나라 사람은 잣나무를 사용했고, 주나라 사람은 밤나무(栗)를 사용했습니다. (밤나무를 사용한 것은) 백성들을 두려움에 떨게(戰栗) 하려는 것이었습니다." 공자께서 이 말을 들으시고 말씀하셨다. "이미 이루어진 일은 다시 풀어서 설명할 수 없고(不可復解說), 이미 완수된 일은 간언하여 막을 수 없고(不可復諫止), 이미 지나간 일이라 추적하여 탓할 수 없다(不可復追咎)."

자원풀이 ■사社는 土(흙 토)와 示(보일 시)로 구성되어 숭배의 대상으로서 토지신(土地神)과 신을 모시는 제단을 말한다. 또한 25家家를 지칭하는 지역단위를 뜻하기 때문에 어떤 단체나 사회를 지칭하며, 곡식 신을 상징하는 직稷과 결합하여(社稷) 국가를 상징하게 되었다.
■후后는 갑골문에서는 여성이 아이를 낳는 모습을 그리는데, 아이를 낳는 여인이 최고라는 뜻에서 후직后稷에서처럼 임금을 비롯한 최고를 지칭하였고, 이후 황후皇后에서처럼 임금의 부인을 지칭하기도 한다.
■송松은 木(나무 목)+公(공변될 공)의 형성자. 소나무. 사철 내내 지지 않는 잎 때문에 정절과 장수의 상징이다.
■백栢은 木(나무 목)+白(흰 백)의 형성자. 속이 흰색(白)을 띠는 나무(木)라는 의미로, 나무이름으로 쓰이기도 한다.
■율栗은 나무(木)에 밤이 주렁주렁 열린 모습을 그린 상형자로 밤나무가 원래 뜻이며, 그 열매인 밤, 곡식이나 과식이 가득 여물다, 단단하다, 엄숙하다의 뜻이 나왔다.

주자 —— 애공이 재아에게 사社에 대해 물으니, 재아가 대답했다. "하후씨는 소나무를 사용했고, 은나라 사람은 잣나무를 사용했고, 주나라 사람은 밤나무(栗)를 사용했습니다. (밤나무를 사용한 것은) 백성들을 두려움에 떨게(戰栗) 하려는 것이었습니다." 공자께서 이 말을 들으시고 말씀하셨다. "이미 이루어진 일은 다시 설명하지 않으며, 형세가 이미 어찌할 수 없는 일(遂事=事雖未成而勢不能已)은 간언하지 않고, 이미 지나간 일이라 탓하지 않겠다."

다산 —— 애공이 재아에게 사社에 대해 물으니, 재아가 대답했다. "하후씨는 소나무를 사용했고, 은나라 사람은 잣나무를 사용했고, 주나라 사람은 밤나무(栗)를 사용했습니다. (밤나무를 사용한 것은) 백성들을 두려움에 떨게(戰栗) 하려는 것이었습니다." 공자께서 이 말을 들으시고 말씀하셨다. "이미 이루어진 일은 다시 설명하지 않으며, 제멋대로 한 일(遂=擅成之)이라 간언하지 않고, 이미 지나간 일이라 탓하지 않겠다."(張禹·包咸·주씨본에는 問社가 問主로 되어 있다)

집주 —— ■宰我는 孔子弟子니 名予라 三代之社不同者는 古者立社에 各樹其土之所宜木하여 以爲主也라 戰栗은 恐懼貌라 宰我又言周所以用栗之意如此하니 豈以古者戮人於社라 故로 附會其說與아

■전戰은 戈(창 과)+ 單(줄의 양 끝에 쇠구슬을 매달아 던져서 짐승을 포획하는 도구)으로 구성되어, 처음에는 사냥에서 출발하여, 이후 전쟁戰爭, 그리고 전쟁에 임하면 두렵기 때문에 두려워하다(戰慄)로 의미가 확대되었다
■수遂는 갑골문에서는 辵(갈 착)+豕(돼지 축)으로 돼지를 뒤쫓는 모습(逐)에서, 달아나던 짐승을 마침내, 드디어 잡았다는 뜻에서 '이루다'는 뜻이 나왔다.
■간諫은 言(말씀 언)+柬(가릴 간)의 형성자로 말(言)을 정확하게 가려서(柬) 충고하여 옳지 못하거나 잘못된 일을 고치도록 함을 말한다. 바로잡다, 혹은 임금에게 간언諫言하는 관리나 그 직책을 지칭한다.
■기旣는 无(목멜 기)+'고소할 급:식食에서 뚜껑이 생략된 모습'의 회의자로 식기를 앞에 두고 고개를 뒤로 돌린 사람(无)을 그려 식사가 '이미' 끝났음을 나타낸다.
■구咎는 人(사람 인)+各(각각 각)의 형성자로 사람 이르는(各) 재앙을 말하여, 죄를 짓다, 허물 등의 뜻이다.

재아宰我는 공자의 제자로 이름은 여予이다. 3대의 사社가 같지 않은 것은 옛날에 사社를 세울 때 각각 (토질에) 마땅한 나무를 심어 신주로 삼았기 때문이다. 전율戰慄은 두려워 하는 모습이다. 재아는 또한 주나라가 밤나무를 사용한 뜻은 이와 같다고 말한 것은 아마도 옛날에 사직단에서 사람을 죽였기 때문에 그 설을 갖다 붙인 것이리라!

■ 遂事는 謂事雖未成이나 而勢不能已者라 孔子以宰我所對 非立社之本意요 又啓時君殺伐之心이나 而其言이 已出하여 不可復救라 故로 歷言此以深責之하시니 欲使謹其後也시니라

수사遂事란 일은 비록 이루어지지 않았으나 형세가 그만둘 수 없는 것을 말한다. 공자께서는 재아의 대답이 사社를 세우는 본의가 아니며, 또한 당시 임금에게 살벌한 마음을 격발시키지만, 그 말이 이미 나와서 다시 바로 구제할 수 없기 때문에 차례로 이렇게 말씀하시어 깊이 책망하시고, 다음부터 조심하게 하신 것이다.

■ 尹氏曰 古者에 各以所宜木名其社하니 非取義於木也어늘 宰我不知而妄對라 故로 夫子責之하시니라

윤돈이 말했다. "옛날에는 각 왕조마다 그 땅에 적합한 나무로 그 사社의 이름을 붙였지, 그 나무에서 의미를 취한 것이 아니다. 재아는 알지도 못하면서 망령되이 대답했기 때문에 공자께서 책망하셨다."

고금주 —— ■孔曰: "凡建邦立社, 各以其土所宜之木, [邢云: "夏都安邑宜松, 殷都亳宜柏, 周都豐·鎬宜栗. 是各以其土所宜木也."] 宰我不本其意, 妄爲之說, 因周用栗, 便云'使民戰栗'." ○補曰 遂者, 擅成之也. 宰我意欲勸君立威尙猛, 故孔子非之.

공안국이 말했다. "무릇 나라를 건국하고 사직을 세울 때에 각각 그 토양에 맞는 나무로써 하는데(형병이 말했다. "하나라의 국도 안읍은 소나무에 적합하고, 은나라의 국도 박은 잣나무에 적합하고, 주나라의 국도 풍·호는 밤나무에 적합하였다. 이

는 각각 그 토양에 맞는 나무를 사용한 것이다."), 재아가 그 의미를 근본으로 하지 않고 망령되이 설을 만들고서, 주나라가 밤나무를 사용함을 인하여 갑자기 '백성으로 하여금 두려워 떨게 하기 위해서입니다.'라고 하였다." ○보완하여 말한다. 수遂란 제 마음대로 이루는 것이다. 재아가 이렇게 말한 뜻은 임금에게 위엄을 세우고 용맹을 숭상하고자 한 것이기 때문에 공자가 비판한 것이다.

■孔穎達云: "夏言后者,《白虎通》云, '以揖讓受於君, 故稱后. 殷·周稱人者, 以行仁義, 人所歸往, 故稱人.'"[見〈檀弓〉疏] ○駁曰 非也.〈周語〉太子晉曰: "伯禹疏川, 皇天嘉之, 胙以天下, 賜姓曰姒, 氏曰有夏." 及得天下, 因以氏爲號, 故謂之夏后氏也. [仲氏云: "古人質朴, 有天下亦不另立稱號, 只依其侯伯時本號. 至於成湯, 始立國號, 以自別於侯伯. 故先秦文字, 夏后以前, 皆稱以氏, 殷·周而降, 謂之人也."]

공영달이 말했다. "하夏를 하후夏后라고 한 것은, 『백호통』에서 이르길, '선양으로 임금에게 물려받았기 때문에 후后라 칭하고, 은과 주를 인人이라 칭한 것은 인의仁義를 행하여 사람들이 와서 귀속되었기 때문에 인人이라고 칭했다(「檀弓」소에 보인다).'" ○논박하여 말하면, 그릇되었다. 『국어』「국어」에 태자 진晉이 말하길, 백우伯禹가 하천을 터서 소통시키자 황천이 그를 가상히 여겨 천하를 주어 축복하고, 성姓을 내려 사姒, 씨氏를 내려 유하有夏라 하였다. 그가 천하를 얻게 됨에 따라 씨氏로써 국호를 삼았기 때문에 하후씨夏后氏라 한다고 하였다.(仲氏는 말했다. "옛사람은 질박하여 천하를 소유하고도 따로 국호를 부르지 않고, 단지 그들이 侯伯 때 사용했던 본래 명칭을 그대로 사용하였다. 그러다가 成湯에 와서 비로소 국호를 세워 후백과 구별하게 된 것이다. 그러므로 先秦 문자에서 보면 하후 이전에는 모두 氏로써 일컬었고, 殷周 이후에는 人이라고 했다.")

■何休曰: "松, 猶容也, 想見其容貌而事之, 主人正之意也. 柏, 猶迫也, 親而不遠, 主地正之意也. 栗, 猶戰栗, 謹敬貌, 主天正之意也."[文二年《公羊傳》注] ○駁曰 非也. 六書之家, 原有諧聲一法, 古人名物, 多用此義. 孔子曰: "仁者, 人也."

又曰: "政者, 正也." 宰我之以栗爲戰栗, 亦諧聲之法也. 然栗之爲果, 堅密如玉,
故人之堅密者謂之栗. 〈虞書〉之'寬而栗', 是也. 敬謹則其心齊束, 故謂之齊栗.
齊栗之過, 謂之戰栗, 此六書假借之法也. 何休之說, 濫觴於宰我, 而漢儒說經,
有云'桐者, 同也, 竹者, 蹙也, 桑者, 喪也', 穿鑿傅會, 無所不至, 皆曲學也.

하휴가 말했다. "송松은 용容과 같으니, 그 용모를 보고 상상하여 섬기는 것
으로 인정人正을 신주로 한다는 뜻이다. 백柏은 박迫과 같으니, 친근히 하고
멀리 하지 않는 것으로 지정地正을 신주로 한다는 뜻이다. 율栗은 전율戰栗과
같으니 근경한 모양으로 천정天正을 신주로 한다는 뜻이다."(문공2년『공양전』
주) ○논박하여 말하면, 그릇되었다. 육서가六書家에 원래 해성諧聲이라는 한
법이 있는데, 옛 사람들은 사물을 명명할 때 이 해성으로써 그 뜻을 쓰는 경
우가 많았다. 공자께서 인仁이란 인人이라고 하고, 또한 정政이란 정正이라
고 하셨으니, 재아가 율栗을 전율戰栗이라 한 것 역시 해성의 법에 의한 것이
다. 그러나 율栗(밤)이란 과일은 옥처럼 견밀하기 때문에 사람이 견밀한 자
를 율이라고 한다. 『서경』「우서」의 '관이율寬而栗'이라고 한 것이 그것이다.
경건 · 근엄하면 그 마음이 정제 · 단속되기 때문에 제율齊栗이라고 한다. 제
율이 지나치면 전율이라고 하는데, 이는 이것은 육서 가운데 가차법假借法이
다. 하유의 설이 재아에서 비롯되었으니, 한나라 유자들이 경을 설명하면서
'동桐이란 동同이고, 죽竹이란 축蹙이며, 상桑이란 상喪이다.'라고 한 것은 천
착과 부회가 이르지 않는 바가 없으니, 모두 곡학曲學이다.

■ 引證《周禮 · 大司徒》: "辨其邦國都鄙之數, 制其畿疆而溝封之, 設其社稷
之壝而樹之田主, 各以其野之所宜木, 遂以名其社與其野." ○案 社稷之神, 本
是地示, 〔《大宗伯》〕后土 · 后稷, 是也. 地示之祭, 配以先聖, 句龍 · 周棄, 是也.
所謂田主者, 於地示 · 先聖之外, 別樹一木, 以主田祖之神. 蓋邃古之初, 其俗
如此, 而聖人因循未去也.

인증한다. 『주례』「대사도」에서 말했다. "그 나라의 수도와 시골의 수목을 변

별하고, 왕기의 경계를 제공하고 도랑을 파고 토담을 만들었으며, 그 사직단을 설치하여 전주田主를 세우는데, 각각 그 들의 알맞은 나무로써 하였으며, 마침내 그 사직과 들에 이름을 붙였다.” ○살핀다. 사직社稷의 신은 본래 지시地示이니(『주례』「대종백」), 후토后土와 후직后稷이 그것이다. 지시地示의 제사에는 선성先聖을 배향하는데, 구룡句龍과 주기周棄가 그것이다. 이른바 전주田主란 지시地示와 선성先聖 외에 별개로 한 그루의 나무를 심어서 전조의 신(田祖之神)을 신주로 하는 것이다. 이는 아득한 태고의 초기부터 그 풍속이 이와 같았으며, 성인이 그 제도를 그대로 따르고 버리지 않았다.

비평 —— 고주에서 공안국과 형병이 '하나라의 도읍인 안읍安邑에는 소나무가 적당하고, 은나라의 도읍인 박亳에는 잣나무가 적당하며, 주나라 도읍인 풍・호에는 밤나무가 적당하여 각각 그 토질에 알맞은 나무를 심은 것이다. 재아가 그 본뜻에 근본하지 않고 망령되게 말을 만들어 주나라가 율栗나무를 심은 것은 백성들로 하여금 전율戰栗하게 하기 위한 것이라고 한 것이다.'라고 해석한 것을 주자와 다산은 기본적으로 수용하였다.

다만 다산은 하후씨夏后氏, 은인殷人, 주인周人이란 명칭의 사용에 대한 공영달의 해석에 이견을 보이며, 수사遂事란 말에 대한 주자의 해석에 약간의 이견을 보인다. 이는 사소한 것이라 하겠다.

꧁꧂

3:22. 子曰: “管仲之器小哉!” 或曰: “管仲儉乎?” 曰: “管氏有三歸, 官事不攝, 焉得儉?” “然則管仲知禮乎?” 曰: “邦君樹塞門, 管氏亦樹塞門, 邦君爲兩國之好, 有反坫, 管氏亦有反坫. 管氏而知禮, 孰不知禮?”

고주 —— 공자께서 말씀하셨다. "관중은 그릇이 작구나!" 어떤 사람이 물었다. "(그렇다면 관중은) 검소한 것입니까?" (공자께서) 대답하셨다. "관씨는 세 성씨의 여자를 아내로 삼았고(三歸=娶三姓女), (가신의) 담당하는 일을 겸직시키지 않았으니, 어찌 검소하다고 하겠는가?" (혹자가 물었다.) "그러면 관중은 예를 아는 것입니까?" (공자께서) 대답하셨다. "나라의 임금이어야 병풍을 세워 문을 가리거늘, 관씨 또한 병풍을 세워 문을 가렸다. 나라의 임금이어야 두 나라 임금의 우호의 회합에 반점(술잔을 돌려놓는 받침대)을 두는데, 관씨 또한 반점을 두었으니, 관씨가 예를 안다면 누가 예를 모르겠는가?"

주자 —— 공자께서 말씀하셨다. "관중은 그릇이 작구나!" 어떤 사람이 물었다. "(그렇다면 관중은) 검소한 것입니까?" (공자께서) 대답하셨다. "관씨는 세 누대(三歸=三臺)를 두었고, (가신의) 담당하는 일을 겸직시키지 않았으니, 어찌 검소하다고 하겠는가?" (혹자가 물었다.) "그러면 관중은 예를 아는 것입니까?" (공자께서) 대답하셨다. "나라의 임금이어야 병풍을 세워 문을 가리거늘, 관씨 또한 병풍을 세워 가렸다. 나라의 임금이어야 두 나라 임금의 우호의 회합에 반점(술잔을 돌려놓는 받침대)을 두는데, 관씨 또한 반점을 두었으니, 관씨가 예를 안다면 누가 예를 모르겠는가?"

자원풀이 ■기器는 犬(개 견)에 여러 개의 입(口)으로 구성되어 여러 기물을 개가 지키는 모습으로 여러 기물器物을 나타내었지만 관직이나 작위의 등급, 나아가 사람의 자질과 도량을 나타낸다.
■검儉은 人(사람 인)+僉(모두 첨)의 형성자로 모든 사람(人)에게 고르게 돌아가게 하려면 근검勤儉, 검소儉素해야 한다는 것을 나타낸다.
■귀歸는 사(師의 옛 글자)+止(머무를 지)+婦(며느리 부의 생략형)의 형성자로, 출정했던 군대(師)가 돌아오고, 시집갔던 딸(婦)이 친정집으로 돌아옴(止-足)을 말한다. 제 자리로 돌아오다, 귀환歸還하다, 귀속시키다 등의 뜻이다.
■관官은 宀(집 면)+師(군사 사)의 회의자로 군대(師)의 주둔지로 만들어진 집(宀)으로 관공서官公署, 관사官舍, 관부官府라는 뜻이, 그리고 거기를 관리하는 사람(官僚) 및 국가에 속하는 것의 비유로 쓰였다.
■섭攝은 手(손 수)+聶(소근거릴 섭)의 형성자로 소근거릴(聶) 수 있도록 손(手)으로 잡고 가까이 끌어당기는 것으로

다산 —— 공자께서 말씀하셨다. "관중은 그릇이 작구나!" 어떤 사람이 물었다. "(그렇다면 관중은) 검소한 것입니까?" (공자께서) 대답하셨다. "관씨는 세 성씨의 여자를 아내로 삼았고(三歸=娶三姓女), (가신의) 담당하는 일을 겸직시키지 않았으니, 어찌 검소하다고 하겠는가?" (혹자가 물었다.) "그러면 관중은 예를 아는 것입니까?" (공자께서) 대답하셨다. "나라의 임금이어야 병풍을 세워 문을 가리거늘, 관씨 또한 병풍을 세워 문을 가렸다. 나라의 임금이어야 두 나라 임금의 우호의 회합에 반점(술잔을 돌려놓는 받침대)을 두는데, 관씨 또한 반점을 두었으니, 관씨가 예를 안다면 누가 예를 모르겠는가?"

집주 —— ■管仲은 齊大夫로 名夷吾니 相桓公하여 霸諸侯하니라 器小는 言其不知聖賢大學之道라 故로 局量褊淺하고 規模卑狹하여 不能正身修德以致主於王道라

관중管仲은 제나라의 대부로 이름은 이오夷吾이다. 환공桓公을 도와 제후의 패자로 만들었다. '그릇이 작다(器小)'는 것은 관중이 성현의 큰 배움의 길(大學之道)을 알지 못하여 국량이 편협하고 규모가 비협卑狹한 까닭에 능히 자신을 닦고 덕을 쌓지 못하여 주군을 왕도로 나아가게 하지 못했다는 것을 말한다.

■或人은 蓋疑器小之爲儉이라 三歸는 臺名이니 事見說苑하니라

어떤 사람은 아마도 그릇이 작다는 것을 검소하다고 여긴 듯하다. 삼귀三歸

당기다, 잡다, 보좌하다, 대신하다, 겸직하다의 뜻으로 쓰였다. 다스리다, 잡다, 가지다, 걷다, 돕다, 거느리다, 겸하다(兼), 성내다, 빌리다, 추포追捕하다, 대신하다, 끼다, 당기다, 잡아매다, 두려워하다.
■방邦은 갑골문에서는 논(田)에 초목이 무성한 모양(丰)으로 아직 개간하지 않는 새로운 땅을 의미했는데, 이후 田이 읍(邑)으로 바뀌어 제후들에게 내려진 봉읍(封邑)을 상징했으며, 이로부터 봉건封建이란 뜻도 나왔다.
■수樹는 木(나무 목)+尌(세울 주)의 형성자로 나무를 심을 때 곧게 세운다(尌)는 뜻이다. 나무를 심다, 키우다, 세우다, 배양하다는 뜻이다.
■색塞은 宀(집 면)+4개의 工(장인 공)+廾(두손으로 받들 공)+土(흙 토)의 형성자 혹은 土(흙토)+'토질 하'로 외부의 침입을 막고자 흙(土)으로 성을 쌓아 놓은 변방을 말한다(塞翁之馬-새옹지마). 막다는 뜻으로 쓰일 때는 색으로 발음한다.
■점坫은 土(흙)+占(점칠 점)의 형성자로 대臺로서 (1) 낭묘廊廟 안에 두 기둥 사이에 흙으로 쌓은 대臺(反坫, 崇坫), (2)

는 대의 명칭臺名인데 그 일은 『설원說苑』에 나타나 있다.

■攝은 兼也니 家臣은 不能具官하고 一人常兼數事어늘 管仲이 不然하니 皆言其侈라

섭攝은 겸兼하는 것인데, 가신家臣은 관직을 두루 갖출 수 없어 한 사람이 늘 여러 업무를 겸했지만, 관중은 그렇게 하지 않았다는 것이다. 모두 그가 사치했다는 것을 말한다.

■或人은 又疑不儉爲知禮라 屛을 謂之樹요 塞은 猶蔽也니 設屛於門하여 以蔽內外也라 好는 謂好會요 坫은 在兩楹之間하니 獻酬飮畢이면 則反爵於其上이라 此皆諸侯之禮어늘 而管仲이 僭之하니 不知禮也라

어떤 사람은 또 아마도 관중이 검소하지 않은 것은 예를 알았다는 것으로 생각한 듯하다. 병풍(屛)을 일러 수樹라 한다. 색塞은 가림(蔽)과 같다. 문에 병풍을 설치하여 안과 밖을 가린다. 호는 우호적인 회동이다. 점坫은 두 기둥 사이에 있는데 잔을 주고받으며 술을 마신 뒤 그 위에 잔을 뒤집어 놓는 곳이니, 모두 제후의 예인데 관중이 그것을 참람하게 행했으니 예를 모른 것이다.

■愚謂孔子譏管仲之器小하시니 其旨深矣라 或人이 不知而疑其儉이라 故로 斥其奢하여 以明其非儉하시고 或又疑其知禮라 故로 又斥其僭하여 以明其不知禮하시니 蓋雖不復明言小器之所以然이나 而其所以小者를 於此에 亦可見矣라 故로 程子曰 奢而犯禮하니 其器之小를 可知라 蓋器大면 則自知禮而無此失矣라 하시니 此言을 當深味也니라

어리석은 내가 말한다. 공자께서 '관중의 그릇이 작다.'고 기롱한 것은 그 뜻이 깊다. 어떤 사람은 그것을 알지 못하여 관중이 검소한 것 같다고 여겼기 때문에 관중의 사치를 지적하여 검소하지 않음을 밝혔다. 어떤 사람은 또한

실내의 토대로서 음식물을 올려놓는 대 혹은 선비가 관례 등 의식을 행할 때 쓰는 대, (3) 사방을 바라볼 수 있게 쌓은 대를 말한다.

관중이 예를 아는 것 같다고 여겼기 때문에 관중의 참람함을 지적하여 예를 알지 못함을 밝혔다. 비록 그릇이 작은 까닭을 거듭 명확히 말하지는 않았지만, 그가 그릇이 작은 까닭 또한 여기서 살필 수 있다. 그런 까닭에 정자는 '사치하면서도 예를 범했으니 그 그릇이 작음을 알 수 있다. 대개 그릇이 크면 스스로 예를 알아서 이러한 잘못이 없다.'고 했다. 이 말을 마땅히 깊이 음미해야 한다.

■ 蘇氏曰 自修身正家로 以及於國이면 則其本深하고 其及者遠이니 是謂大器라 揚雄所謂大器는 猶規矩準繩하여 先自治而後治人者 是也라 管仲은 三歸反坫하고 桓公은 內嬖六人하여 而霸天下하니 其本이 固已淺矣라 管仲死하고 桓公薨에 天下不復宗齊하니라

소식이 말했다. "자신을 닦고 집안을 바르게 함(修身正家)으로써 나라에 미치는 것은 그 근본이 깊고 그 미치는 것이 원대하니, 이를 큰 그릇(大器)이라 한다. 양웅이 말한 '큰 그릇은 규구준승規矩準繩과 같아서 먼저 스스로를 다스린 이후에 다른 사람을 다스린다.'고 한 것이 바로 그것이다. 관중은 삼귀와 반점을 두었고, 환공은 여섯 부인을 두고 천하를 제패했으니 그 근본은 진실로 이미 얕은 것이었다. 관중이 죽고 환공이 죽은 후 천하는 더 이상 제나라를 종주로 받들지 않았다."

■ 楊氏曰 夫子大管仲之功而小其器하시니 蓋非王佐之才면 雖能合諸侯, 正天下라도 其器를 不足稱也라 道學이 不明하여 而王霸之略을 混爲一途라 故로 聞管仲之器小면 則疑其爲儉하고 以不儉告之면 則又疑其知禮하니 蓋世方以詭遇爲功하여 而不知爲之範하니 則不悟其小 宜矣로다

양시가 말했다. "공자께서는 관중의 공은 크게 여기면서도 그 그릇은 작게 여긴 것은 대개 왕도 성취를 보좌할 인재(王佐之才)가 아니어서 비록 능히 제후를 규합하여 천하를 바로 잡았다고 하더라도 그 그릇은 칭찬하기에는 부족했기 때문이다. (어떤 사람은) 도학道學에 밝지 못하여 왕도와 패도의 방략

을 하나의 길이라고 혼동했기 때문에 관중의 그릇이 작다는 말을 들으니 관중이 검소한 것이라고 생각하고, 관중이 검소하지 않다고 하니 다시 예를 아는 것이 아닐까 하고 생각했다. 대개 세상 사람들은 바야흐로 속임수(詭遇)를 공功으로 여기고 규범을 행해야 함을 알지 못하니, 관중의 그릇의 작음을 깨닫지 못한 것은 당연하다."

고금주 —— ■補曰 器小, 謂其所容受不大也. ○包曰: "三歸, 娶三姓女, 婦人謂嫁曰歸." ○補曰 代人兼總曰攝. 包曰: "國君事大, 官各有人, 大夫兼幷, 今管仲家臣備職, 非爲儉." ○補曰 樹, 屛也. 〔《爾雅》云: "屛謂之樹."〕 塞, 蔽也. 鄭曰: "人君別內外於門, 樹屛以蔽之." ○補曰 好, 謂鄰國相會, 以修好也. 反坫, 反爵之具, 以土爲之, 在兩楹間. 〔名曰反坫者, 所以別之於崇坫・食坫〕 鄭曰: "獻酬之禮, 酌畢則各反爵於坫上."

보완하여 말한다. 그릇이 작다(器小)는 것은 수용하는 것이 크지 않다는 것을 말한다. ○포함이 말했다. "삼귀三歸는 세 성씨의 여인에게 장가간 것이니, 부인이 시집가는 것을 귀歸라 한다." ○보완하여 말한다. 다른 사람을 대신하여 그 일을 겸하여 총괄하는 것을 섭攝이라 한다. 포함이 말했다. "나라의 임금은 일이 크기 때문에 관직마다 관인을 두지만 대부는 겸병시켜야 하는데, 지금 관중은 직무마다 가신을 두었으니 검소한 것이 아니다." ○보완하여 말한다. 수樹는 병풍(屛)이다.(『이아』에서 말했다. "병풍:屛을 樹라고 한다.") 색塞은 가리는 것(蔽)이다. 호好는 이웃나라가 서로 만나 사이좋게 지내는 것(修好)이다. 정현이 말했다. 임금은 문을 기준으로 안과 밖을 구별하여, 병풍을 세워 가린다. 반점反坫은 술잔을 되돌려 놓는 자리로 쓰는 기구인데 흙으로 만들어 두 기둥 사이에 놓는다(반점이라고 부른 것은 崇坫, 食坫과 구별하기 위해서다). 정현이 말했다. "헌수의 예를 거행하고서 다시 잔에 술을 쳐서(따라서) 다 마시고는 각각 잔을 받침대 위에 돌려놓는다."

■考異 劉向《說苑》曰: "桓公立仲父. 大夫曰, '管仲之知可與謀天下, 其强可與取天下, 君恃其信乎? 內政委焉, 外事斷焉, 驅民而歸之, 是亦可奪也.' 桓公曰, '善.' 乃謂管仲, '政則卒歸於子矣. 政之所不及, 惟子是匡.' 管仲故築三歸之臺, 以自傷於民."〔善說〕篇〕 ○案 桓公之於管仲, 能保全終始, 至死不渝. 若如《說苑》之說, 則是立爲仲父之初, 桓公疑管仲而奪之權也, 其言不足述.

다름을 살핀다. 유향劉向의 『설원』「선설善說」편에 말했다. "환공은 중보仲父 (관중의 자)를 세우며 대부가 말했다. '관중의 지혜는 천하를 도모할 수 있고, 그 강함은 천하를 취할 수 있으니, 임금님께서는 그의 신의를 믿을 수 있겠습니까? 내정을 위임하고 대외의 일을 판단하게 하면, 백성들을 몰아서 귀일시킬 수 있겠지만, 이 또한 빼앗을 수 있는 것입니다.' 환공이 '좋다'고 말하고, 관중에게 말하기를, '정사는 마침내 그대에게 귀속할 것이니, 정사에서 미치지 못하는 것은 그대가 광정하라.'고 했다. 관중은 고의로 삼귀의 대(三歸之臺)를 짓고 스스로 백성들로부터 비방을 받았다." ○살핀다. 환공이 관중에 대해서는 시종일관 보전해 주고, 죽을 때까지 변하지 않았다. 만약 『설원』의 말과 같다면 이는 관중을 입각시킬 그 당초에 관중을 의심하여 그의 권력을 빼앗을 것이니, 그런 말은 기술할 것이 못 된다.

■質疑 朱子曰: "此一段[謂上節]只舉管仲奢處, 下段乃形容他不知禮處, 便是僭竊, 恐不可做三娶說." ○案 臣妾一類也. 官事不攝, 妾媵備姓,〔《曲禮》云: "備百姓."〕正是一事, 僭則同僭, 奢則同奢, 不知禮則同不知禮. 豈必備官爲奢, 備姓爲僭乎? 舊說恐好.

질의한다. 주자가 말했다. "이 한 문단(曰 管氏有三歸 官事不攝 焉得儉)은 다만 관중의 사치한 곳을 거론한 것이며, 하단은 그가 예를 알지 못하는 면을 형용한 것이니, 이는 바로 참람한 것에 해당한다. 나는 아마도 (三歸를) 삼취설三娶說로 해서는 안 된다고 본다." ○살핀다. 신하가 첩妾을 두는 것도 모두 한 가지 류이다. 가신에게 일을 겸직시키지 않는 것(官事不攝)과 잉첩媵妾에 여러 성姓을 두는 것(『예기』「곡례」에 여러 성을 갖춘다고 했다.)은 바로 같은 한 가지 일이니, 참람하다면 똑같이 참람한 것이 되고, 사치하다면 똑같이 사치한 것이 되며, 예를 알지 못한다면 똑같이 예를 알지 못한 것이 된다. 어떻게 일을 겸직시키지 않는 것을 사치한 것으로 하고, 여러 성의 여인을 두는 것을 참람한 것이라고 하겠는가? 아마 구설舊說이 좋은 듯하다.

비평 —— 고주에서는 삼귀三歸에 대해 세 성씨의 여자를 취했다고 했고, 다산 또한 이에 동의한다. 한편 이에 대해 주자는 다음과 같이 말했다.

> 주자가 말했다. "관씨가 삼귀三歸를 두었다는 것은 한 번에 세 성씨의 여자를 취했다는 것(一娶三姓女)이 아니다. 만약 그렇다면 이는 곧 참람함인데, 이 문단의 의미는 단지 관중의 사치함을 지적함으로써 검소하지 않았다는 것을 형용한 것이다. 아래 문단의 말이 관중이 예를 알지 못함을 형용한 것으로, 곧 참람함이다. 생각건대 (삼귀를) 삼취설三娶說은 타당하지 않은 듯하다." (『논어집주대전』)

주자의 이러한 해석은 『설원』에 "관중은 고의로 삼귀의 대(三歸之臺)를 짓고 스스로 백성들로부터 비방을 받았다."는 데에 근거를 둔다. 그러나 다산은 (1) 여러 전적에서 '귀歸' 자가 시집가다는 뜻이 있고, (2) 환공이 시종일관 관중을 신임했다는 점에 근거를 두고 『설원』의 기사는 믿을 수 없으며, (3) 신하가 첩을 두는 것 역시 참람함으로 볼 수 있다는 점에서 구설이 옳은 듯하다고 말한다. 주자와 다산 모두 나름으로 근거를 들어 주장을 편다. 『설원』의 기사를 부정하는 다산의 논거는 다소 궁색한 측면이 있는 듯하지만, 의문으로 남겨 두어야 한다고 생각된다.

이 장에서 진정 중요한 것은 「헌문」 14:18장과 연관하여, 관중에 대한 공자의 평가를 어떻게 볼 것인가 하는 문제이다. 여기서 주자와 다산은 이 문제를 다루지 않기 때문에, 3권의 「인」에 관한 항목을 참고하기 바란다.

⤳⤳⤳

3:23. 子語魯大師樂曰: "樂其可知也. 始作, 翕如也, 從之, 純如也, 皦如也, 繹如也, 以成." [從, 平聲]

고주 —— 공자께서 노나라 악관에게 음악에 대해 말씀하셨다. "음악이란 알 만한 것이다. 시작할 때는 성대하게 합하듯이 음을 내고(翕如盛), 펼침(放縱)에 그 음을 다하여 화해하듯이 하고, (음절을) 분명하게 하듯이 음을 내고, 서로 이어져 끊어지지 않는 듯이 음을 냄으로써 마친다."

주자 —— 공자께서 노나라의 악관에게 음악에 대해 알려주셨다. "음악이란 알 만한 것이다. 시작할 때는 모으듯이 음을 내고, 펼침(放)에 화해하듯이 음을 내고, 분명하듯이 음을 내고, 서로 이어져 끊어지지 않듯이 함으로써 한 악장을 마친다."

다산 —— 공자께서 노나라의 악사의 총장에게 음악에 대해 말씀하셨다. "음악이란 알 만한 것이다. 일어날 때는 마치 (팔음을 고루) 모으듯이 하고, 뒤따름(隨)에 마치 혼연일체가 되듯이 음을 내고, 마치 (음절이) 분명하듯이 음을 내고, 마치 실처럼 연결되어 이어지는 것처럼 음을 냄으로써 마친다."

집주 —— ■語는 告也라 大師는 樂官名이라 時에 音樂廢缺이라 故로 孔子教之라 翕은 合也요 從은 放也요 純은 和也요 皦는 明也요 繹은 相續不絶也라

成은 樂之一終也라

어語는 알려줌(告)이다. 태사大師는 악관의 명칭이다. 당시 음악이 폐해지고 결함이 있었기에 공자께서 음악을 가르치신 것이다. 흡翕은 합하는 것이다. 종從은 풀리는 것(放)이다. 순純은 조화로운 것이다. 교皦는 밝다는 것이다. 역繹은 서로 이어져 끊어지지 않는 것이다. 성成은 음악이 한 번 끝남이다.

■謝氏曰 五音六律이 不具면 不足以言樂이니 翕如는 言其合也라 五音이 合矣면 淸濁高下如五味之相濟而後和라 故로 曰純如요 合而和矣면 欲其無相奪倫이라 故로 曰皦如라 然이나 豈宮自宮而商自商乎아 不相反而相連하여 如貫珠可也라 故로 曰繹如也하여 以成이라 하시니라

사량좌가 말했다. "5음6율五音六律이 갖추어지지 않으면 음악이라고 할 수 없다. 흡여翕如는 음악이 합쳐짐을 말한다. 5음이 합쳐지면 맑고 탁하고 높고 낮음(淸濁高下)이 마치 오미五味가 서로 어울려 조화를 이룬 것과 같기 때문에 '조화로운 듯하다(純如)'고 하였다. 합하여 조화를 이루면 서로 질서를 어지럽히지 않으려 하기에 밝은 듯하다(皦如)라고 했다. 그러나 어찌 궁宮은 스스로 궁이 되고 상商은 스스로 상이 되겠는가? 서로 어긋나지 않고 서로 연속되는 것이 마치 구슬을 꿴 것과 같아야 하기에 '이어져 끊어지지 않는 듯(繹如) 완성된다'고 말했다."

자원풀이 ■어語는 言(말씀 언)+吾(나 오)의 형성자로 말(言)로 논의하는 것으로 언어言語, 문자라는 뜻이 나왔다. ■악樂은 『설문해자』에 따르면 윗부분은 악기樂器(搖鈴)의 모양을 형상화한 것이고, 아랫부분(木)은 목木자 모양의 악기자루(支架)를 형상한 글자이다. 즉 나무 자루가 달린 요령을 손으로 흔드는 모양을 본뜬 글자인데, 요령을 흔들어 그 소리로 신(神)을 즐겁게 해 준다는 의미를 지녔다. 즐겁다고 할 때는 락으로, 음악音樂이라고 할 때는 '악'으로 발음한다. 그리고 '좋아한다'라고 할 때, 요컨대 어진 이는 산을 좋아하고(仁者樂山), 지혜로운 이는 물을 좋아한다(知者樂水)고 할 때는 '요'로 발음한다. ■흡翕은 羽(깃 우)+合(합할 합)의 형성자로 깃을 오므려 합치는(合) 것으로 모으다, 거두어들이다, 위축되다, 순종하다의 뜻이다. ■종從은 彳(조금 걸을 척)+止(그칠 지)+'따를 종'의 형성자로 두 사람이 나란히 따르는 모습으로 따라가다는 말이

고금주 —— ■補曰 大師, 諸樂師之長, [鍾師‧磬師‧笙師‧籥師之總官] 下大夫爲 之. 《周禮》云: "下大夫二人."] 作, 起也. 從, 隨也. [上篇云: "先行其言而後從之."] 成, 樂之終也. 八音諧合曰翕, [《小雅》云: "兄弟旣翕."] 諧合渾一曰純, [無雜也] 音節明 白曰皦, [何氏云] 絡續如絲曰繹, [《說文》云: "繹, 抽絲也."] 始作其音緩, 故翕如而 已, 從而其音漸促, 故純如‧皦如‧繹如以成, 象樂音而言之也.

보완하여 말한다. 태사大師는 모든 악사의 어른(鍾師, 磬師, 笙師, 籥師를 총괄하 는 관리)으로 하대부가 하는 것이다.(『주례』에서 말했다. "하대부는 두 사람이다.") 작作은 일어나는 것(起)이다. 종從은 따르는 것(隨)이다.(「위정」편에서 말했다. "먼저 그 말을 행하고, 이후에 말을 한다:後從之.") 성成은 음악을 마치는 것이다(樂 之終也). 팔음八音이 고루 화합하는 것을 흡翕이라 하고(『시경』「小雅」에서 말했 다. "형제가 이미 화합한다兄弟旣翕."), 고루 화합하여 혼연히 하나가 되는 것을 순純이라 하고(잡됨이 없는 것이다:無雜), 음절이 명백한 것을 교皦라 하고(何晏 이 말하였다), 연결되어 이어짐이 실과 같은 것을 역繹이라 한다.(『설문』에서 말 했다. "繹이란 실타래를 뽑듯이 이어지는 것이다:抽絲.") 처음 일으킬 때는 그 음이 느린(緩) 까닭에 모으는 듯(翕如)할 따름이고, 뒤따름에 그 소리가 점점 빨라 지니(漸促) 혼연히 하나 되는 것 같고(純如), 명백한 것 같고(皦如), 이어지는 것처럼 완성하는 것(繹如以成)이니, 음악을 형상화하여 말한 것이다.

■邢曰: "大師, 猶周之大司樂." ○駁曰 非也. 大師, 大師也.

다. 후에 '부차적'이라는 뜻도 나왔다. 혈연관계에서 사촌을 지칭하기도 하며, 남의 말을 따르다에서 공손하다, 종 용從容하다는 뜻도 나왔다.
■순純은 糸(가는 실:의미)+屯(艸+一:싹이 단단한 지면을 힘겹게 뚫고 올라오는 모양)로 비단실을 말한다. 봄날 언덕에 돋 아나는 새싹(屯)처럼 아무런 무늬나 색을 더하거나 가공하지 않은 순수(純粹)한 비단실인 생사(糸)를 말하는데, 순 수純粹, 순결純潔이라는 말은 여기에서 나왔다
■교皦는 日(날 일)+敫(노래할 교)의 형성자로 밝다, 혹은 밝게 빛나는 모양을 나타낸다. 교敫는 白(흰 백)+放(놓을 방)의 회의자로 밝은 빛이 멀리 내뿜는다는 뜻으로 밝은 빛이 교교하게 멀리까지 비치는 것(放)을 말한다.
■역繹은 糸(실 사)+睪(엿볼 역)의 형성자로 엉킨 실 중 알맞은 실(糸)을 골라 풀어냄을 말하여 일의 실마리를 풀어 내는 것을 말한다.

형병이 말했다. "대사大師는 주나라 대사악大司樂과 같다." ○논박하여 말하면, 그릇되었다. 대사大師는 태사大師이다.

■ 何曰: "從讀曰縱. 言五音旣發, 放縱盡其音聲." ○駁曰 非也. 雅樂無放縱之法, 第一調旣作, 第二調趁之. 從者, 趁也.

하안이 말했다. "종從은 종縱(늘어진다?)으로 읽어야 하니, 오음이 이미 나오면 방종放縱하여 그 음성을 다한다는 것을 말한다." ○논박하여 말하면, 그릇되었다. 아악雅樂은 방종放縱하는 법은 없다. 제1조가 이미 시작되면, 제2조가 그것에 뒤따르는 것이니, 종從이란 뒤따르는 것이다.

비평 —— 해석상 미세한 차이는 논란할 만한 것은 아니다. 다만 종從에 대해 하안은 (방)종(放)縱이라고 했고, 이를 계승하여 주자는 방放이라고 했다. 이에 대해 다산은 종從을 방종放縱(아무 거리낌 없이 마음대로 함)으로 해석하는 것은 잘못이라고 지적하고 있다. 만약 하안과 주자의 종從에 대한 해석이 거리낌이 없이 마음대로 하는 것이라고 한다면, 다산의 지적은 옳다.

여기서 하안이 이 종從의 의미로 해석한 (방放)종縱이 무엇을 의미하는지는 명확하지 않지만, 아마도 음악이 시작되고 난 다음 본격적으로 펼침, 즉 논문으로 말하면 서론 다음의 본론 1장 정도를 말하는 것으로 보인다. 즉 방종放縱이 시작 다음으로 본격적으로 펼친다는 의미라면, 곧 다산이 말한 종從이란 (시작 다음에) 뒤따르는 것(隋)이라는 말과 결국 같은 뜻이 된다고 하겠다.

■성成은 戊(다섯째 천간 무)+丁(넷째 천간 정)의 형성자로 무기(戊)로써 성을 단단하게(丁) 지킨다는 뜻을 그려 성을 튼튼하게 지킬 때 비로소 목적이 이루어진다는 의미에서 이루어지다, 성취成就하다, 완성하다, 성숙되다, 성인成人 등의 뜻이 나왔다.

꧁꧂

3:24. 儀封人請見曰: "君子之至於斯也, 吾未嘗不得見也." 從者見
之, 出曰: "二三子何患於喪乎? 天下之無道也, 久矣. 天將以夫子
爲木鐸."

고주 —— (위나라) 의 땅에서 경계를 맡은 관인이 뵙기를 청하며 말했다. "군
자께서 이곳에 이르시면, 제가 일찍이 뵙지 않은 적이 없었습니다." 수행하
던 제자들이 뵙게 했더니, 나와서 말하였다. "여러분들은 어찌하여 공자께서
성덕聖德을 잃으실까 걱정합니까? 천하에 도가 없어진 지 오래되었으니, 하
늘은 장차 큰 선생님을 (오래되지 않아 지위를 주서서 정교를 펼칠) 목탁으로 삼으
실 것입니다."

주자 —— (위나라) 의 땅에서 경계를 맡은 관인이 뵙기를 청하며 말했다. "군
자께서 이곳에 이르시면, 제가 일찍이 뵙지 않은 적이 없었습니다." 수행하던
제자들이 뵙게 했더니, 나와서 말하였다. "여러분들은 어찌하여 공자께서 벼
슬을 잃은 것을 걱정합니까? 천하에 도가 없어진 지 오래되었으니, 하늘은 장
차 큰 선생님을 (오래되지 않아 정교를 펼칠) 목탁으로 삼으실 것입니다."

자원풀이 ■의儀는 人(사람 인)+義(옳을 의)의 형성자로 사람(人)이 지켜야 할 정의로운(義) 행동거지인데, 지명이다.
■봉封은 丰(홀 규)+寸(마디 촌)의 회의자로 원래는 손(又)으로 나무를 잡고 흙(土) 위에 심는 모습을 그렸다. 관할
지역의 경계를 표시할 때 주로 나무를 심어 표시했기에 봉封은 임금이 제후에게 작위를 수여하며 나누어 주는 땅
(封地)을 뜻했고, 그런 행위를 분봉分封이라 했다. 심은 나무를 잘 자라게 하려면 흙을 북돋우어 주어야 하기 때문
에 토土가 중복된 규圭를 써서 봉封 자가 되었다.
■청請은 言(말씀 언)+靑(푸를 청)의 형성자로 순수한(靑) 상태에서의 말(言)이 무엇보다 간곡한 청임을 나타낸다.
찾아보다, 청하다, 모셔오다의 뜻이다.
■견見은 눈(目)을 크게 뜬 사람(儿)을 나타내는 회의자로 보다, 만나다, 드러내다의 뜻이다. 드러내다, 나타나다라
고 쓰일 때는 현이라고 읽는다.

다산 —— (위나라) 의 땅에서 사직의 제단을 관리하는 관인이 뵙기를 청하며 말했다. "군자께서 이곳에 이르시면, 제가 일찍이 뵙지 않은 적이 없었습니다." 수행하던 제자들이 뵙게 했더니, 나와서 말하였다. "여러분들은 어찌하여 공자께서 벼슬을 잃은 것을 걱정합니까? 천하에 도가 없어진 지 오래되었으니, 하늘은 장차 큰 선생님을 (비록 지위는 없지만, 천하를 주유하면서 교화를 펼칠) 목탁으로 삼으실 것입니다."

집주 —— ■儀는 衛邑이라 封人은 掌封疆之官이니 蓋賢而隱於下位者也라 君子는 謂當時賢者니 至此에 皆得見之는 自言其平日不見絶於賢者하여 而 求以自通也라 見之는 謂通使得見이라 喪은 謂失位去國이니 禮曰 喪欲速貧 이 是也라

'의儀'는 위나라의 읍(衛邑)이다. '봉인封人'은 국경을 담당하는 관리인데, 대개 현자이지만 낮은 지위에 은거한 자인 듯하다. 군자는 당시 어진 이를 말한다. '이곳에 이르면 모두 뵈었다.'는 그가 평소에 현자에게 거절당한 적이 없음을 말하여, 스스로 뵙기를 구한 것이다. '뵙게 하다(見之)'란 사자를 통하여 뵙게 한 것을 말한다. 상喪은 지위를 잃고 나라를 떠남이다. 『예기』「단궁」에 '잃으면 빨리 가난해지려고 한다(喪欲速貧).'고 한 것이 그것이다.

■木鐸은 金口木舌이니 施政教時에 所振以警衆者也라 言亂極當治하니 天

■상喪은 곡哭이 의미부, 망亡이 소리부. 죽은 사람(亡)을 위해 곡(哭)하는 모습. 죽다, 잃다, 상실하다의 의미이다.
■장將은 肉(고기 육)＋寸(마디 촌)＋爿(나무 조각 장)의 형성자로 제사에 쓸 솥에 삶아낸 고기(肉)를 손(寸)으로 잡고 탁자(爿) 앞으로 올리는 모습으로 '바치다'는 뜻이 나왔다. 바치려면 갖고 나아가야 하기 때문에 장수將帥처럼 이끌다는 뜻이, 다시 장차將次와 같이 미래 시제를 나타낸다. 장명將命이란 (1) 명령을 받들어 행함, (2) 양쪽 사이에서 말을 전함, (3) 장수의 명령 등의 뜻이다.
■탁鐸은 金(쇠 금)＋睪(엿볼 역)의 형성자로 금속(金) 악기로 대령大鈴의 일종이다. 방울 울리는 소리라는 뜻도 나왔다. 목탁木鐸이란 주로 세상을 깨우쳐 주는 역할을 비유하는 말이다. 『예기』「명당위明堂位」에서는 '조정에서 목탁을 치는 것이 천자의 정치다(振木鐸於朝, 天子之政也)'라고 하였으며, 『서경』「윤정胤征」편에서는 '명령을 전하는 벼슬아치는 목탁을 가지고 길을 다닌다(遒人以木鐸徇於路)'라고 하였다. '탁(鐸)'이란 지금의 요령搖鈴 같은 것으로, 사람

必將使夫子로 得位設敎하여 不久失位也라 封人이 一見夫子하고 而遽以是 稱之하니 其得於觀感之間者深矣라

목탁은 쇠로 된 입(金口, 방울의 겉 테두리)에 나무 혀(木舌)를 넣은 방울인데, 정교政敎를 베풀 때에 흔들어서 대중을 경계하는 것이다. 혼란이 극에 달하면 마땅히 다스려지듯이, 하늘이 필시 장차 부자로 하여금 지위를 얻어 가르침을 베풀게 할 것이니, 오랫동안 지위를 잃지 않게 할 것이라는 말이다. 봉인이 부자를 한 번 알현하고 곧바로 이같이 말했으니, 보고 느끼는 사이에 얻은 것이 깊다.

■或曰 木鐸은 所以徇于道路니 言天使夫子失位하고 周流四方하여 以行其敎를 如木鐸之徇于道路也라

어떤 사람이 말했다. "목탁이란 도로를 순행하는 것이니, 하늘이 공자로 하여금 벼슬을 잃고 사방을 주류周流하며 그 가르침을 행하게 할 것은 비유하자면 목탁이 도로를 순회하는 것과 같다는 말이다."

고금주 —— ■補曰 封人, 掌社壇之官. ○包曰: "從者, 弟子隨孔子者." ○孔曰: "木鐸, 施政敎時所振也."[邢云: "鐸是鈴也. 其舌有金木之異, 武事振金鐸, 文事振木鐸."]

보완하여 말한다. 봉인封人은 사직의 제단을 관장하는 관원이다.[주자가 말했다. "현인이 아랫 자리에 숨어 있는 것이다."] ○포함이 말했다. "종자從者는 공자를 수행하는 제자이다." ○공안국이 말했다. "목탁木鐸은 정치와 교화를 시행할 때 흔드는 것이다."(형병이 말했다. "목탁은 방울:鈴이다. 그 혀를 만드는 재료는 쇠와 나무의 다름이 있어, 武事에는 金鐸을 흔들고, 文事에는 木鐸을 흔들었다.")

들의 주의를 환기시키고자 할 때 흔드는 것이었다. 요령의 혀가 쇠로 된 것은 금탁(金鐸)이라 하고 나무로 된 것은 목탁이라고 하는데, 금탁은 무사武事에, 목탁은 문사文事에 사용되었다.

■ 孔曰: "何患於夫子聖德之將喪亡耶? 天將命孔子制作法度, 以號令於天下." ○駁曰 非也. 其言似諂, 又其言不驗, [孔子竟不能得位] 又其言鄙而不雅, 不若朱子之新說也. 將, 語辭, 天將以者, 揣度天心之辭, 不必以前頭之事, 謂之將也. 輔氏・陳氏猶守舊說, 不亦謬乎? [陳氏云: "後說與喪字及天下之道無不甚相應."] ○按 天下無道, 故天使夫子明道也, 何謂不應?] ○又按 古者失位去國, 純用喪禮. 何患乎喪, 亦謂失位而去國也.

공안국이 말했다. "어찌 공자의 성덕聖德이 장차 잃게 되리라고 걱정할 것이 있겠는가? 하늘이 장차 공자께 명하여 법도를 제작하여 천하를 호령하게 할 것이라는 말이다." ○논박하여 말하면, 그릇되었다. 공안국의 말은 아첨하는 것과 같고, 또 그 말은 징험할 수 없으며(공자는 결국 벼슬자리를 얻을 수 없었다.), 또 그 말은 저속하고 전아典雅하지 못하니, 주자의 신설新說만 못하다. 장將은 어사語辭이며, 천장이天將以란 하늘의 마음을 헤아리는 말로, 여기에는 전제하는 어떤 일을 내세워 장將이라고 말할 필요가 없다. 그런데도 보씨와 진씨는 오히려 구설을 지지하니, 이 또한 잘못이 아닌가?(신안 진씨는 말했다. "뒤의 설은 喪 자나 '천하에 도가 없어진 지 오래되었다'는 구절과 모두 심히 상응하지 못한다." ○살핀다. 천하에 도가 없기 때문에 하늘이 공자로 하여금 도를 밝히게 하였는데, 어찌 상응하지 못한다고 하는가?) ○또 살핀다. 옛날에는 벼슬자리를 잃고 나라를 떠날 때는 모든 것을 상례喪禮에 적용시켰다. 하환호상何患乎喪 역시 벼슬자리를 잃고 나라를 떠나는 것을 말한다.

비평 —— '하환호상何患乎喪'에 대해 고주에서는 '어찌 공자의 성덕聖德이 없어질 것을 걱정하는가?'라고 해석했지만, 주자는 현실적으로 '어찌 벼슬자리를 잃은 것을 걱정하는가?'라고 해석하였는데, 다산은 주자의 해석을 받아들인다.

'하늘이 장차 부자를 목탁으로 삼을 것이다.'라는 구절에 대해 고주는 하늘

이 장차 공자에게 법도와 제도를 제정하도록 명하여 천하를 호령하는 것이
마치 목탁이 문교文敎(예악과 법도)를 떨쳐 일으키는 것처럼 할 것이라고 해석
했다. 주자의 주석을 보면, 비교적 이러한 고주를 받아들이는 듯하다. 다만
주자는 이 해석을 위주로 하면서, 어떤 사람의 말을 인용하여, 공자가 벼슬자
리 없이 천하를 주유하면서 교화를 펼칠 것을 예언하는 것으로 볼 수 있다고
말한다. 이에 대해서는 다음과 같은 평가가 있다.

> 경원 보씨가 말했다. "앞의 설(주자)은 의미가 실질적이면서 맛이 길지만, 뒤
> 의 설(어떤 사람)은 의미가 교묘하지만 맛이 짧다." (『논어집주대전』)

다산은 공자가 벼슬자리를 얻어 전교를 펼친 것이 아니라는 점에서, 어떤
사람의 말을 받아들이면서 이 해석에 대해 비판적인 입장을 취한 경원 보씨
와 신안 진씨를 비판한다. 그러나 실질적으로는 주자의 이 구절에 대한 해석
을 비판하고 있다. 다산은 여기서 공자가 비록 성인의 덕을 쌓았지만 천자의
지위를 얻지 못했다는 점을 들어, 예악과 법도를 제정하지는 못했다고 하는
현실적인 면에서 이 구절을 해석한다. 다산의 해석이 비교적 설득력이 크다
고 생각된다.

3:25. 子謂〈韶〉: "盡美矣, 又盡善也." 謂〈武〉: "盡美矣, 未盡善也."

고주 —— 공자께서 순임금의 음악을 평하시면서, "(성조가) 지극히 아름답
고 (내용) 또한 지극히 선하다."고 하셨다. 무왕의 음악을 평하시면서 "(성조

가) 지극히 아름답지만, (무력으로 천하를 얻어, 내용은) 아직 지극히 선하지는 않다."고 하셨다.

주자 —— 공자께서 순임금의 음악을 평하시면서 "(성조가) 지극히 아름답고 (내용) 또한 지극히 선하다."고 하셨다. 무왕의 음악을 평하시면서 "(성조가) 지극히 아름답지만, (정벌하여 천하를 얻어, 내용은) 아직 지극히 선하지는 않다."고 하셨다.

다산 —— 공자께서 순임금의 음악을 평하시면서, "(시작에서는) 지극히 아름답고, 또한 (마침에 있어서는) 지극히 좋다."고 하셨다. 무왕의 음악을 평하시면서 "(시작에서는) 지극히 아름답지만, (마침에 있어서는) 아직 지극히 좋지는 못하다."고 하셨다.

집주 —— ■ 韶는 舜樂이요 武는 武王樂이라 美者는 聲容之盛이요 善者는 美之實也라 舜은 紹堯致治하고 武王은 伐紂救民하니 其功이 一也라 故로 其樂이 皆盡美라 然이나 舜之德은 性之也요 又以揖遜而有天下하고 武王之德은 反之也요 又以征誅而得天下라 故로 其實이 有不同者니라
소韶는 순임금의 음악이고, 무武는 무왕의 음악이다. 아름다움(美)이란 소리

자원풀이 ■소韶는 音(소리 음)+召(부를 소)의 형성자로 순임금 때의 음악의 이름이며, 이로부터 아름답다는 뜻이 나왔고, 이어가야 할 대상이라는 뜻에서 '계승하다'는 뜻이 나왔다. 召는 원래 손님 접대를 위해 숟가락(匕)으로 그릇에 담긴 술을 푸는 모습을 그렸고, 이에 음音이 더해진 韶는 손님을 접대할 때 연주하는 곡임을 보여준다. 소紹는 糸(실 사) +召(부를 소)의 형성자로 실(糸)로 이어주다는 뜻으로 계승하다는 말이다. 사람을 불러(召) 실(糸)로 이어주는 관계로 소개紹介라 한다.
■선善이란 원래 두 개의 언(言言) 자는 서약하고 서로 논쟁한다는 의미이고, 양羊은 죄인을 심판할 때 쓰던 양으로 서로 논쟁하는 두 사람 사이에서 각각의 주장에 대해 시비곡직是非曲直을 신神을 대신하여 심판하는 것으로부터 길상吉祥함과 훌륭함을 의미했다. 어쨌든 선이란 길상한 것으로 의롭고(義) 아름다운 것(美)이라는 뜻도 된다.
■무武는 戈(창 과)+止(발 지)의 회의자. 무기(戈)를 메고 가는(止) 씩씩한 모습이다. 이후 戈가 弋(주살 익)으로 변해

와 모습의 성대함이고, 선善이란 아름다움의 열매이다. 순임금은 요임금을 이어 훌륭한 정치를 이루었고(紹堯致治), 무왕은 주紂를 벌하여 백성을 구하였으니 그 공은 한가지이다. 그러므로 그 음악은 모두 아름다움을 다했다. 그러나 순임금의 덕은 본성을 그대로 실현한 것(性之)이고, 또한 읍손揖遜함으로써 천하를 얻었고, 무왕의 덕은 본성을 회복한 것(反之)이고, 또한 정벌하고 죽임으로써 천하를 얻었다. 그러므로 그 실질은 같지 않다.

■程子曰 成湯放桀에 惟有慚德하시니 武王亦然이라 故로 未盡善이라 堯舜湯武 其揆一也니 征伐은 非其所欲이요 所遇之時가 然爾니라

정자가 말했다. "탕왕이 걸왕을 내쳤으니 오직 덕에서만 부끄러움이 있었고, 무왕 역시 그러했기 때문에 선함을 다하지는 못했다. 요순과 탕무는 그 법도는 한가지이니, 정벌은 원해서 한 것이 아니라 만난 때가 그러했던 것이다."

고금주 ―― ■補曰 善讀之如善世·善俗之善. [《易》曰: "善世而不伐." 又曰: "居賢德善俗."] 美, 謂始事華盛也, [《易》曰: "美在其中, 而暢於四支."] 善, 謂後事完好也. 舜紹堯而接禹, 始終無缺, 故其樂盡美而盡善. 武王得天下, 七年而崩, 殷頑未服, 禮樂未興, 故其樂盡美而未盡善. 樂, 象成者也. 故〈韶〉九成而〈武〉六成, 此所謂未盡善也.

보완하여 말한다. 선善은 선세善世·선속善俗의 선善(좋다)으로 읽어야 한다. (『역』에서 말했다. "세상을 좋게 하여도 자랑하지 않는다." 또 말했다. "어진 덕을 지녀 풍속을 좋게 한다.") 미美는 일의 시작이 화려하고 성대함을 말한다.(『역』에서 말했

현재 자형이 되었다. 씩씩하다, 용맹하다, 결단력 있다, 무력의 뜻이 있다. 길이 단위로 6척尺을 1보步라 하고 보의 절반을 1무武라 하기도 한다. 또한 무왕武王을 나타내기도 하고, 무왕이 지은 음악을 나타내기도 한다.
■미美는 羊(양 양) + 大(큰 대)의 회의자로서 (1) 살진 큰 양이 맛있다 혹은 희생 양으로 가치가 있다, (2)양 가죽으로 된 옷을 입을 사람, 양을 잡는 재주를 가진 사람 등의 뜻에서 훌륭하다, 좋다, 유용하다, 찬미하다 등의 의미가 파생되었다. 선善과 의義 등과 어원을 같이 한다.

다. "아름다움이 그 마음 가운데 있으니, 사지에 펼쳐 나온다.") 선善은 일을 끝마치는 것이 온전하고 좋은 것을 이른다.(맹자가 말했다. "그 마침을 좋게 한다." 순임금은 요임금을 이어서(紹) 우임금에게 전수하면서 처음부터 끝까지 아무런 결함이 없었기 때문에, 그 음악이 아름다움을 다하고 선함을 다하였다. 무왕은 천하를 얻었지만 7년 후에 붕어하고, 은나라 사람의 완악함을 아직 복종시키지 못하였으며, 예악이 아직 일어나지 않았기 때문에 무왕의 음악은 아름다움은 다하였지만 아직 선함을 다하지는 못했다. 악은 공을 이룬 것을 형상화한 것(象成)인 까닭에 소韶는 9성九成이지만 무武는 6성六成인데, 이것이 이른바 아직 선함을 다하지 못한 것이다.

■孔曰: "舜聖德受禪, 故盡善. 武王以征伐取天下, 故未盡善."[邢云: "以臣伐君, 雖曰應天順人, 不若揖讓而受, 故未盡善."] ○駁曰 非也. 若如孔說, 是讀之爲善惡之善也. 夫善與惡對, 未盡善則歸於惡而已. 善之與惡, 如陰陽黑白. 非陽則陰, 非白則黑, 陰陽之間無非陰非陽之物, 黑白之間無非白非黑之色. 旣未盡善, 明有一分惡根, 未及盡去者也. 有甕焉, 全體皆好, 惟一孔有漏, 終是破甕. 有人焉, 全體皆好, 惟一惡未去, 終是惡人. 此善惡剖判之法也. 況湯・武之事, 不是小節. 善則爲大善, 惡則爲大惡. 居大善而帶小惡?無是理也. 若帶小惡, 明非聖人, 若非聖人, 必歸大惡, 烏可模糊言之? 不惟武王爲然. 起此事者文王也, 成此業者周公也. 若云武王有未盡善, 此罪此案, 武王無獨當之理, 並文王・周公皆未盡善. 一家三聖, 皆蒙大名, 非細故也. 孔子於文王・周公, 必無絲毫不滿, 尺童之所知也. 旣於文王・周公, 心服其聖, 獨於武王, 常有一膜, 武王不冤乎?《左傳》稱季子觀樂, [襄二十九年] 見舞〈韶濩〉者曰: "惟有慙德."[謂湯樂] 先儒執此一語, 遂謂'湯・武之事, 原可訾議'. 梅仲眞作〈仲虺之誥〉, 儼稱猶有慙德. 然季札見舞〈大武〉者曰: "美哉! 周之盛也." 有襃而無貶. 何季子美武而刺湯乎? 左氏浮夸, 正謂此類. 總之, 孔子論樂, 未嘗論人, 論〈韶〉・〈武〉, 未嘗論舜・武. 善與未善, 亦惟聲容是評耳. 功多者, 其樂〈九成〉, 若〈九淵〉・〈九

韶〉之類, 是也. 功未多者, 其樂〈六成〉, 若〈六英〉·〈大武〉之類, 是也. 孔子
謂未盡善, 非以是乎?

공안국이 말했다. "순임금은 성덕聖德으로 선양에 의해 전수받았기 때문에
선함을 다하였지만, 무왕은 정벌로써 천하를 취하였기 때문에 아직 선함을
다하지 못하였다."(형병이 말했다. "신하로서 임금을 친:伐 것은 비록 하늘에 응하고
사람은 따른 것이라고 할지라도 선양에 의해 전수받은 것과 못하기 때문에 아직 선함을
다하지 못하였다.") ○논박하여 말하면, 그릇되었다. 만약 공안국의 설명과 같
다면, 여기서의 선을 선악善惡의 선善으로 읽어야 한다. 대저 선과 악은 대립
하는 것이니, 아직 선을 다하지 못하면 악으로 귀결될 뿐이다. 선과 악의 관
계는 음과 양, 흑과 백의 관계와 같아 양이 아니면 음이고, 백이 아니면 흑이
다. 음양 사이에 음도 아니고 양도 아닌 것은 없으며, 흑백 사이에 백도 아니
고 흑도 아닌 색은 없다. 이미 선을 다하지 못하였으면, 분명히 조금이라고
할지라도 악의 뿌리가 있어 아직 전부 제거하지는 못한 것이다. (예를 들면)
옹기(甕)의 경우에, 전체가 모두 좋으나 오직 하나의 구멍이 있어 물이 샌다
면, 이 옹기는 결국 깨진 옹기이다. 사람의 경우에 전체가 모두 좋으나, 오직
하나의 악만 아직 버리지 못하였다면 이 사람은 결국 악한 사람일 뿐이다.
이것이 선악을 판별하는 방법이다. 하물며 탕무의 일은 소절小節이 아니니,
선하면 큰 선이 되고 악하면 큰 악이 되니, 큰 선을 차지하면서도 작은 악을
두를帶 수 있겠는가? 이런 이치는 없다. 만약 작은 악이라도 두르고 있다면,
분명 성인이 아니며, 성인이 아니라면 필시 큰 악으로 귀결될 것이니, 어찌
모호하게 이렇게 말할 수 있겠는가? 오직 무왕만이 그런 것이 아니라 이 일
을 일으킨 이는 문왕이며, 이 입을 이룬 이는 주공이다. 만일 무왕이 아직 선
을 다하지 못하였다고 말한다면, 이 죄와 이 사안은 오직 무왕에게만 해당할
리가 없고, 문왕과 주공도 함께 아직 선을 다하지 못한 것이 된다. 이렇게 되
면 한 집안의 세 성인이 모두 대명大名을 뒤집어쓰게 될 것이니, 사소한 일이

아니다. 공자는 문왕과 주공에 있어 털끝만큼의 불만도 없었다는 것은 삼척동자도 아는 것이다. 이미 문왕과 무왕에게 있어 그들이 성인이라고 마음 깊이 인정하고 있었는데, 오로지 무왕에게 있어서만 항상 하나의 꺼풀(膜)이 있었다면, 무왕이 원통하지 않겠는가? 『좌전』에 계자季子가 악을 관람한 것을 칭하면서(襄公29년조), 소호韶濩를 추는 것을 보며 말하길, "오히려 덕에서는 부끄러움이 있다(猶有慙德; 탕임금의 음악을 말한다)."고 하였는데, 선유들은 이 한마디 말에 집착하여 드디어 '탕무의 일은 원래 허물할 의론이 있을 수 있다.'고 하였다. 매색梅賾이 『상서』「중훼지고」를 위작하면서, 오히려 덕에 있어서는 부끄러움이 있다猶有慙德고 엄하게 칭하였다. 그러나 계찰季札이 대무大武를 추는 것을 보고, "아름답구나! 주나라의 성대함이여(美哉 周之盛也)."라고 말하여, 찬양하고 폄하하지 않았다. 어찌 계자가 무왕을 찬미하면서 탕왕을 헐뜯었겠는가? 좌씨의 『좌전』의 글이 들떠서 과장되었다고 하는 것은 바로 이런 종류이다. 총괄하면, 공자는 음악을 논하였지 사람을 논한 것이 아니다. 순임금의 음악(韶)과 무왕의 음악(武)을 논하였지, 순임금과 무왕을 논한 것이 아니다. 선과 아직 선하지 않음(善與未善) 또한 오직 소리와 용모에 대한 평가일 뿐이다. 공功이 많은 것은 그 음악이 구성九成이기 때문이니, 구연九淵과 구소九韶 등이 그것이다. 공이 아직 많지 않은 것은 그 음악이 육성六成이니, 육영六英과 대무大武 등이 그것이다. 공자가 아직 선을 다하지 못하였다고 한 것은 이것 때문이지 않겠는가?

비평 —— 고주와 주자는 『상서』, 『맹자』, 『좌전』 등에 '요순은 본성 그대로 실천한 사람이고, 탕무는 본성을 회복한 사람이다(堯舜性之 湯武反之).' 혹은 '요순은 선양을 통해 왕위를 계승했지만, 탕무는 정벌을 통해 왕위를 얻었기 때문에 오히려 덕에 있어서는 부끄러움이 있다(猶有慙德).'는 구절을 전거로 하여, 이 구절을 요순과 탕무의 인격과 연관하여 해석했다.

이에 비해 다산은 여기서 아름다움이란 일의 시작에서 화성華盛을 말하고, 선이란 일의 마침에 좋음을 말하는 것이지, 상호 대립되는 개념인 선악의 선이 아니라고 말한다. 즉 이 구절은 순임금과 무왕의 인간됨을 말하는 것이 아니라, 그들의 공功과 연관하여 음악의 완성도를 말한다는 것이다. 요컨대 다산에 따르면, 이 구절이 인간됨을 말한다면 무왕은 성인聖人이 아니라는 말이 되며, 무왕이 성인이 아니라면, 공자가 그렇게도 본받고자 했던 문왕과 주공 또한 성인이 아니라는 터무니없는 결론에 도달하게 된다. 다산의 이러한 해석에는 『좌전』과 『맹자』, 그리고 『상서』「중훼지고」에서 자신의 해석에 유리한 것만을 취사선택하는 다소 무리한 시도가 내재되어 있다고 할 수는 있다. 그러나 아마도 다산의 이 주장은 전통적으로 인정되어 왔듯이 문·무·주공을 완전한 성인으로 인정하는 동시에, 이 구절의 의미 또한 해치지 않는 절묘한 해석이라고 할 수 있다. 고주 및 주자와 견해를 완전히 달리하는 다산의 독창적인 해석이 돋보인다.

3:26. 子曰: "居上不寬, 爲禮不敬, 臨喪不哀, 吾何以觀之哉?"[臨, 去聲]

고주 —— 공자께서 말씀하셨다. "윗자리에 있으면서 너그럽지 않고, 예를 행하면서 경건하지 않고, 상례에 임하면서 슬퍼하지 않는다면, 내가 무엇으로 그 사람을 살펴보겠는가?"

주자 —— 공자께서 말씀하셨다. "윗자리에 있으면서 너그럽지 않고, 예를 행하면서 경건하지 않고, 상례에 임하면서 슬퍼하지 않는다면, 내가 (다른) 무엇으로써 그 사람(의 행실의 득실)을 살펴보겠는가?"

다산 —— 공자께서 말씀하셨다. "윗자리(인군, 목자)에 있으면서 너그럽지 않고, (다른 사람과 더불어 길흉의 모든) 예를 행하면서 경건하지 않고, 상례에 임하면서 (조문하고 곡하면서) 슬퍼하지 않는다면, 내가 무엇으로 그 사람을 살펴보겠는가?"

집주 —— ■居上엔 主於愛人이라 故로 以寬爲本이요 爲禮엔 以敬爲本이요 臨喪엔 以哀爲本이니 旣無其本이면 則以何者而觀其所行之得失哉아

윗자리에 있는 것은 사람을 사랑하는 것을 주로 하기 때문에 관대함으로 근본을 삼는다. 예를 행하는 것은 경건함(敬)을 근본으로 한다. 상喪에 임하는 것은 슬픔을 근본으로 한다. 이미 그 근본이 없다면, 무엇으로 그 행한 것의 득실을 살펴보겠는가?

고금주 —— ■補曰 居上, 謂爲人君牧也. 爲禮, 謂與人行吉凶諸禮也. 臨喪, 謂弔哭也. 吾何以觀, 言無足觀也. [純云: "必當時有如是之人, 而孔子譏之."]

보완하여 말한다. 윗자리에 있다(居上)는 것은 인군人君, 목자牧者가 되는 것을 말한다. 예를 행한다는 것은 다른 사람과 더불어 길흉의 모든 예를 행하

자원풀이 ■관寬은 宀(집 면)+'패모 한'의 형성자로 화려하게 치장한 제사장이 종묘(宀)에서 천천히 춤추는 모습을 그렸다. 느긋하다, 너그럽다, 넓다, 느슨하다, 사랑하다, 용서하다 등의 뜻이다.
■경敬은 갑골문에서는 苟(진실로)로 썼으나, 금문에는 손에 몽둥이를 든 모습인 攵(칠 복)자가 더해져 오늘날의 모습이 되었다. 苟는 머리에 羊이 그려진 꿇어앉은 사람을 그렸는데, 절대자(양)에게 꿇어앉아 '진실하고 경건한 마음'으로 빌거나 복종하는 모습을 나타낸다.
■임臨은 臣(신하 신)과 人(사람 인)을 의미부로 하고 品(물건 품)을 소리부로 하는 형성자로 눈(臣)으로 물품(品)을 살피는 사람(人)을 그려 높은 곳에서 아래를 살피다, 감시監視하다, 다스리다, 만나다, 기대하다 등의 뜻이 나왔다.
■애哀는 口(입 구)+衣(옷 의)의 형성자로 口는 슬퍼 곡(哭)을 하는 것을, 衣는 곡할 때 입는 상복을 상징하여 애도哀悼와 슬픔의 의미를 그렸다.

는 것을 말한다. 상에 임한다(臨喪)하는 것은 조문하여 곡하는 것을 말한다. '내가 무엇으로써 보겠는가(吾何以觀)'란 아무것도 볼 만한 것이 없음을 말한다.(태재순이 말했다. "필시 당시에 이러한 사람이 있어, 공자께서 기롱한 것일 것이다.")

비평 —— 고주에서는 "이 장은 예의 뜻을 총괄한 것이다. 이 세 가지 잘못은 모두 예의 본의가 아니니, 혹 이와 같이 하는 자가 있다면 관찰할 가치도 없다. 그러므로 '내가 무엇으로써 그 사람을 보겠는가(吾何以觀之哉)?'라고 하였다."라고 주석하였다. 이렇게 고주와 다산은 오하이관吾何以觀을 '아무것도 족히 볼 만한 것이 없음을 말한다.'고 해석하였지만, 주자는 약간 다르게 주석하였다. 그는 세주에서 다음과 같이 말한다.

> 오하이관지吾何以觀之란 그를 살펴보지 않는다는 것도 아니고, 또한 살펴보기에 충분하지 않다는 것도 아니다. 다만 그의 근원이 모두 옳지 않기 때문에, '다시 무엇을 가지고 그를 살펴볼 것인가라는 말이다. 중점이 이以 자 위에 있다. (『논어집주대전』)

이에 대해 쌍봉 요씨는 다음과 같이 주자의 말을 해석하는데, 그 뜻(만약 이 셋이 없으면 전체가 모두 다 옳지 않은 것이니, 다시 무엇으로써 그를 살펴볼 것인가?)을 보면, 결국 고주 및 다산의 해석과 차이가 나지 않는 듯하다.

> 이以의 훈은 용用(쓰다)이니, 너그러움, 경건함, 슬픔 이 세 가지를 써서 그를 살핀다는 말이다. 대개 이 셋이 있으면 그 대체를 이미 얻은 것이니, 비로소 이에 대해 그 세세한 행동을 살펴볼 수 있다. 만약 이 셋이 없으면 전체가 모두 다 옳지 않은 것이니, 다시 무엇으로써 그를 살펴볼 것인가? (『논어집주대전』)

제4편

이인
里仁

凡二十六章이라
모두 26장이다.

4:1. 子曰: "里[句], 仁爲美. 擇不處仁, 焉得知?"

고주 —— 공자께서 말씀하셨다. "어진 이가 기거하는 마을(里仁=仁者之所居處)이, 아름답다. (거주지를) 선택하여 어진 이의 마을에 거처하지 않는다면, 어찌 지혜롭다 하겠는가?"

주자 —— 공자께서 말씀하셨다. "마을(풍속)이 인후해야(里仁:里有仁厚之俗), 아름답다. (仁厚한 마을을) 선택하여 인후한 마을에 거처하지 않는다면, 어찌 지혜롭다 하겠는가?"

다산 —— 공자께서 말씀하셨다. "사람의 (본성의) 거처(里=人所居)는, 인함이 아름답다. 선택하되 인仁에 거처하지 않는다면, 어찌 지혜롭다 하겠는가?"

집주 —— ■里有仁厚之俗이 爲美하니 擇里而不居於是焉이면 則失其是非之本心하여 而不得爲知矣니라
마을에는 인후仁厚의 풍속이 있는 것이 아름다움이 되니, 마을을 선택하되

자원풀이 ■리里는 田(밭 전)+土(흙 토)의 회의자로 田은 경작 가능한 농지를, 土는 농작물을 성장케 하는 상징이었는데, 농지가 있어 정착한 곳으로 마을이란 뜻과 향리鄕里라는 말이 나왔다. 5家가 1隣이고, 5隣을 1里라 했으니, 대개 25가구가 1리였다.
■미美는 羊(양 양)+大(큰 대)의 회의자로 큰 양이 융용하며, 유용한 것이 아름답다, 선하다, 훌륭하다, 찬미하다. 좋게 여기다의 뜻이다. 혹은 양(羊)의 가죽을 덮어쓴 사람(大)의 모습에서 양(羊)을 잡을 재주를 가진 뛰어난 사람(人)으로부터 훌륭하다, 좋다는 뜻이 나왔다고 한다. 아름답다(모양이 예쁘다, 경치가 아름답다, 소질이 훌륭하다, 예술성이 강하다, 순박하고 선량하다), 아름다운 품덕品德(君子成人之美), 아름답게 하다(夫明王不美宮室), 비옥하다(必壞美地), 무성하다(夫牛山之木嘗美), 큰 업적(美見乎天下), 맛있다(膾炙與羊棗孰美), 잘하다(彼將惡始而美終), 찬미하다(美齊侯之功也), 풍년들다(歲適美), 자라다(故薺以冬美), 즐거움(天下皆美之爲美 斯惡已).

이런 인후한 곳에 기거하지 않는다면 그 옳고 그름을 분별하는 본 마음(是非之本心)을 잃게 되어 지혜롭게 될 수 없다.

고금주 —— ■補曰 里者, 人所居也. 〔〈刑法志〉云: "在野曰廬, 在邑曰里."〕人所居, 惟仁爲美. 孟子所謂仁者人之安宅也, 擇所居而不處仁, 何得爲智?

보완하여 말한다. 리里란 사람이 거처하는 곳(人所居)이다.(「형법지」에서 말했다. "들:野에 있는 것을 廬라 하고, 邑에 있는 것을 里라 한다.") 사람이 거처할 곳은 오직 인만을 아름답게 여기니(惟仁爲美), 『맹자』의 이른바 '인이란 사람의 편안한 집이다(仁者人之安宅也:「공손추」상)'는 '거처할 곳을 선택하되 인仁에 거처하지 않으면, 어찌 지혜롭다 하겠는가?' 하는 것이다.

■鄭曰: "里者, 民之所居, 〔邢云: "仁者之所居處, 謂之里仁."〕居於仁者之里, 是爲美. 〔邢說同〕求居而不處仁者之里, 不得爲有知." ○駁曰 非也. 案, 子欲居九夷曰: "君子居之, 何陋之有?" 又曰: "言忠信, 行篤敬, 雖蠻貊之邦, 行矣." 君子之道, 修其在我, 無適不行. 若必仁者之里是擇是居, 則不責己而先責人, 非敎也. 此經之義, 宜遵《孟子》·《荀子》.

정현이 말했다. "리里란 백성이 거처하는 곳인데(형병은 말했다. "인자가 거처하는 곳을 里仁이라 한다."), 인자의 마을에 거처하는 것, 그것이 아름답다(형병의 설도 같다). 거처할 곳을 구하되 인자의 마을에 거처하지 않는다면, 지혜가 있다고 할 수 없다." ○논박하여 말하면, 그릇되었다. 살핀다. 공자가 구이九夷에 가서 살고자 하여 "군자가 거주한다면 어찌 누추함이 있겠는가?"(「자한」)라고 말하였고, 또 "말이 충신하고, 행동이 돈독하고 경건하면, 비록 오랑캐

■택擇은 手(손 수)+睪(엿볼 역)의 회의자로 눈으로 자세히 살펴(睪) 손(手)으로 가려내는 것을 말한다. 선택하다, 구별하다, 붙잡다 등의 뜻이다.
■언焉은 본래 장강長江과 회수淮水 등지에 서식하는 황색의 새(언조焉鳥)를 그렸으나, 이후 '어찌'라는 의문 부사로 가차되었다.

의 나라에서도 행세할 수 있다(15:5. 言忠信 行篤敬 雖蠻貊之邦 行矣)."고 하였다. 군자의 도는 그것을 닦는 것이 자기에게 있고, 어디에 가더라도 행하지 않음이 없다. 만약 반드시 인자가 사는 마을을 선택하여 거처하려 한다면, 이는 자신을 책망하지 않고 먼저 남을 책망하는 것이니 가르침이 되지 않는다. 이 경문의 뜻은 마땅히 『맹자』(「공손추」상)와 『순자』(「대략」)를 따라야 한다.

■引證《孟子》曰: "矢人, 豈不仁於函人哉? 矢人惟恐不傷人, 函人惟恐傷人, 巫匠亦然. 故術不可不愼也. 孔子曰, '里, 仁爲美. 擇不處仁, 焉得智?[趙岐云: "里, 居也."] 夫仁, 天之尊爵也, 人之安宅也. 莫之禦而不仁, 是不智也." ○案 若如鄭說, 則孟子方論擇術之理, 忽引孔子擇里之言, 不亦齟齬乎? 孟子直以仁爲安宅, 不以仁里爲安宅, 則鄭說之非, 斯已明矣.

인증한다. 『맹자』「공손추상」에서 말했다. 화살 만드는 사람이 어찌 갑옷 만드는 사람보다 인하지 못하겠는가? 화살 만드는 사람은 오직 사람을 상하게 하지 못할까 두려워하고, 갑옷 만드는 사람은 오직 사람을 상하게 할까 두려워하니, 무당과 관棺을 만드는 장인도 역시 그러하다. 그러므로 기술을 선택함에 삼가지 않을 수 없는 것이다. 공자께서 말씀하시길 "마을에 사는 것은 인한 (마을에 사는) 것이 좋으니, 인한 사람의 마을을 택하여 살지 않으면, 어찌 지혜롭다고 할 수 있겠는가?"(趙岐가 말하길, "里는 居이다.") 대저 인仁이란 하늘이 내려준 존귀한 작위이고, 사람의 편안한 집이다. 막지도 않는데 인하지 못하니, 이는 지혜롭지 못한 것이다. ○살핀다. 만약 정현의 설과 같다면, 맹자가 바야흐로 택술擇術의 도리를 논하다가 갑자기 공자의 택리擇里의 말을 인용한 것이 되니, 이 또한 어긋나는 말이 아니겠는가? 맹자는 바로 인을 사람의 편안한 집이라고 하였지 어진 마을을 사람의 편안한 집이라고 말하지 않았으니, 정현의 설이 잘못이라는 것이 이미 분명하다.

■引證《荀子》曰: "仁有里, 義有門. 仁非其里而虛之, 非仁禮也. 義非其門而由之, 非義也."[〈大略〉篇]. ○案 仁可居, 故曰有里. 義可由, 故曰有門. 仁非其里, 謂不仁也. 義非其門, 謂不義也. 荀子讀《論語》, 亦'里'爲句, '仁爲美'爲句.
인증한다. 『순자』「대략」에서 말했다. "인仁은 거처할 마을이 있고, 의義는 나
갈 문이 있다. 인은 그 거처할 마을이 아닌데 거기에 거처하면 예가 아니고,
[揚倞이 말했다. "虛는 居로 읽으니 그 소리가 잘못된 것이다."] 의는 그 나갈 문이 아
닌데 그 문을 통해 나가면 의가 아니다." ○ 살핀다. 인仁은 거처할 만하기 때
문에 '마을이 있다.'고 하였고, 의義는 말미암을 만하기 때문에 '문이 있다.'고
하였다. 인은 그 거처할 마을이 아니면 불인不仁이라 하고, 의는 그 나갈 문
이 아니면 불의不義라고 한다. 순자는 『논어』를 읽을 때 역시 '리里' 한 글자로
한 구句로 하고, 인위미仁爲美를 한 구로 한 것이다.

■案 '里'一字爲句, 其義方豁. 若云居仁爲美, 則其下句亦當曰擇不里仁, 何必
變之曰處仁乎? 里字之義, 漢儒從來誤解, 訓之爲居. ○ 又按 擇字有精神. 若以
擇爲宅, 則孟子何得引之爲擇術之證? 亦非也.
살핀다. '리里' 한 글자로 구句로 삼아야, 그 뜻이 바야흐로 통할 것이다. 만
약 '거인위미居仁爲美'라고 한다면 그 아래의 구 역시 당연히 '택불리인擇不里
仁'이라고 해야지, 하필이면 이것을 바꾸어 '처인處仁'이라고 하겠는가? 리里
자의 뜻은 한유漢儒들로부터 잘못 해석하여 '기거하다(居)'로 해석하였다. ○ 또
살핀다. 택擇 자에는 정신精神이 있다. 만약 택擇을 택宅으로 간주한다면, 맹
자가 무엇 때문에 이 말을 인용하여 기술을 선택하는 증거로 삼았겠는가? 이
것도 역시 잘못된 것이다.

비평 —— (1) '리인里仁'에 대해 리里를 '사람의 삶의 거주지로 볼 것인가(고주
와 주자)', 아니면 '존재론적인 인간의 존재방식으로 볼 것인가(다산)' 하는 논
란이 있다. 그리고 또 리里를 동사로 해석하면서 '인자가 기거하는 곳(고주: 里
仁=仁者之所居處)', 혹은 '도덕 윤리적으로 사람이 그 본성에 따라 인을 선택하
여 거기에 기거하는 것(다산: 里, 仁爲美=人所居, 惟仁爲美)'으로 볼 것인가, 아니

면 명사로 단순히 '마을'로 해석하면서 '마을의 풍속이 인후한 것(주자:里仁=里有仁厚之俗)'으로 볼 것인가? 각각 다르게 해석하고 있다.

그리고 (2) 택擇의 대상이 마을인가(어진 사람이 사는 인후한 마을을 선택해야 한다), 아니면 기술(직업)인가(직업의 선택을 조심해야 한다) 하는 점에 대해 논란하고 있다. 다산은 『맹자』와 『순자』 등의 예문을 근거로 기술(직업)로 해석한다. 처인處仁 또한 마찬가지이다. 각각 인한 마을에 거처함(고주와 주자)과 인간의 본성인 인에 거처함(다산)으로 해석했다.

현대 중국에서 이 분야에 설득력 있는 저술을 했던 양백준 또한 『맹자』와 『순자』의 전거에 따라, 다산의 해석을 지지한다. 이와 대비되는 주자의 해설은 다음과 같다.

주자가 말했다. "택擇 자는 앞 구절(里仁爲美)로부터 그 의미가 연결된다." 물었다. "이 장에 대하여 사량좌는 맹자의 택술위증擇術爲證(기술을 선택하는 것이 그의 마음의 증거가 된다.)을 인용했는데, 어떻습니까?" (주자가) 답했다. "성인께서 본래 말씀하신 것은 단지 거처를 택하는 것이지, 직업을 택하는 것이 아니다. 옛사람은 거처함에 반드시 고을을 선택하고, 노닐 때는 반드시 선비를 선택했다." 물었다. "지금 사람들은 여러 세대 동안 이 땅에 거주했는데, 어찌 마땅히 타향의 풍속이 아름답다는 이유로 급히 옮기겠습니까?" (주자가) 답했다. "옛 사람은 위태로운 나라에는 들어가지 않고 혼란한 나라에는 거처하지 않았으니, 비근하게 말해서 가령 한 마을의 사람이 모두 도적이라면 내 어찌 피할 곳임을 몰라서야 되겠는가?" (『논어집주대전』)

4:2. 子曰: "不仁者, 不可以久處約, 不可以長處樂. 仁者安仁, 知者利仁."

고주 —— 공자께서 말씀하셨다. "(자연적 성품이) 어질지 못한 사람은 곤궁함에 오래도록 참지 못하고, 안락함도 오래 누리지 못한다. 어진 사람은 (자연히 인을 체득하여) 인에 편안하고, 지모(知=智謀)가 있는 사람은 (이익을) 탐하여 인을 행한다.(이익이 있으면 인을 행하고 이익이 없으면 그치니, 이는 본래의 실정이 아니다.)"

주자 —— 공자께서 말씀하셨다. "어질지 못한 사람은 곤궁도 오래 참지 못하고, 안락도 오래 누리지 못한다. 어진 사람은 인에 편안하고, 지혜로운 사람은 인을 탐한다.(利猶貪:비록 깊고 얕음이 같지 않지만, 모두 외물이 빼앗을 수 있는 바가 아니다.)"

다산 —— 공자께서 말씀하셨다. "어질지 못한 사람은 곤궁도 오래 참지 못하고, 안락도 오래 누리지 못한다. (천성이) 어진 사람은 (자연히 인을 체득하여) 인(仁=人倫之成德)에 편안하고, 지혜로운 사람은 (인이 아름답다는 것을 알아) 인을 이롭게 여긴다."

집주 —— ■約은 窮困也라 利는 猶貪也니 蓋深知篤好而必欲得之也라 不仁之人은 失其本心하여 久約必濫하고 久樂必淫이라 惟仁者則安其仁而無適不然하고 知者則利於仁而不易所守하니 蓋雖深淺之不同이나 然이나 皆非外物

자원풀이 ■약約은 糸(가는실 멱)+勺(구기 작)의 형성자로 실로 묶다의 뜻이다. 묶다, 약속, 속박, 규약規約, 절제, 간소 등의 뜻이 나왔다.
■리利는 기본적으로 '벼 화(禾)' 자와 '칼 도(刂=刀)' 자가 결합한 회의會意문자이다. 우선 칼 도(刀= 刂) 자를 기본적인 의미로 생각하는 견해에 따르면, 병기구兵器 혹은 농기구銛의 날의 예리銳利함이라는 의미이다. 그리고 리利는 '칼로 벼를 베다', 즉 '수확收穫'이란 의미가 있는 글자이다. 그런데 이렇게 벼를 베어 수확하는 것은 우선 벼의 측면에서 보자면 결실을 이루어 자기완성을 이루었다(利者 萬物之遂), 혹은 인신引伸하여 '순조롭게 조화를 이루었다'는 의미이다. 결실을 이룬 벼를 수확하는 것은 곧 씨를 뿌리고 가꾸는 노고를 아끼지 않았던 농부의 편에서 보자면 결과적인 '이익'이 된다.

所能奪矣니라

약約은 곤궁함이다. 이利는 탐貪과 같으니, 대개 깊이 알고 돈독하게 좋아하여 반드시 얻고자 함이다. 어질지 못한 사람은 그 본심을 잃어, 오래도록 곤궁하면 반드시 넘치고, 오래도록 즐거우면 반드시 음탕해진다. 오직 어진 사람이라야 그 인을 편안하게 여겨 어디를 가더라도 인하지 않음이 없으며, 지혜로운 사람이라야 인을 탐하여 지킨 것을 바꾸지 않는다. 대개 비록 깊고 얕음이 같지 않지만, 모두 외물이 빼앗을 수 있는 바가 아니다.

■謝氏曰 仁者는 心無內外遠近精粗之間하여 非有所存而自不亡하고 非有所理而自不亂하니 如目視而耳聽하고 手持而足行也라 知者는 謂之有所見則可커니와 謂之有所得則未可하니 有所存이라야 斯不亡하고 有所理라야 斯不亂하여 未能無意也라 安仁則一이요 利仁則二라 安仁者는 非顔閔以上去聖人爲不遠이면 不知此味也니 諸子雖有卓越之才나 謂之見道不惑則可커니와 然이나 未免於利之也니라

사량좌가 말했다. "어진 사람은 마음에 내외, 원근, 정조精粗의 간극이 없어서 보존하려고 하지 않아도 자연히 없어지지 않고, 애써 다스리려 하지 않아도 자연히 혼란스럽지 않다. 마치 눈이 보고, 귀가 듣고, 손이 잡고, 발이 가는 것과 같다. 지혜로운 사람은 본 것이 있다고 할 수는 있지만, 터득한 것이 있다고 할 수는 없다. 보존하는 것이 있어야 이에 없어지지 않고 다스리는 것이 있어야 이에 혼란스러워지지 않으니, 의지가 없을 수 없다. 인에 편안하면 인과 하나가 되지만, 인을 탐하면 인과 둘로 나뉜다. 인에 편안한 것은 안연과 민자건 이상으로, 성인과 거리가 멀지 않은 사람이 아니라면 그 맛을 알지 못한다. 다른 제자들은 비록 탁월한 재능이 있어 도를 알고 미혹되지 않았다고 할 수 있을지라도, 아직 인을 이롭게 여기는 것을 벗어나지 못했다."

고금주 —— ■補曰 約, 纏束也. 《說文》云] 窮居困畏, 若纏束然, 曰約. 〔坊記〕云:

"小人貧期約."] 樂, 安富也. [人所樂] ○ 包曰: "惟性仁者自然體之, 故安仁."[邢云: "天性仁者, 非關利害, 自然體仁."] ○ 王曰: "知者知仁爲美, 故利而行之." ○ 案 仁者, 人倫之成德也. 後凡言仁皆然.

보완하여 말한다. 약約은 얽어매는 것(纏束)이다(『설문』에서 말했다). 궁벽한 곳에 처하여 피곤하고 두려워하는 것이 마치 얽어맨 것과 같다고 하여 약約이라 하였다.(『예기』「坊記」에서 말했다. "소인은 가난하면 困約해진다.") 낙樂은 편안하고 부유한 것이다(사람이 즐거워하는 것이다). ○ 포함이 말했다. "오직 성품이 인한 사람만이 자연히 (인을) 체득하는 까닭에 인에 편안하다고 한다."(형병이 말했다. "천성이 인한 사람은 이해에 구애됨이 없어 자연히 인을 체득한다.") ○ 왕숙이 말했다. "지자는 인仁이 아름다움이 된다는 것을 알기 때문에, 인을 이롭게 여겨 행한다." ○ 살핀다. 인이란 인륜의 완성된 덕(成德)이다. 뒤의 모든 인仁에 관한 언명은 모두 그러하다.

■ 邢曰: "有智謀者, 貪利而行仁. 有利則行, 無利則止, 非本情也." ○ 駁曰 非也. 天下之害於己者, 未有甚於不仁. 智者明於利害, 知仁之利己而行之, 故患亂不移, 富貴不淫. 邢說其當於理乎?

형병이 말했다. "지모智謀가 있는 자는 이익을 탐하여 인을 행한다. 이익이 있으면 인을 행하고 이익이 없으면 그치니, 이는 본래의 실정이 아니다." ○ 논박하여 말하면, 그릇되었다. 천하에 자기에게 해가 되는 것은 불인不仁보다 심한 것은 없다. 지자智者는 이해에 밝아 인이 자기에게 이익이 된다는 것을 알고 행하기 때문에, 환란에서 (그 지조를) 옮기지 못하고 부귀해도 넘치지 않는다. 형병의 설이 이치에 합당하겠는가?

비평 —— 인간의 본성은 인하기(인이란 인간의 편안한 집이다:仁者 人之安宅-맹자) 때문에, 그 본성인 인을 체득하여 구현하는 것이 가장 자연스럽고 편안한 삶이다. 그래서 공자는 "어진 사람은 인간의 본성인 인을 자신의 본향과 같이 편안하게 여긴다(仁者 安仁)."고 말했다. 그리고 학문과 경험을 통해 인간의 온전한 덕이 인이라는 것을 깨달아 아는 지혜로운 사람은 비록 아직 몸소 인을 완전히 체득하여 편안하게 행하지는 못했지만, 최소한 인을 행하면 궁극적인 이로움이 된다는 사실을 알고 있다. 따라서 "지혜로운 사람은 인을 이롭게 여겨(知者 利仁), 인을 실천하고자 한다."고 말했다.

여기서 '어질지 못한 사람(不仁者)'은 인을 추구하지 않고, 세속의 이익을 추구하는 사람으로 곧 소인(小人)이라고 지칭되는 사람들이다. 소인들은 탐욕에 이끌리어 이로움을 추구하기 때문에, 가난을 편안히 여기고 도를 즐기는(安貧樂道) 삶을 영위할 수 없다. 그래서 "어질지 못한 사람은 곤궁함에 오래 처하지 못하고, 즐거움에도 오래 처하지 못한다."고 말했다.

해석에서 약간 차이가 난다. 특히 인仁과 연관하여 주자와 다산의 관점이 다르다. 주자는 인을 내재적인 인간의 본심과 연관 짓고 있고, 다산은 행사를 통해 실천되는 인륜의 성덕이라고 말하고 있다. 3권의 「인仁」에 관해 해설한 장을 참고하기 바란다.

‿‿‿✦‿‿‿

4:3. 子曰: "惟仁者, 能好人, 能惡人."

고주 —— 공자께서 말씀하셨다. "오직 인자만이 (다른 사람에 대해 사사로움이 없어) 능히 남이 좋아하는 것을 살펴 알 수 있고(審), 남이 미워하는 것도 살펴 알 수 있다."

주자 —— 공자께서 말씀하셨다. "오직 인자만이 (사심이 없어 호오가 이치에 합당할 수 있어) 능히 (공정하게) 남을 좋아할 수 있고, 능히 남을 미워할 수 있다."

다산 —— 공자께서 말씀하셨다. "오직 (선을 좋아하기를 마치 좋은 색을 좋아하는 것처럼 하고, 악을 미워하기를 마치 악취를 싫어하는 것처럼 하는) 인자만이 능히 남 (의 선)을 좋아할 수 있고, 능히 남(의 악)을 미워할 수 있다."

집주 —— ■惟之爲言은 獨也라 蓋無私心然後에 好惡當於理니 程子所謂得其 公正이 是也라

유唯는 '홀로(獨)'라는 뜻이다. 대개 사심私心이 없어야 비로소 호오好惡가 이 치에 합당할 수 있으니, 정자가 말한바, '공정함을 얻었다'는 것이 그것이다.

■游氏曰 好善而惡惡은 天下之同情이라 然이나 人每失其正者는 心有所繫 而不能自克也라 惟仁者는 無私心하니 所以能好惡也니라

유초가 말했다. "선을 좋아하고 악을 미워함은 천하의 공통된 감정이다. 그 러나 사람이 매번 그 바름을 잃는 것은 마음에 얽매인 것이 있어 스스로 극복 하지 못하기 때문이다. 오직 어진 사람만이 사심이 없어서 능히 좋아하고 미 워할 수 있다."

고금주 —— ■補曰 樂善如好好色, 惡惡如惡惡臭, 然後能成其仁. 故於他人之 善惡, 亦必深好而深惡之.

보완하여 말한다. 선을 좋아하기를 마치 좋은 색을 좋아하는 것처럼 하고, 악을 미워하기를 마치 악취를 싫어하는 것처럼 한 뒤에야 비로소 그 인仁을 이룰 수 있다. 그러므로 다른 사람의 선악에 있어서도, 또한 반드시 깊이 좋 아하고, 깊이 미워하는 것이다.

■孔曰: "惟仁者, 能審人之所好惡."[邢云: "仁者無私於物, 故能審好惡."] ○駁曰 非 也. 其心仁, 故見仁者則深好之, 見不仁者則深惡之. 凡術皆然. 見同德則其悅不可堪, 見異類則其憎不可堪. 惟不可堪而後能好惡.

공안국이 말했다. "오직 인한 사람이라야, 능히 다른 사람의 좋아하고 미워할 것을 살펴 알 수 있다."(형병이 말했다. "인한 사람은 다른 것에 대해 사심이 없기 때문에 능히 좋아할 것과 미워할 것을 살펴 알 수 있다.") ○논박하여 말하면, 그릇되었다. 그 마음이 인하기 때문에 인자를 보면 깊이 좋아하고, 불인자를 보면 깊이 미워한다. 모든 마음 씀씀이가 모두 그러하다. (인자는) 덕이 같은 이를 보면 그 기쁨을 감당할 수 없고, 불인한 부류를 보면 그 증오를 감당할 수 없다. 오직 감당할 수 없게 된 뒤에 비로소 능히 좋아하고 미워할 수 있다.

비평── 고주의 잘못된 해석을 주자와 다산이 올바르게 수정하였다고 생각된다. 3권의 「인仁」에 관한 장에서 상론한다.

4:4. 子曰: "苟志於仁矣, 無惡也."

고주── 공자께서 말씀하셨다. "진실로 인에 뜻을 두면, (그 나머지 행동에서) 악은 없다."

주자── 공자께서 말씀하셨다. "진실로 인에 뜻을 두면, (아직 반드시 지나친 過擧이 없을 수 없지만) 악을 행하는 일은 없다."

다산── 공자께서 말씀하셨다. "진실로 인(仁=孝悌忠信之總名)에 뜻을 두면, (아직 인을 완성하는 데에 미치지 못하면, 과오가 없을 수는 없지만) 악함은 없다."

집주 —— ■ 苟는 誠也라 志者는 心之所之也라 其心이 誠在於仁이면 則必無
爲惡之事矣리라

구苟는 진실함이고, 지志는 '마음이 가는 곳'이다. 그 마음이 진실로 인仁에 있
으면, 반드시 악을 행하는 일은 없다.

■ 楊氏曰 苟志於仁 未必無過擧也 然而爲惡 則無矣

양시가 말했다. "진실로 인仁에 뜻을 두면 아직 반드시 지나친 거동過擧이 없
을 수 없지만, 악을 행하는 경우는 없다."

고금주 —— ■ 補曰 仁者, 孝弟忠信之總名. [事親孝, 事長弟, 事君忠, 與朋友信者,
謂之仁] 苟其志眞正在仁, 斯無惡矣. ○案 過與惡不同. 志於仁者, 未及成仁, 不
能無過. 故曰'觀過知仁'. 然其志旣立, 必無惡行.

보완하여 말한다. 인이란 효제충신을 총괄하는 명칭이다.(어버이를 섬기는 孝,
어른을 섬기는 공경:悌, 임금을 섬기는 忠, 벗과 믿음:信으로 사귀는 것을 仁이라 한다.)
진실로 그 뜻이 참되고 바르게 인仁에 있으면, 이에 악이 없다. ○살핀다. 과
오(過)와 악惡은 다르다. 인仁에 뜻을 두는 자가 아직 인仁을 완성하는 데에
미치지 못하여 과오가 없을 수는 없다. 그러므로 말하기를, "허물을 보면 인
仁한지를 안다."고 하였다. 그러나 그 뜻이 이미 확립되었으면, 반드시 악행
은 없다.

자원풀이 ■ 구苟는 艹(풀 초)+句(글귀 구)의 형성자. 『실문해자』에서는 풀의 이름이라고 하였다. 그러나 갑골문에
서는 양羊을 토템으로 삼았던 강족羌族이 꿇어앉은 모습을 그려, 은나라의 적이었던 그들이 '진정으로' 굴복하는
모습을 그렸고, 이로부터 진실하다, 구차하다의 뜻이 나온 듯하다. 또 '정말로 ~한다면'의 의미를 나타낸다. 구차
苟且하다, 구차하게 굴다, 진실로(苟日新), 만약(苟志於仁), 잠시(苟免於咎), 바라건대(苟無饑渴), 탐하다(不苟於利), 낮다.
■ 악惡은 心+亞로 이루어져 있다. 亞는 시신을 안치하던 무덤의 묘실墓室을 그린 것(왕의 무덤을 관리하던 관직으로
'버금'이라는 뜻이 나왔다)으로 시신에 대한 두려움이나 거리낌 등으로부터 '흉측하다' '싫어하다'의 뜻이 나왔다. 그
래서 亞+心=惡은 싫어하는 마음, 나아가 선악善惡에서 '나쁘다'는 뜻이 생겼다. 증오憎惡 혹은 수오羞惡에서는 '오'
라고 읽는다.

비평 —— "진실로 인에 뜻을 두면, 악을 행하는 일은 없다."는 주자의 해석은 "진실로 인에 뜻을 두면 악함은 없다."는 다산의 해석과 다음 언명을 보면 거의 차이가 나지 않는다.

주자가 말했다. "인仁에 뜻을 두면 비록 과오나 착오가 있더라도, 그것을 악惡이라 하지는 않는다. 오직 인仁에 뜻을 두지 않았을 때 악이 있게 되니, 이 '지志'자는 함부로 보아서는 안 된다." (「논어세주」)

다만 다산은 '인이란 효제충신을 총괄하는 명칭'이라고 단언하면서, 주자가 해석하듯이 내면의 덕으로 환원하는 것을 경계하고 있다. 별도의 장을 구성하여 상론하기로 한다.

4:5. 子曰: "富與貴, 是人之所欲也, 不以其道得之, 不處也. 貧與賤, 是人之所惡也, 不以其道得之, 不去也. 君子去仁, 惡乎成名? 君子無終食之間違仁, 造次必於是, 顚沛必於是."

고주 —— 공자께서 말씀하셨다. "부귀는 사람이 욕망하는 것이지만, 정당한 도로써 그것(부귀)을 얻은 것이 아니라면 처하지 아니한다. 빈천은 사람이 싫어하는 것이지만, 정당한 도로써 그것(之=貧賤)을 얻은 것이 아니라고 할지라도 떠나지 아니한다. 군자가 인仁을 버리고 어디서 명성을 이루겠는가? 군자는 한끼 밥을 먹는 동안에도 인을 어기지 않고, 위급할 때도 반드시 인을 지키고, 엎어질 때도 반드시 인을 지키고 어기지 않아야 한다."

주자 —— 공자께서 말씀하셨다. "부귀는 사람이 욕망하는 것이지만, 정당한 도로써 (부귀) 얻은 것이 아니라면(不以其道得之謂不當得而得之) 처하지 아니한다. 빈천은 사람이 싫어하는 것이지만, 정당한 도로써 그것(之=貧賤)을 얻은 것이 아니라고 할지라도 떠나지 아니한다(군자가 부귀를 살피고 빈천을 편안히 여기는 것이 이와 같다). 군자가 인仁을 버리고 어디서 명성을 이루겠는가? 군자는 한끼의 밥을 먹는 동안에도 인을 어기지 않고, 위급할 때도 반드시 인을 지키고, 엎어질 때도 반드시 인을 지키고 어기지 않아야 한다."

다산 —— 공자께서 말씀하셨다. "부귀는 사람이 욕망하는 것이지만, (의리의 올바름에 부합하는) (성취하는 방법이 의리의 올바름에 부합하는) 도로써 얻은 것이 아니라면 처하지 아니한다. 빈천은 사람이 싫어하는 것이지만, (성취하는 방법이 의리의 올바름에 부합하는) 도로써 부귀(之=富貴)를 얻은 것이 아닐 경우에는 (빈천을) 떠나지 아니한다.(성취하는 방법이 의리의 올바름에 부합한다면 부귀를 추구하고, 빈천을 버려라!) 군자가 인仁(사람과 사람의 관계에서 그 도를 다하는 것)을 버리고 어디서 명성을 이루겠는가? 군자는 한끼의 밥을 먹는 동안에도 인을 떠나지 않고, (갑자기) 풀로 얽어매어 야숙할 때도 반드시 인을 지키고, (황급하게) 엎어질 때도 반드시 인을 지키고 어기지 않아야 한다."

자원풀이 ■천賤은 貝(조개 패)+戔(얼마 되지 않을 전)의 형성자로 값이 싸다는 뜻이다. 또 재산(貝)이 얼마 남지 않은(戔) 상태를 말한다. 가난하다, 천하다, 멸시하다의 뜻이다.
■거去는 大+凵(입 벌릴 감)의 회의자로 반지하로 파 들어간 구덩이와 사람의 정면 모습(大)을 그려 구덩이를 뛰어넘거나 구덩이로부터 나오는 사람을 그렸다. 가다, 떠나다, 벗어나다의 뜻이다.
■위違는 辵(갈 착)+韋(에워 쌀 위)의 형성자로 성을 지키다(韋)가 떠나다(辵)는 뜻에서 벗어나다, 위반違反하다, 어기다는 뜻이 나왔다
■조造는 辵(=辵·달릴 주)+告(알릴 고)의 형성자로 어떤 곳으로 나아가(辵) 알린다(告)는 뜻이다. 금문에서는 고告가 소(牛) 같은 희생물을 제단에 올려 어떤 상황을 신에게 알리는 모습을 그려, 작업장에서 청동기물을 만들어 조상신에게 그 완성을 알리는 모습을 그려 제조製造나 완성의 뜻이 나왔다. 갑자기, 처음이라는 뜻도 있다.

집주 —— ■ 不以其道得之는 謂不當得而得之라 然이나 於富貴則不處하고 於
貧賤則不去하니 君子之審富貴而安貧賤也如此니라

'그 도로써 얻은 것이 아니다(不以其道得之).'라는 것은 마땅히 얻지 말아야 할
것인데도 얻었다는 것을 말한다. 그러나 부귀에 처하지 않고 빈천에서 떠나
지 않음은 군자가 부귀를 살피고 빈천을 편안히 여기는 것이 이와 같다.

■ 言君子所以爲君子는 以其仁也니 若貪富貴而厭貧賤이면 則是自離其仁하
여 而無君子之實矣니 何所成其名乎아

군자가 군자인 까닭은 그 인仁 때문이다. 만약 부귀를 탐하고 빈천을 싫어한
다면, 이는 스스로 그 인에서 떠나서 군자의 실상이 없는 것이니, 어디에서
그 이름을 이루겠는가?

■ 終食者는 一飯之頃이라 造次는 急遽苟且之時요 顚沛는 傾覆流離之際라
蓋君子之不去乎仁이 如此하니 不但富貴貧賤取舍之間而已也니라

'종식終食'이란 한끼 밥 먹는 경각이며, 조차造次는 급박하고 구차할 때이며,
전패顚沛는 엎어지고 넘어지거나 떠내려갈 때이다. 대개 군자가 인仁에서 떠
나지 않음이 이와 같으니, 단순히 부귀빈천을 취하느냐 버리느냐 하는 경우
만은 아니다.

■ 言君子爲仁이 自富貴貧賤取舍之間으로 以至於終食造次顚沛之頃에 無時
無處而不用其力也라 然이나 取舍之分이 明然後에 存養之功이 密이니 存養
之功이 密이면 則其取舍之分이 益明矣리라

군자가 인을 행함은 부귀빈천을 취하거나 버리는 것에서부터 밥 한끼 먹는
경각이거나 급박하고 구차할 때, 엎어지고 넘어지거나 떠내려갈 때에 이르

■차次는 〉(얼음 빙)+欠(하품 흠)의 회의자로 원래 재채기하고 침을 튀기는 예의에 어긋난 방자한 모습을 그렸다.
〉이 二(두 이)의 뜻으로 변해 순서상 두 번째, 버금, 질이 떨어지다의 뜻이 나왔다.
■전顚은 頁(머리 혈)+眞(참 진)의 형성자로, 머리 위의 숨구멍이 있는 자리로 정수리를 말한다. 머리(頁) 중에 참으
로(眞) 중요한 부분이라는 뜻을 담았다.
■패沛는 水(물 수)+巿(슬갑 불:초목이 무성한 모양)의 형성자로 수초가 무성한 소택지를 말한다.

기까지, 어느 때 어느 곳에서나 그 힘을 쓰지 않음이 없다는 말이다. 그러나 취하고 버림이 분명한 뒤에 존양의 공(存養之功)이 엄밀해지고, 존양의 공이 엄밀해지면 취하거나 버리는 구분이 더욱 분명해진다.

고금주 ── ■補曰 富貴, 人所欲也. 然不以其道得處之, 則弗處也. [道, 謂其所以致之者, 合於義理之正] 貧賤, 人所惡也. 然不以其道得去之, 則弗去也. 得者, 成事之意, 去貧賤亦成事也. 仁者, 人與人之盡其道也. 子事親然後有孝之名, 少事長然後有弟之名, 臣事君然後有忠之名, 牧養民然後有慈之名. 去仁, 何以成名? 違, 離也. [即乖迕之意] 造次, 苃舍之名, [邢云: "造次, 猶言草次." ○案, 草次者, 倉卒所造之野次也] 顚沛, 木拔之稱, [〈大雅〉云: "顚沛之揭, 枝葉未有害."《毛傳》云: "沛, 拔也."] 謂雖急遽偃仆之中, 不違仁.

보완하여 말한다. 부귀는 사람이 욕망하는 것이다. 그러나 그 도로써 얻어서 처하는 것이 아니라면 처하지 않는다.(도란 그것을 이루는 방법이 의리의 올바름에 부합하는 것을 말한다.) 빈천은 사람들이 싫어하는 것이다. 그러나 그 도로써 얻은 것이 아니라면, 버리고 거하지 않는다. 얻는다(得)는 것은 일을 이룬다는 뜻이니, 빈천을 버리는 것 또한 일을 이루는 것이다. 인仁이란 사람과 사람의 관계에서 그 도를 다하는 것이다. 자식이 어버이를 섬긴 연후에 효의 명칭이 있고, 젊은이가 어른을 섬긴 연유에 공경의 명칭이 있고, 신하가 임금을 섬긴 연후에 충의 명칭이 있고, 목민관이 백성을 양육한 연후에 자애로움의 명칭이 있으니, 인을 떠나서 무엇으로써 명성을 이루겠는가? 위違는 이반(離: 즉 어그러지고 거슬린다:乖忤는 뜻)이고, 조차造次는 발사苃舍(풀뿌리로 만든 집)이다.(형병이 말했다. "造次는 草次와 같다." ○살핀다. 갑자기 풀로 지어 野宿하는 것이다.) 전패顚沛는 목발木拔(나무가 뽑히는 것)과 같으니(『시경』「대아」에서 말했다. "넘어져 뽑혔는데도 가지와 잎에는 해가 없다."『모시전』에서 말하길, "沛는 뽑다:拔이다."), 비록 황급하고 넘어지는 순간에도 인仁을 이반하지 않음을 말한다.

■何曰: "時有否泰, 故君子履道而反貧賤. 此則不以其道而得之, 雖是人之所惡, 不可違而去之." ○駁曰 非也. 苟如是也, 君子終無去貧賤之日矣. 一得貧賤, 惟以不去爲法, 道與非道, 掉頭不問, 豈君子時中之義乎? 唯不以其道得去之, 則不去之而已.

하안이 말했다. "시대에 따라 막히거나 형통함이 있다. 그러므로 군자를 도를 행하되, 도리어 빈천한 경우가 있다. 이는 정당한 도로 얻은 것이 아니고, 비록 사람들이 싫어하는 것이지만 어겨서 버리지는 않는다." ○논박하여 말하면, 그릇되었다. 만약 이와 같다면, 군자는 끝내 빈천을 떠날 날이 없다. 한번 빈천을 얻으면 오직 떠나지 않는 것으로 법도로 삼고, 올바른 도인지 아닌지를 머리를 흔들면서 묻지를 않는다면, 어찌 군자의 때에 알맞은 의리(時中之義)일 수 있겠는가? 오직 올바른 도리로써 버릴 수 없을 경우에만, 떠나지 않을 따름이다.

비평 —— "빈여천貧與賤 시인지소오야是人之所惡也 불이기도득지不以其道得之 불거야不去也."에 대해 의견을 달리한다. 고주와 주자는 "빈천은 사람이 싫어하는 것이지만, 정당한 도로써 그것(=빈천)을 얻은 것(과거형)이 아니라고 할지라도 빈천을 떠나지 아니한다."로 해석하여, 비록 가난할지라도 그 운명에 편안할 것을 강조하였다. 그래서 주자는 "군자가 부귀를 살피고 빈천을 편안히 여기는 것이 이와 같다."고 하였다.

이에 대해 다산은 "빈천은 사람이 싫어하는 것이지만, (의리의 올바름에 부합하는) 도로써 부귀(그것=부귀)를 얻는 것(미래형)이 아니라면, 빈천을 떠나지 아니한다." 즉 "의리의 올바름에 부합하여 부귀할 수 있다면, 부귀를 추구하고 빈천을 떠날 수 있다."는 상당히 합리적인 해석을 한다. 즉 고주와 주자는 "부당하게 빈천하게 되었다고 할지라도, 빈천을 (편안하게 여기며) 떠나지 않는다."라고 해석하였지만, 다산은 "부당하게 빈천하게 되었다면, 정당한 방법으로 부귀를 얻을 수 있는 경우에 정당하게 부귀를 취득하여 빈천을 떠나야 한다."고 해석하였다. 문법상으로는 고주와 주자의 해석이 맞는 것 같지만, 의미상으로 보면, "부당하게 빈천하게 되었을 때, 정당한 방법이 없다면 할 수 없지만, 정당한 방법이 있다면 그 방법을 통해 정당하게 부귀를 추구하라."는 다산의 현실적 해석이 더욱더 설득력이 있다고 할 것이다.

　주자는 여기서 군자가 군자가 되는 까닭은 인에 있다고 말하였다. 다산은 "인이란 '두 사람(仁=二+人)'을 뜻하는 것으로 사람과 사람의 관계에서 그 도를 다하는 것(仁者 人與人之盡其道也)."이기 때문에 "자식이 어버이를 섬긴 연후에 효의 명칭이 있고, 젊은이가 어른을 섬긴 연후에 공경의 명칭이 있고, 신하가 임금을 섬긴 연후에 충의 명칭이 있고, 목민관이 백성을 양육한 연후에 자애로움의 명칭이 있다."라는 유명한 언명을 했다. 이 또한 중요한 문제이기 때문에 별도의 장을 구성하여 논의하기로 한다.

～～～

4:6. 子曰: "我未見好仁者, 惡不仁者. 好仁者, 無以尙之, 惡不仁者, 其爲仁矣, 不使不仁者加乎其身. 有能一日用其力於仁矣乎? 我未見力不足者. 蓋有之矣? 我未之見也."[石經本, 無第一者字]

고주 —— 공자께서 말씀하셨다. "나는 아직 인仁을 좋아하는 사람과 불인不仁을 미워하는 사람을 보지 못하였다. 인을 좋아하는 사람은 더 보태기가 어렵게(難復加) 우수하다. 불인을 미워하는 사람은 그가 인을 행함에 불인한 다른 사람이 (도의에 맞지 않는 일을) 자기에게 베풀지 못하게 할 뿐(非義於己身)이다. 능히 하루라도 인의 도에 그 힘을 쓰는(其力於仁道) 사람이 있는가? 나는

힘이 부족한 사람은 보지 못하였다. 아마도 있을 수도 있겠지만, 나는 아직 그런 사람을 보지 못하였다."

주자 —— 공자께서 말씀하셨다. "나는 아직 인仁을 좋아하는 사람과 불인不仁을 미워하는 사람을 보지 못하였다. 인을 좋아하는 사람은 인이 (단적인 최상으로) 더 보탤 것(加)이 없는 것으로 여긴다. 불인을 미워하는 사람은 그가 인을 행함에 불인한 것이 자기에게 가해지지 못하게 한다. 능히 하루라도 인에 이르도록 그 힘을 쓰는 사람이 있는가? 나는 힘이 부족한 사람은 보지 못하였다. 아마도 (힘이 부족한 사람이) 있을 수도 있겠지만, 나는 아직 (힘이 부족한) 그런 사람을 보지 못하였다."

다산 —— 공자께서 말씀하셨다. "나는 아직 인仁을 좋아하는 사람과 불인不仁을 미워하는 사람을 보지 못하였다. 인을 좋아하는 사람은 태상太上으로 더할 것이 없다. 불인을 미워하는 사람은 그가 인을 행함에 불인한 것이 자기에게 시행되지(加=施) 못하게 한다. 능히 하루라도 인에 이르도록 그 힘을 쓰는 사람이 있는가? 나는 힘이 부족한 사람은 보지 못하였다. 아마도 (인을 좋아하는, 불인을 싫어하는, 하루라도 인에 이르도록 힘을 쓰는 사람이) 있을 수도 있겠지만, 나는 아직 그런 사람을 보지 못하였다."(석경본에는 첫 번째 '者' 자가 없다.)

집주 —— ■夫子自言 未見好仁者와 惡不仁者로라 蓋好仁者는 眞知仁之可好라 故로 天下之物이 無以加之요 惡不仁者는 眞知不仁之可惡라 故로 其所以

자원풀이 ■상尙은 八(여덟 팔)+向(향할 향)의 형성자로 팔八은 갈라짐을 뜻하고, 향向은 집에 창을 그려 창이 난 '방향'을 말하여, 창을 통해 위로 퍼져 나가는 연기 등을 형상화했다. 향向의 원래 뜻은 위(上)이고, 위(上)는 높은 지위를 뜻하기에 숭상崇尙 혹은 상현尙賢과 같이 '받들다'는 뜻이 나왔다.
■가加는 力(힘 력)+口(입 구)의 형성자로 말이 늘어나다가 원뜻이다. 힘(力)이 들어간 말(口)은 과장되기 마련이고, 이로부터 없던 것을 더하다는 뜻이 생겼다.

爲仁者必能絶去不仁之事하여 而不使少有及於其身이니 此皆成德之事라 故로 難得而見之也니라

공자께서 인仁을 좋아하는 자와 불인不仁을 미워하는 자를 아직 만나지 못하셨다고 스스로 하신 말이다. 대개 인을 좋아하는 자는 인이 참으로 좋아할 만한 것임을 알기 때문에, 천하의 어떤 것도 거기에 보탤 것이 없다고 여긴다. 불인을 미워하는 자는 참으로 불인이 미워할 만한 것임을 알기 때문에, 그가 인을 행하는 방법은 불인한 일을 반드시 멸절하여 조금이라도 자기 몸에 미치지 않게 한다. 이 모두는 덕을 이루는 일이기 때문에 찾아보기 어렵다.

■ 言好仁, 惡不仁者를 雖不可見이나 然이나 或有人果能一旦奮然用力於仁이면 則我又未見其力有不足者라 蓋爲仁在己라 欲之則是니 而志之所至에 氣必至焉이라 故로 仁雖難能이나 而至之亦易也니라

인을 좋아하고 불인을 미워하는 사람을 비록 찾을 수 없더라도, 혹 누가 실제로 하루라도 분연히 인에 힘쓴다면, 나는 또한 그 힘이 부족한 자를 보지 못했다는 말이다. 대개 인을 행하는 것은 자기에게 달려 있고, 인을 행하고자 하면 곧 인이 된다. 의지가 이르는 곳에 기운도 따르기 때문에 인은 비록 능하기는 어렵지만, 이르는 것은 또한 쉽다.

■ 蓋는 疑辭라 有之는 謂有用力而力不足者라 蓋人之氣質不同이라 故로 疑亦容或有此昏弱之甚하여 欲進而不能者어늘 但我偶未之見耳라 蓋不敢終以爲易하고 而又歎人之莫肯用力於仁也시니라

개蓋는 의문사이다. 있다(有之)는 것은 노력하되 힘이 부족한 자를 말한다. 사람의 기질은 같지 않기 때문에, 혹 매우 혼미하고 나약하여 정진하려 해도 능할 수 없는 자가 있겠지만, 나는 우연히도 아직 그런 사람을 만나보지 못했을 따름이라고 의아해 한 것이다. 대개 끝내 인을 행함이 쉽다고 단정하여 말씀하신 것이 아니라, 또한 다만 사람들이 기꺼이 인에 힘을 쓰지 않음을 탄식한 것이다.

■此章은 言仁之成德이 雖難其人이나 然이나 學者苟能實用其力이면 則亦無不可至之理라 但用力而不至者를 今亦未見其人焉하니 此夫子所以反覆而歎息之也시니라

이 장은 인의 덕을 이룬 그런 사람을 비록 만나기는 어렵지만, 배우는 자가 진실로 절실하게 노력한다면 또한 이르지 못할 이유가 없다는 것을 말했다. 다만 노력했으나 도달하지 못하는 그런 사람을 지금 또한 아직 만나지 못하셨으니, 이것이 공자께서 반복하여 탄식하고 애석해 하신 까닭이다.

고금주 —— ■補曰 好者, 自好也. [非謂愛仁人] 惡者, 自惡也. [非謂憎惡人] 尙, 上通, 無以尙之, 言其品爲太上也. 加猶施也, [下篇云: "我不欲人之加諸我也, 吾亦欲無加諸人."] 謂不使不仁之事, 施諸己也. ○邢曰: "德輶如毛, 行仁甚易. '我欲仁, 斯仁至矣', 故曰未見力不足者." ○補曰 有之, 謂有好仁者惡不仁者. 孔曰: "謙不欲盡誣時人."

보완하여 말한다. 호好는 '자신을 좋아함(自好)'이다(인한 다른 사람을 사랑하는 것을 말하지 않는다). 오惡는 '자신을 미워하는 것(自惡)'이다(악한 다른 사람을 증오하는 것을 말하지 않는다). 상尙은 상上과 통하니 '무이상지無以尙之'란 그 품격이 가장 높은 것(太上)을 말한다. 가加는 '시행하다(施, 베풀다)'와 같으니(「공야장」 5:11에서 말했다. "남이 나에게 시행되기:加=施를 원하지 않는 것을, 나 또한 남에 시행함이 없고자 합니다."), 불인한 일이 자기에게 시행되지 못하게 한다는 것을 말한다. ○형병이 말했다. "덕은 털처럼 가볍고, 인은 행하기가 심히 쉽다. 내가 인하고자 하면 이에 인이 바로 이르니, 그러므로 힘이 부족한 자를 보지 못했다고 하신 것이다." ○보완하여 말한다. 유지有之란 '인을 좋아하는 자와 불인을 미워하는 자가 있을 것'이라는 말이다. 공안국이 말했다. "공자는 겸손하시어 근거 없는 말로 당시 사람들을 모두 깎아내리고자 하지 않으셨다."

■質疑 上下二節, 凡言我未見者三. 然末語之我未見, 遙應首句之我未見, 非應中央之我未見也. 力不足者, 孔子以理推之, 而知其必無, 又何以疑其有乎? 疑其有者, 疑有好仁者, 疑有惡不仁者, 疑有一日用其力於仁者而已. ○又按 孔子曰: "力不足者, 中途而廢." [見下篇] 由是言之, 似復有力不足者. 然彼所云 者道也, 此所云者仁也. 道體堅高, 容或有鑽仰而力不足者, 爲仁由己, 豈有力 不足者乎? 此其別也.

질의한다. 상하 2절에 '나는 아직 만나보지 못했다(我未見)'고 말한 것이 세 차례나 된다. 그러나 끝에서 말한 '아미견我未見'은 저 머리구의 '아미견'과 상응하나, 중앙의 '아미견'과는 상응하지 않는다. 역부족자力不足者는 공자께서 이치로 유추하여 그런 사람이 필시 없을 것으로 아신 것인데, 또 어떻게 그런 사람이 아마도 있을까 하고 의심할 수 있겠는가? 그런 사람이 있을까 의심한 것은 인을 좋아하는 사람이 있을까 의심한 것이고, 불인을 미워하는 사람이 있을까 의심한 것이고, 하루라도 인에 힘쓰는 사람이 있을까 의심했을 따름이다. ○또 살핀다. 공자는 "힘이 부족한 자는 중도에 폐한다(力不足者 中道而廢「옹야」6:10)."고 하였다. 이 말을 통해 본다면 또한 역부족자가 있는 것 같다. 그러나 거기에서 말한 것은 도道이고, 여기에서 말한 것은 인仁이다. 도체道體는 견고하고 높아서 뚫어지게 보고 우러러보려 해도 혹 힘이 부족한 자도 있지만, 인을 행하는 것은 자기로부터 말미암는 것이니, 어찌 힘이 부족한 자가 있겠는가? 이것이 구별되는 점이다.

■案 此文則好仁惡不仁, 皆自修之工也.

살핀다. 이 경문은 인을 좋아하고 불인을 미워하는 것이 모두 자기 수양自修의 공부이다(라는 것을 말했다).

비평 —— 주자와 다산은 이 글을 자기 수양(自修)의 문제로 보고, 따라서 호오好惡의 대상인 인과 불인은 모두 자신의 문제로 간주하였다는 점에서 일치한다. 그래서 '불사불인자不使不仁者'에서 '불인자不仁者'를 '불인한 다른 사람'

이 아니라, '불인한 것'으로 해석하였다.

그러나 다산은 '아미견我未見' '개유지蓋有之'의 대상과 연관하여 이전 해석과 미묘한 차이를 보이면서, 「질의」했다. "능히 하루라도 인에 이르도록 그 힘을 쓰는 사람이 있는가? 나는 힘이 부족한 사람은 보지 못하였다."라는 구절은 공자가 '이치로써 유추(以理推之)'한 것이기 때문에 '아마도 있겠지만(蓋有之)'이라고 말하는 의문의 대상이 될 수 없다는 것이다. 다산의 이 지적은 경원 보씨의 다음 언명과 비교하여 살피면, 상호 보완이 된다.

경원 보씨가 말했다. "이 장에는 '보지 못했다(未見)'는 말이 세 번 나오지만, 그 뜻은 서로 이어져 있다. 처음에는 덕을 이룬 사람을 보지 못했다고 말씀하셨고, 두 번째는 인에 힘쓰는 사람을 보지 못했다고 말하셨고, 마지막에는 인에 힘쓰지만 힘이 부족한 자를 보지 못했다고 말씀하셨다. 배우는 자로 하여금 이로 말미암아 스스로 경계하고 인에 힘쓰게 하고자 한 것이 아닌 것이 없다." (『논어집주대전』)

또한 주자는 세주에서 「옹야」편의 구절(力不足者 中道而廢)을 인용하면서, 이 구절의 역부족자를 다음과 같이 부연 설명하였다.

주자가 말했다. "일반인들은 처음에는 노력하여 절실하고 지극하지 않은 것은 아니지만, 중간에 이르러서는 정진하고자 하나 그렇게 하지 못하는 경우가 있으니, 이른바 역부족자이다. 중도에서 그치는 것(中道而廢)은 바로 이런 사람을 두고 하는 말이다. 이러한 사람들조차 보지 못하였으니, 인에 힘쓰는 사람을 보기 어렵다는 것을 알 수 있다." (『논어집주대전』)

그런데 다산은 도에는 역부족자가 있을 수 있지만, 자기로 말미암은 인을 행하는 데에는 역부족자가 없다는 점을 들어서, 주자의 설명이 잘못되었다고 비판했다. 다산의 세심한 통찰이 돋보인다.

4:7. 子曰: "人之過也, 各於其黨. 觀過, 斯知仁矣."

고주 —— 공자께서 말씀하셨다. "사람의 허물은 그 부류에 따라 제각각이니, 허물을 보고 (그 부류에 따라 대하는 것에서), 이에 인자의 마음 씀(仁者之用心)을 알 수 있다."

주자 —— 공자께서 말씀하셨다. "사람의 허물은 그 부류에 따라 제각각이다. 그 허물의 종류를 살펴보면, 이에 인한 지를 알 수 있다."

다산 —— 공자께서 말씀하셨다. "사람의 허물(過=愆)은 그 부류에 따라 제 각각이다. 그 허물의 종류를 살펴보면, 이에 인한 지를 알 수 있다."

집주 —— ■黨은 類也라

자원풀이 ■과過는 辵(지나갈 착)+咼(입이 비뚤어진 모양)의 형성자로 갑골문에서는 잘못, 재앙, 허물 등의 의미로 쓰였다. 이후 지나가다, 지나치다, 넘어서다, 잘못하다 등의 뜻이 나왔다.
■각各은 口(입 구)+夊(뒤쳐져 올 치)의 회의자로 집으로 오는 발을 나타낸다. 夊는 止(발 지)와 상대해서 만들어진 글자로 止가 위나 앞으로 가는 것을 나타낸다면, 夊는 그 반대로 아래나 뒤로 가는 것을 그려낸 글자다. 그래서 各은 이후 자신의 집단과 구별되는 이질적인 집단을 지칭하여, 각자나 각각의 뜻이 생겼다.
■개改는 已(자식 사→己로 바뀜)+攴(칠복)의 회의자로 자식(己)을 매로 때려 가며 옳은 길을 가도록 '바로잡음'에서, 고치다, 수정하다, 다시 등의 뜻이 나왔다
■당黨은 黑(검을 흑)+尙(숭상할 상)의 형성자로 모여서 나쁜 것(黑)을 숭상(尙)하는 무리나 집단을 말한다.

당黨은 부류이다(각각 그 유형으로 한 편이 된다).

■ 程子曰 人之過也 各於其類니 君子는 常失於厚하고 小人은 常失於薄하며 君子는 過於愛하고 小人은 過於忍이니라

정자가 말했다. "사람의 허물은 그 부류에 따라 제각각이다. 군자는 늘 후厚해서 실수하고, 소인은 늘 각박해서 실수한다. 군자는 지나치게 사랑하고, 소인은 지나치게 모질다."

■ 尹氏曰 於此觀之면 則人之仁不仁을 可知矣니라

윤돈이 말했다. "이로써 보면(허물의 종류를 살펴보면) 그 사람이 인한지 불인한지 알 수 있다."

■ 吳氏曰 後漢吳祐 謂掾以親故로 受汚辱之名이라 하니 所謂觀過知仁이 是也니라

오역이 말했다. "후한의 오우吳祐가 말하길, '서리가 부친 때문에 오욕의 누명을 썼구나! 이른바 허물을 보면, 인仁한지 알 수 있다.'는 것은 바로 이것이다."

■ 愚按此亦但言人雖有過나 猶可卽此而知其厚薄이요 非謂必俟其有過而後에 賢否可知也니라

어리석은 내가 살핀다. 이것은 또한 사람이 비록 어떤 과오가 있다면, 그 허물에 근거하여 그의 후함과 박함을 알 수 있다는 것이지, 반드시 그에게 허물이 있기를 기다린 후에 비로소 어진지 아닌지를 알 수 있다는 말이 아니다.

고금주 ── ■ 補曰 過, 愆也. [不至於罪惡] 黨, 猶偏也. [各以其類爲一偏] 智者作過, 恒以智. [過而至於詐] 勇者作過, 恒以勇. [過而至於亂] 是各於其黨也. [各於其偏處] 仁之過亦然, 觀過, 斯知仁矣.

보완하여 말한다. 과過는 허물(愆)이다(죄악에 이르지는 않았다). 당黨은 편偏(치우침)이다(그 부류에 의해 각각 一偏이 된다). 지자智者가 허물을 짓는 것은 항상 지혜롭기 때문이다(지나쳐서 속이는 데 이른다). 용자가 허물을 짓는 것은 항상

용감하기 때문이다(지나쳐서 亂에 이른다). 이것이 각어기당各於其黨이다(그 치우친 곳에 따라 제각각이다). 인仁의 허물 또한 그러하니, 허물을 보면, 이에 인한 지를 안다.

■ 孔曰: "小人不能爲君子之行." ○ 駁曰 非也. 不知何說.

공안국이 말했다. "소인은 군자의 행위를 할 수 없다." ○ 논박하여 말하면, 그릇되었다. 무엇을 말하는지 모르겠다.

■ 陳公懋[清儒也]云: "斯知仁矣, 仁字是人字, 與宰我問'井有仁焉'之仁同, 皆是字音致誤. 《易‧繫辭》'何以守位, 曰仁', 晁以道僞古本作人字, 亦此類." ○ 駁曰 非也. 此章以上皆論仁.

진공무(청대유학자)가 말했다. "'사지인의斯知仁矣'의 '인仁' 자는 '인人' 자이다. '재아문정유인언宰我問井有仁焉(재아가 묻기를, 우물 속에 사람이 빠져 있다면: 「옹야」)'의 '인仁'과 같으니, 이는 모두 글자의 이름이 같아 잘못 쓰인 것이다. 『역』「계사전繫辭傳」에 '하이수위왈인何以守位曰仁(무엇으로 자리를 지키는가? 사람이다)'이라고 하였는데, 조이도晁以道가 위고문僞古文에 '인仁'이 '인人' 자로 되어 있는 것 역시 이런 유형이다." ○ 논박하여 말하면, 그릇되었다. 이 장(章) 이상은 모두 인仁을 논했다.

비평 —— 고주에서는 이 장을 인仁과 서恕에 관해 말한 것이라고 하면서, 「정의正義」에서 다음과 같이 해설하였다.

다른 사람의 허물을 보고서, 어진 자와 어리석은 자를 각각 그 부류에 맞게 대해야 한다. 소인이 군자의 행동을 할 수 없는 것은 소인의 허물이 아니니, 너그러이 용서하고 꾸짖지 않는다면, 이에 인자의 마음 씀을 알 수 있다는 말이다.

이에 대해 주자는 적절한 비평을 하였고, 다산 또한 주자의 해석에 동의하였다.

───※───

4:8. 子曰: "朝聞道, 夕死可矣."

고주 ── 공자께서 말씀하셨다. "아침에 도가 행해지고 있다는 말을 들으면, 저녁에 죽을지라도 괜찮을 것이다."

주자 ── 공자께서 말씀하셨다. "아침에 도(만물이 마땅히 그래야만 하는 이치)를 들으면, (저녁에 죽어도 삶은 순조롭고 죽음은 편안하여 다시 여한을 남김이 없을 것이니), 저녁(아주 가까운 시간)에 죽어도 괜찮을 것이다."

다산 ── 공자께서 말씀하셨다. "아침에 도(천명의 본성에 따르는 것)를 들으면, 저녁에 죽어도 괜찮을 것이다."

집주 ── ■ 道者는 事物當然之理니 苟得聞之면 則生順死安하여 無復遺恨矣라 朝夕은 所以甚言其時之近이라
도란 사물이 마땅히 그러해야 하는 이치이니, 진실로 도를 듣는다면 삶은 순

자원풀이 ■사死는 '歹=歺'(살을 바른 뼈) + '匕'(죽은 사람을 거꾸로 놓은 모양, 사람의 죽음 곧 변화를 뜻함)'으로 사람이 혼백과 형체가 분리되어 땅 속에 뼈만 남은 것을 나타낸다. 즉 '생生'이 땅 속에서 잠재되어 있던 것이 현실로 나타나는 것이라면, '사死'란 사람이 정기를 다하여 천지로부터 부여받은 혼백과 형체가 분리되어 다시 땅 속의 잠재적인 장소로 되돌아감(歸)을 의미한다. 이는 죽음학 혹은 생사학으로 번역되는 'thanatology'가 '어둠(dark)' 혹은 '구름이 잔뜩 낀 어두운 하늘(cloudy)'을 뜻하는 'thanatoy'라는 말에 학문 혹은 연구를 의미하는 접미사 'logia'가 합해져서 이루어졌다는 측면에서 주로 어두운(幽冥) 측면으로 조명된 그리스적 전통과 상당한 대비를 이룬다.

조롭고 죽음은 편안하여(生順死安) 다시 한을 남김이 없을 것이다. 아침과 저녁은 그 시간이 매우 가까움을 강조한 말이다.

■程子曰 言人不可以不知道니 苟得聞道면 雖死라도 可也니라 又曰 皆實理也니 人知而信者爲難이라 死生亦大矣니 非誠有所得이면 豈以夕死爲可乎아 정자가 말했다. "사람은 도를 알지 않으면 안 되니, 진실로 도를 들을 수 있다면 죽어도 괜찮다는 말이다." 또 말했다. "모든 것이 진실한 이치이지만, 사람이 인식해서 믿기는 어렵다. 살고 죽는 일 또한 중대한 일이니 참으로 깨달음이 있지 않고서야 어찌 저녁에 죽어도 괜찮다고 할 수 있겠는가?"

고금주 —— ■補曰 天命之謂性, 率性之謂道.
보완하여 말한다. 천명을 성이라 하고, 성에 따르는 것을 도라고 한다

■何曰: "言將至死, 不聞世之有道."[邢云: "此章疾世無道也."] ○駁曰 非也. 性與天道, 孔子罕言. 故子貢亦云: "不可得聞." 況世之衆人, 從何人得聞乎? 孔子恐世人不以爲意, 言之如此. ○胡雲峰云: "謂之人, 而昧其所以爲人之理, 與禽獸草木同生死, 可乎不可乎?"
하안이 말했다. "(공자께서) 장차 죽음에 이르러, 세상에 도가 있다는 것을 듣지 못했다는 말씀이다." (형병이 말했다. "이 장은 세상에 도가 없음을 질타하신 것이다."). ○논박하여 말하면, 그릇되었다. 성性과 천도天道는 공자께서도 드물게 말씀하신 까닭에 자공 또한 "들을 수 없었다"(「공야장」)고 하였는데, 하물며 세상의 일반사람들은 누구를 좇아 들을 수 있었겠는가? 공자께서는 세상 사람들이 (도에) 뜻을 두지 않는 것을 긍휼히 여기서서 이와 같이 말씀하셨다. ○운봉 호씨가 말했다. "사람이라 하여도, 사람이 되는 바의 이치에 어두우면 금수초목의 생사와 같은 것이 될 것이니, 괜찮겠는가 괜찮지 않겠는가?"

비평 —— 고주는 공자께서 죽음에 거의 이르렀을 때에, 세상에 도가 행해지

지 않는 것을 한탄한 것이라고 주석했다. 주자는 성리학적 관점에서, 도란 만물이 지니고 태어난 마땅히 그래야만 하는 이치(事物當然之理)라고 해석했다. 즉 도란 모든 만물이 하늘이 부여한 본성으로(所以然之故) 말미암아 마땅히 가야 할 길(所當然之則)을 말한다. 마치 배는 마땅히 수로로 가야 하고, 수레는 마땅히 육로로 가야 하듯이, 인간 또한 마땅히 가야 할 길이 있다는 것이다. '도를 듣는다'는 것은 사람이 되는 존재근거(사람됨의 근거)를 알게 되는 것이다. 사람됨의 근거를 알 때, 비로소 그 근거에 말미암은 사람답게 사는 법(사람의 길)을 알 수 있다. 사람답게 사는 법을 알 때, 비로소 자각적으로 사람다운 삶 즉 사람의 길을 갈 수 있다. 사람이 자신의 삶을 길을 자각하여, 그 길을 갈 때, 비로소 사람의 존재와 당위가 일치한다. 아침과 저녁(朝夕)은 아주 짧은 시간을 말한다고 하겠다. 그렇기 때문에 도를 깨달아 도에 따른 삶을 영위하면 삶은 순조롭고 죽음 또한 편안해지기 때문에 공자께서 이런 말을 했다고 주자는 해석하였다.

주자가 말했다. "대개 이 두 구절을 뒤집어 말한다면, 사람이 일생 도를 듣지 못한다면 비록 오래 산다고 해도 무엇하겠는가? 사람으로서 도를 들으면 삶도 헛되지 않고 그 죽음도 헛되지 않다. 만약 도를 듣지 못했다면, 삶도 잘못된 것이고 그 죽음도 잘못된 것이다."

운봉 호씨가 말했다. "도란 사람됨의 이치이다. 도를 듣는다는 것은 이 마음에 진실로 그 이치를 얻음이 있다는 것이니, '아침에 도를 듣는다.'는 것은 주자가 말한 것처럼 어느 날 아침 활연관통한다는 말이다. 만일 평일에 쌓인 노력이 없다면, 하루아침에 갑자기 깨닫는 묘수는 없다. 사람이라 하여도, 사람이 되는 바의 이치에 어두우면 금수초목의 생사와 같은 것이 될 것이니, 괜찮겠는가 괜찮지 않겠는가?(可矣, 不可矣) 설사 장생불사의 설이 있다고 하더라도 또 괜찮겠는가, 괜찮지 않겠는가? '괜찮다(可矣)'는 이 글자는 사람에게 엄숙하게 깊이 반성하게 하는 것이다."(『논어집주대전』)

다산 또한 고주를 비판하고 넓은 의미에서 이 구절을 도의 체득이라는 관점에서 주석하였다. 다만 다산은 성리학적 해석에서는 동의하지 않기 때문에, 『중용』 수장의 구절을 가져와서, 천명으로 주어진 인간 본성에 따르는 것을 '도'라고 해석했다. 이에 대한 상세한 논의는 3권의 「도·덕」에 관한 장을 참고하기 바란다.

❧

4:9. 子曰: "士志於道, 而恥惡衣惡食者, 未足與議也."

고주 —— 공자께서 말씀하셨다. "선비가 도에 뜻을 두었다고 하면서도 조잡한 (惡=麤) 옷과 음식을 부끄럽게 여긴다면, 더불어 도를 의논하기에 부족하다."

주자 —— 공자께서 말씀하셨다. "선비가 도에 뜻을 두었다고 하면서도 (남보다) 못한 옷과 음식을 부끄럽게 여긴다면, 더불어 도를 의논하기에 부족하다."

다산 —— 공자께서 말씀하셨다. "(장차 벼슬하려고 하는) 선비가 도에 뜻을 두었다고 (심성을 다스리고자) 하면서도 조잡한 옷과 음식(小體의 화려하지 못함)을 부끄럽게 여긴다면 그와 더불어 논할 수 없다."

집주 —— ■心欲求道로되 而以口體之奉不若人으로 爲恥면 其識趣之卑陋甚

矣니 何足與議於道哉리오

마음으로는 도를 구하되 신체의 봉양이 다른 사람보다 못하다는 것을 부끄럽게 여긴다면, 그 식견과 취향이 심히 비루하다. 어찌 더불어 도를 의논할 만하겠는가?

■ 程子曰 志於道而心役乎外면 何足與議於道哉리오

정자가 말했다. "도에 뜻을 두고도 마음이 외물에 부림을 당한다면, 어찌 더불어 (도를) 의논할 만하겠는가?"

고금주 ── ■ 補曰 仕者曰士. [即所謂士農工賈] 業道者, 將以仕也. 故雖不仕, 亦謂之士. ○ 補曰 議謂論道也. [邢云: "未足與言議於道."] 志於道, 將以治心繕性也. 大體之不憂, [心性, 大體也] 而小體之欲美, [口體, 小體也] 何足與議乎?

보완하여 말한다. 벼슬하는 사람(仕者)을 사士라 한다(곧 이른바 士農工賈이다). 도를 업으로 하는 자(業道者)는 장차 벼슬하려고 하는 것이기 때문에, 비록 벼슬하지 않더라도 또한 사士라고 말한다. ○ 보완하여 말한다. 의議란 도를 논하는 것을 말한다.(형병이 말했다. "더불어 도를 의논하여 말하기에 부족하다.") 도에 뜻을 두는 것(志於道)은 장차 마음과 본성을 다스리고자 하는 것이다. 대체가 우려하지 않고(심성은 大體이다.), 소체가 아름다움만 추구하는데(口體는 小體이다) 어찌 (도를) 의논할 만하겠는가?

자원풀이 ■ 사士는 상형문자로 (1) 도끼처럼 생긴 도구, (2) 단정히 앉은 법관의 모습을 그렸다. 그런데 빈牝(암컷 빈)이 牛(소 우)+士로 수소의 생식기를 나타낸다는 점에서 士는 남성의 생식기를 상징하며, 원래 남성을 나타내었지만 후에 남성에 대한 미칭, 나아가 지식인으로 경대부와 서민 사이의 계층을 나타냈었다. 선비(학식이 있으나 벼슬하지 않은 사람士民其擦, 지식인의 통칭 智能之士), 남자(성인남자, 남자의 미칭), 벼슬이름(제후가 두었던 대부 다음의 자리: 諸侯之上大夫卿 下大夫 上士 中士 下士 凡吾等), 관리(殷士膚敏), 병사, 일(雖執鞭之士), 일삼다(勿士行枚), 벼슬하다, 전문적 학식을 지닌 사람. 그리고 사仕는 人+士의 형성자로 남성(士)으로서 사람(人)이 할 일을 나타내는데, 고대 남성 중심사회에서 벼슬살이, 즉 정치를 배워 남을 위해 일하는 것을 상징한다.
■ 지志는 心(마음 심)+之(갈 지)의 형성자로서 마음이 가는 것(心之所之之謂)이라는 의미에서의 지향志向, 혹은 마음이 가는 곳으로서의 의미意味(뜻)를 말한다. 이후 지之가 사士(선비 사)로 바뀌면서 선비(士)의 굳은 마음(心) 곧 의

■ 王陽明曰: "此是於人心危處, 要絶之蚤, 於道心微處, 要廓之純." ○案 人心從小體發, 道心從大體發.

왕양명이 말했다. "이렇기 때문에 인심人心이 위태로운 곳에서는 일찍 끊는 것이 필요하고, 도심道心이 은미한 곳에서는 순수하게 확충하는 필요하다." ○살핀다. 인심은 소체를 쫓아서 발현하고, 도심은 대체를 쫓아서 발현한다.

비평 —— 해석상 차이는 없다. 다만 다산은 『서경』「대우모」의 인심과 도심, 혹은 『맹자』의 대체(心性)와 소체(身體)의 개념을 원용하여 이론적으로 설명하고 있다.

⁂

4:10. 子曰: "君子之於天下也, 無適也, 無莫也, 義之與比."

고주 —— 공자께서 말씀하셨다. "군자는 천하 사람에게서 부후富厚함과 궁박窮薄함을 가리지 않고, 의로움이 있는 사람과 친근하다."

주자 —— 공자께서 말씀하셨다. "군자는 천하의 일에 응대함에 오로지 주장하는 것도 없고, 오로지 하지 말아야 하는 것도 없고, 의로움만 따를 뿐이다."

지意志를 강조하여 주재主宰라는 의미이다.
■의議는 言(말씀 언)+義(옳을 의)의 형성자로, 정의로운(義) 말(言)로 의논하는 것을 말한다. 논의論議하다, 선택하다, 논평하다, 비방하다, 의견 등을 뜻한다.

다산 —— 공자께서 말씀하셨다. "군자는 천하의 만사만물에 응대함에 오로지 주장하는 것도 없고, 오로지 하지 말아야 하는 것도 없고, 의로움으로 견주어 때에 알맞게 행할 뿐이다."

집주 —— ■適은 專主也니 春秋傳曰 吾誰適從이 是也라 莫은 不肯也라 比는 從也라

적適은 오로지 주인으로 섬김(專主)이다. 『춘추전春秋傳』에 "내가 누구를 오로지 주인으로 섬겨 따라야겠는가(吾誰適從)?"가 그것이다. 막莫은 옳게 여기지 않음(不肯)이고, 비比는 따르다(從)이다.

■謝氏曰 適은 可也요 莫은 不可也니 無可, 無不可하여 苟無道以主之면 不幾於猖狂自恣乎아 此佛老之學이 所以自謂心無所住而能應變이라하나 而卒得罪於聖人也라 聖人之學은 不然하여 於無可無不可之間에 有義存焉하니 然則君子之心이 果有所倚乎아

사량좌가 말했다. "적適은 '된다(可)'이다. 막莫은 '안 된다(不可)'이다. 되는 것도 없고 안 되는 것도 없으면서 도를 근간으로 삼지도 않는다면, 거의 미쳐 제멋대로 하는 것(猖狂自恣)에 가깝지 않겠는가? 이것이 바로 불가와 도가의 학문(佛老之學)이 스스로 이르기를 '마음이 머무는 바가 없어야 능히 변화에 응할 수 있다.'고 하지만, 끝내 성인에게 죄를 얻는 까닭이다. 성인의 학문은

자원풀이 ■적適은 辵(쉬엄쉬엄갈 착)+啇(밑동 적)의 형성자로 어떤 곳으로 '가다'가 원뜻인데, 적당한 곳으로 시집가다, 적당하다 등의 뜻이 나왔다. 가다(向하여가다 : 子適衛), 따르다(순종하다:處分適兄意), 시집가다(少喪父母適人), 맞다(부합하다:適我願兮), 조절하다(聖人必以適欲), 때마침, 기쁘게 하다, 만족시키다, 안일하다, 가령, 한 가지 일에만 열중하다(無適:일설에는 가까이하다). 혹은 적敵(원수) 혹은 적讁(꾸짖다)과 혼용되기도 한다.
■막莫은 茻(잡풀 우거질 망)+日(날 일)의 회의자로 풀숲 사이로 해(日)가 넘어가는 모습을 그려 저물다, 저무는 저녁, 그리고 이후에 '—하지 마라'는 부정사로 쓰였다. 그러자 원뜻은 暮(저물 모)로 분화했다.
■의義는 '양羊'과 '아我'(手+戈) 자의 조합, 기본적으로 톱날이 있는 칼(我)로 희생물(羊)을 잡아 신神들이 흠향할 수 있도록 알맞게 잘 다듬어 놓은 것으로, (1) '알맞다' '적당하다' '마땅하다'는 의미를 지닌다. 그리고 '양을 잡아서 고기를 나눈 것(分)'이란 의미에서 확대되어 (2) '분배分配한 것이 이치에 알맞음' '이치에 알맞음(의리義理)'이라는 뜻

그렇지 않아, '되는 것'도 없고 '안 되는 것'도 없는 사이에 의義가 존재한다. 그러니 군자의 마음이 과연 기울어질(倚) 곳이 있겠는가?'

고금주 —— ■補曰 之於天下, 謂應天下之事物也. 比, 較也. 言惟義是校, 義則行之, 不義則違之也.

보완하여 말한다. 지어천하之於天下는 천하의 사물에 응한다는 말이다. 비比는 비교(較)이다. 오직 의義만을 계교計較하여, 의로우면 행하고 의롭지 않으면 떠난다.

■邢曰: "適, 厚也. 莫, 薄也. 比, 親也." [言君子於天下之人, 無擇於富厚與窮薄者, 但有義者則與之相親] ○駁曰 非也. 《春秋傳》曰: "一國三公, 吾誰適從?" [僖五年] 〈衛風〉云: "誰適爲容?" 〈小雅〉云: "誰適與謀?" 適也者, 專主也. 〈邶風〉云: "德音莫違." 〈魯頌〉曰: "莫我敢承." 莫者, 不可也. 《周禮》云: "小宰比官府之具." [注云: "校, 次之."] 〈大射儀〉曰: "遂比三耦." [注云: "比, 較也."] 〈學記〉云: "比物醜類." [注云: "相比方."] 比者, 校也. 君子於天下之萬事萬物, 無必焉, 無勿焉, 惟義是校, 中於義則行之, 違於義則止之, 此所謂時中之義也.

형병이 말했다. "적適은 후厚함이고, 막莫은 박薄함이고, 비比는 친親함이다." (군자는 천하 사람들에게서 부후하거나 궁박한 사람을 가림이 없고, 단지 의로움이 있는 사람과 더불어 서로 친함을 말한다.) ○논박하여 말하면, 그릇되었다. 『춘추전』에서 "한 나라에 세 공이 있으니, 내가 누구를 오로지 주인으로 섬겨 따라야 하는가?"라고 했고, 『시경』「위풍」에 "누구를 오로지 주인으로 섬겨 모양을 낼까?"라고 하였고, 「소아」에서는 "누구를 오로지 주인으로 섬겨 함께 꾀할까?"라고 하였으니, 적適이란 전주專主이다. 「패풍」에 "도리에 맞는 말은 어긋날 수 없다."고 하였고, 「노송」에 "우리를 감히 막을 수 없다."고 하였으니, 막莫이란 하지 말아야 한다(不可)이다. 『주례』에서 말하길, "소재를 도와 관부에 구비된 것을 비교한다."고 하였고(注에서 말했다. "비교하여 차례를 매긴다."), 『의례』「대사의」에 "팔찌로써 삼우三耦를 비교한다."(주에서 말했다. "比는 비교:較이다.")고 하였고, 『예기』「학기」에서 말하길, "사물을 비교하는 데 같은 유형으로 한다."고 하였으니, 비比란 비교하는 것이다. 군자는 천하의 만사만물에서 반드시 해야 하는 것도 없고(無必), 하지 말아야 하는 것도 없고(無勿), 오직 의로움만 계교하여 의에 알맞으면 행하고, 의로움에서 위배되면 그만두니, 이것이 이른바 때에 알맞음(時中)의 의미이다.

비평 —— 유교에서 인간 본성으로 제시한 사덕四德 가운데 인간됨의 도리로서 인仁은 도덕 행위의 근거가 되며(居仁: 仁 人之安宅), 의義는 인간의 도덕 행위의 동기로서 실현해야 할 길이 되며(由義: 義 人之正路也), 예禮는 도덕 행위의 표준(원리)이며, 지智란 도덕 행위의 근거·동기·표준을 자각하는 것(충분조건)이다. 그런데 도덕의 동기라는 관점에서 볼 때, '리利' 개념과 상관되는 것은 '의義'라고 할 수 있다. 그래서 공자는 인의예지 중에서 행위의 동기가 되는 '의義'를 도에 달통하는 방법(行義以達其道, 16:11)이라고 말하면서, 행위의 동기를 의義에 두느냐, 아니면 이利에 두느냐에 따라 군자와 소인을 구분하였다. 그래서 공자는 "군자는 의義에 밝지만, 소인은 리利에 밝다(子曰 君子喩於矣 小人 喩於利. 4:16)"고 말했다.

　고주에 대해 주자는 전거를 제시하면서 적適은 전주專主로, 막莫은 불긍不肯으로 해석하였다. 다산 또한 주자와 거의 유사하게 해석하였는데, 여러 고전에 근거하여 여러 전거를 제시했다. 그런데 비比를 주자는 종從으로, 다산은 계교計較를 통한 시중時中이라고 해석하였는데, 다산의 해석은 주자의 것을 보완하는 총체적인 것이라 하겠다. 3권의 「의義」에 관한 장에서 상론하였으니, 참고하기 바란다.

4:11. 子曰: "君子懷德, 小人懷土. 君子懷刑, 小人懷惠."

고주 —— 공자께서 말씀하셨다. "군자는 덕에 편안하고(懷=安), 소인은 고토 (土=故土)에 안주한다(安於土). 군자는 법에 편안하고(安於法), 소인은 혜택에 편안하다."

주자 —— 공자께서 말씀하셨다. "군자는 (본래 지닌) 덕을 생각하고 소인은 안주 할 것을 탐한다(貪). 군자는 법을 두려워하고(畏), 소인은 혜택을 탐한다(貪利)."

다산 —— 공자께서 말씀하셨다. "(人君된 자는 다음과 같은 실정을 알아야 하는데) 군자(=人君)는 (인군의) 덕을 실천하는 것을 중심에 간직하고(中心藏之), 소인 은 (인군의) 땅을 (나누어 받을 것을) 생각한다. 군자는 (몸을 경건하게 하는 것을 소 중하게 여겨) (인군의) 형벌을 생각하고, 소인은 (재물을 아끼려고) (인군의) 혜택 을 생각한다."

집주 —— ■懷는 思念也라 懷德은 謂存其固有之善이요 懷土는 謂溺其所處 之安이라 懷刑은 謂畏法이요 懷惠는 謂貪利라 君子小人趣向不同은 公私之 間而已矣니라
회懷는 생각함(思念)이다. 회덕懷德은 자기 본래의 선을 보존하는 것이고, 회 토懷土는 자신이 머무는 것의 편안함에 빠지는 것이다. 회형懷刑은 법을 두려

자원풀이 ■회懷는 心(마음 심)+襄(품을 회)의 형성자. 가슴속에 품고 있는 생각. 품다, 가슴 등의 뜻을 지닌다.
■형刑은 刀(칼 도)+开(평평할 견)의 형성자로 형벌을 나타낸다. 본래는 사람(人)이 감옥(井)에 갇힌 모습으로 형벌 의 의미를 그렸다.

위하는 것이고, 회혜懷惠는 이익을 탐하는 것이다. 군자와 소인의 취향이 다른 것은 공公과 사私의 차이일 뿐이다.

■尹氏曰 樂善, 惡不善은 所以爲君子요 苟安, 務得은 所以爲小人이니라

윤돈이 말했다. "선을 즐거워하고(懷德) 악을 미워하기(懷刑) 때문에 군자가 된다. 편안함에 안주하고(懷土) 얻는 것에 힘쓰기(懷惠) 때문에 소인이 된다."

고금주 —— ■補曰 懷者, 中心藏之也. [即思念不忘之意] 君子在位之人, 小人在野之氓. 德·土·刑·惠, 皆自上出者也, 身先孝弟曰德, 分田授塵曰土, 流放竄殛曰刑, 振救賙恤曰惠. 君子知道故懷德, 小人重食故懷土. 君子敬身故懷刑, 小人愛財故懷惠. 孔子言之者, 欲爲人君者知此情.

보완하여 말한다. 회懷란 마음 가운데 간직하는 것이다(곧 사념하여 잊지 않는다는 뜻이다). 군자는 지위가 있는 사람이고, 소인은 재야의 백성이다. 덕德, 토지(土), 형벌(刑), 은혜(惠)는 모두 위의 군주로부터 나오는 것이다. 군주가 몸소 효제를 먼저 실천하는 것을 일러 덕德이라 하고, 논밭전지를 나누어 주는 것을 토지(土)라 하고, 추방(流放)하고 가두고 죽이는 것을 일러 형벌(刑)이라 하고, 진작하여 도와주고(振救) 주휼賙恤하는 것을 일러 은혜(惠)라 한다. 군자는 도를 알기 때문에 덕을 마음에 품고, 소인은 음식을 소중하게 여기기 때문에 땅을 마음에 품는다. 군자는 몸을 경건하게 하기 때문에 형벌을 마음에 품고, 소인은 재물을 아끼기 때문에 은혜를 마음에 품는다. 공자가 이 말을 한 것은 인군人君된 자가 이러한 실정을 알게 하고자 한 것이다.

■孔曰: "懷土, 重遷. [邢云: "小人安於土."] 懷刑, 安於法." [邢云: "樂於法制齊民."] ○駁曰 非也.

공안국이 말했다. "토지를 생각하는 것은 옮기는 것을 중하게 여기는 것이며 (형병이 말했다. "소인은 토지에 편안해 한다고 말했다."), 형벌을 생각하는 것은 법

에 편안한 것이다."(형병은 말했다. "법제로 백성을 다스림을 좋아한다.") ○ 논박하
여 말하면, 그릇되었다.

■ 駁曰 非也. 朱子以畏法爲懷刑, 尹氏以惡惡爲懷刑, 惡惡豈與畏法同情乎?
(『집주』에 인용된 윤돈의 주석을) 논박하여 말한다. 그릇되었다. 주자는 법을 두
려워하는 것을 회형懷刑이라고 하였는데, 윤돈은 악을 미워하는 것을 회형이
라고 하였다. 악을 미워하는 것이 어찌 법을 두려워하는 것과 그 실정이 같겠
는가?

비평 —— 고주에 비해 주자 및 다산으로 이어지면서 설명이 더욱더 정교해
졌다. 그런데 고주와 주자는 군자를 도덕적인 개념으로 생각하였다. 이에 비
해 다산은 군자를 직책에 있는 사람(君子在位之人)으로 보면서 특히 이 구절
은 "인군人君에게 이러한 실정이 있다는 것을 알게 하고자 하신 말이다."라고
하면서 덕德·토지(土)·형벌(刑)·은혜(惠)가 모두 위의 군주로부터 유래한
것이라고 해석하였다. 다산의 해석이 순조롭다. 또한 덕의 선재성을 주장하
는 주자는 회덕懷德을 우리 마음이 지니고 태어난 고유의 선을 보존하는 것
(存其固有之善)이라고 하였다.

이에 비해 행사 이후에 덕의 명칭이 있다고 주장하는 다산은 덕에 대해 '고
유(본래 지니고 있음)'라는 말을 삭제하고, 외적으로 실천하기 위해 마음 가운
데에 잊지 않고 간직하는 것이라 하였다. 3권의 「군자」에 관한 장에서 상세
하게 논하였으니, 참고하기 바란다.

4:12. 子曰: "放於利而行, 多怨."

고주 —— 공자께서 말씀하셨다. "이익에 의거하여 행하면, 원망을 많이 받는다."

주자 —— 공자께서 말씀하셨다. "이익에 의거하여 행하면, (반드시 남에게 해가 되기 때문에) 원망을 많이 받는다."

다산 —— 공자께서 말씀하셨다. "이익에 의거하여 행하면, 원망을 많이 받는다."

집주 —— ■ 孔氏曰 放은 依也요 多怨은 謂多取怨이라
공안국이 말했다. "방放은 의거(依)함이다. '다원多怨'이란 많은 원망을 받음을 말한다."
■ 程子曰 欲利於己면 必害於人이라 故로 多怨이니라
정자가 말했다. "자기에게 이롭게 하고자 하면, 반드시 남에게 해가 되기 때문에 원망이 많다."

고금주 —— 孔曰: "放, 依也. 每事依利而行, 取怨之道."
공안국이 말했다. "방放은 의거(依)함이다. 매사를 이익에 의거하여 행하는 것은 원망을 받는 길이다."

비평 —— 고주(공안국)의 주석을 주자와 다산 공히 인용하면서, 새로운 해석

자원풀이 ■방放은 攵(칠 복) +方(모 방)으로 변방(方)으로 강제로 내침(攵)을 말한다. 몰아내다, 추방追放하다, 버리다, 석방釋放하다, 그리고 밖으로 내몰려 제멋대로 한다는 방종縱의 뜻이 나왔다. 혹은 방倣(模倣)과 통용되어, 본받다, 의거하다는 뜻도 나왔다.

을 하지 않았다. 3권의 「의義·리利」에 관한 장에서 상론하였으니, 참고하기 바란다.

4:13. 子曰: "能以禮讓爲國乎, 何有? 不能以禮讓爲國, 如禮何?"[漢疏, 引此章上'禮讓爲國'之下, 多'於從政'三字]

고주 —— 공자께서 말씀하셨다. "능히 예양禮讓으로 나라를 다스릴(爲國=治國) 수 있는가? (그렇다면) 무슨 어려움이 있겠는가? 능히 예양으로 나라를 다스릴 수 없다면, 예인들 무슨 소용이 있겠는가?"

주자 —— 공자께서 말씀하셨다. "능히 예양(=예의 실질←禮文)으로 나라를 다스릴 수 있다면, 무슨 어려움이 있겠는가? 예양으로 나라를 다스릴 수 없다면, (문채만 남아 있는) 예로써 무엇을 할 수 있겠는가?"

다산 —— 공자께서 말씀하셨다. "능히 예양으로 정치를 한다면(爲國=爲政) 무슨 어려움이 있겠는가? 능히 예양으로 정치를 할 수 없다면, (찬탈한 인군과 참월한 대부가) 예를 행하고자 하여도 무엇에 소용이 있겠는가?" (한대 유학자들의 상소에서는 이 장의 윗부분 '禮讓爲國'의 아래에 '於從政' 세 글자가 더 있는 것을 인용하고 있다.)

집주 —— ■讓者는 禮之實也라 何有는 言不難也라 言有禮之實以爲國이면 則何難之有리오 不然이면 則其禮文雖具나 亦且無如之何矣리니 而況於爲國

乎아

'사양讓'이란 예의 실질(禮之實)이다. '하유何有'는 어렵지 않음(不難)을 말한다. 예의 실질이 있어 그것으로 나라를 다스린다면 무슨 어려움이 있겠는가? 예의 실질이 없다면, 비록 예의 문채가 갖추어져 있다고 하더라도 예를 어떻게 할 수 없는데, 하물며 나라를 다스림에 있어서랴.

고금주 —— ■何曰: "何有者, 言不難." ○包曰: "如禮何者, 言不能用禮." ○補曰 國君簒奪, 大夫僭越, 是不能以禮讓爲國也. 如此之人, 猶欲行禮, 將如禮何? 言不爲用也.

하안이 말했다. "하유河有란 어렵지 않음을 말한다." ○포함이 말했다. "여례하如禮何는 예를 쓸 수 없음(不能用禮)을 말한다." ○보완하여 말한다. 나라의 임금이 찬탈하고, 대부가 참월한 것이 능히 예양禮讓으로써 나라를 다스리지 못하는 것이다. 이와 같은 사람은 예를 행하고자 하여도 장차 예로써 무엇을 하겠는가? 예를 쓸 수 없음을 말한 것이다.

■邢曰: "爲, 猶治也." ○駁曰 非也. 爲國, 猶言爲政. 爲政以德, 可云治政以德乎?

형병이 말했다. "위爲는 다스림(治)과 같다." ○논박하여 말하면, 그릇되었다. 위국爲國은 위정爲政(정치를 하는 것)이라고 말하는 것과 같다. 위정이덕爲政以德(2:1)을 치정이덕治政以德이라 할 수 있겠는가?

■邢曰: "能以禮讓爲國乎者, 言人君能以禮讓治其國乎, 云'何有'者, 言不難也." ○案 邢疏以'何有'二字, 別爲一句. 蓋欲使上下文例均適也. 然上節又多 '乎'字, 仍是敲側其義, 非也.

자원풀이 ■양讓은 言(말씀 언)+襄(도울 양)의 형성자로 말(言)을 사양함(襄)으로, 피하다, 양보하다, 추천하다, 다른 사람의 좋은 점을 말해주다는 뜻이다. 예양禮讓이란 '예를 지켜 양보한다'는 뜻으로 예의 실질實(↔文)을 말한다.

형병이 말했다. "'능이예양위국호能以禮讓爲國乎'란 '임금이 예양으로써 그 나라를 다스릴 수 있느냐?'는 말이다. 하유何有라고 말한 것은 어렵지 않다는 말이다." ○살핀다. 형병의 소疏에서는 '하유何有' 두 글자를 따로 한 구로 보았다. 대개 상하의 문장을 작법의 실례에 따라 고르게 맞추려 한 듯하다. 그러나 위의 절에 또 호乎 자가 더 있어, 이 때문에 그 뜻을 한쪽에 기울게 하였으니, 그릇되었다.

비평 —— 고주에서 '하유何有' 두 글자를 따로 한 구를 보았으나, 주자와 다산은 앞 구절과 연결시켰는데, 올바른 해석이라고 판단된다. 위국爲國을 고주와 주자는 나라를 다스림(治國)으로 보았지만, 다산은 위정爲政으로 보았는데, 다산의 해석이 더 순조롭게 보인다.

기존에 발행된 대부분의 『논어』 해설 및 번역서에서 '예양禮讓'을 예절과 사양(겸양)으로 해석하였다. 그런데 필자가 면밀히 살펴본 결과 예양(=예의 실질:禮之實)은 예문禮文의 상대 개념으로 이해하는 것이 옳다고 판단하였다. 좀더 면밀한 연구가 필요하다고 생각된다.

물었다. "사양함이란 예의 실질입니다. 사양의 단서는 본심의 참다움에서 발현되기 때문에, 사양함이 예의 실질이 아닙니까?" 주자가 답했다. "그렇다. 옥백을 교차하는 것도 본래 예의 문채이고, 손을 높이 들어 모으고, 무릎 꿇어 앉으며 오르내리고 구부리고 우러러보는 것도 예의 문채일 뿐이니, 모두 가식적으로 할 수 있다. 오직 사양함이야말로 예의 실질이니, 이것은 가식적으로 할 수 없는 것이다. 이미 실질이 있으면, 자연히 남의 마음을 감동시킬 수 있다. 만약 다툼을 좋아하는 마음으로 예의 문채의 말 마디만으로 남을 감동시키려 한다면, 어찌 그를 감화시킬 수 있겠는가? 선왕들께서 예양禮讓을 행하신 것은 바로 소박하고 진실하게 쓰려 하신 것이다. 만약 예양으로써 나라를 다스릴 수 없다면, 예는 헛된 문식이 될 따름이니, 예인들 다 무엇하겠는가?"(『논어집주대전』)

3권의 「예」에 관한 장에서 상세하게 논하였으니, 참고하기 바란다.

❧

4:14. 子曰: "不患無位, 患所以立, 不患莫己知, 求爲可知也."

고주 —— 공자께서 말씀하셨다. "작위가 없음을 걱정하지 말고, 입신할 것(재능과 학식이 없는 것)을 근심하라. 나를 알아주지 않음을 근심하지 말고, (재능과 학식이) 알아줄 만한 사람이 되기를 추구하라."

주자 —— 공자께서 말씀하셨다. "지위가 없음을 근심하지 말고, (지위에) 설 수 있는 까닭(조건, 자격)을 근심하라. 나를 알아주지 않음을 근심하지 말고, 알아줄 만한 실질을 추구하라."

다산 ——공자께서 말씀하셨다. "작위가 없음을 근심하지 말고, 서서 할 방법(임금을 광정하고 백성을 목양하는 기술)을 근심하라. 나를 알아주지 않음을 근심하지 말고, 알아줄 만한 실질을 추구하라."

자원풀이 ■환患은 心(마음 심)+ 串(꿸 천)으로 꼬챙이(串)가 심장을 찌르는 것과 같은 아픔이나 고통을 말하며, 이로부터 걱정거리, 병, 재앙 등의 의미가 나왔다.
■위位는 人(사람 인)+立(설 립)의 형성자로 사람(人)이 서 있는(立) 그곳이 자리이자 위치임을 그렸다. 이후 직위職位, 지위地位의 뜻이 나왔다.

'소이립所以立'은 그 지위에 설 수 있는 조건(이유)을 말한다. '가지可知'는 알아
줄 만한 실질을 말한다.

■ 程子曰 君子는 求其在己者而已矣니라

정자가 말했다. "군자는 그 자신에게 있는 것을 구할 따름이다."

고금주 ──── ■ 補曰 位者, 朝廷百官所立之地.〔《說文》云: "列中庭之左右曰位."〕 不
仕者, 無位也. 所以立, 謂匡君牧民之術.

보완하여 말한다. 위位란 조정의 백관들이 서는 자리이다.(『설문』에서 말했다.
"中庭의 좌우에 늘어선 것을 位라 한다.") 벼슬하지 않는 자는 지위가 없다. 소이립
所以立은 임금을 광정하고 백성을 목양하는 기술(匡君牧民之術)을 말한다.

비평 ──── 소이립所以立에 대해 (1) 고주에서는 재능과 학식, (2) 주자는 그 지
위에 설 수 있는 까닭(所以立於其位者), (3) 다산은 임금을 광정하고 백성을 목
양하는 기술(匡君牧民之術)로 해석하여 미묘한 차이를 보인다. 각각 특징이
있으면서, 상호보완적이라고 할 수 있다.

◦◦◦◦◦

4:15. 子曰: "參乎! 吾道一以貫之." 曾子曰: "唯." 子出. 門人問曰:
"何謂也?" 曾子曰: "夫子之道, 忠恕而已矣."

고주 ──── 공자께서 말씀하셨다. "삼아! 나의 도는 하나(의 이치)로 (만사의 이
치를) 통괄(統)한다." 증자가 "예." 하고 답했다. 공자께서 나가시고, (증자의)

제자가 물었다. "무엇을 일러 말씀하신 것입니까?" 증자가 말했다. "선생님의 도는 충(忠=中心)과 서(恕:忖己度物)일 따름입니다."

주자 —— 공자께서 말씀하셨다. "삼아! 나의 도는 하나로 꿰뚫는다(=貫通)." 증자가 "예." 하고 답했다. 공자께서 나가시고, 다른 제자가 물었다. "무엇을 일러 말씀하신 것입니까?" 증자가 말했다. "선생님의 도는 충(忠=盡己之謂忠)과 서(恕=推己及人之謂恕)일 따름입니다."

다산 —— 공자께서 말씀하셨다. "삼아! 나의 도는 하나(=恕)로 꿰뚫고(貫=穿) 있다." 증자가 "예." 하고 답했다. 공자께서 나가시고, 다른 제자가 물었다. "무슨 뜻입니까?" 증자가 말했다. "선생님의 도는 충심으로 서(恕=忖己度物)를 행하는 것(行恕以忠)일 따름입니다."

집주 —— ■參乎者는 呼曾子之名而告之라 貫은 通也라 唯者는 應之速而無疑者也라 聖人之心은 渾然一理而泛應曲當하여 用各不同이라 曾子於其用處에 蓋已隨事精察而力行之로되 但未知其體之一爾러니 夫子知其眞積力久하여 將有所得이라 是以로 呼而告之러시니 曾子果能黙契其指하여 卽應之速而無疑也시니라

자원풀이 ■관貫은 貝(조개 패)+毌(꿰뚫을 관)으로 조개 화폐(貝)를 꿰어 놓은(毌) 모습으로 꿰다, 연속되다, 연관되다는 뜻이다. 또 여럿을 하나로 꿰어 놓다는 뜻에서 일관一貫되다는 뜻이 나왔다.
■유唯는 口(입 구)+隹(새 추)의 형성자로 새(隹)의 울음소리(口)로, 이후 의미 없는 발어사로 쓰였고, 아무 의견 없이 소리만 낸다고 해서 승낙하다의 뜻이 나왔다.
■충忠은 心(마음 심)+中(가운데 중)의 형성자. 한쪽으로도 치우치지 않은(中) 공평무사함을 견지하는 마음(心)이다.
■서恕는 心(마음 심)+如(같을 여)의 형성자로 타고난 마음(心)과 같이(如) 하는 것이 용서임을 그렸다. 혹은 같은 마음(如+心)이다. 『설문해자』에서는 "서恕는 어진 것이다. 마음이 뜻을 여가 소리를 나타낸다(恕 仁也, 從心, 如聲)"고 했다. 그리고 『爾雅』에서는 "서恕, 미루어 나아가는 것이다(往也)"라 했다. 따라서 '서恕'란 '마음心+미루어 나아감如(=往)'로 '자기의 마음을 미루어 다른 사람에게 나아가는 것'이다.

삼호參乎란 증자의 이름을 불러 일러주신 것이다. 관貫은 '통한다(通)'이다. 유唯는 응답함이 빠르고 의심이 없음이다. 성인의 마음은 혼연히 이치를 통일하여, 모든 대응이 매우 타당하나 작용은 각각 다르다. 증자는 이치가 작용하는 곳에서는 대체로 이미 사태에 따라 자세히 살펴 힘써 행했지만, 다만 그 본체가 하나라는 것을 아직 알지 못했다. 공자께서는 증자가 참된 노력을 쌓아 오래되어 장차 얻음이 있을 것으로 아셨다. 그래서 불러 일러주셨다. 증자는 과연 능히 그 뜻에 묵묵히 계합할 수 있어서 곧바로 대답하고 의심하지 않았다.

■ 盡己之謂忠이요 推己之謂恕라 而已矣者는 竭盡而無餘之辭也라 夫子之一理 渾然而泛應曲當은 譬則天地之至誠無息而萬物各得其所也라 自此之外엔 固無餘法이요 而亦無待於推矣라 曾子有見於此而難言之라 故로 借學者盡己推己之目하여 以著明之하시니 欲人之易曉也라 蓋至誠無息者는 道之體也니 萬殊之所以一本也요 萬物各得其所者는 道之用也니 一本之所以萬殊也라 以此觀之면 一以貫之之實을 可見矣리라 或曰 中心爲忠이요 如心爲恕라 하니 於義에 亦通이니라

자신을 다하는 것을 충忠이라 하고, 자신을 미루어 나아가는 것을 서恕라 한다. 이이의而已矣는 완전히 다해서 다른 여지가 없다는 말이다. 공자께서 이치를 하나로 하고 혼연하면서 모든 대응이 매우 합당한 것은 비유하자면 천지가 지극히 성실하여 쉼이 없고(至誠無息) 만물이 각자 제자리를 얻는 것과 같다. 이것 이외에 진실로 더 이상 남은 도리가 없음은 추론할 필요도 없다. 증자는 여기에서 깨달은 것이 있었지만, 그것을 말하기가 어려웠다. 그러므로 배우는 자가 (노력하여) 자신의 최선을 다함(盡己)과 자신을 미루어 나아감(推己)의 조목을 빌려서 분명히 밝힘으로써 사람들이 쉽게 깨닫도록 하였다. 대개 '지극히 성실하여 쉼이 없는 것(至誠無息)'은 도의 본체이니, 온갖 다른 것들이 근본을 하나로 하는 근거이다(萬殊之所以一本也). 만물이 각각 제 자리

를 얻음은 도의 작용인데, 하나의 근본이 온갖 다른 것이 되는 까닭이다. 이 것으로 본다면 '하나로써 관통함(一以貫之)'의 실질을 알 수 있다. 어떤 사람이 말하길, 마음을 중에 두는 것이 충이고(中心爲忠), 마음을 같이 하는 것이 서 이다(如心爲恕)고 하니, 또한 의미가 통한다.

■ 程子曰 以己及物은 仁也요 推己及物은 恕也니 違道不遠이 是也라 忠恕 一 以貫之니 忠者는 天道요 恕者는 人道며 忠者는 無妄이요 恕者는 所以行乎忠 也라 忠者는 體요 恕者는 用이니 大本達道也라 此與違道不遠異者는 動以天 爾니라 又曰 維天之命이 於穆不已는 忠也요 乾道變化하여 各正性命은 恕也 니라 又曰 聖人敎人에 各因其才하시니 吾道一以貫之는 惟曾子爲能達此니 孔子所以告之也시니라 曾子告門人曰 夫子之道는 忠恕而已矣라 하시니 亦 猶夫子之告曾子也라 中庸所謂忠恕違道不遠은 斯乃下學上達之義니라

정자(명도)가 말했다. "(자연스럽게) 자신으로써 만물에 미치는 것(以己及物)은 '인仁'이다. (노력하여) 자기를 미루어 만물에 미치는 것(推己及物)은 '서恕'인데, 도에서 멀지 않은 것은 바로 이것(恕)이다. 충서忠恕는 하나로써 관통한다. 충忠은 하늘의 도(天道)이고 서恕는 사람의 도(人道)이다. 충忠은 거짓됨이 없 고(無妄), 서恕는 충에서 근거를 두고 행하는 것이다. 충은 본체이고 서는 작 용이니, 큰 근본(大本)이 되고 두루 통하는 도(達道)이다. 이것(일관지도로서 충 서)이 '도(人道)와 거리가 멀지 않다고 할 때의 충서(忠恕 違道不遠:『중용』13장)' 와 다른 점은 (노력해서 실천해 나가는 人道와는 달리) 하늘로써 움직이기(저절로 그러하기:自然) 때문이다."

또 (정이천이) 말했다. "'오직 하늘의 명은 그윽하여 그치지 않는다.'는 것은 충忠이고, '건도가 변화하여(乾道變化) 각각 성명을 바로 잡는다(各正性命).'는 것은 서恕이다." 또 말했다. "성인께서 사람을 가르칠 때에 각각 그 재질에 근 거하였다. '나의 도는 하나로 관통한다'는 것은 오직 증자만이 거기에 도달할 수 있었기에 공자께서 일러주신 것이다. 증자가 문인들에게 '선생님의 도는

충서일 따름이다.'라고 말하여 일러 준 것 역시 공자께서 증자에게 일러 주신 것과 같다. 『중용』의 이른바 '충서는 도와 거리가 멀지 않다.'는 것은 아래의 일상에서 배워 위로 (형이상에) 통달한다(下學上達, 14:35)는 뜻이다."

고금주 —— ■補曰 道, 人道也. 謂之吾道者, 身任之也. 一者, 恕也. 貫, 穿也. [《說文》: "毌象穿物."《易》曰: "貫魚."《左傳》曰: "貫盈."] 行恕以忠, 故孔子單言恕, 而曾子連言忠恕也.《周禮》疏云: "中心爲忠, 如心爲恕."[〈大司徒〉六德之疏] 蓋中心事人, 謂之忠, [爲人謀忠, 事君忠] 忖他心如我心, 謂之恕也. [《說文長箋》云: "如心爲恕."] 唯, 應也. ○補曰 吾道不外乎人倫. 凡所以處人倫者, 若五敎・九經, 以至經禮三百・曲禮三千, 皆行之以一恕字, 如以一緡貫千百之錢, 此之謂一貫也. 보완하여 말한다. 도는 사람의 도(人道)이다. 나의 도(吾道)라고 말한 것은 몸소 맡고 있다는 것이다. 하나(一)란 서恕이다. 관貫은 뚫다(穿)이다.(『설문』에서는 "꿰는 형상으로 물건을 꿰뚫는다:毌象穿物."고 했다. 『역』에서는 "물고기를 꿴다:貫魚고 했다." 『좌전』에서는 "돈을 가득 꿰다:貫盈"라고 하였다.) 서를 충으로 행하기 (行恕以忠) 때문에 공자께서 오로지 서恕만 말씀하셨고, 증자는 충서를 이어서 말하였다. 『주례』 소疏에서, "마음을 중에 두는 것이 충이고(中心爲忠), 마음을 같이 하는 것이 서이다(如心爲恕)."라고 하였다(「대사도」, 六德에 관한 소). 대개 마음을 중에 두고 사람을 섬기는 것을 일러 충이라 한다(中心事人謂之忠: 남을 위해 일을 도모하기를 충으로 하고:爲人謀忠, 임금을 섬김을 충으로 한다:事君忠). 다른 사람의 마음을 내 마음처럼 헤아리는 것을 서라고 한다.(忖他心如我心謂 之恕也:『설문장전』에서 말했다. "마음을 같이하는 것이 서이다.") 유唯는 응대함이다. ○보완하여 말한다. 오도吾道는 인륜을 벗어나지 않는다. 무릇 인륜에 처하는 방법은 오교구경五敎九經과 같은 것에서 경례삼백經禮三百과 곡례삼천曲禮 三千에 이르기까지 모두 서恕 한 글자로 행한다. 마치 천백 냥의 돈을 한 꾸러미로 꿰어놓은 것과 같으니, 이를 일러 일관一貫이라고 한다.

■邢曰: "貫, 統也. 忠, 謂盡中心也. 恕, 謂忖己度物也. 言夫子之道, 惟以忠恕一理, 以統天下萬事之理, 更無他法. 故云而已矣." ○案 此疏正得本旨, 不可易也.

형병이 말했다. "관貫은 통괄(統; 큰 줄기, 본 줄기)이다. 충忠은 중심中心을 다함이다. 서恕는 자기를 헤아려 상대를 재는 것(忖己度物)이다. 공자의 도는 오직 충서忠恕라는 하나의 이치로써 천하만사의 이치를 통괄하였을 뿐이니, 다시 다른 법이 없다. 그러므로 '뿐이다(而已矣)'라고 하셨다." ○ 살핀다. 이 소疏는 본지本旨를 올바르게 터득한 것으로 바꿀 수 없다.

■引證 子貢問曰: "有一言而可以終身行之者乎?" 子曰: "其恕乎! 己所不欲, 勿施於人." ○案 終身行之, 則凡事親事君處兄弟與朋友牧民使衆, 一應人與人之相接者, 一以是一恕字行之也, 此非一貫而何? 一貫之義, 曾子自注甚明, 無他義也.

인증한다. 자공이 물었다. "한마디 말로 종신토록 행할 만한 것이 있습니까?" 공자께서 말씀하셨다. "그것은 서恕일 것이다! 자기가 하고 싶지 않은 것을 남에게 베풀지 말라."(15:23). ○살핀다. 종신토록 행한다는 것은 무릇 어버이를 섬기고, 임금을 섬기고, 형제간에 처하고, 벗과 사귀고, 백성을 목양하고 부리는 것에 이르기까지, 사람과 사람이 서로 접할 때 하나같이 응대할 때, 하나같이 이 하나의 서恕 자로써 행하니, 이것이 일관一貫이 아니라면 무엇인가? 일관의 뜻은 증자가 스스로 낸 주注에서 매우 분명하니, 다른 의미가 없다.

■引證《中庸》曰: "忠恕違道不遠, 施諸己而不願, 亦勿施於人." [君子之道四, 丘未能一焉. 所求乎子, 以事父未能也. 所求乎臣, 以事君未能也. 所求乎弟, 以事兄未能也. 所求乎朋友, 先施之未能也] ○案 夫子本云一以貫之, 而曾子乃言'忠恕'二字. 故學者疑二之非一. 然《中庸》既云'忠恕違道不遠', 而及其釋義, 仍是一恕字而已, 則忠恕即恕. 本不必分而二之. 一以貫之者恕也, 所以行恕者忠也.

인증한다. 『중용』에서 말했다. "충서는 도와의 거리가 멀지 않으니, 자신에게 베풀기를 원하지 않는 것을 또한 남에게 베풀지 말라."(군자의 도가 넷인데,

나는 아직 하나도 능하지 못하였다. 자식에게 구한 것으로 부모를 섬기지 못하였으며, 신하에게 구한 것으로 임금을 섬기지 못하였으며, 동생에게 구한 것으로 형을 섬기지 못하였으며, 벗에게 구한 것으로 먼저 베풀지 못하였다.) ○살핀다. 공자께서는 본래 하나로써 관통했다고 말씀하셨고, 증자는 이에 충서忠恕 두 글자로 말하였기 때문에 배우는 자는 둘로 보면서 하나가 아니라고 의심하였다. 그러나 『중용』에서 이미 충서는 도와의 거리가 멀지 않다고 하고, 그 뜻을 해석하면서 이 하나의 서恕 자로 하였을 뿐이다. 충서는 곧 서(忠恕卽恕)이니, 본래부터 나누어 둘로 할 필요가 없다. 하나로써 관통하는 것은 서恕이고, 서를 행하는 소이所以가 충忠이다.

■引證 子曰: "賜也, 女以予爲多學而識之者與?" 對曰: "然. 非與?" 曰: "非也. 予一以貫之." ○案 此一貫亦恕也. 義詳彼章.

인증한다. 공자께서 말씀하셨다. "사야, 너는 내가 많이 배워 기억하는 사람이라고 생각하느냐?" (자공이) 대답하여 말했다. "그렇습니다. 아닙니까?" (공자께서) 말씀하셨다. "아니다. 나는 하나로써 꿰뚫었다."(15:2) ○살핀다. 이 일관一貫 또한 서恕니, 뜻은 이 장에 상세하다.

■質疑 此章非傳道之訣. 儒家無傳道法也. 然執一恕字, 以臨《論語》・《中庸》・《大學》・《孟子》, 其千言萬語, 無非一恕字之解. 夫子之道, 眞是一恕字而已, 今不能悉數. ○紘父云: "吾道卽絜矩之道."

질의한다. 이 장은 도를 전하는 비결이 아니다. 유가에서는 도를 전하는 법은 없다. 그러나 하나의 서恕 자를 잡고 『논어』, 『중용』, 『대학』, 『맹자』에 나아가면 천 마디, 만 마디 말이 모두 하나의 서恕 자의 풀이가 아님이 없다. 공자의 도는 참으로 이 하나의 서恕 자일 뿐이니, 지금 모두 열거할 수 없을 정도이다. ○이굉보가 말했다. "나의 도(吾道)는 법도를 헤아리는 도(絜矩之道)이다."

質疑 盡己之謂忠, 推己之謂恕也. 然忠恕非對待之物, 恕爲之本, 而所以行之者忠也. 以人事人而後有忠之名, 獨我無忠, 雖欲先自盡己, 無以著手. 今人皆認吾道爲先忠而後恕, 失之遠矣. 方其忠時, 恕已久矣.

질의한다. 자신을 다하는 것을 충이라 하고, 자신을 미루어 나가는 것을 서라 한다. 그러나 충서忠恕는 대대對待하는 것이 아니다. 서恕가 근본이 되고, 서를 행하는 소이(所以:조건, 방법, 이유)가 충忠이다. 사람이 사람을 섬긴 이후에 충忠의 이름이 있다. 나 혼자서는 충이 없으니, 비록 먼저 스스로 자신을 다하고자 할지라도 착수할 수 없다. 지금 사람들은 모두 나의 도는 충을 먼저로 하고 서를 뒤라고 인식하고 있으니, 그 뜻과 거리가 멀어졌다. 바야흐로 그 충忠을 할 때에 서恕는 이미 오래전에 행해지고 있었다.

비평 —— 충忠이란 『춘추春秋』의 「환공7년」, 「희공9년」, 「소공원년」, 「선공2년」조 등에 일종의 정치적인 외재적 규범으로 제시되다가, 『국어國語』에서는 "마음 가운데 진실한 본마음을 헤아리는 것이 충이다(考中度衷 忠也).", 혹은 "진실한 속마음으로 외부에 응대하는 것이 충이다(中能應外 忠也)."라고 풀이되어 있다. 또한 『설문해자』에서는 "충은 공경함이다(忠敬也,) 심心 자를 따르며, 중中이 성부를 이룬다(從心 中聲)."고 하였다. 단옥재段玉裁의 주注에서는 '중中'이란 "외부(外)와 구별되는 말이며, 치우침(偏)과도 구별되며, 또한 마땅함에 부합(合宜)하는 말이다."라고 되어 있다. 이러한 전거들은 충忠이 중中과 결부하여 중정中正, 사사로움이 없음(無私)의 함의를 지닌다는 사실을 알려준다. 그리고 충은 갖추고 있는 '중中'이 마음 가운데에서 발동하며 중정무사中正無私하다는 함의를 지니고, 나아가 자신의 최선을 다함(盡心竭己)이라는 의미로 확장되었다.

증자는 공자의 일관지도一貫之道를 충서忠恕라 했다. 여기서 충忠을 中 + 心으로 보면, 마음을 중中의 상태에 두어 주체의 중심을 잡는 자기정립을 말한다. 마음을 중의 상태에 둔다는 것은 마음을 치우치지 않고(不偏), 기울지도 않으며(不倚), 지나치거나 모자람이 없도록 정립하는 것을 말한다. 그리고

이 '충'을 외적 타자에게 미루어 나아가서, 타자 또한 주체로서 인정하는 것이 바로 서(恕=如心:같은 마음)이다. 자타는 상관 개념이라는 점에서 '서恕'는 자기 정립의 '충'이 없다면 불가능하며, 자기정립의 '충'은 '서'가 없다면 전혀 무의미한 유아론적인 주체에 지나지 않는다고 할 수 있다. 그런데 철저히 인간을 관계적 존재로 파악하는 다산은 일관지도란 자신을 헤아려 다른 사람을 재는 '서恕'일 따름이며, 이 서를 행하는 방법이 바로 '마음을 중에 두고 다른 사람을 섬기는(中心事人) 충이다(行恕以忠)'라고 하였다. 이 문제는 많은 논의를 필요로 하기 때문에 별도의 장을 구성하여 상론하겠다. 3권의 해설을 참고하기 바란다.

⁓⁓

4:16. 子曰: "君子喩於義, 小人喩於利."

고주 —— 공자께서 말씀하셨다. "군자는 의(=仁義)를 밝게 알고, 소인은 이(財利)를 밝게 안다."

주자 —— 공자께서 말씀하셨다. "군자는 의(천리의 마땅함)를 밝게 알고, 소인은 이(인정의 욕망)를 밝게 안다."

다산 —— 공자께서 말씀하셨다. "군자(=善人)는 의(도심이 지향하는 것으로 나를 선하게 하는 것)를 밝게 알고, 소인(=惡人)은 이(인심이 추종하는 것)를 밝게 안다."

집주 —— ■喩는 猶曉也라 義者는 天理之所宜요 利者는 人情之所欲이라

'유喩'는 밝게 안다(曉=깨닫다)와 같다. 의義는 천리의 마땅함(天理之所宜)이고, 리利는 사람의 정이 욕망하는 것이다.

■ 程子曰 君子之於義는 猶小人之於利也니 惟其深喩라 是以篤好니라

정자가 말했다. "군자에게 의義는 소인에게 이利와 같으니, 오직 다만 깊이 훤하게 알기 때문에 돈독하게 좋아하는 것이다."

■ 楊氏曰 君子有舍生而取義者하니 以利言之면 則人之所欲이 無甚於生하고 所惡 無甚於死하니 孰肯舍生而取義哉아 其所喩者義而已요 不知利之爲利故也라 小人은 反是니라

양시는 말했다. "군자는 목숨을 버리고서라도 의를 취함이 있는 자이다. 이利로 말하면, 사람의 욕망 중에서 생명보다 더한 것이 없고, 싫어하는 것 중에 죽음보다 더한 것이 없으니, 누가 기꺼이 목숨을 버리고 의를 취하겠는가? 그 밝은 것이 의일 뿐이고, 리利가 (그 자신에게) 이利가 되는지 알지 못하기 때문이다. 소인은 이와 반대이다."

고금주 ── ■ 孔曰: "喩, 猶曉也."[案, 心悟則口俞, 故字從口從俞] ○ 補曰 君子, 善人也. 小人, 惡人也. [古者在位者必善人, 故貴曰君子, 賤曰小人. 後世未必然, 故善曰君子, 惡曰小人] 義者, 道心之所嚮. [義者, 善我也] 利者, 人心之所趣. [利者, 刀取禾]

공안국이 말했다. "유喩는 깨닫다(曉)와 같다."(살핀다. 마음이 깨우치면 입이 수긍한다: 心悟則口俞. 그러므로 글자가 口와 俞를 따랐다.) ○ 보완하여 말한다. 군자는 선한 사람이고, 소인은 악한 사람이다.(옛날에 벼슬자리에 있는 사람은 반드시 선한 사람이었기 때문에 귀한 것을 일러 군자라 하고, 천한 것을 일러 소인이라 했다. 후

자원풀이 ■ 유喩는 口(입 구)+兪(점점 유)의 형성자로 말(口)로써 앞으로 나아가도록(兪) 깨우친다는 뜻을 담았다. 諭(깨우칠 유)와 같이 쓰인다. 兪는 스(모일 집)+舟(배 주)+巜(큰도랑 괴)의 회의자로 배(舟)가 모여(스) 강(巜)을 향해 하는 모습으로 (배가) 나아가다는 의미이다. 변화와 긍정(허락, 동의)의 의미를 나타낸다.

세에는 반드시 그렇지 않기 때문에 선하면 군자라 하고, 악하면 소인이라 한다.) 의義란 도심이 지향하는 것이고(의란 나를 선하게 하는 것이다.), 이利란 인심이 추종하는 것이다(리란 칼로 벼를 취하는 것이다).

■ 陸象山曰: "人之所喻, 由其所習, 所習由其所志. 志乎義則所習者必在於義, 斯喻於義矣. 志乎利則所習者必在於利, 斯喻於利矣." ○駁曰 非也. 喻而後志立, 志立而後習熟. 象山乃云志在先而喻在後, 其義非也. 昔朱子與象山, 於鵝湖書院講此經, 四座爲之流涕, 惜乎! 其未與於此席也.

육상산이 말했다. "사람이 밝은 것은 그가 익힌 것에서 유래하고, 익힌 것은 그가 지향한 것에서 유래한다. 의義에 뜻을 두면 익힌 것이 반드시 의에 있고, 이에 의에 밝다. 이利에 뜻을 두면 익힌 것이 반드시 이에 있어, 이에 밝다." ○논박하여 말하면, 그릇되었다. 깨우친 이후에 의지가 서고, 의지가 선 이후에 익힘이 익숙해진다. 육상산이 이에 '의지가 앞에 있으면 깨우침은 뒤에 있다.'고 말한 것은 그 의미가 잘못되었다. 옛날에 주자와 상산이 아호서원鵝湖書院에서 이 경을 강의할 때, 좌중이 모두 눈물을 흘렸다고 한다. 애석하구나, 그 자리에 참여하지 못한 것이!

비평 —— 유喩를 효曉로 해석하는 데에서는 모두가 같다. 다만 다산은 마음의 깨우침(心悟)을 좀더 강조하는 듯하다. 즉 마음의 깨우침이 있어야 의지가 정립되고, 의지가 정립된 이후에 익힘이 익숙해진다는 논리이다. 바로 이 논리로 다산은 의지가 깨우침에 앞선다는 육상산의 논리를 반박한다. 그런데 공자는 "열다섯에 학문에 뜻을 두고 쉰에 천명을 알았다."고 말하여, 의지를 깨우침의 앞에 두었다. 그리고 맹자 또한 '먼저 그 큰 것에서 의지를 세워야 대인이 된다고 하였다(先立乎其大者, 則其小者弗能奪也. 此爲大人而已矣.「고자상」).' 이 점에서는 의지의 정립이 인식상의 깨달음에 앞서는 것처럼 보이기도 한다. 그래서 육상산-왕양명 학파에서는 『대학』 팔조목八條目 가운데 성의誠意를 가장 중시하고, 다른 조목들을 성의誠意로 귀결시킨다. 그런데 팔조목을 보면, 분명 사물에 나아가 앎을 완성하는 것(格物致知)이 성의誠意에 앞서 있다. 이 점에서는 인식상의 깨달음이 의지의 정립에 선행한다는 다산의 주장이 옳은 듯하다.

그런데 의지의 정립과 인식상의 깨달음 중 무엇이 선행하는가 하는 문제는 이론상의 문제일 따름이라고 하겠다. 실천상에서 본다면 이 양자는 상호 병진竝進의 관계에 있다고 할 것이다. 즉 의지가 굳건해지면 깨달음이 깊어지고, 깨달음이 깊어지면 의지가 더욱 굳건해지는 관계에 있다고 할 수 있다.

고주는 의를 인의(義=仁義)로, 이利를 재리(利=財利)로 부연하였다. 주자는 천리-인욕 개념에 의해 의란 천리의 마땅함이고(義者 天理之所宜), 이란 인정이 욕망하는 것(利者 人情之所欲)이라고 주석했다. 이에 비해 다산은 『서경』「대우모」의 인심과 도심 개념에 의해, 의란 도심이 지향(義者 道心之所嚮, 善我也)이고 이利란 인심이 추종하는 것(利者, 人心之所趨. 刀取禾)이라고 정의하였다. 별도의 장에서 상론하고자 한다. 3권의 「의·리」에 관해 해설한 장을 참고하기 바란다.

෴

4:17. 子曰: "見賢思齊焉, 見不賢而內自省也."

고주 —— 공자께서 말씀하셨다. " 어진 사람을 보면 그와 같은 등급이 되기를 생각하고(思與賢者等), 어질지 못한 사람을 보면 안으로 자기를 성찰(反=省察)한다."

주자 —— 공자께서 말씀하셨다. "어진 사람을 보면 (그러한 선이 있어) 그와 같아지기를 생각하고, 어질지 못한 사람을 보면 (그러한 불선이 있는지) 안으로 자기를 반성한다."

다산 —— 공자께서 말씀하셨다. "어진 사람을 보면 (상향하여) 그와 같아지기를 생각하고, 어질지 못한 사람을 보면 안으로 자기를 반성한다."

집주 —— ■思齊者는 冀己亦有是善이요 內自省者는 恐己亦有是惡이니라

같아지기를 생각함(思齊)은 자신도 그 선이 있기를 바란다는 것이며, 안으로 자신을 반성함(內自省)은 자기 역시 그런 악이 있는지를 두려워하는 것이다.

■胡氏曰 見人之善惡不同而無不反諸身者면 則不徒羨人而甘自棄요 不徒責人而忘自責矣리라

호인이 말했다. "남의 선악이 나와 같지 않음을 보고 늘 자신을 돌이켜보는 사람은 단순히 남을 부러워하는 것이 아니라 스스로를 포기하는 것도 달가워하지 않으며, 단순히 남을 탓하는 것이 아니라 자신을 책망하는 것도 망각하지 않는다."

고금주 —— ■補曰 齊者, 上平也. 〖《說文》云: "禾穗上平曰齊."〗 ○純曰: "思齊, 譬如短人與長人並立, 欲跂而及之." ○邢曰: "內自省察, 得無如彼人乎."

보완하여 말한다. 제齊란 위가 평평하게 곧은 것(上平)을 말한다.(『설문』에서 말했다. "벼이삭의 위쪽이 평평한 것을 齊라고 한다.") ○태재순太宰純이 말했다. "사제思齊란 비유하자면 키가 작은 사람이 키 큰 사람과 함께 나란히 서기를 원

자원풀이 ■제齊는 갑골문에서는 가지런히 자란 보리 이삭 3~4개를 그렸다 소전에 들어서 가로획(二)이 추가되어 현재 자형이 되었다. 가지런하다가 원뜻이고, 바르게 정돈된, 엄숙한 등의 뜻이 나왔다.

해 발꿈치를 치켜들어 똑같게 하려고 하는 것과 같다." ○ 형병이 말했다. "안으로 스스로 성찰하여 저 사람과 같이 (어질지 않음이) 없고자 한다."

비평 —— 쟁점은 거의 없다. 다산의 제齊에 대한 설명이 가장 분명하다.

⌘

4:18. 子曰: "事父母幾諫, 見志不從, 又敬不違, 勞而不怨."[見音現]

고주 —— 공자께서 말씀하셨다. "부모를 섬길 때에는 은미하게 간언하고, (부모님이 나의) 뜻을 따르지 않음을 보더라도, 또한 공경하며 (부모의 뜻을) 어기지 않으며, 수고로워도 원망하지는 말아야 한다."

주자 —— 공자께서 말씀하셨다. "부모를 섬길 때에는 은미하게 간언하고, (부모님이 나의) 뜻을 따르지 않음을 보더라도, 또한 공경하며 (부모의 뜻을) 어기지 않으며, 수고로워도 원망하지는 말아야 한다."

다산 —— 공자께서 말씀하셨다. "부모를 섬길 때에는 은미하게 간언해야 한다. (부모님이 나의 뜻을 따르지 않으면, 한편으로) 나의 뜻이 (부모의 명에) 따르지 않음을 드러내고, (다른 한편으로) 또한 공경하며 (부모의 뜻을) 어기지 않으며, (부모님께서 스스로 깨닫기를 기다리면서) 수고로워도 원망하지는 말아야 한다(見은 음이 現이다)."

집주 —— ■此章은 與內則之言相表裏라 幾는 微也니 微諫은 所謂父母有過

어든 下氣怡色柔聲以諫也요 見志不從하고 又敬不違는 所謂諫若不入이어든 起敬起孝하여 悅則復諫也요 勞而不怨은 所謂與其得罪於鄕黨州閭론 寧孰諫이니 父母怒不悅而撻之流血이라도 不敢疾怨이요 起敬起孝也니라

이 장은 『예기』「내칙」의 말과 서로 표리가 된다. 기幾는 은미隱微함이다. 미간微諫이란 (「내칙」의) 이른바 "부모에게 과오가 있으면 기운을 낮추고 낯빛을 환하게 하며, 목소리를 부드럽게 하여 간언한다."는 것이다. "현지부종見志不從 우경불위又敬不違"는 이른바 간언이 받아들여지지 않아도, 더욱 공경하고 효도하되, 기뻐하면 다시 간한다는 말이다. '노이불원勞而不怨'은 이른바 "향당과 마을에서 죄를 얻는 것보다 차라리 부드럽게 간하는 것이 나으며, 부모님이 노하여 기뻐하지 않고 회초리로 쳐서 피가 흘러도 감히 원망하지 않고 더욱 공경하고 더욱 효도한다."는 말이다.

고금주 ── ■補曰 幾諫者, 不敢直諫, 但以微意諷之使喻也. 見讀作現, 露也, 示也. 微示己志之不從親命, 且須恭敬不違親命, 以俟其自悟也. 如是則勞矣, 雖勞不怨.

보완하여 말한다. 기간幾諫이란 감히 직접 간언하지 않고, 단지 은미한 뜻으로 풍자하여 깨우치는 것이다. '見'은 현現으로 읽어 노정(露)·시사(示)이다. 자신의 뜻이 어버이의 명령에 따르지 않는다는 것을 은미하게 드러낸다. 또한 모름지기 공경하고 어버이의 명령을 어기지 않고, 어버이께서 스스로 깨

자원풀이 ■기幾는 금문에서는 베틀에 앉아 실(糸)로 베를 짜는 사람(人→戈)을 그려 세밀함의 뜻을 나타냈다. 혹은 幺么(작을 유)+戍(수자리 술)의 회의자로 작은 수효의 사람으로 수자리하니 늘 잘 살펴야 한다는 점에서 살피다, 또는 위태롭다의 뜻이 나왔다. 은미, 조짐, 기틀, 살피다, 거의, 때, 얼마, 바라다 등의 뜻이 있다. 기간幾諫이란 부드러운 안색과 목소리로 은근하게 간함이다.
■간諫은 言(말씀 언)+柬(가릴 간)의 형성자로 말(言)을 정확하게 가려서(柬) 충고하여 옳지 못하거나 잘못된 일을 고치게 하는 것을 말한다. 바로잡다, 혹은 임금에게 간언諫言하는 관리를 지칭한다.
■견見은 눈(目)을 크게 뜬 사람(儿)을 나타내는 회의자이다. 보다, 만나다, 드러내다의 뜻이다. 드러내다, 나타나다와 같이 피동으로 읽을 때는 '현現'으로 읽는다.

닫기를 기다린다. 이와 같이 하면 수고롭다. 비록 수고롭다고 할지라도 원망하지 않는다.

■包曰: "見父母志有不從己諫之色, 則又當恭敬, 不敢違父母意, 而遂己之諫." ○駁曰 非也. 一諫不從, 遂順親命, 陷親於惡, 安在其諫也? 孔子之意, 蓋云'一邊微示己志之不從, 一邊姑且順命而不違, 庶幾父母察己之志, 犁然覺悟, 自止其事也'. 其宛轉委曲之誠, 恭順惻怛之情, 都在於此二句. 此二句, 即幾諫之法也. 若如包氏之說, 見父母之志不從我諫, 遂即奉承, 任其作過, 則是探親之志而逢親之惡也. 天下有如是諫法乎? 一邊不從, 一邊不違, 此是極勞苦處極宛轉也. 如是而有不悟之父母乎? 聖哉, 幾諫之法也! 〖《祭義》云: "父母有過, 諫而不逆."〗

포함이 말했다. "부모의 뜻이 나의 간언을 따르지 않는 기색을 나타내면, 또한 마땅히 공경하면서 감히 부모의 뜻을 어기지 않으면서 자신의 간언을 이루어 나간다." ○논박하여 말하면, 그릇되었다. 한 번 간언하여 따르지 않는다고 어버이의 명에 순종한다면, 어버이를 악에 빠뜨리는 것이다. 어디에 그런 간언이 있겠는가? 공자의 뜻은 대개 한편으로는 자신의 뜻이 (어버이의 명을) 따르지 않음을 은미하게 드러내고, 다른 한편으로는 잠시 어버이의 명에 순종하면서 어기지 않으면서, 어버이가 거의 자기의 뜻을 살펴 분명히 깨달아 스스로 그 일을 그만두게 하라는 말이다. 완곡한 말투로 말하는 그 정성과 공순하고 안타까워하는 정이 이 두 구에 모두 들어 있다. 이 두 구절이 곧 기간幾諫하는 방법이다. 만약 포함의 설과 같다면, 부모의 뜻이 나의 간언을 따르지 않음을 보고서도 곧 부모의 뜻을 받들기만 하고, 과오를 짓는데도 내버려 두는 격이니, 이는 부모의 뜻을 염탐하여 어버이의 악에 영합하는 것이다. 천하에 이와 같이 간언하는 법이 있겠는가? 한편으로는 따르지 않고, 다른 한편으로는 어기지 않는 것은 지극히 수고로운 것이고 지극히 완곡한 방법이다. 이처럼 하는데도 깨닫지 못할 부모가 어디 있겠는가? 성스럽구나, 기간의 방법이여!(『예기』「제의」편에서, "부모에게 과오가 있거든, 간언하고 어기지 않는다."고 하였다.)

■ 質疑 〈內則〉諫法, 雖亦此意, 其婉順委曲, 有遜於此經, 其字句曲折, 亦未嘗
一一符合, 當並列而各觀之.

질의한다. 『예기』 「내칙」편에 간언하는 방법 또한 이러한 뜻이지만, 완순婉順
하고 자세함에서는 이 경보다 손색이 있으며, 자구의 곡절曲折 또한 일일이
부합하지 않으니, 마땅히 함께 열거하여 각각 살펴야 한다.

■ 引證 〈內則〉曰: "父母有過, 下氣怡色, 柔聲以諫. 諫若不入, 起敬起孝, 說則
復諫. 不說, 與其得罪於鄉黨州閭, 寧熟諫. 父母怒不說, 而撻之流血, 不敢疾
怨, 起敬起孝."

인증한다. 「내칙」에서 말했다. "어버이께 허물이 있으면, 기운을 누그러뜨리
고 안색을 온화하게 하고, 소리를 부드럽게 하여 간한다. 간하였지만 받아들
이지 않더라도, 도리어 공경하고 효도하되 기뻐하시면 다시 간한다. 기뻐하
시지 않더라도 향당과 고을에 죄를 얻기보다는 차라리 열심히 간한다. 어버
이께서 노하시고 기뻐하시지 않아 매로 때려 피가 흘러도 감히 미워하거나
원망하지 않고 더욱 공경하고 효도한다." ○살핀다. 포함의 설의 오류는 여
기에서 증험할 수 있다.

비평 —— 주자의 설명은 「내칙」과 표리관계로 보면, 순조롭게 해석된다. 그
런데 다산의 해설에 따르면, 이 구절은 '기간幾諫'의 방법에 대한 설명일 뿐이
다. 다산의 반론은 "부모가 과오를 있는데도 간언만 하고, 부모가 그 간언을
따르지 않음을 보고서도 곧 부모의 뜻을 받들기만 하면 부모의 과오를 내버
려두는 것이 된다."는 것이다. 다산의 해석은 문맥상 '부모님이 나의 뜻을 따
르지 않으면'이라는 말이 생략되었다고 전제하고 해석한다는 점에서 약간의
무리가 따른다. 하지만 그의 해석에는 "과오가 있으면 가능한 빨리 시정해야
한다."는 실천적 관점이 함의되어 있다.

4:19. 子曰: "父母在, 不遠游, 游必有方."

고주 —— 공자께서 말씀하셨다. "부모님이 살아 계시면 (遊學, 遊覽, 遊宦 등으로) 먼 다른 고장으로 나가지 말아야 한다. 가면 반드시 일정한 장소가 있어야 한다."

주자 —— 공자께서 말씀하셨다. "부모님께서 살아 계시면, 멀리 (다른 지방에 오랫동안) 나가지 아니하며, 나가면 반드시 일정한 행방이 있어야 한다."

다산 —— 공자께서 말씀하셨다. "부모님이 살아 계시면 (遊學, 遊宦 등으로) 먼 다른 고장으로 나가지 말아야 한다. (가까운 곳으로 놀러) 나가면 반드시 일정한 장소가 있어야 한다."

집주 —— ■遠遊면 則去親遠而爲日久하고 定省曠而音問疎하니 不惟己之思親不置라 亦恐親之念我不忘也라 遊必有方은 如已告云之東이면 則不敢更適西니 欲親必知己之所在而無憂하고 召己則必至而無失也니라
멀리 나가면 부모와 거리가 멀어지고 날짜가 오래되어, 정성(定省:아침저녁으로 살피고 문안드림)을 하지 못하고 음문(音問:안부를 여쭘)이 소홀해지니, 내가

자원풀이 ■유遊는 辶(쉬엄쉬엄 갈 착)+斿(깃발 유)의 형성자로 유람함을 말한다. 원래는 유斿로 깃발아래 자손(子)들이 모여 다니는 것을 형상화했다. 이후 물길을 따라 다닌다는 의미에서 水(물 수)를 더해 유游로, 그리고 辶를 더해 간다는 뜻을 강조했다.
■방方은 갑골문을 보면 쟁기를 나타낸다. 쟁기로 밭을 갈면 흙덩이가 올라오고, 여기서 땅이라는 말이 나왔다. 땅은 나라를 상징하고 네모졌다고 생각했다. 나라, 지방, 방향, 방정, 정직, 입방, 그리고 네모꼴의 종이에 처방을 내렸다고 해서 방법이라는 뜻도 생겨났다.

부모님을 생각하는 것을 떨칠 수 없을 뿐 아니라, 또한 부모님께서 끊임없이 나를 염려하실까 두렵다. '나가면 반드시 그 행방이 있어야 한다.'는 것은 가령 이미 동으로 간다고 말씀드렸으면 감히 고쳐 서쪽으로 가지 않고, 부모님께서 반드시 자신의 소재를 알아 걱정하지 않게 하고, 또 자신을 부르면 반드시 이르고, 못 가는 착오가 없도록 해야 한다.

■范氏曰 子能以父母之心爲心이면 則孝矣니라

범조우가 말했다. "자식이 능히 부모의 마음을 자신의 마음으로 삼을 수 있다면 효이다."

고금주 ── ■補曰 游, 謂游學·游宦之類也. 下游, 近游也. 方, 所也. ○邢曰: "游必有常所. 欲使父母呼己得, 卽知其處." ○案 游者可已之事, 若以君命使於遠方者, 不在此限.

보완하여 말한다. (遠游의) 유유游遊는 유학游學(고향을 떠나 공부함), 유환游宦(고향을 떠나 벼슬함) 따위를 말한다. 뒤의 (遊必有方의) 유유遊遊는 가까운 데에서 노는 것을 말한다. 방方은 장소이다. ○형병이 말했다. "놀러갈 때에는 반드시 일정한 장소(常所)가 있어서 부모님께서 나를 부르시면 즉시 그 장소를 알 수 있도록 해야 한다." ○살핀다. 유유遊遊라는 것은 그만둘 수 있는 것이지만, 군명君命으로 먼 곳으로 사신 나간 경우에는 이런 제한을 두지 않는다.

비평 ── 해석에서 미묘한 차이는 있지만, 쟁점이 될 만한 것은 아니라고 생각된다.

4:20. 子曰: "三年無改於父之道, 可謂孝矣."

고주 —— 공자께서 말씀하셨다. "(효자는 상중에 애모의 마음이 있어 부친을 살아 계시는 것처럼 여기니) 3년 동안 아버지의 도를 고침이 없어야 '효'라 이를 수 있다."

주자 —— 공자께서 말씀하셨다. "3년간 아버지의 (하시던) 도(방식)에서 고침이 없어야 효자라고 할 수 있다."

다산 —— 공자께서 말씀하셨다. "3년 동안 아버지의 도(정령을 베풀고 조치하는 것:政令施措)를 고침이 없어야(제멋대로 한다는 혐의를 받기 때문에 점진적으로 행한다) 효라 이를 수 있다."

집주 —— ■ 胡氏曰 已見首篇하니 此蓋複出而逸其半也라
호인이 말했다. "이 장은 이미 머리 편(「학이」1:11)에서 나왔다. 이는 대개 거듭 나오면서 그 반이 빠져 있다."

고금주 —— ■ 邢曰: "此章與〈學而〉篇同, 當是重出."
형병이 말했다. "이 장은 「학이」(1:11)와 같으니, 여기서 거듭 나왔다."

～∞～

4:21. 子曰: "父母之年, 不可不知也. 一則以喜, 一則以懼."

고주 —— 공자께서 말씀하셨다. "부모의 연세는 인지하지 않으면 안 된다. 한편으로는 (장수하시는 것을 보면) 기쁘고, 한편으로는 (노쇠하심을 보면) 두렵다."

주자 —— 공자께서 말씀하셨다. "부모의 연세는 기억하지 않으면 안 된다. 한편으로는 (연수를 누리시기에) 기쁘고, 한편으로는 (노쇠하시기에) 두렵다."

다산 —— 공자께서 말씀하셨다. "부모의 연세는 인지하지 않으면 안 된다. 한편으로는 (장수하시는 것을 보면) 기쁘고, 한편으로는 (노쇠하심을 보면) 두렵다."

집주 —— ■知는 猶記憶也라 常知父母之年이면 則旣喜其壽하고 又懼其衰하여 而於愛日之誠에 自有不能已者리라
'지知'는 '기억記憶한다'와 같다. 항상 부모님의 연세를 기억하면, 부모가 그만큼 연수(壽)를 누리신 것은 이미 기쁘지만, 또한 그 노쇠하심은 두려워서 하루하루를 아끼는 정성(愛日之誠)은 저절로 어찌할 수 없이 생겨난다.

고금주 —— ■補曰 知, 認也. ○孔曰: "見其壽考則喜, 見其衰老則懼."
보완하여 말한다. 지知는 인식(認)이다. ○공안국이 말했다. "부모님께서 장수하심을 보면 기쁘고, 노쇠하심을 보면 두렵다."

비평 —— 쟁점은 없다. 주자의 주석이 상세하다.

❧

4:22. 子曰: "古者言之不出, 恥躬之不逮也."

자원풀이 ■희喜는 壴(악기이름 주)+口(입 구)의 회의자로 북(壴)으로 대표되는 음악의 즐거움과 입(口)으로 대표되는 맛있는 것의 즐거움을 더해 즐겁다는 뜻을 그렸다. 기뻐하다, 적합하다, 좋아하다, 임신하거나 결혼의 비유로도 쓰인다.
■구懼는 心(마음 심)+瞿(놀라서볼 구)의 형성자로 마음(心)이 놀라 눈이 동그라져(瞿) 두려워하는 모습을 그렸다.

고주 —— 공자께서 말씀하셨다. "옛사람이 말을 (함부로:妄) 내지 않은 것은 자신의 행동(身行)이 미치지(逮=及) 못함을 부끄러워했기 때문이다."

주자 —— 공자께서 말씀하셨다. "옛날에 말을 내지 않은 것은 행동이 (말에) 미치지(逮=及) 못함을 부끄러워할 만한 것이기 때문이다."

다산 —— 공자께서 말씀하셨다. "옛날(옛사람이)에 말을 함부로 하지 않은 것은, 자신의 행동이 미치지 못함을 부끄러워했기 때문이다."

집주 —— ■ 言古者하여 以見今之不然이라 逮는 及也라 行不及言은 可恥之 甚이니 古者에 所以不出其言은 爲此故也니라

고자古者(옛날)라고 말하여 오늘날에는 그렇지 않음을 나타내셨다. 체逮는 미침(及)이다. 행동이 말에 미치지 못하는 것은 매우 부끄러워할 만한 일이다. 옛날에는 그 말을 꺼내지 않은 것은 바로 이 때문이다.

■ 范氏曰 君子之於言也 不得已 而後出之 非言之難 而行之難也 人唯其不行 也 是以 輕言之 言之 如其所行 行之 如其所言 則出諸其口必不易矣

범조우가 말했다. "군자는 말에 있어 부득이한 이후에 말을 하였는데, 말하기가 어려운 것이 아니라, 실천이 어렵기 때문이다. 사람들은 오직 스스로

실천하지 않기 때문에 쉽게 말한다. 말하는 것이 그가 행하는 것과 같고, 행동하는 것이 그가 말하는 것과 같다면 그 입에서 나오는 것(말하기)이 결코 쉽지 않다."

고금주 —— ■ 包曰: "古人之言, 不妄出口, 爲身行之將不及."
포함이 말했다. "옛 사람이 말을 함부로 입 밖으로 내지 않은 것은 자신의 행동이 장차 미칠 수 없기 때문이다."

비평 —— 특별한 쟁점은 없다.

4:23. 子曰: "以約失之者鮮矣."

고주 —— 공자께서 말씀하셨다. "(비록 中道를 잃었다고 하지만) 검약(約=儉約)으로 잘못된 자는 드물다."

주자 —— 공자께서 말씀하셨다. "(착실하게 가까운 것에서 수렴함으로써) 스스로 단속함(착실하게 가까운 것에서 수렴함)으로써 잘못된 경우는 드물다."

다산 —— 공자께서 말씀하셨다. "(조심스럽게) 스스로 단속함(방자하지 않음)으로써 잘못하는 자는 드물다."

집주 —— ■ 謝氏曰 不侈然以自放之謂約이라

사량좌가 말했다. "거만하게(侈然) 스스로 방종하지 않는 것을 일러 약約이라 한다."

■ 尹氏曰 凡事約則鮮失이니 非止謂儉約也니라

윤돈이 말했다. "모든 일은 단속하면 실수가 드물다. 다만 검약儉約만을 말하는 것이 아니다."

고금주 —— ■ 補曰 約, 纏束也. 《說文》云 故悚然束躬, 不敢放肆, 謂之約. 約而爲過失者, 罕矣.

보완하여 말한다. 약約은 (새끼줄 등으로) 동여 묶는 것(纏束)이다(『설문』에서 말했다). 그러므로 조심스럽게 몸을 단속하여 감히 방자放肆하지 않음을 약約이라 한다. 약約하면서 과실過失을 범하는 자는 드물다.

■ 孔曰: "俱不得中, 奢則驕佚招禍, 儉約無憂患." ○駁曰 非也. 單言約者, 未必儉約也.

공안국이 말했다. "(사치함과 검소함은) 모두 중中을 얻지 못했다. 사치하면 교만 방자해져서 화를 부르고, 검약儉約하면 우환이 없다." ○논박하여 말하면, 그릇되었다. 단순히 약約이라고 말한 것은 반드시 검약儉約한 것만은 아니다.

비평 —— 고주에서는 약約을 검약儉約으로 중中을 잃은 것으로 보았다. 이에 비해 주자는 약約을 (중과 연관되는) 검약이 아니라, 가까운 것에서 착실하게 자신을 수렴收斂함, 즉 스스로 단속함(約我以禮)으로 보았는데, 다산 또한 주자에 동의하였다.

자원풀이 ■약約은 糸(가는실 멱)+勺(구기 작)의 형성자로 실로 묶다는 뜻이다. 묶다, 약속, 속박, 단속, 규약規約, 절제, 간소 등의 뜻이 나왔다.
■실失은 手(손 수)+乙(새 을)의 형성자로 손에서 놓쳐 잃어버렸다(『설문』)는 뜻이다. 잃다, 놓치다, 실수失手, 위반 등의 의미를 지닌다.

주자가 말했다. "약約은 가까운 것에서 착실하게 수렴收斂한다는 뜻이 있으니, 단순히 간략함이 아니다." 혹자가 말했다. "약約하면 인색의 잘못을 범하지 않을까 염려됩니다." 주자가 답했다. "이 약約 자는 다만 모든 일을 스스로 단속한다는 뜻일 뿐이다. 이 약約 자는 명사이다."

경원 보씨가 말했다. "'약約'(단속)과 '방放'(방종)은 서로 반대된다. '약은 규범 안에서 지키는 것이고, '방'은 규범 밖으로 넘어서는 것이다." (『논어집주대전』)

⌘

4:24. 子曰: "君子欲訥於言而敏於行."

고주 —— 공자께서 말씀하셨다. "군자는 말은 어눌(더디고 둔하게:遲鈍)하고자 하고, 행동은 민첩하고자 한다."

주자 —— 공자께서 말씀하셨다. "군자는 말은 어눌하고자 하고, 행동은 민첩하고자 한다."

다산 —— 공자께서 말씀하셨다. "군자는 말은 어눌(더디고 둔하게:遲鈍)하고자 하고, 행동은 민첩하고자 한다."

자원풀이 ■눌訥은 言(말씀 언)+內(안 내)의 형성자로 말(言)을 밖으로 내지 않고 안(內)에 넣고 있다는 뜻으로 말을 더듬다는 뜻이다. 눌吶로도 쓰기도 한다.
■민敏은 每(매양 매←母)+攴(칠 복)의 회의자로 자식을 가르치는 어머니의 회초리를 나타낸다. 매를 맞아 가며 지혜와 지식을 받던 모습에서 영민英敏하다, 민첩敏捷하다, 지혜롭다는 뜻이다.

—— ■謝氏曰 放言易라 故로 欲訥이요 力行難이라 故로 欲敏이니라

사량좌가 말했다. "말은 내뱉기 쉽기 때문에 어눌하고자 하고, 힘써 행하는 것은 어렵기 때문에 민첩하고자 한다."

■胡氏曰 自吾道一貫으로 至此十章은 疑皆曾子門人所記也니라

호인이 말했다. "오도일관吾道一貫(4:15)의 장부터 여기까지 10장은 아마도 모두 증자의 문인이 기록한 듯하다."

고금주 —— ■包曰: "訥, 遲鈍也. 言欲遲而行欲疾."

포함이 말했다. "눌訥은 더디고 둔한 것(遲鈍)이다. 말은 더디고 행동은 재빠르게 하고자 하는 것이다."

비평 —— 이견이나 쟁점은 없다.

4:25. 子曰: "德不孤, 必有鄰."

고주 —— 공자께서 말씀하셨다. "(敬으로 안을 방정히 하고, 義로 밖을 방정히 하여

자원풀이 ■덕德은 彳(조금 걸을 척)이 의미부이고, 直(곧을 직)이 소리부의 형성자로 길을 갈(彳) 때 곁눈질 하지 않고 똑바로(直) 보다는 의미를 그렸다. 이후 마음(心)이 더해져 지금의 자형이 되어 똑바른(直) 마음(心)이라는 도덕성을 강조하게 되었고, 도덕의 지향점이 덕德이라는 것을 형상적으로 보여주게 되었다. 덕悳이라고도 쓴다.
■고孤는 子(아들 자)+瓜(오이 과)의 형성자로 어린 나이에 어버이를 여의고 홀로 달린 오이(瓜)처럼 혼자 남은 아이(子), 외로운 존재를 뜻한다.
■린鄰(=隣)은 阜(언덕 부)+린(도깨비불 린)의 형성자인데, 옛날에는 5가구를 1린이라고 했다. 이처럼 가까이 있는 이웃을 말하여, 가깝다는 뜻이 나왔다.

경의가 정립되면) 덕은 (성대해져) 외롭지 않으니, (바야흐로 같은 유로써 모이고 뜻을 같이 하여 서로 구하여) 반드시 이웃이 있다."

주자 —— 공자께서 말씀하셨다. "(이치로써 말하면, 군자의 덕이든 소인의 덕이든) 덕은 외롭지 않으니, (같은 부류끼리는 실제로 서로 모이기 때문에) 반드시 이웃이 있다."

다산 —— 공자께서 말씀하셨다. "(敬으로 안을 방정히 하고, 義로 밖을 방정히 하여 경의가 정립되면) 덕은 (성대해져) 외롭지 않으니, (바야흐로 같은 유로써 모이고 뜻을 같이 하여 서로 구하여) 반드시 이웃이 있다."

집주 —— ■鄰은 猶親也라 德不孤立하여 必以類應이라 故로 有德者는 必有其類從之니 如居之有鄰也니라
'인鄰'은 친親과 같다. 덕은 고립되지 않고, 반드시 같은 부류(類)로써 응한다. 그러므로 덕이 있는 사람은 반드시 그와 같은 부류가 있어 따르니, 마치 거처함에 그 이웃이 있는 것과 같다.

고금주 —— ■補曰 子然獨立曰孤. ○何曰: "方以類聚, 同志相求, 故必有鄰."
보완하여 말한다. 외로이 홀로 서 있는 것을 고孤라 한다(子然獨立曰孤). ○하안이 말했다. "바야흐로 같은 유로써 서로 모이고(以類相聚) 뜻을 같이 하여 서로 구하기(同志相求) 때문에, 반드시 이웃이 있다."
■引證 坤〈文言〉曰: "君子敬以直內, 義以方外. 敬義立而德不孤."
인증한다. 『역경』「곤괘, 문언전」에서 말했다. "군자는 경으로 안을 바르게 하고, 의로써 밖을 방정히 한다. 경과 의가 서면 덕은 외롭지 않다."

비평 —— 문자적인 해석에서는 논란의 여지는 없다. 다만 여기서 쟁점은 '덕불고德不孤'에서 '덕'이 군자의 덕만 의미하는지, 아니면 소인의 덕 또한 포함하는지에 대한 해석의 차이다. 고주에서는 이 구절을 『역』「곤괘, 문언전」의 '경의립이덕불고敬義立而德不孤'라는 구절과 같은 맥락으로 해석하여, 여기서의 덕은 경과 의를 정립했을 때 뒤따르는 공효로 해석한다. 이에 대해 주자는 이 구절을 『역』의 언명과 관계없는 것으로 보고, '군자의 덕이 있는 이들은 그 덕이 있는 사람들끼리, 소인의 덕이 있는 자는 소인의 덕이 있는 자들끼리 같은 부류로 서로 응하고 구하여, 각각 외로이 서지 않는다.'는 상당히 현실적인 해석을 내놓고 있다.

> 주자가 말했다. "'덕은 외롭지 않다'는 것은 이치로써 말한 것이고, '반드시 이웃이 있다'는 것은 실제의 일로써 말한 것이다." 물었다. "이웃이란 붕우의 부류입니까?" 주자가 답했다. "그렇다. 비단 군자의 덕만 부류가 있는 것이 아니라, 소인의 덕도 자연히 부류가 있다. 이 말은 '덕이 있는 자는 같은 소리끼리 응하고 같은 기질끼리 서로 구하여 반드시 외로이 서지 않는다.'는 말로 『역』「곤괘, 문언전」의 '덕불고德不孤'라는 말과 같지 않다. 이(『역』의) 말은 경敬과 의義가 서면 안과 밖이 겸비되어 덕이 성대해져서 치우치거나 고립되지 않는다는 말이다. 불고不孤는 효사爻辭 중의 대大 자를 해석한 것이다." (『논어집주대전』)

주자의 해석은 현실정치와 연관해 보면, 상당한 설득력이 있음을 우리는 역사적 경험으로 잘 알고 있다. 그러나 공자의 이 언명이 과연 소인의 덕까지 포함하는지에 대해서는 의문이 있다. 이른바 "경으로 경을 해석한다(以經證經)."는 입장으로 본다면, 고주와 다산의 전거를 제시한 해석이 설득력이 있다고 할 수 있다. 3권의 「덕」에 관해 상론한 장을 참고하기 바란다.

4:26. 子游曰: "事君數, 斯辱矣. 朋友數, 斯疏矣."[數, 入聲]

고주 —— 자유가 말했다. "임금을 섬길 때에 (예로써 점점 나아가지 않고) 지나치게 서두르면, 이에 (죄와) 욕을 보게 된다. 붕우 간에도 지나치게 서두르면, 이에 소원(=疏薄)해진다."

주자 —— 자유가 말했다. "(의로써 맺어진:義合) 임금을 섬길 때에 번거롭게 자주 간언하면, 이에 욕을 보게 되고, 붕우 간에도 번거롭게 자주 충고하면, 이에 소원해진다."

다산 —— 자유가 말했다. "임금을 섬길 때에 (번거롭게 재촉하고 촘촘하게 하면서 만나는 것이 때가 없고, 언어가 간결하지 못하고, 구함에 만족함이 없는 등을) 너무 자주하여, 이에 (나의 잘못에서 비롯된) 치욕을 당하며, 붕우 간에도 지나치게 자주하여, 이에 소원해짐을 당한다."(數은 入聲이다.)

집주 —— ■程子曰 數은 煩數也라

자원풀이 ■수數(셀 수, 자주할 삭, 촘촘할 촉)는 攵(칠 복)+婁(별 이름 루)로 세다는 뜻이다. 갑골문에서는 왼쪽 부분은 여러 개의 새끼 매듭을 오른쪽에서는 손으로 매듭을 짓는 모습을 그려, 세다와 숫자를 뜻했다.
■욕辱은 辰(지지 잔날 신)+寸(마디 촌)의 회의자로 조개 칼(辰)을 손(寸)에 잡고 김을 매는 모습으로 고되고 힘이 들기 때문에 욕보다·치욕恥辱 등의 뜻이 나왔으며, 자신을 낮추는 말로도 쓰였다. 그러자 원래 뜻은 耒(쟁기 뢰)자를 더해 耨(김맬 루)가 되었다.
■소疏(=疎)는 疋(발 소)+㐬(임신 때 아이가 위로 나올 돌)의 회의자. 갓난아이의 다리(疋)가 벌어져 사이가 성긴 모습을 형상화하였다. 성기다, 흩어지다, 듬성듬성하다, 소홀하다, 그리고 트이다는 뜻이다. 사이가 트이면 소통할 수 있으므로 소통疏通이란 뜻이 나왔으며, 어려운 글자나 문장을 소통시킨다는 뜻에서 주석이라는 의미도 나왔다.

정자가 말했다. "삭數은 번거롭게 자주하는 것(煩數)이다."

■ 胡氏曰 事君에 諫不行則當去요 導友에 善不納則當止니 至於煩瀆이면 則言者輕하고 聽者厭矣라 是以로 求榮而反辱하고 求親而反疏也니라

호인이 말했다. "임금을 섬길 때에는 간언한 것이 행해지지 않으면 마땅히 떠나야 한다. 벗을 인도할 때에는 선함이 받아들여지지 않으면 마땅히 그만두어야 한다. 번거롭고 귀찮게 하는 데에 이르면 말하는 자는 가벼워지고 듣는 자는 싫증낸다. 그런 까닭에 잘 되기를 바랐다고 도리어 치욕을 당하고, 친하고자 하였으나 도리어 소원해진다."

■ 范氏曰 君臣朋友는 皆以義合이라 故로 其事同也니라

범조우가 말했다. "군신과 붕우는 모두 의로써 합하기(義合) 때문에, 그 상황이다."

고금주 —— ■補曰 數, 煩也, 促也, 密也. [音隨義異, 小有不同, 然本是假借, 得相通也] 進見無時, 言語不簡, 求索無厭, 皆數也. 不必指一事也. 辱, 汙也, 恥也, 屈也. 以義合者, 非敬不久.

보완하여 말한다. 삭數은 '빈번(煩)·재촉(促)·촘촘(密)함'이다.(소리는 뜻이 다름에 따라 다소 같지 않다. 그러나 본래 이 글자는 假借로 서로 통한다.) 나아가 만나는 것이 때가 없고, 언어가 간결하지 못하고, 구함에 만족함이 없으면 모두 삭數이니, 반드시 하나의 일만 가리키지는 않는다. 욕辱은 '더럽히다(汙)·부끄럽다(恥)·굴복하다(屈)'이다. 의로써 합한 것은 경敬이 아니면, 오래가지 못한다.

■ 何曰: "數, 謂速數之數." ○ 侃曰: "禮不貴褻, 故進止有儀. 臣非時而見君, 必致恥辱, 朋友非時而相往, 必致疏辱也." ○ 駁曰 侃說, 非也. 不可以一事專言之.

하안이 말했다. "삭數은 속삭速數(=速速:급히 서두르다)의 삭數이다." ○ 황간이 말했다. "예는 함부로 친압하는 것을 취하게 여기지 않기 때문에 나아감과 멈춤에는 위의威儀가 있어야 한다. 신하가 때도 없이 임금을 알현하면 반드

시 치욕을 당하고, 붕우가 때도 없이 서로 왕래하면 반드시 필히 멀어짐의 욕됨을 당한다." ○논박하여 말하면, 황간의 해석은 잘못되었다. 한 가지 일만으로 오로지 말할 수 없다.

■質疑 驟諫于君, 觸忤逢怒, 雖至殺身, 君子不以爲辱. 必也我有所失, 受人厭薄, 其事可恥, 然後謂之辱也.

질의한다. 갑자기 임금에게 간언하면 임금의 마음을 거슬러서 노함에 봉착하여, 비록 몸이 죽는 데 이를지라도, 군자는 치욕으로 여기지 않는다. 반드시 내가 잘못한 것이 있어 다른 사람의 싫어함과 박대를 받아서 그 일이 부끄럽게 여길 만한 것인 뒤에야 욕辱됨이라고 말할 만하다.

비평 —— 고주는 '삭數'을 '예로써 점진적으로 나아가지 않고 너무 빨리'라는 의미로 해석하였다. 하나의 해석은 될 수 있지만, 문맥으로 보았을 때 바로 이것만 의미하지 않는다.

주자는 삭數을 빈번하게 자주 간언하는 것 혹은 충고하는 것이라는 해석을 채택하였다. 이 구절이 비록 자유의 말이라고 하였지만, 『논어』의 다른 곳 「선진」11:23 및 「안연」12:23의 지지를 받는 무난한 해석이라고 할 수 있다.

다산은 '삭數'의 의미가 다양하다는 점에 착안하여 단순히 일의적으로 보지 않고, 종합적으로 해석해야 한다고 말한다. 즉 '삭數'이란 번거롭게 촘촘하게 재촉하고, 만나는 것이 때가 없고, 언어가 간결하지 못하고, 구함에 만족함이 없는 등과 같은 것들을 모두 포함한다는 것이다. 맥락상 상당한 일리가 있다고 할 것이다. 그런데 문제는 욕辱을 어떻게 볼 것인가 하는 것이다. 주자는 단순히 너무 자주 간언하여 군주로부터 어떤 형벌 등을 당하는 것으로만 보았다. 이러한 주자의 입장은 다음의 세주가 잘 설명해 준다.

물헌 웅씨가 말했다. "후편의 '도로써 임금을 섬기되, 그렇게 할 수 없으면 그

만든다(「선진」11:23).' '충고하여 선으로 이끌되 그렇게 할 수 없으면, 그만둔다(「안연」12:23).'라는 것은 모두 이 뜻이다." (『논어집주대전』)

그런데 현실의 개혁을 염두에 두었던 다산은 임금과 친구가 잘못을 범하고 있을 때에는 비록 빈번하다고 할지라도 적합한 예를 갖추면 가능한 자주, 그리고 끊임없이 간언하고 충고해야 한다고 생각된다. 즉 예에 맞는 충고나 진언을 하고 내가 당하는 것은 치욕恥辱에 해당하지 않는다는 것이다. 단지 내가 잘못을 범했을 때 내가 당한 고초만 욕辱이라고 할 수 있다는 것이다. 여기서 우리는 다산의 높은 차원의 『논어』 해석과 현실 개혁을 향한 일단을 볼 수 있다.

제5편

공야장
公冶長

此篇은 皆論古今人物賢否得失하니 蓋格物窮理之一端也니
凡二十七章이라 胡氏以爲疑多子貢之徒所記云이라
이 편은 모두 고금 인물들의 현부·득실을 논했으니,
대개 사물에 나아가 이치를 탐구하는(格物窮理) 한 단서이다.
모두 27장이다.
호인은 자공의 문도들이 기록한 것이 많을 것이라고 말했다.

5:1. 子謂公冶長: "可妻也. 雖在縲絏之中, 非其罪也." 以其子妻之.
子謂南容: "邦有道不廢, 邦無道免於刑戮." 以其兄之子妻之.

고주 —— 공자께서 공야장을 평가하여 말씀하시길, "사위로 삼을 만하다. 비록 검은 포승줄에 묶여 감옥 가운데 있었지만, 그의 죄가 아니었다."라고 하시고, 그 자신의 딸을 아내로 삼게 하셨다. 공자께서 남용을 평가하여 말씀하시길, "나라에 도가 있으면 등용되고(不廢=見用), 나라에 도가 없으면 형벌刑罰·육욕戮辱을 면탈할 것이다."라고 하시고, 그 형의 딸을 그에게 주어 아내로 삼게 하셨다(以其兄之女 與之爲妻也).

주자 —— 공자께서 공야장을 평가하여 말씀하시길, "사위로 삼을 만하다. 비록 검은 포승줄에 묶여 감옥 가운데 있었지만, 그의 죄가 아니었다."고 하고 그 자신의 딸을 아내로 삼게 하셨다. 공자께서 남용을 평가하여 말씀하시길, "나라에 도가 있으면(=治朝) 필시 등용되고(不廢=必見用), 나라에 도가 없으면(=亂世) 형륙(=禍)을 면할 것이다."라고 하시고, 그 형의 딸로 아내로 삼게 하셨다.

자원풀이 ■야冶는 冫(어름 빙)+台(별 태)의 형성자로 쇠를 녹여(冫) 금속을 분리하는 작업을 말한다. 불리다, 야금冶金 등의 뜻이다.
■처妻는 女(여자 여)+又(또 우)+一(가로 획)의 회의자로 꿇어앉은 여자(女) 뒤쪽에서 머리를 다듬어 주면서 비녀(一)를 꽂아 주는(又) 모습. 여성의 성인식을 나타낸다. 『예기』에 의하면, 여자가 15세가 되면 아버지가 여식의 머리를 빗고서 비녀를 꽂아 주는 성인식을 치르고, 아내가 될 수 있었다. 그래서 아내 혹은 아내로 삼다는 뜻이 담겼다.
■루縲는 糸(실 사)+累(별이름 루)의 형성자로 검은 동아줄(黑索)을 말한다. 설紲은 糸(실 사)+世(대 세)의 형성자로 새끼줄로 묶는 것을 말한다. 루설縲紲는 죄인을 묶는 검은 새끼줄로 묶다는 뜻이다.
■죄罪는 罒(그물 망=网)+非(아닐 비)의 회의자로 옳은 것에 위배되는(非) 것들을 모조리 그물(罒)에 잡아들이는 것을 말한다. 죄, 죄를 짓다, 과실, 고통 등의 뜻이 나왔다. 원래는 코(自=>鼻)를 형벌 칼(辛)로 자르던 형벌을 뜻하는

다산 —— 공자께서 공야장을 평가하여 말씀하시길, "사위로 삼을 만하다. 비록 검은 포승줄에 묶여 감옥 가운데 있었지만, 그의 죄가 아니었다." 하고 그 자신의 딸을 아내로 삼게 하셨다. 공자께서 남용을 평가하여 말씀하시길, "나라에 도가 있으면 등용되고(不廢=見用), 나라에 도가 없으면 형륙을 면할 것이다."라고 하시고, 그 형의 딸로 아내로 삼게 하셨다.

집주 —— ■公冶長은 孔子弟子라 妻는 爲之妻也라 縲는 黑索也요 絏은 攣也니 古者獄中에 以黑索拘攣罪人이라 長之爲人은 無所考나 而夫子稱其可妻하시니 其必有以取之矣라 又言 其人이 雖嘗陷於縲絏之中이나 而非其罪니 則固無害於可妻也라 夫有罪無罪는 在我而已니 豈以自外至者로 爲榮辱哉리오
공야장公冶長은 공자의 제자이다. '처妻'는 그의 아내가 되게 하는 것(爲之妻)이다. 류縲는 검은 새끼줄(黑索), 설絏은 묶다(攣)이다. 옛날 옥중에서는 검은 새끼줄로 죄인을 묶어 구속하였다. 공야장의 사람됨은 살필 자료가 없지만, 공자께서 그를 사위 삼을 만하다고 칭했으니, 그에게는 필시 취할 만한 것이 있었을 것이다. 또한 그 사람이 비록 옥에 갇힌 적이 있지만, 그의 죄가 아니었으니, 진실로 사위 삼는 데는 방해가 될 것이 아니라는 말이다. 대저 죄가 있고 없음은 자기 자신에게 있을 따름이니, 어찌 밖에서 이른 것으로 영욕榮辱을 평가하겠는가?

■南容은 孔子弟子니 居南宮하고 名縚요 又名适이요 字子容이며 諡敬叔이니 孟懿子之兄也라 不廢는 言必見用也라 以其謹於言行이라 故로 能見用於

것이 변형되었다고 한다.
■형刑은 刀(칼 도)+幵(평평할 견)의 형성자로 형벌을 나타낸다. 원래는 사람이 네모꼴의 감옥(井)애 감힌 모습을 그렸다. 징벌懲罰, 토벌討伐, 상해傷害, 죽이다, 사형, 형법 등의 뜻이 나왔다.
■륙戮은 戈(창 과)+翏(높이 날 료)의 형성자로 무기(戈)로 사람을 죽이다는 뜻이다. 징벌하다, 잔악하다. 시신을 군중에게 보이다는 뜻이다.

治朝하고 免禍於亂世也니 事又見第十一篇하니라

남용南容은 공자 제자로 남궁南宮에 거처했으며, 이름은 도絛 또는 괄适, 자字는 자용子容 시호는 경숙敬叔이며 맹의자孟懿子의 형이다. 불폐不廢는 반드시 등용됨을 말한다. 남용이 언행言行에 삼갔기 때문에 치조治朝에는 등용되고, 난세에는 화禍를 면하였는데, 그 일은 또한 「선진」11:6에도 보인다.

■ 或曰 公冶長之賢이 不及南容이라 故로 聖人이 以其子妻長하고 而以兄子妻容하니 蓋厚於兄而薄於己也라한대 程子曰 此는 以己之私心으로 窺聖人也라 凡人避嫌者는 皆內不足也라 聖人은 自至公하시니 何避嫌之有리오 況嫁女는 必量其才而求配니 尤不當有所避也라 若孔子之事는 則其年之長幼와 時之先後를 皆不可知어니와 惟以爲避嫌은 則大不可라 避嫌之事는 賢者且不爲온 況聖人乎아

어떤 사람은 말하였다. "공야장의 현명함이 남용에 미치지 못하였기 때문에 성인께서 자신의 딸을 공야장의 아내가 되게 하고, 형의 딸을 남용의 아내가 되게 하였으니, 대개 형에게는 후하고 자신에게는 박한 것이다." 정자가 말했다. "이것은 자신의 사사로운 마음으로 성인을 엿본 것이다. 일반 사람들이 혐의를 피하려는 것은 모두 속으로 부족하기 때문이지만, 성인은 원래 지극히 공정하거늘, 어찌 혐의를 피하는 것이 있겠는가? 하물며 딸을 시집보내는 것은 반드시 그 재능을 헤아려 배필을 구하는 것이니, 더욱더 회피할 바가 있어서는 안 된다. 공자의 이와 같은 일은 나이의 많고 적음과 시기의 전후를 모두 알 수 없는데도, 오직 혐의를 피하기 위한 것으로 여긴다면 크게 옳지 않다. 혐의를 피하는 일은 현자賢者만 되어도 하지 않는데, 하물며 성인이랴!"

고금주 —— ■邢曰: "納女於人曰妻." ○ 王曰: "南容, 弟子南宮縚, 魯人也. 字子容. [邢云: "用《家語》."] 不廢, 言見用."

형병이 말했다. "딸을 남에게 시집보내는 것을 일러 처妻라 한다." ○ 왕숙이

말했다. "남용은 제자 남궁도南宮縚로 노나라 사람이다. (형병이 말했다. 『공자
가어』를 인용했다.") 불폐不廢는 등용됨을 말한다."

■ 邢曰: "《史記》云, '南宮适字子容.' 鄭注〈檀弓〉云, '南宮縚, 孟僖子之子南宮
閱.' 以昭七年《左氏傳》云, '孟僖子將卒, 召其大夫, 屬說與何忌, 以事仲尼.' 以
南宮爲氏, 故《世本》云'仲孫獲生南宮縚', 是也. 然則名縚, 名适, 又名閱, 字子
容, 氏南宮, 本孟氏之後也." ○毛曰: "容與縚, 似一人" ○案 縚・閱・适, 當是
三人. 詳下篇. 〔〈憲問〉篇〕

형병이 말했다. "『사기』에서 말하길, '남궁괄南宮括은 자가 자용子容이다.'라고
했다. 『예기』「단궁」의 정현의 주에서 말하길, '남궁도南宮縚는 맹희자孟僖子의
아들 남궁열南宮閱이다.'라고 했다. 소공昭公 7년 『춘추좌씨전』에서 말하길,
'맹희자가 운명할 때에 그 대부大夫를 불러 이르기를 '열說과 하기何忌를 촉탁
하여 중니仲尼를 스승으로 섬기게 하라.'고 했다. 남궁南宮을 씨氏로 삼았기
때문에 『세본』에 '종손확仲孫獲이 남궁도를 낳았다.'라고 한 것이 바로 이 사
람이다. 그렇다면 이름이 '도縚'이고, 또 다른 이름은 '괄括'이고, 또 다른 이름
은 '열閱'이며, 자는 자용子容이고 씨는 남궁南宮이니, 본래 맹씨孟氏의 후손이
다." ○모기령이 말했다. "남용과 남궁도는 한 사람인 듯하다." ○살핀다. 남
궁도南宮縚, 남궁열南宮閱, 남궁괄南宮适은 마땅히 다른 세 사람이다. 하편(「헌
문」편)에 상세하다.

■ 質疑《集注》云: "南容居南宮, 又諡敬叔, 孟懿子之兄." ○毛曰: "敬叔居南
宮, 若容則祇是舊姓. 如南宮毛・南宮長萬類, 無南宮可居也. 昭十一年傳, 泉
丘女先生懿子, 後生敬叔, 此展卷即了."

질의한다. 『집주』에서 말했다. "남용南容은 남궁南宮에 거처했으며, 또한 시
호諡는 '경숙敬叔'이며 맹의자孟懿子의 형이다." ○모기령이 말했다. "경숙이
남궁에 거처했고, 그가 만약 남용이었다면, 구성舊姓이었을 것이다. 예를 들
면, 남궁모南宮毛와 남궁장만南宮長萬 등은 남궁에 거처한 일이 없다. 『좌전』

소공昭公 11년에 천구泉丘의 여자가 맹의자를 먼저 낳고 그 뒤에 경숙을 낳았
다고 한다. 이는 책을 펼쳐보면 바로 알 수 있다."

■侃曰: "昔謂公冶·南容德有優劣, 故有己女兄女之異. 侃謂二人無勝負也.
卷舒隨時, 乃得有知. 而枉濫獲罪, 聖人猶然, 亦不得以公冶爲劣也. 政是其年
相稱而嫁, 事非一時耳, 則可無意其間也."

황간이 말했다. "옛날에는 공야장과 남용이 덕에 우열이 있기 때문에 공자가
자기의 딸을 공야장에게 시집보내고 형의 딸을 남용에게 시집보냈다고 평하
였지만, 나는 두 사람 간에 우열이 없다고 생각한다. 사람이 재덕才德을 숨기
고 드러내는 것을 때에 따라 달리하는 것은 곧 지혜가 있기 때문이다. (법이)
남용되어 죄를 얻게 되는 것은 성인도 그러하니, 공야장도 열등하다고 할 수
없다. 이는 바로 그 나이가 서로 맞아 시집가고, 혼사가 같은 한 시기가 아니
었을 뿐이다. 그 사이에 다른 뜻이 있을 수 없다."

비평 —— 남용이 누구인가에 대해 고주에서는 '남궁도南宮縚, 남궁열南宮閱,
남궁괄南宮适 등으로 불렸지만 같은 사람'이라고 하였다. 주자는 남궁도와 남
궁괄을 한 사람이라고 하였다. 다산은 이 세 이름은 각각 다른 사람을 지칭
한다고 보았다. 이러한 이견은 있지만, 중요한 것은 아니라고 판단된다. 그
외의 특별한 쟁점은 없다.

5:2. 子謂子賤: "君子哉若人! 魯無君子者, 斯焉取斯?"

고주 —— 공자께서 자천에 대해 말씀하셨다. "군자로다, 이와 같은 사람이

여! 노나라에 군자가 없었다면, 자천이 어떻게 이러한 덕행을 취해 배워서 행할 수 있었겠는가?(安得踐行而學行之)"

주자 —— 공자께서 자천에 대해 말씀하셨다. "군자로다, 이 사람이여! 노나라에 군자가 없었다면, 이 사람이 어떻게 이런 덕을 취했겠는가? (현인을 존중하면서 벗을 취하여 덕을 이루었겠는가?)"

다산 —— 공자께서 자천에 대해 말씀하셨다. "군자로다, 이와 같은 사람이여! 노나라에 군자가 없었다면, 이 사람이 어떻게 이런 덕을 취했겠는가?"

집주 —— ■ 子賤은 孔子弟子니 姓宓이요 名不齊라 上斯斯는 此人이요 下斯斯는 此德이라 子賤이 蓋能尊賢取友하여 以成其德者라 故로 夫子旣歎其賢하시고 而又言 若魯無君子면 則此人이 何所取以成此德乎아하시니 因以見魯之多賢也시니라

자천子賤은 공자의 제자로 성姓은 복宓이며 이름은 부제不齊이다. 앞에 사斯는 '이 사람'이고, 뒤에 사斯는 '이런 덕'이다. 자천은 대개 현인을 존중하면서 벗을 취하여 그 덕을 이룬 사람이었다. 그러므로 공자께서 이미 자천의 현명함을 찬탄하시고, 또한 '노나라에 군자가 없었다면 이 사람이 어디에서 취하여 이런 덕을 이루었겠느냐?'라고 말씀함으로써 노나라에 현자가 많음을 드러내셨다.

자원풀이 ■ 로魯는 魚(고기 어)+口(입 구)로 생선의 맛을 상징하여 훌륭하다는 뜻이 나왔다. 이후 반훈反訓으로 노둔하다, 우둔하다는 뜻이 나왔다. 가차假借되어 지금의 산동성지역을 지칭하였다. 공자의 고향으로 황하유역에서는 유일하게 해안과 접해 있어 신선한 해물이 많이 나온 곳이기 때문에 붙여진 이름이라고도 한다.
■ 사斯는 斤(도끼 근)+其(그 기)의 회의자로 자귀(斤)로 쪼개서 키(其)와 같은 기물을 만들다의 의미에서, '이것' 혹은 '여기'의 뜻이 나왔다.

■蘇氏曰 稱人之善에 必本其父兄師友는 厚之至也니라

소식蘇軾이 말했다. "다른 사람의 선善을 칭찬할 때에는 반드시 그 사람의 부형과 사형(師友)에게 그 근본을 두는 것은 지극히 후한 것이다."

고금주 ── ■包曰: "若人者, 若此人也." ○包云: "子賤安得此行而學行之?" 《說苑》: "子賤爲單父宰, 所父事者三人, 所兄事者五人, 所友者十一人. 皆敎子賤以治人之術."

포함이 말했다. "약인若人이란 이와 같은 사람이다." ○포함이 말했다. "노나라에 군자가 없었다면, 자천이 어떻게 이러한 덕행을 취해 배워서 행할 수 있었겠는가?『설원』에 '자천은 단보單父의 가재가 되었는데, 아버지로 섬긴 이가 두 사람, 형으로 섬긴 이가 다섯 사람, 벗으로 사귄 이가 열한 사람인데, 모두 자천에게 치인지술治人之述을 가르쳤다.'고 했다."

비평 ── 다산은 포함과 주자의 해석을 인용만 하고 새로운 해석을 제시하지 않았다. 여기서 군자라고 한 말에 대해서는 주자의 다음 언명이 참고할 만하다.

주자가 말했다. "『논어』에서 군자라고 말씀하신 것 중에는 최고라고 한 것도 있고, 대개 그러하다고 말한 것도 있다. 예를 들면, 현자의 부류를 들면서, 공자께서는 자천과 남궁 괄에 대해 모두 '군자로다, 이와 같은 사람이여!'라고 하셨으니, 모두 대개 그러하다고 말씀하신 것이다." (『논어집주대전』)

5:3. 子貢問曰: "賜也何如?" 子曰: "女, 器也." 曰: "何器也?" 曰: "瑚璉也."

고주 ── 자공이 물었다. "저는 어떻습니까?" 공자께서 말씀하셨다. "너는 (정해진 분수가 있는) 그릇이다." (자공이 물어) 말하였다. "무슨 그릇입니까?" (공자께서) 말씀하였다. "(제사에 쓰이는 귀한 그릇인) 호(瑚:하나라의 제기)·련(璉:은나라의 제기)이다."

주자 ── 자공이 물었다. "저는 어떻습니까?" 공자께서 말씀하셨다. "너는 (쓸모가 있는) 그릇이다." (자공이 물어) 말하였다. "무슨 그릇입니까?" (공자께서) 말씀하였다. "(비록 不器의 군자에는 이르지 못했지만, 제사에 쓰이는 귀중하고 화미한 그릇인) 호(瑚:하나라의 제기)·련(璉:은나라의 제기)이다."

다산 ── 자공이 물었다. "저는 어떻습니까?" 공자께서 말씀하셨다. "너는 (하은주 삼대의 학을 관통한) 그릇이다." (자공이 물어) 말하였다. "무슨 그릇입니까?" (공자께서) 말씀하였다. "(하나라와 은나라의 옛 그릇인) 호(瑚:은나라의 제기)·련(璉:하나라의 제기)이다."

자원풀이 ■器器는 犬(개 견)에 여러 개의 입(口)으로 구성되어, ⑴ 장독 같은 여러 기물에 개가 지키는 모습, 혹은 신에게 빌 때 희생으로 쓰는 개와 제기를 늘어놓은 것을 나타낸다. 이로부터 여러 기물器物, 나아가 신체적 기관을 나타내기도 했다. 관직이나 작위의 등급, 나아가 사람의 자질을 나타내고, 형이상의 도道에 대비되는 형이하의 구체적인 사물을 나타낸다.
■호瑚는 玉(구슬 옥)+胡(턱밑 살 호)의 형성자로 종묘宗廟에서 서직黍稷을 담던 옥으로 만든 기물로 호瑚와 연용하여 호련瑚璉이라 부른다.
■련璉은 玉(구슬 옥)+連(잇닿을 련)의 형성자로 종묘의 제사에서 서직을 담던 옥으로 만든 기물이다.

집주 ── ■器者는 有用之成材라 夏曰瑚요 商曰璉이요 周曰簠簋니 皆宗廟
盛黍稷之器而飾以玉하니 器之貴重而華美者也라 子貢이 見孔子以君子許子
賤이라 故로 以己爲問에 而孔子告之以此하시니 然則子貢이 雖未至於不器
나 其亦器之貴者歟인저

그릇(器)이란 쓸모 있는 기성의 인재이다. 하대에는 호瑚, 상대에는 련璉, 주
대에는 보궤簠簋라 하였다. 모두 종묘에서 기장黍稷을 담는 그릇으로 옥으로
장식하였으니, 그릇 가운데 귀중하고 화미華美한 것이다. 자공子貢이 공자께
서 자천을 군자로 인정하신 것을 보았기 때문에, 자기에 대해 질문하였고, 공
자께서 이와 같이 대답하셨다. 그런즉 자공이 비록 불기不器(쓰임이 어느 곳에
한정되지 않는 군자의 특징:君子不器)의 경지에는 이르지 못했지만, 그는 그릇 가
운데서는 귀한 것이리라.

고금주 ── ■補曰 瑚璉, 宗廟黍稷之器. 夏曰璉, 殷曰瑚, 周曰簠簋, [詳見〈明
堂位〉] 竹器飾以玉也. [朱子云] 子貢學貫三代, 故許之以夏‧商之古器.

보완하여 말한다. 호련瑚璉은 종묘의 제사에서 기장黍稷을 담는 그릇이다. 하
대에는 연璉이라 하고, 은대에는 호瑚라 하고, 주대에는 보궤簠簋라 하였는데
(『예기』「명당위」에 상세히 보인다.) 대그릇에 옥으로 장식한 것이다(주자가 말했
다). 자공의 학은 삼대三代를 관통하였기에 하와 상의 옛 그릇으로 그에게 허
여한 것이다 ■包曰: "夏曰瑚, 殷曰璉." ○案 此相沿之誤也.

포함이 말했다. "하나라에서는 호瑚라 하고, 은나라에서는 연璉이라 했다."
○살핀다. 이것은 서로 전해 내려오는 동안의 오류이다.

■質疑 孔子以子貢擬於顔子, 問其孰愈, 則其期許大矣. 不應復以一偏之器貶
之. 孔子謂管仲之器小, 未必以管仲爲一偏之器, 而又嫌其小也. 子貢學貫三
代, 故許以夏‧商之器. 君子不器, 自是一義, 恐不必與此經牽連言之也.

질의한다. 공자는 자공을 안자에 견주어 '누가 더 나은가.' 하고 물었으니(『공

야장」), 그 기대와 허여함이 컸다. 응당 다시 한쪽에 치우친 그릇(一偏之器)으로 폄하할 수 없다. 공자께서 관중의 그릇이 작다(「팔일」)고 평한 것도 반드시 관중을 한쪽에 치우친 그릇으로 보면서, 또한 그릇이 작다고 혐오한 것이 아니다. 자공의 학은 삼대를 관통하였으며, 하대와 은대의 그릇으로 허여한 것이다. '군자는 그릇이 아니다(君子不器).'라는 말은 그 자체로 하나의 뜻이 있으니, 이 경문에 끌어들여 연관시켜 말할 필요는 없을 듯하다.

■ 王麟洲云: "夏 · 商之器, 仍于樸素, 宗廟之物, 獨以華飾. 以此許子貢, 蓋謂其古法物中之光也."

왕린주가 말했다. "하대와 상대의 그릇은 계속해서 질박하고 소박하였지만, 종묘의 기물만은 유독 화려하게 장식하였다. 이러한 것으로 자공에게 허락한 것은 대개 그 고법古法의 기물의 광채를 두고 말한 것인 듯하다."

비평 ── 고주(포함, 정현 등)와 이를 답습한 주자는 종묘의 제사에서 쓰였던 그릇을 '하나라 때에는 호瑚, 은나라 때에는 연璉이라 했다.'고 주석했다(대부분의 사전 또한 이렇게 기술되어 있다). 이에 대해 형병과 신안 예씨, 그리고 다산은 『예기』「명당위」를 전거로 은나라에서 호瑚, 하나라 때에 연璉이 불렀다고 수정했다. 근거 있는 올바른 지적이라고 하겠다.

> 신안 예씨가 말했다. "『예기』「명당위」를 살펴보면, 하후씨夏候氏는 네 개의 연(四璉), 은은 6개의 호(六瑚), 주는 여덟 개의 궤(八簋)라고 하였다. 이는 상대는 호瑚, 하대에는 연璉이라 하였다. 이것은 아마도 옛 주석에 호가 먼저 나왔고, 연이 나중에 있었기 때문에 (『집주』에서) 착오를 범한 듯하다. 밖이 네모나고 안이 둥근 것을 보簠라 하고, 밖이 둥글고 안이 네모난 것을 궤簋라 한다." 『논어집주대전』

두 번째 더 중요한 쟁점은 여기서 공자가 자공을 일러 '그릇(器)'이라고 칭한 것을 어떻게 해석할 것인가 하는 점이다. 고주는 이 언명을 '군자불기君子不器'라는 구절과 연관하여, 그릇을 정해진 분수(定分), 즉 한계가 있는 것으로 해석하였다. 그리고 주자 또한 자공이 불기不器라고 칭해지는 군자의 경지에 아직 도달하지 못한 인물로 해석하였다. 이에 대해 다산은 이 구절이 '군자불기'와 연관된 것이 아니라고 주장한다. 요컨대 다산은 자공이 하은주 삼대三代의 학에 정통했기 때문에, 하은의 가장 귀한 그릇인 호련瑚璉으로 칭했다는 것이다. 두 해석 모두 일장일단이 있다. 우선 다산의 해석에 대해 비평해보자면, 이 구절은 자공이 삼대의 학문에 정통했다는 것을 평가한 것으로 보기는 어렵다는 생각이 든다. 그리고 고주와 주자는 '군자불기'라는 언명을 너무 엄격하게 적용하였다고 생각된다. 주자는 앞서 "(공자가 『논어』에서) 군자君子라고 말씀하신 것 중에는 최고最高라고 평가한 것도 있고, 대개 그러하다고 말한 것도 있다."라고 말한 바 있다. 분명히 자공은 비록 최고의 군자는 아니라고 할지라도, 어느 정도의 군자의 체단은 갖추고 있다고 할 수 있다. 따라서 그릇이라는 말은 단순히 '쓰임이 있는 인재'를 말하고, 호련이란 가장 귀중한 그릇으로 볼 수 있으며, 따라서 여기서 공자는 자공을 가장 중요한 직책을 수행할 수 있는 가장 귀한 인재로 평가하였다고 할 수 있다.

5:4. 或曰: "雍也仁而不佞." 子曰: "焉用佞? 禦人以口給, 屢憎於人. 不知其仁, 焉用佞?"

고주 —— 어떤 사람이 말했다. "옹雍은 인仁하지만, 말재주가 없습니다." 공자께서 말씀하셨다. "말재주를 어디에 쓰겠는가? (말재주 있는 사람은) 다른 사람을 대할 때(禦當) 말을 민첩하게 잘하여(口辭捷給) 자주 다른 사람의 미움을 산다. 중궁이 인仁한지는 알지 못하겠지만, 말재주를 어디에 쓰겠는가?"

주자 —— 어떤 사람이 말했다. "옹雍은 인仁하지만, 말재주가 없습니다." 공자께서 말씀하셨다. "말재주를 어디에 쓰겠는가? (말재주가 있는 사람은) 다른 사람에게 응답할 때 말을 (진실함이 없이) 입으로만 변론하여 자주 다른 사람의 미움을 산다. (지극히 큰 仁道는 본체를 온전히 하고 잠시도 쉼이 없는 자가 아니면 감당할 수 없기에) 중궁이 인仁한지는 알지 못하겠지만, 말재주를 어디에 쓰겠는가?"

다산 —— 어떤 사람이 말했다. "옹雍은 인仁하지만, (부인들처럼) 말을 민첩하게 잘 하지는 못합니다." 공자께서 말씀하셨다. "말을 민첩하게 잘 하는 것을 어디에 쓰겠는가? 다른 사람을 대할 때 말을 연속해서 넘쳐서 다함이 없으면 자주 다른 사람의 미움을 산다. 중궁이 인仁(人倫至善之名)한지는 알지 못하겠지만(至善을 가볍게 허여할 수 없다), 말재주를 어디에 쓰겠는가?"

집주 —— ■雍은 孔子弟子니 姓冉이요 字仲弓이라 佞은 口才也라 仲弓은 爲人이 重厚簡黙이어늘 而時人이 以佞爲賢이라 故로 美其優於德而病其短於才也니라
옹雍은 공자 제자로 성은 염冉이고, 자는 중궁仲弓이다. 녕佞은 말재주(口才)

자원풀이 ■녕佞(佞)은 아첨阿諂하다, 간사奸詐하다, (말을)잘하다, 미혹迷惑하다, 유약柔弱하다, 재능才能 혹은 말재주 등의 뜻이다.
■어禦는 示(보일 시)+御(어거할 어)의 형성자로 제사(示)를 지내 재앙을 막다(御)는 뜻이다. 제어하다, 금지하다, 저항하다의 뜻이 나왔다.
■급給은 糸(실 사)+合(합할 합)의 형성자. 끊어진 실(糸)을 연결하여 합치다(合). 넉넉하다, 공급供給하다는 말이다.
■루屢는 尸(주검 시)+婁(별이름 루)의 형성자. 집(尸)에 층층이(婁) 만들어 놓은 창문. 여러 차례, 자주의 뜻이다.

이다. 중궁의 사람됨이 중후重厚하고 간묵簡黙하였지만, 당시 사람들은 말 재주가 있는 것을 현명하다고 생각했다. 그러므로 중궁이 덕에서는 넉넉하 다고 찬미하면서도, 말재주에서는 부족하다고 책망하였다.

■禦는 當也니 猶應答也라 給은 辨[辨]也라 憎은 惡也라 言何用佞乎리오 佞 人所以應答人者는 但以口取辨而無情實하여 徒多爲人所憎惡爾라 我雖未知 仲弓之仁이나 然이나 其不佞은 乃所以爲賢이요 不足以爲病也라 再言焉用 佞은 所以深曉之시니라 ○或疑仲弓之賢으로도 而夫子不許其仁은 何也오 曰 仁道至大하여 非全體而不息者면 不足以當之라 如顔子亞聖으로도 猶不 能無違於三月之後어든 況仲弓雖賢이나 未及顔子하니 聖人이 固不得而輕 許之也시니라

'어禦'는 맞이함(當)이니, 응답應答과 같다. 급給은 변론함(辨), 증憎은 미워함 (惡)이다. '어찌 말재주를 쓰겠는가(何用佞乎)?'는 '말재주가 있는 사람은 다른 사람에게 응답하는 것이 단지 입으로 변론하는 것만 일삼고 진실됨이 없어, 헛되이 남의 미움만 받게 되니, 내가 비록 중궁이 인仁한지는 알지 못하겠지 만, 중궁이 말재주가 없는 것은 현명함이 될지언정 병통이 되지는 않는다.' 는 말이다. '어찌 말재주를 쓰겠는가?'라고 거듭 말한 것은 깊이 깨닫도록 하 신 것이다. ○어떤 사람은 "중궁처럼 현명하여도 공자께서 그의 인仁함을 허 여하지 않은 것은 무슨 까닭인가." 하고 의아해했다. '대답하여' 말한다. "인 의 도仁道는 지극히 커서 본체를 온전히 하여(全體) 잠시도 쉼이 없는(不息) 자 가 아니면 인仁을 감당하기에 부족하다. 안자顔子와 같은 아성亞聖조차도 3개 월 후에 인을 어기지 않을 수 없었는데다(6:7), 하물며 중궁이 비록 현명하였 지만 안자에 미치지 못하였으니, 성인께서 진실로 가볍게 인仁하다고 허여하 지 않으신 것이다."

고금주 ─── ■補曰 佞, 便捷如婦人也. [徐鉉云: "女子之信, 近於佞."] 給, 繼供也,

[蕭何給餽餉] 口給, 謂言語連續溢發, 不致匱乏也. ○孔曰: "屢憎, 數爲人所憎惡."

보완하여 말한다. 녕佞은 부인婦人들처럼 말을 빠르고 민첩하게 하는 것이다.(서현이 말했다. "여자의 신의는 佞에 가깝다.") 급給은 계속 공급하는 것(繼供)이니, 구급口給은 말이 연속해서 넘쳐 나와 다함이 없는 것을 말한다. ○공안국이 말했다. "누증累憎은 자주 남의 증오의 대상이 되는 것이다." ○주자가 말했다. "내가 비록 중궁이 인仁한지는 알지 못하지만, 그러나 그 말재주가 민첩하지 않음(不佞)이 어진이가 되는 까닭이니, 병이 되지는 않는다."

■邢曰: "《左傳》云, '寡人不佞.'[服虔云: "佞, 才也."] 佞是口才捷利之名, 本非善惡之稱. 但佞有善惡, 善佞, 祝鮀是也, 惡佞, 即'遠佞人'是也." ○駁曰 佞, 大抵非好題目.

형병이 말했다. "『좌전』에서 '과인불녕寡人不佞'(복건은 말했다. "佞은 재주이다.")이라고 했으니, 녕佞은 말재주가 민첩함을 이른 말이고 본래 선악을 이른 말이 아니었다. 다만 녕佞을 하는 (목적에는) 선악이 있으니, 선녕善佞은 '축타의 녕'이 그것이고, 악녕은 '영인을 멀리하라(遠佞人)'가 그것이다." ○논박하여 말한다. 녕佞은 대저 좋은 제목이 아니다.

■質疑 仁者, 人倫至善之名. 然我欲仁, 斯仁至矣. 強恕而行, 求仁莫近焉. 仁豈高遠之行哉? 特弟子受學, 見在膝前, 不必輕許以至善之名, 故每云不知. 若云仁道至大, 非顔子不能至, 則恐非本旨.

(주자에게) 질의한다. 인仁이란 인륜의 지선을 명칭한 것이다. 그러나 나는 인을 하고자 하면 이에 인이 이른다. 힘써 서恕로서 행하면 인을 구함이 이보다 가까운 것이 없다. 인이 어찌 고원한 행실이겠는가? 특히 제자들이 배움을 받을 때에는 무릎 앞에 나타났지만, 지선至善의 명칭을 가볍게 허여할 필요가 없었기 때문에 매번 알지 못하겠다(不知)고 말한 것이다. 만일 인의 도가 지극히 커서(仁道至大) 안자顔子가 아니라면 도달할 수 없는 것이라고 말한다면, 아마도 본뜻이 아닌 듯하다.

비평 —— 원문 해석에서는 차이가 거의 없지만, 주자와 다산 간에 '인仁'이 무엇인가에 대한 관점의 차이는 분명하다. 다산의 인 개념 정의(仁者 人倫至善之名)는 주자에 대한 「질의」에 그 일단이 잘 나타나 있다. 이 구절의 해설과 연관된 주자의 인에 대한 관점은 다음의 해설들이 잘 말해주고 있다.

채씨蔡氏가 말했다. "본체를 온전히 하는 것(全體)이란 천리天理가 혼연하여 한 터럭만큼의 잡스러움이 없는 것이고, 잠시도 쉼이 없는 것(不息)이란 천리가 유행하여 한순간도 쉼이 없는 것이다. (仁이란) 사랑의 이치이고 마음의 덕(愛之理 心之德)이라는 여섯 글자는 인의 뜻을 새긴 것으로 매우 절실하다. 본체를 온전히 하고 잠시도 쉬지 않는다(全體不息)는 네 글자는 인의 도를 다하는 방법(所以盡仁之道)으로 매우 크다. 단지 이 열 글자로 요약되어 있지만, 여러 유학자들이 누천년 동안 했던 천백마디 말도 다할 수 없을 뿐만 아니라, 앞뒤의 성현들이 인仁 자를 논한 넓고도 정심精深한 천 가지 조항과 만 가지 단서가 열 글자 가운데 총회總會되지 않는 것이 없다."

운봉 호씨가 말했다. "내가 주자의 뜻을 완상해 보니, 인도지대仁道至大라는 것은 인仁을 설명한 것이고, 전체이불식자全體而不息者란 인한 사람(仁者)을 설명한 것이다. 그렇기에 '자者' 자를 붙인 것이다. 대개 인仁이란 단지 사람의 본심일 따름이니, 인자仁者에게 있어서 귀중한 것은 이 마음의 본체가 터럭만큼의 어그러짐이나 모자람도 없고, 한순간의 끊어짐도 없는 것이다."『논어집주대전』

주자와 다산의 인에 대한 정의 및 관점의 차이는 3권의 「인仁」에 관한 장을 참조하기 바란다.

5:5. 子使漆雕開仕. 對曰: "吾斯之未能信." 子說.

고주 —— 공자께서 칠조개를 벼슬시키려 하시니, 칠조개가 대답하여 말했다. "저는 아직 (벼슬에 나아가는:仕進) 도리에 확신이 없습니다." 공자께서는 (칠조개가 영예와 녹봉에 급급해 하지 않고, 도에 깊이 뜻을 둔 것을 보시고) 기뻐하셨다.

주자 —— 공자께서 칠조개를 벼슬시키려 하시니, 칠조개가 대답하여 말했다. "저는 (이제 겨우 벼슬하는 도리를 알았을 뿐, 아직) 그 도리와 같이 (남을 다스릴) 확신이 없습니다." 공자께서는 (그의 뜻이 돈독하심을 보시고) 기뻐하셨다.

다산 —— 공자께서 칠조개를 (재목과 식견이 직책을 맡기에 충분하다고 생각하여) 벼슬시키려 하시니, 칠조개가 대답하여 말했다. "저는 아직 벼슬할 자신이 없습니다." 공자께서는 (칠조개가 스스로 만족하지 않는 것을 보시고) 기뻐하셨다.

집주 —— ■漆雕開는 孔子弟子니 字子若이라 斯는 指此理而言이라 信은 謂眞知其如此하여 而無毫髮之疑也라 開自言未能如此하여 未可以治人이라 故로 夫子說其篤志하시니라

자원풀이 ■仕는 人(사람 인)+士(선비 사)의 형성자로 고대 남성중심사회에서 남성(士)의 사람(人)이 할 일이라는 뜻으로 벼슬살이, 즉 정치를 배워 남을 위해 일함을 상징했다. 이후 직책이나 일을 통칭한다.
■信信 자는 『설문해자』에 따르면 人(사람 인)과 言(말씀 언·맹서盟誓)이 결합한 회의문자로서, '사람의 본마음에서 표출된 말은 거짓이 없기(誠實無欺)에 믿을 수 있다.' 혹은 '사람(人)의 말(言)은 언제나 진실 되고 신뢰가 있어야 한다'는 의미이다. 그런데 맹자는 "가치상 추구할 만한 것을 일러 선(좋음)이라고 하고, 이러한 선을 자기 안에 지니고 있는 것을 일러 신信이라고 한다"고 해설하였듯이, 신信이란 도덕적인 선한 본성(仁義禮智)을 지니고서, 그 본성을 실현하기 위해 신실하게 행하는 것을 말한다.

칠조개漆彫開는 공자 제자로 자는 자약子若이다. 사斯는 벼슬하는 이치(此理)를 지칭하여 말한 것이다. 신信은 그것이 그와 같음을 참으로 알아 터럭만큼의 의심도 없는 것이다. 칠조개는 스스로 아직 벼슬하는 도리와 같이 할 수 없어서, 다른 사람을 다스릴 수 없다고 말했기에, 공자께서는 그의 돈독한 뜻을 기뻐하셨다.

■ 程子曰 漆雕開已見大意라 故로 夫子說之시니라 又曰 古人은 見道分明이라 故로 其言이 如此니라

정자가 말했다. "칠조개는 이미 대의大意를 알았기에, 공자께서 기뻐하신 것이다." 또 말했다. "옛 사람들은 도를 봄이 분명했기에, 그 말이 이와 같았다."

■ 謝氏曰 開之學을 無可考나 然이나 聖人이 使之仕하시니 必其材可以仕矣어니와 至於心術之微하여는 則一毫不自得이면 不害其爲未信이라 此는 聖人所不能知어늘 而開自知之하니 其材可以仕로되 而其器不安於小成하니 他日所就를 其可量乎아 夫子所以說之也시니라

사량좌가 말했다. "칠조개의 학문은 상고할 수 없지만, 성인께서 벼슬하도록 권유했으니, 필시 그 재질이 벼슬할 만했을 것이다. 그러나 심술心術의 은미한 곳에 이르러서는 한 터럭만큼이라도 자득하지 못하였으면, 아직 확신하지 못한다고 하는 것이 해가 되지 않는다. 이는 성인께서 알 수 없는 것은 아니지만, 칠조개는 스스로 알았던 것이다. 칠조개의 재질이 벼슬할 만하면서도, 그 그릇이 작은 성취에 안주하지 않았으니, 훗날 성취할 것을 상량할 수 있을 것인저! 공자께서 기뻐하신 까닭이다."

고금주 —— ■ 補曰 孔子知開之材識足以任職, 故使之仕. [孔子爲大司寇秉政, 其權能令弟子仕.] 斯謂仕也, 開以爲不能自信其材識足以任職. ○補曰 子說者, 悅其不自足.

보완하여 말한다. 공자께서는 칠조개의 재질과 식견이 직책을 맡기에 충분

하다는 것을 아셨기 때문에 벼슬하라고 권유하신 것이다(공자께서는 大司寇가 되어 정권을 잡고 계셨고, 그 권력이 능히 제자를 벼슬하게 할 수 있었다). 사斯는 벼슬(仕)을 말하니, 칠조개는 그 재목과 식견이 직책을 맡기에 충분하다고 자신할 수 없다고 생각했다. ㅇ보완하여 말한다. '공자께서 기뻐하신 것(子說)'은 칠조개가 스스로 만족하지 않은 것을 기뻐하신 것이다.

■孔曰: "仕進之道, 未能信者, 未能究習." ㅇ侃曰: "學業未熟, 未能究習, 則不爲民所信, 未堪仕也."[一云: "時君未能信, 則不可仕."] ㅇ韓曰: "未能見信於時, 未可以仕也." ㅇ駁曰 皆非也.

공안국이 말했다. "벼슬길에 나아가는 도(仕進之道)에 아직 확신할 수 없다는 것은 궁구하거나 익히지 못했다는 것이다." ㅇ황간이 말했다. "학업學業이 미숙하여 아직 궁구하거나 익히지 못하면 백성들의 신뢰를 받지 못하여 벼슬을 감당할 수 없는 것이다."(일설에는 "당시의 군주를 신뢰할 수 없어, 벼슬할 수 없다."고 하였다.) ㅇ한유가 말했다. "당시에 아직 신임을 받을 수 없어 벼슬을 할 수 없었다." ㅇ논박하여 말하면, 모두 그릇되었다.

■鄭曰: "子說者, 善其志道深." ㅇ韓曰: "善其能忖己知時變." ㅇ駁曰 皆非也.

정현이 말했다. "공자께서 기뻐하신 것은 그가 도에 깊이 뜻을 둔 것을 선하게 여기신 것이다." ㅇ한유가 말했다. "그가 능히 자신을 헤아려 시변時變을 안 것을 좋게 여기신 것이다." ㅇ논박하여 말하면, 모두 그릇되었다.

비평 —— 사지미능신斯之未能信의 사斯에 대해 각각 (1) 벼슬길에 나아가는 도(고주), (2) 벼슬의 이치(주자), (3) 벼슬하는 것(다산)으로 보았다.

그리고 미능신未能信의 이유에 대해 (1) 벼슬길에 나아가는 도를 아직 궁구(究)・습득(習)하지 못했기 때문(고주), (2) (벼슬의 도리는 알았지만) 아직 도리대로 행할 수 없기에, 그리고 (3) 재질과 식견이 부족하다고 생각했기 때문이라고 각각 설명하였다. 그리고 공자께서 기뻐하신 이유에 대해서는 (1) 벼슬과 봉록이 아니라 도에 깊이 뜻을 둔 것, (2) 벼슬의 도리를 행할 뜻이 돈독한 것 (주자), 그리고 (3) 자만하지 않고 노력하려고 하는 자세(다산) 등으로 설명하였다. 다산의 설명은 간단 명료하다. 고주와 주자의 설명은 큰 차이는 없는 듯하지만, 유심히 보면 큰 차이가 있다. 주자는 정밀하게 심성론적으로 해설하였다. 글의 의미만으로 보면 다산의 해석이 가장 분명하고, 주자의 해설은 가장 깊이가 있다.

5:6. 子曰: "道不行, 乘桴浮于海, 從我者, 其由與?" 子路聞之喜. 子曰: "由也好勇過我, 無所取材."

고주 —— 공자께서 말씀하셨다. "(중국에서는) 도가 행해지지 않으니, 뗏목을 타고 바다로 (九夷 등 국외로) 건너간다면, 나를 따를 자는 아마도 자로일 것이다." 자로가 이 말을 듣고 (자신과 함께 떠나고자 하신 것을) 기뻐했다. 공자께서 말씀하셨다. "자로는 용기를 좋아함이 나보다 낫지만, (뗏목을 만들) 재목을 취할 곳이 없구나!"

자원풀이 ■부桴는 木(나무 목)+孚(미쁠 부)의 형성자로 마룻대(木)를 의미하며, 큰 통나무로 엮었다는 뜻에서 뗏목이란 뜻이 나왔다. 작은 배(=艀:작은 배 부)와 같이 쓰이기도 한다.
■부浮는 水(물 수)+孚(미쁠 부)의 형성자로 물(水)에 뜨는 것(孚)을 말한다. 물에 떠다니는 것, 고정되지 않고 유동적인 것 등을 뜻한다. 孚는 爪(손톱 조)+子(아들 자)의 형성자로 막 태어난 자식(子)을 손끝(爪)으로 들어 올리는 모습으로 '미덥고 더없이 사랑스러운 존재'를 나타냈다.
■재材는 木(나무 목)+才(재주 재)의 형성자로 재목材木 혹은 재료材料를 말한다. 기물의 재료로 유용한(才) 나무(木)라는 뜻으로 자질, 능력을 뜻하기도 하였다. (材는 裁로 같은데, 옛 글자에서 차용했다:주자)
■재裁는 衣(옷 의) +'戈(칼)+才:다칠 재'의 형성자로 옷감(衣)을 칼(戈)로 재주껏(才) 마름질하는 모습을 그렸다. 이로부터 재단裁斷하다, 자르다, 결정하다, 결단을 내리다 등의 뜻이다. 재탁裁度은 헤아려 단정하다는 뜻이다.

주자 —— 공자께서 말씀하셨다. "도가 행해지지 않으니, (만일) 뗏목을 타고 바다를 떠다닌다면, 나를 따를 자는 아마도 자로일 것이다." 자로가 이 말을 듣고 (공자께서 실제로 그렇게 하시겠다는 것으로 알고, 자신과 함께 떠나고자 하신 것을) 기뻐했다. 공자께서 말씀하셨다. "자로는 용기를 좋아함이 나보다 낫지만, (事理를) 헤아려(材=裁) (義에 맞게) 취하는 바가 없구나!"

다산 —— 공자께서 말씀하셨다. " 도가 행해지지 않으니, 작은 뗏목을 타고 바다를 떠다닌다면, 나를 따를 자는 아마도 자로일 것이다." 자로가 이 말을 듣고 (비록 위험천만한 일인 줄은 알았지만, 도를 행하려는 열정과 목숨을 버리고서라도 스승을 따르려는 것을 인정하신 것을) 기뻐했다. 공자께서 말씀하셨다. "자로는 용기를 좋아함이 나보다 낫지만, (곧바로 나아가기만 하고 事理를) 헤아려(材=裁) 취하는 바가 없구나!"

집주 —— ■桴는 筏也라
부桴는 뗏목(筏)이다.
■程子曰 浮海之歎은 傷天下之無賢君也라 子路勇於義라 故로 謂其能從己하시니 皆假設之言耳어늘 子路以爲實然하여 而喜夫子之與己라 故로 夫子美其勇하시고 而譏其不能裁度事理以適於義也시니라
정자가 말했다. "부해지탄浮海之歎(바다로 떠나겠다는 탄식)은 천하에 현명한 군주가 없음에 안타까워한 것이다. 자로는 의義에 용감했기 때문에, 자신을 따를 것이라고 말씀하신 것이니, 모두 가설假設의 말일 뿐이다. 그러나 자로는 실제로 그럴 것이라 생각하여, 공자께서 자기를 인정한 것을 기뻐했다. 그러므로 공자께서 자로의 용기는 찬미하면서도, 자로가 사리를 헤아려 분별(裁度)하여 의에 적합하게 맞추지 못함을 기롱하셨다."

고금주 ── ■馬曰: "桴, 編竹木, 大者曰栰, 小者曰桴."[《爾雅》云: "舫, 泭也." 郭璞云: "水中篺筏."] ○補曰 子路聞之者, 時不在坐, 追聞之也. 喜者, 喜其知己. 材·財通.[《孟子》云: "有達財者."] 財·裁通. [泰卦云: "財成天地之道."] 取材, 謂裁度事理之當否也. 孔子知子路喜, 乃明言所以獨許子路之意. 曰: "桴可以濟小水, 不可以涉大海. 凡裁度事理者, 必不從我, 獨由也好勇過我, 又遇事直前, 無所裁度, 故我特許由從行, 非謂門人之中惟由獨賢也." 下節特自解其本意, 非先揚而後抑之也.

마융이 말했다. "부桴는 대나무를 묶어 놓은 뗏목으로, 큰 것을 벌栰이라 하고, 작은 것은 부桴라 한다."(『이아』에서 말했다. "舫은 桴이다." 곽박이 말했다. "水中의 뗏목이다.") ○보완하여 말한다. 자로가 들었다(子路聞之)는 것은 그 당시에 자리에 있지 않고, 추후에 들었다는 것이다. 기뻐한 것(喜)은 그 자신을 알아준 것을 기뻐한 것이다. 재材는 재財(재물, 녹, 마르다, 처리하다)와 통하고(『맹자』에 이르길, "재질을 달성하는 경우가 있다:有達財者.":「진심상」), 재財는 재裁와 통한다.(『주역』「泰卦」에서 말했다. "천지의 도를 재성한다:財成天地之道.") 취재取材란 사리의 당연하고 부당한 바를 헤아려 분별하는 것을 말한다. 공자께서는 자로가 기뻐할 것을 아시고, 오로지 자로에게만 허락하게 된 연유를 분명히 말하셨다. 말씀하시길, "뗏목(桴)은 작은 물(小水)은 건널 수 있어도, 큰 바다(大海)를 건너다닐 수는 없다. 무릇 사리를 헤아려 분별하는 사람(裁度事理者)은 필시 나를 따르지 않겠지만, 오직 자로만은 용감을 좋아함이 나보다 낫고, 또한 일을 만나면 곧바로 나아가지만 재탁裁度함이 없다. 그런 까닭에 나는 특히 자로만 나를 따를 것이라고 인정한 것이지, 문인들 가운데 오직 자로만 현명하다고 말한 것은 아니다." 뒤 구절 특히 '유야由也' 이하는 공자께서 그 본뜻을 해명한 것으로, 먼저 칭찬하고 뒤에 억누른 것은 아니다.

■鄭曰: "子路信夫子欲行, 故言好勇過我也. 無所取材者, 無所取於桴材, 以子路不解微言, 故戲之耳."[邢云: "言無所取於桴材, 示子路令知己但歎世無道耳, 非實欲浮海."] ○駁曰 非也. 先儒筆頭, 子路爲癡騃不曉事之人, 直令覽者愚弄侮笑若狂夫然, 此大蔽也. 孔子許子路曰: "由也, 千乘之國, 可使治其賦." 其在我邦, 即戶曹判書兼宣惠提調者也. 其綜覈事務, 必細入秋毫. 豈後世章句腐儒所可侮弄者乎? 夫乘桴浮海, 尺童且知其不可, 乃謂子路不解微言, 實欲從行, 豈不遠於情乎? 孔子之意, 若曰'乘一片之桴, 涉萬里之海, 此是危險必死之地. 然苟以行道之故, 吾將獨行, 則由也必從之'. 一則許子路心熱於行道, 一則知子路舍命以從師. 一聖一賢, 意氣相許, 千載之下, 尚令人感激, 子路安得不喜? 喜者, 喜其知己也. [知有行道之誠, 知有翼聖之誠] 不解微言, 喜其從行, 有是理乎? 此唯不辨菽麥, 不知痛癢者然矣. 豈治千乘之賦者所應然者乎?

정현이 말했다. "자로는 공자가 행하려 하는 것을 믿었기 때문에 용기를 좋아함이 나보다 낫다고 말한 것이다. 무소취재無所取材란 뗏목의 자재를 취할 곳이 없다는 것인데, 자로가 공자의 그 은미한 뜻을 알지 못하였기 때문에, 기롱한 것일 따름이다."(형병이 말했다. "뗏목의 자재를 취할 곳이 없다고 한 것은 공자 자신이 다만 세상에 도가 없음을 탄식하고 있음을 알도록 자로에게 보인 것일 뿐, 실제로 浮海하고자 한 것은 아님을 말한다.") ○논박하여 말하면, 그릇되었다. 선유先儒들은 필두筆頭에서 자로는 어리석고 사리에 밝지 못한 사람으로 만들어, 보는 이로 하여금 곧바로 광부狂夫처럼 우롱·모소侮笑하게 하였으니, 이것은 큰 폐단이다. 공자께서 자로를 허여하기를, "자로는 천승의 국가에 그 부賦를 담당하게 할 수 있다."고 하였으니, 그 직책은 우리나라에서 호조판서 겸 선혜청제조이다. 그 직책에서 사무를 종핵綜覈하면 반드시 추호秋毫까지 세밀히 따져 들어가야 한다. 어찌 후세에 장구나 따지는 썩은 유자(腐儒)들이 업신여기고 기롱할 수 있는 자이겠는가? 대저 승부부해乘桴浮海는 어린아이도 불가능하다는 것을 아는데, 자로가 은미한 뜻을 알지 못하고 실제로 따라서 행하고자 했다니, 어찌 실정과 멀지 않겠는가? 공자의 뜻은 "한 조각의 뗏목을 타고 만 리 바다를 건너는 것은 위험하여 필시 죽음의 땅으로 가는 것이

다. 그러나 진실로 도를 행하는 일로써 장차 나만 홀로 행하려 한다면, 자로
는 반드시 따를 것이다."라고 말한 것과 같다. 한편으로는 자로의 마음이 도
를 행하는데 열정적이라는 것을 인정한 것이고, 다른 한편으로는 자로가 목
숨을 버리고 스승을 따를 것임을 안 것이다. 한 성인과 한 현인의 의기가 서
로 투합한 것이 천 년이 지난 지금까지도 오히려 사람들을 감격시키는데, 자
로가 어찌 기뻐하지 않을 수 있었겠는가? 기뻐한 것은 자로가 자신을 알아준
것을 기뻐한 것이다.(도를 행하려는 정성이 있음을 알고, 성인을 보필하려는 정성이
있음을 알았다.) 자로가 공자의 은미한 말을 알지 못하고 따라 행하기를 기뻐
했다니 그럴 리가 있겠는가? 이는 오직 콩과 보리도 분별하지 못하고, 아픔
과 가려움도 알지 못하는 자나 그러는 것이다. 어찌 천승의 국가에 부賦를 담
당할 자가 응당 그랬을 일이겠는가?

■ 孔曰: "喜與己俱行." ○駁曰 非也. 宰我問曰: "仁者, 雖告之曰'井有仁焉', 其
從之與?"[義見彼] 此經語意, 與宰我之言相類. 蓋曰: "子路雖告之曰乘桴浮海,
可以行道, 必將從之也." 子路非尺童, 喜與俱行, 有是理乎?

공안국이 말했다. "(공자께서) 자기와 함께 가겠다고 하신 것을 기뻐한 것이
다." ○논박하여 말하면, 그릇되었다. 재아는 "인자는 비록 함정 안에 사람
이 있다고 말하더라도, 그를 따라가 구합니까?"라고 물었다(뜻은 「옹야」에 보인
다). 이 경문의 말뜻은 재아의 말과 서로 유사하다. 대개 "자로는 비록 뗏목을
타고 바다를 건너갈 것이라고 일러 주어도, 도를 행할 수 있다면 반드시 따를
것이다."라고 말한 것이다. 자로가 척동尺童이 아닌데, 자신과 함께 가겠다고
하신 것을 기뻐했다니, 그럴 리가 있는가?

■ 邢曰: "中國旣不能行道, 即欲渡海而居九夷, 庶幾能行道也." ○駁曰 非也.
苟如是也, 當云乘舟浮海, 何以曰乘桴乎? 下節亦非譏子路者, 乃上節之釋義
也. 唯其好勇過我, 又能遇事直前, 無所裁度, 故我許其從行云耳.

형병이 말했다. "중국에서는 이미 도를 행할 수 없어서, 바다를 건너 구이九

夷에서 살면서 도를 행할 수 있을 것이라고 기대한 것이다." ○논박하여 말하면, 그릇되었다. 진실로 이와 같다면, 마땅히 "배를 타고 바다를 건너간다"고 해야지 어찌 '뗏목을 탄다'고 했겠는가? 아래 구절 역시 자로를 기롱한 것이 아니고, 위 구절의 뜻을 해석한 것이다. 오직 그가 용기를 좋아함이 나보다 낫고, 또 능히 일을 만나면 다만 앞으로 나아갈 뿐, 사리를 헤아려 분별하는 바가 없기 때문에 내가 그의 종행從行만을 인정하였다고 말한 것일 뿐이다.

■ 何曰: "子路聞孔子欲浮海便喜, 不復顧望, 故孔子歎其勇曰過我, '無所取哉'. [邢云: "唯取於己, 無所取於他人哉."] 言唯取於己. 古字材·哉同." ○駁曰 非也.
하안이 말했다. "자로는 공자가 바다에 떠다니고 싶다는 말을 듣고는 문득 기뻐하고 다시는 다른 것을 돌아보지 않았기 때문에 공자가 그의 용기에 감탄하여 '나보다 낫다. 취할 바가 없다.' 하고 말했다.(형병이 말했다. "오직 자신에게서만 취하고, 다른 사람에게서는 취할 바가 없음을 말하였다.") 고자古字에서는 재材는 재哉와 같다." ○논박하여 말하면, 그릇되었다.

비평 —— 먼저 자로에 대한 평가에 있어, (1) 고주와 주자는 (자로가 사리를 재탁함이 부족하여:주자) 공자의 가정의 말씀을 오해하여 실제로 그렇게 할 것으로 잘못 생각하였다고 해석하였지만, (2) 다산은 자로는 능히 승부부우해乘桴浮于海가 위험천만한 일인 줄 알면서도 도를 행하려는 열정과 목숨을 버려서라도 스승을 따르겠다는 순정에서, 자신의 안위를 뒤로 하고 공자를 따를 것이라고 해석하였다.

다음으로 무소취재無所取材에 대해 고주에서는 "뗏목을 만들 재료를 취할 곳이 없다."고 해석하였지만, 주자와 다산은 재材=재財=재哉로 보고, "사리를 헤아려 취하는 것이 부족하다."고 해석하였다.

여기서 '무소취재無所取材'에 대한 해석에서는 주자와 다산의 전거제시가 상당한 일리가 있다고 본다. 다음으로 자로가 공자와 함께 실제로 '승부부우해乘桴浮于海'할 것으로 판단했다고 보는 견해는 다산의 지적대로 상당한 무리가 있다. 다산의 비평과 해석이 좋다고 판단된다.

⌘

5:7. 孟武伯問: “子路仁乎?” 子曰: “不知也.” 又問. 子曰: “由也, 千乘之國, 可使治其賦也, 不知其仁也.” “求也何如?” 子曰: “求也, 千室之邑, 百乘之家, 可使爲之宰也, 不知其仁也.” “赤也何如?” 子曰: “赤也, 束帶立於朝, 可使與賓客言也, 不知其仁也.”

고주 —— 맹무백이 물었다. “자로는 인仁합니까?” 공자께서 말씀하셨다. (인의 도는 지극히 커서 온전히 갖추었다고 할 수 없다고 여기시고) “알지 못하겠습니다.” 또 물으니 공자께서 말씀하셨다. “자로는 천승의 나라에서 그 군사를 다스릴 만하지만, 그가 인仁한지는 알지 못하겠습니다.” “구求는 어떻습니까?” 공자께서 말씀하셨다. “구는 천실의 읍(=경대부의 읍)이나 백승의 가에서 재(=가신)가 되게 할 수 있지만, 그가 인仁한지는 알지 못하겠습니다.” “적赤은 어떻습니까?” 공자께서 말씀하셨다. “적은 관복을 입고 조정에 서서 국빈과 더

자원풀이 ■부賦는 貝(조개 패)+武(굳셀 무)의 형성자로 거두어들인다(稅金)는 뜻인데, 각종 구실이나 무력(武)을 동원하여 세금(貝)을 거둬들인다는 뜻이다. 구실, 거두다, 요역徭役, 군대, 주다, 품주하다의 뜻이다. 또한 시가의 표현기법(4자나 6자로 대구를 이룬 운율), 문체 이름, 시가를 짓는다는 뜻도 있다.
■속束은 木(나무 목)+口(애워쌀 위)의 회의자로 나무(木)를 끈 등으로 둘러싸(口) 묶다는 뜻으로 제약하다, 구속拘束하다, 약속約束 등의 뜻이다.
■대帶는 상형자로 허리띠 아래로 베(巾)로 만든 술 같은 장식물이 드리운 모습으로 허리띠를 그렸으며, 매다는 뜻이 나왔다. 『설문』에서는 남자는 가죽으로 여자는 실로 띠를 만들었다고 했다. 속束帶란 관을 쓰고 띠를 매는 것으로 곧 관(예)복을 입는 것을 말한다.
■치治는 水+台로서 범람하는 물길을 다스려 옥토가 되게 하듯이, 사람도 그렇게 다스려야 한다는 것을 말한다.

불어 논의할 만하지만, 그가 인仁한지는 알지 못하겠습니다."

주자 —— 맹무백이 물었다. "자로는 인仁합니까?" 공자께서 말씀하셨다. (자로는 인에 하루 혹은 한 달에 한 번 이르니, 혹 있다고 혹 없다고 할 수 없기 때문에 인한지) "알지 못하겠습니다." 또 물으니 공자께서 말씀하셨다. "자로는 (그 재주가) 천승의 나라에서 그 군사를 다스릴 만하지만, 그가 (배움에 있어서는) 인仁한지는 알지 못하겠습니다." "구求는 어떻습니까?" 공자께서 말씀하셨다. "구는 (재주가) 천실의 읍(=큰 읍)이나 백승의 가(=경대부)에 재(읍장과 가신)가 되게 할 수 있지만, 그가 (배움에 있어서는) 인仁한지는 알지 못하겠습니다." "적赤은 어떻습니까?" 공자께서 말씀하셨다. "적은 (재주가) 관복을 입고 조정에 서서 국빈과 더불어 논의할 만하지만, 그가 (배움에서) 인仁한지는 알지 못하겠습니다."

다산 —— 맹무백이 물었다. "자로는 인仁합니까?" 공자께서 말씀하셨다. "알지 못하겠습니다." 또 물으니 공자께서 말씀하셨다. "자로는 천승의 나라에서 그 군사를 다스릴 만하지만, 그가 인仁한지는 알지 못하겠습니다." "구求는 어떻습니까?" 공자께서 말씀하셨다. "구는 천실의 읍(=公邑)이나 백승의 가(=경대부)에 재(읍장과 가신)가 되게 할 수 있지만, 그가 인仁한지는 알지 못하겠습니다." "적赤은 어떻습니까?" 공자께서 말씀하셨다. "적은 관복을 입고 조정에 서서 국빈과 더불어 논의할 만하지만, 그가 인仁한지는 알지 못하겠습니다."

집주 —— ■ 子路之於仁에 蓋日月至焉者니 或在或亡하여 不能必其有無라 故로 以不知告之하시니라

따라서 정치의 본령이란 위정자가 스스로 올바르면서 또한 일을 바르게 처리하고, 교육이나 훈육을 통하여 백성들을 훌륭한 사람으로 양성하는 데에 있다(政事治人)고 할 것이다.

자로는 인仁에 있어서 대개 하루나 한 달에 한 번 정도로 이르는 사람으로(日月至焉者), 혹 있기도 하고 혹 없기도 하기 때문에 '있다'와 '없다'고 단정할 수 없다. 그러므로 알지 못한다고 하였다.

■賦는 兵也라 古者에 以田賦出兵이라 故로 謂兵爲賦하니 春秋傳所謂悉索 敝賦가 是也라 言子路之才는 可見者如此요 仁則不能知也라

부부賦는 군대(兵)이다. 옛날에 전답의 세금(田賦)으로 군사를 냈기 때문에 군대(兵)를 부부라고 했다. 『춘추전』에 이른바 '실색폐부悉索敝賦(네 군대를 모두 내어라)'라고 말한 것이 바로 그것이다. 자로의 재능에서 볼 만한 것이 이와 같지만, 인仁한지는 알지 못한다는 말이다.

■千室은 大邑이요 百乘은 卿大夫之家라 宰는 邑長家臣之通號라

천실千室은 큰 읍(大邑)이고, 백승百乘은 경대부의 집안이다. 재宰는 읍장과 가신의 통칭이다.

■赤은 孔子弟子니 姓公西요 字子華라

적赤은 공자 제자로 성은 공서公西이고 자는 자화子華이다.

고금주 —— ■補曰 賦,《周禮》所謂以九賦斂財賄者也라 又田賦出兵. 邑, 公邑 也. [如中都·武城之類] 家, 卿大夫之家, 其田賦出車百乘者也. 邑宰·家宰, 皆 主制之名. ○馬曰: "赤, 弟子公西華. 有容儀, 可使爲行人." [邢云:《周禮》有大行 人·小行人之職, 掌賓客之禮儀及朝覲·聘問之事."]

보완하여 말한다. 부부賦는 『주례』의 이른바 "구부九賦로써 재화를 징수한다(以九賦財賄者也)."고 하였으며, 또한 전답의 세금(田賦)으로 군사를 낸다고 하였다. 읍邑은 공읍公邑(中都와 武城 같은 유이다.), 가家는 경대부의 가인데, 그 전답의 세금을 따져 병거 백승을 낸다. 읍재와 가재의 재宰는 모두 일을 주제主制한다는 말이다. ○마융이 말했다. "적赤은 제자 공서화이다.[『史記』에서 말했다. "자는 子華이다." ○ 정현이 말했다. "노나라 사람이고, 공자보다 42세가 어렸다."] 용모

와 위의가 (예의에 맞음이) 있었으니, 행인行人의 직책을 담당하게 할 만했다."
(형병이 말했다. "『주례』에 대행인·소행인의 직책이 있어, 빈객의 예의 및 조근·빙문 등
의 일을 맡았다.")

비평 —— 고주에서는 인도仁道는 지극히 크기가 커서 삼자三子는 이러한 인
도를 온전히 실천할 수 없었기 때문에, 공자께서 알지 못한다고 대답하였다
고 설명하였다.

  공안국이 말했다. "인의 도는 지극히 크니(仁道至大), 온전히 갖추었다 말할 수
  없다(不可全名). 그러므로 알지 못한다고 대답하신 것이다." (『논어주소』)

  주자는 "석 달 동안 그 마음이 인을 어기지 않은 안회를 제외하면, 다른 제
자들은 하루에 한 번 혹은 한 달에 한 번 겨우 인에 이른다."고 공자가 말한
것에 근거하여, 삼자三子는 인하다거나 인하지 않다고 말할 수 없다는 점에
서 "알지 못한다"고 대답하였다고 설명한다. 또 주자는 인仁이란 혼연한 천
리天理이기 때문에, 삼자가 순수하게 인을 갖추었다고 할 수 없다고 했다.

  주자가 말했다. "자로는 군대를 다스리게 할 수 있다는 말은 재능才에 대해
  말한 것이고, 그가 인仁한 지는 알지 못하겠다는 것은 배움學에 대한 말이다."
  주자가 말했다. "혼연渾然한 천리天理가 곧 인仁이고, 한 터럭의 사의私意만 있
  어도 불인不仁이다. 세 사람의 마음이 모두 불인不仁한 것은 아니라, 단지 순수
  하지는 않다는 말이다."
  물었다. "세 사람은 비록 전체가 인仁 한 것은 아니지만, 가령 하나의 일에서
  이치에 합당하여 사심이 없다면, 또한 하나의 일에서는 인하다고 할 수 있는 것
  아닙니까?" (주자가) 말했다. "그렇지 않다. 대개 인仁이라는 글자는 말하기만 하

면 전체로써 말하는 것이다. 만약 한 가지 일에서 인을 다할 수 있다면, 이는 곧 그 전체가 인인 것이다. 만약 전체에 어그러짐이 있다면, 한 가지 일에서도 필시 인을 다할 수 없다. 인이라는 글자를 말하기만 하면, 모든 허다한 일에서 이치에 합당하지 않음이 없고, 사사로움이 없게 되는 것이다. 그래서 세 사람은 당연히 인이라는 글자를 얻을 수가 없는 것이니, 성인께서는 단지 그 재주만 칭찬한 것이다."(『논어집주대전』)

그런데 이에 대해 다산은 특별한 설명이 없다. 다산은 인仁에 대해 다른 곳에서 많이 설명하였기 때문에, 여기서 특별한 설명을 하지 않았을 것이다. 3권의 「인仁」에 관해 상론한 장을 참고하기 바란다.

꿈

5:8. 子謂子貢曰: "女與回也孰愈?" 對曰: "賜也何敢望回? 回也聞一以知十, 賜也聞一以知二." 子曰: "弗如也, 吾與女弗如也."

고주 —— 공자께서 자공에게 물었다. "너와 안회 중에 누가 더 훌륭한가?" (자공이) 대답했다. "제가 어찌 감히 안회를 바라볼 수 있겠습니까? 안회는 하나를 들으면 열을 알고, 저는 하나를 들으면 둘을 압니다." 공자께서 말씀하

자원풀이 ■여愈는 心(마음 심)+兪(점점 유)의 형성자로 병이 점차 낫다는 뜻에서 훌륭하다는 뜻이 나왔다. 또한 부사로 더더욱이란 뜻이다.
■망望은 月(달 월)+壬(아홉 천간 임)+亡(망할 망)의 형성자로 뒤꿈치를 들고 보름달(月)을 바라보는 사람의 모습에서 바라보다, 기대하다, 명성, 명망가, 갈망渴望 등을 뜻한다.
■여與는 与(어조사 여)+舁(마주들 여)의 형성자로 상아와 같은 소중한 물건을 서로 '함께' 들어 올리다(舁)는 뜻에서 유래하였다. 더불어, 목적을 함께 하는 무리, 허여하다, 같이하다, 참여하다, 어조사, 그리고 주다 등의 뜻이다.

셨다. "같지 못하니, 나와 너 모두 (안회만) 못하다."

주자 —— 공자께서 자공에게 물었다. "너와 안회 중에 누가 더 훌륭한가?" (자공이) 대답했다. "제가 어찌 감히 안회를 바라볼 수 있겠습니까? 안회는 (明睿所照에 시작에서 곧바로 끝을 통찰하여) 하나를 들으면 열을 알고, 저는 (推測而知하여 이것으로 인하여 저것을 아니) 하나를 들으면 둘을 압니다." 공자께서 말씀하셨다. "같지 못하니, 나는 네가 안회만 못하다는 것을 허여(與=許)한다."

다산 —— 공자께서 자공에게 물었다. "너와 안회 중에 누가 더 훌륭한가?" (자공이) 대답했다. "제가 어찌 감히 안회를 바라볼 수 있겠습니까? 안회는 하나를 들으면 열을 알고, 저는 하나를 들으면 둘을 압니다." 공자께서 말씀하셨다. "같지 못하니, 나와 너 모두 (안회만) 못하다."

집주 —— ■ 愈는 勝也라
愈는 '낫다(勝)'는 뜻이다.
■ 一은 數之始요 十은 數之終이라 二者는 一之對也라 顔子는 明睿所照에 卽始而見終하고 子貢은 推測而知하여 因此而識彼하니 無所不說과 告往知來가 是其驗矣니라
일은 수數의 시작이고 십十은 수의 끝이다. 이二는 일一의 상대이다. 안자顔子는 총명·예지로 조명하여(明睿所照: 맑은 거울이 여기에 있어 만물이 다가오면 전부 비추는 것), 시작에서 곧바로 끝을 통찰했다(卽始而見終). 자공子貢은 추론하고 헤아려서 알았으니(推測而知는 조그만 불:火을 가지고 무엇인가를 쫓아가면서 비추는 것), 이것에 근거하여 저것을 알았다. (안회가 공자의 말씀에) '기뻐하지 아니함이 없었다(無所不悅, 11:4).'는 것과 (자공은 공자께서) '가는 것을 말해 주니 오는 것을 안다(告往知來, 1:15).'는 것이 그 증거이다.

■ 與는 許也라

여與는 허여許이다.

■ 胡氏曰 子貢方人에 夫子旣語以不暇하시고 又問其與回孰愈하여 以觀其自
知之如何시니라 聞一知十은 上知之資니 生知之亞也요 聞一知二는 中人以
上之資니 學而知之之才也라 子貢平日에 以己方回하여 見其不可企及이라
故로 喩之如此하니 夫子以其自知之明而又不難於自屈이라 故로 旣然之하시
고 又重許之하시니 此其所以終聞性與天道요 不特聞一知二而已也니라

호인이 말했다. "자공이 사람들을 비교하니, 공자께서는 이미 그럴 겨를이
없다고 말씀하신 적이 있다(헌문14:29). 또한 여기서 안회와 비교하여 누가 더
나은지를 자공에게 물어서, 그 스스로 어떻게 생각하는지를 보려고 하셨다.
하나를 들으면 열을 아는 것은 상지上知의 자질(資)이니, 태어나면서부터 아
는 자에 버금가는 것(生知之亞)이다. 하나를 들으면 둘을 아는 자는 중등 이상
의 자질로 배워서 아는 자의 재능이다(學而知之之才). 자공이 평소 자신을 안
회와 비교하여 자신은 기급企及할 수 없다는 것을 알았기 때문에 이와 같이
비유했다. 공자께서는 자공이 스스로를 명확히 알고 있고, 또한 스스로 굽히
는 것을 어렵게 여기지 않았기 때문에, 이미 그렇다고 하시고, 또한 거듭 인
정하셨다. 이것이 자공이 마침내 성과 천도(性與天道)를 알아들을 수 있었던
까닭이니(5:13), 단순히 하나를 들으면 둘을 아는 데에 그친 것만은 아니다."

고금주 ── ■ 邢曰: "聞一知二, 明己與回十分及二, 是縣殊也." ○ 包曰: "旣然
子貢不如, 復云吾與女俱不如者, 蓋欲以慰子貢也." [邢云: "恐子貢慚愧, 故復云'吾
與女俱不如'."]

형병이 말했다. "하나를 들으면 둘을 안다는 자공 스스로가 안회의 10분의 2
에 미칠 뿐이니, 이는 현격하게 차이 난다는 것을 밝힌 것이다." ○ 포함이 말
했다. "이미 자공이 (안회만) 못하다고 하고, 다시 나와 너 모두 (안회만) 못하다

고 한 것은 대개 자공을 위로하고자 한 것이다."(형병이 말했다. "자공이 부끄러워할까 염려했기 때문에, 다시 나와 너 모두 안회만 못하다고 말했다.")

■侃曰: "秦道賓曰, 《爾雅》云, 「與, 許也.」 仲尼許子貢之不如也." ○按 古有此解, 與《集注》合.

황간이 말했다. "진도빈秦道賓이 말하기를 '『이아』에 여與는 허여(許, 인정)한다.'고 하였으니, 공자께서는 자공이 (안회만) 못하다는 것을 허여한 것이다." ○살핀다. 옛날에도 이러한 해석이 있었으니, (주자의)『논어집주』에 부합한다.

■引證《論衡‧問孔》篇云: "子曰, '弗如也, 吾與女俱不如也.'" ○《後漢書》曹操〈祭橋玄文〉曰: "仲尼稱不如顔淵.[注云: "孔子謂子貢曰, '吾與女, 俱不如也.'"] ○案 王應麟《考異》, 亦載是說.

인증한다. 『논형』「문공問孔」편에서 말했다. "공자께서 말씀하시길, '나와 너 모두 함께 (안회만) 못하다.'고 하였다." ○『후한서』조조曹操「제교헌문祭橋玄文」에서 말했다. "공자께서는 자신이 안연만 못하다고 하셨다."(그 注에 이르길, "공자는 자공에게 '나와 너 모두 안회만 못하다.'고 하였다.") ○살핀다. 왕응린의 『고이考異』에서도 이 설을 수록해 놓았다.

■案《家語》, 孔子謂顔子曰'使爾多財, 吾爲爾宰', 《在厄》篇] 亦自以弗如之意也.

살핀다. 『공자가어』에서 말했다. 공자께서 안자에게 일러 말씀하시길, '가령 너에게 재물이 많았다면, 나는 너의 가신(宰)이 되었을 것'이라고 하였으니(「在厄」), 이 또한 공자께서 안회만 못하다고 여기신 것이다.

■邢曰: "一者數之始, 十者數之終. 顔回亞聖, 故聞始知終." ○或曰: "十已包九, 二不及三, 故相遠也. 如曰即見始見終, 則祇一事之始末也, 因此測彼, 則兼兩事之類推也, 信然則賜愈於回遠矣."[清儒說也. 失姓名]

형병이 말했다. "일一은 수數의 시작이고, 십十은 수의 끝이다. 안회는 아성亞聖인 까닭에 시작을 들으면 끝을 알았다." ○어떤 사람이 말했다. "10은 이미 9를 포함하고, 2는 3에 미치지 못한다. 만일 처음을 보는 즉시 끝을 알았다

(即見始終)고 말한다면 단지 하나의 일의 시말이며, 이것에 근거하여 저것을 추측하였다면 두 가지 일의 유추를 겸한 것이니, 진실로 그러했다면 자공은 안회보다 훨씬 나은 것이다."(청대 유학자의 설이며, 성명은 전하지 않는다.)

비평 —— '오여여불위야吾與女弗如也'의 여與에 대해 고주와 다산은 '모두 함께(=俱)'로 해석했고(다시 나와 너 모두 안회만 못하다), 주자는 허許(許與, 인정)로 해석했다(나는 네가 안회만 못하다는 것을 허여한다). 문법적으로 모두 통하며, 의미상으로 본다면 일장일단이 있다. 다산은 '모두 함께(=俱)'로 되어 있는 여러 전거를 살피면서 인증하고 있다. 또한 주자의 해석의 원천이 되는 황간의 해석 또한 소개하는 세심함을 보여준다. 공자의 인품과 언행으로 볼 때, 고주와 다산의 설이 좀더 설득력이 있다고 생각한다.

그런데 다산은 성명이 실전하는 청대 유학자의 견해를 소개하면서, 주자의 해석을 정면으로 공박한다. 즉 주자는 안자는 명예소조明睿所照하여 시작에서 곧바로 끝을 통찰했고(始而見終), 자공은 추측이지推測而知하여 이것에 근거하여 저것을 알았다(因此而識彼)고 해석했다. 그런데 주자의 이 말대로라면, 안회는 단지 하나의 일의 시말을 안 것이며, 자공은 두 가지 일의 유추를 겸하여 알았다는 점에서 자공이 안회보다 더 우월하다는 결론이 나온다는 것이다.

5:9. 宰予晝寢. 子曰: "朽木不可雕也, 糞土之牆不可杇也. 於予與何誅?"子曰: "始吾於人也, 聽其言而信其行, 今吾於人也, 聽其言而觀其行. 於予與改是."[皇侃本, 杇作圬. 王肅云: "圬, 墁也."]

고주 —— 재여가 낮에 잠을 자니, 공자께서 말씀하셨다. "썩은 나무에는 조각할 수 없고, 거름흙으로 쌓은 담장은 흙손질할 수 없느니, 재여에게 무엇을 꾸짖겠는가?" 공자께서 말씀하셨다. "처음에 나는 사람들에게서 그 말을 들으면 그가 행할 것으로 믿었지만, 지금 나는 사람에게서 그 말을 들으면 그 행실을 살핀다. 재여로 인해 고치게 되었다."

주자 —— 재여가 낮에 잠을 자니, 공자께서 말씀하셨다. "썩은 나무에는 조각할 수 없고, 거름흙으로 쌓은 담장은 흙손질할 수 없느니, 재여에게 무엇을 꾸짖겠는가?" (공자께서 말씀하셨다.) "처음에 나는 사람들에게서 그 말을 들으면 그가 행할 것으로 믿었지만, 지금 나는 사람에게서 그 말을 들으면 그 행실을 살핀다. 재여로 인해 고치게 되었다."

다산 —— 재여가 낮에 누워 있으니, 공자께서 말씀하셨다. "썩은 나무에는 조각할 수 없고, 거름흙으로 쌓은 담장은 흙손질할 수 없느니, 재여에게 무엇을 꾸짖겠는가?" (공자께서 말씀하셨다.) "처음에 나는 사람들에게서 그 말을 들으면 그가 행할 것으로 믿었지만, 지금 나는 사람에게서 그 말을 들으면 그 행실을 살핀다. 재여로 인해 이전의 방법을 고치게 되었다." (황간본에는 朽가 圬로 되어 있다. 왕숙은 말했다. "圬는 墁이다.")

자원풀이 ■주晝는 갑골문에서 聿(붓 율)과 日(날 일)로 구성되어 붓(聿)으로 글을 쓸 수 있는 햇빛(日)이 있는 시간대인 낮을 말했다.
■침寢은 爿(나무조각 장)+'잘 침'의 형성자로 침상(爿)에서 잠을 자다의 뜻이다. 잠을 자다, 눕다, 방(寢宮), 능침陵寢, 종묘의 후전, 그치다, 감추다, 점점 등의 뜻이 있다.
■침寢은 와臥(눕다)이다. 宀(집 면)에 따르고, 㑒(게으를 만)이 소리부. 침寢은 반듯이 누워 있는 것(躺臥·당와)으로 잠에서 깨어남(睡覺)을 가리킨다. 宀이 모양이고, 졸면서 누워 있는 곳(睡臥之處)을 표시하며, 㑒㑒이 소리부이다.
■후朽는 木(나무 목)+교(=丂)의 형성자로 나무(木)가 오래되어(老) 썩다는 뜻이다. 노쇠하다, 문드러지다.
■조雕는 隹(새 추)+周(두루 주)의 형성자로 새(隹)의 일종인 독수리를 말한다. 또한 조彫(새기다)와 통용되어 조각하다는 뜻으로도 쓰였다.

집주 ── ■晝寢은 謂當晝而寐라 朽는 腐也요 雕는 刻畫也요 杇는 鏝也니 言其志氣昏惰하여 敎無所施也라 與는 語辭라 誅는 責也니 言不足責은 乃所 以深責之시니라

주침晝寢은 낮에 잠자는 것(當晝而寐)을 말하고, 후朽는 썩었다(腐)이고, 조雕 는 그림을 조각하는 것(刻畫)이고, 오杇는 흙손(鏝)만이다. 재여宰予의 의지와 기운(志氣)이 혼미하고 게을러서 가르칠 수 없게 되었다는 말이다. 여與는 어 조사이고, 주誅는 꾸짖음(責)으로, 꾸짖기에도 부족하다는 것이니, 깊이 책망 한 것이다.

■宰予能言而行不逮라 故로 孔子自言於予之事而改此失이라 하시니 亦以重 警之也시니라 胡氏曰 子曰은 疑衍文이라 不然이면 則非一日之言也니라

재여는 말은 잘했지만, 행실은 따라가지 못했다. 그래서 공자께서 재여의 일 에서 이러한 잘못(말만 듣고 믿음)을 고쳤다고 스스로 말씀하셨으니, 또한 무 겁게 경계하신 것이다. 호인이 말했다. "자왈子曰은 연문(衍文:불필요한 글)인 듯하다. 그렇지 않다면, 같은 날의 말씀이 아닐 것이다."

■范氏曰 君子之於學에 惟日孜孜하여 斃而後已하여 惟恐其不及也어늘 宰 予晝寢하니 自棄孰甚焉고 故로 夫子責之시니라

범조우가 말했다. "군자는 학문에서 오직 날마다 부지런히 힘써, 죽은 다음 에야 그치니, 오직 미치지 못할까 걱정한다. 재여는 낮에 잠을 잤으니, 자포

■장墻은 土(흙 토)+牆(담 장)의 형성자로 흙으로 만든 담벼락을 말한다.
■오杇는 木(나무 목)+亐(어조사 우)의 형성자로 흙손("이아), 흙손질하다의 뜻이다. 오만杇墁이란 담이나 벽에 흙을 바른다는 뜻이다.
■주誅는 言+朱의 형성자로 말(言)을 잘못을 나무라다에서, 징벌하다, 목을 베다, 제거하다는 뜻도 나왔다.
■시始는 女+台(= 아이를 가져 기뻐할 태=怡)로 구성된 형성자로서, 아이를 가져 기뻐하는(台) 어미(女)에서 만물의 시 작이란 뜻이 형성되었다. 『설문해자』에서는 여자가 처음 낳는다는 뜻(始義爲女子初生)으로 '처음(初)'을 지시한다고 해설하고 있다. 初는 衣 + 刀, 즉 옷을 만들려면 먼저 가위로 옷감을 잘라야 한다는 데서 처음이란 뜻을 지니게 되 었다. ⑴ 비로소, ⑵ 시작(萬物資始), ⑶ 처음(君子愼始), ⑷ 근본(天地者 生之始), ⑸ 일으키다(君子念始之者), ⑹ 바야흐로.
■청聽은 耳(귀 이)+悳(덕 덕)+壬(좋을 정)의 형성자로 귀로 듣다의 뜻이다. 곧은 마음(悳)으로 발돋움하여(壬) 귀(耳) 기울여 듣고 청을 들어준다는 것으로, 판결하다의 의미도 있다.

자기함이 이보다 더 심한 것이 없다. 그래서 공자께서 꾸짖은 것이다."

■ 胡氏曰 宰予不能以志帥氣하여 居然而倦하니 是는 宴安之氣勝하고 儆戒
之志惰也라 古之聖賢이 未嘗不以懈惰荒寧爲懼하고 勤勵不息自强하니 此孔
子所以深責宰予也시니라 聽言觀行은 聖人이 不待是而後能이요 亦非緣此而
盡疑學者라 特因此立敎하여 以警群弟子하여 使謹於言而敏於行耳시니라

호인이 말했다. "재여는 의지로 기운을 통솔하지 못하고, 하는 일 없이 게으
름을 피웠다. 이는 안일을 좋아하는 기운은 지나치고 경계하는 의지는 소홀
히 한 것이다. 옛 성현들은 일찍이 게으름과 방만함 두려워하고, 부지런히 힘
쓰며 쉬지 않고 스스로 노력하지 않은 적이 없었다. 이것이 공자께서 재여를
깊이 꾸짖은 까닭이다. '말을 듣고 행동을 관찰한 것'은 성인께서 이 일을 겪
은 이후에 할 수 있었던 것이 아니며, 또한 이 일 때문에 배우는 자를 전부 의
심하신 것도 아니다. 다만 이것에 근거하여 가르침을 세워, 여러 제자들을
경계함으로써 말에서 삼가고 행동에 민첩하게 하고자 하신 것일 뿐이다."

고금주 —— ■ 補曰 寢, 臥也. 〔《說文》云〕 ○包曰: "朽, 腐也. 彫, 刻畫." 〔邢云: "腐
爛之木, 不可彫琢刻畫以成器物."〕 ○ 補曰 牆, 墉也. 〔《爾雅》云〕 ○補曰 朽木不可雕,
糞牆不可杇, 惰人不可誅, 明惰人無所施功. 改是, 謂改前法也.

보완하여 말한다. 침寢은 누워 있다(臥)는 뜻이다(『설문』에서 말했다). ○포함이
말했다. "후朽는 썩었다(腐)이고, 조雕는 그림을 조각하는 것(刻畫)이다." (형병
이 말했다. "썩은 나무에는 그림을 조각하여 기물을 만들 수 없다.") ○보완하여 말한
다. 장牆은 담장(墉)이다(『이아』에서 말했다). ○보완하여 말한다. 썩은 나무는
조각할 수 없고, 거름흙으로 쌓은 담장은 흙손질할 수 없으며, 게으른 사람은
꾸짖을 수 없다. 게으른 사람은 은공을 베풀 곳이 없다는 것을 밝혔다. '이것
을 고쳤다(改是)'는 것은 이전의 방법(말만 듣고 믿음)을 고쳤다는 말이다.

■ 邢云: "晝, 日. 寢, 寐也." ○駁曰 非也. 寢之訓寐, 古無可據. 〈小雅〉云'乃寢

乃興’, 寢興・寐寤, 各爲一對, 不可混也. 孔子‘寢不言’, 若寢是寐, 則雖非孔子, 未有能言者. 邢疏必訓之爲寐者, 臥輕而寐重, 故欲重其咎, 以受其責. 然疲困至極, 當晝暫眠, 猶之可也. 若無故偃臥, 其咎彌重矣.

형병이 말했다. “주晝는 낮(日)이고, 침寢은 잠자다(寐)이다.” ○논박하여 말하면, 그릇되었다. 침寢을 매寐로 풀이한 것은 예로부터 근거가 없다. 『시경』「소아小雅」에 “내침내흥乃寢乃興(누웠다가 일어나다)”이라 했으니, 침흥寢興과 매오寐寤(잠자는 것과 깸)는 각각 하나의 상대가 되니, 혼동할 수 없다. (「향당」편에서) 공자께서는 ‘침불언寢不言’이라 했는데, 만일 침寢이 매寐(잠자는 것)라면, 비록 공자가 아니라고 할지라도 (잠자면서) 말할 수 있는 자는 없을 것이다. 형병의 소疏에 매寐로 풀이한 것은 필시 와(臥)는 가볍고, 매寐는 무겁기 때문이 그 허물을 무겁게 하여 재여가 꾸짖음을 받는 것으로 하였다. 그러나 매우 피곤하면 낮이라도 잠시 수면을 취하는 것은 오히려 괜찮다. 만일 아무런 까닭 없이 누워 있었다면, 그 허물은 더욱 무겁다.

■ 胡寅云: “‘子曰’, 疑衍文.” ○案 未必然.

호인이 말했다. “‘자왈子曰’은 연문인 듯하다.” ○살핀다. 반드시 그렇지는 않을 것이다.

비평 —— 고주와 주자는 침寢을 잠자다(寐)로 해석하였다. 이에 대해 다산은 『설문』을 근거로 누워 있다(臥)로 해석하고, 여러 전거를 들었다. 다산의 전거 제시가 설득력이 있다. 재여주침宰予晝寢에 대해서는 이 외에도 여러 가지 설명이 있다. 어쨌든 총명한 재주를 타고났던 재여가 언어에는 능력이 있지만, 자기 수양에서는 나태했던 것으로 보인다. 그래서 공자는 재여를 칭찬한 적도 있지만, 크게 꾸짖어 좀더 정진하기를 바랐던 것이다.

　“덕행에는 안연, 민자건, 염백우, 중궁이고, 언어에는 재아와 자공이고, 정사

에는 염유와 자로이고, 문학에는 자유와 자하이다." (11:2. 德行 顏淵閔子騫冉伯牛仲
弓 言語 宰我子貢 政事 冉有季路 文學 子游子夏)

　두 번째 나오는 '자왈子曰'에 대해 고주는 어떤 언급이 없다. 주자는 호인이
"자왈子曰은 연문인 듯하다. 그렇지 않다면, 같은 날의 말씀이 아닐 것이다."
라고 한 말을 인용하였다. 다산은 호인의 연문인 듯하다는 말을 인용하면서,
'반드시 그렇지는 않을 것'이라고 평가하였다.

❦

5:10. 子曰: "吾未見剛者." 或對曰: "申棖." 子曰: "棖也欲, 焉得剛?"

고주 —— 공자께서 말씀하셨다. "나는 아직 강剛한 사람(바탕이 올바르고 바
른 사람:質直而理者)을 보지 못했다." 어떤 사람이 대답하여 말했다. "신정입니
다." 공자께서 말씀하셨다. "신정은 정욕이 많으니(慾=多情慾), 어찌 강할 수
있겠는가?"

주자 —— 공자께서 말씀하셨다. "나는 아직 강剛한 사람(굳세어서 굽히지 않
는 사람:堅剛不屈者)을 보지 못했다." 어떤 사람이 대답하여 말했다. "신정입니
다." 공자께서 말씀하셨다. "신정은 기욕이 많으니(慾=多嗜慾), 어찌 강할 수
있겠는가?"

다산 —— 공자께서 말씀하셨다. "나는 아직 강剛한 사람을 보지 못했다." 어
떤 사람이 대답하여 말했다. "신정입니다." 공자께서 말씀하셨다. "신정은 욕

심이 많은데(慾=多欲), 어찌 강할 수 있겠는가?"

집주 —— ■剛은 堅强不屈之意니 最人所難能者라 故로 夫子歎其未見이라
申棖은 弟子姓名이라 慾은 多嗜慾也니 多嗜慾이면 則不得爲剛矣니라
'강剛'은 굳세어서 굽히지 않는다(堅强不屈)는 뜻으로 사람이 잘하기에 가장
어려운 것이다. 그러므로 공자께서는 강한 사람을 아직 보지 못했다고 탄식
하셨다. 신정申棖은 제자의 성명이다. 욕慾은 기욕嗜慾(좋아하고 즐기려는 욕심)
이 많은 것이니, 기욕이 많으면 강剛할 수 없다.

■程子曰 人有慾則無剛하고 剛則不屈於慾이니라
정자가 말했다. "사람이 욕심(慾)이 있으면 강剛함이 없고, 강하면 욕심에 굽
히지 않는다."

■謝氏曰 剛與慾은 正相反이니 能勝物之謂剛이라 故로 常伸於萬物之上하
고 爲物揜之謂慾이라 故로 常屈於萬物之下라 自古로 有志者少하고 無志者
多하니 宜夫子之未見也라 棖之慾은 不可知나 其爲人이 得非悻悻自好者乎
아 故로 或者疑以爲剛이라 然이나 不知此其所以爲慾耳니라
사량좌가 말했다. "강剛과 욕慾은 완전히 상반된다. 능히 외물을 이길 수 있
는 것을 강剛이라고 하는 까닭에 항상 만물의 위에서 펼쳐 나간다. 외물에 의
해 가려지는 것을 일러 욕慾이라 하는 까닭에 항상 만물 아래에 굴복한다. 예
로부터 의지가 있는 자는 적고 의지가 없는 자는 많았으니, 공자께서 아직 보
지 못하신 것이 당연하다. 신정의 욕심에 대해서는 알 수 없지만, 아마도 그

자원풀이 ■강剛은 刀(칼 도)+岡(산등성이 강)의 형성자로 산등성이와 칼처럼 '단단함'을 말하며, 이로부터 견고堅
固, 강직剛直 등의 뜻이 나왔다. 음양 개념에서 음의 유柔에 대칭되는 양의 강剛을 뜻하는데, 이로부터 낮, 짝수, 임
금 등을 상징한다.
■욕慾은 心(마음 심)+欲(하고자할 욕)의 형성자로 텅 빈 계곡처럼 끝없이(欲) 바라는 마음(心) 즉 욕망, 욕심을 뜻한
다.(물었다. "慾과 欲은 어떻게 구분됩니까?" 주자가 말했다. "欲 자는 虛하고, 慾 자는 實하지만, 두 글자는 서로 통한다.")

사람됨이 성미가 급하여 성을 잘 내고 스스로 잘난 체하는 하는 자가 아니었 겠는가? 그러므로 어떤 사람은 강剛한 것이 아닌가 하고 생각했을 것이다. 그러나 그 사람은 그것이 욕심이 된다는 것을 알지 못했다."

고금주 ── ■孔曰: "欲, 多情欲."[邢云: "情欲旣多, 或私佞媚, 安得剛乎?"] ○案 損 之〈大象〉曰'懲忿窒慾', 謂坤虛而多慾, 移之爲損, [三之上] 剛以窒之也. 坤是純 柔之卦, 而其象爲多欲, 則欲者不能剛矣.

공안국이 말했다. "욕慾은 정욕이 많은 것(多情慾)이다."(형병이 말했다. "정욕 이 많으면, 혹 사사로이 아첨할 것이니, 어찌 剛하다고 하겠는가?") ○살핀다. 『역경』 「손괘, 대상」에 말하길, "분노를 징계하여 사욕을 막는다(懲忿窒慾)."고 하였 다. 이는 「곤괘」가 허虛해져서 욕심이 많아지면 「손괘」가 되니(三이 上으로 간 다), 여기에는 강剛으로써 그 욕심을 막는다는 것을 말한다. 「곤괘」는 순수한 유柔의 괘인데, 그 상象이 욕심이 많은 것이 되어 버렸으니, 욕심이 있는 자는 강剛할 수 없다.

비평 ── 고주는 강剛한 사람이란 바탕이 올바르고 바른 사람(質直而理者)이 라고 하였다. 그런데 정욕이 많으면 사사로이 아첨할 것이니 강剛할 수 없다 고 해설하였다. 주자는 강剛이란 굳세어서 굽히지 않는다(堅强不屈)로 정의하 면서 정자의 "사람이 욕심(慾)이 있으면 강剛함이 없고, 강하면 욕심에 굽히 지 않는다."는 말을 인용하여, 강과 욕을 상대 개념으로 제시하였다. 다산은 『주역』의 괘상을 통해 정자의 설명을 보충하였다.

5:11. 子貢曰: "我不欲人之加諸我也, 吾亦欲無加諸人." 子曰: "賜也, 非爾所及也."

고주 —— 자공이 말했다. "저는 남이 저를 (도의에 맞지 않는 행위로) 능멸(加=陵)하기를 원하지 않으니, 저 또한 남을 (도의에 맞지 않는 행위로) 능멸함이 없고자 합니다." 공자께서 말씀하셨다. "사야, 너는 (다른 사람이 너에게 도의에 맞지 않는 행위로 능멸하는 것을) 제지할 수 없느니라."

주자 —— 자공이 말했다. "저는 남이 나에게 가(加)하기를 원하지 않는 것을, 저 또한 (그런 것으로) 남에게 가함이 없고자 합니다." 공자께서 말씀하셨다. "사야, (그것은 仁者의 경지로 익숙해져 자연스럽게 이루어지는 일이니) 네가 미칠 수 있는 것이 아니다."

다산 —— 자공이 말했다. "저는 남이 나에게 베풀기(加=施)를 원하지 않는 것을, 저 또한 남에게 베풀지 않고자 합니다." 공자께서 말씀하셨다. "사야, (그것은 仁을 실천하는 방법인 恕의 일로) 네가 (쉽게) 미칠 수 있는 것이 아니다."

집주 —— ■子貢言 我所不欲人加於我之事를 我亦不欲以此加之於人이라 하니 此仁者之事니 不待勉強이라 故로 夫子以爲非子貢所及이시니라

자원풀이 ■加는 力(힘 력)+口(입 구)의 형성자로 말이 늘어나다가 원뜻이다. 힘(力)이 들어간 말(口)은 과장되기 마련이고, 이로부터 없던 것을 더한다는 뜻이 되었다.
■급及은 人(사람 인)+又(또 우)의 회의자로 사람(人)의 뒤쪽을 손(又)으로 잡은 모습에서 잡다의 뜻을 나타냈으며, '~에 이르다'는 뜻이 되었다.

504 | 3대 주석과 함께 읽는 논어 I

자공은 "남이 나에게 가加하기를 원하지 않는 일을, 저 또한 이를 남에게 가하기를 원하지 않습니다."라고 말하였다. 이는 인자仁者의 일로서 힘써 노력한다고 되지 않는다. 그러므로 공자께서 자공이 미칠 바가 아니라고 하셨다.

■ 程子曰 我不欲人之加諸我를 吾亦欲無加諸人은 仁也요 施諸己而不願을 亦勿施於人은 恕也니 恕則子貢或能勉之어니와 仁則非所及矣니라

정자가 말했다. "내가 남이 나에게 가加하는 것을 원하지 않는 것을, 나 또한 남에게 가함이 없고자 하는 것은 인仁이다. 자기에게 베풀기를 원하지 않는 것을 또한 남에게 베풀지 않는 것은 서恕이다. 서恕라면 자공도 혹 노력할 수 있겠으나, 인仁은 미칠 바가 아니다."

■ 愚謂 無者는 自然而然이요 勿者는 禁止之謂니 此所以爲仁恕之別이니라

어리석은 내가 말한다. 없음(無)은 자연히 그러한 것이고, 하지 말라(勿)는 것은 (의도적으로) 금지하라는 것을 일컬으니, 이것이 인仁과 서恕의 구별되는 까닭이다.

고금주 ── ■ 補曰 加, 猶施也. [施諸己而不願, 亦勿施於人. ○孟子云: "擧斯心, 加諸彼."] 我, 對彼之稱. 吾, 自稱也. 《莊子》云: "吾喪我."] 子貢所言者, 恕也. 強恕而行, 求仁莫近, 故孔子曰: "君子之道四, 某未能一焉."[見《中庸》] 道之難成在此, 子貢或易言之, 故夫子抑之.

보완하여 말한다. 가加는 베풂(施; 퍼짐, 행함, 전함)과 같다.(자기에게 베풀기를 원하지 않는 것을 남에게 베풀지 말라. ○『맹자』「양혜왕상」에서 말했다. "이 마음을 들어서 저기에 베푼다.") 아我는 저 사람(彼)의 대칭對稱이고, 오吾는 자칭自稱이다.(『莊子』에서 말했다. "나는 나를 잊었다:吾喪我.") 자공이 여기서 말한 것은 서恕이다. 서를 힘써 행하면, 인을 구하는 것이 이보다 더 가까운 것은 없다(強恕而行 求仁莫近:『맹자』「진심상」). 그러므로 공자께서는 "군자의 도는 네 가지가 있는데, 나는 한 가지도 능하지 못했다(『중용』)."고 하였다. 도가 이루어지기

어려운 것은 서恕에 있는데, 자공이 혹 쉽게 말하니, 공자께서 억제하셨다.

■ 馬曰: "加, 陵也." ○ 駁曰 非也. 陵者, 在上轢下之稱.

마융이 말했다. "가加는 능멸(陵)이다." ○ 논박하여 말하면, 그릇되었다. 능멸한다는 것은 윗사람이 아랫사람을 누르는 것을 말한다.

■ 孔曰: "言不能止人使不加非義於己." ○ 駁曰 非也.

공안국이 말했다. "(非爾所及也는) 남이 나에게 도의에 맞지 않는 행위로 능멸하지 못하도록 제지할 수 없음을 말한다." ○ 논박하여 말하면, 그릇되었다.

■ 質疑 仁者, 人倫之成德. 恕者, 所以成仁之方法. 不是已熟爲仁, 未熟爲恕, 如筍之爲竹, 菡萏之爲芙蕖也. 施諸己而不願, 亦勿施於人, 與此經所言, 毫髮不差. 分作兩層, 恐未必然.

질의한다. 인이란 인륜의 완성된 덕이며, 서恕란 인을 이루는 방법이다. (인과 서의 관계는) 익으면 인仁이 되고 아직 익지 않으면 서恕가 되는, 예를 들면 죽순이 대나무가 되고 연꽃 봉오리가 연꽃이 되는 것과 같은 그런 것이 아니다. 자기에게 베풀기를 원하지 않는 것(『중용』)을 또한 남에게 베풀지 말라는 말은 이 경문이 말한 것과 털끝만큼도 차이가 없다. (인과 서를) 나누어 두 층으로 만드는 것은 필시 그렇지 않을 듯하다.

비평 —— 먼저 고주는 "아불욕인지가저아야我不欲人之加諸我也"와 "오역욕무가저인吾亦欲無加諸人"을 서로 이어진 두 문장으로 보고 해석하였다. 그런데 주자는 이 문장을 두 문장이 아니라, 하나의 문장으로 보고, 아我를 전체 문장의 주어로 보고, '불욕인지가저아야不欲人之加諸我也'를 서술절의 주어로 보고, '오역욕무가저인吾亦欲無加諸人'을 서술절의 서술어로 보고 있다.

다음으로 가加에 대해서 고주는 능멸(陵), 다산은 『중용』의 전거를 들어 베풂(施)으로 해석하였다. 다산의 해석이 일리가 있다.

인仁과 서恕의 실천에 대한 주자와 다산의 관점의 차이가 있다. 주자는 인자仁者의 경지와 서恕의 실천 방법 간에는 층차가 있다고 주장하였다.

주자가 말했다. "이 장에 대해 정자程子는 만년에 인仁이 무르익어 바야흐로 이처럼 분명하게 터득할 수 있었고, 이처럼 명백하게 설명할 수 있었다. 인仁과 서恕가 구분되는 까닭은 단지 날것과 익은 것(生熟), 어려운 것과 쉬운 것(難易)의 차이일 뿐이다. 익은 것은 인仁이고, 날것은 서恕이다. 자연스런 것은 인仁이고, 힘써 노력하는 것은 서恕이다. 계산이나 비교가 없고 마땅함을 분별하지도 않는 것은 인仁이고, 계산이나 비교가 있으면서 마땅함을 분별하는 것은 서恕이다."
(『논어집주대전』)

그런데 다산은 인仁은 서恕에 의해 실천되며, 따라서 서恕의 실천이 곧 인仁이라고 주장하였다. 이 문제는 별도의 장을 마련하여 심층적으로 다루어야 할 문제로, 3권의 「인仁」과 「서恕」에 대해 상론한 장을 참조하기 바란다.

❧

5:12. 子貢曰: "夫子之文章, 可得而聞也. 夫子之言性與天道, 不可得而聞也."

고주 —— 자공이 말했다. "선생님의 (述作·威儀·禮法의) 문채文彩·형질形質은 드러나서(章=明) 알아들을 수 있었으나, 선생님께서 성(사람이 받아서 태어난 것)과 천도天道(=元亨日新之道)를 말씀하신 것은 알아들을 수가 없었다."

주자 —— 자공이 말했다. "선생님의 문장文章(덕이 밖으로 드러난 것으로 威儀와

文辭)은 알아들을 수 있었지만, 선생님께서 성(사람이 부여받은 천리)과 천도(천리자연의 본체:性=天道=一理)를 말씀하신 것은 알아들을 수가 없었다."

다산 —— 자공이 말했다. "선생님의 문장文章(『시』·『서』·『예』·『악』의 학설)은 알아들을 수 있었지만, 선생님께서 (드물게) 성과 천도를 말씀하신 것은 알아들을 수 없었다."

집주 —— ■文章은 德之見乎外者니 威儀文辭皆是也라 性者는 人所受之天理요 天道者는 天理自然之本體니 其實은 一理也라 言夫子之文章은 日見乎外하여 固學者所共聞이어니와 至於性與天道하여는 則夫子罕言之하사 而學者有不得聞者라 蓋聖門에 教不躐等하여 子貢이 至是에 始得聞之하고 而歎其美也니라

문장文章은 덕이 밖으로 드러난 것이니, 위의威儀(위엄과 거동)와 문사文辭(글과 말)가 모두 그것이다. 성性이란 사람이 부여받은 천리(人之所受之天理)이고 천도天道는 천리자연의 본체(天理自然之本體)이니, 그 실제는 하나의 이치(一理)이다. 공자의 문장文章은 날마다 밖으로 드러났으니 진실로 배우는 자들은 함께 들었을 것이지만, 성性과 천도天道에 이르러서는 공자께서 드물게 말씀하셨으니, 배우는 자들 중에서 알아듣지 못한 자가 있었을 것이라는 말이다. 대개 성인 문하의 가르침은 등급을 건너뛰지 않는다. 자공은 이에 이르

자원풀이 ■장章은 원래 辛(매울 신)+田(밭 전)의 형성자로 문신 칼(辛)로 문양을 새겨 넣은(田) 모습으로 문양이나 글자를 새겨 넣다의 의미를 그렸다. 『설문』에서는 音(소리 음)+十(열 십)의 회의자로 음(音)과 숫자의 끝을 상징(十)이 결합한 구조로 음악(音)이 끝나는(十) 단위 즉 악장樂章이라는 뜻이 생겼고, 이후 어떤 사물의 단락이나 장절章節, 법규法規, 조리條理, 문채文彩 등을 말하게 되었다고 설명했다.
■성性을 『설문해자』에서는 '성性'이란 "심心 자에 의미 중심으로 두고 생生 자에 따라 발음하는데, 사람의 양기陽氣로서 성性은 선하다."라고 해석하였다. 이렇게 '性(心+生)' 개념이 사유 능력이나 도덕적 판단 능력을 의미하는 '心'과 태어나면서부터 지니게 되는 자연적 욕구 혹은 본능을 의미하는 '生'의 결합이라는 점에서 어느 쪽에 비중을 두느냐에 따라 그 의미가 달리 해석될 수 있기 때문에 이른바 '인성론 논쟁'이 제기될 수밖에 없었다.

러 비로소 알아들었기에 그 아름다움을 찬탄한 것이다.

■ 程子曰 此는 子貢이 聞夫子之至論而歎美之言也니라

정자가 말했다. "이것은 자공이 공자의 지론至論을 탄미歎美한 말이다."

고금주 —— ■補曰 文章, 謂《詩》·《書》·《禮》·《樂》之說. [子所雅言,《詩》·
《書》·執禮也] 性與天道, 若《中庸》所言者, 是也. [罕言命] 知可以辨精微, 然後
可與言性言天, 故得聞者少.

보완하여 말한다. 문장文章은 『시』·『서』·『예』·『악』의 학설을 말한다(공자
께서 평소 하신 말씀은 『시』·『서』 그리고 예를 집행하는 것이었다.「술이」). 성性과 천
도天道는 『중용』에서 말한 것과 같은 것들이다(性命에 대해서는 드물게 말씀하셨
다.:「자한」). 지혜가 정미精微한 것을 변석할 수 있어야, 비로소 성性과 천天을
더불어 말할 수 있기 때문에 알아들은 자가 적었다.

■何曰: "文采形質著見, 可以耳目循." ○駁曰 非也. 若然, 當云可得而見, 下聞
字不得.

하안이 말했다. "문채文彩와 형질形質이 드러난 것(章=明)이니, 귀와 눈으로 좇
을 수 있다." ○논박하여 말하면, 그릇되었다. 만약 하안의 설명과 같다면, 마
땅히 알아볼 수 있었다(可得而見)고 하지, 뒤에 문聞 자를 쓰지 않았을 것이다.

■孔曰: "性者, 人之所受以生也. 天道者, 元亨日新之道." ○韓曰: "孔說粗矣,
非其精蘊. 吾謂性與天道一義也. 若解二義, 則人受而生, 何者不可得聞乎哉?"
○駁曰 非也. 〈周語〉單 襄公之言曰: "吾非瞽師, 焉知天道." 俗習如此, 夫子何
以言之?

공안국이 말했다. "성性이란 사람이 부여받아 태어난 것이고, 천도天道란 우
주의 원기元氣가 두루 미쳐 만물이 나날이 새로워지는 도이니, 그 이치가 심
오하고 정미하다. 그러므로 들을 수 없었다는 말이다." ○한유가 말했다. "공
안국의 설은 조잡하니, 그것은 정밀하고 심오한 것이 아니다. 나는 성性과 천

도天道는 같은 하나의 뜻(一義)이라고 말한다. 만약 두 가지 뜻으로 풀이한다면, 사람이 부여받아 태어난 성을 어떻게 알아들을 수 있었겠는가?"ㅇ논박하여 말하면, 그릇되었다. 『주어』의 선양공單襄公의 말에 "나는 고사瞽師가 아니니, 어찌 천도를 알겠는가?"라고 했다. 세속의 풍습이 이와 같은데, 공자께서 어떻게 말했겠는가?

비평 —— 문장文章에 관한 고주는 공자의 술작述作·위의威儀·예법禮法의 문채文彩·형질形質이 드러난 것(章=明)이라 했고, 주자는 공자의 덕이 밖으로 드러난 것이니, 위의威儀와 문사文辭가 그것이라고 했다. 그리고 다산은 "공자께서 평소 하신 말씀은 『시』·『서』 그리고 예를 집행하는 것이었다.(「술이」)"는 말을 근거로 여기서의 문장文章을 『시』·『서』·『예』·『악』의 학설을 말한다고 설명하였다. 각각 일장일단이 있다. 어쨌든 문장文章에 관해서는 다음의 세주를 참조하자.

　　신안 진씨가 말했다. "요임금의 문장文章을 주자는 예약법도禮樂法度로 해석했는데, 이 장의 해석과 다르다. 요임금은 현달하여 임금의 자리에 있었기 때문에 그 문장은 천하를 다스리는 데에 드러났다. 공자는 궁하여 아래에 있었기 때문에 문장이 단지 몸에 드러났을 뿐이다. 문장이 천하에 있으므로 예약법도라고 했고, 공자의 몸에 있으므로 위의문사威儀文辭라고 했다."
　　서산 진씨가 말했다. "문장文章 두 글자의 뜻을 보면, 오색五色이 교차하여 문文을 이루고, 흑백이 합해 장章을 이루니, 문文이란 찬연粲然히 문채가 있는 것이고, 장章이란 아름답게 무늬가 있는 것이다. 문장은 가히 들을 수 있으니, 공자께서 평소에 몸소 사람들을 가르치심에 무릇 위의문사威儀文辭가 자연히 문文을 이루고 장章을 이룬 것이 모두 이것이다." (『논어집주대전』)

성性과 천도天道에 대해서는 (1) 고주는 성性이란 사람이 부여받아 태어난 것(人之所受以生也)이고, 천도天道란 우주의 원기元氣가 두루 미쳐 만물이 나날이 새로워지는 도(元亨日新之道)라고 설명한다. 그리고 (2) 주자는 성性은 사람이 부여받은 천리(人之所受之天理)이고 천도天道는 천리자연의 본체(天理自然之本體)이니, 그 실제는 하나의 이치(一理)라고 하여 리理의 철학에 의해 설명하였다. (3) 마지막으로 다산은 『중용』에 나오는 "천명을 일러 성이라고 한다(天命之謂性)"고 할 때의 성과 명을 말한다고 설명하였다. 다산은 성기호설(性嗜好說)을 주장한 바 있다. 다산은 성性과 천도天道를 주자처럼 동일시하여 일리一理라고 주장하지 않는다. 고주와 주자, 그리고 다산은 각자의 방식으로 성과 천도를 설명하였다. 『논어』에서 성性에 관한 언명은 이 장 외에 「양화」17:2(性相近也 習相遠也)에 단1회 더 나온다. 그리고 천도天道에 관한 언급도 「양화」17:19(天何言哉 四時行焉 百物生焉, 天何言哉)에 더 나올 뿐이다. 성(性)과 천도는 형상을 넘어서는 존재(形而上者)로서 일반인이 이해하여 체득하는 것은 쉽지 않다. 그래서 공자 또한 쉰이 되어서야 천명을 알았다고 말했던 것이다. 자공은 비록 공자의 제자 가운데 뛰어난 제자였지만, 천도 및 천명의 본성에 대해서는 아직 이해하거나 체득할 단계에 도달하지는 못했었다.

> 공자께서 말씀하셨다. "군자는 그릇이 아니다." (2:12. 子曰 君子 不器)
> 자공이 질문하여 말하였다. "저는 어떻습니까?" 공자께서 말씀하셨다. "너는 그릇이다." 말하기를 "어떤 그릇입니까?" 말씀하시길, "제사에 사용되는 고귀한 그릇이다." (5:3. 子貢問曰 賜也 何如 子曰 女器也 曰何器也 曰瑚璉也.)

공자는 천명의 본성으로 자기완성을 추구하는 군자는 어떤 한 곳에만 사용되는 그릇이 아니라고 말한다. 그런데 공자는 자공의 됨됨이를 평하면서, 아직 천명의 본성을 추구하는 군자의 단계에 도달하지 못했다고 말하였다.

현재 시중에 나와 있는 대부분의 해설서에 "가득이문야可得而聞也"를 "들수 있었다"라고 번역하고, 뒤의 "불가득이문야(不可得而聞也)"를 기계적으로 "들을 수 없었다"라고 옮긴다. 그러나 이는 잘못된 번역이다. 분명히 앞에 '孔子之言(공자께서 말씀하신)'이란 표현이 있으며, 나아가 중요한 '득得' 자가 있기 때문에, 뒤의 구절(夫子之言性與天道, 不可得而聞也)은 "공자께서 말씀하신 성과 천도는, 요해해서 알아들을 수 없었다."라고 해석해야 한다. "말씀하셨는데, 들을 수 없었다."는 해석이 어떻게 나오는가? 요컨대 공자는 성과 천도에 대해 (비록 드물게라도) 말씀하셨는데, 자공이 "(형이상적인 것이어서 난해하기 때문에) 이해하여 알아들을 수는 없었다."는 말이다. 고주와 정자-주자, 그리고 다산은 모두 이렇게 (알아들을 수 없었다) 해석하였다. 그런데 시중의 대부분의 해석서 및 상당수 논문 발표자들을 보면, 무반성적으로 그 번역을 따르고 있다.

5:13. 子路有聞, 未之能行, 惟恐有聞.

고주 —— 자로는 (이전에) 들은 것이 있으나, 그것을 아직 실행하지 못했으면, 오직 (뒤에 또 다른) 들음이 있을까 (함께 실천하지 못할까) 저어했다.

주자 —— 자로는 (이전에) 들은 것이 있으나, (미처) 그것을 아직 실행하지 못했으면, 오직 (다시 다른) 들음이 있을까 저어했다.

자원풀이 ■공恐은 心(마음 심)+邛(언덕 공)의 형성자로 흙을 다지는(邛) 큰 소리처럼 마음(心)을 쿵덕거리며 놀라거나 두려운 상태를 말한다. 갑골문에서는 心+工(장인 공)의 구조이던 것이 금문에 손에 공구를 쥔 모습으로 바뀌어 놀라다, 무서워하다, 걱정하다의 뜻이 나왔으며, '아마도'의 뜻으로도 쓰였다.

다산 —— 자로는 (이전에) 들은 것이 있으나, 그것을 아직 실행하지 못했으면, 오직 (뒤에 또 다른) 들음이 있을까 (함께 실천하지 못할까) 저어했다

집주 —— ■ 前所聞者를 旣未及行이라 故로 恐復有所聞而行之不給也니라
이전에 들은 것을 미처 실천하지 못했기 때문에 다시 듣는 것이 있으면 실천이 넉넉히 따라가지 못할까 저어한 것이다.
■ 范氏曰 子路聞善하고 勇於必行하니 門人이 自以爲弗及也라 故로 著之라
若子路면 可謂能用其勇矣로다
범조우가 말했다. "자로는 선을 들으면 반드시 실천하는 데 용감했다. 문인들은 스스로 (자로에) 미치지 못한다고 여겼기 때문에 이 내용을 기록하였다. 자로와 같다면 그 용기를 발휘할 줄 안다고 할 만하다."

고금주 —— ■ 孔曰: "前所聞未及行, 故恐後有聞, 不得竝行也."
공안국이 말했다. "이전에 들은 것을 미처 실천하지 못했기 때문에 뒤에 들음이 있으면, 함께 실천할 수 없을까 저어한 것이다."

비평 —— 특별한 쟁점은 없다.

5:14. 子貢問曰: "孔文子何以謂之文也?" 子曰: "敏而好學, 不恥下問, 是以謂之文也."

고주 —— 자공이 물었다. "공문자는 어찌하여 문이라고 시호하였습니까?"

공자께서 말씀하셨다. "명민하면서도 배우기를 좋아하고, 아랫사람에게 묻는 것을 부끄럽게 여기지 않았다. 이런 까닭에 문이라고 시호하였다."

주자 —— 자공이 물었다. "공문자는 어찌하여 문이라고 시호하였습니까?" 공자께서 말씀하셨다. "명민하면서도 배우기를 좋아하고, 아랫사람에게 묻는 것을 부끄럽게 여기지 않았다. 이런 까닭에 (諡法에 따라, 그 선함이 묻히지 않게 하기 위해) 문이라고 시호하였다."

다산 —— 자공이 물었다. "공문자는 (惡人인데도) 어찌하여 문이라고 시호하였습니까?' 공자께서 말씀하셨다. "명민하면서도 배우기를 좋아하고, 아랫사람에게 묻는 것을 부끄럽게 여기지 않았다고 하여 문이라고 시호하였다(그렇지만 실제로는 그런 아름다운 시호를 받을 만한 일을 한 것은 없다)."

집주 —— ■孔文子는 衛大夫니 名圉라 凡人性敏者는 多不好學하고 位高者는 多恥下問이라 故로 諡法에 有以勤學好問爲文者하니 蓋亦人所難也라 孔圉得諡爲文은 以此而已니라
공문자孔文子는 위나라 대부로, 이름은 어圉이다. 무릇 사람은 성품이 명민하면 배우기를 좋아하지 않는 자가 많고, 지위가 높으면 아랫사람에게 묻는 것을 수치로 여기는 자가 많다. 따라서 시법諡法에 '배우기를 부지런히 하고 묻기를 좋아하는 것'을 문文이라고 한다고 했으니, 대개 또한 사람이 어려워

자원풀이 ■문文은 갑골문에서는 사람의 가슴에 어떤 무늬를 새겨 놓은 문신文身을 의미했다. 문자文字란 일정한 필획을 서로 아로새겨 어떤 형태들을 그려낸 것이다. 그래서 무늬라는 의미의 문文에 문자라는 의미가 담기게 되었다. 그래서 『설문해자』에서는 "획을 교차하다는 뜻으로 교차한 무늬를 형상했다(錯劃也 象交文)"고 했다. 그리고 문자로 쓰인 것을 문장文章이나 문학작품이라고 말하게 되었다. 그러자 문文은 주로 문장이나 문자의 의미로 쓰이게 되었고, 무늬라는 말은 문紋 자가 대신하게 되었다.

하는 일인 것이다. 공어孔圉가 문文이라는 시호를 얻은 것은 이 때문이다.

■ 蘇氏曰 孔文子使太叔疾로 出其妻而妻之러니 疾이 通於初妻之娣어늘 文子怒하여 將攻之할새 訪於仲尼한대 仲尼不對하시고 命駕而行하시다 疾이 奔宋한대 文子使疾弟遺로 室孔姞하니라 其爲人如此로되 而諡曰文하니 此子貢之所以疑而問也라 孔子不沒其善하사 言能如此면 亦足以爲文矣라 하시니 非經天緯地之文也니라

소식이 말했다. "공문자는 태숙太叔 질疾로 하여금 그 아내를 내쫓게 하고, 자기 딸(孔姞)을 아내로 삼게 하였다. 그 뒤 태숙 질이 첫 아내의 여동생과 통정하자, 공문자는 노怒하여 장차 그를 공격하려고 공자를 방문하자, 공자께서는 대답하지 않으시고 말에 멍에를 메도록 명하시고 떠났다. 태숙 질은 송나라로 달아났고, 문자文子는 질의 동생 유遺에게 공길을 아내로 삼게 했다. 공문자의 사람됨이 이와 같지만 문文이라고 시호했으니, 이것이 자공이 의문을 갖고 질문한 까닭이다. 공자께서 그 선함을 묻히게 하지 않으시고, 능히 이와 같이 할 수 있다면 충분히 문이라고 할 수 있다고 하신 것이다. 경천위지經天緯地의 '문'은 아니다."

고금주 ── ■孔曰: "下問, 謂凡在己下者."［案, 凡者, 通齒·爵·德而言] ○補曰 孔圉, 惡人, 惡人得美諡, 故問之. 居是邦, 不非其大夫, 故擧《諡法》而答之. 言無可執, 其實譏之也.

공안국이 말했다. "하문下問이란 모두(凡:무릇) 자기 아래에 있는 사람에게 묻는 것을 말한다."(살핀다. 여기서 凡이란 나이와 벼슬, 그리고 덕을 통칭하여 말한 것이다.) ○보완하여 말한다. 공어孔圉는 악인惡人인데, 악인이 아름다운 시호를 받았기 때문에 질문했다. 그 나라에 기거하면서 그 대부를 비난할 수 없기 때문에 시법諡法을 들어 답하였다. (문이라는 시호를 받은 것에 대해) 이렇다 할 만한 것이 없다고 말하여 실제로는 그를 기롱한 것이다.

■駁曰 非也. 使孔圉眞能敏而好學, 不恥下問, 子貢亦同時之人, 何疑於謚文乎? 必其人大惡彰著, 百無可取, 故問之曰'何以謂之'. 何以謂之者, 明人與謚不合也. 東坡謂'不沒其善', 何其迂矣!

(앞서 『집주』에 인용된 소식의 설명은) 논박하여 말하면, 그릇되었다. 가령 공어가 진실로 명민하면서 배우기를 좋아하며 아랫사람에게 묻기를 부끄러워하지 않았다면, 자공 또한 같은 시대 사람인데 어찌 문이라는 시호를 내리는데 의심을 품었겠는가? 필시 그 사람의 대악大惡이 드러나 온갖 행실 중 취할 것이 하나도 없었기 '어찌하여 문이라고 일컬었습니까?' 하고 질문한 것이다. '무엇 때문에 문이라고 시호하였습니까?' 하는 것은 사람과 시호가 합치하지 않은 것을 밝힌 것이다. 소동파가 '그 선행이 묻히게 하지 않으셨다.'고 하였으니, 그 얼마나 우활한가?

비평 —— 공어가 문이란 시호를 받은 것에 공자의 설명을 두고 (1) 공어는 비록 악인이었지만 권학호문하였기 때문에 정당하게 그런 시호를 받았다고 긍정적으로 해석하는 것(소식)과 (2) 권학호문했다는 구실로 문이라는 시호를 내렸지만, 공어는 그런 시호를 받을 만한 인물이 되지 못한다고 기롱했다는 해석(다산)이 상충한다. 단지 본문으로만 본다면, 소식의 해석이 정당해 보인다. 그런데 상세한 연유를 살펴보면 다산의 해석 또한 상당한 설득력이 있다. 상호 보완하여 보아야 할 것이다.

5:15. 子謂子産: "有君子之道四焉, 其行己也恭, 其事上也敬, 其養民也惠, 其使民也義."

고주 —— 공자께서 자산을 평하여 말씀하셨다. "군자의 도가 넷이 있으니, 그는 스스로의 행동이 공순하고(공순하고 상대를 거슬리지 않았다:恭順不違忤於物也), 윗사람을 모심에는 경건하고(충심에 삼감과 공경을 더하고:忠心加謹敬也), 백성을 부양할 때에는 은혜롭고(백성을 사랑으로 기르고 궁핍한 자를 은혜로써 진휼하고:愛養於民 振乏賙無以恩惠也), 백성을 부림에는 의로웠다(예법에 부합하여 농사에 방해가 되지 않게 한 것:皆於禮法得宜 不妨農也)."

주자 —— 공자께서 자산을 평하여 말씀하셨다. "군자의 도가 넷이 있으니, 그는 스스로의 행동이 겸손했고(恭=謙遜), 윗사람을 모심에는 조심스럽고 성실했고(敬=謹恪), 백성을 부양할 때에는 아끼고 이롭게 해 주었고(惠=愛利), 백성을 부림에는 (예컨대 도시와 시골에는 법규가 있고, 상하 간에 복장의 제한이 있고, 밭에는 두둑과 도랑이 있게 하는 등과 같이 하여) 의로웠다."

다산 —— 공자께서 자산을 평하여 말씀하셨다. "군자의 도가 넷이 있으니, 그는 스스로의 행동이 조심스런 마음으로 받들었고(恭=小心供奉), 윗사람을 모심에 경계하고 삼갔으며(敬=所嚮警謹), 백성을 부양할 때에는 자순하여 베풀기를 좋아했으며(惠=慈順好施), 백성을 부림에는 재제가 합당함을 얻었다(義=裁制得宜)."

자원풀이 ■공恭은 心+共(함께 공)의 형성자로 함께할 수 있는 마음을 뜻하는데, 함께하려면 상대를 존중하고 자신을 낮추어 겸허謙虛하고 공손恭遜한 마음이 필요하다. 이후 존중하다, 뜻을 받들어 시행하다 등의 뜻이 나왔다. 공기恭己는 경신敬身과 같으니, 지극히 공손한 용모로 단정히 앉아 있는 것을 이른다. 『상서』「홍범洪範」에 '용모는 공손해야 한다'고 했다(貌曰恭)(다산).
■양養은 食(밥 식)+羊(양 양)의 형성자로 양(羊)을 먹이듯(食) 정성껏 보살피며 봉양하는 모습을 나타낸다. 기르다, 양육하다, 보양하다, 유양하다 등의 뜻이다.
■혜惠는 心(마음 심)+'골고루 베풀 혜(베틀 짜는 실패 혜)'의 회의자로 골고루 자상하게 마음을 쓴다는 뜻이다. 은혜, 유순, 슬기, 아름다움 등의 뜻이다.

집주 —— ■子産은 鄭大夫公孫僑라 恭은 謙遜也요 敬은 謹恪也요 惠는 愛利
也라 使民義는 如都鄙有章하고 上下有服하며 田有封洫하고 廬井有伍之類라

자산子産은 정鄭나라 대부大夫 공손교公孫僑이다. 공恭은 겸손謙遜이며 경敬은
근각謹恪(조심스럽고 성실함)이다. 혜惠는 사랑하고 이롭게 해줌(愛利)이다. 백
성을 부림에 의로웠다는 것은 예컨대 도시와 시골에는 (각각의 기준에 따른) 법
규가 있고, 상하 간에는 (신분에 따른) 복장의 제한이 있고, 밭에는 두둑과 도
랑이 있게 하고, 민가에는 오가의 조직이 있게 한 것 따위를 말한다.

■吳氏曰 數其事而責之者는 其所善者多也니 臧文仲不仁者三, 不知者三이
是也요 數其事而稱之者는 猶有所未至也니 子産有君子之道四焉이 是也라
今或以一言蓋一人하고 一事蓋一時하니 皆非也니라

오역이 말했다. "몇 가지 일을 열거하여 책망하는 것은 선善한 것이 많다는
것이다. 장문중臧文仲이 불인不仁한 것이 셋이고, 부지不知한 것이 셋이라고
한 것이 바로 이것이다. 반면에 몇 가지 일을 나열하여 칭찬한 것은 오히려
미치지 못하는 것이 있다는 뜻이다. 자산에게 군자의 도가 넷이 있다고 말한
것은 후자의 경우이다. 요즘 혹 만약 한마디 말로 한 사람을 단정하거나, 하
나의 사건으로 한 시대를 단정하는 것은 모두 잘못이다."

고금주 —— ■補曰 小心供奉曰恭,〖《釋名》云〗所嚮警謹曰敬, [無所嚮, 無所用敬]
慈順好施曰惠, 裁制得宜曰義. 能此四者, 全德之人也.

보완하여 말한다. 조심스런 마음으로 받드는 것(小心供奉)을 공恭이라고 하고
(『釋名』에서 말했다), 향하는 대상에게 경계하고 삼가는 것(所嚮警謹)을 경敬이
라고 한다(향하는 대상이 없으면, 敬을 쓸 곳이 없다). 자순하여 베풀기를 좋아하
는 것(慈順好施)을 일러 혜惠라 하고, 재제가 합당함을 얻는 것(裁制得宜)을 일
러 의義라 한다. 이 넷을 잘 할 수 있으면, 덕을 온전히 갖춘 사람이다.

■駁曰 非也. 數其事而責之, 如管仲之三歸反坫, 則餘善尚多也, 數其事而稱之, 如王孫賈治軍旅 · 祝鮀治宗廟, 則餘惡尚多也. 今臧文仲以不仁不知, 其目至六, 餘無足觀也. 鄭子産以成己成物, 其目至四, 此全德之人也. 吳棫之說, 其好惡豈不反常?

(앞서 『집주』에 인용된 오역의 설명은) 논박하여 말하면, 그릇되었다. 몇 가지 일을 열거하며 책망한 것, 예를 들면 관중管仲의 삼귀반점三歸反坫을 두었다고 책망한 것은, 그 나머지에서는 선한 점이 오히려 많다는 것이다. 몇 가지 일을 열거하며 칭찬한 것, 예를 들면 왕손가王孫賈는 군려軍旅를 잘 다스렸고, 축타祝鮀는 종묘를 잘 다스렸으나, 그 나머지에서는 악한 점이 오히려 많다는 것이다. 그러나 지금 장문중臧文仲이 불인不仁과 부지不知로써 나열한 조목이 여섯에 이르니 그 나머지는 볼 것도 없다. 정자산이 자기를 완성하고 다른 사람을 이루어준 것(成己成物)으로 나열한 조목이 넷이나 되니, 이는 덕을 온전히 갖춘 사람이다. 오역의 설은, 그 호오好惡가 어찌 정상적인 것과 상반되지 않겠는가?

비평 —— 공恭, 경敬, 혜惠, 의義 등에 대해 설명의 차이가 조금 있지만 중요하지는 않다.

주자가 인용한 오역의 설명은 행위자의 내면에 초점을 두었다. 그래서 그는 자산에게 군자의 덕이 넷이 있다는 것은 곧 다른 측면에서 볼 때에는 오히려 부족한 측면이 많이 있을 수 있다는 것을 함축한다고 말했다. 이에 비해 다산은 철저히 행사行事 이후에 덕의 이름이 있다는 측면에서, 정자산이 이러한 네 가지 덕을 지녔다는 것은 곧 그가 덕을 온전히 갖춘 인물임을 말해준다고 해석한다. 강조점의 차이라 할 수 있다. 상보적으로 보아야 할 것이다.

꧁꧂

5:16. 子曰, "晏平仲善與人交, 久而敬之." (皇氏本, '而敬'之間有'人'字)

고주 —— 공자께서 말씀하셨다. "안평중은 사람들과 교제하기를 잘 하니, 오래되어도 남이 그를 잘 공경하는구나(人敬之)!"

주자 —— 공자께서 말씀하셨다. "안평중은 사람들과 교제하기를 잘 하니, 오래되어도 남을 공경하는구나!"

다산 —— 공자께서 말씀하셨다. "안평중은 사람들과 교제하기를 잘 하니, 오래되어도 남을 공경하는구나!" (황간본에는 '而敬'의 사이에 人 자가 있다: 久而人敬之.)

집주 —— ■晏平仲은 齊大夫니 名嬰이라
안평중은 제나라 대부로 이름은 영嬰이다.
■程子曰 人交久則敬衰하나니 久而能敬은 所以爲善이니라
정자가 말했다. "사람들은 사귐이 오래되면 공경함이 쇠해지는데, 오래되어도 능히 공경하는 것이 잘 교제하는 방법이 된다."

고금주 —— ■周曰: "平仲, 齊大夫. 晏, 姓. 平, 謚. 名嬰." [邢云: "晏, 桓子之子也.

자원풀이 ■평平은 저울, 평지에서 쓰는 농기구, 나무를 평평하게 깎는 손도끼 등을 그린 상형자이다. 그런데 『설문』에서는 亐(于)와 八(여덟 팔)로 이루어진 악기(亐)에서 소리가 퍼져(八) 나오듯, 평탄하게 잘 나오는 것을 말한다고 했다. 평평平平하다가 원뜻이고, 균분均分과 공평公平 등의 뜻이 나왔다.
■교交는 다리가 교차한 사람의 모습을 그린 상형자로 교차交叉, 교류交流하다는 뜻이다. 상대에게 주다, 만나다, 복잡하게 얽히다, 친구, 성교 등의 비유로 쓰였다.

《諡法》, '治而無眚曰平.'"] ○ 邢曰: "凡人輕交易絶, 平仲則久而愈敬."

주생렬이 말했다. "안평중晏平仲은 제나라 대부이다. 안은 성이고, 평은 시호이며, 이름은 영이다."(형병이 말했다. "晏은 桓子의 아들이다. 『諡法』에 '다스리되 허물이 없는 것을 平이라 한다.'") ○ 형병이 말했다. "무릇 사람들은 가벼이 사귀고 쉽게 끊지만, 안평중은 오래될수록 더욱 공경하였다."

■ 考異 皇氏本, 久而人敬之. ○ 侃曰: "此, 善交之驗也. 蓋晏子善與人交, 是以交久而人愈敬之也."[若無人字, 則'久而敬之'一句, 是爲言晏子與人交之善, 上文善字爲蛇足矣. 且久而敬之, 非善之至者, 久而人敬之, 乃善之至者. 孔子所以特稱之也] ○ 案 未必然.

다름을 살핀다. 황간본에는 '구이인경지久而人敬之'로 되어 있다. ○ 황간이 말했다. "이는 사귀기를 잘한 증거이다. 대개 안자晏子는 남과 사귀기를 잘 하였다. 이 때문에 사귐이 오래 될수록 사람들이 더욱 그를 공경한 것이다."(만일 人 자가 없다면 '久而敬之'라는 한 구절은 안자가 남과 교제를 잘 한 것이 되니, 윗글의 善 자는 사족이다. 또한 오랫동안 공경한 것은 지극히 선한 것이 아니니, 오랫동안 남들이 그를 공경해야 이에 지극히 선한 것이 된다. 공자께서 특별히 칭찬한 까닭이다.) ○ 살핀다. 반드시 그렇지는 않을 것이다.

비평 —— '구이경지久而敬之'가 황간본에 따르면 '구이인경지久而人敬之'로 되어 있다. 논란의 가능성은 있지만, 황간본은 현행본과 함께 상호 보완의 기능을 한다고 생각된다. 즉 교제가 오래되어도 상대방을 공경하는 사람은 남 또한 그 사람을 오랫동안 공경할 것이다.

그런데 공자는 위기지학爲己之學을 제창한다는 점에서 내가 먼저 실천하는 것을 위주로 하고, 남의 인정 여부는 부차적인 것으로 간주한다. 바로 이점에서 본다면 남과 교제를 잘하는 방법은 내가 먼저 오랫동안 변함없이 공경하는 것이 우선이라고 할 수 있겠다.

5:17. 子曰: "臧文仲居蔡, 山節藻梲, 何如其知也?"

고주 —— 공자께서 말씀하셨다. "장문중은 임금의 큰 거북(蔡=國君之守龜)을 간직하되, (奢侈하여) 두공에 산 모양을 조각하고, 동자기둥에는 마름을 새겼으니, 어찌 그를 지혜롭다고 하겠는가?"

주자 —— 공자께서 말씀하셨다. "장문중은 큰 거북을 간직하는 집을 만들고, (그 집의) 두공에 산 모양을 조각하고, 동자기둥에는 마름을 새겼으니, (民義에 힘쓰지 않고, 귀신에게 아첨하였으니) 어찌 그를 지혜롭다고 하겠는가?"

다산 —— 공자께서 말씀하셨다. "(대부인) 장문중은 (僭濫하게) 임금의 큰 거북 (蔡=國君之守龜, 寶龜, 元龜)을 간직하였고, (사당에 천자의 장식으로) 두공에 산 모양을 조각하고, 동자기둥에는 마름을 새겼으니, 어찌 그가 (예를) 안다고 하겠는가?"

집주 —— ■臧文仲은 魯大夫臧孫氏니 名辰이라 居는 猶藏也요 蔡는 大龜也라

자원풀이 ■거居는 尸(주검 시)+古(옛 고)의 형성자로 예古로부터 조상 대대로 기거寄居하여 살아온 조상의 주검尸이 모셔진 곳이라는 의미에서 거주居住하다, 앉다, 살다, 사는 곳 등을 의미한다. 차지하다, 해당하다, 평소, 벼슬길에 나서지 않다. 무덤 등의 의미이다. 살다(上古穴居而野處), 사는 곳(各長于厥居), 머무르다, 앉다(居, 吾語女), 처하다(居上克明), 차지하다(恒十居七八), 해당하다, 평소(居則曰不知也), 벼슬길에 나서지 않다(士居錦帶). 살게 하다(度地而居民), 무덤(歸于其居), 다스리다(士居國家), 앉은 채로(則居可知矣), 지나다(居數日). 거가居家는 일반적으로 집에서 한가롭게 지냄, 집안에서의 일상생활, 주택 등을 의미한다.
■채蔡는 艹(풀 초)+祭(제사 제)의 형성자로 야생풀(艹)을 의미했다. 또한 나라이름으로 하남성 상채上蔡 서남쪽에 있던 나라로 기원전 447년에 초나라에 의해 망했다. 또한 천자天子가 종묘에 두고 대사 대에 길흉을 점복占卜하던 데에 쓰이던 큰 거북을 말하는데, 채蔡 지역에서 나던 특산물이기 때문이다.

節은 柱頭斗栱也라 藻는 水草名이요 梲은 梁上短柱也니 蓋爲藏龜之室而刻山
於節하고 畫藻於梲也라 當時에 以文仲爲知하니 孔子言其不務民義하고 而諂
瀆鬼神이 如此하니 安得爲知리오하시니 春秋傳所謂作虛器가 卽此事也니라
장문중藏文仲은 노魯나라 대부 장손씨藏孫氏로 이름은 진辰이다. 거居는 보관
하다(藏)이다. 채蔡는 큰 거북大龜이다. 절節은 기둥머리의 두공(柱頭斗栱)이
다. 조藻는 수초의 이름(水草名)이다. 절梲은 대들보 위의 짧은 동자기둥(梁上
短柱)이다. 대개 거북을 보관하는 방을 만들면서 기둥머리 두공에는 산을 새기
고, 대들보 위 동자기둥에는 수초를 그려놓은 것이다. 당시 장문중을 지혜롭
다 여겼는데, 공자께서는 그가 '인간의 도리에 힘쓰지 않고 이처럼 귀신에게
아첨하고 모독했으니, 어찌 지혜롭다고 하겠는가.'라고 말한 것이다. 『춘추전
春秋傳』에서 말한 '헛된 기물을 만들었다(作虛器).'고 한 것이 곧 이 일이다.

■ 張子曰 山節藻梲하여 爲藏龜之室은 祀爰居之義로 同歸於不知가 宜矣로다
장횡거가 말했다. "두공에 산 모양을 조각하고(山節), 동자기둥에 수초를 그
려놓고(藻梲), 큰 거북을 보관하는 방을 만들고, '원거爰居'라는 바닷새에게 제
사지낸 일은 모두 지혜롭지 못한 일로 귀결되는 것이 마땅하다."

고금주 —— ■補曰 居, 猶藏也. ○包曰: "蔡, 國君之守龜, 出蔡地, 因以爲名
焉. 長尺有二守. 居蔡, 僣也." [邢云: "國君之守龜, 臧氏居之, 故云僣."] ○包曰: "節

■거채居蔡란 1척 2치의 채나라 특산품인 큰 거북을 집에 둔 것을 말한다.
■절節은 竹(대 죽)+卽(곧 즉)으로 구성된 형성자로서 대나무가 원래 뜻인데, 이로부터 관절關節, 골절骨節, 근절筋節
등과 같은 말이 나왔다. 대나무는 마디마디 지어진 단계와 등급이 있다는 뜻에서 절도節度, 절제節制라는 뜻이 나
왔다. 마디, 단락, 절개(지조), 법도, 예절, 등급, 알맞다, 절기, 부절符節, 두공斗栱(기둥 위에 대는 나무), 높고 험한 모양
(節彼南山), 박자, 조절, 억제하다의 뜻이다. 산절山節은 기둥머리 두공에 산을 조각한 것을 말한다.
■조藻는 ⺿(풀 초)+澡(씻을 조)의 형성자로 마름(藻類)과에 한해살이 식물(⺿) 수초水草이다. 마름의 아름다운 자태
로부터 화려한 무늬, 문채, 아름답다, 장식 등의 뜻이다.
■절(탈, 예)梲은 木(나무 목)+兌(빛날 태)의 형성자로 동자기둥(양상단주梁上短柱∷절), 지팡이(탈: 梲杖), 소략하다(탈=
脫), 날카롭다(=銳)의 뜻이다.

者, 梲也, 刻鏤爲山. 梲者, 梁上楹, 畫爲藻文."邢曰:"此是天子之廟飾."○補
曰 先言何如者, 疑之也. 疑其得知名非實也. 家藏大寶龜, 僭也, 廟用天子之
飾, 亦僭也. [各自爲一事] 僭則不知禮, 不知禮而以知名, 故孔子疑之.

보완하여 말한다. 거居는 보관하다(藏)이다. ○포함이 말했다. "채蔡는 국군
國君의 수귀守龜(점치는 큰 거북)인데, 채蔡땅에서 나왔으므로 이렇게 이름을
붙였다. 거북의 길이는 1자 2치이다. 점치는 큰 거북을 소장하는 것은 참람
한 것이다."(형병이 말했다. "국군의 守龜를 장문중이 소장하고 있었기 때문에 참람
한 것이다.") ○포함이 말했다. "절節은 두공(梲)이고, 여기에 산山 모양을 그
려 주각하였다. 절梲은 들보 위의 기둥이니, 여기에 마름풀 무늬를 그린 것이
다." 형병이 말했다. "이는 천자 사당의 장식이다." ○보완하여 말한다. 먼저
여하如何라고 말한 것은 의심한 것이다. 장중문이 지知라는 명칭을 얻은 것
은 실상이 아닐 것이라고 의심한 것이다. (대부의) 가家에 큰 보귀寶龜를 소장
한 것은 참람한 것이다. 사당에 천자의 장식을 사용한 것 역시 참람한 것이
다(각기 하나의 일이 된다). 참람하면 예를 알지 못한 것이니, 예를 알지 못하는
데 안다고 이름이 났기 때문에 공자께서 의심하신 것이다.

■ 質疑 以大夫而僭天子, 是不知禮也, 不知分也, 不知法也. 不必諂瀆鬼神, 乃
爲不知. 古者聖人最重龜. 凡登龜·作龜, 其禮最嚴, 豈皆不知乎? 孔子曰:"臧
文仲安知禮?"[〈禮器〉文] 孔子之謂不知, 本以禮言.

질의한다. 대부로서 천자의 예를 참람하였으니, 이는 예를 모르는 것이며,
분수를 알지 못하는 것이고, 법도를 알지 못하는 것이다. 반드시 귀신에게
아첨하는 것만이 알지 못하는 것이 아니다. 옛날에 성인은 거북을 가장 중하
게 여겼다. 무릇 등귀登龜, 작귀作龜는 예법 가운데도 가장 엄한 것인데, 어찌
모두 알지 못하였겠는가? 공자께서 말씀하셨다. "장문중이 어찌 예를 알겠는
가?"(『예기』「예기」의 글이다). 공자께서 '알지 못한다'고 말씀하신 것은 본래 예
로써 말한 것이다.

■ 質疑 山節藻梲, 非藏龜之室. 罪在藏龜, 不在龜室, 罪在居蔡, 不在藏龜. 蔡者, 大龜也. 或稱寶龜, 或稱元龜, 或稱守龜. 有龜而後有卜, 則龜者上下通用, 惟蔡勿之也. ○案, 今人不知龜與蔡不同, 謂居蔡不足爲罪, 必加山藻之飾於藏蔡之室, 然後乃得成獄, 其實單單居蔡, 是大罪也. 然且龜蔡爲物, 本藏廟中, 不別立宮. 若別起一宮, 以爲龜室, 是宗廟之外, 又一龜廟. 臧孫雖愚, 必無此事.

질의한다. 죄罪는 거북을 소장한 데 있는 것이지, 거북을 소장해 놓은 방에 있는 것이 아니다. 죄는 채蔡를 소장한 데 있는 것이지 귀龜를 소장한 데에 있었던 것은 아니다. 채蔡는 큰 거북(大龜)이다. 이것을 혹 보귀寶龜, 혹 원귀元龜, 혹 수귀守龜라 하기도 한다. 거북이 있은 뒤에 점치는 일이 있었으니, 거북이란 상하의 신분에 통용될 수 있었으나, 오직 채蔡만은 이들에게 금한 것이었다. ○살핀다. 지금 사람들은 귀龜와 채蔡가 같지 않음을 알지 못하고, 채蔡를 소장한 것은 죄가 되지 않고, 반드시 채蔡를 소장한 집에 산을 조각하고 마름 풀을 그려 놓은 장식을 한 뒤에 죄가 된다고 여긴다. 그러나 사실은 채蔡를 소장한 것만으로도 큰 죄가 된다. 그리고 또 귀龜와 채蔡라는 물건은 본래 사당에 소장하고, 따로 집을 세우지 않는다. 만약 따로 한 집을 지어 귀실龜室을 만든다면, 이는 종묘 이외에 한 귀묘龜廟를 만든 것이니, 장문중이 비록 어리석었다고 할지라도 이런 일은 없었을 것이다.

비평 —— 주자는 장문중이 천자가 점복을 칠 때 사용하는 거북을 간직하는 집을 짓고, 그 집에 천자의 장식으로 치장함으로써 백성의 의에 힘쓰지 않고 (不務民義) 귀신에게 아첨했기 때문에, 공자께서 지혜롭지 못하다고 평가했다고 주석했다.

　그런데 고주를 대부분 수용한 다산은 질의를 통해 (1) 죄罪는 대부인 장문중이 참람하게도 천자의 큰 거북을 소장하고 천자의 장식을 사용했다는 것에 있다는 것, 그리고 (2) 큰 거북을 소장하기 위해 별개의 집을 만든 것이 아니라는 것, 따라서 (3) 이 구절은 참람했던 장문중이 예를 알지 못한다고 평가한 것으로 해석해야 한다고 주장하였다. 주자와 다산, 두 사람의 해석이 상보적인 것으로 보인다. 즉 장문중은 천자의 예를 참람하였다는 점에서 예를 몰랐다고 할 수 있으며, 나아가 천자의 점복을 사용하여 귀신에게 아첨하면서 백성의 의에 힘쓰지 않았다는 점에서 지혜롭지 못했다고 볼 수도 있다.

⌒⌒⌒

5:18. (1) 子張問曰: "令尹子文三仕爲令尹, 無喜色. 三已之, 無慍色. 舊令尹之政, 必以告新令尹. 何如?" 子曰: "忠矣." 曰: "仁矣乎?" 曰: "未知. 焉得仁?" (2) "崔子弑齊君, 陳文子有馬十乘, 棄而違之. 至於他邦, 則曰, '猶吾大夫崔子也.' 違之. 之一邦, 則又曰, '猶吾大夫崔子也.' 違之. 何如?" 子曰: "淸矣." 曰: "仁矣乎?" 曰: "未知. 焉得仁?"

고주 —— 자장이 물었다. "영윤 자문은 세 번 영윤의 벼슬을 하여도 기쁜 기색이 없었고, 세 번 면직(已=已退)될 때도 성난 기색이 없었습니다. 옛 영윤의 정사를 새 영윤에게 반드시 일러주었으니, 어떠합니까?" 공자께서 말씀하셨다. "충신(忠=忠臣)이로다!" (다시 자장이) 물었다. "인仁하다고 할 수 있습니까?" 공자께서 말씀하셨다. "(너의 말대로라면, 그의 충성스러운 일에 관한 말만 들었으니) 알지 못하겠지만, 어찌 인하다고 할 수 있겠는가?" (18-2. 자장이 또 물었다.) "최자가 제나라 장공을 시해하자, 진문자는 지니고 있던 십승의 말을 버리고 제나라를 떠나 다른 나라로 이르러 말하길, '우리 대부 최자 같구나!' 하고 떠났습니다. (또) 한 나라에 가서도 또한 '우리 대부 최자와 같구나!' 하고 떠났으니, 어떻습니까?" 공자께서 말씀하셨다. "(간악한 역적을 피하여 도가 없는 나라를 버리고, 도가 있는 나라를 찾아갔으니) 청결淸潔하구나!" (자장이) 물었다. "인仁합니까?" (공자께서) 말씀하셨다. "알지 못하겠지만 (단지 淸할 뿐, 다른 행실을 알 수 없으니), 어찌 인하다고 할 수 있겠는가?"

주자 —— 자장이 물었다. "영윤 자문은 세 번 영윤의 벼슬을 하여도 기쁜 기색이 없었고, 세 번 그만 두어도 노여운(慍=怒) 기색이 없었습니다. 옛 영윤의 정사를 새 영윤에게 반드시 일러주었으니, 어떠합니까?" 공자께서 말씀하셨다. "(그 나라가 있음을 알았지만 그 자신이 있음을 알지 못했으니) 충하구나!" (다시 자장이) 물었다. "인仁하다고 할 수 있습니까?" 공자께서 말씀하셨다. "(그 모든 것이 天理에서 나와 인욕의 사사로움:人欲之私이 없었는지는 알 수 없기에) 알지 못하겠지만, 어찌 인하다고 할 수 있겠는가?" (18-2. 자장이 또 물었다.) "최자가 제나라 장공을 시해하자, 진문자는 지니고 있던 십승의 말을 버리고 제나라를 떠나 다른 나라로 이르러 말하길, '우리 대부 최자 같구나!' 하고 떠났습니다. (또) 한 나라에 가서도 또한 '우리 대부 최자와 같구나!' 하고 떠났으니, 어떻습니까?" 공자께서 말씀하셨다. "(몸을 깨끗이 하고 난지를 떠났으니) 청淸하구나!" (자장이) 물었다. "인仁합니까?" (공자께서) 말씀하셨다. "알지 못하겠지만, (그 마음이 과연 의리의 당연義理之當然을 알아 초탈하여脫然 얽매인 바가 없었는지, 아니면 사사로운 이해 때문에 부득이 그렇게 하여 오

자원풀이 ■령슈은 모자를 쓰고 앉은 사람의 모습으로부터 우두머리가 내리는 명령命令을 나타내었다. 명령, 행정기관의 장, 명명命名, 좋다, 훌륭하다, 영존令尊 등을 나타낸다. 형병과 다산은 선善하다는 뜻이라고 말하고 있다.
■윤尹은 又(또 우)+丨(뚫을 곤)으로 구성되어, 손(又)으로 붓(丨)을 잡은 모습이다. 행정직의 우두머리, 관리, 다스리다의 뜻이다. 혹은 손에 잡은 것을 지팡이로 보고 권위를 상징한다.
■사仕는 人(사람 인)+士(선비 사)의 형성자로 남성(士)으로서 사람(人)이 할 일을 나타내는데, 고대 남성 중심사회에서 벼슬살이, 즉 정치를 배워 남을 위해 일하는 것을 상징한다.
■이르는 갑골문에서는 쟁기를 그린 것으로 추정하지만, 당시에 이미 원래 의미를 상실하고 완료나 도구를 나타내는 문법소와 '이미'라는 뜻의 부사로 쓰였다. 식사를 마치고 머리를 돌린 모습을 그린 旣(이미 기)와 독음과 의미가 같은 글자였다고 추정된다.

히려 원망과 후회를 면치 못했는지를 알 수 없다) 어찌 인하다고 할 수 있겠는가?"

다산 —— 자장이 물었다. "영윤 자문은 세 번 영윤의 벼슬을 하여도 기쁜 기색이 없었고, 세 번 사임(已=舍)할 때도 성난 기색이 없었습니다. 옛 영윤의 정사를 새 영윤에게 반드시 일러주었으니, 어떠합니까?" 공자께서 말씀하셨다. "충(忠= 마음을 알맞게 하여 남을 섬기는 것=中心事人)하구나!" (다시 자장이) 물었다. "인仁하다고 할 수 있습니까?" 공자께서 말씀하셨다. "(인이란 지선의 완성된 명칭:仁者至善之成名이니, 반드시 임금과 신하 및 부모와 자식 사이에 그 인륜의 사랑을 다하여야 仁이 되니) 알지 못하겠지만, 어찌 인하다고 할 수 있겠는가?" (자장이 또 물었다.) "최자가 제나라 장공을 시해하자, 진문자는 지니고 있던 십 승의 말을 버리고 제나라를 떠나 다른 나라로 이르러 말하길, '우리 대부 최자 같구나!' 하고 떠났습니다. (또) 한 나라에 가서도 또한 '우리 대부 최자와 같구나!' 하고 떠났으니, 어떻습니까?" 공자께서 말씀하셨다. "(몸을 깨끗이 하고 난지를 떠났으니) 청清하구나!" (자장이) 물었다. "인仁합니까?" (공자께서) 말씀하셨다. "알지 못하겠지만, (지선의 자취를 나타낸 적이 없으니) 어찌 인하다고 할 수 있겠는가?"

집주 —— ■(18-1) 令尹은 官名이니 楚上卿執政者也라 子文은 姓鬪요 名穀於 菟라 其爲人也喜怒不形하고 物我無間하여 知有其國而不知有其身하니 其忠

■정政은 攴(칠 복)+正(바를 정)의 형성자로 회초리(攴:합법적 물리력, 공권력)로 쳐 가며 바르게(正) 되게 하는(바로잡음) 것, 즉 공권력을 행사하여 정의正義를 구현하는 것이 정치이며, 정사임을 나타낸다. 정사(夫子至於是邦也 必問其政), 정권(天下有道 則政不在大夫), 정책(政敎則民慢), 금령(道之以政), 직책(棄政而役), 사무, 정사를 행하는 사람(均五政), 바루다(寬以政之), 정벌하다(臨衛政殷)의 뜻이다.
■시弑는 殺(죽일 살)의 생략된 모습이 의미부이고, 式(법 식)이 소리부인 형성자로 시해弑害에서처럼 낮은 사람이 윗사람을 죽이는 것을 말한다.
■청淸은 水(물 수)+靑(푸를 청)의 형성자로 물(水)이 맑고 명징함을 말한다. 순수하고 정결함, 분명하다, 조용하다, 깨끗하다, 청렴하다 등이다.

이 盛矣라 故로 子張疑其仁이라 然이나 其所以三仕三已而告新令尹者가 未知其皆出於天理而無人欲之私也라 是以로 夫子但許其忠하시고 而未許其仁也시니라

영윤令尹은 관직이름(官名)이고 초楚나라 상경上卿으로 집정자執政者이다. 자문子文의 성은 투鬪이고 이름은 누오토(穀於菟)이다. 영윤 자문의 사람됨은 기쁨과 노여움을 드러내지 않았고, 남과 나의 간극이 없어, 그 나라가 있음을 알았지만 그 자신이 있음을 알지 못했으니, 그 충忠함이 성대하다. 그런 까닭에 자장은 그가 어쩌면 인仁하다고 여긴 것이다. 그러나 영윤 자문은 세 번 벼슬하고 세 번 그만두면서 신임 영윤에게 일러준 그 모든 것이 천리天理에서 나와 인욕의 사사로움(人欲之私)이 없었는지는 알 수 없다. 이런 까닭에 공자께서는 단지 그가 충忠하다는 것만 인정하시고, 그가 인仁하다는 것은 아직 인정하지 않으셨다.

■ (18-2) 崔子는 齊大夫니 名杼라 齊君은 莊公이니 名光이라 陳文子는 亦齊大夫니 名須無라 十乘은 四十匹也라 違는 去也라 文子潔身去亂하니 可謂淸矣라 然이나 未知其心果見義理之當然하여 而能脫然無所累乎아 抑不得已於利害之私하여 而猶未免於怨悔也라 故로 夫子特許其淸하시고 而不許其仁하시니라

최자崔子는 제나라 대부이고 이름은 저杼이다. 제나라 임금은 장공莊公으로 이름은 광光이다. 진문자陳文子 역시 제나라 대부이고, 이름은 수무須無이다. 십승十乘은 말 40필이다. 위違는 '떠나다(去)'이다. 문자는 몸을 깨끗이 하고 난지를 떠났으니(潔身去亂) 청淸하다고 할 수 있다. 그러나 그 마음이 과연 의리의 당연(義理之當然)을 알아 초탈하여(脫然) 얽매인 바가 없었는지, 아니면 사사로운 이해 때문에 부득이 그렇게 하여 오히려 원망과 후회를 면치 못했는지를 알 수 없다. 그래서 공자는 그의 청淸함만을 인정하고, 그가 인仁한지는 인정하지 않으셨다.

■ 愚聞之師호니 曰 當理而無私心이면 則仁矣라 하시니 今以是而觀二子之事

하면 雖其制行之高가 若不可及이나 然이나 皆未有以見其必當於理而眞無私心也라 子張이 未識仁體하고 而悅於苟難하여 遂以小者로 信其大者하니 夫子之不許也宜哉인저 讀者於此에 更以上章不知其仁과 後篇仁則吾不知之語와 幷與三仁夷齊之事觀之면 則彼此交盡하여 而仁之爲義를 可識矣리라 今以他書考之하면 子文之相楚에 所謀者 無非僭王猾夏之事요 文子之仕齊에 旣失正君討賊之義하고 又不數歲而復反於齊焉하니 則其不仁을 亦可見矣니라

어리석은 내가 스승(이통)께 들으니, 말씀하셨다. "이치에 합당하고 사심이 없는 것이 인이다(當理而無私心則仁矣)." 지금 이 말로 두 사람의 일을 살펴보면, 비록 그들의 절제 있는 행동의 고상함(制行之高)은 미칠 수 없는 것 같지만, 그 모든 행동이 반드시 이치에 합당하고 진실로 사심이 없었다는 것을 보여주지는 못한다. 자장子張은 인의 본체(仁體)를 아직 인식하지 못하여, 구차하고 힘든 일을 해내는 일을 기쁨으로 여기고, 드디어 작은 것(두 사람의 작은 선)을 큰 것(인)으로 믿었으니, 공자께서 인정하지 않으신 것은 마땅하다. 독자가 여기에서 다시 앞 장의 "그가 인한지 알지 못하겠다(不知其仁)."는 말씀과 후편의 "인이라면 나는 알지 못하겠다(仁則吾不知, 14:2)."는 말씀, 아울러 세 명의 인자(三仁: 미자, 기자, 비간: 18:1)와 백이숙제의 일을 살펴보면, 이것과 저것이 완전히 비교되어 인仁의 뜻을 알 수 있을 것이다. 지금 다른 서적으로 상고해 보면, 자문이 초나라의 재상이 되어 도모한 것이 왕을 참칭하고 중국을 어지럽힌 일이 아닌 것이 없다. 문자가 제나라에서 벼슬하면서 이미 임금을 바로 잡고, 도적을 토벌하는 의로움을 잃어버렸고, 또한 몇 년 지나지 않아 다시 제나라로 돌아갔으니, 그가 인仁하지 못함을 알 수 있다.

고금주 ── ■補曰 已, 猶舍也. 〖楚語〗云: "三舍令尹."〗 ○補曰 違, 去國之名. ○孔曰: "當春秋時, 臣陵其君, 皆如崔子, 無有可止者." ○補曰 中心事人曰忠, 潔身無汚曰淸. 仁者, 至善之成名. 必君臣父子之間, 盡其人倫之愛, 或天下之民,

被其德澤, 然後方得爲仁. 此其所以難許之也.

보완하여 말한다. 이已는 '그만두다(舍)'이다.(『楚語』에서 말했다. "세 번 영윤을 그만 두었다:三舍令尹.") ○보완하여 말한다. 違는 나라를 떠나는 것을 말한다. ○공안국이 말했다. "춘추시대에는 신하가 그 임금을 능멸한 것이 모두 최자와 같아서 머물 만한 곳이 없었다." ○보완하여 말한다. 마음을 알맞게 하여 사람을 섬기는 것을 충이라 하고, 자신을 깨끗이 하여 더러움이 없는 것을 청이라 한다. 인이란 지선의 완성된 명칭이니, 반드시 임금과 신하 및 부모와 자식 사이에 그 인륜의 사랑을 다하거나 혹은 천하의 백성이 그 덕택德澤을 입은 이후에 바야흐로 인仁이 된다. 이것이 그에게 인仁을 허여하기 어려운 까닭이다.

■ 邢曰: "三被已退, 無慍懟之色." ○駁曰 非也. 三已之, 不可曰三退之.

형병이 말했다. "세 번 퇴출당했어도(三被已退), 성내고 원망하는 기색이 없었다." ○논박하여 말하면, 그릇되었다. 세 번 퇴출되었다고 말할 수 없다.

■ 質疑《集註》曰: "子文相楚, 所謀者, 無非僭王猾夏之事. 文子仕齊, 旣失正君討賦之義, 又不數歲而復反於齊焉, 則其不仁, 亦可見矣." ○案 魯 桓公之八年, 楚已僭王, 下距魯 莊公三十年, 爲四十一年. 非子文之所能追正者. 人臣之義, 忠於所事, 不必以猾夏爲罪. 二子之不得爲仁, 特以其至善之跡, 無所著見也. 又豈必求過於無過乎?

질의한다. 『집주』에서 말했다. "자문이 초나라의 재상이 되어 도모한 것이 왕을 참칭하고 중국을 어지럽힌 일이 아닌 것이 없다. 문자가 제나라에서 벼슬하면서 이미 임금을 바로 잡고, 도적을 토벌하는 의로움을 잃어버렸고, 또한 몇 년 지나지 않아 다시 제나라로 돌아갔으니, 그가 인仁하지 못함을 알 수 있다." ○살핀다. 노나라 환공桓公 8년에 초나라는 이미 왕을 참칭하여, 아래로 노나라 장공莊公 30년까지 거리가 41년이나 되니, 자문子文이 추후에 바로잡을 수 있는 것이 아니었다. 신하의 의리는 섬기는 대상에서 충忠하는 것이니, 중국(夏)을 어지럽혔다고 죄가 되지는 않는다. 두 사람이 인仁하다고 할 수 없는 것은 단지 그 지선至善의 자취로 드러낸 것이 없기 때문이다. 또한 어찌 반드시 과오가 없는 곳에서 과오를 찾아야만 하겠는가?

■ 李充曰: "進無喜色, 退無怨色. 公家之事, 知無不爲, 忠臣之至也."〔見皇疏〕 ○ 駁曰 非也. 忠者, 忠信也, 不專爲事君之忠也.

이충이 말했다. "벼슬에 나아가도 기쁜 기색이 없고, 물러나도 원망하는 기색이 없어야 하니, 공가公家의 일은 하지 않는 일이 없다는 것을 알아야 지극한 충신(忠臣之至)이 될 수 있다."(황간의 소에 보인다.) ○ 논박하여 말하면, 그릇되었다. 충忠이란 충신忠信이니, 오로지 임금을 섬기는 것만 충忠이 되는 것은 아니다.

비평 —— 공자가 인仁함을 인정하지 않는 이유에 대해 주자와 다산 간의 해석에 있어 다소 차이가 있다. 주자는 "천리에서 나와 인욕의 사사로움이 없는 것" 혹은 "이치에 합당하고 사심이 없는 것"이 인仁이라는 입장에서 영윤 자문과 진문자가 단지 '충忠하다' 혹은 '청淸하다'고 인정하고, 인仁한지 여부는 알 수 없다고 해석했다.

> 주자가 말했다. "인仁이란 마음의 덕이고 하늘의 이치이다(仁者心之德而天之理也). 지성至誠과 진성盡性으로 전체를 꿰뚫어, 마치 천지의 일원의 기(天地一元之氣)가 모든 만물을 화육하고, 유행流行하여 잠시도 쉬지 않는 것처럼 하지 않는다면, 인仁하다고 명칭하기에 부족하다."(『논어집주대전』)

이에 대해 다산은 "인이란 지선의 완성된 명칭(仁者至善之成名)으로 행사 이후에 부여되는 이름인데, 저 두 사람은 지선至善의 자취를 드러낸 것이 없기 때문에 인하다고는 하지 않았다."고 해석한다. 요컨대 주자는 내면에서 인仁

을 찾는다면(當理而無私心則仁矣), 다산은 구체적인 실천에서 인을 찾는다고
하겠다.

⟳

5:19. 季文子三思而後行. 子聞之曰: "再, 斯可矣."

고주 —— 계문자는 세 번 생각한 뒤에 행동을 하였다고 하니, 공자께서 이
말을 들으시고 말씀하셨다. "(계문자는 충성스럽고 어진 덕행이 있어, 거행하는 일
에 과오가 적었으니) 두 번만 생각했어도 괜찮았을 것이다."

주자 —— 계문자는 세 번 생각한 뒤에 행동을 하였다고 하니, 공자께서 이 말
을 들으시고 말씀하셨다. "(생각할 줄 몰라서 악행을 범하지만, 두 번 생각하면 이미
깊이 살핀 것이니) 두 번이면 된다."(세 번이면 사사로운 뜻이 일어나 미혹될 수 있다.)

다산 —— 계문자는 세 번 생각한 뒤에 행동을 하였다고 말하니, 공자께서 이
말을 들으시고 말씀하셨다. "(생각하지 않기 때문에 죄악을 범한다. 계문자가 어찌
세 번 생각했겠는가?) (계문자가) 두 번만 생각했어도 괜찮았을 것이다."

집주 —— ■季文子는 魯大夫니 名行父라 每事를 必三思而後에 行하니 若使
晉而求遭喪之禮以行이 亦其一事也라 斯는 語辭라
계문자季文子는 노나라 대부이니, 이름은 행보行父이다. 일마다 반드시 생각
을 세 번 한 연후에 행동했는데, 이를 테면 진晉나라에 사신을 가면서 초상을
만났을 때 시행하는 예(遭喪之禮)를 알아보고 갔다는 것도 그런 사례 중 하나

의 일이다. 사斯는 어조사이다.

■程子曰 爲惡之人은 未嘗知有思하나니 有思則爲善矣라 然이나 至於再則
已審이요 三則私意起而反惑矣라 故로 夫子譏之하시니라

정자가 말했다. "악을 행하는 사람은 일찍이 생각해야 한다는 것을 모른다.
생각할 줄 알면 선을 행한다. 그러나 두 번 생각함에 이르면 이미 깊이 살핀
것이다. 세 번 생각하면 사사로운 뜻이 일어나 오히려 미혹된다. 그러므로
공자께서 기롱한 것이다."

■愚按 季文子慮事如此하니 可謂詳審而宜無過擧矣로되 而宣公簒立에 文子
乃不能討하고 反爲之使齊而納賂焉하니 豈非程子所謂私意起而反惑之驗歟
아 是以로 君子務窮理而貴果斷이요 不徒多思之爲尙이니라

어리석은 내가 살핀다. 계문자가 일을 이처럼 살핀 것은 심사숙고한 것이라
고 할 수 있으니, 의당 과오가 되는 행동이 없었어야 할 것이다. 그러나 선공
宣公이 (왕위를) 찬탈하여 즉위했을 때, 계문자는 토벌하지 못하고, 도리어 그
를 위하여 제나라에 사신을 가서 뇌물을 바쳤으니, 어찌 정자의 이른바 '사사
로운 뜻이 일어나 오히려 미혹된다.'는 증험이 아닐까? 이런 까닭에 군자는
힘써 이치를 궁구하면서(務窮理)도, 과단果斷하는 것을 귀하게 여기고, 헛되
이 많이 생각하는 것을 숭상하지는 않는다.

고금주 —— ■補曰 行父於文公之時, 嗣爲宗卿. [文六年] 子聞之者, 聞時人至
今傳誦也. 三思, 謂熟思也. [不必限於三] 人惟不思, 故恒犯罪惡. 使季文子誠能
一思再思, 豈至黨惡而修怨乎? 三思未易能, 再思則斯可矣.

보완하여 말한다. 행보行父는 문공文公 때 종경宗卿을 계승하였다(문공6년).

자원풀이 ■사思는 田(두뇌골을 상징)+心(마음 심)의 회의자로 마음으로 밭의 이랑처럼 머리에 골을 낸다는 것을
나타낸다. 혹은 논(田)에서 농작물의 생산성을 높이고자 깊은 생각(心)을 한다는 것으로 사색思索, 사유思惟, 사상
思想의 뜻이 있다

공자께서 그 말을 들으셨다(子聞之)는 것은 당시 사람들이 그때까지 전송되어 온 것을 들으셨다는 것이다. '세 번 생각한다(三思之).'는 심사숙고한다는 것이다(세 번이란 말에 국한될 필요가 없다). 사람들은 오직 생각하지 않기 때문에 항상 죄악을 범한다. 가령 계문자가 한 번 생각하고, 또 두 번 생각하였다면 어떻게 악당이 되어 원한을 갚으려 하겠는가? 세 번 생각하는 것은 쉽지 않고, 두 번만 생각해도 괜찮을 것이다.

■ 鄭曰: "文子忠而有賢行, 其擧事寡過, 不必乃三思." ○邢云: "《春秋》, '文六年秋, 季孫行父如晉.'《左傳》曰, '季文子將聘於晉, 使求遭喪之禮以行. 其人曰, 「將焉用之?」文子曰, 「豫備不虞, 古之敎也. 求而無之, 實難, 過求何害?」'" [杜云: "所謂文子三思."] ○駁曰 鄭說, 非也. 鄭所謂賢行者, '妾不衣帛, 馬不食粟'也. [見〈魯語〉] 然人方以三思稱美, 而孔子欲以再思易之, 則明是貶辭, 不是贊辭. 且鄭誤矣. 文子不自滿足, 思之至三, 孔子恨之曰: "以若賢德, 何必三思?" 是文子爲謙恭愼重之君子, 而孔子爲驕肆浮薄之俗流, 鄭說而可用乎? [季文子得三思之名, 特因求喪禮一事, 其餘無足稱者]

정현이 말했다. "문자는 충성스럽고 어진 행실이 있어 그가 하는 일에 허물이 적었으니, 반드시 세 번까지는 생각하지 않았다." ○형병이 말했다. "『춘추』에서 '문공 6년 가을에 계손행보季孫行父가 진晉나라에 갔다.'고 하였다. 『좌전』에서 계문자季文子가 진나라에 빙문 가려 할 때 상喪을 당했을 경우에 사용할 예의禮儀를 구하게 하였다. 그 종자가 '어디에 쓰려는 것입니까?' 하고 묻자, 문자가 '뜻밖에 생길지도 모를 일(不虞)에 미리 대비하라는 것은 옛날의 가르침이니, 일을 당하여 구할 곳이 없으면 실로 난처하니 지나치게 구한다 하여 어찌 해롭겠는가?'라고 말하였다." [杜預의 주에서 말하였다. "이른바 文子三思라는 것이다."] ○논박하여 말하면, 정현의 설은 그릇되었다. 정현의 이른바 어진 행실이란 '처첩에게는 비단옷을 입히지 않고, 말에게는 곡식을 먹이지 않았다.'는 유이다.(『국어』「노어」에 보인다) 사람들은 바야흐로 세 번 생각하는 것을 찬미하는데, 공자는 두 번 생각하는 것으로써 이를 바꾸려 하였으니, 이는 분명히 폄사貶辭이지, 찬사讚辭가 아니다. 계문자가 스스로 만족하지 않고 세 번까지 생각하는 것에 대해 공자께서 '이같이 어진 덕을 가지고 어찌 반드시 세 번까지 생각하느냐.' 하고 한탄하였다면, 이는 계문자로 말하면, 겸공謙恭하고 신중한 군자가 되고, 공자는 교사驕肆하고 부박浮薄한 속류가 되니, 정현의 설을 수용할 수 있겠는가? (계문자가 세 번 생각한다는 이름을 얻은 것은 다만 이미 喪事를 맞을 준비한 그 한 건에 기인한 것이며, 그 나머지는 일컬을 만한 것이 없다.)

■ 李贄曰: "時人皆信之, 故曰季文子三思而後行. 夫子不然之, 則曰再斯可矣. 若曰再尙未能, 何以云三思也?使能再思, 不黨簒而納賂, 專權而興兵, 封殖以肥己矣.' 文公不得其辭, 乃云思至于三則私意起而反惑. 誠如其言, 則《中庸》所謂思之不得弗措也, 《管子》所謂思之思之, 又重思之, 思之不通, 鬼神將通之, 吳臣勸諸葛恪十思者, 皆非矣."〔○案 此說眞切明確, 深中經旨, 無遺憾矣.

이지李贄가 말했다. "당시 사람들은 모두 믿고, 계문자는 '세 번 생각하고 실행하였다.'고 하였는데, 공자께서는 그렇다고 여기지 않으시고, '두 번만 생각했어도 괜찮았을 것인데'라고 하셨으니, 말하자면 '두 번도 오히려 못했는데, 어찌 세 번 생각했다고 하겠는가? 만약 두 번이라도 생각했다면 왕위를 찬탈한 역적과 한 패가 되어 뇌물을 가져다준다든지 권력을 전횡하여 군사를 일으킨다든지 재산을 늘려 자신을 살찌운다든지 하는 짓을 하지 않았을 것이다.'라는 말이다. 문공文公(주자)이 이 말을 제대로 알지 못하고, 이에 '생각이 세 번에 이르면 사사로운 뜻이 일어나 오히려 미혹된다.'고 하였으니, 정말 그 말과 같다면, 『중용』의 이른바 '(생각하지 않을지언정:有弗思) 생각한다면 알지 못하면 그만 두지 않는다(思之 弗得 不措也).'는 것과 『관자』의 이른바 '생각하고 생각하고 또 거듭 생각하라. 생각해서 통하지 못하면 귀신이 통하게 해 줄 것이다(思之思之 又重思之 思之不通 鬼神將通之者:「내업」).'라는 말이 모두 잘못이라는 말인가?"

■蔡清曰: "三思者, 謂所思已審, 而復展轉思之無已, 非謂三次思量爲三思也."
○案 此說亦是.

채청이 말했다. "삼사三思란 생각하는 것이 이미 분명한데도 다시 이리저리
생각하여 이를 그만두지 않음을 두고 말함이고, 세 차례나 생각하고 헤아리
는 것을 두고 말하는 것이 아니다." ○ 살핀다. 채청의 설 또한 옳다.

비평 —— 주자는 고주를 수정하였고, 다산은 주자의 의견에 의문을 제기하
면서 고주를 다시 지지하고 있다. 각각의 해석은 서로 다른 듯하지만, 단지
강조점의 차이이며 상호 보완적인 것으로 볼 수 있다. 주자의 견해는 이미
충분히 생각했다면 결단해야 하지 더 이상 생각한다면 오히려 사의私意가 일
어날 수 있다는 말이다.

　다산의 해석은 여러 사료를 관찰한 뒤에 나온 것이다. 즉 계문자가 너무
깊게 생각하여 사의가 일어난 것이 아니라, 오히려 생각을 덜 했기 때문에 문
제가 있었다는 것이다. 즉 계문자가 두 번만 생각하고 행동에 옮겼다면 오히
려 허물이 적었을 것이라는 것이다. 어쨌든 주자와 고주-다산은 모두 충분히
사려하고 난 뒤에 행동에 옮겨야 한다는 점에 있어서는 견해가 일치한다.

5:20. 子曰: **"甯武子, 邦有道則知, 邦無道則愚. 其知可及也, 其愚
不可及也."**

고주 —— 공자께서 말씀하셨다. "영무자는 나라에 도가 있을 때는 지혜로웠

고(=그 智謀를 나타내고), 나라에 도가 없을 때는 (실제처럼 거짓으로) 어리석은 척(佯愚似實) 했으니, 그 지혜로웠던 것은 (혹 사람들이) 미칠 수 있지만, (실제처럼 거짓으로) 어리석은 척한 것은 미칠 수 없느니라."

주자 —— 공자께서 말씀하셨다. "영무자는 나라에 도가 있을 때는 지혜로웠고, 나라에 도가 없을 때는 (智巧之士라면 깊이 회피하고 하려고 하지 않을 것을 했기 때문에) 어리석었다. (도가 있을 때는 영무자가 특별히 드러낸 일 없기 때문에) 그 지혜로웠던 것은 (혹 사람들이) 미칠 수 있지만, (마음을 다하고 힘을 다해 어렵고 험한 것을 피하지 않아, 끝내 자기의 몸을 보전하고 그 임금을 건져낸) 어리석음은 미칠 수 없느니라."

다산 —— 공자께서 말씀하셨다. "영무자는 나라에 도가 있을 때는 (자취를 거두어 몸을 보전하여) 지혜로웠고, 나라에 도가 없을 때는 (자신을 잊고 환난을 무릅써서, 남들이 보기에) 어리석었다. 그(국사가 이미 안정되자 자취를 거두고, 평안하고 무사하게 목숨을 보전하다 죽은 것) 지혜로웠던 것은 (혹 사람들이) 미칠 수 있지만, (환난의 시대에는 자신을 잃고 목숨을 바쳐 나라를 안정시킨) 어리석음은 미칠 수 없느니라."

집주 —— ■衛武子는 衛大夫니 名兪라 按春秋傳컨대 武子仕衛는 當文公成公之時하니 文公有道어늘 而武子無事可見하니 此其知之可及也요 成公無道하여 至於失國이어늘 而武子周旋其間하고 盡心竭力하여 不避艱險하니 凡其所處가 皆智巧之士所深避而不肯爲者로되 而能卒保其身하고 以濟其君하니 此其愚之不可及也니라
영무자衛武子는 위衛나라 대부로 이름은 유兪이다. 『춘추전春秋傳』을 살펴보면, 무자가 위나라에서 벼슬한 것은 문·성공文成公 때에 해당한다. 문공이

도가 있어, 무자가 드러낼 만한 일이 없었으니, 이것이 그 지혜는 (다른 사람이) 미칠 수 있는 것이다. 성공은 무도無道하여 나라를 잃을 처지에 이르니, 무자는 그 사이에서 잘 주선하여 마음을 다하고 힘을 다해 어렵고 험한 것을 피하지 않았다. 무릇 무자가 처신한 바는 모두 지혜롭고 꾀 있는 선비라면 깊이 회피하고 하려고 하지 않을 것이었지만, 끝내 자기의 몸을 보전하고 그 임금을 건져냈으니, 이것이 그 어리석음은 (다른 사람이) 미칠 수 없다는 것이다.

■程子曰 邦無道에 能沈晦以免患이라 故로 曰不可及也라 하시니라 亦有不當愚者하니 比干이 是也니라

정자가 말하였다. "나라에 도가 없을 때는 잠기고 숨을 줄 알아야 우환을 면할 수 있기 때문에 (다른 사람이) 미칠 수 없다고 말씀하셨다. 또한 마땅히 어리석은 척 할 수 없는 경우가 있으니, 비간比干이 그것이다."

고금주 —— ■補曰 有道, 謂國治, [有治平之道] 無道, 謂國亂也. 衛自衛 成公三年, 國亂君奔, 凡三年而定. [僖二十八年難作, 僖三十年事定] 自是國無大難者二十七年, 而成公乃卒. [宣九年] 邦無道, 指三年之間也. 邦有道, 指事定之後也. 斂跡全身曰知, [智足以遠害] 忘身冒難曰愚. [不工於謀身] 甯武子於三年之間, 忘身冒難, 是邦無道而愚也. 事旣定, 武子斂跡, 孔達爲政, 卒亡其身. 而武子安然無事, 得保首領以死, 是邦有道而知也. 有道而知, 亦人所難, 然猶可爲也, 無道而愚, 非忠愛至極者, 不能強作, 故曰其愚不可及.

보완하여 말한다. 도가 있다(有道)는 것은 나라가 잘 다스려지는 것(國治)을 말하고(치평의 도가 있는 것이다.), 도가 없다(無道)는 것은 나라가 어지러운 것(國亂)을 말한다. 위나라 성공成公 3년부터 나라가 어지러워져 군주가 망명하여, 3년이 지나서 안정되었다(노나라 僖公 28년에 난이 일어나, 희공 30년에 국사가 안정되었다). 그때부터 나라에 큰 환난은 없이 27년이 지나 성공이 죽었다(선공9년). 나라에 도가 없다(邦無道)는 것은 3년 사이를 가리키며, 나라에 도가

있다(邦有道)는 것은 국사가 안정된 이후를 가리킨다. 자취를 거두고 몸을 보전하는 것을 지혜로움(知)이라 하고(지혜는 害를 멀리할 수 있게 한다), 자신을 잊고 환난을 무릅쓰는 것을 어리석음(愚)이라 한다(자신을 도모하는데 공을 들이지 않음:不工於謀身). 영무자가 3년간 자신을 잊고 환난을 무릅썼으니, 이것이 나라에 도가 없음에 어리석었다는 것이다. 국사가 이미 안정되자 자취를 거두고, 공달은 정사를 하다가 마침내 몸을 망쳤다. 그렇지만 무자는 평안하고 무사하게 목숨을 보전하다 죽은 것, 이것이 나라에 도가 있을 때 지혜로웠던 것이다. 나라에 도가 있을 때 지혜로운 것 역시 사람들이 어렵게 여기는 것이지만, 오히려 할 수는 있는 것이다. 나라에 도가 없을 때 어리석은 것은 충애忠愛가 지극하지 않으면 억지로 할 수는 없는 것이다. 그러므로 그 어리석음은 미칠 수 없다고 하였다.

■孔曰: "佯愚似實, 故曰不可及." [邢云: "遇有道則顯其智謀, 遇無道則韜藏而佯愚."] ○駁曰 非也. 國之無道, 未有甚於成公三年之難. 而武子此時, 竭慮彈智, 捐身舍命, 與佯愚韜晦者, 全不近似. 此經之義, 關世道大矣. 《詩》云: "旣明且哲, 以保其身." 此謂 '仲山甫得賢以事君, [謂知人則哲] 不失令名, 不陷罪惡', 今也全軀保妻子之臣, 趨時附勢, 杜口斂手, 言必稱 '明哲保身', 君危國亡, 莫之肯顧, 命之曰 '甯武子之愚', 嗚呼, 武子何嘗然矣! 聖人之義, 蓋欲於無事之時, 斂跡辭權, 有難之時, 忘身殉國. 此時不嫌其智, 彼時不病其愚, 如是然後爲兩盡也. 若時平懷祿以享利, 國危全身以遠害, 則爲人君者, 將誰與爲國乎? 若夫所謂危邦不入, 亂邦不居者, 指下位也, 指賓旅也. 世祿宗戚之臣, 何得引此爲例? 今人所知, 與孔子所言, 全然相反, 欲解此經得乎? 惟朱子發其義耳. ○又案〈湛露〉·〈彤弓〉之事, 爲知禮爲知分爲知言, 何以謂之愚也? 杜預·邢昺, 皆呑棄矣.

공안국이 말했다. "실제처럼 거짓으로 어리석은 척하는 것이기 때문에 미칠 수 없다고 말한 것이다."(형병이 말하였다. "나라에 도가 있는 때를 만나면 그 지모를 현창하고, 도가 없는 때를 만나면 그 지혜를 숨기고 바보로 위장하였다.") ○논박하여 말하면, 그릇되었다. 나라에 도가 없음은 성공 3년의 환난보다 더 심한 적은 없었다. 무자는 이때 모든 심려와 지혜를 다하여 자신을 버리고 목숨을 바쳤으니, 거짓으로 어리석은 척하면서 몸을 숨긴 자와는 완전히 달랐다. 이 경문의 뜻은 세도世道와 관계됨이 크다. 『시경』에 이르길, "이미 밝고도 또한 지혜로워 그 몸을 보존한다(旣明且哲而保其身)."고 했으니, 이는 중산보仲産甫가 현인을 얻어 임금을 섬겨(사람을 안다면, 哲하다고 한다), 아름다운 명성을 잃지 않고 죄악에 빠지지 않았음을 말한다. 그런데 오늘날 제 한 몸을 보전하고 처자를 보호하는 신하가 시세를 좇아 영합하여 입을 다물고 팔짱을 끼고서는 말만 하면 반드시 '명철보신明哲保身'이라 하며, 임금이 위태롭고 나라가 망하는데도 돌보려고 하지 않으면서 '영무자의 어리석음'이라 말한다. 오호라! 영무자가 어찌 일찍이 그랬겠는가? 성인의 뜻은 대개 무사無事한 시대에는 자취를 거두고 권세를 사양하며, 환난의 시대에는 자신을 잃고 목숨을 바치게 하고자 하신 것이다. 나라에 도가 있을 때는 지혜를 혐오하지 않고, 나라에 도가 없을 때는 그 어리석은 병통으로 여기기 않으니, 이것을 인식한 연후에라야 두 가지가 극진해진다. 만약 시대가 평안할 때 봉록을 욕심내어 이익을 누리고, 국가가 위태로우면 몸을 보전하여 해를 피한다면 임금이 누구와 더불어 나라를 다스리겠는가? 저 이른바 "위태로운 나라에는 들어가지 않고, 어지러운 나라에는 기거하지 않는다."는 것은 하위에 있는 자와 빈려賓旅를 지칭한다. 세록世祿과 종척宗戚의 신하들이 어찌 이것을 끌어와 전례로 삼을 수 있겠는가? 오늘날 사람들이 아는 것은 공자가 말한 것과 완전히 상반되니, 이 구절을 이해하고자 한들 이해할 수 있겠는가? 오직 주자朱子만이 그 의미를 밝혀내었을 따름이다. ○또 살핀다. 「담로」·「동궁」의 시에 관한 일은 예를 알고, 분수를 알고, 그리고 말을 아는 것인데 어찌 어리석음이라고 하겠는가? 두예·형병은 모두 억설이다.

비평 —— '방무도즉우邦無道則愚'에 대해 고주에서는 나라에 도가 없을 때는 양우사실佯愚似實함으로써 자신의 몸을 보존하는 것으로 해석한다.

이에 대해 주자는 고주와 완전히 다르게 해석했다. 즉 그에 따르면, 자신의 안위를 돌보지 않고 나라의 안정을 위해 혼신의 힘을 다하는 것으로, 지교지사라면 회피하고 말았을 것을 했다는 점에서 '어리석음'이라고 했다는 것이다. 그리고 마음을 다하고 힘을 다해 어렵고 험한 것을 피하지 않아, 끝내 자기의 몸을 보전하고 그 임금을 건져냈기 때문에 다른 사람들은 그 어리석음에 미칠 수 없다고 공자가 말했다는 것이다.

다산은 주자 해석에 적극 찬성한다. 그래서 그는 오직 주자만이 이 구절의 의미를 밝혀내었다고 말한다. 그리고 그는 주자에게서 한 걸음 더 나아가 그 지혜로움에 대해서도 전거를 제시하여 다르게 해석하였다. 요컨대 다산은 여기서 공자의 뜻은 "무사無事한 시대에는 자취를 거두고 권세를 사양하며, 환난의 시대에는 자신을 잃고 목숨을 바치게 하고자 하신 것이다."라는 말이다. 다산의 적극적인 해석은 상당히 매력적이라고 하지 않을 수 없다.

∽

5:21. 子在陳, 曰: "歸與! 歸與! 吾黨之小子狂簡, 斐然成章, 不知所以裁之."

고주 —— 공자께서 진나라에 계실 때, 말씀하셨다. "돌아가야겠구나, 돌아가야겠구나! 우리 마을 제자들은 (大道에) 크게(簡=大) 진취적이어서 망령되이 천착하여(妄作穿鑿) 화려하게 문장을 이루지만, 재제(裁制)하는 방법을 모르는구나."

주자 —— 공자께서 진나라에 계실 때, 말씀하셨다. "돌아가야겠구나, 돌아가야겠구나! 노나라에 있는 제자들이 뜻만 크고 일에는 소략하여, 화려하게 문장을 이루지만, 잘라서 바르게(裁=割正)할 줄 모르는구나!"(중용을 초과하여過中 올바름을 잃어:失正 혹 이단에 빠질까 염려된다.)

다산 —— 공자께서 (세 번째) 진나라에 계실 때, 말씀하셨다. "돌아가야겠구나, 돌아가야겠구나! 우리 마을(5백 가구)의 제자들이 조급하고 거리낌 없어 배움에 진취적이지만(狂=躁肆, 勇於進就之貌) 배움에 있어 생략하는 바가 있어 (簡=略・省) 비단에 수를 짜듯 문장을 이루었지만, 마름질할 줄 몰라 모르는구나!"(옷을 만들지 못하듯, 덕을 이루지 못하는구나!)

집주 —— ■ 此는 孔子周流四方하사되 道不行而思歸之歎也라 吾黨小子는 指門人之在魯者라 狂簡은 志大而略於事也라 斐는 文貌요 成章은 言其文理成就하여 有可觀者라 裁는 割正也라 夫子初心은 欲行其道於天下러시니 至是而知其終不用也라 於是에 始欲成就後學하여 以傳道於來世하시고 又不得中行之士하여 而思其次하시니 以爲狂士志意高遠하여 猶或可與進於道也라 但恐其過中失正而或陷於異端耳라 故로 欲歸而裁之也시니라
이것은 공자께서 사방을 두루 다니면서(周流四方) 도가 행해지지 않자 되돌아

자원풀이 ■광狂은 犬(개 견)+王(임금 왕)의 형성자. 미치다의 뜻이다. 광견병狂犬病처럼 미친 것은 개(犬)가 최고이자 대표적이라는 의미이다. 맹렬하다, 대담大膽하다의 뜻도 있다. 여기서는 이상이 높고 진취적이라는 뜻이다. ■간簡은 竹(대 죽)+間(사이 간)의 형성자로 종이가 없던 시절 글씨를 쓸 수 있도록 대(竹)로 만든 얇은 널빤지로 책이나 편지(書簡)를 말했다. 좁은 대쪽에 글씨를 쓰려면 가능한 한 줄여 써야 하기 때문에 간략하다, 소략하다, 드물다의 뜻이다. 광간狂簡은 뜻은 크나 실행은 따르지 못하여 소홀하고 거친 것을 말한다. 또한 광狂과 견獧(급하다)은 소리가 비슷하니, 광간狂簡은 맹자에 광견으로 나온다.
■비斐는 文(무늬 문)+非(아닐 비)의 소리부로 『설문』의 해석에서처럼 아롱진 무늬分別文를 말한다. 비연斐然은 문채가 찬연히 빛난다는 뜻이다. .
■장章은 원래는 辛(매울 신)+田(밭 전)의 형성자로 문신 칼(辛)로 문양을 새겨 넣은(田) 모습으로 문양이나 글자를

갈 것을 생각한 탄식(思歸之歎)이다. '오당소자吾黨小子'는 노나라에 있는 문인들을 가리킨다. '광간狂簡'은 뜻은 웅대하지만 일에는 소략한 것이다. 비斐는 문채 나는 모습(文貌)이다. 성장成章은 문리文理가 성취되어 볼 만한 것이 있음을 말한다. 재裁는 잘라서 바르게 함(割正)이다. 공자의 처음 마음은 천하에 그 도를 실행하려는 것이었지만, 이때에 이르러 그 도가 끝내 쓰이지 않을 것임을 알았다. 이에 비로소 후학을 성취成就시켜 후세에 도를 전하려고 하셨다. 또한 중용을 실천하는 선비(中行之士)를 얻지 못하자 그다음 선비를 생각하셨는데, 광사狂士는 의지가 고원하므로 오히려 혹 도에 나아갈 수 있지만, 단지 중용을 초과하여(過中) 올바름을 잃어(失正) 혹 이단에 빠질까 염려된다고 하셨다. 그래서 되돌아가 그들을 마름질하려고 하신 것이다.

고금주 ── ■補曰 陳, 國名, 有虞之後. [武王封胡公 滿於陳] 孔子三適陳, 此云在陳, 蓋三適之時也. 五百家爲黨. [又五黨爲州, 五州爲鄕] 吾黨小子, 魯邦之門人也. 狂, 躁也, 肆也, 學者勇於進取之貌也. 簡, 略也, 省也, 學者有所不爲之貌. [意與狷相似] 斐, 錦文貌. 章, 織文之成數, 如山・龍・藻・火之類, 稱七章・九章者, 是也. 裁, 製衣也. 《說文》云] 孔門諸子之學, 譬之錦繡, 若章采已成, 特未及裁之爲衣, 故孔子欲歸而卒敎之, 以成其德也.

보완하여 말한다. 진陳은 나라 이름이니, 유우씨有虞氏의 후손이다(무왕이 胡公滿을 진에 봉했다). 공자는 세 차례 진나라에 갔는데, 여기서 진나라에 계실 때라고 말한 것은 대개 세 번째 갔을 때이다. 5백 가구가 당黨이 된다(또한 五黨이 洲가 되고, 五州가 鄕이 된다). 오당소자는 노나라의 문인이다. 광狂은 조급

새겨 넣다의 의미를 그렸다. 『설문』에서는 音(소리 음)+十(열 십)의 회의자로 음(音)과 숫자의 끝을 상징(十)이 결합한 구조로 음악(音)이 끝나는(十) 단위 즉 악장樂章이라는 뜻이 생겼고, 이후 어떤 사물의 단락이나 장절章節, 법규法規, 조리條理, 문채文彩 등을 말하게 되었다. 성장成章이란 아름답게 문양과 문채를 이루다의 뜻이다.

(躁)하고 거리낌없음(肆)이니, 배우는 자가 진취에 용감한 모양(勇於進就之貌)이다. 간簡은 소략(略)·생략(省)하는 것이니, 배우는 자가 하지 않는 것이 있는 모양이다(뜻은 狷과 서로 유사하다). 비斐는 비단무늬 모양이다. 장章은 무늬를 짜서 수를 이룬 것(織文之成數)이니, 예를 들면 산무늬·용무늬·마름무늬·불꽃무늬 등으로 7장·9장 등으로 칭하는 것이 그것이다. 재裁는 옷을 마름질하는 것(製衣)이다(『설문』). 공자 문하 여러 제자들의 학문을 비단에 놓은 수(錦繡)에 비유하면서 장章과 채색은 이미 이루어졌지만, 다만 아직 마름질을 하지 않아 옷을 만들지 못한 것과 같다. 그러므로 공자께서 되돌아가서 가르침을 마무리하여 덕을 이루게 하고자 하였다.

■孔曰: "簡, 大也." ○駁曰 非也. 柳子厚〈與太學諸生書〉曰: "仲尼吾黨狂狷, 南郭獻譏, 古人早以狂簡爲狂狷."

공안국이 말했다. "간簡은 크다(大)이다." ○논박하여 말하면, 그릇되었다. 유자후柳子厚가 「태학의 제생들에게 보낸 글」에서 말했다. "중니께서 우리 당의 소자들이 광견狂狷하다고 남곽南郭이 기롱하였다고 하는 말이 있으니, 옛사람들은 일찍이 광간狂簡을 광견狂狷이라고 하였다."

■孔曰: "小子妄作穿鑿, 以成文章." ○駁曰 非也. 妄作穿鑿, 何以成章? 諸子各得聖人之一體, 未及成聖而已.

공안국이 말했다. "소자小子들이 망령되게 천착穿鑿하여 문채를 이룬 것이다." ○논박하여 말하면, 그릇되었다. 망령되게 천착하여 어떻게 문채를 이룰 수 있겠는가? 여러 제자들은 각각 성인의 (완전성 가운데) 하나의 체단(聖人之一體)을 갖추었으나, 아직 성인이 되는 데에는 미치지 못했을 따름이다.

■質疑《集注》云: "恐其過中失正, 或陷於異端." ○王草堂曰: "夫子所裁, 不過如求之退, 由之兼人, 師之過, 商之不及之類."[未有稱其成章, 而猶慮其陷異端者]
질의한다. 『집주』에서 말했다. "단지 중용을 초과하여(過中) 올바름을 잃어(失正) 혹 이단에 빠질까 염려된다." ○옥초당玉草堂이 말했다. "공자가 마름질하려 하신 것은 염구의 물러남(退)과 자로의 겸인兼人(「선진」), 자장의 과함(過)과 자하의 미치지 못함(不及)과 같은 것에 불과하다."(제자들의 成章에 관해 말하면서, 오히려 이단에 빠질 것을 염려하는 것은 있을 수 없다.)

비평 —— 고주와 주자는 도에 나아가는 것으로 해석하였지만, 다산은 덕을 이루는 것으로 해석하였다. 도에 나아가는 것과 덕을 이루는 것은 결국 같은 뜻이 되겠지만, 다산의 해석이 좀더 실천적이다. 그 외에 해석의 차이점은 거의 없다. 다만 다산은 『질의』를 통해 이 구절이 이미 문장文章을 이룬 제자들이 마름질을 하지 못하고 있다는 말인데도, 주자가 혹 제자들이 이단에 빠질까 염려된다고 해설한 것은 과도하다고 지적하였다. 다산의 이 지적은 공자 당시의 상황을 고려한다면, 근거가 있는 타당한 것이라고 생각된다.

～～

5:22. 子曰: "伯夷·叔齊不念舊惡, 怨是用希."

고주 —— 공자께서 말씀하셨다. "백이·숙제는 묵은 악을 마음에 담아 두지 않아서(보복하지 않아서), 다른 사람으로부터 원한이 이 때문에 드물었다(希爲人所怨恨)."

주자 —— 공자께서 말씀하셨다. "백이·숙제는 묵은 악을 마음에 담아 두지 않아서, (다른 사람들이 회개하면 곧바로 원망함을 그쳐서) 다른 사람들이 심하게 원망하지 않았다."

다산 —— 공자께서 말씀하셨다. "백이 · 숙제는 (부모자식과 형제 사이에) 묵은 악을 마음에 담아 두지 않아서, (백이 · 숙제가 부모형제를) 원망함이 이로 인해서 극히 드물었다."

집주 —— ■伯夷叔齊는 孤竹君之二子라 孟子稱其不立於惡人之朝하고 不與惡人言하며 與鄕人立에 其冠不正이어든 望望然去之하여 若將浼焉이라 하시니 其介如此하니 宜若無所容矣라 然이나 其所惡之人이 能改卽止라 故로 人亦不甚怨之也니라

백이伯夷 · 숙제叔齊는 고죽군孤竹君의 두 아들이다. 맹자는 그들을 "악인의 조정에 서지 않고, 악인과 더불어 말하지 않고, 동네사람들과 더불어 서 있을 때에 갓이 바르지 않으면 돌아보지 않고 떠나서, 마치 (그들의 바르지 못함이) 자기를 더럽힐까 염려하듯이 하였다."고 칭하였다. 백이 · 숙제의 절개가 이와 같았으니, 당연히 아무것도 포용하지 않는 듯하다. 그러나 그들이 싫어한 사람이 회개하면 곧바로 싫어함을 그쳤기 때문에, 다른 사람들 또한 그들을 심하게 원망하지는 않았다.

■程子曰 不念舊惡은 此淸者之量이니라 又曰 二子之心을 非夫子면 孰能知之리오

정자가 말했다. "묵은 악을 마음에 담아두지 않는 것(不念舊惡), 그것은 맑은 자(淸者)의 도량이다." 또 말했다. "백이 · 숙제의 마음은 공자가 아니라면 누

자원풀이 ■염念은 心(마음 심)+今(이제 금)의 형성자로 언제나 마음에 두는 지금(今)의 마음(心)이란 뜻으로 그리워하다, 생각하다, 염두念頭에 두다의 뜻이다. 공부라는 뜻도 나왔다.
■구舊는 萑(부엉이 환풀 많을 추)+臼(절구 구)의 형성자로 원래는 부엉이처럼 솟은 눈썹을 가진 새를 의미했는데, '옛날'이라는 의미로 가차되었다. 오래되다, 낡다, 장구하다. 이전의, 원래의, 여전히 등의 뜻이다.
■원怨은 心(마음 심)+夗(누워 딩굴 원)으로 원망하는 마음을 말하는데, 원한怨恨, 애원哀怨 등의 말이 나왔다.
■희希는 巾(수건 건)+爻(효 효)의 형성자로 올을 성기게(爻) 짠 베(巾), 드문드문하다. 이후 이루기 힘든 바람이라는 뜻에서 희망希望이 나오고, 원래 뜻은 禾(벼 화)를 더해 稀(드물 희)자가 나왔다. 희는 드물다(鮮)의 뜻이다.

가 알 수 있겠는가?"

고금주 —— ■補曰 不念舊惡, 謂父子兄弟之間, 不念舊惡也. 希, 微也.[猶言幾希也]

보완하여 말한다. 불념구악不念舊惡이란 부모자식과 형제 사이에 묵은 악을 마음에 담아 두지 않는 것이다. 희希는 미미함(微)이다(幾希와 같다).

■引證 冉有曰: "夫子爲衛君乎?" 子貢曰: "諾. 吾將問之." 入, 曰: "伯夷・叔齊, 何人也?" 曰: "古之賢人也." 曰: "怨乎?" 曰: "求仁而得仁, 又何怨?" 出, 曰: "不爲也."[〈述而〉篇] ○案 此一問一答, 明是父子兄弟之間怨與不怨. 若然怨是用希, 亦豈他人之怨怨乎? 夷・齊事實, 惟有'讓國'・'避紂'・'諫周'三大節, 並無不念舊惡之確證.

인증한다. 염유가 말했다. "공자께서는 위나라 임금을 도와주실까?" 자공이 말했다. "좋다. 내가 여쭈어 보겠다." (자공이) 들어가서 물었다. "백이・숙제는 어떤 사람입니까?" 공자께서 말씀하셨다. "옛 현인이다." (자공이 물어) 말하였다. "원망했습니까?" "인仁을 구하여, 인을 얻었으니 무엇을 원망했겠는가?" (자공이) 나와서 말했다. "공자께서는 (위나라 임금을) 돕지 않을 것이다." (술이, 7:14.) ○살핀다. 이 일문일답은 부모자식과 형제 간에 원망이 있었는지 없었는지에 대한 것임이 분명하다. 그렇다면 "원망이 이로 인해 극히 드물었다(怨是用希)."는 것이 어찌 다른 사람들의 원망이 극히 드물었다는 것이겠는가? 백이・숙제에 대한 사실은 오직 '나라를 사양한 것(讓國)'・'주紂를 피한 것'・'주周나라에 간언한 것' 등 세 가지 큰 절개(三大節)가 있을 뿐이며, 아울러 (다른 사람에 대한) 구악을 염두에 두었다는 확증은 없다.

비평 —— 원怨의 주체와 객체에 대한 이견이 있다. 고주와 주자는 백이・숙제가 불념구악不念舊惡하여, 악을 그치면 그대로 그 미워함을 그쳤기 때문에 다른 사람으로부터 원망(한)을 거의 사지 않았다고 해석한다. 이 구절로만 보면, 순조롭게 설명된다. 그런데 다산은 『논어』의 다른 구절 「술이」7:14를 전거로 들면서 다른 해석을 시도한다. 즉 그 구절에서 공자는 "백이·숙제는 인仁을 구하여, 인을 얻었으니, 다른 그 누구도 혹은 그 무엇도 원망하지 않았다."고 말하였다. 따라서 여기서 "원망이 이로 인해 극히 드물었다."는 말은 백이·숙제가 다른 사람들로부터 원한을 사는 것이 극히 드물었다는 것이 아니라, 다른 사람들을 원망한 것이 극히 드물었다는 것이다. 다산의 해석은 공자의 '위기지학爲己之學'의 이념으로 이 구절을 풀이한 것이다. 일장일단이 있지만, 다산의 전거가 있는 해석이 좋다고 생각된다. 혹은 두 견해 모두 수용할 수도 있다고 생각한다. 즉 '불념구악'을 행하면, 다른 사람을 원망하는 것도 극히 드물고, 또한 나아가 다른 사람을 원망함이 극히 드물다면 다른 사람으로부터 원한을 사는 일도 극히 드물어진다고 하겠다.

〜〜〜

5:23. 子曰: "孰謂微生高直? 或乞醯焉, 乞諸其鄰而與之."

고주 —— 공자께서 말씀하셨다. "누가 미생고를 곧다고 말하는가? 어떤 사람이 식초를 빌리러 오니, (없다고 정직하게 말하지 않고) 그 이웃집에서 빌려다가 주었는데!"(마음 씀은 곡진하고 자세하지만, 정직하지는 않다.)

주자 —— 공자께서 말씀하셨다. "누가 미생고를 곧다고 말하는가? 어떤 사람이 식초를 빌리러 오니, 그 이웃집에서 빌려다가 주었는데!"(뜻을 굽혀 남의 비위를 맞추고:曲意徇物, 미덕을 가로채고 은혜를 팔아:掠美市恩 곧지 못했다.)

다산 —— 공자께서 말씀하셨다. "누가 미생고를 (실상과 어긋나게) 곧다고 말하는가? 어떤 사람이 식초를 빌리러 오니, (이웃에게 빌리러 가서는 모름지기 자기가 쓴다고 말하고) 그 이웃집에서 빌려다가 주었는데!" (곧음을 극진히 하지 못했음을 기롱한 것이지, 聲罪致討할 것은 아니다.)

집주 —— ■微生은 姓이요 高는 名이니 魯人이니 素有直名者라 醯는 醋也라 人來乞時에 其家無有라 故로 乞諸鄰家以與之라 夫子言此는 譏其曲意徇物하고 掠美市恩하니 不得爲直也니라

미생微生은 성이고, 고高는 이름이다. 노나라 사람으로 평소 곧다(直)고 이름이 있던 자이다. 혜醯는 식초(醋)이다. 남이 빌리러 왔을 때, 자기 집에 없었기 때문에 이웃집에서 빌려 주었다. 공자께서 이 일을 말하여, 미생이 뜻을 굽혀 남의 비위를 맞추고(曲意徇物), 미덕을 가로채고 은혜를 팔아(掠美市恩) 곧지 못했음을 기롱하셨다.

■程子曰 微生高所枉雖小나 害直爲大니라

정자가 말했다. "미생고微生高가 굽힌 것은 비록 사소하지만, 곧음을 해침은 크다."

■范氏曰 是曰是하고 非曰非하며 有謂有하고 無謂無를 曰直이라 聖人은 觀人於其一介之取予에 而千駟萬鍾을 從可知焉이라 故로 以微事斷之하시니 所以敎人不可不謹也시니라

자원풀이 ■직直은 갑골문에서 눈(目)이 위로 세로획이 곧게 그려진 모습인데, 세로획은 똑바른 시선을 상징한다. 이후 세로획이 十(열 십)으로 바뀌고, 彳(조금 걸을 척)의 변형인 ㄴ이 더해졌다. '똑바로 보다'에서 곧다, 정직正直, 합리적이다, 직접, 있는 그대로 등의 뜻이다.
■걸乞은 원래 구름층 셋을 그린 气(기운 기)와 같이 썼지만, 기구하다는 뜻을 나타내기 위해 한 획을 줄여 지금의 자형이 되었다. 기구하다, 빌다, 구걸求乞하다의 뜻이다.
■혜醯는 酉(닭 유)+'㐬(깃발 류)'+皿(그릇 명)의 형성자. 그릇(皿)에 담아 술처럼 발효시켜(酉) 만든 초醋를 말한다.
■린鄰(=隣)은 阜(언덕 부)+粦(도깨비불 린)의 형성자인데, 옛날에는 5가구를 1린이라고 했다. 이처럼 가까이 있는 이웃을 말하여, 가깝다는 뜻이 나왔다.

범조우가 말했다. "옳으면 옳다고 하고 그르면 그르다고 하며, 있으면 있다고 하고 없으면 없다고 하는 것이 곧음이다. 성인께서는 사람이 하나의 작은 것을 받고 주는 것을 보면 천사만종(千駟萬鍾:많은 재물과 봉록)을 어떻게 할 것인지를 미루어 알 수 있기 때문에, 작은 일로써 단정하여 사람들에게 삼가지 않을 수 없는 까닭을 가르치셨다."

고금주 —— ■補曰 凡孰謂者, 譏實與名違也. ○邢曰: "醯, 醋也."《釋名》云: "醯
多汁有曰醯."] ○補曰 乞鄰之詞, 須云自用, 是其不直也. [若云或人求之, 恐鄰人不
應] 雖以微生之直, 瑣瑣言辭, 不免小有出入. 譏其不能盡直, 非深罪之也.

보완하여 말한다. 무릇 '누가 말했는가(孰謂)'란 실상과 명성이 상반됨을 기롱한 것이다. ○형병이 말했다. "혜醯는 식초(醋)이다."(『석명』에서 말했다. "젓갈: 醯에 즙이 많은 것을 醯라고 한다.") ○보완하여 말한다. 이웃에게 빌리러 가서는 모름지기 자기가 쓴다고 말하였을 것이니, 이것이 곧지 않음(不直)이다.(만약 다른 어떤 사람이 구한다고 말하면, 이웃 사람이 응하지 않을까 염려했을 것이다.) 비록 미생고가 곧았다고 할지라도, 사소한 언사에 있어 들락날락함이 있음을 면하지 못하였을 것이다. (이 경문은) 미생고가 곧음을 다하지 못했음을 기롱한 것이지, 깊이 허물한 것은 아니다.

■孔曰: "乞鄰以應求, 用意委曲, 非爲直人." ○案 有人於此, 其父母疾困, 乞藥
於我, 我之所無, 鄰則有之, 我與鄰好, 彼所不知, 則將乞諸鄰而與之乎, 抑辭
而却之乎? 轉乞以應求, 自亦常事, 仍是厚風, 聲罪致討, 恐非本意. 硜硜小信,
君子不取. 微生以一言無錯, 自命自標, 孔子戲拈此事, 以證其不能盡直. 蓋其
乞鄰之時, 不得不詐言其自用耳, 斯之謂不直.

공안국이 말했다. "이웃에게 빌려서 구함에 응한 것은 그 마음 씀씀이가 자세하고 곡진하다고 할 수 있지만(委曲), 곧은 사람이 될 수는 없다." ○살핀다. 여기에 어떤 사람이 있어, 그 부모가 병들고 곤란하여 나에게 약을 구하러 왔다고 하자. 나에게는 약이 없지만 이웃은 갖고 있는데, 나와 이웃은 사이가 좋지만 그 사람은 알지 못한다. 그렇다면 장차 이웃에게 빌려주겠는가, 아니면 거절하고 물리치겠는가? 이리저리 빌리러 다녀 구하여 주는 것도 자연스런 일상의 일이며, 따라서 후한 풍속(厚風)이다. 그런데 죄로 묻고 성토한다(聲罪致討)는 것은 아마도 본뜻이 아닌 듯하다. 딱딱하게 굳어 작은 절개에 얽매이는 것을 군자는 취하지 않는다. 미생고가 단 한마디 말도 착오가 없다고 스스로 내세우니, 공자께서 이 일을 희담戱談으로 꼬집어 그가 곧음을 다하지 못했다는 것을 논증한 것이다. 대개 미생고가 이웃에게 빌리러 갔을 때, 그것을 자신이 쓴다고 거짓말을 하지 않을 수 없었을 것이니, 이것이 곧지 못하다는 말이다.

비평 —— 고주는 미생고의 마음 씀은 곡진하고 자세하지만, 정직하지는 않다고 해설했다. 무난한 주석이다. 그런데 주자는 미생고가 자기 집에 없는 식초를 남에게 빌려서 구해 주었던 사례를 두고, "뜻을 굽혀 남의 비위를 맞추고(曲意徇物), 미덕을 가로채고 은혜를 팔아(掠美市恩) 곧지 못했다."고 다소 과도하게 도덕주의적으로 해석하였다. 또한 그는 정자의 "굽힌 것은 비록 사소하지만, 곧음을 해침은 크다." 범씨의 "작은 일로써 단정하여 사람들에게 삼가지 않을 수 없는 까닭을 가르치셨다."는 언명을 인용하였다.
　　그런데 다산은 미생고의 이 일화는 비록 곧음을 극진하게 하지 못한 사례가 될 수는 있지만, 성죄치토聲罪致討할 것은 아니라고 온건하게 해석하였다. 고주와 비슷한 입장이다. 다산의 해석이 현실적이며 훨씬 설득력이 있는 것으로 보인다.

5:24. 子曰: "巧言令色足恭, 左丘明恥之, 丘亦恥之. 匿怨而友其
人, 左丘明恥之, 丘亦恥之."[足, 去聲]

고주 —— 공자께서 말씀하셨다. "말을 솜씨 있게 잘 꾸미고, 낯빛을 좋게 잘
꾸미고, 발을 예에 맞게 빠르게 움직여(便辟其足) 공손한 모습을 이루는 것을
좌구명이 부끄러운 것으로 여겼는데, 나 또한 부끄러운 것으로 여긴다. 원망
을 숨기고 그 사람과 벗하는 것(마음속으로 서로 원망하면서 겉으로는 친한 척하는
것)을 좌구명이 부끄러운 것으로 여겼는데, 나 또한 부끄러운 것으로 여긴다."

주자 —— 공자께서 말씀하셨다. "말을 솜씨 있게 잘 꾸미고, 낯빛을 좋게 잘
꾸미고, 지나치게(足:주=過) 공손함은 좌구명이 부끄러운 것으로 여겼는데,
나 또한 부끄러운 것으로 여긴다. 원망을 숨기고 그 사람과 벗하는 것을 좌
구명이 부끄러운 것으로 여겼는데, 나 또한 부끄러운 것으로 여긴다."

다산 —— 공자께서 말씀하셨다. "말을 솜씨 있게 잘 꾸미고, 낯빛을 잘 꾸미
고, 지나치게(足:주=過) 공손함은 좌구명이 부끄러운 것으로 여겼는데, 나 또한

자원풀이 ■족足은 갑골문 및 『설문』에서는 사람 몸의 무릎 아래 다리를 그렸으며, 이후 발을 뜻했다. 다리는 몸
을 지탱해 주는 기초이므로 충족充足 혹은 만족滿足처럼 충실하다의 뜻이 나왔다. 또한 다리나 발의 동작과 연관
하여 다른 공간으로 이동을 나타내어 시간의 경과나 걸어온 길(蹤迹)을 나타내게 되었다. 족으로 발음할 때는 발,
식물의 뿌리, 산기슭, 밟다, 갖추어지다, 채우다, 많다의 뜻이다. '주'로 발음할 때는 지나치다, 보태다(以晝足夜)의
뜻이다. 주자는 다음과 같이 해설한다. '주足'란 본래 그와 같이 하는 것이 마땅하지만, 내가 부족하다고 생각하여
추가하여 지나치게 하는 까닭에 '주足'라고 한다. 만약 본래 그와 같이 하는 것이 마땅하다면 그 자체로 만족하는
것이니, 여기서 말하는 '주'가 아니다(세주).
■익匿은 匸(상자 방)+若(같을 약)의 형성자. 상자(匸) 속에 숨기다에서 감추다, 속이다, 은닉隱匿 등의 뜻이 나왔다.

부끄러운 것으로 여긴다. 원망을 숨기고 그 사람과 벗하는 것을 좌구명이 부끄러운 것으로 여겼는데, 나 또한 부끄러운 것으로 여긴다."(足는 去聲이다.)

집주 ── ■足는 過也라
주足는 지나침(過)이다.
■程子曰, 左丘明 古之聞人也.
정자가 말했다. "좌구명左丘明은 옛날의 명성이 알려진 사람(聞人)이다."
■謝氏曰 二者之可恥 有甚於穿窬也어늘 左丘明이 恥之하니 其所養을 可知矣라 夫子自言丘亦恥之라 하시니 蓋竊比老彭之意요 又以深戒學者하여 使察乎此而立心以直也시니라
사량좌가 말했다. '두 가지가 부끄러워할 만함'은 도둑질보다 더 심하다. 좌구명左丘明이 부끄러움으로 여겼으니, 그 소양을 알 만하다. 공자께서 스스로 '나(丘) 역시 부끄러움으로 여긴다.'고 말씀하셨으니, 대개 '은근히 노팽에 비유한다(竊比老彭).'(7:1)는 뜻과 같다. 또한 그것으로 하여 배우는 자들에게 경계하셨으니, 이를 살펴서 마음을 곧게 세우게 하신 것이다.

고금주 ── ■邢曰: "足, 成也. [將樹切] 謂巧言令色, 以成其恭, 取媚於人." ○孔曰: "左丘明, 魯太史. [作《春秋策書》者] 匿怨, 謂心內相怨而外詐親."
형병이 말했다. "주足란 이루다(成)이다(將과 樹의 반절음이다). 교언영색巧言令色함으로써 그 공손함을 이루어 남에게 아첨하는 것을 말한다." ○공안국이 말했다. "좌구명은 노나라 태사太史이다(『춘추책서』를 지은 사람이다). 익원匿怨은 마음속으로는 서로 원망하면서도 겉으로는 거짓으로 친한 것이다."
■孔曰: "足恭, 便僻貌." [邢云: "前却俯仰, 以足爲恭也." ○又云: "此讀足如字, 便習盤辟其足以爲恭."] ○駁曰 非也.
공안국이 말했다. "주공足恭은 발을 예에 맞게 빠르게 움직여(便辟其足) 공손

한 모습을 짓는 것이다."(형병이 말했다. "나아가고 물러나고, 굽히고 펼 때에 발을 예에 맞게 움직여 공손함을 이루는 것이다." 또 말했다. "이 글자는 본음 그대로 足:족으로 읽어야 하니, 총애를 받는 신하가 그 발을 예에 맞게 빠르게 움직여 공손한 모습을 이루는 것을 이른다.") ○ 논박하여 말하면, 그릇되었다.

비평 —— '足恭(족/주공)'을 고주에서는 '주공'으로 읽으면서 편벽모便僻貌, 즉 나아가고 물러나고, 굽히고 펼 때에 발을 예에 맞게 움직여 공손함을 이루는 것이라고 해석하였다. 이에 대해 주자는 주足는 지나침(過)이라고 해석하여 과도하게 공손함으로 수정하였다. 다산 또한 주자의 해석을 지지한다. 주자와 다산 간에는 해석상의 차이가 없다.

❦

5:25. 顏淵 · 季路侍. 子曰: "盍各言爾志?" 子路曰: "願車馬衣輕裘, 與朋友共, 敝之而無憾." 顏淵曰: "願無伐善, 無施勞." 子路曰: "願聞子之志." 子曰: "老者安之, 朋友信之, 少者懷之."

고주 —— 안연과 계로가 (공자를) 모시고 있었다. 공자께서 말씀하셨다. "어찌 각자 자신의 뜻을 말하지 않는가?" 자로가 말했다. "원컨대 거마와 의복과 가벼운 갓옷을 벗들과 함께 쓰다가, 망가뜨려도 아무런 유감이 없고자 합니다." 안연이 말했다. "원컨대 저의 선함을 자랑하지 않고, 수고로운 일을 남에게 베풀지 않기를 원합니다." 자로가 말했다. "원컨대 선생님의 뜻을 듣기를 원합니다." 공자께서 말씀하셨다. "늙은이들이 (효경으로 섬김으로써) 나를 편안하게 여기도록 하고, 벗들이 (속이지 않음으로 대함으로써) 나를 믿도록 해주고,

젊은이들을 (은혜로 베풀어줌으로써) 나에게 귀의하게(懷=歸) 하고 싶다."

주자 —— 안연과 계로가 (공자를) 모시고 있었다. 공자께서 말씀하셨다. "어찌 각자 자신의 뜻을 말하지 않는가?" 자로가 말했다. "원컨대 거마와 가벼운 갖옷 입는 것(衣=服之)을 벗들과 함께 하고, 해지더라도 아무런 유감이 없고자 합니다." 안연이 말했다. "원컨대 유능함(善=有能)을 자랑하지 않고, 공로를 과장함이 없고자 합니다." 자로가 말했다. "원컨대 선생님의 뜻을 듣고자 합니다." 공자께서 말씀하셨다. "늙은이를 편안하게 해주고, 벗을 미덥게 해주고, 젊은이들을 보듬어 주고 싶다."

다산 —— 안연과 계로가 (공자를) 모시고 있었다. 공자께서 말씀하셨다. "어찌 각자 자신의 뜻을 말하지 않는가?" 자로가 말했다. "원컨대 수레와 의복(衣=朝服祭服之類)과 가벼운 갖옷을 벗들과 함께 쓰다가, 해져도 아무런 유감이 없고자 합니다." 안연이 말했다. "원컨대 저의 선함을 자랑하지 않고, 수고로운 일(勞=勞事)을 남에게 베풀지 않기를 원합니다." 자로가 말했다. "원컨대 선생님의 뜻을 듣기를 원합니다." 공자께서 말씀하셨다. "늙은이들을 (봉양으로) 편안하게 해 드리고(安之以養), 벗들이 (신뢰함으로써) 나를 믿도록 해주고(信之以信), 젊은이들이 (사랑함으로써) 나에게 안기게(懷之以愛) 하고 싶다."

자원풀이 ■시侍는 人(사람 인)+寺(절 사)의 형성자로 받들어 모시다가 원래 뜻이다. 어떤 곳으로 가서 일을 처리하는(寺) 사람(人)을 사인寺人이라 불렀고, 이로부터 곁에서 모시다의 뜻이 나왔다.
■합盍은 去(갈 거=>大: 뚜껑)+皿(그릇 명)의 회의자로 그릇(皿) 위에 크게(大) 덮다는 뜻으로 합하다, 모으다는 뜻이다. 하불何不의 합음으로 가차되어 '어찌~하지 않는가'라는 뜻이 되었다.
■경輕은 車(수레 거)+巠(지하수 경)의 형성자로 간단한 베틀(巠)처럼 날렵하고 가벼운 수레(車)를 말했다.
■구裘는 衣(옷 의)+求(구할 구)의 형성자로 털이 삐져나온(求) 옷(衣), 즉 갖옷을 말한다.
■감憾은 心(마음 심)+感(느낄 감)의 형성자로 한을 느끼다는 뜻인데, 대단히 강하게 느끼는(感) 감정(心)이라는 뜻을 담았다. 기쁨보다는 한스럽고 분한 감정이 더 심하게 느껴지기 때문이다. 한을 품은 사람, 유감遺憾이란 뜻이다.
■벌伐은 人(사람 인)+戈(창 과)로 창으로 사람의 목을 베는 모양을 그려, 자르다, 치다, 정벌征伐하다의 원뜻을 지닌

집주 —— ■盍은 何不也라

합盍은 '어찌 아니(何不)'이다.

■衣는 服之也라 裘는 皮服이라 敝는 壞也요 憾은 恨也라

의衣는 착복하다(服之)이다. 구裘는 가죽 옷(皮服)이다. 폐敝는 해짐(壞), 감憾
은 한스러움(恨)이다.

■伐은 誇也요 善은 謂有能이라 施亦張大之意라 勞는 謂有功이니 易日 勞而
不伐이 是也라 或曰 勞는 勞事也니 勞事는 非己所欲이라 故로 亦不欲施之於
人이라 하니 亦通이니라

벌伐은 자랑함(誇)이고, 선善은 잘하는 것(有能)이며, 시施 또한 과장하여 부
풀린다는 뜻(張大之意)이다. 노勞는 공로가 있음인데, 『역』에서 말한바 공로
가 있어도 자랑하지 않는다(勞而不伐)가 그것이다. 어떤 사람이 말했다. 노勞
는 힘든 일(勞事)이다. 힘든 일은 내가 원하는 것이 아니기에(非己所欲), 또한
남에게 베풀려 하지 않는다고 했는데, 또한 통한다.

■老者를 養之以安하고 朋友를 與之以信하고 少者를 懷之以恩이라 一說에
安之는 安我也요 信之는 信我也요 懷之는 懷我也라 하니 亦通이니라

늙은이를 편안하게 봉양하고, 벗을 믿음으로 함께하고, 젊은이를 은혜로 품
는 것이다. 일설에 안지安之는 나를 편안하게 여기도록 하는 것(安我)이고, 신
지信之는 나를 믿도록 하는 것(信我)이고, 회지懷之는 나를 품게 하도록(귀속되

다. 그리고 인신하여 전공戰功을 자랑하는 의미에서 뽐내다, 자랑하다의 뜻이 나왔다.
■선善은 『설문해자』에서는 "선善이란 길吉한 것이다. 두 개의 언(言) 자와 양羊이 합쳐진 것으로 의義 및 미美와
뜻이 같다."고 말하고 있다(善吉也 從言 從羊 此與義美同意. (1) 言言 言也. 吉言爲善 故從言言. (2) 義與美均從羊 羊 祥也 故
此三字同一恩義) 즉 선善에서 두 개의 언(言) 자는 말을 주고받는다는 뜻에서 서약하고 서로 논쟁한다는 의미이
고, 양羊은 죄인을 심판할 때 쓰던 양으로 서로 논쟁하는 두 사람 사이에서 각각의 주장에 대해 시비곡직是非曲直
을 신을 대신하여 심판하는 것을 말한다. 어쨌든 선이란 길한 것으로 의롭고(義) 아름다운 것(美)이라는 의미가 함
께 들어 있는 것이라고 할 것이다. 혹은 양은 양의 머리를 쓴 절대자(羊人爲美)를 상징한다고 할 수 있다.
■시施는 㫃(=旗깃발 기)+也(어조사 야)의 형성자로 바람에 나부끼며 펄럭이는 모습의 깃발을 중심으로 사람을 모아
놓고 정령을 공표하거나 정책을 알리는 모습을 그렸고, 이로부터 시행施行하다, 주다, 보시普施, 베풀다 등의 뜻이

게) 하는 것(懷我, 懷=歸)이라 하니, 또한 통한다.

■程子曰 夫子는 安仁이요 顏淵은 不違仁이요 子路는 求仁이니라 又曰 子路, 顏淵, 孔子之志 皆與物共者也니 但有小大之差爾니라 又曰 子路는 勇於義者니 觀其志하면 豈可以勢利拘之哉아 亞於浴沂者也라 顏子는 不自私己라 故로 無伐善하고 知同於人이라 故로 無施勞하니 其志可謂大矣라 然이나 未免於有意也요 至於夫子하여는 則如天地之化工이 付與萬物而己不勞焉하니 此聖人之所爲也라 今夫羈靮以御馬하고 而不以制牛하나니 人皆知羈靮之作이 在乎人하고 而不知羈靮之生이 由於馬하니 聖人之化 亦猶是也라 先觀二子之言하고 後觀聖人之言하면 分明天地氣象이니 凡看論語에 非但欲理會文字라 須要識得聖賢氣象이니라

정자가 말했다. "공자께서는 인에 편안했고(安仁), 안연은 인을 어기지 않았으며(不違仁), 자로는 인을 구했다(求仁)." 또 말했다. "자로, 안연, 그리고 공자의 뜻은 모두 남과 함께 하는 것(與物共者也)이다. 다만 크고 작음의 차이뿐이다." 또 말했다. "자로는 의에 용감한 자(勇於義者)이다. 그 뜻을 보면, 어찌 권세나 이익으로 그를 얽어맬 수 있겠는가? 그러니 기수에서 목욕하겠다(浴沂:증점의 희망)는 것에 버금간다. 안자顏子는 (잘 하는 것:有能을) 사사로이 자기 것으로 여기지 않았기(不自私己) 때문에 선을 자랑하지 않았고, (자신이) 남과 동류하는 것을 알았기(知同於人) 때문에 공로를 과시하지 않았다. 그 뜻이 크다고 할 수 있지만, 아직도 (힘쓰지 않고 자연스러운 것이 아니어서) 의지가 있음을 면하지는 못하였다(未免於有意). 공자의 경우에는, 비유하자면 천지의 화공(天地之化工)이 만물에게 부여할 뿐(付與萬物而已), 수고롭지 않는 것과 같으니, 이것이

나왔다. 연장하다(施及三王), 흩뿌리다(雲行雨施), 미치다 혹은 만연하다(葛之覃兮 施于中谷)라고 할 때는 '이'로 읽는다. ■로勞는 力(힘 력)+熒(들불 형)의 형성자로 등불(火)아래 사람(衣)이 밤새워 일하는 모습을 형상화하였다. 금문에서는 의衣자 대신에 심心자가 쓰였지만, 력力자로 고정되었다. 정신(心)노동보다 육체(力)노동이 노동의 대표가 되었음을 상징한다.

성인聖人께서 하시는 바이다. 지금 저 재갈과 고삐로써 말을 부리지(御馬) 소를 강제하지 않는데(制牛), 사람들은 모두 재갈과 고삐를 제작한 것이 사람에게 있고, 재갈과 고삐가 생겨난 것이 말로부터 유래했다는 것을 알지 못한다. 성인의 교화도 이와 같아, 먼저 두 사람의 말을 살펴본 다음에 성인의 말씀을 살펴보면, 천지의 기상(天地氣象)임이 분명하다. 무릇 『논어』를 단지 문자로만 이해할 것이 아니라, 모름지기 성현의 기상을 인식 · 체득해야 한다."

고금주 —— ■補曰 季路年長, 先顏淵者, 記載之時, 顏子已死. 衣, 謂朝服祭服之類. ○孔曰: "不自稱己之善, [邢云: "誇功曰伐."] 不以勞事施於人." ○補曰 安之以養, [邢云: "老者安, 已事之以孝敬也."] 信之以信, [邢云: "朋友信己, 待之以不欺也."] 懷之以愛. [邢云: "少者歸, 己施之以恩惠也."]

보완하여 말한다. 계로는 연장자인데도, 안연에 앞선 것은 기재記載할 때 안자가 이미 죽었기 때문이다. 의衣는 조복朝服 · 제복祭服 등과 같은 것을 말한다. ○공안국이 말했다. "자기의 착함을 스스로 자랑하지 않고(형병이 말했다. "공을 자랑하는 것:誇功을 일러 伐이라 한다."), 수고로운 일을 남에게 베풀지 않는다." ○봉양하여 편안하게 해주고(형병이 말했다. "老者安은 자기가 노인을 효경으로 섬기는 것이다.") 미덥게 하는 것은 신의로써 하고(형병이 말했다. "朋友信은 자기가 속이지 않음으로 대하는 것이다.") 품기를 사랑으로 하는 것이다.(형병이 말했다. "少者歸는 자기가 은혜로써 베푸는 것이다.")

비평 —— 원거마의경구願車馬衣輕裘를 고주는 '원컨대 거마車馬와 의복과 가벼운 갖옷'으로 보았다. 주자는 원컨대 '거마와 가벼운 갖옷 입는 것(衣=服之)'으로 해석하였다. 다산은 고주를 따른다.

"노자안지老者安之, 붕우신지朋友信之, 소자회지少者懷之"에 대해 고주는 "늙은이들이 나를 편안히 여기도록 내가 효도와 공경으로 섬기고, 벗들이 나를 신임하도록 내가 속이지 않음으로 대우하고, 젊은이들이 나에게 귀의하도록 내가 은혜를 베푸는 것이다."라고 해석하였다. 이에 대해 주자는 "늙은이를 편안하게 봉양하고, 벗을 믿음으로 함께하고, 젊은이를 은혜로 품는 것이다."라고 해석하여 고주와 약간 의견을 달리하면서도, 고주와 같이 해석해도 역시 통한다고 말하였다. 다산은 고주를 따르지만, 결과적으로 보면 같은 해석이라고 할 수 있으며, 해석의 깊이에서 보아도 차이가 나지 않는다.

여기서 다음을 살펴볼 수 있다. 자로와 안연은 사사로움을 극복하고 남과 함께하려는 사람들이다. 자로는 인색吝嗇을 다스린 사람이고, 안회는 교만驕慢을 다스린 사람이다. 자로는 사사로움을 극복하려고 했으며, 안회는 사사로운 아상我相을 극복하여 나와 남 사이의 간극을 없애려고 노력한 사람이다. 공자는 그 마음이 자연히 상대방을 각각의 자리에 있도록 해주려고 하는 기상이 있다. 인仁으로 말하면, 자로는 인을 구하는 단계이고(求仁), 안연은 인을 어기지 않은 단계(不違仁)이며, 공자는 인을 편안하게 여기는 경지(安仁)라고 할 수 있다(정자). 세 사람의 경지의 차이가 여실히 나타나 있다.

5:26. 子曰: "已矣乎! 吾未見能見其過而內自訟者也."

고주 —— 공자께서 말씀하셨다. "그만두어야겠구나(已=終)! 나는 아직 자기의 허물을 보고서 안으로 스스로 책망(自訟=自責)하는 사람을 보지 못했다."

주자 —— 공자께서 말씀하셨다. "그만두어야겠구나(已=終)! 나는 아직 자기의 허물을 보고서 마음으로 스스로를 탓하는(內自訟=口不言而心自咎也) 사람을 보지 못했다."

다산 —— 공자께서 말씀하셨다. "그만두어야겠구나!(已=終) 나는 아직 자기의 허물을 보고서, 마음으로 스스로 (천리와 인욕이) 송사하는 것처럼 하는 사람을 보지 못했다."

집주 —— ■已矣乎者는 恐其終不得見而歎之也라 內自訟者는 口不言而心自咎也라 人有過而能自知者 鮮矣요 知過而能內自訟者 爲尤鮮이라 能內自訟이면 則其悔悟深切而能改가 必矣라 夫子自恐終不得見而歎之하시니 其警學者 深矣로다

이의호已矣乎란 그런 사람을 끝내 만나지 못할까 염려하여 탄식하는 것이다. 내자송內自訟은 입으로 말하지는 않았지만, 마음으로 자신의 허물을 탓하는 것(心自咎)이다. 사람이 허물이 있으면서 스스로 아는 자가 드물며, 허물을 알고 능히 안으로 자신을 탓할 줄 아는 자는 더욱 드물다. 능히 안으로 자신을 탓할 줄 알면 그 뉘우침과 깨달음이 깊고 절실하여 능히 고칠 수 있음이 틀림없다. 공자께서 끝내 만나지 못할까 염려하여 스스로 탄식하셨으니, 배우는 자들을 경책하심이 깊다.

고금주 —— 補曰 訟者, 公庭之對辯也. 天命人欲, 交戰于內, 克己如克訟. 然人能自見其過, 令二者對辯于內, 必能見其是非而知所以改過矣.

보완하여 말한다. 송訟이란 공정公庭에서 대변對辯하는 것이다. 천명天命과 인욕人欲이 마음속에서 서로 싸울 때 자기의 사욕을 이기는 것은 송사를 이

자원풀이 ■訟訟은 言(말씀 언)+公(공변될 공)의 형성자로 소송訴訟하다, 논쟁하다의 뜻이다. 송사訟事나 논쟁은 공정(公)하게 논의(言)되어야 한다는 것이다.

기는 것과 같다(克己如克訟). 그러므로 사람이 능히 스스로 자기 허물을 볼 수 있고, 천명과 인욕이 마음속에서 대변對辯하면, 반드시 그 시비를 가릴 수 있을 것이며, 허물을 고치는 방법을 알 수 있을 것이다.

■包曰: "訟, 猶責也." ○駁曰 非也. 訟之爲卦, 天命在上, 坎過在內, 善爲易者, 觀此象, 知天命人欲, 相爲敵讎. 此之謂內自訟也.

포함이 말했다. "송訟이란 책망(責)하는 것이다." ○논박하여 말하면, 그릇되었다. 송괘訟卦는 천명天命이 위에 있고, 감괘坎卦의 허물이 안에 있으니, 『역』을 잘 아는 자가 이 기상을 보면 천명과 인욕이 서로 적과 원수가 된 것을 알 것이니, 이것을 일러 내자송內自訟이라 한다.

비평 —— 송訟 자의 의미에 대해 약간 견해를 달리한다. 송訟 자에 대해 고주는 책責으로(자송=自責), 주자는 구咎로 보아(自訟=自咎) 상식적인 해석을 하였다. 이에 대해 다산은 『역』에 대한 지식을 바탕으로 천명인욕지변의 관점에서 깊이 있는 해석을 하였다. 나름으로 모두 통한다고 할 것이다.

⚬⚬⚬

5:27. 子曰: "十室之邑, 必有忠信如丘者焉, 不如丘之好學也."

고주 —— 공자께서 말씀하셨다. "십여 가구 정도의 작은 마을에도 반드시 나만큼 충신忠信하는 사람은 있겠지만, 어찌(言=安, 焉) 나처럼 학문을 좋아하지 않는가?"(如丘者, 焉不如丘之好學也)

주자 —— 공자께서 말씀하셨다. "십여 가구 정도의 작은 마을에도 나만큼 충신忠信하는 사람은 있겠지만, 나만큼 배우기를 좋아하지는 않을 것이다."

다산 —— 공자께서 말씀하셨다. "십여 가구 정도의 작은 마을에도 나만큼 충신忠信하는 사람은 있겠지만, 나만큼 배우기를 좋아하지는 않을 것이다."

집주 —— ■十室은 小邑也라 忠信如聖人은 生質之美者也라 夫子生知而未嘗不好學이라 故로 言此以勉人이라 言美質易得이나 至道難聞이니 學之至則可以爲聖人이요 不學則不免爲鄕人而已니 可不勉哉아

열 가구(十室)는 작은 마을(小邑)이다. 충신忠信이 성인과 같다면, 타고난 자질이 아름다운 사람이다. 공자께서는 태어나면서부터 아는 사람(生而知之)이지만, 배우기를 좋아하지 않은 적이 없었다. 그러므로 이것을 말하여 사람들을 권면하신 것이다. 아름다운 자질은 얻기 쉽지만, 지극한 도는 듣기 어려우니, 배움이 지극하면 성인이 될 수 있고, 배우지 않으면 시골뜨기(鄕人)임을 면하지 못한다는 말씀이니, 어찌 (배움에) 힘쓰지 않겠는가?

고금주 —— ■補曰 邑, 人所聚也. 五家爲鄰, 二鄰則十室, 言其小也. 擧小邑者, 言我之忠信, 不能超凡, 處處有之. 忠信, 質也. 好學, 文也. 言徒質不能爲君子.

보완하여 말한다. 읍邑은 사람들이 모여 사는 곳인데, 5가家가 린鄰이고, 2린은 10실室이니, 그것이 작다는 말이다. 작은 읍을 거론한 것은 나의 충과 신

자원풀이 ■읍邑은 갑골문에서는 □(나라 국)+□(병부 절·꿇어앉은 사람)으로 사람이 사는 지역이자 상주하는 인구를 지닌 강역疆域을 나타내었다. 후에 절□이 巴(땅이름 파)로 변해 지금의 자형이 되었다. 성읍, 수도, 거주지, 행정구역을 뜻했다. 춘추 시대에는 30가家를 일읍—邑이라 했다.
■실室은 宀(집 면)+至(이를 지)의 형성자로 사람이 도착(至)하여 머무는(宀) 곳이라는 의미로 집이나 방을 말한다. 가옥에서 큰 대청을 당堂이라 하고, 당堂 뒤쪽의 중간 방을 실室, 실의 동서 양쪽의 방을 방房이라 했다.

이 범상함을 넘어서지 않아, 곳곳에 그런 사람이 있다는 말이다. 충신忠信은 자질(質)이며, 호학好學은 문식(文)이다. 단순히 자질만으로는 군자가 될 수는 없다.

■衛瓘曰: "所以忠信不如丘者, 由不能好學如丘耳. 苟能好學, 則其忠信可使如丘耳."[見皇疏. ○邢云: "衛瓘讀焉爲下句首. 焉, 猶安也."] ○案 焉字屬上句, 未嘗不通. 衛說, 非也.

위관衛瓘이 말했다. "충신忠信이 공자보다 못한 까닭은 배움을 좋아함이 공자와 같을 수 없는 데에서 연유한다. 만일 능히 배우기를 좋아한다면 그 충신忠信이 공자와 같도록 할 수 있다."(황간의 소에 보인다. ○형병이 말했다. "위관이 焉을 아래 구의 머리에 오게 하여 읽었으니, 焉은 어찌:安이라는 말과 같다.") ○살핀다. 언焉 자를 앞 구절에 붙여서 통하지 않음이 없다. 위관의 설은 잘못되었다.

비평 —— 위관의 참고할 말한 다른 해석이 있지만, 큰 쟁점 없이 읽을 수 있는 구절이다. 주지하듯이 공자는 인간이 삶의 과정에 있는 한 완성이란 없다는 측면에서 아무리 실천해도 부족하다고 생각하고 항상 겸손했다. 그래서 그는 "스스로 성인(聖人), 인인(仁人), 혹은 지인(知人)으로 자처하지 않고"(7:33. 若聖與仁 則吾豈敢. 9:7. 吾有知乎哉 無知也.), "창시자가 아니라 계승자로서 단지 옛것을 믿고 좋아하거나 민첩하게 구하는 자일 따름이다."(7:1. 子曰 述而不作 信而好古. 7:19. 我非生而知之者 好古敏以求之者也.)라고 말했다. 그러나 그는 "비록 그 실천에서는 터득한 것이 없을 수 있지만, 학문을 좋아하는 점에서는 그 누구에게도 뒤지지 않는다."(7:32. 子曰 文莫吾猶人也 躬行君子 則吾未之有得.)고 자부하였다. 그래서 그는 "학문을 싫증내지 않고, 가르치기를 권태로워하지 않았다."(『논어』 7:33. 子曰 若性與仁 則吾豈敢 抑爲之不厭 誨人不倦 則可謂云爾已矣.)고 말하였다. 공자가 호학의 중요성을 말하는 구절은 17:8이다.

제6편

옹야

雍也

篇內第十四章以前은 大意與前篇同이라
편 내의 제14장 이전까지는 대의가 전편(「공야장」)과 같다.
凡二十八章이라
모두 28장이다.

6:1. 子曰: "雍也, 可使南面." 仲弓問子桑伯子. 子曰: "可也簡." 仲
弓曰: "居敬而行簡, 以臨其民, 不亦可乎? 居簡而行簡, 無乃太簡
乎?" 子曰: "雍之言然."

고주 —— (6:1) 공자께서 말씀하셨다. "옹은 (덕행이 있어) 남면(=제후)하게 할
만하다." (章을 나누었다.) (6:2) 중궁이 자상백자에 대해 물으니, 공자께서 말씀
하셨다. "(남면하게) 할 만하니, 간략하다." 중궁이 말했다. "자신의 몸가짐을
삼가 경건하게 하면서(居身敬肅) 아래 백성에게 임하는 것이 넓고, 소략하면
(臨下寬略), 또한 괜찮지 않겠습니까? 자신의 몸가짐이 관대하고 간략하면서
행동도 넓고 소략하면 지나치게 간략한 것이 아닌가요?" 공자께서 말씀하셨
다. "옹의 말이 옳다."

주자 —— 공자께서 말씀하셨다. "옹은 (寬洪簡重하여) 남면(임금이 정사를 듣는
자리)하게 할 만하다." 중궁이 자상백자에 대해 물으니, 공자께서 말씀하셨
다. "(남면하게) 할 만하니, 간략(簡=번거롭지 않음:不煩)하다." 중궁이 말했다.
"경에 기거하면서(自處以敬, 則中有主而自治嚴) 간략하게 행하여 백성에게 임하

자원풀이 ■거居는 尸(주검 시)+古(옛 고)의 형성자로 예古로부터 조상 대대로 기거居하여 살아온 조상의 주검
(尸)이 모셔진 곳이라는 의미에서 거주居住하다, 앉다, 살다, 사는 곳 등을 의미한다. 차지하다, 해당하다, 평소, 벼
슬길에 나서지 않다, 무덤의 의미도 나왔다.
■경敬은 갑골문에서는 苟(진실로 구)로 썼으나, 금문에는 손에 몽둥이를 든 모습인 攵(칠 복) 자가 더해져 오늘날
의 모습이 되었다. 苟苟는 머리에 양羊이 그려진 꿇어앉은 사람을 그렸는데, 절대자(양)에게 꿇어앉아 '진실하고
경건한 마음'으로 빌거나 복종하는 모습을 나타낸다. 『주역』「곤괘·문헌」에서는 "군자는 경건함으로써 안을 바
르게 한다."(君子敬以直內)라고 하였다. 성리학에서는 경을 '마음을 한 곳에 집중하면서 산란하게 하지 않는 것(主
一無適)' 혹은 '항상 깨어 있음(常惺惺)'이라고 하였다. 마음을 경건하게 유지하는 것(居敬)은 이치를 궁구하는 것(窮
理)과 함께 성리학적 공부의 요체가 된다.

면, (일은 번거롭지 않고 백성은 동요하지 않을 것이기에) 또한 괜찮지 않겠습니까? 간략함에 기거하면서 행동도 간략하다면, 지나치게 간략한 것이 아닌가요?" 공자께서 말씀하셨다. "옹의 말이 옳다."

다산 —— 공자께서 말씀하셨다. "옹은 남면(임금이 정사를 듣는 자리)하게 할 만하다." 중궁이 자상백자에 대해 물으니, 공자께서 말씀하셨다. "(남면하게) 할 만하니, 간략하다." 중궁이 말했다. "자신을 단속하기(居=持己以自處)를 경에서 하고(敬=謹於所嚮), (백성에게 정령을) 시행하기를(行施令以治人) 간략(簡=略於細節)하게 하여 백성에게 임하면, (빠뜨리는 것이 없어) 또한 괜찮지 않겠습니까? 자신을 단속하기를 간략하면서 시행하는 것도 간략하게 하면, 지나치게 간략한 것이 아닌가요?" 공자께서 말씀하셨다. "옹의 말이 옳다."(다산은 공자가 이 말을 한 다음에, 앞의 구절 즉 "옹은 남면하게 할 만하다."라고 말했다고 해석했다)

집주 —— ■南面者는 人君聽治之位니 言仲弓이 寬洪簡重하여 有人君之度也라
남면南面이란 임금이 정사를 듣는 자리(人君聽治之位)이다. 중궁仲弓이 너그럽고 넉넉하고 간결하고 중후하여(寬洪簡重) 임금의 도량이 있다는 말이다.
■子桑伯子는 魯人이니 胡氏以爲疑卽莊周所稱子桑戶者是也라 仲弓以夫子許己南面이라 故로 問伯子如何라 可者는 僅可而有所未盡之辭요 簡者는 不煩之謂라

■행行은 사거리를 그린 상형자이다. 길은 여러 사람이 오고가는 곳이기에 가다, 운행하다, 떠나다, 실행하다, 가능하다, 행위, 품행 등의 뜻이다.
■간簡은 竹(대 죽)+間(사이 간)의 형성자로 종이가 없던 시절 글씨를 쓸 수 있도록 대(竹)로 만든 얇은 널빤지로 만든 책이나 편지(書簡)를 말했다. 좁은 대쪽에 글씨를 쓰려면 가능한 줄여 써야 하기 때문에 간략하다, 소략하다, 드물다는 뜻이다. 광간狂簡은 뜻은 크나 실행은 따르지 못하여 소홀하고 거친 것을 말한다. 주자는 번거롭지 않다(不煩)로, 고주古注는 관략寬略(관대하고 소략함)으로, 다산은 세부적인 절목에서 소략함(略於細節)으로 해석했다.

자상백자子桑伯子는 노나라 사람이다. 호인은 '장주莊周가 (「山木」) 말한 자상 호자桑戶가 아마도 이 사람일 것'이라고 말했다. 중궁은 공자께서 이미 자신에게 남면할 만하다고 인정하셨기 때문에, 자상백자는 어떠한지 물었다. '가可'란 '겨우 괜찮지만(僅可), 미진한 바가 있다.'는 말이다. 간簡이란 번거롭지 않음(不煩)이다.

■ 言自處以敬이면 則中有主而自治嚴이니 如是而行簡以臨民이면 則事不煩而民不擾하리니 所以爲可어니와 若先自處以簡이면 則中無主而自治疎矣요而所行이 又簡이면 豈不失之大簡하여 而無法度之可守乎아 家語에 記伯子不衣冠而處한대 夫子譏其欲同人道於牛馬라 하니 然則伯子蓋大簡者니 而仲弓이 疑夫子之過許與인저

스스로 경건함으로 처하면(自處以敬) 마음 가운데 주재가 생겨(中有主), 자신을 다스림이 엄격해진다. 이와 같은 상태에서 간략하게 행하고서 백성에게임한다면(行簡以臨民), 일은 번거롭지 않고 백성은 동요하지 않을 것이기에괜찮다(可)고 할 수 있다. '만약 먼저 스스로 간략함으로 처한다면 마음 가운데 주재가 없고 자신을 다스림이 소홀해질 것인데, 행동 또한 간략하다면, 어찌 너무 간략하여 지킬 만한 법도가 없는 잘못을 하는 것이 아니겠는가?'라는말이다. 『공자가어』에 백자伯子는 의관衣冠을 하지 않고 거처하니, 공자께서사람의 도리(人道)를 우마牛馬(의 도리)와 같게 하려고 한다고 그를 기롱하셨다고 기록되어 있다. 그렇다면 백자는 대개 지나치게 간략한 자(太簡者)일 것이고, 중궁은 공자께서 과도하게 인정하셨다고 의문을 가졌던 것 같다.

■ 仲弓이 蓋未喩夫子可字之意나 而其所言之理 有黙契焉者라 故로 夫子然之하시니라

중궁은 아마도 공자께서 '괜찮다(可)'고 하신 말씀의 의미를 아직 깨닫지 못했지만, 그가 말한 이치는 묵묵히 계합黙契함이 있었다. 그래서 공자께서 그렇다고 인정하셨다.

■程子曰 子桑伯子之簡은 雖可取而未盡善이라 故로 夫子云可也라 하시니라 仲弓이 因言內主於敬而簡이면 則爲要直이요 內存乎簡而簡이면 則爲疏略이라 하니 可謂得其旨矣로다

정자가 말했다. "자상백자子桑伯子의 간략함은 비록 취할 만하지만, 진선盡善하지는 못한 까닭에 공자께서 '괜찮다(可)'라고 말씀하신 것이다. 중궁이 그로 인해, 안으로 경을 위주로 하면서 (밖으로) 간략하면(內主於敬而簡) 요긴한 곧음이 되지만(爲要直), 안으로 간략하면서 (밖으로도) 간략하면 소략해진다(爲疏略)고 했으니, 공자의 뜻을 얻었다고 할 수 있다."

■又曰 居敬則心中無物이라 故로 所行이 自簡이요 居簡則先有心於簡하여 而多一簡字矣라 故로 曰大簡이라 하시니라

(정자가) 또 말했다. "경에 머물면서 마음 가운데 다른 어떤 (散亂스러운) 것이 없기(居敬而無物) 때문에 행하는 것이 자연히 간략해진다. 그러나 간략함에 머물면서 먼저 간략함에 마음을 둔다면(居簡則先有心於簡) 간략함이란 한 글자가 더 많은 것(多一簡字)이기에 '지나치게 간략하다(太簡)'고 하는 것이다."

고금주 —— ■補曰 居謂持己以自處也, 行謂施令以治人也. 敬謂謹於所嚮, [無所嚮則無所敬] 簡謂略於細節. [省約則不亂] 居敬則慮事周密, 其所行雖簡, 無攸闕矣, 居簡則慮事疏略, 其所行雖簡, 終必亂矣.

보완하여 말한다. 거居는 자신을 단속하여 스스로 처신하는 것(持己以自處)을 말하고, 행行은 정령을 베풀어 남을 다스리는 것(施令以治人)을 말한다. 경敬은 향하는 바에서 삼가는 것(謹於所嚮)을 말하고(향하는 바가 없으면 경하는 바가 없다), 간簡은 세부적인 절목에서 소략함(略於細節)을 말한다. (생략하면 어지럽지 않다). 경에 머물면서(居敬) 사안을 생각함이 주도면밀하면, 그 행하는 바가 비록 간략할지라도 빠뜨리는 것이 없을 것이다. 간략함에 머물면서(居簡) 사안을 생각함이 소략하다면, 그 행하는 바가 비록 간략할지라도 끝내 틀림없

이 어지러울 것이다.

■ 包曰: "可使南面者, 言任諸侯治." ○ 劉向曰: "當孔子之時, 上無明天子也. 故言雍也可使南面. 南面者天子也."[見《說苑》] ○ 袁了凡云: "古者臨民之位皆南面, 今各衙門皆然. 豈有夫子而許其弟子可以爲君之理?" ○ 駁曰 三說皆非也. 南面·北面者, 君臣之定名, 袁說大謬. 包氏專屬諸侯, 劉氏專屬天子, 亦非也. 《禮》曰: "聖人南面而立, 天下大治."[〈禮器〉文] 《莊子》云: "雖南面王, 樂不能過也."[髑髏之寓言]

포함이 말했다. "가사남면可使南面이란 제후로 임명하여 다스리게 하는 것을 말한다." ○ 유향劉向이 말했다. "공자 당시에 위로는 밝은 천자가 없었기 때문에 옹雍은 남면할 만하다고 말한 것이다. 남면南面이란 천자이다."(『설원』) ○ 원료범袁了凡이 말했다. "옛날에 백성에게 임하는 자리는 모두 남쪽으로 향하였으니(南面), 지금의 각각의 아문衙門들이 모두 그러하다. 어찌 부자께서 그 제자에게 군주가 되는 도리를 허여했겠는가?" ○ 논박하여 말하면, 세 사람(포함, 유향, 원료범)의 해석은 모두 그릇되었다. 남면南面·북면北面은 임금과 신하 간의 정해진 명칭이니, 원료범의 해석은 크게 잘못되었다. 포함은 오로지 제후에게만 속한 것으로, 유향은 오로지 천자에게만 속하는 것으로 하였으니, 모두 잘못되었다. 『예기』「예기」에서 말했다. "성인께서 남면하여 서니(聖人南面而立) 천하가 크게 다스려졌다(天下大治)." 『장자』「지락」에서 말했다. "비록 남면하는 왕이라고 할지라도(雖南面王), 즐거움이 이보다 클 수는 없다(해골의 우언)."

■ 王曰: "伯子, 書傳無見焉." ○ 邢曰: "鄭以《左傳》秦有公孫枝字子桑, 則以此爲秦大夫, 恐非." ○ 案 鄭說, 非也.

왕숙이 말했다. "자상백자는 경서와 전주에 보이지 않는다." ○ 형병이 말했다. "정현은 『좌전』에 진秦나라에 공손기公孫枝라는 사람이 있어 자가 자상子桑이라 하였는데, 이 사람을 진나라 대부라고 여긴 것은 옳지 않은 듯하다고 하였다." ○살핀다. 정현의 설은 그릇되었다.

■案 此因《論語》而演之爲說, 未足深信. 然劉向之意, 蓋云‘孔子先聞仲弓居敬之說, 然後許之以可使南面’, 其言良是. 仲弓雖有人君之度, 猝然許之曰‘可使南面’, 必無是理. 惟居敬行簡之說, 深知治體, 可以臨下禦衆, 故有是許也. 記者先記稱許之語, 附見其所以得此語之故.

○살핀다. (주자가『공자가어』의 말로 잘못 인용한 유향의『설원』「수문」편의) 이 글은『논어』에 근거를 두고 부연해서 한 말이므로 깊이 믿을 것은 못 된다. 그러나 유향의 뜻은 대개 ‘공자께서 중궁의 거경居敬에 대한 설명을 먼저 들은 뒤에 남면南面하게 할 만하다고 인정한 것’이라 하니, 그 말은 참으로 옳다. 중궁이 비록 임금의 도량이 있었다고 할지라도 갑자기 남면하게 할 만하다고 인정하는 그런 이유는 필시 없었을 것이다. 오직 경에 기거하면서 간략함을 행하는 설(居敬行簡之說)만이 다스림의 요체를 깊이 아는 것으로 아래로 임하여 백성을 통솔할 수 있게 하기 때문에 이러한 인정이 있었다. 기록한 사람이 인정하고 칭송하는 말을 먼저 기록하고, 그러한 말을 얻게 된 까닭을 덧붙여 나타낸 것이다.

비평 —— 고주와 의견을 달리 하면서, 주자와 다산이 남면南面을 ‘임금이 정사를 듣는 자리’로 해석한 것은 명료하다.

간簡은 관략寬略(고주), 불번不煩(주자)도 통하지만, 다산이 세부적인 절목에서 소략함(略於細節)으로 해석한 것이 가장 좋은 듯하다. 그리고 거居와 행行에 대해서는 다산의 해석 (居=持己以自處, 行=施令以治人)이 명료하다.

‘경敬’에 대해서 성리학자들은 일반적으로 마음을 한 곳에 집중하여 혼란스럽게 하지 않음(主一無敵) 혹은 항상 깨어 있음(常惺惺)이라고 해석하여, 주로 향내적向內的인 것에 관심을 기울였다. 이에 대해 인간이란 철저히 관계적이라는 것을 강조하는 다산은 경敬을 향하는 바(임금, 백성, 부모, 형제 등)에

서 삼가함(謹於所繡)이라고 해석하여, 향외적으로 해석하였다. 각각의 철학
체계의 특징을 보여준다. 나아가 다산은 문장의 선후 구조상 '옹야가사남면
雍也可使南面'이라는 말이 뒤에 나와야 한다고 말한다. 다산의 지적이 논리상
타당하다고 할 수 있지만, 실제로 그랬는지는 현재로서는 알 수 없다. 또한
주자는 여기서 유향의 『설원』「수문」편의 글을 『공자가어』의 글이라고 출처
를 잘못 명시하는 실수를 범하였다. 경敬에 대해서는 3권에서 상세하게 논하
였으니 참고하기 바란다.

❧

6:2. 哀公問: "弟子孰爲好學?" 孔子對曰: "有顔回者好學, 不遷怒,
不貳過, 不幸短命死矣. 今也則亡, 未聞好學者也."[《釋文》云: "他本
或無亡字."]

고주 —— 애공이 물었다. "제자 중에 누가 호학합니까?" 공자께서 (애공이 遷
怒와 貳過를 행했기 때문에 공자께서 이로 인해서 풍자하여) 대답하셨다. "안회라는
제자가 있어 호학했는데 노여움을 옮기지 않았고, 잘못은 되풀이하지 않았

자원풀이 ■천遷은 辵(쉬엄쉬엄 갈 착)+𩙿(오를 선)의 형성자로 옮겨가다의 뜻이다. 금문에서는 왼쪽에 광주리 같
은 것을 마주 든 모습(𦥯)에 앉은 사람(卩: 병부 절)과 성곽(口:위)이 결합하여 사람이 거주하는 곳(邑) 등의 뜻이 되
어 사람들이 새로 살게 될 성城을 만드는 모습을 형상화한 것으로 보인다.
■노怒는 心(마음 심)+奴(종 노)의 형성자로 노비의 마음속에 분노한 마음을 나타낸다. 노奴는 女(여자 녀)+又(손 수)
의 회의자로 여자를 잡아 일을 시키는 모습으로 종, 노비奴婢, 노력奴役 등의 뜻이다.
■이貳는 貝(조개 패)+弋(주살 익)의 형성자로 조개(貝)가 양쪽으로 가르면 대칭되듯 '둘'을 뜻한다. 둘, 버금, 돕다,
더하다, 거듭, 맞수, 의심하다, 두 마음, 이간하다, 배반하다, 바뀌다는 뜻이다.
■과過는 辵(지나갈 착)+咼(입이 비뚤어진 모양)의 형성자로 갑골문에서는 '잘못' '재앙' '허물' 등의 의미로 쓰였고, 이
후 '지나가다' '지나치다' '넘어서다' '잘못하다' 등의 뜻이 나왔다.

습니다. 불행히 단명하여 죽었으니, 지금은 (학문을 좋아하는 자가) 없습니다(亡=無). (지금은 없으니) 아직 호학하는 자를 들어보지 못했습니다."

주자 —— 애공이 물었다. "제자 중에 누가 호학합니까?" 공자께서 대답하셨다. "안회라는 제자가 있어 호학했는데 노여움을 옮기지 않았고(怒於甲者 不移於乙), (이전의) 잘못을 (두 번 다시) 되풀이(貳復也)하지 않았습니다(過於前者 不復於後). 불행히 단명하여 죽었으니, 지금은 (학문을 좋아하는 자가) 없습니다(亡=無). (지금은 없으니) 아직 호학하는 자를 들어보지 못했습니다."

다산 —— 애공이 물었다. "제자 중에 누가 호학합니까?" 공자께서 대답하셨다. "안회라는 제자가 있어 호학했는데 노여움을 옮기지 않았고(가난하여도 즐거워하며 하늘을 원망하거나 사람을 탓하지 않았고), 잘못을 망설임 없이 버렸습니다(貳=歧也, 攜也). 불행히 단명하여 죽었으니, 지금 세상에 살지 않습니다(不在世:亡). 아직 호학하는 자를 들어보지 못했습니다."(『석문』에서 말했다. "타본에는 혹 亡:무 자가 없는 곳도 있다.")

집주 —— ■遷은 移也요 貳는 復也니 怒於甲者를 不移於乙하고 過於前者를 不復於後라 顔子克己之功이 至於如此하니 可謂眞好學矣라 短命者는 顔子三十二而卒也라 旣云今也則亡하고 又言未聞好學者는 蓋深惜之하시고 又以見眞好學者之難得也시니라

천遷은 '옮기다(移)'이고, 이貳는 '반복하다(復)'의 뜻이다. 갑甲에게 노한 것을 을乙에게 옮기지 않고, 이전에 잘못한 것을 이후에 반복하지 않음이다. 안자

■改는 已(자식 사→己로 바뀜)+攴(칠 복)의 회의자로 자식(己)을 매로 때려 가며 옳은 길을 가도록 '바로잡음'에서, 고치다, 수정하다, 다시 등의 뜻이 나왔다.

는 극기의 공(克己之功)이 이와 같은 경지에 이르렀으니, 참으로 학문을 좋아했다(好學)고 하겠다. 단명短命이라고 한 것은 안자가 서른둘에 죽었다는 것이다. 이미 '이제는 없다(今也則亡)'고 말하고, 다시 '아직 학문을 좋아하는 자가 있다는 것을 들어보지 못했다.'고 말한 것은, 아마도 깊이 안연을 애석하게 여기고, 또한 배우기를 참으로 좋아하는 자를 얻기가 어렵다는 것을 보여주신 것이다.

■ 程子曰 顔子之怒 在物不在己라 故로 不遷이요 有不善이면 未嘗不知하시고 知之면 未嘗復行하시니 不貳過也니라

정자가 말했다. "안자의 노여움은 대상에 있었지, 자기에게 있지 않았기(在物不在己) 때문에 옮기지 않았다. 불선不善이 있으면 일찍이 알지 않음이 없었고, 알았으면 일찍이 다시 (불선을) 행하지 않았기에 잘못을 되풀이하지 않았다."

■ 又曰 喜怒在事면 則理之當喜怒者也요 不在血氣면 則不遷이라 若舜之誅四凶也에 可怒在彼하니 己何與焉이리오 如鑑之照物에 姸媸在彼하여 隨物應之而已니 何遷之有리오

또 말했다. "기쁨과 노여움은 사태에 있으니, 이치상 마땅히 기뻐하고 노여워한 것이지 혈기에 있지 않았기 때문에 옮기지 않았다. 예컨대 순임금이 네 원흉을 처형한 것은, 노여워할 만한 것이 저들에게 있었을 뿐이니, 자신(순임금)이 무슨 관여를 했겠는가? 마치 거울이 사물을 비춤에, 아름답고 추함姸蚩이 사물에 있는 것처럼, 사물에 따라 응할 뿐이니, 어찌 노여움을 옮김이 있겠는가?"

■ 又曰 如顔子地位 豈有不善이리오 所謂不善은 只是微有差失이니 纔差失이면 便能知之요 纔知之면 便更不萌作이니라

또 말했다. "안자와 같은 경지에 어찌 불선이 있으리오. 이른바 불선이란 단지 미미한 착오나 실수가 있었을 뿐이니, 조금이라도 착오나 실수가 있으면 곧바로 알고, 알았으면 곧바로 다시는 싹트지 않게 했다."

■張子曰 慊於己者를 不使萌於再니라

장자가 말했다. "스스로 꺼려지는 것을 다시 싹트지 않게 하였다."

■或曰 詩書六藝를 七十子非不習而通也로되 而夫子獨稱顏子爲好學하시니 顏子之所好는 果何學歟아

어떤 사람이 물었다. "시詩와 서書, 그리고 육예六藝는 70명의 제자가 익혀 통달하지 못한 이가 없었지만, 공자께서는 유독 안자만 학문을 좋아한다고 칭찬하셨습니다. 안자가 좋아한 학문은 과연 어떤 학문이었습니까?"

■程子曰 學以至乎聖人之道也니라 學之道奈何오 曰 天地儲精에 得五行之秀者爲人이니 其本也眞而靜이라 其未發也에 五性具焉하니 曰仁義禮智信이요 形旣生矣에 外物이 觸其形而動於中矣라 其中動而七情出焉하니 曰喜怒哀懼愛惡欲이니 情旣熾而益蕩하면 其性이 鑿矣라 故로 覺者는 約其情하여 使合於中하고 正其心하여 養其性而已라 然이나 必先明諸心하여 知所往이니 然後에 力行以求至焉이라 若顏子之非禮勿視聽言動과 不遷怒貳過者는 則其好之篤而學之得其道也라 然이나 其未至於聖人者는 守之也요 非化之也니 假之以年이면 則不日而化矣리라 今人이 乃謂聖本生知요 非學可至라하여 而所以爲學者 不過記誦文辭之間하니 其亦異乎顏子之學矣로다

정자가 답했다. "배움으로써 성인에 이르는 도였다(學以至聖人之道也)." (어떤 사람이 묻기를) "그 배움의 도는 어떤 것입니까?" (정자가) 말했다. "천지가 정기를 쌓아 만물을 낳음에, 오행五行의 정수를 받아서 사람이 되니, 그 본체는 참되고 고요하다(眞而靜). 그 본체가 아직 발하지 않을 때에는 오성五性이 갖추어져 있으니, 인·의·예·지·신이라 한다. 형체가 이미 생긴 이후에 외물이 그 형체에 접촉하면 마음이 움직인다. 그 마음이 움직이면 칠정七情이 생기니, 희·노·애·구·애·오·욕이 그것이다. 감정(情)이 이미 타올라 더욱 방탕해지면 본성이 끊겨 버린다. 그러므로 깨달은 이는 감정을 단속하여 중中에 합치고, 그 마음을 바로 잡고, 그 본성을 양성할 뿐이다. 그러나 반드

시 먼저 마음에서 밝게 가야 할 곳을 안 연후에, 힘써 행하여 지극함을 구해야 한다. 안자의 경우는 예禮가 아니면 보지도 듣지도 말하지도 움직이지도 않고, 노여움을 옮기지 않고 잘못을 되풀이하지 않은 것은 호학이 독실한 것이고 배움이 그 도를 얻은 것이다. 그러나 그가 성인의 경지에 도달하지 못한 것은 지키기만 하고 변화하지는 못했기 때문이다. 몇 년만 더 살았다면 머지않아 변화되었을 것이다. 지금 사람들은 이에 성인은 본래 태어나면서 아시는 분이니 배워서 도달할 수 있는 것이 아니며, 배움은 다만 글을 외우고 문장을 짓는 일(記誦文辭)일 뿐이라고 여기니, 이 또한 안자의 배움과 다른 것이다."

고금주 ── ■補曰 遷, 移也. 不以貧苦而有怨尤, 是不遷怒也. 子曰: "一簞食, 一瓢飮, 人不堪其苦, 回也不改其樂." 貳, 歧也, 攜也. 有過則勇改之, 無所歧攜, 是不貳過也. [心無餘戀, 爲不貳] 子曰: "有不善, 未嘗不知, 知之未嘗復行." ○ 邢曰: "顔回三十二而卒."[又云: "凡事應失而得曰幸, 應得而失曰不幸. 惡人橫夭則惟其常, 顔回應得壽考而早卒, 故曰不幸."] ○ 補曰 人之壽夭, 命於天, 故年壽曰命. ○ 純曰: "亡, 如字讀, 謂今也則不在世."

보완하여 말한다. 천遷은 옮김(移)이다. 간난과 신고(貧苦) 때문에 (하늘을) 원망하거나 (사람을) 탓하지 않았으니, 이것이 불천노不遷怒이다. 공자께서 말씀하시길, '한 대그릇의 밥을 먹고 한 표주박의 물을 마시면, 사람들이 그 근심을 견디지 못하지만, 안회는 그 즐거움을 고치지 않았다.'고 하셨다. 이貳는 갈림길(歧)이고 휴대하다(攜)이다. 잘못이 있으면 용감하게 고쳐서, 갈림길에서 더 이상 휴대하지 않는 것이 불이과(不貳過)이다(마음에 미련을 남기지 않는 것이 不貳이다). 공자께서 말씀하시길, "불선不善이 있으면 일찍이 알지 않은 적이 없고, 알았으면 일찍이 다시 행한 적이 없었다." ○ 형병이 말했다. "안회는 32세에 죽었다."(또 말했다. "모든 일에서 응당 잃어야 하는데도 얻는 것을 '幸'이라 하고, 응당 얻어야 하는데도 잃는 것을 '不幸'이라 하니, 악인이 뜻밖에 재앙을 받아 요사하는 것은 정상이지만, 안회는 응당 장수하여야 하는 데도 일찍 죽었기 때문에 불행이라고 말하였다.") ○보완하여 말한다. 사람이 장수하고 요절하는 것은 그 명命이 하늘에 달려 있으므로 연수年壽를 명이라 한다. ○태재순이 말했다. "망亡은 글자 그대로 읽어야 한다. 지금에는 세상에 살지 않는다는 것이다."

■何曰: "怒當其理, 不移易也." ○駁曰 非也. 朱子謂'怒於甲者, 不移於乙', 此方是不遷怒也. 然今人以灌夫怒於田蚡, 去罵程不識, 爲怒甲移乙, 此則誤矣. 此惟狂亂者有之. 豈必顔子而後能之? 貧賤憂患, 君子順受, 不怨天不尤人, 此之謂不遷怒也. ○又按 貳之爲言, 横說也, 非豎說也. 分携曰貳, 兩屬曰貳, 未聞重累層疊, 可謂之貳也. 〈大雅〉曰: "無貳爾心." 〈曲禮〉曰: "雖貳不辭." 《左傳》云: "大叔命西鄙・北鄙貳於己."[杜云: "兩屬也."] 又云: "王貳於虢."[杜云: "欲分政."] 義可知也. 前過之再犯, 其可謂之貳過乎? 人心惟危, 道心惟微. 旣欲改過, 又欲無改, 兩屬之於人心道心, 此之謂貳過也. 一刀兩段, 去之勿吝, 無復一毫查滓留著胷中, 然後方可謂之不貳過.

하안이 말했다. "노여움이란 그 이치에 합당해야 하며, 옮기거나 바꾸지 않는 것이다." ○논박하여 말하면, 그릇되었다. 주자는 갑에게 노한 것을 을에게 옮기지 않는 것이라 하였는데, 이것이 바야흐로 곧 불천노不遷怒이다. 그러나 요즘 사람들이 관부灌夫가 전부田蚡에게 노한 것을 정불식程不識에게 가서 꾸짖어 욕한 것을 갑에게 노한 것을 을에게 옮기는 것으로 여기는데, 이와 같이 본다면 잘못이다. 이러한 것은 오직 광란자狂亂者에게만 있는 것인데, 어찌 반드시 안자의 경지에 도달한 이후에 능한 것이겠는가? 빈천과 우환을 군자가 도리에 따라 받아들이고, 하늘을 원망하거나 사람을 탓하지 않으니, 이를 일러 불천노不遷怒라고 한다. ○또 살핀다. 이貳라는 글자는 횡설横說이지 수설豎說이 아니다. 나누어 휴대하는 것(分携)을 일러 이貳라 하고, 양쪽에 속하는 것(兩屬)을 일러 이貳라고 하지, 중첩되고 누적되는 것을 이貳라고 하는 것을 듣지 못했다. 『시경』「대아大雅」에서 "너의 마음을 둘로 하지 말라(無

貳爾心)."고 했고, 『예기』「곡례曲禮」에서 "비록 밥상을 둘로 하여 내놓아도 사양하지 않는다(雖貳不辭)."고 하였고, 『좌전』에서 말하길, '대숙大叔이 서비西鄙와 북비北鄙 사람들에게 명하여 자신에게 두 마음을 가지게 하였다(大叔命西鄙北鄙貳於己).'고 하였고(杜預는 "貳는 양쪽에 속하는 것: 兩屬"이라고 하였다), 또한 '왕은 괵공에게 나누어주려 한다(王貳於虢).'고 하였으니(두예는 "정치를 나누어 주려고 한다: 欲分政"고 하였다.), 이貳의 뜻을 알 만하다. 이전의 잘못을 다시 범하지 않는 것을 이과貳過라고 할 수 있겠는가? 인심은 오직 위태롭고, 도심은 오직 미미하니, 이미 잘못을 고치려 하고, 또한 고침이 없고자 하는 마음이 인심과 도심에 양쪽으로 나누어져 있으니, 이를 일러 이과貳過라 한다. 일도양단一刀兩斷으로 베어 버리는데 인색하지 말아야 하듯이, 다시 한 터럭의 찌꺼기라도 가슴 가운데에 남아 붙어 있지 않게 한 연후에 드디어 불이과不貳過라고 할 수 있다.

■ 引證 《論衡》曰: "'不遷怒, 不貳過, 何也?' 曰, '哀公之性, 遷怒貳過, 因其問, 兼以攻上之短, 不犯其罰.'"[刑云: "以哀公遷怒貳過, 而孔子因以諷諫."] ○案 不遷怒者, 不改其樂也. 不貳過者, 未嘗復行也. 孔子稱顏子, 本自舉此二事, 非諷哀公也. 然哀公所問者, 《詩》·《書》·《禮》·《樂》之學也, 孔子以此二事謂之好學, 即所以諷哀公, 使知爲己之學, 不在於文學也.

인증한다. 『논형』에서 말했다. "'불천노不遷怒와 불이과不貳過란 무엇인가?' 말하자면, 애공의 성품이 천노遷怒와 이과貳過를 행하기 때문에 그 물음에 근거하여 겸하여 애공의 단점을 공격하여 그 죄를 범하지 않게 한 것이다."(형병이 말했다. "애공이 천노와 이과를 행했기 때문에 공자께서 이로 인해서 풍자하여 간한 것이다.") ○살핀다. 불천노不遷怒란 그 즐거움을 고치지 않는 것이며, 불이과不貳過란 일찍이 다시는 허물을 행하지 않는 것이다. 공자가 안자를 칭찬하면서 본래 스스로 이 두 일을 거명한 것이지, 애공을 풍자한 것은 아니다. 그러나 애공이 물은 것은 시서예악의 학(詩書禮樂之學)인데, 공자께서 이 두 가

지 일을 가지고 호학好學이라고 한 것은 곧 애공을 풍자하여 위기지학爲己之
學이 문학文學에 있지 않음을 알게 하기 위한 것이다.

■ 邢曰: "亡, 無也. 言今則無好學者矣." ○純曰: "如是則此句與下文, 語意重
復." ○案 旣曰今則無好學者, 又曰未聞好學者, 誠重疊矣.

형병이 말했다. "무亡는 없다(無)이다. 지금 학문을 좋아하는 자가 없다는 말
이다." ○태재순이 말했다. "형병의 설과 같다면 이 구절은 아래 구절과 말뜻
이 중복된다." ○살핀다. 이미 지금은 학문을 좋아하는 자가 없다고 말해 놓
고, 또 아직 학문을 좋아하는 자가 있다는 것을 듣지 못했다고 하는 것은 진
실로 중첩된다.

비평 —— 고주는 애공이 천노遷怒와 이과貳過를 행했기 때문에 공자께서 이
로 인해서 풍자하고, 간하여 대답하였다고 주장하였다.

　주자는 이 구절은 공자가 말하는 호학의 성격을 알게 해준다고 생각하였
다. 즉 '노여움을 옮기지 않음(不遷怒)'은 "노함이 상대에게 있지 자기에게 있
지 않기 때문에 옮기지 않는다."는 뜻으로 상당한 극기의 공부(克己之功)가 갖
추어져 있음을 말하고, '잘못을 되풀이하지 않음(不貳過)'은 "선하지 않는 것
이 있으면 알아 다시 되풀이 하지 않는다."는 뜻으로 선에 대한 인식 능력
(지혜)과 행할 용기를 갖추고 있음을 말한다. 주지하듯이 송대 호원(胡瑗:993-
1059)은 태학에서 「안자가 좋아한 것은 어떤 학문인가?(顏子所好何學論)」라는
문제를 내었다. 이에 대해 정이천(程伊川:1033-1107)은 역사에 남을 유명한 답
안을 제시했다고 한다(『二程全書』『伊川文集』卷43, 「顏子所好何學論」). 주자는 그
핵심 내용을 인용하고 있다. 다산 또한 이 점에 있어 고주를 비판하고, "공자
가 안자를 칭찬하면서 본래 스스로 이 두 일을 거명한 것이지, 애공을 풍자한
것은 아니다."라고 분명히 말하고 있다.

　그런데 문제는 불천노不遷怒와 불이과不貳過의 내용이다.

고주에서는 "일반인들은 자기 뜻대로 행동하여 기뻐하고 노여워함이 사리에 어긋나지만, 안회顔回는 도를 따라서 노여워함이 분수를 넘지 않았다. 천遷은 옮김이니, 노여워함이 그 사리에 맞고, 옮기지 않은 것이다. 불이과는 불선不善한 일이 있으면 다시 행한 적이 없는 것이다."라고 주석하였다. 주자 또한 "천遷은 옮긴다(移)이고, 이貳는 반복하다(復)의 뜻이다. 갑에게 노한 것을 을에게 옮기지 않고, 이전에 잘못한 것을 이후에 반복하지 않음이다."라고 말하여 고주와 같이 주석하고 있다. 그러나 다산은 '갑에게 노한 것을 을에게 옮기는 것은 오직 광란자에게만 있는 것인데, 어찌 반드시 안자의 경지에 도달한 이후에 능한 것이겠는가?'라고 반문하면서, 빈천과 우환을 군자가 도리에 따라 받아들이고, 하늘을 원망하거나 사람을 탓하지 않는 것을 불천노不遷怒라고 말한다. 또한 그는 이貳는 횡설橫說이지 수설竪說이 아니며, 나누어 휴대하는 것을 이貳라 하고, 중첩되고 누적되는 것을 이貳라 하지 않기 때문에 잘못이 있으면 용감하게 고쳐서, 마음에 미련을 남기지 않는 것이 불이不貳라고 해석한다. 요컨대 다산은 불천노不遷怒란 그 즐거움을 고치지 않는 것이며, 불이과不貳過란 일찍이 다시는 허물을 행하지 않는 것이라고 적극적으로 해석하였다. 다산의 자구 해석의 깊이를 보여준다.

❧

6:3-1. 子華使於齊, 冉子爲其母請粟. 子曰: "與之釜." 請益. 曰: "與之庾." 冉子與之粟五秉. 子曰: "赤之適齊也, 乘肥馬, 衣輕裘. 吾聞之也, '君子周急, 不繼富.'"[衣, 去聲]

고주 —— (6:3) 자화가 (당시 노나라에 벼슬하면서, 노나라 사신으로) 제나라에 사신으로 갔을 때에, 염자가 (부유한) 자화의 어머니를 위해 곡식을 청하자, 공자께서 말씀하셨다. "부釜(6두4승)를 주어라." 더 주기를 청하니, 말씀하셨다. "유庾(16두)를 주어라." 염유가 5병(80斛)을 주었다. 공자께서 말씀하셨다. "적이 제나라에 갈 때 살찐 말이 끄는 수레를 타고 가벼운 갖옷을 입었다. 내가 들으니, 군자는 궁박한 이의 부족함을 보충해 주지만(周=補不足), 부유한 사람에게 보태주지는 않는다(不繼接於富有)고 들었다."

주자 —— (6:3-1) 자화가 (공자의 家宰로서 공자를 위하여) 제나라에 심부름을 갔을 때에, 염자가 자화의 어머니를 위해 곡식을 청하자, 공자께서 말씀하셨다. "부釜(6두4승)를 주어라." 더 주기를 청하니, 말씀하셨다. "유庾(16두)를 주어라." 염유가 5병(16斛)을 주었다. 공자께서 말씀하셨다. "적이 제나라에 갈 때 살찐 말이 끄는 수레를 타고 가벼운 갖옷을 입었다(적은 부유하였다). 내가 들으니, 군자는 궁박한 이를 구제(周=周救)하지만, 부유한 사람이 남음이 있는 데도 계속하여 보태주지는 않는다(繼=續有餘)고 들었다."

다산 —— (6:3-1) 자화가 제나라에 사신을 갔을 때에, 염자(공자의 가신으로 재물과 곡식을 관장)가 자화의 (궁박한) 어머니를 위해 곡식을 청하자, 공자께서 말씀하셨다. "부釜(6두4승)를 주어라." 더 주기를 청하니, 말씀하셨다. "유庾(16

자원풀이 ■사使는 人(사람인)+吏(史의 변형)으로 붓을 든 사관史官으로 대표되는 관리(吏)에게 일을 맡겨 시키는 것을 말한다. 상성으로는 부리다, 거성으로 사신 혹은 사신가다 등으로 쓰인다.
■청請은 言(말씀 언)+靑(푸를 청)의 형성자로 순수한(靑) 상태의 말(言)이 무엇보다 간곡한 청임을 나타낸다. 찾아보다, 청하다, 모셔 오다의 뜻이다.
■속粟은 갑골문에서 禾(벼 화)와 여러 점으로 구성되어 조의 알갱이를 형상화했으며, 소전체에서는 西(서녘 서)+米(쌀 미)로 구성되어 광주리(西)에 담아 놓은 조를 말했다. 이후 곡식의 대표로 쌀을 뜻했다.
■부釜는 金(쇠 금)+父(아비 부)의 형성자로 쇠(金)로 만든 아비(父)같은 큰 가마솥을 의미했다. 전국시대 제나라 등에서 용량의 단위(6두斗4승升)로 쓰였는데, 약20.5kg 정도를 말한다.
■유庾는 广(집 엄)+臾(잠깐 유)의 형성자로 들에 지붕 없이 잠시(臾) 쌓아 둔 창고(广) 격인 낟가리를 의미하여, 곳

두)를 주어라." 염자가 5병(80斛)을 주었다. 공자께서 말씀하셨다. "적이 제나라에 갈 때 살찐 말이 끄는 수레를 타고 가벼운 갖옷을 입었다. 내가 들으니, 군자는 궁박한 이를 진휼(周=賙)하지만, 부유한 사람이 남음이 있는 데도 계속하여 보태주지는 않는다(繼=續有餘)고 들었다."(자화와 그 어머니는 窮迫했고, 자화는 재물을 어머니를 봉양하는 데에 쓰지 않고, 수레와 옷을 치장하는 데에 썼기 때문에 공자께서 이렇게 말씀하셨다.) (衣는 거성이다.)

집주 —— ■子華는 公西赤也라 使는 爲孔子使也라 釜는 六斗四升이요 庾는 十六斗요 秉은 十六斛이라

자화子華는 공서적公西赤이다. 사使는 공자를 위해 심부름을 간 것이다. 부釜는 6말 4승六斗四升이고, 유庾는 16두十六斗이고, 병秉은 16곡十六斛(1곡은 10말)이다.

■乘肥馬, 衣輕裘는 言其富也라 急은 窮迫也라 周者는 補不足이요 繼者는 續有餘라

살찐 말이 끄는 수레를 타고(乘肥馬) 가벼운 갖옷을 입었다는 것은 그가 부유하다는 말이다. 급急은 궁핍한 것이고, 주周는 부족한 것을 보충해 주는 것(補不足)이고, 계繼는 여유가 있는 데에도 계속해서 더 주는 것(續有餘)이다.

집을 의미했다. 노적, 곳집, 쌓다, 그리고 용량 단위로 16두斗(일설에 2斗 4升)를 뜻한다.
■병秉은 禾(벼 화)+又(또 우)의 회의자로 손(又)으로 볏단(禾)을 거머쥔 모습으로 잡다, 장악하다, 주재하다는 뜻이다. 용량 단위로는 16곡斛(1斛=10두斗)
■비肥는 肉(고기 육)+卪(병부 절)=巴(땅이름 파)의 형성자로 살(肉)이 많음을 뜻한다.
■주周는 稠(빽빽할 조)와 연관해볼 때 밭(田)에 곡식을 빼꼭히 심어 놓은 모습으로 조밀稠密하다가 원뜻이며, 곡식을 심은 곳은 도성의 주변이기 때문에 주위周圍라는 뜻이 생겼다. 혹은 周는 口(입 구)+用(쓸 용)의 회의자로 입을 잘 써서 미치지 않은 곳이 없이 두루 미친다는 뜻이라고도 한다. 두루, 빈틈없고 치밀하다, 둘레, 구휼救恤하다, 나라 이름 등으로 쓰인다.
■계繼는 糸(가는 실 사)+'이을 계'의 형성자로 잇다는 뜻이다. 칼(刀)로 실(糸)을 끊는 모습을 그린 斷(끊을 단)의 반

고금주 —— ■ (6:3) 邢曰: "冉子即冉有也. 子華時仕魯, 爲魯使適於齊, 爲其母請粟者, 其子出使而家貧也." ○補曰 夫子時爲大司寇, 冉子爲家宰, 管財粟. ○馬曰: "六斗四升曰釜." ○包曰: "十六斗曰庾." ○馬曰: "十六斛曰秉." ○補曰 周·賙通. 不留親養而美其裘馬, 非子道也. 裘馬旣美則其富可知, 故曰不繼富也. 子華素貧, 職當敝裘羸馬, 慮其親養, 子華不然, 故深責之也. ○紘父曰: "釜·分至少, 不可以遺人母. 冉子知與釜與分乃夫子微言, 不可奉承, 故與之五秉. 適中孔子之旨, 非擅與也."

형병이 말했다. "염자冉子는 염유冉有이다. 자하가 당시 노나라에 벼슬하면서, 노나라 사신으로 제나라에 갔다. 자하의 어머니를 위해 곡식을 청한 것은 그 아들이 사신으로 (외국으로) 나갔고, 집은 빈한했기 때문이다." ○보완하여 말한다. 공자께서는 당시에 대사구大司寇였고, 염자는 가재家宰로서 재물과 곡식을 관장했다. ○마융이 말했다. "6두4승을 부釜라 한다." ○포함이 말했다. "16두를 유庾라 한다." ○마융이 말했다. "16곡을 병秉이라 한다." ○보완하여 말한다. 주周는 주賙(진휼하다, 보태어주다 등)와 통한다. 어버이를 봉양하는 것은 유념하지 않고, 그 갓옷과 말을 아름답게 꾸미는 것은 자식의 도리가 아니다. 갓옷과 말이 이미 아름다우면 그의 부유함을 알 수 있기 때문에, 부유한 자에게는 계속해서 보태주지 않는다고 말하였다. 자화는 본래 가난했으니, 의당 해진 갓옷을 입고 여윈 말이 끄는 수레를 타면서 그 부모의 봉양을 심려했을 것인데, 자화는 그렇기 않았기 때문에 심하게 책망하신 것이다.

■ 鄭曰: "非冉有與之太多."[邢云: "子華家富, 而多與之粟, 是繼富, 故非之."] ○駁曰

대 모습으로 실로 잇는다는 뜻이다.
■리里는 田(밭 전)+土(흙 토)의 회의자로 田은 경작 가능한 농지를, 土는 농작물을 성장하게 하는 상징이었는데, 농지가 있어 정착한 곳이라는 의미에서 '마을'이 되었다. 5가家가 1린鄰이고, 5린鄰을 1리里라 했다.
■무毋는 母(어미 모) 자에서 변형된 글자로 부정사로 '없다' 혹은 '(~을)하지 말라'는 금지사로 쓰인다.

非也. 子華誠富則冉子豈有請粟之理? 冉子旣知夫子之意, 則內領其意, 待子
華而誦之, 外厚其遺, 宣夫子之禮貌, 此賢弟子之事也. 先儒眞以五秉指爲太多,
一則曰不當與, 二則曰不當多與, 惟以粟之多少, 爭立義理, 不亦謬乎? 夫五秉
之粟, 春之爲米, 不過爲數十斛, 措大眼孔雖小, 以此瑣瑣看作大物, 何其拙矣?
정현이 말했다. "(공자께서는) 염유가 준 것이 너무 많다고 나무라신 것이다."
(형병이 말했다. "자화는 집이 부유한데도 곡식을 많이 주었으니, 이는 부자를 보태어 준
것이기 때문에 나무라신 것이다.") ○논박하여 말하면, 그릇되었다. 자화가 진실
로 부유하였다면 염자가 어찌 곡식을 청할 까닭이 있겠는가? 염자는 이미 공
자의 뜻을 알았으므로 마음속에는 그 뜻을 받들고 자화가 돌아오기를 기다
려 그것을 전하기로 하고, 밖으로는 그 보내주는 것을 후하게 하여 공자의 예
모禮貌를 선양하였다. 이는 어진 제자의 일이다. 그런데도 선유先儒들은 오병
五秉은 너무 많다고 지적하면서, 한편으로는 준 것이 부당하다고 하고, 다른
한편으로는 너무 많이 준 것이 부당하다고 하면서, 오직 곡식의 많고 적음으
로써 의리를 다투어 세웠으니, 또한 잘못이 아닌가? 대저 오병의 곡식을 찧
어서 쌀을 만들면 겨우 수십 곡이 될 뿐이니, 선비의 안목이 비록 작더라도,
이 얼마 되지 않는 적은 것을 큰 물량으로 간주하니, 어찌 그렇게 졸렬한가?

비평 —— (1) 장절의 구분 : 고주에서는 지금 구절(주자의 구분으로 6:3-1, 고주로
는 6:4)과 다음 구절(주자의 구분으로는 6:3-2, 고주로는 6:5)로 장을 나누었지만, 주
자는 합쳐서 1장으로 하였다. 그런데 다산은 다시 나누어, 고주를 따른다. 별
개의 사건이기 때문에 나누는 것이 옳다. 그렇지만 두 사건을 대비하여 함께
보면, 공자가 재물을 어떻게 사용하였는지를 잘 알 수 있게 해 준다는 점이
있기 때문에 합치는 것도 나쁘지 않다고 생각된다.
  (2) 부釜・유庾・병秉과 도량형에 대해 이견이 있지만, 상세히 고증할 수는
없다. 다산은 주로 고주를 인용하였다.

(3) 고주는 자하가 부유했는데도 염자가 부유한 자하를 위해 곡식을 청해 주었기 때문에 공자가 나무랐다고 해석했다. 주자 또한 고주의 해석에 대체로 동의한다. 그런데 다산은 기존의 일반적인 해석과 대비되게, 자하가 가난했기 때문에 염자가 곡식을 청했으며, 공자가 나무란 것은 자화는 재물을 어머니를 봉양하는 데에 쓰지 않고, 수레와 옷을 치장하는 데에 썼기 때문이라는 새로운 해석을 내놓았다. 문맥으로 본다면 고주와 다산의 해석이 무난해 보이지만, 상세히 살펴보면 다산의 해석이 상당한 일리가 있음을 알 수 있다. 다산의 깊이 있는 해석이 돋보인다.

〜〜❧〜〜

6:3-2. 原思爲之宰, 與之粟九百, 辭. 子曰: "毋, [句] 以與爾鄰里鄉黨乎!"[《集注》連上爲一章]

고주 —— (6:4) 원사가 공자의 읍재가 되었을 때, 공자께서 그에게 (정해진 녹봉으로) 곡식 9백(斗)을 주시자, (너무 많다고 생각하여) 사양하고 받지 않았다(辭=辭讓不受). 공자께서 말씀하셨다. "(녹법에 의해 소득은 마땅히 받고, 사양하지 않아야 하니:祿法所得 當受無讓) 사양하지 마라! (너무 많다고 생각되면) 그것을 네 이웃의 가난한 자에게 나누어주어라."

주자 —— (6:3-2) 원사가 공자의 읍재가 되었을 때, 공자께서 그에게 (정해진 녹

자원풀이 ■리里는 田(밭 전)+土(흙 토)의 회의자로 田은 경작 가능한 농지를, 土는 성장하는 농작물을 상징했지만, 농지가 있어 정착한 곳이라는 의미에서 '마을'이 되었다. 5가家가 1린鄰이고, 5린鄰을 1리里라 했다.
■무毋는 母(어미 모) 자에서 변형된 글자로 부정사로 '없다' 혹은 '(~을) 하지 말라'는 금지사로 쓰인다.

봉으로) 곡식 9백을 주시자, 사양하고 받지 않았다(辭=辭讓不受). 공자께서 말씀하셨다. "(정해진 녹봉을 사양하는 것은 부당하니:常祿不當辭) 사양하지 마라! (너무 많다고 생각되면) 그것을 네 이웃의 궁핍한 이들에게 나누어주어라."

다산 —— (6:4) 원사가 공자의 읍재가 되었을 때, 공자께서 그에게 (정해진 녹봉 이외에 일종의 성과금으로) 곡식 9백(斗)을 주시자, 사양하고 받지 않았다. 공자께서 말씀하셨다. "(특별 상여금이라 할지라도 네가 마땅히 받아야 할 것이니) 사양하지 마라! 그것을 네 이웃의 가난한 자에게 나누어 주어라."(『집주』는 위와 연결하여 하나의 장으로 삼았다)

집주 —— ■原思는 孔子弟子니 名憲이라 孔子爲魯司寇時에 以思爲宰하시니라 粟은 宰之祿也라 九百은 不言其量하니 不可考라

원사原思는 공자의 제자로 이름은 헌憲이다. 공자가 노나라 사구(魯司寇)가 되었을 때, 원사를 가재로 삼았다. 속粟은 가재의 봉록이다. 구백九百은 분량이 언급되지 않아 고찰할 수 없다.

■ 毋는 禁止辭라 五家爲鄰이요 二十五家爲里요 萬二千五百家爲鄕이요 五百家爲黨이라 言常祿은 不當辭니 有餘어든 自可推之하여 以周貧乏이라 蓋鄰里鄕黨에는 有相周之義니라

무毋는 금지사이다. 5가家가 린鄰, 25가家가 리, 1만 2천5백가家가 향, 5백 가家가 당黨이다. 일정한 봉록常祿은 마땅히 사양하지 말 것이며, 남는다면 스스로 미루어 궁핍한 이웃을 구제하라는 말이다. 대저 린, 리, 향, 당에서는 서로 부조하는 의리가 있다.

■程子曰 夫子之使子華와 子華之爲夫子使는 義也어늘 而冉有乃爲之請하니 聖人이 寬容하여 不欲直拒人이라 故로 與之少하시니 所以示不當與也요 請益而與之亦少하시니 所以示不當益也어늘 求未達而自與之多하니 則已過矣

라 故로 夫子非之하시니라 蓋赤苟至乏이면 則夫子必自周之요 不待請矣리라 原思爲宰면 則有常祿이어늘 思辭其多라 故로 又敎以分諸鄰里之貧者하시니 蓋亦莫非義也니라 張子曰 於斯二者에 可見聖人之用財矣니라

정자가 말했다. "공자께서 자화에게 심부름을 시킨 것과 자화가 공자를 위해 심부름 간 것은 의리이다. 그런데도 염유가 그를 위해 (따로 곡식을) 청하니, 성인께서는 관용적이어서 곧바로 사람을 거절하지 않으셨던 까닭에 조금 주라고 하셨으니, 주는 것이 합당하지 않다는 것을 암시하신 것이다. 더 주기를 청하자, 또한 조금만 주라고 하셨으니, 더 주는 것이 합당하지 않다는 것을 암시하신 것이다. 염유가 알아듣지 못하고 자의로 많이 주었으니, 이미 잘못이다. 그러므로 부자께서 그것을 그르다고 한 것이다. 대개 적赤이 진실로 매우 궁핍했다면 필시 공자께서 직접 구제해 주고, 청하기를 기다리지 않았을 것이다. 원사가 가신이 되었을 때는 정해진 봉록이 있었지만, 원사가 그것이 많다고 사양했기 때문에 여러 이웃과 마을의 가난한 사람들에게 나눠주라고 가르쳤다. 대개 또한 (어느 경우든) 의리가 아닌 것이 없다."

■張子曰 於斯二者에 可見聖人之用財矣니라

장재가 말했다. "이 두 가지 경우에서 성인께서 재물을 (어떻게) 쓰시는지를 알아볼 수 있다."

고금주 —— ■包曰: "弟子原憲, 思, 字也. 孔子爲魯司寇, 以原憲爲家邑宰. [邢云: "大夫必有采邑."]" ○孔曰: "九百, 九百斗." ○鄭曰: "五家爲鄰, 五鄰爲里. 萬二千五百家爲鄕, 五百家爲黨."

포함이 말했다. "(공자의) 제자 원헌原憲이고, 사思는 자이다. 공자께서 노나라 사구司寇이었을 때 원헌을 가읍家邑의 재宰로 삼으신 것이다." (형병이 말했다. "대부는 반드시 채읍이 있다.") ○공안국이 말했다. 구백九百은 구백 두이다. ○정현이 말했다. 5가家가 린隣이고, 5린隣이 리里이고, 1만 2천5백가家가 향鄕

이고, 5백가家가 당黨이다.

■孔曰: "祿法所得, 當受無讓." ○駁曰 非也. 仲氏曰: "粟非常祿也. 若是常祿,
不當言與也. 原思雖廉, 亦不得辭矣." ○案 原憲至貧, 而孔子使與其鄰里鄉黨,
則九百之外, 本有常祿, 庶其十口可知.

공안국이 말했다. "(공자께서) 녹법에 의해 소득은 마땅히 받고 사양하지 않아
야 한다(고 말씀하신 것이다)." ○논박하여 말하면, 그릇되었다. 중씨仲氏가 말
하길, 속粟이란 정해진 녹봉이 아니다. 만약 이것이 정해진 녹봉이라면 '주다
(與)'라고 말하는 것은 부당하며, 원사가 비록 청렴했다고 하더라도 사양할
수 없다. ○살핀다. 원헌이 지극히 가난한데도 공자께서 그 이웃 사람들에게
나누어주라고 하신 것은, 구백九百 이외에 본래 정해진 봉록이 있어 열 가구
를 봉양할 수 있었음을 알 수 있다.

비평 —— 속粟에 대해 (1) 가재의 상록常祿(고주와 주자)이냐, 아니면 (2) 오늘
날 특별 수당(다산)이냐를 두고 논쟁한다. 상록常祿이라면 직책에 주어지는
봉록이므로 마땅히 원사는 사양하지 말아야 한다. 그런데 상록이라면 왜 속
粟이라는 표현을 썼는지, 그리고 상록인데 왜 원사가 극구 사양하려 했는지
그 이유를 고주와 주자는 제시하지 못했다.

　바로 이 점에서 다산은 "속粟이란 정해진 녹봉이 아니며, 정해진 녹봉을 사
양하는 것은 원사가 비록 청렴했다고 하더라도 부당하다. 따라서 구백九百
이외에 본래 정해진 봉록이 있어 그 이웃 사람들에게 나누어주라고 하신 것"
이라고 주석했다. 다산의 해석은 참으로 명석하고 합당하다고 판단된다.

6:4. 子謂仲弓, 曰: "犁牛之子, 騂且角, 雖欲勿用, 山川其舍諸?"

고주 —— 공자께서 중궁을 일러 말씀하셨다. "얼룩소(犁=雜文:賤하면서 행위가 不善한 중국의 아버지)의 새끼가 붉고 또한 뿔이 반듯하면(角=角周正) (희생에 적합하다면:中犧牲), 비록 (사람들이 얼룩소의 새끼라 하여 제물로) 쓰지 않으려고 해도, 산천의 귀신이 어찌 버려두겠는가?"(중궁이 비록 불선한 아버지에게서 태어났어도, 어질기 때문에 등용될 것이다.)

주자 —— 공자께서 중궁을 일러 말씀하셨다. "얼룩소(犁=雜文:賤하면서 행위가 不宣한 중궁의 아버지)의 새끼가 붉고 또한 뿔이 반듯하면(角=角周正) (희생에 적합하다면:中犧牲), 비록 (사람들이 얼룩소의 새끼라 하여) 쓰지 않으려고 해도, 산천의 귀신이 어찌 버리겠는가?"(중궁이 비록 불선한 아버지에게서 태어났어도, 어질기 때문에 등용될 것이다.)

다산 —— 공자께서 중궁을 일러 말씀하셨다. "검은소(犁牛=黑牛: 陰祀에는 검은 것을 쓴다:중궁의 賢父를 상징)의 새끼가 털이 붉고 뿔이 자랐다면 (祭地·祭天에 모두 쓸 수 없기 때문에 사람들이 희생의 제물로) 쓰지 않으려 하겠지만, 산천의 제사(산천에 제사지내는 外祭에서는 털색에 구애되지 않기에)에도 버려두겠는가?"
(중궁이 비록 賢父만 못하다고 할지라도 쓰일 곳이 있다)

자원풀이 ■리(려)犁는 牛(소 우)+利(이로울 리)의 형성자로 곡식(禾)을 심을 밭을 소(牛)의 힘으로 갈아엎는 칼(刀)처럼 생긴 '쟁기'와 우경牛耕을 하는 '소'라는 의미이다. 『설문』에서는 牛+黎(검을 려)의 형성자로 되어 있다. 쟁기, 갈다, 검다(面目犁黑), 얼룩얼룩하다(잡색, 얼룩소, 검버섯) 등으로 쓰인다.
■우牛는 상형자로 위쪽은 크게 굽은 뿔을, 아래 획은 두 귀를, 세로 획은 머리를 상징한다. 소는 犁(쟁기)에서처럼 농경의 중요 수단이며, 농사와 조상신에게 바치는 희생犧牲의 제물祭物로 사용되었다.
■성骍는 馬(말 마)+辛(매울 신)의 형성자로 붉은 색의 말(馬)에서 붉은 색의 소나 양을, 그리고 붉은색을 뜻한다.
■각角은 짐승의 뿔을 그린 상형자이다. 뿔은 머리에 달렸기에 두각頭角, 뾰족하거나 모난 모습에서 각도角度, 머리를 뿔 모양으로 맸다는 뜻에서 총각總角, 뿔 피로 쓰였기 때문에 오음(五音: 宮商角徵羽)의 하나를 지칭하였다.
■사舍는 口(입 구)+余(나 여)의 형성자인데 口는 건축물의 기단을, 余는 기단 위에 세운 기둥과 지붕을 나타내며,

집주 —— ■犁는 雜文이요 騂은 赤色이니 周人은 尙赤하여 牲用騂이라 角은 角周正하여 中犠牲也라 用은 用以祭也라 山川은 山川之神也라 言人雖不用이나 神必不舍也라 仲弓父賤而行惡이라 故로 夫子以此譬之하시니 言父之惡이 不能廢其子之善이니 如仲弓之賢은 自當見用於世也라 然이나 此論仲弓云爾요 非與仲弓言也니라

리犁는 얼룩무늬(雜文)이고, 성騂은 붉은색(赤色)이다. 주나라는 붉은색을 숭상하여 희생도 붉은색을 썼다. 각角이란 뿔이 반듯한 것으로(角周正) 희생에 적합(中犠牲)하다. 용用은 제물로 쓰는 것(用以祭)이다. 산천山川은 산천의 귀신(神)이니, 비록 사람들이 쓰지 않더라도 귀신은 반드시 버려두지 않을 것이라는 말이다. 중궁의 아버지는 천하고 행실이 악했기 때문에 공자께서 이렇게 비유하셨다. 아버지의 악이 그 자식의 선함을 폐할 수 없으며, 중궁과 같이 현명하면 자연히 세상에 쓰이는 것이 마땅하다는 말이다. 그러나 이것은 중궁을 논하여 말씀하신 것이지, 중궁과 함께 하신 말씀은 아니다.

■范氏曰 以瞽瞍爲父而有舜하고 以鯀爲父而有禹하니 古之聖賢이 不係於世類가 尙矣라 子能改父之過하여 變惡以爲美면 則可謂孝矣니라

범조우가 말했다. "고수瞽瞍를 아버지로 하고도 순舜임금이 있었고, 곤鯀을 아버지로 하면서도 우禹임금이 있었다. 옛 성현聖賢이 세계나 족보(世類)에 연계되지 않음이 오래되었다. 아들이 어버이의 허물을 고칠 수 있는 능력이 되어, 악덕을 변화시켜 미덕으로 만들 수 있다면 효孝라고 할 수 있다."

고금주 —— ■補曰 犁牛, 黑牛也. 〔《史記索隱》云: "犁, 黑也."〕《周禮·牧人》云: "陰祀用黝牲."〔黝, 黑也〕 陰祀者, 地示之祭, 社稷·五祀·五嶽, 是也. 陽祀雖

길을 가다가 머물도록 임시로 지은 집을 말했다. 옛날에는 30리마다 1사舍를 만들었다. 임시 막사에 머물 손님은 잠시 머물렀다 떠나므로, 버리다 등의 뜻이 나왔다.

用騂牲, [陽祀者, 天神之祭] 祭天之牛, 又用繭栗. 騂且角則祭地祭天, 俱無用矣. 然《周禮·牧人》云: "凡外祭毀事, 用尨可也." 尨者, 雜也, [鄭玄云] 謂不拘毛色, 雜用諸色也. 犁牛之子騂且角, 則祭地 祭天, 俱不可用. 然至於山川之祭, 亦當棄之乎? 仲弓賢父之子, 時人謂'仲弓之賢, 不如其父, 無所用.' 孔子若曰, 賢不如父, 則雖不堪大用, 獨不得降一等而用之乎? 凡牲騂者易得, 犁者難得, 故以犁牛喻賢父. ○純曰: "諸, 之乎也."

보완하여 말한다. 리우犁牛는 검은 소(黑牛)이다.(『사기색은』에서 말했다. "犁는 검다이다.") 『주례』「목인」에서 말했다. "음사陰祀에는 유생黝牲을 쓴다."(黝는 검다:黑이다.) 음사陰祀는 땅 귀신에 대한 제사(地示之祭)이니, 사직社稷·오사五祀·오악五嶽이 그것이다. 양사陽祀에는 비록 붉은 희생(騂牲)을 쓰지만, 하늘에 제사할 때에 쓰는 소는 또한 견률繭栗을 쓴다. 털이 붉고 뿔이 자랐다면(騂且角), 하늘 제사에도 땅 제사에도 모두 쓸 수 없다. 그러나 『주례』「목인」에서 말하길, "모든 외제外祭(왕이 산천에서 지내는 제사)의 훼사毀事(귀신에게 빌어 재앙을 제거하는 일)에는 방尨을 써도 된다."고 하였다. 방尨은 섞는다(雜)이니, 털 색깔에 구애되지 않고 섞어서 모든 색을 쓴다는 말이다. '검은 소의 새끼(犁牛之子)가 털이 붉고 뿔이 자랐다(騂且角)면 땅 제사(祭地)와 하늘 제사(祭天) 모두에 쓸 수 없지만, 산천의 제사에서도 버리는 것이 마땅하겠는가? 중궁은 어진 아버지의 아들이었으니, 당시 사람들이 중궁의 어짊이 그 아버지만 못하니 등용할 수 없다고 하였다. 그래서 공자께서 어짊이 아버지만 못하다면 비록 크게 등용할 수는 없지만, 어찌 한 등급 낮추어서라도 등용할 수 없겠는가? 하고 말씀하신 것 같다. 무릇 희생은 붉은 것은 얻기 쉽고, 검은 것은 얻기 어렵기 때문에 리우犁牛로써 어진 부모賢父를 비유한 것이다. ○태재 순이 말했다. "저諸는 지호之乎이다."

■何曰: "犁, 雜文. 角者, 角周正, 中犧牲." ○駁曰 非也.《國語》云: "播棄犁老." 犁老者, 顏色垢黑也. 犁之爲黑, 不旣明乎? 且孔子祇言角耳, 何平叔何以知此角一字之中, 含有角周正中犧牲之意耶? 其義無所立矣. 【《韻會》云: "犁者, 牛駁文." 此見《論語》注而言之者, 不足據也】

하안이 말했다. "리犁는 섞인 무늬(雜文)이며, 각角이란 뿔이 둥글고 반듯하여(周正) 희생에 적합한 것이다(中犧牲)." ○논박하여 말하면, 그릇되었다. 『국어』에서 "리노犁老를 내쳐라(播棄犁)."라고 했는데, 리노犁老란 안색에 검버섯이 있는 노인이니, 리犁란 검은색임이 분명하지 않은가? 또한 공자께서는 단지 각角 자만 말했을 뿐인데, 하평숙何平叔은 어떻게 이 하나의 각角 자에 각角이 반듯하여 희생에 적합하다(角周正中犧牲)는 뜻이 함유되어 있다는 것을 알 수 있었는가? 그 주장은 성립할 수 없다.(『韻會』에서 말했다. "犁란 소의 얼룩진 무늬이다." 이것은 『논어』의 주를 보고 말한 것이니, 전거로는 부족하다.)

■ 何曰: "雖欲以其所生犁而不用, 山川寧肯舍之乎?" ○駁曰 非也. 人苟不用, 山川之神, 安得不舍之, 其將夢告以求之乎? 且如平叔之說則不但山川不舍, 抑亦百神皆不舍矣.

하안이 말했다. "비록 그 어미가 얼룩소라 하여 (희생으로) 쓰지 않으려 하지만, 어찌 산천의 신이 버리려 하겠는가? (라는 말이다.)" ○논박하여 말하면, 그릇되었다. 사람이 진실로 쓰지 않는다면, 산천의 귀신이 어찌 버리지 않겠는가? 산천의 귀신이 꿈에서 구하겠다고 말하였던가? 만일 하평숙의 설과 같다면 단지 산천뿐만 아니라 모든 귀신이 버리지 않을 것이다.

■ 何曰: "父雖不善, 不害於子之美."[邢云: "仲弓父不善."] ○駁曰 非也. 仲弓之父雖不善, 指斥譏罵曰犁牛之子, 必非君子之言, 孔子豈爲是也? 王充《論衡》, 以仲弓爲伯牛之子, 必有所據. 伯牛與顏淵·閔子騫, 同入德行之科, 及其寢疾, 孔子甚惜之, 曰'斯人有斯疾', 其賢可知. [如曾晳父子, 同游聖門]

하안이 말했다. "(이 구절은) 아버지가 비록 선善하지 않더라도, 아들의 미덕에 해가 되지 않는다는 것이다."(형병이 말했다. "중궁의 아버지는 善하지 않았다.") ○논박하여 말하면, 그릇되었다. 중궁의 아버지가 비록 선하지 않았다고 하더라도 그를 '리우지자犁牛之子'라고 지척指斥·기매譏罵하는 것은 필시 군자의 말이 아닐 것인데, 공자께서 어찌 그렇게 말했겠는가? 왕충이 『논형』에서 중궁은 백우伯牛의 아들이라고 한 것은 필시 근거한 것이 있을 것이다. 백우와 안연, 그리고 민자건은 같이 덕행과德行科에 들어 있고, 그가 병상에 누워 있을 때 공자께서 심히 애석해하면서 '이 사람에게 이런 질병이 있구나!(「옹야」)'라고 말씀하셨으니, 그의 어짊을 알 수 있다(曾晳의 부자와 함께 성인의 문하에서 유학했다).

■《家語》曰: "冉雍, 字仲弓, 伯牛之宗族. 生於不肖之父, 以德行著名."(〈七十二弟子解〉] ○《史記·弟子傳》亦同. [解其父行賤] ○駁曰 非也. 西京官學, 原自誤解, 故誣云不肖, 或云行賤, 皆不足據. 〔《家語》者, 僞書]

『공자가어』에서 말했다. 염옹冉雍은 자가 중궁仲弓이니, 백우伯牛의 종족이다. 불초한 아버지에게서 태어나 덕행으로 명성이 드러났다(「72제자해」). 『사기』「중니제자열전」에 역시 같다(그 어버지의 행실이 賤했다고 했다). ○논박하여 말하면, 그릇되었다. 서경의 관학에서 원래 잘못 해석하였기 때문에 불초不肖하다고 거짓으로 말하거나, 혹은 행실이 천하다고 말했으나, 모두 근거가 부족하다(『공자가어』는 僞書이다).

비평 —— 주자는 고주를 그대로 답습했지만, 다산은 이들과 완전히 다른 해석을 한다.

먼저 '리우犁牛'에 대한 해석에서 고주와 주자는 얼룩소로 보고, 이를 천하고 행실이 불선했던 중궁의 아버지를 상징한다고 했다. 이에 대해 다산은 리우는 흑우黑牛로서 음사陰祀의 제물로 쓰이는 것이며, 이는 중궁의 현부를 상징한다고 했다. 또한 '성차각騂且角'에 대한 해석에서도 완전히 상반된다. 고주와 주자는 '혈통이 좋지 않는 소에서 태어난 새끼가 제대로 커서 희생에 쓰기에 적합한 것(角=周正中犧牲)'으로 보고, 이는 곧 어질지 않은 아버지에게서 태어났지만, 어질었던 중궁을 상징한다고 해석했다. 이에 대해 다산은 성차각에는 고주가 해석한 것과 같은 그런 뜻이 없다고 하면서, 붉고 뿔난 소는 천제天祭와 지제地祭와 같은 중요한 제사에는 적합하지 않으며, 단지 산천에 대한 외제外祭에서나 쓰일 수 있다고 말했다. 결국 고주와 주자는 중궁이 선하지 않은 아버지 아래에서 태어났지만, 중궁이 스스로 어질기 때문에 반드시 세상에 등용될 것이라는 말로 해석하였다. 이에 대해 다산은 '중궁이 어진 아버이 아래에서 태어났으며, 비록 그 덕이 아버지에 미치지 못한다고 할지라도, 필시 쓰일 곳이 있을 것이라는 뜻으로 공자가 말했다.'고 해석했다.

다산은 여러 근거를 제시하면서, 고주와 주자가 전거로 삼았던 것을 반박하였다. 다산의 해석은 맥락상 다소 무리한 것으로 보일 수 있지만, "중궁의 아버지가 비록 선하지 않다고 하더라도, 그를 '리우지자犁牛之子'라고 지척指斥·기매譏罵하는 것은 필시 군자의 말이 아닐 것인데, 공자께서 어찌 그렇게 하셨겠는가?"라는 말은 설득력이 있다고 할 것이다.

<hr />

6:5. 子曰: "回也, 其心三月不違仁, 其餘日月至焉而已矣."

고주 —— 공자께서 말씀하셨다. "안회는 그 마음이 석 달(한 계절=天氣一變) 동안 인을 떠나지 않았다. 그 나머지 사람들은 하루에 한 번, 혹은 한 달에 한 번 (잠시) 인에 이를 뿐이다."

주자 —— 공자께서 말씀하셨다. "안회는 그 마음이 석 달(오랜 기간:久) 동안 인(心之德)을 떠나지 않았다(無私欲而有其德). 그 나머지 사람들은 하루에 한 번, 혹은 한 달에 한 번 인에 이를 뿐이다."(인에는 나아가지만, 오래 지속하지는 못한다.)

다산 —— 공자께서 말씀하셨다. "안회는 그 마음이 석 달(오랜 기간:久) 동안 인(仁者, 嚮人之愛也. 凡人與人之相嚮而藹然其愛者)을 떠나지 않았다(違=離). 그 나머지 여러 제자들은 몇 일간 혹은 한 달간 인에 이를 뿐이다."

집주 —— ■三月은 言其久라 仁者는 心之德이니 心不違仁者는 無私欲而有 其德也라 日月至焉者는 或日一至焉하고 或月一至焉하여 能造其域而不能久 也라

삼월은 그 (기간이) 오래됨을 말한다. 인이란 마음의 덕이다. 마음이 인을 어기지 않았다 함은 사욕私欲이 없으면서 인의 덕을 지녔다는 것이다. 일월지 언日月至焉이란 혹 하루에 한 번 (인에) 이르거나, 혹 한 달에 한 번 인에 이르러, 인의 구역에 나아갈 수는 있으나 오래가지 못한다는 것이다.

■程子曰 三月은 天道小變之節이니 言其久也니 過此則聖人矣니라 不違仁 은 只是無纖毫私欲이니 少有私欲이면 便是不仁이니라

정자가 말했다. "석 달(三月)은 천도가 작게 (한 번) 변하는 마디가 되니, 그 기간이 오래됨을 말한다. 이 기간을 넘기면 성인聖人이다. 인을 어기지 않았다 (不違仁) 함은 터럭만큼도 사욕도 없는 것이니, 조금이라도 사욕이 있으면, 이

자원풀이 ■위違는 辶(갈 착)+韋(에워쌀 위)의 형성자로 성을 지키다가(韋), 성을 떠나다(辶)는 뜻에서 벗어나다, 위반違反하다, 어기다의 뜻이 나왔다.
■여餘는 食(밥 식)+余(나 여)의 형성자로 객사(余=舍)에서 손님을 위해 음식(食)을 남겨 두다는 뜻에서 여유, 남다, 풍족함을 그렸다.
■지至는 『설문』에서는 "새가 땅에 내려앉는 모습으로, 아래쪽 가로획(一)은 땅이다"라고 했다. 화살(矢)과 가로 획 (一)으로 구성되어, 화살(矢)이 날아와 땅(一)에 꽂힌 모습이라고도 한다. 이르다가 원뜻이며, 어떤 목표에 도달했 다는 의미에서 끝이나 지극至極, 그리고 최고最高라는 의미가 생겼다. 그러자 원래 의미는 刀(칼 도)가 더해져 到 (이를 도), 혹은 강제하다는 의미가 있는 攵(칠 복) 자가 더해져 致(이를 치)자가 만들어졌다.

는 불인不仁이다."

■尹氏曰 此는 顏子於聖人에 未達一間者也니 若聖人則渾然無間斷矣니라 ○張子曰 始學之要는 當知三月不違와 與日月至焉의 內外賓主之辨하여 使心意勉勉循循而不能已니 過此면 幾非在我者니라

윤돈이 말했다. "이는 안자가 성인에 비하여 아직 도달하지 못한 한 칸이다. 만일 성인이었다면 혼연하여 간단間斷이 없었을 것이다." ○장재가 말했다. "학문을 시작하는 요체(始學之要)는 마땅히 삼월불위三月不違와 일월지언日月至焉의 내외內外와 빈주賓主를 구분할 줄 알아서, 마음의 의지로 하여금 노력하여 순서대로 따라가서 그칠 수 없도록 하는 것이다. 이 단계를 넘어서면, 거의 나에게 달려 있지 않다(幾非在我者)."

고금주 —— ■補曰 違, 猶離也. 仁者, 嚮人之愛也. 子嚮父, 弟嚮兄, 臣嚮君, 牧嚮民, 凡人與人之相嚮而藹然其愛者, 謂之仁也. 其心不違, 則不止顯於行事而已, 中心實然也. ○補曰 其餘, 謂諸弟子. 日月至, 謂不違仁. 或引至一月, 或引至數日也. ○案《中庸》曰: "民鮮能久矣." 能久則聖人也. 顏子不能無過, 故曰不貳過. 不能無過則不能無間斷, 但其間斷甚疏, 故曰三月不違.

보완하여 말한다. 위違는 '떠나다(離)'와 같다. 인이란 다른 사람을 향한 사랑(嚮人之愛)이다. 자식이 어버이를 향하고(子嚮父), 신하가 임금을 향하고(臣嚮君), 목민관이 백성을 향하니(牧嚮民), 무릇 사람과 사람이 서로 향하여 온화하고 부드럽게 서로 사랑하는 것을 일러 인이라 한다. 그 마음이 떠나지 않는다면 일을 행하는 것에 나타나는 데에 그치는 것이 아니라, 마음 가운데에서 실제로 그렇게 된다. ○보완하여 말한다. 기여其餘는 여러 제자들을 말한다. 일월지日月至란 인仁에서 떠나지 않기를 혹 한 달간, 혹 며칠을 지속하기도 한다는 것이다. ○살핀다. 『중용』에 "백성들 중에 능히 오래도록 갈 수 있는 자가 드물다(民鮮能久矣)."고 하였으니, 능히 오래갈 수 있으면 성인聖人이다. 안자

顏子는 과오가 없을 수 없었기 때문에 과오를 두 번 다시 되풀이하지 않았다(不貳過)고 하였다. 과오가 없을 수 없으면 사이에 끊어짐(間斷)이 없을 수 없지만, 다만 그 사이에 끊어짐이 매우 드물었기 때문에 석 달간 떠나지 않았다고 말한 것이다.

■ 何曰: "餘人暫有至仁時."[邢說同] ○駁曰 非也. 暫至旋退, 則其所以違於惡者幾希. 孔門諸弟, 雖不及顔子, 其不仁何至如是? 蕭山曰: "'日月至'三字, 當是一日至一月至, 不當曰日一至月一至也." 一字顛倒, 相去萬里, 其言, 是也. ○李南黎云: "日月至焉, 謂或一日在仁上, 或一月在仁上, 非謂日一至月一至."
하안이 말했다. "여타 사람들은 잠시 인仁에 이를 때가 있었다."(형병설도 같다.) ○논박하여 말하면, 그릇되었다. 잠시 이르렀다가 곧바로 물러나면(旋退) 악에서 떠남이 극히 드물 것이다. 공자 문하의 여러 제자들이 비록 안자에는 미치지 못한다고 하더라도, 불인不仁함이 어찌 이와 같은 데에 이르렀는가? 모기령이 말하길, "'일월지日月至' 세 글자는 마땅히 '하루 동안 이르고(一日至) 한 달간 이르렀다(一月至).'고 해석해야지, '하루에 한 번 이르고(日一至) 한 달에 한 번 이르렀다(月一至).'고 해석하면 안 된다."고 하였다. 일一이란 글자를 전도시키면 그 차이가 아주 멀게(萬里) 된다." 이 말이 옳다. ○이남려가 말했다. "일월지언日月至焉은 혹 하루 동안 인을 하는 데에 있기도 하고 혹 한 달간 인을 하는 데 있기도 하는 것을 말하지, 하루에 한 번 한 달에 한 번 인에 이르는 것을 말하는 것이 아니다."

비평 —— 인仁의 정의를 달리하기 때문에 몇 가지 쟁점이 있다. 먼저 기여其餘에 대해 안회를 제외한 (1) 다른 대부분의 사람들로 볼 것이냐, 아니면 (2) 공문孔門의 여러 제자들로 볼 것인가 하는 쟁점이 있다. 비록 명시적이지는 않지만 고주와 주자는 (1)의 입장에서 해석한 듯하다. 그리고 이들은 인仁을 전덕全德으로 보고, 그 실천은 지난至難하다고 생각하여 일월지日月至를 하루에 한 번 겨우 이르고(日一至) 한 달에 한 번 겨우 이르렀다(月一至)고 해석하였다. 다산은 (2)로 해석하면서, 공문孔門에는 안회와 버금가는 제자들도 많았다는 점에서 일월지日月至를 어떤 제자는 며칠간 지속해서 인에 이르고, 또 어떤 제자들은 한 달간 지속해서 인에 이른다고 해석하였다. 원문으로 보면, 두 해석 모두 가능하다고 판단된다. 양자 모두 일장일단이 있기 때문에 상호 보완적으로 참조하여 취하는 것이 좋다고 생각된다.

◦◦◦

6:6. 季康子問: "仲由可使從政也與?" 子曰: "由也果, 於從政乎何有?" 曰: "賜也可使從政也與?" 曰: "賜也達, 於從政乎何有?" 曰: "求也可使從政也與?" 曰: "求也藝, 於從政乎何有?"

고주 —— 계강자가 물었다. "자로(중유)는 한 관직을 맡겨 정치를 하게 할 만합니까?"(可使從一官而爲政治也與) 공자께서 말씀하셨다. "유는 과감하여 결단력(果敢決斷)이 있으니, 한 관직을 맡겨 정치를 하게 함에 무슨 어려움이 있겠습니까(何有難乎)?" (계강자가 또) 물었다. "사(자공)는 한 관직을 맡겨 정치를 하게 할 만합니까?" 공자께서 말씀하셨다. "사는 사물의 이치에 통달(達謂通於物理)했으니, 한 관직을 맡겨 정치를 하게 함에 무슨 어려움이 있겠습니까?" (계강자가 또) 물었다. "구(염구)는 한 관직을 맡겨 정치를 하게 할 만합니까?" 공자께서 말씀하셨다. "구는 재능이 많으니(藝=多才藝) 한 관직을 맡겨 정치를 하게 함에 무슨 어려움이 있겠습니까?"

주자 —— 계강자가 물었다. "자로(중유)는 (대부大夫가 되어) 정치에 종사할 만합니까(從政=爲大夫)?" 공자께서 말씀하셨다. "유는 결단할 줄 아니(果=有決斷), 정치에 종사함에 무슨 어려움이 있겠습니까(何有難乎)?"(계강자가 또) 물었다. "사(자공)는 (대부가 되어) 정치에 종사할 만합니까?" 공자께서 말씀하셨다. "사는 사리에 통달(達=通事理)했으니, 정치에 종사함에 무슨 어려움이 있겠습니까?"(계강자가 또) 물었다. "구(염구)는 정치에 종사할 만합니까?" 공자께서 말씀하셨다. "구는 재능이 많으니(藝=多才能) 정치에 종사함에 무슨 어려움이 있겠습니까?"

다산 —— 계강자가 물었다. "자로(중유)는 (벼슬하면서) 정사를 시행할 만합니까(從政=仕而行政也)?" 공자께서 말씀하셨다. "유는 결단할 줄 아니, (벼슬하면서) 정사를 시행함에 무슨 어려움이 있겠습니까(何有難乎)?"(계강자가 또) 물었다. "사(자공)는 (벼슬하면서) 정사를 시행할 만합니까?" 공자께서 말씀하셨다. "사는 사리에 통달했으니, (벼슬하면서) 정사를 시행함에 무슨 어려움이 있겠습니까?"(계강자가 또) 물었다. "구(염구)는 (벼슬하면서) 정치에 종사할 만합니까?" 공자께서 말씀하셨다. "구는 재능이 많으니(藝=多才能) (벼슬하면서) 정사를 시행함에 무슨 어려움이 있겠습니까?"

집주 —— ■從政은 謂爲大夫라 果는 有決斷이요 達은 通事理요 藝는 多才能

이라

종정從政은 대부大夫가 된다는 말이다. 과果는 결단력이 있음이고, 달達은 사리에 통달함(通事理), 예藝는 재능이 많음(多才能)이다.

■ 程子曰 季康子問 三子之才可以從政乎아한대 夫子答以各有所長하시니 非惟三子라 人各有所長하니 能取其長이면 皆可用也니라

정자가 말했다. "계강자季康子가 세 사람의 재능이 정치에 종사할 만한가 하고 물으니, 공자께서는 각자의 장점으로 답하셨다. 비단 이 세 사람뿐만 아니라, 사람은 각각 장점이 있으니, 그 장점을 취한다면 모두 등용될 수 있다."

고금주 —— ■ 補曰 從政, 謂仕而行政也. 何有, 言不難也.

보완하여 말한다. 종정從政은 벼슬하여 정사를 행하는 것을 말한다. 하유何有는 어렵지 않다(不難)는 말이다.

■ 荻曰: "爲政者大夫, 從政者士."[純云: "春秋之世, 諸侯之國, 爲政者必其正卿一人."] ○ 駁曰 非也. 楚狂接輿曰: "今之從政者殆而."[見下篇]《春秋傳》曰: "晉之從政者新, 未能行令."[宣十二]〈晉語〉, 趙宣子曰: "事君而黨, 吾何以從政?" 此皆指大夫之操政柄者, 況'鄭子産從政一年, 輿人誦之',[襄三十] 正是純所謂正卿一人爲政者. 今必欲一反朱子之說, 壓之曰'爲政者大夫, 從政者士', 亦豈非心術之病乎?〈雜記〉曰: "期之喪, 卒哭而從政, 九月之喪, 旣葬而從政."[《王制》云: "父母之喪, 三年不從政, 齊衰大功之喪, 三月不從政."]〈王制〉曰: "將徙於諸侯, 三月不從政, 自諸

든 통하고 이르게 되기에 '두루 통하다'는 뜻이 나왔다. 통하다, 대범하다, 현달하다, 전하다, 두루, 이르다, 갖추다, 드러나다, 통용되다 등의 뜻이다.
■예藝는 云(이를 운)+埶(심을 예: 艹, 木, 土, 埶: 땅에다 두 손으로 초목을 심는 형상)의 형성자로 구름(云)이 낀 날에 나무를 심다(埶)는 뜻이다. 나무를 심다는 뜻에서 나무를 심는 기술이란 뜻이 나왔고, 다시 기예技藝, 공예工藝, 예술藝術 등의 뜻이 나왔다. 일반적으로 소학(~15세)으로는 여섯 가지 기예(六藝)를 교과목으로 하였다. 육예로는 예절(禮), 음악(樂), 활쏘기(射), 말부리기(御), 글쓰기(書), 수학(數)이 있다. 서양 그리스에서는 군대에 가기 전(19세)에 시가와 체육을 교육하였다.

侯來徙家, 茅不從政."[義詳余《禮箋》] 此皆士大夫之通禮, 則經云從政者, 亦不宜偏主一論, 然三子之才, 方蔚有聲譽, 卑位小官, 不必擬議. 當以朱子說爲正.

오규 소라이가 말했다. "위정자爲政者(정치하는 사람)는 대부大夫이며, 종정자從政者(정사에 종사하는 사람)는 사士이다."(다자이슌이 말했다. "춘추시대에 제후국에서 爲政者는 반드시 正卿 1인이었다."). ○논박하여 말하면, 그릇되었다. 초나라 광인 접여가 이르길, "오늘날 종정자從政者는 위태롭구나(미자)."라고 하였다. 『춘추전』「선공宣公12년」에서 말하길, "진나라의 종정자從政者는 새로 임명되어, 아직 영슑을 행할 수 없다."고 하였다. 『국어』「진어晉語」에서 조선자는 말하길, "임금을 섬기면서 편당을 지으면, 내가 무엇으로 종정從政하겠는가?"라고 하였다. 여기서 종정자從政者는 모두 대부로서 정권을 잡은 자를 말한다. 더욱이 '정자산鄭子産은 종정從政한 지 1년 만에 뭇 사람들이 그를 칭송했다(襄公13년).'고 하였으니, 바로 다자이슌의 이른바 정경正卿은 한 사람이란 위정자를 가리키는 말이다. 그런데 오늘날 반드시 주자朱子의 설을 하나같이 반대하고 멸시하면서 말하길, '위정자는 대부이며, 종정자는 사士이다.'라고 하니, 이 또한 어찌 심술의 병이 아니겠는가? 『예기』「잡기」에 이르길, "기년상期年喪에는 졸곡卒哭 뒤에 종정從政하고, 구월상九月喪에는 이미 장례를 하였으면 종정한다."고 했다. 「왕제」에서 말하길, "장차 (家에서) 제후로 옮기려 하는 자는 3개월간 종정從政하지 않으며, 제후에서 가家로 옮기려 하는 자는 기년朞年을 종정하지 않는다."고 하였다. 이는 사士와 대부大夫 모두에게 통용되는 예법(通禮)이니, 본문에서 말한 '종정從政'이란 것 역시 마땅히 하나의 논의에 치우쳐 주장할 수 없다. 그러니 세 사람의 재능은 바야흐로 성대하게(蔚然) 명성이 있었던 때이므로, 낮고 작은 벼슬로 논의할 필요가 없다. 마땅히 주자의 설을 정론으로 삼아야 한다.

비평 —— 공자의 인물 천거와 용인 방법의 일단을 알 수 있게 하는 구절이다. 사람들은 누구나 장단점이 있다. 그 장점을 취하여 잘 활용만 한다면, 어떤 일도 할 수 있을 것이다. 그래서 공자는 사람을 부릴 때에는 그 재능에 알맞게 부릴 것이지, 재능을 갖추기를 요구하지 않는다고 말하였다.

> 공자께서 말씀하셨다. "군자는 섬기기는 쉬워도 기쁘게 하기는 어렵다. 올바른 도로써 기쁘게 하지 않으면 기뻐하지 않는다. 군자가 사람을 부릴 때에는 그 재능에 맞게 부린다. 소인은 섬기기는 어려워도 기쁘게 하기는 쉽다. 비록 올바른 도로써 기쁘게 하지 않아도 기뻐한다. 소인이 사람을 부릴 때에는 갖추기를 요구한다."(子曰 君子 易事而難說也 說之不以道 不說也 及其使人也 器之 小人 難事而易說也 說之雖不以道 說也 及其使人也 求備焉, 13:25)

주석에서는 종정從政의 의미를 서로 다르게 해석했다. 고주의 형병은 "한 관직을 맡겨 정치에 참여시킬 만하냐(可使從一官而爲政治也歟)."라고 해석하였다. 주자는 "종정從政이란 대부大夫가 된다는 말이다."라고 해석했다. 다음과 같이 질문에 답했다.

> 물었다. "종정從政이란 예컨대 대부가 되는 것이라고 하였는데 과연 어떤 근거에서 하신 말씀입니까? 그렇다면 자유가 무성의 재가 되고, 중궁이 계씨의 재가 된 것은 모두 종정從政이라고 할 수 없습니까?" 주자가 답했다. "염유가 계씨의 조정에서 퇴근했을 때, 공자께서 말씀하시길, '그것은 (계씨 집안의) 일(其事)이다. 만약 정政이 있었다면, 비록 나를 쓰지 않았다고 할지라도, 나도 그것을 함께 들었을 것이다(「자로」 13:14).'라고 하셨으니, 자연히 알 수 있다."
>
> 호인이 말했다. "자로와 중유는 계씨의 가재가 된 지 오래되었으니, 여기서 종정從政을 물은 것은 대부大夫를 할 만한지를 물은 것이다. 대개 재宰는 집안일이 있을 따름이고, 대부는 국정에 참여하여 듣는다."(『논어집주대전』)

다산은 '위정자爲政者는 대부大夫이며 종정자從政者는 사土(오규 소라이)'라 거나 혹은 '춘추시대에 제후국에서 위정자爲政者는 반드시 정경正卿 한 사람 이었다(다자이슌)'는 해석을 비판하고, "종정從政이란 벼슬하여 정사를 행하는 것(仕而行政也)을 말한다."고 정의하면서 주자의 견해에 대체로 동의한다.

⋙⋘

6:7. 季氏使閔子騫爲費宰. 閔子騫曰: "善爲我辭焉. 如有復我者, 則吾必在汶上矣."[復, 入聲]

고주 —— (신하의 도리를 지키지 않는:季氏不臣) 계씨가 사자를 보내, 민자건을 (계씨의 읍으로 모반이 잦은) 비땅의 읍재로 삼으려 하니, 민자건이 (계씨의 가신 이 되고 싶지 않아서) 말했다. "나를 위해 사양하는 말을 잘 해주시오. 만일 다 시(復:부) 와서 나를 부른다면, 나는 반드시 문수 가로 갈 것이오."

주자 —— 계씨가 사자를 보내, 민자건을 비땅의 읍재로 삼으려 하니, 민자건 이 (계씨의 가신이 되고 싶지 않아서) 말했다. "나를 위해 사양하는 말을 잘 해주

자원풀이 ■재宰는 宀(집 면)+辛(매울 신)의 회의자로 집(宀)안에서 칼(辛)을 쥐고 있다는 뜻에서 짐승을 죽이다, 고기를 자르다는 뜻이 나왔고, 생살권을 지닌 사람이란 뜻에서 재상宰相, 주재主宰하다는 뜻도 나왔다.
■사辭는 亂(어지러울 난:두 손으로 엉킨 실을 푸는 모습)+辛(매울 신:주관하다=司)의 회의자로 송사訟事에서 과장되거 나 수식된 말(言辭)을 뜻한다. 형벌(辛)로 다스려야 할 만큼 복잡하고 뒤엉킨 다툼에 등장한 말, 혹은 뒤엉킨 실타 래(亂)처럼 복잡한 말을 판단하고 관리한다(辛)는 뜻이다. 말이나 뜻이라는 의미로부터 언사言辭, 문사文辭란 뜻이 나왔고, 여기서 사직辭職하다, 고별告別하다, 핑계를 대다는 뜻도 나왔다.
■복復은 彳(걸을 척)+夏(돌아올 복)의 형성자이다. 복夏은 갑골문에서 아래쪽은 발(夂:천천히 걸을 쇠)이고 위쪽은 긴 네모꼴에 양쪽으로 모둥이가 더해졌는데, 포대 모양의 대형 풀무를 발(夂)로 밟아 작동시키는 모습으로 밀었 다 당겼다 하는 동작이 반복反復하는 특성이 있어 반복反復, 회복回復의 뜻이 있고 彳을 더해 복復을 만들어 '돌아

시오. 만일 다시(復復) 와서 나를 부른다면, 나는 반드시 문수(在齊南魯北竟上)
가에 있을 것이오."(제나라로 떠나겠다.)

다산 —— 계씨가 사자를 보내, 민자건을 비땅의 읍재로 삼으려 하니, 민자건
이 말했다. "나에 대한 사령을 잘 처리해 주시오(託使者善其辭令). 만일 갔다
와서 다시 나를 부른다면(復=往來相告), 나는 반드시 문수 가에 있을 것이오."
(민자건은 계씨의 가신이 되고 싶지 않은 것이 아니라, 비땅을 잘 다스리면 오히려 公家
에 해가 되기 때문에 사양했다.)(復는 入聲이다.)

집주 —— ■閔子騫은 孔子弟子니 名損이라 費는 季氏邑이라 汶은 水名이니
在齊南魯北竟上이라 閔子不欲臣季氏하여 令使者善爲己辭라 言若再來召我
면 則當去之齊라 하니라
민자건閔子騫은 공자 제자로 이름은 손損이다. 비費는 계씨의 읍邑이다. 문汶
은 강 이름인데 제나라 남쪽과 노나라 북쪽 경계 상에 있다. 민자건은 계씨
季氏의 가신이 되고 싶지 않아, 사자使者에게 자신을 위해 잘 말해달라고 하면
서, 만약 다시 와서 자기를 부르면, 마땅히 제나라로 떠나겠다고 말한 것이다.
■程子曰 仲尼之門에 能不仕大夫之家者는 閔子曾子數人而已니라
정자가 말했다. "중니의 문하에서 능히 대부의 집안에서 벼슬하지 않을 수
있는 사람은 민자건과 증자曾子 등 몇 사람일 뿐이다."
■謝氏曰 學者能少知內外之分이면 皆可以樂道而忘人之勢라 況閔子 得聖人
하여 爲之依歸하니 彼其視季氏不義之富貴를 不啻犬彘하니 又從而臣之가
豈其心哉리오 在聖人則有不然者하니 蓋居亂邦, 見惡人은 在聖人則可커니

오다'는 동작을 구체화했다. 이로부터 '다시'란 뜻이 나왔는데, 이때에는 부활復活에서처럼 '부'로 읽는다.
■문汶은 水(물 수)+文(무늬 문)의 형성자로 강의 이름이다. 지금의 대문하大汶河로 산동성 내무萊蕪 서 북쪽에서 발
원하여 서남쪽의 고영古嬴현으로 흘러들어 영문嬴汶이라 불렀다.

와 自聖人以下는 剛則必取禍하고 柔則必取辱하나니 閔子豈不能早見而豫待
之乎아 如由也는 不得其死하고 求也는 爲季氏附益하니 夫豈其本心哉리오
蓋旣無先見之知하고 又無克亂之才故也라 然則閔子其賢乎인저

사량좌가 말했다. "배우는 이가 조금이라도 내외의 구분을 할 줄 안다면, 모
두 도를 즐기고 사람의 권세를 잊을 수 있는데, 하물며 민자건은 성인聖人을
얻어 귀의歸依하였으니, 그가 계씨의 의롭지 못한 부귀를 개·돼지처럼 보았
을 뿐만이 아니라, 또한 계씨를 쫓아 가신이 되는 것이 어찌 그의 마음이겠는
가? 성인의 경우라면 그렇게 하지 않음이 있다. 대개 어지러운 나라에 살면
서 악인을 만나는 것은 성인의 경우에는 괜찮지만, 성인 이하부터는 강剛하
면 반드시 화禍를 입고, 유약柔하면 반드시 치욕을 당한다. 민자건이 어찌 능
히 일찍 살펴서 미리 대비하지 않겠는가? 예를 들면, 자로가 제명대로 죽지
못한 것, 염구가 계씨를 위해 재산을 더 보태준 것과 같은 것이, 어찌 그들의
본심이었겠는가? 대저 미리 볼 줄 아는 지혜가 없고, 또한 분란을 극복할 재
능도 없었기 때문이다. 그렇다면 민자건은 아마도 현명하던 것 같다."

고금주 —— ■補曰 費, 魯東郊地名, 季氏取之爲己邑. ○襄七年, 南遺爲費宰,
請城費. 昭十三年, 南蒯以費畔, [畔季氏] 又公山弗擾以費畔. [畔季氏] 定十二年,
孔子[時爲大司寇]使仲由爲季氏宰, 墮三都, 收其甲兵. [墮者, 毁其城邑也] 費, 其一
也. ○孔曰: "季氏以邑宰數畔, 聞子騫賢, 故欲用之." ○補曰 善爲我辭, 託使者
善其辭令. [爲, 去聲] 復, 往來也. 《說文》云 ○孔曰: "去之汶水上, 欲北如齊."
보완하여 말한다. 비費는 노나라 동쪽 교외의 지명이다. 계씨가 취하여 자기
의 읍성으로 삼았다. ○양공 7년 남유南遺가 비읍의 가재가 되어 성을 쌓겠
다고 청하였다. 소공13년에 남괴南蒯가 비읍으로 모반하였고(계씨를 모반하였
다), 또한 공산불요公山弗擾가 비읍으로 모반하였다(계씨를 모반하였다). 정공
12년에 공자(당시 대사구)께서 중유로 하여금 계씨의 가재가 되어 삼도를 무

너뜨려(墮三都) 그 갑병甲兵을 회수하게 하였다(墮란 그 성읍을 허문 것이다). 비費는 그중 하나이다. ○공안국이 말했다. "계씨는 비읍의 가재들이 자주 모반하니, 민자건이 현명하다는 소문을 듣고 그를 등용하려 했다." ○선위아사善爲我辭는 사자에게 자신에 대한 사령辭令을 잘 처리해 달라고 부탁한 것이다(爲는 거성이다). 복復은 왕래往來이다(『설문』에서 말했다). ○공안국이 말했다. "이곳을 떠나 문수汶水 가로 가겠다는 것은 북쪽의 제나라로 가고자 한다는 말이다."

■孔曰: "季氏不臣." 又曰: "不欲爲季氏宰."[邢云: "僭禮樂, 逐昭公, 是不臣也."] ○案 費者, 魯之巖邑, 季氏之兔窟也. 季氏居費則不能執國命, 在國則不能制費畔, 其勢兩難. 若得賢者而爲之宰, 則季氏之利也. 季氏之利, 公家之削也. 君子爲人謀忠, 旣受其任, 治之不得不忠, 忠於費則害於魯, 此子騫之所以辭也. 故孔子爲大司寇, 使仲由爲季氏宰, 先墮費邑, 外輔季氏, 其實所以存魯也. 季氏之召子騫, 雖不知在於何年, 要在子路墮費之先. 若云子騫以季氏不臣之故, 而不欲爲宰, 則孔子·子路目見子騫之守義, 猶復不覺, 同陷不義, 有是理乎? 仕於季氏, 非孔門之所恥也.

공안국이 말했다. "계씨가 신하의 도리를 지키지 않았다. 또 말했다. (민자건이) 계씨의 읍재가 되고 싶어 하지 않았다." (형병이 말했다. "예악을 참람하게 쓰고, 昭公을 축출하였으니, 이것이 신하의 도리를 지키지 않은 것이다.") ○살핀다. 비읍은 노나라의 암읍巖邑으로 계씨의 토굴兔窟이었다. 계씨가 비읍에 웅거하면 국명國命을 집행할 수 없고, 국도에 있으면 비읍의 반란을 제어할 수 없어서, 그 형세가 진퇴양난이었다. 만약 현능한 이를 얻어 비읍의 재로 삼으면 계씨에게 이로운 것이 된다. 계씨에게 이로운 것은 공가公家에는 해로운 것이다. 군자는 남을 위해 일을 꾀함에 충심을 다해야 하니, 그 직임을 받고 나면 다스리는 일에 충심을 다하지 않을 수 없다. 비읍에 충심을 다하면 노나라에는 해롭다. 이것이 민자건이 사양한 까닭이다. 그러므로 공자께서는 대사구가 되었을 때 중유를 계씨의 읍재가 되게 하여 먼저 비읍의 성을 헐어버렸으니, 겉으로는 계씨를 도운 것처럼 보였지만, 실제로는 노나라를 보존한 것이었다. 계씨가 민자건을 부른 것은 비록 어느 해인지를 알 수 없지만, 자로가 비읍의 성을 허물기 이전이었음이 틀림없다. 만약 (공안국의 설명처럼) 민자건이 계씨가 신하의 도리를 다하지 못한다고 여겼기 때문에 읍재가 되지 않으려고 했다고 한다면, 공자와 자로는 민자건이 의리를 지키는 것을 목도하고도 오히려 깨닫지 못하고 함께 불의에 빠진 것이 되니, 이럴 리가 있겠는가? 계씨에게 벼슬한 것은 공자 문하에서 수치가 아니다.

■《集注》釋音云: "復, 扶·又反." ○案 復若非入聲, 則'復我'二字, 不成文. 孟子云: "有復於王者曰, '力足以擧百鈞.'" 非必復命而後謂之復也. 復者, 往來相告之義也.

『집주』에서 음을 해석하여 말했다. "'부復'는 부扶와 우又의 반절음半切音(부)이다." ○살핀다. '復'가 만일 입성入聲이 아니라면, '復我' 두 글자는 글월(文)을 이루지 못한다. 『맹자』에서 말했다. "어떤 이가 있어 왕에게 아뢰어 말하길(有復於王者曰), '힘이 족히 백균을 들 수 있습니다(力足以擧百鈞).'라고 했다."(「양혜왕상7」) (復이라는 글자는) 반드시 복명復命이라고 하는 경우에만 복復이라고 읽는 것은 아니다. 여기서 복復은 왕래하며 서로 고한다(往來相告)는 뜻이다.

비평 —— 고주와 그것을 답습한 주자는 어진 민자건이 계씨의 읍인 비땅의 읍재가 되고 싶어 하지 않은 이유를 '계씨가 신하의 도리를 제대로 하지 않기 때문에, 계씨의 가신이 되고 싶어하지 않았다.'고 해석하였다. 이에 비해 다산은 좀더 적극적인 해석을 내놓았다. 비록 공자의 제자(예컨대 자로)라고 할지라도, 대의를 도모하기 위해서는 계씨 같은 무도한 대부의 가신이 되어 충심을 다해 다스리면 수치가 되지 않는다는 것이다. 다만 여기서 민자건이 계씨의 암읍인 비땅의 읍재를 사양한 것은, 비읍을 잘 다스리면 계씨에게 이득이 되지만 공가에는 해가 되기 때문이라고 했다. 누구의 해석이 옳다고 보기 어렵다. 상호 강조점의 차이라고 생각된다. 상호 보완적으로 취하는 것이 좋을 듯하다.

⁓⁓⁓

6:8. 伯牛有疾, 子問之, 自牖執其手, 曰: "亡之, 命矣夫! 斯人也而有斯疾也! 斯人也而有斯疾也!"

고주 —— 백우가 심한 중병(疾=癩病)을 앓자, 공자께서 문병을 가셨는데, (백우가 악질이 있어 사람을 만나고자 하지 않아) 창문으로 그 손을 잡으시면서 말씀하셨다. "죽겠구나(亡之=喪之), 천명이로구나! 이렇게 착한 사람이 이렇게 흉한 병에 걸리다니!(行善遇凶), 이렇게 착한 사람이 이렇게 흉한 병에 걸리다니!"(심하게 통석해하신 것이다:痛惜之甚)

주자 —— 백우가 심한 중병(疾=癩病?)을 앓자, 공자께서 문병을 가셨는데, (임금을 섬기는 예법으로 스승인 공자를 섬기고자 남면할 수 있도록 남쪽 창문으로 옮기니,

자원풀이 ■질疾은 疒(병들어 기댈 녁)+矢(화살 시)로 구성되어, 화살(矢)을 맞아 생긴 상처(질병 일반)를 말하고 빠르다는 뜻이 생겼다. 흠, 해치다, 미워하다, 시기하다, 나쁘다, 빠르다, 근심하다는 뜻이다.
■유牖는 爿(나무 조각 장: 창)+庸(쓸 용)의 형성자. 벽을 뚫고 낸 창 혹은 남향의 창. 인도하다(天之牖民)는 뜻이다.
■집執은 갑골문에서 꿇어앉은 사람의 두 손에 쇠고랑이 채워진 모습을 그렸다. 이후 辛(매울 신)과 丸(알 환)으로 변하였는데, 환丸은 꿇어앉은 사람(丮:잡을 극)이 변한 모습이다.
■명命은 口(입 구)+令(명령 령)의 형성자로 모자를 쓰고 앉은 모습의 우두머리(令)의 입(口)에서 나오는 명령命令을 표현했고, 이로부터 시키다(使), 하늘의 명령으로서 목숨이란 뜻도 나왔다. 갑골문과 금문(金文) 모두 '령令'과 같은 의미로 쓰였다. 목탁을 흔들면서 명령을 하달하였기 때문에 목탁의 형상 'ㅿ'과 꿇어앉아 명령을 듣는 사람의 형상 'ㄇ'을 합하여 갑골문의 '령(令)' 자가 형성되었다. 『설문해자』에 의하면, 명命은 '구(口)'와 '령(令)'을 합하여 만든

공자께서 감당하지 못하시고) 남쪽 창문으로 (가서) 그 손을 잡으시면서 말씀하셨다. "(이러한 악질이) 없어야 할 것인데(不應有此疾而今乃有之), 천명이로구나! 이런 사람에게 (응당 없어야 할) 이러한 질병이 있다니, 이런 사람에게 이러한 질병이 있다니!"

다산 —— 백우가 심한 중병을 앓자, 공자께서 문병을 가셨는데, (임금을 섬기는 예법으로 스승인 공자를 섬기고자 남면할 수 있도록 남쪽 창문으로 옮기니, 공자께서 감당하지 못하시고) 남쪽 창문으로 (가서) 그 손을 잡으시면서(나병이 아니다) 말씀하셨다. "(나의 어진 벗을) 잃게 되었구나(亡之=失之), 운명이로구나! 이런 (얻기 어려운 어진) 사람에게 (필시 죽음에 이를) 이러한 질병이 있다니, 이런 사람에게 이러한 질병이 있다니!"

집주 —— ■伯牛는 孔子弟子니 姓冉이요 名耕이라 有疾은 先儒以爲癩也라 牖는 南牖也라 禮에 病者居北牖下하나니 君視之면 則遷於南牖下하여 使君得以南面視己라 時에 伯牛家以此禮尊孔子하니 孔子不敢當이라 故로 不入其室하고 而自牖執其手하시니 蓋與之永訣也라 命은 謂天命이라 言此人이 不應有此疾이어늘 而今乃有之하니 是乃天之所命也라 然則非其不能謹疾而有以致之를 亦可見矣니라
백우伯牛는 공자 제자로 성은 염冉, 이름은 경耕이다. 유질有疾이라 함은 선

글자이다. 입을 열어 호령하는 모양으로 '시킨다(使)'는 뜻이다(使也. 從口 從令)로 설명되고 있다. 명命과 령令 두 글자 모두 상하 위계를 전제로 명령과 복종의 뜻을 지니며, '거역할 수 없다'는 함의를 지닌다.
■령令은 모자를 쓰고 앉은 사람의 모습으로부터 우두머리가 내릴 수 있는 명령令의 의미를 그렸으며, 이로부터 명령, 황제의 명命, 행정기관의 우두머리, 명명命名하다, 좋다, 훌륭하다는 뜻이 나왔다.
■망(무)亡은 刀(칼 도)와 점으로 이루어져 칼(刀)의 날이 있는 면을 가리킨 지사문자이다. 칼날은 베거나 깎아내므로 없다, 없어지다, 도망逃亡가다, 망亡하다, 잃다, 죽다 등의 뜻이 나왔다. 없다는 뜻으로 쓰일 때는 '무'로 읽는다.

유先儒들이 나癩병이라 하였다. 유牖는 남쪽 창문이다. 『예禮』에 병자는 북쪽 창문 아래에 거처하지만(『의례』「사상례」), 임금이 문병 오시면 남쪽 창문 아래로 옮겨서 임금이 남면南面하여 자신을 볼 수 있도록 한다(『예기』「상대기」 공영달의 소)고 하였다. 당시 백우 집안에서 이러한 예禮로써 공자를 존대하니, 공자께서는 감당할 수 없었기 때문에 그 방에 들어가지 않고 창문으로 그 손을 잡으셨으니, 대개 그와 영결永訣하신 듯하다. 명命은 천명天命을 말한다. 이 사람은 응당 이런 병이 있어서는 안 될 사람인데, 지금 있으니, 이는 바로 하늘이 명한 것이라는 말이다. 그렇다면 백우가 병을 삼가지 않아서 그 병을 불러온 것이 아니었음을 또한 알 수 있다.

■侯氏曰 伯牛以德行稱하여 亞於顏閔이라 故로 其將死也에 孔子尤痛惜之하시니라

후중량이 말했다. "백우는 덕행으로 칭송되어, 안연과 민자건에 버금갔다. 그러므로 그가 죽게 되자 공자께서 더욱 통절·애석(痛惜)해 하신 것이다."

고금주 —— ■補曰 亡之, 猶言失之, [孔云: "亡, 喪也."] 謂將失吾賢友也. 斯人, 難得之人也. 斯疾, 必死之疾也. [包云: "再言之者, 痛惜之甚."]

보완하여 말한다. 망지亡之는 실지失之라고 말하는 것과 같으니(공안국이 말했다. "亡은 상실:喪이다."), 장차 나의 어진 벗을 잃게 되었다는 것을 말한다. 사인斯人은 얻기 어려운 사람(難得之人)이다. 사질斯疾은 필시 죽을 병(必死之疾)이다.(포함이 말했다. "두 번 그렇게 말한 것은 심하게 통절·애석해 하신 것이다.")

■包曰: "牛有惡疾, 不欲見人." [邢云: 《淮南子》云, '伯牛癩.'] ○案 斯人斯疾, 語意惻怛, 故漢儒執此文, 演之爲說耳. 若是癩瘡, 孔子雖愛之如骨肉, 無緣親執其手, 只是必死之疾, 未見其爲癩也. ○又按 伯牛之家, 若以惡疾之故, 使孔子隔壁而視疾, 則孔子不當執手. 孔子旣有執手之愛, 則又何不入室而撫之乎? 孔子有必不得入室之故, 然後方可以自牖執手. 朱子之義不可易. [君師同尊, 故

冉氏用其禮]

포함이 말했다. "백우는 악질惡疾에 걸려 사람에게 보이려 하지 않았다."(형병이 말했다. "『회남자』에 백우는 癩病이었다고 기록되어 있다.") ○살핀다. 사인斯人과 사질斯疾의 말뜻이 측달惻怛(가엾게 여겨 슬퍼함)이기 때문에 한유漢儒들이 이 글을 근거로 부연·설명했을 뿐이다. 만일 그와 같이 나창癩瘡이었다면, 공자께서 비록 골육骨肉처럼 사랑했다고 할지라도, 친히 그 손을 잡을 연유가 없다. 다만 필시 죽을병이긴 하지만, 그것이 나병으로 보이지는 않는다. ○또 살핀다. 백우 집안에서 만약 악질惡疾이었기 때문에 공자로 하여금 벽을 사이에 두고 병자를 보게 하였다면, 공자는 마땅히 손을 잡지 말아야 한다. 공자가 이미 손을 잡을 정도의 사랑이 있었다면, 또한 어찌 방에 들어가서 어루만져 주지 않았는가? 공자께서는 필시 방에 들어갈 수 없었던 까닭이 있은 연후에, 마침내 창문으로 손을 잡을 수 있었던 것이다. 주자朱子가 풀이한 뜻은 바꿀 수 없다.(임금과 스승을 같이 존대:君師同尊했기 때문에, 염씨가 그러한 예법을 썼다.)

비평 —— 백우가 걸린 병에 대해 고주에서는 『회남자』를 인용하여 나병癩病이라고 하였다. 주자는 한유들의 말만 인용하고 더 이상의 언급은 없다. 다산은 손을 잡았다는 사실로 보아 반드시 죽음에 이를 병이지만, 나병은 아니었을 것이라고 추정한다. 다산의 추정이 옳을 듯하다.

공자께서 방에 들어가시지 않고, 창을 통해 손을 잡은 이유에 대해 고주에서는 백우가 악질에 걸린 자신의 모습을 보이기 싫어했기 때문이라고 설명한다. 이에 대해 주자는 『예』를 인용하여, 백우 집안에서 공자를 임금처럼 예우하자, 공자께서 감당할 수 없어 창으로 손을 내밀었다고 해석하였고, 다산 또한 군사동존君師同尊의 입장에서 주자의 해석을 지지한다. 주자와 다산은 후대의 입장에서 공자를 높이는 해석을 하였다. 누가 옳은지는 알 수 없다.

다음으로 '망지亡之'를 어떻게 보아야 할 것인가 하는 점에서 약간의 어감을 달리한다. (1) 죽겠구나(고주), (2) 응당 없어야 할 것인데(주자), (3) 잃게 되었구나(다산) 등이 그것이다. (2)와 (3)을 합해서 해석하는 것이 좋을 듯하다.

공자는 사랑한 제자 안연의 죽음에서도 '운명(命)이다'라는 말을 사용한 적이 있다. 맹자는 "운명이란 이르게 하지 않아도 자연히 이르는 것이다(莫之致而至者 命也, 9:6)."라고 정의하였다. 공자는 사랑한 제자 안연이 요절했을 때 다음과 같이 안타까움을 표하였다.

> 안연이 죽자 공자께서 말씀하셨다. "아, 하늘이 나를 버리는구나, 하늘이 나를
> 버리는구나!" 안연이 죽자 공자께서 곡하시기를 너무 비통하게 하셨다. 따르는
> 자가 말했다. "선생님께서 너무 애통해 하십니다." 공자께서 말씀하셨다. "애통
> 해 하는 것이 지나쳤는가? 이 사람을 위해 애통해하지 않는다면 누구를 위해 애
> 통해하겠는가?"(顏淵死 子曰噫 天喪予 天喪予 顏淵死 子哭之慟 從者曰 子慟矣 曰有慟乎
> 非夫人之爲慟 而誰爲 11:9-10)

〜◦◦◦〜

6:9. 子曰: "賢哉, 回也! 一簞食, 一瓢飮, 在陋巷, 人不堪其憂, 回也 不改其樂. 賢哉, 回也!"

고주 —— 공자께서 말씀하셨다. "어질구나, 안회여! 한 대그릇의 밥과 한 표주박의 물로 더럽고 좁은(陋隘) 골목에서 거처하는 것을, 다른 사람들은 (와서 이런 형편을 본다면) 그 근심을 대신하지 못하겠지만, 안회는 그 도를 즐기는 뜻을 바꾸지 않았으니, 어질구나, 안회여!"

주자 —— 공자께서 말씀하셨다. "어질구나, 안회여! 한 대그릇의 밥과 한 표주박의 물로 누추한 골목에서 (태연하게) 처하는 것을, 사람들은 그(단표누항) 근심을 견디지 못하겠지만, 안회는 그 (본래의) 즐거움을 바꾸지 않았으니, 어질구나, 안회여!"

다산 —— 공자께서 말씀하셨다. "어질구나, 안회여! 한 대그릇의 밥과 한 표주박의 음료(물과 간장 등)로 좁은 골목에서 거처하는 것을, 다른 사람들은 (와서 이런 형편을 본다면) 그 근심을 대신하지 못하겠지만, 안회는 그 도를 즐기는 뜻을 바꾸지 않았으니, 어질구나, 안회여!"

집주 —— ■簞은 竹器요 食는 飯也요 瓢는 瓠也라 顔子之貧이 如此로되 而處之泰然하여 不以害其樂이라 故로 夫子再言賢哉回也하여 以深嘆美之하시니라

단簞은 대그릇이다. 사食는 밥(飯)이다. 표瓢는 표주박이다. 안자의 가난함이 이와 같았지만, 거처함이 태연함으로써 그 즐거움을 해치지 않았다. 그러므로 공자께서 "어질구나, 안회여!"라고 두 번 말씀하여, 깊이 탄미하셨다.

■程子曰 顔子之樂은 非樂簞瓢陋巷也요 不以貧窶累其心而改其所樂也라 故로 夫子稱其賢하시니라

자원풀이 ■현賢은 貝(조개 패)+臤(굳을 현)의 형성자로 노비를 잘 관리하고(臤) 재산(貝)을 잘 지키는 재능이 많은 사람을 말했으며, 이후 재산이 많다, 총명하다, 현명하다, 현자 등의 뜻게 되었다.
■단簞은 竹(대 죽)+單(홑 단)의 형성자로 대(竹)나 갈대를 엮어 만든 작은 광주리로 밥 등을 담는 데 쓰였다.
■표瓢는 瓜(오이 과)+票(불똥 튈 표)의 형성자로 배처럼 떠다닐(票) 수 있는 박(瓜)을 말한다.
■음飮은 먹을 식(食)에 하품할 흠(欠)을 합친 글자로서, 입을 벌리고 물이나 술 따위를 '마신다'는 뜻이다.
■루陋는 阜(언덕 부)+'천할 루'의 형성자로 흙(阜)으로 만든 담과 담 사이의 길이 좁다는 것을 나타낸다. 좁다, 작다, 조잡하다, 비루鄙陋하다, 누추陋醜하다는 뜻이다.
■항巷은 共(함께 공)+巳(여섯째지지 사)의 회의자로 사람(巳)들이 함께(共) 공유할 수 있는 거리나 골목을 말한다.
■감堪은 土(흙 토)+甚(심할 심)의 형성자로 흙으로 만든 성이나 담이 튼튼하여 견뎌냄을 말하며, 이로부터 이기다

정자가 말했다. "안자의 즐거움은 단표누항簞瓢陋巷을 즐긴 것이 아니다. 가난으로 그 마음을 얽어매지 않음으로써 그 즐기던 것을 바꾸지 않았다. 그런 까닭에 공자께서 그 현명함을 칭찬하셨다."

■ 又曰 簞瓢陋巷은 非可樂이요 蓋自有其樂爾니 其字當玩味니 自有深意니라 又曰 昔受學於周茂叔할새 每令尋仲尼顔子樂處의 所樂何事하시니라

(정자가) 또 말했다. "단표누항은 즐길 만한 것이 아니다. 대개 본래부터 그가 즐거워한 것이 있었다. '기其' 자를 완미玩味해야 하니, 그 자체에 깊은 의미가 있다. 또 말했다. 옛날에 주무숙周茂叔에게 수학할 적에, 매번 공자와 안자가 즐거워한 곳을 찾게 했으니, 즐거워한 것은 어떤 일인가?"

■ 愚按 程子之言이 引而不發하시니 蓋欲學者深思而自得之니 今亦不敢妄爲之說하노라 學者但當從事於博文約禮之誨하여 以至於欲罷不能而竭其才면 則庶乎有以得之矣리라

어리석은 내가 살핀다. 정자의 말은 (활을) 당겨만 놓고 쏘지 않은 것이니, 대개 배우는 자가 깊이 생각해서 스스로 터득하게 하려는 것이다. 지금 또한 감히 망령되이 설명하지는 않겠다. 배우는 자는 단지 마땅히 박문약례博文約禮의 가르침에 종사하여 그만두고 싶어도 그만둘 수 없어서 그 재주를 다하는 데에 이른다면 거의 터득하는 것이 있을 것이다.

고금주 ── ■補曰 簞, 竹筐也. 瓢, 匏勺也. 食, 飯也. 飮, 水漿之屬. 陋, 隘也. 巷, 里塗也. ○邢曰: "他人見之, 不任其憂, 回也不改其樂道之志."[孔亦云樂道] ○純曰: "孟子曰, '伊尹耕有莘之野, 而樂堯·舜之道焉.' 顔子亦猶是也."

의 뜻도 나왔다.
■우憂는 윗부분은 頁(머리 혈)+心(마음 심)+夊(뒤쳐져서 올 치)의 형성자로 화장한 얼굴에 춤을 추는 제사장의 마음을 나타낸다. 비가 내리기를 빌거나, 재앙을 없애려고 춤을 추는 제사장의 근심어린 마음으로부터 '걱정하다'라는 뜻이 나왔다.

보완하여 말한다. 단사簞은 대광주리(竹筐)이고, 표瓢는 바가지(瓠勺)이고, 사食는 밥(飯)이고, 음飮은 물·간장 따위(水醬之屬)이다. 루陋는 '좁다(隘)'이고, 항巷은 마을길(里塗)이다. ○형병이 말했다. "다른 사람이 이런 형편을 보았다면, 그 근심을 견디지 못할 텐데, 안회는 도를 즐기는 뜻을 바꾸지 않았다." (공안국 또한 '안연은 도를 즐겼다.'고 하였다). ○태재순이 말했다. "『맹자』에서 말했다. '이윤伊尹이 유신有莘의 들에서 밭을 갈면서도 요순의 도를 즐겼다.'고 하였는데, 안자 또한 이와 같았다."

■ 張南軒曰: "簞瓢之貧, 人所不堪." ○案 邢疏之意, 謂旁人來見而代憂也. 南軒之意, 謂他人易地則不堪也. 二者未知孰勝, 姑從舊說.

장남헌이 말했다. "단표의 가난함(簞瓢之貧)은 사람들이 감당하지 못하는 것이다." ○살핀다. 형병의 소疏의 뜻은 '곁에 있던 사람이 와서 보고 대신 근심한다.'는 말이다. 남헌의 뜻은 다른 사람이 안회의 처지가 되었다면 견디지 못했을 것이라는 말이다. 두 사람 중 누가 나은지 알 수 없지만, 우선 구설을 따른다.

■ 王草堂曰: "《語類》云, '若說樂天知命四字, 又壞了這樂, 則禪和子矣.'" ○案 禪家有話頭禪法, 出一題, 使人窮究, 終不明言. [如庭前柏樹子類] 此所謂禪和子也. 周茂叔令人尋孔·顏樂處, 且云所樂何事, 明有條路可尋, 豈與禪法同乎? 王草堂必陸學也.

왕초당王草堂이 말했다. "『주자어류』에서 말하길, 만일 '낙천지명樂天知命' 네 글자를 설하면서, 또한 이 즐거움을 얻지 못한다면, 선화자禪和子일 것이다." ○살핀다. 선가禪家에는 화두선법話頭禪法이 있는데, 하나의 말머리만 제시하여 사람들에게 궁구窮究하게 하지만, 끝내 분명하게 말해주지 않는다(예를 들면 '뜰 앞의 잣나무'와 같은 따위이다). 주무숙周茂叔은 사람들에게 공자와 안자가 즐거워한 곳을 찾게 했고, 또한 즐거워한 것은 어떤 일인지 그 조목과 길을 찾을 수 있도록 분명히 말해 주었으니, 어찌 선법禪法과 같겠는가? 왕초당의 학은 필시 육상산의 학(陸學)인 것이다.

비평 —— 해석상에서는 큰 쟁점은 없다. 다산은 우선 구설(고주)에 따르겠다고 하였지만, 구설이나 장남헌의 해석이나 내용상에서 본다면 별다른 차이가 없다. 여기서 우리는 정자가 "안회가 가난을 즐거워한 것이 아니라, 가난함에 구애되지 않음으로써 본래의 도를 즐기는 마음을 고치지 않는 단계에 이른 것이다."는 해석에 각별히 주의해야 한다고 생각된다. 그런데 안회의 이러한 경지는 공자의 다음 언명과 비교해서 이해할 필요가 있다.

> 섭공이 자로에게 공자는 어떤 사람인가 하고 묻자, 자로가 대답하지 않았다. 공자께서 말씀하셨다. "자네는 어찌하여 '그 사람됨이 학문을 좋아해서, 분발하여 밥 먹는 것을 잊고, 즐거워 근심을 잊어, 늙어 가는 것도 알지 못한다.'고 말하지 않았는가?" (7:18, 葉公 問孔子於子路 子路不對 子曰 女奚不曰 其爲人也 發憤忘食 樂以忘憂 不知老之將至云爾)

안회는 '그 즐거움을 고치지 않았다(不改其樂).'고 하여 아직 유위가 남아 있지만, 공자는 '자연스럽게 즐겁다'는 점에서 유위가 없어진 경지에 도달했다.

～～～❦～～～

6:10. 冉求曰: "非不說子之道, 力不足也." 子曰: "力不足者, 中道而廢. 今女畫."

고주 —— 염구가 말했다. "저는 선생님의 도를 좋아하지 않는 것이 아닙니다

만, 힘이 부족합니다." 공자께서 말씀하셨다. "힘이 부족한 자는 중도에 그만
둔다(廢=罷止). 지금 너는 (힘이 다한 것이 아니라:非力盡) 스스로 멈춘 것일 뿐이
다(劃=自止耳)."

주자 —— 염구가 말했다. "선생님의 도를 좋아하지 않는 것이 아닙니다만,
힘이 부족합니다." 공자께서 말씀하셨다. "힘이 부족한 자는 중도에서 (나아
가려고 하지만 능력이 되지 않아서:欲進而不能) 그만둔다(廢=止). 지금 너는 (나아갈
능력은 되지만 나아가려고 하지 않고:能進而不欲) 스스로 한계를 설정하여 제한하
고 있다(劃=自止耳)."

다산 —— 염구가 말했다. "선생님의 도를 좋아하지 않는 것이 아닙니다만,
힘이 부족합니다." 공자께서 말씀하셨다. "힘이 부족한 자는 (길을 가는) 도중
(中道=中行)에 (힘이 고갈되어:力盡) (몸이) 쓰러지는 것이다(身頹:廢=傾頹.). 지금
너는 스스로 한계를 설정하여 제한하고 있다(劃之爲線 以爲限界)."

집주 —— ■力不足者는 欲進而不能이요 畫者는 能進而不欲이니 謂之畫者
는 如畫地以自限也라
역부족力不足은 (마음은) '나아가려 하나 나아갈 능력이 되지 않는 것'이다. 획

자원풀이 ■열說은 言(말씀 언)+兌(기쁠 태)의 형성자로 '말을 풀이하다'는 뜻이다. 어려운 내용을 말(言)로 잘 풀
어내면 상대에게 기쁨(兌)을 주며, 상대를 잘 설득시키기에 좋다. 여기서 '기쁘다'와 설득하다(說, 遊說)의 뜻이 나
왔다. 원래의 말씀을 뜻할 때에는 설명說明처럼 '설'로, 기쁘다(=悅)는 뜻으로 쓰일 때는 '열'로, 유세遊說하다는 뜻
으로 쓰일 때는 '세'로 읽는다.
■폐廢는 广(집 엄)+發(쏠 발)의 형성자로 쏠 수 있는 활(發)을 집(广)에 넣어 두고 쓰지 않고 폐기하다의 뜻이다. 무
너지다, 쇠퇴하다, 떨어지다, 중지하다, 내버려 두다, 엎드리다, 고질병, 내쫓다, 게을리 하다, 거칠다, 버리다, 못쓰
게 되다, 행하여지지 않다 등의 뜻이다.
■획(화)畫는 聿(붓 율)+周(두루 주:사각형의 방패)의 회의자. 사각형의 방패(周)에 붓(聿)으로 물감을 칠하는 일로 그
림이나 그림을 그리다의 뜻: 그림, 그리다, 꾸미다의 뜻일 때는 '화'로 읽고, 한계를 긋다(畵爲九州), 멈추다, 계책, 획

畫은 '나아갈 능력이 되지만 (마음이) 나아가려고 하지 않는 것'이다. 획畫이라고 말한 것은 '땅에 금을 긋고 스스로 한정하는 것'과 같아서이다.

■ 胡氏曰 夫子稱顔回不改其樂하시니 冉求聞之라 故로 有是言이라 然이나 使求說夫子之道를 誠如口之說芻豢이면 則必將盡力以求之리니 何患力之不足哉아 畫而不進이면 則日退而已矣니 此冉求之所以局於藝也니라

호인이 말했다. "공자께서 안회는 그 즐거움을 바꾸지 않았다고 칭찬하시니, 염구가 그 말씀을 들었기 때문에 이 말이 있었던 것이다. 그러나 염구가 공자의 도를 즐거워함이 진실로 입이 맛있는 고기를 좋아하는 것과 같았다면, 필시 힘을 다하여 공자의 도를 구하려 했을 것이니, 어찌 힘이 부족한 것을 걱정했겠는가? 획을 긋고 나아가지 않으면 날로 퇴보할 따름이다. 이것이 염구가 기예에 국한된 까닭이다."

고금주 —— ■補曰 中道, 中行也. 廢, 傾頹也.〔《說文》云: "屋傾曰廢."〕畫者, 劃之爲線, 以爲限界也. 冉子多藝, 而先言力不足, 是自畫也.

보완하여 말한다. 중도中道는 (길을 가는) 도중(中行)이다. 폐廢는 '기울어져 무너진다(傾頹)'이다. (『설문』에서 말했다. "옥이 기울어진 것을 廢라 한다.") 획畫이란 선을 그어서(劃之爲線) 한계로 삼는 것이다. 염자는 기예가 많은데도(多藝), 먼저 힘이 부족하다고 말하였으니, 이는 스스로 획을 그은 것이다.

■饒曰: "中道而廢者, 如人擔重擔行遠路, 行到中途, 氣匱力竭, 十分去不得, 方始放下." ○駁曰 非也. 放下者, 謂停廢也. 是讀之如大功廢業之廢也, 不亦謬乎? 廢當讀之如荊軻廢之廢, 謂力盡而身頹也. 豈停行之謂乎?

쌍봉 요씨가 말했다. "중도이폐中道而廢란 예를 들면, 사람이 무거운 짐을 지

등의 뜻일 때는 '획'으로 읽는다. 획劃은 刀(칼 도)+畫(그림 화)의 형성자. 칼(刀)로 도형을 그리는 것(畫)이다. 칼은 붓처럼 유연하지 않아 직선으로 나타나기에 획을 긋다, 획분劃分하다, 나누다, 설계하다, 계획計劃하다의 뜻이다.

고 먼 길을 가는데, 걸음이 중도中途에 이르러 기운이 다하고 힘이 빠져 더 이상 갈 수 없어, 거기에서 바야흐로 짐을 내려놓는 것과 같다." ○논박하여 말하면, 그릇되었다. 짐을 내려놓는다는 것은 정폐(停廢)한다는 것을 말한다. 이는 폐廢 자를 마치 대공폐업大功廢業이라고 할 때의 폐廢로 읽은 것이니, 잘못이 아니겠는가? 폐廢 자는 마땅히 '형가荊軻가 폐廢하다.'라고 할 때의 폐廢로 읽어야 하니, 이 폐廢 자는 '힘이 다하여 몸이 쓰러지는 것'이다. 어찌 가다가 그만 두는 정행(亭行)을 말하겠는가?

■ 引證《中庸》曰: "君子遵道而行, 半塗而廢, 吾不能已矣."[鄭云: "廢, 猶罷止也."] ○案 鄭注, 非也. 君子雖八十而死, 亦半塗而廢也. 半塗而廢者, 力盡氣竭, 身自崩頹而死也. 此是至死不已之至言, 其言惻怛激烈, 豈罷止之意乎?

인증한다. 『예기』「중용」11장에서 말했다. "군자가 도를 따라 행하다가 반쯤 가다가 폐廢하나니, 나는 그만 둘 수 없다."(정현이 말했다. "廢는 그만 두다:罷止이다.") ○살핀다. 정현의 주석은 그릇되었다. 군자가 비록 여든이 되어 죽더라도(死) 또한 반도이폐半塗而廢이다. 반도이폐半塗而廢란 '힘이 다하고 기운이 고갈되어 몸이 스스로 무너져 죽은 것'이다. 이는 죽음에 이르러서도 그만 두지 않는다는 지극한 말이니, 그 말이 측달 · 격렬한 것인데, 어찌 파지罷止의 뜻이겠는가?

■ 引證〈表記〉曰: "〈小雅〉曰, '高山仰止, 景行行止.' 子曰, '詩之好仁如此, 鄉道而行, 中道而廢, 忘身之老也. 不知年數之不足也. 俛焉日有孳孳, 斃而后已.'" ○鄭曰: "廢喻力極罷頓, 不能復行則止也." ○案 鄭注, 非也. 廢之爲字從广, 本是屋宇傾頹之名. 鄭氏每以罷止爲言, 豈不謬哉? 但〈表記〉·《中庸》, 皆以中道而廢喻人之鄕道而死,《論語》以中道而廢喻力弱者之頹仆, 其言有大小也.

『예기』「표기」에서 말했다. "『시경』「소아」에 이르길, '높은 산을 우러러보고(高山仰止) 큰길을 걸어가네(景行行止).'라고 하였다." 공자께서 말씀하시길, '시詩에 인仁을 좋아함이 이와 같구나! 도를 향해 가다가 중도에 폐하더라도

(中道而廢) 몸이 늙은 것도 잊은 채, 남은 나이가 부족한 것도 인지하지 못한 채, 날마다 부지런히 노력하다가, 죽은 뒤에 그치는 것이다.'라고 하셨다. ○ 정현은 말했다. "폐廢는 힘이 다하고 피로하여 다시 행할 수 없으면 그만 두는 것이다." ○살핀다. 정현의 주석은 그릇되었다. 폐廢라는 글자는 엄广에서 유래한 것이니, 이는 본래 집이 기울어 쓰러지는 것을 뜻하는 말이다. 정현은 매번 그만두는 것(罷止)로 해석하니, 어찌 잘못되지 않겠는가? 다만 「표기」와 「중용」의 글은 모두 '중도이폐中道而廢'로 '사람이 도를 향해 계속 가다가 죽는 것'을 비유하였고, 『논어』에서는 '힘이 약한 자가 엎어지는 것'을 비유하였으니, 그 말에 크고 작음의 차이가 있다.

비평── '역부족자力不足者 중도이폐中道而廢'의 '폐廢' 자에 대해 (1) 파지罷止 (다하여 그만 둠:정현), (2) 지止(힘이 다하여 그만 둠:주자), (3) 경퇴傾頹(기울어져 무너짐:다산) 등으로 어감상 약간의 차이가 있다. 다산의 해석이 가장 분명하다. 다산은 중도이폐中道而廢와 (『중용』의) 반도이폐半途而廢의 차이에 세심한 주의를 기울이는데, 주자 또한 그 논의를 보면 그 차이를 명확히 인식하고 있다는 점에서, 큰 차이가 나는 것은 아니다.

> 주자가 말했다. "힘이 부족한 자는 '중도이폐中道而廢'에서 폐廢는 공부는 좋아하지만 나아갈 수 없는 사람이니, 공부를 할 수 없거나 재질이 힘쓸 수 없는 사람이다. 금여획今女畫에서 획畫은 스스로 한계를 획정하는 것(是自畫)이니, 스스로 나의 자질은 불민하다고 말하면서 공부하기를 기꺼워하지 않는 것이다." (不肯爲學,『논어집주대전』)
>
> "중도이폐中道而廢와 반도이폐半途而廢는 다르다. 반도半途는 게을러서 나아가지 않는다는 뜻이 있고, 중도中道라는 것은 다만 앞으로 나아가려고 하지만 도중에 힘이 부족하여 그만두는 것이다." (中道而廢與半途而廢不同. 半途是有那懶而不

進之意; 中道是那只管前去, 中道力不足而止:『주자어류』32:3)

6:11. 子謂子夏曰: "女爲君子儒, 無爲小人儒."

고주 —— 공자께서 자하에게 말씀하셨다. "너는 (장차 선왕지도를 밝히는) 군자유가 되고, (자신의 명성을 과시하고자 하는) 소인유가 되지 마라."

주자 —— 공자께서 자하에게 말씀하셨다. "너는 (爲己之學을 통해 義를 지향하는) 군자유가 되고, (爲人之學을 통해 利를 추구하는) 소인유가 되지 마라."

다산 —— 공자께서 자하에게 말씀하셨다. "너는 (도를 배우고 詩·書·禮·樂·典章·法度를 익히면서, 도를 지향하는) 군자유가 되고, (도를 배우거나 詩·書·禮·樂·典章·法度를 익히지만, 자신의 명성을 지향하는) 소인유가 되지 마라."

집주 —— ■ 儒는 學者之稱이라
유儒는 배우는 자의 호칭(學者之稱)이다.
■ 程子曰 君子儒는 爲己요 小人儒는 爲人이니라
정자가 말했다. "군자유는 위기爲己(자기 정립의 공부)하고, 소인유는 위인爲人 (상대적인 공부)한다."
■ 謝氏曰 君子小人之分은 義與利之間而已라 然이나 所謂利者는 豈必殖貨財之謂리오 以私滅公하고 適己自便하여 凡可以害天理者 皆利也라 子夏文學雖有餘나 然이나 意其遠者大者或昧焉이라 故로 夫子語之以此하시니라

사량좌가 말했다. "군자와 소인의 구분은 의義와 리利의 차이일 뿐이다. 그러나 이른바 이利라는 것이 어찌 반드시 재화를 증식하는 것을 말하겠는가? 사私로써 공公을 멸하는 것, 자기에게 맞추고 자기 편한 대로 하는 것(適己自便) 등, 무릇 천리天理를 해칠 수 있는 것은 모두 리利이다. 자하子夏는 비록 문학文學에서는 남음이 있었지만, 원대遠大한 것에 뜻을 두는 데에서는 어두웠기 때문에 부자께서 이렇게 말씀하셨다."

고금주 —— ■孔曰: "君子爲儒, 將以明道, 小人爲儒, 則矜其名." [皇氏本作馬融曰]
공안국이 말했다. "군자가 유자(儒)가 되는 것은 장차 도를 밝히려는 것이고, 소인이 유자가 되는 것은 자기의 명성을 과시하려는 것이다." (황간본에는 마융이 말했다고 했다.)

■王草堂曰: "此大・小當以度量規模言." ○駁曰 非也. 儒者, 學道之人, 所習者詩・書・禮・樂・典章・法度. 然其習之也, 其心爲道則君子儒也, 其心爲名則小人儒也. 舊說雖若平常, 深得本旨. 《集注》以義利公私別其同異, 亦殊明白, 豈但以大小言哉?

왕초당王草堂이 말했다. "여기서 대大・소小는 마땅히 도량과 규모로써 말한 것이다." ○논박하여 말하면, 그릇되었다. 유자儒者는 도를 배우는 사람이니, 익히는 것은 시詩・서書・예禮・악樂・전장典章・법도法度이다. 그러나 이

자원풀이 ■유儒는 人(사람 인)+需(구할 수)의 형성자로 어떤 필요나 수요(需)를 해결해 줄 수 있는 사람(人)을 뜻한다. 갑골문에서는 떨어지는 물과 팔을 벌리고 서 있는 사람을 그려 목욕하는 제사장을 형상화했는데, 제사를 지내기 전 목욕재계沐浴齋戒하는 모습이다. 그 후 금문에서는 제사가 주로 기우제祈雨祭였기 때문에 雨(비 우)자가 들어갔고, 사람의 모습이 而(말 이을 이)로 변해 수需자가 되었으며, 제사장의 모습을 강조하기 위해 인人자가 들어가 儒자가 되었다. 제사장은 그 집단에서 경험과 학식을 갖춘 지도자였기 때문에 학자나 지식인을 통칭하는 개념으로 쓰였다. 이후 그러한 사람들의 집단을 유儒, 그 학파를 유가儒家, 그 학문을 유학儒學이라 하게 되었다. 수需는 雨(비 우)+而(말 이을 이・大)의 회의자로 목욕재계하고 비(雨)를 내려달라고 하늘에 비는 제사장(大)의 모습에서 구하다, 바라다, 필요하다, 필수必需의 뜻이 나왔다.
■유儒란 (1) 술사術士(전문가: 『說文解字』 儒柔也. 術士之稱), (2) 교육자(『周禮』 「地方大司徒」 師儒 鄕里敎以六藝者), (3) 공자문

러한 것들을 익힐 때에 그 마음이 도를 목적으로 하면 군자유이고, 그 마음이 명성을 목적으로 하면 소인유이다. 구설은 비록 평상平常한 것 같지만, 깊이 본지本旨를 얻었다. 『집주』는 의義 · 리利와 공公 · 사私로써 그 같음과 다름을 구별함으로써 또한 분명하게 그 뜻을 드러냈으니, 어찌 단지 크고 작음으로만 말하는가?

비평 —— 유儒의 정의, 그리고 군자 · 소인이 중요한 문제로 다루어진다. 고주에서 형병은 "사람이 선왕의 도를 널리 배워 그 자신을 윤택하게 하는 자를 모두 유儒라고 한다."(人博學先王之道 以潤其身者 皆謂之儒)고 정의하여, 도를 선왕지도에 한정하였다. 또한 다산이 인용하는 공안국은 "군자가 유자儒가 되는 것은 장차 도를 밝히려는 것이고, 소인이 유자가 되는 것은 자기의 명성을 과시하려는 것이다."라고 정의하였다.

　주자는 단지 유자를 학자지칭學者之稱이라 하여 포괄적으로 규정했다. 우리가 『논어』를 면밀히 검토해 보면, 학學이란 (1) 의식주를 생산하기 위한 기술, (2) 인간의 도리를 실천하기 위한 소학(灑掃應對進退之節, 禮樂射御書數之文), (3) 인간다운 교양을 함양하는 인문학(詩書易之文), (4) 위기爲己를 통해 자기완성의 성인聖人을 지향하는 유자지학儒者之學 등을 포괄하는 개념이라고 할 수 있다. 그런데 주자는 학자學者란 여기서 무엇을 배우는지에 대해 구체적으로 명시하지 않았다. 주자가 인용하는 정자는 자기정립의 절대의 학인 위기爲己와 상대적인 위인爲人에 의해 군자유과 소인유를 구분하고 있다. 사량

도孔子 門徒(『莊子』「田子方」 "魯多儒士", 『列子』「周穆王」 魯有儒生 自媒能治之", 『史記』「秦始皇紀」 "與魯諸生議"), (4) 학자學者(『史記』「孔子世家」 孔子以詩書禮樂敎弟子 蓋三焉 身通六藝者七十有二人), (5) 철학자哲學者(『法言』「君子」 通天地人日儒), (6) 도덕군자(內聖外王의 추구), (7) 대장부, (8) 선비 등을 지칭하는 용례로 쓰였다. 즉 '유儒'란 우선 육예六藝를 가르치는 전문적인 교육자에서 출발하여, 공자가 시詩 · 서書 · 예禮 · 악樂을 산정刪定하여 학파를 개창한 이래(陰陽家, 墨家, 名家, 法家, 道德家 등과 구별되는) 공자학파에서 시詩 · 서書 · 예禮 · 악樂을 익히고, 천天 · 지地 · 인人의 원리에 통달하고, 내성외왕의 이념을 구현하려고 한 선비들을 총칭한다.

좌는 의리와 이익으로 구분했다. 다산은 유자儒者란 학도지인學道之人이니, 익히는 것은 시詩·서書·예禮·악樂·전장典章·법도法度라고 정의하면서, 그 마음의 지향처에 따라 군자유(道)와 소인유(名)로 나누었다. 다산은 고주와 신주를 종합하면서 상보적이라고 보면서, 고주는 평상하지만 본지를 얻었고, 주자 등의 신주 또한 그 뜻을 잘 드러냈다고 말했다.

◦◦◦

6:12. 子游爲武城宰. 子曰: "女得人焉耳乎?" 曰: "有澹臺滅明者, 行不由徑, 非公事, 未嘗至於偃之室也."

고주 —— 자유가 무성의 읍재가 되었다. 공자께서 말씀하셨다. "너는 (덕있는) 사람을 얻었는가(=得其有德之人乎)?" (자유가) 답하였다. "담대멸명이라는 자가 있습니다. 그는 길을 갈 때는 (큰 길로 가고:遵大道) 좁은 지름길을 가지 않고(不由小徑: 방정함:方이다.), 공적인 일이 아니라면 저의 집무실에 온 적이 없습니다." (공정함:公이다: 방정함과 공정함을 갖추었기에, 덕 있는 사람을 얻었다고 하는 것이다)

주자 —— 자유가 무성의 읍재가 되었다. 공자께서 말씀하셨다. "너는 (정치를 하는데 우선이 되는) 인재를 얻었는가?" (자유가) 답하였다. "담대멸명이라는 자가 있습니다. 그는 길을 갈 때는 좁은 지름길을 가지 않고(작은 이익을 보고 빨리 하고자 하는 뜻이 없다:無見小欲速之意), 공적인 일(음주례·향사례·독법 따위:飲射讀法之類)이 아니라면 저의 집무실에 온 적이 없습니다."(스스로 지키는 바:自守가 있어, 자기를 굽혀 남을 따르는 사사로움이 없었다:無枉己徇人之私)

다산 —— 자유가 무성의 읍재가 되었다. 공자께서 말씀하셨다. "너는 인재를 얻었는가(현명한 이를 丞佐로 삼았는가)?" (자유가) 답하였다. "담대멸명이라는 자가 있습니다. 그는 길을 갈 때는 좁은 지름길을 가지 않고(사사로이 알현하지 않는다), 공적인 일(정사를 보필하는 일)이 아니라면 저의 집무실에 온 적이 없습니다."

집주 —— ■ 武城은 魯下邑이라 澹臺는 姓이요 滅明은 名이니 字子羽라 徑은 路之小而捷者라 公事는 如飮射讀法之類라 不由徑이면 則動必以正하여 而無見小欲速之意를 可知요 非公事어든 不見邑宰면 則其有以自守하여 而無枉己徇人之私를 可見矣니라

무성武城은 노나라의 하읍(下邑)이다. 담대澹臺는 성이고, 멸명滅明은 이름이고 자는 자우子羽이다. 경徑은 좁은 지름길(路之小而捷者)이다. 공사公事란 향음주례·향사례·독법 따위(飮射讀法之類)이다. 지름길로 다니지 않았으면, 반드시 정도로 일을 처리하고(動必以正), 작은 이익을 보고 빨리 하고자 하는 뜻이 없었음을 알 수 있다. 공사公事가 아니면 읍재를 만나지 않았다면, 담대멸명이 스스로 지키는 바(自守)가 있어, 자기를 굽혀 남을 따르는 사사로움이 없었다는 것을 알 수 있다.

■ 楊氏曰 爲政은 以人才爲先이라 故로 孔子以得人爲問하시니 如滅明者는 觀

자원풀이 ■유由는 卣(술통 유)와 같은 글자에서 생겨난 글자로 술그릇의 주둥이에서 술이 나오는 모습을 그린 상형자이다(『한자원漢字源』). 『이아』에서는 '~로부터'라는 문법소로 쓰였고, 『방언』에서는 법식(式), 『집운』에서는 말미암다(因)라고 했는데, 이후 '~에 근거하여' '~을 따라서'의 뜻이다.
■경徑은 彳(조금 걸을 척)+巠(지하수 경)의 형성자로 베틀의 날줄(巠)처럼 곧바로 갈 수 있는 길(彳)이 빠른 길이자 지름길(捷徑)임을 말한다. 경逕(좁은 길 경)으로도 쓴다. 經徑은 辵(쉬엄쉬엄 갈 착)+巠(지하수 경)의 형성자로 베틀의 날줄(巠)처럼 똑발라 빠르고 가까운 길을 가다(辵)는 뜻이다. 지름길은 큰 길보다 작고 좁기 마련이기에 좁은 길이라는 뜻이 나왔으며, 경徑으로도 쓴다.
■공公은 厶(사사로울 사=私)와 八(여덟 팔)의 회의자로 사적 영역의 테두리(厶)를 깨뜨리는 것(八)을 나타내어 공적公的, 공공公共, 공평公平, 공개公開 등의 뜻을 지녔다. 공적인 것을 집행하는 작위이름(임금, 제후, 장관), 할아버지뻘의 남성이나 시아버지의 호칭으로도 쓰였다.

其二事之小면 而其正大之情을 可見矣라 後世에 有不由徑者면 人必以爲迂하
고 不至其室이면 人必以爲簡하리니 非孔氏之徒면 其孰能知而取之리오

양시가 말했다. "정치를 할 때는 인재를 얻는 것을 우선으로 삼기 때문에 공
자께서 '사람을 얻었는가' 하고 물으셨다. 담대멸명의 경우, 그의 두 가지 작
은 일을 보면, 그의 정대한 실정(正大之情)을 알아볼 수 있다. 후세에는 지름
길로 다니지 않는 사람이 있으면 사람들은 반드시 우월하다고 여기고, 읍재
의 집무실에 찾아오지 않으면 사람들은 반드시 거만하다고 여길 것이다. 공
자의 문도가 아니라면 그 누가 알아보고 취할 수 있겠는가?"

■ 愚謂 持身을 以滅明爲法이면 則無苟賤之羞요 取人을 以子游爲法이면 則
無邪媚之惑이니라

어리석은 나는 말한다. 담대멸명을 본으로 삼아 처신하면 구차·천박하게
수모를 당하는 일이 없을 것이며, 자유를 본으로 삼아 인재를 취하면 간사·
아첨하는 사람에 의해 미혹당하는 일이 없을 것이다.

고금주 ─── ■ 補曰 得人, 謂得賢者以爲丞佐也. [如今之鄕亭之職] ○孔曰: "焉·
耳·乎, 皆辭." [案, 記者形容夫子詞氣之緩] ○補曰 後爲孔子弟子 ○補曰 行不由
徑, 謂入公署由正路也. 公事, 公家之事, 牧民奉公是也. 偃之室, 如今之政堂.

보완하여 말한다. 득인得人이란 현명한 이를 승좌丞佐로 삼는 것을 말한다(丞
佐란 오늘날 鄕亭과 같은 직책이다). ○공안국이 말했다. "언焉·이耳·호乎는 모
두 어조사이다."(살핀다. 기록한 자가 공자의 詞氣의 완급을 형용한 것이다.) ○(담대
멸명은) 후에 공자의 제자가 되었다. ○보완하여 말한다. 행불유경行不由徑이
란 관공서에 들어갈 때 정로正路를 통한다는 말이다. 공사公事란 공가公家의
일이니, 목민봉공牧民奉公과 같은 것이다. 언지실偃之室이란 지금의 정당政堂
(지방의 관아)과 같다.

■ 邢曰: "行遵大道, 不由小徑." ○駁曰 非也. 大道迂回, 小徑直捷, 則卑賤徒

行者, 不妨由徑. 此云不由徑者, 謂無私謁也.

형병이 말했다. "길을 갈 때에는 큰 길로 가고 작은 지름길로 가지 않았다는 것이다." ○논박하여 말하면, 그릇되었다. 큰 길은 멀리 돌아가고, 작은 지름길은 곧바로 빨리 가니, 신분이 낮아 단지 걸어다녀야 하는 자는 지름길을 통해 다녀도 무방하다. 여기서 '지름길로 다니지 않는다.'는 것은 사사로이 알현하지 않는다는 말이다.

■楊曰: "爲政以人才爲先." ○蔡淸曰: "聞爾爲宰於彼, 曾得有立心制行之好人否? 不必說爲政以人才爲先, 子游不是取滅明輔政." ○駁曰 非也. 非公事, 未嘗至於偃之室, 則與議公事也. 非輔政而何? 飮射讀法, 恐非公事.

양시가 말했다. "정치를 할 때는 인재를 얻는 것을 우선으로 삼는다." ○채청이 말했다. "네가 저 무땅의 읍재가 되었다는 소식을 듣고, 일찍이 마음을 세우고 행동을 절제하는 좋은 사람을 얻었는지 여부를 질문한 것은 정치를 할 때는 필시 인재를 얻는 것이 우선이라고 말한 것이 아니다. 자유는 담대멸명을 취하여 정사를 보필하게 하지 않았다." ○논박하여 말하면, 그릇되었다. 공사公事가 아니면 일찍이 언偃의 방에 오는 일이 없었다면 그와 더불어 공사를 의논했다는 말이니, (담대멸명이) 정사를 보필하지 않았다면 무엇을 했겠는가? 향음주례·향사례·독법 따위는 아마도 공사公事가 아닐 것이다.

비평 —— 불유경不有徑에 대해 형병은 "큰 길로 가고, 작은 지름길로 가지 않는다."는 문자적인 해석을 하면서 "이것이 방정함이다."라고 풀이하였다.

주자는 "지름길로 다니지 않았다는 것은 반드시 정도로 일을 처리하고, 작은 이익을 보고 빨리 하고자 하는 뜻이 없다."는 것으로 해석하였다. 다산 또한 전거를 인용하며 "사사로이 알현하지 않았다."라고 직접적이며 간략하게 해석하며 고주의 해석에 정당한 비평을 가하고 있다. 그런데 공사公事에 대해 고주는 단지 "공사가 아니라면 일찍이 언의 방에 이른 적이 없다는 것,

이것은 공정함(公)이다(이미 공정하고 방정하였기 때문에 사람을 얻었다고 할 수 있다)."라고 말하면서, 그 구체적인 실례를 제시하지 않고 있다.

이에 대해 주자는 향음주례·향사례·독법 따위라고 하였다. 그리고 다산은 공사公事란 공가公家의 일로 목민봉공牧民奉公과 같은 것이라고 말하여, 정사를 직접 보좌하는 것으로 해석하였다. '득인得人'을 주자 식으로 '인재를 얻었는가?'로 보면 주자적인 공사의 실례가 제시되며, 다산의 방식으로 '승좌(향정 등의 직책)를 얻었는가?'로 해석하면 직접적으로 정사를 보좌하는 것이 된다. 고주와 주자의 해석에 비해 다산의 해석이 가장 직접적이고 실천적이다.

❦

6:13. 子曰: "孟之反不伐. 奔而殿, 將入門, 策其馬, 曰, '非敢後也, 馬不進也.'"

고주 —— 공자께서 말씀하셨다. "맹지반은 스스로 그 공을 뽐내지 않는다(不自伐其功). 패주할 때 (현명하면서 용기가 있어) 군대의 맨 후미에 오다가(殿=在軍後) 국문을 들어서려 할 때 자신의 말을 채찍질하며 말하길, '후미를 감당하려고 한 것이 아니라, 말이 나아가지 않았다.'라고 하였다."

주자 —— 공자께서 말씀하셨다. "맹지반은 공을 자랑하지 않았다. 패주할 때 군대의 맨 후미를 맡았는데, 성문을 들어서려 할 때 말을 채찍질하며 말하길, '후미를 감당하려 한 것이 아니라, 말이 나아가지 않았다.'라고 하였다."

다산 —— 공자께서 말씀하셨다. "맹지반은 공을 스스로 떠벌리지 않았다(伐

=自鳴). 패주할 때 군대의 맨 후미를 맡았는데, 성문을 들어서려 할 때 말을 채찍질하며 말하길, '후미를 감당하려 한 것이 아니라, 말이 나아가지 않았다.'라고 하였다."

집주 —— ■孟之反은 魯大夫니 名側이라 胡氏曰 反은 卽莊周所稱孟子反者 是也라 伐은 誇功也요 奔은 敗走也라 軍後曰殿이라 策은 鞭也라 戰敗而還에 以後爲功하니 反이 奔而殿이라 故로 以此言으로 自揜其功也니 事在哀公 十一年하니라

맹지반孟之反은 노나라 대부로서 이름은 측側이다. 호인이 말하길, "반反은 장주莊周가 칭한 맹자반孟子反이란 사람이 바로 이 사람"이라고 하였다(『장자』,「대종사」). 벌伐은 공로를 자랑하는 것(誇功)이다. 분奔은 패하여 도망가는 것(敗走)이다. 군대의 후미를 전殿이라 한다. 책策은 채찍질(鞭)이다. 전투에서 패하고 돌아올 때는 뒤에 있었던 것을 공功으로 삼는다. 맹지반은 패하여 도망가면서 군대의 후미를 맡았기 때문에 이런 말로 자신의 공로를 가린(揜) 것이다. 이 일은 애공哀公 11년조에 있다.

■謝氏曰 人能操無欲上人之心이면 則人欲日消하고 天理日明하여 而凡可以 矜己誇人者를 皆無足道矣라 然이나 不知學者는 欲上人之心이 無時而忘也 니 若孟之反은 可以爲法矣로다.

자원풀이 ■벌伐은 人+戈로 창으로 사람의 목을 베는 모양을 그려, 자르다, 치다, 정벌征伐하다가 원뜻이다. 그리고 인신하여 전공戰功을 자랑하는 의미에서 뽐내다, 자랑하다 뜻이 나왔다.
■분奔은 大(큰 대)+卉(풀 훼)의 회의자로 풀밭(卉) 위를 사람(大)이 손을 휘저으며 달려가는 모습을 그렸다. 급히 달리다, 도망하다, 몰아내다의 뜻이다.
■전殿은 殳(창 수)+展(펼 전)의 형성자로 원래는 칠 것(殳)으로 때리거나 두들기는 소리를 말했는데, 궁전宮殿이라는 의미로 가차되어, 큰 집을 뜻한다.
■책策은 竹(대 죽)+朿(가시 자)의 형성자로 대(竹)로 만든 말채찍을 말하며, 가시(朿)처럼 아프게 한다는 뜻을 담았다. 이후 글자를 쓸 수 있는 대쪽(竹)을 지칭하여 간책簡冊, 대책對策, 책략策略, 의견 등의 뜻이 나왔다.

사량좌가 말했다. "사람이 능히 남의 위에 올라서고자 함이 없는 마음을 지킬 수 있다면, 인욕人欲이 나날이 소멸되고, 천리天理는 나날이 밝게 드러나서, 무릇 자기를 자랑하고 남에게 과시하는 것들은 모두 말할 만한 것이 되지 못한다. 그러나 학문을 알지 못하는 자에게는 남의 위에 올라서고자 하는 마음이 어떤 때에도 떠나지 않는다. 맹지반과 같은 이는 모범으로 삼을 만하다."

고금주 —— ■補曰 伐, 猶鳴也. [凡戰有鍾鼓曰伐, 故自鳴者謂之伐]
보완하여 말한다. 벌伐은 명명(울다, 명성을 드날리다)과 같다(무릇 전쟁에서 鍾鼓가 있는 것을 伐이라고 하기 때문에 自鳴을 伐이라 한다).

비평 —— 특별한 쟁점은 없다.

～〰～

6:14. 子曰: "不有祝鮀之佞, 而有宋朝之美, 難乎免於今之世矣."

고주 —— 공자께서 말씀하셨다. "축타의 말재주(佞=口才)를 지니지 않으면서, 송조의 미색만 지니고 있다면, 오늘날의 세상에서 (害를) 면하기 어렵다."

주자 —— 공자께서 말씀하셨다. "축타의 말재주와 (而=與) 송조의 미색이 있지 않으면, 요즘 (쇠퇴한) 세상에서 (아첨을 좋아하고 미색을 좋아하니 禍를) 면하기 어렵다."(상심하여 하신 말씀이다.)

다산 —— 공자께서 말씀하셨다. "축타의 말재주와 혹 송조의 미색이 있지(而

有=或有) 않으면, 요즘 세상에서 (殃咎를) 면하기 어렵다."

집주 —— ■祝은 宗廟之官이라 鮀는 衛大夫니 字子魚니 有口才라 朝는 宋
公子니 有美色이라 言衰世好諛悅色하여 非此難免하니 蓋傷之也시니라
축축祝은 종묘를 담당하는 관직(宗廟之官)이다. 타鮀는 위나라 대부로 자字는 자
어子魚이고 말재주(口才)가 있었다. 조조朝는 송나라 공자로 미색美色이 있었다.
쇠퇴한 세상에서는 아첨을 좋아하고 미색을 좋아하니, 이런 것들이 아니라면
환난을 면하기 어렵다는 말이다. 대개 상심傷心하여 하신 말씀인 듯하다.

고금주 —— ■補曰 佞, 辯慧如婦人也. 而有, 猶言或有也. [一'不'字冠兩'有'字] 難
乎免, 謂易罹於殃咎也.
보완하여 말한다. 영佞은 부인婦人들처럼 말솜씨가 있는 것이다. 이유而有는
혹유或有라고 말한 것과 같다(하나의 不 자가 양쪽의 有 자에 관련되기 때문이다).
난호면難乎免은 앙구殃咎에 걸려들기 쉽다는 말이다.
■孔曰: "當如祝鮀之佞, 而反如宋 朝之美, 難免於今之世害."[邢云: "若無祝鮀之
佞, 而反有宋 朝之美, 難免於今之世害."] ○駁曰 非也. 苟如是也, 孔子之言, 爲慕祝
鮀之口給, 而哀宋 朝之枉罹也, 豈當於理乎? 經文'而有'二字, 或似衍文, 故穿鑿
至此. 然'而有'者, 或有也. 孔子蓋云: "今人若不能素有祝鮀之佞, 或有宋 朝之
美, 則難免殃咎也." 又何疑焉?
공안국이 말했다. "마땅히 축타와 같은 말재주를 지녀야 하는데, 도리어 송

자원풀이 ■축祝은 示(보일 시)+兄(맏 형)의 회의자로 제사를 주관하는 사람이 제단(示) 앞에서 입을 벌린 채 꿇어
앉아(兄) 축원하는 모습을 그렸다. 제사 때 축도를 올리는 사람이라는 뜻으로부터 무축巫祝, 박수, 축도祝禱, 축송
祝頌, 경축慶祝, 축문祝文 등의 뜻이 나왔다.
■령佞은 재주, 아첨하다, 말을 잘하다, 유약하다, 미약하다, 간사하다 등의 뜻이 있다. 편녕便佞이란 듣기 좋은 말
을 잘하는 것이다.

조와 같은 미색만 지녔다면, 지금 세상에서 해害를 면하기 어렵다는 말이다."

(형병이 말했다. "축타와 같은 말재주는 없으면서, 도리어 송조와 같은 미모만을 가졌다면 지금 세상에서 害를 면하기 어렵다.") ○논박하여 말하면, 그릇되었다. 진실로 이와 같은 뜻이라면 공자의 말씀은 축타의 말재주를 사모하고, 송조가 억울하게 재앙에 걸린 것을 슬퍼하는 것이니, 어찌 이치에 합당하겠는가? 경문에 '이유而有' 두 글자가 혹 연문衍文인 듯하기 때문에, 잘못 천착하여 이런 해석이 나오게 되었다. 그러나 이유而有라는 것은 혹유或有이다. 공자께서는 대개 '오늘날의 사람이 축타의 말재주와 혹 송조의 미색이 있지 않다면 앙구殃咎를 면하기 어렵다.'고 말할 것이니, 또한 무엇을 의심하겠는가?

비평 —— 문장 구조상으로 일차적으로 해석하면 고주처럼 해석되는 듯하다. 하지만 내용상으로 보면 주자 혹은 다산처럼 해석해야 한다. 주자와 제자의 다음 대화를 참조하자.

> 물었다. "사씨는 '이而' 자가 '불不' 자가 되어야 한다고 의심했는데, 어떻습니까?" 주자가 말했다. "마땅히 이천의 설을 따라야 한다. 축타의 교묘한 말과 송조의 미색이 없으면(不有祝鮀之佞與宋朝之美), 요즈음 세상에 면하기 어렵고 반드시 미움을 받게 된다는 것이다." (『논어집주대전』)

6:15. 子曰: "誰能出不由戶? 何莫由斯道也?"

고주 —— 공자께서 말씀하셨다. "누가 나갈 때에 외짝 문으로 말미암지 않을 수 있으랴만, 어찌 (立身·成功하려고 하면서) 이 도로 말미암지 않는가?"

주자 —— 공자께서 말씀하셨다. "누가 나갈 때에 외짝 문으로 말미암지 않을 수 있으랴만, 어찌 (행하는 것이 이치에 합당한) 이 도로 말미암지 않는가?"

다산 —— 공자께서 말씀하셨다. "누가 나갈 때에 외짝 문으로 말미암지 않을 수 있으랴만, 어찌 (사람이 살면서, 天命의 本性에 따르는) 이 (사람의) 도로 말미암지 않는가?"

집주 —— ■言人不能出不由戶언마는 何故로 乃不由此道耶아하시니 怪而歎之之辭라

'사람은 문으로 말미암지 않고는 나갈 수 없는데, 무슨 까닭으로 이 도를 말미암지 않는가.'라는 말씀이니, 괴이하게 여기면서 탄식하신 말씀이다.

■洪氏曰 人知出必由戶로되 而不知行必由道하니 非道遠人이요 人自遠爾니라

홍흥조가 말했다. "사람들은 나갈 때에 반드시 문으로 말미암아야 한다는 것을 알지만, 행할 때는 반드시 도를 말미암아야 한다는 것을 알지 못하니, 도가 사람을 멀리 하는 것이 아니라 사람이 스스로 (도를) 멀리 할 뿐이다."

자원풀이 ■수誰은 言(말씀 언)+隹(새 추)의 형성자로 '누구'라는 의문 대명사이다. 말(言)로 묻는 대상을 지칭한다. 누구, 무엇, 어찌 등의 뜻이 있다
■호戶는 갑골문에서는 '외짝 문'을 그렸고, 이로부터 집의 뜻이 나왔다. 그렇지만 호戶는 궁宮(창이 아래위로 있는 규모가 큰 집)과 가家(가축과 사람이 아래 위층으로 살도록 고안된 집)와는 달리 문짝 하나만 달려 극히 서민적인 방房에 가까운 집을 뜻한다.
■막莫은 茻(잡풀 우거질 망)+日(날 일)의 회의자로 풀숲 사이로 해(日)가 넘어가는 모습을 그려 저물다, 저무는 저녁, 그리고 이후에 '(~를) 하지 마라'는 부정사로 쓰였다. 그러자 원뜻은 暮(저물 모)가 분화했다.
■도道는 『설문해자』에서 辵(가다 서다 할 착=行止)' + 首(머리 수:사람의 맨 위에 있는 머리로서 가는 바의 끝으로 목적)로 구성된 회의문자라고 하고 있듯이, "향하여 가는 길(방법)이자 목적이다."라고 할 수 있다. 그래서 道자는 (1) 길, (2) 방법, (3) 말하다, (4) 다스리다(행정구역의 명칭) 등의 뜻을 지니고 있다.

고금주 ── ■補曰 古者室制, 西北全塞, [皆土墉] 南牖以納明, [穿壁而安牕, 不可出入] 惟東有戶, 以通出入, 自室而出者, 惟此一路而已. 天命之謂性, 率性之謂道.《中庸》文 自生至死, 所由行也. 何莫者, 焦燥之辭, 如識路者, 憂人之陷澤也.

보완하여 말한다. 옛날 집의 구조는 서북쪽은 막고 (모두 흙 담), 남쪽은 창牖을 내어 햇볕을 받아들이며(벽을 뚫어 창을 내었지만, 출입할 수 없다), 오직 동쪽에만 문(戶)을 두어 통하여 드나들었다. 방에서 나오려면 오직 이 한 길뿐이었다. 천명을 성이라 하고(天命之謂性), 이 성에 따르는 것을 도라고 한다(率性之謂道)(『중용』의 글이다). (이 도는) 태어나서 죽을 때가 말미암아 가는 바(所由行)이다. 하막何莫이란 초조해 하는 말(焦燥之辭)이니, 예를 들면, 길을 아는 사람이 다른 사람이 못에 빠질까 걱정하는 것과 같다.

■孔曰:"言人立身成功當由道." ○駁曰 非也. 漢儒不知道, 習章句以取功名而已, 故其言如此.

공안국이 말했다. "사람들이 입신立身・성공成功하려면 마땅히 도로 말미암아야 하는 것은 출입할 때에 반드시 문을 경유해야 하는 것과 같음을 비유하였다." ○논박하여 말하면, 그릇되었다. 한유漢儒들은 도를 알지 못하고, 장구章句를 익혀 공명功名을 취하려 했을 뿐이었기 때문에, 그 말이 이와 같다.

비평 ── 고주에서 "사람들이 입신立身・성공成功하려면 마땅히 도로 말미암아야 하는 것은 출입할 때에 반드시 문을 경유해야 하는 것과 같음을 비유하였다."고 하는 설명은 너무 좁다. 다산의 이에 대한 비평은 타당하다. 주자가 도를 이치(理)로 치환(道卽理也)하여 해석하는 것 또한 그의 철학 체계에서 본다면 나름대로 장점이 있다.

주자가 말했다. "단지 조금이라도 이치에 합치하지 않으면 곧 도로 말미암지 않는 것이다. 하막何莫이라는 말은 왜 『시』를 배우지 않는가(何莫學夫詩耳)라고 말할 때의 '하막'과 같다. 이처럼 곧바로 나가는 것은 문으로 말미암지 않으면 안 된다는 말씀을 가지고, 행하는 것은 도로 말미암지 않으면 안 된다는 것을 비유하셨으니, 세상에는 이치를 어기고 의를 범하면서 도로 말미암지 않는 자가 적지 않다는 말씀이다."(『논어집주대전』)

주자가 도를 이치로 환원한 것을 반대한 다산은 『중용』의 수장(天命之謂性 率性之謂道 修道之謂敎)을 통해 이 구절을 해설하였다. 다산의 해석이 명쾌하다고 생각된다. 배는 물 위로 가는 것이 본성이고, 수레는 길 위로 가는 것이 본성이다. 이 본성을 어길 때에 배는 더 이상 배가 아니며, 수레는 수레가 아니다. 정삼각형의 본성이 세 변의 길이가 같은 것이라면, 정삼각형은 그 본성에 따라 세 변의 길이가 같아야 한다. 이와 마찬가지로 인간은 인간의 본성에 따라서 살아야 한다. 공자가 볼 때, 모든 사람들은 밖으로 나갈 때는 문을 통해 나갈 줄 알지만, 인간으로서 삶을 영위하면서는 인간의 길을 가지 않는다. 공자가 말하는 인간의 본성은 인仁이다. 인한 본성으로 삶을 사는 것이 바른 길, 곧 의義이다. 인한 본성을 지니고 바른 길, 즉 의로운 길을 가야 한다는 것이 공자의 주장이다.

❧

6:16. 子曰: "質勝文則野, 文勝質則史. 文·質彬彬, 然後君子."

고주 ── 공자께서 말씀하셨다. "질質이 문文보다 많으면 촌사람(野人=鄙略)이고, 문이 질보다 많으면 사관이 된다(史=史官). 문과 질을 서로 반쯤 섞인(彬彬=文質相半之貌) 뒤에야 군자니라."

주자 —— 공자께서 말씀하셨다. "질質이 문文보다 지나치면 촌사람(野人=鄙略)이고, 문이 질보다 지나치면 문서리이다(史=掌文書, 多聞習事, 而誠或不足也史). 문과 질이 서로 적절하게 균형을 이루어야(彬彬=物相雜而適均之貌) 군자라고 할 수 있다."

다산 —— 공자께서 말씀하셨다. "질質(덕행으로 근본을 삼는 것을 말하고:質謂本之以德行)이 문文(예악으로 꾸미는 것:飾之而禮樂)보다 지나치면 촌사람이고, 문이 질보다 지나치면 문서리이다(史=掌文書). 문과 질이 서로 적절하게 균형을 이루어야(彬彬=物相雜而適均之貌) 군자라고 할 수 있다."

집주 —— ■野는 野人이니 言鄙略也요 史는 掌文書니 多聞習事而誠或不足也라 彬彬은 猶班班이니 物相雜而適均之貌라 言學者當損有餘하고 補不足이니 至於成德이면 則不期然而然矣리라

야野는 야인野人이니, '촌스럽고 엉성하다(鄙略)'는 말이다. 사史는 문서를 관장하는 사람(掌文書)이니 들은 것이 많고 일에 능숙하지만, 성의가 혹 부족하다. 빈빈彬彬은 반반班班과 같으니, 사물이 서로 섞여 적절하게 균형을 이룬 모양이다. 배우는 자가 마땅히 남는 것은 덜고(損有餘) 부족한 것은 보완하여(補不足), 성덕成德에 이른다면, 빈빈해지기를 기약하지 않아도 그렇게 된다

자원풀이 ■질質은 斦(모탕 은)+貝(조개 패)의 회의자로 조개(貝)는 화폐를 뜻하고 斦(斤+斤)은 도끼로 나무를 자를 때 받쳐 놓은 나무토막을 말한다. 질質은 화폐 자체가 아니라 돈으로 바꾸거나 돈을 벌 수 있는 밑받침이나 바탕을 뜻한다. 이러한 바탕이란 뜻은 확장되어 현상하는 사건을 규제規制 혹은 주간主幹한다는 뜻을 나타내고, 현상의 실체라는 의미를 지니게 되었다. 또한 가공하기 전의 소박함이라는 의미에서 질박質朴이란 뜻을 지닌다.
■승勝은 力(힘 력)+朕(나 짐)의 형성자로 내(朕)가 스스로 맡은 바 일을 감당할 수 있는 능력(力)을 말한다. 견디다, 이기다, 격파하다, 보다 낫다, 아름답다의 뜻이다.
■문文이란 갑골문에서는 밝은 사람의 모습이고 중간은 새겨진 무늬로서 문신文身을 의미했다. 『설문해자』에 "획을 교차시키다는 뜻으로 교차한 무늬를 형상했다(錯劃也 象交文)"고 했다. 이후 뜻이 확장되어 (1) 무엇을 빛나게 하다 혹은 드러내 보이다(문채, 문식) (2) 현상(천문), (3) 법도(節文, 繁文), (4) 결이나 길(文理, 物理), (5) 선善이나 미美(文德,

는 말이다.

■楊氏曰 文質은 不可以相勝이라 然이나 質之勝文은 猶之甘可以受和요 白可以受采也어니와 文勝而至於滅質이면 則其本亡矣니 雖有文이나 將安施乎아 然則與其史也론 寧野니라

양시가 말했다. "문·질은 서로 이기면 안 된다. 그러나 질質이 문文을 이기면, 그래도 단맛이 조미를 받아들일 수 있고, 흰색이 채색을 받아들일 수 있는 것과 같다. 문文이 이겨서 질質을 소멸시키는 데에 이르면 그 근본이 없어지니, 비록 문文이 있다고 할지라도, 장차 어디에 베풀겠는가? 그렇다면 문서리(史)보다는 차라리 촌사람(野)이 낫다."

고금주 ── ■補曰 質, 謂本之以德行. [忠信之人可學禮] 文, 謂飾之以禮樂. [學先王之道] ○包曰: "野如野人, 言鄙略也." ○補曰 史掌文書.《周禮·序官》云: "胥幾人, 史幾人."

보완하여 말한다. 질은 덕행으로 근본을 삼는 것을 말하고(忠信하는 사람은 禮를 배울 수 있다.), 문은 예악으로 꾸미는 것을 말한다(선왕의 도를 배우는 것이다). ○포함이 말했다. "야野는 야인野人과 같으니, 촌스럽고 엉성하다(鄙略)는 말이다." ○보완하여 말한다. 사史는 문서를 관리하는 사람이다. 『주례』「서관」에서 말했다. 서胥는 몇 명이고, 사史는 몇 명이다.

崇文)를 의미하는데, 총괄하면 "어떤 것이 그것의 본성(法, 理)에 따라 드러남"을 의미하며, '그 본성에 따라 드러나는 것'이 빛나고 아름다우며, 선하다는 것이다.
■야野는 里(마을 리)+予(나 여)의 형성자. 마을(里)이 들어선 들판. 원래 林(수풀 림)과 土(흙 토)로 구성되어 숲(林)이 우거진 땅(土), 아직 농경지로 개간되지 않은 교외의 들녘을 의미했다. 야野는 읍邑과 대칭되어 성 밖의 주변지역을 말하는데, 야野에는 거칠고 야생적이라는 뜻이 있고, 조야粗野, 야만野蠻, 야심野心 등의 단어가 만들어졌다.
■사史는 붓을 손(又)으로 쥔 모습으로 자형이 변해 지금처럼 되었다. 손에 붓을 쥔 모습으로부터 역사를 기록하는 사관史官이라는 의미를 담았으며, 이후 문서관리나 역사를 기록하는 관리의 일반적인 명칭이 되었다. 역사歷史 혹은 『사기史記』의 간칭으로도 쓰였다.
■빈彬은 彡(터럭 삼)+林(수풀 림)의 회의자로 문채(彡)가 숲(林)처럼 무성함을 말한다. 문채(彡)란 문文과 무武를 겸비

■輔曰: "野猶近本, 史則徇末矣." ○毛述齋曰: "文質不是本末. 若是本末, 則商尚本, 周尚末, 必無是理." ○駁曰 非也. 夏‧殷‧周, 忠‧質‧文, 本是漢儒讖緯雜說, 孔子之所不言, 孟子之所不道. 二千年來, 儒者蒙此大蔀, 不知解脫, 將何以議文質乎? 誠若殷人尚質, 是'質勝文而野'也. 又若周人尚文, 是'文勝質而史'也. 即此一言, 都把禹‧湯‧文‧武‧伊尹‧周公, 皆作野人‧胥史, 豈儒者之所屑言者乎? 聖人欲曉後學, 分言文質, 苟非其質, 文無所施, 故所先者質, 非謂徒質可以爲成人也. 以一身則徒質無文者, 不免爲野人, 在一國則徒質無文者, 不免爲仁夷. 然文者待質而成, 若本無質, 仍亦無文, 旣名爲文, 其本有質可知也. 比之畫然, 雖無丹碧, 猶有絹本. 若本無絹, 何有丹碧? 徒丹徒碧, 不名爲文, 何則? 不斑斑故也. 由是觀之, 周旣有文, 驗其有質, 惟殷亦然. 特其文采不能盡美, 故孔子每取周文, 非謂殷人以不尚文自命也. 文盛則爲文‧武‧成‧康, 文衰則爲幽‧厲‧平‧赧. 今之陋儒, 每云周末文勝, 不亦謬乎? 誠若周末文勝, 周其再昌矣. 文之爲物, 盛於西周, 衰於東周, 滅於秦, 熄於漢, 冷於唐, 惟其文滅也. 故德教‧禮樂‧典章‧法度, 不可復興, 而君不君, 臣不臣, 父不父, 子不子, 郊不郊, 禘不禘, 祖不祖, 宗不宗, 陵夷晦盲, 不可復尋, 是則文亡之, 故質亦亡也. 古者欲成其文者, 宜先務其質, 今也則不然, 欲反其質者, 宜先修其文. 何者? 先王之道不明, 卒無以反乎質也. 其勢之相乘相減如此, 而儒者一開口, 輒以抑文爲主, 豈所謂識時務者乎? 凡言殷尚質周尚文者, 皆蒙蔀之不撥者也. [其說本由於〈表記〉之誤讀]

보광이 말했다. "야野는 오히려 본本에 가깝고, 사史는 말末에 따른다." ○모술재毛述齋가 말했다. "문文‧질質은 본本‧말末이 아니다. 만일 문‧질이

해야 한다는 것이었기에 빈斌(빛나다)과 같은 뜻이었다. 『설문』에서는 빈份의 고문이라고 했다. 빈斌은 文(무늬 문)과 武(굳셀 무)의 회의자로 빈彬과 같은 자인데, 문무를 겸비한 인간상을 뜻한다. 여기서 문文은 인문정신을 상징한다(文心). 문文은 단순히 아름다움만을 지향하는 것이 아니다. 시신에 새겨진 무늬가 원래 영혼을 육신으로부터 분리시키고, 새로운 생명을 부여하고자 하는 원시 무속적 행위에서 출발했고, 그런 문文은 출발부터 인간의 영혼이 출입하는 문門이라는 기능을 담당했다. 문의 이러한 속성은 문장文章, 문식文飾, 문심文心의 기능으로 옮겨갔다.

본·말이라면, 상商나라는 본을 숭상하고, 주周나라는 말을 숭상한 것이 되니, 반드시 이럴 리가 없다." ○논박하여 말하면, 그릇되었다. 하·은·주나라는 각각 충忠·질質·문文을 숭상했다는 것은 본래 한유漢儒들이 만든 잡스런 참위설(讖緯雜說)이다. 공자도 말하지 않았고, 맹자도 말하지 않은 것이다. 그러나 2,000년이 지나도록 유자儒者들은 이 커다란 덮개에 덮어 씌워져서 벗어날 줄 모르니, 장차 어떻게 문文·질質을 토의할 것인가? 진실로 만약 은나라 사람들이 질質을 숭상하였다면, 이는 질質이 문文을 이긴 촌사람(野)이다. 또한 주나라 사람이 문文을 숭상하였다면, 이는 문이 질을 이긴 문서리(史)이다. 곧 이 한마디 말은 우禹·탕湯·문文·무武·이윤·주공周公을 모두 야인野人·서胥·사史로 만드는 것이다. 성인(공자)은 후학들을 깨우치고자 문文·질質을 나누어서 말한 것이다. 진실로 그 질이 아니면, 문이 베풀어질 곳이 없기 때문에 먼저 할 것은 질이라는 것이지, 한갓 질質만으로 성인成人이 될 수 있다는 것이 아니다. 한 사람으로 보자면, 한갓 질만 있고 문이 없는 자는 촌사람이 됨을 면치 못한다. 한 나라로 보자면, 한갓 질만 있고 문이 없다면 오랑캐(仁夷)가 됨을 면치 못한다. 그러나 문이란 질과 대대함으로써 완성되니(文者待質以成), 본래 질이 없다면 문 또한 없는 것이다. 이미 문이라고 명명한다면, 거기에는 본래 질이 있음을 알 수 있다. 그림에 비유한다면, 비록 붉고 푸른 채색이 없더라도 명주비단의 바탕(絹本)이 있는 것과 같으니, 본래 명주비단이 없었다면, 어디에 붉고 푸른 채색이 있을 수 있겠는가? 한갓 붉음과 한갓 푸른 채색만으로는 문文이라고 명명할 수 없는 것은 무엇 때문인가? (바탕과 채색이) 반반班班하지 않기 때문이다. 이것으로 미루어 본다면, 주나라에 이미 문文이 있었다는 것은 거기에 질質이 있었음을 증험한다. 은나라 또한 그러했지만, 다만 은나라의 문채가 아름다움을 다하지 못했기 때문에 공자께서는 매번 주나라의 문(周文)을 취한 것이지, 은나라 사람이 문을 숭상하지 않았다고 스스로 판단하신 것은 아니다. 문文이 흥성하면, 문

文·무武·성成·강康처럼 (聖君이) 되고, 문이 쇠퇴하면 유幽·려厲·평平·난赧처럼 (昏君이) 된다. 오늘날 비루한 유자들(陋儒)이 매번 주나라 말기에는 문이 승했다(文勝)고 하니, 또한 잘못이 아니겠는가? 진실로 주나라 말기에 문이 승했다면(文勝), 주나라는 다시 창성했을 것이다. 문이란 것은 서주西周 때에 창성했다가, 동주東周 때에 쇠퇴했으며, 진나라 때에 민멸되었다가, 한나라 때에 불씨가 꺼졌으며, 당나라 때에도 싸늘하게 식었다. 오직 그 문이 민멸했기 때문에 덕교德敎·예악禮樂·전장典章·법도法度가 다시 흥기하지 못하여, 임금은 임금답지 못하고·신하는 신하답지 못하고·부모는 부모답지 못하고·자식은 자식답지 못하였고, 교郊·체禘 제사는 교·체답지 못했고, 조朝·종宗은 조·종답지 못했다. 무너지고 어두워져 다시 찾을 길을 없으니, 이는 문이 없어졌기 때문에 질 또한 없어진 것이다.

옛날에는 그 문을 완성하고자 하면 의당 먼저 그 질에 힘써야 했다. 오늘날은 그렇지 않으니, 그 질을 돌이키고자 하면, 먼저 그 문을 닦아야 한다. 왜 그런가? 선왕의 도가 밝혀지지 않으면, 끝내 질로 돌아갈 수 없기 때문이다. 그 형세가 서로 타고 서로 민멸하는 것(相乘相滅)이 이와 같은 데도 유자儒者들은 입만 열면 문득 문을 억제해야 한다고 주장하니, 어찌 이른바 시무를 아는 자(識時務者)라고 할 수 있겠는가? 무릇 은나라는 질을 숭상하고, 주나라는 문을 숭상했다고 주장하는 자들은 모두 덮개에 덮어 씌워서 벗어나지 못하는 자들이다(그 설은 본래 「표기」의 오독에서 비롯되었다).

■ 引證〈表記〉, 子曰: "虞·夏之質, 殷·周之文, 至矣. 虞·夏之文, 不勝其質, 殷·周之質, 不勝其文." ○案 漢儒文質之說, 其千枝萬葉, 皆以〈表記〉爲根氐. 然文不勝質, 則其文質彬彬然也. 質不勝文, 則其文質彬彬然也. 文不勝質, 非質勝文也. [勝者, 一克而一負也. 不勝者, 相敵而止] 質不勝文, 非文勝質也. 孔子嘗言堯之爲君, 煥乎其有文章, 則虞者文盛之時也. 孔子嘗言殷已慤, 則殷者質厚之時也. 煥乎有文而卒無以克其質, 則其文質彬彬然也. 純乎其慤而卒無以蔽其文, 則文質彬彬然也. 孔子通執四代, 並以爲文質彬彬, 特其中有氣味之不同, 故虞・夏以質見稱, 殷・周以文見稱而已. 然且殷・周之文, 孔子並稱, 則所謂殷尙質周尙文者, 漢儒之白撰也. 總之曰質曰文, 皆後世之人執其成效而評之者, 豈有立國之初, 先以尙文自命, 或以尙質爲法者乎? ○又案〈表記〉上文云: "虞・夏之道, 寡怨於民, 殷・周之道, 不勝其敝." 此以鬼神之瀆與不瀆言之, 與文質無涉.

인증한다. 『예기』「표기」에서 말했다. 공자께서 말씀하셨다. "우・하의 질, 은・주의 문은 지극한 것이다. 우・하의 문은 그 질을 이기지 못하였고, 은・주의 질은 그 문을 이기지 못하였다." ○살핀다. 한유漢儒들의 문・질설(文質之說)은 천 갈래 만 갈래이지만, 모두 「표기」를 근거로 한다. 그러나 문이 질을 이기지 못하면 문・질이 빈빈彬彬한 것이다. 문이 질을 이기지 못한다는 것은 질이 문을 이긴다는 것이 아니다(이긴다:勝는 것은 한 사람은 지고 한 사람은 이긴다는 것이다. 이기지 못한다:不勝는 것은 서로 대적:相敵이 되고 마는 것이다). 질이 문을 이기지 못한다는 것은 문이 질을 이긴다는 것이 아니다. 공자께서는 일찍이 "요의 임금 됨이여, 찬란하도다! 문의 빛남이 있구나"(「태백」)라고 하였으니, 우나라는 문이 성한 때이다. 공자는 또 일찍이 "은나라는 너무 질박하다"(「단궁」)고 하였으니, 은나라는 질이 후한 때였다. 찬란하게 문이 있어도 끝내 그 질을 이길 수 없으며, 그 문・질이 빈빈한 것이다. 순일純一하게 질박하여도 끝내 그 문을 가릴 수 없으니, 문・질이 빈빈한 것이다. 공자가 사대四代를 통틀어 함께 문・질이 빈빈하다고 하였으니, 다만 그 가운데 기미氣味가 다르기 때문에 우・하는 질로써, 은・주는 문으로 일컬었을 뿐이다. 그러나 또한 은・주의 문은 공자가 병칭했으니, 이른바 은은 질을 숭상하고, 주는 문을 숭상했다는 것은 한유漢儒들이 지어낸 것이다. 종합하면, 질이니 문이니 하는 것은 모두 후세 사람들이 그 시기의 성효成效들을 가지고 평가한 것이니, 어찌 나라를 세운 초기에 먼저 문을 숭상한다고 스스로 천명하거나, 혹 질을 숭상하는 것을 법도로 삼는다고 했겠는가? ㅇ또 살핀다. 「표기」의 윗글에서 말했다. "우·하의 도는 백성들에게 원망이 적었고, 은주의 도는 그 폐단을 견디지 못하였다." 이는 귀신을 모독한 것과 모독하지 않는 것으로 말한 것이지, 문·질과는 관련이 없다.

비평 —— 일반적으로 질質(바탕)이란 사물(사람)의 타고난 소박함 그대로, 혹은 내용을 말한다. 문文(문채, 문식)이란 화려하게 꾸밈(포장) 혹은 외적 형식의 사람으로, 말하자면 격식과 절차를 익혀 몸가짐을 예의에 맞게 세련되게 꾸미는 것을 말한다. 일반적으로 질·문의 선후 문제에 있어 우선 질(바탕, 내용)을 먼저 갖추어야 한다고 말한다. 그래서 "강하고, 굳세고, 질박하고, 어눌한 사람이 인에 가깝다(13:27. 子曰 剛毅木訥 近仁)."라고 말한다. 그리고 그 역으로 "교묘하게 말을 잘하고, 낯 빛깔을 잘 꾸미는 사람 치고 인한 사람을 드물다(1:3. 子曰 巧言令色 鮮矣仁)."라고 말한다. 그런데 공자는 단순히 질박함만을 추구하지 않고, 그 질박함 위에 최선·최적의 균형과 조화를 이상으로 추구한다. 그래서 바탕과 문채가 빈빈(彬彬=斑斑)하여야 군자답다고 말하는 것이다.

기존에 문文·질質 관계를 논한 학자들은 보광의 예에서 보듯이, 마치 질質이 근본(本)이고, 문文이 말단(末)인 것으로, 즉 본말 관계로 해석하였다. 이에 대해 다산은 문·질은 서로를 필요로 하며(相須), 서로를 기다려(相待: 待란 갖추어 놓고 기다리는 것을 말한다) 상호 보완적으로 함께 완성되는 관계라고 주장한다. 즉 문이 가장 성대하려고 한다면 질 또한 가장 잘 갖추어야 하며, 질이 가장 잘 갖추어지면 문 역시 성대해진다는 것이다. 바로 이 점에서 문이 성대했던 시기는 질 역시 가장 잘 그 공능이 발휘된 시기라고 할 수 있다는 것이다. 문·질 관계에 대한 다산의 이러한 해석은 참으로 창의적이며 빼어난 것이라고 하지 않을 수 없다. 이에 대한 상세한 논의는 3권의 「예禮」에 관한 장을 참조하기 바란다.

6:17. 子曰: "人之生也直, 罔之生也, 幸而免."

고주 —— 공자께서 말씀하셨다. "사람이 태어나서 자기 수명대로 살아가는 것은 정직하기 때문인데, (정직한 도리를) 속이면서(罔=誣罔正直之道) 생존하는 것은 요행히 (죽음을) 면한 것이다."

주자 —— 공자께서 말씀하셨다. "사람이 태어나서 살아가는 이치는 곧음이다 (生理本直). 곧지 않고도 생존하는 것(生=生存)은 요행히 (죽음을) 면한 것이다."

다산 —— 공자께서 말씀하셨다. "사람이 살아가는 것은 곧음이다. 속이면서 (罔=欺, 誣)도 사는 것은 요행히 면한 것이다."

집주 —— ■程子曰 生理本直하니 罔은 不直也로되 而亦生者는 幸而免爾니라
정자가 말했다. "삶의 이치(生理)는 본디 곧음(本直)이다. 망罔은 곧지 않음(不直)이니, (곧지 않고도) 생존한다는 것은 요행히 (죽음을) 면했을 따름이다."

고금주 —— ■補曰 罔, 欺也, 誣也. [孟子云: "難罔以非其道."] 人之所以脅匡以生

자원풀이 ■직直 자는 갑골문에서는 目(눈) 위에 세로획이 곧게 그려진 모습으로, 세로획은 곧은 시선을 상징한다. 이후 세로획은 十으로 바뀌었고, 길을 뜻하는 彳(조금 걸을 척)의 변형인 ㄴ이 더해져 현재의 자형이 되었다. '똑바로 보다'가 원래 뜻이고, 이로부터 곧다, 正直하다. 합리적이다. 직접, 있는 그대로 등의 뜻이 나왔다.
■망罔은 网(그물 망)이 의미부이고, 亡(망할 망)이 소리부로 구성된 형성자로 그물로 잡다는 뜻이다. 그물(질하다), 엮다, 감추다, 미혹되다, 없다, 바르지 않다, 아니하다 등으로 쓰인다. 그물질한다는 측면에서 말하면 주체이고, 그물질 당한다는 측면에서 말하면 제한 혹은 구속을 의미한다.
■행후은 逆(거스를 역: 거꾸로 선 사람→거꾸로)+夭(어릴 요)의 회의자. 행후은 불행의 상징인 요절夭折의 반대(逆)로 다행이라는 뜻이다. 뜻밖의 행운이나 화를 면한다는 뜻에서 다행多후, 행복幸福, 총애, 희망이란 의미를 지닌다.

者, 直道而已. [子曰: "斯民者, 三代之所以直道而行也."] 其或誣罔以得生者, 倖而免禍也. 時有人坐獄訟, 以誣罔得生者, 人皆與之. 孔子明其不然. ○案《中庸》曰: "君子居易以俟命, 小人行險而徼幸." 居易者直也, 行險者罔也.

보완하여 말한다. 망罔은 속이는 것(欺·誣也)이다.(『맹자』「만장상」에서 말했다. "합당한 도가 아닌 것으로는 속이기 어렵다.") 사람이 서로 바로잡아 주면서 살아가는 방법은 곧은 도(直道)일 뿐이다.(공자께서 말씀하셨다. "이 백성들이야 말로 三代의 곧은 도를 행해 왔다.") 그런데 혹 속이면서 살아가는 것은 요행히 화를 면한 것이다. 당시에 어떤 사람이 옥송獄訟에 걸렸다가, 속임수로 살아남은 자가 있었다. 사람들이 모두 그를 인정했지만, 공자께서는 그렇지 않다는 것을 밝힌 것이다. ○살핀다. 『중용』에서 말했다. "군자는 평이함에 기거하면서 천명을 기다리고, 소인은 위험한 일을 행하면서 요행을 구한다." 평이함에 기거함은 곧음이고(居易者直也), 험한 일을 행한다는 것은 속임이다(行險者罔也).

■ 馬曰: "人所生於世而自終者, 以其正直." [邢云: "人自壽終, 不橫夭者, 以其正直."] ○駁曰 非也. 壽夭非所論也.

마융이 말했다. "사람이 세상에 태어나 수명대로 살다가 마치는 것은 그가 정직正直하기 때문이다."(형병이 말했다. "사람이 스스로의 수명대로 살고 요절하지 않는 것은 그가 정직하기 때문이다.") ○논박하여 말하면, 그릇되었다. 장수와 요절을 논한 것이 아니다.

비평 —— 여기서 두 생生 자의 의미는 주자의 다음과 같은 구별에 따르는 것이 참으로 정당하다고 생각된다.

주자가 말했다. "망지생야罔之生也에서 생生 자와 앞의 (人之生也의) 생生(始生之生) 자는 약간 다른 점이 있다. 뒤(罔之生也)의 생生 자는 생존生存이란 의미의 생

生이다. 사람이 천리天理를 끊어 버리면 마땅히 죽어야 할 사람이지만, 지금 죽지 않는 것은 요행히 면한 것이다. 사람이 사는 것은 원래 모두 곧음의 이치(直理)이다. '망罔'은 곧 모두 곧음의 이치를 저버린 것으로, 마땅히 인仁해야 하는데 인하지 않고, 마땅히 의義로워야 하는데 의롭지 않은 것은 모두 곧음의 이치를 저버린 것이다. '삶의 이치는 본래 곧음이다.'라는 것은 이치에 순응하여 행하면 살아가는 데 합당하고, 곧지 못하다면 살아가는 데 합당하지 못한데, 특히 요행히 죽음을 면한 것일 따름이다." (『논어집주대전』)

따라서 이렇게 본다면, 사람이 태어나 제 수명대로 사는 것은 정직正直 때문이라는 고주의 해석은 다소 설득력이 떨어진다. 정직하게 살고 있지만 요절하는 사람이 분명히 있고, 또한 정직하지 않게 살지만 제 수명대로 사는 사람이 분명히 있다. 다산의 지적대로 이 구절은 단순히 요절과 장수를 논한 것이 아니다. 그런데 다산의 "당시에 어떤 사람이 옥송獄訟에 걸렸다가, 속임수로 살아남은 자가 있었다. 사람들이 모두 그를 인정했지만, 공자께서는 그렇지 않다는 것을 밝힌 것이다."라는 설명은 직접적으로 절실하긴 하지만, 너무 좁다고 생각된다. 결국 이 구절은 다산이 제시한 『중용』의 구절과 함께 도덕적으로 설명되어야 한다.

사람은 곧음(直)으로 살아야 한다는 공자에 대답에서, 중요한 것은 '곧음'이란 무엇인가? 하는 것이다. 주자는 다음과 같이 답한다.

"마치 원천에 물이 있으면, 흘러내려 막히거나 고이지 않는 것과 같다. 예컨대 어린아이가 우물에 빠지려고 하는 것을 보면 측은해하는 마음이 있게 되고, 하나의 부끄러워할 만한 일을 보면 곧 수오지심이 생긴다. 이것은 모두 본심이 저절로 발휘되어 나온 것이다. 만약 이를 따라 행하면 곧 곧음(直)이고, 그렇게 하지 않으면 곧지 않은 것이다." (『논어집주대전』)

요컨대 '곧음'이란 인간의 본성에서 우러나오는 것을 그대로 행하는 것이고, 본성과 역행되게 행하는 것이 곧지 않은 것이다. 예컨대 배가 물위로 가는 것은 곧음이고, 육지로 가는 것은 곧지 않은 것이다. 배가 물위로 가지 않고 육지로 가면서도 배로 있을 수 있겠는가? 배가 물위로 가지 않고, 육지로 가면서도 배로 있다는 것은 요행이라고 할 수밖에 없을 것이다.

◦◦◦

6:18. 子曰: "知之者不如好之者, 好之者不如樂之者."

고주 —— 공자께서 말씀하셨다. "(학문에서 도를) 아는 자는 (敦厚하게) 좋아하는 자만 못하고, (도를) 좋아하는 자는 (깊이 도를) 즐거워하는 자만 못하다."

주자 —— 공자께서 말씀하셨다. "(이치를) 아는 자는 (앎이 지극하여, 그 이치가 사랑할 만하고 구할 만하다는 것을 분명히 알아) 좋아하는 자만 못하고, 좋아하는 자는 (좋아하는 것이 이미 지극하여, 이 이치를 이미 터득한) 즐거워하는 자만 못하다."

자원풀이 ■지知는 口(입 구)+矢(화살 시)의 형성자로 화살(矢)이 과녁을 꿰뚫듯 상황을 날카롭게 판단하고 의중을 정확하게 꿰뚫어 말(口)할 수 있는 능력이 지식에서 나오는 것을 그렸다. 여기서 파생된 지督란 그러한 지식(知)이 세월(日, 月)이 지나야만 진정한 지혜로 변함을 반영한다. 『설문해자』에서는 '지知'에 대해, 그 뜻은 '사詞'이고, 글자의 모양은 구(口)와 시(矢)로 이루어졌다고 풀이하였다. 시라카와 시즈카(白川静)는 시矢에는 서서矢誓의 의미가 있고 서약할 때 사용되는 것이며, 구口는 축도祝禱를 거두는 기구의 모양으로 해석하였다. 지知는 신에게 기도하고 허신은 '지知'의 의미를 '사詞'로 풀이하지만, 그 이유에 대해서는 언급하지 않았다. 사詞의 의미를 이해하기 위해서 『설문해자』의 사 항목을 살펴보는 것이 유용하다. 사 항목을 살펴보면, 사란 '안으로 뜻을 포함하고, 밖으로 소리를 가지는 것[意内而言外也]'이다. 단옥재는 이를 해석하며 "뜻이 있은 뒤에 소리가 있고, 소리가 있은 뒤에 모양이 있으니, 글자를 만드는 기본이다. 모양이 있으면 소리가 있고, 소리가 있으면 뜻이 있으니, 육예六藝의 학문

다산 —— 공자께서 말씀하셨다. "(그 선함을) 인식하는 것(聞而識其善也)은 (행하여 그 맛을 기뻐하며:行而悅其味也) 좋아하는 것만 못하고, 좋아하는 것은 (얻어서 그 충만함을 향유하여:得而亨其充也) 즐기는 것만 못하다."

집주 —— ■尹氏曰 知之者는 知有此道也요 好之者는 好而未得也요 樂之者는 有所得而樂之也니라

윤언명이 말했다. "안다는 것(知之者)은 이 도가 있음을 아는 것이고, 좋아한다는 것(好之者)은 좋아하지만 아직 얻지는 못한 것이고, 즐긴다는 것(樂之者)은 얻은 바가 있어 즐기는 것이다."

■張敬夫曰 譬之五穀하면 知者는 知其可食者也요 好者는 食而嗜之者也요 樂者는 嗜之而飽者也라 知而不能好면 則是知之未至也요 好之而未及於樂이면 則是好之未至也니 此古之學者 所以自强而不息者與인저

장경부가 말했다. "오곡五穀에 비유하자면, 안다는 것은 그것이 먹을 수 있다는 것을 아는 것이고, 좋아한다는 것은 먹고 보고 맛을 들인 것이고, 즐긴다는 것은 맛을 들이고 배불리 먹은 것이다. 알면서도 좋아하지 못하는 것, 그것은 앎이 지극하지 못한 것이다. 좋아하면서도 아직 즐기는 데에 이르지 못한 것, 그것은 좋아함이 아직 지극하지 못한 것이다. 이것이 옛날 배우는 이들이 스스로 노력하며 쉬지 않았던(自强不息) 까닭이리라."

이다."라고 하여, 문자의 구성이 뜻, 소리, 모양임을 밝혔다. 의미와 소리, 표기 체제를 갖춘 것, 즉 사란 언어이다. 허신은 知知에 대해 사詞 이외의 언급은 하지 않지만, 단옥재는 지에 '식識'의 의미를 더한다. 단옥재는 '사' 앞에 식識 자가 있어야 한다고 보았다. 즉 지란 '식사識詞'이다. 이어 그는 글자가 口와 矢로 이루어진 것에 대하여, "아는 것이 민첩하여, 입에서 나오는 말이 빠르기가 마치 화살과 같다[識敏, 故出於口者疾如矢也.]"라고 풀이하였다.
■호好는 女(여자) + 子(자식)로 구성되어, 자식을 안은 어미를 나타내는 것으로, 자식에 대한 어미의 좋아함이라는 뜻에서 선호하다, 좋다, 훌륭하다는 의미가 형성되었으며, 부사로 매우, 잘 등의 의미를 지니게 되었다.
■락樂은 『설문해자』에 따르면 윗부분은 악기樂器(搖鈴)의 모양을 형상화한 것이고, 아랫부분(木)은 목木 자 모양의 악기의 자루(支架)를 형상한 글자이다. 즉 나무 자루가 달린 요령을 손으로 흔드는 모양을 본뜬 글자인데, 요령을 흔들어 그 소리로 신神을 즐겁게 해 준다는 의미이다. 즐겁다고 할 때는 '락'으로, 음악音樂이라고 할 때는 '악'으로

고금주 ── ■補曰 知者聞而識其善也, 好者行而悅其味也, 樂者得而享其充也.

보완하여 말한다. "안다는 것은 듣고 그 좋음을 인식하는 것이고, 좋아한다는 것은 행하여 그 맛을 기뻐하고 것이고, 즐긴다는 것은 얻어서 그 충만함을 향유하는 것이다."

비평 ── 큰 쟁점은 없다. 고주에서는 학문을 하는데 마음 씀의 천심淺深으로 논했다고 했다.

> 포함이 말했다. "학문에 대해 아는 자는 독실하게 좋아하는 자만 못하고, 좋아하는 자는 깊이 즐기는 자만 못하다."
> 형병이 말했다. "이 장은 사람이 도를 배움에 있어 마음을 쓰는 것이 깊은지 얕은지에 따라 차이가 있음을 말했다." (『논어주소』)

주자는 이치(理)의 관점에서 해석했다.

> 주자가 말했다. "아는 것은 좋아하는 것만 못하다. 사람이 태어나면 곧 이 이치가 갖추어져 있지만 물욕에 가려진 까닭에 이 이치를 아는 자가 매우 적다. 좋아한다는 것은 앎이 지극하여 이 이치가 사랑할 만하고 구할 만하다는 것을 분명히 아는 까닭에 진정으로 그것을 좋아하는 것이다. 즐기는 것은 좋아하는 것이 이미 지극하여 이 이치를 이미 얻어 자신이 가지게 된 것이다. 무릇 천지 만물의 이치가 모두 내 몸에 갖추어져 있으니 더 큰 즐거움이 없다." (『논어집주대전』)

발음한다. 그리고 '좋아한다'라고 할 때, 요컨대 어진 이는 산을 좋아하고(仁者樂山), 지혜로운 이는 물을 좋아한다(知者樂水)고 할 때는 '요'로 발음한다.

주자가 가장 많은 영향은 받은 정자는 마지막 단계에 대하여 "배움이 즐기는 단계에 이르러야 완성된 것이다. 독실하게 믿어 배움을 좋아하는 것은 자득하여 즐거워하는 것만 못하다."라고 해석하였다. 다산의 설명 또한 깊은 의미가 있다고 생각된다.

❧

6:19. 子曰: "中人以上, 可以語上也. 中人以下, 不可以語上也."

고주 —— 공자께서 말씀하셨다. "(사람은 재주와 식견에 따라 9등급으로 나눌 수 있는데) 중인(中中) 이상(上中, 上下, 中上의 사람)은 (上上이) 알고 있는 바의 것(上=上知之所知)을 말해줄 수 있으나(語=告), 중인 이하(中下, 下上, 下中의 사람)는 (上上이) 알고 있는 바의 것(上=上知之所知)을 말해줄 수 없다."

주자 —— 공자께서 말씀하셨다. "(공부와 자질로 사람을 나누어) 중인 이상은 고원한 것(上=高遠)을 말해줄 수 있으나(語=告), 중인 이하는 고원한 것을 말해줄 수 없다."

다산 —— 공자께서 말씀하셨다. "(사람은 재주와 식견에 따라 9등급으로 나눌 수 있는데) 중인(中中) 이상(上中, 上下, 中上의 사람)은 (上上이) 알고 있는 바의 것(上=上知之所知)을 말해줄 수 있으나(語=告), 중인 이하(中下, 下上, 下中의 사람)는 (上上이) 알고 있는 바의 것(上=上知之所知)을 말해줄 수 없다."

집주 —— ■語는 告也라 言敎人者 當隨其高下而告語之면 則其言易入하여

而無躐等之弊也라

어語는 알려줌(告)이다. 사람을 가르치는 자가 마땅히 (자질의) 높낮이에 따라 일러주면, 그 말이 쉽게 이해되고, 엽등躐等의 폐단이 없게 된다는 말이다.

■ 張敬夫曰 聖人之道 精粗雖無二致나 但其施教는 則必因其材而篤焉하니 蓋中人以下之質은 驟而語之太高면 非惟不能以入이라 且將妄意躐等하여 而有不切於身之弊하여 亦終於下而已矣라 故로 就其所及而語之니 是乃所以使之切問近思하여 而漸進於高遠也니라

장경부가 말했다. "성인의 도는 비록 정미함(精)과 조잡함(粗)과 같은 두 가지 이치가 있는 것은 아니지만, 다만 그 가르침을 베푸는 것은 반드시 그 자질(才)에 근거하여 더욱 독실하게 해 주어야 한다. 대개 중인 이하의 자질에게 갑자기 너무 높은 것을 말해주면 이해할 수 없을 뿐만 아니라, 장차 망령되게 엽등할 생각을 품어 자신에게 절실하지 못한 폐단이 있게 되고, 또한 하등급에 마칠 따름이다. 그러므로 그가 미칠 수 있는 것에 나아가 말해주는 것이니, 이것이 바로 절실하게 묻고 가까이서 생각하여(切問近思) 점차 고원高遠한 곳으로 나아가게 하는 방법이다."

고금주 ── ■ 王曰: "上, 謂上知之所知也. 兩舉中人, 以其可上可下." ○邢曰: "人之才識, 凡有九等. 上上則聖人也, 下下則愚人也, 皆不可移也. 其上中以下・下中以上, 是可教之人也. 中人, 謂第五中中之人也. 以上, 謂上中・上下・中上之人也, 以其才識優長, 故可以告語上知之所知也. 中人以下, 謂中下・下上・下中之人也, 以其才識暗劣, 故不可以告語上知之所知也. 言此中人, 若才性稍優, 則可以語上, 才性稍劣, 則不可以語上, 是其可上可下也."

자원풀이 ■어語는 言(말씀 언)+吾(나 오)의 형성자로 말(言)로 논의하는 것으로 언어言語, 문자라는 뜻이 나왔다.

왕숙이 말했다. "(可以語上也의) 상上이란 상지上知의 사람이 알고 있는 것을 말한다. 두 번이나 중인中人을 거명한 것은 상향할 수도 있고, 하향할 수도 있기 때문이다." ○형병이 말했다. "사람의 재주와 식견(才識)은 모두 9등급이 있다. 상상上上은 성인聖人이며, 하하下下는 우인愚人이니, 모두 옮겨갈 수 없다. 상중上中 이하와 중상中上 이상은 교육할 수 있는 사람이다. (본문에서 말한) 중인中人은 다섯 번째의 중중中中의 사람이니, 그 이상이라고 말한 것은 상중上中, 상하上下, 중상中上의 사람이다. 이들의 재주와 식견이 우수하고 넉넉하기 때문에 상지上知가 알고 있는 바를 말해 줄 수 있다. 중인中人 이하는 중하中下, 하상下上, 하중下中의 사람이다. 이들의 재주와 식견이 어둡고 열등하기 때문에 상지上知가 알고 있는 바를 말해 줄 수 없다. 중인中人이 재주와 성품이 조금 넉넉하면 상지가 아는 바는 말해 줄 수 있고, 재주와 품성이 열등하면 상지가 아는 바를 말해 줄 수 없으니, 이는 올라갈 수도 있고, 내려갈 수도 있는 것이다."

■ 饒曰: "中人以下, 非是終不可以語上. 且使之切問近思, 由下以進於中, 則亦漸可以語上矣." ○案 不設九等, 則只是三等. 若只三等, 即此中人不可聞道, 亦可聞道, 豈可以兩用之乎? 若云除了中人, 取其上下, 則以上語上, 相爲平等, 又不可曰以聖而教凡也. 邢氏九等之說, 精覈詳明, 深中經旨, 不可易也.

쌍봉 요씨가 말했다. "중인中人 이하는 끝내 상上을 말해줄 수 없는 것이 아니다. 장차 그들로 하여금 절실하게 묻고 가까운 것에서 생각하면, 하下로부터 중中으로 향상하고 또한 점차 상上을 말해줄 수 있다." ○살핀다. 9등급으로 나누지 않으면, 단지 3등급으로 나누는 것뿐이다. 단지 3등급으로 나눈다면, 여기서 말한 중인中人은 도를 들을 수 없지만, 또한 도를 들을 수도 있으니, 어찌 중인을 등용할 수 있겠는가? 만일 중인中人을 제외하고 상인上人과 하인下人만을 취한다면, (語上은) 상上으로써 상上을 말해 주는 것으로 서로 평등해지니, 성인聖人이 범인凡人을 가르치는 것이라고 말할 수 없다. 형병의 9등급 설은 정치하고 상명詳明하여, 경문의 취지에 깊이 적중하니, 바꿀 수 없다.

비평 —— 고주에서는 재주와 식견에 따라 사람을 9등급으로 나누어서, 이 구절을 해설하였다. 주자는 공부의 수준과 자질이라는 양면으로 이 구절을 해석하였지만, 9등급으로 나누어야 하는지에 대해서는 아무런 언급이 없다.

숙기가 물었다. "중인中人과 상하上下는 자질에 따라 나눈 것입니까?" 주자가 답했다. "꼭 그렇다고 단정할 수는 없다. 혹 그의 공부가 그렇다는 것일 수도 있고, 혹 그의 자질이 그렇다는 것일 수도 있다. 성인께서 단지 중인中人 이상과 중인 이하라고 말했을 때는 공부와 자질이 모두 그 안에 포함되어 있다고 할 수 있다. 성인께서는 중인 이하의 경우에는 고원高遠한 것을 설명해 줄 수 없다고 하셨으니, 아마 그가 당장 탐구를 시작할 곳이 없을까 걱정하셨기 때문이다. 만약 그의 공부 수준을 말하는 경우라면, 한 가지를 이해하였으면 곧 한 가지를 얻어 차츰차츰 오랫동안 나아가, 하루 또 더 나아가서 하루, 일 년 또 더 나아가서 일 년, 이렇게 나아가면 아마도 부지불각不知不覺 중에 또한 고원高遠한 곳에 도달할 것이다."(『논어집주대전』)

다산은 고주에 전적으로 동의하고 있다. 어쨌든 이 구절은 마땅히 다음 구절과 같이 살펴야 한다.

공자께서 말씀하셨다. "나면서 도를 아는 이는 상근기요, 배워서 아는 이는 그 다음 근기이고, 경험해서 아는 이는 또 그다음의 근기이다. 막혔으면서 배우지도 않는 이는 민으로서 하근기이다." (孔子曰 生而知之者 上也 學而知之者 次也 困而學之 又其次也 困而不學 民斯爲下矣 16:9)

여기서 중등 이상이라는 말은 나면서 도를 아는 이 · 배워서 아는 이 · 경험해서 아는 이를 말한다. 중등 이상의 사람은 도를 배워 도를 체득하여, 인간의 온전한 자기완성을 이루려고 노력하는 사람이다. 이러한 사람은 서양철학에서는 지혜를 사랑하는 사람(愛智者)이라고 불렸다.

> 파이드로스여, 그를 지혜 있는 자(sophon)라고 부르는 것은 내가 보기엔 너무 높이 올라간 것 같고, 그런 말은 신에나 적용하면 적절한 것 같네. 그러나 지혜를 사랑하는 자(philosophon) 혹은 그 비슷한 말로 부른다면, 그 자신도 차라리 동의할 것이고, 보다 더 합당할 것 같네. (Phaidros, 278d.)

노자 또한 다음과 같이 말한 바 있다.

> 최상의 선비는 도를 들으면 부지런히 실천하고, 보통의 선비가 도를 들으면 있을까 없을까 반신반의하며, 하등의 선비가 도를 들으면 크게 비웃을 것이니, 비웃지 않는다면 도가 되기에 부족할 것이다. (『노자』 41장. 上士聞道 勤而行之 中士聞道 若存若亡 下士聞道 大笑之 不笑 不足以爲道.)

여기서 가이어상可以語上의 상上은 '형이상'이라고 생각된다. 형이상形而上과 형이하形而下의 분계는 『역경』「계사전」에 "형상을 넘어서는 것을 일러 도라고 하고(形而上者 謂之道) 형상을 지니고 있는 것을 일러 만물이라고 한다(形而下者 謂之器)"고 말한 것에서 유래하였다. 여기서 형이상의 도란 만물의 존재근거(원리)를 말한다면, 형이하의 기란 형상을 지닌 만물을 말한다.

6:20. 樊遲問知. 子曰: "務民之義, 敬鬼神而遠之, 可謂知矣." 問
仁. 曰: "仁者先難而後獲, 可謂仁矣."[知‧遠, 皆去聲]

고주 —— 번지가 지혜(知)에 대해 물으니, 공자께서 말씀하셨다. "백성을 (교
화‧인도하는) 의에 힘쓰고(務所以化道民之義), 귀신을 공경하되 함부로 친압하
지 않는다면, 지혜롭다고 할 만하다." 인仁에 대해 묻자 말씀하셨다. "인자는
수고롭고 괴로운 일을 먼저하고(先難=先勞苦), 공적을 얻는 것을 뒤로하니(後
得功), 인을 행하는 방법(所以爲仁)이라 할 수 있다."

주자 —— 번지가 지혜(知)에 대해 물으니, 공자께서 말씀하셨다. "사람(民=
人)의 도리의 마땅함(義=人道之所宜)에 오로지 힘쓰고(務=專用), 귀신을 공경
하되 가까이 하지 않는다면, 지혜롭다고 할 만하다." 인仁에 대해 묻자 말씀
하셨다. "인자仁者는 (그 일의) 어려운 바를 먼저하고, 그 (공효로서) 얻는 바를
나중으로 하는 것이니 (인자의 마음이니, 이렇게 한다면), 인하다고 할 수 있다."
(번지의 과실에 근거하여 일러주신 것이다.)

자원풀이 ■무務는 力(힘 력)+矛(창 모)+攵(칠 복)의 형성자로 힘(力)을 다해 창(矛)으로 찌르는 모습(攵)에서 강하
다, 힘쓰다, 그리고 일이라는 뜻이 나왔다.
■경敬은 갑골문에서는 苟(진실로 구)로 썼으나, 금문에는 손에 몽둥이를 든 모습인 攵(칠 복)자가 더해져 오늘의
자형이 되었다. 구苟는 머리에 양羊이 그려진 꿇어앉은 사람을 그렸는데, 절대자(양)에게 꿇어앉아 '진실하고 경
건한 마음'으로 빌거나 복종하는 모습을 나타낸다.
■귀鬼는 역병이나 재앙이 들었을 때 가면을 쓰고 몰아내는 사람의 모습을 형상화한 상형자로 (1) 재앙이나 역병
을 상징하는 부정적인 의미와 (2) 두려워하고 무서워해야 할 위대한 어떤 존재를 말하였다. 제단(示‧보일시)을 더
한 모습은 (2)의 의미로 제사의 대상인 귀신鬼神을 나타내는데, 여기서 嵬(높을 외)자가 나왔다. (1)의 의미로는 攵
(칠 복)이나 戈(창 과)를 더해 몰아낼 대상을 의미하였다.

다산 —— 번지가 지혜(知)에 대해 물으니, 공자께서 말씀하셨다. "사람의 도리의 마땅함(義란 선을 행하고 행을 제거하는 것이며, 일의 마땅함으로 제어하여 나를 선하게 하는 것이다)에 오로지 힘쓰되(務=專力), 귀신을 공경하되 함부로 친압하지 않는다면, 지혜롭다(지혜로운 자의 일이다)고 할 만하다." 인仁에 대해 묻자 말씀하셨다. "인자는 (그 마음이) 어렵고 고된 일(難=艱苦)을 남보다 먼저 하고, 이익을 얻는 일(獲=得利)은 남보다 뒤에 하면(恕이다), 인仁하다고 할 수 있다."(知·遠은 모두 去聲이다.)

집주 —— ■民은 亦人也라 獲은 謂得也라 專用力於人道之所宜하고 而不惑於鬼神之不可知는 知者之事也요 先其事之所難하고 而後其效之所得은 仁者之心也니 此는 必因樊遲之失而告之시리라

민民은 또한 사람(人)이다. 획獲은 얻음(得)을 말한다. 오로지 사람의 도리의 마땅한 것에만 힘을 쓰고, 알 수 없는 귀신에 미혹되지 않는 것이 지혜로운 사람의 일이다. 그 일의 어려운 바를 먼저하고, 그 공효로서 얻는 바를 나중으로 하는 것이 인자仁者의 마음이다. 이는 필시 번지의 과실에 근거하여 일러주신 것이다.

■程子曰 人多信鬼神하니 惑也요 而不信者는 又不能敬하니 能敬能遠이면 可謂知矣니라 又曰 先難은 克己也니 以所難爲先而不計所獲은 仁也니라

■신神은 示(보일 시)+申(아홉째지지 신)의 형성자로 번개(申→電) 신(示)을 말했다. 번개는 사악한 사람을 경계하고, 신의 조화가 생길 어떤 변화를 알려주는 계시로 생각되어 자연계의 각종 신을 나타내었다. 귀신鬼神, 평범하지 않는 것, 신비神秘, 신성神聖, 정신精神 등의 용어가 나왔다. 여기서 결정적으로 중요한 것은 시示 자이다. 시示란 하늘이 상象을 드리워 길흉을 나타내어 사람에게 보여주는 것이다. 이二에서 나왔다(二는 고문에서 上자이다). 세 개로 드리워진 것(三垂=小)은 해, 달, 그리고 별이다. 天文을 살펴 시時의 변화를 살피니, 示는 귀신의 일(神事)이다. 대체로 示를 부수로 하는 글자는 모두 示에서 유래하는데, 신神은 지극히 절신하다(說文解字」「示」 "示 天垂象 見吉凶 所以示人也 從二 (二 古文上字) 日月星也 觀乎天文以察時變 示神事也.") 주자는 귀신이란 (1) 천지의 공용이자 조화의 자취(鬼神 天地之功用而造化之迹也 : 정자), 혹은 (2) 이기(二氣)로써 말하면 귀鬼라는 것은 음의 신령스러움이고 신神은 양의 신령스러움이며, 일기—氣로써 말하면 지극하면서 펼쳐지는 것은 신神이고 돌이켜 되돌아오는 것을 귀鬼라고 한다

정자가 말했다. "사람이 번다하게 귀신을 믿는 것은 미혹이며, (역으로) 믿지 않는 사람은 또한 능히 공경할 줄 모른다. (귀신을) 공경할 줄 알고 멀리 할 줄도 알아야 지혜롭다고 할 수 있다." (정자가) 또 말했다. "어려운 바를 먼저 하는 것(先難)은 극기克己이고, 어려운 바로써 먼저 할 것으로 삼되 그 얻을 것을 계산하지 않는 것은 인仁이다."

■ 呂氏曰 當務爲急이요 不求所難知하며 力行所知요 不憚所難爲니라

여대림이 말했다. "마땅히 힘써서 할 일을 급히 행하고, 알기 어려운 것은 구하지 말며, 아는 것은 힘써 행하고 하기 어려운 일을 꺼리지 않아야 한다."

고금주 —— ■補曰 爲善去惡曰義. [制其宜以善我] 務, 專力也. ○包曰: "敬鬼神而不瀆." ○補曰 難者, 艱苦也. 獲者, 得利也. 艱苦之事先於人, 得利之事後於人則恕也. 强恕而行, 求仁莫近焉.

보완하여 말한다. 선을 행하고 악을 버리는 것을 일러 의라고 하고(일의 마땅함으로 제어하여 나를 선하게 하는 것이다:制其宜以善我). 무務는 오로지 힘씀(專力)이다. ○포함이 말했다. "귀신은 공경하되 함부로 친압하지 않는다." ○보완하여 말한다. 난難이란 어렵고 고된 것(艱苦)이다. 획獲은 이익을 얻음(得利)이다. 어렵고 고된 일을 남보다 먼저하고, 이익을 얻는 일은 남보다 뒤에 하는 것은 서恕이다. 힘써 서恕를 행하면, 인을 구함이 이보다 더 가까운 것은 없다(『맹자』「진심상」4).

■ 王曰: "務所以化道民之義." ○駁曰 非也. 孟子以羞惡之心, 爲義之端, [羞者, 羞己之惡. 惡者, 惡人之惡] 則義者本是去惡爲善之名. 當務之宜, 莫急於去惡, 此朱子所謂人道之所宜也. 知天下之務莫及於去惡, 則智者也.

(以二氣言 則鬼者陰之靈也 神者陽之靈也 以一氣言 則至而伸者爲神 反而歸者爲鬼)고 정의했다(「중용장구」16-1에 대한 주자주).
■획獲은 사냥개(犬)로 새(萑)를 잡는(又) 뜻으로 획득하다의 뜻이다.

왕숙이 말했다. "(의란) 백성을 교화하고 인도하는 도의에 힘씀이다." ○논박하여 말하면, 그릇되었다. 맹자는 수오지심羞惡之心을 의의 단초(義之端)로 삼았으니(부끄러워 하는 것은 자신의 악을 부끄러워 하는 것이다. 미워하는 것은 남의 악을 미워하는 것이다.), 의義란 본래 악을 버리고 선을 행하는 것을 말하는 것으로, 마땅히 힘써야 할 일은 악을 버리는 것보다 더 급한 것이 없다. 이것이 주자의 이른바 '사람의 도리의 마땅한 바(人道之所宜)'이다. 천하의 힘써야 할 것에서 악을 제거하는 것보다 급한 것이 없다는 것을 알면 지자智者이다.

■ 孔曰: "先勞苦而後得功, 此所以爲仁." ○駁曰 非也. 仁者, 嚮人之愛也. 勞苦得功, 皆屬自己, 則仍是雞鳴而起, 孳孳爲利者, 何以謂之仁也? 耕者盡力於粗糧, 賈人冒險於風濤, 亦莫不先其所難而後其所得, 將皆謂之仁者乎? 恕而後成仁, 此仲尼氏之恒言也.

공안국이 말했다. "수고롭고 괴로운 일을 먼저하고(先勞苦), 공적을 얻는 것을 뒤로 하는 것, 이것이 인仁을 행하는 방법이다." ○논박하여 말하면, 그릇되었다. 인이란 다른 사람을 향한 사랑이다(仁者 嚮人之愛也). 수고롭고 괴로운 것과 공적을 얻는 것은 모두 자기에게 귀속하니, 첫 닭이 울면 일어나 부지런히 이익을 도모하는 자를 어떻게 인仁하다고 말할 수 있는가? 경작하는 농부는 김매는 데에 진력盡力하고, 구입하는 사람(賈人)이 풍도風濤를 무릅쓰고 모험하는 것 또한 어려운 것을 먼저하고, 얻는 것을 뒤로 하지 않음이 없는데, 이 모든 것을 인자仁者라야 하겠는가? 서恕를 행한 이후에 인을 이루니(恕而後成仁), 이것이 공자께서 항상 하신 말씀이다.

비평 —— '사람들(백성)의 의로움(民之義)'이 무엇인가에 대해 약간의 이견이 있다. 고주에서는 '무민지의務民之義'를 "백성을 교화하고 인도하는 도의에 힘씀이다(務所以化道民之義)"라고 하였다. 이에 대해 주자는 민民을 인人으로 보고, 의義를 의宜로 보면서, 민지의民之義를 사람 도의의 마땅한 바(人道之所

宜)라 하여 인륜의 이념으로 해석하였다. 다산은 고주를 비판하고, 주자의 해석을 받아들인다. 그런데 그는 맹자가 "수오지심羞惡之心 의지단義之端"이라고 했던 말을 받아들여 구체적으로 의義란 "선을 행하고 악을 버리는 것이다(爲善去惡日義)."라고 해석한다.

주자와 다산의 해석은 공자가 도를 아는 사람의 작품이라고 칭송한『시경』「대아증민」의 '하늘이 백성들에게 내려준 법칙이자 지켜야 할 떳떳한 도리로서의 아름다운 덕(天生蒸民 有物有則 民之秉彝 好是懿德)'의 개념에 근거를 두고 있다. 여기서 '백성의 의로움에 힘쓴다.'란 곧 하늘이 인간에게 내려준 인간 도리의 마땅한 바로서 덕의 실현을 위해 노력한다는 말이다. 또한 알 수 없는 귀신을 믿는 것은 미혹된 것이며, 믿지 않는 사람은 경건하지 못하다는 점에서 공자는 '귀신을 공경하되 멀리할 수 있다면 지혜롭다.'고 말하였다.

어진 사람은 사사로움 없이 인간의 보편적인 덕을 실현하는 사람이다. '어려움을 우선하고, 얻는 것을 뒤로 한다.'는 것은 곧 자기의 사사로운 이익을 헤아리지 않고 마땅히 해야 할 일을 먼저 한다는 것으로, 이런 사람은 인한 사람이 지녀야 할 마음의 단서를 갖추었다고 할 수 있다. 그런데 다산은 여기서도 서恕를 강조한다. 즉 그에 따르면, '어려움을 우선하고, 얻는 것을 뒤로 한다.'는 것이 곧 서恕의 실천이며, 서의 실천으로 인仁이 구현된다.

<hr />

6:21. 子曰: "知者樂水, 仁者樂山. 知者動, 仁者靜. 知者樂, 仁者壽."

고주 —— 공자께서 말씀하셨다. "지자는 (재주와 슬기를 운용하여 세상을 다스리기를 마치 물이 흘러 그칠 줄 모르는 것처럼 하기 때문에) 물을 좋아하고, 인자는 (성품이 사방에 안정되어 산과 같이 움직이지 않기를 원하기 때문에) 산을 좋아한다. 저자는 (날마다 전진하기 때문에) 움직이고, 인자는 (욕심이 없기 때문에) 고요하다. 지혜로운 사람은 (스스로 노력하여 자기의 뜻을 실현하기 때문에) 즐거워하고, 어진사람은 (성정이 고요하기 때문에) 오래 산다."

주자 —— 공자께서 말씀하셨다. "지자는 (사리에 통달하여 두루 흘러 막힘이 없어 물과 유사함이 있기 때문에) 물을 좋아하고, 인자는 (의리에 편안하면서 중후하여 옮겨 가지 않아 산과 유사함이 있기 때문에) 산을 좋아한다. 지자는 움직이고, 인자는 고요하다(體로써 말한 것이다). 지자는 (얽매이지 않기 때문에) 즐겁고, 인자는 (고요하고 일정함이 있기:靜而有常 때문에) 오래 산다(공효로써 말한 것이다)."

다산 —— 공자께서 말씀하셨다. "지자는 (물처럼 이치에 따라 스스로 행하니) 물을 좋아하고, 인자는 (덕을 두텁게 품고 만물에게 은택을 베푸니) 산을 좋아하다. 지자는 (물처럼 어디에 가서도 스스로 터득하지 않음이 없으니 그 형상이) 동動적이고, 인자는 (마치 산이 다른 어떤 것과 더불어 다투는 바가 없기 때문에 그 형상이) 정靜적이다. 지자는 (사람이 해야 할 일을 가려서 인에 기거하고:居仁, 이치에 따라서 스스로 행하고, 밝게 利害를 구분하여, 어디에 가서도 스스로 터득하지 않음이 없기 때문에) 즐겁고, 인자는 (그 몸을 움직이지 않아도 천하가 교화되는데, 그 기상이 아득히 멀

자원풀이 ■요樂(악, 락)는 『설문해자』에 따르면 윗부분은 악기樂器(搖鈴)의 모양을 형상화한 것이고, 아랫부분(木)은 목木 자 모양의 악기의 자루(支架)를 형상한 글자이다. 즉 나무 자루가 달린 요령을 손으로 흔드는 모양을 본뜬 글자인데, 요령을 흔들어 그 소리로 신神을 즐겁게 해 준다는 의미이다. 즐겁다고 할 때는 '락'으로, 음악(音樂)이라고 할 때는 '악'으로, 그리고 좋아한다고 할 때는 '요'로 발음한다.
■동動은 力(힘 력)+重(무거울 중)의 형성자이다. 중重은 동童과 같이 남자 종이 힘든 일을 하는 모습을 형상화했으며, 여기에 力(힘 력)이 더해져 힘든 일(重)을 힘껏(力)하다, 고된 일을 강제强制하다를 뜻한다. 따라서 동動은 고된 일을 강제하는 것이 원뜻이며, 움직이다는 말이 파생되었다
■정靜은 靑(푸를 청)+爭(다툴 쟁)의 형성자로 화장의 농염濃艶을 표현할 때 순색純色(靑)을 다투어(爭) 취하는 것으로 자연색에 가까운 화장을 말한다. 화려한 화장은 사람의 마음을 흔들리게 하지만(動), 자연색에 가까운 화장은 안정되고, 정숙함을 보여준다. 맑고 고요하다, 정지하다, 안정되다의 뜻이다.

고 오래되기久遠 때문에) 오래 산다."

집주 —— ■樂는 喜好也라 知者는 達於事理而周流無滯하여 有似於水라 故로 樂水하고 仁者는 安於義理而厚重不遷하여 有似於山이라 故로 樂山이라 動靜은 以體言이요 樂壽는 以效言也라 動而不括故로 樂이요 靜而有常故로 壽라

요樂는 기뻐·좋아함(喜好)이다. 지자知者는 사리에 통달하여 두루 흘러 막힘이 없어 물과 유사함이 있기 때문에 물을 좋아한다. 인자仁者는 의리에 편안하면서 중후하여 옮겨가지 않아 산과 유사함이 있기 때문에 산을 좋아한다. 동動·정靜은 본체로써 말한 것이고, 요樂·수壽는 공효로써 말한 것이다. 움직여도 매이지 않기 때문에 즐겁다. 고요하면서 일정함이 있기 때문에 오래 산다.

■程子曰 非體仁知之深者면 不能如此形容之니라

정자가 말했다. "인仁·지知를 체득함이 깊은 사람이 아니라면 이와 같이 형용할 수 없다."

고금주 —— ■補曰 樂, 樂之也. [五·教反] 水之爲物, 循理以行己, 山之爲物, 厚德以澤物, [草木生焉, 禽獸歸焉] 此其別也. 無入而不自得, 故其象爲動而樂, 與物

■수壽는 老(늙은 노)를 의미부로 하는 형성자(≠ 혹은 土 + 一+工+ㅁ+寸)이다. 전답(田) 사이로 구불구불하게(壽) 길게 놓은 수로를 말했으며, 이로부터 굽다, 길다, 오래 살아 허리가 굽은 노인의 뜻이 나왔다. 그리고 다시 장수長壽, 목숨, 나이, 해, 생일, 축복의 뜻도 나왔다. 그러나 원래 뜻은 전田 자를 더해 疇(밭두둑 주)자가 되었다. 『설문해자』에서는 유구함(久), 오래됨, 곧 장수함의 뜻을 지닌다고 했다. 예로부터 장수는 의미 있는 삶을 구현하는 것이며, 인간에게 주어지는 가장 큰 축복 중 하나로 간주되어 왔다. 『서경』「홍범편」에 오복(五福)으로 "첫째는 장수(壽)하는 것이며, 둘째는 부유하고 풍족하게 사는 것이며, 셋째는 강녕으로 일생 동안 건강하게 사는 것이며, 넷째는 덕을 좋아함이며, 마지막 다섯 번째는 고종명(考終命)이다.(『書經』「洪範」, "五福 一曰壽 二曰富 三曰康寧, 四曰攸好德, 五曰考終命.")"라고 했다. 여기서 고종명이란 인간에게 주어진 천수天壽를 온전히 누리면서 고유한 천명, 즉 인의예지의 덕을 온전히 실현하고 일상 가운데 편안한 임종을 맞이하는 것이다.

而無所競, 故其象爲靜而壽.〔《老子》曰: "知人者智, 知足者富, 死而不亡者壽."〕

보완하여 말한다. 요樂는 좋아하는 것이다(樂之; 五와 敎의 半切音). 물(水)의 됨됨이는 이치에 따라 스스로 흘러가고(順理以行己), 산의 됨됨이는 덕을 두텁게 품고 만물에게 은택을 베푸니(초목이 태어나고, 금수가 귀속한다), 이것이 물과 산의 차이이다. (물은) 어디에 가서도 스스로 터득하지 않음이 없으니(無入而不自得), 그 형상이 움직임(動)이면서 즐거움(樂)이 된다. (산은) 다른 어떤 것과 더불어 다투는 바가 없기 때문에 그 형상이 고요함(靜)이면서 오래 삶(壽)이 된다.(『노자』에서 말했다. "남을 아는 자는 지혜롭고, 족함을 아는 자는 부유하고, 죽어도 없어지지 않는 자는 수한다." 33장)

■ 包曰: "知者, 樂運其才智以治世, 如水流而不知已." ○駁曰 非也. 知者利仁, 仁者安仁, 其立心雖異, 其成效皆同. 非於行仁之外, 別有所謂智者自立其門戶也. 知者所求, 亦不外乎成己, 包以治世爲智, 失之遠矣.

포함이 말했다. "지자知者는 그 재주와 슬기를 운용하여 세상을 다스리기를 마치 물이 흘러 그칠 줄 모르는 것처럼 좋아한다." ○논박하여 말하면, 그릇되었다. 지자는 인을 이롭게 여기고(知者利仁), 인자는 인에 편안하다(仁者安仁). 지자와 인자는 비록 마음을 정립함은 다르다고 할지라도, 그 성과와 공효는 같다. 인仁을 행하는 것 이외에 별개로 이른바 지자가 스스로 수립한 문호는 없다. 지자가 구하는 것 또한 자기완성(成己)에서 벗어나지 않는데, 포함은 세상을 다스리는 것으로써 지혜로 삼았으니, 매우 잘못되었다.

■ 孔曰: "無欲故靜." ○駁曰 非也. 仁者強恕而行, 此不求於物而先自我施之也. 其象爲厚德以澤物, 故曰靜.

공안국이 말했다. "욕심이 없는 까닭에 고요하다." ○논박하여 말하면, 그릇되었다. 인자仁者는 힘써 서恕를 실천한다. 서恕는 타자에게 구하지 않고, 먼저 나로부터 베푸는 것이니, 그 형상이 덕을 두텁게 품고 만물에게 은택을 베푸니, 고요함(靜)이라고 한다.

■鄭曰: "知者, 自役得其志, 故樂." ○駁曰 非也. 此蘇·張·申·韓之徒, 權謀術數之知, 非聖門之所謂知也. 聖門之所謂知者, 擇術以居仁, 順理以行己, 明別利害, 無所碍滯. 無入而不自得焉, 故曰樂.

정현이 말했다. "지자知者는 스스로 노력하여 그 뜻을 얻기 때문에 즐겁다." ○논박하여 말하면, 그릇되었다. 이는 소진蘇秦·장의張儀·신불해申不害·한비韓非의 무리들의 권모술수의 지知이며, 성문聖門의 이른바 지知가 아니다. 성문의 이른바 지란 사람이 해야 할 일을 가려서 인에 기거하고(居仁), 이치에 따라서 스스로 행하고, 밝게 이해利害를 구분하여, 어디에 가서도 스스로 터득하지 않음이 없기 때문에 즐겁다.

■包曰: "性靜者, 多壽考." ○駁曰 非也. 此醫家之養生方也, 豈所以論道乎? 壽之爲言久也. 《說文》云] 知者遭喪, 不能常樂, 仁者短命, 不能皆壽, 行仁非鍊丹之類也. 仁之爲道, 可久可長, 不動其身, 而天下化之, 其氣象久遠, 故曰仁者壽.

포함이 말했다. "성정이 고요한 자는 대체로 장수한다." ○논박하여 말하면, 그릇되었다. 이것은 의가醫家에서 말하는 양생법이니, 어찌 도를 논하는 것이겠는가? 수壽라는 말은 오래(久)라는 뜻이다(『설문』에서 말했다). 지자도 상喪을 만나면 항상 즐거워할 수 없고, 인자仁者도 단명할 수 있으니, 모두 장수하는 것은 아니다. 인仁을 행하는 것은 연단鍊丹 등과는 유를 달리한다. 인의 도는 장구長久할 수 있으니, 그 몸을 움직이지 않아도 천하가 교화되는데, 그 기상이 아득히 멀고 오래되기(久遠) 때문에 인자仁者는 수壽한다고 말했다.

비평 —— 고주에 대한 다산의 비평은 정당해 보인다. 주자와 다산의 해석은 대체로 일치한다. 물은 만물의 근원이면서 불을 이기는 큰 힘을 갖고 있지만, 항상 낮은 자리에 처한다. 따라서 지혜로운 사람은 물과 같이 마음을 쓴다. 산은 높이 있으면서 온갖 보화를 은장하고 항상 그 자리에 있다. 따라서 어진 사람은 산과 같이 높은 의지를 지닌다. 의지는 산처럼 마음은 물처럼 써야 한다(志如山 心如水). 항상 그 자리에 있는 높은 산은 도의 본체를 형용한다면, 항상 아래로 흐르는 물은 도의 작용을 형용한다. 도의 본체를 잘 보존하는 어진 사람은 정적이며, 도의 작용을 잘 운용하는 지혜로운 사람은 동적이다. 인자는 돈후하고 온화하고 순수하고 의리에 편안한 까닭에 유장하고, 지자는 명철하고 소통하고 사물의 변화에 통달한 까닭에 즐겁다는 것이다. 그런데 인자仁者는 정靜하다고 할 때의 '정靜' 자의 의미와 연관하여 주자의 다음과 같은 말은 참고할 만하다.

> '인자는 정하다(仁者靜)'라는 것을 어떤 사람은 '고요히 움직이지 않는 것이 정이다(寂然不動爲靜)'라고 하였는데, 잘못된 해석이다. 여기서 말한 인자는 비록 움직인다(動)고 할지라도, 또한 고요하다(靜). 희로애락이 모두 움직임인데, 인한 사람이 어찌 이런 것들이 없을 수 있겠는가! 대개 움직이는 가운데, 일찍이 고요하지 않음이 없는 것이다(蓋於動之中未嘗不靜也). 고요함(靜)이란 인욕의 분요紛擾가 없고, 천(天理)의 당연함에서 편안한 것을 말할 뿐이다. 만일 인仁에는 고요함만 있고, 움직이지 않는다고 한다면, 지知 또한 항상 움직이며 고요하지 않다고 하겠는가? (『논어집주대전』)

6:22. 子曰: "齊一變, 至於魯, 魯一變, 至於道."

고주 —— 공자께서 말씀하셨다. "제나라는 (대현 태공의 政敎가 비록 쇠퇴하였지만, 만약 明君이 나와 부흥시켜) 한 번 변한다면, 노나라와 같아지게 할 수 있다. 노나라는 (성인 주공의 政敎가 비록 쇠퇴하였지만, 만약 明君이 나와 부흥시켜) 한 번 변한다면 대도가 행해지던 때와 같아지게 할 수 있다."

주자 —— 공자께서 말씀하셨다. "제나라는 (그 풍속은 공리를 급선무로 여기고, 과장과 거짓을 좋아했으니, 패도정치의 남은 습속:霸政之餘習이 있어) 한 번 변한다면, 노나라에 이를 수 있다(선왕의 도에 나아가는 데 어렵다). 노나라는 (禮敎를 중시하고 信義를 숭상했으니, 아직도 선왕의 남은 풍속:遺風이 있어), 한 번 변한다면 (선왕의) 도에 나아갈 수 있다."

다산 —— 공자께서 말씀하셨다. "(성인 주공이 봉해져 현인을 천거하고 공을 숭상하고 별도의 법을 만들었던) 제나라는 (쇠퇴하여) 한 번 변한다면 (그 末俗이) 노나라에 이를 수 있다. (성인 주공이 세워 친족을 친애하고 존귀한 이를 높였던:親親而尊尊) 노나라는 한 번 변한다면 (그 말속이 선왕의) 도에 나아갈 수 있다(그래도 도에 가깝다)."

집주 —— ■孔子之時에 齊俗은 急功利하고 喜夸詐하니 乃霸政之餘習이요 魯則重禮敎하고 崇信義하여 猶有先王之遺風焉이라 但人亡政息하여 不能無廢墜耳라 道는 則先王之道也라 言二國之政이 俗有美惡이라 故로 其變而之道에 有難易라

공자의 시대에 제나라의 풍속은 공리功利를 급선무로 여기고, 과장과 거짓을 좋아했으니, 패도정치의 남은 습속(霸政之餘習)이다. 노나라는 예교禮敎를 중시하고 신의信義를 숭상했으니, 아직도 선왕의 유풍遺風이 있었다. 다만 사람은 사라지고 정치는 종식되어, 피폐와 실추가 없을 수는 없었다. 도는 선왕

자원풀이 ■변變은 攴(칠 복)+䜌(어지러울 련)의 형성자로 쳐서 강제적(攴)으로 바꾼다는 뜻으로 말(言)이란 언제나 변하는 것임을 반영했다. 변경變更, 변화變化, 사변事變 등의 뜻이 나왔다.

의 도이다. 두 나라의 정치·풍속은 아름다움과 추함의 차이가 있으니, 그들이 변화하여 도에 나아가는 데에 어려움과 쉬움의 차이가 있다는 말이다.

■ 程子曰 夫子之時에 齊强魯弱하니 孰不以爲齊勝魯也리오 然이나 魯猶存周公之法制하고 齊由桓公之霸하여 爲從簡尙功之治하여 太公之遺法이 變易盡矣라 故로 一變이라야 乃能至魯요 魯則修擧廢墜而已니 一變則至於先王之道也라

정자가 말했다. "공자의 시대에 제나라는 강하고 노나라는 약했으니, 누가 제나라가 노나라보다 낫다고 여기지 않았겠는가? 그러나 노나라에는 아직도 주공의 법제를 보존하였지만, 제나라는 환공의 패도로 말미암아 간략함을 좇고 공리를 숭상하는 정치를 하여(爲從簡尙功之治) 태공太公의 유법遺法이 모두 변역變易되었다. 그러므로 한 번 변해야만 이에 노나라에 이를 수 있었다. 노나라는 피폐하고 실추된 것을 닦아 일으키기만 하면 되니, 한 번 변하면 선왕의 도에 이를 수 있었다."

■ 愚謂 二國之俗을 惟夫子爲能變之로되 而不得試라 然이나 因其言以考之면 則其施爲緩急之序를 亦略可見矣니라

어리석은 내가 말한다. 두 나라의 풍속은 오직 공자만이 변화시킬 수 있었지만, 시도해 볼 수가 없었다. 그러나 공자의 말씀에 근거하여 상고해 보면, 그 시행에서 완급의 순서를 또한 대략 알 수 있다.

고금주 —— ■ 補曰 孔子之時, 齊·魯皆衰, 而魯猶近道.

보완하여 말한다. 공자의 시대에 제나라와 노나라는 모두 쇠퇴하였지만, 노나라가 그래도 도에 가까웠다.

■ 包曰: "齊·魯有太公·周公之餘化. 太公大賢, 周公聖人. 今其政教雖衰, 若有明君興之, 齊可使如魯, 魯可使如大道行之時." ○案 太公·周公雖皆聖人, 其樹立制作, 本自不同, 故其立國規模, 全不相類. 太公封齊, 擧賢而尙功.

周公治魯, 親親而尊尊. 不惟是也. 魯國純用周制, 以其同出於周公之手也. 齊
國別自一法, 觀於《管子》一部及《齊語》一篇, 可以知矣. 此是流來舊法, 管仲
修而行之. 故《史記》云'桓公得管仲', 復修太公之法. 程子謂'桓公盡變太公之
法', 蓋未之深察也. 然孔子之言'齊一變‧魯一變'者, 舉末俗而言之, 非直泝本
之論也. 若云泝本, 齊一變至於魯可, 魯一變至於道, 無乃不可乎? 魯雖伯禽始
封, 其立國規模, 悉出周公之手, 何待一變而至道乎?

포함이 말했다. "제나라와 노나라는 태공太公과 주공周公의 교화가 남아 있
었다. 태공은 대현大賢이고 주공은 성인聖人이니, 지금 그들이 남긴 정교政敎
가 비록 쇠퇴하였지만, 만약 명군明君이 나와 부흥시킨다면, 제나라는 노나
라와 같아질 수 있고, 노나라는 대도大道가 행해지던 때와 같아지게 할 수 있
다는 말이다. ○살핀다. 태공과 주공은 비록 모두 성인이지만, 그들이 수립
한 제작制作은 본래부터 같지 않았다. 그러므로 그들이 나라를 세운 규모는
완전히 다른 유형이었다. 태공이 제나라에 봉해졌을 때 현인을 천거하고 공
을 숭상했다. 주공이 노나라를 다스릴 때는 친족을 친애하고 존귀한 이를 높
였다(親親而尊尊). 비단 이것만이 아니다. 노나라는 순전히 주나라 제도를 썼
는데, 그 제도가 주공의 손에서 같이 나왔기 때문이다. 제나라는 별도로 그
자체 하나의 법을 두었는데, 『관자』, 『국어』「제어」편을 살펴보면 알 수 있다.
이렇게 유전流轉하여 내려온 구법舊法을 관중이 수정하여 행하였다. 그러므
로 『사기』에 '환공이 관중을 얻어 다시 태공의 법을 수정하였다.'고 하였다.
정자는 '환공은 태공太公의 유법을 모두 변역했다.'고 말하였는데, 이는 아마
도 깊이 살피지 못한 것이다. 그러나 공자가 '제나라가 한 번 변하면, 노나라
가 한 번 변하면'이라고 말한 것은 말속末俗을 들어서 말한 것이지, 본래적인
사실에 소급해서 논한 것이 아니다. 만약 본래적인 사실에 소급해서 말한다
면, 제나라가 한 번 변하면 노나라에 이른다는 것은 타당하지만, 노나라가 한
번 변하면 도에 이른다고 한 것은 타당하겠는가? 노나라가 비록 백금伯禽(주

공의 아들)이 처음 봉해졌다고 하지만, 그 나라를 세운 규모는 모두 주공의 손에서 나왔으니, 어찌 한번 변하기를 기다린 이후에 도에 이르겠는가?"

비평 —— 각각의 주석의 특징과 차이점은 원문의 해석에 모두 반영하였다. 여기서 특징적인 것은 다산이 한 번 변하는 것을 '말속末俗'에 한정하고 있다는 것이다. 요컨대 근원을 거슬러 올라가 성인 주공이 만든 제도라고 한다면, 그 자체가 완전한 것인데 어떻게 한 번 변하게 할 수 있는가 하는 것이다. 다산의 이러한 주석은 정말 영민한 주석이라고 하지 않을 수 없다. 앞의 주자의 해설 또한 다산의 해석과 같은 방식으로 읽어야 한다고 생각된다.

6:23. 子曰: "觚不觚, 觚哉! 觚哉!"

고주 —— 공자께서 말씀하셨다. "(禮器로서 두 되들이) 고觚로 (술을 마시면서) 적게 마시지 않으면(不觚=不寡), 고觚이겠는가, 고觚이겠는가?" (고는 술을 적게 마시는 술잔인데, 많이 마신다면 고라고 할 수 없듯이, 정치 또한 正道로 행하지 않으면 이루어지지 않는다.)

주자 —— 공자께서 말씀하셨다. "고(모난 그릇:觚=棱)가 (공자 당시에 본래의 제도를 상실하여 모가 나지 않게 만들어) 모가 나지 않았다면, 고이겠는가? 고이겠는가?" (천하 만물이 모두 그 도리를 잃으면, 그 존재의미를 잃게 된다.)

다산 —— 공자께서 말씀하셨다. "고(여덟 모서리로 되어 있다고 붙여진 명칭)가 여덟 모서리로 되어 있지 않다면(명실이 상부하지 않는다면), 고이겠는가, 고이겠는가?"(명실은 상부해야 한다는 말이다.)

집주 —— ■觚는 棱也니 或曰 酒器요 或曰 木簡이라 하니 皆器之有棱者也라 不觚者는 蓋當時失其制而不爲棱也라 觚哉觚哉는 言不得爲觚也라

고觚는 모난 것(棱)이다. 혹 주기酒器라 하고, 혹 목간木簡이라 하는데, 모두 기구에 모가 있는 것이다. 불고不觚란 대개 당시에 본래의 제도를 상실하여 모나게 만들지 않은 것이다. 고재고재觚哉觚哉란 고觚가 될 수 없다는 말이다.

■程子曰 觚而失其形制면 則非觚也니 擧一器에 而天下之物이 莫不皆然이라 故로 君而失其君之道면 則爲不君이요 臣而失其臣之職이면 則爲虛位니라

정자가 말했다. "고觚가 본래의 형제(其形制)를 잃었다면, 고觚가 아니다. 하나의 그릇을 거론하였지만, 천하 만물이 모두 그렇지 않은 것이 없다. 그러므로 임금으로서 그 임금의 도리를 잃으면 임금이 아니며, 신하로서 신하의 직분을 잃으면 허위虛位가 되고 만다."

■范氏曰 人而不仁이면 則非人이요 國而不治면 則不國矣니라

범조우가 말했다. "사람으로서 어질지 않으면 사람이 아니고, 나라인데 다스려지지 않으면 나라가 아니다."

고금주 —— ■補曰 上觚, 酒器也. [馬云: "一升曰爵, 二升曰觚."] ○邢云: "〈特牲禮〉用二爵二觚."] 下觚, 八棱也. [〈郊祀志〉云: "八觚宣通, 象八方."] 酒觚之得觚名, 以其有八棱也. 若削棱爲圜, 猶名爲觚, 則名實不相副矣. 孔子與人論名實, 適有酒觚在前, 指之以爲喩. ○案 器物皆各有其名, 簋·鉶·籩·俎, 皆非假借.

자원풀이 ■고觚는 角(뿔 각)+瓜(외 과)의 형성자로 아래위가 오이(瓜)처럼 길고 나팔처럼 벌어진 뿔(角)로 만든 큰 키의 잔을 말한다. 이후 글을 쓰다의 뜻으로 가차되었다. 술잔, 모서리가 많은 그릇, 목간木簡, 칼자루, 법, 홀로(=孤) 등으로 쓰인다.

惟酒觚以觚棱之故而得是名, 以喻名實莫切焉.

보완하여 말한다. 앞의 고觚는 술잔이고(마융이 말했다. "한 되들이를 爵이라 하고, 두 되들이를 觚라 한다."), 뒤의 고觚는 여덟 모서리(八觚)이다.(『예기』「교사지」에서 말했다. "八觚가 널리 통용되고 있는데, 八方을 상징한다.") 술잔 고觚가 고觚라는 명칭을 얻은 것은 여덟 모서리가 있었기 때문인데, 만일 모서리를 깎아 둥글게(圜) 만들고 아직도 그 이름을 고觚라고 한다면, 이름(名)과 실상(實)이 서로 부합하지 않는다. 공자가 어떤 사람과 이름과 실상에 대해 논의하다가, 때마침 술잔 고觚가 앞에 있어 가리켜서 비유로 삼은 것이다. ○살핀다. 기물器物은 모두 각각 그 이름이 있다. 궤簋, 금鉶, 변籩, 조俎 등은 모두 가차假借가 아니다. 오직 술잔으로서 고觚는 고觚라는 여덟 모서리로 되어 있어 이 이름을 얻었기 때문에, 이름과 실상을 비유하는 데 더 절실한 것은 없다.

■ 馬曰: "以喻爲政不得其道則不成." ○駁曰 非也.

마융이 말했다. "이는 정치를 행하되 정도를 얻지 못하면 이루어지지 않는다는 것을 비유한 것이다." ○논박하면 말하면, 그릇되었다.

■ 邢曰: "《韓詩說》, '一升曰爵. 爵, 盡也. 二升曰觚. 觚, 寡也, 飲當寡少.'" ○毛曰: "觚不觚者, 戒酗也. 觚者, 寡也. 名雖爲觚, 飲常不寡, 實則不副, 何以稱名?" ○駁曰 非也. 孔子曰'觚不觚', 未嘗云'觚不寡'.

형병이 말했다. "『한시설』에 한 되들이를 작爵이라 하고, 작은 극진하다(盡)이다. 두 되들이를 고觚라 하니, 고는 적게 한다(寡)이니, 술을 마실 때 적게 마셔야 한다는 것이다." ○논박하여 말하면, 그릇되었다. 공자는 고가 고답지 못하면(觚不觚)이라고 말했지, 일찍이 고가 적지 않으면(觚不寡)이라고 말한 적이 없다.

■ 姚立方云: "觚者, 酒器也. 上古器多用角, 故字從角瓜聲. 三代始範金爲之, 但其形本方. 方則隅, 隅有四棱, 直下至足, 其腹又屹起四棱, 橫亦有之,《通俗文》曰'木四方爲棱, 八棱爲觚', 是也." ○駁曰 非也. 字從角者, 以其有棱角也.

又從瓜者, 以其知瓜瓣也. 其八觚六觚, 今不可考.

요립방姚立方이 말했다. "고觚란 술잔(酒器)이다. 상고上古 때에는 그릇으로 뿔을 쓰는 경우가 많았기 때문에 각角과 과瓜의 형성자이다. 삼대三代에 비로소 쇠를 녹여 본을 떠서 술잔을 만들었는데, 그 형태는 본래 방형이었다. 방형이면 모가 나고, 모는 네 모가 있으며, 이 네 모가 곧장 아래로 술잔의 발 부분에 이르고, 그 중간 복부에도 또 네 모로 우뚝 나와 있으며, 옆으로도 또한 이러한 모가 있으니, 『통속문』에 나무에 네 모난 것을 능棱이라 하고, 팔능八棱을 고觚라 한다고 한 것이다." ○논박하여 말하면, 그릇되었다. 고觚라는 글자가 角(뿔 각) 자를 따른 것은 모난 각(棱角)이 있기 때문이다. 또한 瓜(외 과) 자를 따른 것은 고觚의 모양이 외의 씨앗(瓜瓣)과 같기 때문이다. 그것이 팔고八觚인지 육고六觚인지는 지금 상고할 수 없다.

■ 質疑 《集注》云: "不觚者, 蓋當時失其制而不爲棱也." ○案 《漢書·酷吏傳》云: "破觚爲圜." 此所謂觚不觚也. 然觚失其制, 不關世道, 孔子之歎, 豈爲是也? 질의한다. 『집주』에서 말했다. "불고不觚란 대개 당시에 본래의 제도를 상실하여 모나게 만들지 않은 것이다." ○살핀다. 『한서』 「혹리전」에, 모난 것을 깨뜨리고 둥근 것을 만들었다(破觚爲圜)고 하였으니, 이것이 이른바 고가 고답지 않은 것이다(觚不觚). 그러나 고觚가 그 제도를 잃었다고 하는 것은 세도世道와 관련이 없다. 공자의 탄식이 어찌 이 때문이었겠는가?

비평 —— 고주는 술을 마실 때에 그 술잔의 크기에 맞게 술을 마셔야 하듯이, 정치를 행할 때에 올바른 도로써 정치를 시행해야 이루어진다고 말한 것으로 해석했다. 주자와 다산은 이름과 실재의 관계, 즉 정명론正名論(君君, 臣臣, 父父, 子子)의 관점에서 해석하였다. 다만 여기서 다산은 주자가 이 구절을 근거 없이 세도世道와 연관시켜 과도하게 해석하는 것을 경계하고 「질의」하였다. 그렇지만 다산이 주자의 『집주』를 비판하기 위해 인용한 『한서』 「혹리전」의 구절이 어떻게 세도世道와 아무런 관련이 없다고 할 수 있겠는가?

～○～

6:24. 宰我問曰: "仁者, 雖告之曰: 『井有仁焉.』 其從之也?" 子曰: "何爲其然也? 君子可逝也, 不可陷也; 可欺也, 不可罔也."

고주 —— 재아가 물었다. "인자는 가령(雖=設) 그에게 인인仁人이 우물에 빠졌다고 고해 주면, (구하기 위해) 우물에 따라 들어갑니까?" 공자께서 말씀하셨다. "어찌 그렇게 하겠는가? (와서 고한 사람이) 군자로 하여금 우물로 가서 보게 할 수는 있어도 (빠진 사람을 건지기 위해) 직접 우물로 들어가게 할 수는 없다. (우물에) 가게 할 수는 있으나, (터무니없는 말로 속여) 직접 우물로 들어가게 할 수는 없다."

주자 —— 재아가 물었다. "인자는 비록 그에게 사람(仁=人)이 우물에 빠졌다고 고해 주더라도, (구하기 위해) 우물에 따라 들어가 구합니까?" 공자께서 말씀하셨다. "어찌 그렇게 하겠는가? 군자로 하여금 가서 구하게 할 수는 있겠

자원풀이 ■정井은 네모지게 겹쳐 놓은 우물의 난간을 그린 상형자로 우물을 지칭한다. 우물처럼 생긴 것, 네모꼴로 잘 정리됨을 뜻한다.
■서逝는 辶(쉬엄쉬엄 갈 착)+折(꺾을 절)의 형성자. 다른 곳으로 가다, 서거逝去, 달리다, 없어지다는 뜻이다.
■함陷은 阜(언덕 부)+臽(함정 함)의 형성자, 흙(阜) 구덩이에 사람 발이 빠진 모습. 빠지다, 함정, 음모, 음해 등의 뜻이다.
■기欺는 欠(하품 흠)+其(그 기)의 형성자로 입을 크게 벌려 침을 튀기며(欠) 말을 하는 모습에서 속이다, 은폐하다는 뜻을 나타낸다.
■망罔은 网(그물 망)이 의미부이고, 亡(망할 망)이 소리부로 구성된 형성자로 그물로 잡다는 뜻이다. 그물(질하다), 엮다, 감추다, 미혹되다, 없다, 바르지 않다, 아니하다 등으로 쓰인다. 그물질한다는 측면에서 말하면 주체이고, 그물질 당한다는 측면에서 말하면 제한 혹은 구속을 의미한다.

지만, 우물에 빠지게 할 수는 없으며, 이치에 있는 것으로써 속일 수는 있지만, 이치에 없는 것으로써 현혹할 수는 없다.”

다산 —— 재아가 물었다. “인자는 (살신성인의 의가 있으므로) 비록 그에게 사람(仁=人)이 함정(井=窞=陷=窾)에 떨어져 있다고 일러주더라도, (자신을 죽여서라도 명예를 얻기 위해) 함정에 따라 들어가 구합니까?” 공자께서 말씀하셨다. “어찌 그렇게 하겠는가? 군자는 해를 피해 떠나게 할 수는 있겠지만, (이익을 보고 거기에) 떨어지게 할 수는 없으며, 이치가 있는 것으로 속일 수는 있어도, 도리에 어두운 바를 이용하여 가릴 수는 없다.”(皇氏本에는 “井有仁者焉”이라고 되어 있다. 살펴보건대, 공안국의 주에 “仁人墮井”이라고 하였으니, 황본은 대개 이것에 근거하였다:다산)

집주 —— ■劉聘君曰 有仁之仁은 當作人이라 하니 今從之라 從은 謂隨之於井而救之也라 宰我信道不篤하여 而憂爲仁之陷害라 故로 有此問이라 逝는 謂使之往救요 陷은 謂陷之於井이라 欺는 謂誑之以理之所有요 罔은 謂昧之以理之所無라 蓋身在井上이라야 乃可以救井中之人이니 若從之於井이면 則不復能救之矣라 此理甚明하여 人所易曉하니 仁者雖切於救人而不私其身이나 然이나 不應如此之愚也니라

유빙군은 “‘유인有仁’의 ‘인仁’은 마땅히 ‘인人’으로 써야 한다.”고 했는데 지금 그 설을 따른다. 종從은 우물로 따라 들어가 구한다는 말이다. 재아宰我는 도를 독실하게 믿지 않아서 인仁을 행하다가 손해를 볼까 우려하였기에 이런 질문을 하였다. 서逝는 그로 하여금 가서 구하게 하는 것이고, 함陷은 그를 우물에 빠지게 하는 것이다. 기欺는 이치에 있는 것으로써 속이는 것이고, 망罔은 이치에 없는 것으로써 현혹하는 것을 말한다. 대개 자신이 우물 위에 있어야 우물 안의 사람을 구할 수 있다. 만일 우물 안에 따라 들어간다면, 다시

구해낼 수 없다. 이 이치는 매우 분명하여 사람들이 쉽게 깨달을 수 있을 것이다. 인자仁者는 비록 사람을 구하는 데에 절실하여 그 자신을 사사롭게 여기지 않을지라도, 응당 이와 같이 어리석지는 않다.

고금주 ── ■補曰 井, 古文作宎. [穴地出水曰宎] 阱, 古文作汬. [字同宎] 四字皆相通, 井者, 陷阱也. 逝者, 遠害而去也. 《詩》云: "逝將去女, 適彼樂土."] 陷者, 見利而墮也. [如獸之陷於阱] 欺者, 誑之以理所有也. 罔者, 罩之以道所迷也. [如魚鳥之迷而入網] 君子有殺身成仁之義. 宰我疑而問之曰: "今有必死之地, 無異陷阱, 而赴之可以殺身而成仁, 則仁者亦貪其名而從之乎?" 子曰: "不然. 君子可使之遠害而去, 不可使之見利而墮也. 可誑之以理之所有, 不可罩之以道之所迷. 豈有貪仁之名, 而陷身於必死之地者乎?"

보완하여 말한다. 정井은 옛글에 정宎(함정)으로 썼다(穴地에서 물이 나오는 것을 宎이라 한다). 정阱(함정)은 옛글에 정汬(함정)으로 썼다(宎과 같은 글자이다). 네 글자는 모두 서로 통한다. 서逝란 해害를 피해 떠나는 것이다(『시경』「위풍, 석서」에서, "떠나서 장차 너를 버리고 저 낙토로 가리라."고 했다). 함陷은 이익을 보고 타락하는 것이다(짐승이 함정에 빠지는 것과 같다). 기欺는 이치가 있는 것으로 속이는 것이고, 망罔은 도리에 어두운 바를 이용하여 가리는 것이다(물고기와 새가 흘려서 그물에 걸려드는 것이다). 군자는 살신성인하는 의리가 있으니, 재아宰我가 의문을 품고 물었다. "지금 필시 죽을 처지에 있고, 함정과 다를 바가 없어, 거기로 달려가 자신을 죽여서라도 인을 이룰 수 있다면, 인자 또한 명예를 탐하여 거기에 쫓아 들어갑니까?" 공자께서 대답하셨다. "그렇지 않다. 군자를 해를 피해 떠나가게 할 수는 있어도, 이익을 보고 타락하게 할 수는 없다. 이치가 있는 것으로 속일 수는 있어도, 도리에 어두운 바를 이용하여 가릴 수는 없다. 어찌 인이라는 명성을 탐하여, 자신을 필시 죽을 처지에 빠뜨리겠는가?"

■ 孔曰: "宰我以仁者必濟人於患難, 故問有仁人墮井, 將自投下從而出之不乎? 欲極觀仁者憂樂之所至." ○又曰: "逝, 往也. 言君子可使往觀之耳, 不肯自投從之." ○馬曰: "可欺者, 可使往也. 不可罔者, 不可得誣罔令自投下." ○駁曰 非也. 仁人墮井則仁者救之, 凡人墮井則仁者不救乎? 欲救其墮, 宜垂綆縮, 從而同死, 抑又何益? 雖非君子, 疇不往視?借使惡人, 亦不可罔, 何必君子而後, 乃不可罔之使投下乎? 其義無所立矣.

공안국이 말했다. "재아는 인자仁者는 반드시 사람을 환난에서 구제한다고 여겼기 때문에 인인仁人이 우물에 빠져 있으면, 장차 몸을 던져 아래로 따라 들어가서 빠진 사람을 구출하려 할 것인지 아닌지를 물어서, 인자가 근심하고 좋아함이 어디까지 이르는지를 극진히 보고자 한 것이다." ○또 말했다. "서逝는 '가다(往)'이니, 군자로 하여금 우물로 가서 보게 할 수 있을 뿐, (빠진 사람을 건지기 위해) 직접 우물로 뛰어 들어가게 할 수는 없다는 말이다." ○마 융이 말했다. "가기可欺는 가게 할 수 있는 것이고, 불가망不可罔은 터무니없는 말로 속여 직접 우물로 뛰어내리게 할 수 없는 것이다." ○논박하여 말하면, 그릇되었다. 인인仁人이 우물에 빠지면 인자仁者가 그를 구제하지만, 범인凡人이 우물에 빠지면, 인자가 구제하지 않겠는가? 그 빠진 사람을 구제하려면 마땅히 두레박줄을 드리워야 하는데, 따라가 같이 죽으면, 또한 무슨 유익이 있겠는가? 비록 군자가 아니라도 어느 누가 달려가 보지 않겠는가? 설령 악인이라고 할지라도 또한 속일 수 없는데, 어찌 반드시 군자인 이후에 이에 속여서 아래로 몸을 던지게 할 수 없는 것이겠는가? 그 뜻은 성립될 수 없다.

■ 質疑 劉勉之曰: "有仁之仁, 當作人." ○朱子曰: "逝, 謂使之往救." ○案 人墮於井, 無不往救, 使之從死, 無不掉頭, 斯不足以試仁者也. ○又案 逝者, 遠害而去也.

질의한다. 유빙군劉聘君(勉之)이 말했다. "유인有仁의 '인仁'은 마땅히 '인人'으로 써야 한다." ○주자는 말했다. 서逝는 그로 하여금 가서 구하게 하는 것(使

之往救)이다. ○살핀다. 사람이 우물에 빠지면 가서 구제하지 않음이 없을 것이지만, 따라 들어가서 죽으라고 한다면 머리를 흔들지 않을 사람이 없을 것이니, 이것으로 인자仁者를 시험하기에는 부족하다. ○또 살핀다. 서逝란 해를 멀리하고 떠나는 것이다.

비평 —— (1) '정유인언井有仁焉'에서 '인仁'을 고주는 인인仁人으로 보았지만, 주자와 다산은 '인人'으로 보아야 한다고 했다. 주체가 '인인仁人'이기 때문에, 우물에 빠져 있어 구제받아야 할 대상은 인人으로 보고 글자를 수정하는 것이 옳다고 생각된다.

　(2) 정井을 우물로 볼 것인가, 아니면 함정陷穽으로 볼 것인가 하는 점에 이견이 있다. 다산의 해박한 해석이 끌리기는 하지만, 그대로 우물로 보아도 별 무리 없이 통한다고 생각된다.

　(3) 기欺와 망罔에 대한 해석은 주자와 다산의 해석이 옳다고 생각된다.

　(4) 서逝와 함陷에 대해서 고주와 주자는 서逝는 그로 하여금 가서 구하게 하는 것(使之往救)이고, 함陷은 그를 우물에 빠지게 하는 것이라고 해석하였다. 이에 대해 다산은 전거를 제시하면서 서逝란 해害를 피해 떠나는 것이고, 함陷은 이익을 보고 타락하는 것(見利而墮也)이라고 해석했다. 이 또한 전거를 원용한 다산의 해박한 식견이 돋보이기는 하지만, 고주와 주자의 해석으로도 또한 통한다고 생각된다.

6:25. 子曰: "君子博學於文, 約之以禮, 亦可以弗畔矣夫!"

고주 —— 공자께서 말씀하셨다. "군자는 (선왕이 남긴) 글을 널리 배우고, 예로써 검약(儉約)한다면 (도에서) 위반(違)되지 않을 것이다!"

주자 —— 공자께서 말씀하셨다. "군자는 글을 널리 배우고, 예로써 요약한다면 (도에서) 어긋나지(背違) 않을 것이다!"

다산 —— 공자께서 말씀하셨다. "군자는 글에서 크게 통하고(博=大通), 예로써 검약한다면 (도에서) 위배되어 경계 짓지는(背畔) 않을 것이다!"

집주 —— ■約은 要也요 畔은 背也라 君子 學欲其博故로 於文에 無不考하고 守欲其要故로 其動을 必以禮하니 如此則可以不背於道矣리라

약約은 요약함(要)이고, 반畔은 어긋남(背)이다. 군자는 배움을 넓게 하고자 하기 때문에 문文에서 상고하지 않음이 없고, 지킴은 요약하고자 하기 때문에 행동은 반드시 예로써 한다. 이와 같이 한다면, 도에서 어긋나지 않을 수 있다.

■程子曰 博學於文而不約之以禮면 必至於汗漫이니 博學矣요 又能守禮而由於規矩면 則亦可以不畔道矣리라

정자가 말했다. "문을 널리 배워도 예로써 요약하지 않으면 반드시 한만汗漫해진다. 널리 배우되, 또한 예로써 지켜 법도에 말미암으면, 또한 도에 어긋

자원풀이 ■박博은 十(열 십)+尃(펼 부)의 형성자이다. 부尃는 전전(專門)과 연관되는 것으로 베를 짜기 전 실을 실패에 감아 베틀에 걸고 베 짤 준비를 갖춘 모습을 그린 것으로 추정된다. 베짜기(尃)처럼 전문적인 지식을 두루(十) 갖춘 것을 말한다. 넓다, 크다, 광범위하다, 많다, 깊다, 깊이 알다(博識)는 뜻이다.
■약約은 糸(가는 실 멱)+勺(구기 작)의 형성자. 실로 묶다, 묶다, 약속, 속박, 규약規約, 절제, 간소 등의 뜻이다.
■반畔은 田(밭 전)+半(반 반)의 형성자로 농지(田)가 경계 지워져 나뉜(半) 모습으로 밭과 밭 사이의 경계를 말한다. 호반湖畔처럼 가장자리란 뜻도 나왔다. 또한 배반背叛하다, 이지러지다, 권세나 세력을 멋대로 부리며 함부로 날뛰다의 뜻이다.

나지 않을 수 있다."

고금주 —— ■補曰 博, 大通也. 《說文》云] 約, 束而小之也. [纏束之] ○邢曰: "文, 先王之遺文."[如《左傳》所謂三墳·五典·九丘·八索之類] ○補曰 約之以禮, 謂非禮勿視聽言動也. [邢云: "用禮以自檢約."] 畔, 背也, 界也. 《說文》云: "田界."] 與道違背, 以自界別也. [鄭云: "弗畔, 不違道."]

보완하여 말한다. 박博은 크게 통하는 것(大通)이다(『설문』에서 말했다). 약約은 묶어서 축소하는 것이다(새끼로 묶는 것이다:纏束之). ○형병이 말했다. "문文 은 선왕이 남긴 글(先王之遺文)이다."(『좌전』의 이른바 三墳·五典·九丘·八索 등 과 같은 것이다.) ○보완하여 말한다. 예로써 단속한다는 것은 예가 아니면, 보고·듣고·말하고·행동하지 말라는 것이다.(형병이 말했다. "예를 사용하여 자신을 檢約하는 것이다.") 반畔은 '위배(背)·경계(界)짓는다'(『설문』에서 말했다. "밭의 경계:田界이다.")는 뜻이니, 도와 위배되게 스스로 경계를 지어 구분하는 것이다(정현은 "弗畔이란 도를 어기지 않는 것이다."라고 했다).

비평 —— 문文의 정의에서 약간의 차이가 있다. 고주와 다산은 문을 대체로 선왕의 유문 혹은 육경 등으로 본다. 이에 대해 주자는 도를 묻고 배우는 일 체의 탐구(道問學)로 본다.

　　주자가 말했다. "성인께서 가르치신 것은 박문博文·약례約禮, 이 두 가지를 넘지 않는다. 박문은 도문학道問學의 일이니, 천하 사물의 이치에 대해 모두 알고자 하는 것이다. 약례는 존덕성尊德性의 일이니, 내 마음이 본래부터 지니고 있는 이치를 한순간도 보전하지 않음이 없도록 하는 것이다. 박문은 일에서 증험하는 것이고, 약례는 자신의 몸에서 체득하는 것이다."(『논어집주대전』)

유교에서 도를 묻고 배우는 것은 선왕의 유문인바 육경六經으로 이루어진 다는 점에서 양자 간에 큰 차이가 나지 않는다고 할 수 있다. 주자의 정의가 포괄적이라고 할 수 있다. 기타 문자상 해석의 차이는 문제가 되지 않는다.

〰️

6:26. 子見南子, 子路不說. 夫子矢之曰: "予所否者, 天厭之! 天厭之!"

고주 —— 공자께서 (자신을 굽혀, 치도를 행하기를 구하기 위해 음란한) 남자를 만나자, (성품이 강직한) 자로가 기뻐하지 않았다. 공자께서 맹세하시며 말씀하셨다. "내가 (도를 행하기 위해 만난 것이) 아니라면, 하늘이 나를 버리실 것(厭=棄)이다, 하늘이 나를 버리실 것이다!"

주자 —— (聖之時者로 可·不可의 구애됨이 없이 중용의 도를 행하신) 공자께서 (음란한) 남자를 만나자, 자로가 기뻐하지 않았다. 공자께서 맹세하시며 말씀하셨다. "내가 예에 맞지 않고(不合於禮), 올바른 도로 말미암지 않은 것이 아니라면(不由其道), 하늘이 나를 버리고 끊어버리실 것(厭=棄絶)이다, 하늘이 나를 버리고 끊어 버리실 것이다!"

자원풀이 ■시矢는 화살촉과 대와 꼬리를 사실적으로 그린 상형자이다. 대표적인 사냥무기로 화살의 곧음처럼 정확함을 표현하고 혹은 길이의 척도로 쓰였다. 화살, 곧음(其直如矢), 베풀다(矢其文德), 맹세하다, 어그러지다(殺生相矢), 무너뜨리다(無矢我陵), 주자는 "'시矢'와 '서誓'는 소리가 서로 가깝다. 『반경盤庚』에서 말한 시언矢言 역시 격분해서 하는 말로 맹서盟誓에 가까운 말들이다."라고 하였다(세주).
■부否는 口(입 구)+不(아닐 불)의 형성자로 아니다(不)라고 말하여(口) 부정否定을 뜻한다. 괘의 이름으로 하늘과 땅이 서로 교차하지 않아 아래위가 단절됨을 말하기도 한다.
■염厭은 猒(물릴 염: 족하다)+厂(기슭 엄)의 형성자로 맛있는 개고기를 싫증날 정도로 먹다(猒)의 뜻에 싫증나다, 염증을 느끼다, 싫어하다는 뜻이 나왔다. 猒은 犬(개 견)+月(肉:고기 육)+口(입 구)를 뜻한다.

다산 ── (위나라의 윤리와 기강이 무너져 혼란해질 것을 예견하시고, 괴외를 불러 후환을 없애려고) 공자께서 남자를 만나자, 자로가 (괴외는 그 어머니를 살해하려고 모의하다가 아버지에 의해 축출되었으니, 의리상 되돌아와 위나라 군주가 되기에는 부당하다고 여겨) 기뻐하지 않았다. 공자께서 맹세하시며 말씀하셨다. "내가 (혼란스러워 망해가는:亂亡之至 위나라를 보고도 구제할 한마디 말도 하지 않고, 남자를) 만나지 않았다면, 하늘이 나를 싫어하셨을 것이다, 하늘이 나를 싫어하셨을 것이다!"

집주 ── ■南子는 衛靈公之夫人이니 有淫行이라 孔子至衛에 南子請見한대 孔子辭謝라가 不得已而見之라

남자南子는 위령공의 부인(衛靈公之夫人)인데 음란한 행실(淫行)이 있었다. 공자께서 위나라에 도착하자 남자가 만나기를 청하였다. 공자는 핑계를 대며 사양(辭謝)했으나 어쩔 수 없이 만났다.

■蓋古者에 仕於其國이면 有見其小君之禮어늘 而子路以夫子見此淫亂之人爲辱이라 故로 不悅이라 矢는 誓也요 所는 誓辭也니 如云所不與崔慶者之類라 否는 謂不合於禮하고 不由其道也라

대개 옛날에는 그 나라에서 벼슬할 때에는 그 군주의 부인(小君)을 만나는 예가 있었다. 그러나 자로는 공자께서 이 음란한 사람을 만나는 것을 치욕으로 여긴 까닭에 기뻐하지 않았다. 시矢는 맹세(誓)이고, 소所는 맹세의 말이다. 예컨대 맹세코 최崔와 경慶의 부류들과는 함께하지 않겠다고 말하는 것과 같다. 부否는 예에 맞지 않고, 그 도道로 말미암지 않은 것을 말한다.

■厭은 棄絶也라 聖人은 道大德全하여 無可不可하니 其見惡人에 固謂在我有可見之禮면 則彼之不善이 我何與焉이리오 然이나 此豈子路所能測哉아 故로 重言以誓之하시니 欲其姑信此而深思以得之也시니라

염厭은 버리고 끊음(棄絶)이다. 성인의 도는 크고 덕은 완전하시니, 반드시 해

야 하는 것과 반드시 하지 말아야 하는 것이 없다. 성인께서 악인을 만나신 것은 진실로 '나로서는 만날 수 있는 예법이 있다면, 저쪽의 선善하지 않음이 나와 무슨 상관이 있겠는가?'라고 하신 것이다. 그러나 이것을 자로가 어찌 능히 헤아릴 수 있는 것이었겠는가? 그래서 거듭 말하여 맹세하셨으니, 자로가 우선 이 말을 믿고 깊이 생각하여 터득하도록 바라신 것이다.

고금주 —— ■補曰 南子, 衛 靈公之夫人. 素與宋 朝通, 召而淫之, 宋人譏之. 衛太子蒯聵, 恥其母淫, 將殺之, 事敗奔宋. [定十四年事] 魯 哀公二年, 衛 靈公卒, 南子欲立公子郢, [亦靈公之子] 郢固辭, 立亡人之子輒, 孔子時在衛. 見倫紀斁絶, 衛國將亂, 入見南子, 意欲召聵絶後患也. 子路不說者, 以蒯聵謀殺其母, 爲父所逐, 義不當復主衛國, 故不悅孔子之所爲也. 否, 謂不見也. 厭, 猶惡也. 孔子之見南子, 必有以全其骨肉之恩而利其社稷者, 故曰予若不見, 天必厭之矣. 重言之者, 明其必然.

보완하여 말한다. 남자는 위령공의 부인이다. 평소 송나라 조朝와 사통한 사이였는데, 불러서 음행을 하니, 송나라 사람들이 기롱하였다. 위나라 태자 괴외蒯聵가 그 어머니의 음행을 수치로 여겨 살해하려다가, 일이 실패하여 송나라로 망명했다(定公14년의 일이다). 노나라 애공 2년에 위령공이 죽자 남자는 공자 영郢(또한 영공의 아들)을 세우려 했지만, 영이 군이 사양하니, 망명한 괴외의 아들 첩輒을 세웠다. 공자께서는 당시 위나라에 계셨는데, 윤리·기강(倫紀)이 무너져 위나라가 장차 혼란해질 것을 예견하시고, 들어가 남자를 만났다. 아마 괴외를 불러 후환을 없애려는 의도였을 것이다. 자로가 기뻐하지 않는 것(子路不說)은 그 어머니를 살해하려고 모의하다가 아버지에 의해 축출되었으니, 의리상 되돌아와 위나라 군주가 되기에는 부당하다고 여겼기 때문에 공자께서 하신 일을 기뻐하지 않은 것이다. 부否는 만나지 않는 것(不見)을 말하고, 염厭은 미워함(惡)과 같다. 공자가 남자南子를 만난 것은 필시 골육의 은혜를 온전히 하고, 그 사직을 이롭게 하기 위한 것이었기에, '내가 만일 만나지 않는다면, 하늘이 반드시 미워하실 것'이라고 말씀하셨다. 거듭 말씀하신 것은 하늘이 반드시 그렇게 하실 것임을 밝히신 것이다.

■ 孔曰: "舊以南子淫亂, 而靈公惑之. 孔子見之者, 欲因以說靈公使行治道. 行道, 旣非婦人之事, 而弟子不說, 與之呪誓, 義可疑焉." ○駁曰 非也. 孔子雖急於行道, 媚於南子, 以求行道, 野人之言也. [邢亦云: "不近人情."]

공안국이 말했다. "구설舊說에는 '남자南子가 음란하여 영공을 현혹하였다. 공자께서 남자를 만나신 것은 그를 통해 영공을 설득하여 치도治道를 행하고자 했던 것'이라고 했다. 그런데 도를 행하는 것은 이미 부인의 일이 아니고, 제자가 기뻐하지 않자 주문呪文으로 맹세하였으니, 뜻이 의심스럽다." ○논박하여 말하면, 그릇되었다. 공자께서 아무리 도를 행하게 하는 데 급급했다고 하더라도, 남자에게 아첨하여 도를 행하게 함을 구했다고 하는 것은 저속한 사람(野人)의 말이다.(형병 또한 말했다. "인정에 가깝지 않다.")

■ 李充曰: "男女之別, 國之大節, 聖人明義教正內外者也. 乃廢常違禮, 見淫亂之婦人者, 必以權道有由而然. 子路不悅, 固其宜也."[見皇疏] ○純曰: "朱注所謂有見小君之禮, 亦無所考. 朱子以意言之." ○駁曰 非也. 窮年矻矻, 尙不知古之大夫有見小君之禮, 猶欲哆口談經, 難矣. 古有五禮, 吉·凶·賓·嘉, 皆見小君, 惟軍禮未有所考耳. 此時夫子在衛, 目見靈公新卒, 國嗣未定, 與其立輒以興亂, 不若召蒯而全恩. 南子之請見, 孔子之入見, 必於此立嗣一事有所可否, 而子路之所不悅者, 謂蒯聵犯逆於其母, 被逐於其父, 不宜復主衛國也. 孔子·子路於此一事, 議本不合, 故孔子以夷·齊爲得仁, 子路以拒蒯至殺身, 日征月邁, 卽此可知. 孔子解惑不得, 至發矢言, 其兩相牴牾, 不肯相降, 以至於指天爲誓, 皆爭此一事. 南子之淫與不淫, 小君之當見與不當見, 何與於是哉? 其所云'天厭之'者, 以孔子旣居是邦, 目見其亂亡將至, 不肯一言以援救之, 則非仁人之所忍爲, 而天必厭之也. 若無故無例, 不見此淫惡之人, 則天何必厭之厭之, 豈孔子被執於子路, 窘遁慌張, 指天爲誓, 以明其本心耶? 誠如是也, 夫子不但無禮, 抑且慢天, 豈可爲聖人乎? 此大事, 不可不辯.

이충이 말했다. "남녀의 구별은 국가의 큰 예절이니, 성인은 의리를 밝히고, 내외를 바르게 하는 것을 가르치는 분이다. 이에 상도를 폐하고 예를 위반하면서 음란한 부인을 만난 것은 권도이며, 반드시 연유가 있어 그랬을 것이다. 자로가 기뻐하지 않은 것은 진실로 마땅하다(황간의 소에 보인다)." ○태재순이 말했다. "주자가 『집주』에서 군주의 부인(小君)을 만나는 예가 있었다는 것 역시 고증할 수 없다. 주자가 억측하여 말했다." ○논박하여 말하면, 그릇되었다. 한평생 부지런히 공부한다고 하면서도 옛날에 대부가 임금의 부인을 만나는 예가 있다는 것도 알지 못하면서, 오히려 입을 놀려 경전에 대해 담론하고자 하면 곤란하다. 옛날에는 오례五禮가 있었는데, 길吉·흉凶·빈賓·가嘉에서 모두 임금의 부인을 만났는데, 오직 군례軍禮에서만 상고할 바가 없을 뿐이다.

당시에 공자께서는 위나라에 계셨고, 영공 신新이 죽었는데도 나라의 후사를 정하지 못하는 것을 목도하시고, 첩을 세워 난을 일으키기보다는 차라리 괴외를 불러들여 골육의 은혜를 온전히 하는 것이 낫다고 여겼다. 남자가 만나기를 청하니, 공자께서 들어가 만난 것은 필시 위나라의 후사를 세우는 하나의 일에 대한 가부를 논함에 있었을 것이다. 자로가 기뻐하지 않은 것은 괴외가 그 어머니에게 범역犯逆하여 그 아버지에게 추방당했기 때문에, 당연히 다시는 위나라의 군주가 될 수 없다고 여긴 것이다. 공자와 자로는 이 일에서 의견이 본래 합치하지 않았기 때문에 공자께서는 백이·숙제가 (인을 구하여) 인을 얻었다고 하셨고, 자로는 괴외를 막다가 목숨을 잃는 데에 이르도록 일정월매日征月邁하였음을 여기서 알 수 있다. 공자께서 의혹을 풀어줄 수 없어, 맹세의 말까지 하는 데에 이르렀으니, 그 양쪽이 서로 뜻이 어긋나 승복하지 않으려고 하여 하늘을 가리켜 맹서하는 데에 이른 것은 모두 이 하나의 일을 다툰 것이다. 남자의 음란 여부와 그 부인을 만나야 하는지의 여부는 이와 무슨 상관이 있겠는가? '천염지天厭之'라 하신 것은 공자께서 이미 이 나라에 있으면서 혼란스러워 망해가는 것(亂亡之至)을 눈으로 보시고도 구제할 한마디 말도 하지 않으려 한다면 인인仁人으로서 차마 못할 것이며, 하늘이 반드시 미워할 것이기 때문이다. 만약 까닭도 없고 유례도 없는데도, 이 음란한 악인을 만나지 않는 것이라면 하늘이 어찌 반드시 미워하고 또 미워하겠으며, 어찌 공자께서 자로에게 얽매여서 궁색하고 장황하게 하늘을 가리키며 맹세하며 그 본심을 밝혔겠는가? 진실로 이와 같다면, 공자께서는 단지 무례했을 뿐만 아니라 또한 하늘을 업신여긴 것이니, 어찌 성인이 될 수 있겠는가? 이는 커다란 일이기 때문에 분별하지 않을 수 없다.

■ 質疑《集注》云: "否, 謂不合於禮, 不由其道也." ○案 否一字, 無以含此八字意思. 子路之所不說, 本不過一見字, 則夫子之所自解, 亦不過一見字. 否者, 不見也.

질의한다. 『집주』에서 말했다. "부否는 예에 맞지 않고, 그 도로 말미암지 않는다는 것을 말한다." ○살핀다. 부否라는 한 글자에는 이 여덟 글자(不合於禮 不由其道)의 뜻을 내포할 수 없다. 자로가 기뻐하지 않은 것은 본래 하나의 '견見' 자에 불과하니, 공자께서 스스로 해명하신 것 역시 하나의 견見 자에 불과하다. 부否란 보지 않는다(不見)이다.

비평 —— 공자가 남자를 만난 이유에 대한 설명이 약간 다르다. 고주에서는 공자께서 자신을 굽히면서 치도를 행하기 위해 음란한 남자를 만났다고 설명했다(공안국). 주자는 성지시자聖之時者로서 공자가 가可·불가不可에 구애됨이 없이 자유자재로 중용의 도를 행하시기 위해 남자를 만났고, 자로는 성인의 이러한 뜻을 이해하지 못했기 때문에 기뻐하지 않았다는 것이다. 다산은 해박한 역사적 전거를 동원하여 공자가 성인의 도를 다하기 위해 남자를 만났고, 따라서 그 만남이 하늘의 뜻에 부합하는 것이었음을 설명한다. 누가 옳은지는 모르겠다. 주자와 다산의 해설을 상호보완적으로 참조하여, 이 구절을 이해하는 것이 좋을 듯하다.

⌘

6:27. 子曰: "中庸之爲德也, 其至矣乎! 民鮮久矣."〔《中庸》作鮮能久矣〕

고주 —— 공자께서 말씀하셨다. "(항상 행해야 할) 중용의 덕됨이 지극하도다! (세상이 어지러워져 선왕의 도가 폐해져서) 백성들 가운데 (능히 이 덕을 행한 것이) 드문 지가 오래 되었구나!"

주자 —— 공자께서 말씀하셨다. "중용(中者無過不及之名也, 庸平常也)의 덕됨이 지극하도다! 백성들에게 (중용의 덕이) 적어진 지가 오래되었구나(民少此德 今已久矣)."

다산 —— 공자께서 말씀하셨다. "중용의 덕됨이 지극하도다! (세상의 교화가 쇠해져서) 백성들 가운데 (능히 이 덕을) 오래 지속하는 이가 드물구나!"(『중용』에는 '鮮能久矣'라 하였다.)

집주 —— ■中者는 無過不及之名也요 庸은 平常也라 至는 極也요 鮮은 少也니 言民少此德이 今已久矣라
중中은 지나침과 모자람이 없음을 명칭한 것이다. 용庸은 평상平常이다. 지至는 궁극(極)이다. 선鮮은 적다(少)이다. 백성들에게 이 덕이 적어진 지가 지금

이미 오래되었다는 말이다.

■ 程子曰 不偏之謂中이요 不易之謂庸이니 中者는 天下之正道요 庸者는 天
下之定理라 自世敎衰로 民不興於行하여 少有此德이 久矣니라

정자가 말했다. "치우치지 않음을 중中이라고 하고, 바뀌지 않음을 용庸이라
고 한다. 중은 천하의 바른 도(正道)이고, 용은 천하의 정해진 이치(定理)이다.
세상의 교화가 쇠퇴한 이래, 백성이 바른 행실에서 발흥하지 않아, 중용의 덕
을 적게 지니게 된 것이 오래되었다."

고금주 —— ■ 何云: "中和, 可常行之德." ○ 補曰 民鮮久矣, 謂不能朞月守也.
[見《中庸》]

하안이 말했다. "(庸은 常이니) 중화中和는 항상 행해야 할 덕이다." ○ 보완하
여 말한다. '민선구의民鮮久矣'는 '능히 한 달도 지키지 못한다.'는 것을 말한다
(『중용』에 보인다).

■ 何曰: "世亂, 先王之道廢, 民鮮能行此道, 久矣." ○ 駁曰 非也. 〈皐陶謨〉, 以
'日宣三德'·'日嚴祗敬六德'爲取人之科目, 而結之曰彰厥有常吉哉? 周公作
〈立政〉, 歷言諸官, 而結之曰庶常吉士. 民之爲德, 以恆久有常爲準, 故《易》
曰: "庸言之信, 庸行之謹."《中庸》曰: "擇乎中庸而不能朞月守." 孔子曰: "顔子
其心三月不違仁." 皆此義也.《中庸》作'鮮能久矣', 恐此經落一字.

자원풀이 ■중中은 『설문해자』에 따르면 "丨(뚫을 곤)'과 '口(나라 국)'으로 구성되어 사방으로 둘러싸인 안(口)의
가운데를 관통(丨)함을 나타내는 지사문자, 혹은 씨족사회를 상징하는 '깃발(旛)'을 의미한다. 나아가 中은 치우침
(偏)과 구별되지만, 다른 것들과 알맞은 상태에 놓여 있는 것(合宜)을 말한다. 그래서 주자는 '치우치거나 기울지
않으면서, 지나침과 모자람이 없는 것이 중中이다'라고 말했다. 가운데, 안, 중등中等, 중도中道, 중매中媒, 마음(心
中), 장정壯丁, 그릇이름, 내장, 절반, 중국, 몸, 중복中服, 고르다, 중화中和, 중기中氣, 관아의 장부를 말한다. 동사로
쓰이면 맞히다(표적에 적중하다), 바람맞다, 맞다(부합하다, 일치하다), 응하다(해당하다), 가득 차다, 간격을 두다, 급제
及第하다 등의 뜻이다.
■용庸은 庚(일곱째 천간 경)+用(쓸 용)의 형성자로 종(用=甬)으로 일의 시행에 쓰는 것을 말하여 필요하다, 고용하
다, 노고 등을 의미한다. 그 대상이 사람일 때는 人(사람 인)을 더하여 傭(품팔이 용)으로 구분해 썼다. 부사로 대략,

하안이 말했다. "세상이 어지러워져서 선왕의 도가 폐해지고, 백성들 가운데 능히 중용의 도를 거의 행할 수 없게 된 지가 오래되었다." ○논박하여 말하면, 그릇되었다. 『서경』「고요모」에 '날마다 삼덕三德을 밝히며'·'날마다 엄격하게 육덕六德을 경건하게 행한다'는 것으로 인재를 취하는 과목으로 삼고, 밝게 이 덕들을 항상 지속하면 길하리라!라는 말을 하면서 맺었다. 주공周公은 「입정立政」편을 지어, 모든 관직에 대해 두루 말하고 여러 떳떳함을 지속하는 길사吉士들이다라고 말을 하면서 맺었다. 백성들이 덕을 세우면서 항구적이고 항상 됨이 있는 것으로 표준을 삼았다. 그러므로 『역경』에 이르길, "항상 말을 신실하게 하고, 항상 행동을 삼간다."고 하였으며, 『중용』에 이르길, "중용을 선택하여 능히 한 달도 지키지 못한다."고 하였으며, 공자께서 말씀하시길, "안자는 그 마음이 석 달 동안 인仁을 떠나지 않는다."고 하셨으니, 모두 이 뜻이다. 『중용』에 '선능구의鮮能久矣'라 하였으니, 아마도 이 경전에는 한 글자(能)가 누락된 듯하다.

■引證《周禮·春官》, 大司樂以樂德教國子, 中·和·祇·庸·孝·友. [鄭云: "中, 猶忠也. 和, 剛柔適也. 祇, 敬. 庸, 有常也."]

인증한다. 『주례』「춘관」에 대사악大司樂이 악덕樂德으로 국자國子를 가르쳤는데, 중中·화和·지祇·용庸·효孝·우友이다.(정현이 말했다. "中은 忠과 같고, 和는 剛과 柔의 적당함이다. 祇는 敬이고, 庸은 有常이다.")

비평 —— 유교에 따르면, 인간의 본성에 따라 인간의 길을 가는 것은 다름 아닌 중용을 지키는 것이다. 즉 인간의 도덕적인 길(人道)은 궁극 근원인 하

혹시 등으로 쓰인다. 일반적으로 '용用(순임금은 양단을 잡고 백성에서 그 중용을 썼다:執其兩端 用其中於民,「중용」6장)'·'항상恒常(庸敬在兄:『맹자』告子上)'·'평상平常(평상시에 덕을 함과 평상시의 말을 심감(庸德之行 庸言之謹,「중용」13장)' 등의 의미를 함께 지닌다고 해석된다.

늘의 길(天道)을 본받는 것인데, 하늘은 표준으로서 '중中'이기 때문에 만물 또한 중中을 유지할 때 제자리에 있는 것이 된다(『중용』 1:4. 中也者 天下之大本 也 和也者 天下之達道也 致中和 天地位焉 萬物育焉). 그래서 유교는 '중中' 개념을 통해 도통론을 제시하고 있다.

　　요임금께서 말씀하셨다. "순아, 하늘의 역수가 너의 몸에 있으니, 진실로 그 '중中'을 잡아라. 온 천하가 곤궁하면 천록이 영원토록 끊어질 것이다." 순임금도 우임금에게 또한 그것으로써 명령하셨다. (『논어』 20:1. 堯曰 咨爾舜 天之曆數 在爾躬 允執厥中 四海困窮 天祿永終 舜亦以命禹.)

　　이렇게 중용이란 도를 행하는 요체이자 지극한 최상의 원리로서 인간의 선한 행위의 표준이 된다. 그런데 '민선구의民鮮久矣'의 선鮮에 대해 주자는 중용의 덕의 분량(量) 혹은 중용의 덕을 수행하는 사람의 수로 해석하여 적음 (少)으로 해석한다. 그래서 "중용의 덕이란 지극한 것이며, 백성들 가운데 이 중용을 덕을 지닌 자가 적은 지가 오래되었다."(혹은 백성들에게 이 덕이 적어진 지가 오래되었다.)라고 해석하였다. 그런데 다산은 『중용』에 "택호중용이불기 월수擇乎中庸而不能朞月守", "안자기심삼월불인顏子其心三月不違仁", 그리고 결 정적으로 '선능구의鮮能久矣'로 되어 있다는 점에서 본문에 '능能'이란 한 글자 가 누락되었으며, 따라서 여기서 '선鮮' 자는 중용의 덕의 분량이 적은 것이 아니라, 중용의 덕을 오랜 기간 지속하는 사람 수효의 적음으로 보아야 한다 고 해석했다. 요컨대 그에 따르면, 민선구의民鮮久矣는 "백성들 가운데 능히 이 덕을 오랫동안 지속하는 이가 드물구나!"라고 해석해야 한다는 것이다. 두 해석을 상호보완적으로 보는 것이 좋을 듯하다.

6:28. 子貢曰: "如有博施於民而能濟衆, 何如? 可謂仁乎?" 子曰: "何
事於仁? 必也聖乎! 堯·舜其猶病諸. 夫仁者, 己欲立而立人, 己欲
達而達人. 能近取譬, 可謂仁之方也已."

고주 —— 자공이 말했다. "만일 백성에게 널리 (은혜) 베풀고 뭇사람을 (환난
에서) 구제할 수 있다면, (이러한 덕행은) 어떻습니까? 인하다(仁人之君)고 할 수
있습니까?" 공자께서 말씀하셨다. "어찌 인에 종사하는 데만 그칠 뿐이겠는
가(何止事於仁)? 필시 성스러움의 경지일 것이다. 요순(과 같은 지극한 성인)도
오히려 매우 어려운 것(病=至難)으로 여기셨다. 대저 인자는 자기가 입신(立
=立身)하고자 하면 남을 입신시켜 주고, 자기가 진달(達=進達)하고자 하면 남
을 진달하게 해 준다. 능히 가까이 자기에게서 비유를 취한다면(能近取譬於
己), (모두 내가 하고자 하는 바를 미루어 남에게 베푸는: 皆恕己所欲而施之於人) 인의
도(方=道)라고 할 수 있다."

주자 —— 자공이 말했다. "만약 백성들에게 널리 베풀고 많은 사람을 구제할
수 있다면 어떻습니까? 인하다(이치로써 말했다)고 할 수 있습니까?" 공자께서

자원풀이 ■제濟는 水(물 수)+齊(가지런할 제)의 형성자. 본래 강 이름으로 하북성 상산常山 방자房子 현에 있는 찬
환산贊皇山에서 나와 동쪽으로 흘러 제수洀水로 들어간다. 이후 물(水)을 건너다, 건져내다의 뜻이 되었다.
■중衆은 血(피 혈)+노예(人+人+人+日: 뙤약볕 아래에서 무리지어 힘든 노동을 하는 노예들)의 회의자로, 피땀 흘려 힘든
노동을 하는 사람이란 뜻이다. 이후 대중大衆에서처럼 많은 사람을 뜻한다.
■유猶는 犬(개 견)+酋(두목 추)의 형성자로 원숭이 류에 속하는 짐승의 일종으로 비슷하다, 같다의 뜻이 나왔고,
'오히려'라는 부사로 쓰인다.
■취取는 耳(귀 이)+又(또 우)의 회의자로 전공戰功을 세우려고 적의 귀(耳)를 지어 손(又)에 쥔 모습으로 귀를 베다,
가지다, 빼앗다, 채택하다의 뜻이다
■비譬는 言(말씀 언)+辟(임금 벽)의 형성자로 어떤 현상이나 사물을 다른 말(言)로 빗대어 설명함(비유)을 말하여,

말씀하셨다. "어찌 인에 종사하는 데 그치겠는가? 반드시 성인의 경지라 하겠다. 요순(과 같은 성인)도 (그것을 충분히 실천하지 못한다고 생각하여) 병통으로 여겼다. 대저 인자는 자기가 서고자 하면 남을 세워주고, 자기가 통달하고자 하면 남을 통달시켜 준다. 능히 가까이서 (자기가 바라는 것으로써) 취하여 (타인이 바라는 바 또한 자기와 바라는 바와 같음을) 비유하니(=알게 되니), (恕로) 인을 실천하는 방법이라고 할 수 있다."

다산 —— 자공이 말했다. "만약 백성들에게 널리 보편적으로 (은혜를) 베풀고 많은 사람을 (환난에서) 구제할 수 있다면 어떻습니까? 인하다(=다른 사랑을 향한 사랑)고 할 수 있습니까?" 공자께서 말씀하셨다. "어찌 인에 종사하는 데에 그치겠는가? 반드시 성인(하늘에 통달한 덕: 達天之德)일 것이다. 요순도 근심 (病=患)으로 여겼다. 대저 인자는 자기가 입신양명하고자 하면 남을 입신양명하게 해주고, 자기가 달(達= 천성대로 다 이루어 막힘이 없음)하고자 하면, 다른 사람을 달達하게 해준다(恕의 일이다). 능히 가까이에서 취하여 비유하면(= 絜矩), (恕를 힘써 실천하면) 인을 구하는 (가장 가까운) 방법이라고 할 수 있다."

집주 —— ■博은 廣也라 仁은 以理言이니 通乎上下하고 聖은 以地言이니 則造其極之名也라 乎者는 疑而未定之辭라 病은 心有所不足也라 言 此何止於仁이리오 必也聖人能之乎신저 則雖堯舜之聖이라도 其心이 猶有所不足於此也라 以是求仁이면 愈難而愈遠矣리라

박博은 넓음(廣)이다. 인은 이치로서 말한 것이니, 위 · 아래에 공통한다. 성

이로부터 알게 하다, 알다의 뜻도 나왔다.
■방方은 갑골문을 보면 쟁기를 나타낸다. 쟁기로 밭을 갈면 흙덩이가 올라오고, 여기서 땅이라는 말이 나왔다. 땅은 나라를 상징하고 네모졌다고 생각했다. 나라, 지방, 방향, 방정, 정직, 입방, 그리고 네모꼴의 종이에 처방을 내렸다고 해서 방법이라는 뜻도 생겨났다.

은 경지로써 말한 것이니, 지극한 경지에 도달했음을 의미하는 명칭이다. 호乎는 의심스러워 아직 확정하지 못할 때에 쓰는 말이다. 병病은 마음에 부족하게 여기는 것이 있음이다. 이것이 어찌 인仁에 그칠 뿐이겠는가? 반드시 성인이라야 능히 할 수 있지 않았을까? 그러니 요순과 같은 성인도 그 마음에 오히려 이에 대해 부족한 바가 있었다는 말씀이다. 이것(博施濟衆)으로 인을 구하면, 더욱 어렵고 더욱 요원해진다.

■ 以己及人은 仁者之心也니 於此觀之면 可以見天理之周流而無間矣라 狀仁之體가 莫切於此하니라

자기로써 남에게 미처 가는 것(以己及人)이 인자仁者의 마음이다. 이 구절에서 본다면, 천리天理가 두루 흘러 (너와 나의) 간극이 없음을 알 수 있다. 인의 본체를 형상한 것으로는 이보다 더 절실한 것은 없다.

■ 譬는 喩也요 方은 術也라 近取諸身하여 以己所欲으로 譬之他人이면 知其所欲亦猶是也니 然後에 推其所欲하여 以及於人이면 則恕之事而仁之術也라 於此勉焉이면 則有以勝其人欲之私하여 而全其天理之公矣리라

비譬는 비유(喩)이다. 방方은 방법(術)이다. 가까이 자신에게서 취하여, 자기가 바라는 것으로써 타인에게 비유하면 타인이 바라는 바 또한 자기가 바라는 바와 같음을 아는 것이다. 그런 연후에 자기가 바라는 것을 미루어서 타인에게 나아가는 것이 곧 서恕의 일이고 인仁을 실천하는 방법이다. 이것에 힘쓰면, 인욕의 사사로움을 이기고 천리天理의 공변됨을 온전히 할 수 있다.

■ 程子曰 醫書에 以手足痿痺로 爲不仁하니 此言이 最善名狀이라 仁者는 以天地萬物爲一體하니 莫非己也라 認得爲己면 何所不至리오 若不屬己면 自與己不相干이니 如手足之不仁이 氣已不貫하여 皆不屬己라 故로 博施濟衆은 乃聖人之功用이니라 仁至難言이라 故로 止曰 己欲立而立人하고 己欲達而達人이니 能近取譬면 可謂仁之方也已라 하시니 欲令如是觀仁하여 可以得仁之體니라

정명도가 말했다. "『의서』에서는 수족이 마비된 것을 불인不仁이라고 하는데, 이 말은 (인의 모습을) 가장 잘 개념 짓고 형용한 것이다. 인자는 천지만물을 일체로 여겨 자기가 아닌 것이 없으니, (만물이) 자기라는 것을 체인한다면, 어딘들 이르지 않으랴! 만약 자기에게 속하지 않는다고 본시 자기와 아무 상관이 없다 한다면, 수족의 불인처럼 기氣가 이미 통하지 않아 모두 자기에게 속하지 않는 것이 된다. 그러므로 박시제중博施濟衆은 바로 성인의 공용功用이다. 인仁은 지극히 말하기 어렵다. 그러므로 '자기가 서고자 하면 남을 서게 하고, 자기가 통달하고자 하면 남을 통달하게 하니, 능히 가까이서 취하여 비유를 할 수 있다면 인을 행하는 방법이라고 할 수 있다.'고 말씀하셨을 따름이다. 이와 같이 인仁을 보게 하여, 인의 본체를 얻을 수 있기를 바라셨다."

■ 又曰 論語에 言堯舜其猶病諸者二니 夫博施者 豈非聖人之所欲이리오 然이나 必五十乃衣帛하고 七十乃食肉하니 聖人之心이 非不欲少者亦衣帛食肉也언마는 顧其養有所不贍爾니 此는 病其施之不博也라 濟衆者 豈非聖人之所欲이리오 然이나 治不過九州하니 聖人이 非不欲四海之外亦兼濟也언마는 顧其治有所不及爾니 此는 病其濟之不衆也라 推此以求修己以安百姓이면 則爲病을 可知니 苟以吾治已足이면 則便不是聖人이니라

또 말하였다. "『논어』에 '요순도 오히려 그것을 병통으로 여겼다.'는 말이 두 번 나온다(「헌문」14:42). 대저 널리 베푸는 것(博施)이 어찌 성인께서 바라는 것이 아니겠는가? 그러나 반드시 50이라야 비단옷을 입고, 70이라야 고기를 먹는다고 하셨는데, 성인의 마음이 어린이 또한 비단옷을 입고 고기 먹는 것을 바라지 않은 것이 아니라, 다만 그들을 봉양할 자원이 넉넉하지 못한 것을 고려했을 뿐이다. 이것이 성인께서 널리 베풀지 못함을 병통으로 여긴 까닭이다. '뭇사람을 구제함(濟衆)'이 어찌 성인이 바라는 것이 아니겠는가? 그러나 다스리는 것이 구주九州를 넘지 못했다. 성인께서 사해四海 밖 역시 함께 구제하고자 바라지 않으신 것이 아니라, 그 다스림이 미치지 못하는 바가

있었을 따름이다. 이것이 성인께서 구제함이 많지 않음을 병통으로 여기신 까닭이다. 이를 미루어 추구해 보면, 자기를 수양하여 백성을 편안하게 하는 것(脩己以安百姓)이 병통이 된다는 것을 알 수 있다. 진실로 나의 다스림으로 충분하다고 여긴다면, 곧 성인이 아니다."

■ 呂氏曰 子貢이 有志於仁이나 徒事高遠하여 未知其方일새 孔子教以於己 取之하시니 庶近而可入이라 是乃爲仁之方이니 雖博施濟衆이라도 亦由此進 이니라

여대림이 말했다. "자공은 인仁에 뜻을 두었지만, 헛되이 고원한 것을 일삼으며, 그 방도를 알지 못하였다. 공자께서 자기에게서 비유를 취하면 거의 가까워서 들어갈 수 있으니, 이것이 곧 인을 행하는 방도이고, 비록 박시제중博施濟衆이라고 할지라도 이것으로 말미암아 나아가는 것이라고 가르치셨다."

고금주 ─── ■補曰 博, 廣也, 普也. 布惠曰施. 救患曰濟. [本涉水之稱] 所施旣 博, 則其及易薄, 無以濟衆, 兼者難也. 仁者, 嚮人之愛也. 聖者, 達天之德也. 病, 猶患也. 樹身得位曰立, [如所云立身揚名] 遂性無閼曰達. [自此之彼謂之達] 己 之所欲, 先施於人, 恕也. 能近取譬者, 絜矩也. 取譬於下以事上, 取譬於左以 交右也. 孟子曰:"強恕而行, 求仁莫近焉."

보완하여 말한다. 박博은 넓게 두루 미침이다(廣也普也). 은혜를 베푸는 것을 시施라 하고, 환난을 구제함을 제濟라 한다(본래는 물을 건너는 것이다). 베푸는 것이 넓으면 그 미치는 것이 박薄하기 쉽기 때문에 많은 사람을 구제할 수 없으니, 겸하기 어렵다. 인이란 사람을 향한 사랑이다(仁者 嚮人之愛也). 성이란 하늘에 통달한 덕이다. 병病은 근심(患)과 같다. 자신을 세워 자리를 얻는 것을 립이라 한다(이른바 立身揚名과 같다). 천성대로 다 이루어 막힘이 없는 것을 달達이라 한다(여기에서 저기에 이르는 것을 達이라 한다). 자기가 하고자 하는 것을 먼저 남에게 베푸는 것은 서恕이다. 능근취비能近取譬는 혈구絜矩이다. 아

랫사람에게서 비유를 취하여 윗사람을 섬기며, 왼쪽사람에게 비유를 취하여 오른쪽 사람과 교제하는 것이다. 맹자께서 말씀하셨다. "힘써 서恕를 행하면 인을 구함이 이보다 가까운 것이 없다."

비평 —— 보편적인 덕을 실천하는 인한 사람은 사사로움 없이 만물을 한 몸으로 여기지만, 실행하는 방법은 각자가 처한 상황에서 중용의 도에 따라 미루어 나아가야 한다. 물론 널리 베풀고 뭇사람을 구제하는 것 역시 인한 사람의 일이다. 그러나 그것은 반드시 천자의 지위에 올랐을 때에 가능한 일이다. 그래서 공자는 박시제중博施濟衆은 인을 넘어선 성인의 경지라고 말했다. 그런데 비록 요순과 같은 성군이라도 역사적 · 상대적 상황에서 우선해야 할 급선무가 있다. 그래서 요순도 박시제중을 충분히 하지 못할까 걱정한다고 말한 것이다. 인한 사람은 사사로움이 없기 때문에, 자타의 간극이 없다. 따라서 자기를 정립하고자 하면 상대방 역시 정립해 주고, 자기가 통달하고자 하면 남을 통달하게 해 주는 것이 인한 사람의 삶의 태도(방법)이다. 여기서 "자기가 서고자 하면 남을 세워주고, 자기가 통달하고자 하면 남을 통달하게 해 주는 것"이 서恕이다. 서는 같은 마음(如+心)이다. 『설문해자』에서는 "서恕는 인仁이다. 마음이란 뜻을 지니고 여如가 소리를 나타낸다."(恕 仁也, 從心, 如聲)고 했다. 그리고 『이아』에서는 "여如는 미루어 나아가는 것이다(往也)." 라고 풀이한다.

따라서 '서恕'란 '마음(心)+미루어 나아감(如=往)'으로, 곧 '자기의 마음을 미루어 다른 사람에게 나아가는 것'이라고 할 수 있다. 해석상으로 본다면 큰 쟁점은 없다. 다만 인仁과 성聖 등에 대한 정의에서는 이견이 있다. 이에 대한 상세한 논의는 3권의 「인仁」에 관한 장을 참조하기 바란다.

제7편

술이
述而

此篇多記聖人謙己誨人之辭 及其容貌行事之實 凡三十七章
이 편은 성인께서 자신을 겸손히 낮추고 다른 사람들을 가르치신 말씀
및 그 용모와 행사의 실제를 기록한 것이 많다.
모두 37장이다.

7:1. 子曰: "述而不作, 信而好古, 竊比於我老彭."

고주 —— 공자께서 말씀하셨다. "(선왕의 도를) 전술하되 창작하지 않고, 옛일(古=古事)을 돈독하게 믿고 좋아하는 것을 (나도 그러하니) 나를 가만히(겸손) 노팽(은나라 어진대부)에게 견주어 본다."

주자 —— 공자께서 말씀하셨다. "(옛것을) 전하되(述=傳舊:현인이 할 수 있는 일) 창시(作=創始:성인의 일)하지 않고, 옛일(古=古事)을 돈독하게 믿고 좋아하는 것을 가만히(겸손) 우리(我=親之之辭) 노팽에게 견주어 본다."

다산 —— 공자께서 말씀하셨다. "따라서 전하되(述=循而傳) 처음으로 자신이 만들지(作=創自造) 않았으니, 옛것(선왕의 도)을 돈독하게 믿고 좋아하는 것을 가만히(겸손) 우리(我=親之之辭:공자는 은나라 사람이었다) 노팽에게 견주어 본다."

집주 —— ■述은 傳舊而已요 作은 則創始也라 故로 作은 非聖人이면 不能이요 而述則賢者可及이라 竊比는 尊之之辭요 我는 親之之辭라 老彭은 商賢大

자원풀이 ■술述은 辵(쉬엄쉬엄 갈 착)+朮(차조 출)의 형성자로 길을 가면서(辵) 곡물(朮)을 내다팔고 떠벌리며 선전함을 말했고, 이후 기술記述하다, 서술敍述하다의 뜻이 나왔다
■작作은 人(사람 인)+乍(잠깐 사)의 형성자로 사乍는 옷을 만들고자 베를 깁는 모습에서 만들다는 뜻을 그린 글자이다. 그런데 乍가 잠깐이라는 뜻으로 가차되자, 옷을 만드는 주체인 사람(人)을 추가하여 作으로 되다. 만들다, 하다, 시작하다로 작품作品, 짓다, 거행하다의 뜻이다.
■고古는 十(열 십)+口(입 구)의 회의자로 『설문』에서는 10대(代) 이전부터 구전(口)되던 오랜 이야기라고 했다. 이로부터 옛날이라는 의미가 나왔고, 오래되다, 소박하다의 뜻이다. 갑골문에서는 시간상 과거를 나타내는 새로 획(丨)에 구(口)로 나와 있다.
■절竊은 穴(구멍 혈)+釆(분별할 변)+卨(사람이름 설)의 형성자로, 원래 전갈(萬)처럼 생긴 벌레가 구멍(穴)을 뚫고 곡

696 | 3대 주석과 함께 읽는 논어 I

夫니 見大戴禮하니 蓋信古而傳述者也라

술述은 옛것을 전하는 것일 뿐이고, 작作은 창시創始이다. 그러므로 작作은 성인이 아니면 할 수 없고, 술術이란 현인도 미칠 수 있다. 절비竊比는 존중하는 말이고, 아我는 친근하게 여기는 말이다. 노팽老彭은 상商나라의 어진 대부로 『대대례大戴禮』에 나오는데, 대개 옛것을 믿고 전술한 사람일 것이다.

■孔子刪詩書하고 定禮樂하며 贊周易하고 修春秋하사 皆傳先王之舊하시고 而未嘗有所作也라 故로 其自言이 如此하시니 蓋不惟不敢當作者之聖이라 而亦不敢顯然自附於古之賢人이니 蓋其德愈盛而心愈下하여 不自知其辭之謙也라 然이나 當是時하여 作者略備어늘 夫子蓋集群聖之大成而折衷之하시니 其事雖述이나 而功則倍於作矣니 此又不可不知也니라

공자께서 『시』·『서』를 산정하고, 예·악을 정립하고, 『주역』을 수찬하고, 『춘추』를 편수한 것은 모두 선왕의 옛것을 전술한 것이지, 일찍이 창작한 것이 아니다. 그래서 스스로 그 말씀이 이와 같았다. 대개 창작하는 성인으로 감히 자처하지 않았을 뿐 아니라, 또한 드러내놓고 스스로를 옛 현인에 결부시키지도 않았으니, 대개 그 덕이 더욱 성대할수록 그 마음은 더욱 낮아져, 스스로 그 말이 겸손하다는 것조차도 알지 못한 것이다. 그러나 이 당시에 창작이 대략 완비되어, 공자께서는 대개 여러 성인들께서 크게 이루어 놓은 것들을 모아서 절충折衷하였으니, 그 사업은 비록 전술이었지만, 공적은 창

식(米)을 몰래 훔쳐 먹는 것을 그렸으며, 米가 采으로, 萬이 禼로 변해 지금의 자형이 되었다. 절도竊盜, 부정한 수단으로 취득하다, 몰래, 그리고 자신을 낮추는 겸양어로도 쓰인다.
■비比는 人(사람 인)자를 뒤집어 놓은 두 개의 匕(비수 비)로 구성된 회의자로 두 사람(匕)이 나란히 친숙하다가 원뜻이다. 이후 나란하다, 견주다, 친근하다, 돕다, 늘어서다, 촘촘하다 등의 뜻이다.
■아我는 창(戈)과 같은 날이 서 있는 무기를 나타내며, '나' 혹은 '우리'란 뜻은 가차했다고 하지만, 『설문해자』에서는 회의자라고 한다. 갑골문 당시에 이미 '우리'로 쓰여 '나'로 쓰인 것은 가차로 보지만, 我에 羊(양)의 장식물이 더해진 의장용 칼인 의義가 공동체에서 지켜야 할 '의리'를 의미하는 것을 볼 때, 아我는 적보다는 내부를 결속하기 위한 대내용 무기로, 여기서 '우리'라는 뜻이 나왔을 것이라고 추정한다. 나 혹은 우리는 너 혹은 너희와 무기를 들고 대적하는 상대적인 관계라는 것을 뜻한다.

작보다 배培나 더하였으니, 이 또한 알아야 할 것이다.

고금주 —— ■補曰 述者, 循而傳也. [命者旣命而筮者從而命之, 謂之述命. 見〈喪禮〉
注] 作者, 創自造也. [《樂記》云: "作者之謂聖, 述者之謂明."] 信, 謂篤信先王之道也.
竊比, 謙辭. ○包曰: "老彭, 殷賢大夫."[邢云: "卽莊子所謂彭祖."] ○補曰 孔子, 殷
人, [見〈檀弓〉] 故曰我老彭.

보완하여 말한다. 述術이란 '따르면서 전하다'이다.(명하는 자가 이미 명을 하면
시초점을 치는 자가 따라서 명하는 것을 述命이라 한다. 『예기』「상례」주에 보인다.) 작
作이란 처음으로 자신이 만드는 것이다.(『예기』「악기」에서 말했다. "작자를 성이
라 하고, 술자를 명이라 한다.") 신信은 선왕의 도를 돈독하게 믿는 것이고, 절비
竊比는 겸사이다. ○포함이 말했다. "노팽은 은나라 어진 대부이다."(형병이
말했다. "곧 장자의 이른바 팽조이다.") ○보완하여 말한다. 공자께서는 은나라 사
람(『예기』「檀弓」편에 보인다.)이므로, '우리 노팽'이라고 했다.

비평 —— 『예기』「악기」에 "예악의 실정을 아는 사람은 능히 창작할 수 있고,
예악의 법도를 인식하는 자는 능히 기술할 수 있다. 창작하는 자는 일러 성
스럽다고 하고, 전술하는 자를 일러 현명하다고 한다. 현명하고 성스러운 자
란 전술하고 창작하는 것을 말한다(故知禮樂之情者能作. 識禮樂之文者能述. 作者
之謂聖, 述者之謂明. 明聖者, 述作之謂也.)"라고 되어 있다. 그래서 일반적으로 유
가에서는 창작은 성인이 아니면 할 수 없고, 전술하는 것은 현인이면 가능하
다고 말해 왔다. 공자는 『시경』과 『서경』을 산정하고, 예와 악을 정하고, 『주
역』을 찬술하고, 『춘추』를 편수한 것으로 알려져 있지만, 모두 선왕의 옛것

■팽彭은 壴(북 주)+彡(터럭 삼)의 형성자로 강하게 퍼져 나가는(彡) 북소리(壴)를 형성화했다. 이후 성씨, 땅이름 등
으로 가차되었다.

을 전술한 것이지 창작한 것은 아니라고 한다. 옛것이란 유교의 도를 말한다. 유교의 도를 믿고 좋아한다는 말이다. 『중용』에서는, '덕으로는 성인의 경지에 도달했다고 하더라도, 천자의 지위에 오르지 못하면 예법을 의논할 수 없고, 법도를 만들지 못하고, 문을 상고할 수 없다(중용28장. 非天子 不議禮 不制度 不考文)고.' 말한다.

고주는 "이 장은 공자께서 저술에 대해 겸양하신 것을 기록한 것이다. 노팽은 당시에 선왕의 도를 전술하여 밝혔을 뿐, 스스로 창작하지 않고 옛 일을 돈독하게 믿고 좋아했으므로 공자께서 지금 나도 그러하다고 말씀하신 것이다(『주소』)."라고 주석하였다. 주자와 다산 또한 고주의 이런 해석을 답습하고 있으며, 해석에서 특별한 쟁점은 없다.

◦◦◦

7:2. 子曰: "默而識之, 學而不厭, 誨人不倦, 何有於我哉?"[識, 去聲]

고주 —— 공자께서 말씀하셨다. "묵묵히 마음에 기억하고, 배우는 것을 싫증 내지 않고, 다른 사람을 가르치는 것을 게을리 하지 않는 것이 누구에게 있으리오, 나에게만 있으리라!"(이러한 행위가 다른 사람에게는 없고, 나에게만 있다:何有, 他人無是行, 於我, 我獨有之)

주자 —— 공자께서 말씀하셨다. "묵묵히 마음에 기억하고, 배우는 것을 싫증 내지 않고, 다른 사람을 가르치는 것을 게을리 하지 않는 것들이, 어찌 나에게 있으리오!"(겸손하고 또 겸손한 것이다.)

다산 —— 공자께서 말씀하셨다. "묵묵히 마음에 축적하고, 배우는 것(考徵於典)을 싫증내지 않고, 다른 사람을 가르치는 것을 게을리 하지 않는 것들이, (내가 조금이나마 이런 것들을 할 수 있을 뿐인데:我粗能爲此) 어찌 족히 나에게 있다 혹은 없다고 하겠는가(何足有無於我哉:겸사가 아니다)?"(識는 去聲이다.)

집주 —— ■識는 記也니 默識는 謂不言而存諸心也라 一說에 識은 知也니 不言而心解也라 하니 前說이 近是라 何有於我는 言何者能有於我也라 三者는 已非聖人之極至로되 而猶不敢當하시니 則謙而又謙之辭也니라

'지識'는 기억(記)이니, 묵지默識란 말없이 마음에 보존하는 것이다. 일설에는 식識으로 아는 것(知)이라고 하니, 말없이 마음으로 이해하는 것이라 한다. 앞의 설명이 더 옳을 듯하다. '하유어아何有於我'는 '무엇이 나에게 있을 수 있겠는가.'라는 말이다. 세 가지는 이미 성인의 지극한 경지가 아닌데도, 오히려 감당하지 못한다고 했으니, 겸손하고 또 겸손한 말씀이다.

고금주 —— ■補曰 默, 謂內而不出也.《易》所云含章] 識, 記也.《易》曰: "多識前言往行, 以畜其德."(大畜〉文] 默所以畜也. 學, 謂考徵於典籍. 何有於我, 言我粗能爲此, 何足有無於我哉?

보완하여 말한다. 묵默은 안으로 간직하여 내놓지 않는 것이다(內而不出,『역경』「구괘」의 이른바 含章이다). 지識는 기억하는 것이니,『역경』「대축」에서 "옛

성현의 말과 행동을 많이 기억하여 그 덕을 축적한다."고 하였는데, 묵묵함으로써 축적하는 것이다. 학學은 '전적을 고증하고 징험하는 것'을 말한다. 하유어아何有於我는 '내가 조금이나마 이런 것들을 할 수 있을 뿐인데, 어찌 내게 충분히 있다 없다고 할 수 있겠는가?'라는 말이다.

■ 鄭曰: "無是行, 於我, 我獨有之." ○侃曰: "言人無此諸行, 故天下貴於我耳. 若世人皆有此三行, 則何復責於我乎?" ○毛曰: "何者, 誰也. 此非謙詞, 實勉辭."[從鄭義] ○駁曰 非也. 不知何說.

정현이 말했다. "(何有는 다른 사람에게는) 이러한 행실이 없고, 어아於我는 나만 홀로 이것이 있다(는 말이다)." ○황간이 말했다. "사람들은 이러한 행실들이 없는 까닭에 천하가 나를 귀하게 여겼던 것이다. 만약 세상 사람들이 모두 이러한 세 가지 행실이 있었다면, 어찌 다시 나에게 있는 것을 귀하게 여겼겠는가?" ○모기령은 말했다. "하何란 누구(誰)란 뜻이다. 이는 겸사가 아니라, 실제로 권면하는 말이다."(정현의 해석을 따랐다.) ○논박하여 말하면, 그릇되었다. 무슨 말을 하는지 모르겠다.

■ 引證 子曰: "我學不厭而教不倦."[見《孟子》] ○案 學不厭教不倦, 夫子平日所嘗自許者, 不應至此謙而不居. 況不爲酒困等數事, 尤是淺行, 必非謙辭. '何有於我'者, 謂不足有無也.

인증한다. 공자께서 말씀하셨다. "나는 배우기를 싫어하지 않고, 가르치기를 게을리 하지 않는다."(『맹자』「공손추상」에 보인다.) ○살핀다. 배우기를 싫어하지 않고 가르치기를 게을리 하지 않는 것은 공자께서 평소에 일찍이 자부하던 것이지만, 응당 여기에 이르렀다고 하지 않으면서, 겸손하게 자처하지 않으셨다. 하물며 술 때문에 피곤해 하지 않은 것 등과 같은 몇 가지 일들은 더욱 천근한 행위이니, 필시 겸사가 아니다. 하유어아何有於我란 '있다 혹은 없다고 하기에는 부족하다.'는 말이다.

■ 質疑 王應麟曰: "默而識之, 朱子謂'不言而存諸心', 不取虛中之說, 恐學者流於異端." ○案 朱子自解此注曰: "此是得一善, 拳拳服膺之意, 與坐禪不同." 王說, 非也.

질의한다. 왕응린이 말했다. "묵이지지默而識之를 주자는 '말없이 마음에 보존한다.'고 해석하고, 허중虛中의 설을 취하지 않았으니, 배우는 사람들이 이단에 흐를까 염려한 것이다." ○살핀다. 주자는 이 주석을 스스로 해명하여 "이는 하나의 선을 얻으면 가슴속에 받들어 둔다는 뜻이니, 좌선과 같지 않다."고 말했다. 왕응린의 설은 그릇되었다.

비평 —— 인간이란 항상 미완성의 가능적 존재이다. 완전하다면 신神이 되고, 자기완성에 대한 관심이 없다면 곧 금수의 상태로 전락하는 중간존재가 바로 인간이다. 인간은 무지 혹은 부족함을 자각할 때, 비로소 자기완성을 향한 진정한 앎과 배움이 시작된다. '묵묵히 마음에 기억한다'는 것은 마음이 이치를 탐구, 발견, 그리고 보존하는 것을 말한다. 자신의 무지를 늘 자각하고 있기에 배우기를 싫증내지 않은 것이다. 그리고 어진 사람에게 나와 남의 간극이 없듯이, 배움은 가르침과 항상 표리관계에 있다(敎學相長). 그래서 배우기를 싫증내지 않는 만큼 남을 가르치기를 게으르지 않아야 한다는 것이다. 이 말은 공자의 자신에 대한 겸손한 표현이지만, 실상 모든 인간은 이러한 문제의식을 지닐 때 비로소 인간의 자기완성을 향한 도약이 가능하다고 하겠다. 이런 관점에서 본다면, 고주의 설명은 잘못되었다. 주자와 다산의 해석은 다소의 차이가 있지만, 대의에서는 거의 같다고 할 수 있다.

7:3. 子曰: "德之不脩, 學之不講, 聞義不能徙, 不善不能改, 是吾憂也."

고주 —— 공자께서 말씀하셨다. "덕을 닦지 않는 것, 배운 것을 강론하지 않는 것, 의로움을 듣고도 옮기지 못하는 것, 불선을 고치지 않는 것, 이런 것들이 (나에게 부족한) 나의 근심이다."

주자 —— 공자께서 말씀하셨다. "덕을 닦지 않는 것, 배운 것을 강론하지 않는 것, 의로움을 듣고도 옮기지 못하는 것, 불선을 고치지 않는 것, 이런 것들이 나의 (나에게 부족한) 근심이다."

다산 —— 공자께서 말씀하셨다. (그대들이 말한 여러 우려스런 것들은 한가한 것들이다. 그런데) "덕(本心之正直)을 닦지 않는 것, 배운 것(先王之道藝)을 강론하지 않는 것, 의로움을 듣고도 (선으로) 옮기지 못하는 것(徙=遷善), 불선을 고치지 않는 것, 이런 것들이 내가 우려하는 것들이다."(배우는 이들을 경계한 것이다.)

집주 —— ■尹氏曰 德必修而後에 成하고 學必講而後에 明하며 見善能徙하고 改過不吝이니 此四者는 日新之要也라 苟未能之면 聖人猶憂어든 況學者乎아 윤돈이 말했다. "덕은 반드시 닦은 후에 이루어지고, 배움은 반드시 강론한 이후에 밝아진다. 선을 보면 현실에 옮기고, 잘못을 고치는 데 인색하지 않아야 한다. 이 네 가지가 매일 새롭게 되는 요체이다. 진실로 이것들에 능하

자원풀이 ■덕德은 '彳(조금 걸을 척)'이 의미부, '直(곧을 직)'이 소리부인 형성자. 길을 갈(彳) 때 곁눈질 않고 똑바로(直) 보다의 의미이다. 이후 마음(心)이 더해져 똑바른(直) 마음(心)이라는 도덕성을 강조하게 되었으며, 도덕의 지향점이 덕德임을 형상적으로 보여준다. 그리고 덕德 자는 주로 '득得' 자와 연관하여 설명되어 왔다. 즉 "덕德은 득得인데, 사물(혹은 일)에서 마땅함을 얻은 것을 말한다." 혹은 "예악을 모두 얻은 것을 일러 덕이라고 하는데, 덕이란 얻은 것이다."라는 것이다. 그렇다면 문제는 '얻음(得)'을 어떻게 볼 것인가? 선천적인 생득生得으로 볼 것인가, 아니면, 후천적인 터득으로 볼 것인가? 하는 것이다. 『설문해자』에 따르면, "득得이란 행하여 얻는 바가 있음(行有所得)"으로 후자를 의미하는 듯하다. 그런데 다른 한편으로 『신자감新字鑑』에서는 "덕德이란 자기에게 갖추어진 것으로 외부로부터 충족을 기다릴 필요가 없는 것"이라 하여, 만물이 지니고 태어난 고유본성(혹은 잠재력)으로 정의했다. 그런데 글자의 유래에서 살펴본다면, 덕德 자의 본래 '彳(=行)' 자가 의미를 형성한다. 그래서 덕德은 갑

지 못할까 하고 성인도 오히려 근심했거늘, 하물며 배우는 사람이랴?"

고금주 —— ■補曰 德者, 本心之正直. 學者, 先王之道藝. 時廢而復治之曰修, 時晦而復明之曰講. 【《說文》云: "講, 解也."】 如所謂講信修睦也. 【《禮運》文】 徙者, 遷善也. 吾, 猶己也, 所以戒學者.

보완하여 말한다. 덕이란 본심의 바르고 곧음이며, 학이란 선왕의 도예이다. '한때 허물어졌던 것을 다시 잘하는 것을 수修라 하고, 한때 어두워졌던 것을 다시 밝히는 것을 강講이라 한다(『설문』에 '講이란 푸는 것'이라 했다.).'고 하는데, 예를 들면 이른바 '신의를 강론하고 화목을 닦는다.'(『예기』「예운」)고 한 것이다. 사徙란 선을 옮기는 것(遷善)이다. 오吾는 자기(己)와 같으니, 배우는 이를 경계한 것이다.

■孔曰: "夫子常以此四者爲憂." ○駁曰 非也. 學者群居, 或憂世或憂民, 憂至治之不復, 憂倫義之斁滅, 下焉者憂貧憂賤憂飢憂寒. 孔子聞之曰: "君輩之憂, 皆閒愁也. 其欲聞眞憂乎? 德之不修, 學之不講, 善之不徙, 過之不改, 是吾憂也."
공안국이 말하였다. "부자께서는 항상 이 네 가지로 근심을 삼아 근심하셨다." ○논박하여 말하면, 그릇되었다. 배우는 이들이 여럿이 있어, 혹 세상을 근심하고, 혹 백성을 근심하고, 지극한 다스림이 회복되지 않을까 근심하고, 윤리가 땅에 떨어질까 근심하며, 낮은 신분에 있는 자들은 가난과 천함 및 배

골문甲骨文에서 천자天子의 순행巡行·순시巡視·은혜恩惠·전렵田獵·원정征伐 등과 정치적·군사적 행위를 의미하다가, 『서경』에서 약20회 내외, 『시경』에서는 약90회 내외로 나타나면서 점차 가치 정향적 행위를 의미하게 되며, 후대에는 점차 가치 정향적 행위를 가능하게 하는 '내적 상태'에 주목하면서 '심心' 자가 부가되었다.
■수修는 彡(터럭 삼)+攸(바 유)의 형성자로 목욕재계한(攸) 후 치장하여 화려하게(彡) 꾸민다는 뜻이다. 유攸는 攵(칠 복)+人(사람 인)+水(물 수)의 회의자로 손에 솔처럼 생긴 나무막대를 쥐고(攵) 사람 등(人)을 물(水)로 씻다가 원뜻이다. 이후 '(~하는) 바라는 문법소로 쓰이자, 삼彡 자가 더해져 修가 되었다.
■강講은 言(말씀 언)+冓(짤 구)의 형성자로 말(言)을 엮어(冓) 조화롭게 풀어주다는 뜻으로 화해하다, 의논하다, 강구講究하다의 뜻이다. 구조물을 엮듯 말(言)을 잘 엮은(冓) 해설이라는 뜻에서 강의講義, 강론論이란 뜻이 나왔다.
■사徙는 彳(조금 걸을 척)+步(걸을 보)의 회의자로 길(彳)을 걷다(步)는 뜻에서, 옮겨가다, 옮기다의 뜻이 나왔다. 교화敎化나 승진의 비유로도 쓰인다.

고픔과 추위를 근심하였다. 공자께서 이러한 말들을 들으시고 말씀하셨다. "그대들의 근심은 모두 한가한 수심(閒愁)이니, 참다운 근심(眞憂)을 듣고 싶은가? 덕이 닦이지 않고, 학이 강명되지 않고, 선이 옮겨지지 않고, 허물이 고쳐지지 않는 것, 이런 것들이 나의 근심이다."

비평 —— 덕이란 인간이 지니고 태어난 본성을 말하는데, 덕을 닦아야 인간의 근본이 선다. 덕을 닦음과 동시에 전해들은 학문을 연마하고 강론해야 비로소 객관화할 수 있다. 도덕 수양과 학문 연마를 하는 동시에 그것을 실천에 옮겨야 한다. 실천이란 마땅히 행해야 할 옳은 일을 하는 것과 잘못된 것을 고치는 것이다. 이런 것들을 염려한다는 것은 공자의 겸사라고 할 수 있지만, 부족함을 자각하고 노력할 때에 비로소 자기완성을 기약할 수 있다. '습한 것은 물의 덕이며, 뜨거운 것은 불의 덕이다(濕者 水之德 燥者 火之德).'라고 하듯이, 덕이란 얻어 지니고 태어난 고유한 본질적 특성(德得也)을 말한다. 일반적으로 유교에서는 우리 인간은 마음의 덕으로 인의예지仁義禮智의 본성을 지니고 태어났다고 주장한다. 그런데 본질주의 철학의 정적주의를 비판하고 실천을 중시한 다산은 덕德자를 '행行 + 직直 + 심心'의 결합으로 풀이하여 다음과 같이 말한다. "오직 곧은 성품(直性)으로 나의 곧은 마음(直心)을 행하는 것을 일러 덕이라고 한다(德이라는 글자는 直心을 行한다는 것이다). 선善을 실행한 후에야 덕이라는 명칭이 성립된다. 행하기 이전에 어떻게 그 몸에 명덕明德이 있을 수 있겠는가?"(心本無德 惟有直性 能行吾之直心者 斯之謂德(德之爲字直心) 行善而後 德之名立焉 不行之前身 豈有明德乎:『大學公義1』)

덕에 대해서는 3권의「덕」에 관한 장에서 심도 있게 논의하겠다.

'시오우是吾憂'에서 우려되는 대상에 대해 다르게 해석하였다. 고주와 주자는 "이런 것들이, 내가 (스스로 부족하다고 생각하여) 근심하는 것들이다."라고 주석하였다면, 다산은 "(여러분들의 우려와 대비되게) 이러한 것들이 세상에 행해지지 않을까 내가 우려하는 것들이다."라고 해석하였다. 두 해석 모두 가능하다고 생각된다.

〰️

7:4. 子之燕居, 申申如也, 夭夭如也.

고주 —— 공자께서 집에 한가로이 계실 때에 (體貌가) 화평한 듯했고, 펴지는 듯하셨다(和舒之貌).

주자 —— (제자가 기록하길) 공자께서 한가하여 일이 없을 때는 (용모는) 펴지는 듯했고(申申=其容舒), (안색은) 유쾌한 듯(夭夭=其色愉)하셨다.

다산 —— 공자께서 조정에서 물러나 편안히 지내실 때(燕居謂退朝而安居也) 말씀은 자상하신 듯했고(申申=言語慈詳), 안색은 온화하고 펴지는 듯(夭夭=顔色之和舒也)하셨다.

자원풀이 ■연燕은 크게 벌린 입과 머리와 세차게 날아오르는 날개와 꼬리를 갖춘 제비의 모습을 형상화한 글자이다. 제비(=玄鳥, 燕燕于飛), 잔치(饗宴), 편안하다(或燕燕居息), 함부로 대하다(燕朋逆其師), 예쁘다(燕婉之求), 즐겁게 하다(悉率左右 以燕天子), 나라이름, 화북성의 옛 이름.
■신申은 갑골문에서 번개가 번쩍번쩍 치는 모습을 형상화한 상형자이다. 번개(申)가 뻗어가듯 몸을 쭉 펴다는 뜻도 나왔고, 속에 있는 말을 꺼내어 진술하다는 뜻(伸)으로 분화했다. 아홉째 지지를 나타내는 간지로 쓰이자, 원래 뜻은 雨(비 우)자를 더해 전電자로 분화했다.
■요夭는 사람의 머리가 젖혀진 모습으로 요절夭折(일찍 죽다), 꺾이다, 재앙의 뜻이 나왔다. 혹은 사람이 머리를 약간 숙이고 몸을 꼬며 춤추는 모양(아름답다)이라고도 한다. 무성하다(厥草惟夭), 화평하다, 아름답다(桃之夭夭), 재앙(=妖), 일찍 죽다(壽夭貧富), 몸을 굽히다, 꺾다, 새끼(태아), 어린 나무 등의 뜻이다.

집주 ── ■燕居는 閒暇無事之時라 楊氏曰 申申은 其容舒也요 夭夭는 其色愉也라

연거燕居는 '한가하여 일이 없을 때'이다. 양시가 말했다. "신신申申은 '그 용모가 펴짐'이고, 요요夭夭는 '안색의 유쾌함'이다."

■程子曰 此는 弟子가 善形容聖人處也라, 爲申申字說不盡이라, 故로 更著夭夭字라. 今人燕居之時에 不怠惰放肆면, 必太嚴厲하니 嚴厲時에 著此四字不得하고, 怠惰放肆時에 亦著此四字不得하니, 惟聖人이라야 便自有中和之氣라.

정자가 말했다. "이것은 제자가 성인을 잘 형용한 곳이다. 신신申申이라는 글자로 설명을 다할 수 없어 다시 요요夭夭라는 글자를 덧붙였다. 요즘 사람들은 연거燕居할 때는 태타怠惰・방사放肆하지 않으면, 필시 지나치게 엄려嚴厲하다. 엄려해도 이 네 글자(申申夭夭)를 붙일 수 없고, 태타・방사할 때도 이 네 글자를 붙일 수 없다. 오직 성인만이 자연히 중화의 기상을 지니고 있다."

고금주 ── ■補曰 燕, 安也, 謂退朝而安居也. 申申, 言語之慈詳也. [申, 重也] 夭夭, 顏色之和舒也.

보완하여 말한다. 연燕은 '편안함(安)'이니, 조정에서 물러나 편안히 지내는 것을 말한다. [〈仲尼燕居〉, 정현의 주에서 말하였다. "조정에서 물러나서 거처하는 것을 연거라고 한다."] 신신申申은 '언어가 자상함'이다(申은 거듭:重이다). 요요夭夭는 안색이 온화하고 펴지는 것이다.

■馬曰: "申申夭夭, 和舒之貌." ○駁曰 非也. 出辭氣, 動容貌, 宜兩記之.

마융이 말했다. "신신요요申申夭夭는 '온화하고 펴지는 모양'이다." ○논박하여 말하면, 그릇되었다. '입에서 나오는 말의 기운과 용모의 움직임'은 마땅히 두 뜻으로 기록되어야 한다.

■侃曰: "申申者, 心和也. 夭夭者, 貌舒也." ○孫綽曰: "燕居無事, 故云心內夷和, 外舒暢也." ○駁曰 非也. 心和, 非所記也. 夭夭者, 和好之貌, 又與舒暢微

有不同

황간이 말했다. "신신申申은 마음이 화평한 것이고, 요요夭夭는 모습이 펴져 있는 것(舒)이다." ㅇ손작孫綽이 말했다. 연거燕居에서는 일이 없기 때문에 마음 속이 화평하고, 외모가 확 펴져(舒暢)있다고 말한다. ㅇ논박하여 말하면, 그릇되었다. 마음이 화평하다고 기록되어 있지 않다. 요요夭夭란 화평하고 좋은 모습이지, 확 펴져 있다는 서창舒暢과는 조금 차이난다.

비평 —— 언어 해석에서 약간의 차이는 있지만, 중요하지는 않다. 『집주』에 인용된 정자程子의 해석이 가장 설득력이 있다고 판단된다.

❧

7:5. 子曰: "甚矣, 吾衰也! 久矣, 吾不復夢見周公."

고주 —— 공자께서 말씀하셨다. "심하구나, 나의 노쇠함이여! 오래되었구나, 내가 다시 꿈에 주공을 뵙지 못한 지!"

자원풀이 ■심甚은 아궁이 위에 솥을 얹어 놓은 형상이라고 하지만, 설문에서는 甘(달 감)+匕(숫가락 비→匹)의 회의자로 국자로 맛있는 것을 떠먹는 모습을 그렸다고 한다. 이때 '맛있는 것'이 무엇인가는 불분명하지만, 斟(술 따를 짐), 椹(오디 심), 葚(오디 심) 등과 연관해 볼 때 오디로 담근 술일 가능성이 크다. 그래서 담그다, 깊다, 진하다, 중후하다의 뜻이 나왔다. 또 심하다, 초과하다, 사납다, 많다, 그리고 형세가 매우 절실하고 절박함 등의 뜻이 있다 ■쇠衰는 본래 도롱이처럼 풀이나 짚으로 엮은 상복(衰)을 그린 상형자인데, 이후 쇠약하다, 노쇠老衰하다, 쇠퇴하다 등의 뜻이 나왔다. ■구久는 소전체로 보면 위부분이 사람이고, 엉덩이 쪽에 뾰족한 침 같은 것을 꽂은 모습의 지사문자이다. 엉덩이 부위에 침이나 뜸을 뜬 모습을 그린 것으로 뜸이나 뜸을 들이다는 뜻에서 다시 오래라는 뜻이 나왔다. 그러자 원 대 뜻은 화火자를 더해서 灸(뜸 구)자가 되었다.

주자 —— 공자께서 말씀하셨다. "심하구나, 나의 노쇠함이여! 오래되었구나, 내가 다시 꿈에 주공을 뵙지 못한 지!"

다산 —— 공자께서 말씀하셨다. "심하구나, 나의 노쇠함이여! 오래되었구나, 내가 다시 꿈에 주공을 뵙지 못한 지!"

집주 —— ■孔子盛時에 志欲行周公之道라 故로 夢寐之間에 如或見之러니 至其老而不能行也하사는 則無復是心하여 而亦無復是夢矣라 故로 因此而自歎其衰之甚也시니라

공자께서 한창 때에는 주공의 도를 실행하려는 뜻을 품었기 때문에 꿈속에서도 간혹 알현하는 듯하였지만, 늙어 실행할 수 없게 되자 이런 마음이 다시 없으셨고, 이런 꿈도 다시 없으셨다. 그러므로 이로 말미암아 심히 쇠약해졌음을 스스로 탄식하신 것이다.

■程子曰 孔子盛時에 寤寐常存行周公之道러니 及其老也하사는 則志慮衰而不可以有爲矣라 蓋存道者心이니 無老少之異어니와 而行道者身이니 老則衰也니라

정자가 말했다. "공자께서 한창 때에는 자나 깨나 항상 주공의 도를 실행하려는 마음을 보존하셨지만, 연로해짐에 미쳐서는 의지와 사려가 쇠하자 어찌할 수가 없으셨다. 대개 도를 보존하는 것은 마음이니 노소老少의 차이가 없지만, 도를 실현하는 것은 몸이기에 늙으면 쇠해진다."

■몽夢은 夕+瞢(어두울 몽)의 형성자로 밤(夕)에 몽롱하게(瞢) 꾸는 꿈을 말한다. 見(볼 견)과 같이 目(눈 목) 자가 강조되어 있다. 원래 몽夢 자에 들어 있는 눈은 현실과 구분되지 않을 정도로 생생한 꿈속의 정황을 주시하고 있음을 나타낸다.

고금주 ── ■孔曰: "盛時夢見周公, 欲行其道也."

공안국이 말했다. "(공자께서) 왕성하실 때에 꿈에서 주공을 알현하고, 그 도를 행하고자 하셨다."

■引證《呂氏春秋·不苟論》曰: "孔丘·墨翟, 晝日諷誦習業, 夜親見文王·周公旦而問焉." [注引《論語》夢見周公]

인증한다. 『여씨춘추』「불구론」에서 말했다. "공구孔丘와 묵적墨翟은 낮에는 글을 외우고 학업을 익히고, 밤에는 친히 문왕·주공단周公旦을 만나서 물었다." (『논어』의 夢見周公을 인용하여 주석했다.)

비평 ── 특별한 쟁점은 없다.

⚜

7:6. 子曰: "志於道, 據於德, 依於仁, 游於藝."

고주 ── 공자께서 말씀하셨다. "(형상 없는) 도를 사모하고(志=慕), 덕(만물이 제 자리를 얻는 것)을 (지팡이처럼) 붙잡고(據=杖), 인자(공로를 남에게 베풀기 때문에)에게 기대고(依=倚), 육예(藝=六藝)에 (의거할 것이 못되니) 노닐어야 한다."

주자 ── 공자께서 말하셨다. "(일상에서 마땅히 행해야 하는) 도에 뜻을 두고, 덕(도를 행함에 마음에 얻어진 것)을 잡아서 지키고, 인(사욕이 완전히 제거되어 마음의 덕이 온전한 것)을 어기지 않고(依=不違), 육예(禮樂之文與射御書數之法)에 (알맞게) 노닐어야 한다."

다산 —— 공자께서 말씀하셨다. "(인간이 가야할 길인) 도에 뜻을 두고, 덕(마음의 정직함)을 지키고(스스로 닦음:自修), 인(仁=다른 사람에 대한 사랑)을 유지하고 (다른 사람과의 교제), 육예에 (물고기가 물에서 헤엄치듯) 노닐어야 한다."

집주 —— ■志者는 心之所之之謂요 道는 則人倫日用之間所當行者 是也라 知此而心必之焉이면 則所適者正하여 而無他歧之惑矣리라

지志는 '마음이 가는 바'를 말한다. 도道는 '인륜으로 일상생활에서 마땅히 행해야 할 그것'이다. 이와 같이 마음이 반드시 도를 지향한다면, 가는 곳이 올바르고 다른 길로 빠지는 미혹이 없어진다.

■據者는 執守之意요 德則行道而有得於心者也라 (혹은 德者는 得也니 得其道於心而不失之謂也라) 得之於心而守之不失이면 則終始惟一하여 而有日新之功矣리라

거據는 '잡아서 지킨다'는 뜻이다. 덕은 '도를 행하여 마음에 얻어진 것'이다 (혹은 덕은 얻음이니, 그 도를 마음에 얻어 잃지 않음을 말한다). 마음에서 얻어 지켜서 잃지 않으면 끝과 시작이 한결같아 날마다 새로워지는 공력이 생긴다.

■依者는 不違之謂요 仁은 則私欲盡去而心德之全也라 工夫至此而無終食之違면 則存養之熟하여 無適而非天理之流行矣리라

의依란 '어기지 않음'을 말한다. 인仁은 '사욕이 완전히 제거되어 마음의 덕이

자원풀이 ■지志는 心(마음 심) + 士(=之)으로 구성된 형성자로서 마음이 가는 것(心之所之之謂)이라는 의미에서의 지향志向과 의지라고 할 때의 주재(主宰)라는 의미를 지닌다.
■거據는 手(손 수)+豦(원숭이 거)의 형성자이다. 원래는 거据(거점 거)에서 거據로 바뀌었다. 차지하다, 웅거雄據, 의거依據, 증거證據 등의 뜻이 나왔다. 자리를 차지하려면(居) 격렬한(豦) 싸움이 필수적이었기에 거居가 거豦로 바뀌었을 것으로 추정된다.
■의依는 人(사람 인)+衣(옷 의)의 형성자로 사람이 옷을 입다가 원래 뜻이다. 사람(人)에게 옷(衣)과 같이 없으면 살 수 없는 언제나 의지하며 기대야 하는 곳임을 그렸다. 의지依支, 근거根據, 순종順從하다의 뜻이다.
■유游는 水(물 수)+㫃(깃발 유)의 형성자로 물길을 따라 유람(㳺)함을 나타낸다. 수영하다, 한가롭게 노닐다, 사귀다의 뜻이다.

온전한 것'이다. 공부가 이에 이르러 밥 먹는 사이에도 인을 어기지 않으면, 존양存養이 무르익어 어디를 가더라도 천리天理의 유행이 아님이 없다.

■ 游者는 玩物適情之謂요 藝는 則禮樂之文과 射御書數之法이니 皆至理所寓而日用之不可闕者也라 朝夕游焉하여 以博其義理之趣면 則應務有餘하고 而心亦無所放矣리라

유游는 '사물을 감상하여 마음에 알맞은 것'을 일컫는다. 예藝는 '예악의 문채와 활쏘기 말 몰기 글쓰기 수학의 기법으로 모두 지극한 이치가 깃들어 있는 것으로 일상에서 빠질 수 없는 것'이다. 조석朝夕으로 예藝에 노닐면서 그 의리의 정취를 넓혀 나가면 일처리가 여유가 있고, 마음 또한 방일함이 없게 된다.

■ 此章은 言人之爲學이 當如是也라 蓋學莫先於立志하니 志道則心存於正而不他요 據德則道得於心而不失이요 依仁則德性常用而物欲不行이요 游藝則小物不遺而動息有養이라 學者於此에 有以不失其先後之序와 輕重之倫焉이면 則本末兼該하고 內外交養하여 日用之間에 無少間隙而涵泳從容하여 忽不自知其入於聖賢之域矣리라

이 장은 사람의 학문함이 마땅히 이와 같이 해야 함을 말했다. 대개 학문은 가장 먼저 뜻을 세워야(立志) 하니, 도에 뜻을 두면 마음이 바른 상태에 머물러서 다른 곳으로 가지 않는다. 덕에 머무르면(據德) 도를 마음에 터득하여 잃지 않게 된다. 인에 의거하면(依仁) 덕성이 항상 작용하여 물욕이 행해지지 않는다. 예에 노닐면(游藝) 조그만 것도 놓치지 않아 움직일 때나 쉴 때나(動息) 함양함이 있게 된다. 배우는 자가 여기에서 선후의 순서와 경중의 이치를 잃지 않는다면, 본말이 겸비되고 내외가 교대로 함양되어 일상에서 조금의 간극도 없고, 차츰차츰 깊이 스며들고 넉넉히 이해하게 되어, 홀연히 자신도 알지 못하는 사이에 성현의 영역으로 들어가게 된다.

고금주 ── ■ 補曰 自此至彼曰道, [《表記》云: "嚮道而行."] 心之正直曰德. [從直

心] 仁者, 嚮人之愛也. ○何曰: "藝, 六藝也."[邢云: "謂禮·樂·射·御·書·數."]
○補曰 持守勿動曰據. 〖〈趙奢傳〉云: "先據北山者勝."〗如衣帖身曰依, 如魚泳水曰
游. ○案 據於德, 所以自修也. 依於仁, 所以接人也.

보완하여 말한다. 여기에서 저기에 이르는 것을 도라고 하고(『예기』「표기」에서
말했다. "길을 향해 간다."), 마음이 바르고 곧은 것을 일러 덕이라 하며(直과 心을
따랐다), 인仁이란 다른 사람을 향한 사랑이다. ○하안이 말했다. "예藝란 육
예六藝이다."(형병이 말하였다. "예·악·사·어·서·수를 말한다.") ○보완하여
말한다. 유지하고 지켜서 움직이지 않게 하는 것을 일러 거라고 하고(『趙奢
傳』에 이르길, "먼저 북산을 굳게 지키는 자가 이긴다."고 하였다.) 옷이 몸에 착 달라
붙는 것을 일러 의依라 하고, 고기가 물에서 헤엄치는 것을 일러 유游라고 한
다. ○살핀다. 덕에 의거하는 것은 스스로를 닦는 것이고, 인에 의지하는 것
은 다른 사람을 접대하는 것이다.

■何曰: "依, 倚也. 仁者功施於人, 故可倚." ○駁曰 非也. 荻曰: "依者, 違之反,
言不相違離也."

하안이 말했다. "의依는 기대는 것(倚)이다. 인자仁者는 공로를 남에게 베풀기
때문에 기댈 만하다." ○논박하여 말하면, 그릇되었다. 오규 소라이가 말했
다. "의依란 떠난다는 것과 반대되니, 서로 떨어지지 않음이다."

비평 —— 도란 인간이 가야 하는 길이자 목표이다. 인간은 자기완성이라는
목표에 뜻을 두고 인간의 길을 가야 한다. 그래서 도에 뜻을 두어야 한다고
말하였다. 덕이란 인간이 얻어 지니고 태어난 본성이다. 따라서 인간의 길을
갈 때에는 덕에 근거해야 한다. 인이란 사람의 본성을 대표하는 덕목으로 인
간이 사회 관계나 매사에 사랑의 도리를 다하는 것이다. 따라서 인에 의거하
여 타인에게 행위를 해야 한다. 예藝란 소학 교육으로 예절, 음악, 활쏘기, 말
몰기, 글쓰기, 수학 등을 익혀 일상에서 사람의 도리를 하도록 하는 것이다.

따라서 예에서 노닌다는 것은 육예를 충분히 익혀, 거기에 구애되지 않고 자유자재로 마음껏 노닐 수 있는 경지에 올라야 한다는 것을 말한다. 도道, 덕德, 인仁 등에 대한 정의에서 많은 차이가 난다. 3권에서 별도의 장에서 다루고자 한다.

다산이 인용하지 않은 고주(『주소』)에 다음과 같이 정의되어 있다.

> 하안이 말했다. "지志는 사모(慕)이니, 도는 형체가 없기 때문에 사모할 뿐이다(志 慕也. 道不可體 故志之而已). 거據는 붙잡음(杖)이니, 덕은 형체를 이루기 때문에 붙잡을 수 있다(據 杖也 德有成形 故可據). 의依는 기댐(倚)이니, 인자仁者는 공로를 남에게 베풀기 때문에 기댈 수 있다(依 倚也 仁者 功施於人 故可倚). 예藝는 육예六藝니, 의거할 만한 것이 되지 못하기 때문에 노닌다고 하였다(藝 六藝也 不足據 依 故曰遊)."

> 정현이 말했다. "도는 허통하여 잡을 수 없고 스스로 그러한 것을 일컫는다. 덕이란 얻음이니(德者 得也) 사물이 말미암는 바를 덕이라 한다. 고요하여 지극히 무한 것(寂然至無)을 도라고 하고, 무를 떠나서(離無) 유로 들어가서(離無入有) 형상이 있는 그릇을 이루니, 이를 덕업德業이라 한다."(正義曰 道者, 虛通無擁, 自然之謂也. 德者, 得也. 物得其所, 謂之德. 寂然至無, 則謂之道. 離無入有而成形器, 是謂德業.)

7:7. 子曰: "自行束脩以上, 吾未嘗無誨焉."

고주 —— 공자께서 말씀하셨다. "(옛날에 대부는 사사로이 교제할 수 없었기 때문에) 속수 이상의 예를 행하면, 내 일찍이 가르치지 않은 적이 없다."

주자 —— 공자께서 말씀하셨다. "(이치상 사람은 선한 본성을 지니고 태어났기 때문에 공자께서 가르쳐 주지 않은 적이 없다. 그런데 찾아가서 가르치는 예는 없기에) 속수 이상의 예를 행하면, 내 일찍이 가르치지 않은 적이 없다."

다산 —— 공자께서 말씀하셨다. "(옛 예속에 천륜으로 맺어진 친족이 아니고, 의리로써 맺어진 경우는 폐백이 없으면 상견하지 않았기에) 속수 이상의 예를 행하면, 내 일찍이 가르치지 않은 적이 없다(재물을 탐한 것이 아니다)."

집주 —— ■脩는 脯也니 十脡爲束이라 古者相見에 必執贄以爲禮하니 束脩는 其至薄者라 蓋人之有生이 同具此理라 故로 聖人之於人에 無不欲其入於善이로되 但不知來學이면 則無往敎之禮라 故로 苟以禮來면 則無不有以敎之也라

수脩는 포脯(저미어 말린 고기)이다. 10정十脡이 속束이 된다. 옛날에 서로 만날 때 반드시 폐백을 올리는 것을 예로 삼았는데, 속수束脩는 그 가운데 지극히 박薄한 것이다. 대개 사람이 태어나면서부터 이 이치를 똑같이 갖추었기 때문에 성인께서 사람들에게 선善에 들어가게 하고자 하지 않은 적이 없다. 다만 찾아와 배울 줄 모르면, 찾아 가서 가르치는 예禮는 없다. 따라서 진실로 예를 갖추고 찾아오면, 가르치지 않은 적이 없었다.

자원풀이 ■속束은 木(나무 목)+口(에워쌀 위:圍)의 회의자로 나무(木)를 끈 등으로 둘러싸(口) 묶다는 뜻의 회의자이다. 묶다, 제약하다, 구속拘束하다, 약속約束하다 등으로 쓰인다.
■수脩는 肉(고기 육)+攸(바 유)의 형성자로 나무 꼬챙이(攸)를 끼워 말릴 고기(肉)를 말한다. 이후 마르다, 길다의 뜻이 나왔다. 수脩는 포脯 즉 소금에 절인 마른 고기(乾肉)를 말하는데, 속수는 마른 고기 한 두름(10마리)으로 최소한의 예의를 표시하고 가르침을 청하는 것이라고 할 수 있다. 스승을 정해 가르침을 청할 때에 폐백幣帛을 올렸는데, 그것을 집지執贄라 하였다. 폐백으로는 군주의 경우에는 보석을, 대부의 경우는 양을, 선비의 경우에는 꿩을, 서민의 경우에는 거위를, 공상工商에 종사하는 사람은 닭을 지참하는 것이 상례였다고 한다.
■회誨는 言+每(비녀를 꽂은 여성으로 어머니)로 어머니의 말씀으로 가르침을 뜻한다.

고금주 —— ■邢曰: "束脩, 十脡脯也. [補云: 《禮》注曰, '物十曰束.'] 此是禮之薄者, 其厚則有玉帛之屬, 故云'以上'以包之."

형병이 말했다. "속수는 10정十脡의 포이다.(보완하여 말한다. "『예기』의 주에서 물 10개를 묶는 것을 束이라 한다고 했다.") 이는 예의 박한 것으로 그 후한 것으로는 옥백 따위도 있기 때문에 '이상'이라고 하여 포함했다."

■總之, 孔子必受束脩之贄, 而後方纔有誨, 疑若貪財而賣道, 故回護遮掩, 以文孔子之過也. 不知古之禮俗, 與今不同, 凡非天屬之親者, 其始與相見, 必有贄物. 君臣也, 夫婦也, 朋友也, 此三者, 以義而合者也. [非天屬] 以義而合者, 苟無贄物, 不與之相見, 故爲人臣者, 出疆必載贄, 昏禮用鴈, 而男子束帛·儷皮, 婦人棗栗·腶脩. 以弟子而請學于賢師, 以結生三事一之義者, 安得無贄?

총괄하면, 공자께서는 반드시 속수의 폐백을 받으신 후에 비로소 가르쳤는데, 이를 재물을 탐하고 도를 파는 것처럼 의심했기에 비호하고 차단함으로써 공자의 허물을 문식하려고 했다. 그런데 이는 옛날의 예속禮俗이 지금과 같지 않다는 것을 알지 못한 것이다. 무릇 천륜으로 맺어진 친족이 아니면, 처음 상견할 때는 반드시 폐백이 있었다. 군신, 부부, 붕우 등 셋은 의리로써 맺어진 것이다(천륜으로 맺어진 친속이 아니다). 의리로 맺어진 경우는 진정 폐백이 없으면, 상견하지 않는다. 그러므로 남의 신하된 자는 국경을 나갈 때 반드시 폐백을 싣고 간다. 혼례에는 기러기를 사용하고 남자는 속백束帛과 여피儷皮, 부인은 조율棗栗과 단수腶脩를 쓴다. 제자로서 어진 스승에게 배움을 청하여 생삼사일生三事一의 의리를 맺는 자가 어찌 폐백이 없을 수 있겠는가?

비평 —— 풍우란의 지적대로, 인류의 스승으로 후대의 유자들로부터 만세사표萬歲師表로 추앙받는 공자는 중국 역사상 사학私學을 처음으로 일으켜 많은 제자를 가르친 최초의 사숙私塾의 스승이었다. 그는 가르치는 데는 어떠한 신분이나 재능에 차별을 두지 않고, 최소한의 예물을 갖추고 정성을 표한 사람에게는 가르치지 않은 적이 없었다. 그는 그 언제나 배우는 것을 싫증내지 않고, 가르치는 것을 권태로워하지 않으면서 "옛것을 익혀 새로 올 것을 알아 스승의 자격을 갖추고" 차례차례 순서대로 제자들을 잘 이끌어나갔다. 3천여 제자가 있었고, 그중에 육예六藝에 능한 제자만 72인이었다고 한다.

고주에서 공안국은 "이 장은 공자께서 남을 가르치기를 게을리 하지 않으셨음을 말한 것이다. 속수는 약소한 예물이니, 예를 행하고 와서 배우기를 청하는 사람에게는 내가 가르쳐주지 않은 적이 없다는 말이니, 모두 가르쳐 주신 것이다."라고 하였다. 형병 또한 "능히 예를 봉행하여 속수 이상의 예를 행하는 자는 모두 가르쳐 주었다는 말이다."라고 하였다. 주자와 다산 또한 이러한 고주에서 크게 벗어나지 않는다.

〜〜〜

7:8. 子曰: "不憤不啓, 不悱不發, 擧一隅不以三隅反, 則不復也."
[復, 入聲]

고주 —— 공자께서 말씀하셨다. "(마음으로) 분발하여 노력하지 않으면(心憤憤) 열어 보여주지 않고(啓=開), (입으로) 표현하려고 애쓰지 않으면(口悱悱) 설명해 주지 않고(爲說之), 한 모퉁이를 들어 주었는데도 세 모퉁이를 유추하여 생각하지 않으면(不思其類), 다시 가르쳐주지 않는다(不復重敎之)."

주자 —— 공자께서 말씀하셨다. "(마음으로) 분발하여 통하려고 노력하지 않으면(憤=心求通而未得之意) (아직 얻지 못한 그 뜻을) 열어 보여주지 않으며, (입으로 아직 말하지는 못하지만) 표현하려고 애쓰지 않으면 (그 말에) 도달하게 해 주지 않으며(發謂達其辭), 한 모퉁이를 들어 주었는데도 세 모퉁이를 돌이켜 상호 중명하지 않으면(反=還以相證之義), 다시 말해 주지 않는다(復=再告)."

다산 —— 공자께서 말씀하셨다. "(막힌 것이 있어 마음으로) 분발하여 떨쳐 일어나지 않으면(憤=心之怒) (막힌 것을) 열어 주지 않으며(啓=開其塞), (마음으로) 슬퍼하지 않으면(悱=心之悲) (씌워져 있는 것을) 벗겨주지 않는다(發=撥其蒙). 한 모퉁이를 들어 주었는데도 세 모퉁이를 돌이키지 않으면(反=還之), 다시 말해 주지 않는다(復=再告)." (復:부는 入聲이다.)

집주 —— ■憤者는 心求通而未得之意요 悱者는 口欲言而未能之貌라 啓는 謂開其意요 發은 謂達其辭라 物之有四隅者는 舉一이면 可知其三이라 反者는 還以相證之義라 復는 再告也라 上章에 已言聖人誨人不倦之意하시고 因幷記此하여 欲學者勉於用力하여 以爲受教之地也시니라

분憤이란 마음은 통하기를 구하지만 아직 뜻은 얻지 못한 것이다. 비悱란 입은 말하고 싶으나 아직 능하지 못한 모습이다. 계啓는 그 뜻을 열어 주는 것을 말한다. 발發은 그 말에 도달하게 하는 것을 말한다. 사물에 네 귀퉁이가 있으면, 하나를 들어 주면 나머지 셋을 알 수 있다. 반反은 되돌려 상호 증명한다는 뜻이다. 부復는 다시 일러 줌(再告)이다. 앞 장에서 이미 성인의 회인

자원풀이 ■분憤은 心(마음 심)+賁(클 분·크게 부풀어 오르다)의 형성자로 성내다(怒)의 뜻인데, 응어리진 마음(心)이 크게 분출하다는 뜻이다.
■계啓는 戶(지게 호)+又(또 우)의 회의자로 손(又)으로 문(戶)을 열어젖히는 모습에서 열다의 뜻이다. 이후 문을 열어달라는 의미에서 口(입 구)가 더해지고, 우又 자가 攵(칠 복) 자로 변해 의미가 더 구체화되었다. 열다, 개척하다, 통하다, 알리다. 계도啓導하다, 가르치다의 뜻이다.
■비悱는 心(마음 심)+非(아닐 비)의 형성자로 표현하려고 애쓰는 것을 말한다. 비분悱憤이란 말로 나태내지 않는 분노를 말한다. 다산은 비悱(心+非)는 비悲(心+非)와 같은 글자일 것으로 보았다. 悲는 心+非의 형성자로 정상적이지 않은 마음으로 비통·애통한 슬픈 마음이란 뜻이다.
■발發은 弓(활 궁)+癹(짓밟을 발)의 형성자로 활(弓)을 쏘아 멀리 나아가게(癹) 하다는 뜻이다. 출발出發, 발사發射

불권誨人不倦의 뜻을 말하고, 이어서 이것을 함께 기록하여, 배우는 이들로 하여금 힘써 노력하여 가르침을 받을 바탕을 만들도록 하신 것이다.

■程子曰 憤悱는 誠意之見於色辭者也니 待其誠至而後에 告之요 既告之면 又必待其自得하여 乃復告爾니라 又曰 不待憤悱而發이면 則知之不能堅固요 待其憤悱而後發이면 則沛然矣리라

정자가 말했다. "분憤·비悱는 성실한 의지가 안색과 사기辭氣에 드러난 것이다. 그 의지의 성실함이 지극해지기를 기다린 후에야 일러준다. 이미 일러주었으면, 또한 그가 자득하기를 기다렸다가 다시 일러주는 것이다. 또 말했다. 분憤·비悱하기를 기다리지 않고 틔워 주면, 아는 것이 견고해질 수 없다. 분·비하기를 기다린 이후에 틔워 주면, (터진 물처럼) 세차게 나아간다."

고금주 —— ■補曰 憤, 心之怒也. 悱, 心之悲也. [恐本是同字] 啓, 開其塞也. 發, 撥其蒙也. 隅, 廉角也. 反, 猶還之也. 復, 再告也. 學者自怒其錮塞則師啓之, 自悲其蒙蔽則師發之, 教人之法也. 然其姿質本魯下, 不能推通者, 雖憤悱, 亦不必再告也. 聞舜東巡之禮, 不知南西北亦當一例, 聞所求乎子以事父, 不知兄弟君臣朋友亦當一例, 是舉一隅不以三隅反也.

보완하여 말한다. 분憤은 마음이 떨쳐 일어남이다. 비悱는 마음이 슬퍼함이다(悱와 悲 본래 같은 글자인 듯하다). 계啓는 막힌 것을 열어줌이다. 발發은 씌워져 있는 것을 벗겨줌이다. 우隅는 모서리이다. 반反은 '돌이키다'와 같다. 부復는 다시 일러줌이다. 배우는 이가 스스로 그 막힌 것에 대해 분노하면 스승

등으로 쓰인다. 반대어인 폐廢는 쏠 활을 창고(广) 속에 넣어두고 사장함을 말한다.
■우隅는 阜(언덕 부)+禺(긴 꼬리 원숭이 우)의 형성자. 산언덕(阜) 굽이치는 모퉁이. 모서리, 변두리, 곁 등의 뜻이다.
■반反은 厂(기슭 엄)+又(또 우)의 회의자로 손(又)으로 기어 언덕(厂)을 오르는 모습, 혹은 손(又)으로 벽을 밀어 넘어뜨리는 모습이라고 한다. 『설문』에서는 손(又)을 뒤집다의 뜻이라고 했는데, 뒤집으면 원래의 위치와 반대가 되기에 반대反對, 그리고 되돌아가다의 뜻이 나왔다.

이 열어주고, 스스로 그 몽폐蒙蔽한 것에 대해 슬퍼하면 스승이 틔워 주는 것이 사람을 가르치는 방법이다. 그러나 사람의 자질이 본래 노둔하고 열등하여 미루어 통할 수 없는 자라면, 비록 분憤·비悱하더라도 반드시 다시 일러 주지는 않는다. 순임금의 동쪽 순행의 예(東巡之禮)에 대해 듣고도, 남南·서西·북北쪽 순행의 예를 모른 것도 하나의 사례이다. 자식에게 구하는 바로써 어버이를 섬기는 것에 대해 듣고도, 형제·군신·붕우 사이에 대한 것을 모르는 것도 하나의 사례에 해당하니, 이것이 한 모퉁이를 들어주었는데도 세 모퉁이를 미루어 알 줄 모르는 것이다.

■鄭曰: "必待其人心憤憤口悱悱, 乃後啓發." ○駁曰 非也. 心知苟明, 口必宣之, 心無所悟, 口徒悱悱, 則又奚取焉?

정현이 말했다. "반드시 그 사람 마음이 분분憤憤하고, 입은 비비悱悱한 이후에 계啓·발發해 준다." ○논박하여 말하면, 그릇되었다. 마음의 앎이 진실로 밝으면 입은 반드시 생각을 펼 수 있다. 마음이 깨달은 바가 없으면, 입이 단순히 비비悱悱한다고 해도 무엇을 취하겠는가?

비평 —— 공자가 교육 방법을 피력한 구절이다. 진정한 학문이란 자발적·자각적으로 수행되어야 체화될 수 있다. 스승은 노력하는 자의 성의誠意를 확인하고, 때에 맞추어 단비를 내려 교화되게 하는 것과 같은 역할을 해야 한다. 공자의 이런 교육 방법을 본받아 맹자는 군자의 교육 방법을 다섯 가지로 나누어 말하고 있다. 즉 (1) 때에 맞추어 단비를 내려 변화되게 하는 경우, (2) 덕을 이루게 하는 것, (3) 재주를 통달하게 하는 것, (4) 물음에 답하는 경우, (5) 적이 선으로 다스리는 경우가 그것이다. (『맹자』7상:40. 孟子曰君子之所以敎者五 有如時雨化之者 有成德者 有達財者 有答問者 有私淑艾者.)

　문자 해석에서 다소 차이가 나지만, 중요한 것은 아니라고 생각된다.

7:9. (1)子食於有喪者之側, 未嘗飽也. (2)子於是日哭, 則不歌. [皇氏本, 連上爲一章.《集注》亦然]

고주 —— (7:9) 공자께서는 (상가를 도와주는 일을 하러 갔을 때) 상을 당한 사람 곁에서는 (배가 고파서 일을 못하는 것도 예가 아니며, 배가 불러서 슬픔을 잊는 것도 예가 아니기에) 배불리 드신 적이 없었다. (7:10) 공자께서 이날에 곡을 하셨으면, 노래하지 않으셨다(노래를 했다면, 예를 행하는 장중한 모습이 아니다).

주자 —— 공자께서는 상을 당한 사람 곁에서는 (슬퍼서 음식을 달게 먹을 수 없어) 배불리 드신 적이 없었다. 공자께서 이날에 곡을 하셨으면, (슬픔이 아직 잊어지지 않아) 노래하지 않으셨다.

다산 —— (7:9) 공자께서는 (아직 장례하지 않는 자의) 상주 곁에서는 (그 슬픔을 자신의 슬픔으로 체화했기에) 배부르게 (많이) 드신 적이 없었다.(여기서 章을 끊었다.) (7:10) (슬픔과 즐거움을 같은 날에 하지 않는 것이 忠이기에) 공자께서는 조문 가서 곡을 하신 날에는 노래하지 않으셨다. (황간본에서는 앞장과 연결하여 한 장으로 하였다. 『집주』 역시 그렇게 했다.)

자원풀이 ■상喪은 곡哭이 의미부고 망亡이 소리부로 죽은 사람(亡)을 위해 곡(哭)하는 모습으로 죽다, 잃다, 상실하다의 의미이다.
■측側은 人(사람 인)+則(곧 칙)의 형성자로 사람의 곁(則)을 의미한다. 측실側室처럼 정식이아니라는 뜻도 있다.
■곡哭은 吅(울부짖을 훤)과 犬(개 견)의 회의자로 너무 슬픈 나머지 인간 이성을 상실한 채 짐승(犬)처럼 슬피 울부짖는 것을 말한다. 『설문』에서는 슬퍼하는 소리를 말한다. 울부짖을 훤이 의미부이고, 견은 獄(옥 옥)의 생략된 소리부라고 말하고 있다.
■가歌는 欠(하품 흠)+哥(노래 가)의 형성자로 입을 벌려(欠) 부르는 노래(哥)를 말한다. 노래하다, 찬미하다, 시의 형식의 하나 등으로 쓰인다.

집주 —— ■ 臨喪哀하여 不能甘也라

상喪에 임臨하여 슬퍼서, 음식을 달게 먹을 수 없는 것이다.

■ 哭은 謂弔哭이니 一日之內에 餘哀未忘하여 自不能歌也라

곡哭은 조문할 때의 곡(弔哭)을 말한다. 하루 동안에 남은 슬픔이 아직 잊어지지 않았기에 자연히 노래할 수는 없다.

■ 謝氏曰 學者於此二者에 可見聖人情性之正也니 能識聖人之情性然後에 可以學道니라

사량좌가 말했다. "배우는 자는 이 두 가지에서 성인의 성정의 올바름을 볼 수 있다. 성인의 성정을 알 수 있게 된 연후에야 도를 배울 수 있는 것이다."

고금주 —— (7:9 子食於有喪者之側, 未嘗飽也.)

■ 補曰 有喪者, 謂未葬者之主人也. 體其哀, 故不多食.

보완하여 말한다. 유상자有喪者는 아직 장례하지 않는 자의 상주를 말한다. 그 슬픔으로 자신의 슬픔으로 체화했기에 많이 드시지 않은 것이다.

■ 引證〈檀弓〉云: "食於有喪者之側, 未嘗飽也."

인증한다. 『예기』「단궁檀弓」에서 말했다. "상자喪者의 곁에 있으면, 일찍이 배부르게 드시지 않았다."

(7:10 子於是日哭, 則不歌. [皇氏本, 連上爲一章.《集注》亦然])

■ 補曰 歌者, 長言以誦詩也. 哀樂不同日者, 忠也. 若先歌而後哭者, 無傷.

보완하여 말한다. 가歌라는 것은 말을 길게 늘려 시를 읊조리는 것이다. 슬픔과 즐거움을 같은 날에 하지 않는 것은 충忠이다. 만약 노래를 먼저 한 이후에 곡을 하는 것은 흥이 되지 않는다.

■ 何曰: "一日之中, 或哭或歌, 是褻於禮容." ○案 此義亦通, 但先歌而聞喪者, 一日之中, 不得不或哭或歌, 其言未備也.

하안이 말했다. "하루 중에 곡을 했다가 혹 노래를 하기도 했다면, 이는 예를

행한 모습이 장중하지 못한 것이다." ○살핀다. 하안의 설 또한 통하지만, 먼저 노래하였는데, 초상을 들었다면, 하루 동안에 혹 곡을 했다가 혹 노래를 하지 않을 수 없으니, 그 말이 갖추지 못했다.

■ 引證〈檀弓〉云: "弔於人, 是日不樂, 不飮酒不食肉." ○案 是日不樂, 謂不聽樂不奏樂.

인증한다. 『예기』「단궁」에서 말했다. "상인喪人에 조문했으면, 그날은 음악을 연주하지 않고, 술을 마시지 않고, 고기를 먹지 않는다." ○살핀다. 시일불락是日不樂이란 음악을 듣지 않고, 음악을 연주하지 않지 않는다는 말이다.

비평 ── 다산은 유상자有喪者를 '아직 장례하지 않는 자의 상주를 말한다(謂未葬者之主人也).'라고 정의하였다. 그리고 다산은 『예기』「단궁」을 인증하면서, 이 구절들을 두 장으로 나누어야 한다고 주장하고 있는 듯하다. 물론 고주에 따르면, 앞 구절과 뒤의 구절은 두 가지 일이다. 즉 앞은 상가喪家를 도와주러 갔을 때이고, 뒤의 구절은 조문하러 갔을 경우이다. 그런데 본문을 보면, 뒤의 구절에 분명히 '자어시일곡子於是日哭'이라고 하여, 시일是日(이 날)이라고 분명히 말하였다는 점에서 앞 장과 연결시켜 하나의 장으로 하는 것이 더 좋은 듯하다. 상호 보완적으로 볼 일이다. 그런데 『논어』에 따르면, 이두 가지는 공자의 상에 대한 예법을 기록한 것이다. 그런데 『예기』의 구절을 보면, 일반적인 예의 규정이라고 하였다.

7:10. 子謂顏淵曰: "用之則行, 舍之則藏, 惟我與爾有是夫." 子路曰: "子行三軍則誰與?" 子曰: "暴虎馮河, 死而無悔者, 吾不與也. 必也臨事而懼, 好謀而成者也."

고주 —— 공자께서 안연에게 일러 말씀하셨다. "(시대에 따르고 상황을 거스르지 않아) 등용되면 도를 행하고 등용되지 않으면 숨는 것은 오직 나와 너만이 이렇게 할 수 있다." 자로가 말했다. "선생님께서 (大國의) 삼군을 통솔하시면(爲 三軍將) 누구와 함께하시겠습니까?" 공자께서 말씀하셨다. "맨손으로 호랑이를 때려잡고, 맨몸으로 걸어서 하수를 건너다가(馮=徒涉) 죽어도 후회하지 않는 자와는 나는 함께 하지 않을 것이다. 전쟁에 임해서는 반드시 두려워하고, 계획 세우기를 좋아하여 공을 이루는 자(成=成功)와 함께할 것이다."

주자 —— 공자께서 안연에게 일러 말씀하셨다. "등용되면 도를 행하고 등용되지 않으면 숨는 것은 오직 나와 너만이 이렇게 할 수 있다." 자로가 말했다. "선생님께서 (대국의) 삼군을 통솔하신다면(若行三軍) 누구와 함께하시겠습니까?" 공자께서 말씀하셨다. "맨손으로 호랑이를 때려잡고, 맨몸으로 걸어서 하수를 건너다가(馮=徒涉) 죽어도 후회하지 않는 자와는 나는 함께하지 않을 것이다. 전쟁에 임해서는 (경건히 하여) 반드시 두려워하고, 계획 세우기를 좋아하여 (그 계획을) 이루는 자와 함께할 것이다."(자로의 용맹을 억제하신 것이다.)

다산 —— 공자께서 안연에게 일러 말씀하셨다. "(옛말에) '등용되면 나아가 도를 행하고, 버려지면 자신을 감춘다'(고 했으니), 오직 나와 너만이 그렇게

자원풀이 ■용用은 가운데 卜(점 복)과 나머지 뼈(骨)를 그려 점(卜) 칠 때 쓰던 뼈로서 시행施行의 의미를 그려 사용使用, 응용應用, 작용作用을 나타낸다. 인재를 천거薦擧하여 들어서 쓰다에서 등용登用이란 의미로도 쓰인다.
■사舍는 口(입 구)+余(나 여)의 형성자로, 口는 건축물의 기단을 余는 기단 위에 세운 기둥과 지붕인데, 길을 가다가 머물도록 임시로 지은 집을 말했다. 옛날에는 30리마다 1사舍를 만들었다. 임시 막사에 머물 손님은 잠시 머물렀다 떠나므로, 버리다 등의 뜻이 나왔다.
■장藏은 艸(풀 초)+臧(착할 장)의 형성자로 풀(艸) 속에 숨기고(臧) 감춘다는 의미이다.
■군軍은 수레(車)+勻(고를 균)으로 원래는 전차를 고르게 배치함을 말하는데, 이후 고르게 배치된 군대軍隊나 무장한 부대를 지칭하고 군대 단위를 지칭하여 사師보다 큰 단위이다.
■포暴(폭)는 원래 日(날 일)+出(날 출)+廾(두 손으로 받들 공)+米(쌀 미)로 구성된 회의자로 해(日)가 나오자(出) 벼(米)

할 수 있겠구나!" 자로가 말했다. "선생님께서 (대국의) 삼군을 통솔하신다면 (若行三軍) 누구와 함께하시겠습니까?' 공자께서 말씀하셨다. "맨손으로 호랑이를 때려잡고, 맨몸으로 (파도를 능멸하며 필시 죽을 자세로) 뛰어들어 하수를 건너다가(馮=徒涉) 죽어도 후회하지 않는 자와는 나는 함께하지 않을 것이다. 전쟁에 임해서는 반드시 두려워하고, 계획 세우기를 좋아하여 이루는 자와 함께할 것이다."

집주 —— ■尹氏曰 用舍는 無與於己요 行藏은 安於所遇니 命不足道也라 顔子幾於聖人이라 故로 亦能之니라

윤돈이 말했다. "등용하거나 버려지는 것(用舍)에는 자신이 관여할 것이 없고, 행하거나 숨는 것(行藏)은 만나는 처지에서 편안할 뿐이니, 운명이라고 말할 필요가 없다. 안자顔子는 거의 성인에 가까웠기 때문에, 또한 능히 그렇게 할 수 있었다."

■萬二千五百人이 爲軍이니 大國은 三軍이라 子路見孔子獨美顔淵하고 自負其勇하여 意夫子若行三軍이면 必與己同하니라

1만 2천5백 명이 1군軍이 된다. 대국大國은 3군을 둔다. 자로는 공자께서 유독 안연만 칭찬하시는 것을 보고, 용감하다고 자부하여, 공자께서 만약 삼군을 지휘하신다면 반드시 자기와 함께할 것이라 생각했던 것이다.

를 두 손으로 들고(廾) 말리는 모습에서 강한 햇살을 나타내었는데, 米 자가 변했다. 강렬하다는 의미로부터 포악하다는 뜻이다. 햇빛에 말리다 혹은 폭로暴露하다는 뜻으로 쓰일 때는 폭으로 읽는다. 포악暴惡하다, 횡포橫暴 등으로 쓰일 때는 포로 읽는다.
■호虎는 벌린 입과 날카로운 이빨 및 얼룩무늬가 잘 갖추어진 범을 그린 상형자이다. 힘과 권위, 용기와 무용을 대표한다. 용맹하다, 위풍당당하다, 사람을 놀라게 하다 등의 뜻으로 쓰인다.
■빙馮(풍)은 馬(말 마)+冫(얼음 빙)의 형성자로 얼음(冫) 위를 쏜살같이 달려가는 대단한 말(馬)로부터 뽐내다의 뜻을 그렸다. 업신여기다(小人伐其技以馮君子), 기대다, 의지하다(君馮軾而觀之), 돕다(不馮庶子), 성하다(震電馮怒), 걸어서 물을 건너다, 귀신이 들리다, 땅 혹은 성이름(풍) 등의 뜻이다.

■暴虎는 徒搏이오 馮河는 徒涉이라 懼는 謂敬其事요 成은 謂成其謀라 言此
는 皆以抑其勇而教之라 然이나 行師之要 實不外此하니 子路蓋不知也라

포호暴虎는 맨손으로 때려잡는 것(徒搏)이고, 빙하憑河는 맨몸으로 건너는 것
(徒涉)이고, 구懼는 그 일에 경건한 것(敬其事)을 말하고, 성성成은 그 계획을 이
루는 것(成其謀)을 말한다. 이러한 말들은 모두 자로의 용기를 억제함으로써
가르치신 것이다. 그러나 군대를 지휘하는 요령은 실로 이것을 벗어나지 않
지만, 자로는 아마도 알지 못했던 것 같다.

■謝氏曰 聖人이 於行藏之間에 無意無必하여 其行이 非貪位요 其藏이 非獨
善也라 若有欲心이면 則不用而求行하고 舍之而不藏矣리라 是以로 惟顏子
爲可以與於此라 子路는 雖非有欲心者나 然이나 未能無固必也요 至以行三
軍爲問하여는 則其論이 益卑矣라 夫子之言은 蓋因其失而救之시니라 夫不
謀無成하고 不懼必敗는 小事尙然이어든 而況於行三軍乎아

사량좌가 말했다. "성인은 행하거나 숨는 사이에 사사로운 의지나 기필하는
마음이 없으셨다(無意無必). 성인께서 행함은 지위를 탐함이 아니고, 은둔하
는 것도 홀로 선하고자 하는 것도 아니다. 만일 욕심이 있다면 등용되지 않
아도 행하기를 구하고, 버려져도 숨지 않는다. 따라서 오직 안자만이 여기에
함께할 수 있다고 여기셨다. 자로는 비록 욕심이 있는 사람은 아니었지만,
아직 고집과 기필하는 마음이 없을 수 없었으며, 삼군을 통솔하는 것으로 질
문한 데에 이르러서는 그 논의가 더욱 비천하다. 공자의 말씀은 대개 자로의
단점에 근거하여 구제해 주시려는 것이다. 대저 계획하지 않으면 이룸이 없
고, 두려워하지 않으면 반드시 패배한다는 것은, 작은 일도 그러한데, 하물며
삼군을 통솔하는 일에서랴!"

고금주 —— ■補曰 '行藏'二句, 蓋古語. 用之而不行, 則潔身亂倫者也, 舍之而
不藏, 則無恥干祿者也. ○孔曰: "大國三軍." ○補曰 誰與, 謂誰與共也. 徒手

搏獸曰暴, 無舟渡水曰馮. [馮者, 乘陵也]

보완하여 말한다. '용지즉행用之則行, 사지즉장舍之則藏' 두 구절은 대개 옛 말일 것이다. 등용되어도 행하지 않는다면, 자신을 깨끗이 하고 인륜을 어지럽히는 자이며, 버려져도 숨지 않는 것은 수치를 모르고 봉록을 구하는 자이다. ○공안국이 말했다. "대국은 삼군이다." ○보완하여 말한다. 수여誰與는 '누구와 함께 하겠습니까?'라는 말이다. 맨손으로 짐승을 때려잡는 것을 포暴라 한다. 배도 없이 물을 건너는 것을 빙馮이라 한다(馮이란 '능멸한다'이다).

■ 孔曰: "馮河, 徒涉."[邢云:《爾雅·釋訓》文也." ○郭璞曰: "無舟楫."] ○駁曰 非也. 《爾雅》亦誤. 徒涉者, 徒步而涉淺水也. 馮者, 乘陵波濤, 以犯必死之地者也.

공안국이 말했다. "빙하馮河는 맨몸으로 건너는 것이다."(형병이 말했다. "『이아』 「석훈」의 글이다." ○곽박이 말했다. "배나 노 없이 건너는 것이다.") ○논박하여 말하면, 그릇되었다. 『이아』 역시 오류이다. 도섭徒涉이란 도보로 얕은 물을 건너는 것이다. 빙馮이란 파도를 능멸하며, 필시 죽을 곳으로 뛰어드는 것이다.

비평 —— 맹자에 따르면, 공자는 벼슬할 만하면 벼슬하고, 그만둘 만하면 그만두고, 가함도 없고 불가함도 없이 때에 알맞은 도를 자유자재로 실천한 집대성자(聖之時者, 集大成者)이다.(『맹자』 5하:1 참조.) 안회는 단사표음簞食瓢飮으로 누항에 거처하면서도 즐거움을 고치지 않은 인물이다.

공자가 안연의 덕을 칭찬하자, 자로는 스스로 용맹스럽다고 생각하여 공자가 삼군을 통솔하면 필시 자기와 함께할 것이라고 생각하여 질문하였다. 그러나 공자는 대군을 통솔할 때에는 개인적으로 용맹한 사람보다는 신중하면서 주도면밀하여 성과를 거두는 사람과 함께할 것이라고 말한다. 임진왜란 때의 예를 들면 신립申砬 혹은 원균元均 같은 인물보다는 이순신 장군 같은 분과 함께하겠다는 말이다.

『자전』에 포暴는 짐승의 시체를 햇볕(日)에 말린 것에서 유래하여 (1) 사납다, (2) 업신여기다, (3) 볕을 쬐다(秋陽以暴之), (4) 드러내다(暴露:폭로) 등의 뜻이 있다고 한다. 또한 포호빙하暴虎馮河란 범을 맨손으로 때려잡고, 큰 강을 배 없이 홀몸으로 걸어서 건넌다는 뜻으로, 용기는 있으나 더 없이 무모한 행위를 이르는 말이라고 되어 있다. 이는 『시경』「소아, 소민」편에서 유래하였다.

　　감히 호랑이 맨손으로 때려잡지 못하고 황하 걸어 건너지 못하니, 사람들이 하나는 알고 나머지는 모르는구나! 두려워하고 삼가 깊은 못에 임하듯이 하며, 얇은 얼음을 밟듯이 하라. (不敢暴虎 不敢馮河 人知其一 莫知其他 戰戰兢兢 如臨深淵 如履薄氷.)

　　여기서 빙馮 자에 대해 고주와 주자가 『이아』 등 자전에 따라 빙馮을 도섭徒涉 즉 도보로 얕은 물을 건너는 것(徒步而涉淺水)이라고 해석했다. 이에 비해 다산은 파도를 능멸하며 필시 죽을 곳으로 뛰어드는 것이라고 좀더 실감나게 역동적으로 해석하였다. 다산의 해석이 생동감이 있어 좋다.

～∽⌇∽～

7:11. 子曰: "富, [句] 而可求也, 雖執鞭之士, 吾亦爲之. 如不可求, 從吾所好."[〈伯夷傳〉云: "富貴如可求."]

고주 ── 공자께서 말씀하셨다. "부귀를 만약(而) 구해서 얻을 수 있다면, 비록 채찍을 잡는 천직이라도 나 역시 하겠다(부귀는 구해서 얻는 것이 아니라, 덕을 닦아서 얻는 것이다). 만약 (부귀를) 구한다고 얻는 것이 아니라면, 내가 좋아하는 것(=古人之道)을 따르겠다."

주자 —— 공자께서 말씀하셨다. "부유함을 만약 구할 수 있는 것이라면 비록 (몸소) 채찍을 잡는 비천한 사람의 일이라도, 나 역시 (몸소 사양하지 않고) 할 것이다. (부유함을 얻는 데에는 명이 있어) 구한다고 얻을 수 있는 것이 아니라면, 내가 좋아하는 바에 따르겠다(의리에 편안할 따름이다)."

다산 —— 공자께서 말씀하셨다. "부귀함(富=富貴인데, 벼슬이 있어야 봉록이 있어 부귀할 수 있기에, 부는 곧 벼슬을 말한다)은, 만약 구할 만한 때(=치세)이면 비록 채찍을 잡는 미관말직이라도 나 또한 하겠지만, 만약 (부귀함=벼슬을) 구할 수 없는 때(=난세)라면, (비록 三公의 자리로 부른다고 할지라도, 도를 닦으면 스스로 즐기며) 내가 좋아하는 바를 따르겠다."(『伯夷傳』에서 말했다. "富貴如可求.")

집주 —— ■執鞭은 賤者之事라 設言富若可求인댄 則雖身爲賤役以求之라도 亦所不辭라 然이나 有命焉하여 非求之可得也면 則安於義理而已矣니 何必徒取辱哉아

채찍을 잡는 일(執鞭)은 천한 자의 일이다. 가설하여 말씀하시길, 부유함이 만약 구할 수 있는 것이라면 비록 몸소 비천한 역할을 해서 구하는 것이라도 또한 사양하지 않을 것이다. 그러나 명命이 있어 구한다고 얻을 수 있는 것이 아니라면, 의리에 편안할 따름이다. 하필이면 헛되이 치욕을 당하겠는가?

■蘇氏曰 聖人이 未嘗有意於求富也시니 豈問其可不可哉시리오 爲此語者는

자원풀이 ■부富는 宀(집 면)+畐(술통이 가득할 복)으로 구성되어, 집안에 술독처럼 진귀한 물건이 가득하다는 것에서 나온 글자이다. 복福이 示(신 혹은 제단)+畐으로 구성되어, 제단 앞에서 신에게 술을 올려 복을 비는 것에서 형성된 것과 유사하다.
■구求는 본래 가죽 옷 위로 털(毛)이 삐져나온 모양으로 갖옷을 만드는 재료를 나타내었다. 추위를 나는데 가죽옷은 귀한 존재로 혹은 의식주(衣食住)에서 첫 번째 가는 것으로 누구나 '구하는 대상'이었기 때문에 추구追求하다, 요구要求하다, 청구請求의 뜻이 나왔다.
■편鞭은 革(가죽 혁)+便(편할 편)의 형성자로 말을 편리하게(便) 부릴 수 있도록 가죽(革)으로 만든 채찍을 말한다.

特以明其決不可求爾시니라

소식이 말했다. "성인께서 일찍이 부유함을 구하는 데 뜻을 두지 않으셨으니, 어찌 그것이 가능한지 가능하지 않은지를 따져보았겠는가? 이 말씀을 하신 것은 특히 그것이 결코 구할 수 없다는 것을 밝히셨을 뿐이다."

■楊氏曰 君子非惡富貴而不求라 以其在天하여 無可求之道也니라.

양시가 말했다. "군자는 부귀를 싫어해서 구하지 않는 것이 아니라, 그것은 하늘에 달려 있어 구할 수 있는 방도가 없기 때문이다."

고금주 —— ■補曰 古者分田制祿, 非仕不富, 故獨言富, 言富而貴在其中. 可求, 謂治世. [可以仕則仕] 不可求, 謂亂世. [可以止則止] ○邢曰: "《周禮·秋官》, '條狼氏掌執鞭以趨辟, 王出入則八人夾道, 公則六人, 侯伯則四人, 子男則二人.'[注云: "趨辟, 趨而辟行人."]〈序官〉云, '條狼氏下士.' 是賤職也." ○孔曰: "所好者, 古人之道."

보완하여 말한다. 옛날에는 전지를 나누어 봉록을 제정하였으니, 벼슬하지 않으면 부유할 수 없었기에 단지 부富만 말했다. 부富를 말하면 귀貴는 그 가운데 있다. (부귀를) 구할 만하다는 것은 치세를 말한다(벼슬할 만하면 벼슬한다). (부귀를) 구할 만하지 않다는 것은 난세를 말한다(벼슬을 그만 둘만 하면 그만둔다). ○형병이 말했다. "『주례』「추관」에서 말했다. '조랑씨條狼氏는 채찍을 잡고 달려가 행인 벽제를 관장했다(掌執鞭以趨辟). 왕이 출입할 때 8명이 길 양쪽으로 늘어서서 행인을 벽제하고, 공公은 6명, 후백은 4명, 자남은 2명이다.'(注에 말했다. "趨辟은 달려가서 行人을 물리치는 것이다.")「서관」에서 말하기를 '조랑씨는 하사下士이다.'라고 했으니, 이는 천직賤職이다." ○공안국이 말했다. "좋아하는 것이란 옛 사람의 도이다."

■鄭曰: "富貴不可求而得之, 當修德而得之." ○駁曰 非也. 可求不可求之理, 聖人講之已熟, 何乃曰'雖執鞭之士, 吾亦爲之'乎? 若如先儒之說, 孔子當曰'富

而可求, 雖天官冢宰, 吾亦爲之', 豈宜以執鞭之士爲準乎? 其言若曰 '若當可仕
之世, 則雖卑官末職, 吾當仕焉. 若當不可仕之世, 則雖召我以三公, 不如修道
而自樂也.' 語勢不然乎?

정현이 말했다. "부귀는 구하여 얻을 수 있는 것이 아니라, 마땅히 덕을 닦아
얻어야 한다." ○논박하여 말하면, 그릇되었다. 구할 수 있는 것(可求)·구할
수 없는 것(不可求)에 대한 이치는 성인께서 강론한 것이 이미 무르익었는데,
어찌 채찍을 잡는 천직이라도 나 역시 하겠다고 말했겠는가? 만일 선유先儒
의 설과 같다면, 공자께서는 마땅히 '부유함은 구할 수 있다면, 비록 천관의
총재라도 나 또한 하겠지만'이라고 말할 것이지, 어찌 마땅히 채찍을 잡은 천
직으로 기준으로 삼았겠는가? 그 말씀은 다음과 같은 것이다. 만약 마땅히
벼슬할 만한 세상에 만났다면 비록 비관말직卑官末職이라도 나는 마땅히 벼
슬을 하겠지만, 만약 마땅히 벼슬을 하지 말아야 하는 세상을 만났다면, 비록
나를 삼공三公의 자리로 부른다고 할지라도, 도를 닦으면 스스로 즐기는 것
만 못하다. 어세語勢가 그렇지 않은가?

비평 —— 공자는 "부유함과 귀함은 사람들이 원하는 것이지만, 올바른 도로
써 얻는 것이 아니라면 처하지 않는다(4:5)."고 말한 바 있다. 즉 그는 부귀와
빈천 그 자체에 선악의 개념을 부여하지 않고, 단지 그 획득의 정당성을 중시
한다. 만일 정당한 명분과 방법으로 부유함을 취득할 수 있다면, 비록 미천
한 일도 마다할 필요가 없다는 것이다. 그러나 부가 정당한 명분과 방법으로
취득되는 것이 아니라면, 부가 아니라 좋아하는 도를 닦으면서 스스로 즐거
워할 것이라는 말이다. 바로 이것이 고주와 주자의 이 구절에 대한 해석으로
일반적으로 통용될 수 있는 무난한 해석이라고 판단된다.

그런데 다산은 공자 당시에는 벼슬을 해야만 전지田地를 얻어 부유할 수
있었기 때문에, 여기서 부富는 곧 부귀富貴를 말하며, 따라서 벼슬(仕)을 의미

한다고 풀이한다. 그래서 그는 "부富, 이가구야而可求也"란 "부귀(벼슬)를 구할 만하다(可求)는 것은 치세를 말하고, 부귀(벼슬)를 구할 만하지 않다(不可求)는 것은 난세를 말한다."고 풀이한다. 이는 다산의 독창적인 해석으로 나름의 일리가 있다고 하겠다. 상호 보완적으로 보면 좋겠다.

⁓✦⁓

7:12. 子之所愼, 齊·戰·疾.

고주 —— (다른 사람과는 달리) 공자께서(만 홀로) 삼가신 것은 재계, 전쟁, 그리고 질병이다.

주자 —— 공자께서 삼가신 것은 (모든 것에 삼갔지만, 큰 세 가지를 들면) 재계, 전쟁, 그리고 질병이다.

다산 —— 공자께서 삼가신 것은 재계, 전쟁, 그리고 질병이다.

집주 —— ■齊之爲言은 齊也니 將祭而齊其思慮之不齊者하여 以交於神明也

자원풀이 ■신愼은 心(마음 심)+眞(참 진)의 형성자로 진실 된(眞) 마음(心)으로 신중하고 삼가야 함을 말한다. ■재齊(제)는 벼나 보리가 패서 그 이삭이 가지런한 모양을 본뜬 상형자이다. 가지런하다, 같다, 다스리다, 일제히, 분별하다는 뜻이다. 재계齋戒하다, 경건하게 하다는 뜻으로 쓰일 때는 재로 읽는다. ■전戰은 戈(창 과)+ 單(줄의 양 끝에 쇠구슬을 매달아 던져서 짐승을 포획하는 도구)으로 구성되어, 처음에는 사냥에서 출발하여, 이후 전쟁戰爭, 그리고 나아가 전쟁에 임하면 두렵기 때문에 두려워하다(전율戰慄)로 의미가 확대되었다 ■질疾은 疒(병들어 기댈 녁)+矢(화살 시)로 구성되어, 화살(矢)을 맞아 생긴 상처(질병 일반)를 말하고 빠르다는 뜻이 생겼다. 흠, 해치다, 미워하다, 시기하다, 나쁘다, 빠르다, 근심하다 등의 뜻이다.

니 誠之至與不至와 神之享與不享이 皆決於此라 戰은 則衆之死生과 國之存亡이 繫焉이요 疾은 又吾身之所以死生存亡者니 皆不可以不謹也라

재제라는 말은 '가지런하게 한다(齋戒)'는 것이니, 장차 제사지낼 때에 가지런하지 못한 생각들을 가지런히 함으로 신명神明과 교감한다. 정성이 지극한 것과 지극하지 않음, 귀신이 흠향함과 흠향하지 않음은 모두 가지런하게 함에서 결정된다. 전쟁에는 많은 사람의 생사와 국가 존망이 걸려 있다. 질병은 또 내 몸의 생사 존망의 조건이다. 모두 삼가지 않을 수 없다.

■尹氏曰 夫子無所不謹하시니 弟子記其大者耳니라

윤돈이 말했다. "공자께서는 삼가지 않으신 것이 없지만, 제자가 그 큰 것만 기록했을 뿐이다."

고금주 —— ■補曰 交兵曰戰. 古人疾病亦齊, 其愼可知.

보완하여 말한다. 군대와 병기로 서도 맞부딪치는 것(交兵)을 전戰이라 한다. 옛 사람들은 질병에도 재계하였으니, 그 삼감을 알 수 있다.

■引證 孔子曰: "我戰則克, 祭則受福."〔〈禮器〉文,〈郊特牲〉亦云〕

인증한다. 공자께서 말씀하셨다. "나는 전쟁을 하면 이기고, 제사를 지내면 복을 받는다."(『예기』「예기」,「교특생」에 역시 말했다.)

비평 —— 재계 · 전쟁 · 질병, 이 세 가지는 다른 사람들은 삼가지 않는데, 공자만 삼갔다고 해석하는 것은 잘못된 해석인 듯하다. 정도의 문제가 있을지라도, 그 누가 이 세 가지에서 삼가지 않을 수 있겠는가?

고주의 공안국은 "이 세 가지는 다른 사람들은 삼가지 않는데 공자께서만 홀로 삼가신 것이다."라고 말하였다. 이에 비해 주자가 인용한 윤돈은 "공자께서는 (항상) 삼가지 않으신 것이 없지만, 제자가 그 큰 것만 기록했을 뿐이다."라고 하여 대조를 보인다. 윤돈의 해석이 좋은 듯하다.

7:13. 子在齊聞〈韶〉, 三月不知肉味, 曰: "不圖爲樂之至於斯也."

고주 —— 공자께서 제나라에 계실 때에, (성대하게 아름다운:盛美) 순임금의 음악을 들으시고, 석 달 동안 고기 맛을 (홀연히) 잊으셨다. 말씀하셨다. "소악 연주(爲=作)가 여기 제나라에까지 이르게 될 것이라고 생각하고 헤아리지(圖=謀度) 못했다."

주자 —— 공자께서 제나라에 계실 때에, 순임금의 음악을 들으시고, (그것을 배우는 데 전일하여) 석 달 동안 고기 맛을 잊으셨다. 말씀하셨다. "(순임금이) 지은 음악이 이와 같은 데(정리와 문장을 극진히 갖추고, 진선진미함)에 이르게 될 것이라고 생각하지 못했다."

다산 —— 공자께서 제나라에 계실 때(35세)에, 순임금의 음악을 들으시고, (그것을 배우면서?) 석 달 동안 고기 맛을 잊으셨다. 말씀하셨다. "음악을 연주함에 이와 같은 데(진선진미함)에 이르게 될 것이라고 생각하지 못했다."(『사기』에서 말했다. "學之三月, 不知肉味.")

집주 —— ■史記엔 三月上에 有學之二字라 不知肉味는 蓋心一於是而不及

자원풀이 ■소韶는 音(소리 음)+召(부를 소)의 형성자로 순임금의 음악이다. 이로부터 아름답다의 뜻이 나왔고, 계승하다의 뜻도 나왔다. 소召는 원래 손님 접대를 위해 숟가락(匕)으로 그릇에 담긴 술을 푸는 모습을 그렸고, 이에 음音 자가 더해진 소韶는 손님을 접대할 때 연주하는 곡임을 나타낸다.
■도圖는 囗(에워쌀 위)+啚(인색할 비)의 회의자이다. 도圖는 중심이 되는 읍(口)과 변두리 지역(啚)을 모두 함께 그려 넣어야 하는 지도地圖를 말했고, 지도를 그리며 앞의 일을 설계하고 계획한다는 의미에서 도모圖謀하다, 기도企圖의 뜻이 나왔다.

乎他也라 曰 不意舜之作樂이 至於如此之美라 하시니 則有以極其情文之備
하여 而不覺其歎息之深也라 蓋非聖人이면 不足以及此니라

『사기』에는 삼월三月 앞에 '학지學之' 두 글자가 있다. '고기 맛을 알지 못했다'
는 대개 마음이 거기에 전일(一)하여, 다른 것에 미치지 않았다는 것이다. '순
임금이 지은 음악이 이처럼 아름다운 경지에 이르렀을 줄은 의도하지 못했다
고 하셨으니, 그 정리情理와 문장文章을 극진히 갖추고 있음에 자신도 모르게
깊이 탄식하신 것이다. 성인이 아니라면 이런 경지에 이를 수 없다.

■ 范氏曰 韶는 盡美又盡善하니 樂之無以加此也라 故로 學之三月을 不知肉
味하사 而歎美之如此하시니 誠之至요 感之深也니라

범조우가 말했다. "소韶는 진미盡美하고 또 진선盡善하니, 음악으로는 거기에
더할 나위 없는 (최고의) 것이다. 그러므로 그것(韶)을 배우는 석 달 동안 고기
맛을 알지 못하고 이와 같이 찬미하셨으니, 정성이 지극했고 감동이 깊었다
고 하겠다."

고금주 —— ■補曰 在齊者, 魯 昭公二十五年, 孔子年三十五, 而昭公奔齊, 孔
子亦適齊留數年也. 〈韶〉, 舜樂. ○周曰: "〈韶〉樂盛美, 故忽忘於肉味." ○補
曰 不圖, 猶不意. 至於斯, 謂盡善盡美.

보완하여 말한다. 제나라에 계셨을 때(在齊者)는 노나라 소공昭公 25년, 공자
35세였다. 소공이 출분出奔하고, 공자 또한 제나라에 가서 몇 년을 머물렀다.
소韶는 순임금의 음악(舜樂)이다. ○주생렬이 말했다. "소韶의 음악이 성대하
게 아름다웠기 때문에 홀연히 고기 맛을 잊으신 것이다." ○보완하여 말한
다. 부도不圖란 '뜻하지 못했다(不意)'와 같다. 지어사至於斯란 진선盡善·진미
盡美를 말한다.

■ 王曰: "爲, 作也. 不圖作〈韶〉樂至於此." ○侃曰: "孔子至齊, 聞齊君奏〈韶〉
樂之盛, 而心爲痛傷, 故口忘肉味. 至於一時, 乃止也. 三月, 一時也, 何以然也?

齊是無道之君, 而濫奏聖王之樂, 器存人乖, 所以傷慨也." ○駁曰 非也. 齊是太公之國, 固不可慢, 況聲明文物, 洋溢於四海者, 聖人之極功也. 誠若無道之國, 亦奏〈韶〉樂, 舜之榮也, 孔子何怒焉?

왕숙이 말했다. "위爲는 연주함(作)이니, 소악 연주가 여기에까지 이르게 될 것이라고 생각하고 헤아리지 못했다는 말이다." ○황간이 말했다. 공자께서 제나라에 이르러 제나라 임금이 연주하는 성대한 소악을 듣고, 마음이 몹시 상했기 때문에 입에서 고기 맛을 잊어버렸다. 한 계절이 되어서야 이에 그쳤다. 석 달은 한 계절이니, 무엇 때문인가? 제나라의 무도한 군주가 성왕의 음악을 함부로 연주하니, 악기는 보존되어 있으나 사람은 어그러졌으니, 상심하여 개탄한 것이다. ○논박하여 말하면 그릇되었다. 제나라는 태공의 나라이니, 본래 업신여길 수 없는데, 하물며 성명과 문물이 사해에 넘쳐 흐르게 된 것은 성인의 지극한 공로이다. 진실로 무도한 나라라고 하더라도 또한 소악을 연주하였다면 순임금의 광영인데, 공자께서 어찌 노했겠는가?

비평 —— 지어사至於斯에 대해 고주에서는 '여기 제나라까지에 이름'으로 해석하였지만, '이러한 경지까지 도달함'으로 해석하고 이러한 경지(斯)란 진선진미함(다산), 혹은 '정리와 문장(情文)을 극진히 갖춤(주자)'으로 해석하는 것이 옳을 듯하다. 따라서 공자께서 고기 맛을 잊으신 이유는 "제나라의 무도한 군주가 성왕의 음악을 함부로 연주하니, 상심하여 개탄한 것"이 아니라, "음악이 성대하게 아름다웠기 때문에 홀연히 고기 맛을 잊으신 것"이라고 해석하는 것이 바람직해 보인다.

　위악爲樂에서 위爲를 모두 작作으로 해석하는데, 여기서 작을 창작으로 해석할 것인지, 연주하는 것으로 해석할 것인지 불분명하다. 둘 모두로 해석하여, 위악이란 '순임금이 창작한 음악을 연주함' 정도로 해석하는 것도 괜찮다고 생각한다.

7:14. 冉有曰: "夫子爲衛君乎?" 子貢曰: "諾. 吾將問之." 入, 曰: "伯夷·叔齊, 何人也?" 曰: "古之賢人也." 曰: "怨乎?" 曰: "求仁而得仁, 又何怨?" 出, 曰: "夫子不爲也."

고주 —— 염유가 물었다. "선생님께서는 위나라 임금(輒)을 도우실까(爲=助)?" 자공이 말했다. "좋다. 글쎄, 내가 장차 여쭈어 보겠다." 자공은 들어가 말했다. "백이와 숙제는 어떤 사람입니까?" (공자께서) 말씀하셨다. "옛 현인이다." (자공이 다시) 말했다. "원한(怨=怨恨)하였습니까?" (공자께서) 말씀하셨다. "인을 추구하다가 인을 얻었으니, 무엇을 원한했겠는가?" 나와서 염유에게 말했다. "선생님은 위나라 임금을 돕지 않으실 것이다."

주자 —— 염유가 물었다. "선생님께서는 위나라 임금(輒)을 도우실까(爲=助)?" 자공이 말했다. "좋다. 글쎄, 내가 장차 여쭈어 보겠다." 자공은 들어가 말했다. "백이와 숙제는 어떤 사람입니까?" (공자께서) 말씀하셨다. "옛 현인이다." (자공이 다시) 말했다. "원회(怨=怨悔)하였습니까?" (공자께서) 말씀하셨다. "인을 추구하다가 (천륜을 중시함) 인을 얻었으니 (천리의 바름에 부합함), 무엇

자원풀이 ■락諾은 言(말씀 언)+若(같을 약)의 형성자로 말(言)로 동의하여 허락許諾함. 순종하다, 동의하다의 뜻이다. 公文의 마지막 부분에 쓰여 그 내용을 허락하고 결제하였음을 뜻하는 말로 쓰였다.
■원怨은 心(누워 딩굴 원)으로 원망하는 마음을 말하는데, 원한怨恨, 애원哀怨 등의 말이 나왔다. 원망하다(老使我怨), 고깝게 여기다(祿厚者民怨之), 책망하다(我其不怨), 슬퍼하다(其民必怨), 위배되다(夫名實之相怨久矣), 풍자하다. 원한(困以寡怨), 원수(外擧不辟怨)
■위爲는 爪(손톱 조)+象(코끼리 상)의 회의자로 손으로 코끼리를 부려 일(토목공사 등)을 시키는 모습을 그렸는데, 아랫부분의 형체가 변해 지금 모습이 되었다. '일을 하다'가 원래 뜻이고, '위하여' 때문에'라는 문법소로 쓰였다. 하다, 만들다, 베풀다, 간주하다, 치다, 다스리다, 자리를 펴다, 취하다, 소행, 하여금, 이 혹은 그, 곧. 거성으로 쓰일 때는 돕다, 위하다, 때문에, 보답, 장차 등의 뜻이다.

을 원회하였겠는가?" 나와서 염유에게 말했다. "선생님은 위나라 임금을 돕지 않으실 것이다."

다산 —— 염유가 물었다. "선생님께서는 (輒의 처지에 있다면) 위나라 임금이 되실까?" 자공이 말했다. "좋다. 글쎄, 내가 장차 여쭈어 보겠다." 자공은 들어가 말했다. "백이와 숙제는 어떤 사람입니까?" (공자께서) 말씀하셨다. "옛 현인이다." (자공이 다시) 말했다. "원수처럼 대적(怨=懟如敵讎之謂也)하였습니까?" (공자께서) 말씀하셨다. "인(人倫之至善:그 분수를 다함)을 추구하다가 인을 얻었으니, 무엇을 원수처럼 대적했겠는가?" 나와서 염유에게 말했다. "선생님은 (輒의 처지에 있다면) 위나라 임금이 되지 않으실 것이다."

집주 —— ■ 爲는 猶助也라 衛君은 出公輒也라 靈公이 逐其世子蒯聵러니 公薨에 而國人이 立蒯聵之子輒이라 於是에 晉納蒯聵而輒拒之하니라 時에 孔子居衛하시니 衛人以蒯聵得罪於父하고 而輒嫡孫當立이라 故로 冉有疑而問之라 諾은 應辭也라

위爲는 '돕다(助)'와 같다. 위나라 임금(衛君)은 출공出公 첩輒이다. 영공靈公은 그의 세자 괴외蒯聵를 축출했다. 영공이 죽자, 나라 사람들이 괴외의 아들 첩輒을 세웠다. 이에 진晉나라가 괴외를 들여보냈지만, 첩이 그를 막았다. 이때 공자는 위나라에 머물렀는데, 위나라 사람들은 괴외는 아버지에게 죄를 지었고, 첩은 적손嫡孫이니 마땅히 옹립해야 한다고 생각했다. 그래서 염유가 의문이 있어 질문하였다. 낙諾은 응락하는 말이다.

■ 伯夷叔齊는 孤竹君之二子라 其父將死에 遺命立叔齊러니 父卒에 叔齊遜伯夷한대 伯夷曰父命也라 하고 遂逃去하니 叔齊亦不立而逃之한대 國人이 立其中子하니라 其後武王伐紂에 夷齊扣馬而諫이러니 武王滅商한대 夷齊恥食周粟하여 去隱于首陽山이라가 遂餓而死하니라

백이와 숙제는 고죽군孤竹君의 두 아들이다. 그 아버지가 장차 죽음에 이르러 유언하여 숙제를 세우도록 명하였다. 아버지가 죽자 숙제는 백이에게 양보하니, 백이는 '아버지의 명이다.' 하고 마침내 도망가 버렸다. 숙제 또한 (왕위에) 서지 않고 도망가자, 나라 사람들이 그 가운데 아들을 옹립했다. 그 후 무왕武王이 주紂왕을 칠 때, 백이와 숙제는 말고삐를 당기면서 간언했다. 무왕이 상商나라를 멸하자, 백이와 숙제는 주나라의 곡식을 먹는 것을 수치로 여겨, 수양산으로 떠나 은거하다가 마침내 굶어 죽었다.

■怨은 猶悔也라 君子居是邦에 不非其大夫어든 況其君乎아 故로 子貢이 不斥衛君하고 而以夷齊爲問이어늘 夫子告之如此하시니 則其不爲衛君을 可知矣라 蓋伯夷以父命爲尊하고 叔齊以天倫爲重하니 其遜國也가 皆求所以合乎天理之正而卽乎人心之安이요 旣而各得其志焉하여는 則視棄其國을 猶敝蹝爾니 何怨之有리오 若衛輒之據國拒父而唯恐失之는 其不可同年而語가 明矣니라

원怨은 후회(悔)와 같다. 군자가 그 나라에 머물면 그 나라의 대부도 비난하지 않는다고 하는데, 하물며 그 임금이랴? 그러므로 자공은 위나라 임금을 지척하지 않고, 백이와 숙제의 일을 질문한 것이다. 공자께서 이와 같이 일러 주셨으니, 위나라 임금을 돕지 않으실 것임을 알 수 있다. 대개 백이는 아버지의 명을 받들었고, 숙제는 천륜天倫을 중시했으니, 그들이 나라를 양보한 것은 모두 천리의 올바름(天理之正)에 부합했고, 인심의 편안함에 나아가기를 추구한 것이다. 이윽고 각각 그 뜻을 이루어, 그 나라를 버리는 것을 헌신짝 버리는 것과 같이 보았으니, 무슨 원망이 있겠는가? 반면에 위나라 첩이 나라를 차지하고 아버지를 막으면서, 오로지 나라를 잃을까 두려워한 것과 동열에 놓을 수 없음이 명백하다.

■程子曰 伯夷叔齊 遜國而逃하고 諫伐而餓호되 終無怨悔하니 夫子以爲賢이라 故로 知其不與輒也니라

정자가 말했다. "백이와 숙제는 나라를 양보하고 도망가고, 정벌에 반대하는

간언을 하다가 굶어 죽으면서도 끝내 원망과 후회가 없었다. 공자께서는 현명하다고 여기셨으니, 따라서 그가 첩을 돕지 않을 것임을 알았던 것이다."

고금주 —— ■補曰 夫子爲衛君, 謂若使夫子處蒯輒之地, 將亦立爲衛君乎?[爲, 當讀之如'管仲 · 曾西之所不爲'之爲] 疑而問也. 衛 靈公之太子蒯聵, 欲殺其母南子, 事敗奔宋. 及靈公卒, 南子欲立公子郢, 郢固辭, 請立蒯聵之子輒, 輒即位. 欲知此事, 詭問夷 · 齊者, 語夫子'設以身處其地', 則言辭褻慢, 故求其類以問之, 探其所以處是也. 怨乎者, 上怨父, 下而兄弟胥怨也. 仁者, 人倫之至善也. 伯夷求父子之間盡其分, 叔齊求兄弟之間盡其分, 是求仁也. 卒成其志, 是得仁也. 仁者, 天下之至善, 得仁賢於得國, 又何怨? 夫子以夷 · 齊之事, 爲求仁得仁, 則設以身處衛 輒之地, 必讓國逃身, 以全父子之愛而成其仁矣, 故知夫子不爲衛輒之所爲也.

보완하여 말한다. 부자위위군夫子爲衛君은 '만일 부자께서 괴첩의 처지가 된다면 장차 왕위에 올라 위나라 임금을 할 것인가?'라고 말한 것이니(爲는 마땅히 '管仲 · 증서도 하지 않는 바(所不爲)'라고 할 때의 '하다(爲)'로 읽어야 한다), 의문을 제기한 것이다. 위나라 영공의 태자 괴외가 그 어머니 남자를 죽이려 하다가, 그 일이 실패하여 송나라로 도망하였다. 영공이 죽음에 이르러 남자가 공자 영郢을 옹립하고자 했으나, 옹이 고사하고, 괴외의 아들 첩輒을 세울 것을 청하여 첩이 즉위하였다. 이러한 (괴외와 첩의) 일을 알고자 백이와 숙제의 일을 가지고 괴이하게 질문한 것이다. 부자께서 '가령 몸소 그 처지에 놓인다면'이라고 말한다면, 언사가 무례하기 때문에, 그러한 유형을 찾아 질문하여 그러한 처지에 대처하는 방법을 알아본 것이다. 원호怨乎란 위로 부모를 원망하고 아래로 형제간에 서로 원망하는 것이다. 인은 인륜의 지극한 선이다 (人倫之至善也). 백이는 부자간의 그 분수를 다하기를 구하였고, 숙제는 형제간의 그 분수를 다하기를 구하였으니, 이것이 인을 구한 것(求仁)이다. 마침내 뜻을 이루었으니, 이것이 인을 얻은 것(得仁)이다. 인이란 천하의 지극한 선이니, 인을 얻는 것이 나라를 얻는 것보다 더 현명한데, 또 무엇을 원망하랴? 공자께서 백이·숙제의 일로 '구인득인求仁得仁'이라 하셨으니, 설사 자신이 위나라 첩의 처지에 있었다면, 필시 나라를 사양하고 몸을 피하여 부자간의 사랑을 온전히 하고, 그 인을 이루었을 것이다. 그러므로 공자께서 위나라 첩이 한 것을 하지 않으리라는 것을 알 수 있다.

■ 鄭曰: "爲, 猶助也. 晉 趙鞅納蒯聵於戚, 衛 石曼姑帥師圍之, 故問其意助輒否乎." ○駁曰 非也. 鄭所謂助者, 猶言爲蒯輒左袒, 非謂出力以相助也. 冉子所疑者, 特原初嗣位爲君, 其義理當否, 猶在可疑也. 朱子謂'居是邦, 不非其大夫, 故子貢不斥衛君, 而以夷·齊爲問', 然蒯輒拒父之年, 孔子明不在衛, 不可曰'居是邦'. 且助與不助, 與非議君父者, 原不相類, 子貢之詭問, 豈爲是也? 冉有所疑者, 只是辭位當否, 拒與不拒, 非所問也.

정현이 말했다. "위爲는 '돕다와 같다(猶助).' 진晉나라 조앙趙鞅이 괴외를 척戚으로 들여보내자 위衛나라 석만고가 군사를 거느리고 포위했기 때문에 공자께 첩을 도울 것인지에 대해 질문한 것이다." ○논박하여 말하면, 그릇되었다. 정현의 이른바 '돕다(助)'란 괴첩의 편에 선다는 말과 같고, 힘을 내서 서로 돕는다는 뜻이 아니다. 염유가 의문을 품은 것은 다만 애초에 (괴첩이) 왕위를 계승하여 군주가 되는 것이 의리상 마땅한지 의심할 만한 것이 있다는 것이었다. 그런데 주자는 그 나라에 머물면 그 나라의 대부도 비난하지 않는 것이기에, 자공은 위나라 임금을 지척하지 않고, 백이와 숙제의 일을 질문한 것이라고 말하였다. 그러나 괴첩이 아버지를 막았던 해에 공자는 분명히 위나라에 계시지 않았으니, '그 나라에 있으면서'라고 할 수 없다. 그리고 도울 것인가 돕지 않을 것인가 하는 것은 임금과 아비를 비방하여 논의하는 것과는 근본적으로 다른 종류이다. 자공이 괴이하게 여겨 질문한 것은 이것이 아닌가? 염유가 의문을 품은 것은 (괴첩이) 왕위를 사양하는 것이 마땅한가의 여부이지, (첩을) 막을 것인지의 여부를 질문한 것이 아니다.

■質疑《集注》云: "怨, 猶悔也." ○案 衛君三世, 子怨父, 父怨子, 子貢不待質之於夫子, 已知其不仁, 故特拈一怨字, 以問於夫子. 怨也者, 直是怨懟如敵讎之謂也, 奚但悔恨而已? ○太史公引軼詩疑伯夷·叔齊有怨, 謬矣. 得仁不怨者, 不怨其父子兄弟也, [孟子曰: "仁人之於弟也, 不藏怒焉, 不宿怨焉."] 軼詩之怨武王何疑焉?[朱子云: "二子雖賢, 而其所爲或出於激發過中之行, 不能無感慨不平之心, 則衛君之爭, 猶未爲甚得罪於天理也." ○案, 此說最確]

질의한다. 『집주』에서 원怨은 후회(悔)와 같다고 하였다. ○살핀다. 위나라 군주는 3대에 걸쳐 자식은 부모를 원망하고, 부모는 자식을 원망하였다. 자공은 공자께 질정하지 않아도 이미 그들이 불인不仁하다는 것을 알았기 때문에, 단지 하나의 원怨 자만으로 공자께 질문하였다. 원怨이란 바로 원수처럼 적대시하는 것을 이른다. 어찌 단지 회한悔恨에 그칠 뿐이겠는가? ○태사공太史公이 일시軼詩를 인용하여 백이·숙제가 원망(怨)이 있었다고 의심했지만, 그릇되었다. 인을 얻어 원망하지 않았다는 것은 그 부자 형제를 원망하지 않은 것이다.(맹자가 말했다. "仁人은 아우에 대해 노여움을 감추지 않고, 원망을 묵히지 않는다고 하였다.": 「만장상」) 그런데 일시에서 무왕武王을 원망한 것은 어떻게 의심할 수 있겠는가? (주자가 말했다. "두 사람(백이와 숙제)이 비록 현명하지만, 그 행한 바가 혹 激發하여 중도를 넘어선 행위에서 나온 것이어서 感慨·불평하는 마음이 없을 수 없었다면, 위나라 군주의 쟁투는 오히려 天理에 죄를 얻음이 심하지 않을 수도 있다." ○살핀다. 이 설이 가장 정확하다.)

비평 —— 고주와 주자는 동일한 입장에서 본문을 해석하지만, 다산은 당시 사실을 다른 맥락에서 파악하여 새로운 해석을 시도했다.

고주와 주자는 당시 "진나라 조앙이 괴외를 척戚으로 들여보내자 위나라 석만고가 군사를 거느리고 포위하였고, 자공이 공자께 당시 위나라 군주인

첩의 편에 설 것인지에 대해 질문했다."고 설명했다. 이에 대해 다산은 당시 공자는 위나라에 있지 않았으며, 나아가 공자가 당시 아버지와 반목하던 위나라 군주의 편에 서야 할 이유가 없었다는 것이다. 질문을 제기했던 자공 또한 이 사실을 잘 알고 있었으며, 따라서 이 질문의 맥락은 '첩輒이 할아버지의 명을 받들면서, 축출된 아비를 대신해서 위나라 군주가 되는 것이 정당한가?, 그리고 공자라면 어떻게 했겠는가?' 하는 것이 원문의 맥락이라는 것이다.

『논어』에 해당하는 원문만으로는 다산의 해석이 옳다고 단정하는 것은 쉽지 않다. 그러나 다산이 제시한 역사적 사건과 전거를 보면, 다산의 해석은 상당한 설득력이 있다는 것을 알 수 있다.

그런데 결국 공자가 첩의 처지에 있었다고 가정할 때, 첩처럼 위나라 군주가 되는 것을 긍정했다면, 그것은 곧 첩의 왕위 계승은 정당하다고 인정하는 것이 되며, 따라서 공자가 첩을 도울 것이라는 말과 같은 결론이 도출된다. 또한 그 반대로 공자가 첩의 처지에 놓였을 때, 그의 왕위 계승을 부당한 것으로 보았다면, 결국 공자는 첩을 돕지 않을 것이라는 결론이 도출된다. 이렇게 본다면, 비록 원문의 맥락을 다르게 해석하였다고 할지라도, 그 의미는 결국 같다고 할 수 있다.

꽃무늬

7:15. 子曰: "飯疏食飲水, 曲肱而枕之, 樂亦在其中矣. 不義而富且貴, 於我如浮雲."[皇氏本, 疏作蔬]

고주 —— 공자께서 말씀하셨다. "나물밥 먹고 물마시며, (베개가 없어) 팔을 굽혀 베더라도 즐거움이란 진정 이 가운데에 있다. (공자께서는 극도로 빈곤하더라도 그 생활을 즐거움으로 여기셨다.) 의롭지 못하면서 부하고 귀한 것은 나에게 (나의 소유가 아닌) 뜬구름과 같다."

주자 —— 공자께서 말씀하셨다. "거친 밥을 먹고 물마시며, (베개가 없어) 팔을 굽혀 베더라도 (도에 대한) 즐거움 역시 그 가운데에 있다.(극도의 빈곤함도 도에 대한 즐거움을 바꿀 수 없다.) 의롭지 못하면서 부하고 귀한 것은 나에게 (있으나 없는 것과 같은) 뜬구름과 같다."

다산 —— 공자께서 말씀하셨다. "(고량진미가 아닌) 거친 밥을 먹고 (단술이나 뜨거운 차가 아니라) 찬물 마시며, (베개가 없어) 팔을 굽혀 베더라도 즐거움 역시 그 가운데에 있다. 의롭지 못하면서 부하고 귀한 것은 나에게 (공중이 있어 사람들이 비록 우러러 보지만, 진정한 효용은 없는) 뜬구름과 같다."(황간본에는 疏가 蔬로 되어 있다)

집주 —— ■飯은 食之也요 疏食는 麤飯也라 聖人之心이 渾然天理하여 雖處困極이나 而樂亦無不在焉이라 其視不義之富貴를 如浮雲之無有하여 漠然無所動於其中也시니라

반飯은 '먹는다'이고, 소사疏食는 '거친 밥'이다. 성인의 마음은 혼연 천리하여

자원풀이 ■반飯은 食(밥 식)+反(되돌릴 반)의 형성자로 밥(食)을 먹을 때 반복해서(反) 씹어야 한다는 뜻을 담았다. 밥, 밥을 먹다, 밥을 먹이다, 음식 등의 뜻이 나왔다.
■사食(식)는 위는 그릇의 뚜껑이고, 아래는 두루마리 발(卷足)을 가진 그릇이고, 두 점은 피어오르는 김을 형상화한 상형자이다. 원래 음식이며, 이로부터 양식, 먹다, 끼니 등을 의미했다. 봉록俸祿을 의미하기도 한다.
■소疏(=疎)는 疋(발 소)+돌(임신 때 아이가 위로 나올 돌)의 회의자. 갓 낳은 아이의 다리(疋)가 벌어져 사이가 성긴 모습의 형상화. 성기다, 흩어지다, 듬성듬성하다, 소홀하다, 그리고 트이다의 뜻이 나왔다. 사이가 트이면 소통할 수 있으므로 소통疏通이란 뜻, 그리고 어려운 글자나 문장을 소통시킨다는 뜻에서 주석이라는 의미도 나왔다.
■음飮은 원래는 酉(술독 유)와 대로 만든 빨대(今)와 벌린 입(欠)으로 구성되어 '술을 마시다'가 원래 뜻이나, 자형이 변해 食(밥 식)+欠(하품 흠)으로 변했다. 술뿐만 아니라, 음료수 전체를 지칭하게 되었고, 분을 삼키다는 뜻도 나왔다. 『주례』「장인漿人」에 따르면, 육음(六飮)은 물(水)·장(漿)·례(醴)·량(涼)·의(醫)·이(酏)를 의미하는 것으로

서, 비록 극도로 곤궁함에 처하더라도 즐거움 또한 있지 않을 수 없다. 성인은 의롭지 않은 부귀를 마치 있으나 없는 것과 마찬가지인 뜬구름처럼 보아서, 막연하게 그 마음 가운데에 흔들림이 없으셨다.

■ 程子曰 非樂疏食飲水也라 雖疏食飲水라도 不能改其樂也니 不義之富貴를 視之輕如浮雲然이니라

정이천이 말했다. "거친 밥과 물 마시는 것을 즐기는 것이 아니라, 비록 거친 밥과 물을 마신다고 할지라도 그 즐거움을 바꿀 수 없다는 것이니, 의롭지 않은 부귀를 뜬구름처럼 가볍게 여긴 것이다."

■ 又曰 須知所樂者何事니라

또 말했다. "모름지기 즐긴 것이 무엇인지를 알아야 한다."

고금주 ── ■補曰 飯, 簋實也. 飲,《周禮》六飲之謂也. 疏, 麤也. 飯以疏食, 則非膏粱也, 飲以淸水, 則無醫酏也. 浮雲在空, 人雖仰視, 無所用, 故不足以動心. ○案 此節恐亦在夷・齊問答之後, 因以言之也.

보완하여 말한다. 반飯은 (기장쌀이나 핍쌀 등을 담는) 궤라는 그릇에 담는 것이다. 음飲은 『주례』의 육음六飲(水, 漿, 醴, 涼, 醫, 酏)을 말한다. 소疏는 '거침(麤)'이다. 그릇에 담은 것이 거친 밥이라면 고량膏粱이 아니며, 마시는 것이 맑은 물이라면 의醫・이酏 같은 술이나 차가 없는 것이다. 뜬구름(浮雲)은 공중에

본다. 장(漿)은 일종의 신맛이 나는 음료이다. 례(醴)는 단술(甜酒)이다. 량(涼)은 문헌에 따라서는 량(醇)으로 기록되어 있는데, 묽은 술(淡酒)일 것으로 추측된다. 의(醫)는 단술의 일종으로 여겨진다. 이(酏)는 묽은 미음이다.
■굉肱은 肉(고기 육)+'팔뚝 굉'의 형성자로 신체(肉)의 일부인 팔뚝을 의미한다. 이후 임금을 보좌하는 믿을 만한 신하(股肱)를 의미하기도 하였다.
■침枕은 木(나무 목)+尤(머뭇거릴 유)의 형성자로 누울 때 머리를 받쳐주는 나무로 된 베개를 의미한다. 눕다, 자다의 뜻이 나왔다. 수레의 짐칸 아래쪽에 대는 가름 목을 말하며, 철로에 까는 침목枕木을 뜻하기도 한다.
■부浮는 水(물 수)+孚(미쁠 부)의 형성자로 물(水)에 뜨는 것(孚)을 말한다. 물에 떠다니는 것, 고정되지 않고 유동적인 것 등을 뜻한다.
■운雲은 雨(비 우)+云(이를 운 : 피어오르는 구름을 상형)의 형성자로 비(雨)가 오기 전에 생기는 구름(云)을 말한다.

있어 사람들이 비록 우러러 보지만, 아무런 쓸모가 없다. 그러므로 사람의 마음을 움직이게 하기에 부족하다. ○살핀다. 이 구절은 또한 백이와 숙제에 관한 문답 뒤에 있으니, 아마도 그것을 근거로 하여 이것을 말한 듯하다.

■鄭曰: "浮雲, 非己之有." ○孔安國《孝經傳》: "浮雲無潤澤於萬物, 故君子弗從." ○駁曰 非也.

정현이 말했다. "뜬구름은 자기의 소유가 아니다." ○공안국은 『효경전』에서 말했다. "뜬구름은 만물을 윤택하게 해 줄 수 없기 때문에 군자가 따르지 않는다고 했다." ○논박하여 말하면, 그릇되었다.

■孔曰: "疏食, 菜食也." ○案 古本誤作蔬食, 故孔注如此.

공안국이 말했다. "소사疏食란 채식이다." ○살핀다. 고본古本에 잘못 소蔬라고 썼기 때문에, 공안국이 이와 같이 주를 내었다.

비평 —— 고주는 공자가 극도로 가난한 생활이라고 할지라도, 그 '생활 자체'를 즐거움으로 여겼다고 주석했다. 따라서 '낙역재기중의樂亦在其中矣'에서 '역亦' 자를 강조의 뜻으로 해석하였는데, 이는 잘못된 해석으로 보인다. 왜냐하면 이렇게 해석하면 바로 앞 7:11의 '子曰: "富而可求也, 雖執鞭之士, 吾亦爲之. 如不可求, 從吾所好."'와 상충되기 때문이다. 따라서 이 구절에 대해서는 정자의 해석(거친 밥과 물 마시는 것을 즐기는 것이 아니라, 비록 거친 밥과 물을 마신다고 할지라도 그 즐거움을 바꿀 수 없다)을 받아들인 주자의 해석을 따르는 것이 좋다고 생각된다.

의롭지 못한 부귀를 뜬구름(浮雲)에 비유하는데, 이 뜬구름을 어떻게 볼 것인가에 대해서는 약간씩 의견을 달리한다. 고주에서 정현은 '뜬구름은 자기의 소유가 아니다. 그리고 공안국은 뜬구름은 만물을 윤택하게 해 줄 수 없기 때문에 그렇게 비유했다.'고 해석한다. 다산은 이러한 고주가 그릇되었다고 비판하는데, 그 비판은 정당하다. 불의한 부귀도 자기 소유가 될 수 있으며, 뜬구름 역시 만물을 윤택하게 하는 기능을 어느 정도 할 수 있기 때문이다. 주자는 뜬구름이 있지만 없는 것과 마찬가지인 것으로 해석했다. 고주보다는 한층 설득력 있는 해석이라고 할 수 있다. 그러나 그의 해석은 다산의 해설만 못하다고 하겠다. 즉 뜬구름(浮雲)은 공중에 있어 사람들이 비록 우러러 보지만, 진정한 소용은 없는 것처럼, 의롭지 못한 부귀는 비록 많은 사람들이 그 부귀를 부러워하겠지만, 정작 그 자신에게는 행복을 가져다주는 참된 소용은 되지 못한다는 것이다.

7:16. 子曰: "加我數年, 五十以學《易》, 可以無大過矣."《史記》, 加作假]

고주 —— 공자께서 말씀하셨다. "내 나이(47세)에 수년을 더하면 쉰이 되니, (이치를 궁구하고 본성을 남김없이 실현하고 명에 도달하게 하는) 『역』을 배우면 큰 허물이 없을 것이다."

주자 —— 공자께서 말씀하셨다. "(70에 가까운) 내가 몇 년을 더 빌려(加=假) 살아, 끝내(五十=卒) 『역』을 배울 수 있다면 (吉凶·消長의 이치와 進退·存亡의 도리에 밝아지므로) 큰 허물은 없을 것이다."

다산 —— 공자께서 말씀하셨다. "(47세인) 내가 몇 년을 더 빌려(加=假) 살아서, (옛말에 있듯이) 쉰에 (후회와 인색을 위주로 하는) 『역』을 배운다면, 큰 허물은 없을 것이다."(『사기』에 加는 假로 되어 있다.)

집주 —— ■劉聘君이 見元城劉忠定公한대 自言 嘗讀他論하니 加는 作假하고 五十은 作卒이라 하니 蓋加假는 聲相近而誤讀이요 卒與五十은 字相似而誤分也라

유빙군劉聘君이 원성元城 유충정공劉忠定公을 만나니, 스스로 말하기를 "일찍이 다른 판본의 『논어』를 읽었는데 가加는 가假로, 오십五十은 졸卒로 되어 있었다. 아마도 가加는 가假와 소리가 서로 비슷하여 잘못 읽은 것이고, 졸卒은 오십五十과 비슷해서 잘못 나눈 것이다."라고 하였다.

■愚按 此章之言은 史記에 作假我數年하여 若是면 我於易則彬彬矣라하여 加正作假하고 而無五十字하니 蓋是時에 孔子年已幾七十矣니 五十字誤 無疑也라 學易이면 則明乎吉凶消長之理와 進退存亡之道라 故로 可以無大過라 蓋聖人이 深見易道之無窮하시고 而言此以敎人하여 使知其不可不學이요 而又不可以易而學也시니라

어리석은 내가 살핀다. 이 장의 말은 『사기』에 "내가 몇 년 더 빌려 산다면, 그렇게 한다면 나는 『역』에 빈빈彬彬할 것이다."라고 되어 있으니, 가加는 가假로 되어 있고 '오십五十'이라는 글자는 없다. 대개 이때 공자의 연세가 이미 거의 70세에 가까웠으니, 오십五十이라는 글자는 잘못임에 의심할 바 없다. 『역』을 배우면, 길흉吉凶·소장消長의 이치와 진퇴進退·존망存亡의 도리에 밝아지므로 큰 허물은 없을 수 있다. 대개 성인께서 무궁한 역易의 도리를 깊이 깨우쳤으나, 이렇게 말씀하셔서 사람들을 가르치셨으니, 역易이란 배우지 않을 수 없으며, 또한 쉽게 배울 수 없다는 것을 알게 하신 것이다.

자원풀이 ■역易은 일반적으로 日(陽, 낮) + 月(陰, 밤)이 결합한 회의문자로 음양의 변화를 나타낸다. 일반적으로 역易은 네 가지 의미(易四義)를 지니는데, (1) 變易(음과 양이 유행한다), (2) 交易(음양이 대대한다), (3) 不易(변역, 교역하는 이치는 변하지 않는다), (4) 簡易(쉽게 배워 응용할 수 있다)이 그것이다. 혹은 도마뱀의 형상에서 유래하였다는 설도 있는데(蜥蜴說), 곧 도마뱀이 주위의 상황에 따라 변화하여 적응하지만 도마뱀 자체는 변하지 않는 항구성을 지닌다는 데에서 역이 유래했다는 것이다.

고금주 ── ■何曰: "《易》, '窮理盡性, 以至於命.'[說卦文] 年五十而知天命, 以知命之年, 讀至命之書, 故可以無大過."[邢云: "加我數年, 方至五十, 謂四十七時也."] ○補曰 加當作假, [從《史記》] 謂天庶幾借我以數年之壽也. [漢 光武云'人生安能遠期十年', 皆畏天命之言] 五十學《易》, 蓋古之遺文. 〈內則〉云'十年學書計, 十三學樂, 二十學禮', 皆有定期. 五十學《易》, 亦此類也. ○補曰《易》之爲書, 主於悔吝. 悔者, 改過也, 吝者, 不改過也, [能悔則改過不吝] 故曰'學《易》'則可以無大過'. [秦他石云: "過者即《易》所載悔・吝・凶之義也."]

하안이 말했다. "『역』은 이치를 궁구하고 본성을 남김없이 실현하고 명에 도달하게 한다(『說卦傳』의 글이다). 공자는 연세 쉰에 천명을 알았다. 천명을 아는 나이가 되어 천명에 도달하는 책을 읽었기 때문에 큰 허물이 없다."(형병이 말했다. "나에게 몇 년의 나이를 더한다면, 드디어 쉰에 도달한다'는 것은 47세를 말한다.") ○보완하여 말한다. 가加는 마땅히 가假로 써야 하니(『사기』에 따른다), "하늘이 나에게 몇 년의 수명을 빌려준다면"이라는 말이다.(한의 광무제가 '인생이 어찌 멀리 10년을 기약할 수 있겠는가?'라고 하였으니, 모두가 천명을 두려워하는 말이다.) 쉰에 역易을 배운다는 말은 예로부터 있어 온 말이다. 『내칙』에서 10세에 글쓰기와 셈을 배우고, 13세에 악을 배우고, 20세에 예를 배운다고 하였다. 모두 배움에 일정한 기한이 있음을 말하였으니, 쉰에 『역』을 배운다는 것도 이러한 유이다. ○보완하여 말한다. 『역』이란 책은 후회(悔)와 인색(吝)을 위주로 한다. 후회란 허물을 고치는 것이고, 인색은 허물을 고치지 않는 것이다(능히 후회할 줄 알면, 허물을 고치는데 인색하지 않다). 그러므로 말했다. 『역』을 배우면 큰 허물(大過)이 없을 것이다.(秦他石이 말했다. "허물(過)이란 곧 『역』에 기재되어 있는 후회, 인색, 흉함이란 뜻이다.")

■質疑 劉安世云: "嘗讀他《論》, 加作假, 五十作卒. 蓋加・假聲相近而誤讀, 卒與五十, 字相似而誤分也." ○毛曰: "魯・魚, 亥・豕, 必其字形俱相類者, 故曰形近致誤. 卒與五十不近也. 案《說文》, 五者, 互也, 從二從乂, 謂陰陽交互于二大間也. 卒者, 隷人, 給事名也. 古以染衣題識, 故從衣從十, 謂衣飾有異色也, 則試以今文觀之, 五字與衣字相近乎否乎? 即因而觀古文乆與相近乎否乎? 宋後草書卒字作卆, 合九十爲文, 九字近五, 故以云." ○案 前此孔子非不學《易》, 特因古經有五十學《易》之語, 故孔子年近五十, 誦古語而爲此言, 五十非誤字.

질의한다. 유안세가 말했다. "일찍이 다른 판본의 『논어』를 읽었는데 가加는 가假로, 오십五十은 졸卒로 되어 있었다. 아마도 가加는 가假와 소리가 서로 비슷하여 잘못 읽은 것이고, 졸卒은 오십五十과 비슷해서 잘못 나눈 것이다." ○모기령이 말했다. "노魯・어魚, 해亥・시豕는 필시 그 자형字形이 서로 유사한 까닭에 자형이 근사하면 잘못될 수 있다고 말한다. (그러나) 졸卒과 오십五十은 근사하지 않다. 『설문』을 살피면, 오五란 호互이니, 이二와 효爻에서 유래하여 음양陰陽이 천지간에 교호함을 말한다고 하였다. 졸卒이란 예인隷人과 급사의 명칭인데, 옛날에는 염색한 옷으로 신분을 나타내었는데, 의衣와 십十에서 유래하여 의복의 문식에 다른 색깔이 있음을 말한다고 했다. 그렇다면 시험 삼아 금문으로 살피면, 오五 자와 의衣 자는 서로 근사 하겠는가, 않겠는가? 이에 근거하여 고문을 살피면, 오五 자와 서로 근사하겠는가, 않겠는가? 송대 이후 초서草書에서는 졸卒 자를 졸卆로 여기고, 구九와 십十을 합하여 글을 쓰고, 구九자는 오五와 근사하니 그렇게 말한 것이다." ○살핀다. 이 이전까지는 공자가 『역』을 배우지 않은 것은 아니지만, 특히 옛 경전에 "쉰에 『역』을 배운다"는 구절이 있는 것을 연유로 해서 공자께서 쉰에 가까워지자, 옛말을 암송하며 이렇게 말한 것이니, 오십五十은 잘못된 글자가 아니다.

■《史記・世家》云: "孔子晩而喜《易》, 序〈彖〉・〈繫〉・〈象〉・〈說卦〉・〈文言〉, 讀《易》韋編三絕, 曰, '假我數年, 若是, 我於《易》則彬彬矣.'" ○案《史記》之可信, 不如《論語》, 不必據《史記》以改《論語》, 況此云學《易》, 彼云若是?[若是謂讀《易》] 雖'假我數年'四字, 彼此相同, 彼之所用, 未必此經. 學《易》,

喜《易》, 讀《易》, 贊《易》, 各爲一事, 五十六十以至七十, 無時不假, 不必執一 而廢一也. [蘇紫溪云: "五十以學《易》, 分明是孔子五十歲以前的說話."]

『사기』「공자세가」에서 말하였다. "공자께서 만년에 『역』을 즐기셔서 「단전」, 「계사전」, 「상전」, 「설괘전」, 「문언전」을 서술하셨으며, 가죽 끈이 세 번이나 끊어지도록 『역』을 읽으셨는데, 말씀하시기를, '내가 몇 년 더 빌려 산다면, 『역』을 읽는다면 나는 『역』에 있어서 빈빈彬彬할 것이다.'" ○ 살핀다. 『사기』 의 신뢰성이 『논어』만 못하니, 『사기』에 의거하여 『논어』를 고칠 필요는 없 다. 하물며 『논어』에서 학역學易이라고 말한 것을 『사기』에서 약시若是라고 말하고 있음에랴!(若是란 『역』을 읽는다는 말이다.) 비록 '가아수년假我數年' 네 글 자가 『논어』와 『사기』가 서로 같다 하더라도, 『사기』에서 쓴 것이 반드시 『논 어』의 것은 아니다. 『역』을 배우는 것(學易), 『역』을 즐기는 것(喜易), 『역』을 읽는 것(讀易), 『역』을 찬하는 것(贊易) 등은 각각 다른 하나의 일이 되니, 오십 과 육십에서 칠십에 이르기까지 어느 때든 빌리지 못할 것이 없으니, 하나만 고집하고 다른 하나는 폐기할 필요는 없다.(蘇紫溪가 말했다. "'쉰에 『역』을 배운 다면'이라고 말한 것은, 공자가 50세가 되기 이전의 말임이 분명하다.")

비평 ── 『사기』「세가」에 따르면, 공자는 만년에 『역』을 좋아하셔서 「단전」, 「계사전」, 「상전」, 「설괘전」, 「문언전」을 서술하셨다. 가죽 끈이 세 번 끊어지 도록 『역』을 읽으시면서 말씀하셨다. "만약 내가 몇 년을 이처럼 한다면, 나 는 『역』에서 밝아질 것이다."

주자는 "『역』을 배우면 길흉소장吉凶消長의 이치와 진퇴존망進退存亡의 도 에 밝아진다."고 주석하였다. 그리고 다산은 "『역』이란 책은 후회(悔)와 인 색(吝)이 핵심이다. 후회란 과오를 고치는 것이고, 인색은 과오를 고치지 않 는 것이다(능히 후회할 줄 알면 허물을 고치는 데 인색하지 않다). 그러므로 말하길, 『역』을 배우면 큰 과오는 없을 수 있다."고 말하였다. 왜 아름답게 꾸민 말(文

+口=吝:아끼다, 인색吝嗇하다.)이 화禍를 불러오고, 흉凶한가? 여기서 중요한 글자의 의미를 살펴보자. 뉘우칠 회悔 자는 心(마음심) + 每(매양 매:어미 母에서 파생된 글자로 비녀를 꽂은 여인으로서 어머니)로 구성되어, 철이 들어 어머니(每)의 마음(心)을 잘 헤아리지 못했던 것을 후회하고 뉘우친다는 뜻이다. 이러한 회悔 자와 비슷한 뜻의 글자는 개과천선改過遷善할 때의 개改일 것이다. 개改 자는 己(자기)+ 攴(攵:칠 복)으로 잘못을 후회하며, 자신을 매질하는 것을 의미한다. 네가 아니라, 바로 '내 탓이요, 내 탓이요' 하면서 자신을 매질하는 것이다.

그런데 뉘우칠 회悔와 반대의 뜻의 글자는 무엇일까? 다산 정약용은 의외로 '인색할 인吝' 자라고 말한다. 인吝(린)이란 文+口로서 자전에는 아름다운 말이라고 되어 있다. 그런데 이 말이 왜 '아끼다, 인색하다'의 뜻이 되었을까? 그것은 곧 허물(過)이 있는데도 진정으로 뉘우치지(悔) 않고, 말로써(口) 아름답게 꾸며(文) 변명하면서 허물 고치기를 저어하기 때문에 '아끼다, 인색하다(吝)'의 뜻이 나왔을 것이다. 바로 이 점에서 다산은 뉘우침(悔)의 반대는 인색함(吝)이라고 말한 것이리라! 허물 혹은 과오(過)가 있으면 남이 아니라 바로 '내 탓'으로 돌리면서 자기 자신을 채찍질하고(改=己+攴), 고치는 데 인색하지 않으면서 신속하고 바르게 고치는 것이 바로 올바른 뉘우침(悔)이다.

일반적으로 『주역』은 시·공적 상황에서 알맞고 바른 도(中正之道)를 가르쳐 준다고 말한다. 알맞고 바르면 복福이 오고 길吉하다고 한다. 알맞지 않아 모자라거나 넘치며 올바르지 않다면(中正하지 않다면) 화禍가 오고 흉凶하다. 그런데 사람은 누구나 과오나 잘못을 범할 수 있다. 그런데 이 과오나 잘못을 대하는 태도에서 화·복과 길·흉이 엇갈린다.

다산은 과오過誤가 있을 때, 뉘우쳐서(悔) 자신을 채찍질하여(改) 신속하고 바르게 고칠 때 복福이 오고 길하며, 그 반대일 때, 즉 과오를 고치는데 인색하여 남을 탓하면서 말을 꾸며 변명만 일삼을 때(吝) 화禍가 오고 흉하다고 말한다. 공자의 제자 안회顔回는 다름 아닌 화를 옮기지 않고(不遷怒), 과오를 두 번 다시 되풀이하지 않았기(不貳過) 때문에 공자로부터 유일하게 학문을 좋아하는 사람이라는 칭송을 들었다.

　여기서 쟁점은 가加는 가假이고, 그리고 오십五十은 졸卒의 오류라고 할 수 있는가? 하는 점이다. 고주는 당시 공자의 연세가 47세였다고 주장하면서, 원문 그대로 가加와 오십五十으로 보고 주석하였다. 주자는 당시 공자의 연세가 일흔 가까이 되었으며, 또한 다른 판본과 『사기』를 근거로 가加는 마땅히 가假로, 오십五十 또한 마땅히 졸卒로 되어야 한다고 주장하였다. 다산은 가加는 마땅히 『사기』에 따라 가假로 써야 하는데, 쉰이 되어 천명天命을 두려워하는 말이라고 한다. 그리고 그는 오십이학역五十以學易이란 말은 옛말로 공자가 암송한 것이며, 잘못된 것이 아니라고 주장한다. 비록 『사기』에 가아수년假我數年이라고 하였지만, 『사기』와 『논어』는 다른 말이고, 전자를 근거로 후자를 바꿀 필요는 없다는 것이다. 그런데 여기서 제기할 수 있는 것은 일관성의 문제이다. 다산은 가아加我를 가아假我로 해야 한다는 점에서는 『사기』를 따르고, 오십五十과 연관해서는 『사기』를 따를 필요가 없다고 말한다. 물론 다산의 주장대로 『사기』의 글은 『논어』와 다른 글이라고 할 수 있지만, 『사기』 또한 전거에 근거하여 쓰여진 글이라고 할 때, 일관성을 유지해야 한다고 생각한다. 만일 가아수년假我數年으로 읽어야 한다면, 마땅히 오십五十은 졸卒로 해석하는 것이 무난하다고 생각된다.

7:17. 子所雅言,《詩》·《書》· 執禮, 皆雅言也.

고주 —— 공자께서 바른 음(雅=正, 표준)으로 말씀하신 것은, 『시』와 『서』와 예를 집행하실 때에 모두 바른 음으로 말씀하셨다.

주자 —— 공자께서 항상(雅=常) 하신 말씀은 『시』와 『서』와 예를 지키는 것 (執=守)이었으니, 모두 항상 하신 말씀이었다.

다산 —— 공자께서 평소·항상(雅=素·常) 말씀하신 것은 『시』와 『서』와 집 행하는 바의 예였으니, 모두 평소 항상 하신 말씀이었다.

집주 —— ■雅는 常也요 執은 守也라 詩以理情性하고 書以道政事하고 禮以 謹節文하니 皆切於日用之實이라 故로 常言之라 禮獨言執者는 以人所執守 而言이요 非徒誦說而已也라

아雅는 항상(常)이고, 집執은 지킴(守)이다. 『시詩』로써 성정性情을 다스리고, 『서書』로써 정사를 논하고, 『예禮』로써 절도와 문식을 삼가는 것이니, 모두 일상생활의 실제에 절실한 것들이다. 그러므로 항상 『시』, 『서』, 『예』를 말씀 하셨다. 예의 경우만 지킨다고 한 것은 사람이 지켜야 할 것이라는 말이니, 단순히 외우고 설명하기만 하는 것이 아니다.

■程子曰 孔子雅素之言이 止於如此하시고 若性與天道는 則有不可得而聞者 하니 要在默而識之也니라 ○謝氏曰 此因學易之語而類記之니라

정자가 말했다. "공자께서 평소(雅素)하신 말씀은 이 세 가지일 뿐이었다. 예 를 들면, 성性과 천도天道는 이해하여 듣지 못하는 사람도 있으니, 요체는 묵

자원풀이 ■아雅는 隹(새 추)+牙(어금니 아)로 까마귀(鴉)를 나타내었다. 까마귀는 태양을 지키는 신성하고 효성 스런 새(孝鳥)로 여겨졌기에 '고상하다' '우아하다' '고아하다' 등의 뜻이다. 바르다(言皆合雅), 고상하다(容則秀雅), 아 름답다(雍容閑雅甚都), 본디(雍齒雅然), 크다(雅量豁然), 시경 육의六義의 하나로 인신하여 시문時文 또는 문사文士, 악기 이름, 경칭, 만무, 아언雅言(=표준말: 爾雅, 廣雅). 아언雅言이란 표준이 되는 말이다. 일설에는 평소에 하는 말, 정확하 고 합리적인 말이라는 뜻이다.

묵히 깨우치는 데 있었다." ○사량좌가 말했다. "이 장은 『역』을 배우고 싶다는 말씀에 이어서 비슷한 유형을 기록한 것이다."

고금주—— ■補曰 執禮者, 臨事所執之禮, 今之儀禮, 是其遺也. [如今之笏記]
보완하여 말한다. 집례執禮란 일에 임하여 집행하는 예이니, 지금의 『의례』가 곧 그것이 남아 있는 제도이다(지금의 笏記 같은 것이다).

■孔曰: "雅言, 正言也." ○鄭曰: "讀先王典法, 必正言其音然後義全, 故不可有所諱."[邢說同] ○駁曰 非也. 臨文不諱, 謂之雅言, 可乎? 鄭說之不中理如此, 而後人猶欲述之, 豈不惑歟? 雅也者, 素也, 常也. [兼素・常二字之意, 其義乃備]
공안국이 말했다. "아언雅言은 정언正言이다." ○정현이 말했다. "선왕의 전법典法을 읽을 때는 반드시 그 글자의 음을 바르게 말한 뒤에야 그 뜻이 온전해진다. 그러므로 그 음을 휘諱하여 피하는 바가 있어서는 안 된다."(형병의 설도 같다.) ○논박하여 말하면, 그릇되었다. 글에 임하여 그 음을 그대로 읽기를 피하지 않은 것을 아언雅言이라고 말하는 것이 옳겠는가? 정현의 설이 이처럼 사리에 맞지 않는데도 뒷사람이 오히려 이를 따르려고 하니, 어찌 미혹된 것이 아니겠는가? 아雅란 평소(素)이고 항상(常)이다(평소와 항상이란 두 글자의 뜻을 겸해야 그 뜻이 갖추어진다).

■鄭曰: "禮不誦, 故言執." ○邢曰: "禮文不背誦, 但記其揖讓・周旋, 執而行之, 故言執也." ○應麟曰: "石林解執禮云, '猶執射・執御之執.' 《記》曰, '秋, 學禮, 執禮者詔之.'[〈文王世子〉文] 蓋古者謂持禮書以治人者, 皆曰執." ○案 今公家祭禮, 贊者執笏記高唱, 其在階上者, 謂之堂上執禮, 其在階下者, 謂之堂下執禮, 此所謂執禮者詔之也. 《儀禮》諸篇, 卽古之笏記.
정현이 말했다. "예禮는 암송하는 것이 아니기 때문에 '집執'이라고 말했다." ○형병이 말했다. "예문禮文은 돌아앉아 암송하지 않고, 단지 읍양揖讓・주선周旋을 기록하여, 집행하기 때문에 '집執'이라고 말하였다." ○왕응린이 말했다. "『석림』에서 집례執禮를 해석하여 '집사執事·집어執御의 집執과 같다.' 고 하였다. 『예기』에서 말했다. '가을에 예를 배우는데, 집례자執禮者가 그것을 도운다(「문왕세자」의 글이다).' 대개 옛날에 예서禮書를 지니고 남을 다스리는 자를 모두 집執이라고 한 듯하다." ○살핀다. 오늘날 공가公家의 제례祭禮에 찬자贊者는 홀기를 잡고 크게 외치는데, 그 섬돌 위에 있는 자를 당상집례堂上執禮라 하고, 그 섬돌 아래에 있는 자를 당하집례堂下執禮라 하니, 이것이 이른바 '집례자가 돕는다.'고 하는 것이다. 『의례』의 여러 편의 글에서는 곧 옛 홀기이다.

비평 —— 공자는 육경을 산정하고, 육예로서 가르쳤다고 한다. 『사기』「공자세가」에 다음과 같이 기록되어 있다.

> 공자는 물러나 시詩·서書·예禮·악樂으로 닦으시니 제자가 더욱 늘어났다. …『서전書傳』과 『예기』를 서술하시고, 『시경』을 산정하고, 『악경』을 바로 잡으며, 주역의 「단전」, 「계사전」, 「상전」, 「설괘전」, 「문언전」을 지으셨다. 제자가 대개 3천이었는데, 육예六藝에 통달한 자가 72명이었다.

여기서 육예六藝의 내용은 두 가지 해석이 있는데, 하나는 예禮·악樂·사射·어御·서書·수數를 말한 것이고, 다른 하나는 시詩, 서書, 예禮, 악樂, 역易, 춘추春秋의 육경六經을 말한다는 것이다. 아마도 72명의 제자가 통달한 육예六藝는 『소학小學』의 예禮·악樂·사射·어御·서書·수數와 『대학大學』의 육경六經 전부를 포괄하는 것이리라.

『시』는 인간의 성정을 다스리게 해 주고, 『서』는 제왕의 정사를 서술한 것으로 시비선악을 알게 해 준다. 예는 인간 행위에 합당한 절도와 문식을 규정해 주고 친소와 도덕의 체득 정도에 따라 인간 상호간의 관계를 구분해 주는 역할을 한다. 그리고 여기서 말하는 예에는 악의 개념 또한 포함되어 있다고 할 수 있다. 악이란 조화를 본질로 하면서 예에 의해 구분된 인간관계를 조화시켜 주는 것으로 윤리와 통하는 것이다.

(1) 아雅를 어떻게 해석할 것인가? 고주에서는 아언雅言은 정언正言이라고 해석하면서, 선왕의 전법을 읽을 때에는 반드시 그 글자의 음을 바르게 말하는 것이라고 하였다. 이를 주자는 아雅란 항상(常)이라고 했고, 다산은 '평소(素)이자 항상(常)'(평소와 항상이란 두 글자의 뜻을 겸해야 그 뜻이 갖추어진다)이라고 말한다. 주자의 해석을 보완한 다산의 해석이 가장 온전하다고 하겠다.

(2) 집례執禮의 집執을 어떻게 해석할 것인가? 고주는 예문禮文은 돌아앉아 암송하지 않고, 단지 읍양揖讓·주선을 기록하여 집행하기 때문에 '집執'이라고 말하였다. 주자는 집執을 지킨다(守)로 해석하고, "예의 경우만 지킨다고 한 것은 사람이 지켜야 할 것이라는 말이니, 단순히 외우고 설명하기만 하는 것이 아니다."라고 말하여, 고주에서 크게 어긋나지 않은 주석을 하였다. 그런데 다산은 집례執禮란 일에 임하여 집행하는 예로서 지금의 홀기笏記(제례 등 의식에서 그 진행 순서를 적어서 낭독하게 하는 기록)와 같은 것이라고 주장한다. 다산의 해석은 근거에서 나온 것이며, 실질적이라고 할 수 있다.

❧

7:18. 葉公問孔子於子路, 子路不對. 子曰: "女奚不曰, 其爲人也, 發憤忘食, 樂以忘憂, 不知老之將至云爾?"

고주 —— 섭공이 자로에게 공자에 대해 물으니, 자로가 대답하지 못했다(未知所以答). 공자께서 말씀하셨다. "너는 어찌 그 사람됨이 발분하여 먹는 것도 잊고, (도를) 즐겨 근심을 잊고서(樂道而忘憂), 늙음이 장차 오고 있음도 알지 못한다고 말하지 않았느냐?"

주자 —— 섭공이 자로에게 공자에 대해 물으니, 자로가 대답하지 않았다(성인의 덕은 실제로 명언하는 것은 쉽지 않다). 공자께서 말씀하셨다. "'너는 어찌 그 사람됨이 (아직 얻지 못했으면) 발분하여 먹는 것도 잊고, (이미 얻었으면) 즐거워 근심을 잊어, 늙음이 장차 오고 있음도 알지 못한다고 말하지 않았느냐?"(호학함이 독실하다는 것을 스스로 말했을 뿐이지만, 성인의 기상을 드러내고 있다.)

다산 —— 섭공이 자로에게 공자에 대해 물으니, 자로가 대답하지 못했다. 공자께서 말씀하셨다. "'너는 어찌 그 사람됨이 발분(전진하기에 용감)하여 먹는 것도 잊고, (도를) 즐거워 근심을 잊어, 늙음이 장차 오고 있음도 알지 못한다고 말하지 않았느냐?"(好學樂道者라고 말하여, 섭공에게 자신이 구하는 것이 없다는 것을 알게 했다.)

집주 —— ■葉公은 楚葉縣尹沈諸梁이니 字子高니 僭稱公也라 葉公이 不知孔子하여 必有非所問而問者라 故로 子路不對리라 抑亦以聖人之德이 實有未易名言者與아
섭공은 초楚나라 섭현葉縣의 수령(尹)인 심저량沈諸梁으로 자는 자고子高이며 공公을 참칭僭稱했다. 섭공은 공자를 알지 못했으니, 필시 질문하지 말아야

자원풀이 ■해奚는 爪(손톱 조)+幺(작을 요)+大(큰 대)로 구성되어 사람(大)을 줄(幺)로 묶어 손(爪)으로 끌며 일을 시키는 여자노예를 그린 회의자이나, 후에 '어찌'라는 의문사로 가차假借되었다.
■분憤은 心(마음 심)+賁(클 분: 크게 부풀어 오르다)의 형성자로 성내다(怒)는 뜻인데, 응어리진 마음(心)이 크게 분출하다의 뜻이다.
■발發은 弓(활 궁)+癶(짓밟을 발)의 형성자로 활(弓)을 쏘아 멀리 나아가게(癶) 하다의 뜻이다. 출발出發, 발사發射 등으로 쓰인다. 반대어인 폐廢는 쏠 활을 창고(广) 속에 넣어두고 사장함을 말한다.

할 것을 질문했기 때문에 자로가 대답하지 않았을 것이다. 아니면 성인의 덕을 실제로 명언名言하기가 쉽지 않았을 수도 있지 않겠는가?

■ 未得則發憤而忘食하고 已得則樂之而忘憂하여 以是二者로 俛焉하여 日有孳孳하여 而不知年數之不足이니 但自言其好學之篤爾라 然이나 深味之하면 則見其全體至極하여 純亦不已之妙가 有非聖人이면 不能及者라 蓋凡夫子之自言이 類如此하니 學者宜致思焉이니라

아직 얻지 못했으면 발분發憤하여 먹기를 잊고, 이미 얻었으면 그것을 즐겨 근심을 잊는다. 이 두 가지로 힘써 날마다 부지런하여 살날이 부족하다는 것을 알지 못한다. 단지 독실하게 학문을 좋아한다는 것을 스스로 말한 것일 뿐이지만, 깊이 음미해 보면 그 본체를 지극히 온전히 하며, 순수하고 또한 그치지 않는 묘용을 드러내어, 성인이 아니라면 능히 미칠 수 없는 것이 있다. 대개 공자께서 스스로를 언급하신 모든 말씀은 대체로 이와 같은 유형이니, 배우는 자는 마땅히 생각을 다하여야 한다.

고금주 —— 孔曰: "不對者, 未知所以答." ○補曰 發憤, 勇於進就也. 欲語之以嗜學樂道者, 要使葉公知我無求. ○案 葉公蓋有知人之明者也.

공안국이 말했다. "섭공葉公은 이름이 저량諸梁이고 초나라 대부이다. 섭이 식읍이었는데, 공을 참칭하였다." ○공안국이 말했다. "대답하지 않은 것은 대답할 바를 몰랐기 때문이다." ○보완하여 말한다. 발분發憤은 '앞으로 나아감에 용감함(勇於進就)'이다. 배우기를 좋아하고 도를 즐기는 자라고 말해주기를 바란 것은, 섭공으로 하여금 내(공자)가 아무것도 구하는 것이 없다는 것을 알게 하려고 한 것이다. ○살핀다. 섭공은 대개 사람을 알아보는 현명함이 있는 자인 듯하다.

비평 —— 고주는 이 구절이 공자의 사람됨을 말해주는 구절이라고 해석하

고, 주로 도를 즐기는 관점에서 해석하였다. 주자는 호학자好學者의 관점에서 해석하였다. 즉 호학의 독실함을 말하고 있지만, 깊이 은미하면 성인의 기상을 그대로 드러내 준다는 것이다. 다산은 고주와 주자를 종합하여 호학자이자 낙도자라는 것을 말한다고 해설하였다.

❧

7:19. 子曰: "我非生而知之者, 好古, [句] 敏以求之者也."

고주 —— 공자께서 말씀하셨다. "나는 태어나면서부터 아는 사람이 아니라, 옛것(=古道)을 좋아하여 민첩하게 (배워서) 그것을 구해서 (아는) 사람이다(敏疾求學而知之也)."

주자 —— 공자께서 말씀하셨다. "나는 (기질이 청명하여 의리가 밝게 빛나서) 태어나면서부터 아는 사람이 아니라, 옛것을 좋아하여 민첩하게 구하는 사람이다."

다산 —— 공자께서 말씀하셨다. "나는 태어나면서부터 아는 사람이 아니라, 옛것을 좋아하여 민첩한 마음을 써서 (알기를) 구하는(用敏疾之心以求知) 사람이다."

자원풀이 ■민敏은 每(매양 매<-母)+攴(칠 복)의 회의자로 자식을 가르치는 어머니의 회초리를 나타낸다. 매를 맞아가며 지혜와 지식을 받던 모습에서 영민英敏하다, 민첩敏捷하다, 지혜롭다, 내증이 있다는 뜻이다.

집주 —— ■ 生而知之者는 氣質淸明하고 義理昭著하여 不待學而知也라 敏은 速也니 謂汲汲也라

생이지지자生而知之者는 기질氣質이 청명하고 의리義理가 밝게 빛나서, 배우기를 기다리지 않고도 안다. 민敏은 빠름이니 부지런히 분발한다의 뜻이다.

■ 尹氏曰 孔子以生知之聖으로 每云好學者는 非惟勉人也라 蓋生而可知者는 義理爾니 若夫禮樂名物古今事變은 亦必待學而後에 有以驗其實也니라

윤돈이 말했다. "공자께서는 나면서부터 아는 성인이셨지만, 매번 배우기를 좋아한다고 말씀한 것은, 단지 사람들을 권면하기 위한 것만은 아니다. 대저 나면서부터 알 수 있는 것은 의리일 뿐이니, 예컨대 저 예악의 명칭과 사물 및 고금의 사변事變은 반드시 배운 이후에 그 실상을 징험할 수 있다."

고금주 —— ■ 補曰 敏以求之, 用敏疾之心以求知也. ○鄭曰: "言此者, 勸人學."[邢云: "恐人以己爲生知而不可學, 故告之."]

보완하여 말한다. 민이구지敏以求之는 민첩한 마음을 써서 앎을 추구하는 것이다. ○정현이 말했다. "공자께서 이렇게 말씀하신 것은 사람들에게 배우기를 권면하기 위한 것이다."(형병이 말했다. "다른 사람들이 자신을 나면서 아는 사람으로 여겨, 배울 필요가 없다고 여길까 염려하신 까닭에 이렇게 일러주셨다.")

■ ○案《大戴禮》曰"黃帝生而神靈, 弱而能言, 帝嚳生而神靈, 自言其名", 皆齊東野言. 孔子刪《書》, 無此諸說. 生而知之者, 蓋謂自幼至長, 其修身飭行, 動中禮法, 不學而能者也. 孔子不知父墓, 問於耶曼父之妻, 顧何嘗生而神靈耶? 則非生知者耶?

○(『집주』에 인용된 윤돈의 말에 대해) 살핀다. 『대대례』에 "황제黃帝는 태어나면서부터 신령스러워 어려서부터 능히 말을 할 수 있었고, 제곡帝嚳도 태어나면서부터 신령스러워 스스로 그 자신의 이름을 말하였다."고 하였지만, 이는 모두 제나라 동쪽 야인들의 말이다. 공자께서 『서경』을 산정하셨는데, 이런

설들은 없다. 생이지지生而知之란 대개 어려서부터 장성할 때까지 그 몸을 닦고 행실을 신칙하여(其修身飭行), 거동이 모두 예법에 맞아 배우지 않아도 능히 할 수 있는 자를 말한다. 공자는 부친의 묘소를 알지 못하여 추만보郰曼父의 아내에게 물었으니, 고찰해 보면, 어찌 나면서부터 신령스러웠겠는가? (나면서부터 신령스럽지 않았다고 해서) 생지자生知者가 아니었는가?

비평 —— 다산의 주석은 고주를 상당히 답습하고 있다. 주자는 이기론理氣論으로 해석하여, 생이지지를 기질이 청명하여 의리가 밝게 빛나서, 배우기를 기다리지 않고도 안다고 주석하였다. 다산은 주자의 이기론에 반대하고, 해체를 시도했다. 그리고 여기서 주자의 배우기를 기다리지 않고도 안다는 해설에 대해 그 의미를 조심스럽게 제한하고 있다. 다산의 주석이 합당하다.

7:20. 子不語怪 · 力 · 亂 · 神.

고주 —— 공자께서는 괴이 · 용력 · 반란 · 귀신(혹은 怪力과 亂神)에 대해서는 (교화에 무익하거나 혹 차마 말하지 못하는 것이어서) 말씀하지 않으셨다.

주자 —— 공자께서는 괴이 · 용력 · 패란(바른 이치가 아님) · 귀신(=조화의 자취로 밝히기 어렵다)에 대해서는 말씀하지 않으셨다.

다산 —— 공자께서는 괴이 · 용력 · 반란 · 귀신에 대해서는 (교화에 무익하거나 혹 차마 말하지 못하는 것이어서) 말씀하지 않으셨다.

집주 —— ■怪異, 勇力, 悖亂之事는 非理之正이니 固聖人所不語요 鬼神은 造化之迹이니 雖非不正이나 然이나 非窮理之至면 有未易明者라 故로 亦不 輕以語人也시니라

괴이怪異·용력勇力·패란悖亂의 일은 바른 이치가 아니어서, 본래 성인께서 말씀하시지 않은 것이다. 귀신鬼神은 조화의 자취이니, 비록 바르지 않은 것 은 아니지만, 이치를 탐구함이 지극하지 않으면 쉽게 밝힐 수 없기 때문에 사 람들에게 가볍게 말씀하지 않으셨다.

■謝氏曰 聖人은 語常而不語怪하고 語德而不語力하고 語治而不語亂하고 語人而不語神이니라

사량좌가 말했다. "성인께서는 평상(常)을 말씀하시고 괴이(怪)를 말씀하시 지 않으셨다. 도덕(德)을 말씀하시고, 용력(力)을 말씀하지 않으셨다. 정치 (治)를 말씀하셨지, 패란(亂)을 말하지 않으셨다. 사람(人)을 말씀하셨지, 귀 신(神)을 말씀하지 않으셨다."

고금주 —— ■孔曰: "怪, 怪異也. 力, 謂若奡盪舟, 烏獲舉千均之屬. 亂, 謂臣 弒君子弒父. 神, 謂鬼神之事. 或無益於教化, 或所不忍言." ○案 怪者, 如石言 木起及解禽言吞刀吐火之類.

공안국이 말했다. "괴怪는 괴이怪異이다. 역力은 이를테면 오奡가 땅위에서

자원풀이 ■어語는 言(말씀 언)+吾(나 오)의 형성자로 말(言)로서 논의한다는 뜻이다. 언어言語, 문자라는 뜻이 나왔다. ■괴怪는 心(마음 심)+圣(힘쓸 골)의 형성자로 이상異常하게 느끼다(心)는 뜻이다. 놀라다, 이상하다, 괴이하다, 비난 하다, 대단하다로 쓰인다.

■력力은 갑골문에서는 쟁기를 그릴 상형자이다. 동물이 쟁기를 끌기 전 사람이 끌었기 때문에 체력이나 힘의 뜻 이 되었다. 능력이나 위력威力, 그리고 제압制壓하다의 의미가 생겼다.

■난亂은 (爪·손톱 조)와 (又·또 우)는 손이고, 실패와 실(중간부분)을 그려 엉킨 실을 의미한다.

■신神은 示(보일 시)+申(아홉째지지 신)의 형성자로 번개(申→電) 신(示)을 말했다. 번개는 사악한 사람을 경계하고, 신의 조화가 생길 어떤 변화를 나타내주는 계시로 생각되어 자연계에 존재하는 각종 신을 나타내게 되었다. 귀신 鬼神, 평범하지 않은 것, 신비神秘, 신성神聖, 정신精神 등의 용어가 나왔다.

배를 끌거나, 오획烏獲이 천균千均의 무게를 들어 올리는 것 등과 같은 것이다. 난亂은 신하가 임금을 시해하거나, 자식이 부모를 시해하는 것을 말한다. 신神은 귀신의 일을 말한다. (怪力亂神은) 교화에 무익하거나 혹 차마 말하지 못하는 것이다." ○살핀다. 괴怪란 예를 들면 돌(石)이 말하고, 나무가 일어서고, 새의 말을 알아듣고, 칼을 입고 물고 불을 토해내는 것 등과 같은 것이다.

■ 李充曰: "力不由理, 斯怪力也, 神不由正, 斯亂神也. 怪力亂神, 有與於邪, 無益於教, 故不言也." ○駁曰 非也.

이충李充이 말했다. "역力이 이치에 말미암지 않는 것이 바로 괴력怪力이며, 신神이 바름에 말미암지 않는 것이 바로 난신亂神이다. 괴력怪力과 난신亂神은 사악함과 연관이 있고, 교화에 무익하기 때문에 말씀하지 않으셨다." ○ 논박하여 말하면, 그릇되었다.

비평 —— 특별한 쟁점은 없다. 다만 다산은 (고주에서 형병이 인용한) 괴怪 · 력力 · 난亂 · 신神으로 보지 않고, 괴력怪力 · 난신亂神으로 설명하는 것을 비판하였다. 정당하다고 판단된다.

❧

7:21. 子曰: "三人行, 必有我師焉, 擇其善者而從之, 其不善者而改之."

고주 —— 공자께서 말씀하셨다. "세 사람이 길을 가면 (본래 賢愚의 구별은 없지만, 저 두 사람의 언행이 '반드시' 한 사람은 선하고 다른 한 사람은 선하지 않을 것이니, 선한 사람이 나의 스승이기에) 반드시 나의 스승이 있다. (나는) 그중에 선한 사람(의 언행)을 택하여 따르고, 그중에 불선한 사람(의 언행)을 보고는 나의 불선을 고친다(배움에는 일정한 스승이 없다)."

주자 —— 공자께서 말씀하셨다. "세 사람이 길을 가면 반드시 나의 스승이 거기에 있을 것이다. 그 선한 사람을 선택하여 따르고(나에게 선이 있게 한다), 그중에 불선한 사람을 보면서 (그 악을 보고는 안으로 스스로 반성하여) 나의 악을 고친다(선한 사람 · 불선한 사람, 모두 나의 스승이다.)"

다산 —— 공자께서 말씀하셨다. "세 사람 정도 (소수가) 길을 가도, 반드시 나의 스승(도학적인 스승만이 아니라, 謠俗과 技藝 등 잘하는 것이 있어 배울 만한 사람)이 거기에 있을 것이다. 그들 가운데에 잘하는 것을 선택하여 따르고, 그들 가운데 못하는 것에서는 (그 잘못하는 것을 보고는 안으로 스스로 반성하여) 나의 못하는 것을 고친다(불선자가 나의 스승인 것은 아니다)."

집주 —— ■三人同行에 其一은 我也니 彼二人者 一善一惡이어든 則我從其善而改其惡焉이면 是二人者 皆我師也니라
세 사람이 함께 길을 가면, 그 한 사람은 나이고, 저 두 사람 중 한 사람은 선하고, (다른) 한 사람은 악하다면, 나는 그 선함을 따르고 그 악함을 고친다. 이 두 사람은 모두 나의 스승이다.

자원풀이 ■행行은 사거리를 그린 상형자이다. 길은 여러 사람이 오가는 곳이기에 가다, 운행하다, 떠나다, 실행하다, 가능하다, 행위, 품행 등의 뜻이다.
■아我는 창(戈)과 같은 날이 선 무기이다. '나' 혹은 '우리'란 뜻은 가차했다고 하지만, 『설문해자』에서는 회의자라고 한다. 갑골문 당시에 이미 '우리'로 쓰여 '나'로 쓰인 것은 가차로 보지만, 我에 羊(양)의 장식물이 더해진 의장용 칼인 의義가 공동체에서 지켜야 할 '의리'를 의미하는 것을 볼 때, 我는 적보다는 내부를 결속하기 위한 대내용 무기로, 여기서 '우리'라는 뜻이 나왔을 것으로 추정한다. 나 혹은 우리는 너 혹은 너희와 무기를 들고 대적하는 상대적인 관계라는 것을 뜻한다.
■사師는 堆(흙을 모아서 쌓을 퇴)+帀(둘러칠 잡)의 형성자로 '모아 쌓아서 두르다'의 뜻에서 파생되어, 여러 지식을 모아 일이관지한 스승을 지칭하게 되었다(師表). 또한 흙이나 돌을 모아서 쌓아 둘러서 성城을 만드는데, 성城에는

■尹氏曰 見賢思齊하고 見不賢而內自省이면 則善惡이 皆我之師니 進善이
其有窮乎아

윤돈이 말했다. "현명한 사람을 보고는 같아지기를 생각하고, 현명하지 않는
사람을 보고는 안으로 스스로 반성하면 선한 사람과 악한 사람은 모두 나의
스승이니, 선으로 정진함에 끝이 있겠는가?"

고금주 —— ■補曰 三人行, 言同行者少也. 必有我師者, 非謂道學之師, 或四
方謠俗, 百工技藝, 及有一善可學者, 皆我師也. ○補曰 擇其善者, 謂通執兩人,
擇其善言善事, 不必偏取一人, 棄其一也. ○補曰 其不善者, 因上文而遂言之,
欲其見不善而內自省, 非謂善惡皆我師也.

보완하여 말한다. 삼인행三人行은 동행자가 적다는 말이다. 반드시 나의 스
승이 있다는 것은 도학道學의 스승을 말하는 것이 아니라, 혹 사방의 민요나
풍속, 백공百工의 기예技藝 및 하나의 선함이라도 배울 만한 것이 있는 사람
은 모두 나의 스승이다. ○보완하여 말한다. 택기선자擇其善者란 그 동행하
는 두 사람 모두와 통하면서 그 좋은 말(善言)과 좋은 일(善事)을 선택하는 것
이지, 필시 치우치게 한 사람만 취하고 다른 한 사람을 버리는 것이 아니다.
○보완하여 말한다. 기불선자其不善者는 윗글에 근거를 두고 말한 것이니, 그
사람의 불선을 보고 안으로 스스로 반성하고자 하는 것이지, 선한 사람과 악

군대가 있기 때문에 군사軍師의 뜻이 있는데, 2,500명의 군대를 사師라 하였고, 이후 군대의 지도자, 이로부터 의
사醫師 등 전문적인 기술을 가진 사람을 말한다.
■택擇은 手(손 수)+睪(엿볼 역)의 회의자로 눈으로 자세히 살펴(睪) 손(手)으로 가려내는 것을 말한다. 선택하다, 구
별하다, 붙잡다 등의 뜻이 나왔다.
■선善이란 『설문해자』에서는 " 길함한 것이다. 두 개의 언(言) 자와 양羊이 합쳐진 것으로 의義 및 미美와 뜻이 같
다."고 하였다. 즉 선善에서 두 개의 언(言) 자는 말을 주고받는다는 뜻에서 서약하고 서로 논쟁한다는 의미이고,
양羊은 죄인을 심판할 때 쓰던 양으로 서로 논쟁하는 두 사람 사이에서 각각의 주장에 대해 시비곡직是非曲直을
신神을 대신하여 심판하는 것으로부터 길상吉祥함과 훌륭함을 의미했다. 어쨌든 선이란 길상한 것으로 의롭고
(義) 아름다운 것(美)이라는 의미를 함께 지닌다. 그리고 여기서 양羊은 양의 머리를 쓴 절대자(羊人爲美)를 상징한

한 사람이 모두 나의 스승인 것은 아니다.

■ 邢曰: "彼二人言行, 必有一人善一人不善." ○駁曰 非也. 三人偶然同行, 豈
必一善一惡, 每不差忒?君子同行, 或三人皆善, 群盜同行, 或三人皆惡. 今必欲
於兩人之中, 奉一善而執一惡, 難矣. 所謂我師, 本非全德之人, 或有一聞一識
一技一能, 兼有愆尤疵病, 擇其善者而師之, 其不善者, 內省而改之也.

형병이 말했다. "저 두 사람의 언행에 반드시 한 사람은 선하고 다른 한 사람
은 선하지 않음이 있다." ○논박하여 말하면, 그릇되었다. 세 사람이 우연히
동행할 때에 어떻게 매번 어김없이 반드시 한 사람은 선하고 한 사람은 악하
겠는가? 군자가 동행하면 혹 세 사람 모두 선하기도 하고, 도둑들이 동행하
면 혹 세 사람 모두 악하기도 하다. 지금 반드시 두 사람 가운데 선한 한 사람
은 받들되, 악한 한 사람은 잡아내려고 한다면 곤란하다. 이른바 나의 스승
(我師)이란 본래 덕을 온전히 갖춘 사람이 아니다. 혹 하나의 견문(一聞)·하
나의 지식(一識)·하나의 기예(一技)·하나의 기능(一能)이 있지만, 허물과 하
자도 겸하여 지니고 있다면, 그 선함은 선택하여 스승으로 삼고, 그 선하지
못한 것에 대해서는 안으로 반성하여 고치는 것이다.

비평 —— 주자가 인용한 윤씨의 말은 "현명한 사람을 보면 같아질 것을 생각
하고, 현명하지 못한 사람을 보면 스스로 반성한다."(4:17. 子曰 見賢思齊焉 見不
賢而內自省也.)는 구절을 근거로 해석한 것이다. 고주에 다소 무리가 있는 해
석을 다산이 적절하게 잘 비판했다. 주자는 이 구절을 선악의 관점에서 도
학적으로 해석했다. 이에 비해 다산은 도학적 관점에서 벗어나, 배움 일반의

다고 할 수 있다. 착하다, 선행善行, 좋은 일, 선하다, 훌륭하다, 좋아하다, 능력 있다 등의 의미로 쓰인다.
■改는 巳(자식 사→己로 바뀜)+攴(칠복)의 회의자로 자식(巳)을 매로 때려가며 옳은 길을 가도록 '바로잡음'에서,
고치다, 수정하다, 다시 등의 뜻이 나왔다

관점에서 새롭게 조명하였다. 즉 단순히 도만이 아니라, 사방의 민요나 풍속, 백공百工의 기예技藝 등 무엇이든 잘 하는 것이 있다면 모두가 배움을 줄 수 있는 나의 스승이라는 것이다. 이때 선善은 잘다, 좋다, 현능하다, 능력 있다 등 모든 기예나 학문이 추구하는 좋음 일반이라고 생각된다. 다산의 해석이 폭이 넓고, 실용적이다.

또한 이 구절은 『시경』「소아, 학명」편의 타산지석他山之石(타인의 산에서 나는 거친 숫돌이더라도 자신의 거친 옥돌을 갈아서 빛나게 할 수 있다. 즉 소인배에게 군자가 배울 것이 있다는 겸허함과 지혜를 가리키는 말)과 연관이 있다.

> 학명우구고鶴鳴于九皋 학이 구고에서 우니
>
> 성문우천聲聞于天 그 소리 온 하늘에 들려오네.
>
> 어재우저魚在于渚 물고기는 물가에 있다가
>
> 혹잠재연或潛在淵 어떤 물고기 깊은 못으로 들어간다.
>
> 악피지원樂彼之園 즐거워라, 저기 동산은
>
> 원유수단爰有樹檀 박달나무 심겨 있고
>
> 기하유곡其下維穀 그 아래에는 닥나무 자라는구나
>
> 타산지석它山之石 그 산의 돌로
>
> 가이공옥可以攻玉 옥돌도 갈 수 있도다!

7:22. 子曰: "天生德於予, 桓魋其如予何?"

고주 —— 공자께서 말씀하셨다. "하늘이 나에게 (성인의 성품을 부여하셔서) 덕

을 주셨으니, (나의 덕이 천지와 합하여 길상하면서 이롭게 해주지 않음이 없는데) 환
퇴가 나를 어찌 하겠느냐?"(공자께서는 근심도 두려워함도 없었음:無憂懼을 말한 것
이다.)

주자 —— 공자께서 말씀하셨다. "하늘이 나에게 (이미 이와 같은) 덕을 주셨으
니, 환퇴가 (하늘의 뜻을 거스르고) 나를 어찌 하겠느냐?"

다산 —— 공자께서 말씀하셨다. "하늘이 내게 덕을 주셨으니, 환퇴가 나를
어찌 하겠느냐?"(공자께서는 근심도 두려워함도 없었음:無憂懼을 말한 것이다.)

집주 —— ■ 桓魋는 宋司馬向魋也니 出於桓公이라 故로 又稱桓氏라 魋欲害
孔子한대 孔子言天旣賦我以如是之德하시니 則桓魋其奈我何리오하시니 言
必不能違天害己라
환퇴桓魋는 송宋나라 사마司馬 상퇴向魋인데, 환공桓公의 후예인 까닭에 환씨
桓氏라고도 불렀다. 환퇴가 공자를 해치려 하자, 공자께서 '하늘이 이미 나에
게 이와 같은 덕을 부여하였으니, 환퇴가 나를 어찌하겠느냐.'고 말씀하신 것
이다. 필시 하늘을 거스르고 자신을 해칠 수 없을 것이라는 말씀이다.

고금주 —— ■ 邢曰: "案〈世家〉, 孔子去曹適宋, 與弟子習禮大樹下. 宋司馬桓
魋欲殺孔子, 拔其樹. 孔子去, 弟子曰, '可速矣.' 故孔子發此語." ○ 邢曰: "此章
言孔子無憂懼也."
형병이 말했다. "『사기』「공자세가」를 살펴보면, 공자께서 조曹나라를 떠나
송宋나라로 가서 제자들과 큰 나무 아래(大樹下)에서 예를 강습(習禮)하고 있
었는데, 송나라 사마 환퇴가 공자를 죽이고자 그 나무를 뽑아 버렸다. 공자
께서 떠나시니, 제자들이 '빨리 가는 것이 좋겠습니다.'라고 했던 까닭에 공

자께서 이 말씀을 하였다." ㅇ형병이 말했다. "이 장은 공자께서 근심도 두려워함도 없었음(無憂懼)을 말한 것이다."

비평 —— 『사기』「공자세가」에서 "공자께서 송나라에 가셨을 때 제자들과 더불어 큰 나무 아래서 예禮를 강습하셨는데, 환퇴가 그 나무를 베자 공자께서 떠나셨다. 제자들이 말하기를 '빨리 가는 것이 좋겠습니다.'라 하자, 공자께서 '하늘이 나에게 덕을 주셨는데, 환퇴가 나를 어떻게 하겠는가?'라고 말씀하시고, 드디어 정나라로 가셨다."라고 기록되어 있다.

이 구절은 (1) 하늘은 인간에게 덕을 내려주는 도덕의 근원이라는 것, (2) 공자는 하늘이 전해 준 덕을 받아 도통을 계승했다는 의식을 분명히 지니고 있었다는 점 등을 말해준다. 다음 구절이 이를 증빙한다

> 공자께서 광 땅에서 위급함에 처하시니, 말씀하셨다. "문왕이 이미 돌아가셨는데, 문화가 여기에 있지 아니한가? 하늘이 장차 이 문화를 없애려 하셨다면 나중에 죽는 자에게 이 문화를 허용하지 않았을 것이다. 하늘이 아직 이 문화를 없애려 하지 않으니, 광 땅의 사람들이 나에게 어찌 하겠는가?" (9:5. 子畏於匡 曰文王旣沒 文不在玆乎 天之將喪斯文也 後死者 不得與於斯文也 天之未喪斯文也 匡人 其如予何.)

하늘이 도덕의 원천임을 시사하는 전형적인 구절은 『시경』「대아 증민」편의 다음 구절이다.

> "하늘은 뭇 백성들을 낳으시고, 사물마다 법칙이 있도록 하였다. 백성들이 떳떳함을 간직하고 이 아름다운 덕을 좋아한다." (天生烝民 有物有則 民之秉彝 好是懿德.)

공자는 이 구절을 지은 사람은 도를 안다고 말했고, 맹자는 이 구절에 근거

를 두고 성선설을 정립하였다. 고주는 공자가 하늘과 그 덕을 합한 성인聖人이라는 관점에서 해석하였다. 성인은 모든 존재를 길상하게 하고, 이롭게 해주지 않음이 없기 때문에 다른 사람으로부터 해를 입지 않으며, 나아가 두려움이 없다는 것이다. 고주는 다음과 같이 주석하였다.

> 포함이 말했다. "'천생덕어자天生德於子'는 (하늘이) 나에게 성인의 성품(聖性)을 부여하셔서, 덕이 천지와 합하여(德合天地) 길상하여 이롭게 하지 않음이 없다(吉無不利)는 말이니, 그러므로 그가 나를 어떻게 하겠는가 하고 말했다." (『논어주소』)

주자와 다산은 덕에 대한 강조점을 다른 곳에 두고 있다. 별도로 상세히 논구하고자 한다. 제3권의 「덕德」에 관해 논한 장을 참조하기 바란다.

≈≈≈

7:23. 子曰: "二三子, 以我爲隱乎? 吾無隱乎爾. 吾無行而不與二三子者, 是丘也."

고주 —— (제자들이 공자의 지혜가 넓고 도가 깊어, 배워서 미칠 수 없었기에 숨기는 것이 있다고 여기니) 공자께서 말씀하셨다. "여러분들은 내가 숨긴다고 생각하느냐? 나는 숨기는 것이 없다. 나는 어떠한 행위도 여러분들과 함께하지 않는 것이 없으니(無不與爾共之者), 이것이 나의 마음이다(是丘之心)."

주자 —— (제자들은 공자의 도가 높고 깊어 가까이 미칠 수 없다고 여겨, 공자께서 숨기는 것이 있을 것이라고 의문을 지니자) 공자께서 말씀하셨다. "여러분들은 내가 숨긴다고 생각하느냐? 나는 숨기는 것이 없다. 나는 어떠한 행위도 여러분에게 보여주지(與=示) 않는 것이 없으니, 이것이 나이다."

다산 —— 공자께서 말씀하셨다. "여러분들은 내가 숨긴다고 생각하느냐? 나는 숨기는 것이 없다. 내가 몸소 행하는 어떠한 것(行=躬所行)에서도 여러분들에게 보여주지 않은 것이 없으니, 이것이 나이다(그러니 여러분들은 마땅히 내가 행하는 것을 보고 본받아야지, 내가 숨기는 것이 있다고 생각하지 말라)."

집주 —— ■諸弟子以夫子之道高深하여 不可幾及이라 故로 疑其有隱하니 而不知聖人作止語默이 無非教也라 故로 夫子以此言曉之하시니라 與는 猶示也라

여러 제자들은 공자의 도가 높고 깊어 가까이 미칠 수 없다고 여겼기 때문에, 공자께서 숨기는 것이 있을 것이라고 의문을 품고, 성인의 동작(作)·정지(止)·말씀(語)·침묵(默)이 (모두가) 가르침이 아닌 것이 없다는 것을 알지 못했다. 그러므로 공자께서 이 말씀으로 그들을 깨우쳐 주신 것이다. 여與는 보여줌(示)과 같다.

■程子曰 聖人之道猶天然하여 門弟子親炙而冀及之然後에 知其高且遠也라 使誠以爲不可及이면 則趨向之心이 不幾於怠乎아 故로 聖人之教 常俯而就

자원풀이 ■은隱은 阝(고을 읍)+'삼갈 은'의 형성자로 숨다의 뜻인데, 언덕(阜)에 가려 보이지 않음을 말하며, 이로부터 숨기다, 숨다, 비밀 등의 뜻이 나왔다.
■여與는 与(어조사 여)+舁(마주들 여)의 형성자로 상아와 같은 소중한 물건을 서로 '함께' 들어 올리다(舁)의 뜻에서 유래하였다. 더불어, 목적을 함께 하는 무리, 허여하다, 돕다, 협조하다, 위하여, 참여하다, 어조사, 주다 등으로 쓰인다. 여여與與는 초목이 무성한 모양, 엄숙하게 위의를 갖춘 모습(행동거지가 법도에 맞는 모양) 혹은 침착한 모양, 망설이는 모양 등을 의미한다.
■구丘는 언덕과 언덕 사이의 구릉지丘陵地를 그린 상형자이다. 그릉, 무덤, 전답, 거주지, 행정단위(=사읍四邑), 땅 이름으로 쓰였다. 공자의 이름이기도 하다.

之如此하시니 非獨使資質庸下者로 勉思企及이라 而才氣高邁者 亦不敢躐易
而進也니라

정자가 말했다. "성인聖人의 도는 하늘(天)과 같아, 문하의 제자들이 직접 가르침을 받고 도달하려고 노력한 뒤에 그것이 높고도 심원하다는 것을 알게 된다. (그런데) 진실로 미칠 수 없다고 여기게 되면, (성인의 도를) 추향趨向하는 마음이 오히려 나태하게 될 수도 있지 않겠는가? 그러므로 성인의 가르침은 항상 낮추어 이와 같이 접근하시니, 다만 자질이 용렬하고 낮은 자에게는 힘써 생각하여 발돋움하여 이르도록 하셨을 뿐만 아니라, 재기才氣가 고매한 자 또한 감히 엽등하여 쉽게 나아가지 않도록 하신 것이다."

■ 呂氏曰 聖人이 體道無隱하여 與天象昭然하여 莫非至敎라 常以示人이로되 而人自不察이니라

여대림이 말했다. "성인께서는 도를 체현하시고 숨김이 없으시어, 하늘의 일월성신과 함께 환하게 비추시니, 지극한 가르침 아닌 것이 없다. 항상 사람들에게 계시해 주시지만, 사람들이 제 스스로 살피지 못할 뿐이다."

고금주 ── ■包曰: "二三子, 謂諸弟子." ○包曰: "聖人知廣道深, 弟子學之不能及, 以爲有所隱匿, 故解之." ○補曰 行者, 躬所行也, 不言之敎也, 吾無一事不以示二三子, 二三子當見而效之, 無以我爲隱也. '是丘也'一句, 自證自明之辭, 說其名, 以著己事之明白.

포함이 말했다. "이삼자二三子는 여러 제자들을 말한다." ○포함이 말했다. "성인께서 지혜가 넓고 도가 깊어, 제자들이 배워서 미칠 수 없었기에 숨기는 것이 있다고 여겼다. 그래서 해명하신 것이다." ○보완하여 말한다. 행行이란 몸소 행하는 것이니, 말 없는 가르침이다. 나는 단 하나의 일에서도 여러분들에게 보여주지 않은 것이 없으니, 여러분들은 마땅히 보고서 본받아야지, 내가 숨기는 것이 있다고 생각하지 말라는 말씀이다. '시구야是丘也'라

는 한 구절은 스스로 증명하는 말이니, 자신의 이름을 말씀하셔서, 자신이 한 일이 명백하다는 것을 드러내신 것이다.

■ 包曰: "我所以, 無不與爾共之者, 是丘之心." ○駁曰 非也. 心字添出, 非本旨也.

포함이 말했다. "내가 행하는 것들은 여러분들과 함께하지 않음이 없으니(無不與爾共之者), 이것이 바로 나(공자)의 마음이다." ○논박하여 말하면, 그릇되었다. 심心 자를 첨가하면, 본뜻이 아니다.

비평 —— '여與' 자의 해석에서 이견이 있다. 고주는 '함께·더불어·공동으로'라는 의미로 해석했다. 바로 이렇게 해석했기 때문에 뒤에 '시구야是丘也'에 '심心' 자를 덧붙여 해석할 수밖에 없었다. 주자는 '여與' 자에 '시示(보여주다)' 자로 해석하여, 앞의 '은隱' 자와 보조를 맞추어, '숨김 없이 모든 것을 보여 주었다.'라는 의미로 해석했다. 다산은 주자의 이런 해석을 받아들이고, 고주에서 '심心' 자를 첨가한 것 또한 적절하게 잘 비판하였다.

7:24. 子以四教, 文·行·忠·信.

고주 —— 공자께서는 네 가지로 가르치셨으니, (선왕이 남긴 글인) 문, (덕스러운) 행(行=德行), (마음 가운데 숨김이 없는) 충(中心無隱謂之忠), (사람이 말을 함에 속임이 없는) 신(人言不欺謂之信)이다.

주자 —— 공자께서는 네 가지로 가르치셨으니, (일의 이치를 설명하는 시·서·

육예의) 문, (이 이치를 진실로 체현하는) 행, (행하는 바가 선하더라도 다시 마음으로 반성하여 조금이라도 진실하지 못한 것이 없는) 충과 신이다(文·行·忠·信은 밖으로부터 안으로 공부해 가는 것이다).

다산 —— 공자께서는 네 가지로 가르치셨으니, (선왕이 남긴 글인) 문, (들어가서 효도하고, 나가서는 공경하는) 행, (다른 사람에게 정성으로 향하는) 충(嚮人以誠曰忠), (다른 사람과 등지지 않는) 신(與人無偕曰信: 文·行은 밖이고, 忠·信은 안이다)이다.

집주 —— ■程子曰 敎人以學文修行而存忠信也니 忠信이 本也니라
정자가 말했다. "사람들을 가르침에 문을 배우고(學文) 행실을 닦으면서(修行), 충과 신을 보존하는 것으로 하셨으니, 충忠과 신信이 근본이다."

고금주 —— ■邢曰: "文, 謂先王之遺文. 行, 謂德行. 在心爲德, 施之爲行. 中心無隱謂之忠, 人言不欺謂之信." ○補曰 文·行, 外也, 忠·信, 內也. 入則孝, 出則悌, 行也. 嚮人以誠曰忠, 與人無偕曰信.
형병이 말했다. "문文은 선왕이 남긴 글(先王之遺文)을 말한다. 행行이란 덕행德行을 말하니, 마음에 있으면 덕이 되고, 실천으로 옮기면 행이 된다. 마음 가운데 숨김이 없는 것을 충이라고 하고, 사람이 말을 함에 속임이 없는 것을

자원풀이 ■문文은 갑골문에서는 사람의 가슴에 어떤 무늬를 새겨 놓은 문신文身을 의미했다. 문자文字란 일정한 필획을 서로 아로새겨 어떤 형태들을 그려낸 것이다. 그래서 무늬라는 의미의 문文에 문자라는 의미가 담기게 되었다. 그래서 『설문해자』에서는 "획을 교차하다의 뜻으로 교차한 무늬를 형상했다(錯劃也 象交文)"고 했다. 그리고 문자로 쓰인 것을 문장文章이나 문학작품이라고 말하게 되었다. 그러자 문文은 주로 문장이나 문자의 의미로 쓰이고, 무늬라는 말은 문紋 자가 대신하게 되었다.
■행行은 사거리를 그린 상형자이다. 길은 여러 사람이 오고가는 곳이기에 가다, 운행하다, 떠나다, 실행하다, 가능하다, 행위, 품행 등의 뜻이다.
■충忠은 心(마음 심)+中(가운데 중)의 형성자로 어느 한쪽으로도 치우치지 않은(中) 공평무사한 원칙을 견지하는 마음(心)이 바로 원뜻이다.

신이라 한다." ○보완하여 말한다. 문文·행行은 밖이요, 충忠·신信은 안(內)이다. 들어가서 효도하고, 나가서 공경하는 것은 행行이다. 다른 사람에게 정성으로 향하는 것을 일러 충이라 하고, 다른 사람과 등지지 않는 것을 일러 신이라 한다.

■荻曰: "四教即四科也. 文即文學. 行即德行. 忠, 施諸政事. 信, 施諸言語." ○駁曰 非也. 傅會之巧也. 政事言語, 以當忠信, 可乎?

오규 소라이가 말했다. "사교四敎는 곧 사과四科이다. 문은 곧 문학이고, 행은 곧 덕행이며, 충忠은 곧 정사에 베푸는 것이고, 신信은 언어에 베푸는 것이다." ○논박하여 말하면, 그릇되었다. 견강부회하는 말이다. 정사와 언어를 각각 충忠과 신信에 배당하는 것이 타당하겠는가?

비평 —— 문文에 대해 고주와 다산(고주를 인용만 하고 있음)은 선왕의 유문이라고 해설하였다. 이에 대해 주자는 행위의 근거가 되는 이치를 탐구하고 설명하는 것을 문이라고 해설하였다. 주자는 이치를 강조하고 있음이 드러난다. 그리고 충忠과 신信에 대해서는 각각 약간의 정의를 달리하였다.

　　　주자가 말했다. "문文으로 가르치지 않으면, 말미암아 들어갈 길이 없다. 일의 이치를 설명하는 것이 곧 문文이다. 시詩·서書·육예六藝가 모두 문이니, 예를 들면, 어떻게 하는 것인 효제孝悌인지를 설명하는 것이 바로 문文이다. 행行은 이른바 효제를 바야흐로 실제로 행하는 것이다. 또한 행함에 성실하지 못할까 염

■신信 자는 『설문해자』에 따르면 人(사람 인)과 言(말씀 언·맹서盟誓)이 결합한 회의문자로서, '사람의 본마음에서 표출된 말은 거짓이 없기(誠實無欺)에 믿을 수 있다.' 혹은 '사람(人)의 말(言)은 언제나 진실 되고 신뢰가 있어야 한다'는 의미를 지녔다. 그런데 맹자는 "가치상 추구할 만한 것을 일러 선(좋음)이라고 하고, 이러한 선을 자기 안에 지니고 있는 것을 일러 신信이라고 한다"고 해설하고 있듯이, 신信이란 도덕적이고 선하며 착한 본성(仁義禮智)을 지니고서, 그 본성을 실현하기 위해 신실하게 행하는 것을 말한다.

려하신 까닭에 충忠·신信으로 가르치셨는데, 충·신하는 것은 전적으로 배우는
자에게 달려있으니, 스스로 해 나가야 비로소 실사實事가 된다."(『논어집주대전』)

문文·행行·충忠·신信의 관계에 대해 (1) 고주는 "공자께서 교육을 시행
함에 있어 이 네 가지 일로서 우선으로 삼았다."라고 말한다. (2) 주자는 밖으
로부터 안으로 공부해 가는 것이라고 말하여, 『논어』1:6과 대비시킨다.

주자가 말했다. "문文·행行·충忠·신信은 밖으로부터 안으로 공부해 가는
것이고, '행하고 남는 힘이 있으면 곧 글을 배우라(1:6)'는 것은 안으로부터 밖으
로 공부해 나가는 것이다."(『논어집주대전』)

(3) 다산은 문文·행行은 밖外이요, 충忠·신信은 안內이라고 말하지만, 이
네 가지를 공부해 나가는 순서로 파악하고 있지는 않다.

문文·행行·충忠·신信에 대한 개념 규정이 서로 다르기 때문에 어느 해
석이 더 타당하다고 말할 수는 없다.

〜〜〜〜

7:25. (1) 子曰: "聖人, 吾不得而見之矣. 得見君子者, 斯可矣."(章
이 나누어진다:다산) (2) 子曰: "善人, 吾不得而見之矣. 得見有恒者,
斯可矣. (3) 亡而爲有, 虛而爲盈, 約而爲泰, 難乎有恒矣."

고주 —— 공자께서 말씀하셨다. "성인(上聖之人:요·순·우·탕 등)은 내가 만
나볼 수 없다면, (선을 실천하기에 게으름이 없는) 임금(行善無怠之君)이라도 만났

으면 좋겠다." 공자께서 말씀하셨다. "선한 임금(善人之君)을 내가 만나보지
못했으니, 항상 덕이 있는 임금(恒=常, 有常德之君)이라도 만나보았으면 좋겠
다. 없으면서도(亡=無) 있는 척하고, 비었으면서도 차 있는 척하고, 곤궁하면
서도 부유한 척하면, 덕을 항상 유지하기 어렵다."(이 장은 현명한 군주가 없음을
통탄하신 것이다.)

주자 —— 공자께서 말씀하셨다. "성인(神明不測之號)은 내가 만나볼 수 없다
면, 군자(才德出衆之名)라도 만날 수 있으면 좋겠다." 공자께서 말씀하셨다(연
문인 듯하다). "선인을 내가 만나보지 못했으니, 유항자(恒=常久:오랫동안 꾸준
함을 유지하는 사람)라도 만날 수 있으면 좋겠다. 없으면서도 있는 척하고, 비
었으면서도 차 있는 척하고, 곤궁하면서도 부유한 척하면, 유항하기가 어렵
다."(유항자와 성인은 현격한 차이가 나지만, 유항자에서 출발하여 성인에 이른다.)

다산 —— (7:25)공자께서 말씀하셨다. "성인(大而化之曰聖)은 내가 만나보지
못했으니 군자(兼備曰君子可以治人)라도 만나볼 수 있으면 좋겠다."(장을 나누
었다.) (7:26)공자께서 말씀하셨다. "(행동에 악이 없어 선에 이른) 선인(=行己無惡至
於善者)은 내가 만나볼 수 없다면, (선인만 못하지만) 유항자(能守常而不變者)라
도 만날 수 있으면 좋겠다. (형질이) 없으면서도 있는 척하고, (그릇은 있으나)

자원풀이 ■항恒은 心(마음 심)+亘(널리 공)의 형성자로 언제나 변하지 않는(亘) 일정한 마음(心)으로 항상恒常, 항
구恒久, 영원, 일상, 보편, 오래가다의 뜻이다. 갑골문에서 二(두 이)+月(달 월)로 구성된 亘으로 썼는데, 二는 하늘과
땅, 중간의 月은 이지러졌다가 다시 차기를 반복하는 영원불변을 뜻하여, 변하지 않는 영원함을 말했다. 이후 心
자가 더해져 변하지 않는(亘) 마음(心)을 강조했다. 이후 月 자가 舟(배 주)로 변했다가, 다시 日(날 일)로 변해 오늘
날의 글자가 되었다.
■망亡은 刀(칼도)와 점으로 이루어져 칼(刀)의 날이 있는 면으로, 칼의 날은 베거나 깎아낼 수 있다는 뜻에서 없
다, 없어지다, 도망逃亡하다, 망하다, 잃다, 죽다 등의 뜻이 나왔다. 고대에는 無(없을 무) 자와 통용되었다.
■태泰는 水+廾(두 손 마주잡을 공) + 大로 구성된 형성자로서 두 손으로 물을 크게 건져 올리는 것을 형상화한 것
으로 '크게' '대단히'라는 원뜻에서, 크다, 통하다, 편안하다(느긋하고 태연하다), 교만하다, 너그럽다, 지나치다 등의
뜻이 있다. 태괘(건하곤상)로 음양이 조화되어 만사가 형통하고 편안을 누리는 모양을 나타내기도 한다.

비었으면서도 차 있는 척하고, 적게 있으면서도 많이 있는 척하면, 꾸준함이 있기가 어렵다."

집주 —— (子曰: "聖人, 吾不得而見之矣. 得見君子者, 斯可矣.") ■ 聖人은 神明不測 之號요 君子는 才德出衆之名이라

성인聖人은 신령하여 측량할 수 없는 이의 호칭이고, 군자는 재주와 덕이 출중한 이의 이름이다.

고금주 —— (子曰: "聖人, 吾不得而見之矣. 得見君子者, 斯可矣.") ■ 補曰 大而化之 曰聖, 文質兼備曰君子. 文質兼備然後可以治人, 古者有治人之德者, 乃得在位. 在位曰君子, 謂大君之子也, 猶帝王之稱天子. ○案 古本, 與下節別爲二章, 今從之. 若是一章, 當云君子吾不得而見之, 得見善人, 斯可矣. 今君子善人, 不相牽連, 而又有'子曰'字以間之, 其非一章可知, 以其文勢相類, 故記者序次如是.

보완하여 말한다. 위대하면서 변화한 사람을 성인이라고 하고, 문文·질質을 겸비한 사람을 군자라 하고, 문文·질質을 겸비한 연후에 사람을 다스릴 수 있다. 옛날에는 사람을 다스릴 수 있는 덕이 있어이야 벼슬자리가 있을 수 있었다. 벼슬자리가 있는 자를 군자라 한 것은 대군의 아들임을 말하니, 제왕을 천자라 칭하는 것과 같다. ○살핀다. 고본古本에는 아래 구절과는 별개로 보고 두 장으로 만들었으니, 지금 그것을 따른다. 만약 이것이 하나의 장이라면 마땅히 '군자를 내가 만나볼 수 없으니, 선인이라도 만나보았으면 좋겠다.'라고 말해야 한다. 지금 군자와 선인은 서로 연결되지 않고, 또한 '자왈子曰'이라는 글자를 두어 사이를 띄웠으니, 하나의 장이 아님을 알 수 있다. 그 문세文勢가 서로 유사하기에 기록한 자가 순서를 이와 같이 하였다.

■ 何曰: "疾世無明君." ○駁曰 非也. 不見有此義.

하안이 말했다. "세상에 현명한 임금이 없음을 애통해하신 것이다." ○논박하여 말하면, 그릇되었다. 이러한 뜻을 찾아볼 수 없다.

집주 —— (子曰: "善人, 吾不得而見之矣. 得見有恒者, 斯可矣. 亡而爲有, 虛而爲盈, 約而爲泰, 難乎有恒矣.") ■子曰字는 疑衍文이라 恒은 常久之意라

자왈子曰이라는 글자는 의심컨대 연문衍文인 듯하다. '항恒'은 항상(常)·오래(久)라는 뜻이다.

■張子曰 有恒者는 不二其心이요 善人者는 志於仁而無惡이니라

장횡거가 말했다. "유항자有恒者는 그 마음을 두 갈래로 하지 않고, 선인善人은 인에 뜻을 두고 악이 없다."

■三者는 皆虛夸之事니 凡若此者는 必不能守其常也라

세 가지(亡而爲有, 虛而爲盈, 約而爲泰)는 모두 허영과 과장의 일이다. 무릇 이와 같은 사람은 그 항상됨을 지킬 수 없다.

■張敬夫曰 聖人君子는 以學言이요 善人有恒者는 以質言이라

장경부가 말했다. "성인과 군자는 학문으로 말했고, 선인과 유항자有恒者는 자질로 말했다."

■愚謂 有恒者之與聖人은 高下固懸絶矣라 然이나 未有不自有恒而能至於聖者也라 故로 章末에 申言有恒之義하시니 其示人入德之門이 可謂深切而著明矣로다

어리석은 내가 말한다. 유항자有恒者는 성인과 (경지의) 고하가 현격하게 차이가 난다. 그러나 항상된 마음이 있는 것으로부터 시작하지 않으면 성인의 경지에 도달할 수 없다. 따라서 장章의 끝에 유항有恒의 뜻을 거듭 말했으니, 사람들에게 덕으로 들어가는 문을 제시하여 주신 것이 깊고 절실하며 아주 분명하게 드러냈다고 할 수 있다.

고금주 ── (子曰: "善人, 吾不得而見之矣. 得見有恒者, 斯可矣. 亡而爲有, 虛而爲盈, 約而爲泰, 難乎有恒矣.") ■補曰 善人, 或德之稱, 行己無惡以至於善者也. 有恒者, 其德劣於善人, 然不虛矯不飾詐, 能守常而不變者也. ○補曰 約, 所持者少也. [束而小之曰約] 泰, 所充者實也. [泰卦三陽在內, 故內實曰泰] ○案 亡者, 無形而無質也. 虛者, 有器而無實也. 約者, 有少而無多也.

보완하여 말한다. 선인善人은 덕의 형성을 지칭하는데, 자신의 행실에 아무런 악이 없어 선에 도달한 자이다. 유항자有恒者는 그 덕이 선인만 못하지만, 허황되거나 교만하지 않고 · 꾸미거나 속이지 않아 떳떳함을 지키면서 변하지 않는 사람이다. ○보완하여 말한다. 약約은 지키는 바가 적은 것이다(묶어서 작게 만드는 것을 약이라 한다). 태泰는 채우는 것이 실한 것이다(泰卦에 三陽이 안에 있기 때문에 內實을 泰라 한다). ○살핀다. 망亡이란 형태가 없으면서 바탕도 없는 것이다. 허虛란 그릇은 있지만 실질이 없는 것이다. 약約이란 적게 있고 많이 없는 것이다.

■陸德明曰: "此舊爲別章, 今宜與前章合." ○朱子曰: "子曰字, 疑衍文." ○案 邢氏本亦合之爲一章, 然君子善人, 旣非同名, 亦難殊品, 恐古本爲是.

육덕명陸德明이 말했다. "이 장은 구본에는 별개의 장으로 하였지만, 이제 마땅히 앞 장과 합해야 한다." ○주자가 말했다. "자왈子曰이라는 글자는 의심컨대 연문衍文인 듯하다." ○살핀다. 형병본 역시 합하여 하나의 장으로 하였지만, 군자君子와 선인善人은 이미 같은 이름이 아니고, 또한 다른 등급으로 논란하였으니, 아마도 고본古本이 옳은 듯하다.

■邢曰: "內實窮約而外爲奢泰." ○駁曰 非也. 有恒無恒, 皆以德行言, 用度奢儉, 何與於是? 然約而爲泰者, 正如貧者之奢, 難於有恒, 以之設喩則可也.

형병이 말했다. "(約而爲泰란) 안으로는 실제로 가난하면서 밖으로는 사치를 부리는 것이다." ○논박하여 말하면, 그릇되었다. 유항有恒과 무항無恒은 모두 덕행으로 말한 것이니, 씀씀이가 사치하거나 검소한 것이 이와 무슨 상관이 있겠는가? 그러나 약이위태約而爲泰란 바로 가난한 자의 사치와 같으니, 꾸준함이 있기가 어려우니, 이것을 가지고 비유를 설정하는 것은 타당하다.

비평 —— 성인은 존재와 당위가 완전히 일치하는 완성된 인격체라고 한다면, 군자는 성인이 되고자 끊임없이 노력하는 사람을 말한다. 성인과 군자는 성학의 완성 정도에 의한 분류이다. 선한 사람과 항심恒心이 있는 사람이란 자질과 행위로서 말한 것이다. 선한 사람이란 인에 뜻을 두고 악행을 하지 않는 사람이라면, 꾸준한 사람이란 마음을 집중하여 두 마음을 두지 않는 사람이다. '없으면서도 있는 척하고, 비었으면서도 차 있는 척하고, 곤궁하면서도 부유한 척하는 것'은 과장하며 속이는 일이다. 항심을 지닌 유항자라야 선한 사람이 될 수 있고, 선한 사람이라야 군자가 될 수 있으며, 군자는 성인을 목표로 한다. 이것이 주자의 해석이다. 즉 주자는 유항자→선인→군자→성인의 단계별로 이 구절을 해석한다. 그래서 중간의 자왈子曰을 연문衍文으로 보았다. 반면 고주에서는 이 장을 공자께서 "세상에 현명한 임금이 없음을 애통해하신 것이다(疾世無明君)."라고 해석하였다. 이 장은 공자께서 위의 요순과 같은 성인(上聖之人)을 만나볼 수 없으니, 선을 실천하기에 게으름이 없는 임금(行善無怠之君)이라도 만났으면 좋겠으며, 선한 임금(善人之君)을 만나보지 못했으니, 항상 덕이 있는 임금(有常德之君)이라도 만나보았으면 좋겠다는 말이다. 이러한 고주에 대해 다산은 잘못된 해석이라고 비판한다. 다산의 해석을 보면, 앞의 구절에서 성인과 군자는 덕과 지위를 함께 지칭하는 것으로 본다. 그리고 뒤의 선인과 유항자는 덕행으로 말한 것이라고 보고 있다. 이 점에서 다산은 고주를 비판하면서 (성인과 군자를 지위로서 말한 것이라는 것을 제외한다면) 주자의 해석을 대부분 수용한 것으로 보인다.

그런데 결국 다산은 만일 주자의 해석대로 하나의 장이라고 한다면 "군자를 내가 만날 수 없으니, 선인이라도 만났으면 좋겠다."라고 해야 하지만, 본문에서는 군자와 선인은 서로 연결시키지 않고, 중간에 분명히 '자왈子曰'이라는 글자가 있기 때문에 별개의 장으로 나누어야 한다고 주장한다. 형식적으로 보면 다산의 이러한 주장은 상당히 근거가 있다. 그러나 맹자가 선인→신인→미인→대인→성인→신인으로 그 경지에 따라 나눈 것을 보면, 주자의 해석으로 보는 것이 이 구절을 이해하는 데 많은 도움을 준다고 생각된다.

"추구할 만한 사람을 선한 사람이라고 하고, 선을 간직한 사람을 믿을 만한 사람이라고 하고, 선을 충실히 실천하는 사람을 아름다운 사람이라고 하고, 선을 충실히 실천하면서 찬란히 빛나는 것을 위대한 사람이라고 하고, 위대하면서 변화한 사람을 성인이라고 하고, 성스러워서 그 경지를 알 수 없는 사람을 신인이라고 한다. (『맹자』 7하:25. 可欲之謂善 有諸己之謂信 充實之謂美 充實而有光輝之謂大 大而化之之謂聖 聖而不可知之之謂神.)

7:26. 子釣而不綱, 弋不射宿.

고주 —— 공자께서는 낚시는 하셨지만 만구낚시(綱:萬鉤之釣:큰 벼리를 만들어 흐르는 물을 가로질러 치고, 여러 개의 낚시 바늘을 펼쳐서 물고기를 전부 잡는 것)는 하지 않으셨고, 주살을 던지셨지만 잠든 새를 쏘지는 않으셨다(공자의 인자한 마음을 알 수 있다).

주자 —— 공자께서는 낚시는 하셨지만 강(綱:굵은 밧줄로 그물을 엮어, 물길을 끊어 물고기를 전부 잡는 것)은 하시지 않으셨고, 주살을 던지셨지만 잠든 새를 쏘지는 않으셨다(공자의 인자한 마음을 알 수 있다).

다산 —— 공자께서는 낚시는 하셨지만 그물질(綱=網)은 하지 않으셨고, 주살
을 던지셨지만 잠든 새를 쏘지는 않으셨다."

집주 —— ■綱은 以大繩屬網하여 絶流而漁者也요 弋은 以生絲繫矢而射也
라 宿은 宿鳥라
강綱은 굵은 밧줄로 그물을 엮어 물길을 끊어 고기를 잡는 것이다. 익弋은 명
주실을 화살에 묶어 쏘는 것이다. 숙宿은 '잠자는 새'이다.
■洪氏曰 孔子少貧賤하사 爲養與祭하여 或不得已而釣弋하시니 如獵較이
是也라 然이나 盡取之와 出其不意는 亦不爲也시니 此可見仁人之本心矣라
待物如此면 待人可知요 小者如此면 大者可知니라
홍흥조가 말했다. "공자께서는 젊었을 때 빈천하여 봉양과 제사를 위해, 혹
마지못해 낚시를 하고 주살도 던졌을 것인데, 예컨대 사냥경쟁(獵較)이 그것
이다. 그러나 물고기를 전부 잡거나 새를 불의에 습격하지 않으셨으니 여기
서 인인仁人의 본심을 볼 수 있다. (물고기와 새와 같은) 사물을 이와 같이 대했
으니, 사람은 어떻게 대했는지 알 수 있다. 작은 것에 이와 같았으니, 큰 것은
어떻게 하셨는지 알 수 있다."

자원풀이 ■조釣는 金(쇠 금)+勺(구기 작)의 형성자로 쇠(金)로 만든 국자(勺) 모양의 낚시를 말한다. 낚다, 꾀다, 유
인하다는 뜻이다. 구鉤는 금(쇠 금)+句(글자 구)의 형성자로 쇠를 구부려(句) 만든 갈고랑이를 말하며, 이로부터 낚
시, 대구帶鉤 등의 뜻이 나왔다.
■강綱은 糸(가는 실 멱)+岡(산등성이 강)의 형성자로 그물을 버티는 강한(岡) 줄(糸)로 벼리를 말한다. 이로부터 삼
강오륜三綱五倫에서처럼 사물의 요체나 법도, 약속이나 다스림을 뜻한다. 벼리(그물의 코를 꿰어 잡아당기는 줄(若綱
在綱 혹은 사물의 근본)), 법도(四方爲綱), 춤추는 행렬, 매다, 화물운송의 조직, 바로잡다, 그물, 다스리다(綱紀四方), 강
등으로 쓰인다. 망網은 糸(가는 실 멱)+罔(그물 망)의 형성자로 실(糸)로 만든 그물(罔)을 말한다. 그물로 잡다, 덮어
씌우다, 그리고 법률의 비유로 쓰인다.
■익弋은 오뉘에 줄을 매어 쏘는 활을 그린 상형자로 주살을 말한다. 화살을 아끼려고 화살에 줄을 매고 화살을

고금주 ── ■侃曰: "釣者, 一竿屬一鉤而取魚也." ○孔曰: "弋, 繳射也." ○邢曰: "夫子雖爲弋射, 但晝日爲之, 不夜射栖鳥也, 爲其欺暗必中, 且驚衆也."

황간이 말했다. "조釣란 하나의 낚싯대에 하나의 낚시 바늘을 매어 고기를 잡는 것이다." ○공안국이 말했다. "익弋은 주살로 쏘는 것(繳射)이다." ○형병이 말했다. "공자께서 비록 주살을 쏘셨으나 낮에만 하셨고, 밤에 자는 새는 쏘지 않으셨으니, 이는 어둠을 틈타 (새를) 속여 반드시 맞추려 하거나 또한 뭇 새를 놀라게 하기 때문에 하지 않으셨다."

■孔曰: "綱者, 爲大綱以橫絶流, 以繳繫鉤, 羅屬著綱." [侃云: "作大綱, 橫遮廣水, 而羅列多鉤以取魚也."] ○案 余家洌水之濱, 漁者或用此物, 謂之萬鉤之釣, 然古有是否? 綱者當是網字之譌, 形誤也. [荻亦云] 故朱子所訓, 只是網也, 無繫鉤之說.

공안국이 말했다. "강綱이란 큰 벼리를 만들어 흐르는 물을 가로질러 치고, 낚싯줄에 (여러) 낚싯바늘을 매달고, 벼리에 부착하여 펼치는 것이다." (황간이 말했다. "큰 벼리를 만들어서 넓은 강물을 가로질러 막고, 여러 개의 낚시 바늘을 펼쳐서 물고기를 잡는 것이다.") ○살핀다. 내 집이 열수 가(濱)에 있어, 어부가 더러 이런 (공안국이 설명한) 도구를 사용하면서, 만구낚시萬鉤之釣라 하였다. 그러나 옛날에도 이것이 있었을까? 강綱이란 망網(그물) 자를 잘못 쓴 것이니, 자형이 비슷해서 나온 오류이다(오규 소라이 또한 말했다). 주자가 주석한 것에는 (綱을) 단지 망網으로 해석했을 뿐, 낚시를 매달아 놓았다는 설명이 없다.

쏜 후에 다시 회수하여 다시 쓸 수 있도록 한 장치이다. 이런 화살로 하는 활쏘기를 익사弋射라 한다.
■사射는 弓(활 궁→身)+寸(마디 촌)의 형성자로 활을 쏘는 모습을 그렸다. 투호投壺를 뜻하기도 한다.
■숙宿은 원래 사람(人)이 집안(宀)에서 자리 위에 쉬거나 자는 모습을 그렸다. 자다, 쉬다가 원뜻인데 옛날 관원들이 자고 갈 수 있게 한 숙박宿泊 시설을 지칭했다. 이후 밤새워 지키다, 안정하다, 유숙하다 등의 뜻이 나왔다. 자다, 묵히다(不宿肉), 오래 머무르다(破宿血), 숙위宿衛하다, 미리(사전에·學不宿習 無以明名), 숙소宿所, 재계齋戒하다(三日宿), 잠든 새(弋不射宿), 평소, 나이가 많다. 한 해 묵다(有宿草而不哭焉)

비평 —— 먼저 조釣에 대해서는 고주에서 황간은 하나의 낚싯대에 하나의 낚시 바늘을 매어 고기를 잡는 것(釣者, 一竿屬一鉤而取魚也)이라고 하였다. 이에 대해 주자는 설명이 없고, 다산은 황간의 말을 그대로 인용만 하면서, 동의하였다. 강綱에 대한 설명은 모두가 다르다. 즉 강綱에 대해서 (1) 고주에서는 큰 벼리(大綱)를 만들어 흐르는 물을 가로질러 치고, 거기에 여러 낚싯줄을 묶고 여러 개의 낚싯바늘을 매달아 펼쳐서 물고기를 잡는 것, 이른바 다산이 말한 '만구낚시萬鉤之釣'를 말한다고 설명한다. 그리고 주자는 강綱이란 굵은 밧줄로 그물을 엮어(以大繩屬網) 물길을 끊어 고기를 잡는 것(絶流而漁者)이라고만 말하여, 낚싯바늘과 연관해서는 아무런 언급이 없다. 그런데 한강 상류에 살았던 다산은 자신의 경험을 바탕으로 설명한다. 즉 어부들이 고주가 설명한 도구를 사용하여 고기를 잡는 것을 본적이 있지만(이것을 萬鉤之釣라 한다), 공자 당시에는 그런 도구를 만들기 어려웠을 것이라는 것이다. 여기서 다산은 강綱 자는 자형이 비슷한 망網(그물) 자를 잘못 쓴 것이라고 보았다. 일본의 오규 소라이의 다음 언명은 다산과 맥을 같이 하면서 이 구절의 의미를 밝히는 데 도움을 준다.

> (물고기를 잡는다는 의미로 쓰인) 강綱은 다른 곳에서는 보이지 않으니, 아마도 망網 자의 잘못인 듯하다. 낚시질(釣)과 그물질(網)은 다르다. 그러므로 이而 자를 썼다. 숙宿은 잠자는 새를 주살질(弋宿) 한다는 말이다. (같은 주살질을 말하였다.) 그러므로 이而 자를 쓰지 않았다. (綱不它見, 恐網字誤. 釣網事殊, 故著而字. 宿是弋宿, 故無而字,『論語徵』)

바로 이 점에서는 다산의 해석이 가장 설득력이 있다고 생각된다.

그런데 주자가 인용한 홍흥조는 "공자께서는 젊었을 때 빈천하여 봉양과 제사를 위해, 혹 마지못해 낚시를 하고 주살도 던졌을 것인데, 인인仁人의 본심을 볼 수 있다."라고 주석하였다. 이에 대해 경원 보씨는 "성인의 본심이라고 하지 않고, 인인의 본심이라고 한 것은 이 일만 두고 볼 때는 (聖이 아니라) 인仁이라고 부를 수 있기 때문이다."라고 말하고 있다. 의미심장한 주석이라고 생각된다.

❧

7:27. 子曰: "蓋有不知而作之者, 我無是也. 多聞, 擇其善者而從之, 多見而識之, 知之次也."

고주 —— 공자께서 말씀하셨다. "대개 알지 못하면서 (천착하여 망령되게 篇籍을) 저작하는 자가 있겠으나, 나는 이런 일이 없다(無此事). 많이 듣고 그 좋은 것을 가려서 따르고, 많이 보고 기록하는 것(識=志)은 아는 자(天生知之:하늘이 낳은 아는 자에 비견했을 때) 그다음이다."(공자께서 천착함이 없었음을 말했다.)

주자 —— 공자께서 말씀하셨다. "대개 (그 이치를) 알지 못하면서 (망령되게) 저작하는 자가 있겠으나, 나는 (일찍이) 이렇게 함이 없었다(겸사). 많이 듣고 그 선한 것을 가려서 따르고, 많이 보고 기록(억)하는 것이 (선·악을 모두 당연히 보존하여 갖추어 참고할 수 있기에, 그 이치를 실제로) 아는 자의 다음이다."

다산 —— 공자께서 말씀하셨다. "대개(조심스런 말씀:辭之謹) 알지 못하면서 창조하는 자가 있겠으나, 나는 이렇게 함이 없었다(스스로 경하하는 말씀:自慶之辭). 많이 듣고 그 선한 것을 가려서 따르고(『시』·『서』와 같은 책을 산정한 것을 말한다), 많이 보고 기록하는 것(『역전』·『시서』 및 『의례』의 모든 편들에 부연하여

기술한 것)이 아는 자(알고서 창조한 자:知而作之者)의 다음이다."

집주 —— ■不知而作은 不知其理而妄作也라 孔子自言未嘗妄作하시니 蓋亦
謙辭라 然이나 亦可見其無所不知也라 識는 記也니 所從을 不可不擇이요 記
則善惡을 皆當存之하여 以備參考니 如此者는 雖未能實知其理라도 亦可以
次於知之者也니라

알지 못하면서 창작한다는 그 이치를 모르면서 함부로 창작하는 것이다. 공
자께서는 스스로 일찍이 함부로 창작하지 않으셨다고 말씀하셨으며, 대개
이 또한 겸사謙辭이지만, 알지 못하는 바가 없었다는 것을 알 수 있다. 지識
는 기억(記: 혹은 기록)이다. 따를 것을 선택하지 않을 수 없지만, 기록(억)하면
선·악(좋은 점과 나쁜 점)을 모두 당연히 보존하여 갖추어 참고할 수 있다. 이
와 같이 하는 사람은 비록 그 이치를 실제로 알지는 못해도, 아는 사람(知之
者)의 다음이다.

고금주 —— ■補曰 作, 刱造也. 刱造一書謂之作. 不知道而作書者, 流毒萬世,
聖人之所深懼也. 蓋有者, 辭之謹也. 我無是也者, 自慶之辭, 猶言我不犯此罪
也. 擇其善者, 刪也. 此《詩》·《書》之所以刪也. 識者, 記也. 若《易傳》·《書
序》及《儀禮》諸篇之有附記者, 是也. ○補曰 二者雖不如知而作之者, 抑其次

자원풀이 ■개蓋는 艸(풀 초)+盍(덮을 합: 그릇皿을 뚜껑으로 덥다)의 회의자로 뚜껑으로 그릇속의 물체를 덮음을 뜻
한다. 덮다, 뚜껑, 숭상하다, 뛰어나다, 일산日傘, 해치다(鯨寡無蓋), 대개(大槪)·아마도, 그래서(蓋均無貧 和無寡), 하
늘 등으로 쓰인다. '어찌'라는 의미일 때는 합으로 읽는다(=盍).
■작作은 人(사람 인)+乍(잠깐 사)의 형성자인데, 사乍는 옷을 만들고자 베를 깁는 모습에서 만든다는 뜻을 그린 상
형자이다. 그런데 사乍가 잠깐이라는 뜻으로 가차되자, 옷을 만드는 주체인 사람(人)을 추가하여 작作으로 되었
다. 만들다, 하다, 시작하다로 작품作品, 짓다, 거행하다의 뜻이다.
■지識(식)는 言+戠(찰진 흙 시)로 알다의 뜻인데, 말(言)을 머리에 새겨(戠) 자신의 지식이 되게 하다의 뜻을 담았으
며, 이로부터 지식, 알다, 분별하다 등이 나왔다. 식識이란 본래 가장 넓은 뜻으로 본 앎을 말한다. 기억(록)하다의
뜻일 때는 '지'로 발음한다(표지: 標識).

也. 最下者, 不知而作之.

보완하여 말한다. 작作은 창조創造이다. 하나의 책을 창조하는 것을 일러 작作이라 한다. 도를 알지 못하면서 책을 쓰면 해독이 만세에까지 끼치니, 성인께서 깊이 두려워하신 것이다. 개유蓋有란 말씀을 조심스럽게 하신 것(辭之謹)이다. 아무시야我無是也란 스스로 경하하는 말씀(自慶之辭)이니, 나는 이런 죄를 범하지 않는다는 말과 같다. 택기선자擇其善者는 산정(刪)이니, 이것이 『시』·『서』를 산정한 까닭이다. 지識란 기록(記)이니, 예를 들면 『역전』·『서서』 및 『의례』의 모든 편들에 있는 부기附記가 그것이다. 이 두 가지는 비록 알고서 창작하는 것과 같지 못하지만, 그래도 다음이 된다. 가장 낮은 것(最下)은 알지 못하면서 창작하는 것(不知而作之)이다.

■ 包曰: "時人有穿鑿妄作篇籍者, 故云然." ○案 '穿鑿'二字, 周章矣.

포함이 말했다. "당시 사람들이 천착하여 함부로 편적篇籍을 짓는 자가 있었기에 말씀하신 것이다." ○살핀다. 천착穿鑿이란 두 글자는 경솔한 말(周章)이다.

■ 孔曰: "如此者, 次於天生知之." ○駁曰 非也. 自古無天生知之者.

공안국이 말했다. "이와 같이 하는 자(多聞擇其善者而從之, 多見而識之)는 하늘이 낳은 아는 자의 다음이다." ○논박하여 말하면, 그릇되었다. 예로부터 하늘이 낳은 아는 자란 없다(自古無天生知之者).

■ 質疑 《集注》云: "孔子自言未嘗妄作, 蓋亦謙辭." ○案 此非謙辭. 述而不作, 乃君子之盛德也.

질의한다. 『집주』에서 말했다. "공자께서는 스스로 일찍이 함부로 창작하지 않으셨다고 말씀하셨지만, 대개 이 또한 겸사이다." ○살핀다. 이것은 겸사

■ 차次는 二(두 이)+欠(하품 흠)의 형성자이다. 혹은 欠(하품 흠)+冫(얼음 빙)의 회의자로 사람 앞에서 하품(欠)을 하고 침을 튀기면서(冫) 말을 하는, 제멋대로의 방자放恣한 행동을 말했다. 그런데 소전체에 들어 冫 이 二(두 이)의 의미가 생겨나서 버금가다, 질이 떨어지다는 뜻이 나왔다. 그러자 원래 의미는 心(마음 심)을 더해 자恣(방자할 자)로 분화했다고도 한다. 버금, 부차적인, 차례(次序), 직위, 번, 대열, 배열, 멈추다, 미치다 등의 뜻이다.

가 아니다. 기술하되 창작하지 않은 것(述而不作)은 곧 군자의 성대한 덕(盛德)이다.

비평 —— 이 구절을 고주처럼 단순히 공자가 천착함이 없었음을 말한다고 해석할 경우 그 뒤의 구절(多聞擇其善者而從之, 多見而識之)의 중요성을 너무 간과한 것이 된다. 주자의 신주는 이치의 탐구를 추구하는 그의 철학으로 보았을 때 당연한 일반적인 해석으로 볼 수 있겠다. 다산은 주자의 일반적인 해석을 넘어서, 뒤의 구절을 공자의 경우에 직접 적용하여 해석한다. 즉 택기선자擇其善者란 공자의 『시』·『서』에 대한 산정刪定을 말하고, 다견이지지란 『역전』·『서서』 및 『의례』에 대한 부기附記를 말한다는 것이다. 다산 철학의 특징을 드러내고 있다고 할 것이다.

⚜

7:28. 互鄉難與言, 童子見, 門人惑. 子曰: "與其進也, 不與其退也, 唯何甚? 人潔己以進, 與其潔也, 不保其往也."

고주 —— 호향 사람들은 (말을 제멋대로 하고: 言語自專, 당시 상식과 소통되지 않아: 不達時宜.) 더불어 말하기 어려운데 (호향의) 동자가 (와서) 공자를 알현하자 제자들이 괴이하게 여겼다(惑=怪). 공자께서 말씀하셨다. "(가르침의 방도: 敎誨之道는) 그 아이의 (악을 버리고 선으로) 나아감을 허여하고, (선을 버리고 악으로) 퇴보하는 것을 허여하지 않은 것이니, (악을 미워함이) 어찌 그리 심한가? 사람이 자신을 깨끗하게 하여 찾아오면 그 깨끗함을 허여하고, 그가 돌아간 뒤의 행실(지난날의 행실)을 보증하는 것은 아니다."

주자 —— 호향 사람들은 (不善에 익숙하여) 더불어 말하기 어려운데 (호향의) 동자가 (와서) 공자를 알현하자 제자들이 (부당하다고 생각하여) 의문을 품었다. 공자께서 말씀하셨다. (착간이 있는 듯 하다. '人潔'에서 '往也'까지 14글자는 마땅히 '與其進也'의 앞에 있어야 한다.) "사람이 자기를 닦아 다스려(潔=修治) 나아오면, 다만 그가 자신을 닦아 다스린 것을 허여할 뿐이며, 본디 그가 지난날 (행한 선악의) 일을 보존하지는 아니하며, 그가 나와서 알현하는 것을 허여할 뿐이며, 그가 물러난 뒤의 (불선을) 허여하는 것이 아니다. (또한 궐문이 있는 듯하다) 대저 어찌 그리 심하게 하겠는가?"

다산 —— 호향 사람들은 더불어 말하기 어려운데 (호향의) 동자가 (와서) 공자를 알현하자 제자들이 의문을 품었다. 공자께서 말씀하셨다. "(옛말에 사람을 접대할 때는), 그 나아감을 허여하고, 그 물러남을 허여하지 않는다(고 하였다. 오는 자를 거절해서는 안 된다). (사람은 한결같을 수는 없으니 사람을 가르치는 방도는) 사람이 자신을 깨끗하게 하여 찾아오면 그 깨끗함을 허여하고, 그가 지난날의 (악한) 행실을 보존하는 것은 아니다."

집주 —— ■互鄕은 鄕名이니 其人이 習於不善하여 難與言善이라 惑者는 疑夫子不當見之也라

자원풀이 ■여與는 与(어조사 여)+舁(마주들 여)의 형성자로 상아와 같은 소중한 물건을 서로 '함께' 들어 올리다 (舁)의 뜻에서 유래하였다. 더불어, 목적을 함께 하는 무리, 허여하다, 돕다, 협조하다, 위하여, 참여하다, 어조사, 주다 등으로 쓰인다. 여여與與는 초목이 무성한 모양, 엄숙하게 위의를 갖춘 모습(행동거지가 법도에 맞는 모양) 혹은 침착한 모양, 망설이는 모양 등을 의미한다.
■결潔은 水(물 수)+絜(헤아릴 혈)의 형성자로 물처럼 깨끗함을 말한다. 깨끗하다, 순결純潔하다, 결백潔白하다, 간결 簡潔하다는 뜻이다. 혈絜은 糸(가는 실 멱)+㓞(교묘히 새길 갈)의 형성자로 『설문해자』에 따르면, 다듬질을 마치고 묶어 놓은 삼대라고 했다. 삼베를 만들려고 깨끗하게 정리하여 묶어 놓은 삼대로부터 깔끔하다는 뜻이 나왔고, 묶어 놓은 삼대를 헤아린다는 뜻이 나왔다.
■보保는 금문에서 人(사람 인)+子(아들 자)의 회의자로 아이(子)를 등에 업은 사람(人)의 모습을 사실적으로 그렸는데,

호향互鄉은 고을 이름인데, 그곳 사람들은 불선不善에 익숙하여 더불어 선을 말하기 어려웠다. 혹惑이란 공자께서 호향 사람을 만난 것이 부당하다고 의문을 품었다는 것이다.

■ 疑此章有錯簡하니 人潔至往也十四字는 當在與其進也之前이라 潔은 修治也요 與는 許也요 往은 前日也라 言人潔己而來면 但許其能自潔耳요 固不能保其前日所爲之善惡也며 但許其進而來見耳요 非許其旣退而爲不善也라 蓋不追其旣往하고 不逆其將來하여 以是心至면 斯受之耳라 唯字上下에 疑又有闕文하니 大抵亦不爲已甚之意니라

의심컨대, 이 장에는 착간錯簡이 있는 듯하다. '인결人潔'에서 '왕야往也'까지 14글자는 마땅히 '여기진야與其進也'의 앞에 있어야 한다. 결潔은 닦아 다스림(修治)이다. 여與는 허여許也이다. 왕往은 지난날(前日)이다. 사람이 자기를 깨끗이 하고 오면, 다만 그가 자신을 능히 깨끗하게 한 것을 허여할 뿐이며, 본디 그가 지난날 행한 선악에 대해서는 보존할 필요는 없으며, 다만 그가 나와서 알현하는 것을 허여할 뿐이며, 그가 이미 물러나서 불선을 저지르는 것을 허여하는 것이 아니라는 말이다. 대개 이미 지나간 것을 추궁하지 말고, 장차 다가올 것을 막지 말고, 옳은 마음으로 오면 다만 받아들일 뿐이다. 유唯자 앞뒤로도 또한 의심컨대 궐문이 있는 듯한데, 대저 너무 심하게 하지 말라는 뜻일 것이다.

■ 程子曰 聖人待物之洪이 如此시니라

정자가 말했다. "성인께서 남을 대하는 (도량의) 넓음이 이와 같다."

자형이 변해 지금의 모습이 되었다. 아이를 업고 키우는 모습에서 기르다, 보호하다, 보육하다, 보증하다는 뜻이다.
■ 왕往은 彳(걸을 척)+主(주인 주)의 회의자로 어떤 주체(主)가 일을 가는 것(彳)을 말하여, 가다의 뜻이, 다시 과거에 일어난 일, 왕왕往往의 뜻이 나왔다. 원래는 之가 의미부이고, 王이 소리부로 가다의 뜻이었는데, 彳을 더해 의미를 강화하였다.

고금주 ── ■鄭曰: "互鄉, 鄉名." ○補曰 蓋衛地 ○補曰 與其進‧不與其退,
蓋古語. 與, 許也. 凡接人之法, 來則迎之, 去則止之, 是許其進, 不許其退也.
引此語, 以明來者之不可拒. 惟何甚, 謂惡惡不可已甚. 保, 守也. 往, 謂前日之
惡行也.

정현이 말했다. "호향은 고을 이름이다." ○보완하여 말한다. (互鄉은) 대개
위나라 땅일 것이다(蓋衛地). ○보완하여 말한다. 여기진與其進‧불여기퇴不
與其退는 대개 고어(蓋古語)일 것이다. 여與는 허여(許)이다. 무릇 사람을 접대
하는 법은 오면 맞이 하고, 가면 만류하는 것이니, 이것이 그 나아감을 허여
하고, 그 물러남을 허여하지 않는 것이다. 이 말을 인용하여, 오는 자를 거절
할 수 없다는 것을 밝혔다. 유하심惟何甚은 악을 미워함이 너무 심하게 해서
는 안 된다는 말이다. 보保는 지킴이고, 왕往은 이전 날의 악행을 말한다.

■鄭曰: "互鄉人, 言語自專, 不達時宜." ○駁曰 非也. 不達時宜, 則善人之好古
者也.

정현이 말했다. "호향 사람은 말을 제멋대로 하고, 당시 상식과 소통되지 않
았다." ○논박하여 말하면, 그릇되었다. 당시 상식과 소통되지 않는 것은 선
한 사람이 옛것을 좋아하는 것이다.

■鄭曰: "往, 猶去也. 當與之進, 亦何能保其去後之行?"[邢云: "去後之行, 謂往前
之行, 今已過去."] ○駁曰 非也. 邢旣知鄭說之誤, 釋之以己意, 奈冰炭何?

정현이 말했다. "왕往은 거去와 같다. 마땅히 그의 나아감을 허여해야 하지
만, 그가 돌아간 뒤의 행실(去後之行)을 어떻게 보증하겠느냐?"(는 말이다.)[형
병이 말했다. "去後之行이란 지난 행실이니, 지금 이미 과거이다."] ○논박하여 말하
면, 그릇되었다. 형병이 정현 설의 잘못을 알고 자신의 뜻으로 해석했으니,
얼음과 숯처럼 서로 용납하지 않은 격이니, 어떻게 하겠는가?

■顧歡云: "往, 謂前日之行. 夫人之爲行, 未必可一, 或有始無終, 先迷後得. 教
誨之道, 潔則與之, 往日之行, 非我所保也."[見邢疏] ○案 此說極是, 但'有始無

終’四字宜刪.

고환顧歡이 말했다. “왕往은 지난날의 행실을 말한다. 대저 사람의 행실은 반드시 한결같지는 않아서 혹 시작(始)은 있다가 끝(終)이 없기도 하고, 처음에는 혼미했다가 나중에 터득하기도 하니, 가르침의 방도는 깨끗이 하여 찾아오면 허여하고, 지난날의 행실은 내가 보증할 바가 아니라는 말이다.”(형병의 소에 보인다.) ○살핀다. 이 설이 지극히 옳다. 다만 ‘유시유종有始無終’ 네 글자는 산삭되어야 한다.

■ 質疑 此章未見其有錯簡. [李卓吾云: “後十四字, 不倒轉, 文法更古.”]

(주자의 『집주』에) 질의한다. 이 장에 착간이 있다는 것을 보지 못하였다.(이탁오가 말했다. “뒤의 14글자는 전도되지 않았으며, 문법이 더욱 고풍스럽다.”)

비평 —— 논리적 인과관계를 중시한 주자는 이 구절에 착간이 있다고 생각했다. 주자의 설명대로, 인결人潔에서 왕야往也까지 14글자를 여기진야與其進也의 앞에 두면, 이 구절은 논리적인 측면에서 아주 깔끔해진다. 즉 만나야 하는 근거→만남을 통해 무엇을 하는가?→그리고 제자들에 대한 당부 등으로 잘 연결되기 때문이다. 그런데 이탁오는 착간은 없고, 오히려 본문 그대로가 옛날 문법체계에 더 적합하다고 말했다. 다산은 이 설을 받아들인다. 그리고 일상적인 대화에서 우리는 흔히 먼저 말을 해 놓고, 그 뒤에 그 근거를 보완 설명할 때가 많다.

주자와 다산의 해석을 상호 보완적으로 참조하는 것이 좋겠다.

7:29. 子曰: “仁遠乎哉? 我欲仁, 斯仁至矣.”

고주 —— 공자께서 말씀하셨다. "인의 길은 멀리 있겠는가(인의 길은 멀지않다:仁道不遠)? 나는 인을 행하려고 하면(我欲行仁), 곧 이 인이 이른다(即斯仁至矣. 인의 길이 멀지 않다)."

주자 —— 공자께서 말씀하셨다. "(마음의 덕으로 밖에 있지 않은) 인은 멀리 있는가? (밖에 있지 않고, 바로 이 마음에 있으니) 나는 인을 욕망하면, 이에 곧(斯=即此) 인이 이른다."

다산 —— 공자께서 말씀하셨다. "(다른 사람을 향한 사랑으로 인륜에서 자기 분수를 다하는) 인은 멀리 있는가? (인의 실천은 자기로부터 말미암기 때문에 멀지 않다.) 내가 인을 욕망하면, 이에 인이 이른다."

집주 —— ■仁者는 心之德이니 非在外也로되 放而不求라 故로 有以爲遠者라 反而求之면 則即此而在矣니 夫豈遠哉리오
인仁이란 마음의 덕(心之德)이니 밖에 있는 것이 아니다(非在外). 놓아 버리고 구하지 않기 때문에 멀리 있다고 여긴다. 돌이켜 구하면 바로 여기에 있으니, 어찌 멀겠는가?
■程子曰 爲仁由己라 欲之則至니 何遠之有리오

자원풀이 ■인仁은 어원학적인 측면에서 살펴보면, 인仁 자는 비교적 늦은 시기에 출현하는데 갑골문과 금문金文에는 나타나지 않는다. 그런데 인仁의 고형古形으로 임석온안社席溫暖 즉 사람이 따뜻한 방석 위에 앉아 있는 형상으로 온화하고 따뜻한 사람의 모습을 나타낸다는 것과 처음에는 두 사람의 의미를 나타내는 문자로 쓰이다가 후에 '人二'와 '亻二'으로 나누어졌거나, 혹은 원래부터 독립적으로 사용되어 사람과 사람의 관계를 표시하다가, 그 이후에 引伸하여 사람의 관계상 인간다움의 도리를 다하는 것으로 발전했을 수도 있다. 그리고 이二를 상上으로 해석하여 인仁이란 上人(고귀한 사람)으로 군자君子라는 말과 결합하여 그 덕목을 나타냈다는 해석도 있다. 후대의 허신許愼의 『설문해자』(A.D. 90년)에서는 이런 해석들을 종합하여 "인仁이란 친애親愛한다는 의미로 인人과 이二에서 유래했다"고 했다.
■욕欲은 欠(하품 흠)+谷(골 곡)의 형성자. 입을 크게 벌리고(欠) 텅 빈 계곡(谷)처럼 끝없이 갈구하는 것. 다산 정약

정자가 말했다. "인을 행함은 자기로부터 말미암으니, 인을 하고자 하면 곧 이르니, 어찌 멀리 있겠는가?"

고금주 —— ■補曰 仁者, 嚮人之愛也. 處人倫盡其分, 謂之仁. 爲仁由己, 故曰不遠.

보완하여 말한다. 인仁이란 다른 사람을 향한 사랑이다. 인륜에 처하여 그 분수를 다하면 인이라고 한다. 인을 행함은 자기로부터 말미암기 때문에 멀지 않다고 말한다.

비평 —— 공자는 "인을 행함은 자기로 말미암는 것이지(由己) 남으로부터 말미암는 것이 아니다(12:1. 爲仁由己 而由人乎哉.)."라고 말함으로써 모든 인간은 인仁을 실천할 능력을 지니고 태어났으며, 따라서 인간이라면 그 누구나 인에 힘쓰면 인을 이룰 수 있다고 생각했다. 그래서 그는 다음과 같이 말했다.

하루라도 자기의 힘을 仁을 위해 쓸 수 있는 사람이 있었던가? 나는 아직 仁을 위해 힘을 쓰면서 힘이 부족한 자는 보지 못했다. (4:6. 有能一日 用其力於仁矣乎 我未見力不足者.)

용은 "욕欲이란 글자는 곡谷(골짜기)과 흠欠(하품, 모자라다)에 유래하는데, 속谷은 비어 있음, 흠欠은 구멍(埳)이다. 무릇 비고 구멍이 있는 것은 항상 다른 사람을 취하여 채우려 하는데, 사람 마음이 원욕願欲하는 형상이 이와 같다. 이와 같이 볼 때, 욕欲이란 비록 심心 자를 더하지 않는다고 할지라도 사욕私慾의 욕慾과 차이가 없다."고 했다. 『여전』2, 권4. 64-5, 「중용강의」 주자가 "욕欲에도 좋은 것이 있으니, 예컨대 아욕인我欲仁(내가 인을 바란다), 가욕지위선可欲之謂善(욕망할 만한 것을 일러 선이라 한다)이라고 할 때의 욕은 정욕情欲의 인이 아니다."라고도 말했다.
■사斯는 斤(도끼 근)+其(그 기)로 구성되어, 대나무 등을 자귀(斤)로 쪼개 키(其, 箕)와 같은 기물을 만들다의 의미였는데, 이후 이것, 여기라는 뜻이 나왔다. 파생된 시撕는 쪼개다의 본래 뜻을 지니고 있다. 여기, 쪼개다, 떨어지다, 희다, 천하다, 모두(罪人斯得), 곧, 이에 곧(如知其非義 斯束已矣), 어조사. 신안 진씨가 말했다. (여기서) 사斯 자는 매우 요긴하다. 이 사람이 이에 황의 극을 주리라(如時人斯其惟皇之極)『서경』주서, 홍범)에서의 사斯와 같은 것으로, 즉차卽此(이에 곧)라는 두 글자의 의미가 사斯에 붙어 있다.

요컨대 존재와 당위가 온전히 일치하는 성인聖人이 되기를 지향하는 공자의 학문에서는 인의 실현은 인간의 자기완성이다. 그런데 완전한 인의 실현을 통한 자기완성은 이상이라고 할 수 있고, 모든 인간은 인의 실현을 위해 끊임없이 노력하면서 사는 존재라고 할 수 있다. 공자는 제자들 중에 그 누구도 인仁하다고 말하지 않았고, 가장 아꼈던 안회만 계절이 한번 바뀌는 3개월간 그 마음이 인을 어기지 않았다고 말했을 뿐이다.

> 공자께서 말씀하셨다. "안회는 그 마음이 3개월간 인을 어기지 않았다. 그 나머지 사람들은 하루에 한번, 혹은 한 달에 한 번 인에 이를 뿐이다." (6:5. 子曰 回也 其心 三月不違仁 其餘則日月至焉而已)

고주는 여기서 공자가 말하는 인仁을 인도仁道로 해석하였다. 외재적인 인의 길이 있는데, 이 길을 가는 것이 바로 인이라고 말하였다.

> 포함이 말했다. "인의 도는 멀지 않으니(仁道不遠), 이 길을 가는 것이 바로 인이다(行之卽是)." (『논어주소』)

심성론을 중시한 주자는 "인이란 인간 마음이 타고난 덕으로 사랑의 이치이다(仁者 心之德 愛之理也)."라고 해석하여, 인의 선천성 혹은 내재성을 강조하였다. 인은 마음에 내재적인 것이기 때문에 인이 멀지 않다고 하였다. 이에 비해 다산은 인仁이란 二+人, 두 사람이라는 점에서 사람과 사람이 만남에서 최선을 다하는 것이라고 해석하면서, 일을 행한 이후에 인이라는 명칭이 있게 된다(行事以後有仁之名)고 말하여 외적 실천을 강조하였다. 철학체계의 차이에서 나온 이러한 정의에 대해서는 상세한 논의를 필요로 한다. 3권의 「인仁」에 관해 상론한 장을 참조하기 바란다.

7:30. 陳司敗問: "昭公知禮乎?" 孔子曰: "知禮." 孔子退, 揖巫馬期
而進之, 曰: "吾聞君子不黨, 君子亦黨乎? 君取於吳, 爲同姓, 謂之
吳孟子. 君而知禮, 孰不知禮?" 巫馬期以告. 子曰: "丘也幸. 苟有
過, 人必知之."

고주 —— 진나라 사패가 물었다. "소공은 예를 아셨습니까?" 공자께서 말씀
하셨다. "아셨습니다."(국가의 수치를 다른 나라 사람에게 피하여 숨기신 것이다.)
공자께서 물러나가시니, (사패가) 무마기에게 읍하고 나아오게 하여 말했다.
"내가 듣기에 군자는 당(=서로 도와 잘못을 숨겨줌)을 하지 않는다고 하는데, 군
자도 당을 합니까? 소공이 오나라에서 아내를 맞았는데, 동성이어서 (동성임
을 숨기기 위해) 오맹자라고 하였으니 소공이 예를 안다면 누가 예를 알지 못
하겠습니까?" 무마기가 이 말을 공자께 고하니, 공자께서 말씀하셨다. (국가
의 수치를 숨기신 것이 예에 맞는 일이지만, 성인의 도가 넓기 때문에 사패의 비난을 받
아들여 자신의 허물로 여기시면서) "나는 다행이구나, 진실로 허물이 있으면, 남
들이 반드시 알게 해 주는구나!"

주자 —— 진나라 사패가 물었다. "소공은 예를 아셨습니까?" 공자께서 말씀하셨다. "아셨습니다." 공자께서 물러나가시니, (사패가) 무마기에게 읍하고 나아오게 하여 말했다. "내가 듣기에 군자는 당(=서로 도와 잘못을 숨겨줌)을 하지 않는다고 하는데, 군자도 당을 합니까? 소공이 오나라에서 아내를 맞았는데, 동성이어서 (동성임을 숨기기 위해) 오맹자라고 하였으니 소공이 예를 안다면 누가 예를 알지 못하겠습니까?" 무마기가 이 말을 공자께 고하니, 공자께서 말씀하셨다. "나는 다행이구나, 진실로 허물이 있으면, 남들이 반드시 알게 해 주는구나!"(스스로 임금의 악을 숨겼다고 말할 수도 없었고, 또한 동성을 아내로 맞은 것을 예를 안다고 할 수도 없었기 때문에 받아들이시고, 허물로 삼으시고 변명하지 않으셨다.)

다산 —— 진나라 사패가 물었다. "소공은 예를 아셨습니까?" 공자께서 말씀하셨다. "아셨습니다."(국가의 수치를 다른 나라 사람에게 피하여 숨기신 것이다.) 공자께서 물러나가시니, (사패가) 무마기에게 읍하고 나아오게 하여 말했다. "내가 듣기에 군자는 편당(黨=偏)하지 않는다고 하는데, 군자도 편당을 합니까? 소공이 오나라에서 아내를 맞았는데, 동성이어서 (동성임을 숨기기 위해) 오맹자라고 하였으니 소공이 예를 안다면 누가 예를 알지 못하겠습니까?" 무마기가 이 말을 공자께 고하니, 공자께서 말씀하셨다. (국가의 수치를 숨기신 것이 예에 맞는 일이지만, 성인의 도가 넓기 때문에 사패의 비난을 받아들여 자신의 허물로 여기시면서) "나는 다행이구나, 진실로 허물이 있으면, 남들이 반드시 알게 해 주는구나!"

던 모계사회의 모습을 반영했다. 이후 가족, 자손 등의 통칭으로 쓰였다. 부계사회에 들어서면서 부계중심으로 이어지는 혈통을 氏(각시 씨)라 불렀고, 이때문에 이 둘이 결합한 성씨姓氏라는 단어가 나왔다.

집주—— ■陳은 國名이요 司敗는 官名이니 卽司寇也라 昭公은 魯君이니 名이라 習於威儀之節하여 當時以爲知禮라 故로 司敗以爲問에 而孔子答之如此하시니라

진陳은 나라 이름이다. 사패司敗는 관직 이름이니(官名), 곧 사구司寇이다. 소공昭公은 노나라 임금으로 이름은 주裯인데, 위의威儀의 예절에 익숙하여 당시에 예를 안다고 하였다. 그러므로 사패가 질문을 하였고, 공자께서 이와 같이 대답하셨다.

■巫馬는 姓이요 期는 字니 孔子弟子로 名施라 司敗揖而進之也라 相助匿非曰黨이라 禮에 不取同姓이어늘 而魯與吳皆姬姓이니 謂之吳孟子者는 諱之하여 使若宋女子姓者然이라

무마巫馬는 성姓이고, 기期는 자字인데, 공자 제자로 이름은 시施이다. 사패가 무마기에게 읍揖하고 앞으로 나오게 한 것이다. 서로 돕고 비리를 숨겨주는 것을 일러 당黨이라 한다. 예법에 따르면, 동성同姓을 아내로 맞을 수 없는데, 노魯나라와 오吳나라는 모두 희성姬姓이었다. 오맹자吳孟子라 한 것은 (동성임을) 숨기고 송나라 여인처럼 자성子姓인 것처럼 한 것이다.

■孔子不可自謂諱君之惡이요 又不可以取同姓爲知禮라 故로 受以爲過而不辭하시니라

공자께서 스스로 임금의 악을 숨겼다고 말할 수도 없었고, 또한 동성을 아내로 맞은 것을 예禮를 안다고 할 수도 없었기 때문에 받아들이시고, 허물로 삼으시고 변명하지 않으셨다.

■吳氏曰 魯는 蓋夫子父母之國이요 昭公은 魯之先君也라 司敗又未嘗顯言其事하고 而遽以知禮爲問하니 其對之 宜如此也라 及司敗以爲有黨하여는 而夫子受以爲過하시니 蓋夫子之盛德이 無所不可也라 然이나 其受以爲過也에 亦不正言其所以過하여 初若不知孟子之事者하시니 可以爲萬世之法矣로다

오역이 말했다. "노나라는 대개 공자의 부모의 나라이고, 소공은 노나라의 선

군先君이다. 사패가 또한 그 일을 드러내어 말한 것이 아니라, 갑자기 '예를 아셨는가.' 하고 질문하였으니, 그 대답은 마땅히 이와 같아야 한다. 사패가 편당함이 있다고 함에 미쳐서도, 공자께서는 수용하여 허물로 삼았으니, 대개 공자의 성대한 덕은 하지 말아야 할 것이 없는 것이다. 그러나 그 말을 수용하여 허물을 삼으면서도, 그것이 허물이 되는 까닭을 곧바로 말하지 않고, 처음에는 맹자의 일을 알지 못했던 것처럼 하셨으니, 만세의 법도가 될 만하다."

고금주 —— 補曰 巫馬, 官名, 世其官, 遂以爲氏. 期當作旗, 聲誤也. 黨, 猶偏也. [孔曰: "相助匿非曰黨."] ○孔曰: "諱國惡, 禮也. 聖人道弘, 故受以爲過."
보완하여 말한다. 무마巫馬는 관직 이름이니, 대대로 그 관직을 역임하였으므로 씨氏로 삼은 것이다. 기期는 마땅히 기旗로 되어야 하니, 소리가 비슷하여 생긴 오류이다. 당黨은 편偏과 같다.(공안국이 말했다. "서로 도우면서 그릇됨을 숨기는 것을 당이라 한다.") ○공안국이 말했다. "나라의 수치스러운 일을 숨기는 것이 예禮에 맞는 것이지만, 성인께서는 도가 넓으신 까닭에 받아들여 자신의 허물로 삼으셨다."

■鄭曰: "司敗, 人名, 齊大夫." ○駁曰 非也.
정현이 말했다. "사패司敗는 사람 이름이니, 제나라 대부이다." ○논박하여 말하면, 그릇되었다.

비평 —— 특별한 쟁점은 없다.

7:31. 子與人歌而善, 必使反之, 而後和之.

고주 —— 공자께서 다른 사람과 노래하다가 (그 사람의 노래가 雅頌에 부합하여) 좋으면, 반드시 거듭(反=重) 부르게 하신 뒤에 화답하셨다.

주자 —— 공자께서 다른 사람과 노래하다가 좋으면, (그 상세함을 얻고 그 좋은 것을 취하시려고) 반드시 반복(反=復)하여 부르게 하시고, 뒤에 (그 상세함을 얻어서 그 좋은 것을 함께한 것을 기뻐하셔서) 화답하셨다.

다산 —— 공자께서 다른 사람과 노래하다가 좋으면, (그 상세함을 얻고 그 좋은 것을 취하시려고) 반드시 반복하여 부르게 하시고, 뒤에 (그 상세함을 얻어서 그 좋은 것을 함께한 것을 기뻐하셔서) 화답하셨다.

집주 —— ■反은 復也라 必使復歌者는 欲得其詳而取其善也요 而後和之者 는 喜得其詳而與其善也라 此見聖人氣象從容하고 誠意懇至하사 而其謙遜審 密하여 不掩人善이 又如此하니 蓋一事之微에 而衆善之集을 有不可勝旣者 焉이니 讀者宜詳味之니라
반反은 반복(復)이다. 반드시 노래를 반복하게 하신 것은 그 상세함을 얻고 그 좋은 것을 취하려고 하신 것이다. 그런 뒤에 화답하신 것은 그 상세함을 얻어서 그 좋은 것을 함께한 것을 기뻐하신 것이다. 여기서 성인의 기상이 부드럽고 유연하고(從容), 성의가 간절하고 지극하여(懇至), 그 겸손함이 자

자원풀이 ■가歌는 欠(하품 흠)+哥(노래 가)의 형성자로 입을 벌려(欠) 부르는 노래(哥)를 말한다. 노래하다, 찬미하다, 시의 형식의 하나 등으로 쓰인다.
■반反은 厂(기슭 엄)+又(또 우)의 회의자로 손(又)으로 기어 언덕(厂)을 오르는 모습, 혹은 손(又)으로 벽을 밀어 넘어뜨리는 모습이라고 한다. 『설문』에서는 손(又)을 뒤집다는 뜻이라고 했는데, 뒤집으면 원래의 위치와 반대가 되기에 반대反對, 그리고 되돌아가다, 반복反復하다는 뜻이 나왔다.
■화和는 口(입 구)+禾(벼 화)의 형성자로 원래는 龢(풍류 조화될 화)로 여러 개의 피리(龠)에서 나는 소리가 어울려 합치는 모습인데, 약龠이 구口로 줄어 오늘날의 화和가 되었다, 조화롭다, 화합하다, 화목하다, 강화를 맺다의 뜻.

세하고 엄밀하여(審密) 다른 사람의 좋은 것을 가리지 않는 것이 이와 같다는 것을 볼 수 있다. 대개 미미한 일 하나에도 여러 좋은 것이 집적되어 이루 다 할 수 없는 것이 있으니, 읽는 자는 마땅히 상세히 음미해야 한다.

고금주 ── ■補曰 歌者, 長言以誦詩也.

보완하여 말한다. 가歌란 말소리를 길게 하여 시를 읊조리는 것이다.

■邢曰: "反, 猶重也."[何云: "樂其善, 故使重歌而自和之."] ○駁曰 非也. 說則無錯, 但字義不然.

형병이 말했다. "반反은 거듭(重)과 같다."(하안이 말했다. "노래가 좋음을 즐거워 하셨다. 그러므로 거듭 노래하게 하신 뒤에 직접 화답하신 것이다.") ○논박하여 말하 면, 그릇되었다. 설명은 착오가 없다. 다만 자의字義가 그렇지 않다.

비평 ── 특별한 쟁점은 없다.

~~~

7:32. 子曰: "文莫吾猶人也, 躬行君子, 則吾未之有得."

고주 ── 공자께서 말씀하셨다. "문에서는 내가 남보다 나은 것이 전혀 없지 만(莫=無, 文皆不勝於人), 몸소 군자다움을 행하는 것(身爲君子)은 아직 능하지 못하다(已未能也)."

주자 ── 공자께서 말씀하셨다. "문은 내가 어찌 남에게 미치지 못하겠는가 마는(남보다 낫지는 못해도, 그래도 남에게 미칠 수는 있다:不能過人, 而尙可以及人),

몸소 군자의 도를 행하는 것은 나는 아직 전혀 터득하지 못했다(未之有得=全未有得: 겸손해 하신 말이다)."

다산 —— 공자께서 말씀하셨다. "문학이야 어찌 내가 남과 같지 않겠는가 마는, 군자의 덕을 몸소 행하는 것은 내가 자득한 바가 없다(스스로 겸손하신 것이다)."

집주 —— ■莫은 疑辭라 猶人은 言不能過人而尙可以及人이요 未之有得은 則全未有得이니 皆自謙之辭로되 而足以見言行之難易緩急이니 欲人之勉其 實也시니라

막莫은 의문사다. 유인猶人은 남보다 낫지는 못해도, 그래도 남에게 미칠 수는 있다는 말이다. 아직 얻지 못했다는 것은 아직 전혀 얻지 못했다는 것으로 모두 스스로 겸손해 하신 말이다. 그러나 언행의 난이難易와 완급緩急을 충분히 알 수 있으니, 사람들이 그 실질에 힘쓰게 하고자 하신 것이다.

■謝氏曰 文은 雖聖人이나 無不與人同이라 故로 不遜하시고 能躬行君子라야 斯可以入聖이라 故로 不居하시니 猶言君子道者三에 我無能焉이니라

사량좌가 말했다. "문文은 비록 성인이라도 남과 다르지 않기 때문에 겸양하지 않으셨다. 군자의 도를 몸소 실천할 수 있으면 성인의 경지에 들어가는

자원풀이 ■문文은 갑골문에서는 사람의 가슴에 어떤 무늬를 새겨 놓은 문신文身을 의미했다. 문자란 일정한 필획을 서로 아로새겨 어떤 형태들을 그려낸 것이다. 그래서 무늬라는 의미의 문文에 문자라는 의미가 담기게 되었다. 그래서 『설문해자』에서는 "획을 교차하다의 뜻으로 교차한 무늬를 형상했다(錯劃也 象交文)"고 했다. 그리고 문자로 쓰인 것을 문장이나 문학작품이라고 말하게 되었다. 그러자 문文은 주로 문장이나 문자의 의미로 쓰이게 되었고, 무늬라는 말은 문紋 자가 대신하게 되었다.
■막莫은 茻(잡풀 우거질 망)+日(날 일)의 회의자로 풀숲 사이로 해(日)가 넘어가는 모습을 그려 저물다, 저무는 저녁, 그리고 이후에 '(~을) 하지 마라'의 부정사로 쓰였다. 그러자 원뜻은 暮(저물 모)가 분화했다.
■궁躬은 身(몸 신)+弓(활 궁)의 형성자로, 활(弓)처럼 약간 휜 몸체라는 의미를 그렸으며, 몸을 굽히다는 뜻도 나왔다. 몸, 자기自己 자신, 몸소, 굽히다, 곤궁하다 등의 뜻이 있다. 궁기躬己란 자기 자신을 삼가고 공손히 함, 몸소 함이라는 뜻이 있다.

것이기 때문에 자처하지 않으셨으니, '군자의 도가 셋인데, 나는 (그 셋 중 어느 것에도) 능한 것이 없다(14:30).'고 말씀하신 것과 같다."

고금주 ── ■案, 莫者, 猶言豈不. ○補曰 夫子自言文學豈不吾猶人也, 若躬行君子之德, 則吾無所自得者. [自謙也] 子曰: "十室之邑, 必有忠信如某者焉, 不如某之好·學也." 文學素所自許, 德行素所自謙.

살핀다. 막莫이란 기불豈不(어찌 ~않겠는가?)과 같다. ○보완하여 말한다. 공자께서 스스로 말씀하시길, "문학文學이야 어찌 내가 남과 같지 않겠는가만, 군자의 덕을 몸소 행하는 것은 내가 자득한 바가 없다(스스로 겸손해하신 것이다)."고 하셨다. 공자께서 "십여 가구 정도의 작은 마을에도 나만큼 충신忠信하는 사람은 있겠지만, 나만큼 배우기를 좋아하지는 않을 것이다."(공야장)라고 하셨으니, 문학은 평소 스스로 허여한 바이지만, 덕행은 평소 스스로 겸손한 바이다.

■何曰: "莫, 無也. 文無者, 猶俗言文不."[又云: "文不吾猶人者, 凡言文皆不勝於人."] ○欒肇《論語駁》曰: "燕·齊謂勉強爲文莫, 莫之聲又轉爲務, 又轉爲楙, 黽之聲轉爲暋, 故《爾雅》曰, '茂, 勉也, 務·暋, 強也.'" ○駁曰 非也. 何晏·邢昺, 旣以文莫爲成語. 又釋之曰'文不勝人', 則周章矣. 欒說亦非.

하안이 말했다. "막莫은 무無이다. 문무文無란 속언俗言에 문불文不과 같다." (또 말했다. "文不吾猶人이란 무릇 '문은 모두 남보다 낫지 못하다.'는 말이다.") ○난조欒肇는 『논어박』에서 말했다. "연燕·제齊나라에서는 '면강勉強을 문막文莫한다.'고 말한다. 막莫이란 소리는 굴러서 무務가 되고, 또 굴러서 무楙가 된다. 민黽의 소리가 굴러서 민暋이 되었다. 그러므로 『이아』에서 말하길, '무茂는 면勉이고, 무務·민暋은 강強'이라고 하였다." ○논박하여 말하면, 그릇되었다. 하안과 형병은 이미 문막文莫을 하나의 성어成語로 보았으며, 또한 해석하여 말하길, '문은 다른 사람(人)을 이기지 못한다.'고 했으니, 경솔한 문장이다. 난조의 설 또한 그릇되었다.

비평 —— 고주는 이 장을 공자의 겸손한 덕(謙德)을 기록한 것이라고 했다.
고주는 문과 궁행군자, 즉 이론과 실천 두 가지 모두에서 공자께서 남보다 못
하다고 말씀하신 것으로 해석했다. 그런데 『논어』의 다른 장(5:27, 7:33)과 연
관해서 보았을 때, 그리고 문장 구조와 내용으로 파악했을 때에도 주자와 다
산의 해석이 설득력이 있다고 생각된다.

❧

7:33. 子曰: "若聖與仁, 吾豈敢? 抑爲之不厭, 誨人不倦, 則可謂云
爾已矣." 公西華曰: "正唯弟子不能學也."

고주 —— 공자께서 말씀하셨다. "만약 성과 인 같은 경지라면, 내 어찌 감히
자처할 수 있겠는가? 그러나 다만 (선왕의 도를) 배우기를 싫어하지 않고 사람
들을 가르치기를 권태로워하지 않는 것은 그렇다고 말할 수 있을 뿐이다."
공서화가 말했다. "바로 그것도 저희 제자들이 (오히려) 능히 배울 수 없는 것
입니다(하물며 仁과 聖이야!)."

주자 —— 공자께서 말씀하셨다. "만약 성과 인 같은 경지라면, 내 어찌 감히
자처할 수 있겠는가? 그러나 다만 (인과 성을) 행하기를 싫어하지 않고, (인과
성을) 다른 사람 가르치기를 권태로워하지 않는 것은 그렇다고 말할 수 있을
뿐이다." 공서화가 말했다. "바로 그것이 저희 제자들이 능히 배울 수 없는
것입니다."

다산 —— 공자께서 말씀하셨다. "만약 성과 인 같은 경지라면, 내 어찌 감히 자처할 수 있겠는가? 그러나 다만 (성인이 되기 위해) 배우는 것을 싫어하지 않고, (인을 넓혀) 사람을 가르치는 것을 권태로워하지 않는 것은 그렇다고 말할 수 있을 뿐이다." 공서화가 말했다. "바로 그것이 저희 제자들이 능히 배울 수 없는 것입니다."

집주 —— ■此亦夫子之謙辭也라 聖者는 大而化之요 仁은 則心德之全而人道之備也라 爲之는 謂爲仁聖之道요 誨人은 亦謂以此教人也라 然이나 不厭不倦은 非己有之면 則不能이니 所以弟子不能學也니라

이 역시 공자의 겸사이다. 성스러움(聖)이란 위대하면서 변화된 경지이다. 인仁은 마음의 덕이 온전한 것이고 사람의 길이 갖추어져 있는 것이다(心德之全而人道之備也). 위지爲之는 인仁과 성聖의 도를 행하는 것이고, 회인誨人 또한 인仁과 성聖을 남에게 가르치는 것이다. 그러나 싫증 내지 않고 권태로워하지 않음은 자신이 지니고 있지 않으면 불가능한 까닭에 제자들이 배울 수 없다는 것이다.

■晁氏曰 當時에 有稱夫子聖且仁者라 以故로 夫子辭之하시니 苟辭之而已焉이면 則無以進天下之材하고 率天下之善하여 將使聖與仁爲虛器하여 而人終莫能至矣라 故로 夫子雖不居仁聖이나 而必以爲之不厭과 誨人不倦으로 自處也라 可謂云爾已矣者는 無他之辭也라 公西華仰而歎之하니 其亦深知夫子之意矣로다

조설지가 말했다. "당시 공자를 '성스럽고 인하다'고 칭하는 사람이 있었기 때문에, 공자께서 사양하셨다. 만약 사양만 했을 뿐이라면 천하의 인재를 나

자원풀이 ■성聖은 耳(귀 이)+口(입 구)+壬(좋을 정)의 형성자. 귀(耳)는 뛰어난 청각을 지닌 사람, 입(口)은 말을 상징하고, 임壬은 발돋음하고 선 모습을 상징하여, 남의 말을 귀담아 듣는 사람으로서의 지도자를 의미한다. 이로부터 보통 사람을 넘는 총명과 예지를 지닌 존재나 성인, 학문이나 기술이 뛰어난 사람을 지칭하게 되었다.

아가게 할 수 없고, 천하의 선을 솔선할 수도 없다. 그러면 성과 인은 헛된 것이 되어 사람들이 끝내 도달하지 못하는 경지가 되고 만다. 그러므로 공자께서 비록 인과 성의 경지에 거처한다고 하지 않았지만, 반드시 행하기를 싫어하지 않고, 가르치기를 권태로워하지 않는다고 자처하였다. '가위운이이의可謂云爾已矣'는 '다른 것은 없다.'는 말이다. 공서화가 앙모하고 탄식했으니, 그 또한 공자의 뜻을 깊이 알았던 것이다."

고금주 —— ■補日 爲之者, 學也, 學將以成聖也. 誨人者, 教也, 教所以廣仁也. [孟子云: "學不厭, 知也. 教不倦, 仁也."] 云·爾·已矣, 皆語辭. 蹉跎其語, 至於四轉, 雖自許而猶有恐懼退蹙之心也. 只此二事, 正唯弟子所願學而不能者.
보완하여 말하다. 위지爲之란 배우는 것(學)이니, 배워서 장차 성인이 된다. 회인誨人이란 가르치는 것(教)이니, 가르쳐서 인을 넓힌다.(맹자가 말했다. "배우기를 싫어하지 않는 것은 知이고, 가르치기를 권태로워하지 않는 것은 仁이다.":「공손추하」). 운云·이爾·의矣는 모두 어조사이다. 이는 그 말의 표현을 꼭 맞게 하지 않고, 네 번 굴리는 데까지 이른 것이다. 비록 스스로 인정은 하지만, 오히려 두려워하고 물러서는 마음이 있는 것이다. 이 두 가지 사항이 바로 제자들이 배우기를 원하는 것이지만, 능할 수 없는 것이다.
■馬日: "正如所言, 弟子猶不能學, 況仁聖乎?" ○案 此未允. 孔子辭其上, 居其次. 公西華贊之日: "夫子所謂其次, 亦吾之所不能." 意在贊美, 不在翹企.
마융이 말했다. "지금 바로 말씀하신 것과 같은 것들도 제자들은 오히려 능히 배울 수 없는데, 하물며 인仁과 성聖이야!" ○살핀다. 이것은 공자께서 상위(聖과 仁)를 사양하고, 그다음 경지에 머물기를 허락한 것이 아니다. 공서화가 찬탄하여 "부자께서 이른바 그다음이라고 말씀하신 것 또한 우리는 능할 수 없는 것이다."라고 말하였는데, 뜻은 찬미하는 데에 있지, 발돋움하여 그렇게 되기를 바라는 데에 있지 않다.

비평 —— "억위지불염抑爲之不厭, 회인불권誨人不倦"에서 대명사인 지之가 무엇을 의미하는지에 대해 각각의 학문적 특성에 따라 의견이 약간씩 다르다. 고주는 '선왕지도'라고 하였다.

　　공영달이 말했다. "이 장도 공자께서 공손하신 덕을 기록한 것이다. 성과 인은 사람의 행실 중 가장 큰 것이므로 공자께서 겸양하시어 감히 성자와 인자로 자칭하시지 않은 것이다. 공자께서 나는 '선왕의 도를 배우기를 싫어하지 않으며, 남을 가르치기를 게을리 하지 않은 것이라면, 그렇다고 말할 수 있다.'고 말씀하신 것이다."

　주자는 바로 앞에 '약성여인若聖與仁'이란 구절이 있기 때문에, 성聖과 인仁을 가리킨다고 해석한다. 무난한 해석이다.
　다산은 『맹자』의 언명을 가지고 와서 심도 깊은 해석을 시도한다. 즉 그에 따르면 위지爲之란 장차 성인이 되는 학문을 배우는 것이고, 가르치는 것은 인을 넓히는 것이라고 한다. 다산의 해석이 가장 엄밀하고 자세하다.

　　　　　　　　　　　　❧

7:34. 子疾病, 子路請禱. 子曰: "有諸?" 子路對曰: "有之. 〈誄〉曰, '禱爾于上下神祇.'" 子曰: "丘之禱久矣."[鄭本·皇本·陸本無病字]

고주 —— 공자께서 병환이 깊으셨다. 자로가 (병이 낫도록 귀신에게) 기도하길 청하자 공자께서 말씀하셨다. "그런 일이 있었느냐?" 자로가 대답하여 말했다. "있었습니다. (「禱篇」의) 뢰(誄=累: 공적을 쌓아서 복을 구함)에서 말하길, '그대를 위해 상하의 신神 · 지祇께 기도를 드린다.'라고 하였습니다." 공자께서 말씀하셨다. "(공자께서는 평소 행동이 신명에 부합하여 기도할 필요가 없었기 때문에) 내가 기도한 지는 오래되었다."

주자 —— 공자께서 병환이 깊으셨다. 자로가 (귀신에게) 기도하길 청하자 공자께서 말씀하셨다. "그런 이치가 있었느냐(有此理否)?" 자로가 대답하여 말했다. "있었습니다. 뢰(죽은 이를 애도하여 그 행적을 기술하는 말)에서 말하길, '그대를 위해 하늘의 귀신과 땅의 귀신께(天曰神 地曰祇) 기도를 드린다.'라고 하였습니다." 공자께서 말씀하셨다. "(기도란 과오를 뉘우치고 선으로 옮겨가서 귀신의 도움을 비는 것인데, 공자께서는 평소 행위가 진실로 이미 신명에 부합하여 기도할 이치가 없었기에) 내가 기도한 지는 오래되었다."

다산 —— 공자께서 병환이 깊으셨다. 자로가 (귀신에게) 기도하길 청하자 공자께서 말씀하셨다. "그런 예법이 있었느냐(於禮有之乎)?" 자로가 대답하여 말했다. "있었습니다. 뢰(죽은 를 애도하여 그 행적을 기술하는 말)에서 말하길, '그대를 위해 하늘의 귀신과 땅의 귀신께 기도를 드린다.'라고 하였습니다." 공자께서 말씀하셨다. "(공자께서는 평소 행동이 신명에 부합하여 시도할 필요가 없었기 때문에) 내가 기도한 지는 오래 되었다."(정현 · 환간 · 육덕명의 본에는 病 자가 없다)

자원풀이 ■질疾은 疒(병들어 기댈 녁)+矢(화살 시)로 구성되어, 화살(矢)을 맞아 생긴 상처(질병 일반)를 말하고 빠르다는 뜻이 생겼다. 흠, 해치다, 미워하다, 시기하다, 나쁘다, 빠르다, 근심하다(君子疾沒世而名不稱焉) 등의 뜻이 있다.
■병病은 疒(병들어 기댈 녁) + 丙(남녘 병)으로 병들어 누운 사람을 옮기는 모습으로 중환자의 모습을 그렸다. 여기서 잘못, 폐단, 병폐病弊 등의 뜻이 나왔다. 다산은 여기서 病을 굶주려 고달픈 것(飢憊)이라고 했다.
■도禱는 示(보일 시)+壽(목숨 수)의 형성자. 제단(示)에서 장수(壽)를 비는 모습, 송축하다, 빌다의 뜻이다.
■뢰誄는 言(말씀 언)+耒(쟁기 뢰)의 형성자로 죽은 이의 생전의 공적을 애도하는 것을 말한다. 뢰사誄詞란 죽은 이를 애도하는 글이다. 뢰란 죽은 이를 슬퍼하여 그 행적을 기술한 말인데, 질병을 위한 기도 또한 그 공덕을 진술하여 빌기 때문에 뢰라고 하였다.
■신神은 示(보일 시)+申(아홉째지지 신)의 형성자로 번개(申=→電) 신(示)을 말했다. 번개는 사악한 사람을 경계하고,

집주 —— ■禱는 謂禱於鬼神이라 有諸는 問有此理否라 誄者는 哀死而述其
行之辭也라 上下는 謂天地니 天曰神이요 地曰祇라 禱者는 悔過遷善하여 以
祈神之佑也라 無其理면 則不必禱요 旣曰有之면 則聖人이 未嘗有過하사 無
善可遷하여 其素行이 固已合於神明이라 故로 曰丘之禱久矣라 하시니라

도禱는 귀신에게 기도하는 것을 말한다. 유저有諸는 이런 이치가 있는지를
물은 것이다. 뢰誄란 죽음을 애도하며 그 행적을 기술한 말이다. 상하上下는
천지天地를 말하는데, 천을 신神이라 하고, 지地를 기祇라 한다. 도禱란 과오
를 뉘우치고 선으로 옮겨가서 귀신의 도움을 비는 것이다. 기도하는 이치가
없다면 기도할 필요가 없으며, 이미 있다고 하였다면 성인은 일찍이 과오가
있던 적이 없었으니 옮겨 갈 만한 선이 없고, 평소 행위가 진실로 이미 신명
神明에 부합하였기 때문에 "내가 기도한 지가 오래다."라고 하신 것이다.

■又士喪禮에 疾病이어든 行禱五祀라 하니 蓋臣子迫切之至情이 有不能自
已者요 初不請於病者而後禱也라 故로 孔子之於子路에 不直拒之하시고 而
但告以無所事禱之意하시니라

또한 『의례』「사상례」에 '병이 깊으면 오사에 기도드린다.'고 했으니, 대개 신
자臣子의 지극히 절박한 심정에 스스로 그만둘 수 없는 것이 있어서이지, 처
음부터 병자에게 청한 이후에 기도하는 것은 아니다. 그러므로 공자께서는
자로에게 곧바로 거절하지는 않으시고, 다만 기도를 일삼을 필요가 없다는
뜻으로 일러주신 것이다.

신의 조화가 생길 어떤 변화를 나타내주는 계시로 생각되어 자연계에 존재하는 각종 신을 나타내게 되었다. 귀
신鬼神, 평범하지 않은 것, 신비神祕, 신성神聖, 정신精神 등의 용어가 나왔다. 示는 윗부분은 하늘을, 아랫부분은 해
와 달과 별을 나타내는 것에서 유래한 글자로 하늘이 해와 달, 그리고 별 등을 통해 여러 가지 현상을 보여주어
인간에게 길흉을 알려준다는 의미를 지닌다. 神은 하늘 귀신, 祇는 땅 귀신을 나타낸다. 神, 祇, 禱는 모두 示의 의
미에 따르고, 나머지 부분은 소리를 나타내는 부분이다.
■지祇는 示(보일 시)+氏(근본 저)의 형성자. 씨氏를 제사(示)의 대상으로 숭배하는 모습에서 공경하다, 귀신 등의
뜻이 나왔다.

고금주 —— ■補曰 疾甚曰病. 有諸, 謂於禮有之乎? 子路引古誄文句, 以證疾 病之有禱. ○孔曰: "孔子素行, 合於神明, 故曰丘之禱久矣."[邢云: "若人之履行, 違忤神明, 罹其咎殃則可禱."]

보완하여 말한다. 질환이 심한 것(疾甚)을 일러 병病이라 한다. 유저有諸는 예 禮에 그런 것이 있는가를 말한다. 자로는 옛 뢰 문구를 인용하여 질병 때에 기도하는 일이 있음을 증명하였다. ○공안국이 말했다. "공자의 평소 행실이 신명神明에 부합하였기 때문에 '내가 기도한 지 오래'라고 하였다."(형병이 말 했다. "가령 사람의 행실이 신명에 어긋나서 재앙에 걸린 것이라면 기도할 수 있다.")

■孔曰: "〈誄〉, 禱篇名."[邢云: "誄, 累也, 累功德以求福."] ○駁曰 非也. 孔氏不知 誄法, 乃以爲禱篇之名. 漢代專門之學, 其固陋如此.

공안국이 말했다. "「뢰誄」는 「도편」의 이름이다."(형병이 말했다. "誄는 쌓음·累 이다. 공덕을 쌓아서 복을 구하는 것이다.") ○논박하여 말하면, 그릇되었다. 공안 국은 뢰법誄法을 알지 못하여, 이에 「도편」의 이름이라고 했으니, 한대漢代의 전문적인 학문이 이처럼 고루하다.

■質疑〈士喪禮〉之'行禱五祀', 本在'屬纊'之後, 子路請禱, 非請此禱也. 武王 有疾, 周公禱于三王. 《易》曰: "巽于牀下. 用史巫, 紛若吉." 蓋有禱疾之禮.

(『집주』에) 질의한다. 「사상례」에 '오사에 기도드린다'는 것은 속광屬纊(임종을 앞둔 사람의 코에 새 솜을 대어 호흡의 유무를 알아보는 것) 이후에 있는 것이다. 자 로가 기도를 청한 것은 이러한 기도를 청한 것이 아니다. 무왕武王이 병이 깊 으니, 주공이 삼왕三王에게 기도하였고, 『역』「손」괘에서 말하길, '겸손하여 침상 밑에(牀下) 있는 상象이다. 축문을 읽는 사史와 액막이 무巫를 쓰는 것이 성대하다'고 하였다. 대개 병이 깊으면 기도하는 예禮가 있었다.

비평 —— 주자의 해설처럼 기도(禱)란 허물을 뉘우치고 선으로 옮겨감으로 써 귀신의 도움을 기원하는 것이다. 공자가 "기도해 온 지 오래이다."라는 말을 모두가 한결같이 공자는 천지와 그 덕을 합하고 귀신과 그 길흉을 합하는 성인의 경지에 올랐기 때문에, 더 이상 허물을 뉘우치거나 귀신의 도움을 받을 필요가 없기 때문에 그렇게 대답했다고 해석하였다. 필자는 공자가 '내가 그런 기도를 한 지 오래다.'라고 대답한 것은 공자가 항상 허물을 뉘우치고 선으로 옮겨 감으로써 귀신의 도움을 기원하는 자세로 살아왔기 때문에 그렇게 대답했을 것이라고 생각한다. 유저有諸의 대상에 대해 각각 (1) 그런 일 (고주), (2) 그런 이치(주자), (3) 그런 예법(다산)이 있었느냐고 해석하여 약간 의견을 달리하지만, 여기서 이 말은 이 세 가지 의미 모두를 포함하고 있다고 하겠다.

❧

7:35. 子曰: "奢則不孫, 儉則固, 與其不孫也, 寧固."

고주 —— 공자께서 말씀하셨다. "사치하면 (윗사람에게 참월하여) 공순(孫=順)하지 않고, 검소하면 (예에 미치지 못하니) 고루(固=陋)하다. (둘 모두 잃었지만) 공순하지 않는 것보다는 차라리 고루한 것이 낫다."

주자 —— 공자께서 말씀하셨다. "사치하면 공순(孫=順)하지 않고, 검소하면 고루(固=陋)하다. (둘 모두 중용을 잃었지만) 공순하지 않는 것보다는 차라리 고루한 것이 낫다."

다산 —— 공자께서 말씀하셨다. "사치하면 공순(孫=順)하지 않고, 검소하면 고루(固=陋: 통하지 않는다)하다. (둘 모두 중용을 잃었지만) 공순하지 않는 것보다는 차라리 고루한 것이 낫다(이것은 고금의 통의이다)."

집주 —— ■孫은 順也요 固는 陋也라 奢儉이 俱失中이나 而奢之害大니라

손孫은 온순(順)이고, 고固는 고루(陋)이다. 사치(奢)와 검소(儉) 모두 중용을
잃었지만, 사치의 해로움이 더 크다.

■晁氏曰 不得已而救時之弊也시니라

조설지가 말했다. "부득이하여 당시의 폐단을 구제한 것이다."

고금주 —— ■邢曰: "孫, 順也. 固, 陋也."[案, 固者, 四塞也, 謂不通] ○孔曰: "俱
失之. 奢則僭上, 儉不及禮."

형병이 말했다. "손孫은 온순(順)이고, 고固는 고루(陋)이다."(살핀다. 固란 사
방이 막힌 것(四塞)으로 不通을 말한다.) ○공안국이 말했다. "모두 (중용을) 잃었
다.[형병이 말했다. "둘 모두 중용을 잃었다."] 사치하면 윗사람에게 참월하고, 검
박하면 예에 미치지 못한다."

■晁曰: "不得已而救時之弊." ○駁曰 非也. 管氏之僭而難爲上, 晏子之偏而
難爲下. 與其僭上也, 寧偏下, 此古今之通義, 非獨捄時弊然也.

조설지가 말했다. "부득이하여 당시의 폐단을 구제한 것이다." ○논박하여
말하면, 그릇되었다. 관중이 참월하여 윗사람 노릇을 하기 어려웠고, 안자가

자원풀이 ■사奢는 大(크다)+者(놈 자)의 형성자로 물건을 필요보다 많이(大) 삶는다(者-<煮·삶을 자의 본 글자)는 의
미를 그렸다. 사치奢侈하다, 낭비하다, 교만하다, 자랑하다, 지나치다, 과장하다 등의 뜻이 있다.
■손遜은 자(아들 자)+糸(가는 실 사)의 회의자로 실(糸)처럼 이어지는 자손(子)을 의미한다. 여기서는 손遜의 의미로
쓰였다. 손遜은 辵(쉬엄쉬엄 갈 착)+孫(손자 손)의 형성자로 손자孫子된 마음으로 행동하는 것으로, 이로부터 공손恭
遜과 겸손謙遜의 뜻이, 다시 사양辭讓하다의 뜻이 나왔다.
■검儉은 人(사람 인)+僉(모두 첨)의 형성자로 모든 사람(人)에게 고르게 돌아가게 하려면 근검勤儉, 검소儉素해야
한다는 것을 나타낸다. 검약儉約하다, 부족하다, 한정하다, 겸손하다는 뜻이다.
■고固는 古(옛 고)+口(에워쌀 위)의 합성어로 옛것에 에워싸여 나가지 못하는 모습으로 완고頑固함과 고집固執을
나타낸다. 옛것에 얽매여 새로운 사고를 하지 못함이 바로 굳음이요 죽어가는 모습이다.

핍박하여 아랫사람이 힘들었는데, 윗사람에게 참월하는 것보다는 차라리 아랫사람을 핍박하는 것이 낫다. 이것이 고금의 통의通義이니, 단지 당시의 폐단만 구제하려던 것은 아니다.

비평 —— 사치(奢)함이 과장하고 큰 척 하면서 윗사람을 참람하게 범한다는 뜻이고, 검박(儉)함은 인색하고 부족한 것을 말한다. 사치함이 지나친 것(過)이라면, 검박함은 모자라는 것(不及)이다. 따라서 지나친 사치함과 모자라는 검박함 모두 중용의 도를 벗어났지만, 사치함보다는 오히려 검박한 것이 낫다는 것이다. 이 구절의 뜻은 다음 구절과 통한다.

> 임방이 예의 근본을 물었다. 공자께서 말씀하셨다. "좋은 질문이다. 예는 사치함보다는 차라리 검박한 것이 낫고, 장례는 절차를 잘 지키는 것보다는 차라리 슬퍼하는 것이 낫다." (3:4.林放問 禮之本 子曰 大哉問 禮與其奢也 寧儉 喪與其易也 寧戚.)

다산이 조설지의 주장(시폐를 구제하기 위한 말이다)을 비판한 것을 제외하면, 특별한 쟁점이 없다.

7:36. 子曰: "君子坦蕩蕩, 小人長戚戚."

고주 —— 공자께서 말씀하셨다. (군자와 소인은 마음이 같지 않아) "군자는 (마음이) 너그럽고 넓으나(坦蕩蕩=寬廣貌), 소인은 (마음이) 우려와 두려움이 많다(長

戚戚=多憂懼)."

주자 ── 공자께서 말씀하셨다. "군자는 ('이치'에 따르기 때문에) 평탄하여 너
그럽고 넓으며(蕩蕩=寬廣貌), 소인은 (외물에 부림을 당하므로) 우려와 근심걱정
이 많다."

다산 ── 공자께서 말씀하셨다. "군자는 (현재 지위에 맞게 행하므로) 항상 너그
럽고 즐거우며(坦蕩蕩=常寬樂), 소인은 (얻으려고 근심하고 잃을까 근심하기 때문에
마음이) 항상 우려하고 근심한다(長戚戚=常憂愁)."

집주 ── ■坦은 平也라 蕩蕩은 寬廣貌라
탄坦은 평평함(平)이고, 탕탕蕩蕩은 너그럽고 넓은 모양이다.
■程子曰 君子는 循理라 故로 常舒泰하고 小人은 役於物이라 故로 多憂戚이
니라
정이천이 말했다. "군자는 이치를 따르므로 항상 느긋하고 태연하며(常舒泰),
소인은 외물에 부림을 받으므로 항상 근심 걱정이 많다(多憂戚)."
■程子曰 君子坦蕩蕩은 心廣體胖이니라
정명도가 말했다. "군자탄탕탕君子坦蕩蕩은 마음이 넓고 몸이 퍼진 것이다."

자원풀이 ■탄坦은 土(흙 토)+旦(아침 단)의 형성자로 해가 지평선 위로 뜨는(旦) 모습을 볼 수 있을 정도로 평평한
땅(土)을 말한다. 이후 확 트인 땅처럼 대단히 솔직하고 직설적이며 마음이 넓음을 뜻한다.
■탕蕩은 艸(풀 초)+湯(끓일 탕)의 형성자로 하남성 탕음에서 발원한 강 이름이나, 쓸어 버리다는 뜻으로 쓰였다. (1)
흔들다, (2) 움직이다, (3) 흘러가다, (4) 방탕放蕩하다, (5) 씻다, (6) 찌르다, (7) 허물어뜨리다, (8) 평탄하다(魯道有蕩),
(9) 광대하다(美哉 蕩乎), (10) 너그러이 용서하다. 탕탕蕩蕩은 (1) 넓고 큰 모양, (2) 마음이 넓고 너그러운 모양, (3) 법
도가 무너진 모양, (4) 물결이 세차게 부딪치는 모양, (5) 밝고 깨끗한 모양, (6) 평탄한 모양 등이다.
■척戚은 戊(다섯째 천간 무)+叔(아제비 숙)의 형성자, 혹은 戊(도끼 월)+叔(콩 숙)으로 친근하다, 친밀하다의 뜻이 되
어 친척親戚, 가까운 겨레를 나타낸다. 慽(근심할 척)은 心(마음 심)+戚(겨레 척)의 형성자로 같은 핏줄을 이어받은 민
족(戚)을 서로 걱정하는 마음(心)을 나타내어 근심하다, 걱정하다의 뜻이다.

고금주 ── ■鄭曰: "坦蕩蕩, 寬廣貌. 長戚戚, 多憂懼." ○補曰 君子素位而行, 故心常寬樂, 小人患得患失, 故心常憂愁.

정현이 말했다. "탄탕탕坦蕩蕩은 너그럽고 넓은 모양(寬廣貌)이고, 장척척長戚戚은 우려와 두려움이 많음(多憂懼)이다." ○보완하여 말한다. 군자는 현재 지위에 맞게 행하므로 항상 너그럽고 즐거우며, 소인은 얻으려고 근심하고 잃을까 근심하기 때문에 마음이 항상 우려하고 근심한다.

비평 ── 유교는 '위기지학爲己之學'과 '위인지학爲人之學'을 구분한다. 위기지학은 자신 안에 있는 인간의 본성으로 자기를 정립하는 학문을 말한다. 위인지학은 그 준거를 타인에 두고 다른 사람의 인정을 받거나 부귀공명을 탐하려고 공부하는 것을 말한다. 이 글은 이런 맥락에서 읽어야 한다. 이 구절은 다음 언명들과 맥락을 같이한다.

> 군자는 자기에게서 구하고, 소인은 남에게서 구한다. (15:20. 子曰 君子求諸己 小人求諸人.)
> 옛날의 공부하던 사람들은 자기 충실을 위해 공부하였으나, 지금의 공부하는 사람들은 남의 인정을 받기 위해 공부한다. (4:25. 古之學者 爲己 今之學者 爲人.)
> 군자는 능력이 없는 것은 걱정하지만, 남이 자기를 알아주지 않는 것은 걱정하지 않는다. (15:18. 子曰 君子病無能焉 不病人之不己知也.)

군자는 인간의 본성으로 자기정립을 하는 사람이며, 소인은 밖에 있는 것(예컨대 부귀영달)을 구하면서 다른 사람의 인정을 받기를 원한다. 따라서 군자는 자기를 정립하여 자신의 최선을 다하면 그만이다. 그렇기에 군자는 그 준거가 자신에게 있기에 평탄하고 넉넉하며, 남이 자신을 알아주지 않아도 성내지 않는 것이다. 소인은 그 기준이 남에게 있고, 그 추구하는 대상이 외부에 있기 때문에 항상 근심 걱정한다.

　고주는 이 구절을 "군자와 소인은 마음이 같지 않아"라고 하여 이 구절의 의미를 풀어나갔다. 주자(정자)는 '이치'에 따르는 군자와 외물에 부림을 당하는 소인의 관점에서 이 구절을 해석했다. 다산은『중용』14장에 근거하여 "군자는 현재 지위에 맞게 행하므로"라고 말하여, 행위의 관점에서 이 구절을 해석하고 있다.

～∽❧∽～

7:37. 子溫而厲, 威而不猛, 恭而安.

고주 —— 공자께서는 온화(溫=溫和)하시되 엄정(厲=嚴正)하시고, 위엄이 있으시되(위엄이 있어 사람이 바라보면 두려워하였으나) 강폭함이 없으셨고(不猛=無剛暴), 공손(恭=恭孫)하시되 안태(安=安泰)하셨다(공자의 몸가짐을 기술하였다).

주자 —— 공자께서는 (본체를 온전히 갖추고 혼연히 음·양의 덕을 합하였기 때문에 그 중화의 기상이 용모 사이에 나타나) 온화하시되 엄숙(厲=嚴肅)하셨고, 위엄 있으시되 사납지 않으셨고, 공손하시되 편안하셨다.

다산 —— 공자께서는 온화하시되 엄준(厲=嚴峻)하셨고, 위엄 있으시되 지한(猛=鷙悍)하지 않으셨고, 공손하시되 편안하셨다(공자의 덕행을 설명했다).

집주 —— ■厲는 嚴肅也라 人之德性이 本無不備로되 而氣質所賦는 鮮有不偏하니 惟聖人은 全體渾然하여 陰陽合德이라 故로 其中和之氣 見於容貌之

間者 如此라 門人이 熟察而詳記之하니 亦可見其用心之密矣라 抑非知足以 知聖人而善言德行者면 不能記라 故로 程子以爲曾子之言이라 하시니 學者 所宜反復而玩心也니라

'여厲'는 엄숙嚴肅함이다. 사람의 덕성은 본디 갖추어져 있지 않은 것이 없으나, 기질氣質이 부여받는 것은 치우치지 않은 경우가 드물다. 오직 성인만이 본체를 온전히 갖추고 혼연渾然히 음·양의 덕을 합하였기 때문에 그 중화中和의 기상이 용모 사이에 이와 같이 드러난다. 문인들이 깊이 관찰하고 상세하게 기록하였으니, 또한 그들의 마음 씀의 면밀함을 알 수 있다. 아, 지혜가 성인을 알아보기에 충분하고, 덕행을 잘 말할 수 있는 자가 아니라면, 할 수 없는 것이기에, 정자는 증자의 말씀이라고 하였다. 배우는 자는 마땅히 반복하여 마음 깊이 완미해야 한다.

고금주 —— ■補曰 厲, 嚴峻也. 猛, 鷙悍也. [鳥曰鷙, 獸曰猛] 足恭者不能安, 恭而安則允恭也.

보완하여 말한다. 여厲는 엄준嚴峻이고, 맹猛은 지한鷙悍이다.(새가 사나운 것을 鷙라 하고, 짐승이 사나운 것을 猛이라 한다.) 지나치게 공손(足恭)하면 편안(安)할 수 없다. 공손하면서 편안해야 진실로 공손한 것이다.

■陸德明《釋文》曰: "一本作'子曰', '厲'作'例'. 皇本作君子." 案, 此章說孔子德行, 依此文爲是也.

육덕명陸德明의『석문』에서 말했다. "어떤 본에는 '자왈子曰로 되어 있고 여厲가 열例'로 되어 있다. 황간본에는 군자君子로 되어 있다." ○살핀다. 이 장은 공자의 덕행을 설명했으니, 여기의 문장에 따르는 것이 옳다.

비평 ── 고주는 공자의 몸가짐(體貌)의 서술이라고 했고, 다산은 공자의 덕행德行을 설명했다고 했다. 그런데 주자는 공자의 용모容貌에서 드러나는 중화中和의 기상을 제자가 기술한 것이라고 했다. 어쨌든 이 구절은 공자가 중中(不偏不倚 無過不及)을 이루어 화평한 기운을 드러낸 것이다. 대개 따뜻하되 엄정(준, 숙)하지 않으면 절제가 없어지고, 위엄이 있고 사나우면 사람들이 꺼리게 되며, 공손하되 편안하지 않으면 공손함이 오래가지 못한다.

『주역』에 "성인은 음양(천지)과 그 덕이 합치한다(聖人與天地合其德)"고 말했는데, 이 구절을 염두에 두고 본문을 해석하면 많은 도움을 준다. 양이 음에 뿌리를 둔다는 점에서 말하면, 따뜻함(溫)은 양의 화(和)이고 엄정함(厲)은 음의 엄정함(嚴)이고, 위엄은 양의 위엄(震)이고 사납지 않음(不猛)은 음의 유순함(順)이며, 공손함(恭)은 양의 존중함(主)이며 편안함은 음의 안정됨(定)이다. 음이 양의 뿌리가 된다는 점에서 말하면, '따뜻함은 음의 부드러움(柔)이고 엄정은 양의 강함(鋼)이며, 위엄은 음의 가혹함(慘)이고 사납지 않음은 음의 느긋함(舒)이며, 공손함은 음의 단정함(肅)이고 편안함은 양의 건강함(健)이다.'라고 할 수 있다.

■공恭은 心+共(함께 공)의 형성자로 함께할 수 있는 마음을 뜻하는데, 함께하려면 상대를 존중하고 자신을 낮추는 겸허謙虛하고 공손恭遜한 마음이 필요하기 때문이다. 이후 존중하다, 뜻을 받들어 시행하다 등의 뜻이 나왔다.
■안安은 宀(집 면)+女(여자 여)의 회의자로 여성(女)이 집(宀)에 있는 모습으로, 마땅히 있어야 할 곳에 있어 편안便安, 안전安全함을 의미한다.

제8편

태백
泰伯

이 본편은 예양, 인효의 덕행을 실천한 현인, 군자들에 대한 구절이 많다.
또한 배움을 권장하고 몸가짐을 바르게 하며, 도를 지키고 바르게
다스리는 도리를 논한 글들이 많다.《논어주소》
凡二十一章이라
모두 21장이다.

🙂

8:1. 子曰: "泰伯, 其可謂至德也已. 三以天下讓, 民無得而稱焉!"
[陸德明云: "一本, 得作德."]

고주 —— 공자께서 말씀하셨다. "태백은 지극한 덕이라고 일컬을 만하다. 세 차례 천하를 사양하였지만, 백성들이 (무엇으로) 칭송할 수조차 없었다."

주자 —— 공자께서 말씀하셨다. "태백은 지극한 덕(덕이 지극하여, 더 이상 보탤 것이 없다)이라고 일컬을 만하다. 천하를 굳이 사양하였지만(三讓=固遜), 백성들이 (무엇으로) 칭송할 수조차 없었다."

다산 —— 공자께서 말씀하셨다. "태백은 지극한 덕(덕을 행하고도, 그 이름 또한 없앴다)이라고 일컬을 만하다. 세 차례 천하를 (계력에게) 사양하였지만, 백성들이 (무엇으로) 칭송할 수조차 없었다."(육덕명이 말했다. 어떤 본에는 得은 德으로 되어 있다.)

집주 —— ■泰伯은 周大王之長子라 至德은 謂德之至極하여 無以復加者也라 三讓은 謂固遜也라 無得而稱은 其遜이 隱微하여 無迹可見也라 蓋大王三

자원풀이 ■양襄은 소가 끄는 쟁기를 두 손으로 잡은 모습과 쟁기에 의해 흙이 일어나는 모습을 형상화했는데, 표피 흙을 양보한다는 뜻이 나왔다. 이어 言(말씀 언)을 추가하여 사양辭讓의 뜻이, 土(흙 토)를 부가하여 토양土壤의 뜻이 나왔다. 양讓은 言(말씀 언)+襄(도울 양)의; 형성자로 말(言)을 사양함(襄)으로, 피하다, 양보하다, 추천하다, 다른 사람의 좋은 점을 말해주다의 뜻이 나왔다.
■칭稱은 왼쪽의 禾(벼 화)+'손에 들 칭'의 형성자. 곡물을 손에 들고 무게를 달아보는 것에서 무게, 가격, 그리고 호칭呼稱이라는 말이 나왔다. 저울질하다, 들다, 추천하다, 칭찬하다, 드러나다, 명성, 걸맞다 등의 뜻이 있다.

子에 長은 泰伯이요 次는 仲雍이요 次는 季歷이라 大王之時에 商道浸衰하고 而周日强大하며 季歷이 又生子昌하니 有聖德이라 大王이 因有翦商之志어늘 而泰伯이 不從하니 大王이 遂欲傳位季歷하여 以及昌이라 泰伯이 知之하고 卽與仲雍으로 逃之荊蠻하다

태백泰伯은 주나라 태왕의 맏아들이다. 지덕至德은 덕이 지극하여 더 이상 보탤 것이 없다는 말이다. 세 번 양보했다(三讓)는 것은 고손固遜(진실로 겸손·사양함, 굳이 사양함)을 말한다. 무득이칭無得而稱은 그 겸손함이 은미하여 어떤 형적도 나타내지 않았다는 말이다. 대개 태왕의 세 아들은 맏이 태백泰伯, 둘째 중옹仲雍, 막내 계력季歷이다. 태왕 때에 상商나라의 도는 쇠퇴하고, 주나라는 나날이 강대해졌다. 계력은 또한 아들 창昌을 낳았는데, 성덕聖德이 있었다. 태왕은 그 때문에 상나라를 극멸하려는 뜻이 있었으나, 태백은 따르지 않았다. 태왕은 마침내 계력에게 전위傳位하고 창昌에게 미치고자 하였다. 태백은 그것을 알고 중옹과 함께 형땅荊蠻으로 도피했다.

■ 於是에 大王이 乃立季歷하여 傳國至昌하여 而三分天下에 有其二하시니 是爲文王이요 文王崩하고 子發立하여 遂克商而有天下하시니 是爲武王이라 夫以泰伯之德으로 當商周之際하여 固足以朝諸侯有天下矣어늘 乃棄不取하고 而又泯其迹焉하니 則其德之至極이 爲如何哉아 蓋其心은 卽夷齊扣馬之心이나 而事之難處는 有甚焉者하니 宜夫子之歎息而贊美之也라 泰伯不從은 事見春秋傳하니라

이에 태왕이 계력을 세워 나라를 창에게 전했고, 창이 천하를 삼분三分하되 그 둘을 차지했으니, 그가 문왕文王이다. 문왕이 붕어하고, 아들 발發이 옹립되고, 드디어 상나라를 극멸하여 천하를 차지했으니, 그가 무왕武王이다. 대저 태백의 덕이면 당연히 상주의 교체기(商周之際)에 진실로 제후들의 조회를 받고 천하를 차지하기에 충분했지만, 버리고 취하지 않았으며 그 형적조차 없앴으니, 그 덕의 지극함이 얼마이겠는가! 대개 태백의 심정은 백이·숙

제가 (상을 정복하지 말라고 청하면서) 말고삐를 잡은 심정과 같겠지만, 사안에서 더 난처한 측면이 있어 공자께서 마땅하게 탄식하시고 찬미하셨다. 태백이 따르지 않은 일은 『춘추전』에 나온다.

고금주 —— ■補曰 旣行其德, 又泯其名, 是至德也. 三讓, 三以國讓於季歷也. 謂之天下者, 周竟得天下, 讓周是讓天下也.

보완하여 말한다. 이미 그 덕을 행하고도 그 이름 또한 없앴으니, 이것이 지덕至德이다. 삼양三讓이란 세 차례 나라를 계력에게 양보한 것이다. 천하天下라고 말한 것은 주나라가 마침내 천하를 얻었으니, 주나라를 양보한 것이 곧 천하를 양보한 것이 된다.

■鄭曰: "太王疾, 泰伯因適吳·越採藥, 太王沒而不返, 季歷爲喪主, 一讓也, 季歷赴之, 不來奔喪, 二讓也, 免喪之後, 遂斷髮文身, 三讓也."[見邢疏] ○駁曰 非也. 免喪之後, 雖不斷髮, 周其追之乎?

정현이 말했다. "태왕이 병이 깊어 태백이 오월吳越로 약초를 채취하러 갔지만, 태왕이 죽어도 돌아오지 않고 계력에게 상주喪主가 되게 한 것이 첫 번째 양보이다. 계력은 부고했지만, 분상奔喪하러 오지 않은 것이 두 번째 양보이다. 면상免喪한 이후에 머리를 자르고(斷髮) 문신文身한 것이 세 번째 양보이다."(형병의 疏에 보인다.) ○논박하여 말하면, 그릇되었다. 면상한 뒤에 비록 머리를 자르지 않았을지라도, 주나라에서 누가 그를 추종했겠는가?

■質疑《集注》云: "三讓, 謂固遜也."[古人辭讓, 以三爲節, 一爲禮辭, 再爲固辭, 三爲終辭] ○案 三辭之禮, 具見於〈聘禮〉·〈大射禮〉·〈鄕飮禮〉·〈鄕射禮〉·〈投壺禮〉·〈士相見禮〉. 然父傳子讓, 或弟獻兄讓, 不必一日設席行禮, 如賓主之致辭答辭者. 然則泰伯三讓, 必非三辭·三揖之禮, 飾其貌以成文者, 其三授三讓, 必有實事. 今典籍殘滅, 無以考徵, 乃鄭玄·范甯之徒, 左猜右忖, 上穿下鑿, 終日言之而民莫肯信而從之, 恐不如闕疑之爲善也. 《晉語》云'趙衰三

讓’, 亦三使爲卿, 而三讓之也, 非一日三讓]

질의한다. 『집주』에서 말했다. "삼양三讓은 고손固遜(진실로 겸손·사양함, 굳이 사양함)을 말한다."(옛 사람은 辭讓을 세 번하는 것으로 예절로 삼았으니, 첫 번째는 禮辭이고, 두 번째는 固辭라 하고, 세 번째는 終辭라 한다.) ○살핀다. 세 차례 사양하는 예(三辭之禮)는 「빙례」, 「대사례」, 「향음례」, 「향사례」, 「투호례」, 「사상견례」 등에 구체적으로 나타나 있다. 그러나 어버이가 전하는 것을 자식이 사양하는 것이나 아우가 헌작獻爵한 것을 형이 사양하는 것은 빈주賓主가 치사致辭·답례答禮하는 것과 같지 않아서, 어느 하루에 자리를 잡고 예를 행할 필요는 없다. 그렇다면 태백이 세 차례 사양한 것(三讓)은 삼사三辭·삼읍三揖의 예가 그 모양을 꾸미서 문채(형식)를 갖추는 것과 같을 필요는 없다. 태백이 세 차례 주고 세 차례 받음에 필시 사실이 있었겠지만, 지금은 전적典籍이 잔멸하여 살펴 징험할 방법이 없다. 이에 정현·범녕范甯 등이 좌로는 의심하면서도 우로는 추측하여 위로는 뚫고 아래로는 캐내어 종일토록 말하지만, 사람들이 긍정적으로 믿거나 따르려 하지 않으니, 아마도 의심스러운 것은 남겨 두는 것이 좋다는 것만 못한 듯하다.(『국어』「진어」에서 말했다. "趙衰의 三讓 또한 세 차례 卿으로 삼으려 했지만 세 차례 사양했는데, 어느 하루에 세 차례 사양한 것은 아니다.")

■引證《吳越春秋》云: "古公病將卒, 令季歷讓國於泰伯, 而三讓不受, 故云太伯三以天下讓." ○案《吳越春秋》, 非信書也.

인증한다. 『오월춘추』에 말했다. "고공古公이 병으로 죽으려 할 때, 계력에게 명하여 태백에게 나라를 양위하도록 하였지만, (태백은) 세 차례 사양하고 받지 않았다. 이런 까닭은 태백은 세 차례 천하를 사양하였다고 한다." ○살핀다. 『오월춘추』는 믿을 만한 책이 아니다.

비평 —— 삼양三讓에 대해 약간의 이견이 있다. 고주에서는 『사기』「오세가」

등을 전거로 하면서 추측을 통해 실제로 세 차례 사양한 사례를 들고 있다. 주자는『오월춘추』(권1「오태백전」)를 전거로 태백이 세 차례 천하를 사양했다는 기사를 인용하면서, 삼양三讓이란 고손固遜이라 했다. 이에 비해 다산은 고주에서 열거한 세 차례 사양한 사실에 대해 회의한다. 그리고 주자가 전거로 제시한『오월춘추』라는 책의 신뢰성도 회의한다. 결국 다산의 입장은 태백이 삼양三讓한 역사적 사실은 있었겠지만, (1) 삼양이 무엇인가에 대해 신뢰할 만한 전적이 없고, (2) 삼양이 반드시 어느 날 어떻게 구체적으로 사양한 것이라고도 볼 수도 없다. 따라서 (3) 의심스러운 것은 빼버리는 것이 오히려 더 낫다(闕疑之爲善也)는 제안을 하고 있다. 다산의 이러한 주장은 유가의 역사기술법(春秋筆法)의 하나인 '이의전의以疑傳疑'에 부합하는 것이라고 할 수 있다.

☙

8:2. 子曰: "恭而無禮則勞, 愼而無禮則葸, 勇而無禮則亂, 直而無禮則絞. 君子篤於親, 則民興於仁, 故舊不遺, 則民不偸."

고주 —— 공자께서 말씀하셨다. "공손하되 예로써 절제하지 않으면(無禮=不以禮節之) 수고롭고, 신중하되 예로써 절제하지 않으면 두려워하고(葸=畏懼之貌), 용감하되 예로써 절제하지 않으면 난을 일으키고, 정직하되 예로써 절제하지 않으면 (남의 잘못을) 야박하게 비난한다(絞=絞刺). 임금(君子=君)이 친속을 후하게 대하면(君能厚於親屬) 백성들이 (교화되어) 인에서 흥기하고, 옛 친구를 잊어버리지 않으면(不遺忘其故舊) 백성들이 경박(偸=薄)해지지 않는다."

주자 —— 공자께서 말씀하셨다. "공손하되 예가 없으면 (절도와 문채가 없어:無

節文) 수고롭고, 신중하되 예가 없으면 두려워하고(葸=畏懼之貌), 용감하되 예가 없으면 난을 일으키고, 정직하면서 예가 없으면 급절(絞=급박:急 · 절박:切)한다.""(별도의 1장으로, 증자의 언명인 듯하다) 윗자리에 있는 사람(君子=在上之人)이 어버이에게 돈독하면 백성들이 인에서 흥기하고, 옛 친구를 버리지 않으면 백성들이 경박(偷=薄)해지지 않는다."

다산 —— 공자께서 말씀하셨다. "공손하되 예가 없으면 불안하고(勞=不安之貌), 신중하되 예가 없으면 기쁘지 않고(葸=不怡貌), 용감하되 예가 없으면 문란해지고(亂=紊亂=無上下之分), 정직하면서 예가 없으면 성급(絞=急)하다. 윗사람(君子=上)이 친속에서 돈독하면 백성들이 인에서 흥기하고, (선군의) 옛 신하들을(故舊=先君之舊臣) 버리지 않으면 백성들이 (돌아가신 선군에게) 야박(=배반)하지 않는다(偷=佻. 不偷謂民亦不倍其死者也)."

집주 —— ■葸는 畏懼貌요 絞는 急切也라 無禮則無節文이라 故로 有四者之弊라

시葸는 두려워하는 모습이고, 교絞는 급박(急) · 절박(切)이다. 예가 없으면 절도(節)와 문채(文)가 없기 때문에 이 네 가지 폐단이 있다.

■君子는 謂在上之人也라 興은 起也요 偷는 薄也라

자원풀이 ■례禮는 示(보일 시)+豊(굽은 그릇 풍)의 형성자로 옥과 북을 통원하여(豊) 경건하게 신을 모시던 제사(示) 행위를 말하며, 이로부터 예도禮度, 예절禮節의 뜻이 나왔다. 혹은 示(보일 시) + 豊(돌로 만든 祭卓을 상형)로 제기祭器(豆) 위에 옥玉을 담은 그릇을 얹은 모양을 상형한 것이다.
■로勞는 力+熒(등불 형)으로 밤새 불을 밝혀 힘써 일하는 모습을 나타내었다.
■시葸(사)는 두려워하다(시), 눈 휘둥그레하다(사)이다. 시시葸葸는 두려워하는 모양이다. 시偲는 권한다는 뜻이다. 시시偲偲란 서로 권면하고 권장한다는 뜻이다(朋友切切偲偲).
■교絞는 糸(실 사)+交(사귈 교)의 형성자로 실(糸)을 교차(交)시켜 꼬는 것으로 교살絞殺, 교수絞首를 뜻하며 이로부터 급박하다는 뜻도 나왔다. 교絞는 새끼줄의 두 끝을 꽉 묶는 일이니 전혀 관대함이 없음을 말한다(주자).
■고故는 攵(칠 복)+古(옛 고)의 형성자로 회초리(攵)를 쳐 가며 옛 것(古)으로 되돌아가게 하는 뜻이며, 이로부터

군자君子는 윗자리에 있는 사람을 일컫는다. 흥興은 일어남(起)이고, 투偷는 각박(薄)이다.

■張子曰 人道에 知所先後면 則恭不勞하고 愼不葸하고 勇不亂하고 直不絞하여 民化而德厚矣리라

장재가 말했다. "사람의 도리에서 먼저 할 것과 나중에 할 바를 알면 공손하되 수고롭지 않고, 신중하되 두렵지 않고, 용맹하되 난을 일으키지 않고, 정직하되 급박하지 않아 백성들이 교화되어 덕이 두터워진다."

■吳氏曰 君子以下는 當自爲一章이니 乃曾子之言也니라

오역이 말했다. "군자 이하는 마땅히 그 자체로 하나의 장이 되니, 곧 증자의 말이다."

■愚按 此一節은 與上文不相蒙하고 而與首篇謹終追遠之意로 相類하니 吳說이 近是니라

어리석은 내가 살핀다. 이 한 구절은 위의 글과 서로 연관되지 않고, 수편首篇(「학이」)의 신종추원愼終追遠의 뜻과 서로 유사하니, 오역의 설이 옳음에 가깝다.

고금주 —— ■補曰 勞, 不安貌. [孔子恭而安] 葸, 不怡貌. [無和柔之色] 亂, 紊也. [無上下之分] 絞, 急也. 故舊, 謂先君之舊臣也. 遺, 棄也, 忘也. 偷, 佻也. 不偷, 謂民亦不倍其死者也.

보완하여 말한다. 노勞는 불안한 모양(貌)이다(공자께서는 공손하되 편안하셨다).

고의故意라는 뜻이 나왔다

■유遺는 辶(쉬엄쉬엄 갈 착)+貴(귀할 귀)의 형성자로 두 손에 삼태기를 들고 흙 속에서 건져내(貴) 다른 곳으로 옮기는(辶) 모습이다. 없어지다, 잃어 버리다의 뜻이다. 그렇게 되지 않도록 해야 하는 것이 유산遺産이자 유물遺物이다.
■투偷는 人(사람 인)+兪(점점 유)의 형성자로 구차한 사람(人)이 원래 뜻인데, 사람의 구차한 행동을 말한다. 구차苟且하다, 경박輕薄하다, 훔치다, 속이다, 도둑을 지칭한다.

시葸는 기쁘지 않은 모양不怡貌(和柔가 없는 안색)이다. 난亂은 문란(紊)이다(위아래 구분이 없다). 교絞는 급急이다. 고구故舊는 선군의 오래된 신하이다. 유遺는 버리고(棄) 잊는다(忘)이다. 투偸는 야박(佻)이다. 불투不偸는 백성 또한 그 죽은 이를 배반하지 않는다는 말이다.

■何曰: "葸, 畏懼之貌." ○駁曰 非也. 葸與偲通, 朋友偲偲·兄弟怡怡, 正是. 不怡曰葸也, 非禮而過於愼則其色似不怡者.

하안이 말했다. "시葸는 두려워하는 모습이다." ○논박하여 말하면, 그릇되었다. 시葸는 시偲와 통하니, 붕우시시朋友偲偲·형제이이兄弟怡怡가 바로 그것이다. 기쁘지 않은 것을 일러 시라 하는데, 예가 아니면서 신중함에서 지나쳐서 그 안색이 흡사 기쁘지 않는 듯하다.

■馬曰: "絞, 絞刺也."[邢云: "絞刺人之罪."] ○侃曰: "直若有禮則自行而不邪曲. 若不得禮, 對面說刺他人之非, 必致怨恨." ○駁曰 非也. 犯顏極諫, 亦禮也, 豈以怨恨而已之乎?

마융이 말했다. "교絞는 교자絞刺(비방)이다."(형병이 말했다. "남의 죄를 비방:絞刺한다.") ○황간이 말했다. "정직하면서 만일 예가 있으면 스스로 행함에 사곡邪曲이 없지만, 만일 예를 얻지 못한다면 남을 대면해서 타인의 잘못을 비방하여 필시 원한을 이룰 것이다." ○논박하여 말하면, 그릇되었다. 안색을 범하면서 극진히 간하는 것 또한 예禮이니, 어찌 원한 때문에 그만 두겠는가?

■包曰: "君能厚於親屬, 不忘其故舊, 民皆化之." ○駁曰 非也. 故舊者, 先君之舊臣也.

포함이 말했다. "임금이 친속에게 후대厚待하고, 그 고구故舊(벗)를 잊지 않는다면, 백성들이 모두 감화된다." ○논박하여 말하면, 그릇되었다. 고구故舊란 선군의 구신舊臣이다.

비평 —— 예란 단순히 옥과 비단 등으로 물질적으로 예우하는 것이 아니라

(17:11. 子曰 禮云禮云 玉帛云乎哉.), 자연의 이치를 등급 짓고 법도화한 것(天理之 節文)으로 사람이 마땅히 따라야 할 의식과 준칙(人事之儀則)이다. 그래서 예 란 인간 행위에 합당한 절도와 문식을 규정하여 친소와 도덕의 체득 정도에 따라 인간관계를 구분해 주는 역할을 한다. 요컨대 예란 인간이 마땅히 의거 해야 할 행위의 표준이다. 이러한 행위의 표준으로서 예가 없으면, 바람직한 좋은 덕목마저도 악덕으로 변질될 수 있다. 다음의 공자의 언명이 이를 잘 나타내 주고 있다.

맹의자가 효에 대해 물으니, 공자께서 말씀하셨다. "어김이 없는 것이다." 번 지가 수레를 몰 때, 공자께서 말씀하셨다. "맹손이 나에게 효에 대해 묻기에, 나 는 어김이 없는 것이다."라고 말했다. 번지가 말했다. "무슨 뜻입니까?" 공자께서 말씀하셨다. "살았을 때 섬기기를 예로써 하고, 돌아가셨을 때 장사 지내기를 예 로써 하고, 제사를 예로써 한다." (2:5. 孟懿子 問孝 子曰 無違 樊遲御 子告之曰 孟孫 問 孝於我 我對曰 無違 樊遲曰 何謂也 子曰 生事之以禮 死葬之以禮 祭之以禮.)

용어의 해석에서는 약간의 차이가 있지만, 문제가 되지는 않는다. 그런데 문제는 주자가 오역의 설을 인용하여, 군자 이하 18글자는 별도로 하나의 장 을 구성하며, 이는 증자의 언명으로 수장의 신종추원愼終追遠의 장과 같은 의 미일 것이라고 추정한 대목이다. 내용상으로 보면, 주자의 이 주장은 설득력 이 있다. 그러나 본문에 그런 말이 없기 때문에, 다산은 이에 대해 어떠한 질 의나 비정을 하고 있지 않다. 아마도 다산 역시 주자의 언명에 암묵적으로 동의했기 때문에 아무런 언급을 하지 않은 것이 아닌가 한다.

군자 이하 절의 해석에서 약간의 이견이 있다. 군자君子를 고주는 군君으 로, 재상지인在上之人으로 해석했다. 다산은 내용상으로 보면 고주처럼 인군 人君으로 해석한 듯한데, 전거를 제시하면서 고구故舊는 선군의 오래된 신하

(先君之舊臣)라고 해석했다. 모두 다 통할 수 있는 해석이라고 생각된다.

⌘

8:3. 曾子有疾, 召門弟子曰: "啓予足, 啓予手.《詩》云, '戰戰兢兢, 如臨深淵, 如履薄氷.' 而今而後, 吾知免夫, 小子!"

고주 —— 증자가 병이 들어 문하의 제자들을 불러 말했다. "(이불을) 들치고 내 발을 보아라! 들치고 내 손을 보아라! 『시』에 '(자신을) 항상 경계하고 (훼상이 있을까) 두려워하기를 마치 깊은 못에 임하듯 하고, 얇은 얼음을 밟는 듯하라!'고 하였으니, 이제야 나는 (훼상하는 것을) 면한 것을 알았다(몸을 훼상하지 않은 효를 이루었다). 제자들아!"

주자 —— 증자가 병이 들어 제자들을 불러 말했다. "(이불을) 들치고 내 발을 보아라! 들치고 내 손을 보아라! 『시』에 '두려워하고 경계하여 삼가기를, 마치 깊은 못에 임하듯 얇은 얼음을 밟는 듯하라.'고 했다. 이제야 나는 (훼상하는 것을) 면한 듯하다. 제자들아!"

자원풀이 ■소召는 갑골문에서 위의 숟가락(匕)과 아래쪽의 입(口)으로 구성된 회의자. 기물의 아가리(口)로부터 뜰 것(匕=>刀로 변함)으로 술을 뜨는 모습에서, 손님을 초청하다, 부르다 등의 뜻이 나고, 이후 초招로 발전되었다. ■계啓는 戶(지게 호)+又(또 우)의 회의자로 손(又)으로 문(戶)을 열어젖히는 모습에서 열다의 뜻이다. 이후 문을 열어달라는 의미에서 口(입 구)가 더해지고, 우又가 攴(칠 복)자로 변해 의미가 더 구체화되었다. 열다, 개척하다, 통하다, 알리다. 계도啓導하다, 가르치다의 뜻이다. ■여予는 『설문해자』에 손으로 무엇인가를 다른 사람에게 내미는 형성자라고 했다. 1인칭 대명사로 나, 주다, 허여하다, 팔다 등의 뜻이 있다. ■전戰은 戈(창 과)+ 單(줄의 양 끝에 쇠구슬을 매달아 던져서 짐승을 포획하는 도구)으로 구성되어, 처음에는 사냥에서 출발하여, 이후 전쟁戰爭, 그리고 나아가 전쟁에 임하면 두렵기 때문에 두려워하다(戰慄)로 의미가 확대되었다.

다산 —— 증자가 병이 들어 제자들을 불러 말했다. "(이불을) 들치고 내 발을 보아라! 들치고 내 손을 보아라! 『시』에 '전전긍긍하기를, 마치 깊은 못에 임하듯 얇은 얼음을 밟는 듯하라.'고 했다. 이제야 나는 (군자는 법을 생각하기에, 이제사 刑戮에서) 면한 듯하다. 제자들아!"

집주 —— ■啓는 開也라 曾子平日에 以爲身體受於父母하니 不敢毁傷이라 故로 於此에 使弟子로 開其衾而視之라 詩는 小旻之篇이라 戰戰은 恐懼요 兢兢은 戒謹이라 臨淵은 恐墜요 履氷은 恐陷也라 曾子以其所保之全으로 示門人하시고 而言其所以保之之難如此하여 至於將死而後에 知其得免於毁傷也라 小子는 門人也니 語畢而又呼之하여 以致反復丁寧之意하시니 其警之也深矣로다

계啓는 여는 것(開)이다. 증자는 평소 신체는 부모에게 받았으니 감히 훼상하지 않아야 한다고 여겼다. 그런 까닭에 이에 제자들에게 이불을 들치고 보게 했다. 『시』는 「소민小旻」편이다. 전전戰戰은 두려워하는 것(恐懼)이고, 긍긍兢兢은 경계하여 조심하는 것(戒勤)이고, 임연臨淵은 추락할까 두려워하는 것(恐墜)이고, 이빙履氷은 빠질까 두려워하는 것(恐陷)이다. 증자는 온전히 보존한 신체를 문인들에게 보이면서, 신체를 보존하는 것이 이처럼 어려운 까닭에 장차 죽음에 이르러서야 훼상하는 잘못을 면했음을 알았다고 말하였다.

■긍兢은 두 개의 兄(맏 형)이 의미부이고 丰(예쁠 봉)이 소리부로 구성된 형성자로 삼가다의 뜻이다. 두 형(兄)이 서로 경쟁하는 모양을 그려 다투다는 뜻이 생겼고, 형제간의 경쟁은 서로 공경심을 가져야 한다는 뜻에서 공경하다는 뜻이, 전전긍긍戰戰兢兢에서처럼 경쟁 때문에 조바심이 나서 어쩔 줄 모르다의 뜻이 나왔다. 긍긍兢兢은 삼가다, 떨다, 굳세다 등의 뜻을 지니게 되었다.
■심深은 水(물 수)+'깊을 삼'의 형성자로 계양군桂陽郡 남평南平에서 흘러나와 서쪽으로 흘러 영도현營道縣으로 흘러드는 강(水)이었으나, 이후 깊다의 뜻으로 쓰였고, 시간상 오래되다, 정도가 심하다, 색깔 등이 진하다의 뜻이다.
■연淵은 물(水)을 가두어 놓은 연못을 말한다. 깊은 연못이 원래 뜻이고, 심오함을 말하기도 한다. 물이 한 곳으로 모이는 곳이 연못이기 때문에, 이후 사람이나 물자가 모이는 곳을 말한다.
■리履는 復(돌아올 복)+尸(주검 시)의 형성자. 신발, 즉 발에 착용하고 왔다갔다(復) 할 수 있는 물건이라는 뜻이다.

소자小子는 문하의 사람들이다. 말을 마치고 또 다시 불러서 거듭 간곡한 뜻을 다했으니, 그 경계함이 깊다.

■程子曰 君子曰終이요 小人曰死니 君子保其身以沒을 爲終其事也라 故로曾子以全歸爲免矣시니라

정자가 말했다. "(죽음에 있어) 군자는 종終(임무를 완성했다)이라고 하고, 소인은 사死(목숨이 다하여 죽어 없어지는 것)라고 한다. 군자는 그 몸을 보존하고 죽는 것을 자신의 일을 마치는 것으로 여겼다. 그러므로 증자는 몸을 온전히하여 돌아가는 것으로 (잘못을) 면한 것으로 여겼다."

■尹氏曰 父母全而生之하시니 子全而歸之니 曾子臨終而啓手足은 爲是故也라 非有得於道면 能如是乎아

윤돈이 말했다. "부모가 온전히 낳아 주셨으니, 자식은 온전히 하여 돌아가야 한다. 증자가 임종에 수족을 들쳐 보인 것은 이 때문이다. 도를 얻은 사람이 아니라면, 이와 같이 할 수 있었겠는가?"

■范氏曰 身體도 猶不可虧也온 況虧其行하여 以辱其親乎아

범조우가 말했다. "신체도 오히려 훼상할 수 없거늘, 하물며 행실을 훼상하여 부모를 욕되게 하리오."

고금주 ── ■鄭曰: "啓, 開也. 曾子以爲受身體於父母, 不敢毁傷, [《孝經》文] 故使弟子啓衾而視之." ○補曰 吾知免者, 知其得免於刑戮. ○周曰: "呼小子者, 欲使聽識其言."

정현이 말했다. "계啓는 열다(開)이다. 증자는 신체는 부모에게 받았으니, 감히 훼상하지 않아야 한다고 여겼다(『효경』의 글이다). 그런 까닭에 이에 제자들에게 이불을 들치고 보게 했다." ○보완하여 말한다. 오지면吾知免이란 그가 형륙刑戮에서 면하게 됨을 알았다는 것이다. ○주생렬이 말했다. "소자라고 부른 것은 그의 말을 듣고 알게 하고자 한 것이다."

■周曰: "自知免於患難." ○駁曰 非也.《集解》·《集註》, 皆不以爲免於刑戮者, 以古有刖足, 本無斷手, 而曾子'啓予手', 似無與於刑戮, 故第以毀傷言之. 然毀傷有二法, 一是刑戮, 一是撲損. '易則易, 于則于', 兩騎作說, 謂之患難, 可乎? 古者原有支解之刑, 是三代盛時, 早有此法. 然則啓其手足而自幸其免於刑戮, 是其義也. 君子懷刑, 故重於犯惡, 戰兢臨履, 豈可但以樂正子之下堂傷足當之哉?

주생렬은 말했다. "이제야 내가 스스로 환난에서 면한 것을 알겠다(고 하였다)." ○논박하여 말하면, 그릇되었다. 『논어집해』와 『논어집주』에서 모두 형륙刑戮에서 면하게 된 것으로 여기지 않았던 것은 옛날에는 발을 자르는 형벌은 있었으나, 본래 손을 자르는 형벌은 없었고, 또 증자가 '나의 손을 열어 보라(啓予手)'고 한 것을 볼 때, 이것이 형륙과는 아무런 관련이 없었던 것과 흡사하였기 때문에 훼상毀傷으로써 말하였다. 그러나 훼상에는 두 가지 어법이 있는데, 하나는 형륙이고 다른 하나는 타박과 손상(撲損)에 의한 것이다. 그런데 이것이면 이것, 저것이면 저것이지 두 가지 어법에 편승하여 설을 만들어 환난이라고 할 수 있겠는가? 옛날에 원래 사지를 절단하는 형벌(支解)이 있었다. 이는 삼대의 융성한 시기에서도 이러한 형벌이 있었다. 그러니 (증자가 제자들에게) 그 손과 발을 보게 하여 스스로 그 형륙에서 면하게 된 것을 다행으로 여긴 것이니, 이것이 그 뜻이다. 군자는 형벌을 생각하기 때문에 죄악을 범하는 것을 중하게 여겨, 언제나 전전긍긍 깊은 못가에 임한 듯, 얇은 살얼음을 밟은 듯이 조심하였던 것이다. 이것이 어찌 다만 악정자樂正子가 마루에서 내려가다가 발을 다친 것과 같은 일이 여기에 해당할 수 있겠는가?

■〈祭義〉曰: "樂正子春下堂而傷其足, 數月不出, 猶有憂色. 曰, '父母全而生之, 子全而歸之, 可謂孝矣. 不虧其體, 不辱其身, 可謂全矣.'" ○案 此固孝子之至意, 然曾子臨終之語意, 不止是.

『예기』「제의」편에서 말했다. "악정자 춘春이 마루에서 내려가다가 발목을 다처 수개월 동안 외출하지 못하였는데, 근심하는 빛이 있어 말하였다. '부모가 온전히 낳아 주셨으니, 자식은 온전히 하여 돌아가야 효도했다고 할 수 있다. 그 신체를 훼상하지 않고, 그 자신을 욕되게 하지 않아야 온전하다고 할 수 있다.'" ○살핀다. 이는 진실로 효자의 지극한 뜻이다. 그러나 증자가 임종 시에 한 말의 뜻은 여기에 그치지 않는다.

비평 —— 증자는 부모님께서 주신 신체발부를 온전히 보전하는 것이 효의 시작이라고 생각하여, 제자들에게 이불을 들쳐보게 한 것이다. 증자의 저술로 알려진 『효경』「개종명의장제일開宗明義章第一」에 다음과 같이 기록되어 있다.

> 대저 효라는 것은 덕의 근본이고, 교육의 근거이다. … 신체발부는 부모로부터 받은 것이니, 감히 훼상하지 않는 것이 효의 시작이다. 자신을 세우고 도를 행하여 후세에 이름을 떨침으로써 부모를 영예롭게 하는 것이 효의 끝이다. (夫孝 德之本也 教之所由生也 復坐 吾語汝 身體髮膚 受之父母 不敢毀傷 孝之始也 立身行道 揚名於後世 以顯父母 孝之終也.)

"오지면부吾知免夫"에 대해 고주는 "내가 스스로 환난에서 면한 것을 알겠다"고 해석하였다. 주자는 "신체를 보존하는 것이 이처럼 어려운 까닭에 장차 죽음에 이르러서야 훼상하는 잘못을 면했음을 알았다"라고 해석하였다. 그런데 다산은 오지면吾知免이란 "내가 형륙刑戮에서 면하게 됨을 알았다."라고 해석하였다. 다산이 이렇게 해석하는 근거는 『논어』4:11의 "군자는 덕을 실천하는 것을 생각하고 소인은 땅을 생각한다. 군자는 (몸을 경건하게 하는 것을 중하게 여겨) 형벌을 생각하고, 소인은 (재물을 아끼려고) 혜택을 생각한다(子曰 君子懷德 小人懷土 君子懷刑 小人懷惠)."라는 말에 근거해 있다. 여기서도 우리는 다산이 경으로 경을 증명한다(以經證經)는 정신에 충실하고 있음을 여실히 확인할 수 있다.

⬦

8:4. 曾子有疾, 孟敬子問之. 曾子言曰: "鳥之將死, 其鳴也哀, 人之將死, 其言也善. 君子所貴乎道者三, 動容貌, 斯遠暴慢矣, 正顔色, 斯近信矣, 出辭氣, 斯遠鄙倍矣. 籩豆之事, 則有司存焉."

고주 —— 증자가 질병이 깊으니, 맹경자가 문병했다. 증자가 말했다. "새가 장차 죽으려 할 때에는 그 울음이 슬프고, 사람이 장차 죽으려 할 때에는 그 말이 선하다. 군자가 예(道=禮)에서 귀하게 여겨야 할 것이 셋이니, 용모를 움직일 때 (능히 엄숙하고 근신하면:能濟濟蹌蹌, 사람들이 감히 나를) 사납거나 거만하게 대하지 못할 것이며(人不敢暴慢之), 안색을 바르게 하여 (능히 장중하고 엄숙하면:能矜莊嚴栗, 사람들이 감히 나를 속이지 못하고:人不敢欺詐之) 성신으로 대할 것이고, 말을 할 때에 (능히 공순하고 화열하게 하면:能順而說之) 악하고 거슬리는 말이 나의 귀에 들어오지 않는다(無惡戾之言入於耳). (나머지) 변두(籩豆=

자원풀이 ■사死는 '歹=歺(살을 바른 뼈)' + '匕(죽은 사람을 거꾸로 놓아 둔 모양). 목숨이 다하여 변했다는 것. 그래서 군자는 임무를 다했다는 의미에서 終終이라 하고, 소인은 목숨이 다했다는 의미로 사死라고 한다. 終終은 糸(가는 실 멱) + 冬(冫:얼음이 언 모양: 계절의 마지막)으로 실로 끝을 맺는 것을 의미한다. 終終은 임무를 마쳤다는 뜻이다.
■명鳴은 口(입 구)+鳥(새 조)의 형성자로 새(鳥)의 입(口)에서 나오는 지저귐을 말하며, 울다, 소리를 내다, 놀라다, 부르다의 뜻이다.
■만慢은 心(마음 심)+曼(길게 끌 만)의 형성자로 마음(心)이 길게 늘어져(曼) 게으름을 말한다. 가벼이 여기다, 교만騷慢하다, 느긋하다, 느슨하다의 뜻이다.
■비鄙는 邑(고을 읍)+啚(인색할 비)의 형성자로 곡식창고(啚)가 설치되었던 도읍都邑의 주위 지역으로 주변이자 변두리였기에 '비루한' 곳, 지방이라는 뜻이다. 품질 등이 조악하다, 경멸하다, 자신에 대한 겸칭 등으로 쓰인다.

禮器)의 일은 유사가 있다.”

주자 —— 증자가 질병이 깊으니, 맹경자가 문병했다. 증자가 자신의 말(言=自言)을 했다. “새가 장차 죽으려 할 때에는 (죽음을 두려워하기 때문에) 그 울음이 슬프고, 사람이 장차 죽으려 할 때에는 (근본으로 돌아가기 때문에) 그 말이 선하다. 군자가 도에서 귀중하게 여겨야 할 것이 셋이니, 온 몸을 움직일 때(動容貌=擧一身) 포폭(=粗厲) · 만만(=放肆)을 멀리하며, 안색을 바르게 하여 신실함에 가깝게 하고, 말의 기운을 낼 때는 비루(=凡陋) · 배배(=背理)를 멀리한다. (이 세 가지는 군자의 수신의 요체요 위정의 근본이다. 그 나머지 세세한 말단의) 변두의 일은 유사가 있다.”

다산 —— 증자가 질병이 깊으니, 맹경자가 문병했다. 증자가 말했다. “새가 장차 죽으려 할 때에는 (죽음을 두려워하기 때문에) 그 울음이 슬프고, 사람이 장차 죽으려 할 때에는 (근본으로 돌아가기 때문에) 그 말이 선하다. 군자가 도에서 귀중하게 여겨야 할 것이 셋이니, 온몸을 움직일 때(動容貌=擧一身) 포폭(=猝急) · 만만(=怠惰)을 멀리하며, 안색을 바르게 하여 성실함이 거의 드러나게 하고(信=誠之著), 말의 기운을 낼 때는 비루함(鄙=陋) · 어그러짐(倍=偝=悖)을 멀리한다. (그 나머지 세세한 말단의) 변두의 일은 유사가 있다.”

집주 —— ■孟敬子는 魯大夫仲孫氏니 名捷이라 問之者는 問其疾也라

■배배는 人(사람 인)+‘침 부’의 형성자로 사람(人)이 서로 등지는 모습에서 배반하다, 뒤집다의 뜻이다. 뒤집으면 두 개의 면이 되기 때문에 갑절을 뜻하게 되었다.
■변籩은 竹(대나무 죽)+邊(가 변)의 형성자로 제사나 연회 때 과일이나 포脯를 담는 대그릇을 말한다. 변궤籩簋는 제사에 쓰는 그릇이다.
■두豆는 상형자로 지금은 콩의 의미로 쓰이나, 원래는 곡식이나 음식을 담는 굽 높은 나무로 만든 제기祭器를 나타낸다. 두豆에는 김치나 젓갈 같은 것을 담고, 변籩에는 대추나 밤 같은 것을 담았다.

맹경자孟敬子는 노나라 대부 중손씨仲孫氏인데, 이름은 첩捷이다. '문지問之'
란 그 질병을 위문함이다.

■ 言은 自言也라 鳥畏死라 故로 鳴哀하고 人窮反本이라 故로 言善이라 此는
曾子之謙辭니 欲敬子知其所言之善而識之也라

언言은 스스로 말함(自言)이다. 새는 죽음을 두려워하기 때문에 울음이 슬프
고, 사람이 다(窮)하면 근본으로 되돌아가기 때문에 말이 선하다. 이는 증자
의 겸사謙辭이니, 맹경자에게 그가 말하는 것이 선하다는 것을 알아 기억하
길 바란 것이다.

■ 貴는 猶重也라 容貌는 擧一身而言이라 暴는 粗厲也요 慢은 放肆也라 信은
實也니 正顔色而近信이면 則非色莊也라 辭는 言語요 氣는 聲氣也라 鄙는 凡
陋也요 倍는 與背同하니 謂背理也라 籩은 竹豆요 豆는 木豆라 言道雖無所不
在라 然이나 君子所重者는 在此三事而已라 是皆修身之要요 爲政之本이니 學
者所當操存省察이요 而不可有造次顚沛之違者也라 若夫籩豆之事는 器數之
末이니 道之全體 固無不該나 然이나 其分則有司之守요 而非君子之所重矣라

귀貴는 중重과 같다. 용모容貌는 온몸을 들어서 말한 것이다. 포暴는 거칠고
사나움(粗厲)이다. 만慢은 풀어져 제멋대로 함이다. 신信은 신실함(實)이다.
안색을 바르게 하고 신실함에 가까우면 겉만 장엄한 것이 아니다. 사辭는 언
어言語이고, 기氣는 소리의 기운(聲氣)이다. 비鄙는 비루(凡陋)이고, 배倍는 배
背와 같으니, 이치를 등진다(背理)는 말이다. 변籩은 대나무 제기(竹豆)이고,
두豆는 나무 제기(木豆)이다. '도道는 비록 없는 곳이 없지만, 군자가 귀중하게
여기는 것은 이 세 가지에 있을 뿐이다. 이 모든 것은 수신修身의 요체이고 위
정爲政의 근본이니, 배우는 자가 마땅히 조존操存·성찰省察하여, 조차造次·
전패顚沛할 때에도 어길 수 없는 것이다. 무릇 변두籩豆의 일과 같은 것은 그
릇의 숫자나 따지는 말단이니, 도의 전체에 본래 포함되지 않는 것은 아니지
만, 그 직분은 유사有司의 담당이지 군자가 귀중하게 여기는 것은 아니다.'는

말이다.

■ 程子曰 動容貌는 擧一身而言也니 周旋中禮면 暴慢斯遠矣요 正顏色이면 則不妄이니 斯近信矣요 出辭氣에 正由中出이면 斯遠鄙倍라 三者는 正身而 不外求라 故로 曰 籩豆之事則有司存이라 하시니라

정자가 말했다. "동용모動容貌는 온몸을 들어서 말한 것이다. 주선周旋이 예에 알맞으면 거침(暴)·태만함(慢)과 거리가 멀다. 안색을 바르게 하면 거짓되지 않아 신실함에 가깝다. 말의 기운을 낼 때(出辭氣) 바르게 하여 마음 가운데로부터 나오면 비루함(鄙)과 배리(倍)를 멀리한다. 세 가지는 몸을 바르게 하는 것이지, 밖에서 구하는 것이 아니다. 그러므로 따라서 변두籩豆의 일은 유사有司가 있다고 하였다."

■ 尹氏曰 養於中이면 則見於外라 曾子蓋以修己로 爲爲政之本하시니 若乃 器用事物之細는 則有司存焉이니라

윤돈이 말했다. "마음 가운데에서 길러지면, 밖으로 드러난다. 증자는 대개 수기修己를 위정爲政의 근본으로 여겼으니, 그릇의 쓰임과 사물의 세세함과 같은 것들은 유사有司가 있다."

고금주 —— ■ 補曰 暴, 猝急也. 慢, 怠惰也. 信者, 誠之著也. 倍與偝通, 諧聲 爲悖. ○邢曰: "木豆謂之豆, 竹豆謂之籩.〚《爾雅·釋器》文〛 豆盛菹醢, 籩盛棗 栗."〚凡燥物皆籩實也〛 ○補曰 有司, 謂籩人·醢人及宗祝之類.

○보완하여 말한다. 포暴는 졸급猝急이다. 만慢은 태타怠惰이다. 신信이란 성실이 드러난 것(誠之著)이다. 비鄙는 비루(陋)이다. 배倍는 배偝와 통하니, 해성으로 어긋나다(悖)이다. ○형병이 말했다. 목두木豆를 두豆라고 하며, 죽두竹豆를 변籩이라고 한다(『이아』「석기」의 글이다). 두豆에는 김치나 젓갈을 담고, 변籩에는 대추와 밤을 담는다(무릇 마른 제물은 모두 변에 담는다). ○보완하여 말한다. 유사有司는 변인籩人·혜인醢人 및 종축宗祝 따위이다.

■李充曰: "人之所以異於禽獸者, 以其愼終始, 在困不撓也. 禽獸之將死, 不遑擇音, 唯吐窘急之聲, 人若將死而不思令終之言, 唯哀懼而已者, 何以別於禽獸乎? 是以君子之將終, 必存正道, 不忘格言, 臨死易簀, 困不違禮, 辯論三德, 大加明訓, 斯可謂善言也."[見皇疏] ○案 此義極好, 然經旨在有意無意之間.

이충李充이 말했다. "사람이 금수와 다른 것은 시종始終을 신중히 하고, 곤궁함에 처해도 흔들리지 않기 때문이다. 금수는 장차 죽으려 할 때 소리를 가려서 낼 겨를이 없고, 오직 군색하고 급박한 울음소리만 토할 뿐이다. 그런데 사람이 만약 죽으려 할 때, 영종의 말(令終之言)을 생각하지 않고, 오직 슬퍼·두려워할 뿐이라면 무엇으로 금수와 구별되겠는가? 이런 까닭에 군자는 장차 임종에 즈음하여 반드시 정도를 보존하고(存正道), 격언格言을 잊지 않고, 죽음에 임해서도 역책易簀하고, 곤궁에 처해서도 예법을 어기지 않고, 삼덕三德을 변론하여, 밝은 교훈을 크게 더하였으니, 선한 말(善言)이라고 할 만하다."(황간의 소에 보인다.) ○살핀다. 이 뜻이 지극히 좋다. 그러나 경문의 취지에 그런 뜻이 있기도 하고 없기도 하다.

■鄭曰: "此道, 謂禮也. 動容貌, 能濟濟蹌蹌, 則人不敢暴慢之. 正顔色, 能矜莊嚴栗, 則人不敢欺詐之. 出辭氣, 能順而說之, 則無惡戾之言入於耳." ○駁曰 非也. 鄭疑'斯遠'二字宜屬他人, 故爲此說. 然若如鄭說, '斯近'二字又難讀. 朱子之義, 不可易也. ○又按 疾風謂之暴風, 故其詁如是也. 動容貌, 有二病, 一是急疾妄動, 一是怠惰重動. 二者俱不中禮, 故欲遠之.

정현이 말했다. "이 도(此道)는 예禮를 말한다. 용모를 움직일 때 능히 엄숙하고 근신하면, 사람들이 감히 나를 사납거나 거만하게 대하지 못할 것이다. 안색을 바르게 하여 능히 장중하고 엄숙하면, 남들이 감히 나를 속이지 못할 것이다. 말을 할 때에 능히 공순하고 화열하게 하면, 악하고 거슬리는 말이 귀에 들어오지 않는다." ○논박하여 말하면, 그릇되었다. 정현은 '사원斯遠'이란 두 글자가 의당 타인에게 귀속되어야 한다고 의심했기 때문에 이러한 설명을 하였다. 그러나 만일 정현의 설과 같다면 사근斯近이란 두 글자는 또한 독해하기 어렵다. 주자朱子의 뜻은 바꿀 수 없다. ○또 살핀다. 질풍疾風을 폭풍이라고 하기 때문에 그 주석이 이와 같다. 용모를 움직일 때는 두 가지 병통이 있으니, 하나는 졸급하여 망령된 행동이고, 하나는 태만하게 느릿한 행동이다. 두 가지는 모두 예에 맞지 않으니, 그러므로 멀리 하고자 하는 것이다.

비평 —— 증자가 "새가 장차 죽으려 할 때에는 그 울음이 슬프고, 사람이 장차 죽으려 할 때에는 그 말이 선하다."라고 말한 것은 그 겸손을 보여준다. 군자가 귀중하게 여기는 것은 수신의 요체이며 정치의 근본이다. 군자는 수신으로 정치의 근본을 삼고, 여타 세세한 것들은 담당 관리에게 맡겨야 한다.

강한 자에게는 난폭함(暴)이, 나약한 자에게는 태만(慢)함이 용모에서 드러난다. 난폭함과 태만함을 멀리하고 화평해야 한다. 안색을 바로 하라는 말은 내면을 바로 잡으라는 말이다. 안색은 내면을 알려주는데, 내면이 바른 이후에 안색이 바르게 될 수 있다. 내면이 바르지 않고 안색을 잘 꾸미는 자는 색장자이기에 신실할 수 없다. 말과 어조에서 오류는 크게 없지만 그 수준이 천박한 것이 비루함이고, 말은 고매하지만 실제 이치에 위배되는 것은 배리라고 한다. 종묘에서 제사지내는 일 역시 군자의 일에 포함되지만, 세세한 측면은 담당관리(有司)에게 맡기는 것이 합리적이라는 것이다. 이것이 바로 주자의 해석이었고, 다산은 이 해석을 바꿀 수 없다고 말했다. 정현으로 대표되는 고주에 대한 다산의 세세한 비평은 그의 학식을 알 수 있게 해준다.

8:5. 曾子曰: "以能問於不能, 以多問於寡, 有若無, 實若虛, 犯而不校, 昔者吾友嘗從事於斯矣."

고주 —— 증자가 말했다. "유능하면서도 무능한 자에게 묻고, 지식이 많으면서 적은 사람에게 묻고(학문을 좋아함이다), 있으면서도 없는 듯하고 (남에게) 침범을 당해도 보복하지 않은 것(겸손한 것이다)을, 옛날에 나의 벗(안연)은 일찍이 이러한 (상급의) 일들을 실천했다(能行此上之事)."

주자 —— 증자가 말했다. "유능하면서도 무능한 자에게 묻고, 많으면서 적은 사람에게 물으며, 있으면서도 없는 듯하고, 침범해도 헤아리거나 따지지 않는 것(不校=不計校)을, 옛날에 나의 벗(안연)은 (의리가 무궁하고, 물아의 간격이 없어) 일찍이 이러한 것들에 종사했다."

다산 —— 증자가 말했다. "유능하면서도 무능한 자에게 묻고, 많으면서도 적은 사람에게 물으며, 있으면서도 없는 듯하고, (남에게) 침범을 당해도 각축(角)・보복(報)하지 않은 것을, 옛날에 나의 벗(안연)은 이러한 (상급의) 일들을 실천했다(能行此上之事)."

집주 —— ■校는 計校也라 友는 馬氏以爲顏淵이라 하니 是也라 顏子之心은 惟知義理之無窮하고 不見物我之有間이라 故로 能如此하시니라

교校는 헤아려 따지는 것(計校)이다. 벗(友)이란 마음이 안연이라고 했는데,

자원풀이 ■과寡는 宀(집 면)+頁(머리 혈)+分(나눌 분)으로 구성된 회의자로 나누어져(分) 집(宀)에 홀로 남은 사람(頁)을 그려 '홀로'라는 의미를 형상화하여, '적다'는 뜻이 나왔다. 혹은 宀+頒(나눌 반)의 결합으로 집에 있는 물건을 나누어 주니 감소하여 적다, 줄이다의 뜻이 나왔다. 환과고독鰥寡孤獨에서는 나이 들어 남편이 없는 과부寡婦, 임금이 자신을 낮추어 부르는 과인寡人 등으로 쓰인다.
■허虛는 소전체에서 丘(언덕)+虍(호피무늬 호)의 형성자이다. 구丘는 갑골문에서 언덕과 언덕 사이의 움푹 들어간 구릉지丘陵地를, 호虍는 입을 크게 벌리고 울부짖는 호랑이의 모습을 그린 상형자이다. 『설문해자』에 옛날 아홉 집마다 우물 하나를 파고, 우물 네 개마다 읍邑을 세웠으며, 네 읍이 하나의 구丘를 이루었는데, 구丘는 달리 허虛라고 한다고 했다. 구와 허는 원래 같은 뜻이나, 구丘가 언덕으로 쓰이고, 허虛는 비다는 뜻이 되었다. 허虛는 원래 커다란 언덕을 뜻했는데, 그곳에 많은 사람들이 굴을 뚫어 동굴 집을 만들어 살았으므로 공허空虛와 같은 비다의

옳다. 안자의 마음은 오직 의리가 끝이 없다(義理之無窮)는 것만 알았을 뿐, 외물과 나 사이에 간극이 있다는 것을 보지 못했다. 그래서 능히 이와 같이 할 수 있었다.

■ 謝氏曰 不知有餘在己, 不足在人하며 不必得爲在己, 失爲在人하여 非幾於 無我者면 不能也니라

사량좌가 말했다. "자기는 넉넉하지만 남은 부족하다는 것을 알지 못하고, 자기는 터득하였지만 남은 터득하지 못했다고 기필하지 않는 것은 거의 무아無我의 경지에 가까운 사람이 아니라면, 할 수 없는 것이다."

고금주 —— ■ 補曰 挍, 角也, 報也. [象交手相爭] 包曰: "言見侵犯不挍."[坊本, 誤作校] ○ 馬曰: "友, 謂顔淵." ○案 知爲顔淵者, 以'昔者'.

보완하여 말한다. 교挍는 각축(角)·보복(報)이다(손:手을 맞잡고:交 서로 싸우는 것을 형상하였다). 포함이 말했다. "침범을 당해도 보복하지 않음이다."(坊本에 校로 잘못 썼다.) ○ 마융이 말했다. "벗(友)은 안연顔淵을 말한다." ○ 살핀다. 안연임을 알 수 있는 것은 석昔 자 때문이다.

비평 —— 고주는 이 장을 학문을 좋아하고 겸손했던(好學持謙) 안연의 덕을 칭송한 장이라고 해석했다. 주자는 여기서 말한 안자의 덕이 '의리무궁·물

뜻이 나왔고, 영허盈虛, 허위虛僞 등의 뜻까지 생겼다.
■범犯은 犬(개 견)+㔾(병부 절:범죄자犯罪者)의 형성자로 개(犬)로 대표되는 짐승의 영역을 굴복시켜 침범한다, 범하다, 잘못을 저지르다는 뜻이다.
■교校는 木(나무 목)+交(사귈 교)의 형성자로 나무(木)를 교차시킨(交) 울타리를 말하는데, 울타리를 둘러 학교를 만들었기 때문에 학교, 혹은 군영軍營을 말한다. 원래는 사냥한 짐승을 울에 가두고 결과를 비교한 데에서 비교하다, 따지다, 견주다는 뜻이 나왔다. 『설문해자』에서는 나무로 만든 사람을 가두는 울을 말한다고 했으며, 목에 쓰는 칼과 같은 형벌 도구를 지칭하기도 한다. 다산은 여기서 교校가 교挍(견줄 교)의 잘못이라고 했다.
■석昔은 원래 災(재앙 재)+日(날 일)로 구성되어 홍수(災)가 났던 그때(日)라는 말에서 옛날을 말한다. 다시 이전, 어제, 오래된 옛날 등의 뜻이다.

아무간'의 경지에 도달한 것으로 해석한다. 그리고 주자와 다산 또한 여기서 '석자오우昔者吾友'를 안연이라고 주석한 고주에 동의한다.

그 외에 특별한 쟁점은 없으니, 다산은 본문의 '범이불교犯而不校'의 '교校'는 '교挍'로 되어야 한다고 말한다. 다산이 말한 바대로 해석하면, 원문의 의미가 한층 더 선명해진다.

⌒⌒

8:6. 曾子曰: "可以託六尺之孤, 可以寄百里之命, 臨大節而不可奪也, 君子人與? 君子人也."

고주 —— 증자가 말했다. "6척의 (15세가 안 된) 어린 임금을 부탁할 만하고, 제후의 나라의 홍망을 위임할 만하고, 임금의 정령을 대행하게 할 만하고(攝君之政令), (국가와 사직을 안정시키는) 큰일에 임하여 절개를 빼앗을 수 없다면, 군자다운 사람일까? 군자다운 사람이다!"

주자 —— 증자가 말했다. "(그 재주가) 육척의 어린 임금을 보필하게 할 만하고, 백 리 나라의 정사를 관섭하게 할 만하고, 생사의 경계에 임해서도 그 절조를 빼앗을 수 없으면, 군자다운 사람일까? (필시) 군자다운 사람이다."

다산 —— 증자가 말했다. "육척의 (15세가 안된) 어린 임금을 보필하게 할 만하고, 백 리 나라의 정사를 관섭하게 할 만하고, (대나무에 마디가 있는 것처럼: 如竹之有節) 나라가 험난한 시기에 임해서 그 절조를 강취할 수 없다면, 군자다운 사람일까? (필시) 군자다운 사람이다."

집주 —— ■其才 可以輔幼君, 攝國政이요 其節이 至於死生之際而不可奪이면 可謂君子矣라 與는 疑辭요 也는 決辭니 設爲問答은 所以深著其必然也니라

그 재주가 어린 임금을 보필하고 국정을 관섭할 수 있으며, 절개는 생사의 경계에서도 빼앗을 수 없으면 군자라 할 만하다. 여與는 의문사이고, 야也는 결단하는 말이다. 문답을 설정하여 그 사람이 반드시 그러하다는 것을 깊이 드러내었다.

■程子曰 節操如是면 可謂君子矣니라

정자가 말했다. "절개節 · 지조操가 이와 같다면 군자라고 할 수 있다."

고금주 —— ■孔曰: "六尺之孤, 幼少之君." 鄭曰: "六尺之孤, 年十五以下." ○ 補曰 寄, 委任也. 百里, 諸侯之國也. 命, 一國之興亡也. ○何曰: "大節, 安國家, 定社稷." ○補曰 國有艱險之會, 如竹之有節, 是大節也. 奪, 強取也.

공안국이 말했다. "육척지고六尺之孤는 어린 임금이다." 정현이 말했다. "육척지고는 15세 이하이다." ○보완하여 말한다. 기寄는 위임委任이다. 백리百里는 제후의 나라(諸侯之國)이다. 명命은 한 나라의 흥망이다. ○하안이 말했다. "대절大節은 국가를 편안하게 하고, 사직을 안정되게 하는 것이다." ○보완하여 말한다. 대나무에 마디가 있는 것처럼 나라가 험난한 시기가 있는 것, 이것이 대절大節이다. 탈奪은 강제로 취함(強取)이다.

자원풀이 ■탁託은 手(손 수)+乇(부탁할 탁)의 형성자로 말(言)로 부탁함(乇)을 말한다.
■척尺은 상형자. 손가락 엄지와 검지(상나라:15.8cm) 혹은 엄지와 중지(한나라:22cm) 사이, 즉 한뼘을 말한다.
■고孤는 子(아들 자)+瓜(오이 과)의 형성자로 어린 나이에 어버이를 여의고 홀로 달린 오이(瓜)처럼 혼자 남은 아이(子)처럼 외로운 존재를 뜻한다.
■명命은 口(입 구)+令(우두머리 령)의 형성자로 령令에 구를 더해 분화했다. 갑골문에서 령令은 목탁을 흔들면서 명령을 하달하였기 때문에 목탁의 형상과 꿇어앉아 명령을 듣는 사람의 형상 '卩'을 합했다. 『설문해자』에 의하면, 명命은 '口'와 '령(令)'을 합하여 만든 글자로 '시키다'는 뜻이다(使也. 從口 從令)로 설명되고 있다. 명命과 령令 두 글자 모두 상하 위계를 전제로 명령과 복종의 뜻을 지니며 '거역할 수 없다'는 뜻을 지닌다. 모자를 쓰고 앉은 모습의 우두머리(令)의 입(口)에서 나오는 명령命令을, 그리고 하늘의 명령이 목숨이라는 뜻에서 목숨을 뜻한다. 목숨

■ 孔曰: "寄命者, 攝君之政令."[邢云: "君在亮陰, 可當國攝君之政令."] ○駁曰 非也.

委以國政, 則皆是寄命, 豈必亮陰之冢宰乎? 管仲治齊, 子產治鄭, 是寄命也.

공안국이 말했다. "기명寄命이란 임금의 정령을 대행하는 것이다."(형병이 말
했다. "임금이 亮陰에 있을 때 나라를 담당하여 임금의 정령을 대행할 수 있다.") ○논박
하여 말하면, 그릇되었다. 국정을 위임하면, 모두가 기명寄命이다. 어찌 반드
시 양암 때 총재이어야 하겠는가? 관중管仲이 제齊나라를 다스리고, 자산子產
이 정鄭나라를 다스린 것이 바로 기명寄命이다.

비평 —— 대의에서는 차이가 없다. 다만 고주에서 기명寄命이란 임금의 정
령을 대행하는 것(攝君之政令)이며, 예를 들면 임금이 상중喪中에 양암亮陰에
있을 때 나라를 담당하여 임금의 정령을 대행하는 것이라고 말했다. 주자는
이에 대해 간단하게 섭국정攝國政이라고 해석하고, 구체적인 예시가 없다.
이에 대해 다산은 단순히 임금이 양암에 있을 때만 아니라, 관중管仲이 제齊
나라를 다스리고 자산子產이 정鄭나라를 다스린 것 등 국가의 흥망을 결정하
는 권한을 위임받은 것을 기명寄命이라고 해석하였다.
　다산의 해석이 옳다. 또한 대절大節에 대한 해석에서 약간의 차이가 있지
만, 전체 문맥으로 보면 결국 차이가 거의 없다고 할 수 있다.

(不幸短命), 명하다(乃命義和), 명령(后以施命誥四方), 운명(各定性命), 도리(維天之命), 이름을 짓다(因命曰胥山), 임명하다
(官之命), 고하다, 의물儀物, 생계, 서명誓命(爲命), 이름 등의 뜻이다.
■기寄는 宀(집 면)+奇(기이할 기)의 형성자로 절름발이(奇)가 불완전한 몸을 의지하듯 집(宀)에 몸을 맡겨 기탁寄託
하는 것을 말한다. 기탁寄託하다, 의지依支하다, 맡기다의 뜻이다.
■절節은 竹(대 죽)+卽(곧 즉)으로 구성된 형성자로서 대나무가 원래 뜻인데, 이로부터 관절關節, 골절骨節, 근절筋節
등과 같은 뜻이 나왔다. 대나무는 마디마디 지어진 단계와 등급이 있다는 뜻에서 절도節度, 절제節制라는 뜻이 있
는데, 예절禮節이란 말도 바로 이 뜻이다.

8:7. 曾子曰: "士不可以不弘毅, 任重而道遠. 仁以爲己任, 不亦重乎?死而後已, 不亦遠乎?"

고주 —— 증자가 말했다. "선비는 크고(弘=大) 군세어 과단하지(毅=强而能斷) 않을 수 없으니, (弘毅한 연후에) 무거운 짐을 지고 먼 길을 간다(負重任致遠路). (가장 무거워서 다른 사람들은 거의 들지 못하는) 인의 실행(莫重於行仁)을 자신의 임무로 삼으니 또한 무겁지 않겠는가? (다른 사람은 하루나 한 달에 한 번 인을 이루지만, 선비는) 죽은 이후에야 그치니, 또한 멀지 않겠는가(=가장 멀다)?"

주자 —— 증자가 말했다. "선비는 너그럽고 드넓으며(弘=寬廣) 강인(毅=强忍)하지 않을 수 없으니, 짐은 무겁고 길은 멀기 때문이다. (마음의 온전한 덕인) 인으로 자기의 임무로 삼으니(=몸소 체득하여 실천하려 하니) 또한 무겁지 아니한가(무겁다고 할 수 있다)? 죽은 이후에야 그치니(한숨이라도 남아 있으면 인의 길을 가겠다는 뜻을 게을리 할 수 없으니) 또한 멀지 아니한가?"(멀다고 할 수 있다.)

다산 —— 증자가 말했다. "(도를 업으로 삼는) 선비는 (그 함용이) 크고(弘=函容之

자원풀이 ■士는 『설문해자』에 따르면 "일(事)을 처리하는 것을 뜻하는데, 일―과 십十이 합해서 이루어진 회의문자이다." 일을 맡은 선비는 우선 수를 익혀야 하는데, 수는 일―에서 시작하여 십十에서 끝난다고 생각하여 합하여 사士자가 되었다고 한다. 공자는 "열 가지 것을 미루어서 하나로 통합(一貫之道)하는 사람을 일러 선비라고 한다(推十合―爲士)."고 했다. 다른 한편 사士 자는 남성의 생식기를 상형한 것으로 청년을 士라고 하다가 일을 맡은 문사와 무사를 총칭하게 되었다고도 본다. 사士는 상형문자로 (1) 도끼처럼 생긴 도구, (2) 단정히 앉은 법관의 모습을 그렸다고 한다. 그런데 빈牝(수컷 모)이 牛(소 우)+土로 소의 수컷 생식기를 나타낸다는 점에서 士는 남성의 생식기를 상징하며, 원래 남성을 나타내었지만 후에 남성에 대한 미칭, 나아가 지식인으로 경대부와 서민 사이의 계층을 나타냈다. 선비(학식이 있으나 벼슬하지 않은 사람:士民其擦, 지식인의 통칭:智能之士), 남자(성인이 된 남자, 남자의 미칭), 벼슬이름(제후가 두었던 대부 다음의 자리:諸侯之上大夫卿 下大夫 上士 中士 下士 凡吾等), 관리(殷士膚敏), 병사,

大也) (그 잡고 지키는 힘이) 강인하지(毅=强忍) 않을 수 없으니, 짐은 무겁고 길은 멀기 때문이다. 인으로 자기의 임무로 삼으니, 또한 무겁지 아니한가? 죽은 이후에야 그치니 또한 멀지 아니한가?'

집주 —— ■弘은 寬廣也요 毅는 强忍也라 非弘이면 不能勝其重이요 非毅면 無以致其遠이니라

홍弘은 너그럽고 넓음이고, 의毅는 강인强忍이다. 너그럽고 넓지 않으면 그 무거움을 감당하지 못하고, 강인하지 않으면 그 먼 곳에 도달할 수 없다.

■仁者는 人心之全德이어늘 而必欲以身體而力行之하니 可謂重矣요 一息尙存이라도 此志不容少懈하니 可謂遠矣니라

인이란 사람 마음의 온전한 덕이니, 반드시 몸소 체득하고 힘써 행하려고 하니 무겁다고 할 수 있다. 한숨이라도 아직 남아 있으면, 이 뜻은 조금의 나태함도 용납하지 않으니, 멀다고 할 수 있다.

■程子曰 弘而不毅면 則無規矩而難立이요 毅而不弘이면 則隘陋而無以居之니라 又曰 弘大剛毅然後에 能勝重任而遠到니라

정자가 말했다. "넓지만 군세지 않으면 규구規矩가 없어 서기 어렵고, 군세지만 넓지 않으면 좁고 비루하여 인仁에 기거할 수 없다. 또 말했다. 넓고 크며(弘大)·강인하고 군셴(剛毅) 뒤에 중임을 감당하고 멀리 도달할 수 있을 것이다."

일(雖執鞭之士), 일삼다(勿士行枚), 벼슬하다, 전문적 학식을 지닌 사람 등의 뜻이다.
■사士는 人+士의 형성자로 남성(士)으로서 사람(人)이 할 일을 나타내는데, 고대 남성 중심사회에서 벼슬살이, 즉 정치를 배워 남을 위해 일하는 것을 상징한다.
■홍弘은 갑골문에서 활(弓)에 지사부호(一)가 더해졌는데, 이후 이 부호가 厶(사사 사)로 변해 지금의 자형이 되었다. 이 부호는 화살이 시위를 떠날 때 내는 큰 소리를 뜻하며, 이로부터 크다, 강력하다, 확대하다의 뜻이 나왔다.
■의毅는 殳(창 수)+豙(돼지가 분노하여 털 일어날 의)의 형성자로 멧돼지(豕)나 창(殳)의 강인함처럼 군세고 강함을 말한다. 원래 멧돼지(豕)의 털(求)을 칼(辛)로 깎는 모습을 그렸고, 여기서 殳가 더해졌다. 멧돼지는 강인함의 대표이고, 그 털은 뻣뻣함의 상징이기에 군세다, 강인하다의 뜻이 생겼다.
■임任은 人(사람 인)+壬(아홉째 천간 임)의 형성자로 사람(人)에게 맡겨(壬) 임무와 책임을 지우는 것이다.

고금주 —— ■補曰 士, 業道之稱. 弘者, 函容之大也. 毅者, 執守之強也. [毅字, 象猛獸發怒毛豎] 任, 行者所擔負也. 弘者, 量也. 毅者, 力也. 任重致遠, 須力量也.

보완하여 말한다. 사士는 도를 업으로 하는 사람의 명칭이다. 홍弘이란 '함량(函容)'이 큼이고, 의毅란 잡고 지킴(執守)이 강함이다(毅란 글자는 맹수가 분노하여 털을 세우는 형상이다). 임任이란 길을 가는 이가 짊어진 짐이다. 홍弘이란 용량(量)이고, 의毅란 힘(力)이다. 무거운 짐을 지고 멀리 도달하려면, 모름지기 힘과 용량이 필요하다.

■包曰: "毅, 強而能斷也" ○駁曰 非也.《左傳》曰: "致果爲毅" 包所據者, 此也. 然彼是軍行之舊訣, 非此經之義也. 朱子改之爲強忍以是也.

포함이 말했다. "의毅란 강해서 능히 과단할 수 있음이다." ○논박하여 말하면, 잘못되었다. 『좌전』에서 말했다. "과단(적을 쳐서 이김)하는 것이 의毅이다." 포함이 근거한 것은 이것이다. 그러나 이 말은 행군을 결행할 때의 오래된 비결이지, 이 경문의 뜻은 아니다. 주자가 고쳐 강인이라 한 것은 이 때문이다.

비평 —— 선비(士)란 학문과 수양을 통해 성인의 경지에 도달하는 것을 목표로 하는 사람이다. 유교는 덕 있는 사람이 정치를 해야 한다(유덕자정치)고 주장하기 때문에, 학문과 덕을 수양하는 선비(士)가 가능태라면, 현실 정치를 수행하는 관리(仕)는 그 현실태라 할 수 있다.

　유교는 금수는 잔인殘忍하지만, 인간은 측은한 마음(惻隱之心)을 지닌다는 점을 인간과 금수의 차이로 제시한다. 맹자는 인간에게 측은한 마음이 있다는 사실을 토대로 인간의 본성이 인仁하다는 것을 증명했다. 인이 인간의 본성이라면, 인간은 생존해 있는 한, 항상 이 인을 실현해야만 진정한 인간이라고 할 수 있다. 그렇다면 비유적으로 표현하면, 인이란 평생토록 짊어지고 가야 할 인간의 짐과 같은 것이다. 인이란 인간이 살아 있는 한, 모든 관계적 상황에서 자신의 해야 할 도리에 최선을 다하여, 다른 사람을 사랑하는 것(愛

人)이기 때문에, 그것을 실천하는 선비는 드넓고(弘), 굳세어야(毅) 한다. 고주의 의毅에 대한 해석을 다산이 비정하면서, 주자의 견해(強忍)에 동조한다. 표면적인 해석에서는 많은 차이가 보이지 않는다. 그런데 인이란 무엇인가에 대해 각각 견해를 달리 하기 때문에, 내면적인 해석에서는 많은 논의를 유발할 수 있다고 생각된다. 3권의 「인仁」에 대해 상론한 장을 참조하기 바란다.

8:8. 子曰: "興於詩, 立於禮, 成於樂."

고주 —— 공자께서 말씀하셨다. "시에서 흥기하고(수신하려면 먼저 시를 배워야 하며), 예에서 서며(예는 입신의 방법을 제시한다), 악에서 완성한다(본성의 완성은 악을 배우는 데에 달려 있다)."

주자 —— 공자께서 말씀하셨다. "(인간의 인격형성의 첫 단계) 시에서 (선을 좋아하고 악을 미워하는 마음이) 흥기하고, (중간 단계에서 인간 행위에 합당한 절도와 문식을 규정해 주는) 예에서 서며, (마지막 단계에서 의에 정밀하고, 인에 익숙해져 스스로 도덕에 화순해지는) 악에서 완성한다."

다산 —— 공자께서 말씀하셨다. "(선한 사람의 마음을 감발하는) 시에서 흥기하고, (사람의 몸을 단속하는) 예에서 (자신을) 세우고, 악에서 (의지를 조화시켜 덕을) 완성한다."

집주 —— ■興은 起也라 詩本性情하여 有邪有正하여 其爲言이 旣易知요 而

吟詠之間에 抑揚反覆하여 其感人이 又易入이라 故로 學者之初에 所以興起 其好善惡惡之心而不能自已者를 必於此而得之니라

흥興은 일어나는 것(起)이다. 『시』는 성정性情에 근본을 두어, 사특함과 올바름이 있다. 『시』의 말뜻은 이미 쉽게 알 수 있고, 읊는 사이에 억양을 넣어 반복하니, 사람을 감동시켜 또한 쉽게 주입된다. 그러므로 배움의 처음 단계에 그 선을 좋아하고 악을 싫어하는 마음을 흥기하여 스스로 그만두지 못하게 되는 것은 반드시 『시』에서 얻는다.

■禮는 以恭敬辭遜爲本하고 而有節文度數之詳하여 可以固人肌膚之會, 筋 骸之束이라 故로 學者之中에 所以能卓然自立而不爲事物之所搖奪者를 必於 此而得之니라

예禮는 공손과 경건(恭敬)·사양과 겸손(辭遜)에 근본하여, 절제와 문식, 정도와 수량이 상세함을 갖고 있어, 사람의 살과 가죽의 모임과 힘줄과 뼈의 묶음을 굳건하게 할 수 있다. 따라서 배움의 중간 단계에서 우뚝 자립(卓然自立)하여 사물에 의해 휘둘리거나 빼앗기지 않는 것은 반드시 예에서 얻어진다.

■樂有五聲十二律하여 更唱迭和하여 以爲歌舞八音之節하니 可以養人之性 情하여 而蕩滌其邪穢하고 消融其查滓라 故로 學者之終에 所以至於義精仁 熟而自和順於道德者를 必於此而得之니 是는 學之成也니라

악樂은 5성·12율이 있어 번갈아 부르고 화답하여 가무歌舞에서 8음의 절도

를 이루니, 사람의 성정性情을 양육하여 · 사특하고 더러움을 씻어내고 · 찌꺼기를 녹여 없앨 수 있다. 따라서 배움의 마지막 단계에서 의에 정밀하고 인에 익숙해져 스스로 도덕에 화순(和順)해지는 것은 반드시 악에서 얻어지니, 배움의 완성이다.

■按內則컨대 十歲에 學幼儀하고 十三에 學樂誦詩하고 二十而後에 學禮하니 則此三者는 非小學傳授之次요 乃大學終身所得之難易先後淺深也니라

『예기』「내칙」을 살펴보면, 열 살에 어린이의 의례를 배우고, 열세 살에 악을 배우고 시를 암송하며, 스물 이후에 예를 배운다고 했으니, 이 세 가지(시, 예, 악)는 소학의 전수 순서가 아니라, 대학에서 평생 터득해야 할 것들의 난이 · 선후 · 심천深淺의 순서이다.

■程子曰 天下之英才가 不爲少矣로되 特以道學不明이라 故로 不得有所成就라 夫古人之詩는 如今之歌曲하여 雖閭里童稚라도 皆習聞之而知其說이라 故로 能興起러니 今엔 雖老師宿儒라도 尙不能曉其義온 況學者乎아 是不得興於詩也라 古人은 自灑掃應對로 以至冠昏喪祭히 莫不有禮러니 今皆廢壞라 是以로 人倫不明하고 治家無法하니 是不得立於禮也라 古人之樂은 聲音은 所以養其耳요 采色은 所以養其目이요 歌詠은 所以養其性情이요 舞蹈는 所以養其血脈이러니 今皆無之하니 是不得成於樂也라 是以로 古之成材也易하고 今之成材也難이니라

정자가 말했다. "천하의 영재가 적지 않지만, 다만 도학으로 계명되지 않기 때문에 성취하지 못한다. 대저 옛 사람의 시詩는 오늘날의 가곡처럼 시골 동네 아이라도 모두 듣고 익혀서 그 설을 알았기 때문에 흥기할 수 있었다. 지금은 늙은 선생이나 노숙한 유학자라도 오히려 그 의미에 밝지 못하니, 하물며 배우는 자이리오. 이는 시詩에서 일어나지 못한 것이다. 옛사람들은 쇄소응대에서부터 관혼상제에 이르기까지 모두 예가 있었지만, 지금은 모두 무너져 버렸다. 이 때문에 인륜人倫으로 밝히지 못하여 가문을 다스리는 데에

법도가 없다. 이는 예에서 자립하지 못한 것이다. 옛 사람의 악은 성음聲音으로 그 귀를 양육하고, 채색으로 그 눈을 양육하고, 노래로 그 성정을 양육하고, 무도舞蹈로 혈맥을 양육하였지만, 지금은 모두 없어졌다. 이는 음악에서 이루지 못한 것이다. 그런 까닭에 옛날의 인재양성은 쉬웠지만, 오늘날의 인재양성은 어렵다."

고금주 —— ■補曰 詩所以感其善心, 禮所以束其筋骸, [非禮, 勿視・聽・言・動] 樂所以和其志意. 感發故能興起, 束飭故能立身, 和壹故能成德.

보완하여 말한다. 시詩는 사람의 선한 마음을 감발하고, 예는 사람의 몸(筋骸)을 단속하고(예가 아니면 보거나 듣거나 말하거나 움직이지 말라), 악은 사람의 의지를 조화시키는 수단이다. 감발感發하기 때문에 능히 흥기興起하게 할 수 있고, 몸(筋)을 단속하기 때문에 자신을 서게 할 수 있고, 한결같게 조화하기 때문에 능히 덕을 이룰 수 있다.

비평 —— "공자께서 평상시에 하신 말씀은 시와 서 그리고 예를 지키는 것이었다(7:17)."라는 언명과 "나에게 만일 나이를 몇 해만 연장해 주어 끝내 『역』을 배울 수 있다면 큰 허물이 없을 것이다(7:16)."라는 구절로 볼 때, 공자는 시詩・예禮・악樂 이외에 서書와 역易을 중시했다. 역사서로서 서경書經은 인물비평과 사건의 시비를 비정함으로써 선악을 판단할 수 있게 해 주는 거울(通鑑) 역할을 하며, 변역變易(交易)의 책으로서 『주역周易』은 천지인天地人의 불역不易의 이치를 간편하게 알 수 있게 해 주는 역할을 한다. 그런데 『논어』에는 『서書』와 『역易』에 대한 더 이상의 구체적인 언급은 거의 없다.

공자에 따르면, "시詩는 감흥을 불러일으키며, 볼 수 있게 하고, 어울리게 하고, 원망할 수 있게 하며, 가까이로는 부모를 섬길 수 있게 하고, 멀리로는 임금을 섬길 수 있게 한다." 따라서 "사람이 시를 배우지 않으면, 마치 담장을 맞대고 서 있는 것과 같다."

고주는 다음과 같이 이 장을 해설한다.

이 장은 사람이 입신立身·성덕成德하는 법을 기록하였다. 사람은 자신을 닦
으려면 마땅히 먼저 시에서 일어나야 하고, 자신을 정립하려면 반드시 모름지
기 예를 배워야 하고, 성덕을 이루는 것(成性)은 악을 배우는 데에 있다. 시를 배
우지 않으면 말할 수 없고, 예를 배우지 않으면 자신을 정립할 수 없으니, 시와
예를 배운 뒤에 악으로 완성하는 것이다. (『논어주소』)

주자는 시를 배우는 것은 인간의 인격 형성의 첫 단계로서 "배움의 초기에
선을 좋아하고, 악을 미워하는 마음을 흥기시켜, 스스로 그만 두지 못하는 것
을 여기에서 터득하게 된다."고 말하고 있다. 예란 인간 행위에 합당한 절도
와 문식을 규정해 주는 것(約我以禮)으로, 예가 없으면 몸이 처할 곳이 없다.
그래서 예에서 일어선다고 했다. 나아가 악樂이란 조화를 본질로 하면서 예
에 의해 구분된 인간관계를 조화시켜 주는 것으로 윤리와 통하는 것이다. 악
은 사악하고 더러운 성정을 씻어 내고 인의가 더욱 완숙해 정밀해지게 하기
때문에, 악에서 완성된다고 했다. 이렇게 주자는 이 구절을 도덕적인 인격
형성 과정으로 해석했다.

그렇지만 고주는 수신修身-입신立身-성성成性의 과정으로 보았다. 그리고
다산은 시로써 선한 마음을 흥기시키고, 예로서 자신을 단속하고, 악으로 의
지를 조화롭게 하는 과정으로 해석하였다. 강조점이 다르다. 별도의 장을 구
성하여 상세하게 논의해야 한다고 생각한다. 3권의 「시詩」와 「예禮」에 대해
상론한 장을 참고하기 바란다.

8:9. 子曰: "民可使由之, 不可使知之."

고주 ── 공자께서 말씀하셨다. "(성인의 도는 심원하여) 백성들로 하여금 쓰게 (由=用) 할 수는 있지만, (그 연고를 알 수 있는 능력이 없어 깨닫지 못하기 때문에) 알 게 할 수 없다."

주자 ── 공자께서 말씀하셨다. "백성들은 마땅히 그래야 하는 법칙에(之=所 當然之則) 말미암게 할 수는 있지만, 그것이 그러한 바의 까닭(之=所以然之故) 을 알게 해줄 수는 없다."(스스로 자각해야 한다)

다산 ── 공자께서 말씀하셨다. "(도를 업으로 하는 선비가 아니라) 백성들(農· 虞·工·商 등)은 이 도(之=斯道)로 말미암게 할 수는 있지만, 이 도를 알게 할 수는 없다."(형세가 그렇다는 말이지, 알지 못하게 해야 한다는 것은 아니다.)

집주 ── ■民은 可使之由於是理之當然이요 而不能使之知其所以然也니라 백성들은 이 이치의 당연함에 말미암게 할 수는 있지만, 그것이 그러한 까닭

자원풀이 ■민民은 (1) 자식을 낳아 기르는 母 혹은 女 자의 상하에 점을 더하여 많은 사람들이란 뜻을 나타내는 지사문자, (2) 포로나 노예의 반항 능력을 줄이기 위해 한쪽 눈을 자해한 모습으로 노예라는 뜻에서, 피지배층 일 반으로 그 의미가 확대되었다는 설이 있다. (2)의 뜻이 한때 상당한 설득력을 지니고 인정되었다. 그렇지만 民은 도망다니는 백성을 뜻하는 氓(亡+民), 그리고 눈먼 사람을 뜻하는 盲(亡+目)과는 구별될 수도 있다는 점에서 (1)의 설명이 더 유력할 수도 있을 것이다.
■유由는 卣(술통 유)와 같은 글자에서 생겨난 글자로 술그릇의 주둥이에서 술이 나오는 모습을 그린 상형자이다 (『漢字源』)『이아』에서는 '(~로) 부터'라는 문법소로 쓰였고, 『방언』에서는 법식式, 『집운』에서는 말미암다(因)라고 했 는데, 이후 '(~에) 근거하여' '(~을) 따라서'의 뜻이다.
■사使는 人(사람인)+吏(사史의 변형)으로 붓을 든 사관史官으로 대표되는 관리吏에게 일을 맡겨 시키는 것을 말한 다. 상성으로는 부리다, 거성으로 사신 혹은 사신가다 등으로 쓰인다.

(所以然)을 알게 할 수는 없다.

■程子曰 聖人設教에 非不欲人家喩而戶曉也언마는 然이나 不能使之知요 但能使之由之爾라 若曰聖人不使民知라 하면 則是後世朝四暮三之術也니 豈 聖人之心乎아

정자가 말했다. "성인께서 가르침을 베풀어 주실 때에 사람들에게 집집마다 가서 일러주고 문 앞마다 가서 깨우쳐 주시고자 하지 않음이 없다. 그러나 그들을 알게 할 수는 없으며, 다만 말미암게 할 수 있을 따름이다. 만약 성인 께서 백성들이 알지 못하게 했다고 말한다면, 그것은 후세의 조사모삼朝四暮 三의 술책이지, 어찌 성인의 마음이겠는가?"

고금주 —— ■補曰 民, 謂農·虞·工·商也. 由之, 謂由斯道也. 知之, 謂知 斯道也. 非精義入神, 不可以知道, 故曰'操賤業者, 不可使知之, 惟士業道'. 《易》曰: "百姓日用而不知."《禮》曰: "儒者以道得民."

보완하여 말한다. 민民은 농부(農)·어부(虞)·공인(工)·상인(商)이다. 유지 由之는 이 도(斯道)로 말미암는 것을 이른다. 지지知之는 이 도를 아는 것을 말 한다. 의리에 정밀하여 입신의 경지에 들어간 사람이 아니면(非精義入神) 도 를 알 수 없기 때문에 미천한 사람들에게는 도를 알게 해 줄 방법이 없으며, 오직 선비만이 도를 업으로 삼는다고 말했다. 『역』「계사상전」에서 말했다. 백성들은 일용에 종사하면서, 도를 알지 못한다. 『주예』「천궁, 대재」에서 말 했다. 유자는 도로서 백성을 얻는다.

■純曰: "夫天下之人, 有君子焉有小人焉, 其必一君子治衆民, 然後天下治. 若 使天下之人, 家諭戶曉, 而民咸爲君子, 是天下無民也, 無民非國也." ○駁曰 非也. 孔子親口自言曰: "有教無類."〔《衛靈公》〕而又反之曰: "不可使知之." 有 是理乎? 聖人之心, 至公無私, 故孟子曰: "人皆可以爲堯·舜." 豈忍以一己之 私欲, 愚黔首以自固, 阻人堯·舜之路哉? 設欲自固, 亦當教民以禮義, 使知親上而死長, 然後其國可守. 眞若愚黔以自固, 則不踰朞月, 其國必亡, 秦其驗也. 特道體至大, 造端乎夫婦, 而及其至也, 雖聖人亦有所不知焉, 彼租穫鍛䖓之賤, 販糶漁獵之徒, 將何以盡知其精微乎? 況資稟不齊, 愚魯不慧者, 貴族亦時有之, 況賤族乎? 若是者, 但可使由之而已, 非欲隱之, 力不給也. 孔子所言者, 勢也, 非謀也.

태재순이 말했다. "대저 천하의 사람들 중에는 군자도 있고 소인도 있으니, 거기에는 반드시 한 사람의 군자가 중민을 다스린 연후에 천하가 다스려진다. 만일 천하의 사람들을 가가호호 다니며 깨우쳐서 모두 군자가 되게 한다면, 이는 백성이 없는 것이고, 백성이 없으면 국가가 없다. 그러므로 비록 요순의 시대에도 백성은 백성일 뿐이다." ○논박하여 말하면, 그릇되었다. 공자께서 친히 입으로 스스로 말하여 "가르침이 있으면, (귀천의) 부류가 없다(「위령공」)."고 하셨는데, 또 그와 반대되게 "백성들은 알게 할 수는 없다."고 했다니, 그럴 리가 있겠는가? 성인의 마음은 지극히 공평하고 사사로움이 없으신 까닭에 『맹자』「고자하」에서는 "사람은 모두 요순이 될 수 있다."고 하였다. 어찌 잔인하게 한 사람의 사욕 때문에 뭇 백성들을 어리석게 만들어 자신의 지위를 견고히 하고자 사람들이 요순의 길로 가는 것을 막을 수 있겠는가? 설사 자기의 지위를 견고하게 하려고 해도, 또한 마땅히 백성들을 예의로써 가르쳐 윗사람에게 친애하고 어른들을 죽을 때까지 공경하게 한 연후에 그 나라가 지켜질 수 있다. 진실로 뭇 백성들을 어리석게 만들어 자신의 지위를 견고하게 하려고 한다면 한 달도 넘기지 못하고 그 나라는 반드시 망하고 말 것이니, 진나라가 그 증험이다. 다만 도의 본체는 지극히 커서 부부에서 단서가 시작하여(造端乎夫婦), 그 지극함에 미쳐서는 비록 성인이라도 알 수 없는 것이 있다. 저 농부, 공인, 상인, 어부, 사냥꾼같이 미천한 사람들이 어떻게 그 정미한 것을 다 알 수 있겠는가? 하물며 자품資稟이 가지런하지 않아서 우둔하고 지혜롭지 못한 사람은 귀족에서도 더러 있는데, 하물며 미천한 사람들이야! 이와 같은 사람들은 단지 말미암게 할 수 있을 뿐이니, 숨기려 한 것이 아니라 힘이 미치지 못하기 때문이다. 공자께서 말씀하신 것은 형세(勢)이지, 계책(謀)이 아니다.

비평 —— 유교와 현대 민주주의의 관계를 논의할 때 많이 인용되는 구절이다. 주지하듯이 민주주의는 '인민의(of the people)·인민에 의한(by)·인민을 위한(for) 정치'를 표방하여, 정치의 소유와 주체, 그리고 목적이 모두 인민으로부터 나온다는 것을 명시하고 있다. 이에 비해 유교는 정치는 인민에 근거를 두고 인민을 위해 존재한다는 민본주의를 표방하지만, 정치의 주체는 학식과 덕망을 갖춘 전문 정치 엘리트인 군자君子여야 한다고 주장한다. 다음의 두 구절 또한 이와 유사한 표현들이다.

> 군자의 덕은 바람과 같고, 소인의 덕은 풀과 같아서, 풀에 바람이 불면 반드시 쓰러진다. (12:19. 君子之德風 小人之德草 草上之風必偃)
> 천자가 아니면 예를 의논하지 못하며, 제도를 만들지 못하고, 문자를 상고하지 못한다. (『中庸』 28장. 非天子 不議禮 不制度 不考文.)

그런데 서양의 기독교 사상이 현실의 계급 질서를 인정하면서도 신 앞에서 만인의 평등을 표방한 것과 마찬가지로, 유교 또한 자포자기한 자만 아니라면 모든 사람이 본성을 계발하고 덕을 체득하여 군자 혹은 성인이 되어 정치를 담당할 수 있다고 주장한다는 점 또한 인정해야 할 것이다.

고주의 정현은 여기서 민民을 같은 발음이 나는 명冥(어둡다)으로, 유由를 종從(따르다)으로 해석하였다. 백성들은 어둡고 우매하기 때문에 도에 따르도록 해야지, 그 본래의 이유를 알게 되면 포악한 자들은 때때로 가볍게 여겨서 행하지 않게 된다고 하였다. 공안국와 형병은 성인의 도가 심원하다는 것을 말한 것이 이 장의 뜻이라고 했다. 그리고 민은 백성百姓으로, 유由는 용用으로 보면서, 백성들은 성인의 심원한 도를 능히 매일매일 쓸 수는 있지만, 능히 그 연고를 알 수는 없다고 말한다.

주자는 이理를 그러한 바의 까닭(所以然之故:어버이에게 효도해야만 하는 까닭)이자 그러해야만 하는 법칙(所當然之則:어버이에게 마땅히 효도해야 함)으로 나누어 설명하면서, 일반 백성들은 행위의 준칙인 소당연지칙에 따르게 할 수는 있어도, 그 준칙의 근거인 소이연지고를 알게 할 수는 없다고 말한다. 주자에 따르면, "알게 되는 것은 반드시 그들의 자각을 기다려야 하는 것이지, 알도록 시킬 수 있는 것이 아니다. 말미암으면서도 알게 되면, 그 앎의 천심淺深에 따라 응당 편안한 바가 있게 된다. 알게 하지 못하는 것은 일반 백성을 바보로 여겨서가 아니라, 알게 할 수가 없기 때문이다. 다른 해석을 추종할 하등의 이유가 없다. 알게 할 수 없다는 것이지, 알지 못하게 한다는 것이 아니다."(『논어집주대전』)라고 분명히 말하였다.

다산은 주자의 이理철학을 거부하면서, 여기서 '지之' 자를 유가의 도(斯道)로 풀이한다. 의리에 정밀하여 입신의 경지에 들어간 사람이 아니면(非精義入神), 도를 알 수 없기 때문에 미천한 사람들에게는 도를 알게 해 줄 방법이 없다는 것이다. 다산 또한 이 구절의 계급적 성격에 각별히 유념하여 성인께서 도를 숨기려 한 것이 아니라, 힘이 미치지 못하기 때문이라고 말하면서, 이는 형세(勢)이지 계책(謀)이 아니라고 분명히 말한다. 결국 여기서 '지之' 자를 주자는 이理로 보고, 일반 백성들은 소당연지칙에 말미암게 할 수는 있지만, 소이연지고를 알게 할 수는 없다고 했다. 그런데 다산은 미천한 일에 종사하는 일반 백성들은 유가의 도로 말미암게 할 수는 있지만, 유가의 도를 알게 할 수는 없다고 해석하였다고 하겠다.

8:10. 子曰: "好勇疾貧, 亂也. 人而不仁, 疾之已甚, 亂也."

고주 —— 공자께서 말씀하셨다. "용맹을 좋아하고 (자신의) 가난(과 미천)을 (근심하고) 싫어하는 자는 (장차 반드시) 난을 일으키고, 사람이 불인하다고 하여 너무 심하게 미워하면 (그로 하여금) 난을 일으키게 한다."

주자 —— 공자께서 말씀하셨다. "용맹을 좋아하고 (분수에 편안해 하지 않고) 가난을 싫어하는 자는 (필시) 난을 일으키고, 사람이 불인하다고 하여 (전혀 포용하지 않고) 너무 심하게 미워하면 난이 이르게 된다."

다산 —— "용맹을 좋아하고 (분수에 편안해 하지 않고) 가난(과 미천함)을 싫어하는 자는 (필시) 난을 일으키고(스스로 난을 일으킨다: 自作亂), 사람이 불인하다고 하여 (전혀 포용하지 않고) 너무 심하게 미워하면 난이 이르게 된다."(미움 받는 사람이 난을 일으키게 한다: 人作亂)

집주 —— ■好勇而不安分이면 則必作亂이요 惡不仁之人하여 而使之無所容이면 則必致亂이니 二者之心은 善惡이 雖殊나 然이나 其生亂則一也니라
용맹을 좋아하고 분수에 편안해 하지 않는다면 필시 난을 일으킨다. 불인不

자원풀이 ■질疾은 疒(병들어 기댈 녁)+矢(화살 시)로 구성되어, 화살(矢)을 맞아 생긴 상처(질병 일반)를 말하고 빠르다는 뜻이 생겼다. 흠, 해치다, 미워하다, 시기하다, 나쁘다, 빠르다, 근심하다(君子疾沒世而名不稱焉) 등의 뜻이 있다. ■난亂은 윗부분(爪:손톱조)과 아랫부분(又:또 우)은 손이고, 중간부분은 실패와 실을 그려 두 손으로 엉킨 실을 푸는 모습을 나타낸다. 엉킨 실을 의미하여 혼란을, 엉킨 실을 푼다는 의미에서 정리하다, 다스리다다의 상반되는 뜻이 나왔다. 완전한 하나의 물(物)이 있는데 또 어떤 물이 외부에서 와서 무너뜨려 어지럽히는 것을 난亂이라 한다. 작란作亂이란 시역과 반역으로 난을 일으킨 것을 말한다.

仁한 사람을 미워하면서 포용되는 것이 전혀 없게 한다면 필시 난에 이르게 된다. 두 경우의 마음가짐은 선・악이 비록 다르지만, 그것들이 난을 발생시킨다는 점에서는 한가지이다.

고금주 ──── ■補曰 古者賤則貧, 言貧則賤在其中, 言富則貴在其中.
보완하여 말한다. 옛날에는 미천하면 가난했다. 가난했다고 말하면 미천함은 그 가운데 있고, 부유하다고 말하면 귀중함은 그 가운데 있었다.
■引證 孟子曰: "仲尼不爲已甚者."
인증한다. 『맹자』「이루하」에서 말했다. "중니께서는 너무 심한 것은 하지 않으셨다."

비평 ──── 고주는 이 장이 소인의 행실을 말한 것이라고 해석했다. 주자는 두 경우의 마음가짐은 선・악이 비록 다르지만, 그것들이 난을 발생시킨다는 점에서는 한가지라고 해석하였다. 다산은 주자의 해석에 동의하여 인용하면서도, 맹자의 언명을 가져와서 "중니께서는 너무 심한 것은 하지 않으셨다(仲尼不爲已甚者, 「이루하」:10)"는 말로 보완했다. 여기서도 다산은 전거에 의한 해설을 하고 있다.

8:11. 子曰: "如有周公之才之美, 使驕且吝, 其餘不足觀也已."

고주 ──── 공자께서 말씀하셨다. "만일 (大聖人) 주공과 같은 재주와 아름다움을 (겸비하여) 지녔다고 할지라도, 교만하여 뽐내고(=驕矜) 비루하여 인색(鄙

吝)하다면, (비록 선행이 있다고 할지라도) 그 나머지는 볼 것도 없다!"

주자 —— 공자께서 말씀하셨다. "만일 주공과 같은 지능智能·기예技藝의 아름다움을 지녔다고 할지라도, (주공과 같은 덕이 없어) 뽐내고 자랑하면서(驕=矜夸) 비루하여 인색(吝=鄙嗇)하다면, 그 나머지는 볼 것도 없다!"

다산 —— 공자께서 말씀하셨다. "만일 주공과 같이 재주의 아름다움을 지녔다고 할지라도, 자신을 뽐내거나(驕=矜己) 남에게 베푸는 데 인색하다면(吝=嗇施), 그 나머지는 볼 것도 없다!"

집주 —— ■ 才美는 謂智能技藝之美라 驕는 矜夸요 吝은 鄙嗇也라
재미才美는 지능智能·기예技藝의 아름다움을 말하고, 교驕는 뽐내고 자랑함(矜夸)이고, 인吝은 비루와 인색(鄙嗇)이다.

■ 程子曰 此는 甚言驕吝之不可也라 蓋有周公之德이면 則自無驕吝이어니와 若但有周公之才而驕吝焉이면 亦不足觀矣니라 又曰 驕는 氣盈이요 吝은 氣欲이니라
정자가 말했다. "이는 교만하거나 인색해서는 안 된다는 것을 심하게 말한 것이다. 대개 주공과 같은 덕이 있으면 자연히 교만과 인색이 없을 것이다.

자원풀이 ■미美는 羊 + 大의 회의자로서 (1) 살진 큰 양이 맛있다 혹은 희생양으로 가치가 있다, (2) 양 가죽으로 된 옷을 입을 사람, 양을 잡는 재주를 가진 사람 등의 뜻에서 훌륭하다, 좋다, 유용하다, 찬미하다 등의 의미가 파생되었다. 선善과 의義 등과 어원을 같이한다.
■교驕는 馬(말 마)+喬(높을 교)로 6척 높이의 잘 달리는 뛰어난 말로 뛰어나기 때문에 교오驕傲, 교만驕慢처럼 자긍심을 갖고 남을 업신여김을 뜻한다.
■린吝은 文(무늬 문)+口(입 구)의 회의자로 모름지기 아름다운(文) 말(口)이란 아껴야 한다는 뜻에서 아끼다, 다시 인색吝嗇하다는 뜻이 나왔다. 아름다운 말이 아끼다, 인색하다는 뜻이 된 것은 허물(過)이 있는데도 진정으로 뉘우치지(悔) 않고, 말로써(口) 꾸며(文) 변명辨明하면서 허물 고치기를 꺼렸기에 아끼다, 인색하다(吝)는 뜻이 나왔다. 다산은 뉘우침(悔)의 반대는 인색함(吝)이라고 말했다.

만약 단지 주공 같은 재주만 있고 교만하고 인색하다면, 또한 볼 만하지 않다. 또 말했다. 교만은 기운이 꽉 찬 것이고, 인색은 기운이 부족한 것이다."

■愚謂 驕吝은 雖有盈歉之殊나 然이나 其勢常相因하니 蓋驕者는 吝之枝葉이요 吝者는 驕之本根이라 故로 嘗驗之天下之人컨대 未有驕而不吝하고 吝而不驕者也로라

어리석은 내가 말한다. 교만과 인색은 비록 꽉 참과 부족함의 차이는 있지만, 그 형세는 항상 상호 기인(相因)한다. 대개 교만은 인색의 지엽이며, 인색은 교만의 근본이다. 그러므로 일찍이 천하의 사람들에게서 징험해 보았더니, 교만하면서 인색하지 않는 자나 인색하면서 교만하지 않은 자는 없었다.

고금주 —— ■孔曰: "周公者, 周公旦."[邢云: "春秋之世, 別有周公, 恐與彼相嫌, 故注者明之."] ○補曰 驕, 矜己也. 吝, 嗇施也. 或曰吝當讀之爲改過不吝之吝. [驕者, 自矜其善也. 吝者, 不改其惡也] ○純曰: "驕亢則君子不至, 吝嗇則小人不附."

공안국이 말했다. "주공周公이란 주공周公 단旦이다." (형병이 말했다. "춘추시대에 또 하나의 주공이 있어 서로 같은 이로 의심할까 주석자가 밝혔다.") ○보완하여 말한다. 교驕는 자신을 뽐내는 것(矜己)이다. 인吝은 베풀기에 인색한 것(嗇施)이다. 어떤 사람이 말했다. 린吝은 마땅히 개과불린改過不吝(허물을 고치는데 인색하지 않다)의 인吝(린)으로 읽어야 한다.(驕란 스스로 자신의 선을 뽐내는 것이고, 吝이란 그 악을 고치지 않는 것이다.) ○태재순이 말했다. "교만하여 거만을 떨면 군자가 오지 않고, (남에게 베푸는 데에) 인색하면 소인이 붙지 않는다."

비평 —— 공자가 "심하구나, 나의 노쇠함이여! 오래되었구나, 내가 꿈에서 주공을 다시 뵙지 못한 지가! (7:5. 子曰 甚矣 吾衰也 久矣 吾不復夢見周公)"라고 했듯이, 주공은 공자가 꿈속에서라도 뵙고자 했던 옛 성인들 중 가장 다재다능한 인물이다. 이렇게 다재다능한 사람도 덕이 없었다면, 인간적인 도리는 다

하지 못한 사람이라는 점에서 볼 만한 사람이라고 할 수는 없다. 대개 교만한 것은 기운이 넘치는 것이고, 인색한 것은 기운이 모자라는 것이지만, 상호작용한다고 할 수 있다. 고주는 이 장이 아무리 재주가 많더라도 교만하거나 인색해서는 안 된다고 경계한 장이라고 해석하였다. 주자는 주공의 재주뿐만 아니라, 주공의 덕이 있어야 함을 강조했다. 다산은 관계적 인간을 중시해서, 인吝을 '남에게 베푸는 데 인색함'으로 해석했다는 점에서, 이전의 주석들과 변별된다. 해석상의 특별한 쟁점은 없다.

❧

8:12. 子曰: "三年學, 不至於穀, 不易得也."

고주 —— 공자께서 말씀하셨다. "3년을 배우고도, 선(穀=善)에 이르지 못하는 사람을 얻을 수 없다."(필시 없을 것이다:必無. 3년만 배우면 모두가 선에 다다른다고 말하여, 배움을 권면했다.)

주자 —— 공자께서 말씀하셨다. "3년이나 (오랫동안) 배웠음에도 녹봉(穀=녹봉)에 뜻(至=志)을 두지 않는 (학문과 덕행 그 자체에 뜻을 두고 봉록에 마음을 두지 않는 훌륭한) 이는 얻기가 쉽지 않다."

다산 —— 공자께서 말씀하셨다. "(겨우) 3년을 배우고 벼슬(穀=녹봉)에 나아가려고 하지 않는 이는 얻기가 쉽지 않다(배우는 데 겨우 3년에 이르면, 필시 배우는 것을 버리고 벼슬하러 나아가니, 공자께서 탄식하신 것이다)."

집주 —— ■穀은 祿也라 至는 疑當作志라 爲學之久而不求祿은 如此之人을 不易得也라

곡穀은 녹봉(祿)이다. 지至는 의심컨대 마땅히 지志로 써야 할 것 같다. 오랫동안 배우고도(爲學之久) 녹봉을 구하지 않는 그런 사람은 얻기는 쉽지 않다.

■楊氏曰 雖子張之賢으로도 猶以干祿爲問하니 況其下者乎아 然則三年學而 不至於穀을 宜不易得也니라

양시가 말했다. "자장처럼 현명한 이도 오히려 녹봉을 구하는 방법을 질문했는데, 하물며 그보다 못한 사람이랴? 그렇다면 삼 년을 배우고도 녹봉에 뜻을 두지 않는 자는 당연히 얻기가 쉽지 않다."

고금주 —— ■鄭曰: "穀, 祿也." [見陸氏《釋文》○孫綽亦云] ○補曰 古者學而優則 仕, 仕而優則學, 然好學者苦少. 甫及三年, 必舍學趣仕, 故孔子歎之.

정현이 말했다. "곡穀은 녹봉(祿)이다."(육덕명의 『석문』에 보인다. ○손작 또한 말했다.) ○보완하여 말한다. 옛날에는 배우고 넉넉하면 벼슬을 하고, 벼슬하여 넉넉하면 배웠다. 그러나 배우기를 좋아한 자는 매우 적어서, 겨우 3년에 이르면 필시 배우는 것을 버리고 벼슬하러 나아가니, 공자께서 탄식하였다.

■孔曰: "穀, 善也. 言人三歲學, 不至於善, 不可得. 言必無也, 所以勸人學." ○ 駁曰 非也. 不至於穀者, 惡人也. 不易得者, 難得也. 凡物之美者, 謂之難得, 今 也憶慕惡人曰如是者難得, 有是理乎? 適足以沮人學, 不知其勸也.

공안국이 말했다. "곡穀은 선善이다. '사람이 3년을 배우고서, 선에 이르지 못하는 이를 얻을 수 없다(人三歲學, 不至於善, 不可得).'고 말했다. 반드시 없다(不可得=必無也)고 말하여, 사람들에게 배우기를 권면했다." ○논박하여 말하면,

자원풀이 ■곡穀은 禾(벼 화)+殼(껍질 각)의 형성자로 벼로 대표되는 곡식穀食을 나타낸다. 양식의 총칭(百穀用成), 좋다(穀旦于差), 기르다(民莫不穀), 살다(穀則異室), 녹봉(邦有道穀), 알리다(=告) 등의 뜻이 있다.

그릇되었다. 부지어곡不至於穀(선에 이르지 못한 이)은 악인惡人이며, 불이득자不易得者(얻기가 쉽지 않다)는 얻기 어렵다(難得)는 뜻이다. 무릇 사물의 아름다운 것을 일러 얻기 어렵다고 말하는데, 지금 악인을 기억하고 추모하여 이와 같은 이는 얻기 어렵다고 말할 도리가 있겠는가?(그렇게 해석한다면) 사람이 배우는 것을 막아버리는 데에 적합하지, 배움을 권면하는 것인지는 모르겠다.

■ 質疑 君子學道, 非爲仕也, 然君子未嘗不欲仕. 若以志於祿者, 皆以爲非, 則全德者少矣. 且三年學, 不可謂久.

질의한다. 군자가 도를 배우는 것은 벼슬을 하기 위한 것은 아니다. 그러나 군자가 일찍이 벼슬을 하지 않으려고 하지도 않는다. 만약 봉록에 뜻을 둔 자라고 해서 모두 잘못되었다고 한다면, 덕을 온전히 한 자는 적을 것이다. 또한 3년 배운 것을 오래되었다고 할 수는 없다.

비평 —— 고주의 공안국은 곡穀을 선善으로 보면서 "3년간 학문을 하고도 선에 도달하지 못하는 사람은, 필시 없을 것이다."로 해석하고, 학문을 권면한 것으로 보았다. 한 해석은 될 수 있지만, 문자 해석에서도 오류가 있고 상식적으로도 납득이 가지 않는다. 이에 대한 다산의 비정은 설득력이 있다.

주자는 곡穀을 녹봉祿俸으로 보고, 지至는 지志로 추정했다. 그래서 "3년이나 (오랫동안) 배웠음에도 녹봉에 뜻(至=志)을 두지 않는 이는 얻기가 쉽지 않다."라고 추정하여 해석하였다. 주자의 해석은 설득력이 있고 가장 좋아 보이지만, 원문의 지至를 지志로 개작한 흠이 있다.

다산은 주자에 질의를 내어 (1) 군자가 벼슬하는 것에 뜻을 두는 것은 나쁜 것이 아니고, (2) 3년의 배움이란 결코 길지 않다는 점을 들어 곡은 봉록으로 해석해야 하지만, 지至는 원문 그대로 해석해야 한다고 주장한다. 그의 해석으로 보자면, "3년이란 짧은 기간을 배우고서 벼슬에 나아가려고 하지 않는 이를 얻는 것은 쉽지 않다."는 것이다. 다산의 해석은 원문을 수정하지 않고 원문을 나름으로 통하게 하는 해석이 된다. 그런데 일반적으로 3개월, 3년 등은 하나의 긴 시간을 나타낸다. 여기서 3년이 짧은 시간을 말하는지는 의심스럽다. 어쨌든 원문 그대로 해석하면 다산의 것이 통하지만, 의미상으로는 주자의 것이 가장 설득력이 있다고 생각한다.

৵৶

8:13. 子曰: "篤信好學, 守死善道. 危邦不入, 亂邦不居. 天下有道則見, 無道則隱. 邦有道, 貧且賤焉, 恥也. 邦無道, 富且貴焉, 恥也."

고주 —— 공자께서 말씀하셨다. "독실하게 믿으면서 배우기를 좋아하고, (절개를 지켜) 죽음에 이르러도 선한 도를 지켜야 한다. (장차 어지러울 조짐이 있는) 위태로운 나라에는 (처음에는 들어가려 했으나 이제는) 들어가지 않고, 어지러운 나라에는 기거하지 않는다(지금 떠나려 한다). 천하에 도가 있으면 벼슬하고, 도가 없으면 은둔한다. 나라에 도가 있는데도 빈천한 것은 부끄러운 것이고, 나라에 도가 없는데도 부귀한 것은 부끄러운 것이다."

주자 —— 공자께서 말씀하셨다. "독실하게 믿으면서 학문을 좋아하고, 죽음을 무릅쓰고 도를 잘 행한다. 위태로운 나라에는 들어가지 않고, 어지러운 나라에는 기거하지 않는다. 천하에 도가 있으면 나타나고, 도가 없으면 숨는다. 나라에 도가 있는데도 빈천한 것은 부끄러운 것이고, 나라에 도가 없는데도 부귀한 것은 부끄러운 것이다."

다산 —— 공자께서 말씀하셨다. "(도를) 독실하게 믿으면서 배우기를 좋아하

고, 죽음으로 지켜 도를 잘 닦아야 한다. (장차 망하려고 하는) 위태로운 나라에
는 들어가지 않고, (다스려지지 않는) 어지러운 나라에는 기거하지 않는다. 천하
에 도가 있으면 나타나고, 도가 없으면 숨는다. 나라에 도가 있는데도 빈천한
것은 부끄러운 것이고, 나라에 도가 없는데도 부귀한 것은 부끄러운 것이다."

집주 —— ■篤은 厚而力也라 不篤信이면 則不能好學이라 然이나 篤信而不
好學이면 則所信이 或非其正이요 不守死면 則不能以善其道라 然이나 守死
而不足以善其道면 則亦徒死而已라 蓋守死者는 篤信之效요 善道者는 好學
之功이니라

독篤은 두터우면서 노력하는 것이다. 독실하게 믿지 않으면 배우는 것을 좋
아할 수 없다. 그러나 독실하게 믿으면서도 배우기를 좋아하지 않으면, 믿는
것이 혹 바르지 않을 수 있다. 죽음으로 지키지 않으면 그 도를 잘 행할 수 없
다. 그러나 죽음으로써 지키면서도 도를 잘 행하기에 부족하면, 또한 헛된
죽음일 뿐이다. 대개 죽음으로써 지키는 것은 독실하게 믿는 것의 효과이고,
도를 잘 행하는 것은 배우는 것을 좋아하는 것의 효과이다.

■君子見危授命하니 則仕危邦者는 無可去之義어니와 在外則不入이 可也라
亂邦은 未危而刑政紀綱紊矣라 故로 潔其身而去之라 天下는 擧一世而言이
니 無道則隱其身而不見也라 此는 惟篤信好學하고 守死善道者라야 能之니

자원풀이 ■독篤은 竹(대 죽)+馬(말 마)의 형성자로 대나무로 만든 말을 함께 타고 놀던 옛 친구처럼 도탑고 견고
한 것(관계)을 말한다. 어릴 때부터 같이 놀며 자란 친한 벗을 죽마고우竹馬故友라 한다.
■신信은 『설문해자』에 따르면 人(사람 인)과 言(말씀 언·盟誓)이 결합한 회의문자로서, '사람의 본마음에서 표출된
말은 거짓이 없기(誠實無欺)에 믿을 수 있다.' 혹은 '사람(人)의 말(言)은 언제나 진실되고 신뢰가 있어야 한다'는 의
미를 지녔다. 그런데 맹자는 '가치상 추구할 만한 것을 일러 선(좋음)이라고 하고, 이러한 선을 자기 안에 지니고
있는 것을 일러 신信이라고 한다"고 했듯이, 신信이란 도덕적으로 선한 본성(仁義禮智)을 지니고, 그 본성을 실현
하기 위해 신실하게 노력하는 것을 말한다.
■수守는 宀(집 면)+寸(마디 촌·손 혹은 법칙)의 회의자로 집안(宀)에서 일을 보거나 집무하는 것으로, 조정이나 창고
의 문서를 정리하다에서 준수遵守, 지키다, 그리고 수관守官 등의 뜻이 나왔다.
■위危는 벼랑(厂) 위에 선 사람을 우러러 본다는 뜻에서 위태함을 나타낸다.

라 世治而無可行之道하고 世亂而無能守之節이면 碌碌庸人이라 不足以爲士
矣니 可恥之甚也니라

군자는 위태로움을 당하면 목숨을 바치니, 위태로운 나라에서 벼슬하고 있
는 자는 떠날 수 있는 의리는 없지만, 바깥에 있으면 들어가지 않아도 된다.
혼란한 나라는 아직 위태롭지 않지만, 형정刑政과 기강紀綱이 문란하기 때문
에, 그 몸을 깨끗이 하여 떠나는 것이다. 천하는 온 세상을 들어 말한 것이
다. 도가 없으면 그 몸을 숨겨 드러나지 않는다. 이는 오직 독실하게 믿어 배
우기를 좋아하고 죽음으로써 지켜 도를 잘 행하는 사람이라야 능히 할 수 있
다. 세상이 잘 다스려지는 데에도 행할 만한 도가 없고, 세상이 혼란한 데에
도 지킬 만한 변변찮은 용렬한 사람으로 선비라 하기에는 부족하니, 매우 부
끄러워할 만하다.

■ 晁氏曰 有學有守而去就之義潔하고 出處之分이 明然後에 爲君子之全德也
니라

조설지가 말했다. "배움과 지킴이 있어 거취의 도리가 깨끗하고, 출처의 명
분이 분명한 다음에야 군자의 덕이 온전해진다."

고금주 —— ■ 補曰 篤, 牢固也, 〔《爾雅‧釋詁》注〕 謂篤其信道之誠, 以好學也.
善, 猶修也, 〔通作繕, 亦修治也. 《莊子》云: "庖丁善刀而藏之."〕 謂守其至死不變之志,
以修道也. 〔《中庸》曰: "修道之謂教."〕 危者, 將亡也. 亂者, 不治也. 不入不居, 互
文也.

보완하여 말한다. 독독은 견고牢固이다(『이아』「석힐」의 주이다). 도를 믿는 정성
을 돈독하게 하여 배우는 것을 좋아하는 것을 말한다. 선善은 '닦다(修)'와 같으
니(善은 繕과 통용되니, 또한 修治이다. 『장자』「양생」에서 '포정은 칼을 잘 닦아 간직했다.'
고 했다), 죽음에 이른다고 할지라도 불변의 뜻을 지켜 도를 닦는 것을 말한다
(『중용』에서는 "도를 닦는 것을 교라 한다."고 하였다). 위危란 장차 망하려는 것이고,

난亂은 다스려지지 않는 것(不治)이다. 불입不入과 불거不居는 호문互文이다.

■ 包曰: "不入, 始欲往. 不居, 今欲去. 危者, 將亂之兆." ○ 駁曰 非也. 不入不居, 別無深賤. 且危甚於亂, [朱子云: "亂邦, 未危而刑政紊."] 謂之將亂, 可乎?

포함이 말했다. "불입不入은 처음에는 가고 싶었던 곳이고, 불거不居는 지금 떠나고 싶은 곳이고, 위危란 장차 어지러울 조짐이다." ○ 논박하여 말하면, 그릇되었다. 불입不入과 불거不居라는 말은 특별히 그 뜻에 깊고 얕음의 차이가 없고, 위危는 난亂보다 심한 것인데, 장차 어지러울 조짐이라고 할 수 있겠는가?

■ 邢曰: "守節至死, 不離善道." ○ 駁曰 非也.

형병이 말했다. "절개를 지켜 죽음에 이르러도 선한 도에서 떠나지 않는다(고 말했다)." ○ 논박하여 말하면, 그릇되었다.

비평 —— 독실하게 믿어야 학문을 좋아할 수 있다. 학문을 좋아해도 죽음으로써 지키지 않으면, 이해관계로 인해 변절할 수 있기 때문에 도를 잘 행할 수 없다. 따라서 독실하게 믿으면서 학문을 좋아하고, 죽음으로써 지켜야 도를 잘 행할 수 있는 것이다. 빈천과 환란 가운데 도를 지키기 위해 죽는 것은 군자가 귀하게 여기는 것이지만, 헛되이 죽지는 말아야 한다. 죽음으로써 지키려고 하는 것은 장차 도가 잘 행해지게 하는 것이기에, 헛되이 죽을 위험이 있는 위태로운 나라에는 들어가지 않으며, 어지러운 나라에는 기거하지 않으며, 천하에 도가 행해지면 나와서 도를 실천하고, 행해지지 않으면 물러나 절개를 지킨다. 나라에 도가 행해져 정명正名이 구현되는 데에도 빈천하다는 것은 덕을 닦지 못하여 쓰이지 못한다는 것을 말하기 때문에 부끄러운 것이 된다. 나라에 도가 행해지지 않아 정명이 구현되지 않는 데에도 부귀하다는 것은 그 부귀가 의롭지 못한 방법으로 획득된 것일 터이니, 이 또한 부끄러운 것이다. 해석에서 약간의 차이가 있지만, 큰 쟁점이 되지는 않는다.

8:14. 子曰: "不在其位, 不謀其政."

고주 —— 공자께서 말씀하셨다. "그 지위에 있지 않으면, 그 정사를 도모하지 않는다."(자신의 직책에만 전일할 것이지, 다른 사람의 관직을 침범하지 말아야 한다.)

주자 —— 공자께서 말씀하셨다. "그 지위에 있지 않으면, 그 지위의 일을 맡지 않는다."(다만 자문을 구하면, 응하여 아뢸 수는 있다.)

다산 —— 공자께서 말씀하셨다. "그 지위에 있지 않으면, 그 정사를 도모하지는 않는다."(다만 참월하지 말고, 상호 협력해야 한다.)

집주 —— ■程子曰 不在其位는 則不任其事也라 若君大夫問而告者는 則有 矣니라
정자가 말했다. "그 지위에 있지 않으면, 그 일을 맡지 않는다. 임금·대부가 자문한다면 고하는 것은 있을 수 있다."

고금주 —— ■補曰 位, 朝廷所立之地. 在大臣之位, 當謀大臣之政, 在邑宰之

자원풀이 ■위位는 人(사람 인)+立(설 립)의 형성자로 사람(人)이 서 있는(立) 그곳이 자리이자 위치임을 그렸다. 이후 직위職位, 지위地位의 뜻이 나왔다.
■모謀는 言(말씀 언)+某(아무 모)의 형성자로 어려운 일을 깊이 의논(言)하여 도모하는 것을 말하며, 계략을 세우다, 깊이 생각하다 등의 뜻을 지닌다. 책략 혹은 계략(不詢之謀勿庸), 묻다(周爰咨謀), 의논하다(來卽我謀), 계획을 세우다(昔秦欲謀楚), 살피다(胡之謀之人心), 모이다 등의 뜻이 있다.
■정政은 攴(칠 복)+正(바를 정)의 형성자로 회초리로 쳐가며 바르게(正) 되게 하는 것이 정치이며, 정사임을 나타낸다. 정사(夫子至於是邦也 必問其政), 정권(天下有道 則政不在大夫), 정책(政寬則民慢), 금령(道之以政), 직책(棄政而役), 사무, 정사를 행하는 사람(均五政), 바루다(寬以政之), 정벌하다(臨衛政殷) 등의 뜻이 있다.

位, 當謀邑宰之政. 賤而無位者, 不謀仕者之政. ○毛曰: "此與曾子曰'君子思不出其位', 本是一章, 複簡重出."

보완하여 말한다. 위位는 조정에서 서는 지위이다. 대신의 지위에 있으면 마땅히 대신의 정사를 도모하고, 읍재邑宰의 지위에 있으면 마땅히 읍재의 정사를 도모한다. 미천하여 지위가 없으면, 벼슬한 자의 정사를 도모하지 않는다. ○모기령이 말했다. "이것은 증자가 '군자는 생각이 그 지위를 벗어나지 않는다.'는 것과 본래 한 장이나, 죽간이 중복하여 나왔다."

■孔曰: "欲各專一於其職."[邢云: "此章, 戒人侵官也."] ○駁曰 非也. 古有官聯之法.
공안국이 말했다. "각자 그 직책에 전일(一)하게 하고자 한 말씀이다."(형병이 말했다. "이 장은 다른 사람의 관직을 침범하는 것을 경계한 것이다.") ○논박하여 말하면, 그릇되었다. 옛날에는 관련官聯에 관한 법이 있었다.

비평 —— 고주는 각자 맡은 바의 본직을 지키는 데 전일專一하게 하고자 한 것이라고 하였다. 주자는 "공자의 말씀은 상하의 차이가 없다. 다만 그 지위에 있지 않으면, 그 정사를 도모하지 않는다."(세주)고 말하였다. 나아가 그는 정자의 말을 인용하여, 자문하면 거기에 응하여 아뢸 수 있다고 말하였다. 그래서 경원 보씨는 "자문하는 데도 대답하지 않는 것은 불인不仁이 된다."(세주)고 말하였다. 다산은 한 걸음 더 나아가 고주를 적극 비판한다. 즉 다산은 각자 한 가지 직책에만 전념할 것이 아니라, 상호 협력(官聯)해야 한다고 주장하는 듯하다. 여기서 모謀 자의 의미는 단순히 의논하거나 살피는 것이 아니라, 도모·계획·계책 등을 세우고 구체적으로 실행에 옮기는 것을 의미한다.

이 글의 의미는 관직에 있으면 상하좌우의 다른 관직과 연관하여 상호 참월·농단·전횡 등을 행사하지 말라는 의미이지, 자문 혹은 협력에 응하지 말라는 의미가 아니고 또 관료들에 대해 건전한 비판을 하지 말라는 의미도 아니라는 것이다. 다산의 적극적인 해석이 돋보인다. 현대 민주주의의 이념으로 보았을 때도 다산의 해석이 좋아 보인다.

❧

8:15. 子曰: "師摯之始, 〈關雎〉之亂, 洋洋乎盈耳哉!"

고주 ── 공자께서 말씀하셨다. "악사 지가 처음으로 「관저」의 (성조의) 어지러움을 바로잡으니(首理其亂), 아름답고 성대하게 귀에 가득하구나!"

주자 ── 공자께서 말씀하셨다. "악사 지가 (관직했던) 초기에 연주하던 「관저」의 마지막 장(亂=卒章)이 아름답고 성대하게 귀에 가득하구나!"

다산 ── 공자께서 말씀하셨다. "악사 지가 연주한 (시경 삼편 「關雎」·「葛覃」·「卷耳」의) 시작(始=三篇之始)인 「관저」의 마지막 장(亂=卒章)이 성대하게 넘쳐 흘러 귀에 가득하구나!"

집주 ── ■師摯는 魯樂師니 名摯也라 亂은 樂之卒章也니 史記曰 關雎之亂

자원풀이 ■始는 女+台(아이를 가져 기뻐할 태=怡)의 형성자로, 아이를 가져 기뻐하는(台) 어미(女)에서 만물의 시작이란 뜻이 나왔다. 『설문해자』에서는 여자가 처음 낳는다의 뜻(始義爲女子初生)으로 '처음(初)'을 지시한다고 해설하였다. 初는 衣+刀, 즉 옷을 만들려면 먼저 가위로 옷감을 잘라야 한다는 데서, 처음이란 뜻을 지니게 되었다.
■관關은 門(문 문)+絲(실 사)의 회의자로 빗장을 실(絲)로 묶어 놓은 모습으로 빗장, 잠그다, 폐쇄하다, 성문이나 요새를 뜻한다. 관관關關은 새들이 지저귀는 소리로, 화목하고 편안한 모양을 나타낸다.
■저雎는 隹(새 추)+且(또 차)의 형성자로 물수리 새(雎鳩)를 말한다.
■난亂은 윗부분(爪:손톱조)과 아랫부분(又:또 우)은 손이고, 중간부분은 실패와 실을 그려 두 손으로 엉킨 실을 푸는 모습을 나타낸다. 엉킨 실 → 혼란, 엉킨 실을 푼다는 의미에서 정리하다, 다스리다의 상반되는 뜻이 나왔다.
■양洋은 水(물 수)+羊(양 양)의 형성자로 제나라 임구臨朐의 고산高山에서 흘러나와 동북쪽으로 흘러 거정鉅定으

이 以爲風始라 하니라 洋洋은 美盛意라 孔子自衛反魯而正樂하시니 適師摯
在官之初라 故로 樂之美盛이 如此하니라

사지師摯는 노나라 악사로 이름이 지摯이다. 난亂은 음악의 마지막 장(卒章)
이다. 『사기』에, "「관저」의 마지막 장(亂)은 「풍風」의 시작으로 삼았다."라고
했다. 양양洋洋은 아름답고 성대하다는 뜻이다. 공자께서 위나라에서 노나라
로 돌아와 음악을 바로 잡았는데, 때마침 악사 지(師摯)가 관직에 있던 초기
였다. 그래서 음악이 이와 같이 아름답고 성대했다.

고금주 —— ■補曰 始者, 三篇之始作也. [終則曰三終] 亂者, 一篇之卒章也. 古
者合樂, 必歌三篇, 〈周南〉則〈關雎〉·〈葛覃〉·〈卷耳〉也. [見〈鄕飮〉·〈鄕
射〉·〈燕禮〉諸篇] 洋洋, 溢發之意, 孔子聽樂而歸, 追憶而贊美之.

보완하여 말한다. 시始란 세 편의 시작이다(終이란 세 편의 끝을 말한다). 난亂이
란 한 편의 마지막 장이다. 옛날에 음악을 합주할 때에는 반드시 세 편을 노
래했는데, 「주남」에서는 「관저」·「갈담」·「권이」이다(『주례』「향음」·「향사」·
「연례」 등 여러 편에 보인다). 양양洋洋은 '넘쳐 나온다(溢發)'는 뜻이니, 공자께서
음악을 듣고 돌아와 추억하며 찬미한 것이다.

■鄭曰: "始, 猶首也. 周道衰微, 鄭·衛之音作, 正樂廢而失節, 魯大師摯, 識
〈關雎〉之聲, 而首理其亂者." ○駁曰 非也. 首理其亂, 而猶曰〈關雎〉之亂, 則
仍亂矣. ○《楚辭》注曰: "亂者, 樂節之名." 〈樂記〉曰: "旣奏以文, 又亂以武."
古賦亂曰皆卒章也. 《史記》曰: "〈關雎〉之亂, 以爲風始." 司馬遷亦誤讀.

정현이 말했다. "시始는 수首와 같다. 주나라의 도가 쇠미하자, 정鄭·위衛나

로 흘러들어간 강 이름이다. 이후 큰 강이라는 뜻에서 바다라는 뜻이 되었다. 양양洋洋이란 득의하여 즐거운 모양
(의기양양), 풍족하다, 풍부하다, 많다, 방대하다의 뜻이다.
■영盈은 皿(그릇 명)+夃(영)의 형성자로 그릇(皿)에 가득차다의 뜻이다. 충만하다, 가득하다, 남다 등을 말한다.

라의 음악이 일어나 정악正樂이 폐지되고 절주를 잃었다. 노나라 태사 지摯
가 「관저」의 성조를 기억하여 처음으로 그 어지러움을 다스렸다.” ○논박하
여 말하면, 그릇되었다. 수리기란首理其亂을 오히려 '관저지란關雎之亂'이라고
말했다면, 어지럽다는 뜻이 된다. ○『초사』의 주注에서 말하였다. “난亂이란
악절樂節의 이름이다.”『예기』「악기」에서 말하였다. “연주를 시작할 때는 문
文으로 하고, 또한 마칠(亂) 때는 무武로 한다.” 옛 부부賦에 '난왈亂曰'이라 한 것
은 모두 졸장卒章이다.『사기』에서 “관저지란이 국풍의 시작이 된다.”고 하였
으니, 사마천司馬遷 또한 잘못 읽은 것이다.

비평 —— 고주에서는 “주나라의 도가 쇠미해지자 정나라와 위나라의 음악
이 나와서 정악正樂이 폐지되고 절주節奏를 잃었다. 노나라의 태사 지가『시
경』「관저」의 성조를 기억하여 처음으로 그 어지러운 것을 정리하자 맑고 우
렁찬 소리가 귀에 가득하니, 공자께서 들으시고 찬미하셨다.”라고 주석하여
'난亂' 자를 '그 어지러움을 정리하다(理其亂也)'로 해석했다.

　이에 대해 주자는『사기』의 용례(關雎之亂以爲風始:관저의 끝장은 국풍의 시작
으로 삼았다)에 근거를 두고, '난亂이란 악의 끝장이다(樂之卒章)'라고 해석함으
로써 고주를 수정한다. 그래서 그는 이 구절을 “악사 지가 초창기(始)에 연주
한 「관저」의 끝 곡이 아름답고 성대하도다, 아직도 귀에 쟁쟁하구나!”라고 해
석하였다. 이에 대해 다산은 '만일 (주자처럼 해석하면) 앞의 시始 자는 어떻게
된 것인가?'라고 질문하면서, “시始란 (『시경』시의) 세 편의 시작이고(終은 세 편
의 마침이다.), 난亂이란 (『시경』시의) 한 편의 졸장이다. 옛날 합악合樂에는 반
드시 세 편을 노래했는데,「주남」에서는「관저」,「갈담」,「권이」이다. …『사
기』에서 '관저지란이위풍시關雎之亂以爲風始'라고 했는데, 이는 사마천이 난亂
자를 잘못 읽고 해석한 것이다.”라고 말하였다. 즉 다산은 이 구절을 “악사인
지가「주남」세 편(「관저」,「갈담」,「권이」)을 연주하는 시작에서「관저」의 끝 장

이 성대하고 넘치는구나, 아직도 귀에 쟁쟁하다."라고 공자가 찬탄한 것으로 해석한다. 다산의 이러한 해석은 앞의 주자가 설명하지 못한 '시始' 자의 의미를 잘 알 수 있게 해주는 온전한 해석으로 상당히 설득력이 있다고 하겠다.

～～

8:16. 子曰: "狂而不直, 侗而不愿, 悾悾而不信, 吾不知之矣."

고주 —— 공자께서 말씀하셨다. "진취적이면서(狂者進取) (마땅히 곧아야 하는데) 곧지 않고, 아직 그릇을 이루지 못한 사람이면서(侗=未成器之人) (마땅히 삼가 조심해야 하는데) 삼가 조심하지 않으며, 공손·조심하면서도(悾悾=恭謹) (마땅히 신실해야 하는데) 신실하지 못하다면, 나는 (그 까닭을) 알지 못하겠다."

주자 —— 공자께서 말씀하셨다. "뜻이 크다고 하면서 곧지 않고, 무지하면서(侗=無知貌) 근후하지 않고(愿=謹厚), 무능하면서(悾悾=無能貌) 신실하지 않다면, 나는 그런 사람을 (결단코) 알지 못하겠다."

다산 —— 공자께서 말씀하셨다. "방자하면서(狂=肆) 곧지 않고, 무지하면서(侗=無知貌) 근후하지 않고(愿=謹厚), 무능하면서(悾悾=無能貌) 신실하지 않다

자원풀이 ■광狂은 犬(개 견)+王(임금 왕)의 형성자로 미치다의 뜻이다. 광견병狂犬病처럼 미친 것은 개(犬)가 최고이자 대표적이라는 의미를 담았다. 맹렬하다, 대담大膽하다는 뜻이다.
■통侗은 人(사람 인)+同(같을 동)의 형성자로 어린 아이(在後之侗), 무지한 모양, 크다(人民侗長), 경박하다의 뜻이다.
■원愿은 心(마음 심)+原(근원 원)으로 마음(心)이 진실되고 조심함을 말한다.
■공悾은 心(마음 심)+空(빌 공)의 형성자로 정성스러운 모양 혹은 우직한 모양을 말한다.

면, 나는 그런 사람을 알지 못하겠다."

집주 —— ■ 侗은 無知貌요 愿은 謹厚也라 悾悾은 無能貌라 吾不知之者는
甚絶之之辭니 亦不屑之敎誨也라

통侗은 무지한 모습(無知貌)이다. 원愿은 근후謹厚함이다. 공공悾悾은 무능한
모습이다. '나는 알지 못한다'는 것은 '심하게 거절하는 말'이니, 또한 '가르치
는 것을 달갑게 여기지 않는 것'이다.

■ 蘇氏曰 天之生物에 氣質不齊하니 其中材以下는 有是德이면 則有是病이
요 有是病이면 必有是德이라 故로 馬之蹄齧者는 必善走하고 其不善者는 必
馴하나니 有是病而無是德이면 則天下之棄才也니라

소식이 말했다. "하늘이 만물을 내었지만, 기질이 가지런하지 않아 중간 재
질 이하는 이런 덕이 있으면 이런 병통이 있고, 이런 병통이 있으면 반드시
이런 덕이 있다. 그러므로 발길질과 물어뜯기를 잘하는 말은 필시 잘 달리
고, 잘 달리지 못하는 말은 필시 온순하다. 그런데 이런 병통만 있고 이런 덕
이 없으면 천하에서 버림받을 재질이다."

고금주 —— ■ 補曰 狂, 肆也. 侗, 無知貌.

보완하여 말한다. 광狂은 방자함(肆)이다. 통侗은 무지한 모습(無知貌)이다.

■ 孔曰: "侗, 未成器之人." ○駁曰 非也. 成器者豈易乎?

공안국이 말했다. "통侗은 그릇을 이루지 못한 사람이다." ○논박하여 말하
면, 그릇되었다. 그릇을 이루는 것이 어찌 쉽겠는가?

비평 —— 고주에서 이 장은 소인의 성품이 일반적인 도리와 상반되는 것을
미워하신 것이라고 해설하였다. 비록 어감에서는 차이가 있지만, 주자와 다
산 또한 이 해설과 크게 다르지 않다. 소식의 해설이 좋다고 생각된다.

8:17. 子曰: "學, [句] 如不及, 惟恐失之."

고주 —— 공자께서 말씀하셨다. "(외적인 것을) 배움에서는 (익숙히 하기를) 마치 미치지 못하는 것처럼 하고, 오히려 배운 것을 잃어버리지 않을까 두려워 하라."

주자 —— 공자께서 말씀하셨다. "배움에서는 마치 미치지 못하는 것처럼 하고, 오히려 배운 것을 잃어버리지 않을까 두려워해야 한다."

다산 —— 공자께서 말씀하셨다. "(도를 향해 나아가는) 배움이란 마치 미치지 못하는 것처럼 하고, 오직 배운 것을 잃어버리지 않을까 두려워한다."

집주 —— ■ 言人之爲學이 旣如有所不及矣요 而其心猶悚然하여 惟恐其或失之니 警學者當如是也니라

사람은 배움에서 이미 미치지 못하는 것이 있는 것처럼 하고, 그 마음이 오히려 조심하여 혹 잃어버릴까 두려워한다고 말한 것이다. 배우는 자는 마땅히 이와 같이 하여야 한다고 경계하였다.

■ 程子曰 學如不及이요 猶恐失之하여 不得放過니 才說姑待明日이면 便不可也니라

정자가 말했다. "배움은 마치 미치지 못하는 것처럼 하고, 오히려 잃어버릴

자원풀이 ■급及은 人+又로 구성되어 사람을 손으로 붙잡은 모양에서, '미치다' 혹은 '도달하다'는 뜻이 되었다. 과거시험에 급제及第하다는 말이 여기서 나왔다.

까 두려워하며, 방만하게 보내서는 안 된다. 잠시 내일을 기다려 보자는 식으로 말하는 것은 곧바로 옳지 못하다."

고금주 —— ■補曰 學一字爲句. ○補曰 如不及, 其情如行人趁關門, [恐其閉] 惟恐失, 其情如貪夫見金玉.

보완하여 말한다. '학學' 한 글자에서 구두해야 한다. ○보완하여 말한다. 여불급如不及이란 그 심정이 마치 행인이 (관문이 닫힐까 두려워하여) 관문을 향해 달려가는 것과 같이 하는 것이다. 유공실惟恐失이란 그 심정이 마치 탐부貪夫가 금옥을 본 것과 같은 것이다.

■何曰: "學自外入, 至熟乃可長久." ○駁曰 非也. 孔子之意, 非謂旣得而患失也. 嚮道而行, 如有重寶在前, 爲他人所先獲, 此之謂惟恐失之.

하안이 말했다. "배움은 외부로부터 들어오는 것이니, 지극히 익히면 이에 장구長久할 수 있다." ○논박하여 말하면, 그릇되었다. 공자의 뜻은 이미 얻은 것을 잃을까 근심하는 것을 말한 것이 아니라, 도를 향하여 갈 때 마치 중한 보배가 앞에 있는데 다른 사람이 먼저 가져가는 것에 있으니, 이것을 일러 오히려 잃을까 두려워한다고 하였다.

비평 —— 무릇 '배움(學)'이란 자각적인 계발을 뜻하기에 '자발적인 물음'을 전제로 하고, 따라서 '학문學問'이라고 연용하였다. '배움'은 자기에게 은폐된 세계를 조명하는 활동, 즉 반성적 사고이자 '물음(問)'이다. 사회·역사적 존재인 인간은 항상 과거 전통이 역사적 공간 속에 드러나 있는 사회에 물을 수밖에 없다. 묻는다는 것은 미치지 못함을 자각한다는 말이다. 이러한 학문은 매일매일 새로워지는 것을 목표로 한다. 진보도 퇴보도 없는 중립이란 없다. 매일매일 진보하지 않는 자는 매일매일 퇴보한다. 미치지 못하듯이 한다는 것은 매일매일 진보하지 못하는 듯이 하는 것이며, 그러고도 잃어버릴까 두려워하는 것은 거꾸로 매일매일 퇴보할까 걱정하는 것이다.

학學의 의미 규정에 각각 의견을 달리하고 있다. 3권의 「학學」에 대해 상론한 장을 참조하기 바란다.

❧

8:18. 子曰: "巍巍乎! 舜 · 禹之有天下也, [句] 而不與焉."

고주 —— 공자께서 말씀하셨다. "높고도 크도다(巍巍=高大之稱)! 순 · 우임금이 천하를 소유하는데 (그 과정에서 자신의 공덕으로 선양받고, 구하거나 얻으려고) 관여하지 않음이여!"

주자 —— 공자께서 말씀하셨다. "높고도 크도다(巍巍=高大之貌)! 순 · 우임금이 천하를 소유하고도, (자신의 개인적인 사사로움으로) 상관하지 않음이여!"(천자의 지위로써 즐거움으로 삼지 않으셨다.)

다산 —— 공자께서 말씀하셨다. "높고도 크도다(巍巍=高大之稱)! 순 · 우임금이 천하를 소유하는데 (그 과정에서, 자신의 사사로운 뜻과 힘을 써서 구하거나 얻으려고) 관여하지 않음이여!"

집주 —— 巍巍는 高大之貌라 不與는 猶言不相關이니 言其不以位爲樂也라

자원풀이 ■외巍는 嵬(높을 외)+委(맡길 위)의 형성자. 우뚝 솟은 높은 산(嵬). 이후 이름과 성씨에도 쓰였다.

외외巍巍는 높고 큰 모습이다. 불여不與는 상관하지 않겠다고 말하는 것(言不相關)과 같으니, 그가 지위로써 즐거움으로 삼지 않으셨다는 말이다.

고금주 —— ■補曰 有天下, 謂取以爲己有也. 自古以來, 凡得天下者, 無不用意用力, 獨舜‧禹二人, 無意天下, 全不用力, 而天下自至, 是其巍巍然超絶百王, 不可幾及者也. 與, 干也. 何曰: "言己不與求天下而得之."[邢云: "自以功德受禪, 不與求而得之."]

보완하여 말한다. 유천하有天下란 취하여 자기의 소유로 삼는 것을 말한다. 예로부터 모든 천하를 얻은 자는 (사사로운) 뜻과 힘을 쓰지 않음이 없었지만(無不用意用力), 오직 순舜‧우禹 두 사람만 천하에 대한 뜻이 없었고(無意天下) 전혀 힘을 쓰지 않았지만(全不用力), 천하가 저절로 이르렀으니, 이것이 우뚝하게 모든 왕들을 뛰어 넘어, (다른 모든 왕들이) 거의 미칠 수 없는 것이다. 여與는 간여함(干)이다. 하안이 말했다. "자신은 천하를 구하거나 얻은 것에 간여하지 않았음을 말한다."(형병이 말했다. "스스로 공덕으로 선양을 받은 것이지, 구하거나 얻는 것에 간여하지 않았음을 말한다.")

비평 —— 고주는 '불여不與'는 순‧우임금이 천하를 소유하는 데에 있어서 천하를 사사로이 구하거나 얻는 것에 간여하지 않음이라고 해석했다. 이에 비해 주자는 천하를 소유한 뒤에 천하를 소유한 것에 대해 사사로이 관여하지 않았다고 해석했다. 다산은 고주의 해석에 동의하였다. 두 해석 모두가 옳다고 생각한다. 즉 순‧우임금은 (1) 천하를 소유할 때에 사사로운 뜻이나 힘을 써서 구하거나 얻으려고 간여하지 않고 자신의 공덕에 의해 자연적으로 천하를 소유하게 되었다는 것, 그리고 (2) 천하를 소유한 뒤에도 천하를 소유한 것으로 즐거움을 삼지 않았기 때문에(사사로이 상관하지 않았다) 높고도 크다고 공자가 칭송했다는 것이다.

8:19. 子曰: "大哉! 堯之爲君也. 巍巍乎! 惟天爲大, 唯堯則之. 蕩蕩
乎! 民無能名焉. 巍巍乎! 其有成功也. 煥乎! 其有文章."

고주 —— 공자께서 말씀하셨다. "위대하도다. 요의 임금 됨이여! 높고 크도
다. 오직 하늘만이 위대하거늘, 오직 요임금만이 하늘을 본받으니(則=法), (그
덕을 펼침이) 넓고도 아득하여(蕩蕩=廣遠) 백성들이 무엇으로 형언할 수 없었
다. 높고 크도다. 그 공적을 이룸이여(成功=功成化隆)! 밝게 빛나는구나, 그 법
을 세우고 제도를 드리움이여(文章=立文垂制)!"

주자 —— 공자께서 말씀하셨다. "위대하도다. 요의 임금 됨이여! 높고 크도
다. 오직 하늘만이 (높고) 위대하거늘, 오직 요임금(의 덕)만이 하늘과 비등했
으니(則=準), 넓고도 아득하여(蕩蕩=廣遠) 백성들이 언어로 형언할 수 없었다.
높고 크도다. 그 사업이여(成功=事業)! 빛나고도 밝구나, 그 예악과 법도를 갖
춤이여(文章=立文垂制)!"

다산 —— 공자께서 말씀하셨다. "위대하도다. 요의 임금 됨이여! 높고 크도
다. 오직 하늘만이 (높고) 위대하거늘, 오직 요임금만이 하늘을 본받았으니(則
=法), 넓고도 아득하여(蕩蕩=廣遠) 백성들이 언어로 형언할 수 없었다. 높고
크도다. 그 공을 이룸이여! 찬연(煥=燦然)하도다, 그 예악과 법도가 후세에 현

자원풀이 ■칙則은 원래 鼎(솥 정)+刀(칼 도)의 회의자(후에 鼎이 貝로 바뀜)이다. 청동기 시대 대표적인 기물인 솥
(鼎)과 칼(刀)은 엄격하게 합금 비율을 준수하여 만들어야 한다는 데서 법칙의 뜻이 생기고, 규칙, 준칙, 표준, 등
급, 법규, 모범의 뜻이 나왔다. 이러한 법칙은 곧바로 시행되어야 하므로, 즉시 혹은 바로라의 뜻도 생겼다(즉·則).
■환煥은 火(불 화)+奐(빛날 환)의 형성자로 불(火)이 빛나 밝음을 말하며 광채를 발현하다의 뜻이다.

저히 드러남이여(文章=禮樂法度之著見後世者)!"

집주 —— ■唯는 猶獨也요 則은 猶準也라 蕩蕩은 廣遠之稱也라 言物之高大
莫有過於天者어늘 而獨堯之德이 能與之準이라 故로 其德之廣遠이 亦如天
之不可以言語形容也라 成功은 事業也라 煥은 光明之貌라 文章은 禮樂法度
也라 堯之德이 不可名이요 其可見者 此爾니라

유唯는 홀로(獨)와 같다. 칙則은 비견(準; 준함, 비등함, 나란함)과 같다. 탕탕蕩蕩
은 넓고 먼 것을 지칭한다. 만물 가운데 높고 큼에서 하늘을 넘어서는 것이
없지만, 오직 요임금의 덕만이 그에 비견할 수 있기 때문에 그의 덕이 넓고
원대함 또한 마치 언어로 형용할 수 없는 하늘과 같다는 말이다. 성공成功은
일의 업적(事業)이고, 환煥은 빛나고 밝은(光明) 모습이고, 문장文章은 예악과
법도이다. 요임금의 덕은 명명할 수 없으니, 볼 수 있는 것은 이것뿐이다.

■尹氏曰 天道之大하여 無爲而成이어늘 唯堯則之하여 以治天下라 故로 民
無得而名焉이요 所可名者는 其功業文章이 巍然煥然而已니라

윤돈이 말했다. "하늘의 도는 위대하여, 작위함이 없는데도 이루어진다. 오직
요만이 그것을 준(則=準)하여 천하를 다스렸기 때문에, 백성들은 명명할 수 없
었다. 명명할 수 있는 것은 그 공업과 문장의 높고도 큼과 환함뿐이었다."

고금주 —— ■孔曰: "則, 法也." ○包曰: "蕩蕩, 廣遠之稱." ○補曰 名, 猶名言,
謂形諸言語也. 文章, 禮樂法度之著見後世者也, 謂雖不能名言, 其文章粲然.
공안국이 말했다. "칙則은 본받음(法)이다." ○포함이 말했다. "탕탕蕩蕩은 넓
고 먼 것을 지칭한다." ○보완하여 말한다. 명名은 명언名言과 같으니, 언어로
형용하는 것을 말한다. 문장文章은 예악禮樂과 법도法度가 후세에 현저하게
드러난 것이니, 비록 형언할 수 없지만, 그 문장은 찬란한 것을 말한다.
■包曰: "民無能識其名." ○韓曰: "堯仁如天, 不可名狀, 非不識其名也." ○駁

曰 韓說, 是也.

포함이 말했다. "백성들은 능히 그 이름을 알지 못한다." ○한유가 말했다. "요임금의 인이 하늘과 같아, 명명하거나 형용할 수 없다는 것이지, 그 이름을 알 수 없다는 것이 아니다." ○논박하여 말하면, (포함의 설은 그릇되었고) 한유의 설이 옳다.

비평 —— "유천위대唯天爲大, 유요칙지唯堯則之"의 칙則을 고주는 법法(본받다)으로 해석했지만, 주자는 준準(비등하다, 대등하다)으로 바꾸었다. 다산은 고주를 수용하였다. 주자 해석을 옹호하는 쌍봉 요씨는 다음과 같이 말한다.

하늘이 높다는 것은 형체로 말한 것이다. 요임금이 그것을 칙則했다는 것은 덕으로 말한 것이다. 칙則은 곧 준칙準則(비등함)이니, 법칙法則(모범으로 본받음)이 아니다. 준準은 예를 들면 역은 천지에 준한다(如易與天地準: 「계사상전」)는 것과 같이, 천지와 평등平等하다는 말이다. 하늘이 이처럼 크고, 요임금의 덕 또한 이처럼 커서 그것과 평등하다는 말이다. 만일 하늘을 본받는다고 말한다면(若言法天) (聖君이 아닌) 현군의 일(賢君之事)일 뿐이다. (『논어집주대전』)

주자는 이렇게 『논어』를 해석함에 있어 글자 하나에도 신중을 기했다. 놀라울 따름이다.

◈

8:20. 舜有臣五人而天下治. 武王曰: "予有亂臣十人." 孔子曰: "才難, 不其然乎? 唐·虞之際, 於斯爲盛. 有婦人焉, 九人而已. 三分天下有其二, 以服事殷. 周之德, 其可謂至德也已矣." [陸氏本, 作有亂十人]

고주 —— 순임금이 신하 다섯 사람을 두니, 천하가 다스려졌다. 무왕이 말했다. "나에게는 다스리는 신하 열 사람이 있다." 공자께서 말씀하셨다. "인재를 얻기 어렵다고 했으니, 그렇지 않은가? 당·우의 교체기에서 시작하여 주나라에서 (인재가) 가장 성대했는데, (그 10인 가운데) 부인이 있었으니, 아홉 사람뿐이다. 천하를 셋으로 나누고 그 둘 차지했으면서도, 은나라에 복종하고 섬겼으니, 주나라(문왕)의 덕은 지극한 덕이라고 할 수 있다."

주자 —— 순임금이 신하 다섯 사람을 두니, 천하가 다스려졌다. 무왕이 말했다. "나에게는 다스리는 신하 열 사람이 있다." 공자께서 말씀하셨다. "인재를 얻기 어렵다고 했으니, 그렇지 않은가? 당·우의 교체기는 주나라 보다 (인재가) 성대했다. (내려와 하나라와 상나라부터는 모두 당우에 미치지 못하였다:降自夏商 皆不能及. 주나라의 그 10인 가운데도) 부인이 있었으니, 아홉 사람뿐이다. 천하를 셋으로 나누고 그 둘 차지했으면서도, 은나라에 복종하고 섬겼으니, 주나라(문왕)의 덕은 지극한 덕이라고 할 수 있다."

다산 —— 순임금이 신하 다섯 사람을 두니, 천하가 다스려졌다. 무왕이 말했다. "나에게는 다스리는 신하 열 사람이 있다." 공자께서 말씀하셨다. "인재를 얻기 어렵다고 했으니, 그렇지 않은가? 당·우 시대 (聖主와 賢臣의) 만남은 주나라에서 더욱 성대해졌으니, (그 10인 가운데) 부인이 있었으니, 아홉 사람 뿐이다. 천하를 셋으로 나누고 그 둘 차지했으면서도, 은나라에 복종하고 섬겼으니, 주나라(문왕)의 덕은 지극한 덕이라고 할 수 있다."(육덕명의 본에는 '有亂十人'으로 되어 있다.)

집주 ── ■五人은 禹, 稷, 契, 皐陶, 伯益이라

다섯 명은 우禹 · 직稷 · 설契 · 고요皐陶 · 백익伯益이다.

■書泰誓之辭라 馬氏曰 亂은 治也라 十人은 謂周公旦, 召公奭, 太公望, 畢公, 榮公, 太顚, 閎夭, 散宜生, 南宮适이요 其一人은 謂文母라 劉侍讀은 以爲子無臣母之義하니 蓋邑姜也니 九人은 治外하고 邑姜은 治內라 或曰 亂은 本作乿하니 古治字也라

『서경』「태서」편의 말이다. 마융이 말했다. "난亂은 다스림(治)이다." 열 명은 주공 단 · 소공석 · 태공 망 · 필공 · 영공 · 태전 · 굉요 · 산의생 · 남궁괄, 그리고 나머지 한 사람은 문모를 말한다. 유시독劉侍讀이 말하길, "자식이 어머니를 신하로 삼는 법은 없으니, 아마도 읍강邑姜인 듯하다." 아홉 사람이 밖을 다스렸고(治外), 읍강은 안을 다스렸다(治內). 어떤 사람은 말하길, "난亂은 본디 치乿(다스리다, 이치)로 되었는데, 치治의 옛글자이다."

■稱孔子者는 上係武王하니 君臣之際라 記者謹之니라 才難은 蓋古語而孔子然之也라 才者는 德之用也라 唐虞는 堯舜有天下之號라 際는 交會之間이라 言周室人才之多가 惟唐虞之際 乃盛於此요 降自夏商으로는 皆不能及이라 然이나 猶但有此數人爾니 是才之難得也라

공자孔子라고 칭한 것은 위로 무왕武王과 군신관계로 연결되니, 기록자가 삼간 것이다. '인재를 얻기 어렵다(才難)'란 대개 옛 관용어로, 공자께서도 그렇게 여기셨다. 재才는 덕의 쓰임이다. 당唐 · 우虞는 요 · 순이 천하를 소유했을 때의 국호이다. 제際는 서로 만나는 사이(交會之間=交替期)이다. 주 왕실의

인재가 많아 다만 당우의 교체기만 주 왕실보다 더 성대했으며, 내려와 하나라와 상나라부터는 모두 당우에 미치지 못하였다. 그러나 (그렇게 성대했던 시기에도) 이렇게 몇 명만 있었을 뿐이니, 이는 인재를 얻기 어렵다는 말이다.

■春秋傳曰 文王이 率商之畔國하여 以事紂라 하니 蓋天下에 歸文王者六州니 荊梁雍豫徐揚也요 惟靑兗冀 尙屬紂耳라

『춘추전』에서 문왕은 상나라를 등진 나라들을 이끌면서 주紂왕을 섬겼다고 하였다. 대개 천하에서 문왕에게 귀의한 것은 여섯 주六州로 형·양·옹·예·서·양이고, 오직 청·연·기주만이 아직도 주왕에게 속했을 따름이다.

■范氏曰 文王之德이 足以代商하여 天與之하고 人歸之로되 乃不取而服事焉하시니 所以爲至德也라 孔子因武王之言하사 而及文王之德하시고 且與泰伯으로 皆以至德稱之하시니 其指微矣로다

범조우가 말했다. 문왕의 덕은 상商을 대신하기에 충분하여, 하늘이 허락하고 사람들이 귀의했지만 취하지 않고 복종하고 섬겼으니 지극한 덕이 된다. 공자께서는 무왕의 말에 이어 문왕의 덕을 언급하고, 또한 태백과 함께 모두 지극한 덕이라 칭했으니 그 뜻이 깊다.

■或曰 宜斷三分以下하여 別以孔子曰起之하여 而自爲一章이니라

어떤 사람이 말했다. "마땅히 '삼분三分' 이하는 끊고, 따로 '공자왈孔子曰'로써 시작하여 그 자체로 한 장을 만들어야 한다."

고금주 ── ■補曰 特言孔子者, 承武王之言, 故稱姓. 才難, 謂人才難得也. 際者, 交會也, 謂聖主賢臣相遇之際也. 《莊子》云: "仁義之士貴際."] 斯者, 武王之時也. 言唐·虞際會, 至周而尤盛, 故彼五而此十. 然有婦人焉, 不能滿十, 其難可知.

보완하여 말한다. 특별히 공자孔子라 칭한 것은 무왕의 말을 이어받았기에 성姓을 칭했다. 재난才難이란 인재를 얻기 어렵다(難得)는 말이다. 제際란 서

로 만남(交會)으로 성주와 현신이 서로 만나는 때를 말한다(『장자』「서무귀」에서 말했다. "인의를 행하는 선비는 서로 만나는 것을 위하게 여긴다.") 사斯란 무왕 시대이다. 당·우시대의 제회際會(성주와 현신이 뜻을 맞춰 잘 만남)가 주나라에 이르러 더욱 성대하여 당우 시대에는 다섯 명이고 주나라에서 열 명이었지만, 부인婦人이 있어 10인을 채우지 못했기 때문에 인재 얻기가 어려움을 알 수 있다는 말이다.

■ 孔曰: "際者, 堯·舜交會之間. 堯·舜交會之間, 比於周, 周最盛多賢才." ○ 駁曰 非也. 際者, 聖主賢臣之際會, 孔子本論人才之盛衰, 則於斯爲盛者, 謂唐·虞際會, 至周而尤盛也. [昔五而今十] 孔說豈可通乎?

공안국이 말했다. "제際란 요와 순의 교회지간(交會之間=交替期)이다. 요와 순의 교회지간부터 주나라에 이르기까지를 비교하면, 주나라가 가장 성대하여 어진 인재가 가장 많았다." ○ 논박하여 말하면, 그릇되었다. 제際란 성주聖主와 현신賢臣의 만남이다. 공자는 본래 인재의 성쇠를 논했으니, '여기에서 성대했다.'는 당우시대의 성군과 현신이 만남이 주나라 때에 이르러 더욱 성대했다는 말이다(과거에는 다섯이고, 지금에는 열 명). 공안국의 설명이 어찌 통할 수 있겠는가?

■ 質疑《集注》云: "周室人才之多, 惟唐·虞之際, 乃盛於此, 降自夏·商, 皆不能及." ○ 按 舜之命官, 本二十二人, 非不多矣. 此經所言者, 舜不過五人, 周至於十人, 不得云彼盛於此. 且語脈顚倒, 恐非本旨. 舊說雖有病, 亦以爲周最盛, 誠以五與十不相當也.

질의한다. 『논어집주』에서 말했다. "주 왕실의 인재가 많아 다만 당우의 교체기만 주 왕실보다 더 성대했으며, 내려와 하나라와 상나라부터는 당우에 미치지 못하였다." ○ 살핀다. 순이 임명한 관원은 본래 22명이었으니, 많지 않은 것은 아니다. 이 경에서 말한 것은 순임금 때는 5명에 불과하고, 주나라 때는 10명에 이르렀으니, 순임금 때가 주왕실 때보다 성대했다고 할 수 없다. 또한 어맥이 전도되니, 본지가 아닌 듯하다. 구설舊說은 비록 병통이 있으나, 또한 주나라가 가장 융성했다고 했는데, 참으로 오五와 십十이란 숫자로 비교할 수는 없다.

■案 梅氏〈泰誓〉雖不足信, 其稱'亂臣十人'者, 本竊此經文也. 舊本之原作'亂臣'可知.《左傳》之文, 安知不落一字乎?

살핀다. 매색梅賾의 『상서』「태서」편은 믿을 수 없지만, 거기서 '난신십인亂臣十人'이라 칭한 것은 본래 이 경의 글을 표절한 것이다. 구본에 원래 '난신亂臣'임을 알 수 있다. 『좌전』의 글이 한 글자도 누락되지 않았음을 어찌 알겠는가?

■案 此說謂孔子亟稱太伯·文王爲至德, 其意爲微刺武王也. 其言有難通者, 美文王以刺武王, 可也, 美泰伯以刺武王, 不可也. 總之, 泰伯之至德, 不害於文王, 文王之至德, 不害於武王, 孔子於文王·周公, 必無所貶, 則獨貶武王, 有是理乎?

살핀다. (범조우의) 이 설은 공자가 자주 태백과 문왕을 지덕至德이라 칭했는데, 그 뜻이 무왕을 은근히 풍자한 것이라고 평가한 것이다. 그러나 그 말은 통하기 어려운 측면이 있다. 문왕을 찬미하면서 무왕을 풍자하는 것은 있을 수 있지만, 태백을 찬미하면서 무왕을 풍자하는 것은 있을 수 없다. 총괄하면, 태백의 지덕이 문왕에게 해롭지 않고, 문왕의 지덕이 무왕에게 해롭지 않다. 공자가 필시 문왕과 주공을 폄하할 리가 없다면, 어찌 무왕만 폄하할 리가 있었겠는가?

비평 —— "당우지제唐虞之際, 어사위성於斯爲盛"에 관한 해석에서 (1) 당우지제唐虞之際의 제際를 당우의 교체기(唐虞交會之間)로 볼 것인가(고주와 주자) 아니면 성주와 현신의 만남으로 볼 것인가(다산), (2) 당우 교체기 이래 주나라 문왕에 이르기까지를 비교한 것으로 볼 것인가(고주 주자), 아니면 당우 교체기와 주나라 문왕의 시대를 단순 비교한 것으로 볼 것인가(다산), (3) '어사위

성於斯爲盛'을 주나라보다 (요순시대가) 성대했다고 볼 것인가, 아니면 (요순시대의 성주와 현신의 만남이) 주나라에서 더욱 성대해졌다고 볼 것인가? 하는 쟁점이 있다.

현재의 원문으로 보았을 때, 모두 나름의 근거를 갖고 해석한 것으로 각각 일장일단이 있다고 하겠다. 원문의 자구 해석으로 본다면, 다산의 해석이 가장 설득력이 있음이 분명하다. 그러나 주자의 해석은 글자의 해석상에서는 다소 무리가 있어 보이지만, 다만 다음과 같은 보충적인 설명을 추가하여 본다면, 원문을 가장 잘 설명해 준다고 하겠다.

신안 진씨가 말했다. "(주자의)『논어집주』에서 '내려와 하나라와 상나라부터는 모두 당우에 미치지 못하였다(降自夏商 皆不能及).' 하는 이 여덟 글자를 보충함으로써 비로소 이해할 수 있게 되었다. 이곳은 틀림없이 빠지고 잘못된 것이 있다. 삼분의 이(三分有二)를 가졌다는 구절을 보면 첫 절은 머리말이 없이 갑자기 튀어나온 것이니, 빠진 글(缺文)임을 알 수 있다."

❧

8:21. 子曰: "禹, 吾無間然矣. 菲飲食而致孝乎鬼神, 惡衣服而致美乎黻冕, 卑宮室而盡力乎溝洫. 禹, 吾無間然矣."

고주 ── 공자께서 말씀하셨다. "우임금은 내가 (다시 그 사이에) 끼어들 틈(復間厠其間)이 없다. (평상시에) 음식은 소박하게 드시면서도 귀신에게 제사드릴 때는 효성을 다하셨고(제사음식은 풍성·정결하게 하셨다), (평상시에) 의복은 (비용을 절감하여) 허름하게 입으시고, (祭服을 성대하게 하는데 사용하여) 불면(黻冕=

祭服)에서는 더할 수 없이 아름답게 하셨고, 궁실은 낮게 지으셨지만 구혁(田地와 城 사이의 수로)에는 진력하셨다. 우임금은 내가 (다시 그 사이에) 끼어들 틈(復間厠其間)이 없다."

주자 —— 공자께서 말씀하셨다. "우임금은 내가 빈틈을 지적하며 비판하는 것이 없다(指其罅隙而非議之). (평상시에) 음식은 소박(菲=薄)하게 드시면서도 귀신에게 제사드릴 때는 효성을 다하셨고(제사음식은 풍성·정결하게 하셨다), (평상시에) 의복(常服)은 허름하게 입으시고, 불면黻冕(무릎가리개와 면류관=祭服)에서는 더할 수 없이 아름답게 하셨고, 궁실은 낮게 지으셨지만 구혁(田地 사이의 수로로 가뭄과 장마 대비)에는 진력하셨다. 우임금은 내가 빈틈을 지적하며 비판할 것이 없다."

다산 —— 공자께서 말씀하셨다. "우임금은 내가 흡연翕然하게 애모하며, 어떠한 빈틈도 없다. (평상시에) 음식은 소박(菲=薄)하게 드시면서도 귀신에게 제사드릴 때는 효성을 다하셨고(제사음식은 풍성·정결하게 하셨다), (평상시에) 의복(常服)은 허름하게 입으시고, 불면黻冕(무릎가리개와 면류관=祭服)에서는 더할 수 없이 아름답게 하셨고, 궁실은 낮게 지으셨지만 구혁(田地 사이의 수로로 가뭄과 장마 대비)에는 진력하셨다. 우임금은 내가 흡연翕然하게 애모하며,

---

자원풀이 ■우禹(기원전 2070년경)는 하나라의 창시자이다. 요임금의 시대에 치수사업에 실패한 아버지의 뒤를 이어 순에게 천거되어 황하의 치수를 맡아 일에 너무 몰두해서 가정도 돌보지 않았으며, 신체는 반신불수가 되었다. 하 왕조를 창시한 우는 즉위 후에 한동안 무기 생산을 중단하고 궁전의 재증축을 재고하였으며, 관문과 시장의 세금을 면제했다. 또 지방에 도시를 만들고 번잡한 제도를 폐지하고, 행정을 간소화했다. 또 우는 많은 하천을 정비하였고 주변의 토지를 경작해 초목을 키웠으며 중앙과 동서남북의 차이를 기旗로써 사람들에게 나타냈고 옛 방식도 답습해 전국을 나누어 구주九州를 두었다. 또한 검약 정책을 펴서, 스스로 솔선했다고 알려져 있다. ■간間(사이 간, 틈 한)은 門(문 문)과 日(날 일)의 회의자로 문틈(門)으로 스며드는 햇빛(日)으로 틈(隙)을 말했다. 원래는 閒으로 문틈(門)으로 스며드는 달빛(月)이었으나, 月이 日자로 바뀌었다. 사이와 중간中間 혹은 공간空間, 그리고 시간時間의 뜻이 추가되었다. (1) 사이·때·양수사(집의 간살, 변), (2) 차별·혐의·틈·사이에 두다·이간질

어떠한 빈틈도 없다."

집주 —— ■間은 罅隙也니 謂指其罅隙而非議之也라 菲는 薄也라 致孝鬼神
은 謂享祀豐潔이라 衣服은 常服이라 黻은 蔽膝也니 以韋爲之하고 冕은 冠也
니 皆祭服也라 溝洫은 田間水道니 以正疆界하고 備旱潦者也라 或豐或儉이
各適其宜하니 所以無罅隙之可議也라 故로 再言以深美之하시니라
간間은 빈틈罅隙(하극)이니, 그 빈틈을 지적하며 비판하는 것을 말한다. 비菲
는 박薄한 것이다. '귀신에게 효성을 다한다.'는 것은 '제사를 풍성하고 정결
하게 올림'을 말한다. 의복衣服은 일상복(常服)이다. 불黻은 무릎가리개로 가
죽으로 만들고, 면冕은 관冠인데, 모두 제복祭服이다. 구혁溝洫은 논밭 사이의
물길로서 경계를 바로잡고, 가뭄과 물난리에 대비하는 것이다. 어떤 때는 풍
성하게 하고, 어떤 때는 검박하게 하여, 각기 그 마땅함에 맞았으니, 비판할
만한 빈틈이 없었던 것이다. 그래서 거듭 말씀하셔서 깊이 찬미하신 것이다.
■楊氏曰 薄於自奉호되 而所勤者는 民之事요 所致飾者는 宗廟朝廷之禮니
所謂有天下而不與也라 夫何間然之有리오
양시가 말했다. "자신을 봉양하는 데는 박薄하고, 부지런히 힘쓴 것은 백성의
일이며, 꾸밈을 다한 것은 종묘와 조정의 의례였다. 이른바 천하를 소유하고
도 상관하지 않았다는 것이니, 대저 어떤 흠 잡을 것이 있겠는가?"

하다 · 헐뜯다 · 간첩 · 참여 · 살피다 · 틈을 타다, (3) 검열하다 등의 뜻이다.
비菲는 艹(풀 초)+非(아닐 비)의 형성자로 무 비슷한 채소(艹)를 말하며, 엷다는 뜻이다. 또한 보통의 풀(艹)이 아닌
(非) 향초香草를 뜻하기도 한다.
■불黻은 㡀(바느질하여 수놓을 치)+犮(달릴 발)의 형성자로 바느질하여 옷에 놓던 수를 말하였다. 불黻은 기르자 두 개
를 서로 반대로 하여 놓던 매우 귀한 옷을 만들 때 놓던 수로 보의黼衣, 보불黼黻 등은 모두 천자가 입던 예복이다.
■면冕은 '쓰개 모'+免(면할 면)의 형성자로 천자, 제후, 경대부 등이 조회나 제례 때에 쓰던 의식용 면류관冕旒冠이다.
■비卑는 田(밭 전)+攴(칠 복)의 회의자로 밭(田)에서 일을 강제(攴)하는 모습을 그려 시키다는 뜻이 나왔고, 시키는
일을 하는 사람이라는 의미에서 낮다는 뜻이 생겼다.
■구溝는 水(물 수)+冓(짤 구)의 형성자로 논에 물(水)을 잘 댈 수 있도록 이리저리 구조물(冓)처럼 파 놓은 도랑, 혹

고금주 —— ■補曰 間, 罅隙也, [象月入門隙] 言翕然愛慕, 無罅隙然也. ○包云: "方里爲井, 井間有溝, 溝廣深四尺, 十里爲成, 成間有洫, 洫廣深八尺." ○補曰 三者, 所以薄於自奉而厚於神人.

보완하여 말한다. 간間은 빈틈(罅隙)이니(달빛이 문틈으로 들어오는 것을 형상했다), 흡연翕然하게 애모하여 어떠한 빈틈도 없는 듯하다는 말이다. ○포함이 말했다. "사방 1리가 정井이고, 정井과 정 사이에 구溝가 있으니, 구溝의 넓이와 깊이는 각각 4척씩이다. 10리가 성成이다. 성成과 성 사이에 혁洫이 있으니, 혁洫의 넓이와 깊이는 각각 8척씩이다." ○보완하여 말한다. 세 가지는 자신을 봉양하는 데는 박薄했지만, 귀신과 인민에게는 후한 근거이다.

■孔曰: "言己不能復間厠其間." ○駁曰 非也. 不知何解.

공안국이 말했다. "공자 자신이 다시 그 사이에 끼어들 틈이 없다는 것을 말한다." ○논박하여 말하면, 그릇되었다. 어떻게 풀이했는지 알지 못하겠다.

■質疑《集注》云: "謂指其罅隙而非議之."[純云: "〈先進〉篇, '人不間於其父母昆弟之言.'"] ○案 禹與稷相好, 而孔子間之, 則是可曰指其罅隙而非議之, 今所論者禹一人而已, 又安有罅隙之可指乎?閔子騫爲一邊, 其父母昆弟爲一邊, 故得稱曰'人不間'. 若單言子騫, 則'人不間'三字, 用不得矣.

질의한다. 『집주』에서 말했다. "(間은) 그 빈틈을 지적하며 비판하는 것을 말한다."(태재순이 말하길, "「선진」편에 '사람들이 그 부모·형제의 말에 사이를 벌리지 못하겠다.'고 하였다.") ○살핀다. 우禹와 직稷이 서로 사이가 좋았는데, 공자께서 사이를 벌린 것(間之)이라면, 이는 그 빈틈을 지적하여 비난한다고 말할 수 있겠지만, 지금 논한 것은 우임금 한 사람일 뿐인데, 또한 어찌 지적할 수 있는 틈이 있겠는가? 민자건이 한쪽이 되고, 그 부모형제가 다른 한쪽이 되

은 물을 대듯이 소통한다는 의미이다.
■혁洫은 水(물 수)+血(피 혈)의 형성자로 봇도랑, 성 주위에 둘러 판 못, 수문水門 등을 말한다. 넘치다는 뜻도 있다 (以言其老洫).

기 때문에 '사람들이 사이를 벌리지 못한다(人不間)'는 말을 할 수가 있지만, 만일 민자건만 단칭하였다면 '인불간人不間'이라는 세 글자는 쓸 수 없다.

비평 —— 우임금은 자신에게는 박하게 하여 그 지위를 누리려 하지 않고, 백성의 일에는 힘을 다하고 종묘와 조정의 예에는 최선을 다하였기 때문에 공자가 두 번이나 흠잡을 것이 없다고 깊이 찬미한 것이다. 간間에 대한 해석에서 이견이 약간 있다. 고주는 간間을 간측기간間厠其間으로 보고, 오무간연吾無間然을 '내가 다시 그 사이에 끼어들 틈이 없다.'고 해석하였다. 주자는 간間을 빈틈(罅隙)으로 보고, 내가 우임금의 빈틈을 지적하며 비판할 수 없다고 해석하였다. 다산 또한 간을 빈틈으로 해석하였지만, 주자에게 "지금 논한 것은 우임금 한 사람일 뿐인데, 또한 어찌 지적할 수 있는 틈이 있겠는가?"라고 질의하고 있다.

　다산은 주자가 간間 자가 지닌 2번째 의미(차별 · 혐의 · 틈 · 사이에 두다 · 이간질하다 · 헐뜯다 · 간첩 · 참여 · 살피다 · 틈을 타다)에서 사이에 두다, 이간질하다, 헐뜯다 등으로 해석하였다고 생각한 듯하다. 그래서 그는 이 구절을 "우임금은 내가 어떠한 빈틈(결점)도 찾을 수 없고, 흡연翕然하게 애모한다."라고 해석해야 한다고 하는 듯하다. 그런데 다산의 비판은 고주에는 해당할 수 있지만, 주자에게도 해당할까? 주자 또한 다산처럼 해석하고 있는 것은 아닐까?

제9편

자한
子罕

凡三十章
모두 30장이다.

9:1. 子罕言利與命與仁.

고주 —— 공자께서는 이(利者義之和也)와 운명(命=天之命, 命運)과 인(행실의 성대함:仁=行之盛)을 드물게 말씀하셨다.

주자 —— 공자께서는 (이익을 헤아리면 의를 해치기 때문에) 이와 (그 이치가 미묘하기 때문에) 명과 (그 도가 크기 때문에) 인에 대한 말씀이 적으셨다.

다산 —— 공자께서는 (자주 말하면 의를 상하게 하기에) 이(利民·利國之利)와 (자주 말하면 하늘을 업신여기기에) 천명(命=天命)과 (자주 말하면 몸소 실천하는 것이 따라가지 못하기 때문에) 인(仁=人倫之成德)을 드물게 말씀하셨다.

집주 —— ■罕은 少也라

한罕은 적다(少)이다.

■程子曰 計利則害義하고 命之理微하고 仁之道大하니 皆夫子所罕言也라

정자가 말했다. "이익을 헤아리면, 의리를 해친다. 명의 이치는 미묘(命之理

자원풀이 ■한罕은 网(그물 망)+干(방패 간)의 형성자. 장대(干)처럼 긴 손잡이가 달린 작은 그물(网). 이로부터 적다, 드물다의 뜻이 나왔다. 드물다, 그물(罕罔合部), 사냥하다(罕車飛揚), 기(=旗), 한거(罕車:사냥용 수레) 등의 뜻이다.
■리利는 禾(벼 화)+刂(=刀:칼 도)의 회의자이다. 우선 칼 도(刀= 刂) 자를 기본적인 의미로 생각하는 견해에 따르면, 병기구兵器 혹은 농기구銛의 날이 지니는 예리銳利함이다. 그리고 리利는 칼(刂)로 벼(禾)를 베다, 즉 수확收穫의 의미이다. 그런데 이렇게 벼를 베어 수확하는 것은 우선 벼의 측면에서 보자면 결실을 이루어 자기완성을 이루었다(利者 萬物之遂), 혹은 인신하여 '순조롭게 조화를 이루었다'의 의미를 지닌다. 결실을 이룬 벼를 수확하는 것은 곧 씨를 뿌리고 가꾸는 노고를 아끼지 않았던 농부의 편에서 보자면 결과적인 '이익'이 된다.
■명命은 口(입 구)+令(우두머리 령)의 형성자로 모자를 쓰고 앉은 우두머리(令)의 입(口)에서 나오는 명령命令, 하늘의 명령이 목숨이라는 뜻에서 목숨을 뜻한다. 목숨(不幸短命), 명하다(乃命羲和), 명령(后以施命誥四方), 운명(各定性

微)하고, 인의 도는 크니(仁之道大), 모두 공자께서 드물게 말씀하신 것이다."

고금주 ─── ■補曰 罕, 希也. 利, 謂利民·利國之利也. 命, 天命也. 仁者, 人倫之成德也. 數言利則傷義, 數言命則褻天, 數言仁則躬行不逮, 斯其所以罕言也.
보완하여 말한다. 한罕은 드물다(希)이다. 이利는 '백성을 이롭게 한다' 혹은 '나라를 이롭게 한다'의 이利이다. 명命은 천명天命이다. 인仁이란 인륜의 완성된 덕(仁者 人倫之成德)이다. 이利를 자주 말하면 의를 상하게 하고(傷義), 명을 자주 말하면 천을 업신여기는 것이며(褻天), 인을 자주 말하면 몸소 실천하는 것이 따르지 못하니, 이것이 드물게 말씀하신 까닭이다.

■何曰: "仁者, 行之盛也. 寡能及之, 故希言." ○案《論語》記夫子言仁, 多矣. 然言之既罕, 記之不遺, 其實不多也. 司馬牛問仁, 子曰: "爲之難." 故其言也訒, 此罕言仁之義也. [子曰: "言之不出, 恥躬之不逮." 躬所行者仁而已. 君子之罕言仁, 恐言之先於行也]
하안이 말했다. "인이란 행실의 성대함(仁者行之盛也)이다. 인에 미칠 수 있는 자가 적기 때문에, 드물게 말씀하셨다." ○살핀다. 『논어』에 공자의 인仁에 대한 말씀을 기록해 놓은 것이 많다. 그러나 말씀하신 것이 이미 드물었고, 기록이 빠지지 않았다면, 실제로는 많지 않다. 사마우司馬牛가 인仁을 물었을 때 공자께서는 "인仁을 행하는 것은 어렵기 때문에 그것을 말하는데 신중한 것이다(「안연」)."라고 말씀하셨다. 이것이 인을 드물게 말한 뜻이다. (공자께서는 "말을 함부로 하지 않는 것은 몸소 실천하는 것이 미치지 못하는 것을 부끄러워하기 때문이다."라고 말씀하셨다. 몸소 행하는 것은 仁일 뿐이다. 군자가 인에 대해 드물게 말

命), 도리(維天之命), 이름을 짓다(因命曰胥山), 임명하다(官之命), 고하다, 의물儀物, 생계, 서명誓命(爲命), 이름.
■인仁은 二(두 이)+人(사람 인)의 형성자로 두 사람 사이의 관계를 상징한다. 『설문해자』에 따르면 "친애親愛한다는 의미로 두 사람(人+二)에서 유래했다(仁 親愛也 由'人' 由二 會意)"고 한다. 이는 곧 인간이란 (잔인한 금수와 구별되는) '서로 친애하는 공동체적 존재'라는 것을 함축한다.

한 것은 말이 행동에 앞설까 두려워했기 때문이다.)

비평 —— 인간 행위의 목표를 과정의 적합성(義)에 두고 자기완성을 추구하는 사람을 군자君子라 한다. 그런데 행위의 적합성보다는 자기에게 귀속될 결과적 이익의 최대화를 추구하는 사람을 소인小人이라 한다. 그래서 공자는 "군자는 인간적 도리에 비추어 볼 때 마땅히 해야 할 의로움에 밝고, 소인은 자신에게 돌아올 결과적 이익에 밝다."라고 말했다. 공자는 결과적 이익보다는 과정의 적합성을 행위의 준거로 삼고 일상에서 실천에 힘쓰면서, 추상적이고 형이상적인 사변의 문제에 대해서는 제자들에게 드물게 말씀하셨다. 형이상학적인 것은 지극히 미묘하고 인식하기 어렵다. 따라서 앎이 미치지 못했는데도 급히 말해 주면 의혹만 키울 수 있고, 덕이 부족한 데도 억지로 말해 주면 소홀히 함부로 행해 삼가지 못하게 할 수도 있다. 그래서 공자께서는 (소인이 추구하는) 개인적인 이익, 형이상학적인 하늘의 명령과 인간에게 품부된 덕으로 인 등에 대해서는 가급적 삼가면서, 많은 말씀을 하지 않으셨다.

　또한 공자의 언행을 주로 기록해 놓은 『논어』는 '인仁' 개념을 중심으로 전개되어 있는데, 전체 499절 중 인의 논의는 총 59회(1/9)이며, 그 단어만 109회 내외로 출현한다. 따라서 이 구절에서 '공자께서는 인에 대해 드물게 말씀하셨다.'는 것에 약간의 논란이 있다. 하나의 해결책은 『논어』에서 인이란 말은 많이 등장하지만 거의 제자의 물음에 대답한 것으로 적극적인 정의가 없고, 인물평에서 '인하다'는 말을 거의 사용하지 않았다는 뜻이라는 말이다. 다른 하나의 해결책은 "자한언리여명子罕言利與命, 여인與仁"으로 끊어 읽어, "공자께서는 이익과 천명에 대해서는 드물게 말씀하셨지만, 인에 대해서는 말씀을 주셨다."로 해석하는 방법이다. 필자는 앞의 입장을 지지한다. 다음 구절을 참조하면서, 공자께서 평소에 하신 말씀, 그리고 말씀하지 않으신 것으로 상기하기 바란다.

공자께서 항상 하신 말은 시, 서, 그리고 예를 지키는 것이었다. (7:17. 子所雅言
詩書執禮 皆雅言也.)

　　공자께서 말씀하시지 않은 것은 괴이함, 무력, 어지러움, 귀신 등이었다. (7:20.
子不語怪力亂神)

　　이利에 대해서 고주는 『주역』「건괘, 문언전」의 언명을 인용하면서, '리란
의의 조화로움이다(利者 義之和).'로 정의했다. 즉 이利란 우리가 마땅히 해야
할 옳은 일을 했을 때에 그 결과로 귀속되는 합당한 몫이라는 긍정적인 의미
로 보았다.

　　주자 또한 여기서의 이利를 (1) 이익과 (2) 조화로움 둘 모두를 의미한다(『어
류』)고 말하면서도, 다만 이利를 먼저 헤아리면 의를 해칠 수 있다는 관점에
서 해설했다. 다산은 여기서 이利를 주로 이로움이란 뜻으로 해석하고, 공자
께서 이利에 대해 드물게 말씀하신 까닭에 대해서는 주자와 비슷한 견해를
피력했다.

　　명命에 대해서 고주는 운명運命, 즉 사람이 태어날 때 하늘로부터 부여받
은 명운命運으로 해석했다. 주자는 성리학의 관점에서 명을 이理로 해설하는
데, 명命은 이理이고, 이理는 또한 성性이라 할 수 있다. 나아가 그는 또한 기
氣의 관점에서 명에 대한 보완적인 설명도 제시했다. 다산은 여기서의 명命
을 천명天命으로 해설했다. 그런데 『중용』「수장」에 "천명지위성天命之謂性"이
라고 했다는 점에서, 다산 또한 명命을 성性으로 해석한다고 할 수 있다. 그
러나 주자가 말하는 이치로서의 성性(性卽理)과 다산이 말하는 기호로서의
성性(=嗜好)은 그 내용이 다르다.

　　인仁의 정의 또한 각각 구별된다. 고주는 인이란 행실의 성대함(仁者 行之
盛也)이라고 정의하면서, "인이란 사람을 사랑함으로써 만물에 미치니(愛人以
及物), 이것은 선행 중에 가장 성대한 것이다(是善行之中最盛者也)."라고 해설했

다. 그리고 주자는 인仁이란 '우리 마음의 덕이자 사랑의 이치(心之德而愛之理)'라고 정의하였다. 다산은 인이란 '인륜의 성덕으로, 일을 행한 이후에 인이란 명칭이 성립한다.'고 말한 바 있다. 여기서 고주와 다산은 '인을 자주 말하면 몸의 실천이 그 말에 미치지 못하기 때문에 공자께서 드물게 말하셨다.'고 해설함으로써 실천적 혹은 행사적인 관점에서 해석했다. 이에 비해 주자는 '인의 도는 심히 커서 말하기 어렵기 때문에 드물게 말하셨다.'고 풀이함으로써 존재론적 혹은 인식론적인 측면에서 해설했다. 각각의 강조점이 다르다.

명命과 인仁에 대해서는 3권의 상론해 놓은 장을 참고하기 바란다.

❦

9:2. 達巷黨人曰: "大哉, 孔子! 博學而無所成名." 子聞之, 謂門弟子曰: "吾何執? 執御乎, 執射乎? 吾執御矣."

고주 —— 달항당의 사람이 말했다. "위대하구나, 공자여! 널리 (도예를) 배워 (하나의 기예에만 국한해서) 명성을 이룸이 없구나!" 공자께서 그 말을 들으시고, 문하의 제자들에게 말씀하셨다. "내가 무엇을 전문할까? 수레 몰기를 전문으로 할까, 활쏘기를 전문으로 할까? 나는 (더 비천한) 수레 몰기를 전문으로 할 것이다."

주자 —— 달항당의 사람이 말했다. "위대한 공자여! 널리 배웠으되, (하나의 기예로도) 명성을 이룬 바가 없구나." 공자께서 그 말을 들으시고, 문하의 제자들에게 말씀하셨다. "내가 (명성을 얻으려면) 무엇을 전문할까? 수레 몰기를 전문으로 할까, 활쏘기를 전문으로 할까? 나는 (더 비천한) 수레 몰기를 전문으로 할 것이다."

다산 —— 달항당의 사람이 말했다. "위대하구나, 공자여! 널리 (도예를) 배워 (하나의 기예에만 국한해서) 명성을 이룸이 없구나!" 공자께서 그 말을 들으시고, 문하의 제자들에게 말씀하셨다. "내가 무엇을 전문할까? 수레 몰기를 전문으로 할까, 활쏘기를 전문으로 할까? 나는 (더 비천한) 수레 몰기를 전문으로 할 것이다."

집주 —— ■達巷은 黨名이니 其人姓名은 不傳이라 博學而無所成名은 蓋美其學之博而惜其不成一藝之名也라

달항達巷은 당의 이름(黨名)인데, 그 사람의 이름은 전하지 않는다. '박학함에도 명성이 없다.'는 것은 대개 그 학문의 넓음을 찬미하고, 한 가지 기예로써 명성을 이루지 못한 것을 애석해 한 것이다.

■執은 專執也라 射御皆一藝로되 而御爲人僕하여 所執尤卑라 言欲使我何所執以成名乎아 然則吾將執御矣라 하시니 聞人譽己하고 承之以謙也시니라

집執은 전문으로 하는 것(專執)이다. 활쏘기와 수레몰기는 모두 하나의 기예(一藝)인데, 수레몰기가 남의 종복이 되니, 전문으로 하는 것이 더욱 비천하다. '내가 무엇을 전문으로 하여 명성을 이루기를 바라는가? 그렇다면 나는

자원풀이 ■항巷은 共(함께 공)+巳(여섯째지지 사)의 회의자. 사람(巳)들이 함께(共) 공유하는 거리나 골목이다.
■집執는 갑골문에서 꿇어앉은 사람의 두 손에 쇠고랑이 채워진 모습을 그렸다. 이후 辛(매울 신)과 丸(알 환)으로 변하였는데, 환丸은 꿇어앉은 사람(丮:잡을 극)이 변한 모습이다.
■어御는 원래 실(幺)로 만든 채찍을 들고 앉은 사람(卩)이 길에서 마차를 모는 모습에, 길을 뜻하는 彳(걸을 척)이 더해졌고, 幺가 午(일곱째지지 오)로 바뀌어 현재 자형이 되었다. '수레를 몰다'에서 제어制御의 의미가 나왔으며, 임금과 관련된 것(다스리다, 통솔하다)을 지칭한다.
■사射는 弓(활 궁→身)+寸(마디 촌)의 형성자로 활을 쏘는 모습으로 투호投壺를 뜻하기도 한다.

장차 수레몰기를 전문으로 할 것이다.'고 말씀하셨으니, 남이 자신을 칭찬하는 말을 들으시고 겸양으로 응대하신 것이다.

■尹氏曰 聖人은 道全而德備하여 不可以偏長目之也라 達巷黨人이 見孔子之大하고 意其所學者博이나 而惜其不以一善得名於世하니 蓋慕聖人而不知者也라 故로 孔子曰 欲使我何所執而得爲名乎아 然則吾將執御矣라 하시니라

윤돈이 말했다. "성인의 도는 완전하고 덕은 갖추어져 있으니, 특정한 장점으로 지목할 수 없다. 달항당의 사람은 공자의 위대함을 보고 그 배운 것이 넓지만 한 가지 잘 하는 것으로 세상에 명성을 얻지 못한 것을 애석하게 생각했으니, 대개 성인을 앙모하면서도 알지 못한 자이다. 그러므로 공자께서 내가 무엇을 전문으로 하여 명성을 이루기를 바라는가? 그렇다면 나는 장차 수레몰기를 전문으로 할 것이라고 말씀하신 것이다."

고금주 —— ■鄭曰: "達巷者, 黨名. 此黨之人, 美孔子博學道藝, 不成一名而已."〔陸云: "專精一藝, 則人以一藝稱之, 而得有所成名. 彼則博學而泛兼衆藝, 則人不得以一藝稱之."〕 ○鄭曰: "聞人美之, 承之以謙, 吾執御, 欲名六藝之卑也."

정현이 말했다. "달항이란 당의 이름이다. 이 당의 사람이 공자는 도예道藝에 박학하여 하나의 이름만 이루지 않았음을 찬미한 것이다."(육덕명이 말했다. "오로지 하나의 기예에 정밀하여 전공하면 사람들이 그 한 가지 기예로써 칭하여 명성을 이룬 바가 있게 되지만, 공자는 박학하여 널리 많은 기예를 겸하여 사람들이 하나의 기예로 칭할 수 없었다.") ○정현이 말했다. "남이 찬미하는 말을 들으시고, 겸손하게 수용하신 것이다. 오집어吾執御라고 하신 것은 육예六藝 중 비천한 것으로 이름을 이루겠다는 것이다."

■尹曰: "達巷黨人, 惜其不以一善得名於世." ○案 '大哉'二字, 無憾之辭, 豈有嗟惜之意乎?

윤돈이 말했다. "달항당의 사람은 공자께서 한 가지 잘 하는 것으로써 세상

에 명성을 얻지 못한 것을 애석해했다." ○살핀다. '대재大哉'라는 두 글자는 유감이 없다는 말인데, 어찌 애석해 하는 뜻이 있겠는가?

비평 —— 고주와 다산은 공자께서 다른 사람이 찬미하는 말을 들으시고, 겸손하게 수용하신 것이라고 해설하였다. 즉 공자는 도예를 널리 배워, 단순히 한 가지 기예에서만 명성을 이룬 것이 아니라, 두루 모든 분야에서 달통하였다는 것이다. 이에 비해 주자(및 윤돈)는 달항당의 사람이 "공자의 위대함을 보고 그 배운 것이 넓지만, 하나의 전공으로 세상에 명성을 얻지 못한 것을 애석해했다."고 해석하면서, "공자를 앙모했지만, 참으로 알지는 못한 사람"이라고 해설하였다. 여기서 다산의 언명대로 공자를 칭송한 '대재大哉'라는 말에 강조점을 두면, 고주와 다산의 해석이 설득력이 있다고 하겠다. 그러나 그 뒤의 공자의 언명(吾何執 執御乎 執射乎 吾執御矣)을 상고해 보면, 주자의 해석을 취하는 것이 좀더 순리적인 듯하다.

⌘

9:3. 子曰: "麻冕, 禮也. 今也純, 儉, 吾從衆. 拜下, 禮也. 今拜乎上, 泰也. 雖違衆, 吾從下."[純, 音緇]

고주 —— 공자께서 말씀하셨다. "삼베(麻布)로 짠 치포관(冕=緇布冠:冠禮를 행할 때 쓰던 관)을 쓰는 것이 예이지만, 지금은 생사(純=絲)로 만드니 (짜기 쉬워) 검약하다. 나도 대중을 따르겠다. 당하에서 절하는 것이 예인데, (신하들이 교만 방자하여) 지금은 당상에서 절을 하니, 교만(泰=驕)하다. 비록 대중과 어긋나더라도, 나는 당 아래에서 절하겠다."

주자 ── 공자께서 말씀하셨다. "검은 베로 짠 관(麻冕=緇布冠)을 쓰는 것이 예이지만, (세밀하여 만들기 어려워) 지금은 생사(純=絲)로 만드니 생약(儉=省約)하다. 나도 대중을 따르겠다. 당하에서 절하는 것이 예인데, 지금은 (임금이 사양하면) 당상에서 절을 하니, 교만(泰=驕慢)하다. 비록 대중과 어긋나더라도, (의로움에 해가 되니) 나는 당 아래에서 절하겠다."

다산 ── 공자께서 말씀하셨다. "(제사 때에는) 삼베로 짠 관(冕:祭服之冠)을 쓰는 것이 예이지만, (세밀하여 만들기 어려워) 지금은 생사(純=絲)로 만드니 검약하다. 나도 대중을 따르겠다. 당하에서 절하는 것이 예인데, 지금은 (임금이 사양하면) 당상에서 절을 하니, 교만(泰=驕慢)하다. 비록 대중과 어긋나더라도, (의로움에 해가 되니) 나는 당 아래에서 절하겠다."(純은 음이 緇:치이다.)

집주 ── ■麻冕은 緇布冠也라 純은 絲也라 儉은 謂省約이라 緇布冠은 以三十升布爲之하니 升八十縷니 則其經이 二千四百縷矣라 細密難成하니 不如用絲之省約이라

마면麻冕은 검은 삼베로 짠 관(緇布冠:치포관)이다. 순純은 생사絲이다. 검儉은 생약省約(덜어서 줄임)을 말한다. 치포관緇布冠은 30새의 베로써 만드는데, 1새는 80올이니 그 날줄이 2천4백 올이다. 세밀하여 만들기 어려우니, 생사를

자원풀이 ■마麻는 广(집 엄)과 두 개의 木(나무 목)의 형성자로 삼나무(木)에서 벗겨낸 삼 껍질을 작업장(广)에 널어 놓고 말리는 모습. 삼은 자연섬유로 은허에서 이미 대마大麻의 종자와 삼베 조각이 발견되었다. 3미터 정도로 자라는데, 곧게 자란 삼 줄기를 삶은 물에 불려 껍질을 분리시키고 잘게 찢어 실로 만들고 베를 짜서 사용한다.
■순純은 糸(가는 실 :의미)+屯(싹 ─ : 싹이 단단한 지면을 힘겹게 뚫고 올라오는 모양)로 비단실을 말한다. 봄날 언덕에 돋아나는 새싹(屯)처럼 아무런 무늬나 색을 더하거나 가공하지 않은 순수(純粹)한 비단 실인 생사(糸)를 말하는데, 순수純粹, 순결純潔이라는 말은 여기에서 나왔다.
■검儉은 人(사람 인)+僉(모두 첨)의 형성자로 모든 사람(人)에게 고르게 돌아가게 하려면 근검勤儉, 검소儉素해야 한다는 것을 나타낸다. 검약儉約하다, 부족하다, 한정하다, 겸손하다의 뜻이다.
■배拜는 새로 수확한 곡식을 조상신에게 두 손(手)으로 절을 하며(下:아래 하) 바치는 모습에서 절을 하다, 바치다,

사용하여 생약省約하는 것만 못하다.

■臣與君行禮에 當拜於堂下니 君辭之면 乃升成拜라 泰는 驕慢也라

신하가 임금과 더불어 예를 행할 때는 마땅히 당堂 아래에서 절해야 하지만, 임금이 사양하면 이에 (당에) 올라가 절을 완성한다. 태泰는 교만驕慢이다.

■程子曰 君子處世에 事之無害於義者는 從俗可也어니와 害於義면 則不可 從也니라

정자가 말했다. 군자가 처세할 때에 사안이 의義에 해가 됨이 없으면 세속을 따라도 괜찮다. 의에 해가 되면 따를 수 없다.

고금주 —— ■補曰 冕, 祭服之冠. ○孔曰: "純, 絲也. 絲易成, 故從儉."[蔡淸云: "用絲比之, 績麻爲之者, 較爲省儉."] ○饒曰: "孔子時君弱臣強, 徑自拜於堂上."

보완하여 말한다. 면冕은 제복의 관祭服之冠이다. ○공안국이 말했다. "순純은 생사이니, 생사로 짜기는 쉽기 때문에 검약을 따르신 것이다."(채청이 말했다. "생사를 써서 만든 것을 삼으로 짜서 만든 것과 비교하면, 힘이 덜 들어 검약한 것이다.") ○쌍봉 요씨가 말했다. "공자 당시에 인군은 약하고 신하는 강성하여, 곧바로 당위에 올라가 절하였다."

■孔曰: "冕, 緇布冠也." ○案 冕者, 俛也. 前低後高, 其狀微俛, 故名之曰冕. 與緇布冠, 其制絶殊. 孔安國訓之爲緇布冠者, 蓋謂冕亦黑布所製之冠, 非直指 冠禮始加之緇布冠也. [胡云: "冠者, 首服之總名, 冕者, 冠中之別號."]

공안국이 말했다. "면冕은 검은 삼베로 짠 관(緇布冠:치포관)이다." ○살핀다. 면冕이란 면(俛:머리를 숙이다)에서 나왔다. 앞이 낮고 뒤가 높아 그 형상이 약

받들다 등의 뜻이 나왔다.
■태泰는 水+廾(두 손 마주잡을 공) + 大로 구성된 형성자로서 두 손으로 물을 크게 건져 올리는 것을 형상화한 것으로 '크게' '대단히'라는 원뜻을 지니고, 크다, 통하다, 편안하다(느긋하고 태연하다), 교만하다, 너그럽다, 지나치다 등의 뜻이 있다. 태괘(건하곤상)로 음양이 조화되어, 만사가 형통하고 편안을 누리는 모양을 나타내기도 한다.

간 숙이는 것을 뜻하기 때문에, 이름을 면冕이라 했다. 치포관緇布冠과 그 제도가 완전히 다르다. 공안국이 치포관이라고 주석한 것은 대개 면冕이란 검은 삼베로 만든 관이라는 것이지, 관례冠禮의 시가始加 때에 쓰는 치포관을 직접 가리키는 것은 아니다.(호인이 말했다. "冠이란 首服의 總名이며, 冕이란 여러 冠들 중 하나의 別號이다.")

■案 絲美於麻, 孔子謂之儉者, 蠶絲易於細繐, 布縷難於細績故也.

살핀다. 생사(絲)는 마麻보다 아름답지만, 공자께서 검약하다고 말한 것은 잠사蠶絲는 세소細繐보다 쉽고, 포루布縷는 세적細績보다 어렵기 때문이다.

비평 —— 예의 본질과 정신은 시대와 장소를 막론하고 존중되어야 하겠지만, 그 형식과 방법은 본질과 정신을 해치지 않고 조화를 이루는 범위 안에서 수정될 수 있다.

공자는 관을 쓰는 재료로는 번잡하여 만들기 힘든 삼베보다 당시 일반인들이 사용하는 명주실을 사용하는 것이 간편하기 때문에, 거기에 따르겠다고 말한다. 이렇게 공자는 예의 정신과 본질, 그리고 조화를 해치지 않은 범위 안에서 가능한 한 대중의 방식을 따르고자 한다. 그러나 그는 당시 사람들이 대부분 당 위에서 절하지만, 당 아래에서 절하는 것이 예의 본질과 정신에 비추어 볼 때 알맞기 때문에, 비록 대중과 위배될지라도 당 아래에서 절하겠다고 말했다. 공자는 가능하면 대중의 풍속에 따르고자 하지만, 무조건 따르는 것이 아니라 무엇이 예의 정신과 본질에 부합하는가 하는 점을 잘 검토해서 자신의 행위를 결정하는 방침을 취하겠다는 태도를 보인다.

면冕이 무엇인가에 대해서 해석상 불일치한다. 다산의 고증이 상세하다.

9:4. 子絶四, 毋意, 毋必, 毋固, 毋我.

고주 —— 공자께서는 네 가지가 전혀 없으셨다. (도로 헤아려서 自意에 맡기지 않아) 자의가 없으셨고, (등용되면 도를 행하고, 버리면 숨었기 때문에) 오로지 기필함(專必)이 없으셨고, (해야 하는 것 · 하지 말아야 할 것이 없으셔서:無可無不可) 고집이 없으셨고, (옛것을 전술하되 스스로 짓지 않으시고 오직 도만을 따르셨기 때문에) 그 자신을 지니시지 않으셨다.

주자 —— 공자께서는 네 가지가 전혀 없으셨다. 사사로운 의지(私意)가 없으셨고, 기필期必함이 없으셨고, 고집(집착:執 · 정체:滯)이 없으셨고, 사사로운 자아가 없으셨다.

다산 —— 공자께서는 네 가지가 전혀 없으셨다. 억측이 없으셨고(意=憶), 기필(必=期)함이 없으셨고, 고집(固=堅執)이 없으셨고, (자기를 버리고 남을 쫓아) 사사로운 자기를 지니지 않으셨다.

자원풀이 ■절絶은 원래 네 개의 糸자에 刀로 구성되어, 칼로 실을 자른다는 의미에서 '끊다'라는 말이 생겨났고, 또한 막다른 곳이라는 뜻도 나왔다. 그리고 아득히 뛰어나다(絶色), 결단코, 심히 등으로 뜻이 확장되었다. 8구로 된 절률시(絶律詩)의 절반을 끊어 만든 시라는 의미에서 절구絶句라는 말도 생겨났다.
■의意는 心(마음 심)+音(소리 음)의 회의자로 마음(心)의 소리(音)가 뜻이자 의지임을 그려냈다. 생각하다, 마음속에 담아두다, 내심, 감정, 의미 등을 말한다.
■필必은 戈(창 과)+八(여덟 팔)의 형성자로 갈라진 틈(八) 사이로 창(戈)을 그린 무기자루의 모습으로 창과 같은 무기는 반드시 자루에 끼워야만 사용할 수 있기에 '반드시'라는 뜻이 나온 것으로 추정된다. 『설문해자』에서는 八 + 弋(주살 익)으로 기준을 나누다(八)라고 한다. 반드시, 기필, 신뢰, 고집하다 등의 뜻이 있다.
■고固는 囗(에워쌀 위)+古의 형성자. 옛것(古)에 에워싸여(囗) 밖으로 나가지 못하는 고루함에서 나온 글자로서, 여

집주 —— ■絶은 無之盡者라 毋는 史記에 作無하니 是也라 意는 私意也요 必은 期必也요 固는 執滯也요 我는 私己也라 四者相爲終始하여 起於意하여 遂於必하고 留於固하여 而成於我也라 蓋意必은 常在事前하고 固我는 常在事後하니 至於我又生意면 則物欲牽引하여 循環不窮矣리라

절絶은 '완전히 없다는 것(無之盡)'이다. 무毋는 『사기』에 무無라고 한 것이 그 것이다. 의意는 사사로운 의지(私意)이다. 필必은 기필期必이다. 고固는 집착(執)·정체(滯)이다. 아我는 사사로운 자기(私己)이다. 네 가지는 상호 시작과 끝이 되니, 의에서 기인하여(起於意) 필에로 이행하고(遂於必) 고에 머물렀다가(留於固) 아我에서 완성된다(成於我). 대개 의意와 필必은 항상 사전事前에 있고, 고固와 아我는 항상 사후事後에 있다. 아我에 이르면 또한 의意가 생겨나니, 물욕物欲에 이끌리어 끝없이 순환한다.

■程子曰 此毋字는 非禁止之辭라 聖人이 絶此四者에 何用禁止리오

정자가 말했다. 이 '무毋' 자는 금지사가 아니다. 성인께는 이 네 가지가 완전히 없으셨으니, 어찌 금지할 필요가 있었겠는가?

■張子曰 四者에 有一焉이면 則與天地不相似니라

장횡거가 말했다. 네 가지 중에 하나라도 있으면 천지에 어울리지 못한다.

■楊氏曰 非知足以知聖人이요 詳視而黙識之면 不足以記此니라

양시가 말했다. "지혜가 성인을 알아보기에 충분하면서 상세히 관찰하고 묵묵히 이해한 자가 아니라면, 이렇게 기록할 수 없다."

기서 옛 것에 에워싸여 나오지 못한다는 뜻의 고집固執이란 말이 나왔다. 완고頑固, 고루固陋 등으로 쓰인다.
■아我는 창(戈)과 같은 날이 서 있는 무기를 나타내며, '나' 혹은 '우리'란 뜻을 가차했다고 하지만, 『설문해자』에서는 회의자라고 한다. 갑골문 당시에 이미 '우리'로 쓰여 '나'로 쓰인 것은 가차로 보지만, 我에 羊(양)의 장식물이 더해진 의장용 칼인 義가 공동체에서 지켜야할 '의리'를 의미하는 것을 볼 때, 我는 적보다는 내부를 결속하기 위한 대내용 무기로, 여기서 '우리'라는 뜻이 나왔을 것이라고 추정한다. 나 혹은 우리는 너 혹은 너희와 무기를 들고 대적하는 상대적인 관계라는 것을 뜻한다고 할 수 있다.

고금주 ── ■補曰 意者, 億也. [賈誼⟨鵩鳥賦⟩云: "請對以意." 或作臆] 以意億度曰 意也. [下篇云: "億則屢中."] 必, 猶期也. 固, 堅執也. 我者, 己也. 舍己從人, 謂之 毋我.

보완하여 말한다. 의意란 억측(億)이다.(賈誼의 「붕조부」에서 말했다. "청컨대 억 측으로 대답하겠습니다." 어떤 본에는 臆이라고 했다.) 사사로운 의지로 억측하여 헤아리는 것을 의라 한다.(하편 「선진」에 "억측하면 여러 번 적중했다."고 했다.) 필 必은 기필(期)이다. 고固는 단단히 잡는 것(堅執)이다. 아我란 자기(己)이니, 자 기를 버리고 남을 쫓는 것을 무아毋我라 말한다.

■王曰: "以道爲度, 故不任意, 用之則行, 舍之則藏, 故無專必." ○駁曰 非也. 왕숙이 말했다. "도로 헤아린 까닭에 자의에 맡기지 않는 것이다. 등용되면 도를 행하고 버려지면 감추기 때문에 전필專必이 없다." ○논박하여 말하면, 그릇되었다.

■韓曰: "絶四, 其實絶二而已, 毋意即毋必也, 毋固即毋我也." ○駁曰 非也. 한유가 말했다. "네 가지를 끊었다고 하지만, 기실은 두 가지를 끊었을 따름 이다. 무의毋意는 곧 무필毋必이고, 무고毋固는 곧 무아毋我이다." ○논박하여 말하면, 그릇되었다.

비평 ── 개인의 부당한 이익을 위해 발동하는 것이 사사로운 의지이며, 이 의지에 의해 반드시 그래야만 한다는 마음이 생기며, 반드시 그래야만 한다 는 마음에서 고집이 일어나고, 이 고집에 의해 나에 대한 집착이 생겨난다. 또한 나에 대한 집착에서 사사로운 의지가 생겨나며, 이러한 사사로운 의지 에서 기필하는 마음이 생겨나고, 이 기필하는 마음에서 고집과 아집이 또 다 시 강화되어 생겨난다. 이렇게 이 네 가지는 서로 견인하는 악순환을 일으켜 우리를 고통으로 몰고 간다. 이 네 가지를 끊어 없어질 때에 비로소 군자, 성 인의 길에 들어설 수 있다.

고주는 사서四書에 나오는 공자의 언행을 근거로 해석했다. 주자는 불교의 영향을 받은 성리학 수양론의 입장에서 정교하게 해석했다. 다산은 주로 글자의 훈에 바탕을 두고 해석하였다. 상호 참조하여 보완적으로 보면 좋겠다.

～◌～

9:5. 子畏於匡. 曰: "文王旣沒, 文不在玆乎? 天之將喪斯文也, 後死者不得與於斯文也, 天之未喪斯文也, 匡人其如予何?"

고주 —— 공자께서 광 땅에서 (사람들이 병기를 들고 포위하자) 두려워(畏=畏懼)하실 적에(실제로 두려워하신 것이 아니라, 기록자가 여러 사람의 감정으로 말한 것이다) 말씀하셨다. "문왕이 이미 돌아가셨지만, (문왕의) 문장(文=文章)이 여기 나에게(玆=孔子自謂) 있지 않은가? 하늘이 장차 이 문장을 없애려 하셨다면, 뒤에 죽을 내가(後死者=孔子自謂) 이 문장을 알도록 허락하지 않았을 것이지만, (이미 나에게 이 문장을 알게 허락하여) 하늘이 아직 이 문장을 없애려 하지 않으셨으니, 광 사람들이 나에게 어떻게 하겠느냐?"

자원풀이 ■외畏는 갑골문에서 얼굴에 커다란 가면을 쓴 귀신(鬼)이 손에 창과 같은 무기를 든 모습에서, 자형이 변해 지금처럼 되었다. 무서운 형상의 귀신이 무기를 들고 공포감을 주어, 두려워하다, 경외敬畏의 뜻이 나왔다. ■문文은 갑골문에서는 사람의 가슴에 어떤 무늬를 새겨 놓은 문신文身을 의미했다. 문자文字란 일정한 필획을 서로 아로새겨 어떤 형태들을 그려낸 것이다. 그래서 무늬라는 의미의 문文에 문자라는 의미가 담기게 되었다. 그래서 『설문해자』에서는 "획을 교차하다는 뜻으로 교차한 무늬를 형상했다(錯劃也 象交文)"고 했다. 그리고 문자로 쓰인 것을 문장文章이나 문학작품이라고 말하게 되었다. 그러자 문文은 주로 문장이나 문자의 의미로 쓰이게 되었고, 무늬라는 말은 문紋 자가 대신하게 되었다. 글월(以能誦詩書屬文), 글자, 문치文治·문사文事, 글을 짓다(帝親文其卑), 무늬·문채文彩, 현상(觀乎天文), 문물: 예악과 제도 등 문화적 산물, 법령의 조문, 아름답다·선善하다(禮滅而進 以進爲文), 어지럽다(=紊亂), 화미華美하다(君子質而已矣 何以文矣), 문왕, 꾸미다(文之以禮樂), 가리다(小人之過也 必文),

주자 —— 공자께서 광 땅에서 (사람들이 병기를 들고 포위하여) 경계하시면서(畏 =有戒心) 말씀하셨다. "문왕이 이미 돌아가셨지만, (문왕의) 문(文=도의 발현으로 예악제도 따위를 말하는데, 겸사이다)이 여기 나에게 있지 않는가? 하늘이 장차 이 문을 없애려 하셨다면, 뒤에 죽을 내가 이 문에 참여하지 못했을 것이지만, (이미 나는 이 문에 참여하여) 하늘이 아직 이 문을 없애려 하지 않으셨으니, 광 사람들이 나에게 어떻게 하겠느냐?"

다산 —— 공자께서 광 땅에서 (사람들이 병기를 들고 포위하여 실제로) 두려워(畏 =懼) 말씀하셨다. "문왕이 이미 돌아가셨지만, (문왕의) 글(『易』의 「彖」·「象」 등)이 여기 간편簡編에 있지 않는가? 하늘이 장차 이 글을 없애려 하셨다면, 뒤에 죽을 내가 이 글을 추종·참여하지(與=從·參) 못했을 것이지만, (이미 나는 문왕의 유문을 추종·참여하여) 하늘이 아직 이 글(문왕의 유문)을 없애려 하지 않으셨으니, 광 사람들이 (과거를 계승하여 미래를 열어줄 사람繼往開來者인) 나에게 어떻게 하겠느냐?"

집주 —— ■畏者는 有戒心之謂라 匡은 地名이라 史記云 陽虎曾暴於匡이러니 夫子貌似陽虎라 故로 匡人이 圍之라

외畏란 경계하는 마음이 있었음을 말한다. 광匡은 땅 이름이다. 『사기』에 말하길, 양호陽虎가 일찍이 광 땅에서 횡포를 부렸는데, 공자의 모습이 양호와 유사했기 때문에 광 사람들이 포위했다.

■道之顯者를 謂之文이니 蓋禮樂制度之謂라 不曰道而曰文은 亦謙辭也라 兹는 此也니 孔子自謂라

노력하다(文莫吾猶人也)의 뜻이 있다.
■자兹는 두 개의 玄(검을 현)으로 구성되어 검다(玄)의 뜻이었으나, '이곳'이라는 의미로 가차되었다.

도道의 발현을 문文이라 하니, 대개 예악과 제도를 말한다. 도道라고 말하지 않고 문文이라 말한 것 역시 겸사이다. 자玆는 여기(此)인데, 공자 자신을 말한다.

■馬氏曰 文王旣沒이라 故로 孔子自謂後死者라 言 天若欲喪此文인댄 則必不使我得與於此文이어니와 今我旣得與於此文하니 則是天未欲喪此文也라 天旣未欲喪此文이면 則匡人이 其奈我何리오하시니 言必不能違天害己也라

마융이 말했다. "문왕文王이 이미 돌아가셨기 때문에 공자께서 스스로를 뒤에 죽을 사람(後死者)이라고 말하셨다. '하늘이 만약 이 문文을 버리려고 하셨다면, 반드시 나에게 이 문에 참여하지 않게 하셨을 것이다. 지금 내가 이미 이 문에 참여했으니, 이는 하늘이 아직 이 문을 버리려고 하는 것이 아니다. 하늘이 아직 이 문을 버리려고 하지 않았다면, 광 사람들이 나를 어찌하겠느냐?'라고 말씀하신 것이니, 필시 하늘을 어기고 자신을 해치지는 못할 것이라는 말씀이다."

고금주 —— ■補曰 畏, 懼也. ○包曰: "匡人以兵圍之." ○毛曰: "匡, 鄭邑." ○仲氏曰: "文不在玆, 謂〈彖〉·〈象〉在此. 玆者, 指簡編也." ○孔曰: "文王旣沒, 故孔子自謂後死." ○補曰 與通作預, 從也, 參也. ○仲氏曰: "孔子明於《易》道, 將作〈翼傳〉, 以傳後世, 時未及成, 故曰'天欲亡此文, 則我不得與有力於此文, 天其不欲亡此文, 則我不當死於今日, 匡人其奈我何?'"[馬云: "其如予何者, 猶言奈我何也."]

보완하여 말한다. 외畏는 두려움(懼)이다. ○포함이 말했다. "광 사람들이 병기를 들고 공자를 포위한 것이다." ○모기령이 말했다. "광匡은 정나라 읍이다." ○중씨仲氏(丁若銓)가 말했다. "문文이 여기에 있다(在玆)는 것은 『역』의 「단」·「상」이 여기에 있음을 말한다. 자玆란 간편簡編을 가리킨다." ○공안국이 말했다." 문왕이 이미 죽었기 때문에 공자께서 스스로 후사後死라고 말한

것이다." ○여與는 예預와 통하니, 추종(從)·참여(參)이다. ○중씨仲氏가 말했다. "공자께서 『역』의 도에 밝으셔서, 장차 「십익전」을 지어 후세에 전하려 하였으나, 당시에 아직 완성에 이르지 못하였기 때문에 '하늘이 이 글을 없애려 한다면, 나는 참여하여 이 글에 힘을 씀이 있을 수 없겠지만, 하늘이 이 글을 없애려 하지 않았다면 나는 마땅히 오늘 죽지 않을 것이니, 광 사람들이 나를 어떻게 할 것인가?'라고 말했다."(마융이 말했다. "其如予何란 奈我何와 같다.")

■孔曰: "玆, 此也. 言文王雖已死, 其文見在此. 此, 自謂其身." ○孔曰: "言天將喪此文者, 本不當使我知之, 今使我知之, 未欲喪也." ○馬曰: "天之未喪此文, 則我當傳之. 匡人欲奈我何, 言其不能違天以害己也." ○案 孔註·馬註, 粹然無瑕, 唯不言其文爲何書耳. 然文王所著之書, 其因孔子之力而傳之後世者, 唯 〈彖〉·〈象〉而已. 所謂斯文, 非卽〈彖〉·〈象〉乎? ○仲氏曰: "斯者, 指物之詞, 某在斯·示諸斯, 是也. 若示諸斯之下, 不言指其掌, 則後世孰知其爲掌乎?[彼 不言掌, 終無以知爲掌. 此則文王之文, 唯《易》而已, 不言而自明] 若以道爲文, 則上有 堯·舜, 下有周公, 何必文王是擧乎? 聖人一生, 唯聽天命, 故《周易》一部, 不 離其身, 過匡有難, 得指而言之耳. 古聖人紹天明稟天命之法, 竝有易象, 繼往 開來者, 捨孔子其誰? 孔子胷中已具一部〈十翼〉, 此時姑未撰述, 故有此言也." ○공안국이 말했다. "자玆는 차此(여기)이니, 비록 문왕은 이미 죽었으나, 그 문이 지금 여기에 있다는 말이다. 차此는 공자 자신을 이른 것이다." ○공안국이 말했다. "'하늘이 장차 이 문文을 없애려 했다면, 본래 마땅히 나로 하여금 이 문을 알게 허락하지 않았을 것인데, 지금 나로 하여금 알게 하였으니, 아직 없애려 하지 않은 것'이라는 말이다." ○마융이 말했다. "'하늘이 이 문文을 없애지 않았으니, 내가 응당 그것을 전해야 한다. 그런데 광 사람들이 나를 어찌하고자 하느냐?'라고 말씀하신 것이니, 그들이 하늘의 뜻을 어기고 자신을 해치지 못할 것이라는 말이다." ○살핀다. 공안국·마융의 주는 순수하여 아무런 하자가 없지만, 오직 이 문文이 무슨 책인지 말하지 않았을

뿐이다. 그러나 문왕이 지은 책이 공자에 힘을 입어 후세에 전해진 것은 오직 「단」·「상」뿐이다. 이른바 이 문(斯文)이란 곧 「단」·「상」이 아닌가? ○중씨(정약전)가 말했다. "사斯란 사물을 지칭하는 말이다. 모재사某在斯·시저사示諸斯가 그것이다. 만약 시저사示諸斯(이것에 놓고 본다)의 뒤에 지기장指其掌(그 손바닥을 가리켰다)이라고 말하지 않았다면, 후세 사람들이 누가 그것이 손바닥인 줄 알겠는가? (저기서는 손바닥:掌이라고 말하지 않았다면 끝내 손바닥인 줄 알지 못했을 것이다. 여기서 문왕의 문:文王之文이란 오직 『역』일 뿐이니, 말하지 않아도 자명하다.) 만일 도道로써 문文을 삼았다면, 위로는 요순이 있고, 아래로는 주공이 있는데, 하필이면 문왕을 거명했겠는가? 성인께서는 일생 동안 오직 천명天命만을 들었기 때문에, 『역』 한 부部가 그 몸에서 떠나지 않았으니, 광 땅을 지나갈 때 환난이 있어 『역』을 지칭하여 말하였을 뿐이다. 옛 성인이 하늘의 밝음을 계승하고 하늘의 명령을 품부 받는 법은 나란히 역상易象에 갖추어져 있으니, 과거를 계승하여 미래를 열어줄 사람(繼往開來者)은 공자를 제외하면 그 누구이겠는가? 공자의 흉중에는 이미 한 부의 「십익十翼」이 갖추어져 있었다. 이때에는 아직 찬술撰述하지 않았기 때문에 이런 말이 있었다."

■ 質疑《集注》曰: "道之顯者謂之文, [蓋禮樂制度之謂] 不曰道而曰文, 亦謙辭." ○案 孔子曰: "道之將行也與命也, 道之將廢也與命也, 公伯寮其如命何?" 道則言道, 文則言文, 不必以晦者爲道, 顯者爲文. 又曰: "天生德於予, 桓魋其如予何?" 聖人遇患, 每毅然不屈, 恐未必一向執謙. 且變道言文, 未必爲謙. 斯文者, 文王之遺文也.《易》曰: "通其變, 遂成天地之文."

질의한다. 『집주』에서 말했다. "도道의 발현을 문文이라 하니(대개 예악과 제도를 말한다), 도道라고 말하지 않고 문文이라 말한 것 역시 겸사이다." ○살핀다. 공자께서 말씀하셨다. "도가 장차 행해지는 것도 명命이며, 도가 장차 폐해지는 것도 명인데, 공백료公伯寮가 명命에서 어찌 하겠는가?"(「헌문」). 도道면 도라고 말하고, 문文이면 문이라고 말하셨으니, 숨은 것을 도라 하고, 드러난 것을 문이라고 할 필요가 없다. 또 말씀하셨다. "하늘이 덕을 나에게 생겨나게 하였으니, 환퇴桓魋가 나에게 어떻게 할 것인가?"(「술이」) 성인께서 환난을 만나시면 매번 의연하시고 굽히지 않으셨으니, 필시 하나의 겸손에만 집착하여 기울지 않은 듯하다. 또한 도를 문으로 바꾸어 말했다고 할지라도, 반드시 겸손이 되는 것도 아니다. 사문斯文이란 문왕의 유문(文王之遺文)이다. 『역易』에서 말하길, "그 변화에 통하여(通其變), 마침내 천지의 문을 완성한다(遂成天地之文)."고 했다.

■邢曰: "畏於匡者, 記者以衆情言之, 其實孔子無所畏." ○駁曰 非也. 聖人亦有七情, 兵至不畏, 有是理乎?

형병이 말했다. "광 땅에서 두려워하였다(畏於匡)는 것은 기록한 사람이 여러 사람의 감정으로 말한 것이지, 기실 공자께서는 두려워한 바가 없었다." ○ 논박하여 말하면, 그릇되었다. 성인 또한 칠정七情이 있으니, 병기를 들고 왔는데, 두려워하지 않을 리가 있는가?

비평 —— 공자가 말하는 문文이 무엇을 말하는지에 대해 의견이 일치되지 못하고 있다. 고주는 단지 문장文章이라고 해석했다. 그런데 문장文章이란 한 나라의 문명을 이룬 예악禮樂과 전장제도, 또는 그것을 적어 놓은 글, 그리고 생각이나 감정을 말과 글로 표현한 것 등 다양한 의미를 지닌다.

주자는 여기서의 문을 도道의 발현으로 대개 예악과 제도를 말하는데, '도라고 말하지 않고 문文이라 말한 것은 겸사이다.'라고 했다. 그리고 여기서 '자兹'는 공자 자신을 말한다고 설명했다.

그런데 다산은 그의 중형 정약전의 언명을 인용하면서, 좀더 구체적이며 실제적으로 설명한다. 여기서 문왕의 문文이란 문왕의 유문遺文으로 『역』의 「단彖」·「상象」을 말하며, '자兹'란 공자 자신이 아니라, 공자가 지니고 있던 간편簡編을 말한다는 것이다. 그리고 당시의 공자의 흉중에는 이미 「십익+

「翼」이 갖추어져 있었고, 공자 자신은 계왕개래자繼往開來者로서 하늘이 부여한 소명이 있기 때문에 광 사람들이 자신을 어떻게 하지 못할 것이라고 밝혔다는 것이다.

다산의 해석은 현재까지 밝혀진 여러 고증학적인 전거를 통해 볼 때에는 다소 무리가 있지만, 구체적이고 실제적인 설명을 하려고 했던 그의 정신을 엿볼 수 있다.

❧

9:6-1. 大宰問於子貢曰: "夫子聖者與? 何其多能也?" 子貢曰: "固天縱之將聖, 又多能也." 子聞之, 曰: "大宰知我乎! 吾少也賤, 故多能鄙事. 君子多乎哉? 不多也."

고주 —— 태재가 자공에게 물었다. "공자께서는 성인이신가? 어찌 그렇게 (작은 기예에) 다능하신가?"(성인이 아니라고 의심한 것이다) 자공이 말했다. "본래 하늘이 크나큰(將=大) 성인의 덕을 방임해 주셨고, 또한 다능하십니다." 공자께서 이 말을 들으시고 말씀하셨다. "태재가 나를 아는구나!(성인이 아니라는 말을 겸손히 수용한 것이다.) 나는 젊었을 적에 미천했기 때문에 (항상 일을 직접 처리하여:常自執事) 비천한 일에 다능하다. 군자는 다능해야 하는가? 다능해야 하는 것은 아니다."

주자 —— 태재가 자공에게 물었다. "공자께서는 성인이신가? 어찌 그렇게 다능하신가?"(다능한 것이 성인이라고 여겼다.) 자공이 말했다. "본래 하늘이 (한량없이, 통하지 않음이 없게) 방임한 거의(將=殆) 성인이시고, 또한 다능하십니다(다능은 성인의 餘事일 뿐이다)." 공자께서 이 말을 들으시고 말씀하셨다. "태재가 나를 아는가? 나는 젊었을 적에 미천했기 때문에 비천한 일에 다능하다(다능함은 성인의 無所不通이 아니다). 군자는 다능한가? (다능한 것은 사람들을 통솔할 수 있는 근거가 아니기 때문에, 군자는 반드시) 다능하지 않아도 된다."(〈牢曰:"子云, '吾不試, 故藝.'"까지 한 장으로 연결시켰다.)

다산 —— 태재가 자공에게 물었다. "공자께서는 성인이신가? 어찌 그렇게 다능할 수 있는가?"(다능한 까닭을 질문했다.) 자공이 말했다. "본래 하늘이 (공자께서 하는 바를 들어서 허락하여) 방임한 장차(將=將且) 성인이 되실 분이고, 또한 다능하십니다." 공자께서 이 말을 들으시고 말씀하셨다. "태재가 나를 알까? 나는 젊었을 적에 미천했기 때문에 비천한 일에 다능할 수 있었다. 군자는 다능할까? 다능하지 않아도 된다."

집주 —— ■孔氏曰 大宰는 官名이니 或吳或宋은 未可知也라 與者는 疑辭라 大宰蓋以多能爲聖也라

공안국이 말했다. "태재大宰는 관직 이름인데, 오吳나라인지 송宋나라인지 알 수 없다. 여與는 의문사이다. 태재는 대개 재주가 많으면 성인聖人이라고 여겼다."

자원풀이 ■성聖은 耳(귀 이)+口(입 구)+壬(좋을 정)의 형성자. 귀(耳)는 뛰어난 청각을 지닌 사람, 입(口)은 말을 상징하고, 임壬은 발돋움하고 선 모습으로 남의 말을 귀담아 듣는 사람으로서의 지도자를 의미한다. 이로부터 보통 사람을 넘는 총명과 예지를 지닌 존재나 성인을 말했으며, 학문이나 기술이 뛰어난 사람을 지칭하게 되었다.
■능能은 원래는 곰의 모습을 그렸다. 厶(사사로울 사)는 곰의 머리를, 月(=肉)는 몸통을, 두 개의 比(비수 비)는 다리를 상징한다. 곰은 몸집에 걸맞지 않게 가공할 힘과 용맹스러움을 지녔기 때문에 곰에 능력能力, 재능才能, 가능可能의 뜻이 쓰였다. 그러나 이후 '곰'을 뜻할 때는 소리부가 생략된 모습인 火를 더해 웅熊으로 만들어 분화되었다.
■종縱은 糸(가는 실 멱)+從(따를 종)의 형성자로 실(糸)을 팽팽히 늘였다가 놓는 것을 말한다. 쏘다, 출발하다, 긴장된 상태에서 풀어져 느슨함, 방종放縱, 석방 등을 뜻한다. 사肆는 長(길 장)+隶(미칠 이)의 회의자로 잡은 짐승인(隶)을 길게 늘어놓고 파는 가게를 말했는데, 진설하다, 드러내다, 길고 크게 늘어놓다, 방종스럽다 등의 뜻이다.

■縱은 猶肆也니 言不爲限量也라 將은 殆也니 謙若不敢知之辭라 聖은 無不通이니 多能은 乃其餘事라 故로 言又以兼之하니라

종縱은 사肆와 같으니, '한정되지 않는다'는 말이다. 장將은 거의(殆)이니, '겸손하여 감히 알지 못한 듯이 한다.'는 말이다. 성인은 통하지 않음이 없으니, 능력이 많은 것(多能)은 부수적인 사안(餘事)이다. 그러므로 '또(又)'라고 말하여 겸했다.

■言 由少賤故로 多能이나 而所能者鄙事爾요 非以聖而無不通也라 且多能은 非所以率人이라 故로 又言君子不必多能以曉之하시니라

젊어서 미천했기에 다능多能하지만, 할 수 있는 것이란 비천한 일일 뿐이어서 성인이 통하지 않음이 없는 것은 아니라는 말이다. 또한 다능하다고 해서 사람들을 통솔할 수 있는 것은 아니기 때문에, 군자는 반드시 다능하지는 않다고 말씀하셔서 깨우쳐 주셨다.

고금주 —— ■鄭曰: "大宰, 是吳太宰嚭也." ○孔曰: "太宰疑孔子多能於小藝." ○包曰: "君子固不當多能."

정현이 말했다. "태재大宰는 곧 오나라 태재太宰 비嚭이다." ○공안국이 말했다. "태재는 의심컨대 공자께서 작은 기예(小藝)에 능력이 많았다고 여긴 듯하다." ○포함이 말했다. "군자는 본래 마땅히 능력이 많아야 하는 것은 아니다."

■徐奮鵬曰: "說者皆斥太宰之謬, 然說個與字及何其字, 則亦非直以多能爲聖人也. 乃揣摩而未得其所以多能意." ○案 此說精.

서분붕徐奮鵬이 말했다. "설명하는 자들이 모두 태재의 오류를 지적하지만, 각각 여與 자와 '하기何其' 자를 말했으니, 또한 단지 다능多能을 성인으로 여

■비鄙는 몹(고을 읍)+啚(인색할 비)의 형성자. 곡식창고(啚)가 설치된 도읍都몹의 주위 지역으로, 주변이자 변두리였기에 '비루한' 곳, 지방이라는 뜻이다. 품질 등이 조악하다, 경멸하다, 자신에 대한 겸칭 등으로 쓰인다.

긴 것이 아니다. 깊이 생각해 보아도 공자께서 다능한 까닭을 알지 못하겠다는 뜻이다." ○살핀다. 이 설이 정밀하다.

■ 袁了凡云: "'太宰知我乎', 有謂之知我者, 有謂之不知我者, 俱非語意. 當時太宰知我多能之故乎, 以起下." ○案 此說亦好.

원료범袁了凡이 말했다. "'태재지아호太宰知我乎'는 (태재가) 나를 안다(知我)고 해석한 사람도 있고, 나를 알지 못한다(不知我)고 해석한 사람도 있지만, 모두 말의 본뜻이 아니다. 마땅히 이는 '태재는 내가 다능한 까닭을 알까?'라고 한 것으로, 뒤의 말을 일으킨 것이다." ○살핀다. 이 설 또한 좋다.

■ 荻曰: "縱, 謂縱之, 聽其所爲也. 子貢言夫子未受天命, 是以不得行聖者之事耳. 聖者之事, 謂制作也. 作者之謂聖. 若天縱之則夫子且聖, [將且也] 而其人適又多能也." ○案 此說甚好. 恐是正義.

오규 소라이가 말했다. "종縱은 그가 하는 것을 들어서 마음대로 하도록 허락하는 것이다. 자공은 '공자께서는 아직 천명天命을 받지 못한 까닭에 성인의 일을 행하시지 못할 뿐이다. 성인의 일은 제작制作을 말한다. 작자作者는 성인을 말한다. 만약 하늘이 들어서 받아들인다면 공자 또한 장차(將且) 성인이 되실 것이며, 그분은 마침 또한 다능하시다.'고 말하였다." ○살핀다. 이 설이 매우 좋으니, 아마도 바른 뜻인 듯하다.

■ 侃曰: "固, 故也. 將, 大也."[孔注云: "天固縱大聖之德."] ○駁曰 非也.

황간이 말했다. "고固는 본래(故)이며, 장將은 크다(大)이다."(공안국이 주에서 말했다. "하늘이 본래 크나큰 성인의 덕을 (제한없이) 방임하셨다.") ○논박하여 말하면, 그릇되었다.

비평 —— 고주는 이 장을 공자께서 작은 기예(小藝)에 다능했음을 말했다고 풀이했다. 그리고 태재는 성인이라면 큰 것에 힘쓰고, 작은 것에 소홀히 해야 하는데, 공자는 작은 기예에 다능하기 때문에 성인이 아니라고 의심했다고 풀이했다. 그리고 공자는 태재의 의심을 겸손히 받아들여 나를 안다고 말했다는 것이다.

이에 대해 주자는 태재는 재능이 많으면 성인이라고 여기고, '공자는 재능이 많으니, 성인이 아닌가?' 라고 질문하였다고 설명했다. 그리고 공자는 자신이 젊었을 때 미천했기 때문에 다능하지만, 다능은 성인의 여사餘事에 불과하다고 말했다고 주석했다. 다산은 태재의 언명에 '여與'와 '하기何其'가 있다는 점에서 모두 단정적인 언사가 아니라, 의문문이라는 서분붕의 해석을 수용한다. 그 결과 그는 공자의 '태재지아호大宰知我乎'라는 언명 역시 뒤의 언명을 불러일으키는 의문문으로 보면서, 이 장을 해설했다.

또한 '장將' 자에 대한 설명 또한 각각 대大(고주), 태殆(주자), 장차將且(다산)로 다르게 해설하고 있다. 그런데 이 장은 공자가 다능했다는 것도 말하지만, 다능과 성인(군자)의 관계에 초점을 두고 있다고 할 수 있다. 일견 주자의 해석이 일리가 있어 보이지만, 면밀히 보면 다산이 인용하는 주석들 또한 상당한 설득력이 있어 보인다. 그런데 주자 또한 태재의 진술을 해석하면서 '개蓋'라는 언명을 써서 단정적으로 해석하고 있지 않다는 점에서, 결국에는 크게 차이나지는 않는다.

9:6-2. 牢曰: "子云, '吾不試, 故藝.'"[《集注》, 與上章合爲一章]

고주 ── 금뢰가 말했다. "공자께서 말하시길, '내가 등용되지 못했기 때문에 기예가 많았다.'"

주자 ── 금뢰가 말했다. "공자께서 말하시길, '나는 (세상에) 등용되지 못했기 때문에 기예를 익혀 통달했다(得以習於藝而通之).'"

다산 ── 금뢰가 말했다. "공자께서 말하시길, '내가 등용되지 못했기 때문에 기예가 많았다(『집주』에서는 앞장과 합하여 1장으로 하였다).'"

집주 ── ■牢는 孔子弟子니 姓琴이요 字子開요 一字子張이라 試는 用也라 言由不爲世用故로 得以習於藝而通之라
뇌牢는 공자 제자로 성姓은 금琴이고, 자字는 자개子開이고, 또 다른 자字는 자장子張이다. 시試는 등용(用)이다. 세상에 등용되지 못했기에 기예를 익혀 그것에 통달했다는 말이다.
■吳氏曰 弟子記夫子此言之時에 子牢因言昔之所聞이 有如此者라 하니 其意相近이라 故로 幷記之하니라
오역이 말했다. "제자들이 공자의 이 말씀을 기록할 당시에, 자뢰가 예전에 들은 바에 이와 같은 것이 있다고 말하였는데, 그 뜻이 서로 가까웠기 때문에 병기했다."

고금주 ── ■鄭曰: "試, 用也. 孔子自云, '我不見用, 故多技藝.'"
정현이 말했다. "시試는 등용(用)이다. 공자께서 스스로 말하시길, '나는 등용되지 못했기 때문에 기예가 많았다.'고 하였다."

자원풀이 ■시試는 言(말씀 언)+式(법 식)의 형성자, 어떤 잣대(式)에 맞는지 말(言)로 검증하여 시험試驗하는 것. ■예藝는 云(이를 운)+埶(심을 예: 艹, 木, 土, 執: 땅에다 두 손으로 초목을 심는 형상)의 형성자로 구름(云)이 낀 날에 나무를 심다(埶)의 뜻이다. 나무를 심다의 뜻에서 나무를 심는 기술이란 뜻이 나왔고, 다시 기예技藝, 공예工藝, 예술藝術 등의 뜻이 나왔다. 일반적으로 소학(~15세)으로는 여섯 가지 기예(六藝)를 교과목으로 하였다. 육예로는 예절(禮), 음악(樂), 활쏘기(射), 말부리기(御), 글쓰기(書), 수학(數)이 있었다. 서양 그리스에서는 군대에 가기 전(19세)에 시가와 체육을 교육하였다.

■邢曰: "與前章異時而語, 故分之." ○案 '試藝'·'問恥'二章, 誠若牢·憲之所記, 然遂執此文, 竝謂二十篇皆二子所記, 則未必然也.

형병이 말했다. "앞 장과 다른 때에 말씀하신 것이기 때문에, 장章을 나눈다." ○살핀다. '시예試藝'·'문치問恥' 2장은 참으로 금뢰(牢)와 원헌의 기록인 듯하다. 그러나 마침내 이 글에 집착하여 (『논어』) 20편이 모두 두 사람이 기록한 것이라고 함께 말한다면, 반드시 그렇지 않을 것이다.

비평 —— 고주의 형병은 이 장은 앞 장과 다른 때에 하신 말씀이라고 하여 앞 구절과 장章을 나누었고, 다산은 여기에 동의한다. 그런데 주자는 비록 다른 때에 들은 말이지만, 그 뜻이 유사하기 때문에 병기했다는 말을 인용하면서 장을 합했다. 장절 구분은 편의를 위한 것이지, 절대적인 것은 아니다.

9:7. 子曰: "吾有知乎哉? 無知也. 有鄙夫問於我, 空空如也. 我叩其兩端而竭焉." [鄭本, 空空作悾悾]

고주 —— 공자께서 말씀하셨다. "내가 알면서 일러주지 않는 것(知=知意)이 있는가? (다른 아는 사람은 반드시 극진히 알려주지 않지만, 지금 나는 정성을 다하여: 今我誠盡) 알면서 일러주지 않는 것은 없다. 비부라고 할지라도 나에게 물으면, (그 묻는 사람이 마음을) 비웠으면(空空=虛心), 나는 사안의 시작과 끝을 발동시켜(叩其兩端=發事之終始兩端) (아는 바를) 극진히 하여 (애석해 하는 바가 없게) 알려준다."

주자 —— 공자께서 (겸손하게:謙言) 말씀하셨다. "내가 아는 것이 있는가? 아는 것이 없구나! (다만 남에게 알려줄 때는) 비부라도 나에게 물으면, 텅 비어 있는 듯해도, 나는 그 양단(=兩頭 : 사건과 사물의 시종·본말·상하·정조를)을 발동시켜(叩=發動) (철두철미) 다하지 않은 바가 없다."

다산 —— 공자께서 (겸손하게:謙言) 말씀하셨다. "내가 아는 것이 있는가? 아는 것이 없구나! 고루한 사람이 (천근하게) 나에게 물으면, (나는) 텅 비어 아무 것도 아는 것이 없어도 나는 그 양단을 두드려서(그 사건의 시작과 끝을 고찰하고 그 사물의 근본과 말단을 계고하여 점차 알게 되어, 남은 것이 없게) 극진히 하여 알려준다."(정현본에는 空空은 悾悾으로 쓰여 있다.)

집주 —— ■孔子謙言 己無知識이요 但其告人에 雖於至愚라도 不敢不盡耳라 叩는 發動也라 兩端은 猶言兩頭니 言終始, 本末, 上下, 精粗가 無所不盡이라 공자께서 겸손하게, '나는 지식이 없지만, 다만 남에게 알려줄 때는 비록 지극히 어리석은 사람일지라도 감히 극진히 하지 않음이 없다.'고 말씀하신 것이다. 고叩는 발동이다. 양단兩端은 양두兩頭와 같으니, 시종·본말·상하·정조精粗를 어느 것이든 극진히 하지 않음이 없다는 말이다.

■程子曰 聖人之敎人에 俯就之若此로되 猶恐衆人以爲高遠而不親也라 聖人

자원풀이 ■비鄙는 邑(고을 읍)+啚(인색할 비)의 형성자. 곡식창고(啚)가 설치되었던 도읍都邑의 주위지역. 주변. 변두리였기에 '비루한' 곳, 지방이라는 뜻이다. 품질 등이 조악하다, 경멸하다, 자신에 대한 겸칭 등으로 쓰인다.
■부夫는 大(큰 대)+一(한 일)로 사람의 정면 모습에 비녀를 상징하는 가로 획(一)을 더하여 비녀 꽂은 성인 남성, 정장을 한 남성을 그렸는데, 지아비라는 뜻을 지니게 되었다. 지아비, 사나이, 역부役夫, 부역賦役, 선생, 1백 묘의 논밭, 저, 발어사, 감탄사 등으로 쓰인다. 부자夫子는 남자에 대한 존칭, 공자에 대한 존칭, 지아비를 뜻한다.
■공空은 穴(구멍 혈)+工(장인 공)의 형성자로 공고(工)로 황토 언덕에 굴(穴)을 파 만든 공간空間을 말하며, 이후 큰 공간인 하늘과 텅 빔, 틈, 비우다의 뜻을 나타냈다.
■고叩는 卩(병부절)+口(원래는 攴: 칠복)로 구성되어 사람을 꿇어 앉혀 사람을 '치다(擊)'라는 뜻에서 형성되었는데, "전적典籍을 계고(稽考:무엇을 자세히 알아보고 살펴보다)한다"는 뜻이 있다. 따라서 '그 양쪽 끝을 두드린다(叩其兩端)'

之道는 必降而自卑하니 不如此則人不親이요 賢人之言은 則引而自高하니 不如此則道不尊이니 觀於孔子孟子면 可見矣리라

정자가 말했다. "성인께서 사람을 가르치심에 이처럼 낮추어서 나아가신 것은 뭇사람들이 높고 멀다고 생각하여 가까이(親)하지 않을까 염려하신 것이다. 성인의 도는 반드시 내려와 스스로 낮추는데, 그렇게 하지 않으면 사람들이 가까이 하지 않는다. 현인의 주장(賢人之言)은 끌어서 스스로를 높이는데, 그렇게 하지 않으면 도가 존중되지 않는다. 공자와 맹자에서 살펴보면 알 수 있다."

■尹氏曰 聖人之言은 上下兼盡하니 卽其近이면 衆人이 皆可與知요 極其至면 則雖聖人이라도 亦無以加焉이니 是之謂兩端이라 如答樊遲之問仁智에 兩端이 竭盡하사 無餘蘊矣라 若夫語上而遺下하고 語理而遺物이면 則豈聖人之言哉아

윤돈이 말했다. "성인의 말씀은 위·아래 모두를 극진히 한다. 그 가까운 데에 나아가면 뭇사람이 모두 함께 알 수 있고, 그 지극한 데에 나아가면 비록 성인이라도 또한 시행할 것(以加)이 없으니, 이것이 양단이다. 예를 들면, 번지가 인仁·지智를 물었을 때(옹야, 6:20, 안연, 12:22, 자로, 13:19), 양단을 극진히 하여 남은 부스러기가 없었던 것과 같다. 만일 저 (형이)상上을 말하되 (형이)하下를 빠뜨리거나, 이치를 말하되 사물을 빠뜨린다면 어찌 성인의 말씀이겠는가?"

고금주 —— ■補曰 此一節, 孔子謙言, 我本無知, 因誨人得恢拓其所知. 鄙夫,

란 종시, 본말, 상하, 정조를 살피지 않음이 없어 정밀하고 오묘한 뜻이 나오도록 하는 것을 말한다(다산).
■단단은 立(설 립)+耑(시초 단)의 형성자로 몸을 꼿꼿하게(耑) 세운 사람(立)에서 단정端正하다의 뜻도 나왔다. 또한 사물의 한쪽 끝을 지칭하기도 한다. 단耑은 而(말 이을 이)+山(뫼 산)의 형성자로 돋아나는 싹과 곧게 뻗은 뿌리를 그려 시초始初나 발단發端을 그렸으며, 단端(바를 단)의 원래 글자이다.
■갈竭은 立(설 립)+曷(어찌 갈:바라다)의 형성자로 목이 말라 입을 크게 벌리고 선 사람(立)으로부터 기력이 소진한 상태, 마르다, 소진하다, 다하다, 없다, 사라지다 등의 뜻이다.

固陋之人也. 鄙夫所問必淺近, 然我空空無所知, 難於答. 叩, 擊也. 兩端者, 事之
終始, 物之本末也. [端, 頭也] 竭, 罄盡也. 言人有問於我, 我執其所問或事或物, 必
考其終始, 稽其本末, 罄竭而無遺蘊, 以此之故, 漸有所知.

보완하여 말한다. 이 한 절은 공자께서 겸손하게 나는 본래 무지無知하지만,
다른 사람을 가르친 것에 인因하여 그 아는 바를 넓힐 수 있었다고 한 말이
다. 비부鄙夫는 고루한 사람(陋之人)이다. 비부가 묻는 것이 필시 천근淺近할
지라도, 나는 텅 비어 아는 바가 없어 답하기에 곤란했다는 말이다. 고叩는
두드리다(擊)이다. 양단兩端이란 일의 처음과 끝, 사물의 근본과 말단이다(단
은 두서:頭이다). 갈竭은 극진히 다하다(罄盡:경진)이다. 사람들이 나에게 물으
면 나는 그 물은 바의 사건 혹은 사물을 잡고, 반드시 그 시작과 끝을 고찰하
고 그 근본과 말단을 계고하여 극진히 다하여 남은 부스러기가 없어졌는데,
이렇게 했기 때문에 점차 아는 것이 있게 되었다는 말이다.

■ 何曰: "知者, 知意之知也. 知者言未必盡, 今我誠盡." ○孔曰: "有鄙夫來問
於我, 其意空空然, [邢云: "空空, 虛心也."] 我則發事之終始兩端以語之, 竭盡所
知, 不爲有愛." [邢云: "盡其所知, 無愛惜也."]" ○駁曰 非也. 空空者, 夫子自空空
也. [明上無知之實] 空空之故, 稽考典籍, 究其終始, 罄其本末, 以此之故, 漸有所
知. [旣曰無知, 又曰竭其所知, 可乎? 本無矣, 又何竭矣]

하안이 말했다. "지知란 알면 일러준다고 할 때의 알다(知意之知)이다. (다른
사람은) 알면서 일러주는 것을 반드시 극진히 하지는 않지만, 지금 나는 진실
로 극진히 한다." ○공안국이 말했다. "어떤 비부가 와서 내게 묻더라도, 그
비부가 마음을 비웠으면(형병이 말했다. "空空은 마음을 비운 것이다."), 나는 일의
시종始終과 양단兩端을 발동하여 말해주되, 아는 바를 극진히 다하여 애석愛
惜해 할 것이 없다."(형병이 말했다. "그 아는 바를 극진히 함으로 애석해 함이 없다.")
○논박하여 말하면, 그릇되었다. 공공空空이란 공자께서 스스로 공공한 것
이다(앞에서 말한 무지의 실상:無知之實을 밝힌 것이다). 공공空空한 까닭에 전적을

계고稽考하고, 그 종시終始를 탐구하고, 그 본말을 극진히 하여, 이렇게 했기 때문에 점차 아는 바가 있게 된다.(이미 아는 것이 없다고 했는데, 또한 그 아는 바를 다한다고 말할 수 있겠는가? 본래 아는 바가 없는데 또한 무엇을 다할 것인가?)

■邢曰: "叩, 發動也."[趙云: "叩擊, 有發動之意."] ○案 擊槃, 謂之考槃. 叩頭, 謂之稽首. 《禮》注以稽首爲稽留之意, 非也. 稽者, 叩也] 稽考典籍, 本是擊發之義, 此六書之假借也. 〈學記〉曰'入學鼓篋', 亦謂其稽考篋中之書籍, 非謂振之謂鼓聲也. [鼓字當從攴, 不當從支也. 鼓·考·叩, 皆諧聲擊也] 叩其兩端者, 考其兩端也. 稽考典籍, 則精義妙旨, 發動而出來, 然訓叩曰發動則不可.

형병이 말했다. "고叩는 발동發動이다."(趙順孫이 말했다. "叩擊이니, 발동한다는 뜻이 있다.") ○살핀다. 격반擊槃(쟁반을 두들긴다)을 고반考槃이라고 하고, 고두叩頭를 계수稽首라 한다. 계고전적稽考典籍의 '계고'는 본래 격발擊發의 뜻이니, 이는 육서六書 가운데 가차假借이다. 『예기』「학기」에서 말한 '입학고협入學鼓篋'은 또한 상자 속의 서적을 계고한다는 말이지, 북소리가 진동한다는 말이 아니다.(鼓 자는 마땅히 攴:치다에서 유래한 것이며, 응당 支:가지에서 유래한 것이 아니다. 鼓·考·叩는 모두 諧聲으로 두들기다:擊이다). 고기양단叩其兩端이란 '그 양단을 상고한다'이다. 전적을 계고하면 정밀한 뜻과 오묘한 의미가 발동되어 나오지만, 고叩 자를 풀이하여 발동發動이라고 할 수는 없다.

비평 —— (1) 공자 자신의 학자(교사)로서의 자질을 말한 것인가, 아니면 공자의 겸양지사인가?

고주는 공자가 '나에게 학자라고 말할 만한 지식이 있을까. 나는 학자의 특권으로 지식을 나의 소유로만 독점하려고 하고, 남에게 가르쳐주지 않으려 하지는 않았는가? 나에게는 이런 태도는 없는 것 같다.'고 말한 것으로 해석하고 있다. 이에 비해 주자와 다산은 공자가 당시에 사람들로부터 많은 지식과 큰 지혜를 지니고 있는 사람이라는 평판을 듣고, 겸사謙辭로 한 말이지만,

여기에 진정한 지혜가 담겨 있다고 해석한다.

고주를 지지하는 쪽도 많지만, 주자와 다산의 해석이 철학의 원의에 부합한다 할 수 있다. 일반적으로 소크라테스의 이른바 "너 자신을 알라!"는 언명에서도 나타났듯이, 동서양을 막론하고, 자신의 무지의 자각에서 진정한 앎을 향한 도약이 일어날 수 있다. "내가 아는 게 있는가? 무지할 따름이다."라는 자각은 진정한 지혜사랑의 자세이기도 하다.

(2) '공공여空空如'의 주체에 대해 고주는 ①비부鄙夫의 허심虛心으로 해석하고, ②다산은 공공空空이란 공자께서 스스로 공공하다고 여기신 것이다(앞에서 말한 무지의 실상:無知之實을 밝힌 것이다)라고 말하고 그 근거를 세세히 밝혔다. ③여러 번역본들을 보면, '공공여'를 앞의 비부(=愚夫)의 어리석음의 지극함 등으로 해석하는 경우도 있다. ④주자는 『집주』, 『혹문』, 『어류』 등 그 어디에서도 이에 대한 어떠한 해석도 하지 않고 있다. 여기서 우리는 다산의 해석이 이 구절의 본뜻을 가장 잘 드러내게 하는 것이라고 판단한다.

(3) 고기양단叩其兩端에 대한 해석은 고주와 주자의 고叩의 어의(語義) 해석(叩=發動)에 대한 다산의 비평은 적절했을 뿐만 아니라, 해석의 깊이와 넓이를 확장시켰다고 생각된다.

또한 문제된 사안의 시종과 본말을 상고하여, 철두철미 다하지 않음이 없다는 '고기양단(叩其兩端)'은 중용을 도출해 내는 순임금의 '집기양단執其兩端'과 비교가 된다고 생각된다.

> 공자께서 말씀하셨다. "순임금은 크게 지혜로운 사람일 것이다. 순임금은 묻기를 좋아하시고, 가까운 말도 살피기를 좋아하시고, 악을 숨기고 선을 선양했으며, 양 극단을 잡으시고 그 중中을 백성에게 썼으니, 이것이 바로 순임금이 되신 까닭이다."(『中庸』 6-1 子曰 舜其大知也與 舜好問而好察邇言 隱惡而揚善 執其兩端 用其中於民 其斯以 爲舜乎.)

9:8. 子曰: "鳳鳥不至, 河不出圖, 吾已矣夫!"

고주 —— 공자께서 말씀하셨다. "(성왕이 천명을 받으면 출현하는 상서로운 조짐의) 봉황새도 오지 아니하고, 하도(=八卦)도 나오지 아니하니, (明君을 볼 수 없으니) 나는 그만두어야겠구나!"

주자 —— 공자께서 말씀하셨다. "(순·무 때에 출현했던 영원한 새인) 봉황새도 오지 아니하고, (복희 때 출현했던) 하도도 나오지 아니하니, 내가 실현하고자 했던 문장(文章=禮樂刑政)은 그치겠구나!"

다산 —— 공자께서 말씀하셨다. "(나라가 장차 흥성할 때 그 덕이 꽃향기처럼 감화를 주어 출현하는 明神인) 봉황(禽鳥가 아니다)도 오지 아니하고, 하도(八卦가 아니다)도 나오지 아니하니, (明君이 나오지 않으니) 나도 그치겠구나(아무도 나를 높이지 않겠구나)!"

집주 —— ■鳳은 靈鳥니 舜時來儀하고 文王時鳴於岐山이라 河圖는 河中龍馬負圖니 伏羲時出하니 皆聖王之瑞也라 已는 止也라
봉鳳은 영험한 새(靈鳥)이니, 순임금 때 춤을 추었고, 무왕 때 기산에서 울었다. 하도河圖는 '황하 가운데 용마가 짊어 진 도안'이니, 복희伏羲 때에 출현했

자원풀이 ■봉鳳은 鳥(새 조)+凡(무릇 범: 帆)의 형성자로 화려한 볏을 지니고 바람을 일으키는 전설상의 봉새를 말한다. 고대 중국에서 신성시했던 상상의 새로 기린·거북·용과 함께 사령四靈의 하나이다. 상서롭고 아름다운 상상의 새로 성천자聖天子의 상징으로 인식되었다.
■하河는 水(물 수)+可(옳을 가)의 형성자로 황하黃河를 지칭하는 고유명사였지만, 강의 통칭으로도 쓰였다.

다. 모두 성왕의 단서이다. 이르는 그침(止)이다.

■張子曰 鳳至圖出은 文明之祥이어늘 伏羲舜文之瑞不至하니 則夫子之文章
이 知其已矣니라

장재가 말했다. "봉황이 오고 하도가 출현함은 문명의 상서로움이다. 복희·
순·문왕의 상서로움이 이르지 않는다면, 공자의 문장文章은 그칠 것임을 알
수 있다."

고금주 ── ■孔曰: "聖人受命則鳳鳥至, 河出圖.〈河圖〉, 八卦是也."

공안국이 말했다. "성인이 천명을 받으면 봉황새가 오고, 황하에서 도안이
나왔는데,「하도河圖」란 팔괘八卦가 그것이다."

■邢曰:〈禮器〉云, '升中於天而鳳鳥降.'" ○案〈周語〉曰: "惠王十五年, 有神
降於莘, 內史過曰, '國之將興, 其德馨香, 明神降之. 昔夏之興也, 融降於崇山,
商之興也, 檮杌次於丕山, 周之興也, 鸑鷟鳴於岐山, 是皆明神之志者也.'" 內
史過, 直以鳳凰爲天神, 其言必有所據, 不可以禽鳥言也. ○又按《書·顧命》
云: "弘璧·琬琰在西序, 天球·河圖在東序." 明〈河圖〉亦玉石之類, 故得與諸
玉列于兩序. 龍馬背文之說, 本出緯書, 不可從也. [詳見余《書說》] 孔安國, 西京
之大儒也. 眞若有五十五點奇偶之文, 如今之所云〈河圖〉, 則註〈河圖〉曰八卦,
有是理乎?

형병이 말했다. "『예기』「예기」에서 말했다. '(섶을 태워 하늘에 제사를 올려 연기
가) 하늘로 올라가게 하여 (제후의 성공을) 하늘에 고하면 봉황이 내려온다.'"
○살핀다.『국어』「주어」에서 말했다. "혜왕惠王 15년에 신神이 신莘 땅에 내
렸다. 내사內史 과過가 말하길, '나라가 장차 흥성할 때에 그 덕이 꽃향기처럼
감화를 주어 명신明神이 강림한다. 옛날 하夏나라가 흥성할 때에 숭산崇山에
강림했다. 상商나라가 흥성할 때에 도올檮杌이 비산丕山에 사흘 이상 머물렀
고, 주나라가 흥성할 때는 악작鸑鷟이 기산岐山에서 울었다. 이 모두는 명신

明神의 기록이다.'" 내사內史 과過가 바로 봉황을 천신天神으로 여겼는데, 그 말은 필시 근거한 것이 있을 것이니, 금조禽鳥라고 말할 수 없다. ○또 살핀다. 『서경』「고명」에서 말하길, "홍벽弘璧·완염琬琰은 서쪽 행랑에 두고, 천구·하도河圖는 동쪽 행랑에 두었다."고 하였으니,「하도河圖」는 또한 옥석玉石의 일종임이 분명한 까닭에 여러 옥들과 함께 양쪽 행랑에 진열한 것이다. 용마배문설(龍馬背文之說)은 본래 위서緯書에서 나왔으니, 따를 수 없다(상세한 것은 나의 『서설』에 나온다). 공안국은 전한前漢 시대 대유大儒이다. 그러나 참으로 만약 55점點의 기奇·우偶수 문양이 있어 지금 말하는 바의 「하도」와 같다면,「하도」에 주석을 내어 팔괘八卦라고 하니, 이럴 리가 있겠는가?

■ 王充曰: "吾已矣夫, 夫子自傷不王也." ○駁曰 非也. 夫子夢楹之日, 自歎曰: "明王不興, 天下其孰能宗予?"[見〈檀弓〉] 夫子平生之志, 於斯可見, 自傷不王, 有是理乎?

왕충王充이 말했다. "오이의부吾已矣夫는 공자께서 왕王이 될 수 없음을 상심한 것이다." ○논박하여 말하면, 그릇되었다. 공자께서 기둥 사이에 앉은 꿈을 꾸던 날에 자탄自歎하여 말하셨다. "명군明君이 일어나지 않으니, 천하는 그 누가 나를 높일 것인가?"(「단궁」) 공자의 평생의 뜻을 여기서 볼 수 있으니, 왕이 될 수 없어 상심했다니, 이럴 리가 있겠는가?

비평 —— (1) 봉조鳳鳥와 하도河圖가 무엇인가에 대한 이견이 있다. 고주에서 형병이 인용한 다음 구절은 주자 및 다산의 해설과 비교·대조가 된다.

『예기』「예기」에 "섶을 태워 하늘에 제사를 올려 연기가 하늘로 올라가게 하여 제후의 성공을 고하면 봉황이 내려온다."고 하였다. 『효경원신계孝經援神契』에 "덕이 조수鳥獸에 이르면 봉황이 온다. 천로天老가 이르길, 봉황의 형상은 기린麒麟 머리에 사슴 몸통, 뱀 목에 물고기 꼬리, 용무늬에 거북 등, 제비 턱에 닭의 부리이며 오색五色을 갖추고 있다. 동방 군자의 나라에서 나와서 사해四海의 밖을 비상하며, 곤륜산崑崙山을 지나 지주砥柱에서 물을 마시고 약수弱水에서 깃을 씻고 저녁에 단풍혈丹風穴에서 자는데, 봉황이 나타나면 천하가 크게 편안해진다." 고 하였다. 정현은 "하도河圖와 낙서洛書는 거북과 용이 입에 물고 등에 지고 나온 것인데 이를테면, 『중후中候』에 용마龍馬가 갑甲(단단한 껍질)을 입에 물고 나왔는데, 붉은 무늬에 푸른색이며, 갑은 거북 등과 비슷하고 너비는 아홉 자인데, 그 위에 열수列宿(28宿) 및 두정斗正(斗建)의 도수度數와 제왕 홍기의 명수命數가 기록되었다고 한 것이 이것이다."라고 하였고, 공안국은 "하도는 팔괘八卦가 바로 그것이다."라고 하였다. (『논어주소』)

(2) 이 구절은 전래적으로 '오이의부吾已矣夫'와 연관하여 크게 두 가지 해석이 대립해 왔다. 그 하나는 다음과 같다. 즉 공자는 하늘이 부여한 덕을 통해(天生德於予也) 성왕의 지위를 얻어 이상 세계를 실현하는 열망이 있었다. 그러나 말년에 이르렀는데도 그 이상 실현하고자 하는 보증하는 징조인 하늘의 계시가 나타나지 않자, 공자가 이와 같이 탄식했다는 것이다. 이 해석은 한대에 널리 유행했던 해설이다. 무제 때에 동중서가 제출한 「대책」에 그렇게 인용되어 있으며, 다산이 비판하는 왕충도 이런 입장에서 해석하였다.

다른 하나는 바로 하늘에서 내려준 상서로운 징조에 의해 출현할 성왕이 자신의 시대에 나타나지 않는 것을 공자가 한탄한 구절이라는 것이다. 고주, 다산, 그리고 주자 또한 넓게 보면 이러한 입장을 따르고 있다.

⟡⟡⟡

9:9. 子見齊衰者・冕衣裳者與瞽者, 見之, 雖少, 必作, 過之, 必趨.
[皇氏本云: "雖少者, 必作."]

고주 —— 공자께서는 자최(지극히 친한 이의 상복)를 입은 자와 (대부의) 관을 쓰고 의상(=大夫之服)을 갖춰 입은 사람과 맹인을 보시되, (상을 당한 이를 슬퍼하고, 벼슬한 이를 존중하고, 신체가 온전하지 못한 이를 긍휼히 여김으로) 보셔서 비록 연소하더라도 (앉아 계셨으면) 반드시 일어나셨고, 그들이 지나갈 때에는 반드시 빠른 걸음으로 가셨다.

주자 —— 공자께서는 자최(喪服)를 입은 자나 관을 쓰고 의상을 갖춰 입은 사람(귀한 사람)과 맹인을 보시되, (상을 당한 이를 슬퍼하고, 벼슬한 이를 존중하고, 신체가 온전하지 못한 이를 긍휼히 여김으로) 보셔서 비록 연소하더라도 (앉아 계셨으면:少=坐) 반드시 일어나셨고, 그들이 지나갈 때는 반드시 빠른 걸음으로 가셨다.

다산 —— 공자께서는 (親喪을 당하여) 자최(喪服)를 입은 자와 관을 쓰고 의상(=公服)을 갖춰 입은 사람과 맹인을 보시면, (나의 효도를 미루어 나아가 상을 당한 사람을 공경하고, 나의 충을 미루어 공복 입은 자를 공경하고, 나의 정성을 미루어 나아가 소경을 공경하는 예로써) 보셔서 비록 연소하더라도 반드시 일어나셨고, 그들이 지나갈 때는 반드시 빠른 걸음으로 가셨다.(황간본에는 "雖少者, 必作"으로 되어 있다.)

자원풀이 ■자齊(제)는 원래 벼나 보리가 패서 가지런한 모양을 그린 상형자로 가지런하다, 다스리다, 바르다 등의 뜻이다(제:齊). 옷자락(攝齊升堂) 혹은 (상복의 아랫단을) 꿰메다, 예리하다, 제사에 쓰이는 곡식(以我齊明) 등으로 쓰일 때는 '자'로 읽는다. 또한 재계齋戒하다, 경건하다는 뜻일 때는 '재'로 읽는다.
■최衰는 원래 도롱이처럼 풀이나 짚을 엮은 상복(衣)을 그린 상형자였다. 최복衰服은 참최斬衰·자최齊衰의 상복喪服을 말한다. 이후 쇠약衰弱하다, 노쇠老衰하다, 쇠퇴衰退하다의 뜻이 나왔다. 그러자 원래의 뜻은 艹(풀 초)나 糸(실 사)를 더해 蓑(도롱이 사)나 縗(상복이름 최)로 분화되었다. 자최齊衰는 부모(원래는 모친)의 상복喪服 혹은 거친 상복을 말하고, 참최斬衰는 부친의 상복을 말한다.
■압狎은 犬(개 견)+甲(첫째 천간 갑)의 형성자로 사람 곁에 사는 개(犬)처럼 매우 친근하고 익숙함을 말하며, 가까우면 업신여기게 되기 때문에 업신여기다의 뜻이 나왔다.

집주 ── ■齊衰는 喪服이라 冕은 冠也요 衣는 上服이요 裳은 下服이니 冕而衣裳은 貴者之盛服也라 瞽는 無目者라 作은 起也요 趨는 疾行也라 或曰 少는 當作坐라

자최齊衰는 상복喪服이고, 면冕은 관冠이다. 의衣는 윗옷(上服)이고, 상裳은 아래옷(下服)이다. 관을 쓰고 의상을 (갖춰) 입은 것(冕而衣裳)은 귀한 자의 갖춘 복장이다(貴者之盛服). 고瞽는 눈이 없는 사람(無目者)이다. 작作은 일어남(起)이다. 추趨는 빨리 가는 것(疾行)이다. 어떤 사람이 말했다. "소少(어리다)는 마땅히 좌坐(앉아 있다가)로 해야 한다."

■范氏曰 聖人之心이 哀有喪하고 尊有爵하고 矜不成人하시니 其作與趨는 蓋有不期然而然者니라

범조우가 말했다. "성인의 마음은 상喪을 당한 것을 슬퍼하고, 벼슬이 있으면 높이고, 온전히 못한 사람을 긍휼히 여기고, 성인께서 일어나시고 빨리 걸으신 것은 대개 (고의로) 그렇게 하려고 하신 것이 아닌데도 (자연히) 그렇게 하신 것이다."

■尹氏曰 此는 聖人之誠心이 內外一者也니라

윤돈이 말했다. "이는 성인의 참된 마음이니 안과 밖이 하나이다."

고금주 ── ■邢曰: "齊衰, 周親之喪服."[朱子云: "言齊衰, 則斬衰從可知."] ○補

■변變은 攴(칠 복)+'어지러울 련(䜌)'의 형성자로 쳐서 강제적(攴)으로 바꾼다는 뜻으로 말(言)이란 언제나 변하는 것임을 반영했다. 변경變更, 변화變化, 사변事變 등의 뜻이 나왔다.

■면冕은 '쓰개 모'+免(면할 면)의 형성자. 천자, 제후, 경대부 등이 조회나 제례 때에 쓰던 의식용 면류관冕旒冠.

■고瞽는 目(눈 목)+鼓(북 고)의 형성자로 눈(目)을 북처럼 두들겨 쳐서(鼓) 시력을 잃었다는 뜻이다. 소경을 말하고, 고대에는 소경을 악사로 삼았기 때문에 악관樂官을 의미하기도 한다.

■의衣는 웃옷을 그렸는데, 윗부분은 옷깃(領), 아랫부분은 소매(袂), 나머지 부분은 옷섶(衽)으로 안섶이 왼쪽으로 겉섶이 오른쪽으로 가도록 여며진 모습니다. 의衣는 치마(裳)와 대칭되는 웃옷이 원래 뜻이며, 여기에 옷감이나 의복을, 다시 사물의 외피를 뜻하게 되어 싸다, 덮다, 입다의 뜻이 생겼다.

■상裳은 衣(옷 의)+尙(오히려 상)의 형성자로 옷(衣)의 일종인 치마를 말한다. 원래 상常이란 글자를 썼으나, 常이

曰 衣裳, 朝祭之服, 謂純衣纁裳之類. 執親喪者敬之, 推吾孝也, 被公服者敬之, 推吾忠也, 目無見者敬之, 推吾誠也. [不欺於冥冥]

형병이 말했다. "자최齊衰는 지극히 가까운 친척의 상복이다." (주자가 말하였다. "자최를 말하면 참최는 따라서 알 수 있다.") ○보완하여 말한다. 의상衣裳은 조회·제사 때의 공복(朝祭之服)이니, 치의훈상純衣纁裳 따위이다. 친상親喪을 당한 자를 공경하는 것은 나의 효도를 미루어 나아가는 것이고, 공복公服을 입은 자를 공경하는 것은 나의 충忠을 미루어 나아가는 것이고, 눈으로 보지 못한 자를 공경하는 것은 나의 정성을 미루어 나아가는 것이다(어둡다고 하여 속이지 않는 것이다).

■ 包曰: "哀有喪尊在位, 恤不成人." ○駁曰 非也. 所記者, 敬也, 哀恤則那?

포함이 말했다. "상喪을 당한 것을 슬퍼하고, 벼슬이 있으면 높이고, 온전치 못한 사람을 긍휼히 여긴 것이다." ○논박하여 말하면, 그릇되었다. 기록된 것은 경敬인데, 슬퍼하고 긍휼히 여긴다는 것이 무엇인가?

■ 沈虹野曰: "見之, 我坐而見彼之行過也. 過之, 彼坐而我行過之也." ○駁曰 非也. 上見字謂目見也, 下見字謂禮見也. 行過則作以禮, 來見則不作乎?

심홍야沈虹野가 말했다. "견지見之는 내가 앉아 있고, 그가 지나가는 것을 보는 것이다. 과지過之는 그가 앉아 있는데, 내가 거기를 지나가는 것이다." ○논박하여 말하면, 그릇되었다. 앞의 견見 자는 눈으로 보는 것(目見)을 말하고, 뒤의 견見 자는 예로써 보는 것(禮見)이다. 지나갈 때 예로써 일어나는데, 와서 볼 때 일어나지 않겠는가?

비평 —— 포함(그리고 주자가 인용한 범조우)은 "공자께서 상喪을 당한 것을 슬

일상日常이란 뜻으로 쓰이자, 건巾 자 대신 의衣 자를 넣어 분화했다.
■추趨는 走(달릴 주)+芻(꼴 추)의 형성자로 빠른 걸음으로 달리다(走), 달려가다, 종종걸음치다 등의 뜻이다.

퍼하고, 벼슬(爵)이 있으면 높이고, 온전히 못한 사람(不成人)을 긍휼히 여긴 마음이 나타나 있다."고 해설했다. 그리고 주자는 범조우와 윤돈의 말을 인용하여, 성인 마음의 자연적인 발현(不期然而然) 혹은 내외합일지심에 중점을 두고 해설했다.

이에 대해 다산은 '이 글은 경敬을 나타낸 구절인데, 슬퍼하고·긍휼히 여긴다는 것이 무엇인가?'라고 반문하였다. 즉 다산에 따르면, 여기서 논의되는 것은 공자께서 자신의 효도·충·성을 남에게 미루어 나아간(推己及人) 서恕, 즉 인仁의 실천이다. 고주는 각각의 사태에서 알맞게 발현된 덕목을, 주자는 성인 마음의 자연스런 발현에, 그리고 다산은 인의 실천으로서 서恕에 중점을 두고 해설하였다.

<hr>

9:10. 顏淵喟然歎曰: "仰之彌高, 鑽之彌堅, 瞻之在前, 忽焉在後. 夫子循循然善誘人, 博我以文, 約我以禮, 欲罷不能. 旣竭吾才, 如有所立卓爾. 雖欲從之, 末由也已."

고주 —— 안연이 깊이 찬탄(탄식?)하여 말하였다. "(공자의 도는) 우러러볼수록 더욱 높고, 뚫을수록 더욱 견고하고(궁구할 수 없고), 바라보면 앞에 있더니 홀연히 뒤에 있구나(형상할 수 없다)! 선생님께서는 순서에 따라 사람을 잘 나아가게 유도하시고(誘=進), 문장(文=文章)으로 나의 식견을 (개발하여) 넓혀주시고, 예절(禮=禮節)로써 나의 행동을 절약(約=節約)하여 주셔서, 그만두려고 하여도(罷=罷止) 그만둘 수 없게 하셨기에, 이미 나의 재주를 다하였는데도 (공자께서 창립하여) 우뚝하게 선 것이 있는 듯하였다. 비록 그것에 따르고자 하여도 말미암아 오를 길이 없구나!"

주자 —— 안연이 깊이 탄성을 내며 말하였다. "우러러볼수록 더욱 높고(미칠 수 없다:不可及), 뚫을수록 더욱 견고하고(들어갈 수 없다:不可入), 바라보면 앞에 있더니 홀연히 뒤에 계시는구나(형상할 수 없다:不可爲象)! 선생님께서는 순서에 따라 사람을 이끌어 나아가게 하시고(誘=引進), 문(文=致知格物)으로 나를 넓혀 주시고, 예(禮=克己復禮)로써 단속하여 주셔서, 그만두려고 하여도 그만둘 수 없게 하셨기에, 이미 나의 재주를 다하였는데도 우뚝하게 선 것이 있는 듯하였다. 비록 (내가 깊이 기뻐하고 힘을 다하여, 보이는 바가 더욱 가까워져서) 그것에 따르고자 하여도 말미암을 수가 없구나(힘을 쓸 곳이 없다)!"

다산 —— 안연이 깊이 찬탄(탄식?)하여 말하였다. "우러러 볼수록 더욱 높고, 뚫을수록 더욱 견고하고, 바라보면 앞에 있더니 홀연히 뒤에 계시는구나! 선생님께서는 순서에 따라 사람을 좋은 말로 잘 인도하시고(誘=導之以好言), (육경의) 글(文=六經之文)로 나를 널리 확 넓혀 주시고(博廓而廣之), 예(禮=四勿:예가 아니면 보거나·듣거나·말하거나·행동하지 말라)로써 묶어서 요약하게 하시고(約=束而小之), 그만두려고 해도 그만둘 수 없게 하셨기에, 이미 나의 재주를 다하였는데도 우뚝하게(截然超絶, 無所攀援) 선 것이 있는 듯하였다. 비록 그것

자원풀이 ■위喟는 口(입 구)+胃(밥통 위)의 형성자로 입(口)으로 탄식하다, 한숨을 쉬다의 뜻이다. 탄식 소리를 뜻하기도 한다.
■앙仰은 人(사람 인)+卬(오를 앙:앉은 사람 卩이 선사람人을 우러러 보는 형상)의 형성자로 사람(人)을 올려보는 것(卬)으로 우러르다, 경모敬慕하다, 기대다, 신앙信仰 등의 뜻이 나왔다.
■찬鑽은 金(쇠 금)+贊(도울 찬)의 형성자로 구멍을 뚫는 쇠(金)로 만든 도구인 '끌'을 말한다. 뚫다, 연구하다, 자르다 등으로도 쓰인다.
■견堅은 土(흙 토)+臤(굳을 간)의 형성자로 흙이 단단하게 굳어 견고堅固함을 말한다.
■첨瞻은 目(눈 목)+詹(이를 첨)의 형성자로 시선(目)이 어떤 사물에 이르렀다(詹)는 것으로 보다는 뜻이다.
■홀忽은 心(마음 심)+勿(말 물)의 형성자로 마음(心)에 두지 않고(勿) 잊어버리다, 소홀疏忽하다, 갑자기 생각나다의

에 따르고자 하여도, 잡아당기면서 말미암아 갈 경로가 없구나!"

집주 —— ■喟는 歎聲이라 仰彌高는 不可及이요 鑽彌堅은 不可入이라 在前 在後는 恍惚不可爲象이니 此는 顏淵이 深知夫子之道無窮盡, 無方體하고 而 歎之也시니라

위喟는 탄성歎聲이고, 우러러보면 더욱 높아서 미칠 수 없고, 뚫으려 하면 더욱 견고하여 들어갈 수 없고, 앞에 계셨다가 뒤에 게심은 황홀恍惚하여 형상할 수 없다는 것이다. 이는 안연이 공자의 도가 끝도 없고·구체적 형상도 없다는 것을 깊이 인식하여 찬탄한 것이다.

■循循은 有次序貌라 誘는 引進也라 博文約禮는 敎之序也라 言夫子道雖高妙나 而敎人有序也라

순순循循은 순서가 있는 모습, 유誘는 이끌어 나아가게 하는 것(引進)이다. 박문약례博文約禮는 가르침의 순서이니, 공자의 도가 비록 높고 오묘하지만 사람을 가르침에는 순서가 있었다는 말이다.

■侯氏曰 博我以文은 致知格物也요 約我以禮는 克己復禮也니라

후중량이 말했다. "나를 문文으로 넓힌다는 것은 치지격물致知格物(사물에 나아가서 앎을 완성함)이고, 나를 예로써 단속함은 극기복례克己復禮이다."

■程子曰 此는 顏子稱聖人最切當處니 聖人敎人이 唯此二事而已니라

뜻이다. 홀惚은 心(마음 심)+忽(소홀할 홀)의 형성자. 분명하지 않은(忽) 마음(心)에서 흐리멍덩하다의 뜻이 나왔다.
■순循은 彳(조금 걸을 척)+盾(방패 순)의 형성자. 길(彳)을 따라 쫓아가다, 따라가다, 준수하다, 찾아나서다의 뜻.
■유誘는 言(말씀 언)+秀(빼어날 수)의 형성자. 빼어난(秀) 말(言)로 유혹誘惑하다, 유인誘引하다, 속이다의 뜻이다.
■갈竭은 立(설 립)+曷(어찌 갈:바라다)의 형성자로 목이 말라 입을 크게 벌리고 선 사람(立)으로부터 기력이 소진한 상태, 마르다, 소진하다, 다하다, 없다, 사라지다 등의 뜻이다.
■파罷는 网(그물 망)+能(능할 능)의 회의자로 재주꾼인 곰(能=>熊)을 그물(网)에 가두어 제 능력을 쓰지 못하게 하는 것으로 끝내다, 그만두다, 고달프다는 뜻이다.
■탁卓은 人(사람 인)+早(새벽 조)의 형성자로 일찍(早) 서는 아이(人)로서 조숙함, 나아가 뛰어남으로 인식되었다. 탁월卓越하다, 뛰어나다, 높다, 서다, 세우다, 탁상卓上 등의 뜻이 나왔다. 월越은 走(달릴 주)+戉(도끼 월)의 형성자로

정자가 말했다. "이는 안자가 성인을 칭송한 것 중에 가장 절실하고 합당한 곳(最切當處)이다. 성인께서 사람을 가르치심은 오직 이 두 가지일 뿐이다."

■ 卓은 立貌라 末은 無也라 此는 顏子自言其學之所至也니 蓋悅之深而力之 盡하여 所見益親이나 而又無所用其力也라

탁卓은 서 있는 모양이고, 말末은 '없다(無)'이다. 이는 안자가 그 배움이 도달한 경지를 스스로 말한 것이다. 대개 기쁨이 깊고 힘이 다하여, 보이는 것은 더욱 가까워졌지만 또한 그 힘을 쓸 곳이 없다는 것이다.

■ 吳氏曰 所謂卓爾는 亦在乎日用行事之間이요 非所謂窈冥昏黙者니라

오역이 말했다. "이른바 우뚝하다(卓爾)는 것 또한 일상의 행사(日用行事)적인 생활 안에 있다. 소위 심오하고 아득한 것은 아니다."

■ 程子曰 到此地位면 工夫尤難하니 直是峻絶이요 又大段著力不得이니라

정자가 말했다. "이런 경지에 이르면 공부가 더욱 어려워져, 바로 깎아지른 절벽이고, 또한 대단하게 노력해도 얻을 수 없다."

■ 楊氏曰 自可欲之謂善으로 充而至於大는 力行之積也어니와 大而化之는 則非力行所及矣니 此는 顏子所以未達一間也니라

양시가 말했다. "추구할 만한 사람을 일컫는 선인(善)에서부터 채워서 대인(大)에 이르는 것은 힘써 행함이 축적된 것이다. 대인에서 변화된 경지(에 이르는 것)는 힘써 행한다고 이를 수 있는 것은 아니다. 이것이 안자가 아직 도달하지 못한 칸인 것이다."

■ 程子曰 此는 顏子所以爲深知孔子而善學之者也니라

정자가 말했다. "이것이 안자가 공자를 깊이 알아 잘 배운 까닭이다."

■ 胡氏曰 無上事而喟然歎하니 此顏子學旣有得이라 故로 述其先難之故와

빠른 걸음(走)으로 건너가는 것, 어떤 범위나 권한을 넘어가는 것을 말한다.
■말末은 나무(木)의 끝부분(一)을 나타내는 지사문자로 뿌리(本)와 대칭되어 본말本末에서처럼 본질에서 벗어난 지엽枝葉적인 것을 뜻하게 되었다. 끝나다, 종료하다의 뜻도 나왔다.

後得之由하고 而歸功於聖人也라 高堅前後는 語道體也요 仰鑽瞻忽은 未領
其要也라 惟夫子循循善誘하사 先博我以文하여 使我知古今, 達事變하고 然
後에 約我以禮하여 使我尊所聞, 行所知를 如行者之赴家와 食者之求飽라 是
以로 欲罷而不能하여 盡心盡力하여 不少休廢하니 然後에 見夫子所立之卓
然하고 雖欲從之나 末由也已라 是는 蓋不怠所從하여 必求至乎卓立之地也
라 抑斯歎也는 其在請事斯語之後, 三月不違之時乎인저

호병문이 말했다. "위의 일(안회의 말이 나온 배경이 되는 사건)이 없는데도 크게
탄식하였으니, 이는 안자의 배움이 이미 얻은 것이 있었기 때문에 그 앞의 어
려웠던 까닭과 뒤의 얻게 된 연유를 기술하여 공로를 성인께 귀속시켰다. 높
고 견고하고 앞에 있다가 뒤에 있다는 것(高堅前後)은 도의 본체를 말한 것이
다. 우러러보고 뚫으려 하고 바라보고 홀연하다(仰鑽瞻忽)는 것은 도의 요령
을 아직 습득하지 못했다는 말이다. 대저 공자께서는 순서에 맞게 잘 인도하
셔서 먼저 나를 문文으로 넓혀 주고, 고금古今을 알고 사변事變에 통달하게 하
셨으며, 그런 뒤에 나를 예禮로써 단속하여, 나에게 들은 바를 받들고 아는
것을 행하게 하셨으니 마치 길을 가는 사람(行者)이 자기 집으로 돌아가고,
먹는 사람이 배부르기를 구하는 것과 같았다. 이런 까닭에 그만두고자 하여
도 그만둘 수 없었고, 마음과 힘을 다하고, 잠시라도 쉬거나 폐할 수 없었다.
그런 다음 공자께서 우뚝하게 서 계신 경지를 보게 되니, 비록 따르려 해도
말미암을 수가 없었을 뿐이다. 이는 대개 따라야 할 바에 나태하지 않고, 반
드시 우뚝 서는 경지에 도달하고자 한 것이다. 아마도 이 탄식은 '청컨대 이
말씀을 받들겠습니다(請事斯語)'라고 말한 뒤에 '삼개월간 (인을) 어기지 않았
을(三月不違)' 때에 있었던 것 같다."

고금주 —— ■何曰: "喟, 歎聲." ○補曰 鑽, 錐穿也. ○邢曰: "彌, 益也." ○包
曰: "前後言恍惚不可爲形象. 循循, 次序貌." ○補曰 誘, 導之以好言也. [徐奮

鵬云: "教字硬, 誘字軟."] 博, 廓而廣之也. 約, 束而小之也. 六經爲文, 四勿爲禮.
卓, 高貌. 截然超絶, 無所攀援, 曰卓也. [卓越者, 超絶之意] 末, 無也. [邢氏云] 末
由, 言無逕路可攀援也. 此顔子嘆夫子所造之高也.

하안이 말했다. "위喟는 탄식하는 소리(歎聲)이다." ○보완하여 말한다. 찬鑽
은 송곳으로 뚫는 것(錐穿)이다. ○형병이 말했다. "미彌는 더욱(益)이다." ○
포함이 말했다. "전후前後는 황홀하여 형상할 수 없음을 말한다. 순순循循은
차례와 순서가 있는 모습(次序貌)이다." ○보완하여 말한다. 유誘는 좋은 말
로 이끌어줌이다.(서분붕이 말하길, "教 자는 硬한 것이고 誘 자는 軟한 것이다.") 박
博은 확대하여 넓히는 것이다. 약約은 묶어서 작게 하는 것이다. 육경六經이
문文이 되고, 사물四勿이 예禮가 된다. 탁卓은 높은 모양(高貌)이니, 깎아지른
듯(截然) 높이 단절되어(超絶) 잡아당길 바가 없는 것을 탁卓이라 한다(卓越이
란 超絶이란 뜻이다). 말末은 없음(無)이다(형병이 말했다). 말유末由는 잡아당길
경로가 없다는 말이다. 이는 안자가 (공자께서) 나아간 바가 높은 것을 찬탄한
것이다.

비평 —— 중국 역사상 최초의 사학을 개창하였던 공자는 가르침에서 그 어
떠한 신분이나 재능에 차별을 두지 않고, 최소한의 예물을 갖추고 정성을 표
한 사람에게는 가르치지 않은 적이 없었다. 그는 그 언제나 배우는 것을 싫
증내지 않고, 가르치는 것을 권태로워하지 않으면서, 옛것을 풀어내어 새로
올 것을 알아 스승의 자격을 갖추고 차례차례 순서대로 제자들을 잘 이끌어
나갔다. 그 교육 방법은 문장으로 학식을 넓혀 주고, 예법으로 행위를 단속
하는 것이었다. 그리고 만세의 사표師表로 높은 경지에 올라 귀감으로 삼아
따르려고 하였지만, 방도를 알지 못하겠다는 것이다.

'박문약례博文約禮'는 "박아이문博我以文 약아이례約我以禮"의 약자이다. 여
기서 문文이란, 고주와 다산은 『시』·『서』·『예』·『악』·『역』·『춘추』 등 육

경六經의 문장을 말한다고 해석하였다. 주자는 『대학』의 이른바 '격물치지格物致知'로 해석하는 후씨의 말을 인용하였다. 예禮를 주자는 극기克己로, 다산은 사물四勿이라고 말하는데, 같은 것이다. 예禮란 인간 행위에 합당한 절도節度와 문식文飾을 규정해 주고 행위의 표준이 되는 것을 말한다. 따라서 '박문약례'란 『시』·『서』·『예』·『악』·『역』·『춘추』의 문장(혹은 사물에 나아가 사물을 이치를 탐구함:格物致知)으로 학식을 넓히고, 행위의 표준인 예를 통해 나를 단속한다는 것은 공자 문하의 교육 방법을 말한다고 하겠다. 본문의 해석에서는 특별한 쟁점이 없다.

※

9:11. 子疾病, 子路使門人爲臣. 病間, 曰: "久矣哉, 由之行詐也!無臣而爲有臣, 吾誰欺? 欺天乎!且予與其死於臣之手也, 無寧死於二三子之手乎? 且予縱不得大葬, 予死於道路乎?"

고주 —— 공자께서 병환이 위중하시자, 자로가 (공자께서 이미 벼슬을 떠나 가신이 없었기 때문에, 공자를 존중하려는 의도에서 방법을 잘못하여) 문인들로 하여금 가신이 되게 하였다. 병에 조금 차도가 있자 (가신이 있음을 알게 되자) 공자께서 말씀하셨다. "오래되었구나, 자로가 속임을 행함이여! (내가 이미 대부에서 물러났기 때문에) 가신이 없어야 하는데 가신이 있게 하였으니, (사람들이 다 아는데) 내가 누구를 기만하겠는가? (사람들을 기만할 수 없는데) 하늘을 기만하랴! 또한 내가 가신의 손에서 죽기보다, 차라리 여러분들 손에서 죽는 것이 낫지 않겠는가? 또한 (군신의 예로 치르는) 큰 장사(大葬=君臣禮葬)는 받지 못한다고 할지라도, 내가 도로에서 죽겠는가(도로에 버려질 것을 걱정하겠는가:憂棄於道路乎)?"

주자 —— 공자께서 병환이 위중하시자, 자로가 문인들로 하여금 가신이 되게 하였다. 병에 조금 차도가 있자 공자께서 말씀하셨다. "(자로가 이러한 마음을 품은 지가 오늘만이 아니라) 오래되었구나, 자로가 속임을 행함이여! 내가 마땅히 가신을 두지 말아야 하는데 가신을 두었으니, (사람은 모두 알아 속일 수 없으니) 하늘을 속이는 것인져!(하늘을 속인 허물을 공자 자신에게 귀속시키면서, 자로를 깊이 질책하셨다.) 또한 내가 가신의 손에서 죽기보다, 차라리 여러분들 손에서 죽는 것이 낫지 않겠는가? 또한 군신의 예를 갖춘 대장(大葬=君臣禮葬)을 받지 못한다고 할지라도, 내가 도로에서 죽겠는가(버려져서 장사를 치르지도 않겠는가:棄而不葬)?"

다산 —— 공자께서 병환이 위중하시자, 자로가 문인들로 하여금 (임금의 예로써) 소신小臣이 되게 하였다. 병에 조금 차도가 있자 공자께서 말씀하셨다. "오래되었구나, 자로가 속임을 행함이여! 내가 마땅히 (임금이 아니기 때문에) 소신을 두지 말아야 하는데 (임금의 예를 사용하여) 소신을 두었으니, (사람들이 모두 알아 속일 수 없으니) 하늘을 속이는 것인져! (하늘을 속인 허물을 공자 자신에게 귀속시키면서, 자로를 깊이 질책하셨다.) 또한 내가 가신의 손에서 죽기보다, 차라리 여러분들 손에서 죽는 것이 낫지 않겠는가? 또한 경卿에 해당하는 예를 갖춘 대장(大葬=以卿禮葬)을 받지 못한다고 할지라도, 내가 (버려져 묻히지 못하

자원풀이 ■질疾은 疒(병들어 기댈 녁)+矢(화살 시)로 구성되어, 화살(矢)을 맞아 생긴 상처(질병 일반)를 말하고 빠르다는 뜻이 생겼다. 흠, 해치다, 미워하다, 시기하다, 나쁘다, 빠르다, 근심하다(君子疾沒世而名不稱焉) 등의 뜻이 있다.
■병病은 疒(병들어 기댈 녁) + 丙(남녘 병)으로 병들어 누운 사람을 옮기는 모습으로 중환자의 모습을 그렸다. 여기서 잘못, 폐단, 병폐病弊 등의 뜻이 나왔다.
■간間은 門(문 문)+日(날 일)의 회의자로 문틈(門)으로 스며드는 햇빛(日)으로 틈(隙)을 말했다. 원래는 閒(사이 간, 틈한)으로 문틈(門)으로 스며드는 달빛(月)이었으나, 月이 日자로 바뀌었다. 사이와 중간中間 혹은 공간空間, 그리고 시간時間이란 뜻이 추가되었다. 사이·때·양수사(집의 간살, 번), 차별·혐의·틈·사이에 두다·이간질하다·헐뜯다·간첩·참여·살피다·틈을 타다, 검열하다의 뜻이다.
■사詐는 言+乍(잠깐 사= 作 : 만들어내다)로 말을 만들어내어(乍=作) 속이다, 가장하다의 뜻이다.

고) 도로에서 죽겠는가?'

집주 —— ■夫子時已去位하여 無家臣이어늘 子路欲以家臣治其喪하니 其意實尊聖人이나 而未知所以尊也라
공자께서 당시에 이미 벼슬자리를 떠나서 가신家臣이 없었는데 자로가 가신으로 공자의 상을 치르고자 하였으니, 그 뜻은 실로 성인을 존중하려는 것이었지만 존중하는 방법을 알지 못한 것이다.

■病間은 少差也라 病時不知라가 旣差에 乃知其事라 故로 言我之不當有家臣을 人皆知之하여 不可欺也어늘 而爲有臣하니 則是欺天而已라 人而欺天은 莫大之罪어늘 引以自咎하시니 其責子路 深矣로다
병간病間이란 조금의 차도가 있음이다. 병이 심할 때는 알지 못하다가, 차도가 있자 이에 그 일을 아신 것이다. 그러므로 '내가 마땅히 가신을 두지 말아야 한다는 것은 사람들이 다 아는 것이어서 속일 수 없다. 그런데도 가신을 둔다고 하면, 이는 하늘을 속이는 것일 따름이다.'라고 말씀하신 것이다. 사람이 되어 하늘을 속이는 일보다 더 큰 죄는 없는데, 끌어서 자기에게 (그 허물을) 귀속시켰으니, 이는 자로를 깊이 질책하신 것이다.

■無寧은 寧也라 大葬은 謂君臣禮葬이요 死於道路는 謂棄而不葬이니 又曉之以不必然之故하시니라
무녕無寧은 영寧(차라리)이다. 대장大葬은 '군신의 예를 갖춘 장례'를 말한다.

■기欺는 欠(하품 흠)+其(그 기)의 형성자. 입을 크게 벌려 침을 튀기며(欠) 말하는 모습. 속이다, 은폐하다의 뜻이다.
■종縱은 糸(가는 실 멱)+從(따를 종)의 형성자로 실(糸)을 팽팽히 늘였다가 놓는 것을 말한다. 쏘다, 출발하다, 긴장된 상태에서 풀어져 느슨함, 방종放縱, 석방 등을 뜻한다.
■사肆는 長(길 장)+隶(미칠 이)의 회의자로 잡은 짐승(隶)을 길게 늘어 놓고 파는 가게를 말했는데, 진설하다, 드러내다, 길고 크게 늘어놓다, 방종스럽다 등의 뜻이다.
■장葬은 死(죽을 사)+茻(잡초우거질 망)의 회의자로 풀숲(茻)에 시체(死)를 내버린 '숲 장'의 장례풍속을 그려 장사葬事를 의미한다. 艸(풀 초)+死+廾(두 손으로 받들 공)으로 지금의 자형이 되었다.

'길에서 죽는다'는 것은 '버리고 장례하지 않음'을 말씀하셨으니, 또한 반드시 그렇게 하지 말아야 하는 까닭으로 깨우쳐주신 것이다.

■ 范氏曰 曾子將死에 起而易簀曰 吾得正而斃焉이면 斯已矣라 하시니 子路欲尊夫子로되 而不知無臣之不可爲有臣이라 是以로 陷於行詐하여 罪至欺天하니 君子之於言動에 雖微나 不可不謹이니라 夫子深懲子路는 所以警學者也시니라

범조우가 말했다. "증자는 장차 죽음에 임해 일어나 대자리를 바꾸며 말했다. '내가 올바름을 얻고서 죽으면, 그것으로 그만이다.' 자로는 공자를 존중하려 했으나, 가신이 없어야 하는데 가신을 두는 것이 옳지 않다는 것을 알지 못했다. 이런 까닭에 속임을 행하는 데에 빠졌으니, 죄가 하늘을 기만하는 데 이르렀다. 군자는 말과 행동에서 비록 미미한 것일지라도 삼가지 않을 수 없다. 공자께서 자로를 깊이 징계하신 것은 배우는 자를 경계하고자 하신 것이다."

■ 楊氏曰 非知至而意誠이면 則用智自私하여 不知行其所無事하여 往往自陷於行詐欺天而莫之知也하니 其子路之謂乎인저

양시가 말했다. "앎이 지극하지 않아 의지가 성실한 데에 이르지 않으면, (얕은) 지혜를 써서 자신의 사사로움을 도모하고, 자신이 마땅히 일삼지 말아야 할 것을 행한다는 것을 알지 못하고, 왕왕 스스로 속임을 행하고 하늘을 기만하는 데 빠지더라도 알지 못하니, 아마도 자로를 두고 하는 말이리라!"

고금주 —— ■ 包曰: "疾甚曰病." ○補曰 臣即《喪大記》所稱小臣也. 子路豫備小臣, 將以扶體. [《喪大記》云: "體一人."] 此是人君之禮, 當時大夫使家臣爲之. 孔子亦大夫而時無家臣, 子路使門人爲之. ○補曰 無臣而爲有臣, 謂非君而用君禮也. [大夫亦家臣之君] 禮, 四人扶體, 因以屬纊. 故曰'死於臣之手'. 大葬, 謂以卿禮葬. [大司寇, 卿也] 喪有小臣, 則其葬宜亦備物, 用卿禮也. 死於道路, 謂棄之不殣也.

포함이 말했다. "질환이 심한 것을 병이라 한다." ○보완하여 말한다. 신臣은 곧 『예기』「상대기」에서 말한 소신小臣이다. 자로가 소신을 미리 준비해서 장차 팔다리(體)를 떠받치게 한 것이니(「상대기」에서 말했다. "팔다리마다 한 사람이다."), 이는 임금의 예인데, 당시 대부들이 가신에게 이것을 하게 하였다. 공자 또한 대부였지만 그때에 가신이 없었기에 자로가 문인에게 그것을 하도록 하였다. ○보완하여 말한다. '신하가 없어야 하는데 신하가 있게 하였다.'는 것은 임금이 아니지만 임금의 예를 사용한 것을 말한다(대부 또한 가신의 임금이다). 『예』에 네 사람이 팔다리 떠받치고, (옷을 갈아입힌 뒤) 인하여 속광屬纊하기 때문에 '신하의 손에 죽는다.'고 하였다. 대장大葬이란 경卿에 해당하는 예로써 장사하는 것이다(大司寇는 卿이다). 상喪에서 소신小臣이 있으면, 그 장례는 마땅히 예물을 갖추고 경에 해당하는 예를 쓴다. '도로에서 죽는다'는 것은 버려져 묻히지 못함을 말한다.

■ 鄭曰: "子路欲使弟子行其臣之禮." ○駁曰 非也. 臣也者, 扶體之小臣也. 苟非君·大夫之有臣者, 不能備物, 子路乃欲豫備此臣, 以治孔子之喪, 此孔子所以旣覺而責之也.

정현이 말했다. "자로는 제자들에게 그 신하의 예를 행하게 하고자 하였다." ○논박하여 말하면, 그릇되었다. 신臣이란 팔다리를 떠받치는 소신이다. 진실로 임금·대부로서 신하가 있는 자가 아니면 예물을 준비할 수 없는데, 자로가 이러한 신하를 미리 갖추어 놓고 공자의 상을 치르려고 하였으니, 이것이 바로 공자가 이미 알고 나서 꾸짖은 것이다.

■ 孔曰: "子路久有是心, 非今日也." ○駁曰 非也. 孔子疾病日久, 其疾未差, 其臣未罷, 故曰久矣行詐.

공안국이 말했다. "자로는 오랫동안 이러한 마음이 있었으니, 오늘만이 아니다." ○논박하면 말하면, 그릇되었다. 공자께서 질병한 날이 오래되었으며, 그 질병에 차도가 없고, 가신의 역할을 한 사람이 아직 그만두지 않았기 때문에

'오래되었구나, 속임을 행함이여.'라고 말했다.

■ 孔曰: "大葬, 謂君臣禮葬." ○駁曰 非也. 稽之經傳, 有以人君禮葬, 有以卿禮葬, 大夫禮葬, 未聞以君臣禮葬, 經可以周章乎? 人君以人君禮爲大葬, 若齊莊公不得大葬者也, 卿以卿禮爲大葬, 若公孫敖不得大葬者也. 喪有臣, 則其葬亦必用卿禮, 卿禮非孔子之所願, 故責之如是.

공안국이 말했다. "대장大葬이란 군신의 예를 갖춘 장례(君臣禮葬)를 말한다."
○논박하여 말하면, 그릇되었다. 경전經傳을 계고해 보면, 임금의 예로써 장사함이 있고, 경卿의 예로써 장사함도 있고, 대부의 예로써 장사함도 있지만, 군신의 예로써 장사함이란 들어보지 못했다. 경전이 이렇게 왔다 갔다 할 수 있겠는가? 임금은 임금의 예로써 대장大葬을 하는데, 제장공齊莊公은 대장을 얻지 못한 자이며, 경은 경의 예로써 대장을 하는데, 공손오公孫敖 같은 이는 대장을 얻지 못한 자이다. 상喪에 가신이 있었다면, 그 장사 또한 경의 예를 써야 하는데, 경의 예는 공자께서 원한 것이 아니었기 때문에 공자께서 이와 같이 꾸짖은 것이다.

■ 韓曰: "先儒多惑此說, 以爲素王·素臣, 後學由是責子路欺天. 吾謂子路剛直無諂, 必不以王臣之臣欺天, 本謂家臣之臣, 以事孔子也."

한유韓愈가 말했다. "선유先儒들은 이 구절의 설명에서 크게 미혹되어 소왕素王·소신素臣으로 여겼으며, 후학들은 이로 말미암아 '(공자께서) 자로가 하늘을 속였다.'고 꾸짖은 것으로 주석했다. 나는 자로가 강직剛直하고 아첨함이 없었기 때문에, 필시 왕신의 신(王臣之臣)으로 하늘을 속인 것이 아니라, 본래 가신의 신(家臣之臣)으로 공자를 섬긴 것이라고 생각한다."

비평 —— 쟁점은 공안국과 주자가 대장大葬이란 말을 군신예장君臣禮葬이라고 해석한 것을 다산이 비판한 것이다. 다산은 (1)군신예장君臣禮葬이란 용어가 경전에 나오지 않고, (2) 이 말이 (한유가 지적하듯) 소왕素王에 대한 소신素

臣의 예로 지내는 장례로 오도될 수 있다는 점에서 잘못이라는 것이다. 여기서 군신예장이란 말이 경전에 나오지 않는다는 다산의 지적은 타당하다.

그러나 공안국과 주자는 군신예장君臣禮葬이란 말을 결코 소왕素王에 대한 소신素臣의 예로 지내는 장례라는 말로 사용하지 않았다. 다산이 인용하여 비판하는 정현의 언명(子路欲使弟子行其臣之禮) 앞에 '공자상위대부孔子嘗爲大夫'라는 말이 있다. 즉 기신其臣의 기其는 왕王이 아니라, 대부大夫를 지칭하며, 따라서 기신其臣이란 대부의 신하 곧 가신家臣 혹은 소신小臣을 의미한다. 주자 또한 "공자께서 당시에 이미 벼슬자리를 떠나서 가신家臣이 없었는데, 자로가 가신으로 공자의 상을 치르고자 하였으니"라고 말하여, 여기서의 신臣이란 가신을 말한다고 분명히 밝히고 있다. 다산이 보완하여 말하는 바 "'신하가 없어야 하는데 신하가 있게 하였다(無臣而爲有臣).'는 것은 임금이 아니지만 임금의 예를 사용한 것을 말한다(대부 또한 가신의 임금이다)"라고 한 것과 같이, 공안국과 주자가 사용한 '군신예장君臣禮葬' 또한 대부와 그 가신의 관계에서 나오는 예법에 따른 장례라고 할 수 있겠다.

<hr />

9:12. 子貢曰: "有美玉於斯, 韞櫝而藏諸, 求善賈而沽諸?" 子曰: "沽之哉! 沽之哉! 我待賈者也." [賈, 音估]

고주 —— 자공이 말했다. "여기 아름다운 옥이 있다면 궤 속에 간직하여 보관하시겠습니까? 좋은 값을 구하여 파시겠습니까(沽=賣)?" 공자께서 말씀하셨다. "팔 것이야, 팔 것이야! (하지만 팔려고 자랑하는 말은 하지 않으니) 나는 (간직해 두고서) 살 사람(값?)을 기다리는 사람이다."

주자 —— 자공이 말했다. "여기 아름다운 옥이 있다면 궤 속에 간직하여 보관하시겠습니까? 좋은 값(상인?)을 구하여 파시겠습니까(沽=賣)?" 공자께서 말씀하셨다. "팔 것이야, 팔 것이야! 나는 (단지 합당하게) 팔리는 것(합당한 상인? 합당한 가격?)을 기다리는 사람이다(부당하게 구하지는 않는다)."

다산 —— 자공이 말했다. "여기 아름다운 옥이 있다면 궤 속에 가죽으로 감싸서(韞=韋裹之) 보관하시겠습니까? 훌륭한 상인(善賈=賈人之善者)을 구하여 파시겠습니까?" 공자께서 말씀하셨다. "팔 것이야, 팔 것이야! (그러나) 나는 상인(賈=賈人)을 기다리는 사람이다(높은 값을 좇는 사람이 아니다.)." (賈는 음이 估이다.)

집주 —— ■韞은 藏也요 匵은 匱也라 沽는 賣也라 子貢이 以孔子有道不仕라 故로 設此二端以問也라 孔子言固當賣之나 但當待賈요 而不當求之耳라 하시니라

온韞은 간직함(藏)이다. 독匵은 궤匱이다. 고沽는 팔다(賣)이다. 자공이 공자께서 도를 지니고 벼슬하지 않으신다(有道不仕)고 여겼기 때문에 이 두 경우를 가설하여 질문한 것이다. 공자께서는 본디 마땅히 팔아야 하지만, 단지 합당하게 팔리기(합당한 상인 혹은 합당한 가격)를 기다려야 하지, 부당하게 구

자원풀이 ■옥玉은 원래 여러 개의 옥을 실로 꿴 모습. 王(왕 왕) 자와 구별코자 오른쪽에 점을 두었다. 『설문해자』에 "옥의 아름다움은 다섯 가지 덕을 갖추었으니, 윤리가 흘러 온화한 것은 인의 덕이고, 무늬가 밖으로 흘러나와 속을 알 수 있게 하는 것은 의의 덕이며, 소리가 낭랑하여 멀리서도 들을 수 있는 것은 지의 덕이고, 끊길지언정 굽혀지지 않은 것은 용의 덕이며, 날카로우면서 남을 해치지 않는 것은 絜의 덕이다."라고 했다. 백帛은 巾(수건 건)+白(흰 백)의 형성자로 아무런 무늬나 색을 넣지 않은 흰(白) 비단(巾) 천을 말한다. 옥백玉帛은 사람 간에, 혹은 국가 간의 예물을 대표한다.
■온韞은 韋(다룸가죽 위)+昷(어질 온·囚가둘 수+皿그릇 명)의 형성자. 가죽으로 감싸는 것, 갈무리하다, 감추다, 활집, 둘러 덮어 보이지 않게 하다의 뜻. 온가韞價는 상자 속에 보관하여 좋은 가격을 기다림, 즉 재능을 지니고 쓰이기를 기다리는 것을 말한다. 온독韞匵은 궤 속에 감추어 둠으로 곧, 재능을 지니고 쓰이기를 기다림을 비유한다.
■독匵은 匚(상자 방)+賣(팔 매)의 형성자로 팔 만한 물건을 넣어 두는 상자(匚), 궤, 함(櫝)을 말한다. 독櫝은 木(나무

하지는 말아야 한다고 말씀하셨다.

■ 范氏曰 君子未嘗不欲仕也언마는 又惡不由其道하니 士之待禮는 猶玉之待賈也라 若伊尹之耕於野와 伯夷太公之居於海濱에 世無成湯文王이면 則終焉而已요 必不枉道以從人하고 衒玉而求售也리라

범조우가 말했다. "군자는 일찍이 벼슬을 하고자 하지 않은 적이 없지만, 또한 정당한 도(방법)에 말미암지 않은 것을 싫어한다. 선비가 예우를 기다리는 것은 마치 옥이 값을 기다리는 것과 같다. 예컨대 이윤伊尹은 들에서 밭갈이 했고, 백이伯夷·태공太公은 바닷가에서 기거하였는데, 세상에 성탕成湯·문왕文王이 없었다면 (그렇게 일생을) 마쳤을 뿐, 필시 도를 굽혀 남을 추종하는 것을 보옥을 들고 자랑하며 팔리기를 구하는 것처럼 하지는 않았을 것이다."

고금주 —— ■ 補曰 韞, 韋裹之也. ○馬曰: "櫝, 匵也."[與匱同] ○荻曰: "善賈, 謂賈人之善者也." ○馬曰: "沽, 賣也." ○補曰 沽之哉沽之哉, 亟言其當賣也. ○包曰: "我居而待賈."

보완하여 말한다. 온韞은 가죽으로 감싸는 것(韋裹之)이다. ○마융이 말했다. "독櫝, 궤匵이다."(匵:독과 같다.) ○오규 소라이가 말했다. "선고善賈는 ('선고'로 읽으며) 훌륭한 상인(賈人之善者)이다." ○마융이 말했다. "고沽는 판다(賣)이다." ○보완하여 말한다. 고지재고지재(沽之哉沽之哉)란 마땅히 팔아야 함을

목)+賣(팔 매)의 형성자로 물건을 넣어두는 나무 상자(木)나 함 등을 말하며, 이후 나무 상자에 넣어 수장守藏하다의 뜻이다. 관棺으로 쓰이기도 한다. 궤匵는 匚(상자 방)+貴(귀할 귀)의 형성자로 귀貴한 물건을 넣어 두는 상자(匚)로서 삼태기(흙을 담는 그릇)라는 뜻으로도 쓰인다.

■고賈(가)는 貝(조개 패)+襾(덮을 아)의 형성자로 화폐나 재물(貝)을 덮어(襾) 보관하는 모습을 형상화했다. 점포를 개설하여 값나가는 물건을 덮어 놓고 판다는 뜻에서 장사의 뜻이, 다시 그런 상행위를 하는 '앉은장사'를 말했다. 이후 상인商人을 두루 칭하게 되었다. 이후 다시 가격(價格·값賈)이라는 뜻으로도 쓰이고 성姓씨로도 쓰였는데, 이때는 '가'로 읽는다.

■고沽는 水(물 수)+古(옛 고)의 형성자로 강(水)의 이름으로 하북성의 백하白河를 말했으며, 천진天津으로 흘러 천진을 칭하였다. 이후 估(값 고)와 賈(장사 고)의 발음이 같아서 '팔다'라는 말로 가차되었다.

여러 번 말한 것이다. ○포함이 말했다. "나는 간직해 두면서 상인을 기다리 겠다.'는 말이다."

■ 馬曰: "得善賈, 寧肯賣之耶?"[邢云: "若人虛心盡禮求之, 夫子肯與之乎?"] ○案 善賈之爲價爲估. 《集解》·《集注》都無明釋, 然邢疏謂'若人求之', 則似以爲商賈之賈. 惟陸氏《釋文》'賈, 音嫁', 相傳善賈者高價, 豈不謬哉? 君子懷寶, 待明王而售其道, 如玉人藏玉, 待善估而售其貨. 若以善賈爲高價, 則是待高官厚祿售其道也, 而可乎? 古者寶玉買賣, 非賈人則不能. 賣玉, 固賈人之事也.

마융이 말했다. "'좋은 값을 얻는다면, 어찌 기꺼이 팔지 않겠는가.'라는 말이다."(형병이 말했다. "만약 사람이 마음을 비우고 예를 다하여 구하면, 공자께서 기꺼이 허여하지 않겠는가?") ○살핀다. 선고善賈가 ('賈'의 음이) 가價(값)인지 고估(팔다)인지 『집해』·『집주』에 모두 분명한 해석이 없다. 그러나 형병의 소에 '만약 사람이 그것을 구한다면'이라고 했으니, 商賈(상고)의 고賈로 여긴 듯하다. 오직 육덕명의 『석문』만 '賈는 음이 가嫁'라고 했는데, 善賈를 ('선가'라고 읽고) 고가高價(높은 가격)라는 뜻으로 전수했으니, 어찌 오류가 아닌가? 군자가 보배를 품고 밝은 왕을 기다려 그 도를 파는 것은, 마치 옥인玉人이 옥을 간직하다가 좋은 상인(善估)을 기다려 그 재화를 파는 것과 같다. 만약 善賈가 높은 가격(高價)을 의미한다면, 이는 높은 관직과 후한 녹봉을 기다려 그 도를 파는 것인데, 타당하겠는가? 옛말에 보옥寶玉의 매매買賣는 고인賈人(=상인)이 아니면 할 수 없었다. 옥을 매매하는 것은 본래 고인賈人(상인)의 일이다.

■ 馬曰: "韞, 藏也." ○鄭云: "韞, 裹也."[見《釋文》] ○侃曰: "韞, 裹之也." ○案 馬義, 非也. 藏櫝而藏, 自不成說.

마융이 말했다. "온韞은 '간직한다(藏)'이다." ○정현이 말했다. "온韞은 '감싸다(裹)'이다."(『석문』에 보인다.) ○황간이 말했다. "온韞은 감싸놓는 것(裹之)이다." ○살핀다. 마융의 뜻은 그릇되었다. '궤에 간직하면서 간직한다(藏而藏)'고 하는 것은 그 자체가 말이 되지 않는다.

비평 —— 賈를 '고'로 읽어 팔다 혹은 상인으로 읽을 것인가, 아니면 '가(=價)'로 읽어 값(가격)으로 읽을 것인가? 고주와 주자는 이에 대한 명백한 문제의식이 없었다. 다산은 이 점을 면밀히 검토하면서, 정당하게 문제제기를 하여 올바른 방향을 제시하였다고 할 것이다. 만일 '賈'를 '가'로 읽어 값으로 해석한다면, 다산의 지적대로 높은 관직과 후한 녹봉을 기다리는 것으로 해석될 수도 있기 때문이다.

<hr />

9:13. 子欲居九夷. 或曰: "陋, 如之何?" 子曰: "君子居之, 何陋之有?"

고주 —— 공자께서 (당시에 중국에 明君이 없음을 한탄하시면서) 구이에서 살고자 하시니, 어떤 사람이 말했다. "누추(僻·陋·無禮)한 곳인데, 어떻게 살겠습니까?" 공자께서 말씀하셨다. "군자가 가서 기거한다면 (모든 사람들이 교화되어 예의를 알게 될 터인데), 어찌 누추함이 있겠는가?"

주자 —— 공자께서 (당시에 중국에 明君이 없음을 한탄하시면서) 구이에서 살고자 하시니, 어떤 사람이 말했다. "누추한 곳인데, 어떻게 살겠습니까?" 공자께서 말씀하셨다. "군자가 가서 기거한다면 (모든 사람들이 교화되어 예의를 알게 될 터인데), 어찌 누추함이 있겠는가?"

다산 —— 공자께서 (당시에 중국에 明君이 없음을 한탄하시면서) 구이에서 살고자 하시니, 어떤 사람이 말했다. "비루·협소한 곳인데, 어떻게 살겠습니까?" 공자께서 말씀하셨다. "군자(=箕子?)가 거기에서 살았으니, 어찌 비루·협소함이 있겠는가?"

집주 —— ■東方之夷 有九種이라 欲居之者는 亦乘桴浮海之意라

동방의 오랑캐는 아홉 종족이 있었는데, 거기에 기거하고자 하셨다는 것은
또한 "뗏목을 타고 바다로 떠가겠다(乘桴浮海)."(「공야장」5:6)의 뜻과 같다.

■君子所居則化니 何陋之有리오

군자가 거처하는 곳은 교화가 되니, 무슨 누추함이 있으리오?(라는 말이다.)

고금주 —— ■馬曰: "東方之夷有九種."[《後漢 · 東夷傳》云: "夷有九種, 曰畎夷 · 于
夷 · 方夷 · 黃夷 · 白夷 · 赤夷 · 玄夷 · 風夷 · 陽夷."] ○邢曰: "孔子以時無明君, 故
欲居東夷." ○補曰 陋, 鄙狹也. ○馬曰: "君子所居則化."[何異孫《十一經問對》云:
"君子居之, 指箕子言之, 非孔子自稱爲君子也." ○李尚迪《恩誦堂集》, 有此說]

마융이 말했다. "동방의 오랑캐에는 아홉 종족이 있다."(『후한 · 동이전』에서 말
했다. "夷에는 아홉 종족이 있으니, 말하자면 畎夷 · 于夷 · 方夷 · 黃夷 · 白夷 · 赤夷 · 玄
夷 · 風夷 · 陽夷이다.") ○형병이 말했다. "공자께서는 당시에 현명한 군주가 없
었기 때문에, 동이에 거주하고 싶어 하셨다." ○보완하여 말한다. 누陋는 비루
(鄙) · 협소(狹)이다. ○마융이 말했다. "군자가 기거하면 교화된다."(何異孫이
『십일경문대』에서 말했다. "'군자가 기거한다.'는 箕子를 지칭하여 말한 것이지, 공자께서
스스로 군자라고 칭한 것은 아니다." ○李尚迪의 『은송당집』에도 이러한 설이 있다)

■邢一說曰: "九夷. 一曰玄菟, 二曰樂浪, 三曰高麗, 四曰滿飾, 五曰鳧臾, 六曰

자원풀이 ■이夷는 大(큰 대)+弓(활 궁)으로 큰(大) 활(弓)을 지닌 동쪽 이민족으로(『說文』『大部』 "夷, 平也. 从大从弓, 東
方之人也.") 가장 강력하게 저항했기 때문에 평정하다, 제거하다 등의 뜻이 생겼다. 오랑캐, 평평하다(大道甚夷), 유
쾌하다(云胡不夷), 깎다(평평하게 닦다), 진열하다, 오만하다(不由禮則夷固僻違), 걸터앉다(혹은 쭈그리고 앉다: 夷俟), 상하
다, 떳떳하다(彝), 크다(降福孔夷)의 뜻이다.

■루陋는 阜(언덕 부)+匚(더러울 루)의 형성자로 흙(阜)으로 만든 담과 담 사이의 길이 좁다는 것을 나타낸다. 좁다,
작다, 조잡하다, 미천하다, 비루鄙陋하다, 누추陋醜하다, 견문이 좁다의 뜻이다.

索家, 七曰東屠, 八曰倭人, 九曰天鄙."[亦出《後漢書》] ○駁曰 玄菟·樂浪, 武帝 四郡之名, 非孔子之所得知也.

형병이 말했다. "일설에 구이九夷는 첫째는 현토玄菟라 하고, 둘째는 낙랑樂浪이라 하고, 셋째는 고려高麗라 하고, 넷째는 만절滿節이라 하고, 다섯째는 부유鳧臾라 하고, 여섯째는 색가索家라 하고, 일곱째는 동저東屠라 하고, 여덟째는 외인倭人이라 하고, 아홉째는 천비天鄙라 한다."(또한 『후한서』에서 나왔다.) ○논박하여 말한다. 현토玄菟·낙랑樂浪은 무제武帝 때의 사군四郡의 이름이니, 공자께서 아시던 것이 아니다.

비평 —— '군자거지君子居之'에서 군자가 누구를 지칭하는가? 고주와 주자는 공자를 지칭한다고 생각하여, 공자가 거기에 가서 기거하면 이곳 사람들이 교화될 것이기 때문에 누추함이 없어질 것이라고 해석하였다. 이에 대해 다산은 적극적인 반론을 제기하지는 않는다. 대신 그는 하이손과 이상적이 '여기서의 군자란 공자의 지칭이 아니라, 기자箕子를 말한다.'고 해설한 것을 인용만 하고 있다.

그런데 여기서 군자가 만일 공자 자신을 지칭한다면, 공자는 자신이 태어나고 기거한 지역과 나라(중국)의 임금과 백성들은 교화시키지 못하면서 구이九夷의 백성들은 교화시켜 누추하지 않는 곳으로 변화시킬 수 있다고 말하는 셈이 된다. 이 점은 이미 논란이 되어 왔다. 『주자어류』에 다음과 같은 말이 나온다.

물었다. (공자께서는) "구이九夷도 오히려 교화할 수 있는데, 무슨 연유로 중국을 교화시키지 못했습니까?" 주자가 답했다. "당시의 중국은 일찍이 성인의 교화를 입지 않은 적이 없지만, 다만 당시의 군주가 쓰지 않아 그 도를 행하지 못했을 따름이다."

그렇다면 여기서 우리는 주자에게 다음과 같이 반문할 수 있지 않을까? 당시 중국의 군주들도 공자를 쓰지 않아 중국을 교화시키지 못했는데, 과연 구이의 군주가 공자를 기용하여 백성들을 교화시킬까? 이에 대해 우리는 부정적이다. 그래서 여기에는 다음과 같은 설들이 있다.

(1) 공자께서 일러주신 것은 이적夷狄의 사회에서 행세하는 도리였다. 충신독경忠信篤敬을 어디에 들어간들 스스로 얻지 못하겠는가? (후재 풍씨)

(2) 공자가 오랑캐에 거주하면 반드시 교화할 수 있지만, 중국에서는 그 도가 행해지게 하실 수는 없으니, 이는 천명이다. (경원 보씨)

(3) 기자가 조선의 땅에 봉해졌으니, 어찌 누추함이 있겠는가? (후재 빙씨)

(4) 누추함은 거기에 있고 누추하지 않음은 나에게 있다. 군자가 지나가는 곳은 교화되어, 누추한 풍습이 저절로 교화될 수 있다. (신안 진씨)

여기서 (2)는 고주와 주자의 해석이다. (3)은 다산이 인용한 것이다. (4)는 (1)~(3)의 입장 전체를 반영한 듯하다. 여기서 필자는 "누추함은 거기에 있고, 누추하지 않음은 나(군자)에게 있다."는 해설과 이 해설을 밀고나간 (1)의 해석을 지지한다.

꽃무늬 장식

9:14. 子曰: "吾自衛反魯, 然後樂正, 〈雅〉·〈頌〉各得其所."

고주 —— 공자께서 말씀하셨다. "내가 위나라에서 노나라로 되돌아온 뒤에 음악이 바르게 되어 〈아〉와 〈송〉이 각각 제자리를 얻었다."

주자 —— 공자께서 말씀하셨다. "내가 위나라에서 노나라로 되돌아온 뒤에, 음악이 바르게 되었고, 〈아〉와 〈송〉이 각각 제자리를 얻었다."

다산 —— 공자께서 말씀하셨다. "내가 위나라에서 노나라로 되돌아온 뒤에 음악이 바르게 되었고, 〈아〉와 〈송〉이 각각 순서의 마땅함을 얻었다."

집주 —— ■魯哀公十一年冬에 孔子自衛反魯하시니 是時에 周禮在魯라 然이나 詩樂이 亦頗殘缺失次라 孔子周流四方하여 參互考訂하여 以知其說이러시니 晚知道終不行이라 故로 歸而正之하시니라

노나라 애공 11년 겨울(공자 68세)에 공자께서 위나라에서 노나라로 되돌아 왔다. 이때 주나라의 의례는 노나라에 있었으나, 『시』와 『악』은 자못 손상되어 어지러지고 빠지거나 순서가 뒤바뀌었다. 공자께서는 사방을 주류하면서 서로 참고·교정하며 그 설을 알게 되었다. 만년에 도가 끝내 행해지지 않을 것을 알았기 때문에 돌아와 그것들을 바로잡으셨다.

고금주 —— ■鄭曰: "反魯, 哀公十一年冬, 是時道衰樂廢, 孔子來還乃正之."
○補曰 得其所, 謂得其序次之宜也.

정현이 말했다. "노나라로 되돌아오신 것은 애공 11년 겨울이다. 이때에 도

가 쇠퇴하고 악이 폐하였는데, 공자께서 오셔서 마침내 바로잡으셨다. 그러므로 아雅와 송頌이 각각 제자리를 찾게 된 것이다." ○보완하여 말한다. 득기소得其所는 그 차례의 마땅함(序次之宜)을 얻은 것을 말한다.

■ 王應麟曰: "《石林》云, '季札觀魯樂, 以〈小雅〉爲周德之衰,〈大雅〉爲文王之德,〈小雅〉皆變雅,〈大雅〉皆正雅. 楚 莊王言武王克商作〈頌〉, 以〈時邁〉爲首, 而〈武〉次之,〈賚〉爲第三,〈桓〉爲第六, 以所作爲先後. 以此攷之,〈雅〉以正變爲大小,〈頌〉以所作爲先後者, 詩未刪之序也. 論政事之廢興, 而以所陳者爲大小, 推功德之形容, 而以可告者爲先後者, 刪《詩》之序也.'" ○案 此義, 明矣. 季札所觀, 楚 莊所論, 皆未刪之詩也.

왕응린王應麟이 말했다. "『석림』에서 말하길, '계찰季札이 노나라의 악을 관찰하고,〈소아〉는 주나라의 덕이 쇠했을 때라고 하고,〈대아〉는 문왕의 덕이라고 하였는데,〈소아〉는 모두 변아變雅이고〈대아〉는 모두 정아正雅이다. 초나라 장왕莊王이 말하길, 무왕이 상商을 정벌하고〈송〉을 지었는데,〈시매〉를 첫 편으로 하고,〈무〉를 그 다음 편으로 하고,〈뢰〉를 제3편으로 하고,〈환〉을 제6편으로 삼은 것은 지은 순서로써 선후를 삼은 것이다."라고 말했다. 이러한 것으로 살펴보건대,〈아〉는 정아와 변아로써〈대아〉와〈소아〉를 구분하고,〈송〉은 지은 순서로 선후를 삼았다는 것은 아직『시』가 산정되지 않았을 때의 순서이다. 정사의 흥폐를 논한 것은, 그 진술한 내용으로써 대아와 소아를 구분하고, 공덕을 형용한 것은 미루어서 고할 수 있었던 순서

다. '풍風'이란 풍자와 풍화風化의 의미로, 민간의 노래가 채시관採詩官에 의해 수집되어 조정에서 악사樂師가 불렀던 것이다. 현대에는 민간가요라는 뜻인 풍요風謠로 풀이한다. 아雅는 바르다는 의미를 지닌 글자인데, 주로 왕정의 흥망성쇠를 노래한 것으로 소아와 대아가 있다. 송頌은 '형용' 또는 '모습'이라는 뜻의 '용容'과 통하며, '노래에 춤을 겸한다'는 뜻을 지니고 있다. 송은 귀신과 조상의 은덕을 찬송하는 것이다. 부賦는 시인의 주관적 감정을 뚜렷하게 드러내는 직접 서술의 방식이다. '비比' 사물을 빌려다가 대상물을 비유하여 설명하는 것으로 직유법이나 은유법 등이다. '흥興'은 먼저 어떤 것을 말하고 이것을 통해 말하고자 하는 대상을 연상시키는 것이다.

로 선후를 만들었다는 것이 『시』를 산정한 순서이다."라고 하였다." ○살핀
다. 왕응린의 뜻은 명백하다. 계찰이 본 바의 악樂과 초나라 장왕이 논한 바
의 〈송〉은 모두 『시경』이 산정되기 이전의 시詩이다.

비평 —— 고주에서는 "이 장은 공자께서 퇴폐된 악樂을 바로 잡은 일을 말씀
하신 것이다."라고 주석하였다. 주자는 "『시』와 『악』이 자못 손상되어 어질러
지고 빠지거나 순서가 뒤바뀌어, 돌아와 그것들을 바로 잡으셨다."라고 하였
다. 다산은 "득기소得其所는 「아」와 「송」이 그 차례의 마땅함을 얻은 것을 말
한다."라고 말하였다. 『시』와 『악』에 관한 고주, 주자, 그리고 다산의 관점의
차이는 뒤에 종합적으로 고찰하고자 한다. 3권의 「시詩」에 관해 논한 장을
참조하기 바란다.

~~~

9:15. 子曰: "出則事公卿, 入則事父兄, 喪事不敢不勉, 不爲酒困,
何有於我哉?"

고주 —— 공자께서 말씀하셨다. "(조정에) 나가서는 (忠誠과 恭順을 다하여) 공·
경을 섬기고, (집에) 들어와서는 (효제를 다하여) 부·형을 섬기며, 상사에는 감
히 힘써 노력하지 (예에 따르지) 않은 적이 없고, 술로 인해 (심성을) 혼란스럽지
않은 것이, 누구에게 있겠는가(何有)? 나에게만 있을 뿐이다(於我哉)."

주자 —— 공자께서 말씀하셨다. "나가서는 공·경을 섬기고, 들어와서는
부·형을 섬기며, 상사에는 감히 힘써 노력하지 않음이 없고, 술로 인해 피

곤해하지 않는 것, (이런 것들 중에) 어떤 것이 능히 나에게 있겠는가(何有於我哉=何者能有於我也)?"

다산 —— 공자께서 말씀하셨다. "나가서는 공·경(公卿=君大夫)을 섬기고, 들어와서는 부·형(父兄=宗族尊者)을 섬기며, 상사에는 감히 힘써 구제하려고 노력하지 않음이 없고, 술로 인해 곤란을 당하지 않는 것, (나는 거칠게나마 이런 것들을 할 수 있지만) 어찌 충분히 나에게 할 수 있다·없다고 말할 것이 있겠는가(何有於我哉=我粗能爲此, 何足有無於我哉)?"

집주 —— ■說見第七篇이라 然이나 此則其事愈卑而意愈切矣니라
설명은 제7편(「술이-2」)에 나온다. 그러나 이 편에 제시된 사안은 더욱 비근하지만, 뜻은 더욱 절실하다.

고금주 —— ■補曰 公卿, 君大夫也. [上大夫爲卿] 父兄, 宗族尊者. [同姓曰父兄] 勉者, 亹亹相求之意. 困者, 被其所揜也. 《易》曰: "困于酒食." ○補曰 言我粗能爲此, 何足有無於我哉?
보완하여 말한다. 공경公卿은 군君·대부大夫이다(상대부가 卿이다). 부형父兄은 종족 중의 높은 사람(宗族尊者)이다(同姓을 父兄이라 한다). 면면勉이란 힘써 서

자원풀이 ■공公은 厶(사사로울 사=私)와 八(여덟 팔)의 회의자로 사적 영역의 테두리(厶)를 깨뜨리는 것(八)을 나타내어 공적公的, 공공公共, 공평公平, 공개公開 등의 뜻을 지녔다. 공적인 것을 집행하는 작위이름(임금, 제후, 장관), 할아버지 항렬의 남성이나 시아버지의 호칭으로도 쓰였다.
■경卿은 갑골문에서 식기를 중간에 놓고 마주 앉은 두 사람(卩)을 그려 손님을 대접하는 모습을 그렸다. 이후 손님을 대접한다는 뜻에서 상대를 존중해 부르는 말로 쓰였고, 이후 경대부卿大夫나 고급관료를 지칭하게 되었다. 그러자 원래 글자는 식食 자를 더해 향饗 자로 분화했다.
■면勉은 力(힘 력)+免(면할 면)의 형성자로 힘껏(力) 노력하다의 뜻이며, 이로부터 면려勉勵하다, 격려激勵하다의 뜻이 나왔다.
■주酒는 水(물 수)+酉(닭 유·술을 담은 그릇)의 형성자. 술독(유)에 담긴 액체. 술, 술을 마시다, 술자리 등의 뜻이다.

로 구제해 준다는 뜻이다. 곤곤(困)이란 덮쳐오는 것에 당하는 것(被其所掩)이다. 『역』「곤괘」에서 말했다. "주사 때문에 피곤했다(困于酒食)." ○보완하여 말한다. '내가 거칠게나마 이런 것을 할 수 있지만, 어찌 나에게 할 수 있다·없다고 말할 것이 있겠는가?'라는 말이다.

■侃曰: "言我何能行此三事, 故云, '何有於我哉.'" ○邢曰: "他人無是行, 於我, 我獨有之, 故曰'何有於我哉'." ○駁曰 皆非也. 如侃之說則太謙也, 如邢之說則太傲也.

황간이 말했다. "'내가 이 세 가지를 능히 할 수 있겠는가?'라는 말이다. 그러므로 '하유어아재何有於我哉(어찌 나에게 있겠는가?)'라고 말했다." ○형병이 말했다. "다른 사람에게는 이런 행실이 없고 나에게서만 유독 이런 것이 있기 때문에 '하유何有(누구에게 있는가?) 어아재於我哉(나에게 있다).'라고 말했다." ○논박하여 말하면, 모두 그릇되었다. 황간의 설과 같다면 너무 겸손하고, 형병의 설과 같다면 너무 오만하다.

비평 —— 7:2에서와 마찬가지로 '하유어아재何有於我哉'에 대해 세 가지 해석이 있다. 다산은 '이런 것들이 공자 자신에게만 있다.'고 해석한 고주는 공자를 너무 오만하게 보았다고 비판한다. 또한 공자가 '이런 것들에 능할 수 없다고 말했다.'고 해석한 주자에 대해서는 너무 겸손한 것이라고 비판한다. 우리는 7:2에서와 마찬가지로 고주의 해석은 일단 잘못되었다고 생각한다. 주자와 다산의 해석은 일장일단이 있지만, 결국은 같은(能=足) 해석으로 수렴될 수 있는 것이라고 생각한다.

■곤困은 口(에워쌀 위)+木(나무 목)의 회의자로 나무가 사방의 우리 안에 둘러싸여 있는 모양으로 마음대로 하지 못하는 것, 힘든 모양, 피곤疲困한 상태를 나타낸다. 혹은 口는 네모로 둘러쳐진 집이나 방을 상징하여, 변변한 가재도구 하나 없이 나무木만 덩그러니 남은 곤궁困窮한 모습을 나타낸다.

9:16. 子在川上曰: "逝者如斯夫. 不舍晝夜."

고주 —— 공자께서 시냇가에 계시면서 말씀하셨다. "(무릇 작금에 생겨났던 일: 時事들이) 가는 것은 (지나가면 되돌아오지 않는) 이것(시냇물)과 같을 것이다! (시냇물이 흘러감이) 주야로 그치지 않는구나(역사적 사건들은 시냇물과 같이 흘러 지나간다.)!"

주자 —— 공자께서 시냇가에 계시면서 말씀하셨다. "가는 것(천지의 조화=도체의 운행)은 이것(시냇물)과 같을 것이다! 주야로 그치지 않는구나(도체의 본연은 이 시냇물처럼 한 순간도 그치지 않고 운행되니, 군자도 이를 본받아 자강불식해야 한다)!"

다산 —— 공자께서 시냇가에 계시면서 말씀하셨다. "(우리네 인생이) 가는 것은 이것(시냇물)과 같을 것이다! 주야로 그치지 않는구나(물은 한 번 흘러가면 다시 되돌아오지 않듯이, 인간의 시간 또한 그러하니, 進德修業하는 때를 놓치지 않아야 한다.)."

집주 —— ■天地之化 往者過하고 來者續하여 無一息之停하니 乃道體之本

자원풀이 ■천川은 양쪽 강 언덕 사이로는 흐르는 물(水)을 그려 강江을 형상화했다. 천川은 강 이외에도 강 주위로 넓게 펼쳐진 평야를 뜻한다. 또한 다른 문화와의 교류와 교통이 강을 따라 이루어졌기 때문에 소통疏通을 의미하기도 한다. 사천성四川省을 줄여 부르는 말로도 쓰였다.
■서逝는 辵(쉬엄쉬엄 갈 착)+折(꺾을 절)의 형성자로 다른 곳으로 가다(辵)의 뜻으로 서거逝去에서처럼 죽다, 달리다, 없어지다 등의 의미이다.
■사舍는 口(입 구)+余(나 여)의 형성자로, 口는 건축물의 기단을 余는 기단 위에 세운 기둥과 지붕인데, 길을 가다가 머물도록 임시로 지은 집을 말했다. 옛날에는 30리마다 1舍를 만들었다. 임시 막사에 머물 손님은 잠시 머물렀다 떠나므로, 버리다(捨) 등의 뜻도 나왔다. 여기서 불사주야不舍晝夜의 사舍는 식지息止 혹은 지식止息, 쉬다, 멈추다는 뜻이다.

然也라 然이나 其可指而易見者 莫如川流라 故로 於此에 發以示人하시니 欲
學者時時省察하여 而無毫髮之間斷也니라

천지의 조화는 가는 것은 지나가고, 오는 것은 이어져 한순간도 멈춤이 없으
니, 곧 도체道體의 본연이다. 그러나 그것을 (본연의 모습을) 가리켜서 쉽게 드
러낼 수 있는 것으로는 시냇물의 흐름만한 것이 없다. 그래서 여기에서 드러
내서 사람들에게 보여주셨으니, 배우는 자가 그때그때 성찰하여 터럭만큼의
순간에도 끊어짐이 없기를 바라신 것이다.

■程子曰 此道體也니 天運而不已하여 日往則月來하고 寒往則暑來하며 水
流而不息하고 物生而不窮하여 皆與道爲體하여 運乎晝夜하여 未嘗已也라
是以로 君子法之하여 自强不息하나니 及其至也엔 純亦不已焉이니라

정자가 말했다. "이것이 도체道體이다. 하늘이 운행하여 그치지 않고, 해가
가면 달이 오고, 추위가 가면 더위가 오고, 물이 흐르되 쉬지 않고, 만물이 생
겨남에 끝이 없는 것은 모두가 도와 함께 일체를 이루어 밤낮으로 운행함이
일찍이 그친 적이 없다. 그러므로 군자는 이것을 본받아 스스로 힘써 노력하
여 쉬지 않아(自强不息) 그 지극한 데에 이르면 순수하여 또한 그치지 아니한
다(『중용』 26장)."

■又曰 自漢以來로 儒者皆不識此義하니 此見聖人之心이 純亦不已也니 純
亦不已는 乃天德也라 有天德이라야 便可語王道니 其要只在謹獨이니라

또 말했다. 한漢나라 이래 유자儒者들은 모두 이 구절의 뜻을 알지 못했다. 이
는 '성인의 마음이 순수하면서도 또한 그치지 않는다.'는 것을 보여준다. 순
수하면서도 또한 그치지 않은 것은 곧 하늘의 덕(天德)이다. 하늘의 덕이 있
으면 곧 왕도王道를 논할 수 있는데, 그 요체는 근독(謹獨=愼獨:홀로 있음을 삼

■주晝는 갑골문에서 聿(붓 율)과 日(날 일)로 붓(聿)으로 글을 쓸 수 있는 햇빛(日)이 있는 시간대인 낮을 말했다.
■야夜는 夕(저녁 석)+亦(또 역)의 형성자로 밤(夕), 깊은 밤, 황혼, 해뜨기 전의 시간, 캄캄함, 밤 나들이의 뜻이다.

감)에 있다.

■ 愚按 自此至終篇은 皆勉人進學不已之辭니라

어리석은 내가 살핀다. 여기서부터 이 편의 끝까지는 모두 사람들에게 학문에 끊임없이 정진할 것을 권면하는 말이다.

고금주 ── ■補曰 逝者, 人生也. 自生至死, 無時不逝. 斯, 爲川也. 舍, 止息也. ○邢曰: "見川水之流迅速, 且不可追復, 故感之而興歎."

보완하여 말한다. 가는 것(逝者)이란 인생人生인데, 태어나서 죽을 때까지 어느 때든 가지 않음이 없다. 사斯는 시내(川)이다. 사舍는 그쳐서 쉬는 것(止息)이다. ○형병이 말했다. "(공자께서) 시냇물의 흐름이 매우 빠르고, 또한 되돌릴 수 없음을 보신 까닭에 감응하여 탄식하신 것이다."

■包曰: "凡往也者, 如川之流." ○案 逝者之爲何物, 注疏皆不明言, 將謂之日月之光陰乎? 光陰者, 晝夜也. 謂晝夜, 不舍晝夜, 其言無味, 將謂之'天地化生之機·天體健行之運, 晝夜不息'乎? 天道循環, 無往不復, 非如川流之一逝而不反, 其喻未切. 惟吾人生命, 步步長逝, 無一息之間斷, 如乘輕車而下斜坂, 流流乎不可止也. 君子進德修業, 欲及時也, 而學者恆忘此機, 此夫子所以警之也. 《孟子》曰: "源泉混混, 不舍晝夜." 別是一義, 非此經之所宜引

포함이 말했다. "모든 가는 것(凡往也)이란 시냇물의 흐름과 같다." ○살핀다. 가는 것(逝者)이 무엇인지에 대해 모든 주注·소疏들은 명확하게 말하지 않았다. (1) 장차 일월의 광음(光陰:세월)이라고 말할 것인가? (그런데) 광음이란 주야晝夜이다. 주야를 말한다면 (뒤의 구절의) 주야로 쉬지 않는다(不舍晝夜)는 말이 그 맛을 잃게 된다. (2) 장차 천지가 (만물을) 화생하는 기틀·천체天體의 건건한 운행이 주야로 그치지 않는다고 할 것인가? 천도는 순환하여 가서 되돌아오지 않음이 없는 것은 시냇물은 흘러 한 번 가면 되돌아오지 않는 것과 같지 않으니, 그 비유가 적절하지 않다. 따라서 (3) 오직 우리 인간의 생명만

한 걸음 한 걸음 멀리 떠남(步步長逝)에 한순간도 간단(間斷)함이 없는 것은, 마치 가벼운 수레를 타고 비탈길을 내려가는 데 그치거나 거침이 없는 것과 같다. 군자가 덕에 나아가고 학업을 닦는 것은 때를 놓치지 않고자 하는 것인데, 배우는 자들은 항상 이러한 기틀을 잊고 있다. 이것이 공자께서 경계하신 것이다. (『맹자』「이루하」에서 "근원이 있는 물은 용솟음쳐 흘러나와 주야로 그치지 않는다:源泉混混不舍晝夜."고 하였는데, 이 또한 다른 하나의 뜻이니, 이 경문에서 마땅히 인용한 것이 아니다.)

비평 —— 주야로 끊임없이 흐르는 물을 보고, 우리는 무엇을 느낄까?

> (1) 물 흐르듯이 흘러가는 역사적 사건들 (고주)
> (2) 한순간도 쉬지 않고 운행되는 천지자연의 기틀 (주자)
> (3) 한 번 흘러가면 되돌아오지 않는 우리 인생 (다산)

고주의 주석가들은 주야로 끊임없이 흘러가서 되돌아오지 않는 시냇물의 흐름에서 역사와 역사적 사건의 무상함을 보았다. 주자는 여기서 '끊임없음'에 주목한다. 천지가 만물을 조화발육시킴이 이렇게 한순간도 쉬지 않고 운행된다는 것이다. 따라서 우리도 이를 본받아 끊임없이 노력하여야 한다(自强不息)는 것이 주자의 해석이다. 주자는 「관란사觀瀾詞」에서 말했다.

> 시냇물이 흘러 쉬지 않는 것을 보니 觀川流之不息兮
> 근원이 끝이 없다는 것을 깨닫노라! 悟有道體之無窮

하늘에 해와 달이 운행하고, 추위가 오고 더위가 가고, 물이 흐르고 만물이 태어나는 등과 같은 일들이 쉬지 않고 끊임없이 일어나는 것이 바로 도의 형적이다. 도의 형적이 이와 같기에 무형의 도 또한 쉬지 않고 끊임없이 작용함을 알 수 있다. 따라서 도의 작용이 쉬지 않듯이, 도를 체득하고자 하는 군자 또한 끊임없는 도의 작용을 본받아 자강불식自强不息(스스로 노력하여 쉬지 않는다)해야 한다는 말이다.

글자의 원의에 충실하고자 했던 다산은 여기서 '서逝'는 辵(가다) + 折(꺾이다)로 구성된 형성자로 다른 곳으로 가다(逝去), 달리다, 없어지다 등의 의미를 지니는 것에 주목한다. 요컨대, 다산에 따르면, 물이란 끊임없이 흘러 지나가서, 없어진다는 것이다. 따라서 물이 흘러가서 없어지듯이, 모든 것은 때가 있으니, 적시에 적절한 것을 함으로써 시간을, 인생을 낭비하지 말라는 것이다. 여기서 다산의 메세지는 "carpe diem(Seize the day; 지금 이 순간을 잡아라)"이 아닐까? 그렇다면 고주의 메세지는 "hoc quoque transibit(This too shall pass; 이 또한 지나가리라)"라 할 것이다.

9:17. 子曰: "吾未見好德如好色者也."

고주 —— 공자께서 말씀하셨다. "나는 덕을 좋아하기를 색을 좋아하듯 하는 자를 아직 보지 못했다."

주자 —— 공자께서 말씀하셨다. "나는 덕을 좋아하기를 색을 좋아하듯 하는 자를 아직 보지 못했다."

다산 —— 공자께서 말씀하셨다. "나는 (도심으로) 덕을 좋아하기를 (인심으로)

색을 좋아하듯 하는 자를 아직 보지 못했다."

집주 —— ■謝氏曰 好好色, 惡惡臭는 誠也니 好德을 如好色이면 斯誠好德矣
라 然이나 民鮮能之니라

사량좌가 말했다. "아름다운 색을 좋아하고(好好色), 나쁜 냄새를 싫어하는
것(惡惡臭)은 진실함(誠)이다. 덕을 좋아하기를 아름다운 색을 좋아하듯이 하
는 것, 이것이 진실로 덕을 좋아하는 것이다. 그러나 백성들이 능히 그렇게
할 수 있음은 드물다."

■史記에 孔子居衛하실새 靈公이 與夫人同車하고 使孔子爲次乘하여 招搖
市過之한대 孔子醜之라 故로 有是言이라 하니라

『사기』(「공자세가」)에, "공자께서 위衛나라에 계실 때, 영공靈公이 부인夫人과
수레에 동승하고, 공자께는 다음 수레에 타게 하고, 손을 흔들며 저자를 지나
갔다. 공자께서 이것을 추하게 여기신 까닭에 이 말씀을 하셨다."

고금주 —— ■何曰: "疾時人薄於德而厚於色, 故發此言." ○徐奮鵬曰: "好德
者, 道心也. 好色者, 人心也. 人心反眞切, 道心反冷淡."

하안이 말했다. "(공자께서) 당시 사람들이 덕에는 박하고(薄於德) 색에는 후한
것(厚於色)을 미워하셨기 때문에 이 말씀을 하셨다." ○서분붕이 말했다. "덕
을 좋아하는 것은 도심道心이고, 색을 좋아하는 것은 인심人心이다. 그런데도
인심에는 도리어 참되고 절실하고, 도심에는 도리어 냉담하다."

자원풀이 ■호好는 女(여자) + 子(자식)로 구성되어, 자식을 안은 어미를 나타내는 것으로, 어미가 자식을 좋아함
이라는 뜻에서 선호하다, 좋다, 훌륭하다는 의미가 형성되었으며, 부사로 매우, 잘 등의 의미를 지니게 되었다.
■색色은 일반적으로 人+卩(병부 절 =節)의 회의자로 사람의 심정은 그대로 안색으로 나타나는데, 이는 마치 부절
符節을 맞추는 것과 같기 때문에 안색顔色을 뜻하고, 인신하여 빛깔의 뜻이 되었다. 그러나 색色이란 후배위後背位
의 성애 장면을 그린 것으로, 성애 과정에서 흥분된 '얼굴색'이며, 이로부터 색깔은 물론 성욕과 성욕의 대상인 여
자, 여자의 용모, 나아가 기쁜 얼굴색(喜色), 정신의 혼미함 등의 뜻이 나왔다고도 한다.

비평 —— 특별한 쟁점이 없다. 다산은 서분붕의 인심과 도심에 의한 해석을 인용하였다. 아름다운 색을 좋아하고(好好色), 악취를 싫어함(惡惡臭)은 동서 고금의 인간의 일반적인 기호로서 인심人心이라고 한다. 그런데 인의예지와 같은 덕을 좋아하는 마음을 도심道心이라고 한다. 인심은 흔하게 때로는 너무 많이 발현되기에 위태롭다고 한다. 도심은 아주 미세하게 드러나기에 은미하다고 한다. 그런데 좋은 색을 좋아할 정도로 덕을 좋아한다면, 진정 덕을 좋아하는 사람으로, 군자, 현자, 나아가 성인으로 나아갈 수 있다. 그러나 자연적인 일상인들이 인심처럼 도심을 흔하게 자주 발현하는 것은 쉽지 않다.

주자는 『사기』「공자세가」의 구절을 인용하여 공자께서 위나라에 계실 때에 영공靈公이 부인과 같은 수레를 타고, 자신은 그다음 수레를 타게 하면서 떠들썩하게 저자를 지나가는 것을 보면서 이를 추하게 여겨 이 말씀을 하였다고 하였다. 다산 또한 주자의 이 해석을 인용하였다. 고주는 당시 사람들이 덕을 박대하고, 색을 후대하는 것을 미워하신 것이라고 해석하였다. 고주는 일반론으로 해석하였고, 주자와 다산은 구체적인 상황을 제시하였다. 그러나 상호 모순되지는 않는다.

❧

9:18. 子曰: "譬如爲山, 未成一簣, 止, 吾止也. 譬如平地, 雖覆一簣, 進, 吾往也."[覆, 入聲]

고주 —— 공자께서 말씀하셨다. "(도덕에 매진함은) 산을 쌓음에 비유하면, (공력을 많이 들인 자가) 한 삼태기의 흙을 (붓지 않아 산을) 이루지 못하고 그만 두었다면, (이전이 공이 많다고 하더라도 훌륭하게 여기지 않고, 완수하려고 하지 않았기 때문에) 나(=공자) 역시 (돕기를) 그만 둔다. (덕을 증진하고 학업을 닦는 일을) 평지 (에 산을 쌓는 일)에 비유하면, (비록 이전의 공이 많지 않을더라도 나아가 공력을 들이려 하면) 비록 한 삼태기의 흙을 부었더라도 (나는 그 공력이 적다고 박대하지 않고) 정진하면 (힘쓰고 쉬지 않는다면) 나도 나아간다(돕는다)."

주자 —— 공자께서 말씀하셨다. "(배우는 자가 스스로 힘써 노력하여 그치지 말아야 함을) 산을 쌓음에 비유하면, 한 삼태기를 이루지 못하고 멈춘 것은, 내(=산을 쌓는 자)가 멈춘 것이다(나에게 달려 있지, 남에게 달려 있지 않다). 땅을 고르는 일에 비유하면, 비록 한 삼태기를 펴다 부었더라도, 나아감은 내가 (스스로) 나아감이다."

다산 —— 공자께서 말씀하셨다. "(덕에 나아가고 학업을 닦음:進德修業은) 산을 쌓음(假山을 만듦)에 비유하면, (거의 이루어 놓고) 한 삼태기를 이루지 못하고 그만 두었다면, 내(=산을 쌓는 자)가 그만 둔 것이다(나에게 달려 있지, 남에게 달려 있지 않다). (산을 만듦에 아무런 의지할 높은 곳이 없는) 평평한 땅에 비유하면 비록 한 삼태기의 흙을 쏟아 부었더라도, 나아감은 내가 (스스로) 나아감이다."(覆은 入聲이다.)

자원풀이 ■궤簣는 갑골문에서 두 손과 광주리, 그리고 흙(土)의 형상으로 흙속에서 뭔가를 파내는 모습을 그려, 흙에서 무엇을 파내다가 기본 뜻이다. 흙이나 갯벌에서 파낸 것은 조개(貝)와 같이 아주 귀한 것이었기 때문에 이에 귀하다는 뜻이 생겼다. 삼태기를 나타낼 때는 '竹(대 죽)'을 더하여 궤簣로, 옮기다는 뜻으로 쓰일 때는 辵(갈 착)을 더하여 견遺(유) 등으로 쓰인다.
■평平은 저울, 평지에서 쓰는 농기구, 나무를 평평하게 깎는 손도끼 등을 그린 상형자라 한다. 그런데 『설문』에서는 亏(于)와 八(여덟 팔)로 이루어진 악기(亏)에서 소리가 퍼져(八) 나오듯 평탄하게 잘 나오는 것을 말한다고 했다. 평평平平하다가 원뜻이고, 균분均分과 공평公平 등의 뜻이 나왔다.
■복覆은 襾(덮을 아)+復(돌아올 복)의 형성자로 어떤 물체를 뒤덮다(襾), 가리다, 뒤집다, 뒤엎다 등의 뜻이다.

집주 —— ■簣는 土籠也라 書曰 爲山九仞에 功虧一簣라 하니 夫子之言이 蓋出於此라 言山成而但少一簣하여 其止者도 吾自止耳요 平地而方覆一簣나 其進者도 吾自往耳라 蓋學者自强不息이면 則積少成多하고 中道而止면 則 前功盡棄니 其止其往이 皆在我而不在人也니라

궤簣는 흙 삼태기(土籠)이다. 『서경』「주서, 여오」에서 말하길, "아홉 길 산을 쌓는 데, 공적이 한 삼태기가 부족하여 무너진다."고 하였는데, 대개 공자의 말씀은 여기서 나왔다. '산을 쌓을 때, 단지 한 삼태기가 모자라는 데에도 산을 쌓기를 멈추면 내가 스스로 그친 것일 뿐이고, 땅을 고르는데 바야흐로 한 삼태기를 깔았더라도 그 나아간 것은 내가 스스로 간 것일 따름'이라는 말씀이다. 대개 배우는 사람은 스스로 힘써 노력하여 그치지 않으면(自彊不息) 조금씩 쌓아 가서 많이 이루고, 중도에서 그만두면 이전의 공로가 전부 폐기된다. 그 멈춤과 그 나아감은 모두 나에게 달려 있지, 남에게 달려 있지 않다.

고금주 —— ■補曰 爲山, 築土爲假山也. 覆, 倒瀉也. 吾, 指造山之人也. 垂將 成而沮止者, 亦吾所止也, 無所藉而奮進者, 亦吾所往也. 以喩進德修業.

보완하여 말한다. 위산爲山은 흙을 쌓아 가산假山을 만드는 것이다. 복覆은 쏟아 붓는 것(倒瀉也)이다. 오吾는 산을 만드는 사람을 가리킨다. 거의 이루어질 무렵에 그만두는 것도 내가 그만두는 것이고, 아무런 의지할 곳도 없는데도 분발하여 나아가는 것도 내가 나아간 것이다. 이것으로 진덕수업進德修業을 비유하였다.

■包曰: "中道止者, 我不以其前功多而善之."[見其志不遂, 故不與也] ○馬曰: "始 覆一簣, 我不以其功少而薄之."[據其欲進而與之] ○駁曰 非也.

포함이 말했다. "중도에 그치는 사람(中道止者)은 나는 그가 이전의 공이 많더라도 좋게 여기지 않는다."(그 뜻을 완수하지 못한 것을 보았기 때문에 돕지 않는다.) ○마융이 말했다. "비로소 한 삼태기를 쏟아 부었더라도 나는 그 공이 적

다고 여겨 박대薄待하지 않는다."(그가 나아가고자 한 것에 의거하여 돕는다는 것이다.) ○논박하여 말하면, 그릇되었다.

비평 —— 이 글은 『서경』「주서周書, 여오旅獒」편을 인용한 것이다.

> 오호라! 아침 일찍부터 늦은 밤에라도 늘 부지런 하소서. 세세한 행동도 조심하지 않으면 마침내 큰 덕에 누가 될 것입니다. 아홉 길의 산을 쌓았는데, 한 삼태기 부족하여 공이 무너지리니, 진실로 이렇게 행하시면 생민이 그 거처를 보전하여 세세토록 왕이 되실 것입니다. (鳴呼 夙夜罔或不勤 終累大德 爲山九仞 功虧一簣 允迪玆 生民保厥居 惟乃世王.)

이 글은 현행 『서경』의 고문에는 나오지만, 금문에는 나오지 않는다. 주자는 고문에 대해 비록 회의懷疑는 했지만, 완전히 부정하지는 않았다. 그런데 다산은 『서경』의 고문은 매색梅賾이 위조한 것으로 보았기 때문에 『매씨서梅氏書』라 하였다. 공자는 이 말을 학문에 나아가는(進德修業) 사람들을 독려하는 말로 해석하여 제시했다고 생각된다. 공자가 제시한 학문은 철저히 자기를 정립하여 자기를 완성하는 위기지학(爲己之學)이다. 나의 타고난 본성의 덕을 이루는 이러한 학문의 길에 갈 때, 나아간 것은 내가 나아간 것이지 다른 사람이 아니다.

따라서 비록 한 걸음 나아갔다고 할지라도 그만큼 내가 나아간 것이기에 나아가지 않는 것보다 훌륭하다. 비록 거의 다 나아가고 그쳤다고 할지라도, 그 그친 것은 내가 그친 것이지 남이 그치게 한 것은 아니다. 따라서 비록 작은 걸음이라고 하더라도 좌절하지 말고 부지런히 나아가고, 부지런히 나아가 거의 다 이루었다고 만족하지 말고 완전한 성인을 목표로 계속 정진해야 한다는 것이다. 바로 이러한 위기지학爲己之學의 관점에서 해석한다면, 다산의 고주에 대한 비평은 타당하다고 할 것이다.

～∽⌒∽～

9:19. 子曰: "語之而不惰者, 其回也與."

고주 —— 공자께서 말씀하셨다. "(내가) 말을 해 주면서 (그 말을 전부 이해하기 때문에, 그 말을 해 주는 데에) 게을리 하지 않은 자는 안회일 것이다." (나머지 제 자들은 말해 주어도 이해하지 못했기 때문에, 내가 말을 해 줄 때에 게을리 하였다.)

주자 —— 공자께서 말씀하셨다. "(내가) 말을 해 주면 (나의 말을 실천하는 데에) 게으르지 않은 자는 안회일 것이다."

다산 —— 공자께서 말씀하셨다. "(내가) 말을 해 주면 (그 말을 기뻐하면서 부지런히 실천하여) 게으르지 않은 자는 안회일 것이다."

집주 —— ■惰는 懈怠也라 范氏曰 顔子聞夫子之言하고 而心解力行하여 造次顚沛라도 未嘗違之하니 如萬物得時雨之潤하여 發榮滋長하니 何有於惰리오 此群弟子所不及也니라
타惰는 게으르고 태만함(懈怠)이다. 범조우가 말했다. "안자는 공자의 말씀을

자원풀이 ■어語는 言(말씀 언)+吾(나 오)의 형성자로 말(言)로 논의하는 것으로 언어言語, 문자라는 뜻이 나왔다.
■타惰는 心(마음 심)+'제사고기 나머지 타'의 형성자로 마음(心)의 상태가 나태하여 게으른 것을 말한다. 궁핍하다, 불경스럽다, (행동거지가) 가볍다 등의 뜻이다.

듣고 마음으로 이해하고 힘써 행하여 잠깐 사이에도(造次), 엎어지고 자빠질 때(顚沛)에도 일찍이 어기지 않았다. 마치 만물이 때에 맞게 내리는 단비를 얻어 꽃을 피우고 무성하게 자라는 것과 같으니, 어찌 게으름이 있겠는가? 이것이 여러 제자들이 미치지 못하는 바이다.”

고금주 —— ■ 補曰 不惰, 謂顏子聽夫子之言, 而欣勤不怠也.

보완하여 말한다. 불타不惰는 안자가 공자의 말씀을 들으면, 기뻐하면서 (그 실천에) 부지런하고 게으르지 않은 것이다.

■ 何曰: “顏淵解, 故語之而不惰, 餘人不解, 故有惰語之時.”[邢云: “餘人不能盡解, 故有懈惰於夫子之語時.”] ○毛曰: 〈學記〉曰, ‘古之教者, 時觀而勿語.’ 必力不能問, 然後語之. 語之而不知, 則舍之. 舍即惰也.” ○駁曰 非也. 何晏之說謬, 故邢昺似從而實違之, 蕭山欲强辨而重建之, 不亦拗乎? 子曰: “回也於吾言, 無所不悅.” 語之而不惰者, 言之而悅也.

하안이 말했다. “안연은 이해했기 때문에 (공자께서) 말씀해 주시면 게으르지 않았지만, 나머지 제자들은 이해하지 못했기 때문에 말씀해 주실 때 게으름이 있었다.”(형병이 말했다. “나머지 사람들은 다 이해하지는 못했기 때문에 공자께서 말씀해 주실 때에 게으름이 있었다.”) ○모기령이 말했다. “『예기』「학기」에서 ‘옛날의 가르침은 때때로 살피되, 말해 주지 않았다.’고 말했다. 반드시 힘을 다했지만 능히 묻지 못한 연후에 말해 주니, 말해 주어도 알지 못하면 놓아 둔다(舍). 놓아 두는 것이 곧 게으름이다.” ○논박하여 말하면, 그릇되었다. 하안의 설이 오류인 까닭에 형병이 흡사 추종한 것 같지만, 실제로는 그것과 다르다. 모기령은 강변하여 다시 세우고자 했지만, 또한 억지가 아니겠는가? 공자께서는 “안회는 나의 말에 대해 기뻐하지 않는 것이 없다.”고 하셨으니, 어지이불타語之而不惰란 ‘말해주면 기뻐한 것’이다.

비평 —— 어지이불타자語之而不惰者에서 불타不惰의 주체에 대해 고주의 하안은 말해 주는 공자라고 하였다. 이에 대해 주자는 그 말을 듣고 실천하는 안회라고 보았다. 다산은 주자의 해석이 옳다고 본다. 주자와 다산의 해석이 『논어』의 다른 구절과 연관하여 보았을 때, 타당하다고 생각된다.

❧

9:20. 子謂顏淵曰: "惜乎! 吾見其進也, 未見其止也."

고주 —— 공자께서 안연을 평하여 말씀하셨다. "(안연이 일찍 죽은 것은 너무도) 애석하구나! 나는 그가 더욱 나아가는 것만 보았지, 아직 그가 그치는 것을 보지 못하였다."

주자 —— 공자께서 안연을 평하여 말씀하셨다. "(안연이 일찍 죽은 것은 너무도) 애석하구나! 나는 그가 나아가는 것만 보았지, 아직 그가 그치는 것을 보지 못하였다."

다산 —— 공자께서 안연을 평하여 말씀하셨다. "(일찍 죽어, 장차 어디까지 나아갈지 헤아릴 수 없다는 것이) 애석하구나! 나는 그가 나아가는 것만 보았지, 아직

자원풀이 ■석惜은 心(마음 심)+昔(저녁 석)의 형성자로 마음(心)속에 오래(昔) 넣어 둔 채 아끼다의 뜻이다. 애석해하다, 아끼다, 중시하다, 아쉬워하다 등의 뜻이 나왔다.
■진進은 隹(새 추)+辶(쉬엄쉬엄 갈 착)의 회의자로 뒤로 가지 못하고 앞으로만 가는(辶) 새(隹)의 걸음으로 나아가다 뜻이다. 출사하다, 승진하다, 추천하다, 발전하다 등을 말한다.
■지止는 사람의 발과 발가락 셋(가야 할 때, 멈추어야 할 때, 역사를 일구어 나아가는 것)을 그린 상형자로 '그치다'는 물론 '가다'의 뜻으로 다가올 미래까지 포함하는 개념으로 발전하였다.

그가 그치는 것을 보지 못하였다."

집주 —— ■ 進止二字는 說見上章이라 顏子旣死에 而孔子惜之하사 言其方
進而未已也하시니라
진進·지止 두 글자의 설명은 앞 장에서 나왔다. 안자가 죽고 나서 공자께서
애석하게 여기셔서, 그가 바야흐로 정진하되 그치지 않았음을 말한 것이다.

고금주 —— ■ 邢曰: "顏回早死, 孔子於後歎之也."[吳程云: "謂, 猶論也. 與〈雍也〉
篇'子謂仲弓'同."] ○ 補曰 惜其進未可量.
형병이 말했다. "안회가 일찍 죽자, 공자께서 후에 탄식하신 것이다."(오정이
말했다. "謂는 논평:論과 같다.「옹야」편의 '공자께서 중궁을 평하였다:子謂仲弓.'는 말과
같다.") ○ 보완하여 말한다. 그가 나아갈 것을 헤아릴 수 없음을 애석해 하신
것이다.

비평 —— 고주와 주자는 안회가 조사早死한 뒤에 공자가 그것을 애석해 한
것이라고 하였다. 이에 비해 다산은 안회는 계속해서 정진했는데, 조사早死
함으로 그가 계속해서 나아가서 도달했을 경지를 더 이상 헤아릴 수 없음을
애석해 한 것이라고 말했다. 다산의 해석이 설득력이 크다.

9:21. 子曰: "苗而不秀者有矣夫! 秀而不實者有矣夫!"

고주 —— 공자께서 말씀하셨다. "(천지가 만물을 태어나게 함에) 싹은 틔웠으나

꽃을 피우지 못하는 것도 있으며, 꽃은 피웠으나 열매를 맺지 못하는 것도 있을 것인저!"

주자 —— 공자께서 말씀하셨다. "(학문의 완성을 이루는 것을 비유적으로 표현하면) 싹은 틔웠으나 꽃을 피우지 못하는 자가 있고, 꽃은 피웠으나 열매를 맺지 못하는 자도 있을 것이리라! (이런 까닭에 군자는 스스로 노력하는 것을 귀하게 여긴다.)"

다산 —— 공자께서 말씀하셨다. "(천지가 만물을 태어나게 함에) 싹은 틔웠으나 (애석하게도) 꽃을 피우지 못하는 것도 있으며, 꽃은 피웠으나 (애석하게도) 열매를 맺지 못하는 것도 있을 것인저!"

집주 —— ■穀之始生曰苗요 吐華曰秀요 成穀曰實이라 蓋學而不至於成이 有如此者라 是以로 君子貴自勉也니라
곡식이 처음 나는 것을 묘苗라 하고, 꽃을 피운 것을 수秀라 하고, 열매 맺은 것을 실實이라 한다. 대개 배우되 완성에 이르지 못하여 이와 같은 자가 있다. 이 때문에 군자는 스스로 노력하는 것(自勉)을 귀하게 여긴다.

고금주 —— ■孔曰: "言萬物有生而不育成者, 喩人亦然." ○邢曰: "此章亦以顏回早卒, 孔子痛惜之, 爲之作譬也."

자원풀이 ■묘苗는 艹(풀)+田으로 논밭에서 자란 어린 싹, 후손이나 후대를 뜻하기도 한다. 수秀는 드리워진 이삭에 꽃이 피어 있는 벼의 모양을 상형한 글자이다.
■실實은 宀(집 면)+田(밭 전)+貝(조개 패)의 회의자로 집안에 곡식과 화폐가 가득 들어 있는 모습을 나타낸다. 집안(宀)에 곡식과 재물이 가득 차다의 원뜻에서 출발하여, 과일은 꽃이 수정되어 열매가 열린다는 점에서 과실果實이라는 뜻이, 그리고 열매 맺다는 뜻의 결실結實이라는 말이 되었다.

공안국이 말했다. "만물에는 태어났지만 육성되지 못한 것이 있다고 말씀하셔서, 사람 또한 그러함을 비유하였다." ○형병이 말했다. "이 장 또한 안회가 일찍 죽은 것을 공자께서 통석痛惜하셔서, 그를 위해 비유를 만든 것이다."

■陳櫟云: "或謂孔子惜顏子, 非也." ○駁曰 非也. 顏子雖夭, 德則成熟. 若以此章爲惜顏子, 則嫌不能成德, 故棄邢義也. 然夫子所言者, 天地生物之理也. 天旣生是人, 不與之以年, 使不能充而大之, 是所謂天難諶也. 若以喻學, 則其言泊然無味, 無嗟惋感慨之妙.

진력陳櫟이 말했다. "어떤 사람은 공자께서 안자를 애석해 하신 것이라고 하지만, 그릇되었다." ○논박하여 말하면, 그릇되었다. 안자가 비록 요절했지만, 덕은 성숙했다. 만약 이 장을 안자를 애석해 한 것으로 여긴다면, 덕을 이루지 못했다는 혐의를 받기 때문에 형병의 뜻은 기각되어야 한다. 그러나 공자께서 말씀하신 것은 천지가 만물을 낳는 이치이다. 하늘이 이미 이 사람이 태어나게 하여 오랜 수명을 부여하지 않아, 능히 덕을 충실하게 하거나 크게 하지 못하게 하였다면, 이것이 이른바 하늘은 믿기 어렵다(天難諶)는 것이다. 만약 배움에 비유한다면, 그 말이 담백하여 아무런 맛이 없어 차탄嗟惋과 감개感慨의 묘미가 없게 된다.

비평 —— 주자의 해석에 따르면, 이 장은 곡식의 성장과 성숙을 말하면서, 학문의 완성을 위해 나아가도록 권면한 것이다. 곡식을 키워 열매 맺게 하기 위해서는 때에 맞게 노력을 기울여야 한다. 혹 버려두고 김매지 않거나, 혹 빨리 자란다고 억지로 키워 놓거나, 심지어 하루만 햇볕을 보이고 열흘을 얼리면 싹이 나도 꽃을 피우지 못하고, 꽃이 피더라도 열매 맺지 못한다. 학문 또한 이와 같을 것이다. 혹 자질이 있어도 학문을 하지 않거나, 학문을 하더라도 자신의 것으로 체득함이 없다는 것이다.

그런데 고주의 형병은 만물에는 태어났지만 육성되지 못한 것이 있듯이,

사람 또한 그러함을 비유했다고 했다. 다산은 여기서 고주인 형병의 해석에 찬성하였다. 즉 이 구절을 학문에만 한정하여 말하면, 운명에 대한 찬탄과 감개의 묘미가 없다는 것이다.

주자는 군자의 노력에 초점을 두고 해석했다. 이에 비해 고주와 다산은 천지가 만물을 낳는 이치에 유감이 있음을 찬탄·감개한 것으로 해석한다. 두 해석 모두 통할 수 있는 것으로, 상보적으로 보는 것이 좋겠다.

༺ၜၜႄ༻

9:22. 子曰: "後生可畏, 焉知來者之不如今也? 四十·五十而無聞焉, 斯亦不足畏也已."

고주 —— 공자께서 말씀하셨다. "젊은 사람(後生=年少)들은 (학문을 쌓아 덕을 이룰 수 있으니) 두려워할 만하다. 장래에 태어날 사람들의 도덕(將來之道德)이 오늘날 우리만 못할 것이라고 어찌 알겠는가? 마흔, 쉰이 되어도 (아름다움) 명성이 알려짐이 없다면(令名無聞), 이는 또한 두려워할 만하지 않다."

주자 —— 공자께서 말씀하셨다. "(남은 햇수가 많고 기력이 강성하여 학문을 쌓으면 충분히 기대할 만한) 후생은 (그 형세가) 두려워할 만하다. 어찌 (후생의) 장래가 (우리의) 지금만 못할지 알겠는가? (노력하지 않아) 마흔, 쉰이 되어서도 명

자원풀이 ■외畏는 갑골문에서 얼굴에 커다란 가면을 쓴 귀신(鬼)이 손에 창과 같은 무기를 든 모습을 그렸는데, 자형이 변해 지금처럼 되었다. 무서운 형상의 귀신이 무기를 들고 있어 공포감을 주었으므로, 두려워하다, 경외 敬畏의 뜻이 나왔다.

성이 없다면, 이 또한 두려워할 만하지 않다."

다산 —— 공자께서 말씀하셨다. "젊은 사람(後生=年少)들은 (학문을 쌓아 덕을 이룰 수 있으니) 두려워할 만하다. (현재 우리 시대를 가장 융성한 시기하고 말하지만) 어찌 장래가 지금 우리(공자와 제자들이 상호 만나는 시기)만 못할지 알겠는가? 마흔, 쉰이 되어도 (아름다움) 명성이 알려짐이 없다면(令名無聞), 이는 또한 두려워할 만하지 않다."

집주 —— ■孔子言 後生은 年富力强하여 足以積學而有待하니 其勢可畏라 安知其將來不如我之今日乎아 然이나 或不能自勉하여 至於老而無聞이면 則 不足畏矣니 言此以警人하여 使及時勉學也시니라 曾子曰 五十而不以善聞이 면 則不聞矣라 하시니 蓋述此意니라

공자께서는 "후생後生은 남은 햇수가 많고 기력이 강성하여 학문을 쌓으면 충분히 기대할 만하기에 그 형세가 두려워할 만하니, 어찌 그 장래가 오늘날 우리만 못하다고 하겠는가? 그러나 혹 스스로 노력하지 않아서 늙어서도 알려지지 못한다면 두려울 것이 없다."고 말씀하는 것이다. 이 말씀으로 사람들에게 때에 맞추어 학문에 힘쓰도록 경계하신 것이다. 증자가 말하길, "쉰이 되어도 훌륭하다는 명성이 없으면 알려지지 않는다."고 했는데 대개 이러한 뜻을 기술한 것이다.

■尹氏曰 少而不勉하고 老而無聞이면 則亦已矣어니와 自少而進者는 安知 其不至於極乎아 是可畏也니라

윤돈이 말했다. "어려서 노력하지 않아 늙어서도 명성이 없으면 또한 그것으로 그만이지만, 어려서부터 정진한 자라면 그가 지극한 경지에 이르지 못할지 어찌 알겠는가? 이것이 두려워할 만하다."

고금주 —— ■何曰: "後生, 謂年少." [補云: "猶長者之稱先生."] ○邢曰: "年少之人, 足以積學成德, 誠可畏也." ○補曰 今, 謂孔子與諸弟子相遇之時也. [群弟子常 以當時爲盛際, 故夫子之言如此] ○邢曰: "無聞, 謂令名無聞."

하안이 말했다. "후생後生은 나이가 어리다(年少)는 말이다."(보완하여 말한다. "나이가 많은 사람을 先生이라 칭하는 것과 같다.") ○형병이 말했다. "나이가 어린 사람은 학문을 쌓아 덕을 이루기에 충분하기 때문에 진실로 두려워할 만하다." ○보완하여 말한다. 금수은 공자와 제자들이 서로 만난 시대를 말한다.(여러 제자들이 항상 당시를 융성한 시기로 여겼기 때문에 이와 같이 말씀하셨다.) ○형병이 말했다. "무문無聞은 아름다운 명성이 알려짐이 없음을 말한다."

■邢曰: "安知將來者之道德, 不如我今日也?" ○駁曰 非也. 夫子與後生少年, 度德量力, 較短絜長, 有是理乎?

형병이 말했다. "어찌 장래에 태어날 사람들의 도덕이 우리의 오늘날만 못하다고 할 수 있겠는가?" ○논박하여 말하면, 그릇되었다. 공자께서 뒤에 태어날 어린 나이의 사람과 도덕과 역량을 헤아리고(度德量力), 장단을 견주고 재다니(較短絜長), 이럴 리가 있겠는가?

■王陽明云: "無聞, 是不聞道, 非無聲聞也." ○駁曰 非也.

왕양명王陽明이 말했다. "무문無聞이란 도를 듣지 못한 것이지, 명성이 알려짐이 없음이 아니다." ○논박하여 말하면, 그릇되었다.

비평 —— 후배들은 아직 살날이 많이 남아 있어, 열정을 갖고 부지런히 노력하면 지극한 경지에 도달할 수 있다. 오늘의 우리가 부지런히 노력하지 않으면, 부지런히 노력하는 후배들의 조롱거리가 될 것이니, 두려워할 만하다. 젊었을 때 노력하지 않아 마흔, 혹은 쉰이 되었는데도 이룬 것이 없다면 아마도 더 이상의 진전은 기대하기 어렵기 때문이 두려워할 만한 인물이 되지 못한다. 따라서 젊었을 때에 부지런히 학문에 정진해야 한다.

이 말은 공자께서 젊은이들에게 때를 놓치지 말고 부지런히 학문에 정진하라고 하신 말씀이지, 이룸이 없는 늙은이를 책망한 말이 아니라고 생각된다. 특별한 쟁점은 없다. 다만 다산이 "언지래자지불여금焉知來者之不如今"에 대한 형병의 도덕적인 해석을 비판하는바, 정당하다고 생각된다.

한국 유학의 거목 퇴계 이황(1501-1570)은 이 구절을 인용한 적이 있다. 그는 멀리 안동까지 찾아온 약관의 율곡 이이(1536-1584)와 작별하면서 "세상에 영특한 인재는 한없이 많지만, 옛 학문에 마음 두기를 좋아하지 않는다. 그대처럼 뛰어난 재주를 지닌 젊은 사람이 바른길에 발을 내디뎠으니, 앞으로 성취될 것에 어찌 한량이 있겠는가? 천만 번 부탁하니 스스로 더욱더 원대한 뜻을 기약하시오."라고 당부하였다. 그리고 한 문인(趙穆)에게 보낸 서간에서 다음과 같이 말했다고 전해진다.

> 율곡은 사람됨이 명석하여 섭렵함이 많고 우리 학문에 뜻을 두고 있으니, '후생은 두려워할 만하다(後生可畏)'는 옛 성현의 말씀이 나를 속이지 않음을 비로소 알았다. (『退溪集』 권14, 「答趙士敬書」)

～～～

9:23. 子曰: "法語之言, 能無從乎? 改之爲貴. 巽與之言, 能無說乎? 繹之爲貴. 說而不繹, 從而不改, 吾末如之何也已矣."

고주 —— 공자께서 말씀하셨다. "(과오가 있으면) 올바른 도리로 일러주는 말을 따르지 않을 수 있겠는가? (능히 반드시 스스로) 고치는 것(能必自改之)이 귀하다. 공손恭孫·근경謹敬한 말은 (듣고서) 기뻐하지 않을 수 있겠는가? 능히 실마리를 찾아 실행하는 것(能尋繹行之)이 귀하다. (입으로만) 기뻐하면서도 실마리를 찾지 않고, 따르면서도 고치지 않으면(마음으로 변화하지 않으면:心不化), 그런 사람은 나도 어떻게 할 수 없다."

주자 —— 공자께서 말씀하셨다. "바르게 인도해 주는 말(法語=正言之)은 (사람들이 경탄하는 것이기에) 따르지 않을 수 있겠는가? (면전에서만 따르는 것이 아니라) 고치는 것이 귀하다. 완곡하게 인도하는 말(巽言=婉而導之)은 기뻐하지 않을 수 있겠는가? 실마리를 찾는 것이 귀하다. 기뻐하면서도 실마리를 찾지 않고(그 말의 은미한 뜻이 어디에 있는지를 알지 못하게 되고), (면전에서만) 따르면서 고치지 않으면, 그런 사람은 나도 어떻게 할 수 없다."

다산 —— 공자께서 말씀하셨다. "어긋난 것을 바로잡고 법도로 이끄는 말(法語者=彈拂引法之言)은 (비록 악인일지라도 면전에서는) 따르지 않을 수 있겠는가? (그 과오를) 고치는 것이 귀하다. 유순하게 서로 도와주는 말(巽與=柔順相助之言)은 (비록 악인일지라도 잠시라도) 기뻐하지 않을 수 있겠는가? 그 공을 계승하는 것이 귀하다. 기뻐하면서도 그 공을 계승하지 않고(繹=繼其功) 따르면서도 (그 과오를) 고치지 않으면, 그런 사람은 나도 어떻게 할 수 없다."

자원풀이 ■법法은 본래 '水(물 수:물처럼 공평함)' + '廌(해태 치: 닿기만 해도 그 죄상을 안다는 영험한 짐승) + '去(갈 거)'의 회의문자로서, (1) "죄를 공평하게 알아 죄 있는 자를 제거한다", (2) (去의 대상을 法이라고 하면) 교화의 수단 혹은 방법적인 것이라는 의미를 지닌다. 먼저 법으로는 (1) 형법(惟作五虐之刑曰法:서경), (2) 법령(利用刑人 以正法也:역경), (3) 제도(遵先王之法: 맹자), (4) 도리(法者 天下之程式:관자) (5) 모범(行爲世爲天下法:중용)의 뜻을 지닌다. 또한 방법으로는 수단(教籍兵法:사기), 방식(爲宮室之法:묵자)을 뜻한다. 또한 본으로서 사물의 표준이 되는 도량형度量衡이나 규구준승규矩準繩의 기계器機(工依於法:예기), 그리고 후대에 (부처의) 가르침을 뜻하기도 했다.
■손巽은 갑골문에서 꿇어앉은 두 사람의 모습, 『설문해자』에서는 제수祭需를 갖추다의 뜻이라고 하였다. 제사에 쓸 재료는 가장 훌륭하고 흠 없는 것으로 구별하여 뽑아야(選別) 하기 때문에, 간택揀擇하다, 공손하다, 선발選拔하다의 뜻이 생겼다. 그래서 선選(辵+巽)은 희생할 사람을 뽑아서 보낸다는 뜻이, 찬撰(手+巽)은 훌륭한 문장을 가려

집주 —— ■法語者는 正言之也요 巽言者는 婉而導之也라 繹은 尋其緖也라 法言은 人所敬憚故로 必從이라 然이나 不改면 則面從而已요 巽言은 無所乖忤故로 必說이라 然이나 不繹이면 則又不足以知其微意之所在也니라

법어法語란 '바르게 해 주는 말'이다. 손언巽言이란 '완곡하게 인도하는 말'이며, 역繹은 '그 실마리를 찾는 것'이다. 법언은 사람들이 경탄敬憚하는 것이기 때문에 반드시 따르지만, 고치지 않는다면 면전에서만 따르는 것일 뿐이다. 손언은 어그러지거나 거슬리는 것이 없기 때문에 반드시 기뻐하지만, 실마리를 찾지 않으면 또한 그 은미한 뜻이 어디에 있는지를 알기에 부족하다.

■楊氏曰 法言은 若孟子論行王政之類是也요 巽言은 若其論好貨好色之類是也라 語之而不達하고 拒之而不受는 猶之可也어니와 其或喩焉이면 則尙庶幾其能改繹矣어늘 從且說矣로되 而不改繹焉이면 則是終不改繹也已니 雖聖人이라도 其如之何哉리오

양시가 말했다. "법언法言은 맹자가 왕도정치의 시행을 논한 것과 같은 부류가 그것이다. 손언巽言은 맹자가 재화를 좋아하고 미색을 좋아하는 것과 같은 부류가 그것이다. 말해주어도 깨닫지 못하거나 거부하고 받아들이지 않는 것은 오히려 그렇다고 할 수 있고, 혹시 깨달았다면 도리어 고치거나 찾기를 바랄 수 있다. 따르고 기뻐하면서도 고치거나 찾지 않는다면, 이는 끝내 고치지도 않고 찾지도 않는 것일 뿐이니, 비록 성인이라 하더라도 그를 어찌하겠는가?"

고금주 —— ■補曰 法語者, 彈拂引法之言. [孔云: "人有過, 以正道告之."] 巽與者,

뽑아 글을 만들다(手)의 뜻이 나왔다.
■역繹은 糸(실 사)+睪(엿볼 역)의 형성자로 엉킨 실 중 알맞은 실(糸)을 골라 풀어냄을 말하여 일의 실마리를 풀어내는 것을 말한다.

柔順相助之言. [與, 助也] 言旣正矣, 雖惡人能無面從乎? 言旣遜矣, 雖惡人能無
暫悅乎? ○補曰 改者, 改其過也, 繹者, 繼其功也. [如抽絲之連續不絶]

보완하여 말한다. 법어法語란 어긋난 것을 바로잡고 법도로 이끄는 말이다.
(공안국이 말했다. "사람이 과오가 있으며, 正道로써 일러준다.") 손여巽與란 유순柔
順하게 서로 도와주는 말이다(與는 돕다:助이다). 말이 이미 올바르면, 비록 악
인일지라도 면전에서는 따르지 않을 수 있겠는가? 말이 이미 겸손하면, 비록
악인일지라도 잠시의 기쁨이 없을 수 있겠는가? ○보완하여 말한다. 개改란
그 과오를 고치는 것이고, 역繹이란 그 공功을 계승하는 것이다(실을 뽑음이 연
속되고 끊어지지 않은 것과 같다).

■ 馬曰: "巽, 恭也, 謂恭孫謹敬之言." [侃云: "言有彼人不遜, 而我謙遜, 與彼恭言."]
○駁曰 非也.

마융이 말했다. "손巽은 공손함(恭)인데, 공손恭孫・근경謹敬하는 말이다."(황
간이 말했다. "말에 있어 저 사람이 불손한데도 나는 겸손하여, 저 사람에게 공손한 말을
주는 것을 말한다.") ○논박하여 말하면, 그릇되었다.

■ 鄭曰: "繹, 陳也." [見《釋文》] ○邢曰: "繹, 尋繹也." [必能尋繹其言行之乃爲貴] ○
駁曰 非也. 尋者, 寒而復溫也, 繹者, 繰之不絶也. 混稱尋繹, 何謂也?

정현이 말했다. "역繹은 늘어놓음(陳)이다."(『석문』에 보인다.) ○형병이 말했
다. "역繹은 실마리를 찾는 것(尋繹)이다."(반드시 능히 그 말의 실마리를 찾아 행
하는 것이 귀하다.) ○논박하여 말하면, 그릇되었다. 심尋이란 차가운 것을 다
시 따뜻하게 하는 것(寒而復溫)이다. 역繹이란 고치를 켜서(繰) 끊어지지 않게
하는 것(不絶)이다. 혼동하여 심역尋繹이라고 칭하니, 무엇을 말하는가?

비평 —— 특별히 문제가 될 만한 쟁점은 없으나, 역繹에 대한 해석에 이견이
있다. 고주에서 정현은 '역繹은 늘어놓음(陳)'이라고 했고, 형병은 '실마리를
찾는 것(尋繹)'이라고 했다. 주자는 형병의 해석을 계승했다. 그런데 다산은

심역尋繹은 역繹과 전혀 뜻을 달리하는 것이라고 비판하였다. 문맥상으로는 형병과 주자의 해석이 무난한 것으로 보이지만, 다산의 비판 또한 참조해 보아야 한다고 생각된다.

～∽∽∽～

9:24. 子曰: "主忠信, 毋友不如己者, 過則勿憚改."

고주 —— 공자께서 말씀하셨다. "충 · 신하는 사람을 가까이 하고(主=親), (충 · 신이) 나보다 못한 사람을 벗하지 말며, 허물이 있으면 고치기를 어려워 말라(憚=難)."

주자 —— 공자께서 말씀하셨다. "충 · 신을 위주로 하고, 자기보다 못한 사람을 벗하지 말며, 허물이 있으면 고치기를 꺼리지 말라."

다산 —— 공자께서 말씀하셨다. "충 · 신을 위주로 하고, 자기보다 못한 사람을 벗하지 말며, 허물이 있으면 고치기를 꺼리지 말라."

집주 —— ■重出而逸其半이라
거듭 나온 것인데 그 반은 없어졌다.(「학이」1:8. 子曰, "君子不重 則不威 學則不固. 主忠信 無友不如己者 過則勿憚改.")

고금주 —— ■邢曰: "〈學而〉篇已有此文, 記者異人, 故重出之."
형병이 말했다. "「학이」편에 이미 이 글이 있었는데, 기록한 자가 다른 사람이었기 때문에 거듭 나왔다."

■ 何曰: "愼所主友."[邢云: "凡親狎皆須有忠信者."] ○駁曰 非也. 已見前.
하안이 말했다. "가까이하고 벗할 사람을 신중히 해야 한다."(형병이 말했다.
"무릇 친압할 사람은 모두 반드시 충신한 사람이이어야 한다.") ○논박하여 말하면,
그릇되었다. 이미 앞에 나왔다.

비평 —— 「학이」1:8을 참조하라.

~~~~~

9:25. 子曰: "三軍可奪帥也, 匹夫不可奪志也."

고주 —— 공자께서 말씀하셨다. "삼군의 장수는 (비록 무리가 많지만, 마음이 하
나 되지 않는다면) 빼앗을 수 있지만, 서인(匹夫=庶人)의 의지(志)는 (미약하지만,
자기의 뜻을 지킨다면) 빼앗지 못한다."

주자 —— 공자께서 말씀하셨다. "삼군의 장수는 (용맹이 남에게 달려 있기에) 빼
앗을 수 있지만, 필부의 의지(志)는 (자신에게 달려 있기 때문에) 빼앗지 못한다."

다산 —— 공자께서 말씀하셨다. "삼군의 장수는 빼앗을 수 있지만, 한 지아
비의 의지(志:氣의 將帥)는 빼앗지 못한다(부귀가 넘치게 할 수 없고, 빈천이 움직이
게 할 수 없고, 위무가 굽힐 수 없다)."

집주 —— ■侯氏曰 三軍之勇은 在人하고 匹夫之志는 在己라 故로 帥可奪이

나 而志不可奪이니 如可奪이면 則亦不足謂之志矣니라

후중량이 말했다. "삼군의 용맹은 남에게 달려 있고, 필부의 의지는 자신에게 있다. 그러므로 장수는 빼앗을 수 있어도 의지를 빼앗을 수는 없다. 만약 빼앗을 수 있다면, 또한 의지라고 하기에 부족하다."

고금주 —— ■邢曰: "萬二千五百人爲軍. [大國則三軍] 帥, 將也." ○補曰 匹夫, 一夫也. [猶一馬之謂匹馬]

형병이 말했다. "1만 2천5백 사람이 군軍이다. (大國은 三軍이다.) 수수帥는 장수(將)이다." ○보완하여 말한다. 필부匹夫는 한 지아비(一夫)이다(一馬를 匹馬라 하는 것과 같다).

■孔曰: "三軍雖衆, 人心不一, 則其將帥可奪." ○補曰 不可奪志, 謂富貴不能淫, 貧賤不能移, 威武不能屈.

공안국이 말했다. "삼군三軍은 비록 많지만, 사람들의 마음이 하나가 되지 않는다면, 그 장수를 빼앗을 수 있다." ○보완하여 말한다. 불가탈지不可奪志란 부귀가 넘치게 할 수 없고, 빈천이 움직이게 할 수 없고, 위무威武가 굽힐 수 없음을 말한다.

■邢曰: "匹夫, 庶人也. 士大夫已上有妾媵. 庶人賤, 但夫婦相配匹而已, 故曰匹夫." ○駁曰 非也. 湛甘泉云: "匹夫, 猶言一人也, 非微賤之謂." 此說, 是也.

자원풀이 ■군軍은 車(수레 거)+勻(고를 균)으로 원래는 전차를 고르게 배치함을 말하는데, 이후 고르게 배치된 군대軍隊를 말한다. 공자 당시 주周나라에서는 천자는 6군軍, 큰 영주(諸侯)는 3군, 중 영주는 2군, 소 영주는 1군(12,500명)을 제공해야 한다고 규정하였다. 따라서 삼군이란 큰 제후(諸侯)가 출병시키던 상군上軍, 중군中軍, 하군下軍을 이르던 말로, 전의되어 큰 대군이라는 뜻으로도 사용되었다.
■탈奪은 衣(옷 의->大)+隹(새 추)+寸(마디 촌)의 회의자로 손(寸)으로 잡은 새(隹)를 옷(衣)으로 덮어 놓았으나 날아가 버린 모습이다. 벗어나다, 잃어 버리다, 빼앗다 등의 뜻이다.
■주朱는 『설문해자』에 의하면 소나무의 일종으로 속이 붉은 나무(적심목赤心木)를 나타내는 지사문자에서 '붉다'의 뜻이 나왔다.
■수帥는 巾(수건 건)+師(군사 사)의 형성자로 『설문해자』에 허리에 차고 있는 수건(巾)이라 했는데, 장수들이 허리

匹夫匹婦, 猶言一夫一婦也.

형병이 말했다. "필부匹夫는 서인庶人이다. 사대부士大夫 이상은 첩과 시녀가 있지만, 서인은 비천하여 단지 부부만이 서로 배필이 될 뿐이다. 그러므로 필부라 한다." ○논박하여 말하면, 그릇되었다. 담감천湛甘泉이 말했다. "필부는 한 사람이라고 말한 것과 같으니, 미천한 것을 말하지 않는다." 이 설이 옳다. 필부필부匹夫匹婦는 일부일부一夫一婦라고 말하는 것과 같다.

■輔曰: "志非在外也." ○案《孟子》曰: "志, 氣之帥也." 蓋本於此經.

보광이 말했다. "의지는 밖에 있지 않다." ○살핀다. 『맹자』에서 말했다. "의지는 기운의 장수이다(志 氣之帥也)." 대개 이 경에 근본을 두었다.

비평 —— 삼군과 같은 큰 군대를 통솔하는 장수라고 할지라도 그 부대가 오합지졸이라면 빼앗을 수 있다. 그러나 한 필부의 확고한 의지는 빼앗지 못한다. 삼군의 장수는 그 부대의 존망에 달려 있지만, 필부의 의지는 그 자신의 마음에 달려 있기 때문에 그 사람이 절개를 버리지 않는 한 다른 사람이 빼앗을 수는 없는 것이다. 의지意志와 의사意思는 다른 개념이다. 의사는 단순히 마음이 발동한 것을 말하지만, 의지는 명확한 지향志向과 주재主宰가 있는 것이다. 맹자는 "의지는 몸을 구성하는 기운의 장수이다(志 氣之帥也)."라고 말했다. 다산은 이 구절에 근거를 두고 맹자가 이런 말을 했다고 주장한다. 고주

춤에 차던 수건을 말한다. 이로부터 장수將帥를 뜻하게 되었다. 그리고 '솔(=率)'로 읽어 이끌다, 거느리다는 뜻이다. 장수將帥, 거느리다(솔), 본보기(솔) 등의 뜻이 있다.
■필匹은 주름이 여러 갈래로 진 베의 모습을 그린 상형자이다. 베가 원래 뜻이고, 베를 헤아리는 단위였다. 베1필은 4장丈이다. 이후 말馬을 헤아리는 단위로 확대되었다. 베는 중요한 혼수품이었기에 배필配匹에서처럼 짝이나 배우자의 의미로 쓰이게 되었다.
■지志는 心(마음 심)+之(갈 지)의 형성자로서 마음이 가는 것(心之所之之謂)이라는 의미에서 지향志向, 혹은 마음이 가는 곳으로서의 의미意味(뜻)를 말한다. 이후 지之가 사士(선비 사)로 바뀌어 선비(士)의 굳은 마음(心) 곧 의지意志를 강조하여 주재主宰라는 의미도 지닌다. 志는 意也 從心 之聲, 志是意念 心情 形聲字.

는 현실적인 해석을 했지만, 주자는 위기지학爲己之學과 위인지학爲人之學의 차이에 근거하여 해석한 후중량의 말을 인용하였다. 다산은 두 입장 모두를 취하지만, 필부匹夫를 서인庶人으로 해석한 형병의 주장을 논박하였다.

⚜

9:26. 子曰: "衣敝縕袍, 與衣狐貉者立, 而不恥者, 其由也與!"「不忮不求, 何用不臧?」子路終身誦之. 子曰: "是道也, 何足以臧?"

고주 —— 공자께서 말씀하셨다. "낡은 (천한) 솜옷을 입고, (귀한) 여우나 담비의 갖옷을 입은 자와 함께 있어도 부끄러워하지 않을 사람은 자로일 것이다. (『시경』에서는)「해치지도 않고 탐하지도 않으니, 어찌 선하지 않겠는가?(라고 하였다.)」" 자로가 종신토록 이 구절을 읊자, 공자께서 말씀하셨다. "이 도가 어찌 선하기에 충분하겠는가?"

주자 —— 공자께서 말씀하셨다. "낡은 (천한) 솜옷을 입고, (귀한) 여우나 담비의 갖옷을 입은 자와 함께 있어도 부끄러워하지 않을 사람은 자로일 것이다. (『시경』에서는)「해치지도 않고 탐하지도 않으니, 어찌 선하지 않겠는가?(라고 하였다.)」 자로가 종신토록 이 구절을 읊자, 공자께서 말씀하셨다. "이 도가 어찌 선하기에 충분하겠는가?"

다산 —— 공자께서 말씀하셨다. "낡은 솜옷을 입고, 여우나 담비의 (아름다운) 갖옷을 입은 자와 함께 있어도 부끄러워하지 않을 사람은 자로일 것이다. (『시경』에서는)「미워하지도 않고 탐하지도 않으니, 어찌 선하지 않겠는가?(라

‧고 하였다.)" 자로가 항상 이 구절을 읊자, 공자께서 말씀하셨다. "이 도가 어찌 선하기에 충분하겠는가?"

집주 —— ■敝는 壞也라 縕은 枲著也요 袍는 衣有著者也니 蓋衣之賤者라 狐貉은 以狐貉之皮爲裘니 衣之貴者라 子路之志如此면 則能不以貧富動其心하여 而可以進於道矣라 故로 夫子稱之하시니라

폐敝는 낡은 것(壞)이다. 온縕은 '모시 솜옷'이고, 포袍는 '솜을 넣은 옷'으로 대개 옷 중의 천한 것이다. 호학狐貉은 여우와 담비 가죽으로 지은 갖옷이니, 옷 중의 귀한 것이다. 자로의 뜻이 이와 같으니 빈부에 의해 그 마음이 흔들리지 않고 도에 나갈 수 있었다. 그러므로 공자께서 자로를 칭찬하셨다.

■忮는 害也요 求는 貪也요 臧은 善也라 言能不忮不求면 則何爲不善乎리오 此는 衛風雄雉之詩니 孔子引之하여 以美子路也시니라

기忮는 해치는 것(害)이다. 구求는 탐하는 것(貪)이다. 장臧은 착함(善)이다. '능히 해치거나 탐하지도 않으니 어찌 불선不善하겠는가.'라는 말이다. 이는 『시경』「위풍, 웅치」 편의 시인데, 공자께서 인용하여 자로를 찬미하셨다.

■呂氏曰 貧與富交에 强者는 必忮하고 弱者는 必求니라

여대림이 말했다. "가난한 자와 부유한 자가 사귈 때에는 강한 자는 반드시 해치고, 약한 자는 반드시 탐한다."

자원풀이 ■폐敝는 攴(칠 복)+㡀(옷 해진 모양 폐)의 형성자로 베 조각(巾)을 나무막대로 치는데(攴) 조각편들이 떨어지는 모습을 그려 낡아 처진 베를 나타내었다. 이후 廾(두 손들어 마주잡을 공)을 더해서 弊(해질 폐)자가 나왔다.
■온縕은 糸(실 사)+昷(어질 온)의 형성자로 새 솜(糸)과 헌 솜이 뒤섞인 것을 말하며, 뒤섞이다는 뜻도 나왔다.
■포袍는 衣(옷 의)+包(쌀 포)의 형성자로 아이가 뱃속에 들어 있듯, 몸을 둘러쌀 수 있게 솜을 넣어 만든 큰 겨울옷(衣)을 말한다.
■호狐는 犬(개 견)+瓜(오이 과)의 형성자로 여우를 말한다. 소인배나 나쁜 사람의 비유로 쓰였다.
■학貉(오랑캐 맥)은 豸(발 없는 벌레 치)+各(각각 각)의 형성자로 굴을 파서 속으로 잘 들어가는(各) 짐승(豸)이라는 뜻으로 담비를 말한다. 중국 북방민족을 비하하던 이름으로 쓰일 때는 '맥'으로 읽는다.
■기忮는 心(마음 심)+支(가지 지)의 형성자로 해치다, 거스르다(不忮於衆), 고집스럽다, 흉악하다, 악 등의 뜻이다.

■終身誦之면 則自喜其能하여 而不復求進於道矣라 故로 夫子復言此以警之하시니라

종신토록 읊었다는 것은 스스로 그 능력을 기뻐하여, 다시 도에 나아가기를 구하지 않았다는 것이다. 그러므로 공자께서 다시 이 말씀으로 자로를 경계하셨다.

■謝氏曰 恥惡衣惡食은 學者之大病이니 善心不存이 蓋由於此라 子路之志如此하니 其過人이 遠矣라 然이나 以衆人而能此면 則可以爲善矣어니와 子路之賢은 宜不止此어늘 而終身誦之하니 則非所以進於日新也라 故로 激而進之하시니라

사량좌가 말했다. "나쁜 옷과 나쁜 음식을 부끄러워하는 것은 배우는 자의 큰 병이다. 선한 마음이 보존되지 않는 것은 대개 여기에서 비롯된다. 자로의 뜻이 이와 같아서 다른 사람보다 훨씬 뛰어났다. 그러나 보통 사람이 이것을 할 수 있다면 선하다고 할 수 있지만, 자로와 같은 현인은 마땅히 여기에 그쳐서는 안 되는데, 종신토록 그것을 읊으니 날로 새로운 데로 나아가는 것이 아니다. 그래서 격려하여 나아가게 하셨다."

고금주 —— ■補曰 貉, 似狐善睡. ○李閎祖曰: "忮是疾人之有, 求是恥己之無."［馬云: "忮, 害也."］ ○補曰 人之所欲, 在於富貴逸樂, 人有是則忮之, 我無是則求之, 萬惡皆從此起, 故曰非此二者, 何用不善?［馬云: "臧, 善也."］［案, 立而不恥, 是不忮不求］ ○補曰 終身, 猶恆也.《孟子》云: "樂歲終身飽."］ 不忮不求而止, 則去

■장臧은 臣(신하 신)+戈(창 과)가 의미부이고 爿(나무 조각 장)이 소리부인 형성자로 한쪽 눈(臣)이 창(戈)에 찔린 고분고분한 노예에서 착하다의 뜻이 나왔다. 사람을 잡아와 노예를 삼는다는 뜻에서 장물臟物의 뜻이, 그리고 남에게 빼앗아온 물건을 숨겨 두기 마련이라는 뜻에서 숨기다의 뜻이 나왔다.
■송誦은 言(말씀 언)+甬(길 용)의 형성자로 낭송朗誦하다, 외우다의 뜻이다. 말(言)로 외워 바람 불 듯(風) 술술 읊조린다는 뜻이다.

惡而已, [如無諂無驕, 不如樂道好禮] 故曰何足以臧?

보완하여 말한다. 호학狐貉은 갖옷 가운데 아름다운 것이다. ㅇ이굉조李宏祖가 말했다. "기忮는 남이 지니고 있는 것을 싫어하는 것이고, 구求는 자기에게 없는 것을 부끄러워하는 것이다."(마융이 말했다. "忮는 해치는 것:害이다.") ㅇ보완하여 말한다. 사람이 욕망하는 것은 부귀와 안락에 있다. 남이 이것을 지니고 있으면 미워하고 내가 이것을 지니고 있지 않으면 탐을 내니, 모든 악이 이로부터 일어난다. 그러므로 '이 두 가지가 아니라면, 어찌 선하지 않겠는가?'라고 말하였다.(마융이 말했다. "臧은 善이다.") (살핀다. '서 있어서도 부끄러워하지 않는다'는 것은 '해치지도 않고 탐내지도 않는 것'이다.) ㅇ보완하여 말한다. 종신終身은 항상과 같다.(『맹자』「양혜왕상」에서 말했다. "풍년에는 종신토록 배부르다.") 해치지도 않고 탐내지도 않는 데에서 그치면 악을 제거할 뿐이다(아첨함과 교만함이 없는 것은 도를 즐기면서 예를 좋아하는 것만 못하다). 그러므로 어찌 선할 수 있겠는가?

비평 —— 여기서 종신終身이란 말은 다산처럼 항상으로 해석하는 것이 더 순조롭다. 특별한 쟁점은 없다.

9:27. 子曰: "歲寒, 然後知松柏之後彫也."

고주 —— 공자께서 말씀하셨다. "날씨가 크게 추운 해(歲寒=大寒之歲)가 된 뒤에야 (다른 뭇 나무들은 모두 죽지만) 소나무와 잣나무가 늦게 (조금) 시들거나 상한다는 것을 알 수 있다(군자의 정대함을 알 수 있다)."

주자 —— 공자께서 말씀하셨다. "날이 차가워진(이해관계나 사변을 만남을 비유) 연후에야 소나무와 잣나무(군자의 비유)의 잎이 늦게 시든다는 것을 알 수 있다."

다산 —— 공자께서 말씀하셨다. "(한겨울이 되어) 날이 차가워진 연후에야 소나무와 잣나무의 잎이 (가장 많이 상하지만) 늦게 (봄이 되어 새 잎이 돋아나야 비로소) 마르고 떨어진다는 것을 알 수 있다(탁한 세상을 만난 뒤에는 군자의 올바름을 알게 된다)."

집주 —— ■范氏曰 小人之在治世엔 或與君子無異요 惟臨利害, 遇事變然後에 君子之所守를 可見也니라

범조우가 말했다. "소인도 치세에서는 혹 군자와 다름이 없지만, 오직 이해利害에 당면하거나 사변事變을 만난 뒤에야 군자가 지키는 것을 볼 수 있다."

■謝氏曰 士窮에 見節義하고 世亂에 識忠臣이니 欲學者必周于德이니라

사량좌가 말했다. "선비는 곤궁하면 절의節義를 드러내고, 세상이 혼란하면 충신을 알아볼 수 있다. 배우는 자는 반드시 덕에 풍족(周=足)하길 바라는 것이다."

자원풀이 ■세歲는 步(걸을 보)+戊(다섯째 천간 무)의 회의자로 날이 크고 둥근 낫(戊)으로 걸어가며(步) 곡식을 수확하는 모습을 그렸다. 베다, 수확하다는 뜻이었지만, 수확은 1년 주기이기 때문에 한 해와 나이를 뜻하게 되었다. 그러자 본래 뜻은 도刀를 더하여 귀劌 자로 분화되었다.

■한寒은 집안(宀:집 면)에 사람(人) 옆으로 집단(茻:잡초우거질 망)과 발아래에 얼음(冫)을 그린 것이다. 얼음(冫)이 어는 추위를 막고자 집안(宀) 곳곳에 사람(人) 옆을 짚단(茻)으로 둘러쳐 놓은 모습으로, 차다, 춥다가 원뜻이다. 냉담하다, 빈한貧寒하다, 슬프다, 추운겨울 등의 뜻이다. 세한歲寒이란 설 전후의 추위라는 뜻으로 한겨울의 몹시 추운 것을 말한다.

■송松은 木(나무 목)+公(공변할 공)의 형성자. 소나무이다. 사철 내내 지지 않는 잎 때문에 정절과 장수의 상징.

■백栢은 木(나무 목)+白(흰 백)의 형성자. 속이 흰색(白)을 띠는 나무(木)라는 의미로, 나무이름으로도 쓰인다.

고금주 —— ■補曰 歲寒, 謂至冬木葉黃落也. 彫, 瘁也, 零也. ○何曰: "凡人處治世, 亦能自修整, 與君子同, 在濁世, 然後知君子之正."

보완하여 말한다. 세한歲寒은 '겨울이 되어 나뭇잎이 누렇게 떨어지는 것'을 말한다. 조彫는 마르고(瘁:췌) 떨어짐(零)이다. ○하안이 말했다. "범인凡人도 치세治世에 처해서는 또한 자신을 수식·정리하여 군자와 같아 보이지만, 탁한 세상을 만난 뒤에야 군자의 올바름을 알게 된다."

■何曰: "大寒之歲, 衆木皆死, 然後知松柏小彫傷, 平歲則衆木亦有不死者." ○駁曰 非也. 若歲大寒, 則他木無恙, 松竹多死. 蓋冬榮之木, 至冬猶不斂藏, 故受傷最深, 衆木其氣下行, 故得無恙也. 何晏之說, 其當於理乎?

하안이 말했다. "크게 추워진 해(大寒之歲)에 뭇 나무들이 모두 죽은 이후에 소나무와 잣나무가 조금 시들어 상한 것을 알게 된다. 평년에는 뭇 나무들 또한 죽지 않는 것이 있다." ○논박하여 말하면, 그릇되었다. 만일 날씨가 크게 추우면 다른 나무는 탈이 없지만, 소나무와 대나무는 많이 죽는다. 대개 겨울에 잎이 싱싱한 나무는 겨울이 되면 오히려 염장斂藏을 하지 못하기 때문에 가장 심하게 손상을 받지만, 뭇 나무들은 그 기운이 아래로 내려가기 때문에 탈이 없다. 하안의 설이 어찌 이치에 맞겠는가?

■謝肇淛曰: "松柏後凋, 松柏未嘗不凋也, 但於衆木爲後耳. 凡木皆以冬落葉, 至春而後發葉, 松柏獨以春抽新葉, 旣長而後, 舊葉黃落, 今南中花木有不易葉者皆然也. 迺知聖人下字不苟如此."〔《五雜組》〕○案〈禮器〉云: "松柏貫四時而不改柯易葉." 其觀物之精, 不如《魯論》.

사조제謝肇淛가 말했다. "송백후조松柏後凋는 소나무와 잣나무가 일찍이 잎이 마르지 않은 적이 없으나, 다만 뭇 나무들보다 뒤에 마른다는 것일 뿐이

■조彫는 彡(터럭 삼)+周(두루 주)의 형성자로 조밀하고(周) 화려하게(彡) 무늬를 새기다의 뜻이다. 이로부터 회칠하다, 채색으로 장식하다의 뜻도 나왔다. 조凋(시들다), 조琱(옥을 다듬다)와 통용되기도 한다.
■조凋는 冫(얼음 빙)+周(두루 주)의 형성자. 빽곡히 자란 곡식(周)이 얼음(冫)같은 서리를 맞아 시들어 가는 모습.

다. 무릇 나무는 모두 겨울이 되면 잎이 떨어졌다가 봄이 되면 잎이 피는데, 소나무와 잣나무만은 유독 봄에 새잎이 나오고, 한참 자란 뒤에 옛 잎이 누렇게 떨어진다. 요즘 남쪽 지방의 꽃나무 가운데 잎갈이를 하지 않는 것이 있는데 모두 그런 것이다. 여기서 성인께서 글자를 쓰신 것이 이처럼 소홀하지 않다는 것을 알겠다."(『오잡조』) ○살핀다. 『예기』「예기」에서 송백은 사시를 관통하여 가지와 잎을 갈지 아니한다고 하였는데, 여기에서 사물의 실정을 관찰함이 『노론』만 못하다.

비평 —— 고주에서는 '세한歲寒'을 '크게 추워진 해(大寒之歲)'로 보고, "크게 추운 해에는 뭇 나무들은 모두 죽지만, 소나무와 잣나무가 조금 시들어 상한 것을 알게 된다."고 말한 것으로 해석하였다.

그런데 주자는 세한歲寒을 특별히 추운 어떤 해로 보지 않고, '(매년) 한겨울의 몹시 추운 날이 되면'으로 해석하였다. 주자의 해석이 훨씬 합리적이다.

그러나 고주 및 주자(가 인용한 범씨 및 사씨)의 이 구절의 대의 해석은 큰 차이가 없다. 고주와 주자의 해석에 따라 이 글의 요지를 풀이하면 다음과 같다. 즉 평시에는 군자와 소인, 혹은 역량의 심천은 구분하기 어렵다. 마치 봄과 여름에 만물이 모두 푸르듯이. 그러나 변고變故가 생긴 난세에는 절의節義를 지켜야 할 때가 있으면 소인은 변하지만, 군자는 절개를 지킨다. 마치 차가운 겨울날에 소나무과 잣나무의 잎이 홀로 푸르러 변하지 않는 것과 같이.

추사 김정희가 제주도에 귀양 갔을 때 여전히 후의를 베풀어 주었던 역관 이상적李尙迪의 우의를 기리면서 「세한도歲寒圖」(국보 180호)를 그려주고 썼던 발문跋文 또한 이러한 내용이다.

지난해에는 『만학晩學』과 『대운大雲』 두 문집을 보내 왔고, 올해는 또 『우경문편藕畊文編』을 보내왔으니, 이는 세상에 흔한 일이 아니다. 더구나 천만 리 먼 곳에서 몇 년을 두고 구한 것으로 한때의 일이 아니다. 또한 세상 사람들은 도도하게 오직 권세와 이익만을 추향하거늘, 이와 같이 마음과 힘을 다해 구한 것을 권세와 이익이 있는 자에게 보내지 않고, 이에 바다 밖의 한 초췌하게 메마른 사람에게 보내었다. 세상의 권세와 이익을 추향하는 자들은 태사공(사마천)의 말대로 "권세와 이익으로 합한 자는 권리가 다하면 소원해진다." 그대도 또한 세상의 도도한 흐름 가운데 있는 사람인데, 스스로 초연히 도도한 흐름 밖에 벗어났으니, 권세와 이익으로 나를 보지 않음인가, 아니면 태사공의 말이 틀린 것인가? 공자는 "날이 추워진 뒤에야 소나무와 잣나무가 늦게 시드는 것을 알 수 있다." 고 했다. 소나무와 잣나무는 사계절을 관통해서 시들지 않는다. (去年以晚學大雲二書寄來 今年又以藕畊文編寄來 此皆非世之常有 購之千萬里之遠 積有年而得之 非一時之事也 世之滔滔 惟權利之是趨爲之 費心費力如此 而不以歸之權利 乃歸之海外蕉萃枯稿之人 如世之趨權利者 太史公云 以權利合者 權利盡以交疎 君亦世之滔滔中一人 其有超然自拔於滔滔權利之外 不以權利視我耶 太史公之言非耶 孔子曰歲寒然後 知松柏之後凋 松柏是毌四時而不凋者.)

그런데 여기서 우리는 하나의 잘못된 해석을 발견할 수 있다. 분명 원문은 "세한歲寒한 뒤에 소나무와 잣나무가 늦게 시든다."고 말했지, "사계절 내내 시들지 않는다."고 말하지 않았다. 다산의 해석은 이러한 잘못된 해석을 정확히 적시하였다. 즉 주자 및 주자가 인용하는 글은 다음과 같은 두 가지 잘못된 해석을 할 수 있다.

(1) 소나무와 잣나무 잎이 사계절 푸르다고 해석하면, 본문의 '늦게 시든다(後凋).'와 상충된다.
(2) 본문의 의미를 그대로 살려 단지 '늦게 시든다.'라고만 해석하면, 군자 또한 결국에는 변절하고 마는 사람이 되고 만다고 할 수 있다.

다산은 이러한 잘못된 해석을 정확히 인식하고 있었다. 그리고 소나무와 자연의 실상을 정확히 인식한 것에 바탕하여 이 글을 해석하였다. 즉 '뒤에 시든다'는 것이 봄에 새싹 혹은 새잎이 피어나야 시든다는 것이다. 군자가 자신의 역사적 소명을 완수한 이후에 새로운 세대에게 자신의 임무를 넘기고 역사의 무대 밖으로 사라진다는 것이 다산의 이 구절에 대한 해석이라고 할 수 있다.

9:28. 子曰: "知者不惑, 仁者不憂, 勇者不懼."

고주 —— 공자께서 말씀하셨다. "지자는 (사물에 밝기 때문에:明於事) 미혹되어 어지럽지 않고(不惑亂), 인자는 (천명을 알기 때문에:知命) 근심이 없고(無憂患), 용자는 (과감하기 때문에) 두려움이 없다(無恐懼)."

주자 —— 공자께서 말씀하셨다. "지자는 (현명함이 이치를 밝힐 수 있기 때문에) 미혹되지 않고, 인자는 (이치로써 사사로움을 이길 수 있기 때문에) 근심이 없고, 용자는 (기운이 도의를 짝할 수 있기 때문에) 두려워하지 않는다(이것이 배움의 순서이다)."

다산 —— 공자께서 말씀하셨다. "지자는 (현명함이 이치를 밝힐 수 있기 때문에) 미혹되지 않고, 인자는 (천명을 즐기기 때문에) 근심이 없고, 용자는 (도의를 짝할 수 있기 때문에) 두려워하지 않는다."

집주 —— ■明足以燭理故로 不惑하고 理足以勝私故로 不憂하고 氣足以配
道義故로 不懼하니 此는 學之序也니라

(知者는) 현명함이 이치를 밝힐 수 있기 때문에 미혹되지 않는다. (仁者는) 이
치로써 사사로움을 이길 수 있기 때문에 근심이 없다. (勇者는) 기운이 도의道
義를 짝할 수 있기 때문에 두려워하지 않는다. 이것이 배움의 순서이다.

고금주 —— ■心常樂天, 故不憂. [程子云]

마음이 항상 하늘을 즐기기 때문에 근심하지 않는다(정자가 말했다).

비평 —— 고주에서 지자는 사물에 밝다(明於事)고 해석한 것을 주자는 현명
함으로 이치를 밝힐 수 있다고 수정하였고, 다산 또한 주자의 해석을 수용했
다. 인자에 대해서 고주는 '천명을 알다(知命)'로 해석한 것을 주자는 극기복
례라는 말을 상기하면서, '이치로써 사사로움을 이길 수 있다.'고 해석하였
다. 이에 대해 다산은 고주의 해석을 참조하면서, 또한 정자의 말을 인용하
여 '인자는 천명을 즐거워한다.'고 해석하였다. 용자에 대해 고주는 '과감果敢
하다'고 단편적으로 해석했지만, 주자는 맹자를 인용하여 '기운이 도의道義를
짝할 수 있다.'고 해석하였는데, 다산 또한 주자의 해석을 받아들이고 있다.
여기서도 우리는 주자는 이리理를 중시함을 여실히 살필 수 있다. 이 구절을 들
어 주자는 학문의 순서라고 말하는데, 이는 『중용』에 근거한 말이다. 그는 다
음과 같이 말했다.

자원풀이 ■혹惑은 心(마음 심)+或(혹시 혹)의 형성자로 혹시(或)하고 미련을 가지며 미혹되는 마음(心)을 말하여
의혹(疑惑), 어지럽히다 등의 뜻이 나왔다.
■우憂는 윗부분은 頁(머리 혈), 중간부분은 心(마음 심), 아랫부분은 夊(뒤쳐져서 올 치)로 구성되어, 화장한 얼굴에
춤을 추는 제사장의 마음을 나타낸다. 비가 내리기를 빌거나, 재앙을 없애려고 춤을 추는 제사장의 근심어린 마
음으로부터 '걱정하다'라는 뜻이 나왔다.
■구懼는 心(마음 심)+瞿(볼 구)의 형성자로 마음이 놀라 눈이 둥그레져 두려워하는 모습을 나타낸다.

덕을 이루는 것은 인仁을 먼저로 한다. 배워 나가는 것은 지知를 먼저로 한다. 인을 먼저로 하는 것은 성실함으로써 밝아지는 것이고, 지를 먼저로 하는 것은 밝아짐으로써 성실해지는 것이다. 『중용』에서 말한 지·인·용 또한 배우는 자를 위한 것이다. (勇을 나중으로 한 것은) 끝까지 공부하여 후퇴하거나, 방향을 바꾸지 않는 것이 바로 용이기 때문이다. (『논어집주대전』)

❦

9:29. 子曰: "可與共學, 未可與適道, 可與適道, 未可與立, 可與立, 未可與權."

고주 —— 공자께서 말씀하셨다. "함께 배울 수 있어도 (그 배움이 혹 이단에서 얻은 것이라면) 함께 도로 나아갈 수는 없다. 함께 도로 나아갈 수는 있어도 함께 정립할 수는 없다. 함께 정립할 수는 있어도 함께 (도의 극치를 헤아려) 권도를 행할 수는 없다."(고주에서는 이 장을 다음 장(9:30)과 합하여 한 장으로 하였다.)

주자 —— 공자께서 말씀하셨다. "(추구하는 방법을 알아) 함께 배울 수 있어도 함께 도로 나아갈 수는 없다. (나아갈 곳을 알아) 함께 도로 나아갈 수는 있어도 함께 정립할 수는 없다. 함께 정립할 수는 있어도 함께 (경중을 헤아려 의에 합당하게) 권도를 행할 수는 없다."

다산 —— 공자께서 말씀하셨다. "함께 (수업하여) 배울 수 있어도 함께 (본성에 따라) 도로 나아갈 수는 없다. 함께 도로 나아갈 수는 있어도 함께 정립할 수는 없다. 함께 정립할 수는 있어도 함께 (도의 극치를 헤아려) 권도를 행할 수는 없다."

집주 —— ■ 可與者는 言其可與共爲此事也라
가여可與란 함께 그 일을 할 수 있다는 말이다.

■ 程子曰 可與共學은 知所以求之也요 可與適道는 知所往也요 可與立者는
篤志固執而不變也라 權은 稱錘也니 所以稱物而知輕重者也라 可與權은 謂
能權輕重하여 使合義也라
정자가 말했다. "함께 배울 수 있다는 것은 구하는 방법을 아는 것이다. 함께
도에 나아갈 수 있다는 것은 나아갈 곳을 아는 것이다. 함께 설 수 있다는 것
은 뜻이 독실하고 믿음이 견고하여 변하지 않는 것이다. 권權은 저울추(錘)이
니, 물건을 달아 경중輕重을 아는 것이다. 함께 권權할 수 있다는 것은 능히
경중을 헤아려 의義에 합당하게 행하는 것을 말한다."

■ 楊氏曰 知爲己면 則可與共學矣요 學足以明善然後에 可與適道요 信道篤
然後에 可與立이요 知時措之宜然後에 可與權이니라
양시가 말했다. "자신을 정립할 줄 알면(知爲己) 함께 배울 수 있다. 배움이 선
을 밝히기에 충분한 연후에 함께 도에 나아갈 수 있다. 독실하게 도를 믿은
연후에 더불어 설 수 있다. 때에 알맞게 조치할 줄 안 뒤에 함께 (권도를) 헤아
릴 수 있다."

■ 洪氏曰 易九卦에 終於巽以行權하니 權者는 聖人之大用이니 未能立而言
權이면 猶人未能立而欲行하여 鮮不仆矣니라
홍흥조가 말했다. "『역』의 아홉 괘는 「손巽」괘에서 권도를 행함(巽以行權)으

자원풀이 ■適適은 辵(쉬엄쉬엄 갈 착)+啇(밑동 적)의 형성자로 어떤 곳으로 '가다'가 원뜻이다. 적당한 곳으로 시
집가다, 적당하다 등의 뜻이다. 가다(向하여가다 :子適衛), 따르다(순종하다:處分適兄意), 시집가다(少喪父母適人), 맞다
(부합하다:適我願兮), 조절하다(聖人必先適欲), 때마침, 기쁘게 하다, 만족시키다, 안일하다, 가령, 한 가지 일에만 열중
하다(無適: 일설에는 가까이하다)의 뜻이다. 혹은 적敵(원수), 적謫(꾸짖다)과 혼용되기도 한다.

로 끝맺는다. 권權이란 성인의 위대한 작용이다. 아직 능히 서지도 못하면서 권을 말하는 것은 마치 서지도 못하는 아이가 걸으려는 것과 같아 넘어지지 않는 경우가 드물다."

■程子曰 漢儒以反經合道爲權이라 故로 有權變權術之論하니 皆非也라 權은 只是經也니 自漢以下로 無人識權字니라

정자가 말했다. "한나라 유자(漢儒)들은 경에는 어긋나지만 도에는 부합하는 것을 권이라 여겼다. 그래서 권변權變과 권술權術을 논변하였는데, 모두 잘못된 것이다. 권이란 단지 경經일 뿐이다. 한나라 이래 누구도 권權 자를 알지 못했다."

■愚按 先儒誤以此章으로 連下文偏其反而하여 爲一章이라 故로 有反經合道之說하니 程子非之 是矣라 然이나 以孟子嫂溺援之以手之義로 推之하면 則權與經은 亦當有辨이니라

어리석은 내가 살핀다. 선유先儒는 이 장을 다음 문장의 편기반偏其反과 잘못 연결시켜 한 장章으로 만들었다. 그러므로 반경합도反經合道(경에는 어긋나지만 도에 합치한다)의 설이 있었다. 정자가 이것을 비판했으니, 옳다. 그러나 『맹자』의 '형수가 물에 빠졌을 때 손으로 잡아당긴다.'의 의미로 추론하면 권權과 경經은 또한 마땅히 구별해야 한다.

고금주 ── ■補曰 修業之謂學, 《易》曰: "君子進德修業."] 率性之謂道. [達天德] 可與共故誨不倦,《詩》·《書》·執禮, 皆雅言] 未可與適故罕言命. [性與天道不可聞] 植身不動曰立, [孔子云: "三十而立."] 衡稱得中曰權. [權者, 稱錘也] 中庸者, 道之極致, 故曰'可與立, 未可與權'. [何云: "雖能有所立, 未必能權量其輕重之極."]

보완하여 말한다. 업을 닦는 것이 학이다.(『역경』에서 말했다. "군자는 덕에 나아가고 덕을 닦는다.": 「건괘」) 성에 따르는 것을 도라 한다(천덕에 통달하는 것이다). 함께할 수 있기 때문에 가르치기를 게을리 하지 않았고(詩書執禮는 모두 평소

에 하신 말씀이다.:「술이」), 아직 함께할 수 없기 때문에 명命에 대해서는 드물게 말씀하셨다(성과 천도는 얻어 들을 수 없었다). 몸을 세워 움직이지 않는 것을 입立이라 하고(공자께서는 '서른에 立'이라고 하셨다), 저울대가 균형을 잡아 중中을 얻은 것을 권權이라 한다(권이란 저울추를 칭한다). 중용이란 도의 극치이기 때문에 함께 설 수 있어도 아직 함께 권權할 수는 없다.(하안이 말했다. "비록 능히 설 수는 있어도, 아직 반드시 그 경중의 극치를 저울질하여 헤아릴 수는 없다.")

■ 何曰: "雖學或得異端, 未必能之道." ○ 駁曰 非也. 雖不歸異端, 亦有安於小而不趨於大道者.

하안이 말했다. "비록 배웠다고 할지라도 혹 이단에서 얻은 것이라면 반드시 도에 이를 수는 없다." ○ 논박하여 말하면, 그릇되었다. 비록 이단에 귀속되지 않더라도 또한 작은 것에 안주하여 대도大道에 나아가지 못하는 경우가 있다.

■ 何曰: "雖能有所立, 未必能權量其輕重之極." ○ 韓曰: "孔注猶失其義, 權者經權之權, 豈輕重之權耶?" ○ 案 權者, 聖人之切喻也. 有衡於此, 其星五兩也. 置銀子一兩則其權縣於一兩之星, 乃得中也. 銀子三兩則其權不得膠守一兩之星, 必移之於三兩之星, 然後乃得中也. 以至四兩五兩, 莫不皆然. 禹・稷胼胝, 顏回閉門, 皆移之而得中者也. 尾生抱柱, 伯姬坐堂, 皆膠之而失中者也. [高中玄云: "經乃有定之權也, 權乃無定之經也."] 權之所期, 在乎中庸, 聖人所謂擇乎中庸, 正是衡人之擇星以安錘也. 後世論道者, 率以中庸爲經, 以反中庸爲權. 於是, 喪不守制曰權, 葬不備文曰權, 貪縱不法曰權, 篡逆無倫曰權. 凡天下悖亂不正之行, 一以權爲依, 斯蓋世道之大禍, 程子所論嚴矣. 唐 陸贄〈論替換李楚琳狀〉云: "權之爲義, 取類權衡. 衡者, 秤也. 權者, 錘也. 故權在于衡, 則物之多少可準, 權施于事, 則義之輕重不差. 若以反道爲權, 以任數爲智, 歷代之所以多喪亂而長姦邪, 由此誤也." ○ 案 此論明確眞切.

하안이 말했다. "비록 수립한 바가 있을 수는 있어도, 반드시 그 경중輕重의 극치를 헤아릴 수는 없다." ○ 한유가 말했다. "공안국의 주석은 그 뜻을 잃은 것 같다. 권權이란 경권經權의 권이지, 어찌 경중輕重의 권權이겠는가?" ○살 핀다. 권權이란 성인의 절실한 비유이다. 여기에 저울대(衡)가 있는데, 그 눈금이 닷 냥(五兩)이라고 하자. 은자銀子 한 냥을 놓으면 그 저울추는 한 냥의 눈금에 달려 있어야 중을 얻는다(得中). 은자가 석 냥이면 그 저울추는 한 자의 눈금에 고착되어 지키지 않고, 반드시 석 냥의 눈금으로 옮긴 이후에 이에 중을 얻는다. 넉 냥과 닷 냥에서도 모두 그렇지 않음이 없다. 우禹와 직稷이 모두 손이 트고 발에 군살이 박인 것과 안회가 문을 닫고 들어앉은 것은 모두 옮겨서 중을 얻은 것이다. 미생尾生이 다리 기둥을 안고 있었던 일과 백희白 姬가 당堂에 앉아 있었던 일은 모두 단단히 달라붙어 움직이지 않아(膠着不動) 중정中正을 잃은 것이다.(高中玄이 말했다. "經은 곧 일정함이 있는 權이며, 권은 곧 일정함이 없는 경이다.") 권도權道가 기대하는 표준은 중용에 있다. 성인의 이른바 '중용을 택한다'는 것은 바로 저울질하는 사람이 갖다 놓은 눈금을 골라서 저울의 추를 거기에 평형이 되게 제자리에 놓는 것이다. 후세의 도를 논하는 자들은 모두 중용으로 경을 삼고, 중용에 반하는 것으로 권을 삼았다. 이에 상喪에서 제도를 지키지 않는 것을 권權이라 하고, 장례에서 형식을 갖추지 않는 것을 권이라고 하고, 탐욕과 불법을 자행하는 것을 권이라 하고, 찬역簒 逆하여 윤리가 없는 것을 권이라 하고, 무릇 천하에서 패륜과 부정의 행위가 하나같이 권에 근거를 두고 있으니, 이는 아마도 세상을 다스리는 올바른 도리의 큰 화근거리이다. 정자가 논한 바는 준엄하다. 당唐 육지陸贄「논체환이 초림장」에서 말했다. 권權의 뜻은 권형權衡에서 유비하여 취했다. 형衡이란 저울(秤)이며, 권權은 저울추(錘)이다. 그러므로 권權(저울추)이 저울대(衡)에 있으면 물건의 많고 적음을 준수準數할 수 있고, 권權이 일에서 시행되면 의리의 경중에 차질이 없게 된다. 만약 도에 위반되는 것을 권이라고 하고, 술수에 맡기는 것을 지智라 한다면 역대 많은 상란喪亂과 오랜 간악함이 이로 말미암아 잘못된 것이다. ○살핀다. 이 논의는 명확하고, 참되고 절실하다.

비평 —— 유교에서는 경상經常(혹은 綱常)의 도와 권도權道를 구분한다. 경상의 도란 삼강오륜과 같은 불변의 도덕 원칙을 말한다. 권도란 도덕의 원칙을 시공적 상황에 알맞게 변칙적으로 적용하는 것을 말한다. 맹자의 다음과 같은 말이 이를 잘 말해 준다.

　손우곤이 묻기를, "남녀가 (물건을) 주고받기를 친히 하지 않는 것이 예禮입니까?" 맹자가 답하기를, "예이다." 묻기를, "형수가 물에 빠졌으면 손으로 구해야 합니까?" 답하기를, "형수가 빠졌는데도 구하지 않으면 승냥이와 이리이다. 남녀가 주고받기를 친히 하지 않는 것은 예이지만, 형수가 물에 빠졌으면 손으로 구하는 것은 권도이다." (『孟子』 3상:17. 淳于髡曰 男女授受不親禮與 孟子曰 禮也 曰嫂溺則援之以手乎 曰嫂溺不援 是豺狼也 男女授受不親禮也 嫂溺援之以手者權也.)

　함께 배운다는 것은 같은 학문에 뜻을 둔다는 말이다. 같은 학문에 뜻을 두었어도 같은 길을 보고 같은 길을 갈 수는 없다. 같은 길을 간다고 할지라도 같은 원칙(經常之道)을 정립할 수는 없다. 같은 원칙을 정립하여도 상황에 알맞게 저울질하여 적절하게 대처(權道)할 수는 없는 것이다. 주자는 다음과 같이 말한 바 있다.

　"권(權)은 저울과 저울추이니, 물건의 가벼움과 무거움을 저울질하여 알맞음을 취하는 것이다. 중간을 잡고 저울질함이 없으면 하나의 정해진 중中에 교착되어 변화를 알지 못하는 것으로, 이 또한 하나만을 잡는 것이다. 도에서 귀하게 여기는 것은 중中이고, 중中에서 귀하게 여기는 것은 권權임을 말한 것이다." (『논어집주대전』)

9:30. "唐棣之華! 偏其反而. 豈不爾思? 室是遠而." 子曰: "未之思也, 夫何遠之有?"

고주 ── "당체의 꽃이여! 뒤집혔다 합쳐지는구나. 어찌 그대를 생각하지 않으랴마는 집이 너무 멀구나!" 공자께서 말씀하셨다. "아직 생각하지 않은 것이지, 어찌 멀리 있겠느냐!"

주자 ── "당체의 꽃이 펄럭이는구나! 어찌 그대를 생각하지 않으랴마는 집이 너무 멀구나!" 공자께서 말씀하셨다. "아직 생각하지 않은 것이지, 어찌 멀리 있겠는가?"

다산 ── "당체의 꽃이 펄럭이고, 뒤집히는구나! 어찌 그대를 생각하지 않으랴마는 집이 너무 멀구나!" 공자께서 말씀하셨다. "아직 생각하지 않은 것이지, 어찌 멀리 있겠는가?"

집주 ── ■唐棣는 郁李也라 偏은 晉書作翩하니 然則反亦當與翻同이니 言華之搖動也라 而는 助語라 此는 逸詩也니 於六義에 屬興이라 上兩句는 無意義하고 但以起下兩句之辭耳라 其所謂爾는 亦不知其何所指也니라
당체唐棣는 산앵두郁李이다. 편偏은 『진서晉書』에는 편翩으로 되어 있다. 그렇다면 반反 또한 마땅히 번翻과 같이 꽃이 너울거린다는 뜻이다. 이而는 어조사이다. 이것은 (『시경』에서) 빠진 시(逸詩)이다. 육의六義로는 흥興에 속하니, 앞의 두 구절은 의미가 없고 단지 뒤의 두 구절의 말을 흥기한다. 이른바 이爾(그대)란 누구를 가리키는지 알 수 없다.

■夫子借其言而反之하시니 蓋前篇仁遠乎哉之意니라

공자께서 『시』의 말을 빌려 그 뜻을 반박한 것이다. 대개 전편의 '인이 멀리 있겠는가(仁遠乎哉, 7:30)'라는 말과 뜻이 같다.

■程子曰 聖人이 未嘗言易以驕人之志하고 亦未嘗言難以阻人之進하시고 但曰 未之思也언정 夫何遠之有리오하시니 此言이 極有涵蓄하여 意思深遠이니라

정자가 말했다. "성인께서는 일찍이 쉽다고 말하여 사람의 뜻을 교만하게 한 적도 없고, 또한 어렵다고 말하여 사람의 정진을 막으신 적도 없다. 단지 생각하지 않은 것이지, 어찌 멀리 있겠느냐고 말씀하셨으니, 이 말은 매우 함축적이고 뜻이 심원하다."

고금주 —— ■補曰 此詩之義, 雖不可詳, 要是兄弟乖反, 或夫妻反目, 以唐棣之翩反喻之. 思深則千里如戶庭, 情疏則一室如山河, 故曰未之思也. 夫何遠之有, 學者思之又思, 則無堅不透, 無深不達. 孔子引此詩以戒之. [即斷章取義之法] ○案 此章, 舊與上章合爲一章, 爲反經合道之證. 其義甚謬, 朱子分而二之.

보완하여 말한다. 이 시의 뜻은 비록 상세하지 않으나, 요컨대 형제간의 괴리나 반목이 있거나, 혹은 부부간에 서로 반목하여 당체가 펄럭이며 뒤집히는 것에 비유한 것이다. '생각이 깊으면 천리가 집안의 뜰(戶庭)처럼 가깝고, 정情이 소원해지면 한 방(室)도 산하山河처럼 멀다. 그러므로 생각하지 않았지, 어찌 멀리 있겠는가?'라고 하였다. 배우는 자가 생각하고 또 생각하면 아무리 견고하여도 뚫지 못할 것이 없고, 아무리 심원하여도 도달하지 못할 것이 없으니, 공자께서 이 시를 인용하여 경계하셨다(곧 장을 끊어서 뜻을 취한 법: 斷章取義之法이다). ○살핀다. 이 장은 구주舊註에서는 앞 장과 합해서 한 장으로 하여 '경상經常에는 반하되 도에 부합한다(反經合道)'는 것의 증거로 삼았으나, 그 뜻이 심히 잘못되었다. 주자가 나누어 두 장으로 하였다.

■何曰: "華反而後合. 賦此詩者, 以言權道反而後至於大順. 思其人而不自見者, 其室遠也, 以言思權而不得見者, 其道遠也."[夫思者, 當思其反, 反是不思, 所以爲遠. 能思其反, 何遠之有? 言權可知, 唯不知思耳. 思之有次序, 斯可見矣] ○毛曰: "唐棣偏反, 有似行權." ○駁曰 非也. 何晏之說, 傅會拘曲, 全不成文. 朱子撥難反正, 氛翳廓清, 蕭山欲還立舊說, 其心術之不公如是矣.

하안이 말했다. "(당체의) 꽃잎이 뒤집힌 뒤에 합해진다고 했으니, 이 시를 지은 자는 권도權道가 반대된 이후에 크게 순함(大順)에 이른다는 것을 말하였다. 그 사람을 생각하지만 직접 만나지 못한 것은 그 집이 멀기 때문이라고 한 것은, 권도를 생각하지만 증득할 수 없는 것은 그 도가 멀기 때문이라고 말한 것이다."(대저 생각하는 자는 마땅히 經常에 반대되는 것을 생각해야 한다. 반대로 생각하지 않기 때문에 멀다고 여기는 것이다. 능히 경상에 반대되게 생각할 수 있다면, 어찌 멀리 있겠는가? 권도를 알 수 있는데도 오직 생각하는 것을 알지 못할 뿐이다. 순서대로 생각한다면, 이에 알 수 있다.) ○모기령이 말했다. "당체의 꽃이 펄럭이며 뒤집히는 것은 권도를 행하는 것과 비슷한 면이 있다." ○논박하여 말하면, 그릇되었다. 하안의 설은 건강부회하고 왜곡되어 전혀 문리를 이루지 못하였다. 주자가 그 어지러웠던 것을 정리하고 바른 데로 돌려 놓아 마치 안개가 걷혀 청명하게 환해진 것과 같았는데, 모기령이 구설을 다시 세우려 하니, 그 심술의 공정하지 못함이 이와 같다.

■質疑 《集注》云: "反亦當與翻同, 言華之搖動也."[讀反爲翻, 則遠字亦叶於圓反] ○案〈角弓〉詩云: "騂騂角弓, 翩其反矣. 兄弟婚姻, 無胥遠矣." 上下叶韻, 正與此詩同. 反當如字讀, 恐不必讀作翻.

질의한다. 『집주』에서 말했다. "반反 또한 마땅히 번翻과 같이 꽃이 너울거린다는 뜻이다."(反을 翻으로 읽으면 遠 자 또한 협운으로 於와 圓의 발절음이다.) ○살핀다. 『시경』 「각궁」에 "조화로운 각궁이여, 펄럭이며 뒤집힌다. 형제들과 인척들이 서로 멀리하지 말지어다(騂騂角弓, 翩其反矣. 兄弟昏姻, 無胥遠矣)."라고 하였으니, 이는 앞뒤가 협운叶韻으로 바로 이 시와 같다. 반反은 마땅히 글자 대로 읽어야 하며, 번翻으로 읽을 필요가 없는 듯하다.

비평 ── 고주의 형병은 이 장을 앞의 장과 연결시켜 한 장으로 보면서 다음과 같이 말했다.

> "진실로 그 사람을 생각하지만 만날 수 없는 것은 그의 집이 멀기 때문이라는 말인데, 이는 권도權道를 생각하지만 알 수가 없는 것은 그 도가 심원하기 때문임을 비유한 것이다. 생각하는 자는 상도常道와 반대로 하는 것을 생각해야 하는데, 반대로 하는 것을 생각하지 않기 때문에 집이 멀다고 하는 것이다. 반대로 하는 것을 생각한다면 어찌 멂이 문제가 되겠는가? 이것은 '권도權道는 알 수 있는 것이지만, 오직 생각할 줄을 몰라서 (알지 못할) 따름이다. 만약 순서에 따라 잘 생각한다면, 바로 알 수 있다.'는 것을 비유하여 말한 것이다." (『논어주소』)

그런데 주자는 이 장을 앞의 장과 연관시키지 않고, "공자께서 『시』의 말을 빌려 그 뜻을 반박한 것이다. 대개 전편의 '인이 멀리 있겠는가(仁遠乎哉:7.30)'라는 말과 뜻이 같다."라고 하여, 고주와 완전히 다르게 해석하면서, 장을 분리하였다. 그런데 모기령은 다시 주자의 설명을 비판하면서, 고주를 회복하려고 하였다. 이에 대해 다산은 다시 주자의 해설을 지지하면서, 고주 및 모기령의 설명을 비판하였다. 다만 다산은 「질의」를 통해 글자의 발음에 대해 이견을 제시하였다.

제10편

향당
鄕黨

楊氏曰 聖人之所謂道者는 不離乎日用之間也라 故로 夫子之平日에
一動一靜을 門人이 皆審視而詳記之하니라
양시가 말했다. "성인의 이른바 도道란 일상생활을 벗어나지 않는다.
그러므로 공자의 평소 동정 하나하나(一動一靜)를 문인들이 모두
자세히 보고 상세하게 기록했다."

尹氏曰 甚矣라 孔門諸子之嗜學也여 於聖人之容色言動에 無不謹書而備錄
之하여 以貽後世하니 今讀其書하고 卽其事하면 宛然如聖人之在目也라
雖然이나 聖人이 豈拘拘而爲之者哉시리오 蓋盛德之至하여 動容周旋이
自中乎禮耳라 學者欲潛心於聖人인댄 宜於此求焉이니라
윤돈이 말했다. "대단하구나, 공자문하의 여러 사람들이 학문을 좋아함이여!
성인의 용모 · 안색 · 말씀 · 행동(容色言動)을 삼가 적어 두었다가
갖추어 기록하여, 후세에 남겨 주지 않은 것이 없다. 지금 이 글을 읽고
그 일에 나아가면, 완연히 성인이 눈앞에 계시는 듯하다. 성인께서 어찌
구구하게 그것들을 행하신 분이겠는가? 대개 성덕盛德이 지극하셔서
동용주선動容周旋이 자연히 예에 적중했을(中乎禮) 뿐이다. 배우는 자가
성인에 깊이 마음을 두고자 한다면, 마땅히 여기에서 구해야 할 것이다."

舊說에 凡一章이러니 今分爲十七節하노라
옛 설에는 전체를 한 장으로 보았지만, 지금 17절로 나눈다.

10:1. **孔子於鄕黨, 恂恂如也, 似不能言者. 其在宗廟朝廷, 便便言,
唯謹爾.**

고주 —— 공자께서 향당에 계실 때는 온화하고 공손한 모습(恂恂=溫恭貌)으로 흡사 말을 못하는 사람과 같았다. 종묘(行禮之處)나 조정(布政之所)에 계실 때는 말을 (시비나 진위를 구분하여) 잘 말씀하시되, 오직 삼갈 따름이셨다.

주자 —— 공자께서 향당에 계실 때는 신실한 모습(恂恂=信實之貌)으로 흡사 말을 못하는 사람과 같았다. 종묘(禮法之所在)나 조정(政事之所出)에 계실 때에는 말을 (시비나 진위를 구분하여) 잘 말씀하시되, 오직 삼갈 따름이셨다.

다산 —— 공자께서 향당에 계실 때는 온화하고 공손한 모습(恂恂=溫恭貌)으로 흡사 말을 못하는 사람과 같았다. 종묘(發號施令)나 조정에 계실 때(論道議政)는 말을 (시비나 진위를 구분하여) 잘 말씀하시되, 오직 삼갈 따름이셨다.

집주 —— ■恂恂은 信實之貌라 似不能言者는 謙卑遜順하여 不以賢知先人也라 鄕黨은 父兄宗族之所在라 故로 孔子居之에 其容貌辭氣如此하시니라

자원풀이 ■향鄕은 식기를 가운데 두고 손님과 주인이 마주 앉은 모습의 회의자로 식사를 함께하는 씨족집단이라는 의미에서 시골이나 고향을 뜻하다가, 원래 뜻은 食(밥 식) 자를 더해 饗(잔치할 향)으로 분화했다. (1) 시골, (2) 고향, (3) 행정구역, (4) 향대부, (5) 향하다(=向), (6) 추세 등으로 쓰인다.
■당黨은 黑(검을 흑)+尙(숭상할 상)의 형성자로 모여서 나쁜 것(黑)을 숭상(尙)하는 무리나 집단을 말한다.
■순恂은 心(마음 심)+旬(열흘 순)의 형성자로 정성스런 마음(心)으로, 믿다, 확실하다의 뜻이다.
■편便은 人(사람 인)+更(고칠 갱)의 회의자로 원래 채찍을 말했다. 채찍은 말 등과 같은 짐승을 인간(人)이 편리하도록 바꾸고(更) 길들이는 도구라는 의미를 담았으며, 이로부터 편리하다는 뜻이 나왔다.

순순恂恂은 신실信實한 모습이다. '사불능언자似不能言者(흡사 말을 못하는 사람과 같았다)'는 "겸손하게 낮추어 순종하여 현명함과 지혜로움으로 남보다 앞서려고 하지 않는 것이다." 향당은 부모형제와 친족이 있는 곳이기 때문에 공자께서 그곳에 기거하실 때에 용모와 어조가 이와 같았다.

■ 便便은 辯也라 宗廟는 禮法之所在요 朝廷은 政事之所出이니 言不可以不明辨이라 故로 必詳問而極言之로되 但謹而不放爾시니라

변변便便은 (시비나 진위를 구분하여) 잘 말하는 것(辯)이다. 종묘宗廟는 예법이 있는 곳이고, 조정朝廷은 정사가 나오는 곳이니, 말을 명확하게 잘 하지 않으면 안 된다. 그러므로 반드시 상세하게 묻고 극진하게 말씀하셨지만, 다만 삼가고 방만하지 않으셨다.

■ 此一節은 記孔子在鄕黨宗廟朝廷言貌之不同이니라

이 한 구절은 공자께서 향당과 종묘·조정에 계실 때 말씀하시는 모습이 같지 않았음을 기록한 것이다.

고금주 —— ■ 補曰 鄕黨者, 鄕黨之會也. [鄕飮·鄕射類] 古制, 國城之內, 九分之. [如井田] 中爲王宮, 面朝後市. [廟社在王宮之內] 左右各三鄕相嚮. [共六鄕] 鄕者, 嚮也. 黨者, 於鄕之中, 別以五百家爲黨. ○ 王曰: "恂恂, 溫恭貌." ○ 補曰 古者發號施令, 皆於宗廟. [若受命於先君者然] 宗廟朝廷, 論道議政之地.

보완하여 말한다. 향당鄕黨이란 향당의 모임이다(鄕飮, 鄕射 따위이다). 옛 제도에 국성國城 안을 아홉으로 나누어(井田과 같다), 가운데는 왕궁이 되고, 앞은 조정이고 뒤는 저자였다(종묘와 사직은 왕궁 안에 있었다). 좌우에는 각각 삼향三鄕이 서로 마주 보았는데(모두 六鄕이다), 향鄕이란 향嚮이다. 당黨이란 향鄕 가운데 별도로 오백가五百家가 당黨이 된다. ○왕숙은 말했다. "순순恂恂은 온유하고 공손한 모습이다." ○보완하여 말한다. 옛날에는 호령을 내고 시행하는 (發號施令) 것을 모두 종묘에서 하였다(先君에게 명을 받는 것처럼). 종묘조정宗廟

朝廷은 도의를 논하고 정사를 의논하던 곳이다.

■ 邢曰: "鄕黨, 與故舊相接, 謙恭之甚也. 宗廟, 行禮之處, 朝廷, 布政之所, 當詳問極言, 故辯治也." ○案 鄕黨之禮尙齒, 耆舊所集, 其貌宜恭. 雖非耆舊, 凡衆人之會, 宜主溫恭. [即入里必式之義] ○又案 孔子所以便便於宗廟者, 爲論道議政也. 邢必以行禮言之, 豈不疎哉?〈玉藻〉曰: "諸侯皮弁, 聽朔於太廟, 神冕, 視朝於路寢."〈祭統〉曰: "古者明君爵有德而祿有功, 必賜爵祿於太廟, 示不敢專也." 春秋二百四十年之間, 惟魯 文公四不視朔. 視朔者, 朝享太廟而後爲之, 故《春秋》書之曰'四不視朔', '猶朝于廟'. 廟者, 論道議政之地, 豈但行禮而止?

형병은 말했다. "향당은 옛 친구(故舊)와 서로 만나는 곳이니, 매우 겸손하고 공손하였다. 종묘는 예를 행하는 곳이며, 조정은 정치를 펴는 곳이니, 마땅히 상세히 묻고 극진히 말해야 하기 때문에 잘 말하여 처리(辯治)하셨다." ○ 살핀다. 향당의 예는 연세를 높인다. 연세 높은 어른(耆舊)들이 모이는 곳에서는 그 모습을 마땅히 공손하게 해야 한다. 비록 연세 높은 어른이 아니더라도 무릇 중인(衆人)들이 모이는 곳에서는 마땅히 온유·공손하게 해야 한다(마을에 들어갈 때는 반드시 허리를 굽혀야 하는 법이다). ○또 살핀다. 공자께서 종묘에서 편편(便便)하게 말씀하신 것은 도의와 정사를 논의하셨기 때문이다. 그런데 형병은 필시 이것을 예를 행한 것으로 말하였으니, 어찌 소원한 것이 아니겠는가?『예기』「옥조」에서는 "제후는 피변(皮弁)으로 태묘에서 청삭(聽朔)하고, 비면(神冕)으로 노침(路寢)에서 시조(視朝)한다."고 하였다.「제통」에서는 "옛날 명철한 임금은 덕이 있는 사람에게 벼슬을 주고 공이 있는 사람에게 녹을 주되, 태묘에서 작록을 하사한 것은 감히 천단(擅斷)하지 않음을 보이려는 것이다."라고 하였다. 춘추시대 240년 동안 오직 노나라 문공만 네 차례 시삭례(視朔禮)를 행하지 않았다. 시삭(視朔)이란 초하루 아침에 태묘에 제향을 드린 뒤에 이를 행하는 것이다. 그러므로『춘추』에는 이를 기록하여 "네 차례 시삭의 예를 행하지 않았다(四不視朔)."(문공16년) 그래도 종묘에서 조회는 했다고 하였다. 종묘란 도의를 논하고 정사를 의논하는 자리이다. 어찌 단지 예만 행하고 그치겠는가?

비평 —— (1) 향당에서 '순순여恂恂如'에 대해 고주와 다산은 '온화하고 공손한 모습(溫恭貌)'이라 하였고, 주자는 '신실한 모습(信實之貌)'이라 하여 약간 의견을 달리하였다. 그런데 주자 또한 그 뒤의 '사불능언자似不能言者(흡사 말을 못하는 사람과 같았다)'란 말을 "겸손하게 낮추어 순종하여(謙卑遜順) 현명함과 지혜로움으로 남보다 앞서려고 하지 않는 것이다."라고 해석함으로써 결국 비슷한 해석으로 귀결시키고 있다.

(2) 종묘宗廟와 조정朝廷에 대해 고주에서는 각각 예를 행하는 곳(行禮之處)과 정사를 펴는 곳(布政之所)이라고 하였다. 그리고 주자 또한 각각 종묘는 예법이 있는 곳(禮法之所在)이고, 조정은 정사가 나오는 곳(政事之所出)이라고 하여 유사하게 주석했다. 그런데 다산은 종묘 또한 예를 행하는 데에 그치는 것이 아니라, (선군의 명을 받듯이) 도의를 논하고 정사를 의논하는 자리라고 하여 반론을 편다. 다산의 주석이 상세하다. 그러나 고주와 주자 또한 비록 종묘가 예가 행해지는 곳 혹은 예법의 소재라고 하였지만, 다산이 반론으로 제시한 그런 의미의 정사가 종묘에서 행해지는 것을 배제하지 않았다고 생각된다.

10:2. 朝, 與下大夫言, 侃侃如也, 與上大夫言, 誾誾如也. 君在, 踧踖如也, 與與如也.

고주 —— 조정에서 하대부와 말할 때는 화락(侃侃=和樂)하신 듯했고, 상대부와 말할 때는 알맞고 바른(誾誾=中正) 듯하셨다. 인군이 계시면 공경(踧踖=恭敬)한 듯하시면서, 위의가 알맞고 적절한 모습(與與=威儀中適)이셨다.

주자 —— 조정에서 하대부와 말할 때는 강직(侃侃=剛直)하신 듯했고, 상대부와 말할 때는 열복하는 태도로 간쟁하는(誾誾=和悅而諍) 듯하셨다. 인군이 계시면 공경하여 편안하지 않는(踧踖=恭敬不寧) 듯하시면서, 위의가 알맞고 적절한 모습(與與=威儀中適)이셨다.

다산 —— 조정에서 하대부와 말할 때는 화락(侃侃=和樂)하신 듯했고, 상대부와 말할 때는 알맞고 바른(誾誾=中正) 듯하셨다. 인군이 계시면 공경하여 편안하지 않는(踧踖=恭敬不寧) 듯하시면서, 공경하고 조심하시면서 망설이는 모습(與與=敬愼猶豫之貌)이셨다.

집주 —— ■此는 君未視朝時也라 王制에 諸侯의 上大夫는 卿이요 下大夫는 五人이라 許氏說文에 侃侃은 剛直也요 誾誾은 和悅而諍也라
앞 구절(朝~誾誾如也)은 인군이 아직 조회를 보지 않을 때이다. 『예기』「왕제王制」에 따르면, 제후에게는 상대부上大夫인 경卿과 하대부下大夫 다섯 사람이 있다. 허신許愼의 『설문』에 의하면, 간간侃侃은 강직剛直함이고, 은은誾誾은

자원풀이 ■조朝는 日+艸+月로 이루어진 회의자로 해(日)가 수풀(艸) 사이로 떠올랐으나 아직 달(月)이 지지 않는 아침시간을 말하며, 해가 뜨는 동쪽, 시작 등의 뜻이 파생되었다. 아침 시간 때에 여는 회의라는 의미에서 조회(朝會), 조회가 열리는 뜰이라는 의미에서 조정(朝廷), 그리고 왕조(王朝)라는 말이 나왔다.
■간侃은 금문에서는 人(사람 인)+口(입 구)+彡(터럭 삼=>川)의 회의자로 사람의 말이 겻조와 멋이 있음(彡)을 나타내는 것으로 당당하고, 강직하다는 뜻이다.
■은誾은 言(말씀 언)+門(문 문)의 형성자로 『설문』에서는 온화하면서도 정직하게 논쟁을 벌이는 것을 말한다고 했다. 이로부터 겸허하고 공경하는 모습을 말하게 되었는데, 커다란 문(門)처럼 너그러운 말(言)을 뜻한다.
■축踧은 足(발 족)+叔(아제비 숙)의 형성자. 공경하는 모습, 놀라는 모습, 찌푸리다, 발질하다, 평탄한 모양의 뜻.
■적踖은 足(발 족)+昔(옛 석)의 형성자로 밟다, 공손하고 재빠른 모습, 부끄러워하는 모습, 두려워하는 모습 등을

온화하고 열복하는 태도로 간쟁하는 것이다.

■ 君在는 視朝也라 踧踖은 恭敬不寧之貌요 與與는 威儀中適之貌라 張子曰
與與는 不忘向君也라 하니 亦通이라

인군이 계시다(君在)는 것은 조회를 본다는 것이다. 축적踧踖은 공경恭敬하여
평안하지 않는(不寧) 모습이다. 여여與與는 위의威儀가 알맞고 적절한 모습이
다. 장재는 '여여與與는 인군을 향하길 잊지 않는 것'이라 했는데, 또한 통한다.

■ 此一節은 記孔子在朝廷事上接下之不同也니라

이 한 절은 공자가 조정에 계실 때 윗사람을 섬기는 것과 아랫사람을 대하는
것이 같지 않음을 기록한 것이다.

고금주 ── ■孔曰: "侃侃, 和樂之貌. 誾誾, 中正之貌."[邢云: "下大夫稍卑, 故與
之言, 可以和樂. 上大夫爵位旣尊, 故與之言, 常執中正, 不敢和樂也."] ○補曰 與與, 敬
愼猶豫之貌. 《老子》云: "與兮若冬涉川."]

공안국이 말했다. "간간侃侃은 화락和樂한 모습이고, 은은誾誾은 중정中正한
모습이다."(형병이 말하였다. "하대부는 지위가 조금 낮기 때문에 더불어 말할 때에 화
락할 수 있지만, 상대부는 작위가 이미 높기 때문에 더불어 말할 때 항상 중정을 유지하
고 감히 화락할 수 없다.") ○보완하여 말한다. 여여與與는 공경하고 경신敬愼·
유예猶豫하는 모습이다.(『노자』에서, "망설이기를 마치 겨울에 시내를 건너듯이 한
다:與兮若冬涉川."고 했다.)

나타낸다. 적적은 공손하고 민첩한 모양 혹은 부끄러워하는 모양을 나타낸다. '축적踧踖'은 공경하고 두려워하는
모습을 나타낸다.
■여與는 与(어조사 여)+舁(마주들 여)의 형성자로 상아와 같은 소중한 물건을 서로 '함께' 들어 올리다(舁)는 뜻에
서 유래하였다. 더불어, 목적을 함께 하는 무리, 허여하다, 돕다, 협조하다, 위하여, 참여하다, 어조사, 주다 등으로
쓰인다. 여여與與는 초목이 무성한 모양, 엄숙하게 위의를 갖춘 모습(행동거지가 법도에 맞는 모양) 혹은 침착한 모양,
망설이는 모양 등을 의미한다.

■「質疑」《集注》云: "侃侃, 剛直也. [許氏《說文》云] 誾誾, 和悅而諍也." ○荻曰: "下大夫位卑, 與之言, 宜和樂也. 剛直, 非待卑者之道. 且〈先進〉篇云, '子路, 行行如也, 冉有‧子貢, 侃侃如也.' 注家皆云, '行行, 剛強之貌.' 若以侃侃爲剛直, 則冉有‧子貢與子路何異?" ○又曰: "上大夫位尊, 與之言, 宜以中正也. 若與之和悅, 恐近於面諛, 故不可也."

질의한다. (주자의)『논어집주』에 "간간侃侃은 강직剛直함이고(허신의 『설문』에서 말했다), 은은誾誾은 온화하고 열복하는 태도로 간쟁하는 것이다."라고 말했다. ○오규 소라이가 말했다. "하대부는 지위가 낮으니 더불어 말할 때에 마땅히 화락和樂해야 하며, 강직剛直하게 하는 것은 낮은 사람을 대하는 도리가 아니다. 또한 「선진」편에서는 '자로子路는 행행여야行行如也 염유자공冉有 子貢 간간여야侃侃如也'라고 하였는데, 주석가들은 모두 행행行行은 강강剛強한 모습이라고 하였는데, 여기에서 만약 간간侃侃을 강직한 것으로 해석한다면, 염유 및 자공은 자로와 무엇이 다르겠는가?" ○또 말했다. "상대부는 지위가 존귀하니, 그와 더불어 말할 때는 마땅히 중정해야 한다. 만약 화열로 대한다면 면전에서 아첨할까 두렵기에, 그렇게 할 수 없다."

■馬曰: "與與, 威儀中適之貌." ○駁曰 非也. 與與者, 若疑焉若懼焉若顧焉, 不敢專斷之意也.

마융이 말했다. "여여與與는 위의威儀가 예에 맞아 적당한 모양이다." ○논박하여 말하면, 그릇되었다. 여여與與란 망설이듯, 두려워하듯, 돌아보듯이 하면서 감히 전단專斷해 버리지 못하는 태도를 뜻한다.

비평 —— 간간侃侃에 대해 고주와 다산은 화락和樂으로, 주자는『설문』에 따라 강직剛直으로 해석하였다. 은은誾誾에 대해 고주와 다산은 중정中正으로, 주자는 화락이쟁和樂而諍으로 해석하였다. 축적踧踖에 대해서는 고주는 공경恭敬으로, 주자와 다산은 공경불녕恭敬不寧으로, 여여與與에 대해서는 고주와 주자는 위의중적威儀中適으로, 다산은 경신유예지모敬愼猶豫之貌로 해석하여 약간의 이견을 보인다. 모두 나름의 일리가 있다.

그런데 다산이 「질의」를 통해 주자가 간간여侃侃如에 대한 해석에서 일관성을 잃었다고 비판했다. 주자는 분명 『논어』11:12에서 "행행行行은 강강지모剛强之貌"라고 주석하였으면서도, 여기에서는 간간여侃侃如에 대해 다시 강직剛直으로 해석함으로써 다소 혼란스러움을 불러일으킨다고 하겠다.

10:3. 君召使擯, 色勃如也, 足躩如也. 揖所與立, 左右手, 衣前後, 襜如也. 趨進, 翼如也. 賓退, 必復命曰: "賓不顧矣."[皇氏本作'左右其手']

고주 —— 인군이 불러 국빈사를 맡기면, 낯빛을 바꾸는 듯했고, 발걸음을 비켜 조심스럽게 하셨다. 함께 서 있는 사람에게 읍할 때는 손을 (왼쪽 사람에게는) 좌로 하고 (오른쪽 사람에게는) 우로 하고, 옷깃의 앞뒤를 가지런하게 하셨다. 빠른 걸음으로 나아가실 때에는 마치 (새가) 날개를 편 듯이 하셨다. 빈객이 물러가면 반드시 복명하시길, "빈객이 뒤돌아보지 않았습니다."라고 하셨다.

자원풀이 ■빈賓은 宀(집 면)+人(사람 인)+止(발 지)의 회의자로 집(宀)으로 찾아오는(止) 손님(人)을 그렸다. 방문할 때 예물(貝)을 지참하는 것이 예의이기 때문에 貝(조개 패)자가 추가되어 현재 자형이 되었다. 손을 맞아 들이다의 뜻에서 접대하다, 모시다의 뜻이 나왔다.
■빈擯은 手(손 수)+賓(손 빈)의 형성자로 손님(賓)을 인도(手)하는, 혹은 인도하는 사람을 뜻한다. 배척하여 물리치다의 뜻도 나왔다(擯却, 擯斥).
■곽(확)躩은 足(발 족)+矍(두리번거리는 모양, 기운이 솟는 모양 확)의 형성자로 빠르게 가는 모양을 나타낸다. 곽여躩如는 (1) 빨리가는 모양, (2) 발길을 돌려 나아가지 않는 모양 등의 의미이다.
■읍揖은 手(손 수)+咠(잠소할 집)의 형성자로 손(手)을 마주 잡고 가슴팍까지 올려 예를 표하는 절을 말한다. 사양辭讓과 양보를 뜻하기도 한다.

주자 —— 인군이 불러 접빈사를 맡기면, 낯빛을 바꾸는 듯했고, 발걸음을 비켜 조심스럽게 하셨다. 함께 (빈객을 접대하기 위해) 서 있는 사람에게 읍할 때는 손을 (왼쪽 사람에게는) 좌로 하고 (오른쪽 사람에게는) 우로 하고(명령을 차례대로 전하였고), 옷깃의 앞뒤를 가지런하게 하셨다. 빠른 걸음으로 나아가실 때에는 마치 (새가) 날개를 편 듯이 하셨다. 빈객이 물러가면 반드시 복명하시길, (인군이 경건한 태도를 풀도록) "빈객이 뒤돌아보지 않았습니다."라고 하셨다.

다산 —— 인군이 불러 접빈사를 맡기면, 낯빛을 바꾸는 듯했고 발걸음을 비켜 조심스럽게 하셨다. 함께 (빈객을 접대하기 위해) 서 있는 사람에게 읍할 때는 손을 (왼쪽사람에게는) 좌로 하고 (오른쪽 사람에게는) 우로 하고(명령을 차례대로 전하였고), 옷깃의 앞뒤를 가지런하게 하셨다. 빠른 걸음으로 나아가실 때에는 마치 (새가) 날개를 편 듯이 하셨다. 빈객이 물러가면 반드시 복명하시길, (禮辭로) "빈객이 뒤돌아보지 않았습니다."라고 하셨다.(황간본에는 左右其手로 되어 있다)

집주 —— ■擯은 主國之君이 所使出接賓者라 勃은 變色貌요 躩은 盤辟貌니 皆敬君命故也라

빈擯은 주국의 인군(主國之君)이 나가서 손님을 영접하게 한 자이다. 발勃은 낯빛을 바꾸는 모습이고, 곽躩은 비껴 도는 모습(盤辟貌)이니, 모두 인군의 명령을 공경하기 때문이다.

■첨襜은 衣(옷 의)+詹(이를 첨)의 형성자로 앞치마, 옷이 가지런한 모양(襜如), 수레의 휘장, 흔들리는 모양이다.
■추趨는 走(달릴 주)+芻(꼴 추)의 형성자. 빠른 걸음으로 달리다(走), 달려가다, 종종걸음치다의 뜻이다.
■익翼은 羽(깃 우)+異(다를 이)의 형성자로 깃(羽)으로 이루어진 날개를 뜻하고, 이후 날 수 있는 날개라는 뜻에서 보좌하다의 뜻이 생겼다. 『설문』에서는 飛(날 비)가 의미부고 異異가 소리부인 구조라 한다.
■고顧는 頁(머리 혈)+雇(품살 고)의 형성자. 머리(頁)를 돌려(雇) 되돌아봄, 살피다, 생각하다, 반성하다의 뜻이다.

■所與立은 謂同爲擯者也라 擯은 用命數之半하니 如上公九命이면 則用五
人하여 以次傳命이라 揖左人則左其手하고 揖右人則右其手라 襜은 整貌라
함께 서 있는 사람이란 같이 빈객을 접대하는 사람을 일컫는다. '빈擯'은 관
원 등급(命數)의 반을 쓰니, 예컨대 상공上公이 구명九命일 경우 다섯 사람을
써서 차례로 명命을 전달하는 것이다. 왼쪽 사람에게 읍할 때는 그 손을 왼쪽
으로 하고, 오른쪽 사람에게 읍할 때는 그 손을 오른쪽으로 한다. 첨襜은 가
지런한 모양(整貌)이다.

■疾趨而進에 張拱端好하여 如鳥舒翼이라
빠른 종종걸음으로 나아갈 때(疾趨而進)는 두 손을 편 모습이 단아(端好)하여,
마치 새가 날개를 편 것과 같았다.

■紓君敬也라
(반드시 復命하신 것은) 임금의 경건한 태도를 풀게 하려는 것이다.

■此一節은 記孔子爲君擯相之容이니라
이 구절은 공자께서 인군을 위해 빈擯이 되어 돕는 모습을 기록한 것이다.

고금주 —— ■邢曰: "擯, 接賓者也. [主國之君所使出接賓者] 勃, 變色也." ○包
曰: "躩, 盤辟貌." ○鄭曰: "揖左人, 左其手, 揖右人, 右其手." ○陸稼書云: "孔
子是時, 蓋爲次擯. 揖者, 揖而傳之以命也, 故云揖所與立. 所與立者, 皆本國
之臣僚, 同爲擯者也. 若未擯傳之末介, 則不可以左右言."
형병이 말했다. "빈擯은 빈객을 접대하는 자이고(주국의 임금이 빈객을 접대하도
록 사신으로 보낸 자이다), 발勃은 낯빛을 바꾸는 것이다." ○포함이 말했다. "곽
躩은 비껴 도는 모습이다." ○정현이 말했다. "왼쪽에 있는 사람에게 읍을 할
때는 손을 왼쪽으로 돌리고, 오른쪽에 있는 사람에게 읍할 때에는 손을 오른
쪽으로 돌리신 것이다." ○육가서가 말했다. "공자께서는 이 당시에 대개 차
빈次擯이었을 것이다. 읍하는 자는 읍하면서 명을 전한다. 그러므로 함께 서

있는 자와 읍한다고 하였다. 함께 서 있는 자는 모두 본국의 신료로 동급으로 빈擯이 된 자이다. 만일 말빈末擯이 말개末介에게 전한다면, '왼쪽 · 오른쪽으로 하고'라고 말할 수 없다."

■ 金曰: "'賓不顧矣', 此當時禮辭也."

김이상이 말했다. "'손님이 되돌아보지 않았습니다.'라고 말한 것은, 그 당시의 예사禮辭이다."

■ 孔曰: "翼如, 言端好."[皇本, 作端正] ○ 鄭曰: "復命, 白君賓已去矣." ○ 案 復命者, 承命作擯, 其事已畢, 故復命也.

공안국이 말했다. "익여翼如는 단아한 모습(端好)이다(황간의 본에는 端正으로 썼다)." ○ 정현이 말했다. "복명復命하여 빈賓이 이미 떠나갔다고 임금에게 아뢰는 것이다." ○ 살핀다. 복명復命은 명령을 받들어 빈擯이 되어, 그 일을 이미 마쳤기 때문에 복명한 것이다.

비평 —— 특별한 쟁점은 없다.

꧁꧂

10:4. 入公門, 鞠躬如也, 如不容. 立不中門, 行不履閾. 過位, 色勃如也, 其言似不足者. 攝齊升堂, 鞠躬如也, 屛氣, 似不息者. 出, [句] 降一等, 逞顏色, 怡怡如也. 沒階, 趨進, 翼如也. 復其位, 踧踖如也. [陸氏本, 趨下無進字]

고주 —— 궁궐 문에 들어가실 때에는 몸을 굽히시고 마치 (좁고 협소하여 몸을) 용납하지 못하는 것처럼 하셨다. 서실 때에는 문의 중앙에 (오

만하게) 서지 않으셨고, 다니실 때에는 문지방을 (不淨하여) 밟지 않으
셨다. (임금의 빈) 자리를 지나갈 때는 낯빛을 바꾸듯이 하였고, 발걸음
은 비껴 조심스레 머뭇거리듯 하셨고, 말은 마치 잘 못하는 듯이 하셨다.
옷자락을 여미어 잡고 당에 오르시면서 몸을 굽히시고 (인군이 계시는 곳에 이
르러서는) 숨을 죽이시어, 마치 숨 쉬지 않는 사람처럼 하셨다. 물러나와 계단
하나를 내려오셔서 안색을 펴시고 화열和悅한 모습이었다. 계단을 다 내려오
시면 종종걸음으로 나아감이 (두 소맷자락이 단아하여) 마치 새가 날개를 편 듯
하셨다. 나아가실 때 (지나갔던) 인군의 자리에 다시 돌아와서는 또한 삼가고
조심스런 모습(踧踖=恭敬)이셨다.

주자 —— 궁궐 문에 들어가실 때에는 몸을 굽히시고 (궁궐 문이 크고 높지만)
마치 (몸을) 용납하지 못하는 것처럼 하셨다. 서실 때에는 문의 중앙에(中門=
中於門: 문설주와 문 말뚝 사이) 서지 않으셨고(존귀함을 자처하지 않으셨다), 다니
실 때에는 문지방을 밟지 않으셨다(조심하셨다). (임금의) 자리를 지나갈 때는
낯빛을 긴장하듯이 하셨고, 발걸음은 비껴 조심스레 머뭇거리듯 하셨고, 말
은 마치 잘 못하는 듯이 하셨다. 옷자락을 여미어 잡고 당에 오르시면서 몸
을 굽히시고 (인군이 계시는 곳에 이르러서는) 숨을 죽이시어, 마치 숨 쉬지 않는
사람처럼 하셨다. 물러나와 계단 하나를 내려오셔서 안색을 펴시고 화열和悅

자원풀이 ■국鞠은 革(가죽 혁)+匊(움켜 뜰 국: 두 손을 쌀米을 움켜 뜨는 모습)의 형성자로 가죽(革)을 뭉쳐 둥글게(匊)
만든 공을 말했다. 이후 두 손으로 감싸듯 받들고 키우다의 뜻이, 다시 '몸을 굽히다'의 뜻이 나왔다.
■역閾은 門(문 문)+或(지경 역=域)의 문지방, 출입문, 제한(한계)하다는 뜻이다.
■위位는 人(사람 인)+立(설 립)의 형성자로 사람(人)이 서 있는(立) 그곳의 자리(위치)를 그렸고, 이후 직위職位, 지위
地位의 뜻이 나왔다.
■제齊는 원래 벼나 보리가 패서 가지런한 모양을 그린 상형자로 가지런하다, 다스리다, 바르다 등의 뜻이다. 옷
자락(攝齊升堂) 혹은 (상복의 아랫단을) 꿰다, 예리하다, 제사에 쓰이는 곡식(以我齊明) 등으로 쓰일 때는 '자'로 읽는
다. 또한 재계齋戒하다, 경건하다의 뜻일 때는 '재'로 읽는다.
■병屛은 尸(주검 시)+幷(아우를 병)의 형성자로 '가리다'가 원뜻이다. 시신(尸)을 가리도록 키를 나란하게(幷) 만든

한 모습이었다. 계단을 다 내려오시면 종종걸음이 (두 소맷자락이 단아하여) 마치 새가 날개를 편 듯하셨다. 나아가실 때 (대부의) 자리에 다시 돌아와서는 또한 삼가고 조심스런 모습(跏踏=恭敬之餘)이셨다.

다산 —— 궁궐 문에 들어가실 때에는 몸을 굽히시고 마치 (좁고 협소하여 몸을) 용납하지 못하는 것처럼 하셨다. 서실 때에는 문 얼闑(문설주)의 중앙에 서지 않으셨고, 다니실 때에는 문지방을 밟지 않으셨다. (사대부의) 자리를 지나갈 때는 낯빛을 바꾸듯이 하셨고, 발걸음은 비껴 조심스레 머뭇거리듯이 하셨고, 말은 마치 잘 못하는 듯이 하셨다. 옷자락을 여미어 잡고 당에 오르시면서 몸을 굽히시고 (인군이 계시는 곳에 이르러서는) 숨을 거두어(屛=斂), 마치 숨 쉬지 않는 사람처럼 하셨다. 퇴조하여(出=退朝) 계단 하나를 내려오셔서 안색을 펴시고 화열和悅한 모습이셨다. 계단을 다 내려오시면 종종걸음이 (두 소맷자락이 단아하여) 마치 새가 날개를 편 듯하셨다. 나아가실 때 (대부의) 인군의 자리에 다시 돌아와서는 또한 삼가고 조심스런 모습(跏踏=恭敬)이셨다.(육덕명의 본에는 趨 자 다음에 進 자가 없다.)

집주 —— ■鞠躬은 曲身也라 公門이 高大로되 而若不容은 敬之至也라
국궁鞠躬은 몸을 굽히는 것(曲身)이다. 궁궐 문(公門)이 높고 크지만 용납되지 못하는 것처럼 하는 것은 지극히 공경함이다.

가림막을 말하며, 이로부터 병풍屛風이란 뜻이 나왔다.
■식息은 自(스스로 자)+心(마음 심)의 회의자로 숨을 쉬다의 뜻인데, 심장에서 시작된 숨이 코(自)로 나오는 모습을 형상화했다. 심장이 펄떡펄떡하며 거친 숨을 코(自)로 내쉬는 모습을 나타낸다.
■등等은 竹(대 죽)+寺(절 사)의 회의자로 대(竹)로 만든 죽간竹簡을 손으로 잡고(寺) 정리하는 모습을 그렸다. 정리를 거친 죽간은 내용에 따라 서열이 나누어지기 때문에 등급等級이나 무리의 뜻이 생겼다.
■령逞은 辵(쉬엄쉬엄 갈 착)+呈(드릴 정)의 형성자로 『설문』에서는 막힘없이 가다(辵)의 뜻이라고 했다. 쾌하다, 만족스럽다, 빠르다, 풀다(逞顔色), 펼쳐내 보이다 등의 뜻이다.

■ 中門은 中於門也니 謂當根閫之間이니 君出入處也라 閾은 門限也라 禮에
士大夫出入公門에 由闑右하고 不踐閾이라

중문中門은 문의 가운데(中於門)로 문설주와 문 말뚝의 사이를 말하니, 임금
이 출입하는 곳이다. 역閾(문지방)은 문의 경계(門限)이다. 『예기』「곡례」편에
따르면, 사대부가 궁궐 문을 출입할 때 문 말뚝의 오른쪽으로 출입하고 문지
방을 밟지 않는다.

■ 謝氏曰 立中門則當尊이요 行履閾則不恪이니라

사량좌가 말했다. "문 가운데에 서는 것은 존귀함을 자처하는 것이고, 문지
방을 밟고 나가는 것은 신중하지 못함이다."

■ 位는 君之虛位니 謂門屛之間, 人君宁立之處니 所謂宁也라 君雖不在나 過
之必敬은 不敢以虛位而慢之也라 言似不足은 不敢肆也라

위位는 인군의 빈 자리이니, 문과 병풍의 사이를 말한다. 인군이 우뚝 서는
곳이 이른바 저宁이다. 인군이 비록 자리에 있지 않더라도 지날 때에는 반드
시 경건하셨으니, 빈 자리라 하여 감히 태만하지 않으신 것이다. '말은 잘 못
하시는 듯 하셨다(言似不足)'는 것은 감히 함부로 하지 않으셨다는 것이다.

■ 攝은 摳也요 齊는 衣下縫也라 禮에 將升堂할새 兩手摳衣하여 使去地尺하
니 恐躡之而傾跌失容也라 屛은 藏也요 息은 鼻息出入者也니 近至尊에 氣容
肅也라

섭攝은 여며 잡는 것이다. 재齊는 옷의 아랫자락이다. 『예기』「옥조」편에, "당
堂에 오르려 할 때 두 손으로 옷을 여며 잡아 땅에서 한 자 떨어지게 한다."고
하였는데, 옷자락을 밟아 넘어져 체모를 잃을까 우려했기 때문이다. 병屛은
감추는 것이고, 식息은 콧숨을 들고 내는 것이니, 지존至尊과 가까워 숨 쉬는
것을 삼가는 것이다.

■ 陸氏曰 趨下에 本無進字어늘 俗本에 有之하니 誤也라

육덕명이 말했다. "추趨 자 다음에는 본래 진進 자가 없다. 속본俗本에는 있는

데 잘못이다."

■等은 階之級也라 逞은 放也라 漸遠所尊하니 舒氣解顏이라 怡怡는 和悅也라 沒階는 下盡階也라 趨는 走就位也라 復位踧踖은 敬之餘也라

등等은 계단의 층계이다. 영逞은 푸는 것(放)이다. 지존으로부터 점차 멀어지니 기운을 편안하게 하고 안색을 푸는 것이다. 이이怡怡는 화열和悅이다. 몰계沒階는 계단을 다 내려온 것이다. 추趨는 달려가 자리 잡는 것이다. 그 자리로 돌아와 조심조심하는 듯하였다(復其位 踧踖如也)는 것은 경건함이 남아 있는 것이다.

■此一節은 記孔子在朝之容이니라.

이 한 절은 공자께서 조정에 계실 때 용모를 기록한 것이다.

고금주 —— ■補曰 不中門者, 爲據尊也. [君所出入處] 不履閾者, 嫌踐危也. [邢云: "一則自高, 二則不淨."] 位, 大夫士所立之定地, 在公庭之左右, [即朝廷之位] 過位則彌近君, 故彌敬. 立乎其位, 或與大夫言, 不敢出聲, 似不足者. [孔子位尊, 故過下位而得立乎上位] 屛, 斂也. 《金縢》云: "屛璧與圭." 出, 退朝而出也. 逞, 解也. 復其位, 反庭中大夫之位.

보완하여 말한다. 부중문不中門은 존귀한 분이 다니는 곳이기 때문이고(인군이 출입하는 곳이다), 불이역不履閾이란 위태로운 곳을 밟기를 피하는 것이다.(형병이 말했다. "한편으로는 스스로를 높이고, 다른 한편으로는 정결하지 않기 때문이다.") 위位는 대부大夫와 사士가 서는 정해진 자리이니, 공정公庭의 좌우로 있는데(곧 조정의 위치:朝廷之位이다), 그 위位를 지나면 인군에게 더욱 가까워지므로 더욱 공경해야 한다. 그 위位에 서서 혹 대부와 함께 말할 때는 감히 소리를 내지 않고, 흡사 말을 잘 못 하듯이 한다.(공자는 지위가 높았기 때문에, 下位를 지나서 상위에 설 수 있었다.) 병屛은 거둔다(斂)는 뜻이다.(『서경』「금등」에서 말했다. 벽과 규를 거두는 것이다:屛璧與珪.) 영逞은 풀다(解)이다. 출出은 퇴조

하여 나가는 것(退朝而出)이다. 그 자리로 돌아온다(復其位)는 것은 조정의 공정公廷에 있는 대부의 자리에 되돌아오는 것이다.

■邢曰: "中門, 謂根闑之中央, 根闑之中, 是尊者所立處, 故人臣不得當之以立." ○案 公門之制, 兩旁有根, 中央有闑, 闑之左右, 各爲一路, 以達兩階. 君出入由闑右者, 鄰國之君來聘, 則賓由闑西, [即闑左] 主君由闑東[即闑右故也]. 人臣由闑右者, 不敢自居以賓禮也, 則所謂立不中門者, 不中於闑右之中央, 非謂兩扉之中央也.

형병이 말했다. "문의 한가운데(中門)란 문설주(根)와 문지방(闑)의 중앙을 말하는데, 정根과 얼闑의 한가운데는 지존至尊이 서는 곳이기 때문에 신하는 이곳에 설 수 없다." ○살핀다. 공문을 만듦에 양쪽 가에 정根(문설주)이 있고, 중앙에 얼闑(문 말뚝)이 있으며, 얼의 좌우에는 각각 하나의 길을 만들어 양쪽 계단(동서의 계단)으로 통한다. 인군이 출입할 때는 얼闑의 오른쪽으로 통행하는 것은 이웃 나라의 인군이 내빙來聘하면 빈객으로서 얼의 서쪽(곧 얼의 왼쪽이다)으로 통행하기 때문이다. 신하가 얼闑의 오른쪽으로 통행하는 것은 감히 스스로 빈례賓禮를 적용할 수 없기 때문이니, 이른바 입부중문立不中門이란 얼闑의 우측 중앙에 해당하는 곳에 서지 않는다는 것이지 두 문짝의 중앙을 가리키는 것이 아니다.

■包曰: "過君之空位." ○邢曰: "空位, 謂門屛之間, 人君宁立之處. 君雖不在此位, 人臣過之宜敬." ○案 宁者, 門之內‧屛之外也. 人君聽治, 或於門, 或於寢. 於門則負屛而立, 此之謂宁也. 然過位‧復位, 上下照應, 宁則皆宁, 廷則皆廷, 不得異釋. 孔安國以復位爲來時所過之位, [侃云: "初時所過君之位."] 來時所過若是宁位, 則書之曰'復其位', 有是理乎? [陸稼書云: "復其位, 是朝班之位. 《孟子》曰, '朝廷不歷位而相與言.' 即此位."] 過位者, 過士大夫之位也.

포함이 말했다. "과위過位란 비어 있는 임금의 자리를 지나가는 것이다." ○형병이 말했다. "공위란 문과 병풍 사이를 말하는데, 임금이 머물러 서 있던 곳이다. 임금이 비록 그 자리에 계시지 않아도, 신하가 그곳을 지날 때에는 마땅히 공경해야 한다.” ○살핀다. 저宁(인군이 조회를 받던 자리)란 문의 안쪽(門之內)과 병풍의 바깥쪽(屛之外)이다. 임금이 청정聽政할 때 어떤 때는 문에서, 어떤 때는 정침에서 한다. 문에서 하면 병풍을 등지고 서는데, 이를 가리켜 저宁라 한다. 그러나 과위過位와 복위復位는 서로 조응하는 것으로 저宁면 모두 저宁이고 정廷이면 모두 정廷이니, 다르게 해석할 수 없다. 그런데 공안국은 복위復位를 ‘올 때 지나온 자리’라고 하였는데(황간은 말했다. 처음 조회를 시작할 때 인군의 자리를 지나는 것이다.), 올 때 지나온 자리가 만약 저위宁位라면, 그것을 기록하여 ‘그 자리로 돌아가다(復其位)’라고 말했을 리가 있겠는가?(『육가서』에서 말했다. “復其位란 조정 반열의 자리이다.” 『맹자』 「이루하」에서는 ‘조정에서는 남의 자리를 지나서 남과 더불어 서로 말하지 않는다.’고 하였으니, 바로 이 자리이다.) 과위(過位)란 ‘사대부의 자리를 지나가다.’의 뜻이다.

■孔曰: “衣下曰齊.” ○邢曰: “〈曲禮〉 ‘摳衣’, 鄭注云, ‘齊謂裳下緝也.’ 然則衣謂裳也. 對文則上曰衣, 下曰裳, 散則可通.” ○案 邢說, 是也.

공안국이 말했다. “옷의 아랫자락을 ‘자齊’라고 한다.” ○형병이 말했다. “『예기』 「곡례」에서 ‘옷을 걷어 올린다(摳衣)’고 하였는데, 정현의 주注에 ‘자齊는 치맛자락 끝의 꿰맨 곳을 이른다.’라고 하였다. 그렇다면 의衣는 치마를 이른 것이다. 나란히 들어 대비할 때에는 옷의 윗도리를 ‘의衣’라 하고 아랫도리를 ‘상裳’이라고 하지만, 따로 언급할 때는 통용할 수 있다.” ○살핀다. 형병의 설이 옳다.

■陸曰: “趨下本無進字, 俗本有之, 誤也.” [見《釋文》] ○案 鄭玄〈聘禮〉注引 ‘沒階趨進’, 有進字. [漢本有進字, 可知] 然其經文云 ‘下階發氣, 擧足又趨’, [即沒階而趨] 無進字.

육덕명이 말했다. “추趨 자 다음에는 본래 진進 자가 없다. 속본俗本에는 있는데 잘못이다(『경전석문』에 보인다).” ○살핀다. 정현의 『의례』 「빙례」편의 주注

에 '몰계추진沒階趨進'이란 구절을 인용하여, 거기에 '진進' 자를 두었다(한나라 본에는 進 자가 있었다는 것을 알 수 있다). 그러나 (「빙례」의) 경문經文에는 "하계발기下階發氣 거족우추擧足又趨"라 하여(곧 沒階而趨) 진進 자가 없다.

비평 —— (1) 중문中門에 대해 고주에서는 문설주(棖)와 문지방(闑)의 중앙을 말하는 것인데, 정棖과 얼闑의 한가운데라고 하였고, 주자는 문의 가운데(中於門)로 문설주와 문 말뚝의 사이를 말한다(謂當棖闑之間)고 하였고, 다산은 두 문짝의 중앙이 아니라 얼闑의 중앙에 해당하는 곳이라 하였다. 그런데 모두가 존귀한 분이 다니는 곳이기 때문에 중문에 서지 않는다고 보았다는 점에서 사소한 차이에 지나지 않는다.

(2) 원문의 '추진趨進'에 대해 고주는 그대로 해석하였지만, 주자와 다산은 각각의 근거를 원용하면서 '진進' 자가 없어야 한다는 설을 지지하였다. 문맥으로 보면 후자의 주장이 정당하다고 판단된다.

(3) 원문에 여러 번 등장하는 '위位'가 누구(사대부, 인군 등)의 위位를 말하는지에 대해 이견이 있다. 과위過位의 위位를 인군의 빈자리로 볼 것인가(고주와 주자), 아니면 사대부의 위로 볼 것인가(다산) 하는 것은 일장일단이 있다. 그런데 '복기위復其位'의 위位는 이전에 지나갔던 인군의 자리(고주)가 아니라, 공자가 계셨던 대부의 자리(주자와 다산)로 보는 것이 타당하다고 생각된다.

10:5. 執圭, 鞠躬如也, 如不勝. 上如揖, 下如授. 勃如戰色, 足蹜蹜如有循. 享禮, 有容色. 私覿, 愉愉如也.

고주 ── 규를 잡으실 때는 몸을 굽히어 마치 이기지 못하는 듯이 하셨으며, 규를 위로 바치실 때는 (마땅히 공경하여) 읍하듯이 하셨고, (규를 바치고) 내려오실 때에는 (예를 잊을 수 없어) 건네듯이 하셨다. 안색은 신중하고 두려운 듯하고(공경함이다), 발걸음은 앞쪽은 들고 뒤꿈치는 끄는 듯이 땅에 붙이고서 가는 듯이 하셨다. 향례에는 화열하셨고, 사사로이 알현할 때는 화락한 낯빛을 지으셨다.

주자 ── 규를 잡으실 때는 몸을 굽히어 마치 이기지 못하는 듯이 하셨으며, 규를 들어올릴 때는 읍하는 위치까지 하셨고, 내릴 때는 (물건을) 건네는 위치까지 하셨다. 안색은 긴장하여 두려운 듯이 하셨고, 발걸음은 앞쪽은 들고 뒤꿈치는 끄는 듯이 땅에 붙이고서 가는 듯이 하셨다. 향례에는 화락하셨고, 사사로이 알현할 때는 유쾌한 낯빛을 지으셨다.

다산 ── 규를 잡으실 때는 몸을 굽히어 마치 이기지 못하는 듯이 하셨으며, 규를 들어올릴 때는 읍하는 위치까지 하셨고, 내릴 때는 (물건을) 건네는 위치까지 하셨다. 안색은 긴장하여 두려운 듯이 하셨고, 발걸음은 앞쪽은 들고 뒤꿈치는 끄는 듯이 땅에 붙이고서 가는 듯이 하셨다. 향례에는 화락하셨고, 사사로이 알현할 때는 더욱 화락한 낯빛을 지으셨다.

자원풀이 ■규圭는 두 개의 흙(土)으로 구성된 회의자로 흙은 생명의 상징이었다. 흙이 겹쳐진 것은 훌륭하고 아름다움의 상징이었기에, 관리들이 자신의 신분을 나타내는 홀을 지칭하였다. 『예기』교특생」에 "대부는 규圭를 지니고 사신 가는데, 신임을 알리기 위한 것이다."라고 하였다.
■축縮은 糸(가는 실 사)+宿(묵을 숙)의 형성자로 실(糸)로 묶어 물체의 속성을 잠재워(宿) 펼쳐지지 못하도록 하는 것으로 묶다, 오므라들다, 줄어들다, 물러나다의 뜻이다.
■향享은 원래 종묘에서 자손(子)들이 제사를 드리는 모습에서 나온 형성자로 제사를 드린다, 누리다의 뜻이다. 제사를 지내고 신에게 제물을 바친다는 뜻에서 드리다, 제사를 받는 조상신의 처지에서는 누리다의 뜻이 나왔다.
■적覿은 見(볼 견)+賣(팔 매)의 형성자로 물건을 팔려고(賣) 서로 만나는 것을 말한다.
■용容은 宀(집 면)+谷(골 곡)의 형성자로 집(宀)과 계곡(谷)으로 받아들일 수 있는 공간이란 뜻에서 용납容納하다,

집주 ── ■圭는 諸侯命圭니 聘問鄰國이면 則使大夫로 執以通信이라 如不勝은 執主器에 執輕如不克이니 敬謹之至也라 上如揖, 下如授는 謂執圭平衡하여 手與心齊하여 高不過揖하고 卑不過授也라 戰色은 戰而色懼也라 踧踖은 擧足促狹也라 如有循은 記所謂擧前曳踵이니 言行不離地하여 如緣物也라

규圭는 제후의 명규命圭이다. 이웃나라에 빙문聘問할 때 대부로 하여금 (圭를) 지니게 하여 신임함을 알린다. 여불승如不勝(이기지 못하는 듯함)이란 군주의 기물을 지님에 가벼운 것을 지니더라도 마치 이기지 못하는 듯이 하는 것은 공경과 삼감의 극치이다. (규를) 들어올릴 때에는 읍하듯 하고, 내릴 때는 물건을 건네듯이 한다는 것은 규를 지니는 것이 평형平衡되게 하면서 손을 가슴과 나란히 하여, 높아도 읍하는 위치를 넘지 않고 낮아도 건네는 위치를 넘지 않는다는 것이다. 전색戰色은 떨려서 낯빛이 두려워하는 색을 띠는 것이고, 축축縮縮은 발걸음이 빠르고 자주 떼는 것이고, 여유순如有循은 『예기』「옥조」편에서 말한 "(발) 앞은 들고 뒤꿈치는 끈다."는 것이니, 마치 묶인 물건처럼 땅에서 떨어지지 않고 가는 것을 말한다.

■享은 獻也니 旣聘而享에 用圭璧하고 有庭實이라 有容色은 和也니 儀禮曰 發氣滿容이라 하니라

향享은 바치는 것(獻)이다. 이미 빙례를 다하면 향례를 하는데, 규벽圭璧을 쓰고 뜰에 진열해 채우는 것(庭實)이다. 유용색有容色은 온화함(和)이다. 『의례』「빙례」편에 "기운이 발하여 얼굴을 편다(發氣滿容)."고 하였다.

■私覿은 以私禮見也라 愉愉則又和矣라

사적私覿은 사사로운 예로 만나는 것이다. 유유愉愉는 더욱 온화함이다.

받아들이다의 뜻이다. 이로부터 관용寬容, 허용許容의 뜻이 나왔고, 관용은 얼굴빛을 나타내기에 얼굴의 뜻이, 다시 용모容貌의 뜻이 나왔다.
■유愉는 心(마음 심)+兪(점점 유)의 형성자로 마음(心)이 점점 나아진다(兪)는 뜻으로 즐겁다, 기쁘다, 마음이 느긋하다의 뜻이다.

■此一節은 記孔子爲君聘於鄰國之禮也니라

이 구절은 공자께서 인군을 위해 이웃나라를 빙문했을 때의 예를 기록한 것이다.

■晁氏曰 孔子定公九年에 仕魯라가 至十三年에 適齊하시니 其間에 絶無朝聘往來之事라 疑使擯執圭兩條는 但孔子嘗言其禮當如此爾시니라

조설지가 말했다. "공자께서는 정공定公 9년에 노나라에서 벼슬하셨고, 13년에 이르러 제나라로 가셨는데, 그 사이에는 조빙왕래한 일이 없었다. 의심컨대, 사빈使擯과 집규執圭 두 조목은 다만 공자께서 일찍이 그 예란 마땅히 이와 같아야 한다는 것을 언급한 것일 뿐인 듯하다."

고금주 —— ■補曰 圭, 瑞玉. 戰色, 猶戰慄之色. ○鄭曰: "如有循, 擧前曳踵." ○鄭曰: "享, 獻也. 〈聘禮〉, '旣聘而享, 用圭璧, 有庭實.'" ○補曰 有容色, 其容舒也. ○鄭曰: "覿, 見也. 旣享, 乃以私禮見." ○邢曰: "愉愉, 和悅也."

보완하여 말한다. 규圭는 서옥瑞玉이다. 전색戰色은 전율하는 낯빛(戰慄之色)과 같다. ○정현이 말했다. "여유순如有循은 발 앞쪽을 들고 발꿈치를 끄는 것이다." ○정현이 말했다. "향享은 드림(獻)이다. 『의례』「빙례」에서 '이미 빙문한 뒤에는 향례享禮를 행하는데, 규벽을 쓰고 정실庭實이 있다.'고 했다." ○보완하여 말한다. 유용색有容色은 그 얼굴이 확 펴져 있는 것을 말한다. ○정현이 말했다. "적覿은 봄(見)이니, 이미 향례를 했으면, 사례私禮로 만난다는 것이다." ○형병이 말했다. "유유愉愉는 화열和悅이다."

■鄭曰: "上如揖, 授玉宜敬. [侃云: "上如揖, 就下取玉, 上授與人時也. 俯身爲敬, 故如揖時也."] 下如授, 不敢忘禮." [邢云: "授玉而降, 雖不執玉, 猶如授時, 不敢忘禮也."] ○侃曰: "下如授, 謂奠玉置地時也." ○駁曰 非也. 案〈聘禮〉執圭之法曰: "授如爭承, 下如送, 君還而後退. 下階, 發氣." 與此'上如揖, 下如授', 其文相似, 而義不合也.

정현이 말했다. "상여읍上如揖이란 옥을 줄 때에 마땅히 공경하는 예이다.(황간이 말했다. "상여읍이란 아래에 내려가서 옥을 가지고 올라와 인군이 되는 사람에 줄 때를 이른다. 이때 몸을 굽혀 공경하기 때문에 읍할 때의 자세와 같은 것이다.") 하여수下如授는 감히 예를 잊지 않는다는 태도이다."(형병이 말했다. "옥을 주고 내려갈 때도 비록 옥을 잡고 있지는 않으나, 그래도 오히려 옥을 줄 때처럼 감히 예를 잊지 않는 것이다.") ○황간이 말했다. "하여수下如授란 옥을 놓아둘 자리를 정할 때를 말한다." ○논박하여 말하면, 그릇되었다. 살핀다. 「빙례」에 집옥執玉하는 법에 "옥을 주면 서로 다투어 받드는 듯이 하고, 몸을 낮추기를 전송하듯이 하여, 임금이 돌아선 뒤에야 물러나서 계단을 내려와 기를 편다."고 하였으니, 이는 상여읍上如揖·하여수下如授와 그 글이 비슷하지만, 뜻이 합치하지 않는다.

■馮曰:《左氏》, 史遷所載恐不無軼事, 是書出於門人之親記, 烏得而疑之?'
풍의馮椅가 말했다. "(『집주』의 조씨의 해설에 대해 비평하면서)『춘추좌전』과 『사기』에 기록된 것에는 아마도 빠진 사실이 없지 않을 것이니, 여기의 이 글은 문인이 친히 기록한 것에서 나왔으니, 어찌 의심할 수 있겠는가?'

■案 記〈鄕黨〉者, 記夫子動容中禮也.
살핀다. 「향당」편을 기록한 자는 공자의 동용動容이 예에 적중한 것을 기록하였다.

비평 —— 고주의 '상여읍上如揖 하여수下如授'에 대한 다산의 비평 —— 이 상세히 나타나 있다. 주자는 고주에 대해 다음과 같이 비평한 적이 있다.

구설舊說은 상上은 계단을 오른다는 의미에서 상上, 하下는 계단을 내려온다는 의미에서의 하下라고 해석했는데, 역시 좋다. 단지 이 해석은 당에 오를 때의 모습이 이와 같고, 당에 올라 임금 앞에 규를 바치고 나서는 다시 가지고 내려오지 않는다고 설명하는 것이기 때문에 당에서 내려오는 것이라는 말은 성립되지 않는다. 그러므로 다만 평형의 설을 채택해 말했으니, 상하는 규를 잡는 (손 위치의) 고저를 말한다. (『논어집주대전』)

⌒⌒⌒

10:6. 君子不以紺緅飾, 紅紫不以爲褻服. 當暑, 袗絺綌, 必表而出之. [皇本, 無‘之’字]

고주 —— 군자(=공자)는 감색(=玄色)과 추색(한번 물들인 엷은 분홍색=淺絳色)으로 (옷깃이나 소매에) 장식(선을 두르기)하지 않으셨으며, 홍색(남방의 간색)과 자색(북방의 간색)으로 (정색이 아니기 때문에) 평상복을 만들지 않으셨다. 더운 여름에는 갈포로 지은 홑옷을 입으셨으나, (외출할 때는 홑옷 위에) 반드시 덧입고 외출하셨다.

주자 —— 군자(=공자)는 감색(=深青揚赤色으로 재계복)과 추색(絳色으로 練服장식)으로 (목깃에) 장식(선을 두르기)하지 않으셨으며, 홍색과 자색(間色으로 正色이 아니고, 부녀자의 옷에 가까워서)으로 평상복을 만들지 않으셨다. 더운 여름에

자원풀이 ■감紺은 糸(가는 실 사)+甘(달 감)의 형성자로 비단(糸)에 물들인 감색(검은 빛을 띤 푸른 빛)이다.
■추緅는 糸(실사)+取(취할 취)의 형성자. 청적색青赤色. 또 검붉은 비단(검붉다)으로 상복의 옷깃에 썼던 색이다.
■설褻은 衣(옷 의)+埶(심을 예)의 형성자로 집에서 입는 평상복(衣)이다. 이후 항상 자주 입는 옷이라는 뜻에서 친근하다의 뜻이 나왔고, 자주 입는 옷은 더럽혀진다는 뜻에서 더럽다 등의 뜻이 나왔다.
■강絳은 糸(가는 실 사)+夅(내릴 강)의 형성자로 진홍색, 붉게 물들이다, 비단 등의 뜻이다. 강유絳帷란 붉은 휘장이란 뜻이다.
■진袗은 衣(옷 의)+㐱(술 많을 진)의 형성자로 아래위 색깔이 같은 옷(衣)을 말한다. 홑옷, 홑옷을 입다 등의 뜻이다.
■치絺는 糸+希(바랄 희)의 형성자로 고운(가는) 갈포, 갈포로 만든 옷, 수를 놓다, 글을 꾸미다는 뜻이다.
■격綌은 糸+谷의 형성자로 굵은 갈포를 말한다. 격최綌衰는 굵은 갈포로 지은 상복을 말한다. 치격絺綌이란 가는 갈포와 굵은 갈포이다.

는 갈포로 지은 홑옷을 입으셨으나, 반드시 겉으로 하여 내어 입으셨다.

다산 —— 군자(=공자)는 감색과 추색(赤深淺黑色)으로 (목깃에) 장식(선을 두르기)하지 않으셨으며, 홍(紅=赤白色)색과 자(紫=赤黑色)색으로 (곱고 아리따움이 지나치기 때문에) 평상복을 만들지 않으셨다. 더운 여름에는 갈포로 지은 홑옷에 반드시 겉옷을 덮어 입고 외출하셨다. (황간본에는 之 자가 없다.)

집주 —— ■君子는 謂孔子라 紺은 深靑揚赤色이니 齊服也라 緅는 絳色이니 三年之喪에 以飾練服也라 飾은 領緣也라

군자君子는 공자를 말한다. 감紺은 '짙은 푸른색에 붉은색을 띤 것'으로 재계복(齊服)이다. 추緅는 진홍색(絳色)으로 삼년상에 입는 연복練服(소상 이후 상복)을 장식한다. 식飾은 옷깃의 테두리(領緣)이다.

■紅紫는 間色이니 不正이요 且近於婦人女子之服也라 褻服은 私居服也라 言此則不以爲朝祭之服을 可知니라

홍색과 자주색紅紫은 간색으로 정색이 아니며(間色不正), 부인과 여자의 복장에 가깝다. 설복褻服은 평상복(私居服)이다. 이렇게 말한 것은 곧 조복이나 제복(朝祭之服)을 만들지 않았음을 알 수 있다.

■袗은 單也라 葛之精者曰絺요 麤者曰綌이라 表而出之는 謂先著裏衣하고 表絺綌而出之於外니 欲其不見體也라 詩所謂蒙彼縐絺가 是也라

진袗은 홑 것(單)이다. 가는 갈포(葛之精者)는 치絺라 하고, 거친 갈포(麤者)를 격綌이라 한다. 겉으로 하고 내었다(表而出之)는 것은 먼저 속옷을 입고(先著裏衣) 겉에 가는 갈포 옷과 거친 갈포 옷을 밖으로 나오게 입은 것(表絺綌而出之於外)이니, 몸을 드러나지 않게 하려 함이다. 『시경』「용풍鄘風, 군자해로君子偕老」에서 말한 '저 고운 갈포 옷을 입는다(蒙彼縐絺)' 함이 그것이다.

고금주 —— ■補曰 緅, 深赤淺黑色.〈考工記〉曰:“五入爲緅.” ○孔曰:“飾者,
領袖緣也.” ○補曰 紅, 赤白色,[《說文》云] 紫, 赤黑色.[《說文》云:“靑赤色.”] ○孔
曰:“表而出, [皇本孔注, 亦無‘之’字] 加上衣.”[補云:“如裘之有裼.”] 補曰 出, 謂出門
而適他所也. ○案 紺緅紅紫, 皆鮮艶之色, 故君子不用.

보완하여 말한다. 추緅는 짙은 붉은색과 옅은 검은색(深赤淺黑色)의 간색이
다.『주례』「고공기」에 다섯 번 넣어 염색함으로써 추색이 된다고 하였다. ○
공안국은 말했다. “식飾이란 옷깃이나 소매의 테두리이다.” ○보완하여 말한
다. 홍紅은 붉은색과 흰색의 간색(赤白色)이고(『설문』), 자紫는 붉은색과 검은
색의 간색(赤黑色)이다(『설문』에서는 푸른색과 붉은색의 간색:靑赤色이라고 했다).
○공안국이 말했다. “표이출表而出(황간본의 공안국 주에는 之 자가 없다)은 (속옷
을 입고 그 위에) 상의를 더하는 것이다.”(보완하여 말한다. 갖옷 위에 입는 裼衣와
같다.) ○보완하여 말한다. 출出은 문을 나가서 다른 곳으로 가는 것이다. ○
살핀다. 감紺, 추緅, 홍紅, 자紫는 모두 곱고 아리따운 색이다. 그러므로 군자
는 쓰지 않는다.

■孔曰:“一入曰緅. 紺者, 齊服盛色, 以爲飾衣, 似衣齊服. 緅者, 三年練, 以緅
飾衣, 爲其似衣喪服, 故皆不以爲飾衣.” ○案 其實三《禮》五經, 都無證驗, 況
緅之與纁, 深淺絶殊, 而誤以爲緅是練服. 孔子方以鮮艶異常之故, 不以爲飾,
孔乃云‘疑於齊喪, 故不以爲飾’, 不亦謬乎?

공안국이 말했다. “한 번 넣어 염색한 것을 추緅라 한다. 감紺이란 재복齊服
에 가장 좋은 색인데, 이 색으로 옷의 선을 두르면 마치 재복을 입은 듯하다.
추緅란 삼년상에서 연복練服에 선을 두른 색인데, 추색으로 옷에 선을 두르
면 마치 상복을 입은 듯하기 때문에 모두 이것으로는 옷에 선을 두르지 않는
다.” ○살핀다. (공안국의 해설은) 삼례三禮와 오경五經 모두에서 징험할 수 없
으며, 더욱이 추緅나 전纁(분홍빛)은 짙고 옅음이 전혀 다른데, 추緅의 빛깔로
써 연복練服의 선을 두르는 것으로 잘못 알았다. 공자는 바야흐로 곱고 아리

따운 색이 평상적이지 않기 때문에 옷깃에 선을 두르지 않았는데, 공안국은 이에 '재복과 상복을 입는 것 같다고 의심하였기 때문에, 이것으로 옷에 선을 두르지 않는다'고 하였으니, 또한 그릇된 것이 아니겠는가?

■邢曰: "但言紅紫, 則五方間色, 皆不用也." ○駁曰 非也. 孔子有'惡紫之奪朱' 一語, 故緯書嚴黜間色, 然朱是赤黃色, 未嘗非間色. 木克土·火克金, 有何實理, 而禁綠禁紅, 若是其嚴峻乎? 先王無此法也. 孔子之不飾紺緅, 不服紅紫者, 以其鮮艶太過也, 豈以間色之故乎?

형병이 말했다. "다만 홍색과 자색만 말하였지만, 오방의 간색(五方間色)은 모두 쓰지 않았다." ○논박하여 말하면, 그릇되었다. 공자의 "자주색이 주색을 빼앗는 것을 싫어한다(惡紫之奪朱)."는 한마디 말이 있기 때문에 위서緯書에서는 간색을 엄하게 내친 것이다. 그러나 주朱는 적황색赤黃色이니 곧 간색이다. '나무가 흙을 이긴다(木克土).' '불이 쇠를 이긴다(火克金)'고 하는 것이 무슨 실리가 있다고 녹색과 홍색을 금지하는 것이 이처럼 준엄하겠는가? 선왕에게는 이런 법이 없었다. 공자께서 감색紺色과 추색緅色으로 옷깃에 선을 두르지 않고, 홍색과 자색으로 평상복을 만들어 입지 않은 것은 그 색이 곱고 아리따움이 지나치기 때문이다. 어찌 간색이기 때문이겠는가?

■邢曰: "必加上表衣然後出之, 爲其形褻故也." ○案 皇氏本, 作表而出, 本無 '之'字, [其孔注, 亦無'之'字]〈檀弓〉云'絰而出', 文例正相同也.

형병이 말했다. "반드시 위에 겉옷을 덧입은 뒤에 외출하신 것은 (갈옷만을 입으면 몸이 훤히 비쳐서) 그 모습이 외설猥褻스럽기 때문이다." ○살핀다. 황간본에는 '표이출表而出'로 되어 지之 자가 없으니(황간본에 나오는 공안국의 주에도 없으니), 이는 『예기』「단궁」에 "수질을 하고 외출한다(絰而出)."고 한 것과 문례가 꼭 같다.

■侃曰: "表, 謂加上衣也. 古人冬則衣裘, 夏則衣葛. 若在家則裘葛之上, 亦無加衣. 若出行接賓, 皆加上衣, 故云'必表而出'也." ○純曰: "按〈玉藻〉云, '振絺

紟, 不入公門, 表裘不入公門.' 鄭注, '振讀爲袗. 袗, 禪也. 表裘, 外衣也. 二者
形且褻, 皆表之乃出.' 亦足以證此章之義." ○案 此義不可易.

황간이 말했다. "표表란 웃옷을 그 위에 더하는 것이다. 옛사람들은 겨울에
는 갖옷을 입고, 여름에는 갈포 옷을 입었다. 만약 집에 있을 때는 갖옷과 갈
포 옷 위에 또한 다른 옷을 더 덮어 입지 않았지만, 만약 밖에 나가 다니거
나 손님을 접대할 때는 모두 그 위에 옷을 더 덮어 입었기 때문에 '반드시 웃
옷을 그 위에 더 덮어 입고 나간다(必表而出).'고 한 것이다." ○태재순이 말했
다. "살핀다. 『예기』「옥조」편에서 말했다. '홑겹의 치격을 입고는(振絺綌) 공
문에 들어가지 않고, 갖옷을 겉에 입고는 공문에 들어가지 않는다.'라고 하였
는데, 정현의 주에 '진振은 진袗으로 읽는데, 진袗은 홑옷(禪)이란 뜻이다. 갖
옷을 겉에 입는다는 것은 바깥에 있다는 말이다.' 역시 이 장의 뜻을 충분히
증명하는 것이다." ○살핀다. 황간과 태재순의 이 해석은 바꿀 수 없다.

비평 —— (1) 고주와 주자는 오행설五行說의 세계관을 신봉하여 간색은 정색
이 아니기 때문에(間而不正), 공자께서 감색과 추색으로 장식하지 않았으며,
홍색과 자색으로 평상복을 만들어 입지 않으셨다고 해석했다.

> 쌍봉 요씨가 말했다. "(緅는 絳色으로 삼년상에 입는 練服:소상 이후 상복을 장식한다
> 는)『집주』(의 해설)는 고주의 설을 본받은 것이다. 그러나 『예기』「단궁」에는 '연
> 복練服은 전(분홍)으로 둘레를 한다(縓緣).'고 했는데, 고주에서는 전縓을 추緅로
> 잘못 해석했다."

> 주자가 말했다. "홍색과 자주색(紅紫)은 바른 색(正色)이 아니다. 청색·황
> 색·적색·백색·흑색(靑黃赤白黑)은 오방(동서남북중)의 바른 색이다. 녹색·홍
> 색·벽색·자색·유색(綠紅碧紫駵)은 간색(間色)이다. 대개 나무의 청색으로 흙
> 의 황색을 이기니, 청색과 황색이 합쳐 녹색이 되어 동방의 중간색이 된다. 쇠

의 백색은 나무의 청색을 이기니, 청색과 백색이 합쳐 벽색이 되어 서방의 중간
색이 된다. 물의 흑색은 불의 적색을 이기니, 적색과 흑색이 합쳐 자주색이 되어
북방의 중간색이 된다. 흙의 황색으로 물의 흑색을 이기니, 흑색과 황색이 합쳐
유색이 되어 중앙의 간색이 된다."

그러나 이에 대해 다산은 오행을 단지 만물 가운데 하나의 사물(萬物中一
物)이라고 보면서 근본 원소로 보지 않고, 오행설을 해체하였다. 그래서 다산
은 간색이기 때문이 아니라, 단지 곱고 아리따움이 지나치기 때문에 이런 색
들로 장식하거나 평상복을 만들지 않았다고 해석했다.

다음으로 (2) 필표이출지必表而出之에서 고주와 다산은 갖옷을 입고 외출
할 때에 "반드시 웃옷을 그 위에 더 덮어 입고 나간다."고 해석했지만, 주자는
(먼저 속옷을 입고:先著裏衣) 겉에 가는 갈포 옷과 거친 갈포 옷을 밖으로 나오
게 입은 것(表絺綌而出之於外)으로, (몸을 드러나지 않게 하려 함이다) 해석하여 다
르게 해석했다. 서로 일장일단이 있다.

〜⁂〜

10:7. 緇衣, 羔裘. 素衣, 麑裘. 黃衣, 狐裘. 褻裘長, 短右袂.

고주 —— 검은 옷으로 검은 양가죽 속옷의 겉옷으로 하였고, 무늬 없는 흰
옷으로 흰 사슴가죽 속옷의 겉옷으로 하였고, 황색의 옷으로 황색의 여우가
죽 속옷의 겉옷으로 입으셨다(相稱되게 하였다). 평상복은 (보온을 위해) 길게 하
였고, 오른손 소매는 (일할 때 편하고자) 짧게 하셨다.

주자 —— 검은 (속)옷에는 검은 양가죽의 겉옷을, 무늬 없는 흰 옷에는 흰 사슴가죽의 겉옷을, 황색의 옷으로 황색의 여우가죽 겉옷을 입으셨다(相稱되게 하셨다). 평상복은 (보온을 위해) 길게 하였고, 오른손 소매는 (일할 때 편하고자) 짧게 하셨다.

다산 —— 검은 옷으로 (흰) 양가죽 속옷의 (색깔을 바꾸어) 겉옷으로, 무늬 없는 흰 옷으로 (짙은 황색의) 사슴가죽 속옷의 겉옷으로, 황색의 옷으로 (흰) 여우가죽 속옷의 겉옷으로 입으셨다(색깔을 바꾸셨다. 褻=易). 몸에 늘 가까이 하는 옷은 (허리를 덮기 위해서) 길게 하였고, 오른손 소매는 (일할 때 편하고자) 짧게 하셨다.

집주 —— ■緇는 黑色이라 羔裘는 用黑羊皮라 麑는 鹿子니 色白이요 狐는 色黃이라 衣以裼裘하니 欲其相稱이라

치緇는 검은색(黑色)이다. 고구羔裘는 검은 양가죽을 쓴다(用黑羊皮). 예麑는 사슴새끼(鹿子)이고 색은 희다(色白). 호狐(여우)는 황색(色黃)이다. 겉옷으로 어깨가 드러나는 가죽조끼를 입는 것(衣以裼裘)은 서로 어울리게(相稱) 하려는 것이다.

■長은 欲其溫이요 短右袂는 所以便作事라

길게 한 것은 따뜻하게 하려는 것이고, 오른 소매를 짧게 하는 것(短右袂)은 일을 할 때 편하게 하려는 것이다.

고금주 —— ■補曰 羊子曰羔, 鹿子曰麑. 羔裘白, 故緇衣以裼之. [易其色] 麑裘深黃, 故素衣以裼之. [易其色] 狐裘雜白, 故黃衣以裼之. [易其色] 裼也者, 易也. [中外之色, 相變易] 褻裘, 襯身之服. [如所云褻服] 長, 欲揜腰也. 短右袂, 便作事也. [孔亦云] 褻裘無裼. [侃云:"上無加衣, 故不云衣."]

보완하여 말한다. 양의 새끼를 고羔라 하고, 사슴의 새끼를 예麑라 한다. 양 새끼로 만든 갖옷(羔裘)은 희기(白) 때문에 검은 옷(緇衣)으로 그 위를 덮는 것이고(그 색을 바꾸는 것이다), 사슴 새끼로 만든 갖옷(麑裘)은 짙은 황색(深黃)이기 때문에 무늬 없는 옷(素衣)으로 그 위를 덮는 것이다(그 색을 바꾸는 것이다). 어우 갖옷은 얼룩얼룩한 흰색이므로 황색으로 바꾼다(그 색을 바꾸는 것이다). 석裼이란 바꾸는 것(易)이다(안팎 색을 서로 바꾸는 것이다). 설구褻裘란 몸에 늘 가까이 하는 옷이다(褻服이라는 것과 같다). 길게 하는 것(長)이란 허리를 가리고자 하는 것이고, 오른 소매를 짧게 하는 것(短右袂)은 일할 때 편하고자 하는 것이다(공안국도 그렇게 말하였다). 설구褻裘에는 위에 덮어 입는 웃옷이 없다.(황간이 말했다. "위에 옷을 더 덮어 입을 필요가 없기 때문에 衣를 말하지 않았다.")

■邢曰: "羔裘黑, 故緇衣以裼之. 麑裘鹿子皮, 素衣以裼之. 狐裘黃, 故黃衣以裼之. 凡服必中外之色相稱." ○駁曰 非也. 羊羔之色, 無不純白, 其黑者倖耳. 鹿色深黃, 惟斑點微白, 仙家稱有白鹿, 其絶無可知. 狐色雖黃, 古人狐裘, 原用狐白, 故〈玉藻〉曰'君衣狐白裘, 士不衣狐白', 明卿大夫同服狐白, 惟士勿之. 由是言之, 中外之色, 必相變易, 所以濟其色之太偏耳. 邢乃曰'中外之色相稱', 何其乖反至此?

형병이 말했다. "고구羔裘는 검기 때문에 검은 옷(緇衣)으로 그 위에 덮는 웃옷을 하고, 예구麑裘는 사슴새끼의 가죽으로 희기 때문에 소의素衣로써 웃옷을 하고, 호구狐裘는 황색이기 때문에 황의黃衣로써 웃옷을 한다. 무릇 옷은 반드시 안팎으로 서로 맞아야(相稱) 한다.” ○논박하여 말하면, (형병과 이를 본받은 주자의 해석은) 그릇되었다. 양고羊羔의 털색은 대부분 순백純白이나 그 가운데 검은 것이 간혹 있을 뿐이다. 사슴의 털색은 짙은 황색이나 오직 반점斑點만 약간 희니, 선가에서 말하는 백록白鹿은 절대 없음을 알 수 있다. 여우의 털색은 비록 황색이나 옛사람들은 호구狐裘에는 원래 호백狐白(흰 여우털)을 사용하였다. 그러므로 『예기』「옥조」에서는 “군주는 여우의 흰 갖옷을 입고, 사士는 여우의 흰 갖옷을 입지 않는다.”고 하였으니, 이는 경대부는 군주와 같이 여우의 흰 갖옷을 입고, 오직 사士만은 입지 못함을 밝힌 것이다. 이런 것을 통해 말한다면, 속옷의 색과 겉옷의 색은 반드시 서로 다르게 바꾸는 법인데, 이렇게 하는 것은 그 색이 너무 한쪽으로 치우치는 것을 구제하기 위한 것일 뿐이다. 그런데 형병이 이에 “안팎의 색이 서로 맞아야 한다.”고 하였으니, 어떻게 그 어긋나고 반대됨이 이 지경에까지 이르렀는가?

■孔曰: “私家裘長主溫.”[侃云: “家中常著之裘.”] ○駁曰 非也. 燕居之服, 亦有上衣, 有褻服. 褻也者, 狎也, 昵也, 豈可訓之爲私家乎?

공안국이 말했다. “사가私家에서 갖옷을 길게 했던 것은 보온을 위주로 했기 때문이다.”(황간이 말했다. “(褻裘는) 집안에서 항상 입는 갖옷이다.”) ○논박하여 말하면, 공안국(과 주자)의 해설은 그릇되었다. 연거燕居의 의복도 또한 상의上衣가 있고 설복褻服이 있다. 설褻이란 친압親押하다, 친닐親昵하다는 뜻인데, 어떻게 이 설褻을 풀이하여 사가私家라고 할 수 있겠는가?

■案 三裘所用, 皆無明文, 諸儒以意言之耳.

살핀다. 삼구三裘(羔裘, 麑裘, 狐裘)를 사용하게 된 까닭에 대해서는 모두 분명한 글은 없고, 제유諸儒들은 모두 자기 생각대로 말했을 뿐이다.

비평 —— 고주, 주자 그리고 다산의 해석이 모두 다르다. 다산이 살핀 대로,

이에 대한 시비를 분명하게 밝혀 줄 전거가 없기 때문에 상호 대조하면서, 참고하는 것이 좋겠다.

❧

10:8-1. 必有寢衣, 長一身有半. 狐貉之厚以居.

고주 —— 반드시 이불(寢衣=疲)이 있었는데, 길이는 키의 한 배 반이었다. (집에 계시면서) 두터운 여우가죽이나 담비가죽으로 지은 갖옷을 입고 빈객을 접대하셨다.

주자 —— 반드시 잠옷이 있었는데, 길이가 키의 한 배 반이었다. 두터운 여우나 담비의 갖옷을 입고 거처하셨다.

다산 —— 반드시 잠옷이 있었는데, 길이가 키의 한 배 반이었다. 여우나 담비의 두터운 가죽으로 요나 자리를 만들고 앉으셨다(居=坐).

집주 —— ■齊主於敬하니 不可解衣而寢이요 又不可著明衣而寢이라 故로 別有寢衣라 其半은 蓋以覆足이라
재계는 공경을 위주로 하기(齊主於敬)에 옷을 벗고 잘 수도 없고, 또한 명의明衣를 입고 잘 수도 없다. 그러므로 따로 잠옷(寢衣)을 두신 것이다. 그 나머지

자원풀이 ■학貉은 豸(발 없는 벌레 치)+各(각각 각)의 형성자로 굴을 파서 속으로 들어가는(各) 짐승(豸)이라는 뜻으로 담비를 말한다. 중국 북방 소수민족을 부르던 이름으로는 '맥'이라고도 읽는다.

반은 대개 발을 덮은 것이다.

■程子曰 此는 錯簡이니 當在齊必有明衣布之下니라

정자가 말했다. "이 구절은 착간錯簡이니, 마땅히 '재필유명의齊必有明衣, 포
布' 뒤에 있어야 한다."

■愚謂 如此면 則此條與明衣變食으로 旣得以類相從하고 而褻裘狐貉도 亦
得以類相從矣니라

어리석은 내가 말한다. 이와 같다면 이 구절은 '명의明衣'·'변식變食'과 같은
부류로 서로 모이고, '설구褻裘'·'호학狐貉'의 구절도 서로 같은 부류끼리 모
인다.

■狐貉은 毛深溫厚하니 私居에 取其適體라

여우가죽과 담비가죽은 털이 깊어 온후하니, 평소 기거할 때에 그 몸에 적당
한 것을 취한 것이다.

고금주 —— ■補曰 寢衣, 寢寐所服之衣也. [其制蓋如褻裘而長] 言必有者, 明他
人所無而夫子獨有也, 亦以明冬月之必有也. 故其文在褻裘狐貉之間. 狐貉之
厚, 謂茵褥之屬. [厚則溫] 居, 坐也. [子謂曾子曰: "居, 吾語女."]

보완하여 말한다. 침의寢衣는 침상에서 입는 옷이다(그 복제는 대개 褻裘와 마찬
가지이지만 길다). '필유必有'라고 한 것은 다른 사람이 없고 공자께서 홀로 있
다는 것을 밝혔으며, 또한 겨울에는 반드시 있었다는 것을 밝힌 것이다. 그
러므로 이 글이 '설구褻裘~'·'호학狐貉~' 사이에 있는 것이다. 여우와 담비의
두터운 것(狐貉之厚)이란 요나 자리(茵褥) 따위를 말하고(厚하면 따뜻:溫하다),
거居는 앉는다(坐)이다.(공자께서 증자에게 말씀하셨다. "앉으라, 내가 너에게 말할
것이다:居, 吾語女.")

■孔曰: "寢衣, 今之被也." ○毛曰: "衣者, 晝之被, 被者, 夜之衣也." ○駁曰 非
也. 衾裯之爲文也, 古矣. 豈必以寢衣名之乎? 衆人之所同有者, 書之曰 '必有寢

衣', 亦無是理.

공안국이 말했다. "침의란 지금의 이불이다(今之被也)." ○모기령이 말했다. "의衣란 낮에 입는 것이며, 피被란 밤에 덮는 것이다." ○논박하여 말하면, 그 릇되었다. 금衾과 주裯라는 글자가 만들어진 지가 오래되었다. 어찌 반드시 이불을 침의寢衣라고 이름을 붙이겠는가? 뭇사람이 같이 지니고 있는 것을 기록하여, '반드시 침의寢衣가 있었다.'라고 말했을 리가 또한 없다.

■ 鄭曰: "狐貉在家, 以接賓客."[邢云: "在家接賓之裘."] ○駁曰 非也. 居一字, 不 見有接賓之意.

정현이 말했다. "호학狐貉은 집에서 빈객을 접대할 때 입는다."(형병이 말했다. "집에서 빈객을 접대할 때 입는 갖옷이다.") ○논박하여 말하면, 그릇되었다. 거居 라는 한 글자에 접빈接賓의 뜻은 볼 수 없다.

■ 純曰: "如程說則必有明衣, 必有寢衣, 齊必變食, 居必遷坐, 四必字文理貫通." 태재순이 말했다. "정자의 설과 같다면, '재필유명의齊必有明衣 필유침의必有 寢衣 재필변식齊必變食 거필천좌居必遷坐'라는 글에서, 네 개의 필必은 문리를 관통한다."

비평 —— (1) 침의寢衣를 고주에서는 이불이라고 했지만, 주자와 다산은 잠옷 이라고 하였는데, 주자와 다산의 해석이 타당한 듯하다.

　(2) '호락지후이거狐貉之厚以居'에 대해 고주에서는 (집에 계시면서) 두터운 여우가죽이나 담비가죽으로 지은 갖옷을 입고 빈객을 접대하셨다고 하였고, 주자는 '두터운 여우나 담비의 갖옷을 입고 거처하셨다.'라고, 그리고 다산은 '여우나 담비의 두터운 가죽으로 요나 자리를 만드시고 앉으셨다(居=坐).'라 고 해석하였다. 문맥으로 보면, 다산의 해석이 가장 순조롭다고 할 수 있다. 그런데 후재 풍씨의 『시경』「국풍, 빈풍」의 인용을 보면, 주자의 해석도 또한 일리가 있다고 할 수 있다.

후재 풍씨가 말하였다. "『시경』「국풍, 빈풍鰯風」에 '동짓날에는 너구리를 잡고, 저 여우와 삵을 잡아 공자님의 갖옷을 만들어야지!(一之日于貉 取之狐狸 爲公子裘)'라고 하였으니, 옛날부터 본래 그러했다. 거처할 때는 따뜻한 것을 싫어하지 않았기 때문에, 가죽 가운데 두터운 것을 취하여 평상복(燕服)을 만들었다. 외출한다면, 가벼운 갖옷이 편하다."

(3) 정자가 제기한 '착간錯簡'의 가능성에 대해 주자와 다산 둘 모두 찬동하였는데, 그렇게 보아야만 문리가 통한다고 하겠다.

10:8-2. 去喪, 無所不佩.

고주 —— 상복을 벗으면(去=除), 마땅히 갖추어야 할 패물을 차지 않음이 없으셨다.

주자 —— 복상 기간이 지나면, (별다른 연고가 없으면) 패물을 모두 갖추지 않음이 없으셨다.

다산 —— 상복을 벗으면, (갖추어야 할) 패물을 차지 않음이 없으셨다.

집주 —— ■ 君子無故면 玉不去身하니 觿礪之屬을 亦皆佩也라
군자는 까닭 없이 옥을 몸에서 떼지 않는다. 뿔송곳이나 숫돌 따위(觿礪之屬)도 모두 패용(佩)하는 것이다.

고금주 —— ■孔曰: "去, 除也." ○邢曰: "〈玉藻〉云, '古之君子, 必佩玉, 右徵 · 角, 左宮 · 羽. 凡帶必有佩玉, 唯喪則否. 佩玉有衝牙. 君子無故, 玉不去身. 君子於玉, 比德焉.'" ○補曰 無所不佩, 則璜 · 琚 · 瑀 · 珩 · 觿 · 玦之屬, 皆備也. 공안국이 말했다. "거去는 벗어남(除)이다." ○형병이 말했다. 『예기』「옥조」편에 이르길, "옛 군자들은 반드시 옥을 허리에 찬다. 오른쪽에 찬 옥에서는 치徵 · 각角의 소리를 내며, 왼쪽에 찬 옥에서는 궁宮 · 우羽의 소리를 낸다. 무릇 허리띠를 매면 반드시 옥을 차는데, 오직 상喪을 당했을 때만 차지 않는다. 패옥佩玉에는 충아衝牙가 달려 있다. 군자는 변고가 없으면 옥을 몸에서 떼지 않는데, 군자는 옥으로 덕을 표상하기 때문이다."라고 하였다. ○보완하여 말한다. '패물을 차지 않음이 없었다'는 것은 황璜, 거琚, 우瑀, 형珩, 휴觿, 결玦 등을 모두 갖춘 것이다.

■質疑《集注》云: "觿礪之屬, 亦皆佩." ○案〈內則〉, 觿礪是事父母者所宜佩. 질의한다. 『집주』에서 말했다. 뿔송곳이나 숫돌 따위도 모두 패용하는 것이다. ○살핀다. 『예기』「내칙」에서는 "뿔송곳이나 숫돌은 부모를 섬기는 자들이 마땅히 패용해야 하는 것이다."라고 하였다.

비평 —— 주자가 (군자가) 갖추어야 할 패물의 예로 '뿔송곳이나 숫돌 따위'라고 제시하였다. 이에 대해 다산은 『예기』「내칙」의 구절을 인용하여, 주자가 예시한 패물은 부모를 섬기는 자들이 갖추어야 할 것이지, 군자가 항상 갖추어야 할 패물이 아니라고 질의하였다. 이는 이미 『논어세주』에 각헌 채씨가

자원풀이 ■곡哭이 의미부, 망亡이 소리부. 죽은 사람(亡)을 위해 곡(哭)하는 모습, 죽다, 잃다, 상실하다의 뜻이. ■패佩는 人(사람 인)+凡(무릇 범)+巾(수건 건)의 형성자로 사람(人) 몸에 차는 수건(巾)처럼 늘어지는 패(凡)로 만든 패찰을 말한다. 이후 몸에 다는 장식물을 통칭하게 되었으며, 주로 옥玉 장식물을 많이 달았기 때문에 人 자 대신에 玉을 더해 珮(찰 패)로 쓰기도 했다.

말했다.

"(뿔송곳이나 숫돌 같은 것은) 모두 존귀한 사람이 심부름 시킬 때를 대비한 것이라고 했다. 이는 패용하지 않은 것이 없었다는 것을 분명히 해 준다. 단 상喪의 기간이 지났을 때 패용한 것은 아마도 부모를 섬길 때 패용한 것과 다른 것 같다."

10:8-3. 非帷裳, 必殺之.

고주 —— 유상帷裳(조복과 제복의 하의)이 아니면, 반드시 줄여서 재봉하셨다.

주자 —— 유상帷裳(조복과 제복의 하의)이 아니면, 반드시 줄여서 재봉하셨다.

다산 —— 유상帷裳(조복과 제복의 하의)이 아니면, 반드시 줄여서(殺=減) 재봉하셨다.

집주 —— ■朝祭之服은 裳用正幅如帷하여 要有襞積而旁無殺縫이요 其餘若

자원풀이 ■유帷는 巾(수건 건)+隹(새 추)의 형성자. 베(巾)로 만든 장막이나 가림막에서 가리다는 뜻도 나왔다.
■상裳은 衣(옷 의)+尙(오히려 상)의 형성자로 옷(衣)의 일종인 치마를 말한다. 원래 상常이란 글자를 썼으나, 常이 일상日常이란 뜻으로 쓰이자, 건巾자 대신 의衣 자를 넣어 분화했다.
■살殺(쇄)은 殳(창 수: 又손에 뾰족한 창을 든 모양: 창, 때리다)+朮(죽일 살)의 형성자로 창이나 몽둥이로 쳐서 죽이는 것을 나타낸다. 시弑는 殺의 생략형에 소리를 나타내는 式이 더해진 형성자로 '시해弑害'에서처럼 아랫사람이 윗사람을 죽이는 것(殺)을 말한다. 죽이다의 뜻으로부터 분위기를 깨다, 쇠퇴하다의 뜻이 나왔고, 이후 빠르다의 뜻으로도 쓰였는데, 이때에는 쇄도殺到처럼 '쇄'로 읽는다.

深衣는 要半下하고 齊倍要하니 則無襞積而有殺縫矣니라

조복과 제복의 치마(裳)는 휘장처럼 정폭을 쓴다. 허리춤(要)은 겹주름을 주고, 옆(旁)은 줄여 재봉하지 않는다. 그 나머지 심의深衣(두루마기) 같은 것은 허리폭이 아랫단의 반이고, 아래 자락은 허리폭의 배로 한다. 그러면 겹주름이 없고 줄인 재봉이 있게 된다.

고금주 —— ■補曰 帷裳, 車幬也. 朝服之裳 · 祭服之裳 · 喪服之裳 · 深衣之裳, 凡以裳爲名者, 必殺之. 或襞積以殺之, [朝 · 祭服之裳] 或削幅以殺之. [深衣也] 凡下廣上銳曰殺. ○案 時俗尚侈, 襞積細促, 縫而聯之, 如冠幅之'衡縫', [見〈檀弓〉] 上下平正, 孔子以爲非古也. 必上襞而下散之, 使之上殺, 故門人記之.

보완하여 말한다. 유상帷裳은 거위車幬(수레의 휘장)이다. 조복의 치마(朝服之裳), 제복의 치마(祭服之裳), 상복의 치마(喪服之裳), 심의의 치마(深衣之裳) 등 모든 치마(裳)라고 이름을 붙인 것은 반드시 줄여 재봉하는데, 주름을 잡아 줄여서 재봉하기도 하고(조복과 제복이 그렇다), 폭을 줄여 재봉하기도 한다(심의의 경우). 무릇 아래 폭은 넓고, 위 폭이 좁은 것을 쇄(殺)라고 한다. ○살핀다. 당시 시속時俗이 사치함을 숭상하여 주름을 가늘고 촘촘하게 해서 꿰매어 놓은 것이 마치 관첩의 형봉衡縫과 같아(『예기』「단궁」편에 보인다), 위아래가 평평하게 되어 있어 공자는 옛 예제가 아니라고 여겼다. 그래서 반드시 위는 주름을 하여 좁히고 아래는 흩어서 넓게 하여, 이 의상들로 하여금 위를 좁아지게 하였기 때문에 문인이 이를 기록한 것이다.

■侃曰: "帷裳, 謂帷幔之屬也. 殺, 謂縫之也. 若非帷幔裳, 則縫殺之, 以殺縫之面置裏, 不殺之面在外." ○駁曰 非也. 車帷之外, 無帷裳之名.

황간이 말했다. "유상帷裳은 유만帷幔(장막)에 속하는 것을 말하고, 쇄殺는 꿰매는 것(縫之)을 말한다. 만약 유만의 상裳이 아니면, 반드시 이를 꿰매는데, 꿰맨 면을 안쪽에 두고, 꿰매지 않은 면을 바깥쪽에 둔다." ○논박하여 말하면, 그릇되었다. 수레의 휘장 말고는 유상帷裳이란 명칭은 없다.

■ 邢曰: "朝祭之裳, 其制正幅如帷. 名曰帷裳, 則無殺縫, 其餘裳有殺縫, 故深衣之制, 要縫半下. 縫齊倍要, 喪服之制, 裳內削幅, 註云, '削, 猶殺也.'" ○駁曰非라. 邢意朝服祭服名曰帷裳, 深衣喪服, 皆有削殺. 然〈喪服記〉曰'裳幅三祠', [三襞積] 明喪服之裳有襞積也. 有襞積者, 未嘗不削幅, 則朝服 · 祭服獨不可以削殺乎? 但無明文, 不敢言也. 朱子於《集注》用邢義, 而去〈喪服〉之說, 爲喪服有襞積也. 然〈喪服記〉明云'三祠', 又云'削幅', 襞積者, 未嘗無削殺也.

형병이 말했다. "조복과 제복의 치마는 그 만드는 법이 휘장(帷)처럼 정폭正幅을 쓰기 때문에 이를 이름하여 유상帷裳이라 하였으니, 이는 쇄봉殺縫이 없고, 그 나머지 상裳은 쇄봉이 있기 때문에 심의深衣의 제도에 허리둘레의 꿰맨 폭을 아랫단 둘레의 반으로 하고, 아랫단의 꿰맨 폭을 허리의 갑절로 하였으며, 상복의 제도에 상裳은 삭폭削幅을 안쪽으로 하였다. 그래서 그 주注에 삭削은 그 뜻이 쇄殺와 같다고 하였다." ○논박하여 말하면, 그릇되었다. 형병의 생각은 조복과 제복을 유상이라 이름 붙이고, 심의와 상복은 모두 좁혀 줄인 것(削殺)이 있다고 하였다. 그러나 「상복기喪服記」에 "상裳의 앞뒤 폭마다 세 번 주름을 잡는다(裳幅三祠)."고 하였으니(三祠는 폭마다 세 번 주름을 잡는 것이다), 이는 분명히 상복의 상에 주름이 있는 것이다. 주름이 있는 것은 일찍이 폭을 좁혀 줄이지 않음이 없었으니, 조복과 제복에만 오직 삭쇄削殺함이 없었겠는가? 다만 명확한 글이 없어 감히 말하지 못하겠다. 주자가 『논어집주』에서 형병의 뜻을 인용하면서도, 상복설喪服說을 버린 것은, 상복에 주름이 있기 때문이다. 그러나 「상복기」에 분명히 이르길, "세 번 주름을 잡는다(三祠)"고 하였고, 또 이르길, "폭을 좁혀 줄인다(削幅)"고 하였으니, 벽적襞積이란 일찍이 삭쇄削殺하지 않음이 없었다.

비평 —— 세세한 부분에 약간의 이견이 있지만, 다산의 언명대로 밝혀줄 글

(明文)이 없기 때문에, 각각의 주석을 상호 보완적으로 참조할 수밖에 없다고 생각된다.

10:8-4. 羔裘玄冠, 不以弔.

고주 —— 검은 염소 갖옷과 검은 관 차림으로는 조문하지 않으셨다.

주자 —— 검은 염소 갖옷과 검은 관 차림으로는 조문하지 않으셨다.

다산 —— (소렴하기 전에는) 검은 염소 갖옷과 검은 관 차림으로는 조문하지 않으셨다.

집주 —— 喪主素하고 吉主玄하니 弔必變服은 所以哀死라
상에는 흰색을 위주로 하고(喪主素), 길한 일에는 검은색을 위주로 한다(吉主玄). 조문할 때에 반드시 옷을 바꾸어 입음으로써 죽음을 애도했다.

고금주 —— ■補曰 弔, 謂未小斂之弔也. 禮未小斂, 俟生之念未絶, 故主人不

자원풀이 ■현玄은 『설문』에서는 아직 덜 자란 아이라고 했지만, 실타래를 그린 幺(작을 요)의 변형으로 보기도 한다. 즉 絲→糸→幺로써 작다의 뜻이 나왔다. 검붉은 색으로 염색한 실타래를 말했으며, 이로부터 검다는 뜻이, 속이 검어 깊이를 알 수 없다는 뜻에서 깊다, 심오하다 등의 뜻이 나왔다.
■관冠은 冖(덮을 멱)+元(으뜸 원)+寸(마디 촌)의 회의자로 사람의 머리(元)에 손(寸)으로 갓을 씌워주는(冖) 모습을 그려 갓을 나타내었다. 20살이면 갓을 썼으므로 성년이나 20살의 비유로 쓰였다.

爲凶服. 弔者亦裼裘以見美. [曾子・子游事, 見〈檀弓〉] 時人皆以羔裘玄冠往弔,
而孔子獨曰, 始死, 主人亦既改服, [素淡服] 不可以純吉之服, 行弔哭之禮, 獨不
用羔裘玄冠. 羔裘未必獨美, 而羔裘則緇衣以裼之, 其視素衣・黃衣爲純吉,
故不以弔.

보완하여 말한다. 조弔는 소렴小殮하기 이전의 조문을 말한다. 『예』에 아직
소렴하지 않았고, 소생하기를 기다리는 염원이 아직 끊어지지 않았기 때문
에, 주인은 흉복을 입지 않고, 조문하는 사람도 역시 석구裼裘를 입고 아름
다움을 나타낸다.(증자와 자유가 그러하였는데, 그 일은 『예기』「단궁」편에 나타나 있
다.) 당시 사람들이 모두 고구羔裘를 입고 현관을 쓰고 조문을 갔지만, 공자만
홀로 처음 죽었을 때는 주인 또한 옷을 바꾸어 입는데(희고 담박한 옷), 순수한
길복으로는 조곡의 예를 행할 수 없으니, 오직 고구와 현관을 사용하지 않는
것이라고 말하였다. 고구羔裘는 필시 단독으로는 아름답지 않지만, 고구는
치의緇衣로써 덮여 있으니(裼衣), 소의素衣와 황의黃衣에 비해 순수한 길복이
되기 때문에 조문하지 않는다.

■ 孔曰: "喪主素, 吉主玄, 吉凶異服." ○駁曰 非也. 古者弔服明有三衰, 一曰錫
衰, 二曰緦衰, 三曰疑衰. [見〈司服〉及〈服問喪服記〉] 雖非孔子, 亦無羔裘玄冠以弔
人者, 惟未小斂之弔, 或用玄緇, 而孔子勿之. [既小斂, 襲裘而弔, 既成服, 乃用三衰]
공안국이 말했다. "상에는 흰색을 위주로 하고, 길한 일에는 검은색을 위주
로 하니, 길흉에는 의복이 다르다." ○논박하여 말하면, 그릇되었다. 옛날에
는 분명히 삼최三衰가 있었으니, 첫째는 석최錫衰라 하고, 둘째는 시최緦衰라
하고, 셋째는 의최疑衰라 한다(「사복」, 「복문상복기」에 보인다). 비록 공자가 아니
라도, 고구와 현관 차림으로 남을 조문하는 이는 없었지만, 그래도 소렴小殮
하기 이전에 조문하면서 혹 현관과 치의를 착용하였으므로 공자가 이를 하
지 말게 한 것이다.(이미 소렴을 하였으면, 고구 위에 석의를 덮어 업고 조문하고, 이
미 成服하였으면 삼최를 입는다.)

■ 引證〈檀弓〉: "夫子曰, '始死, 羔裘玄冠者, 易之而已.' 羔裘玄冠, 夫子不以弔." ○案〈檀弓〉孔疏, 以易之爲主人之易服. 蓋主人但去羔裘玄冠, [未及爲凶服] 弔賓亦宜然, 不用三衰之服也.

인증한다. 『예기』「단궁」편에서 공자는 말하기를, "사람이 처음 죽었을 때 고구와 현관을 입고 있었던 자는 바로 그 복장을 바꾸어 입을 따름이다."라고 하였다. 공자는 고구와 현관 차림으로 조문하지 않았다. ○살핀다. 『예기』「단궁」의 공영달의 소에 복장을 바꾼다는 것은 주인이 복장을 바꾸어 입는 것이라고 하였다. 주인은 단지 고구와 현관을 벗고(흉복을 입는 데는 미치지 않는다), 조문하는 빈객 또한 마땅히 그래야 하는데, 삼최복을 입어서는 안 된다.

비평 —— 다산이 『예기』를 인용하여, 여기서 조弔는 소렴하기 이전이라고 말하였다. 세심한 주석이 돋보인다.

<hr>

10:8-5. 吉月, 必朝服而朝.

고주 —— 매달 초하루(吉月=月朔)에는 (공자께서) 반드시 피변복(朝服=皮弁服)을 입고 조회하셨다.

주자 —— 매달 초하루(吉月=月朔)에는 (공자께서는 致仕한 뒤에도) 반드시 조복을 입고 조회하셨다.

다산 —— 매달 초하루(吉月=月朔)에는 (다른 사람들이 혹 예에 어긋나는 복장을 하였으나, 공자께서는) 반드시 조복을 입고 조회하셨다.

집주 —— ■吉月은 月朔也라 孔子在魯致仕時에 如此하시니라

길월吉月은 매달 초하루(月朔)이다. 공자께서 노나라에 계시면서 벼슬에서 물러나 계셨을 때 이렇게 하셨다.

■此一節은 記孔子衣服之制니라

이 한 구절은 공자의 의복제도를 기록하였다.

■蘇氏曰 此는 孔氏遺書니 雜記曲禮요 非特孔子事也니라

소식이 말했다. "이 부분은 공씨 가문의 유서遺書에 잡다하게 기록된 세세한 예규이니, 단지 공자의 일만이 아니다."

고금주 —— ■補曰 朝服者, 玄冠·緇衣·素裳, [〈雜記〉云: "朝服十五升."] 朔月, 則人君告朔於太廟, 遂行朝享之禮, [卽朔祭] 因以聽朔, 必以皮弁行事. [見〈玉藻〉] 大夫降於君一等, 故以朝服朝焉, 亦記其異也.

보완하여 말한다. 조복朝服이란 현관玄冠, 치의緇衣, 소상素裳이다(『예기』「雜記」에서 말했다. 조복은 15새의 베이다). 초하루가 되면 임금은 태묘에서 곡삭告朔하고, 마침내 조향례朝享禮(곧 朔祭)를 행하며, 인하여 청삭聽朔을 하는데 반드시 피변皮弁(鹿皮로 만든 관)을 쓰고 행사한다(『예기』「옥조」에 보인다). 대부는 군주보다 한 등급이 낮기 때문에 조복을 입고 조회하니, 또한 그 다른 것을 기록했다.

■孔曰: "朝服皮弁服." ○駁曰 非也. 聽朔視朝之服, 凡有三等, 玄端最尊, 皮弁次之, 朝服又次之. 故〈玉藻〉云: "天子龍袞以祭, 玄端以聽朔, 皮弁以視朝. [每

자원풀이 ■길吉은 口(입 구)+士(선비 사)의 회의자로 (1) 병기(화살촉)와 그것을 담는 그릇을 나타내어 튼튼한 병기로써 좋은 것, (2) 사당과 그 입구로서 사당에서 좋은 일을 비는 행위에서 '길하다', 그리고 (3) 집의 입구(口)에 설치한 남성 숭배물(士)로부터 길함과 길상吉祥함, 상스러움 등의 뜻이 나왔다는 설이 있다.

日之視朝] 諸侯玄端以祭, 皮弁以聽朔, 朝服以視朝." 挨排差等, 其級明白, 孔乃以皮弁爲朝服, 可乎? 時人不知此禮, 吉月亦或以皮弁朝君, 太廟之中, 君臣同服, 大非禮也, 故孔子必朝服而朝. 混而一之, 可乎?

공안국이 말했다. "조복朝服은 비변복皮弁服이다." ○논박하여 말하면, 그릇되었다. 청삭聽朔과 시조視朝 때 복장은 무릇 세 등급이 있다. 현단玄端이 가장 존귀하고, 피변皮弁이 그다음이며, 조복朝服이 또 그다음이다. 그러므로 『예기』「옥조」에 이르길, "천자는 용곤龍袞을 착용하고 제사를 지내며, 현단을 착용하여 청삭을 지내며, 비변을 착용하고 시조를 한다(매일 정무를 보는 것이다). 제후는 현단을 착용하고 제사를 지내고, 피변을 착용하고 청삭을 하며, 조복을 착용하고 시조를 한다."고 하였으니, 순서와 그 등급이 명백한데, 공안국은 이에 피변을 조복으로 하였으니 타당하겠는가? 당시 사람들이 이러한 예를 알지 못하고 길월吉月(초하루)에 또한 혹 피변을 착용하고 임금에게 조회하고, 태묘에서 임금과 신하가 복장을 같이 하였으니, 크게 예를 벗어났다. 그러므로 공자는 반드시 조복을 입고 조회에 나갔다. 혼동하여 하나로 여겼으니, 타당하겠는가?

■ 質疑 《集注》云: "孔子在魯致仕時如此." [輔云: "若未致仕, 此是常禮, 有不必記."] ○案 所重在於朝服, 不在於吉月也. 朝服而朝, 孔子之所獨, 豈必以致仕爲解乎?

질의한다. 『집주』에서 말했다. "공자께서 노나라에 계시면서 벼슬에서 물러나 계셨을 때 이렇게 하셨다."(보광이 말했다. "만약 致仕하지 않았다면 이는 常禮이니, 반드시 기록할 필요가 없다.") ○살핀다. 여기서 중요한 것은 조복에 있지, 길월吉月에 있는 것이 아니다. 조복을 입고 조회에 나간 것은 공자만 혼자 행한 것이니, 어찌 반드시 치사致仕하였을 때라고 해석할 수 있겠는가?

비평 —— 청삭聽朔과 시조視朝할 때의 입는 복장에 대한 다산의 주석이 전거에 바탕한 것으로 타당성이 인정된다. 또한 "치사致仕한 이후에도 조복을 입고 조회했다."고 해석하는 주자의 해석은 타당성을 잃은 듯하다. 벼슬을 그만 둔 관리가 어떻게 조회에 나가겠는가? 따라서 다산의 주석처럼, 청삭과 시조할 때 입는 의복의 등급을 확정하고, 그 등급에 맞는 복장을 하고, 공자가 조회에 나갔다고 말하는 것이 타당할 듯하다. 그런데 남헌 장씨는 다음과 같이 말하고 있다.

"대개 비록 그 일을 물러나셨지만, 오히려 매월 초하루의 조회는 행하셨으니, 신하로서의 공손함을 다하신 것이다."

10:8-6. 齊, 必有明衣, [句] 布. [句] 齊必變食, 居必遷坐.

고주 —— 재계하실 때는 반드시 명의明衣를 입으셨고, 베로 만들었다. 재계할 때는 반드시 음식(정결하기 위해 평소 드시던 반찬)을 바꾸시고, 거처도 반드시 (평소에 기거하시던 곳에서) 옮겨 앉으셨다.

주자 —— 재계하실 때는 반드시 명의明衣를 입으셨고, 베로 만들었다. 재계할 때는 반드시 음식을 바꾸시고(=술을 마시지 않고 매운 채소를 먹지 않았다), 거처도 반드시 (평소에 기거하시던 곳에서) 옮겨 앉으셨다.

다산 —— 재계하실 때는 반드시 명의明衣를 입으셨고, 베로 만들었다. 재계할 때는 반드시 (정결하기 위해) 음식을 바꾸시고, 거처도 반드시 (평소에 기거하시던 곳에서) 옮겨 앉으셨다.

집주 ── ■齊必沐浴하고 浴竟에 卽著明衣하니 所以明潔其體也니 以布爲 之라 此下에 脫前章寢衣一簡하니라

재계(齊)할 때는 반드시 목욕을 하고, 목욕이 끝나면 명의明衣를 입으니, 그 몸을 밝고 깨끗하게 하려는 것인데, 삼베(布)로 만들었다. 이 아래에는 앞장 의 침의寢衣에 관한 목간 하나가 빠져 있다.

■變食은 謂不飮酒, 不茹葷이요 遷坐는 易常處也라

음식을 바꿈(變食)이란 술을 마시지 않고 매운 채소(葷)를 먹지 않는 것을 말 한다. 자리를 옮김(遷坐)은 일상적인 처소를 바꾸는 것이다.

■此一節은 記孔子謹齊之事니라

이 구절은 공자가 재계에 삼간 것을 기록하였다.

■楊氏曰 齊는 所以交神이라 故로 致潔變常하여 以盡敬이니라

양시가 말했다. "재계는 신명과 교섭하려는 것인 까닭에 정결히 하고 일상에 변화를 줌으로써 경건함을 다한다."

고금주 ── ■補云: "謂之明者, 所以交神明也."

보완하여 말한다. 명明이라고 말한 것은 신명神明과 교섭하기 위한 것이다.

■案〈士喪禮〉, 沐浴旣畢, 乃設明衣裳, [上壬七] 明生人沐浴, 亦先著明衣, 故 疏文如是也. 時人廢之不用, 孔子於齊戒之時, 必用明衣, 遵古禮也. 明也者,

자원풀이 ■齊는 원래 벼나 보리가 패서 가지런한 모양을 그린 상형자로 가지런하다, 다스리다, 바르다 등의 뜻이다. 옷자락(攝齊升堂) 혹은 (상복喪服의 아랫단을) 꿰매다, 예리하다, 제사에 쓰이는 곡식(以我齊明) 등으로 쓰일 때는 '자'로 읽는다. 또한 재계齋戒하다, 경건하다는 뜻일 때는 '재(齊=齋)'로 읽는다.
■遷遷은 辵(쉬엄쉬엄 갈 착)+ 선(오를 선)의 형성자로 옮겨가다의 뜻이다. 금문에서는 왼쪽에 광주리 같은 것을 마 주 든 모습(舁)에 앉은 사람(卩: 병부 절)과 성곽(囗:위)이 결합하여 사람이 거주하는 곳(邑) 등이 결합하여 사람들이 새로 살게 될 성城을 만드는 모습을 형상화한 것으로 보인다.
■坐坐는 土(흙 토) 두 개에 人(사람 인)의 회의자로 쌓은 흙(土)을 중심으로 양쪽으로 사람(人)이 앉아 제사 드리는 모습을 그렸으며, 이후 사람이 앉을 수 있는 좌석, 탈 것을 타다, 제자리에 놓다 등의 뜻이 나왔다. 구조물을 뜻할 때는 广(집 엄)을 더해 座(자리 좌)로 쓴다.

明也, 所以交神明也, 非祭而浴, 則無明衣也. 死用明衣者, 亦有交神明之道也.

살핀다. 『의례』「사상례士喪禮」에 따르면, 목욕을 마치면 곧 명의상明衣裳을 준비한다고 하는데(상임7), 산 사람도 목욕하고 나면 또한 먼저 명의明衣를 입기 때문에 주소注疏한 글이 이와 같음을 밝힌 것이다. 그러나 당시 사람들이 이를 폐지하고 쓰지 않으므로, 공자는 재계할 때 반드시 명의를 입어 옛 예제를 따랐던 것이다. 명明이란 밝다는 뜻이다. 신명과 교섭하기 위함이다. 제사가 아니라면 목욕하면 명의를 입지 않는다. 죽은 사람에게 명의를 입히는 것 또한 신명의 도(神明之道)와 교섭함에 있다.

■孔曰: "以布爲沐浴衣." ○駁曰 非也. 據〈士喪禮〉, 浴巾以拭體, 浴衣以晞體. 又於浴巾浴衣之外, 別有明衣. 下至〈開元禮〉·〈政和禮〉, 莫不皆然. 今以明衣直謂之沐浴衣, 可乎? 明衣裳者, 如今之汗衫單袴, 非浴衣也.

공안국이 말했다. "(明衣는) 베로 목욕의를 만들었다." ○논박하여 말하면, 그릇되었다. 『의례』「사상례」에 근거하면, 욕건(浴巾)으로 몸을 닦고 욕의(浴衣)로 몸을 말린다. 또한 욕건과 욕의 외에 따로 명의가 있었으며, 이것이 개원(開元:713~741)과 정화(政和:1111~1117)의 예제에 이르기까지 모두 그렇지 않음이 없었는데, 공안국이 여기에 명의明衣로써 바로 목욕의沐浴衣라고 한 것이 타당하겠는가? 명의상明衣裳이란 지금의 한삼汗衫과 단고單袴 같은 것이며, 일반적인 세속의 옷이 아니다.

■蘇曰: "此孔氏遺書, 雜記曲禮, 非特孔子事也." ○駁曰 非也. 古禮荒廢, 孔子修而行之, 故門人旣記之爲禮經, 又錄之爲此篇, 蘇氏歸之古禮, 而不以爲孔子之所躬行, 誤矣.

소식이 말했다. "이 부분은 공씨 가문의 유서遺書에 잡다하게 기록된 세세한 예규이니, 단지 공자의 일만 아니다." ○논박하여 말하면, 그릇되었다. 옛 예법이 황폐해져, 공자께서 닦아 행하셨기 때문에 문인들이 이미 기록하여 『예경』을 만들고, 또한 기록하여 이 편을 만들었으니, 소식이 옛 예로 돌리고 공자께서 몸소 행한 것이 아니라고 여긴 것은 잘못이다.

비평 —— 주자는 고주를 그대로 옮겨 놓았다. 다산은 명의明衣와 목욕의沐浴
衣를 구분하여 적절히 잘 설명하여, 공안국의 잘못된 설명을 바로 잡았다.

～✿～

10:8-7. 食不厭精, 膾不厭細. 食饐而餲, 魚餒而肉敗不食, 色惡不
食, 臭惡不食, 失飪不食, 不時不食. 割不正不食, 不得其醬不食.
肉雖多, 不使勝食氣.

고주 —— 밥은 잘 찧은 쌀로 된 것을 싫어하지 않으셨으며, 회膾는 가늘게 썬
것을 싫어하지 않으셨다. 밥이 오래되어 부패하여 냄새나고 맛이 나쁜 것,
생선이 상한 것, 고기가 부패한 것은 드시지 않으셨다. 색깔이 나쁜 것은 드
시지 않으셨고, 냄새가 나쁜 것도 드시지 않으셨으며, 제대로 익히지 않은 것
도 드시지 않으셨으며, (하루 중) 끼니때가 아니면 드시지 않으셨다. 자름이
(禮에 정해진 대로) 바르게 잘린 것이 아니면 드시지 않으셨고, (음식에 맞는) 장

자원풀이 ■정精은 米(쌀 미)+靑(푸를 청)의 형성자로 껍질을 깨끗하게(靑) 벗겨내 찧은(도정搗精) 쌀을 말한다. 정
미精米, 도정搗精, 정화精華, 정자精子, 정령精靈 등의 뜻이 나왔다.
■염厭은 猒(물릴 염: 족하다)+厂(기슭 엄)의 형성자로 맛있는 개고기를 싫증날 정도로 먹다(猒)는 뜻에서 싫증나다,
염증을 느끼다, 싫어하다는 뜻이 나왔다. 猒은 犬(개 견)+月(肉:고기 육)+口(입 구)를 뜻한다.
■회膾는 肉(고기 육)+會(모일 회)의 형성자로 생고기(肉)를 한데 모은(會) 모습을 그렸다. 회자膾炙(입에 널리 오르내
림)처럼 고기는 귀하고 맛난 음식이었다.
■의饐는 食(먹을 식)+壹(모두 일)의 형성자로 밥이 오래되어 맛이 변하다의 뜻이다. 또한 목이 메이다, 목이 막히다
의 뜻도 있는데, 이때는 열로 읽는다.
■애餲는 食(먹을 식)+曷(어찌 갈)의 형성자로 음식의 맛이 변하다, 쉬다의 뜻이다.

이 없으면 드시지 않으셨다. 고기가 많아도 밥보다 적게 드셨다(氣=小食).

주자 —— 밥은 잘 찧은 쌀로 된 것을 싫어하지 않으셨으며, 회膾는 가늘게 썬 것을 싫어하지 않으셨다. 밥이 상하거나 맛이 변한 것, 생선이 문드러진 것, 고기가 부패한 것은 드시지 않으셨다. 색깔이 나쁜 것은 드시지 않으셨고, 냄새가 나쁜 것(아직 썩지는 않았지만, 맛이 변한 것)도 드시지 않으셨으며, 제대로 익히지 않은 것도 드시지 않으셨으며, 제철이 아닌 것은 드시지 않으셨다. (고기를) 자른 것이 방정하지 않으면 드시지 않으셨고, (음식에 맞는) 장이 없으면 드시지 않으셨다. (식사는 곡식을 위주로 하셔서) 고기가 많아도 밥 기운을 이기지 않게 하셨다.

다산 —— 밥은 잘 찧은 쌀로 된 것을 싫어하지 않으셨으며, 회膾는 가늘게 썬 것을 싫어하지 않으셨다. 밥이 상하거나 맛이 변한 것, 생선이 무른 것, 고기가 부패한 것은 드시지 않으셨다. 색깔이 나쁜 것은 드시지 않으셨고, 냄새가 나쁜 것도 (毒이 있을까 염려하여) 드시지 않으셨으며, 제대로 익히지 않은 것도 드시지 않으셨으며, 제철이 아닌 것은 드시지 않으셨다. (고기를) 자른 것이 방정하지 않으면 드시지 않으셨고, (음식에 맞는) 장이 없으면 드시지 않으셨다. 고기가 많아도 밥 기운을 이기지 않게 하셨다.

■뇌餒는 食(먹을 식)+妥(떨어질 타)의 형성자로 굶주리다, 생선이 썩다, 맥이 빠지다의 뜻이다.
■패敗는 攵(칠 복)+貝(조개 패)의 형성자로 조개를 막대기로 쳐서(攵) 깨뜨림을 그렸다. 조개는 화폐(재산)였기에, 조개의 파괴는 파산을 나타내었다. 갑골문에서는 鼎(솥 정)+攵으로 가장 중요한 가재도구였던 솥(鼎)의 파괴로 파산을 나타내었다. 썩다, 부패하다, 시들다는 뜻도 있다.
■임飪은 食(먹을 식)+任(맡을 임)의 형성자로 음식을 삶아서 '익히다'의 뜻이다.
■할割은 刀(칼 도)+害(해칠 해)의 형성자로 칼(刀)로 잘라내다의 뜻이다. 거푸집(金)을 만들었던 끈을 칼(刀)로 잘라내는 모습으로 자르다, 분할하다, 끊다, 살해하다, 죽이다, 요리하다 등의 뜻이다.
■시時는 日(날 일)+寺(절 사)의 형성자로 원래는 日+之(갈 지)로 태양(日)의 운행(之)을 나타내어 시간이라는 개념을 그렸다. 이로부터 계절, 때, 역법, 시간, 세월 등의 뜻이 나왔다.

집주 —— ■食는 飯也요 精은 鑿也라 牛羊與魚之腥을 聶而切之 爲膾라 食精則能養人하고 膾麤則能害人이라 不厭은 言以是爲善이요 非謂必欲如是也라

사食는 밥이다. 정精은 (곱게) 찧은 것이다. 소와 양과 생선의 날고기를 저미고 썰어 회膾를 만든다. 밥이 잘 찧은 것이면 사람을 보양할 수 있고, 회가 거칠면 사람을 해할 수 있다. '싫어하지 않으셨다(不厭)'는 그런 것을 좋게 여기셨다는 말이지, 반드시 그와 같은 것을 바라셨다는 것은 아니다.

■饐는 飯傷熱濕也요 餲는 味變也라 魚爛曰餒요 肉腐曰敗라 色惡臭惡은 未敗而色臭變也라 飪은 烹調生熟之節也라 不時는 五穀不成과 果實未熟之類라 此數者는 皆足以傷人이라 故로 不食이라

의饐는 밥이 열기나 습기에 상한 것이다. 애餲는 맛이 변한 것이다. 생선이 문드러진 것(魚爛)을 뇌餒라 하고, 고기가 썩은 것(肉腐)을 패敗라 한다. 색이 나쁘고 냄새가 나쁜 것은 아직 썩지 않았어도 색과 냄새가 변한 것이다. 임飪은 삶고 조리할 때 익히는 정도이다. 불시不時는 오곡五穀이 여물지 않고 과실이 아직 익지 않은 부류이다. 이 몇 가지는 모두 사람을 상하게 할 수 있으므로 드시지 않으셨다.

■割肉不方正者를 不食은 造次不離於正也라 漢陸續之母 切肉에 未嘗不方하고 斷葱에 以寸爲度하니 蓋其質美하여 與此暗合也라 食肉用醬이 各有所宜하니 不得則不食은 惡其不備也라 此二者는 無害於人이나 但不以嗜味而苟食耳니라 食은 以穀爲主라 故로 不使肉勝食氣라

■장醬은 酉(닭 유: 술을 담근 그릇, 물을 대다)+將(장차 장)의 형성자로 된장이나 간장과 같은 액체(酉)로 된 장을 말한다. 『설문』에서는 '將' 대신에 爿(나무 조각 장)이 들어갔다.
■육肉은 살결이 갖추어진 고기 덩어리를 그린 상형자로 고기나 과육을 말하였다. 肉이 중복되면 多(많을 다)가 되었고, 손(又)에 고기(肉)를 쥔 모습이 有(있을 유)로, 육肉은 소유의 상징이었다. 각종 신체의 부위를 말하기도 한다.
■기氣는 기(기운 기)+米(쌀 미)의 형성자로 기운, 쌀(米)로 밥을 지을 때 나는 증기蒸氣처럼 수직이동과 수평이동을 하는 구름, 바람, 비 등과 같이 보이지 않지만, 에너지를 지니는 우주를 구성하는 질료적인 모든 것을 총칭한다.

고기를 방정方正하게 자르지 않은 것을 드시지 않은 것은 잠시라도 바름에서 벗어나지 않으신 것이다. 한나라의 육속陸續의 어머니가 고기를 썰 때 반듯하지 않은 적이 없고, 파를 자를 때도 한 치를 규격으로 했다고 한다. 대개 그 바탕의 아름다움이 이 구절의 뜻과 암묵적으로 일치하는 듯하다. 고기를 드실 때 쓰신 장醬은 각기 그에 합당한 것이 있다. (장맛이) 마땅함을 얻지 못하면 드시지 않으셨으니, 마땅함을 갖추지 못하는 것을 싫어하신 것이다. 이 두 가지는 몸에 해로움은 없지만, 맛만 즐겨서 구차하게 드시지 않았다는 것일 뿐이다. 식사는 곡식을 위주로 하셨기 때문에 고기가 밥 기운을 이기지 못하게 하셨다.

고금주 —— ■補曰 色惡臭惡, 恐有毒也. [非謂敗壞而色臭變] ○ 鄭曰: "不時, 非朝夕日中時."

보완하여 말한다. 색깔이 나쁜 것과 냄새가 나쁜 것은 독毒이 있을까 염려한 것이다(썩고 문드러져 색과 냄새가 변한 것을 말하는 것이 아니다). ○ 정현이 말했다. "불시不時란 아침, 저녁과 같은 하루 가운데의 어떤 때가 아니다."

■侃曰: "饐, 謂飲食經久而腐臭也. 餲, 謂經久而味惡也."

황간이 말했다. "의饐는 음식이 오래되어 부패하여 냄새나는 것을 말하며, 애餲는 오래되어 맛이 나쁜 것을 말한다."

■江熙曰: "不時, 謂生非其時, 若冬梅李實也." [見皇疏] ○案 總之, 舊說無病.

강희가 말했다. "불시不時란 마땅히 날 때가 아닌 것을 말하는데, 예를 들면, 겨울에 매실과 오얏 같은 것이다." (황간의 疏에 보인다.) ○살핀다. 종합하면, (不時不食에 대해) "제철이 아니면, 드시지 않았다."는 구설은 병폐가 없다.

■邢曰: "割不正不食者, 謂折解牲體, 脊脅臂臑之屬, 禮有正數. 若解割不得其正則不食也." ○案 此義亦好, 然與下文'席不正不坐', 不能同例, 當從朱子之說.

형병이 말했다. "'할부정割不正 불식不食'이란 생체牲體의 고기를 자를 때 등

뼈·갈비·앞발·어깨 등에는 예禮에 정해져 있는 바른 수數가 있는데, 만약 고기를 잘라서 그 바른 것을 얻지 못했으면 드시지 않은 것이다.” ○살핀다. '할부정割不正 불식不食'에 대한 이 뜻도 좋지만, 아래 글의 '석부정席不正 부좌不坐'라는 구절과 동렬同列이 될 수 없기 때문에 마땅히 주자의 해설을 따라야 한다.

■案《左傳》晏嬰之言曰'醯醢鹽梅, 以烹魚肉', 以爲和羹, 洩其所過, 濟其不及. 古人和羹之法, 於此可知. 不得其醬, 其謂是矣.

살핀다. 『좌전』에 나오는 안영晏嬰의 말에 “혜혜醯醢(초), 해醢醢(젓갈), 염매鹽梅(매실 장아찌) 등을 양념으로 넣어 어육魚肉을 삶아 국을 맛있게 조리할 때, 그 지나친 것을 덜고 부족한 것을 더한다.”고 하였는데, 옛사람의 화갱和羹(국을 맛있게 요리함)의 법을 여기서 알 수 있다. '부득기장不得其醬'이란 것은 이를 두고 말하는 것이다.

■考異《說文》, 氣作餼. 〔《中庸》云: “餼稟稱事.”〕 許曰: “餼, 小食也.” ○邢曰: “氣, 小食也. 言有肉雖多, 食之不可使過食氣也.” ○駁曰 非也.

다름을 살핀다. 『설문』에서는 기氣가 기餼로 되어 있는데(『중용』 20장에서 “기稟(=餼稟:희름)稱事”라 하였다), 허신許愼은 “기餼는 적게 먹음(小食)이다.”라고 하였다. ○형병이 말했다. “기氣는 적게 먹는 것(小食)이니, 고기가 비록 많아도 이를 먹을 때는 밥보다 더 많이 드시지 않는 것이다.” ○논박하여 말하면, 그릇되었다.

비평 —— 주자와 다산의 해석 간에 크게 논쟁이 될 만한 것은 없다.

10:8-8. **唯酒無量, 不及亂. 沽酒市脯不食. 不撤薑食, 不多食.**

고주 —— 오직 술만은 양을 한정하지 않으셨으나, 곤란困亂함에 이르지는 않으셨다. (직접 빚지: 自作 않은) 파는 (沽=賣) 술과 파는 포는 드시지 않으셨다. (냄새 나는 음식은 금하셨으나) 생강은 물리지 않고(撤=去) 드셨다. 과하게 배불리 드시지는 않으셨다.

주자 —— 오직 술만은 양에 제한을 두지 않으셨으나(취하는 것을 한도로 삼았다), (정신과 혈기가) 흐트러지는 데에 이르지는 않으셨다. 사 온(沽=買) 술과 장터의 포는 (정결하지 않아 혹 사람을 해칠까 염려하여) 드시지 않으셨다. 생강 드시기를 그만두지 않으셨으나, (적절한데 그치시고) 많이 드시지 않으셨다.

다산 —— 오직 술은 분량을 재서 한정하지 않으셨으나, 흐트러지는 데에 이르지는 않으셨다(흐트러지지 않는 것을 한도로 삼으셨다). 저자에서 사온 술과 포는 드시지 않으셨으며, (食饌을 걷을 때에) 생강 드시기를 거두지 않으셨으나, (생강을) 많이 드시지는 않으셨다.

집주 —— ■酒는 以爲人合懽이라 故로 不爲量이요 但以醉爲節而不及亂耳니라

술은 사람들이 즐거움을 나누는 것인 까닭에 양에 제한을 두지 않으셨다. 단

자원풀이 ■주酒는 水(물 수)+酉(닭 유·술을 담근 그릇)의 형성자로 술독(酉)에 담긴 액체로서 술, 술을 마시다, 술자리 등의 뜻이다.
■양量은 윗부분은 깔때기이고 아랫부분은 포대기로 곡식을 포대기에 담은 모양으로 부피의 량, 부피를 재는 도구, 헤아리다의 뜻이 나왔다.
■고沽는 水(물 수)+古(옛 고)의 형성자로, 강(水)의 이름으로 하북성의 백하白河를 말했으며, 천진天津으로 흘러 천진을 칭하였다. 이후 估(값 고)와 賈(장사 고)의 발음이 같아서 '팔다'라는 말로 가차되었다.
■시市는 원래는 凡(帆·돛 범의 원래 글자) 혹은 舟(배 주)+止(그칠 지)의 형성자였다. 돛(帆)은 배(舟)를 상징하고, 배는 일찍부터 물물교환 장소였다. 이후 巾(수건 건)이 들어간 형태로 변했는데, 巾은 깃발로 시장이 서는 장소를 알리는 표지였다. 시장이라는 의미에서 사고 팔다는 의미가, 다시 시장이 설치된 곳 즉 대도시를 지칭하였다. 도시에

취하는 것으로 한도를 삼으시고 흐트러지는 데에 이르지는 않으셨다.

■程子曰 不及亂者는 非唯不使亂志라 雖血氣라도 亦不可使亂이니 但浹洽
而已 可也니라

정자가 말했다. "흐트러지는 데에 이르지는 않음(不及亂)이란 단지 의지(정신)만 흐트러지지 않도록 하는 것이 아니라, 혈기 또한 흐트러지게 해서는 안 된다는 것이다. 다만 두루 흡족할 정도에서 그치는 것이 좋다."

■沽市는 皆買也니 恐不精潔하여 或傷人也니 與不嘗康子之藥으로 同意라

'고沽'와 '시市'는 모두 구매(買)하는 것이다. 정결하지 못해서 혹 사람을 상할까 염려한 것이다. 계강자가 보낸 약을 맛보지 않은 경우와 같은 뜻이다 (10:16).

■薑은 通神明하고 去穢惡이라 故로 不撤이라 適可而止요 無貪心也라

생강은 신명을 통하게 하고 노폐물을 없애주기 때문에 끊지 않으셨다. ('많이 드시지 않으셨다'는 것은) 적절한 양에서 그치고 탐하는 마음이 없었다는 것이다.

고금주 ── ■邢云: "不得至困亂." ○補曰 沽・市, 皆賣買也. [邢云: "酒不自作, 未必精潔, 脯不自作, 不知何物之肉, 故不食也."] 撤・徹同, 去饌曰徹. [見《禮》注] 孔子當徹饌之時, 留薑食不令徹去也. 然其味辛辣, 故不多食也. 薑食, 如今之飴薑・蜜薑.

서 제정한 도량형을 단위를 지칭하여 시척市尺이나 시근市斤이라는 말도 나왔다.
■포脯는 肉(고기 육)+甫(클 보)의 형성자로 고기(肉)를 넓다랗게(甫) 펼쳐 말린 포를 말한다. 이후 말린 고기(육포肉脯)뿐만 아니라, 말린 과육이나 과실을 총칭했다.
■철撤은 手(손 수)+徹(통할 철)의 생략형의 형성자. 손으로 솥을 치우다(徹), 철거撤去하다, 철수撤收하다의 뜻이다.
■철徹은 원래 세 발 솥의 하나인 鬲(솥 력)과 攴(칠 복)의 회의자. 식사를 마치고 솥(鬲)을 치우는 모습, 철거撤去, 철수撤收. 이후 이러한 행위가 길에서 이루어졌기 때문에 手대신 彳(조금 걸을 척)이 더해져 '徹' 자가 생겼다.
■강薑은 艸(풀 초)+畺(지경 강)의 형성자로 식물의 일종인 생강을 말한다.
■다多는 두 개의 夕(저녁 석)으로 밤낮의 연속, 고깃덩어리(肉)가 중복된 모습으로 '많음'의 뜻이다.

형병이 말했다. "(不及亂이란) 곤란한 데에 이르지 않음을 말한다." ○보완하여 말한다. '고沽'와 '시市'는 모두 팔고 사는 것(賣買)을 말한다.(형병은 말했다. "술은 자신이 만들지 않으면 정결하지 않고, 脯도 스스로 장만하지 않으면 무슨 고기인지 알지 못하기 때문에 먹지 않는다.") 철撤(거둘 철)은 철徹과 같으니, 식찬을 거두는 것(去饌)을 철撤이라고 한다(『예기』의 注에 보인다). 공자께서 식찬을 거둘 때를 당하여 강식薑食은 남겨 두라고 하고 거두지 않게 한 것이다. 그렇지만 그 맛이 맵기 때문에 많이 드시지 않으신 것이다. 강식薑食은 오늘날 이강飴薑과 밀강蜜薑 같은 것이다.

■邢曰: "惟人飲酒, 無有限量." ○駁曰 非也. 世謂孔子酒戶甚大, 雖日飲無何, 而不爲酒困. 此儒說誤之也. 量, 槩也. 惟酒無量, 言不爲槩也. 惟血氣和平, 脈絡調鬯, 斯可以止. 故孔子不以觚觥爲槩, 而以不及亂爲節, 此聖人之飲酒也.

형병이 말했다. "오직 사람만 술을 마시되, 양을 한정하지 않는다." ○논박하여 말하면, 그릇되었다. 세상에 이르길, "공자는 주량이 매우 커서 비록 날마다 얼마든지 마셔도 주곤酒困하지 않았다."고 하는데, 이러한 유가의 설은 잘못된 것이다. (酒無量의) 양量은 개槩(재다, 한정하다)로, '유주무량惟酒無量'은 어느 정도라 하여 그 분량을 재서 한정하지 않음을 말하는 것이다. (술을 먹어서) 오직 혈기가 화평하고 맥락이 누그러져 기분이 좋으면 그쳐야 한다. 그러므로 공자는 고觚, 굉觥의 술잔으로써 한정하지 않고 불급란不及亂으로 절도를 삼은 것이니, 이것이 성인께서 음주하는 예이다.

■邢曰: "沽, 賣也." ○朱子曰: "沽, 買也." ○案 子貢沽玉則訓'賣'可也, 伐木沽酒則訓'買'可也.

형병이 말했다. "고沽는 판다(賣)이다." ○주자는 말했다. "고沽는 산다(買)이다." ○살핀다. 자공이 '고옥沽玉'이라 했을 때는 '팔다(賣)'라고 풀이하는 것이 옳고, '벌목고주伐木沽酒'라 했을 때는 '산다(買)'라고 풀이하는 것이 옳다.

■侃曰: "沽酒市脯不食, 是祭神不用." ○駁曰 非也.

황간은 말했다. "저자에서 파는 술과 포는 먹지 않는다는 것은 신에게 제사 지내는 데 쓰지 않는다는 것이다." ○논박하여 말하면, 그릇되었다.

■邢曰: "'不多食'已上, 皆蒙齊文. 凡言不食者, 皆爲不利人. 亦齊者, 孔子所愼也." ○案 注疏自'齊必變食', 至'瓜祭'句, 通爲一章, 故孔·邢之說如此, 豈不謬哉? 他姑無論, '惟酒無量'豈齊時事乎?

형병이 말했다. "'부다식不多食' 이상은 모두 재계에 관한 글이다. 무릇 '드시지 않으셨다(不食)'고 말한 것은 모두 사람에게 이롭지 않기 때문이며, 또한 재계하는 것을 공자는 신중히 하셨던 것이다." ○살핀다. 주소注疏에서는 '재필변식齊必變食'에서부터 '과제瓜祭'의 구절까지 통틀어 한 장으로 하였기 때문에, 공안국과 형병의 설이 이와 같다. 어찌 잘못이 아니겠는가? 다른 구절은 잠시 논하지 않더라도, '유주무량惟酒無量'이 어찌 재계 때의 일이겠는가?

■孔曰: "不多食, 不過飽也." ○顧麟士曰: "此條不承薑說." ○駁曰 非也. 上篇云: "子食於有喪者之側, 未嘗飽也." 明不在喪側, 聖人亦飽也. 故〈雜記〉曰: "孔子食於小施氏而飽." 孔子之飽, 經有明文, 何以謂不多食乎? 孔子曰: "君子食無求飽." 先儒嫌此, 故欲執'不多食'三字, 回護如此, 過矣. 不多食, 正承薑說. 薑之爲物, 多食則損氣, 惟有時通滯而已, 故不撤去, 亦不多食. [季彭山云: "不多食自薑言."]

공안국이 말했다. "부다식不多食은 지나치게 배불리 드시지 않은 것이다." ○고린사가 말했다. "이 조목(不多食)은 '불철강식不撤薑食'에 이어지는 것이 아니다." ○논박하여 말하면, 그릇되었다. 상편(「술이」)에서 말하길, "공자께서는 상을 당한 사람 곁에서 식사하실 때에는 일찍이 배부르게 드시지 않으셨다(7:9. 子食於有喪者之側 未嘗飽也.)."고 하였으니, 상을 당한 사람이 옆에 있지 않을 때에는 성인께서도 배불리 드셨다는 것이 분명하다. 그러므로『예기』「잡기」에 이르길, "공자께서 소시씨小施氏에게 식사 대접을 받으실 때, 배불리 드셨다(孔子食於小施氏而飽)."라고 하였다. 공자께서 배불리 드셨음은 경문에 분명히 있는데, 어찌 "많이 드시지 않으셨다."고 하는가? 공자께서 "군자는 먹음에 배부름을 구하지 않는다."(君子食無求飽:「학이」)고 하셨는데, 선유들은 이 말에 혐의를 두었기 때문에, '부다식不多食'이라는 세 글자에 집착하여 지나치게 비호하고자 했던 것이다. '부다식不多食'은 바로 '불철강식不撤薑食'에 이어진 말이다. 생강이란 많이 먹으면 기氣를 손상시키고, 오직 때때로 체증滯症을 통하게 해 줄 뿐이다. 그러므로 (생강을) 거두지 않았지만, 또한 많이 드시지도 않았다.(李彭山이 말했다. "많이 드시지 않는 것은 생강을 두고 한 말이다.")

비평 —— 고주沽酒에 대해 고주에서는 파는(賣) 술로 해석했지만, 주자와 다산은 구매한(買) 술이라고 했는데, 후자가 옳은 듯하다. '부다식不多食'에 대해 고주에서 그 이상이 모두 재계齋戒에 관한 것이라고 하면서 그 대상이 강薑이라고 했다. 이에 대해 주자는 '불철강식不撤薑食'에서 끊고, '부다식不多食'은 음식을 배부르게 드시지 않은 것으로 풀이하였다. 이에 대해 다산은 '부다식不多食' 이전의 구절이 재계에 관한 것이라는 고주를 비판하면서도, 여러 전거를 들어 '부다식'은 앞의 '불철강식不撤薑食'을 이은 것이라고 주장한다. 일장일단이 있지만, 다산이 전거로 제시한 것은 공자께서 "배부르게 드셨다(飽)"는 것을 제시한 것이지, "많이 드셨다(多食)"는 것을 논증하는 것은 아니라고 판단된다. 무엇이 옳은지는 남겨 놓아야 할 것이지만, 주자의 해석이 좀더 순조롭다고 하겠다. 다음과 같은 언명들은 이 구절과 연관하여 참고할 만한 것들이다.

『예기』「악기樂記」에서 말했다. "술과 음식은 즐거움을 나누는 것이다."
『본초本草』에서 말했다. "생강은 맛이 맵고 약간 따뜻하다. 오래 복용하면 냄새를 제거하고, 신명을 통하게 한다."
경원 보씨가 말했다. "사온 술과 장터의 포를 드시지 않은 것은 성인의 위생

의 엄격함이다. 생강 드시기를 그만두지 않으신 것은 성인의 양생의 주밀함이
다. 많이 드시지 않았다는 것은 마땅히 먹어야 하는 것을 버리지 않고 먹어도 되
는 것이라 해서 많이 드시지는 않았다는 말이다. 오직 이치만을 따르셨을 뿐, 욕
심내는 것은 없으셨다."

<hr />

10:8-9. 祭於公, 不宿肉. 祭肉不出三日. 出三日, 不食之矣.

고주 —— 임금의 제사를 돕고 얻은 희생고기(牲體)는 (귀신의 은혜를 留滯시키
지 않도록 하기 위해, 귀가 즉시 나누어 주어) 그날 밤을 넘기지 않게 하셨다. (집안
에서) 제사 지내고 물린 고기는 사흘을 넘기지 않게 하셨는데, 사흘이 지나면
드시지 않으셨다.

주자 —— 공실의 제사를 돕고 얻은 음복고기(胙肉)는 (귀신의 은혜를 留滯시키
지 않도록 하기 위해, 귀가 즉시 나누어 주어) 그날 밤을 넘기지 않게 하셨다. (집안
에서) 제사 지내고 물린 고기는 (고기가 부패하여 귀신이 남긴 것을 더럽히기 때문
에) 사흘을 넘기지 않게 하셨는데, 사흘이 지나면 드시지 않으셨다.

다산 —— 공실의 제사를 돕고 얻은 고기는 (귀가 즉시 나누어 주어) 그날 밤을
넘기지 않게 하셨다. (집안에서) 제사 지내고 물린 고기는 (기한과 절차를 엄격하
게 제시하셔서) 사흘을 넘기지 않게 하셨는데, (가인이 남긴 후에 다시 올리기 위해
나누어주지 않는 것을 막기 위해) 사흘이 지나면 드시지 않으셨다.

집주 ── ■助祭於公에 所得胙肉을 歸卽頒賜하고 不俟經宿者는 不留神惠也라 家之祭肉은 則不過三日하고 皆以分賜하니 蓋過三日이면 則肉必敗而人不食之니 是는 褻鬼神之餘也라 但比君所賜胙에 可少緩耳니라

공(公)실의 제사를 돕고 얻은 음복고기는 귀가하면 즉시 나누어 주셨고, 그날 밤을 넘기지 않음은 귀신의 은혜를 유체(留滯)시키지 않는 것이다. 집안의 음복 고기는 사흘을 넘기지 않고 모두 나누어 주셨다. 대개 사흘을 넘기면 고기가 필시 부패하여 사람이 먹지 못하게 되는데, 이는 귀신이 남겨준 것을 더럽히는 일이다. 다만 임금이 하사한 고기보다는 조금 더 늦출 수 있다.

고금주 ── ■邢曰: "宿, 經宿也." [〈王制〉云: "六十宿肉."] 周曰: "助祭於君, 所得牲體, 歸則頒賜, 不留神惠." ○補曰 出三日不食者, 防家人留而復進, 不頒賜也.

형병이 말했다. "숙宿은 밤을 넘기는 것(經宿)이다."(『예기』「왕제」에서 말했다. "60의 어른께는 밤을 넘기면서 항상 드실 고기를 준비해 둔다.") 주생렬이 말했다. "임금의 제사를 돕고 얻은 희생고기(牲肉)를 귀가하는 즉시 나누어 주는 것은 귀신의 은혜를 유체留滯시키지 않는 것이다." ○보완하여 말한다. 사흘을 넘기면 드시지 않으셨다는 것은 가인家人이 남긴 후에 다시 올리기 위해 나누어 주지 않는 것을 막으신 것이다.

■鄭曰: "祭肉過三日不食, 是褻鬼神之餘." ○案 不食是孔子不食, 非他人不食也. 胾脩之屬, 雖過三日, 未必敗壞. [冬月則俎肉亦可至十日] 過三日不食者, 嚴示限節, 使家人不敢久留而不頒也.

정현이 말했다. "제사고기는 사흘이 지나면 먹을 수 없으니, 이는 귀신이 남

자원풀이 ■제祭는 月(肉:고기 육)+又(또 우)+示(보일 시)의 회의자로 고기(月)를 손(又)에 들고 제단(示)에 올리는 모습으로 제사祭祀를 통칭한다.
■숙宿은 원래 사람(人)이 집안(宀)에서 자리 위에 쉬거나 자는 모습으로 자다(쉬다)가 원뜻인데, 옛날 관원들이 자고 갈 수 있게 한 숙박宿泊 시설을 지칭했다. 이후 밤 새워 지키다, 안정하다, 유숙하다 등의 뜻이 나왔다.

긴 것을 모독하는 것이다." ○살핀다. 먹지 않는다(不食)는 것은 공자께서 드시지 않았다는 것이지, 다른 사람들이 먹지 않았다는 것은 아니다. 단수腶修와 같은 육포는 비록 사흘이 지나도 반드시 부패하거나 문드러지는 것은 아니다(겨울에는 제사고기 또한 열흘은 갈 수 있다). 사흘을 넘기면 드시지 않으셨다는 것은 기한과 절차를 엄격하게 제시하여, 가인으로 하여금 감히 오랫동안 남겨 놓고 나누어주지 않는 것을 하지 않도록 하신 것이다.

비평 —— "집안에서 제사를 지내고 물린 고기를 사흘이 지나면 드시지 않으셨다."는 말의 근거에 대해 주자와 다산은 의견을 달리한다. 주자는 고기가 사흘을 넘기면 부패하고, 음복고기를 부패하게 하는 것은 귀신이 남긴 것을 더럽히는 것이 되기 때문이라고 설명한다.

이에 대해 다산은 (1) 육포처럼 사흘이 지나도 부패하지 않는 것이 있고, (2) '드시지 않으셨다'의 주체는 공자에 한정된다고 주장하면서, 공자께서 사흘이 지나면 드시지 않은 이유는 가인家人이 고기를 지니고 있다가 다시 올리기 위해 나누어주지 않는 것을 막기 위해서 그러셨다고 한다. 나름 일장일단이 있는 해석이라고 할 수 있다.

10:8-10. 食不語, 寢不言.

고주 —— 식사하실 때에는 답술하지 않으셨고(語=答述), 누워 계실 때에는 혼잣말을 하지 않으셨다(言=直言).

주자 —— 식사하실 때에는 답술하지 않으셨고(答述曰語), 누워 계실 때에는 혼잣말을 하지 않으셨다(自言曰言).

다산 —— 식사하실 때에는 논란하지 않으셨고(論難曰語: 질문에 대답은 하셨다), 누워 계실 때에는 혼잣말을 하지 않으셨다(直言曰言).

집주 —— ■答述曰語요 自言曰言이라
대답하여 설명하는 것(答述)을 어語라고 하고, 혼자서 말하는 것을 언言이라 한다.
■范氏曰 聖人은 存心不他하여 當食而食하고 當寢而寢하니 言語는 非其時 也니라 ○楊氏曰 肺爲氣主而聲出焉하나니 寢食則氣窒而不通이니 語言이면 恐傷之也라 하니 亦通이니라
범조우가 말했다. "성인의 마음가짐은 다른 것이 아니라, 마땅히 드셔야 하면 드시고, 마땅히 주무셔야 하면 주무시는 것이니, (드실 때에) 대답하여 설명하는 것(語)과 (주무실 때) 혼잣말을 하는 것(言)은 마땅한 때가 아니다." ○양시가 말하길, "폐肺는 기를 주관하여(爲氣主) 목소리가 나온다. 잠자거나 먹을 때는 기氣가 막혀 통하지 않으니, 이때 대화하거나 혼잣말을 하면 상할 수 있다."고 했으니, 역시 통한다.

고금주 —— ■補曰 論難曰語, [徐鉉云] 直言曰言. 《大雅》疏] 寢, 臥也.
논란하는 것을 어라 하고(論難曰語: 徐鉉이 말했다), 직언하는 것을 언이라 한다

자원풀이 ■어語는 言(말씀 언)+吾(나 오)의 형성자로 말(言)로 논의하는 것으로 언어言語, 문자라는 뜻이 나왔다.
■침寢은 爿(나무 조각 장)+'잘 침'의 형성자로 침상(爿)에서 잠을 자다의 뜻이다.
■사思는 田(밭 전: 두뇌 골을 상징) +心(마음 심). 마음으로 머리에 골을 내는 것을 나타내는데, 곧 생각한다는 뜻이다.
■언言은 입과 혀 그리고 거기서 나오는 말을 상징하는 가로획(음파)이 더해져 말(言)의 뜻이 되었다.

(直言曰言:『시경』「大雅」疏). 침침寢은 '눕는다(臥)'는 뜻이다.

■ 邢曰: "直言曰言, 答述曰語." ○ 荻曰: "禮有樂語・合語, 古者於旅也語. 孔子食不語者, 尊道也. 若有人問於己, 雖方食, 豈得不答乎?" ○ 案 〈大雅〉曰: "于時言言, 于時語語." 疏曰: "直言曰言, [謂一人自言] 答難曰語. [謂二人相對]" 邢所據者, 此也. 然人問之, 不可不答, 誠如荻說. 〈雜記〉曰: "三年之喪, 言而不語." 注曰: "言, 自言己事也. 語, 爲人論說也."《說文》徐箋云: "論難曰語."[語者, 午也, 謂交午也] 言語之別, 蓋可知也

형병이 말했다. "직언하는 것을 언이라 하고(直言曰言), 답술하는 것을 어라 한다(答述曰語)." ○오규 소라이가 말했다. "『예』에 보면, 악어樂語(風樂을 논하는 말)와 합어合語(의리를 종합 토론하는 말)가 있으니, 옛날 여수旅酬에서 하던 말이다. 공자께서 식사하시면서 말씀하시지 않으신 것은 도를 존중함(尊道)이다. 만일 어떤 사람이 공자께 질문하였다면, 비록 식사를 하셨다고 할지라도 어찌 대답하지 않으셨겠는가?" ○살핀다. 『시경』「대아」에 "이에 말할 것은 말하고, 이에 논할 것은 논한다(于時言言 于時語語)."고 하였는데, 그(孔穎達) 소疏에 '직언하는 것을 일러 언이라 하고(한 사람이 혼잣말하는 것을 일컫는다.)', '답난하는 것을 일러 언이라 한다(두 사람이 서로 대화하는 것이다).'고 하였으니, 형병이 근거한 것은 바로 이것이다. 그러나 사람이 물었을 때 대답하지 않을 수 없다는 것은 진실로 오규 소라이의 설과 같다. 그러나 『예기』「잡기」에서 '3년간 집상하는 중에는 언言은 하지만 어語는 하지 않는다(三年之喪 言而不語).'고 하였는데, 그 주석에서 "언言은 스스로 자신의 일에 대해 말하는 것(言自言己事也)이고, 어語는 남을 위해 논설하는 것(語 爲人論說也)이다."라고 하였다. 『설문』「서전」에서 말하길, "논란하는 것은 어라 한다(論曰亂語:語란 午로서 종횡으로 사귀는 것을 말한다:謂交午也.)"고 하였으니, 언言과 어語의 구별을 대개 알 수 있다.

■ 邢曰: "方食不可語, 語則口中可憎, 寢息宜靜, 故不言."

형병이 말했다. "바야흐로 식사할 때는 말(語)하지 않는 것이니 말(語)한다면 입 안의 것이 추할 수 있고, 잠자며 쉴 때는 의당 고요해야 하기 때문에 말씀하지 않으신 것이다."

비평 —— 고주는 식사할 때에 말(語)을 하면 혐오스러울 수 있기 때문에 답술하지 않으며, 잠자며 쉴 때는 의당 고요해야 하기 때문에 혼자 말씀을 하지 않으셨다고 설명하였다. 주자는 범조우의 "성인의 마음가짐은 다른 것이 아니라, 마땅히 드셔야 하면 드시고, 마땅히 주무셔야 하면 주무시는 것이니, (드실 때에) 대답하여 설명하는 것(語)과 (주무실 때) 혼잣말을 하는 것(言)은 마땅한 때가 아니다."라는 입장을 지지하였다. 그리고 양시의 기氣에 의한 설명 또한 받아들여, '식사 때나 쉴 때에 말을 하면 폐를 상하게 할 수 있다.'는 설명 또한 인용하였다. 당시의 세계관(理氣論)에 근거한 설명이라고 할 수 있다. 다산의 설명은 우선『설문』에 근거한다.

   그래서 다산은 어語란 단순히 답술答述이 아니라, 논란論難하는 것임을 논증한다. 논란과 답술이 별반 차이가 없어 보이지만, 식사하실 때라도 질문이 있으면 대답하지 않을 수 없다는 점에서 다산은 어語란 답술이 아니라 논란이라고 해석해야 한다고 주장한다. 다산의 해석은 정당해 보인다. 다산은 이렇게 사소하게 보이는 것조차도 간과하지 않는다. 다음의 세주들은 이 구절의 주석과 연관하여 참고할 만하다.

   신안 진씨가 말했다. "어語와 언言 두 글자는 다른 곳에서는 통용되지만, 여기서는 구분이 있다."
   『소문素問』「오장생성五臟生成」편에서 말했다. "모든 맥脈은 전부 눈(目)에 귀속한다. 모든 신경은 전부 뇌腦에 귀속한다. 모든 근육은 전부 관절(節)에 귀속한다. 모든 혈기는 전부 심장(心)에 귀속한다. 모든 기氣란 전부 폐(肺)에 귀속한다(肺臟은 기를 주관:主氣하기 때문이다)."

신안 진씨가 말했다. "범씨의 설은 이치를 위주로 하였고(主理), 양시의 설은 기를 위주로 했다(主氣). 범씨의 설이 낫지만, 양시의 설 또한 버릴 수 없다."(『논어집주대전』)

❧

10:8-11. **雖疏食菜羹, 瓜祭, 必齊如也.** [陸云: "《魯論》, 瓜作必."]

고주 —— 비록 거친 밥·나물국·오이(처럼 하찮은 음식물)라고 할지라도 (선대의 음식을 만드는 데 공이 있는 분에게) 제사(祭=祭先)하였으며, 반드시 엄숙·경건하셨다(齊=嚴敬貌).

주자 —— 비록 거친 밥·나물국이라 할지라도 반드시 瓜=必) (선대의 음식을 만드는 데 공이 있는 분에게) 제사하였으며, 반드시 엄숙·경건하셨다(齊=嚴敬貌).

다산 —— 비록 거친 밥·나물국이라 할지라도 반드시(瓜作必) (선대의 음식을 만드는 데 공이 있는 분에게) 제사하였으며, 반드시 엄숙·경건하셨다(齊=嚴敬貌).

집주 —— ■陸氏曰 魯論에 瓜作必하니라
육덕명이 말했다. "『노론魯論』에는 과瓜가 필必로 되어 있다."
■古人飲食에 每種을 各出少許하여 置之豆間之地하여 以祭先代始爲飲食之人하니 不忘本也라 齊는 嚴敬貌라 孔子雖薄物이나 必祭하시고 其祭必敬하시니 聖人之誠也니라

옛사람들은 먹고 마실 때 종류마다 조금씩 덜어내 그릇 사이의 땅에 놓아 둠으로써, 선대의 처음 음식을 만든 분께 제사하였으니, 근본을 잊지 않은 것이다. 재제(齋)는 엄숙·경건한 모습(嚴敬貌)이다. 공자께서는 비록 하찮은 음식물이라도 반드시 제사를 드리고, 제사마다 반드시 경건했으니 성인의 성정이다.

■ 此一節은 記孔子飮食之節이니라

이상의 구절(8-11)은 공자의 음식 예절(飮食之節)을 기록한 것이다.

■ 謝氏曰 聖人이 飮食如此하시니 非極口腹之欲이요 蓋養氣體하여 不以傷生에 當如此라 然이나 聖人之所不食을 窮口腹者는 或反食之하니 欲心勝而不暇擇也니라

사량좌가 말했다. "성인께서 이와 같이 드시고 마신 것은 입과 배의 욕망(口腹之欲)을 채우려고 한 것이 아니다. 대개 몸과 마음을 길러(養氣體) 생명을 해치지 않으려면 마땅히 이와 같이 해야 한다. 그러나 성인께서 드시지 않는 것을 입과 배의 욕망을 채우려는 자가 혹 (성인과는) 반대로 먹기도 하는데, 욕심에 휘둘려 선택할 겨를이 없기 때문이다."

고금주 ── ■ 孔曰: "三物雖薄, 祭之必敬." [邢云: "疏食也, 菜羹也, 瓜也. 三物雖薄, 將食祭先之時, 亦必嚴敬."] ○邢曰: "〈玉藻〉云, '惟水漿不祭.' 又云, '瓜祭上環.' 知此三者雖薄, 亦祭先也." [祭先古有功者] ○駁曰 非也. 瓜一字不得與上二物成列, 祭一字不成文理, 其義非也.

공안국이 말했다. "세 가지 음식물은 비록 하찮은 것이지만, 제사를 지낼 때는 반드시 공경해야 한다."(형병이 말했다. "거친 밥·나물국·오이, 이 세 가지는 비록 하찮은 것이지만 장차 먹으려면 선대에 제사를 지냈는데, 또한 반드시 엄숙·경건했다.") ○형병이 말했다. "『예기』「옥조」에 '오직 물과 미음만 제사하지 않는다.'고 하고, 또 말하길, '오이는 꼭지로 제사한다.'고 하였으니, 이 세 가지는 비록 하찮은 것이지만, 또한 선대에 제사한 것(祭先)임을 알겠다."(祭先이란 옛날에 공이 있는 분이다.) ○논박하여 말하면, 그릇되었다. 과瓜라는 한 글자는 앞의 두 음식물(거친 밥:疏食·나물국:菜羹)과 나란히 배열할 수 없다. 제祭 한 글자로는 또한 문리文理를 이루지 못하니, 그 뜻이 잘못되었다.

비평 —— 고주는 과瓜를 오이로 해석했지만, 주자와 다산은 『노론魯論』에 근거하여, 필必로 고쳐서 해석하였다. 필로 고쳐서 해석하는 것이 문리가 통한다. 가능한 한, 원문을 고치지 않고 그대로 해석하려고 했던 다산 또한 이 구절만큼은 여러 증거에도 불구하고, 과瓜 자를 필必 자로 고쳐서 해석해야 한다고 했는데, 글자의 구성과 의미로 보았을 때도 "반드시 제사지냈다."고 하는 것이 옳다고 판단된다. 다음의 세주를 참고하자.

신안 진씨가 말했다. "과瓜(오이) 자는 『제논齊論』에 근거한 것이다. 그러나 과瓜라고 한다면 야채(菜)라는 의미가 중복되기 때문에 필必로 하는 것이 옳다."

경원 보씨가 말했다. "몸과 마음을 길러 생명을 해치지 않는 것은 음식의 올바름이고, 입과 배를 궁구하여 그 욕망을 만족시키는 것은 일반 사람들의 음식의 폐단이다."(논어세주)

10:9. 席不正, 不坐.

고주 —— (펼쳐 놓은) 자리가 (예법에 비추어) 바르지 않으면, 앉지 않으셨다.

주자 —— (공자께서는 털끝만큼의 착오가 없으셔서) 자리가 바르지 않으면, 앉지 않으셨다(바로잡고는 앉으셨다).

다산 —— (공자께서는 털끝만큼의 착오가 없으셔서) 자리가 바르지 않으면, 앉지 않으셨다(바로잡고 앉으셨다. 궁극적으로 작은 일이든 큰일이든 모든 것들이 마땅함에 따르도록 바로잡으셨다).

집주 —— 謝氏曰 聖人은 心安於正이라 故로 於位之不正者에 雖小나 不處니라

사량좌가 말했다. "성인의 마음은 바른 것에 편안하셨기 때문에, 자리가 바르지 않은 경우는 비록 작은 일이더라도 처하지 않으셨다."

고금주 —— ■侃曰: "舊說, 鋪之不周正, 則不坐之."
황간이 말했다. "구설舊說에서는 펴 놓은 자리가 두루 바르지 않으면, 앉지 않으셨다고 하였다."
■邢曰: "凡爲席之禮, 天子之席五重, 諸侯之席三重, 大夫再重. 席南鄕·北

자원풀이 ■석席은 巾(수건 건)+庶(여러 서)의 형성자로 돌(庶) 위에 까는 베(巾)로 만든 깔개를 말했다. 혹은 여러 사람(庶)이 둘러앉을 수 있는 베(巾)로 만든 자리를 의미한다.

向以西方爲上, 東鄕·西鄕以南方爲上. 如此之類, 是禮之正也. 若不正, 則孔子不坐." ○葉少蘊曰: "席南向北向, 以西方爲上, 此以方爲正者也. 有憂者側席而坐, 有喪者專席而坐, 此以事爲正者也." ○駁曰 非也. 聖人之心至精, 凡物不得其正者, 不堪. 惟不堪, 然後洪纖巨細, 率由其正. 先儒疑席不正爲小節, 故爲此曲解. 知聖人之心者, 朱子是也. [朱子云: "聖人之心, 無毫釐之差, 事當恁地做時, 硬要恁地做."]

형병이 말했다. "무릇 자리를 만드는 예법은 천자天子의 자리는 오중五重, 제후의 자리는 삼중, 대부는 이중으로 되어 있는데(『예기』 「악기」), 자리가 남향과 북향으로 되어 있을 때는 서방을 윗자리로 하고, 동향과 서향으로 되어 있을 때는 남방을 윗자리로 하니, 이것이 바로 예의 바름이다. 만약 바르지 않으면 공자께서는 앉지 않으셨다." ○섭소온이 말했다. "자리는 남향 또는 북향으로 하는데, 서쪽을 윗자리로 여긴다. 이는 방위로써 바름을 삼은 것이다. 우환이 있는 자는 자리를 옆으로 하여 앉고, 상喪을 당한 자는 자리를 독차지하여 앉는다. 이는 일로써 바름을 삼은 것이다." ○논박하여 말하면, 그릇되었다. 성인의 마음은 지극히 정일(至精)하셔서, 모든 사물들에게서 그 바름을 얻지 못하면 참지 못하신다(不堪). 오직 참지 못하신 뒤에라야 거대하고 섬세한 것들이 그 바름에 따르게 된다. 선유先儒들은 아마도 석부정席不正을 대수롭지 않은 작은 절도(小節)라고 여겼기 때문에, 이처럼 곡해했을 것이다. 성인의 마음을 알았던 사람은 주자朱子뿐이었다. (주자가 말했다. "성인의 마음은 털끝 만한 착오도 없으셨으니, 만일 사안이 마땅히 그렇게 해야 할 때라면 곧 그렇게 하기를 굳게 요구하셨다는 말이다.")

비평 ── 고주는 단순히 이 구절의 뜻만 일차로 해석하는 데에 그쳤다. 그런데 주자와 다산은 공자께서 '자리가 바르지 않으면, 앉지 않은 까닭'에 대해 근원적으로 설명해 준다. 즉 공자는 "어떤 사안이 있는데 그것이 당연히 그래야 할 것에 위배된다면, 곧바로 그 마땅함에 따르게 함으로써 궁극적으로는 작은 일이든 큰일이든 모든 것들이 그 마땅함에 따르도록 했다."는 것이 이 구절의 궁극적인 의미라는 것이다.

~~~

10:10-1. 鄉人飮酒, 杖者出, 斯出矣.

고주 —— 향인들과 음주의 예법(鄉飮酒禮)을 행하실 때는 지팡이를 짚은 노인이 (예를 마치고) 나간 다음에 (공자께서 따라서) 나가셨다.

주자 —— 향인들과 술을 마실 때에는 지팡이를 짚은 노인이 나간 연후에 (공자께서 따라서) 나가셨다.

다산 —— 향인들과 음주의 예법(鄉飮酒禮)을 행하실 때는 (예순 이상의) 지팡이를 짚은 노인이 (예를 마치고) 나간 다음에 (공자께서 따라서) 나가셨다.

집주 —— ■杖者는 老人也니 六十에 杖於鄉이라 未出에 不敢先이요 旣出에 不敢後라

장자杖者란 노인老人이다. 예순이면 향리에서 지팡이를 짚는다. (노인이) 아직나

자원풀이 ■향鄉은 식기를 가운데 두고 손님과 주인이 마주 앉은 모습의 회의자로 식사를 함께하는 씨족집단이라는 의미에서 시골이나 고향을 뜻하다가, 원래 뜻은 食(밥 식)자를 더해 饗(잔치할 향)으로 분화했다. 시골, 고향, 행정구역, 향대부, 향하다(=向), 추세 등으로 쓰인다.
■장杖은 木(나무 목)+丈(어른 장)의 형성자로 어른 한 쪽 팔(丈) 길이의 나무(木) 지팡이를 말한다.

가지 않았으면 감히 먼저 나가지 않고, 이미 나갔으면 감히 뒤쳐지지 않는다.

고금주 —— ■孔曰: "杖者, 老人也."[鄕人飮酒之禮, 主於老者, 老者禮畢出, 孔子從而後出] ○案 杖者, 六十以上也.
공안국이 말했다. "장자杖者는 노인老人이다."(鄕人의 음주 예법은 노인을 위주로 하니, 노인이 예를 마치고 나가면, 공자께서 뒤따라 나가신 것이다) ○살핀다. 장자杖者는 예순 이상이다.

비평 —— 특별한 쟁점은 없다. 다음 언명을 참조하자.

> 『예기』「왕제」에서 말했다. "쉰이면 집에서 쉬고, 예순이면 향리에서 지팡이를 짚는다. 일흔이면 나라에서 지팡이를 짚고, 여든이면 조정에서 지팡이를 짚는다. 아흔이면 천자가 질문하려고 하면, 진기한 음식을 가지고 그 집으로 간다."
> 경원 보씨가 말했다. "향당에서는 나이를 숭상(尙齒)한다. 그러므로 나아가는 것은 노인을 보아 기준으로 삼는다." (『논어집주대전』)

～～～～

10:10-2. 鄕人儺, 朝服而立於阼階. [陸本, 無'階'字. ○〈郊特牲〉無'階'字]

고주 —— 향인들이 (역귀를 쫓는) 나례를 행할 때, (공자께서는 선조들이 놀랄까 염려하여) 조복을 입고 사당의 동쪽 계단에 서 계셨다.

주자 —— 향인들이 (역귀를 쫓는) 나례를 행할 때, (고례였지만 당시에는 이미 놀이에 가까웠는데, 공자께서는 이런 놀이에 가까운 것에조차도 정성을 기울이면서 경건하게) 조복을 입고 동쪽 계단에 서 계셨다.

다산 —— 향인들이 (역귀를 쫓는) 나례를 행할 때, (공자께서는 선조들이 놀랄까 염려하여) 조복을 입고 사당의 동쪽 계단에 서 계셨다.(육덕명본에는 '階' 자가 없다. ○「교특생」에는 '階' 자가 없다.)

집주 —— ■儺는 所以逐疫이니 周禮에 方相氏掌之라 阼階는 東階也라 儺雖古禮나 而近於戲어늘 亦[必]朝服而臨之者는 無所不用其誠敬也니라 或日 恐其驚先祖五祀之神하여 欲其依己而安也라

나儺는 역귀를 쫓는 일(所以逐疫)이다. 『주례』에 보면 방상씨方相氏가 관장하였다. 조계阼階는 동쪽 계단이다. 나儺는 비록 옛날 예법이긴 하지만 놀이에 가까웠는데도, 또한 반드시 조복朝服을 입고 임한 것은 정성을 기울이고 경건하지 않음이 없으신 것이다. 어떤 사람이 말하길, '선조先祖와 오사五祀의 귀신이 놀랄까 염려하셔서, 그 귀신들이 자신(공자)에게 의지하여 편안하기를 바라신 것'이라고 했다.

■此一節은 記孔子居鄕之事니라

이 구절은 공자가 향리에서 기거하신 일을 기록한 것이다.

자원풀이 ■나儺는 人(사람 인)+難(어려울 난)의 형성자로 『설문해자』에서는 절도 있게 걸어가는 사람을 뜻했다. 이후 여러 장식물을 달고 위엄을 갖추고 절도 있는 행위로 역귀를 추방한다는 뜻을 가지게 되었고, 그런 의식을 나례儺禮라 했으며, 푸닥거리를 총칭한다.
■조阼는 阜(언덕 부, 좌부방)+乍(잠깐 사, 만든 사)의 형성자로 흙을 쌓아(阜) 만든(乍) 섬돌을 의미한다. 섬돌, 제위帝位, 국운, 제사에 쓰이는 고기를 뜻한다. 조계阼階는 동쪽 섬돌을 뜻한다.
■계階는 阜(언덕 부)+皆(모두 개)의 형성자로 흙 언덕(阜)에 일정한 높이로 나란히(皆) 만들어진 계단階段을 뜻한다. 섬돌, 사닥다리, 벼슬 등급, 승진, 이르다, 계기 등을 뜻한다.

고금주 —— ■孔曰: "儺, 驅逐疫鬼. 恐驚先祖, 故朝服而立於廟之阼階." ○邢曰: "大夫朝服以祭, 用祭服以依神."

공안국이 말했다. "나儺는 역귀를 쫓는 것인데, 선조先祖가 놀랄까 염려했기 때문에 조복朝服을 입고 사당(廟)의 동쪽 계단에 서 계셨던 것이다." ○형병이 말했다. "대부는 조복을 입고 제사 지내기 때문에 제복祭服을 사용하여 귀신에게 의지하게 하신 것이다."

■案 孔注本出於〈郊特牲〉, 不可易也.

살핀다. 공안국의 주注는 본래 『예기』「교특생」에서 나왔으니, 바꿀 수 없다.

■引證 〈郊特牲〉云: "鄉人禓, 孔子朝服立于阼, 存室神也." ○案 存室神之義, 經有證矣.

인증한다. 『예기』「교특생」에서 말했다. "향鄉의 사람들이 상禓을 행할 때에 공자께서는 조복을 입고 조阼에 서서 묘실의 신이 편안하도록 하셨다." ○살핀다. 묘실의 신이 편안하도록 하셨다는 것에 관한 것은 경전의 경문에 그 증거가 있다.

비평 —— 나례儺禮를 행할 때, 공자가 조복을 입고 동쪽 계단에 서 있었던 이유에 대해 약간 설명을 달리 한다. 고주와 다산은 『예기』「교특생」의 말을 근거로 공자께서 선조 귀신들이 혹 놀랄까 염려하여 조복을 입고 서 계셨다고 설명한다. 주자는 비록 나례가 고례이고 당시에는 이미 일종의 놀이(戱)에 가까웠는데, 공자께서는 그런 놀이에 가까운 푸닥거리에서조차도 성경誠敬을 기울였다고 해설했다. 주자 또한 '혹자'라는 표현을 써서 고주를 참고로 인용하였다. 두 해석 모두 일리가 있기에, 두 해석을 모두 받아들이는 것이 좋겠다. 즉 공자가 나례를 행할 때 조복을 입고 동쪽 계단에 서 있었던 이유는 조상신이 놀랄까 염려하면서, 비록 놀이에 가까운 일에서도 성경誠敬을 기울이지 않음이 없었다는 것이다.

꧁꧂

10:11. 問人於他邦, 再拜而送之. 康子饋藥, 拜而受之, 曰: "丘未達, 不敢嘗."

고주 —— 다른 나라에 있는 사람에게 문안하여 예물을 보낼 때(問=遺)에는 (공경함의 표시로) 두 번 절하고 보내셨다. 계강자가 약을 보내자 공자께서 절을 하며 받으시고 말씀하셨다. "저는 약을 보내주신 까닭을 알지 못하기 때문에, 감히 맛볼 수 없습니다."

주자 —— 다른 나라에 있는 사람에게 문안을 보낼 때에는 (가는 사자에게 등 뒤에서 문안하는 사람을 친히 만나는 것처럼 공경의 표시로) 두 번 절하고 보내셨다. 계강자가 약을 보내자 공자께서 절을 하며 받으시고 말씀하셨다. "저는 (이) 약을 알지 못하기 때문에, (병을 삼가여) 감히 맛볼 수 없습니다."(마실 만하면 마시고, 마실 수 없으면 마시지 않는다.)

다산 —— 다른 나라에 있는 사람에게 문안하여 예물을 보낼 때(問=遺)에는 (국경 밖의 사람과의 교제는 공경의 등급을 더하기 때문) 두 번 절하고 보내셨다.

자원풀이 ■問問은 口(입구)+門(문 문)의 형성자. 입(口)으로 묻는 것으로, 살피다, 힐문하다, 심문하다, 논란을 벌이다, 판결하다, 추구하다는 뜻이다.
■방邦은 邑(고을 읍)+丰(예쁠 봉)으로 구성된 형성자로 읍(邑)으로 구성된 나라를 말한다. 갑골문에서는 논(田)에 초목이 무성한 모양(丰)으로 아직 개간하지 않는 새로운 땅을 의미했는데, 이후 전(田)이 읍(邑)으로 바뀌어 제후들에게 내려진 봉읍(封邑)을 상징했으며, 이로부터 봉건封建이란 뜻도 나왔다.
■배拜는 새로 수확한 곡식을 조상신에게 두 손(手)으로 절을 하며(下:아래 하) 바치는 모습에서 절을 하다, 바치다, 받들다 등의 뜻이 나왔다.
■송送은 廾(두 손 마주잡을 공)+火(불 화)+辵(쉬엄쉬엄 갈 착)의 회의자로 두 손(廾)으로 불(火)을 들고서 밤에 횃불을 밝히며 사람을 보내는(辵) 모습에서, 보내다, 파견하다, 수송하다, 송별하다의 뜻이 나왔다.

계강자가 미리 조제한 약을 다른 사람을 시켜 보내자, 공자께서 (계씨를 존중하였기 때문에) 절하고 받으시고 말씀하셨다. "저는 약성(藥性)을 꿰뚫어 알지 못하기 때문에, 감히 맛볼 수 없습니다."

집주 ── ■ 拜送使者하여 如親見之는 敬也라
심부름 가는 사람(使者)을 전송하면서 절하는 것은 친히 만나는 것처럼 공경함이다.

■ 范氏曰 凡賜食에 必嘗以拜하니 藥未達이면 則不敢嘗이요 受而不食이면 則虛人之賜라 故로 告之如此하시니라 然則可飮而飮하고 不可飮而不飮이 皆在其中矣니라
범조우가 말했다. "무릇 음식을 하사하면 반드시 맛을 보고 절해야 하지만, 약은 알지 못하면 감히 맛볼 수 없는 것이다. 받고 마시지 않으면 다른 사람이 준 것을 헛되게 하는 것이기 때문에 이처럼 고하였다. 그렇다면 마실 만하면 마시고 마실 수 없으면 마시지 않는다는 뜻이 그 가운데 있다."

■ 楊氏曰 大夫有賜어든 拜而受之는 禮也요 未達不敢嘗은 謹疾也요 必告之는 直也니라
양시가 말했다. "대부가 준 것은 절하여 받는 것이 예禮이다. 잘 모르면 감히 맛보지 않은 것은 병을 삼가는 것이다. 반드시 고하는 것은 정직함이다."

■ 此一節은 記孔子與人交之誠意니라
이 한 구절은 공자께서 다른 사람과 교제할 때 성의誠意를 기록한 것이다.

■궤饋는 食(먹을 식)+貴(귀할 귀)의 형성자. 먹을 것(食)을 골라(貴) 남에게 보냄, 음식물, 보내다, 요리하다의 뜻.
■상嘗은 旨(맛있을 지 혹은 감甘·달다)+尙(오히려 상)의 형성자로, 원래는 제사이름으로 맛있는(旨) 음식을 신께 올려(尙) 맛보게 한다는 뜻에서 맛보다, 시험해 보다, 경력 등의 뜻이다.

고금주 —— ■邢曰: "問, 猶遺也."[因問有物遺之也] ○補曰 境外之交, 敬之加等,
故再拜. 饋藥, 歸之以成藥也. [如今之丸藥·膏藥] 季氏宗卿, 孔子敬之, 故拜而
受之. [饋者, 使人遺之也] 達, 通也. 言不能通知藥性. [蓋不見其方] ○邢曰: "凡受
人饋遺, 可食之物, 必先嘗而謝之."

형병이 말했다. "문문問은 보내다(遺)와 같다."(문안으로 물건을 보내는 것이다.) ○
보완하여 말한다. 국경 밖의 사람과의 교제는 공경의 등급을 더하기 때문에
재배再拜하였다. 궤약饋藥은 미리 조제해 놓은 약(成藥)을 보내온 것이다(지금
의 丸藥, 膏藥과 같다). 계씨는 종경宗卿이었다. 공자는 계씨를 존중하였기 때문
에 절하고 받았다(饋란 사람을 시켜 보내는 것이다). 달達은 '통하다(通)'이니, 약
성藥性을 꿰뚫어 알지 못한다는 말이다(대개 약의 방도를 알지 못한다는 것이다).
○형병이 말했다. "무릇 남이 보내준 먹을 수 있는 물품을 받으면, 반드시 먼
저 맛을 보고 사례한다."

■侃曰: "問者, 謂更相聘問也. 他邦, 謂鄰國之君." ○駁曰 非也. 君不可私問也.
황간이 말했다. "문문問問이란 다시 서로 빙문聘問하는 것을 말하고, 타방他邦이
란 이웃 나라의 임금을 말한다." ○논박하여 말하면, 그릇되었다. 임금을 사
사로이 빙문할 수는 없다.

■孔曰: "未知其故, [邢云: "未達其藥之故."] 不敢嘗, 禮也." ○駁曰 非也. 饋藥者,
好意也, 又何其故之足問乎? 只是未達藥性, 故不敢嘗耳. 孔氏嫌孔子疑其有
毒, 故不言藥性. 不知藥, 不中病, 皆能害人, 故孔子不敢嘗, 不必深究. ○又按
〈玉藻〉云: "孔子食於季氏, 不辭, 不食肉而飱."[澆飮之] 此承上有憂而然, 亦非
有他故也. [季康子, 哀三年始立. 孔子時年六十, 已爲大夫, 猶拜受之]

공안국이 말했다. "그 연고(故)를 알지 못하니(형병이 말했다. "그 약을 보낸 연고
를 알지 못한다."), 감히 맛을 보지 않는 것이 예이다." ○논박하여 말하면, 그릇
되었다. 약을 보내 준 것은 호의好意이니, 또한 어찌 그 연고를 물어볼 수 있
겠는가? 단지 약성藥性을 알지 못하기 때문에 감히 맛보지 않을 따름이다. 공

안국은 공자께서 약에 독성이 있지 않을까 의심했다고 말하는 것을 피하고 싶었기 때문에 약성에 대해 말하지 않았다. 약을 알지 못하거나, 병에 맞지 않으면 모두 사람에게 해로울 수 있기 때문에 공자께서 감히 맛보지 않으신 것이니, 깊이 논구하는 것이 필요하지 않다. ○또 살핀다.『예기』「옥조」에서 말했다. "공자께서 계씨에게서 초대를 받아 식사하였는데, (계씨가 변변치 못한 대접으로 죄송하다고) 사양하지 않으니, (공자께서는) 고기를 드시지 않고, 찬물에 밥을 말아 드셨다(飧=澆飲之)." 이 글은 위의 "(계씨가) 근심이 있었다(有憂)."는 말을 이어 그랬다는 것이지, 다른 까닭이 있는 것은 아니다.(계강자는 哀公 3년에 비로소 벼슬을 하였고, 공자는 당시 예순으로 이미 대부였지만 오히려 절하고 받았다.)

■朱子曰: "古者賜之車馬, 則乘而拜. 賜之衣服, 則服而拜. [見〈玉藻〉] 賜之飲食, 則嘗而拜." ○案〈玉藻〉所論, 乃君賜也. 飲食一節,〈玉藻〉無文, 朱子據下文正席先嘗而言之耳.

주자가 말했다. "옛날에는 거마車馬를 하사하면 타고 절하고, 의복을 하사하면 입고 절하고(「옥조」에 보인다), 음식을 하사하면 맛보고 절하였다." ○살핀다.『예기』「옥조」에 논한 것은 곧 군주가 하사한 것이고, 음식에 관한 절은 「옥조」에 글이 없다. 주자가 (「향당」편의) 아래 글에 (임금이 음식을 하사하면) "정석선상正席先嘗(자리를 바로 하고, 먼저 맛본다)."에 근거하여 말했을 뿐이다.

■朱子曰: "主人從背後拜而送之."[純云: "使者行而後再拜."] ○案 禮物旣陳, 主人拜而送之, 使者拜而受之, 禮也. 從背後而拜, 不知所本.

주자가 말했다. "(옛 사람들에게는 이런 예법이 있었다. 사람을 다른 나라에 보내 문안할 때는) 주인은 등 뒤에서 따라가며 절하고 보냈다."(태재순이 말했다. "사자가 간 이후에 재배한다.") ○살핀다. 예물이 이미 갖추어지면 주인은 절하고 보내며, 사자는 절하고 이를 받는 것이 예법이다. 등 뒤에서 따라가며 절하고 보냈다는 말은 어디에 근본을 두었는지 알지 못하겠다.

비평 —— 예법에 관한 사항은 다산의 근거에 바탕한 자세한 설명이 설득력이 크다고 생각된다. 또한 '약을 맛보지 않은' 까닭은 '약을 보낸 까닭을 알지 못해서(고주)'라기보다는, "약성藥性을 알지 못하기 때문에 혹 건강을 해칠까 두려워 약을 맛보지 못하겠다."라고 해석하는 것이 정당하다고 생각된다.

───◈───

10:12. 廐焚. 子退朝, 曰: "傷人乎?" 不問馬.

고주 —— (공자 집안의) 마구간이 불탔다. 공자께서 퇴조하셔서, "사람이 상했는가?" 하고 물으시고, 말에 대해서는 묻지 않으셨다.(사람을 귀하게 여기시고, 말은 천하게 여기신 것이다.)

주자 —— 마구간이 불탔다. 공자께서 퇴조하셔서, "사람이 상했는가?" 하고 물으시고, 말에 대해서는 묻지 않으셨다.(말에 대해 물을 겨를이 없으셨던 것이다. 대개 사람과 가축에 대한 도리가 이와 같아야 한다.)

다산 —— (공자 집안의) 마구간이 불탔다. 공자께서 퇴조하셔서, "사람이 상했는가?" 하고 물으시고, 말에 대해서는 묻지 않으셨다.

집주 —— ■非不愛馬나 然이나 恐傷人之意多라 故로 未暇問하시니 蓋貴人賤畜이 理當如此니라
말(馬)을 아끼지 않은 것이 아니지만, 사람이 상했을까 염려하는 마음이 많았기 때문에 (말에 대해) 물어볼 겨를이 없었던 것이다. 대개 사람을 귀하게 여

기고 가축을 천하게 여기는 도리는 마땅히 이와 같아야 한다.

고금주 ── ■ 邢曰: "廐, 孔子家廐."
형병이 말했다. "마구간(廐)은 공자 집안의 마구간이다."

■ 引證 〈雜記〉云: "廐焚, 孔子拜鄕人爲火來者. 拜之, 士壹, 大夫再, 亦相弔之
道也." ○案 家廐也, 故鄕人弔之.
인증한다. 『예기』「집기」에 말하였다. "(공자 집안의) 마구간이 불탔다. 공자는
불이 났기 때문에 왔던 향인들에게 절을 하였다. 절을 하는데, 士에게는 한
번, 대부에게는 두 번 하였으니, 이 또한 서로 조문하는 법도이다." ○살핀다.
공자 집안의 마구간이기 때문에, 향인들이 그를 조문한 것이다.

■ 陸氏《釋文》曰: "一讀至不字絶句."[不, 音否] ○ 王陽明云: "不字當連上句讀,
謂傷人乎否, 然後問及于馬, 以聖人仁民而愛物也." ○駁曰 非也.
육덕명이 『경전석문』에서 말했다. "한편으로는 읽을 때, 불不에서 구句를 끊
기도 한다(이렇게 읽을 때 不의 음은 좀이다)." ○왕양명이 말했다. "불不 자는 마
땅히 앞의 구절과 연결하여 읽어야 한다. '사람이 상했느냐, 상하지 않았느
냐?'고 물은 연후에 물음이 말에게 미쳤음을 말한 것이니, 이는 성인이 백성
에게 어질면서 만물을 아끼신 것이다." ○논박하여 말하면, 그릇되었다.

비평 ── 고주는 사람을 귀중하게 여기고 말을 천하게 여기신 것(重人賤畜)이
라고 주석하였다. 주자는 거의 비슷하게 주석하였지만, "말에 대해서는 물으

자원풀이 ■구廐는 广(집 엄)+旣(이미 기)의 형성자로 말을 기르는 마구간 혹은 그것을 담당하는 관리를 말한다.
■분焚은 林(수풀 림)+火(불 화)의 회의자로 숲을 태운다는 뜻이다. 불사르다, 불을 질러 사냥하는 법, 불에 태워 죽
이는 형벌 등을 의미한다.
■상傷은 人(사람 인)+'상처 입을 상(矢+昜:화살에 입은 상처)'의 형성자로 사람에게 난 상처를 말한다. 상처, 상해, 손
해, 슬픔, 비애, 죄를 짓다의 뜻이다.

실 겨를이 없었다."라고 덧붙이고 있다. 다른 한편 인仁이란 "내가 만물과 한 몸(吾與萬物一體)이 되는 경지이다."라고 정의했던 왕양명은 이 구절의 끊어 읽기를 달리하여, "사람에 대해 묻고, 그다음에 말에 대해 질문하였다."고 해석하였다. 다산은 왕양명의 해석을 소개하면서, 잘못된 해석이라고 비판하였다. 해석이란 제2의 창작이라고 한다. 다음 해석도 참고할 만하다.

오역吳棫이 말했다. "마구간이 불에 탔다면 말에 대해 물어보는 것은 사람들의 일반적인 감정이다. 성인께서는 사람들이 말을 구하려다 상했을까 염려하신 까닭에 '사람이 상하지 않았는가?' 하고 물었을 따름이고, 다시 말에 대해서는 묻지 않으셨다. 이 일을 기록한 것은 가르침을 보여 주기 위해서이다. 『예기』 「잡기雜記」와 『공자가어』에도 모두 이 기사를 실었다. 『가어』에서는 나라의 마구간(國廐)이라고 했는데, 아마도 잘못된 듯하다. 나라의 마구간이라면 마땅히 말에 대해 물었어야 한다. 노마(路馬)는 더 중요하다." (『논어집주대전』)

10:13-1. 君賜食, 必正席先嘗之. 君賜腥, 必熟而薦之. 君賜生, 必畜之. 侍食於君, 君祭, 先飯.

고주 —— 인군이 음식을 하사하면, 반드시 자리를 바르게 하고 먼저 맛을 보셨다.(그리고 나누어 주셨다. 먹고 남은 음식은 혹 더러울 수 있으므로 선조에게 올리지 않는다.) 인군이 생고기를 하사하면 반드시 익혀 (영광으로 생각하여 선조에게) 먼저 올리셨다. 살아 있는 짐승을 하사하면 반드시 기르셨고(다음 제사 때에 쓰기 위한 것이다), 인군을 모시고 식사를 할 때는 인군이 (음식을 처음 만든 선조에게 먼저) 제사를 올리면, 먼저 밥을 맛보셨다.(인군을 위하여 음식을 맛보는 것처럼 한 것이다.)

주자 ── 인군이 음식을 하사하면, (비록 자리가 바르게 되어 있었다고 할지라도) 반드시 자리를 바르게 하고 먼저 맛을 보셨다.(그리고 나누어 주셨다. 하사받은 음식은 혹 餕餘일까 염려하여 祖考께는 올리지 않은 것이다.) 인군이 생고기를 하사하면 (영광으로 생각하여) 반드시 익혀 (조고께) 먼저 올리셨다. 살아 있는 짐승을 하사하면 (인군의 은혜에 감사하며 까닭 없이 살생하지 않고) 반드시 기르셨고, 인군을 모시고 식사를 할 때는 인군이 제사를 올리면, (선부가 하듯이 하면서, 客禮를 감당하지 않으려고) 먼저 밥을 맛보셨다.

다산 ── 인군이 익힌 음식을 하사하면, 반드시 자리를 바르게 하고 먼저 맛을 보셨다.(먹고 남은 음식은 혹 더러울 수 있으므로 선조에게 올리지 않는다.) 인군이 생고기를 하사하면 (영광으로 생각하여) 반드시 익혀 먼저 올리셨다. 살아 있는 짐승을 하사하면 (인군의 은혜에 감사하며 까닭 없이 살생하지 않고) 반드시 기르셨고, 인군을 모시고 식사를 할 때는 인군이 (음식을 처음 만든 선조에게 먼저) 제사를 올리면, 먼저 밥을 맛보셨다.

자원풀이 ■사賜는 貝(조개 패)+易(바꿀 역, 쉬울 이)의 형성자로, 윗사람이 아랫사람에게 내린 상으로, 상으로 받은 물건은 돈(貝)으로 바꾸기 쉽다는 뜻이다. 하사下賜하다, 하사품, 은혜를 베풀다의 뜻이다.
■성腥은 肉(고기 육)+星(별 성)의 형성자로 생고기生肉를 말한다. 『설문해자』에서는 별(星)이 보일 때, 돼지에게 먹이를 먹이면 비강鼻腔이나 창자 속에 살이 생긴다고 풀이했다. 성胜(비리다)으로 쓰이기도 한다.
■천薦은 본래 艸(풀 우거질 망)+廌(법 치)로 구성된 형성자. 『설문해자』에서는 艹와 해태(廌豸, 태신성한 동물)같은 "짐승이 먹는 풀을 말한다"고 하였다. 그래서 천薦은 선성한 해태가 먹는 풀로 만든 돗자리로 주로 제사 때에 사용되었다. 『이아爾雅』나 『좌전』에서는 소나 양과 같은 희생물을 바치는 제사를 제祭라 하고, 희생물이 없는 제사는 천薦이라 했다. 희생물이 없는 제사를 천薦이라 한 것은 제수祭需를 돗자리에 받쳐 올렸기 때문이다. 그래서 천薦은 신神에게 제수祭需를 올리다의 뜻이 나와, 뒤에 임금에게 올리는 것도 천薦이라 하였는데, 인재를 천거薦擧, 추천推薦하는 것이 바로 그것이다.

집주 —— ■食은 恐或餕餘라 故로 不以薦이라 正席先嘗은 如對君也라 言先嘗이면 則餘當以頒賜矣라 腥은 生肉이니 熟而薦之祖考는 榮君賜也라 畜之者는 仁君之惠하여 無故면 不敢殺也라

(하사받은) 음식은 혹 준여(餕餘:대궁, 즉 제시지내고 남은 음식?)일까 염려하여 (사당에) 올리지 않는다(不以薦). 자리를 바르게 하고 먼저 맛보는 것은 인군을 대하듯 하는 것이다. 먼저 맛보았다고 말하였으니, 나머지는 마땅히 나누어 주신 것이다. 성성은 날고기(生肉)인데, 익혀서 조고祖考께 올리는 것은 인군의 하사를 영광으로 여기는 것이다. 길렀다(畜)는 것은 인군의 은혜를 어질게 여겨 까닭 없이 살생하지 않은 것이다.

■周禮에 王日一擧하니 膳夫授祭品嘗食이어든 王乃食이라 故로 侍食者 君祭면 則己不祭而先飯하여 若爲君嘗食然하니 不敢當客禮也라

『주례』에 "왕은 하루에 한 번 성찬(一擧)하는데, 선부膳夫는 제수를 올린 뒤에 음식마다 먼저 맛을 보아야, 이에 왕이 잡수신다."고 하였다. 그러므로 (인군을) 모시고 먹는 자는 인군이 제사를 지내면, 자기는 제사에 참여하지 않고, 먼저 먹는데, 마치 인군을 위해 (선부가) 먼저 맛보는 것과 같이 하는 것이니, 감히 손님의 예우(客禮)를 받지 않으려는 것이다.

고금주 —— ■邢曰: "賜食, 謂君以熟食賜己." ○朱子曰: "席固正矣. 至此又正, 以爲禮也." ○邢曰: "腥者, 生肉薦其先祖, 榮君賜也. 熟食不薦者, 褻也." ○補曰 賜生必畜者, 愛君之賜, 欲觀其蕃息也. ○補曰 君祭者, 豆間之祭也. ○孔曰: "先飯, 若爲君嘗食然."

형병이 말했다. "사식賜食은 인군이 익힌 음식을 자기에게 내려주는 것을 말한다." ○주자가 말했다. "자리가 본래 바를지라도, 이에 이르러 또 바르게 하는 것이 예의가 된다." ○형병이 말했다. "성성이란 날고기(生肉)이니, 반드시 삶아 익혀서 선조先祖에게 올리는 것은 임금의 하사를 영광으로 여기는 것이

다. (하사 받은) 익힌 음식을 올리지 않는 것은 (먹고 남은) 더러운 것(褻)이기 때문이다." ○보완하여 말한다. 산 짐승을 보내면 반드시 기르는 것은 임금이 하사한 것을 아끼고, 그 번식을 보고자 함이다. ○보완하여 말한다. 임금이 제사 지낸다(君祭)는 것은 (그 음식을 처음 만든 조상에게 지내는) 두간두間의 제이다. ○공안국이 말했다. "먼저 밥을 드신 것은 임금을 위해 음식을 맛보는 것처럼 하신 것이다."

■ 顧麟士曰: "所引《周禮》四句, 此天子之禮, 而孔子侍諸侯之食, 則亦非正解也."

고린사가 말했다. "(주자가) 인용한 『주례』 네 구절, 이것은 천자天子의 예이지만, 공자는 제후를 모시고 식사를 하였으니, 또한 올바른 해석이 아니다."

■ 案 餕有二, 一是祭餘, [見〈祭統〉] 一是食餘. [見〈內則〉] 若是祭餘, 則當曰賜胙, 不當曰賜食. 若是食餘, 則定公·哀公皆敬孔子, 不應以食餘賜之. 孔子之不薦食, 非以是疑之也, 誠以烹飪之功, 成於庖廚, 孔子之所未見也, 非曰不潔, 薦則不可. 邢疏以褻一字言之, 無以加矣. ○邢曰: "賜生, 必畜養, 以待祭祀之用."

살핀다. (주자의 『집주』에서 '餕餘'의) 준준餕餘에는 두 가지 뜻이 있으니, 하나는 제사 지내고 남은 음식(祭餘)이고(「祭統」), 다른 하나는 남은 음식(食餘)이다(「內則」). 만일 이것이 제사 지내고 남은 것이라면 사조賜胙(인군이 하사한 음복고기)에 해당하고, 사식賜食(인군이 하사한 음식)에는 해당하지 않는다. 만일 사식賜食이라면 정공定公과 애공哀公 모두 공자를 공경했으니, 응당 남은 음식(食餘)을 하사하지는 않았을 것이다. 공자께서 음식을 (사당에) 올리지 않은 것은 이것을 의심했기 때문이 아니다. 날고기를 성의껏 삶고 익히는 것은 푸줏간에서 이루어지니 공자께서는 보지 못하는 것이다. (익힌 것인데도 사당에 올리지 않는 것을) 불결不潔하다고 말하지 않고(非曰不潔) 올리는 것은 불가하다(薦則不可)고 말한 것을 형병의 소疏에서는 '설褻(더럽다)'이라는 한 글자로 말했으니, 더 이상 덧붙일 것이 없는 듯하다. ○형병이 말했다. "(인군이) 살아 있는 짐승을 하사하면, 반드시 길러서 제사에 쓸 것에 대비한다."

비평 —— 익힌 고기를 하사받았을 때에 조상에게 올리지 않는 이유에 대해 해설을 약간 다르게 하였다. 고주는 더러운 것일 수 있기 때문이라고 했다. 주자는 준여餕餘일까 염려하여 (사당에) 올리지 않는다고 하였다. 다산은 준여의 의미를 두 가지로 나누면서, 준여의 뜻은 남은 음식이 아니라 인군이 하사한 음복 고기라고 설명한다. 그런데 그 음복 고기를 삶고 익히는 것은 푸줏간에서 이루어지기 때문에 혹 더러울 수가 있기에 공자께서 선조들에게 올리지는 않았다고 설명한다.

주자 또한 준여의 뜻이 남은 음식이 아니라, 음복 고기라는 의미로 이해한 듯하다. 그런데 주자는 준여를 조고께 올리지 않는 이유는 설명하지 않았다. 이에 대해 다산이 설명하였지만, 그런데 과연 공자의 뜻이 그랬는지는 알 수 없다.

⟨⟨⟩⟩

10:13-2. 疾, 君視之, 東首, 加朝服, 拖紳

고주 —— 질병을 앓으실 때, 인군이 문병을 오시면 (인군이 南面하실 수 있도록 북쪽 창문 아래에서 남쪽 창문 아래로 옮기고), (생기를 받기 위해) 머리를 동쪽으로 하고, 조복으로 몸을 덥고 큰 띠로 그 위에 더하셨다(拖=加).

주자 —— 질병을 앓으실 때, 인군이 문병을 오시면, (생기를 받기 위해) 머리를 동쪽으로 하고, (평상복으로 인군을 알현할 수 없기 때문에) 조복을 걸치고 그 위에 큰 띠를 끌어 놓으셨다(拖=引).

다산 —— 질병을 앓으실 때, 인군이 문병을 오시면 (인군이 南面하실 수 있도록 남쪽 창문 아래에서), 머리를 동쪽으로 하고(군자는 잠잘 때는 항상 머리를 동쪽으로 둔다), 조복을 걸치고 그 위에 큰 띠를 끌어 놓으셨다(拖=曳).

집주 —— ■東首는 以受生氣也라 病臥에 不能著衣束帶하고 又不可以褻服 見君이라 故로 加朝服於身하고 又引大帶於上也라'

머리를 동쪽으로 두는 것(東首)은 생기를 받으려는 것이다. 병으로 누워 있으면 의복을 입고 띠를 두를 수 없지만, 또한 평상복(褻服)으로 임금을 알현할 수도 없다. 그러므로 조복을 몸 위에 덮고, 또한 큰 띠를 그 위에 끌어 놓은 것이다.

고금주 —— ■包曰: "夫子疾, 處南牖之下, 東首." [邢云: "病者常居北牖下, 爲君 來視, 則暫時遷鄕南牖下. 東首, 令君得南面而視之."] ○補曰 東首, 首鄕東也. 朝服 者, 緇衣素裳. ○補曰 拖, 曳也. 不束帶, 其紳曳地也. ○包曰: "紳, 大帶." ○案 〈喪大記〉曰: "寢東首于北墉下." [〈喪大記〉, 誤作北牖] 邢疏誤以爲北牖.

포함이 말했다. "공자께서 병을 앓았을 때에 남쪽 창문 아래에 거처하시며, 머리를 동쪽으로 두었다." (형병이 말했다. "병자는 항상 북쪽 창문 아래에 거처하고, 인군이 문병을 오면 잠시 남쪽 창문 아래로 옮긴다. 머리를 동쪽으로 두는 것은 인군이 남면하여 볼 수 있게 하는 것이다.") ○보완하여 말한다. 동수東首는 머리를 동쪽

자원풀이 ■질疾은 广(병들어 기댈 녁)+矢(화살 시)로 구성되어, 화살(矢)을 맞아 생긴 상처(질병 일반)를 말하고 빠르다는 뜻이 생겼다. 흠, 해치다, 미워하다, 시기하다, 나쁘다, 빠르다, 근심하다(君子疾沒世而名不稱焉) 등의 뜻이 있다.
■타拖는 手(손 수)+他(다를 타)의 형성자로 손(手)으로 끌다의 뜻이다.
■신紳은 糸(실 사)+申(아홉째지지 신)의 형성자로 사대부들이 허리 사이에 쭉(申) 늘어뜨려 매던 실(糸)로 만든 큰 띠를 말하였다. 이후 이런 큰 띠를 맨 사람이란 의미에서 신사紳士라는 말이 생겼다.

으로 향하게 하는 것이다. 조복朝服은 위는 검고 아래는 흰 의상이다. ○보완하여 말한다. 타拖는 끌어다 놓음(曳)이니, 허리에 묶지 않고 큰 띠를 끌어다 놓은 것이다. ○포함이 말했다. "신紳은 큰 띠(大帶)이다." ○살핀다. 『예기』「상대기」에서 말했다. "잠잘 때에는 북쪽 바라지 아래서 머리를 동쪽으로 둔다."(「상대기」에는 北牖라고 잘못 쓰여 있다.) 형병의 소에는 잘못하여 북유北牖라고 하였다.

■ 侃曰: "病者欲生, 東是生陽之氣, 故首東也." ○案 '受生氣', 本鄭玄之義也. 然〈玉藻〉曰: "君子之居恒當戶, 寢恒東首." 東首者, 平居之恒禮也. 惟昏禮, 御衽于奧, 則北趾而南首.

황간이 말했다. "병자는 살고자 하며, 동쪽은 양의 기운이 생기게 하는 까닭에 머리를 동쪽으로 두는 것이다." ○살핀다. 생기를 받는 것(受生氣)은 본래 정현鄭玄의 설명이다. 그러나 『예기』「옥조」편에서 말하길, "군자가 기거할 때는 항상 출입문을 향해 있고, 잠잘 때는 항상 머리를 동쪽으로 둔다."고 하였다. 머리를 동쪽으로 두는 것은 평상시에 거처할 때의 항례恒禮이다. 오직 혼례 때만 방 아랫목에 이부자리를 깔며, 발은 북쪽으로 뻗고 머리를 남쪽으로 둔다.

비평 —— 신안 진씨는 "천지의 생기는 동방에서 시작된다."고 말했다. 사소한 이견은 있지만, 특별한 쟁점은 없다. 다산이 인용한 『예기』「옥조」편은 주자 또한 세주에서 인용하는바, 이를 보면 차이가 없다. 평상시에 머리를 동쪽으로 두는 경우가 많고, 또 뜻대로 눕는 때도 있다. 예컨대 『예기』「곡례」편에 "자리는 어느 쪽으로 할지 여쭙고, 이불은 발을 어느 쪽을 할지 여쭌다."고 하였으니, 여기서 뜻대로 하는 때가 있음을 알 수 있다. 그러나 동쪽으로 머리를 두는 경우가 많다. 그래서 『예기』「옥조」편에 "평소 기거할 때는 항상 출입문을 마주하고, 잠잘 때는 항상 머리를 동쪽으로 둔다. 항상 북쪽 창 밑에서 자지만, 임금이 병문안을 하면 남쪽 창 밑으로 옮긴다."고 하였다.

10:13-3. 君命召, 不俟駕行矣.

고주 —— 인군이 부르시면, 수레에 멍에를 매는 것도 기다리지(俟=待) 않고 달려가셨다(수레는 응당 멍에를 매고 뒤따랐다).

주자 —— 인군이 부르시면, 수레에 멍에를 매는 것도 기다리지 않고 급히 추 창(趨蹌: 허리를 굽히고 빨리 걸음)해 달려가셨다(멍에를 맨 수레가 뒤따랐다).

다산 —— 인군이 (급하게 節로) 부르시면 수레에 멍에를 매는 것도 기다리지 않고 달려가셨다(수레는 응당 멍에를 매고 뒤따랐다).

집주 —— ■ 急趨君命하여 行出而駕車隨之라

인군의 명령에 급히 달려 나가고, 멍에를 채운 수레가 그 뒤를 따른다.

■ 此一節은 記孔子事君之禮니라

이상의 구절은 공자가 인군을 섬기는 예의를 기록하였다.

고금주 —— ■補曰 馬在軛中曰駕. 《說文》云] 兩服兩驂備, 然後得駕車其間, 遲也. ○鄭曰: "急趨君命, 行出而車駕隨之."

말에 멍에가 매어져 있는 것을 가駕라 한다(『설문』에서 말했다). 두 복마服馬와 두 참마驂馬가 구비된 뒤에야 마차에 멍에를 메울 수 있는데, 그 사이에 지체

자원풀이 ■駕는 馬(말 마)+加(더할 가)의 형성자로 말(馬)에 덧씌우는(加) 멍에를 말한다. 말 위 앉을 것을 올려 놓고 타고 나녔다는 뜻에서 가마의 뜻이, 높은 사람이 타고 다녔다는 뜻에서 임금을 뜻하기도 하였다.

된다. ○정현이 말했다. "인군의 명령에 급히 추창하여 걸어가면, 수레는 마땅히 멍에를 하여 따른다."

■ 引證〈玉藻〉云: "凡君召以三節, 二節以走, 一節以趨, 在官不俟屨, 在外不俟車." ○案 國有急, 則以節召之. 以節召之, 則不俟駕屨, 不以節召之, 則俟駕而行也.

인증한다. 『예기』 「옥조」에서 말했다. "무릇 인군이 삼절三節로써 부르는데, 이절로써 부르면 달려가고, 일절로써 부르면 추창해 간다. 관내에 있으면 신발을 신기를 기다리지 않고, 관 밖에 있으면 수레를 기다리지 않는다." ○살핀다. 나라에서 급한 것이 있으면 절節로써 부른다. 절節로써 부르면 수레에 멍에를 메우는 것과 신발을 신는 것을 기다리지 않고 달려가며, 절節로써 부르지 않으면 수레에 멍에를 메우기를 기다려서 간다.

비평 ── 쟁점이 될 사항은 없다.

❧

10:13-4. 入太廟, 每事問. [重出〈八佾〉篇]

고주 ── 공자께서 태묘에 들어가시어 (제사를 도우실제) 매사를 물으시니,

주자 ── 공자께서 태묘에 들어가시어 매사를 물으시니,

다산 ── 공자께서 (주공의) 태묘에 들어가시어 (천자의 예였기 때문에 매사를 물어서 거행하는 것이 당연하다고 생각하셔서) 매사를 물으시니(「팔일」편에 거듭 나왔다),

집주 —— ■ 重出이라

거듭 나왔다.

고금주 —— ■ 鄭曰: "爲君助祭也. 太廟, 周公廟也." [見皇疏]

정현이 말했다. "인군을 위해 제사를 도운 것이다. 태묘太廟는 주공의 사당이다(황간의 소에 보인다)."

■ 邢曰: "廟中禮義·祭器, 雖知之, 猶每事復問, 愼之至也." ○義見前. [〈八佾〉篇] 若如邢說, 諸廟皆然, 何必周公廟矣.

형병이 말했다. "사당 안에서 행하는 예의와 사용하는 제기를 비록 알고 있을지라도, 매사를 다시 묻는 것은 지극히 신중한 것이다." ○뜻은 앞에서 밝혔다(「팔일」). 만약 형병의 설과 같다면, 모든 사당에서 전부 그렇게 해야 한다. 어찌 반드시 주공의 사당에서만 그렇게 하겠는가?

비평 —— 거듭나온 구절(3:15)을 참조하기 바란다.

⁕⁕⁕

10:14-1. 朋友死, 無所歸, 曰: "於我殯."

고주 —— 벗이 죽었는데도 돌아갈 곳(친척 등)이 없자 말씀하셨다. "우리 집에 빈소를 차려라!"(내가 상주가 되겠다.)

주자 —— (의리로 맺어진) 벗이 죽었는데도 돌아갈 곳(친척 등)이 없자 말씀하셨다. "우리 집에 빈소를 차려라!"

다산 —— 벗이 죽었는데도 돌아갈 곳(친척 등)이 없자 말씀하셨다. "우리 집에 빈소를 차려라!"(내가 상주가 되겠다.)

집주 —— ■朋友는 以義合하니 死無所歸면 不得不殯이니라

벗은 의리로 맺어진 관계(朋友以義合)이니, 죽어서 돌아갈 곳이 없으면 빈소를 마련해 주지 않을 수 없다.

고금주 —— ■孔曰: "無所歸, 言無親昵." ○補曰 掘坎納棺曰殯. [邢云: "於我殯, 與之爲喪主."]

공안국이 말했다. "돌아갈 곳이 없다(無所歸)는 것은 친척이 없음을 말한다." ○보완하여 말한다. 임시로 관槨을 묻을 구덩이를 파서 관을 넣어 놓는 것을 빈殯이라 한다.(형병이 말했다. "於我殯이란 그에게 빈소를 제공하여 상주가 되어 주셨다는 것이다.")

■引證〈檀弓〉曰: "賓客至, 無所館, 夫子曰, '生於我乎館, 死於我乎殯.'"

인증한다. 『예기』「단궁」에서 말했다. "'빈객이 이르렀는데, 머물 곳이 없으면 어떻게 하겠는가?' 하였을 때 공자께서 말씀하셨다. '살아 있는 사람이면 내 집에 머물게 하고, 죽은 사람이면 내 집에 빈소를 차려라.'고 하셨다."

자원풀이 ■붕朋의 본래 글자는 붕鵬으로 동류의 새를 뜻하는데, 중심이 되는 새가 날면 작은 새들이 따라 나는 데서 유래하여 전의되어 위대한 스승으로부터 동문수학한 사람을 뜻하고, 우友란 扌(手:손수) + 又(깍지 낄 차)로 손을 맞잡고 있는 것을 말한다. 따라서 붕우란 동문수학하여 손을 맞잡고 뜻을 같이하는 사람이라고 할 수 있다.
■사死는 歹=歺(살을 바른 뼈 알) + 匕(죽은 사람을 거꾸로 둔 모양, 사람의 죽음 곧 변화)로서 사람이 혼백과 형체가 떨어져서 땅속에 뼈만 남아 있는 것"이다. 즉 '생生'이 땅속에 잠재된 것이 현실로 나타나는 것이라면, '사死'란 사람이 정기를 다하여 천지로부터 받은 혼백과 형체가 분리되어 다시 땅속의 잠재적인 장소로 되돌아감(歸)이다.
■귀歸는 사(師의 옛 글자)+止(머무를 지)+婦(며느리 부의 생략형)의 형성자로 출정했던 군대(師)가 돌아오고, 시집갔던 딸(婦)이 친정집으로 돌아옴(止-一足)을 말한다. 제자리로 돌아오다, 귀환歸還하다, 귀속시키다 등의 뜻이다.
■빈殯은 歹=歺(살을 바른 뼈 알)+賓(손 빈)의 형성자로 영구靈柩를 세워 두고 시신(歹)의 안장을 기다리는(賓) 것을 말하여, 이로부터 염하다의 뜻이 나왔다.

비평 —— 특별한 쟁점은 없다. 다음의 해설은 이 구절을 이해하는 데에 도움이 된다.

　　호인이 말했다. "친구는 인륜의 하나이다. 그 죽음에 상주喪主가 될 부계 친족도 없고 모계 친족도 없고, 처계 친족도 없고, 방계 친족도 없으면 돌아갈 곳이 없는 것이다. 옛날에는 사흘이 되면 빈殯하고, 석 달이 되면 장葬이라 했는데, 빈이라 하고 장이라 하지 않은 것은 그 친족이 멀리 있어 틀림없이 부고가 아직 도달하지 않았기 때문이다."

　　오역이 말했다. "당에 안치하는 것을 빈殯이라 하고, 들에 묻는 것을 장葬이라 한다." (『논어집주대전』)

⌘

10:14-2. 朋友之饋, 雖車馬, 非祭肉, 不拜.

고주 —— 붕우가 보낸 선물은 (붕우 간에는 재물을 통용하는 의리가 있기 때문에) 비록 수레와 말이라고 할지라도 제사 지낸 고기가 아니라면 (받으면서) 절하지는 않으셨다. (공자께서 재물을 가볍게 여기고, 제사를 중하게 여기신 것을 말하였다.)

주자 —— 붕우가 보낸 선물은 (붕우 간에는 재물을 통용하는 의리가 있기 때문에) 비록 수레와 말처럼 귀중한 물건이라고 할지라도 제사 지낸 고기가 아니라면 (받으면서) 절하지는 않으셨다.

다산 —— 붕우가 보낸 선물은 (붕우 간에는 재물을 통용하는 의리가 있기 때문에,

대등한 관계에서는 절하면서 받는 일반적인 예의를 거스르면서도) 비록 수레와 말처럼 귀중한 물건이라고 할지라도 제사 지낸 고기가 아니라면 (받으면서) 절하지는 않으셨다.

집주 —— ■ 朋友는 有通財之義라 故로 雖車馬之重이라도 不拜하고 祭肉則拜者는 敬其祖考를 同於己親也라

붕우 간에는 재물을 통용하는 의리가 있다. 그러므로 수레나 말처럼 귀중한 물건을 받을지라도 절하지 않는다. 제사 지낸 고기(祭肉)라면 절하고 받는 것은 그 조고祖考를 공경하기를 나의 친조고와 같이 한다는 것이다.

■ 此一節은 記孔子交朋友之義니라

이상의 구절은 공자께서 붕우들과 사귈 때의 의리를 기록한 것이다.(주자)

고금주 —— ■孔曰: "不拜者, 有通財之義." ○邢曰: "祭肉則拜之, 尊神惠也."

공안국이 말했다. "(붕우들 간에 수레나 말을 선물해도) 절하지 않는 것은 재물을 통용하는 의리가 있기 때문이다." ○형병이 말했다. "제사 지낸 고기라면 절하는 것은 귀신의 은혜를 존중하기 때문이다."

■〈玉藻〉曰: "大夫親賜士, 士拜受, 又拜於其室, 衣服弗服以拜. 敵者不在, 拜於其室." ○案 朋友宜用敵者之禮. [齒爵德相敵] 有饋宜拜, 不能拜受, 卽當拜之於其室. 然則孔子於朋友之賜, 蓋違衆而不拜也.

『예기』「옥조」편에서 말했다. "대부大夫가 친히 사士에게 하사하면 사는 절하고 받으며, 또한 그 집에 가서 절하며, 의복의 경우는 입지 않고 절한다. 신분

자원풀이 ■궤饋는 食(먹을 식)+貴(귀할 귀)의 형성자로 먹을 것(食)을 골라(貴) 남에게 보내는 것으로 음식물, 보내다, 요리하다의 뜻이다.
■배拜는 새로 수확한 곡식을 조상신에게 두 손(手)으로 절을 하며(下:아래 하) 바치는 모습에서 절을 하다, 바치다, 받들다 등의 뜻이 나왔다.

1098 ┃ 3대 주석과 함께 읽는 논어 I

이 대등한 경우(適者)에는 보냈을 때 집에 있지 않았으면 보낸 사람 집에 가서 절한다." ○살핀다. 붕우들 간에는 마땅히 대등한 관계의 예를 써야 하니 (나이, 관작 그리고 덕이 서로 대등하다), 선물이 있으면 마땅히 절해야 한다. (집에 없어서) 절하고 받을 수 없었다면, 마땅히 그 집에 찾아가서 절해야 한다. 그러나 공자는 붕우가 선물했을 경우에 일반적인 사람들이 하는 예의를 거스르면서, 절하지는 않았다.

비평 —— 고주에서는 '이 장이 공자께서 재물을 가볍게 여기고 제사를 중하게 여기신 것을 말하였다(此言孔子輕財重祭之禮).'고 주석하였지만, 초점은 여기에 있지 않은 듯하다. 오히려 공안국이 말한 바, 붕우들 사이에는 재물을 통용하는 의리가 있기 때문에 수레와 말과 같은 귀중한 재물을 주어도 절하지는 않았다는 점에 초점이 있다. 그리고 제사 지낸 고기의 경우는 귀신의 은혜에 대한 감사의 예로 절하였다고 생각된다. 주자와 다산은 공안국의 이러한 해석을 계승하였다. 나아가 다산은 『예기』「옥조」편의 전거를 인용하면서, 공자께서 일반적인 관례를 어기면서도, 붕우들 간에는 재물을 통용하는 의리를 중시했다는 것을 잘 드러내고 있다. 신안 진씨는 "수레나 말을 받아도 절하지 않는 것은 의義이고, 제사 지낸 고기를 받으면 반드시 절하는 것은 예禮이다."라고 주석했다(『논어집주대전』). 정당한 해석이라고 생각된다.

10:15-1. 寢不尸, 居不容.

고주 —— 누워서 쉬실 때(寢息)는 (손과 발을 쭉 펴서) 죽은 시체처럼 눕지 않으셨으며, 집에서 기거하실 때는 (공경하는 자세를 오랫동안 유지하지 어렵기 때문에) 용의容儀를 갖추지 않으셨다.

주자 —— 주무실 때는 죽은 시체처럼 눕지 않으셨으며, 집에서 거처할 때는 용의容儀를 갖추지는 않으셨다.

다산 —— 누워 계실 때(寢=臥)는 죽은 시체처럼 눕지 않으셨으며, 집에서 거처할 때는 용의容儀를 갖추지는 않으셨다.

집주 —— ■ 尸는 謂偃臥似死人也라 居는 居家요 容은 容儀라
시尸는 죽은 사람처럼 쓰러져 누워 있는 것을 말한다. 거居는 집에 (사적으로) 기거하는 것이며, 용容은 용의容儀(=儀容: 몸가짐에서 격식을 갖춤)이다.
■ 范氏曰 寢不尸는 非惡其類於死也요 惰慢之氣를 不設於身體하여 雖舒布 其四體라도 而亦未嘗肆耳라 居不容은 非惰也요 但不若奉祭祀, 見賓客而已 니 申申夭夭가 是也니라
범조우가 말했다. "'잠잘 때 주검처럼 하지 않음(寢不尸)'은 그것이 주검과 유사하여 싫어한 것이 아니라, 게으른 기운이 몸에 퍼지지 않게 하신 것이다. 비록 몸의 사지를 편안히 펼친다고 할지라도 일찍이 방자하게 하신 적은 없었다. 집에 기거하실 때 격식을 갖추지 않은 것(居不容)은 게으른 것이 아니

자원풀이 ■침寢은 爿(나무 조각 장)+잘 침의 형성자로 침상(爿)에서 잠을 자다는 뜻이다.
■시尸는 누운 사람의 모습을 그린 상형자(설문)이다. 시체가 원래 뜻이며, 『주례』에서는 제사 때 신위 대신 그 자리에 앉혀 조상의 영혼을 대신하던 아이尸童를 말한다. 굴屈은 굽혀 묻은 시체를, 시屍는 尸에 사死를 더해 의미를 더 구체화한 것이다.
■용容은 宀(집 면)+谷(골 곡)의 형성자로 집(宀)과 계곡(谷)을 받아들일 수 있는 공간이란 뜻에서 용납容納하다, 받아 들이다의 뜻을 그렸다. 이로부터 관용寬容, 허용許容의 뜻이 나왔고, 관용은 얼굴빛을 나타내기에 얼굴의 뜻이, 다시 용모容貌의 뜻이 나왔다.

라, 다만 제사를 받들거나 빈객을 맞을 때처럼은 하지 않으셨다는 것일 뿐이니, (앞서 공자께서) 신신요요(申申夭夭, 7:4)하였다고 말한 것이 바로 그것이다."

고금주 —— ■補曰 寢, 臥也. ○邢曰: "尸, 死人也."[包云: "偃臥四體, 布展手足, 似死人." ○邢云: "孔子則敬屈也."] ○補曰 居, 燕居也. 容,《周禮》六容之類也. [〈地官·保氏〉: "教國子以六容, 一祭祀之容, 二賓客之容, 三朝廷之容, 四喪紀之容, 五軍旅之容, 六車馬之容."] ○孔曰: "居不容, 爲室家之敬難久."

보완하여 말한다. 침침寢은 눕다(臥)이다. ○형병이 말했다. "시尸는 죽은 사람(死人)이다."(포함이 말했다. "四肢를 눕히고 손발을 펴서, 마치 죽은 사람처럼 하는 것이다." ○형병이 말했다. "공자는 주무실 때 몸을 굽혀 주무셨다.") ○보완하여 말한다. 거居는 연거燕居이고 용容은 『주례』의 육용六容과 같다(「地官, 保氏」에 보씨는 國子를 六儀로 가르치니, 하나는 제사의 의용:祭祀之容이고, 둘은 빈객의 의용:賓客之容이고, 셋은 조정의 의용:朝廷之容이고, 넷은 상기의 의용:喪紀之容이고, 다섯은 군려의 의용:軍旅之容이고, 여섯은 거마의 의용:車馬之容이다). ○공안국이 말했다. 거불용居不容은 실가室家에서 공경하는 자세를 오랫동안 유지하기 어렵기 때문이다.

■輔曰: "居家亦自有容, 所謂申申·夭夭, 是也." ○駁曰 非也. 古人最嚴於容體, 宗廟·朝廷·軍旅·賓客, 各有一定之容體. 將朝則習之, 將祭則試之, 非尋常容貌之謂也. 〈玉藻〉歷言戒容·喪容·祭容·行容, 而至於燕居, 則曰燕居溫溫, 不名容也.

보광이 말했다. "집에 기거할 때 또한 자연히 의용이 있으니, 이른바 신신申申, 요요夭夭라고 하는 것이 그것이다." ○논박하여 말하면, 그릇되었다. 옛사람들은 용체容體를 가장 위엄 있게 하였으니, 종묘, 조정, 군려, 빈객 등에 각각 일정한 용체容體가 있었다. 조회를 할 때는 조회의 의용을 익히고, 제사 지낼 때는 의용을 시험하였으니, 이는 평상시에 용모를 두고 말하는 것이 아니다. 『예기』 「옥조」편에, 융용戒容, 상용喪容, 제용祭容, 행용行容을 차례로 열거하고, 연거燕居에 이르러서는 연거온온燕居溫溫이라고 말하고, 용容이라는 이름을 쓰지 않았다.

비평 —— 다산이 경원 보씨가 "거가역자유용居家亦自有容"이라고 해설한 것에 대해 비평한 내용은 전거에 바탕을 둔 것이어서 설득력이 있다. 후재 풍씨의 다음과 같이 해석이 가장 정확한 설명이 아닐까 한다.

　(집에서) 용의를 갖추면 몸이 구속되고 기가 펴지지 않는다. 대개 시체처럼 자는 것은 지나치게 제멋대로 하는 것이고, 집에 있으면서 용의를 갖추는 것은 지나치게 구속되는 것이다. 이 두 가지는 모두 마음을 기르는 방도가 아니다. (『논어집주대전』)

◦◦◦

10:15-2. 見齊衰者, 雖狎, 必變. 見冕者與瞽者, 雖褻, 必以貌. 凶服者, 式之. 式負版者.

고주 —— 상복喪服을 입은 사람을 보시면 비록 평소 친한 사람(素親狎)이라도 반드시 얼굴빛을 고치셨으며, 관복을 입은 자(대부)와 장님을 보시면 비록 자주 만나는(數相見) 사람이라고 할지라도 반드시 예모를 갖추셨다. 흉복(죽은 자를 전송하는 의복과 기물)을 보시면 식 경례(式:몸을 굽혀 수레 앞의 횡목에 기대어 경의를 표함)를 표하셨고, 나라의 지도와 호적을 짊어진 자에게도 식 경례를 표하셨다.

주자 —— 상복喪服을 입은 사람을 보시면 비록 평소 친한(素親狎) 사람이라도 반드시 얼굴빛을 고치셨으며, 관복을 입은 자와 장님을 보시면 비록 사사로이 만나는(燕見) 사람이라고 할지라도 반드시 예모를 갖추셨다. 흉복을 입은 자의 경우에는 식(式:몸을 굽혀 수레 앞의 횡목에 기대어 경의를 표함)의 예를 표하셨고(喪을 당한 것을 애도한 것이다), 나라의 지도와 호적을 짊어진 자에게도 식의 경례를 표하셨다(백성의 숫자를 중시한 것이다).

다산 —— 상복喪服을 입은 사람을 보시면 비록 평소 친한(素親狎) 사람이라도 반드시 얼굴빛을 고치셨으며, 관복을 입은 자(대부)와 장님을 보시면 비록 사사로이 만나는(燕見) 사람이라고 할지라도 반드시 예모를 갖추셨다. 흉복(=五服 : 斬衰 · 齊衰 · 大功 · 小功 · 緦麻)을 입은 자에는 식 경례를 표하셨고, 나라의 지도와 호적을 짊어진 자에게도 식 경례를 표하셨다.

집주 —— ■狎은 謂素親狎이요 褻은 謂燕見이요 貌는 謂禮貌라 餘見前篇하니라

압狎은 '평소에 친해 허물이 없이 지내는 것'을 말하고, 설褻은 '사사로운 만남'을 말하고, 모貌는 '예의를 갖춘 모습'을 말한다. 나머지는 전편(9:9)에서 나왔다.

자원풀이 ■최衰는 원래 도롱이처럼 풀이나 짚으로 엮은 상복(衣)을 그린 상형자였다. 최복衰服은 참최斬衰·자최齊衰의 상복喪服을 말한다. 이후 쇠약衰弱하다, 노쇠老衰하다, 쇠퇴衰退하다의 뜻이 나왔다. 그러자 원래의 뜻은 艹(풀 초)나 糸(실 사)를 더해 蓑(도롱이 사)나 縗(상복이름 최)로 분화되었다. 재최齊衰(자최)는 부모(원래는 모친)의 상복喪服 혹은 거친 상복을 말하고, 참최斬衰는 부친의 상복을 말한다.
■압狎은 犬(개 견)+甲(첫째 천간 갑)의 형성자로, 사람 곁에 사는 개(犬)처럼 매우 친근하고 익숙함을 말하며, 가까우면 업신여기기 때문에 업신여기다는 뜻이 나왔다.
■변變은 攴(칠 복)+䜌(어지러울 련)의 형성자로, 쳐서 강제적(攴)으로 바꾼다는 뜻으로 말(言)이란 언제나 변하는 것임을 반영했다. 변경變更, 변화變化, 사변事變 등의 뜻이 나왔다.
■면冕은 冃(쓰개 모)+免(면할 면)의 형성자로 천자, 제후, 경대부 등이 조회나 제례 때 쓰던 의식용 면류관冕旒冠.

■式은 車前橫木이니 有所敬이면 則俯而憑之라 負版은 持邦國圖籍者라 式此二者는 哀有喪하고 重民數也라 人惟萬物之靈이요 而王者之所天也라 故로 周禮에 獻民數於王이어든 王拜受之하니 況其下者 敢不敬乎아

식式은 수레 앞 가로대(車前橫木)로 경례할 대상이 있으면 몸을 굽혀 그것에 의지한다. 부판負版(판적을 짊어짐)은 나라의 지도와 호적을 짊어진 사람이다. 이 두 사람에게 식 경례를 하는 것은 상喪을 당한 것을 애도하고 백성의 숫자를 중시하기 때문이다. 사람(人)만이 만물의 영장이고 임금의 하늘이 된다. 그러므로 『주례』에 '백성의 숫자를 왕에게 바치면 왕은 절하여 받는다(獻民數於王, 王拜受之).'고 하였으니, 하물며 왕의 아랫사람들이야 감히 공경하지 않을 수 있겠는가?

고금주 —— ■補曰 改容曰變, [邢云: "爲之變容."] 致禮曰貌. [周云: "必以禮貌之."] ○邢曰: "冕, 大夫冠也." ○補曰 凶服, 通指五服. [緦小功, 亦凶服也]

보완하여 말한다. 얼굴빛을 고치는 것(改容)을 변變이라 하고(형병이 말했다. "그를 위하여 얼굴빛을 바꾼다."), 예를 극진히 하는 것(致禮)을 일러 모貌라 한다.(주생렬이 말했다. "반드시 예모로써 대한다.") ○형병이 말했다. "면冕은 대부의 관이다." ○보완하여 말한다. 흉복凶服은 오복五服(斬衰 · 齊衰 · 大功 · 小功 · 緦麻)을 통칭한다(시마와 소공 또한 흉복이다).

■고瞽는 目(눈 목)+鼓(북 고)의 형성자로 눈(目)을 북처럼 두들겨 쳐서(鼓) 시력을 잃었다는 뜻이다. 소경을 말하고, 고대에는 소경을 악사로 삼았기 때문에 악관樂官을 의미하기도 한다.
■설褻는 衣(옷 의)+執(심을 예)의 형성자로 집에서 입는 평상복(衣)을 말했다. 이후 항상 자주 입는 옷이라는 뜻에서 '친근하다'는 뜻이 나왔고, 자주 입는 옷은 더럽혀진다는 뜻에서 더럽다 등의 뜻이다.
■식式은 工(장인 공)+弋(주살 익)의 형성자로 공工은 공구의 대표로 모범模範을 뜻한다. 모범으로 삼다, 법식法式, 격식格式, 형식形式, 의식儀式, 공식公式의 뜻이 나왔다.
■식軾은 車(수레 거)+式(법 식)의 형성자로 수레(車)의 사람 칸 앞에 서서 잡을 수 있게 한 가로된 나무橫木를 말한다.
■부負는 人(사람 인)+貝(조개 패)의 회의자로 사람(人)이 재물(貝)을 갖고 거기에 기대고 자랑함을 말했다(自負). 돈(貝)이 많을 때 어깨에 짊어지기도 했기 때문에 짊어지다, 그리고 부담負擔, 책무責務란 뜻도 나왔다. 승부勝負에서

■孔曰: "凶服, 送死之衣物." ○駁曰 非也. 送死之衣, 或稱斂衣, 或稱襚衣, 不謂之凶服.

공안국이 말했다. 흉복凶服은 죽은 이를 보낼 때 입히는 옷이다. ○논박하여 말하면, 그릇되었다. 죽은 이를 보낼 때 입히는 옷은 혹 염의斂衣라고 하고, 혹 수의襚衣라고 하지, 흉복凶服이라고 하지 않는다.

비평 —— 흉복凶服에 대해서는 고주에서는 '송사지의물送死之衣物(죽은 자를 보내는 의복과 물품)'이라고 했고, 주자는 번역 없이 단지 '상을 당함에 애도를 표했다(哀有喪)'고 했고, 다산은 흉복凶服은 곧 '상복喪服으로 오복五服(斬衰‧齊衰‧大功‧小功‧緦麻)을 통칭한다.'고 했다. 주자와 다산의 해설을 종합하는 것이 좋겠다. 즉 "흉복(곧 喪服으로 五服을 통칭)을 입은 자를 보시면, 식 경례를 하시면서 상을 당한 자에게 애도를 표했다."고 해석하는 것이 가장 좋다고 생각된다. 다음 주석을 참조하자.

『전한서』「열전」, 〈역이기酈食基〉 조에, 역이기가 말했다. "임금(王者)은 백성을 하늘로 삼고, 백성은 밥을 하늘로 삼는다."

남헌 장씨가 말했다. "압狎은 서로 익숙한 사람(與習熟者)을 말하고, 설褻은 만남이 빈번한 사람(見之頻數者)을 말한다."(『논어집주대전』)

처럼 지다(敗)의 뜻도 나왔다.
■판版은 片(조각 편)+反(되돌릴 반)의 형성자로 성이나 담 등을 쌓을 때 흙을 다지도록 흙의 양쪽에 대던 널판자를 말한다. 널판자를 떼서 올리고 다시 흙을 채워 다지는데, 판版은 그런 식으로 반복(反)하여 사용하는 나무판자(片)라는 뜻이다. 이후 나무판자는 활자가 나오기 전 나무판에 글을 새겨 인쇄하던 목판木版을 지칭하고, 인쇄된 횟수를 나타내기도 한다. 片 대신에 木(나무 목)을 써서 판板이라고 쓰기도 한다.

10:15-3. 有盛饌, 必變色而作. 迅雷風烈必變.

고주 —— 성찬이 있으면 (주인이 친히 음식을 대접함에 경의를 표하여) 반드시 얼굴빛을 고치시고 일어나셨다. 바람이 세차고 우레가 강렬하면(風疾雷為烈) (하늘의 진노를 공경하셔서) 반드시 안색을 고치셨다.

주자 —— 성찬이 있으면 (성찬 때문이 아니라, 주인을 공경하는 예의 표시로서) 반드시 얼굴빛을 고치시고 일어나셨다. 빠른(迅=疾) 우레와 맹렬한(烈=猛) 바람에는 (하늘의 진노를 경건하게 받드셔서) 반드시 안색을 고치셨다.

다산 —— 성대하게 음식이 진열되어 있으면, (그 음식을 내려준 하늘을 경건하게 받들어) 반드시 얼굴빛을 고치시고 일어나셨다. 빠른 우레와 맹렬한 바람에는 (우뢰와 바람을 통해 온갖 과실과 초목의 싹을 트게 하는 하늘의 작용을 공경하여) 반드시 안색을 고치셨다.

집주 —— ■ 敬主人之禮요 非以其饌也라

자원풀이 ■성盛은 皿(그릇 명)+成(이룰 성)의 형성자로 성장(成)한 곡식을 수확하여 그릇(皿)에 가득 담아 제사를 지내는 것을 말하였다. 가득 담다, 성하다, 풍성豊盛하다의 뜻이다.
■찬饌은 食(밥 식)+巽(공손할 손)의 형성자로 음식(食)을 골라(巽) 진설하거나 준비하다는 뜻이다. 먹고 마시다, 음식, 반찬 등의 뜻이 나왔다.
■신迅은 辵(쉬엄쉬엄 갈 착)+卂(빨리 날 신)의 형성자로, 날아가듯 빨리 감(辵)을 말한다. 신속迅速하다, 빠르다, 힘이 세다의 뜻이다.
■뢰雷는 雨(비 우)+田(밭 전)의 회의자로 천둥소리를 형상화했다. 원래는 번개 치는 모습을 그린 申(아홉째 지지 신)과 그때 나는 우레 소리를 형상화한 여러 개의 田으로 구성되었는데, 번개는 주로 비가 올 때 치기 때문에 申이 雨로 바뀌었다.

(반드시 안색을 고치고 일어나신 것은) 주인을 공경하는 예의이지, 성찬 때문은 아니다.

■ 迅은 疾也요 烈은 猛也라 必變者는 所以敬天之怒라 記曰 若有疾風迅雷甚 雨어든 則必變하여 雖夜나 必興하여 衣服冠而坐라 하니라

신迅은 빠름(疾)이고, 열烈은 맹렬함(猛)이다. 반드시 안색을 고치신 것(必變者)은 하늘의 진노를 경건하게 받든 것이다. 『예기』「옥조」에 "만약 사나운 바람, 번쩍이는 우레, 그리고 극심한 비가 몰아치면 반드시 안색을 고치고, 비록 야밤이라도 반드시 일어나 의관을 정제하고 앉는다."고 했다.

■ 此一節은 記孔子容貌之變이니라

이 한 절은 공자께서 용모를 고치신 것을 기록하였다.

고금주 —— ■ 補曰 饌者, 飮食之陳列也. ○孔曰: "作, 起也." ○補曰 酒醴之 美, 牲肉之豐, 簠簋籩豆之實, 天産地産, 水土之和氣, 芬芳璀璨, 陳列在前, 君 子爲之改容者, 所以敬天賜也.

보완하여 말한다. 찬饌이란 음식이 진열된 것이다. ○공안국이 말했다. "작作 이란 일어나신 것(起)이다." ○보완하여 말한다. 아름다운 술과 풍부한 고기, 온갖 그릇에 담아 놓은 음식물이 천지로부터 생산되어 수水·토土의 조화로 운 기운(和氣)에 의해 옥빛처럼 향기롭고 아름답게 앞에 진열되어 있으면, 군 자가 그것 때문에 얼굴빛을 고치는 것은 하늘이 내려준 것을 경건하게 받드 는 것이다.

■ 孔曰: "敬主人之親饋." ○駁曰 非也. 經文無孔子爲客受享之說也. 若云享 禮受之, 則又當云享禮必變色, 不當以盛饌言之也. 曰燕曰享曰饋曰飫, 都無所

■열(렬)烈은 火(불 화)+列(벌일 렬)의 형성자로 갈라진 뼈(列)를 태우는 세찬 불(火)을 말한다. 맹렬猛烈하다, 혁혁한 공을 세우다, 강직하고 고상한 성품 등을 비유한다.

論, 而單云'盛饌, 必變色', 則變色爲盛饌也.

공안국이 말했다. "주인이 친히 음식을 대접한 것을 공경한 것이다." ○논박하여 말하면, 그릇되었다. 경문經文에는 공자께서 손님이 되어 향연의 대접을 받았다는 설명이 없다. 만약 향례享禮로서 대접을 받았다고 말한다면 또한 마땅히 '향례필변색享禮必變色'이라고 해야지, 성찬盛饌이라고 말하지 않았을 것이다. 연燕, 향享, 궤饋, 어飫 등이라는 말은 전혀 하지 않고, 단지 '성찬필변색盛饌必變色'이라고만 말하였다면 얼굴빛을 고친 것(變色)은 성찬盛饌 때문이다.

■鄭曰: "敬天之怒, 風疾雷爲烈."[邢云: "陰陽氣激, 爲天之怒."] ○王充曰: "夫風, 天之號令. 雷, 天之宣威. 萬物之生長成遂, 皆有待於是.《易》曰, '天地解而雷雨作, 雷雨作而百果草木皆甲坼. 解之時大矣哉!' 又曰, '雷以動之, 風以散之.' 又曰, '動萬物者, 莫疾乎雷. 撓萬物者, 莫疾乎風.' 夫百果草木皆甲坼, 豈天怒號令然哉? 動萬物, 撓萬物, 豈必天之怒哉? 是故以風雷爲天之怒者, 後儒之謬見也." ○案 此論, 明且正矣. [薛敬軒云: "君子對靑天而懼, 聞震雷而不驚." ○孔子示變, 非爲天怒也]

정현이 말했다. "(迅雷風烈必變은) 하늘의 노여움을 공경한 것이다. 바람과 빠른 번개는 사나운 것이다."(형병이 말했다. "음양의 기운이 격렬한 것은 하늘이 노했기 때문이다.") ○왕충王充이 말했다. "대저 바람은 하늘의 호령號令이고, 번개는 하늘의 선위宣威이다. 만물이 생장하고 성숙하는 것은 모두 여기에 의지한다. 『역경』에 이르길(解卦), '천지의 기운이 풀려(解) 번개가 치고 비가 내리고, 번개가 치고 비가 내리니 온갖 과실百果과 초목이 싹이 터서 나온다. 해解의 때는 위대하도다.'고 하였다. 또 말하길, '번개로써 움직이고, 바람으로써 흩어놓는다.'고 하였다. 또 말하길, '만물을 움직이는 것은 번개보다 빠른 것이 없고, 만물을 요동치게 하는 것은 바람보다 거센 것이 없다.'고 하였으니, 대저 온갖 과실과 초목이 싹터 나오는데, 이것이 어찌 진노하여 호령하는 것이겠는가? 만물을 움직이게 하고 요동치게 하는 것이 어찌 반드시 하늘의 진노이겠는가? 그러므로 바람과 번개를 하늘의 진노라고 본 것은 후대의 유자들의 잘못된 견해이다." ○살핀다. (왕충의) 이 이론은 밝고도 바르다(薛敬軒이 말했다. "군자는 푸른 하늘은 두려워하여도 천둥과 번개에 대해서는 놀라지 않는다." 공자께서 얼굴빛을 고치신 것은 하늘이 노했기 때문이 아니다.)

■按 雷霆雖不出於天怒, 人物遇之, 有時乎罹殃, 此君子所以恐懼也. 雷者, 固天之所以懼吾民者也.

살핀다. 뇌정雷霆은 비록 하늘의 진노에서 나온 것은 아니지만, 사람이나 사물이 뇌정을 만나면 때로는 재앙을 당하는 경우가 있다. 그래서 군자는 두려워하는 것이다. 번개란 진실로 하늘이 우리 백성을 두렵게 하는 것이다.

비평 —— 각각의 해석을 보면, 해석자들이 살았던 당대의 세계관의 변화를 볼 수 있다. 성찬盛饌이 있으면 반드시 얼굴빛을 고치고 일어나신 이유에 대해, (1) 고주에서는 주인의 환대에 경의를 표해서라고 해석하였고, (2) 주자는 성찬 때문이 아니라 주인을 공경하는 예의 표시라고 하였고, (3) 다산은 성찬 때문이긴 하지만, 그 성찬은 바로 하늘이 내려준 것이기 때문에 하늘을 공경한 것으로 해석하였다.

그리고 신뢰풍열필변迅雷風烈必變에 대해서도 (1) 고주와 주자는 하늘의 진노를 공경하셔서 반드시 안색을 고치셨다고 하였고, (2) 다산은 우뢰와 바람을 통해 온갖 과실과 초목의 싹을 트게 하는 하늘의 작용을 공경하여 반드시 안색을 고치셨다고 해석하였다. 다음의 해석도 참조하자.

> 신안 진씨가 말했다. "주인이 손님을 공경한 까닭에 성찬을 베푼 것이고, 손님이 주인을 공경하는 까닭에 안색을 고치고 일어나는 것이니, 마치 감당할 수 없는 듯이 하는 것이다. 기뻐하며 당연하게 여기는 것은 불경不敬이고 예를 모르는 것이다." (『논어집주대전』)

10:16. 升車, 必正立執綏. 車中, 不內顧, 不疾言, 不親指.

고주 —— 수레에 오르실 때는 반드시 바르게 서서 손잡이 줄을 잡으셨다(안 정되게 오르셨다). 수레 안에 타고 계실 때는 (앞을 볼 때는 衡과 軛을 넘어가지 않으 셨고) 뒤쪽을 향해 돌아보지 않고(남의 사사로움을 가려주었다:掩人之私), (사람들 을 당혹하지 않게 하기 위해) 빠르게 말하지 않으셨으며, 친히 손가락으로 지시 하지 않으셨다.

주자 —— 수레에 오르실 때는 반드시 바르게 서서 손잡이 줄을 잡으셨다(안 정되게 오르셨다). 수레 안에 타고 계실 때는 빙 둘러 보지 않으셨다. 빠르게 말 하지 않으셨으며, 친히 손가락으로 지시하지 않으셨다(위용을 잃지 않으면서, 다른 사람을 당혹스럽게 하지 않으셨다).

다산 —— 수레에 오르실 때는 반드시 바르게 서서 손잡이 줄을 잡으셨다(안 정되게 오르셨다). 수레 안에 타고 계실 때는 뒤쪽을 향해 돌아보지 않고(남의 사사로움을 가려주었다:掩人之私), (사람들을 당혹하게 않게 하기 위해) 빠르게 말하 지 않으셨으며, 친히 손가락으로 지시하지 않으셨다.

집주 —— ■ 綏는 挽以上車之索也라

자원풀이 ■수綏는 糸(가는 실 사)+妥(타당할 타)의 회의자로 수레에 오를 때에 안정(妥)될 수 있도록 손으로 잡는 끈(糸)을 말하였다. 안정되다, 편안하다는 뜻이 나왔다.
■고顧는 頁(머리 혈)+雇(품살 고)의 형성자. 머리(頁)를 돌려(雇) 되돌아봄, 살피다, 생각하다, 반성하다의 뜻이다.
■지指는 手(손 수)+旨(맛있을 지)의 형성자. 손가락, 맛있는 음식을 찍어서 맛보는(旨) 손(手)의 부위라는 뜻이다.

수수綏는 잡고 당겨서 수레에 오르는 손잡이 줄이다.

■范氏曰 正立執綏면 則心體無不正而誠意肅恭矣라 蓋君子莊敬이 無所不在하니 升車則見於此也니라

범조우가 말했다. "바르게 서서(正立) 수레의 손잡이 줄을 잡으면, 마음과 몸(心體)이 모두 바르게 되어 (마음의) 의지가 성실해지고 (몸이) 엄숙·공경스러워진다. 대개 군자는 어느 곳에 있든지 장중·경건하여, 수레에 오르면 수레에 오른 곳에서 (莊敬이) 드러난다."

■內顧는 回視也니 禮曰 顧不過轂이라 하니라 三者는 皆失容이요 且惑人이니라

내고內顧는 '빙 둘러 보는 것'이다. 『예기』「곡례」에 '둘러보는 것은 수레바퀴(轂)를 넘지 않는다.'고 하였다. 이 세 가지(內顧·疾言·親指)는 올바른 위용容을 잃은 것으로 다른 사람들을 당혹스럽게 하는 것이다.

■此一節은 記孔子升車之容이니라

이 구절은 공자께서 수레에 오르는 모습을 기록한 것이다.

고금주 ── ■周曰: "執綏, 所以爲安也."

주생렬이 말했다. "집수執綏란 안전하게 하려는 것이다."

■引證〈曲禮〉曰: "車上不廣欬, [慮聲容之駭人聽] 不妄指, [慮手容之駭人視] 立視五嶲, [嶲, 規也. 車輪一周爲一規. 在車上所視, 不過十六步半] 式視馬尾, [憑軾則不得遠矚] 顧不過轂." ○案〈鄕黨〉之記, 記中禮也.

인증한다. 『예기』「곡례」에서 말했다. "수레 위에서 오만하거나 크게 헛기침을 하지 않으며(소리 치는 것을 듣고, 남이 놀랄까 염려하는 것이다), 망령되이 손가락질하지 않으며(손짓하는 것을 보고 남이 놀랄까 염려하는 것이다), (수레 위에) 서서는 오후五嶲(嶲는 規이다. 수레바퀴가 한 바퀴 회전하는 것이 一規이다. 수레 위에서 보는 것은 16.5步에 지나지 않는다.)를 주시하며, 식式 경례를 할 때에는 (몸을 조금

굽혀) 말꼬리가 있는 곳을 보며(수레 앞 턱 가로나무:軾에 기대면, 멀리 볼 수 없다), 돌아보는 것은 수레바퀴를 넘지 않는다." ○살핀다. 「향당」의 기록은 예禮에 적중하는 것을 기록하였다.

■侃曰: "內, 猶後也. 所以然者, 後人從己者, 不能常正. 若轉顧見之, 則掩人私不備, 非大德之所爲, 故不爲也." ○案 此是正義.

황간이 말했다. "(內顧의) 내內는 후後와 같다. 뒤로 둘러보지 않는 것은 자신을 따르는 뒷사람이 항상 바른 자세를 유지할 수 없기 때문이다. 만일 고개를 돌려 뒷사람을 본다면 사람이 사사로이 갖추지 못한 것을 엄폐하는 것이 되는데, 이는 큰 덕을 지닌 사람(大德)이 할 일이 아니기 때문에 그렇게 하지 않는 것이다." ○살핀다. 황간의 설명은 바른 뜻이다.

비평 ── 특별한 쟁점은 없다.

❦

10:17. 色斯舉矣, 翔而後集. 曰: "山梁雌雉, 時哉時哉!" 子路共之, 三嗅而作. [鄭玄本, '時哉'不重言. 見陸氏《釋文》]

고주 ── (새는) 사람의 안색을 보고 (좋지 않으면) 날아가, 빙빙 돌다가 자세히 살핀 뒤에 내려와 앉는다. (사람도 군주의 안색을 살펴 이렇게 하여야 한다.) 공자께서 말씀하셨다. "(사람이 때를 만나지 못한 것을 탄식하시어) 산골짜기 다리의 까투리가 때를 만났구나! 때를 만났구나!" 자로가 그 까투리를 (때에 알맞은 것: 時物으로 여겨) 잡아 올리자, 공자께서 세 번 냄새만 맡고 일어나셨다.

주자 —— (새는) 사람의 안색을 보고 (좋지 않으면) 날아가, 빙빙 돌다가 자세히 살핀 뒤에 내려와 앉는다.(사람도 幾微를 살펴 이렇게 해야 한다.) 공자께서 말씀하셨다. "(사람이 때를 만나지 못한 것을 탄식하시어) 산골짜기 다리의 까투리가 때를 만났구나! 때를 만났구나!" 이에 자로가 그 까투리를 (때에 알맞은 것으로 여겨) 잡아 올리자, 공자께서 세 번 냄새만 맡고 일어나셨다. (앞뒤에 闕文이 있다.)

다산 —— (새가) 놀라서 날아올랐다가 빙빙 돌다가 내려와 앉네! (고어로 군자의 물러남은 쉬워도 나아감은 어렵다는 것을 나타낸 것이다.) 공자께서 말씀하셨다. "산골짜기 작은 다리에 (꿩 사냥꾼이 지나가는 것을 보고) 까투리가 떠나야 할 때이구나! 떠나야할 때이구나!" 자로가 그 까투리를 잡아 올리자, 공자께서 세 번 냄새만 맡고 일어나셨다.(鄭見本에는 '時哉'를 거듭 말하지 않았다. 육덕면의 『석문』에 보인다.)

집주 —— ■言鳥見人之顏色不善이면 則飛去하여 回翔審視而後에 下止하니 人之見幾而作하여 審擇所處가 亦當如此라 然이나 此上下에 必有闕文矣라
새가 사람의 낯빛이 좋지 않은 것을 보면 날아가 버리고, 빙빙 돌며 자세히 살펴본 뒤에 내려앉으니, 사람의 기미를 살피고 행동을 하고 처할 곳을 살펴 선택하는 것 역시 마땅히 이와 같아야 한다는 말이다. 그러나 이 구절 앞뒤

자원풀이 ■사斯는 斤(도끼 근)+其(그 기)로 구성되어, 대나무 등을 자귀(斤)로 쪼개 키(其, 箕)와 같은 기물을 만들다의 의미였는데, 이후 이것, 여기라는 뜻이 나왔다. 파생된 시撕는 쪼개다의 본래 뜻을 지니고 있다.
■거擧는 手(손 수)+舁(마주들 여)의 형성자로 손(手)으로 드는(舁) 것을 말한다. 이로부터 들다, 일으키다, 행하다, 흥기하다, 천거하다, 거행하다, 등용하다 등의 뜻이 나왔다. 폐廢는 广(집 엄)+發(쏠 발)의 형성자로 쏠 수 있는 활(發)을 집(广)에 넣어두고 쓰지 않고 폐기하다는 뜻이다.
■상翔은 羽(깃 우)+羊(양 양)의 형성자로 빙빙 돌면서 나는 것을 말한다. 날다, 노닐다, 자세하다, 상서롭다, 돌아보다, 값이 오르다는 뜻이다.
■집集은 木(나무 목)+隹(새 추)의 회의자로 나무(木) 위에 새(隹)가 모여 앉아 있는 모습을 그렸다. 모이다, 쉬다, 시장, 집회, 연회를 뜻한다.

로 필시 빠진 글이 있을 것이다.

■ 邢氏曰 梁은 橋也라 時哉는 言雌之飮啄得其時라 子路不達하고 以爲時物
而共具之한대 孔子不食하시고 三嗅其氣而起라

형병이 말했다. "양梁은 다리(橋)이다. 시재時哉는 꿩이 마시고 쪼는 것이 마
땅한 때를 만났다는 말씀을 하신 것인데, 자로가 이를 깨닫지 못하고 때에 맞
는 음식으로 생각하고 잡아서 요리한 것이다. 공자께서는 드시지 않고 세 번
냄새를 맡으신 후 일어났다."

■ 晁氏曰 石經에 嗅作憂하니 謂雌鳴也라

조설지가 말했다. "『석경』에는 후嗅가 알憂로 되어 있으니, 꿩이 우는 것을
말한다."

■ 劉聘君曰 嗅當作具이니 古闃反이니 張兩翅也니 見爾雅라

유빙군이 말했다. "후嗅는 격具으로 되어야 한다. 고古와 격闃의 반절로 두 날
개를 펴는 것이니, 『이아』에 보인다."

■ 愚按 如後兩說이면 則共字當爲拱執之義라 然이나 此必有闕文이니 不可
强爲之說이라 姑記所聞하여 以俟知者하노라

어리석은 내가 살핀다. 만약 위의 두 설과 같이 본다면, 공共 자는 마땅히 잡
는다(拱執)는 뜻이 된다. 그러나 여기에는 필시 빠진 글자가 있으니, 억지로
설명할 수 없다. 우선 들은 것을 기록하여, 아는 사람을 기다린다.

■량梁은 木(나무 목)+梁(들보 량)의 형성자로 나무로 된 들보를 말한다. 『설문』에서는 물을 건너가게 하기 위해 나
무로 만든 다리를 의미했다. 이후 허공을 가로질러 걸쳐 놓은 들보를 뜻하게 되었지만, 들보는 목木을 또 더해서
량樑으로 분화되기도 했다.
■자雌는 隹(새 추)+此(이 차)의 형성자로 새(隹)의 암컷을 말하고, 여자다움을 뜻한다. 암컷을 통칭한다.
■치雉는 矢(화살 시)+隹(새 추)의 형성자로 화살(矢)로 잡을 만큼 큰 새(隹)라는 의미로 꿩을 말한다.
■공共은 口(입 구)+廾(두 손으로 받들 공)의 형성자 어떤 물체(口)를 두 손으로(廾) 받쳐 든 모습을 그렸다. 공동共同,
합계, 모두의 뜻으로 쓰인다.
■후嗅는 口(입 구)+臭(냄새 취)의 형성자로 냄새를 맡아(臭) 맛(口)을 분별한다는 뜻으로 후각嗅覺이란 뜻도 나왔다.

고금주 —— ■補曰 色, 駭貌. 哀六年《公羊傳》曰: “見之, 色然而駭.[何休云: “色然, 驚駭貌.”] 翔者, 飛之盤廻也.” ○補曰 鳥之騰翥曰擧, [漢歌云: “一擧千里.”] 其下止曰集. [周云: “廻翔審視而後下止.”] 此二句蓋古語, 以鳥之避害慮患, 喻君子之易退難進也. ○補曰 山梁, 山谿之小橋也. 時哉時哉, 謂可去之時也. 孔子見射雉者行于山梁,《易》云: “射雉一矢亡.”] 爲誦古語曰: “雉乎雉乎, 時哉時哉!” 悲其將死, 欲其色擧以避害也. ○補曰 共者, 供也.《周禮》云: “庖人共六獸六禽.”] 嗅者, 鼻歆其氣也. [邢氏云] ○何曰: “作, 起也.” ○補曰 雉竟死矣. 子路謂孔子亟稱‘時哉’, 意其以時物而思食之, 故熟而進之. 孔子非本意, 不忍食, 故三嗅而作. [邢云: “又不可逆子路之情, 故三嗅其氣.”]

보완하여 말한다. 색色은 놀라는 모습(駭貌)이다. 『공양전』「애공6년」에 이르길, “보고서 색연히 놀라다(見之 色然而駭).”라고 하였다.(하휴는 말했다. “色然은 놀라는 모습이다.”) 상翔은 날아서 빙빙 도는 것(飛之盤廻)이다. ○보완하여 말한다. 새가 날아오르는 것을 거擧라 하고(漢歌에서 말했다. 한 번에 천리를 날아올랐다.), 새가 내려와 앉는 것을 집集이라 한다.(주생렬이 말했다. “빙빙 돌아 살펴본 뒤에 내려와 앉는다.”) 이 두 구절은 대개 고어古語인데, 새가 해를 피하고 환난을 염려하는 것으로써 군자가 (벼슬에서) 물러나는 것은 쉬워도 나아가는 것은 어렵다는 것을 비유한 것이다. ○보완하여 말한다. 산량山梁은 산골짜기의 작은 다리이다. 시재시재時哉時哉란 마땅히 떠나야 할 때를 말한다. 공자는 꿩을 쏘아서 잡는 사람이 산골짜기 작은 다리로 가는 것을 보고(『역경』에서 말했다. 꿩을 쏘아 화살 하나를 잃었다:射雉一矢亡), 고어古語를 암송하여 “꿩아, 꿩아, 떠나야 할 때가 되었구나, 떠나야 할 때가 되었구나!”라고 말하였으니, 새가 장차 죽음에 직면하는 것을 슬퍼하고, 새가 놀라 높이 날아 해를 피하게 하려고 하신 것이다. ○보완하여 말한다. 공共은 바친다(供)이다(『주례』에서 말했다. 요리사가 六獸와 六禽으로 대접하여 바친다). 후嗅란 코로 냄새를 맡는 것이다(형병이 말했다). ○하안이 말했다. “작作은 일어남(起)이다.” ○보완하여 말한다. 꿩은 마침내 죽었다. 자로가 공자께서 여러 번 '시재時哉'라고 말씀하신 것이 제철에 나는 생물로 먹으려고 생각하신 것으로 여겼기 때문에 익혀서 공자께 올린 것이다. 공자께서 본뜻이 아니어서 차마 먹지 못하신 까닭에 세 번 냄새만 맡고 일어나신 것이다.(형병이 말했다. "또한 자로의 뜻을 거스를 수 없어, 세 번 냄새를 맡으신 것이다.")

■ 馬曰: "見顏色不善則去之."[色斯擧] ○駁曰 非也. 色斯擧, 言其知幾如神也. 《易》曰: "知幾其神乎!"] 色也者, 駭也. 驀然有色, 芒乎忽乎, 不可以時刻言也. 見人顏色, 察其不善, 不亦鈍乎? 蘇軾詩云: "野鴈見人時, 未至意先改." 斯則近之.
마융이 말했다. "(色斯擧란) 안색이 좋지 않은 것을 보고 떠나간다는 것이다."
○논박하여 말하면, 그릇되었다. 색사거色斯擧란 그 기미를 아는 것이 신과 같음(知幾如神)을 말하는 것이다.(『역경』「계사하」에서 말했다. "기미를 아는 것이 그 신이로구나.") 색色이란 놀람(駭)이다. 갑자기 놀라 망홀芒忽하여 시각時刻으로써 말할 수 없다는 것이니, 사람의 안색을 보고, 그것이 좋지 못하다는 것을 살핀다는 것은 또한 우둔한 해석이 아닌가? 소식蘇軾이 시詩에서 말하길, "야안野雁(큰 기러기)이 사람을 보았을 때(野雁見人時), 생각할 겨를도 없이 날아가 버린다(未至意先改)."고 했으니, 이것이 색사거色斯擧에 가깝다.

■ 何曰: "言山梁雌雉得其時, 而人不得其時, 故歎之. 子路以其時物, 故共具之. 非本意, 不苟食, 故三嗅而作." 形曰: "孔子行於山梁, 見雌雉飮啄, 歎得其時" ○案 '色擧'・'翔集'二句, 明爲雌雉之引起, 則山梁以下, 必有色擧之意, 然後上下相應. 若如注說, 則忽言色擧, 忽言得時, 語脈不連也. 時哉, 謂可去之時.
하안이 말했다. "산량의 까투리는 그 때를 얻었는데, 사람은 그 때를 얻지 못하였기 때문에 이를 탄식하셨다. 자로는 꿩이 제철에 맞는 생물이기 때문에 이를 공자께 올렸는데, 이것이 자신이 말한 그 본뜻이 아니었으므로 공자께서 구차히 먹지 않으셨다. 그러므로 세 번 냄새를 맡고 일어나셨음을 말한 것이다." ○형병이 말했다. 공자께서 산량山梁에 가서 까투리가 물을 마시고

먹이를 쪼는 것을 보고, 그 때를 얻은 것을 감탄하신 것이다. ○살핀다. 색거
色擧와 상집翔集은 분명히 자치雌雉에 대한 말을 끌어온 것이다. 산량山梁 이
하의 말은 반드시 색거色擧의 뜻이 있고 나서야 앞뒤의 글이 상응한다. 만약
이러한 주석의 설명과 같다면, 갑자기 색거色擧를 말하고, 갑자기 득시得時를
말한 것이 되어 말의 맥락이 연결되지 않는다. 시재時哉는 마땅히 떠나야 할
때를 말한다.

■ 韓曰: "以爲食具, 非其旨. 吾謂嗅當爲鳴鳴之鳴, 雉之聲也." ○晁說之曰:
"石經, 嗅作憂, 謂雉鳴也." ○劉 勉之曰: "嗅, 當作昊, [古闃反] 張兩翅也." ○董
曰: "共者, 向也." ○駁曰 韓・晁・劉・董之說, 皆非也. 鳴鳴者, 烏也. 雉其有
鳴乎? 憂然長鳴者, 鶴也. 雉其能憂乎? 昊者, 鳥伸也. [張兩翅] 倦怠而後伸之,
[義見《爾雅》疏] 驚飛者能昊乎? 拱者, 斂手也. 曰執曰向, 都無古據, 其可爲訓乎?
한유가 말했다. "(三嗅를) 먹을 수 있게 요리하는 것으로 보는 것은 경문의 본
뜻이 아니다. 나는 후嗅를 마땅히 오오鳴鳴(새울음 소리)의 오鳴로 해야 한다고
보는데, 이는 꿩의 울음소리이다." ○조설지가 말했다. "『석경』에서는 후嗅
가 알憂로 되어 있으니, 꿩이 우는 것을 말한다." ○유면지가 말했다. "후嗅는
마땅히 격昊으로 되어야 하니, 두 날개를 펴는 것이다." ○동씨董氏가 말했
다. "공共이란 향向한다는 뜻이다." ○논박하여 말하면, 한유・조설지・유면
지・동씨의 설은 모두 잘못되었다. 오오鳴鳴라고 우는 것은 까마귀이니, 꿩
이 그렇게 울겠는가? 알연憂然히 길게 우는 것은 학鶴이니, 꿩이 학처럼 알연
하게 울겠는가? 격昊이란 새가 날개를 펴는 것이다(두 날개를 펴는 것이다). 날
다가 지친 이후에 펴는 것이니(뜻은 『이아』의 疏에 보인다), 놀라서 나는 것이 두
날개를 펼 수 있겠는가? 공拱이란 두 손을 앞으로 공손하게 맞잡고 있는 것이
니, 집執이니 향向이니 말하는 것은 모두 옛 경전의 근거가 없으니, 그렇게 풀
이하는 것이 타당하겠는가?

비평 —— '사색거의色斯擧矣 상이우집翔而後集'에 대해 고주와 주자는 새가 사람의 안색을 보고 좋지 않으면 날아가 빙빙 돌다가 자세히 살핀 뒤에 내려와 앉는 것처럼, 군자의 진퇴 또한 그렇게 하여야 한다는 것으로 보았다. 이에 비해 다산은 '색色은 놀라는 모습(駭貌)이다.'라고 해석하면서, 이 구절은 고어古語로 '군자의 물러남은 쉬워도 나아감은 어렵다는 것'을 나타낸 말인데 공자가 인용하였다고 하였다.

그리고 시재시재時哉時哉에 대해서 고주와 다산은 까투리가 제때를 만난 것으로 해석하였다. 그러나 다산은 산골짜기 다리로 꿩 사냥꾼이 지나가는 모습을 보고, 까투리가 위험에 처해 해를 피해 떠날 때가 된 것으로 곧 군자가 벼슬을 하다가 물러날 때가 되었다는 것을 암시하는 것으로 해석하였다. 어쨌든 이 구절에 대해 주자는 궐문闕文이 있다고 보고, 후의 아는 자를 기다린다고 하였다. 그렇다면 다산이 바로 이 구절의 뜻을 알아낸 사람이 아닐까?

3대 주석과 함께 읽는 논어 I

등록 1994.7.1 제1-1071
1쇄 발행 2020년 4월 30일

지은이 임헌규
펴낸이 박길수
편집장 소경희
편 집 조영준
관 리 위현정
디자인 이주향
펴낸곳 도서출판 모시는사람들
　　　 03147 서울시 종로구 삼일대로 457(경운동 88번지) 수운회관 1207호
전 화 02-735-7173, 02-737-7173 / 팩스 02-730-7173
홈페이지 http://www.mosinsaram.com/

인 쇄 (주)성광인쇄(031-942-4814)
배 본 문화유통북스(031-937-6100)

값은 뒤표지에 있습니다.
ISBN　979-11-88765-78-2　　　　04150
세트　979-11-88765-77-5　　　　04150

이 도서의 국립중앙도서관 출판예정도서목록(CIP)은 서지정보유통지원시스
템 홈페이지(http://seoji.nl.go.kr)와 국가자료공동목록시스템(http://www.
nl.go.kr/kolisnet)에서 이용하실 수 있습니다.(CIP제어번호: CIP2020015818)

이 저서는 2015년 정부(교육부)의 재원으로 한국연구재단의 지원을 받아
수행된 연구임(NRF-2015S1A6A4A01012644)